U0921204

华北电力大学年鉴

2014

华北电力大学档案馆 编

中国轻工业出版社

图书在版编目(CIP)数据

华北电力大学年鉴.2014/华北电力大学档案馆编.—北京:中国轻工业出版社,2015.8
ISBN 978-7-5184-0551-0

Ⅰ.①华…　Ⅱ.①华…　Ⅲ.①华北电力大学—2014—年鉴　Ⅳ.①TM—40

中国版本图书馆CIP数据核字(2015)第183042号

内容提要

本书内容包括:华北电力大学在2014年度发表的专文、机构与干部、党群工作与行政管理、学科与学位建设、教育教学、科学研究与产业开发、合作交流与对外联络、院系部情况、教科研设施与服务保障、规章制度建设、重要文件等。

责任编辑:张文佳　　责任终审:劳国强
责任监印:张　可　　封面设计:锋尚设计

出版发行:中国轻工业出版社(北京东长安街6号,邮编:100740)
印　　刷:三河市万龙印装有限公司
经　　销:各地新华书店
版　　次:2015年8月第1版第1次印刷
开　　本:880×1230　1/16　　印张:40.5
字　　数:1600千字　　插页:8
书　　号:ISBN 978-7-5184-0551-0　　　定价:298.00元
邮购电话:010-65241695　传真:65128352
发行电话:010-85119835　85119793　传真:85113293
网　　址:http://www.chlip.com.cn
Email:club@chlip.com.cn
如发现图书残缺请直接与我社邮购联系调换
150274Z2X101HBW

《华北电力大学年鉴 2014》
编撰人员名单

审　　定：刘吉臻

主　　编：孙忠权

副 主 编：陈　军　张德安

执行主编：王振华　黄义国

特约编审：（按姓氏笔画排列）

丁相宝　丁常富　马小勇　马永光　王秀梅　王佃启　王迎新　王保义　王集令
王聚芹　牛东晓　仇必鳌　毕天姝　曲　涛　任金锁　刘　石　刘　斐　刘云鹏
刘观起　刘志远　刘宗歧　刘秋霞　刘晓峰　杜小泽　李　东　李庆民　李迎春
李庚银　李春祥　李秋夫　杨万华　杨实俊　杨晓忠　吴乐为　吴克河　汪庆华
沈长月　沈剑飞　张天兴　张文建　张建军　张晓宏　张栾英　张瑞雅　张新娟
陆道纲　陈　军　陈　志　陈　武　陈立伟　武彦军　苑英科　范　立　范孝良
范寒松　林　红　林长强　周　泽　房游光　赵玉闪　赵冬鸣　赵冬梅　赵秀国
胡三高　柳长安　段春明　律方成　姜　波　姚凯文　秦卓贤　夏延秋　顾雪平
顾煜炯　徐进良　高　强　高会生　郭炜煜　黄元生　黄国和　曹晓新　董长青
韩中合　谢　红　靳占兴　潘　洁　戴松元　檀勤良

特约编辑：（按姓氏笔画排列）

丁立新　马　焕　马　瑛　马同军　王　艳　王　莉　王　燕　王庆华　王志红
王彦权　王洪斌　王振华　王瑞琪　牛辰昊　尹　莎　孔凌楠　石　峥　石世平
石兵营　田　里　田明霞　史雪霏　付　萍　包跃民　冯满春　朱志媛　朱周斌
任政治　任威宇　刘　让　刘广林　刘长青　刘春磊　刘贵臣　刘跃群　汤石雨
阮艳花　孙志凌　孙翠亭　杜　欢　杜红琴　李　君　李　非　李　博　李红梅
李　青　李晶晶　李睦邻　李福顺　吴　浩　吴良器　吴学辉　何天枢　何　健
张　杨　张　科　张　清　张力晖　张安冬　张思凡　张隽贤　张湘武　张德安
陈晓蕾　陈海燕　范建明　林　林　林建华　郑　凯　郑如秉　郑志平　单田雨
赵天怡　赵友君　赵冬鸣　赵丽香　赵海鹏　赵颖涛　荆振宇　胡健强　胡舒敏
侯步蟾　班莹梅　耿江海　倪世清　徐大圣　高　洁　高　轩　高慧颖　郭程程
郭新勃　唐　成　常青云　梁婷婷　彭跃辉　葛　超　董　剑　董宏伟　董　泽
谢海洋　鄢　知　蒙玉平　赖其军　窦学欣　魏　娜　蹇文馨

华北电力大学党委书记吴志功在中组部调研座谈会上作汇报

华北电力大学校长刘吉臻在 2014 届本科生毕业典礼暨学位授予仪式上讲话

华北电力大学理事会二届二次会议在北京召开

华北电力大学完成《华北电力大学章程》制定

华北电力大学校长刘吉臻（右三）出席 2014 北京能源论坛

华北电力大学校长刘吉臻率队访问国网智能电网研究院

华北电力大学新能源电力系统国家重点实验室通过科技部验收

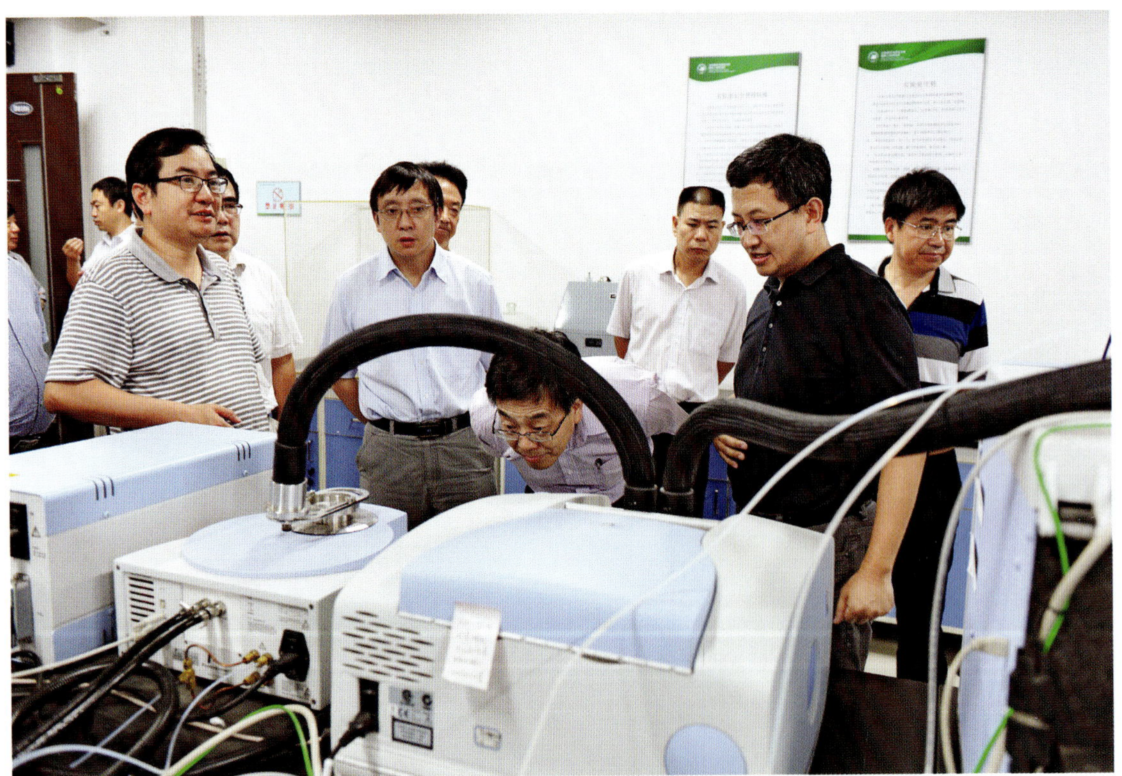

华北电力大学生物质发电成套设备国家工程实验室通过发改委验收

华北电力大学“发电过程测控新技术实验平台”与“源网联合仿真与控制实验平台”通过科技部验收

国家科学技术进步奖

证　书

为表彰国家科学技术进步奖获得者，特颁发此证书。

项目名称：大型超超临界机组自动化成套控制系统关键技术及应用

奖励等级：二等

获 奖 者：华北电力大学

中华人民共和国国务院

2014年12月12日

证书号：2014-J-217-2-04-D01

华北电力大学“大型超超临界机组自动化成套控制系统关键技术及应用”获国家科学技术进步奖二等奖

国家技术发明奖

证　书

为表彰国家技术发明奖获得者，特颁发此证书。

项目名称：气体绝缘装备特高频局部放电监测关键技术及其应用

奖励等级：二等

获 奖 者：李成榕（华北电力大学）

中华人民共和国国务院

2014年12月12日

证书号：2014-F-30802-2-01-R03

李成榕教授“气体绝缘装备特高频局部放电监测关键技术及其应用”项目获国家技术发明奖二等奖

全国示范性工程专业学位研究生联合培养基地

全国工程专业学位研究生教育指导委员会 制发

编号:MENG-SFJD-2014-08　　有效期:2014年9月-2017年8月

华北电力大学与云南电网公司共建的研究生工作站获评全国示范性工程专业学位研究生联合培养基地

华北电力大学李庚银主编的《电力系统分析基础》入选"十二五"国家级规划教材

华北电力大学崔翔主编的《信号分析与处理(第二版)》入选"十二五"国家级规划教材

华北电力大学李永平教授入选“长江学者”特聘教授并获“中国青年女科学家奖”

华北电力大学引进全球“高被引科学家”、国家杰出青年基金获得者王祥科教授

华北电力大学付忠广教授获评“全国优秀教师”

华北电力大学杜小泽教授获评“全国优秀科技工作者”

华北电力大学兵团研究院揭牌

华北电力大学与浪潮集团有限公司签署战略合作框架协议

华北电力大学与美国 OTI 公司共建 ETAP 电力系统仿真实验室揭牌

华北电力大学文件

华电校人〔2014〕12 号

关于组建环境与化学工程系的通知

校直各单位:

为适应国家社会经济可持续发展和能源环境的战略急需，更好地为国家、社会、行业创新发展提供政策咨询、技术支持和人才保障，进一步丰富和完善我校"大电力"学科体系，拓展发展空间，形成新的学科增长点，推进高水平特色型大学建设，根据学校学科规划发展需要，在环境科学与工程学院的基础上，经 2014 年第 7 次校长办公会讨论，决定在北京校部组建环境与化学工程系（简称环化系）。

环境与化学工程系学科建设由环境科学与工程学院进行统筹，行政独立建制，党群工作、学生工作暂由可再生能源学院管理。环化系暂设系综合办公室、环境工程教研室、应用化学教研室、综合实验室。环化系教师先由校内相关学科抽调。机构设置

华北电力大学组建环境与化学工程系

华北电力大学文件

华电校人〔2014〕21 号

关于成立环境研究院的通知

校直各单位:

为进一步适应国家能源环境重大需求，丰富和完善我校"大电力"学科体系，加强平台建设，凝练科学研究方向，提高人才培养质量，拓展发展空间，形成新的学科战略增长点，推进高水平特色型大学建设，经校长办公会研究，决定成立华北电力大学环境研究院。同时，撤销资源与环境研究院建制。

环境研究院优化整合校内现有环境学科相关院系、科研机构资源，对现有研究平台及仪器设备等进行整体规划、统筹管理。研究院设立联席会议制度和专家委员会分别作为研究院的决策和咨询机构，下设若干研究所；设立办公室负责日常管理和服务工作。

环境研究院人员采用专职聘用与兼职聘用相结合的方式，按

华北电力大学成立环境研究院

华北电力大学附属中学揭牌

华北电力大学附属小学揭牌

华北电力大学启动大学生社会主义核心价值观培育践行活动

华北电力大学学生创行团队获“2014 创行世界杯”大赛全球总冠军

编 辑 说 明

EDITOR'S DECLARATION

2015 卷《华北电力大学年鉴(2014)》是一部资料性工具书,由学校档案馆主持编撰。

本年鉴以学校各项事业发展为主线,采用文章和条目相结合,以概述、概况和条目为主体的编撰体例,采用语文体和记述体直陈其事,力求简明扼要且不评论。

本年鉴设有 13 个栏目,以教科研及相关内容为核心,全卷约 160 万字,共选录图片 32 幅、重要文件和规章制度各 10 个、各类统计表 66 个。各项数据以 2014 年 12 月 31 日为统计时间节点,部分统计表以各统计部门工作特点的要求为统计口径的卷内予以标注。本年鉴所录大事记等凡没有注明具体发生时间的,均使用"△"进行了标注。

本年鉴主要反映学校 2014 年 1 月 1 日至 12 月 31 日的重大事件和重要活动,记录各个领域的新成果和新进展。本卷年鉴所收录的文章、条目、图表均由学校各参编单位的年鉴特约编辑组织编写和提供。其中,各一体化办公单位的组稿实行统一编写,非一体化办公单位先分别由校部和保定校区独自撰写,后由校部对应单位统稿。所有材料经由各参编单位特约编审予以审核。

本年鉴筹稿工作于 2015 年 1 月始,3 月底结束,4 月底完成统稿审稿工作交付出版社。

本卷年鉴编撰出版工作得到了学校和参编单位领导重视和各特约编辑支持,在此谨表谢意。在编撰过程中,我们力求做到资料完整、内容翔实和数据准确。但由于年鉴编撰时间紧、涉及面广和内容庞杂等原因,加上编者水平所限,难免有疏漏或不妥之处,敬请广大师生和读者批评指正,以便勘误。

年鉴编辑部

2015 年 4 月 25 日

Editor ' s Declaration

Compiled by theNCEPU Archives Center, the 2015 Volume of *Almanac of North China Electric Power University* (*2014*) serves as a tool and reference book.

With the developmentof various university causes being the main line, this almanac takes a compiling style in which articles and items are combined, and summaries, situation descriptions and items constitute the main body. It depicts the facts and matters directly in a concise descriptive style without making any comment.

This almanac is composed of 13 sections,focusing on education, teaching, researches and related matters. The whole volume has about 1.6 million Chinese characters, 32 pictures, 10 important documents, 10 regulations, and 66 statistical charts and tables. December 31, 2014 is the statistical closing date for the various data, and marks are made for those statistical tables with different statistical calibers designed on the basis of the work characteristics of the corresponding statistical units. All the big events without specific occurrence time in this almanac are marked with " △ ".

This almanac mainly reflects the big events and important activities that took place in 2014, from January 1 to December 31, recording the new achievements and progresses in different fields andsectors. All the articles, items, photos, charts in this almanac were prepared and provided by the contributing editors from various university units. The units integrating the office work of the Beijing and Baoding campuses prepared the materials together. As regards those that had not integrated their office work, they prepared independently first, and then the corresponding units in Beijing campus did the final compilation work. All the materials had been checked by the contributing editors from various university units.

The materials collection work startedin Jan, 2015, ended in March, and by the end of April, the almanac will be sent to the publishing house after the final compilation and revision work has been completed.

Much attention has been paid by leaders of theuniversity and various compiling units to the production and publishing work of this almanac. Besides, it has also received great support from the contribution editors. Here, we would like to express our great appreciation for their help and support. In the compiling process, we try to produce an almanac with complete materials, detailed content and accurate data. However, it is inevitable to have some mistakes, omissions and errors due to the limited time, extensive subjects, complex content and the compilers' ' limited abilities. Therefore, we are pleased to receive your criticism and suggestions to make it better.

The Almanac Editorial Department
April 25, 2015

目　录

专文

校长刘吉臻发表 2014 年新年贺词（1 月 1 日）…………（3）
校长刘吉臻在第六届第二次教职工代表大会上的工作报告(2 月 21 日)…………（4）
党委书记吴志功在第六届第二次教职工代表大会闭幕式上的讲话(2 月 22 日)…………（9）
党委书记吴志功在 2014 年党风廉政建设暨纪检监察审计工作会议上的讲话(3 月 27 日）…………（11）
校长刘吉臻在 2014 届研究生毕业典礼暨学位授予仪式上的讲话(4 月 3 日)…………（13）
党委书记、体育运动委员会主任吴志功在 2014 年春季田径运动会开幕式上的讲话(5 月 23 日）…………（15）
校长刘吉臻在 2014 届本科生毕业典礼上的讲话(6 月 25 日）…………（15）
校长刘吉臻在 2014 年新生开学典礼暨教师节表彰大会上的讲话(9 月 9 日)…………（17）
校长刘吉臻在大学理事会第二届第二次会议上的工作报告…………（18）

总述

学校简介…………（25）
学校发展沿革…………（26）
2014 年概述…………（27）
2014 年概况…………（29）
2014 年华北电力大学十件大事…………（31）
2014 年大事记…………（32）

机构与干部

华北电力大学 2014 年机构设置一览表…………（45）
华北电力大学校领导…………（46）
2014 年干部任职变化情况…………（46）

党群工作与行政管理

综述…………（53）
两办工作…………（54）
组织工作…………（55）
统战工作…………（59）
宣传工作…………（61）
纪检监察工作…………（62）
学生工作…………（66）
安全保卫工作…………（74）
工会工作…………（76）
共青团工作…………（78）
离退休工作…………（81）
人事管理…………（83）
人才工作…………（85）
财务管理…………（89）
审计工作…………（91）
资产管理…………（93）
基建管理…………（94）
信息化工作…………（95）
档案工作…………（98）
招标管理…………（99）

学科与学位建设　教育教学

综述…………（103）
学科建设…………（103）
研究生教育教学…………（105）
本科生教育教学…………（107）
继续教育教学…………（109）
艺术教育教学…………（111）

科技研究与产业开发

综述 …………………………………………… (115)
科学研究 ……………………………………… (116)
产业管理 ……………………………………… (122)
高等教育研究 ………………………………… (123)
现代电力研究院建设 ………………………… (124)
学术期刊建设 ………………………………… (125)
资源与环境研究院建设 ……………………… (126)
苏州研究院建设 ……………………………… (131)

科研平台建设

综述 …………………………………………… (135)
新能源电力系统国家重点实验室建设 ……… (137)
生物质发电成套设备国家工程试验室 ……… (138)
国家火力发电工程技术研究中心 …………… (140)
电站设备状态监测与控制教育部重点实验室 ……………………………………… (141)
区域能源系统优化教育部重点实验室 ……… (143)
高电压与电磁兼容北京市重点实验室 ……… (147)
能源的安全与清洁利用北京市重点实验室 ……………………………………… (148)
工业过程测控新技术与系统北京市重点实验室 ……………………………………… (149)
低品位能源多相流动与传热北京市重点实验室 ……………………………………… (152)
北京市电力信息技术工程研究中心 ………… (153)
河北省输变电设备安全防御重点实验室 …… (154)
河北省发电过程仿真与优化控制工程技术研究中心 ……………………………………… (155)
北京能源发展研究基地 ……………………… (157)

合作交流和对外联络

综述 …………………………………………… (163)
国际合作与交流　港澳台工作 ……………… (164)
校企合作 ……………………………………… (169)
大学理事会工作 ……………………………… (172)
校友联络工作 ………………………………… (175)
基金会工作 …………………………………… (179)

院系部建设

综述 …………………………………………… (185)
电气与电子工程学院 ………………………… (187)
能源动力与机械工程学院 …………………… (190)
经济与管理学院 ……………………………… (195)
控制与计算机工程学院 ……………………… (201)
人文与社会科学学院 ………………………… (207)
外国语学院 …………………………………… (210)
数理学院 ……………………………………… (214)
环境科学与工程学院 ………………………… (217)
可再生能源学院 ……………………………… (219)
核科学与工程学院 …………………………… (222)
国际教育学院 ………………………………… (225)
体育教学部 …………………………………… (229)
思想政治理论课教学部 ……………………… (233)

教科研设施与服务保障

综述 …………………………………………… (237)
图书馆建设 …………………………………… (238)
网络与信息化工作 …………………………… (241)
工程训练中心建设 …………………………… (243)
金工实训中心建设 …………………………… (244)
后勤管理与服务 ……………………………… (245)
医疗服务 ……………………………………… (250)

规章制度建设

华北电力大学学生勤工助学管理办法 ……… (255)
华北电力大学国家助学贷款实施细则(修订) ……………………………………… (256)
华北电力大学国有资产管理办法 …………… (257)
华北电力大学仪器设备管理办法 …………… (262)
华北电力大学招标管理暂行办法(修订) …… (265)
华北电力大学研究生国家助学金管理办法 ……………………………………… (275)
华北电力大学外国留学生管理办法(暂行) ……………………………………… (276)
华北电力大学国内公务接待管理规定 ……… (278)
华北电力大学科研经费管理办法 …………… (280)

华北电力大学档案管理违法违纪行为处分规定 …… (286)

重要文件

关于对校领导工作分工进行调整的通知 …… (291)
关于校领导工作 AB 角分工调整的通知 …… (291)
关于张海波等 110 名同志专业技术职务评聘的通知 …… (291)
关于印发 2012－2013 学年度教职工考核结果的通知 …… (292)
关于成立华北电力大学招生委员会的通知 …… (294)
关于组建环境与化学工程系的通知 …… (295)
关于开展教学咨询与教学诊断的通知 …… (295)
关于成立环境研究院的通知 …… (298)
关于 2014 年教师节表彰先进的决定 …… (298)
关于印发《华北电力大学研究生奖助体系改革方案》的通知 …… (300)

统计报表与附录资料

学生基本数据情况表 …… (305)
华北电力大学 2014 年硕士研究生分专业学生数 …… (305)
华北电力大学 2014 年博士研究生分专业学生数 …… (312)
华北电力大学 2014 年普通本科分专业学生数 …… (313)
华北电力大学 2014 年在职人员攻读硕士学位分专业(领域)学生数 …… (316)
华北电力大学 2014 年成人本科分专业学生数 …… (317)
华北电力大学 2014 年成人专科分专业学生数 …… (318)
华北电力大学 2014 年外国留学生情况 …… (320)
华北电力大学 2014 年学生组织社团一览表 …… (320)
毕业生名单 …… (324)
华北电力大学 2014 年研究生获学位名单 …… (324)
华北电力大学 2014 年本科毕业生名单 …… (342)
奖励与表彰 …… (357)
华北电力大学 2014 届省市级优秀毕业生名单 …… (357)
华北电力大学 2014 届校级优秀毕业生名单 …… (359)
华北电力大学 2014 届志愿支援国家西部建设毕业生名单 …… (362)
华北电力大学 2014 级新生入学成绩优秀奖获得者名单 …… (372)
华北电力大学 2014 年学生科研获奖情况一览表 …… (374)
华北电力大学 2014 年学生学科竞赛获奖情况一览表 …… (375)
华北电力大学 2013—2014 学年度学生评优获奖名单 …… (379)
华北电力大学 2013—2014 学年度本科生先进集体和先进个人名单 …… (395)
华北电力大学 2013—2014 学年度研究生先进集体和先进个人获奖名单 …… (421)
华北电力大学 2013—2014 学年度优秀本科班主任名单 …… (428)
华北电力大学 2013—2014 学年度优秀研究生班主任名单 …… (429)
华北电力大学 2013—2014 学年度教学优秀奖获奖名单 …… (429)
华北电力大学 2013—2014 学年度社会奖教金获奖名单 …… (431)
华北电力大学 2013—2014 学年度教职工年度考核优秀名单 …… (432)
教育教学 …… (436)
华北电力大学 2014 年本科专业设置一览表 …… (436)
华北电力大学 2014 年本科课程设置一览表 …… (437)
华北电力大学 2014 年研究生课程设置一览表 …… (462)
华北电力大学 2014 年硕士学位授权点一览表 …… (502)
华北电力大学 2014 年博士学位授权点一览表 …… (504)
华北电力大学 2014 年博士后流动站一览表 …… (504)
华北电力大学 2014 年本科各省市招生执行情况表 …… (505)
教职工及师资情况 …… (507)
华北电力大学 2014 年教职工情况表 …… (507)
华北电力大学 2014 年专任教师聘请校外教师岗位分类情况表 …… (507)

华北电力大学 2014 年专任教师聘请校外教师学历(位)情况表 …………………………… (508)
华北电力大学 2014 年分学科专任教师数…… (508)
华北电力大学 2014 年研究生指导教师情况表 ……………………………………………… (509)
华北电力大学 2014 年人才接收与引进表…… (510)
科研产业与校企合作情况 ……………… (513)
华北电力大学 2014 年度中央高校基本科研业务费立项一览表 ………………………… (513)
华北电力大学 2014 年纵向科研项目立项情况一览表 …………………………………… (532)
华北电力大学 2014 年度科研项目完成情况一览表 ………………………………………… (545)
华北电力大学 2014 年科研成果及奖励情况一览表 ………………………………………… (548)
华北电力大学 2014 年科研工作各院系贡献情况一览表 …………………………………… (551)
华北电力大学 2014 年度已授权专利情况一览表 ………………………………………… (552)
华北电力大学 2014 年科研成果鉴定情况一览表 ………………………………………… (586)
华北电力大学 2014 年校企(地、校)合作情况一览表 …………………………………… (586)
2014 年华北电力大学理事会理事单位名单 ……………………………………………… (587)
2014 年华北电力大学校办企业名录 ………… (587)
人物 ……………………………………………… (590)
华北电力大学 2014 年教授名录……………… (590)
华北电力大学 2014 年两院院士名单………… (591)
华北电力大学 2014 年长江学者讲座教授名单 ……………………………………………… (591)
华北电力大学 2014 年“长江学者和创新团队发展计划”学术带头人名单 …………… (591)
华北电力大学 2014 年杰出青年科学基金获得者名单 …………………………………… (592)
华北电力大学 2014 年入选国家“百千万人才工程”名单 ……………………………… (592)
华北电力大学 2014 年突出贡献专家名单…… (592)
华北电力大学 2014 年入选“新世纪优秀人才支持计划”名单 ………………………… (592)
华北电力大学 2014 年来访情况一览表……… (594)
其他 ……………………………………………… (601)
华北电力大学 2014 年校友会理事会名单…… (601)
2014 年媒体报道索引 ………………………… (603)
2014 年华北电力大学出版物名单 …………… (604)
索引 ……………………………………………… (605)

CONTENTS

SPEECHES AND ARTICLES ON CERTAIN TOPICS

2014 New Year Greetings, delivered by President Liu Jizhen. (January 1, 2014) ………………………… (3)
Speech at theSecond Session of the Sixth Teaching and Administrative Deputy Committee of NCEPU, delivered by President Liu Jizhen. (February 21, 2014) … (4)
Speech at theClosing Ceremony of the Second Session of the Sixth Teaching and Administrative Deputy Committee of NCEPU, delivered by Wu Zhigong, Secretary of the University Party Committee. (February 22, 2014) …………………………………………………… (9)
(March 27, 2014) ……………………………… (11)
Speech at the 2014 Graduation and Degree Awarding Ceremony for Postgraduates, delivered by President Liu Jizhen. (April 3, 2014) ……………………… (13)
Speech at the Opening Ceremony for the 2014 NCEPU Spring Sports Meet, delivered by Wu Zhigong, Secretary of the University Party Committee and Chairman of Sports Committee. (May 23, 2014) …………………… (15)
Speech at the 2014 Graduation Ceremony for Graduates, delivered by President Liu Jizhen. (June 25, 2014) …………………………………………………… (15)
Speech at the School - opening Ceremony for the 2014 Freshmen and theTeachers' Day Commending Meeting, delivered by President Liu Jizhen. (September 9, 2014) …………………………………………………… (17)
Work Report at the Second Session of the 2nd Council of NCEPU, delivered by President Liu Jizhen. …… (18)

OVERALL REVIEW

University Profile ……………………………… (25)
History of 50 Years of Change ………………… (26)
Summary of 2014 ……………………………… (27)
Basic Facts of 2014 …………………………… (29)
Top 10 Events for NCEPU in 2014 …………… (31)
Memorabilia in 2014 …………………………… (32)

ORGANIZATIONS AND LEADERS

NCEPU Structure ……………………………… (45)
Party and Executive Leaders of NCEPU ………… (46)
Personnel Changes in 2014 …………………… (46)

INFLUENCE OF THE RELATIONS BETWEEN THE PARTY AND THE MASSES ON ADMINISTRATION

Comprehensive Description ……………………… (53)
Work of General Administration and Party Committee …………………………………………………… (54)
Organizational Work …………………………… (55)
United Front Work ……………………………… (59)
Publicity Work ………………………………… (61)
Discipline Inspection and Supervision Work …… (62)
Student Affairs ………………………………… (66)
Security Work …………………………………… (74)
Union Work ……………………………………… (76)
Communist Youth League Work ………………… (78)
Retirement Work ………………………………… (81)
Personnel Management ………………………… (83)
Talent Management Work ……………………… (85)
Financial Management ………………………… (89)
Auditing Work ………………………………… (91)
Property Management …………………………… (93)
Capital Construction Management ……………… (94)
Information Management and Construction Planning Work …………………………………………………… (95)

Archives Work ······ (98)
Tender Management ······ (99)

EDUCATION,TEACHING AND ACADEMIC SUBJECTS BUILDING AND DEGREE MANAGEMENT DEGREE AFFAIRS

Comprehensive Description ······ (103)
Discipline Construction ······ (103)
Postgraduate Education ······ (105)
Undergraduate Education ······ (107)
Continuing Education ······ (109)
Art Education and Teaching ······ (111)

SCI - TECH RESEARCH AND INDUSTRIAL DEVELOPMENT

Comprehensive Description ······ (115)
Science and Technology Management ······ (116)
Sci - tech Industry Management ······ (122)
Higher Education Research ······ (123)
Construction of Modern Electric Power Research Institute ······ (124)
Academic Periodical Building ······ (125)
Construction of Resources and Environment Research Institute ······ (126)
Construction of Suzhou Graduate School ······ (131)

CONSTRUCTION OF RESEARCH PLATFORM

VOverall Description ······ (135)
The National Key Laboratory of New Energy Power System ······ (137)
The National Engineering Laboratory of Biomass Power Generation Equipment ······ (138)
The National Research Centre of Thermal Power Generation Technology ······ (140)
The Key Laboratory of Ministry of Education for Power Station Equipment Condition Monitoring and Control ······ (141)
The Key Laboratory of Ministry of Education for Regional Energy System Optimization ······ (143)
The Beijing Municipal Key Laboratory of High Voltage and Electromagnetic Compatibility ······ (147)
The Beijing Municipal Key Laboratory of Safe and Clean Use of Energy ······ (148)
The Beijing Municipal Key Laboratory of New Technology and System for Industrial Process Measurement and Control ······ (149)
The Beijing Municipal Key Laboratory of Multiphase Flow and Heat Transfer for Low Grade Energy ······ (152)
The Beijing Engineering Research Centre of Electric Power Information Technology ······ (153)
The Hebei Provincial Key Laboratory for Security of Power Transmission and Transformation Equipment ······ (154)
The Hebei Provincial Research Centre of Process Simulation and Optimal Control of Power Generation ······ (155)
The Beijing Energy Development Research Centre ······ (157)

COOPERATION, EXCHANGE AND FOREIGN CONNECTIONS

Comprehensive Description ······ (163)
International Cooperation and Exchange ······ (164)
School - enterprise Cooperation ······ (169)
The University Council Work ······ (172)
Alumni Contact Work ······ (175)
Foundation Management ······ (179)

CONSTRUCTION OF SCHOOLS, INSTITUTES AND DEPARTMENTS

Comprehensive Description ······ (185)
School of Electric Power and Electronic Engineering ······ (187)
School of Power and Mechanical Engineering ······ (190)
School of Economic Administration ······ (195)
School of Control and Computer Science ······ (201)
School of Humanities and Social Science ······ (207)
School of Foreign Languages ······ (210)
School of Mathematics and Physics ······ (214)

School of Environmental Science and Engineering ······ (217)
School of Renewable Energy ······ (219)
School of Nuclear Science & Engineering ······ (222)
International Education College ······ (225)
Department of Physical Education ······ (229)
Ideological and Political Theory Course Instruction ······ (233)

INFRASTRUCTURE AND SERVICE GUARANTEE

Comprehensive Description ······ (237)
Library Building ······ (238)
Net and Information Work ······ (241)
Construction of Engineering Training Center ··· (243)
Construction of Metalworking Practice and Training Center ······ (244)
Logistic Service and Management ······ (245)
Medical Service ······ (250)

RULES AND REGULATIONS BUILDING

Methods of NCEPU on Managing Students Work – study Programs ······ (255)
Implementing Rules of NCEPU on National Student Loans (Revised) ······ (256)
Methods of NCEPU on Managing State Assets ······ (257)
Methods of NCEPU on Managing Instruments and Equipment ······ (262)
Temporary Methods of NCEPU on Bidding Management (Revised) ······ (265)
Methods of NCEPU on Managing National Stipends for Postgraduates ······ (275)
Methods of NCEPU on Managing Foreign Students (Temporary) ······ (276)
Management Regulations of NCEPU on DomesticReception for Public Affairs ······ (278)
Methods of NCEPU on ManagingResearch Funds ······ (280)
Regulations of NCEPU on Punishing Misbehaviors in Archives Management ······ (286)

IMPORTANT NOTICES

Notice on Adjusting the Work for University Leaders ······ (291)
Notice on Adjusting the Mutual Replacement Work for University Leaders ······ (291)
Notice on Evaluating andAppointing Professional Technical Titles to Zhang Haibo and other 109 Comrades ······ (291)
Notice on Printing and Distributing the Staff Evaluation Results for the 2012 – 2013 School Year ······ (292)
Notice on Establishing Enrolling Committeeof NCEPU ······ (294)
Notice on BuildingSchool of Environment and Chemical Engineering ······ (295)
Notice onOrganizing Teaching Consultation and Diagnosis ······ (295)
Notice on FoundingSchool of Environment and Chemical Engineering ······ (298)
Decision to Commend the Excellent on the 2014 Teachers' Day ······ (298)
Notice on Printing and Distributing *Reform Scheme of NCEPU on Scholarships and Stipends for Postgraduates* ······ (300)

STATISTICAL STATEMENTS AND APPENDICES

Basic Data of Students ······ (305)
Numbers of Postgraduates of Different Majors in 2014 ······ (305)
Numbers of Doctoral Candidates of Different Majors in 2014 ······ (312)
Numbers of Undergraduates of Different Majors in 2014 ······ (313)
Numbers of On – job Postgraduates of Different Majors in 2014 ······ (316)
Numbers of Adult Undergraduates of Different Majors in 2014 ······ (317)
Numbers of Non – degree Professional Adult Students of Different Majors in 2014 ······ (318)
List of Foreign Students of NCEPU in 2014 ······ (320)
List of Student Organizations and Clubs of NCEPU ······ (320)

List of Graduates ······························· (324)
List of Graduates with Master's Degrees and Doctor's Degrees of NCEPU in 2014 ······················ (324)
List of Graduates with Bachelor's Degrees of NCEPU in 2014 ·· (342)
AWARDS AND APPRAISAL ················· (357)
List of Provincial and Municipal Level Excellent Graduates of NCEPU in 2014 ························ (357)
List of University Level Excellent Graduates in 2014 ·· (359)
List of NCEPU Graduates Volunteering to Go To the West and Support the Construction of that Region in 2014 ·· (362)
List of NCEPU Freshmen Granted the Prize of Outstanding Performance in the College Entrance Examination in 2014 ·· (372)
List of Social Awards Won by NCEPU Students in Research in 2014 ···································· (374)
List of Awards Won by Students of NCEPU in Discipline Competitions in 2014 ·························· (375)
List of Excellent Award Winners in Students Appraisal in the 2013 - 2014 School Year of NCEPU ········ (379)
List of Advanced Undergraduate Classes and Advanced Undergraduatesin the 2013 - 2014 School Year of NCEPU ·· (395)
List of Advanced Postgraduate Classes and Advanced Postgraduates of NCEPU in the 2013 - 2014 School Year of NCEPU ·· (421)
List of Excellent Undergraduate Head Teachers of NCEPU in the 2013 - 2014 School Year of NCEPU ·· (428)
List of Excellent Postgraduate Head Teachers of NCEPU in the 2013 - 2014 School Year of NCEPU ······ (429)
List of Excellent Teaching Award Winners in the 2013 - 2014 School Year of NCEPU ···················· (429)
List of Social Research Grant Winnersin the 2013 - 2014 School Year of NCEPU ···························· (431)
List of Teachers Evaluated as Excellent Performance in the 2013 - 2014 School Year of NCEPU ········ (432)
EDUCATION AND TEACHING ··············· (436)
Table of the Specialty - setting Systems for Undergraduate Programs of NCEPU in 2014 ················· (436)
List of Undergraduate Courses of NCEPU in 2014 ·· (437)
List of Postgraduate Courses of NCEPU in 2014 ·· (462)
List of Units Authorized to Grant Master's Degrees of NCEPU in 2014 ································ (502)
List of Units Authorized to Grant Doctor's Degrees of NCEPU in 2014 ································ (504)
List of Mobile Centers for Post - doctoral Research of NCEPU IN 2014 ································ (504)
Table of NCEPU on Undergraduate Enrollment in Different Provinces and Municipal Cities in 2014 ······ (505)
STAFF AND TALENTS ······················· (507)
Basic Facts on Teaching and Administrative Staff of NCEPU in 2014 ································ (507)
Basic Facts on Classification of Positions for Full - time and Part - time Teachers of NCEPU in 2014 ··· (507)
Formal Academic Credentials and Degrees Held by Full - time and Part - time Teachers of NCEPU in 2014 ·· (508)
Numbers of Full - time Teachers of Different Disciplines of NCEPU in 2014 ······························ (508)
Basic Facts on Postgraduate Tutors of NCEPU in 2014 ·· (509)
Table of NCEPU on Talents Reception and Recruitment in 2014 ·· (510)
SCIENTIFIC RESEARCHES AND COOPERATION BETWEEN NCEPU AND ENTERPRISES ··· (513)
Table of NCEPU on "Fundamental Research Funds for the Central Universities" Establishment in 2014 ·· (513)
Table of Longitudinal Research Project Establishment in 2014 of NCEPU ································ (532)
Table of Completed Research Projects in 2014 of NCEPU ·· (545)
Table of Research Achievements and Awards in 2014 of NCEPU ·· (548)
Table of Research Contributions from Different Schools and Departments of NCEPU In 2014 ··········· (551)
List of Authorized Patents in 2014 of NCEPU ·· (552)
Table of NCEPU on Research Results Evaluation in 2014 ·· (586)
Table of Cooperation between NCEPU and Enterprises in 2014 ·· (586)
List of Members of the 2014 University Council of NCEPU ·· (587)
List of Enterprises Sponsored and Operated by NCEPU in

2014 …………………………………………………… (587)
OUTSTANDING PERSONAGE …………… (590)
List of Professors ………………………………… (590)
List ofAcademicians of NCEPU in 2013 ……… (591)
List of Cheung Kong Scholars of NCEPU in 2014 …………………………………………………… (591)
List of NCEPU Lead Researchers of "the Program for Changjiang Scholars and Innovative Research Team in University of Ministry of Education of China" in 2014 …………………………………………………… (591)
List of NCEPU Winners of China National Funds for Distinguished Young Scientists in 2014 …………… (592)
List of NCEPU Talents Supported by the National "Bai - Qian - Wan Talents Engineering" in 2014 …… (592)
List of NCEPU State - ranking Experts with Outstanding Contribution in 2014 ……………………………… (592)
List of NCEPU Talents Supported by the Program for New Century Excellent Talents in Universities in 2014 …………………………………………………… (592)
List of Visitors to NCEPU in 2014 …………… (594)
OTHERS ……………………………………… (601)
List of Members of NCEPU Alumni Association Council in 2014 ………………………………………… (601)
Index to Media Reports on NCEPU in 2014 … (603)
List of NCEPU Publications in 2014 ………… (604)
INDEX ………………………………………… (605)

□专文

SPEECHES AND ARTICLES ON CERTAIN TOPICS

校长刘吉臻发表2014年新年贺词

（1月1日）

老师们、同学们、朋友们：

在这辞旧迎新的美好时刻，我谨代表学校党委和行政，向全校师生员工，向全体离退休老同志，向海内外广大校友，向所有关心、支持和帮助华北电力大学建设与发展的各级领导、各界朋友，致以节日的问候和最美好的新年祝福！

2013年是华北电力大学事业发展不平凡的一年，是锐意进取、改革创新的一年，是以人为本、凝心聚力的一年。学校深入开展党的群众路线教育实践活动，把“为民务实清廉”转化为全校党员干部建设高水平大学的内在动力，全面加强党员干部作风建设。大学理事会顺利换届，七大电力央企与中电联共同组成第二届华北电力大学理事会，形成了全行业支持学校办学的新格局。学校以建校55周年为契机，举办了一系列形式多样内容丰富的庆祝活动，进一步凝聚了人心，树立了形象，坚定了全校师生建设高水平大学的信念与决心。

一年来，学校积极推行“大人才”发展战略，不断提高学科建设水平。培养和引进了一批包括“973”首席科学家、“千人计划”、“万人计划”、“长江学者”在内的高层次人才。学科排名稳步上升，电气工程、动力工程及工程热物理等一批重点学科在国家学科排名又有了新的提升。

一年来，学校人才培养硕果累累。学校不断深化教育教学改革，不断加强教学硬件条件和学术软环境建设，强化教育教学过程管理，国家级精品课程、省部级教学成果奖、教学名师、实验教学示范中心又有较大的增长，学生创新创业能力又有新的提升。广大学生积极向上、刻苦学习，获得全国百篇优秀博士论文提名，积极参与党团、社会公益和科技文化体育活动，在“中国梦”宣讲、红色“1+1”、全国数学建模竞赛、“挑战杯”全国大学生课外学术科技作品竞赛、全国青年科普创新大赛、“圆梦中国”社会实践活动、国际青少年合唱节比赛、世界大学生运动会、全国大学生锦标赛、中国大学生足球联赛、中国大学生篮球联赛等一系列活动中屡创佳绩，为学校赢得了荣誉。学生的国际校际交流、出国深造人数稳步增长，毕业生就业率和就业质量继续保持在教育部直属高校的前列。

一年来，学校科技创新捷报频传。学校加强内涵建设，积极参与到国家和行业科技创新体系当中，着力增强科技创新能力，获得国家科技进步二等奖、教育部科技进步一等奖、中国电力科学技术一等奖等一批标志性创新成果，科技论文发表及科学引文索引在全国高校排名稳步提高。两个重点建设平台以优秀成绩通过验收，新增两个北京市重点实验室。“新能源电力系统国家重点实验室”建设进展顺利，被认定为“新能源电力系统国际科技合作示范基地”。

一年来，学校各项改革稳步推进。学校积极推进以绩效考核为核心的劳动人事制度改革，推进干部选拔任用培训制度的创新，以优秀成绩通过北京市“平安校园”检查验收，教辅后勤支撑保障能力不断增强，保证了学校的和谐稳定与科学发展。

学校继续坚持走校企合作兴校之路，加快国际化教育的步伐。学校连续四年每年新增一个“学科创新引智基地”，华北电力大学基金会合同额首次突破亿元大关，与美国西肯塔基大学联合举办的孔子学院被评为先进孔子学院。

学校发展取得的点滴成就，凝聚着各级领导的关心与支持，凝聚着社会各界的帮助和厚爱，凝聚着广大校友的深情与厚意，更凝聚着全体师生员工的智慧和心血。在此，我代表学校向大家表示最崇高的敬意和最衷心的感谢！

成就励人前行，蓝图催人奋进。在新的一年里，我们要深入贯彻落实十八届三中全会精神，凝神聚气，继续坚持“学科立校、人才强校、科研兴校、特色发展”的十六字办学方针；科学谋划，坚持内涵发展，深化内部管理体制改革，努力提高科技创新能力和人才培养质量。学校将以大学章程制定为契机，完善中国特色现代大学制度体系。学校将着力推进“电力科学与工程985优势学科创新平台”建设和“新能源电力系统国家重点实验室”建设，着力推进“智能电网协同创新中心”建设，加快国际化办学步伐，不断推动学校整体实力的稳步提升。

站在新的起点，前景海阔天空；面对新的任务，任重而道远，在实现中华民族伟大复兴“中国梦”的宏伟事业中，我们华电人也有不懈追求的“华电梦”，那就是早日把学校建设成为一所国内一流、在国际上有重要影响的高水平大学，为国家、为民族做出我们应有的贡献。美好梦想的实现，不是一时之功，需要我们为之不懈努力，共同奋斗，让我们在新的一年里，脚踏实地，真抓实干，为实现高水平大学建设目标的“华电梦”而努力奋斗！

最后，祝愿全体老师、同学、广大校友、各界朋友在新的一年里身体健康，阖家幸福，心想事成。

全面构建现代大学制度持续推进高水平大学建设

校长刘吉臻在第六届第二次教职工代表大会上的工作报告

（2月21日）

各位代表、同志们：

华北电力大学第六届第二次教职工代表大会的主要任务是：学习贯彻党的十八届三中全会精神，巩固党的群众路线教育实践活动成果，坚定信心，凝聚共识，以改革创新的精神全面构建具有竞争力的现代大学制度，持续推进高水平大学建设。

下面，我代表学校作工作报告，请各位代表审议。

一、2013年工作回顾

（一）党的群众路线教育实践活动

学校按照中央和教育部统一部署，紧紧围绕“为民务实清廉”要求，深入扎实开展党的群众路线教育实践活动。活动立足学校实际，与贯彻落实学校第一次党代会和“十二五”规划确定的战略任务相结合，聚焦领导班子和干部存在的“四风”方面的突出问题，通过召开座谈会、深入基层走访等多种形式广泛认真听取师生意见、对照检查，深入开展批评与自我批评，认真制定整改方案，找准穴位、明确任务，解决问题、增进团结，促进了领导班子和干部队伍建设，取得了良好成效。

（二）学科建设

学校全面加强学科内涵建设。启动了新一轮学科建设的调研和规划论证工作，以学院为单位对学校23个一级学科进行了专项调研，为下一步的学科规划工作奠定了基础；成立了文科建设工作小组，调研并起草文科建设规划方案。省级重点学科建设成果丰硕，电气工程、技术经济及管理、清洁能源学3个学科验收结果优秀，优秀率达43%。

（三）人才队伍建设

学校深入实施“大人才”发展战略，着力推进师资、干部、员工三支队伍的建设。创新人才工作体制机制，独立设置人才工作办公室，初步建立了集人才计划、执行与评价三位一体的人才工作体系。继续推进和深化劳动人事制度改革，优化聘任制度设计，强化以绩效考核为导向的激励制度，调动了教师的工作积极性。

加大人才工作力度，实施高层次引进人才绩效跟踪报告制度；年度引进3名“千人计划”学者、1名“973”首席科学家、1名国家杰出青年基金获得者；申报获批包括“千人计划”学者、“长江学者”特聘教授、百千万人才国家级人选、中青年科技创新领军人才等在内的各类人才计划共53人次。加大青年教师的培养力度，完成全员岗位分级聘任和专业技术岗位人员聘期考核工作，启动新一轮“创新人才支持计划”。

（四）教育教学

学校不断深化教育教学改革，强化教育教学过程管理，稳步提升人才培养质量。全面修订《本科专业人才培养方案》，深入实施“卓越工程师计划”。加强本科教学工程三级体系建设，3门课程入选国家级精品视频公开课和资源共享课，2部教材入选省部级精品教材；新增国家级及省级实验教学示范中心各1个，省部级示范性校内创新实践基地1个，2个国家级和6个省部级实验示范中心通过验收。启动教师教学能力提升工作，构建三级教学名师资源体系，2名教授被评为北京市教学名师，教学团队建设项目入选教育部示范项目。编制《本科教学质量年度报告》，推进本科生学业预警与课业辅导；正式启用校部金工实训中心。以“质量”与“创新”为主题，进一步提高研究生培养质量和核心竞争力，强化研究生学术交流；推进与新疆生产建设兵团联合培养研究生工作；新增北京市国内外联合培养研究生基地。

教育教学质量成效显著。1篇学位论文获得全国百篇优博提名，8项成果获省部级高等教育教学成果奖，13个项目获省部级教改立项。学生创新创业能力又有新的提升，全国大学生数学建模大赛一等奖获奖数目跃居全国首位，“绿色电力美丽中国行”荣获团中央专项社会实践活动先进团队奖。群众性体育运动蓬勃开展，艺术教育国际化工作进一步推进，在高水平运动竞赛及艺术大赛中屡获佳绩，获得中国大学生足球联赛北区（校园组）冠军。学校生源质量整体呈良好的上升趋势，就业率和就业质量持续保持在较高水平。

（五）科学研究

学校进一步完善科研管理制度体系，增强科技创新能力，提升学校办学实力。科研经费继续增长，年度科研经费达5.71亿元；承担国家重大专项、三大科技计划项目及国家自然科学基金项目120项；“新能源电力系统国家重点实验室”顺利通过首次国家评估，被认定为“新能源电力系统国际科技合作示范基地”；火力发电国家工程技术研究中心以优秀成绩通过验收，北京市能源发展研究基地再次评估优秀。新增2个北京市重点实验室和1个河北省文科重点研究基地；稳步推进“智能电网协同创新中心”建设与认定申报工作；完善大学科技园管理体制和运行模式。

科研成果的数量和质量双线提升，科技论文发表在全国高校排名持续攀升。获国家科技进步奖二等奖1项、教育部科技进步奖一等奖1项、中国电力科学技术奖一等奖2项、河北省社会科学优秀成果奖一等奖1项；专利申请和授权数量不断增加，获北京市专利示范单位；科技成果转化与产业化工作取得新的进展。

（六）合作交流

大学理事会工作取得重大突破，成功组建以国家电网公司等七大电力央企及中电联、华北电力大学九家单位组成的第二届大学理事会，为学校“校企合作兴校之路”战略的落实构建了长效工作机制，形成了全行业支持学校办学的新格局。学校与新疆生产建设兵团、中国大唐集团、英大传媒集团、英利集团、济南市等加强合作；参与发起成立了北京能源协会，加快能源电力智库建设；成功举办第三届“现代能源发展论坛”；以“校友创新创业研发中心”为载体，积极拓展校友企业合作项目；鼓励科技成果产业化，孵化科技型企业2家。

引智工作获得进展，新增1个、滚动支持1个“高等学校学科创新引智基地”，我校“111”引智基地总数达到4个。电气工程及其自动化中外合作办学项目成功通过教育部评估；上海合作组织大学能源学科引智工作继续推进；与剑桥大学共建“全球可持续发展中心”；与美国西肯塔基大学联合举办的孔子学院被评为先进孔子学院。学校继续教育工作保持良好的发展势头，电力行业远程继续教育网络平台建设初见成效；教育基金会合同额首次突破亿元大关。

（七）学生工作

扎实有效地开展大学生党建与思想政治教育品牌活动，深入推进“中国梦宣讲”、“红色1+1”、“绿色通道1+1”、“对话成长”、“绿色氧吧”朋辈辅导、“前沿 & 创新”学术论坛等活动。加强专兼职学工干部队伍建设，开展了学工干部“磐石计划”，推动了辅导员队伍与思政课专业教师的交流与合作，加强了研究生师生协同化教育管理队伍建设，编撰完成了学生工作干部系列工作手册，不断提升学工干部业务素质和科研水平；通过多项措施深入推进学业辅导，切实加强学风建设；加强学生党团组织、学生社团、班集体、宿舍等基层组织建设；实施研究生项目经理制，获首都高校大学生思想政治教育工作实效奖二等奖。

（八）条件保障

深化后勤管理体制改革，加大管理工作力度，进一步提高服务质量和水平。推进“校园一卡通”工程建设，完成无线校园网二期工程、大学网站群平台项目和网络信息监督管理与安全防控体系建设；加强大型贵重仪器设备共享及实验室技术安全管理，完善招投标管理信息系统及内控制度建设；加入北京高科大学联盟图书馆，参与文献资源共建共知共享；完成了档案标准化制度、档案信息化、档案设备购置与库房改造工作；进一步改善师生就医环境，增强服务师生健康的综合能力。

校园规划与建设扎实推进。北京校部校园总体规划修编完成，校园基础设施进一步改善，节能降耗取得新成效，荣获“北京高校节能先进学校”；14号学生公寓如期开工，主楼A、G座建设前期工作启动；保定二校区实验综合楼及室外工程建设竣工，二校区集中供热改造工程完成并投入使用。进一步强化了财务管理工作，财务状况良好，国有资产持续得到保值增值，保证了学校重点工作与重大建设项目的投入，教职工收入持续稳步增长。

（九）党建与思想文化建设

以培养和造就一支充满学习热情和创新活力、具有实干精神和实践能力的干部队伍为目标，大力推进干部教育培训工作，形成干部教育整体培训体系；加强基层党组织规范化、制度化建设；不断推进党风廉政和反腐败体系建设，继续深化专项领域的防控监督工作，加强科研经费审查管理；加强离退休干部工作，不断增强学校的凝聚力和向心力。

深入学习宣传党的十八大和十八届三中全会精神，积极把握正确舆论导向，不断加强和改进思想政治工作；加大宣传和文化建设工作力度，提高学校的知名度和影响力；深入开展“我的梦·中国梦”主题教育活动；高等教育研究不断加强；大学章程起草工作有序推进；以建校55周年校庆为契机，隆重而简朴地开展了一系列丰富多彩的文化科技体育活动；深化学校民主政治建设和教代会制度、文化内涵建设，提升服务水平；以优秀成绩通过北京市“平安校园”检查验收，保证了学校的和谐稳定。

各位代表、同志们，过去的一年里，广大教职员工众志成城，团结奉献，努力工作，在推动学校各项事业发展的进程中做出了突出贡献。在此，我代表学校领导班子向广大教职员工表示崇高的敬意和衷心的感谢！

二、构建现代大学制度　推进高水平大学建设

各位代表、同志们，本次教代会的主题是：全面构建现代大学制度，持续推进高水平大学建设。

党中央、国务院和教育部高度重视现代大学制度建设。2010 年颁布的《国家中长期教育改革和发展规划纲要》提出了完善中国特色现代大学制度、加强大学章程建设的重要任务。为促进高等学校依法治校、科学发展，2011 年教育部以第 31 号“教育部令”的形式发布了《高等学校章程制定暂行办法》。《办法》要求高等学校把章程作为依法自主办学、实施管理和履行公共职能的基本准则，并以章程为依据制定内部管理制度及规范性文件，实施办学和管理活动、开展社会合作。2013 年，教育部提出了“加快建设中国特色现代大学制度”的明确要求，对有关工作进行了具体部署。按照教育部的要求，我校要在 2014 年底全面完成大学章程的制定和核准工作。本次教代会将《华北电力大学章程（教代会讨论稿）》提请代表们审议。

总结和回顾学校建校五十多年的发展历程，我们可以看到，学校多年来始终高度重视办学思想的创新与制度体系的建设，并注重在办学实践中把理念转化为制度，以制度保证各项工作的推进、形成工作的成果和办学的特色，这是我们多年办学实践的宝贵经验，也是学校新世纪以来取得跨越式发展的一个重要因素。学校在办学思想上提出了“办一所负责任大学”的办学理念和“学科立校、人才强校、科研兴校、特色发展”十六字办学方针；在办学体制上建立了大学理事会与教育部共建的创新机制；在学科建设上构建了“大电力”学科体系；在人才队伍建设上提出了“大人才”发展战略以及“用好、培养、引进”三种人才等一系列人事制度；在教育教学工作上，形成了“四模块”实践教学体系、“研究生工作站”培养模式、名师担任班主任、学生学业预警等教育教学工作制度；在科研管理工作中实施了优劳优酬、绩效考核制度；在干部建设上建立了竞争上岗、干部轮岗、学术回归、干部问责等干部管理制度。这些办学的理念、思路及工作制度，多年来对于促进学校事业的发展起到了显著的推动作用。

与此同时，我们也要看到，学校在一定程度上也存在着制度不完善、制度不配套、制度不衔接、程序不规范以及某些领域的工作无章可循、有章不循、违章不究等现象，这些问题成为制约或阻碍学校事业进一步发展的瓶颈和障碍。

毛泽东同志说，政策和策略是党的生命。学校通过多年的办学实践证明：建立一整套好的制度是学校发展的根本之所在，也是一项长期的、持续的、需要不断完善的基础性工作。现代大学制度的建设，不仅要在办学过程中建立健全一系列学校工作的制度体系，而且作为一个面向社会依法自主办学的独立法人实体，大学如何在政府的宏观调控下实施民主管理、全面落实作为法人实体和办学主体所具有的责、权、利，推进、发扬学术民主，处理好各种权力的关系，以及坚持校务公开、政务公开、接受社会各方监督等，这些都是现代大学制度建设的重要内容。这样一种现代大学制度的构建与高水平大学的建设目标是密不可分的，是学校建设高水平大学、实现“华电梦”的必由之路。因此，在高水平大学建设发展的进程中，必须形成用制度来保证事业发展的工作理念和体制机制：要在办学实践中不断把大家的共识和智慧凝结成为思想、制度，对长期以来在工作实践中行之有效的理念和做法总结、提炼、保存下来形成制度，对未来学校各方面工作的改革创新通过建章立制形成制度。只有这样，才能保证学校的管理在一种有效的制度框架中有序进行，才能不断规范约束办学行为、调动广大师生员工的积极性、保护与促进改革成果、形成工作标准与问责机制，保障与推动学校事业持续、稳定地向前发展。

各位代表、同志们：站在学校新的发展起点，我们要更加深刻地认识学校发展的目标以及所处的内外环境，牢牢地把握发展机遇。当前，中国高等教育要实现由大到强的重大转折，能源电力行业更是以日新月异的速度在飞速发展，大力开发利用新能源、发展智能电网、应对环境污染已成为当今能源电力发展的主题。高等学校以创新人才培养和科技创新能力为标志的核心竞争力正在比拼与形成新的竞争格局。我校新一届理事会的组建，给学校在一流的平台上实施与科技创新实体的协同创新、获取新的发展奠定了良好基础。在这样的机遇面前，学校应该大有作为，也可以大有作为。这个发展阶段也更加需要用制度的建立和完善来组织和动员全校的力量，以制度解放生产力、激发创造力、凝聚战斗力，以制度创新来破解

发展中的问题与障碍，形成推动学校事业发展的不竭动力。

三、2014 年重点工作

2014 年，是学校全面贯彻落实十八届三中全会精神、实现学校第一次党代会和“十二五”规划战略目标任务的攻坚之年。学校工作的总体思路是：以改革创新为动力，以制度建设为保障，以内涵发展、提高质量为核心，全面提升，重点突破，持续推进我校高水平大学建设。

（一）以大学章程制定为核心，全面完善学校管理制度体系

按照教育部的总体部署，结合我校办学实际和特色，高质量完成《华北电力大学章程》的制定工作，并上报教育部核准；结合党的群众路线教育实践活动的要求，以新的大学章程制定为契机，全面建章立制，修订、完善、新建并废止一批管理工作制度，在行业参与学校发展、创新拔尖人才培养、科技创新、劳动人事制度、学术组织建设、干部队伍等方面锐意改革，勇于创新，以制度建设为着力点，形成科学、合理、先进、有效的现代大学管理体系。

（二）全面规划、重点突破，推进学科建设再上新台阶

突出学科建设的顶层设计，切实做好学科建设规划工作。制订科学合理的学科中长期发展战略，出台工科、理科和文科的学科建设发展规划，不断丰富和完善“大电力”学科体系；加强重点学科和学科重大建设项目的论证、整合、遴选工作；启动新一轮北京市、河北省重点学科建设及新一轮硕士专业学位授权点增列工作；完善重点学科建设的质量评估指标体系，推进学科建设管理的信息化进程。

（三）深化“大人才”战略，加强人才工作的制度化、科学化建设

启动各类人员队伍的总体规划和年度计划；以学术导向和“重岗位、重水平、重贡献”的原则，修订和完善专业技术职务评聘制度；开展分层次、分类别的教职员工培训工作，着力加强青年教师的职业培训；全面规范人事代理及外聘员工的综合管理，确保依法用工；进一步修订人才招聘、博士后管理、青年骨干教师出国选派等工作制度；完善教职工收入分配体系。进一步完善人才引进和培育的体制机制，着力引进国家重点实验室及能动、核、环化、可再生等学校重点发展学科的急需人才，加强引进人才、用好人才、服务人才的制度环境建设。

（四）全面深化教育教学改革，完善高层次创新人才培养的体制机制

根据教育部《卓越工程师教育培养计划通用标准》，与校理事会共同研究制定行业标准和学校标准，启动大学理事会人才培养委员会工作；继续探索创新人才培养模式，特别是拔尖创新人才的选拔、培养机制，制定创新人才培养行动计划；做好“卓越计划”项目验收准备工作；强化实践育人，加强高水平实践教学平台建设；健全专业动态调整机制，加强专业内涵建设，进一步完善转专业制度。建立学校教学基本状态数据信息系统；继续完善学业学籍预警机制；做好本科教学审核评估的研究论证以及国家级教学成果奖的申报工作。制定教师教学发展整体规划，做好“教学名师培育计划”、“优秀团队支持计划”，深入开展教师教学发展工作坊系列活动。

全面完善“深化研究生教育改革的总体方案”，以模式与机制改革为重点，更加突出产学研结合及国际交流在高层次创新人才培养方面的作用；继续跟踪培育全国百篇及省市优秀博士学位论文；加强博士生导师队伍建设，完善博士研究生生源培养质量及博士生导师工作业绩的评价工作，健全招生指标动态分配体系，招生指标向大团队、大平台以及具有突出贡献的重点人才倾斜。大力推广中国电力行业远程继续教育，推进网络学历教育资质申请实施工作。

（五）深化科技创新体制机制改革，全面提升科研综合实力和原始创新能力

依托大学理事会平台，加强协同创新，启动大学理事会科技合作委员会工作，围绕国家和行业战略性重大项目联合开展科技攻关，共同打造能源电力新型智库，积极推进“智能电网协同创新中心”建设与认定工作；进一步推动各类科研平台的开放合作和资源共享，力争新的省部级科研平台立项。整合学科优势，力争在国家自然科学基金、“973 计划”、“863 计划”等项目申报中取得新突破；加强国家重点实验室建设，积极筹备迎接验收；加强科技人才队伍建设，加大成果培育和集成力度，力争在国家科技奖励、省部级或行业科技奖励一等奖上有新进展。加强科研管理制度体系建设，深化科技人员评价机制和科技资源配置方式改革，进一步形成以质量和贡献为导向的科研评价体系。推进科技成果转化和产业化工作，加强国家大学科技园建设，积极迎接国家大学科技园评估。

（六）全方位加强校企合作与国际交流，不断提高学校开放度和影响力

充分利用第二届大学理事会的有利时机，健全理

事会支持学校发展的新机制，校企联动开拓科技创新、人才培养的新局面，加强校友联络和校友企业合作，把校企合作提升到一个新的高度和水平。

通过改进项目绩效评估和规范管理，加强4个“111”引智基地建设；通过“走出去”和“引进来”，促进教师和干部队伍国际化；进一步扩大与上合组织能源学方向合作伙伴及港澳台高校之间的交流与合作；进一步提升学生国际交流及留学生教育的规模和质量。启动和推进中外合作办学机构的谈判和设立工作，改进和优化中外合作办学项目的管理方式；继续推进孔子学院工作。

（七）创新思想政治教育模式，促进学生健康成长

以培育和践行社会主义核心价值观为重点开展大学生思想政治教育工作。加强“大学生成长发展数字化教育管理服务平台”建设，探索构建大学生思想政治教育的目标、考核、评估、反馈体系；深入推进学业辅导工作内涵发展，完善特殊学生群体的安全预警和帮扶机制；充分发挥奖助工作的教育和引导作用，全面实施研究生奖助改革；深入推进研究生项目经理制，探索研究生实践教育模式。办好创业实验班，推进大学生创业孵化中心建设，提高学生创新能力及创业成功率；凝练“绿色电力”特色内涵，打造社会实践活动品牌；继续加强高水平运动队的建设，提升艺术教育水平，促进学生的全面发展。

（八）持续推进规范化管理，不断提高办学效益和服务水平

以提高效率和效益为目标，进一步深化后勤内部改革，加强制度化、标准化建设。在完成校园一卡通工程建设的基础上，加强“一卡通”的应用管理，完成基础网络及数字化校园建设项目，提高学校整体信息化水平；完善学校资产管理制度，加强资产信息化建设；加强招投标工作关键环节的规范化和专业化建设，推进精细化管理。继续加强与各级图书文献资源保证体系的共享与合作，提升文献资源保障能力；加强基础档案工作，做好档案数字化规划，推进两地档案资源共享；进一步提升医疗保健的条件建设和服务水平。

推进节约型绿色校园、花园式校园建设。做好校部北区新征地的编制和报批工作以及保定二校区校园规划修编工作。争取14号学生公寓建设项目如期竣工，主楼A、G座建设项目顺利开工，高质量完成锅炉房煤改气工程。持续加强财务管理制度建设，实施国家高校新会计制度改革，推进全面预算管理和项目化管理；强化二级单位负责人和财务主管人员经济责任，进一步加强财务风险防范；开源节流，全面激活校内外教育基金筹资潜力。

（九）巩固深化党的群众路线教育实践活动成果，全面推进党建与大学文化建设

认真总结党的群众路线教育实践活动形成的经验成果，不断加强对整改落实和建章立制工作的督查力度，找准穴位、明确任务、凝练项目、制定模式、形成制度，把学校的战略目标分解、细化为一套可实施、可落实、可问责的完整体系。

严格贯彻落实中央“八项规定”，持续推进作风建设，落实党风廉政建设责任制，不断完善惩治与预防腐败工作体系。加强党建工作和干部队伍建设的中长期战略谋划，对照中央新颁布的《党政领导干部选拔任用工作条例》，修订我校处级领导干部选拔任用办法；积极探索以干部教育培训和项目考核评价为重要手段的培养发现优秀干部的机制。围绕党和国家重大政策和学校的核心工作，着力推进基层党组织建设，积极发挥各级党群组织的作用；加强宣传舆论和文化建设，深入挖掘先进典型，弘扬主旋律，积聚正能量，扩大影响力，大力提高宣传工作水平。加强高等教育理论研究，提升学术期刊的办刊质量和社会影响力；牢固树立“大安全观”的理念，全力保障学校的安全稳定。

各位代表，同志们：让我们在学校党委的正确领导下，进一步巩固党的群众路线教育实践活动成果，紧抓新机遇，积聚正能量，以全新的面貌、昂扬的斗志、扎实的作风投入到高水平大学的建设进程中，为早日实现“华电梦”做出更大的贡献！

把握战略方向　凝练标志项目　推进制度创新　加快高水平大学建设

党委书记吴志功在第六届第二次教职工代表大会闭幕式上的讲话

(2月22日)

各位代表、同志们:

华北电力大学第六届第二次教职工代表大会,经过全体与会代表和工作人员的共同努力,圆满完成了大会的各项议程,即将胜利闭幕。

两天来,代表们认真听取并讨论了刘吉臻校长所作的《全面构建现代大学制度　推进高水平大学建设》的工作报告,审议了学校《2013年财务报告》、《提案工作报告》,讨论了《华北电力大学章程》(教代会讨论稿)。代表们以高度的责任感和使命感认真履行职责,积极建言献策,对学校工作提出了许多宝贵的意见和建议。大家一致认为,校长工作报告立足现实之需、着眼未来之要,提出以改革创新精神构建现代大学制度带动学校高水平大学建设的工作思路,抓住了建设高水平大学的根本性和战略性问题,立意高远,思路清晰,意义重大。

党的十八届三中全会做出了全面深化改革的总体部署,包括教育领域综合改革在内的各项改革正在积极有序地向前推进,而制度保障是推动改革顺利实施的基础和前提。构建现代大学制度是高等教育一项打基础、立根本、管长远的重要工作,决定着大学各项事业改革发展的全局,影响着学校的发展进程、办学水平和自身地位,关乎着学校教职员工和广大学生的发展前途和切身利益,是建设高水平大学的必由之路。这是我们本次大会的主题。

下面,我就此问题谈几点意见。

一、充分认识构建现代大学制度的重要性、必要性和紧迫性

在当前全面深化改革、推进国家治理体系和治理能力现代化的大背景下,加快中国特色现代大学制度建设,是推进高等教育现代化、服务“两个百年”和“中国梦”的迫切要求,是以制度优势适应全面深化改革开放、提高高等教育贡献力的关键所在。目前,学校正处在实现第一次党代会和“十二五”发展规划战略任务的攻坚阶段,发展的任务极其繁重,竞争的态势异常严峻,只有加快构建现代大学制度,创设一个与高水平大学建设相适应的体制环境和文化氛围,更加有效地整合资源、形成合力,才能最大限度释放学校的发展潜力。

二、准确把握现代大学制度的特点和建设重点

纵观国内外高等教育的发展,每所大学由于自身的文化背景、外部环境、发展历程的特殊性,其在管理制度方面也呈现出各自的特色和独到之处。但是,具有竞争力的先进现代大学制度也一定具有共性的本质与特点:

首先,现代大学制度具有基础性和战略性。关于制度的基础性,前面同志都讲过了,这里就不再重复。关于战略性,校长报告阐述得非常精彩:“中国高等教育要实现由大到强的重大转折,能源电力行业更是以日新月异的速度在飞速发展,大力发展新能源、发展智能电网、应对环境污染已经成为当前能源发展的主题。高等学校以创新人才为标志的核心竞争力正在比拼和形成新的格局。”在这样的形势下,制度的战略性显得尤为重要。举个例子,大学的基金会制度。2013年耶鲁大学捐赠基金的收益率达到12.5%,哈佛大学达到11.3%,而普林斯顿大学基金会,对世界优秀人才的生均经费达到125万,这样就可以招揽世界上最优秀人才,为学校的发展起到决定性和战略性的作用。我们学校的基金会从200万达到了1个亿,但是,与世界高等教育强国相比还有很大差距,仍需要在制度上加以创新。张保衡老师成立了一个基金,我们之所以非常重视,就是希望它成为一个标杆,可以带动起一批这样的基金起来并做大做强,希望每个学院都有这样的基金。那么,如何制定具有战略竞争力的制度来保证基金的发展,就是我们必须要回答和解决的问题。

其次,现代大学制度应该具有竞争性和优越性。竞争性就是人无我有、人有我优。检验现代大学制度先进与否,一个重要标准就是看它能不能充分释放高校的智力优势和改革红利,能不能提升学校的核心竞争力。我们学校的理事会制度,党代会、教代会、行政执行三位一体的决策体系,特色鲜明的教代会制度等都是我们在长期发展实践中积累和形成的特色,也是竞争的优势所在。比如,我校的教代会在中国高校中是具有特色的,在中国大学值得认真宣传介绍:它把党委的战略目标通过校长报告转化成为学校一年一度的工作任务,通过教代会把学校党委会、校长办公会与教代会的民主管理,完整地结合在了一起。我们

要紧紧把握学校这些具有竞争力的优势领域，在办学理念、培养模式和体制机制等方面不断创新，凸显制度优势。

第三，现代大学制度还应该具有多样性和权变性。大学功能的多元化、面临形势的复杂化决定了校内问题的多样化，这就要求大学制度和政策具有多样性和权变性。多样性是指大学制度面对的任务很多，有历史的、现实的、未来的，有教学的、科研的、知识转换的等。而权变性就是具体问题具体分析，这是马克思主义活的灵魂。大学的各项制度在履行不同的社会职能和解决制约学校发展的重大问题、难点问题、群众关心的热点问题的时候，需要加以统筹，然后具体问题需要具体分析。

最后，现代大学制度应该具有继承性和创新性。现代大学制度要坚持继承和创新的统一。所谓继承性，就是一切学校值得总结的制度，应该很好的继承并发扬光大。所谓创新性，就是一定要根据现实的需要，根据现实的工作创造性地提出适合形势发展的制度。比如，大学新一届理事会组建后，如何在这个顶层去凝练出项目，如何根据这个项目设计出能够更好发展的制度是摆在我们面前必须要回答的问题。大家看看刘振亚同志的报告，他们国家电网非常需要学校的支持，我们怎么能在学校不可替代的方面做出我们不可替代的贡献，这是需要认真思考并且要凝练出不可替代的项目，这是我们必须回答的重大问题。昨天我参加经管学院的讨论，国家在发改委、能源局、国网征求电力市场改革模式的意见，大学如何形成作为独立的、同时有利于国家和企业共同发展的顶层设计，这就必须要体现出项目、模式、政策的创新性。

面对新形势和新任务，学校构建现代大学制度，我认为应该有这么几个要素：第一，要有强烈的问题意识（problem），要以国家、世界、行业、区域重大的能源电力问题、以社会的急需或重大问题作为我们研究问题的逻辑起点。第二，把问题如何凝练成能解决的问题项目（project）。第三，如何围绕解决重大项目吸引国内外的人才（people）。去年学校的重点战略是“大人才”，“大人才”就是围绕重大任务和项目引进国内外在此问题上的顶级专家，这是非常重要的思路，不是为了引进而引进，而是围绕重大问题，比如智能电网引进的人才。第四，就是设计科学的模式（pattern），怎么和人合作，怎么形成一个共赢的模式。制定具有竞争性的制度、政策（policy）和策略，最后，取得重大标志性成果（product）。总结起来，当前学校构建现代大学制度的重点，就是要将我校高水平大学建设的目标分解凝练为标志性项目，并设计制定具有战略竞争优势的制度，保证项目的顺利完成。

三、深刻理解构建现代大学制度的原则、标准和主要内容

我认为，构建现代大学制度的原则要做到几个结合：

第一，必须与学校第一次党代会和“十二五”发展规划以及校长报告提出的工作目标和任务紧密结合，着力推动学校的内涵建设和质量提升。学校的第一项任务就是学科建设，制定的目标是优势学科要成为国内前三名，影响这个目标实现有几个要素：科研、国际化、人才引进；那么，如何把这个项目分解成能够促进的项目，就不单单是学科办一个部门的事情，还有科研、人才等其它部门的事。

第二，必须与党的群众路线教育实践活动的要求和目标紧密结合，把党的群众路线教育实践活动的实际成效体现在制度建设的成果上。

第三，必须与大学章程的总体要求紧密结合，建立学校井然有序的规章制度体系。

第四，必须与制约学校发展的重大问题、群众密切关心的热点和难点问题紧密结合，分类实施，全力推进。

第五，必须与国家经济社会发展和能源电力发展的新形势和新任务紧密结合，根据国家和行业需求倒逼学校制度的改革与创新。

总之，我们构建现代大学制度的目的，不是为了制度而建设制度，而是要依靠制度的保障来推进高水平大学的建设，就是“用制度的建立和完善来组织和动员全校的力量，以制度解放生产力、激发创造力、凝聚战斗力，以制度创新来破解发展中的问题与障碍，形成推动学校事业发展的不竭动力。”这是我们制定制度的根本标准。

构建现代大学制度，主要内容包括四个方面：

一是做好规划，制定具有华电特色的大学章程以及一整套确保学校运行井然有序的规章制度。制定章程既要贯彻落实国家的要求，也要体现现代大学制度的核心内容，同时更要把学校经得起实践检验的办学理念和成功经验加以固化，形成指导学校长远发展的思想精髓。同时，要以章程为指导，进一步在人才培养、人事管理、科研管理和院系改革等方面建立一套井然有序、科学高效的运行体制和机制。

二是要构建标准体系。二流的企业做事，一流的企业做人，超级企业做标准。我们要建立人才培养的质量标准体系，要有行业标准和学校标准，任务十分繁重和艰巨。

三是围绕学校的重大问题、热点问题和难点问题

分类实施。今天几个报告都很好,财务报告提出要引入“成本核算科目”和“权责发生制”,做好新旧会计制度的转化和衔接,诸如这种着力于破解难题,建立制度体系的问题是具有重要意义的工作。

四是建立讲社会效果、讲经济效益、讲群众满意的干部问责制度。正确的路线确定后,干部就是决定因素。要分清楚哪件事情归哪个干部管,明确责任,加大问责。

各位代表、同志们! 本次教代会把构建具有华电特色有竞争力的现代大学制度确定为本年度的重点工作,是学校对推进高水平大学建设更深层次的解析,标志着我们对高水平大学建设的认知达到了一个新的高度,开启了学校高水平大学建设的新篇章。

在此,我提几点要求:

一、认真宣传贯彻落实教代会的主要精神,把教代会确定的工作任务转化为各部门的工作目标

全校各级领导干部要认真学习贯彻落实本次教代会的精神,加强对校长报告和大会决议的学习与宣传工作,引导广大师生坚定高水平大学建设的信心和决心,并切实转化为在实际工作中的奋斗目标、精神动力与工作业绩,为创建高水平大学做出新的贡献。

二、加强干部的学习与研究,提高建设高水平大学的理论自信,推动现代大学制度创新

广大干部要结合本次教代会校长报告,加强学习研究,强化建设高水平大学的危机感和紧迫感,提高对工作的分析力、判断力、概括力、创造力和执行力,做到知天、知地、知己,提高理论认识水平和理论自信,切实以高水平的工作不断推进现代大学制度的创新。

三、继续巩固党的群众路线教育实践活动的成果,紧密依靠群众构建现代大学制度

要高度重视教职员工在建设高水平大学和构建现代大学制度中的重要作用,坚持密切联系群众,从群众中来,到群众中去,最大程度上调动广大教职员工的积极性和主动性,要开放式的听取群众意见,牢牢地围绕工作来改进干部作风。

新的一年工作即将开始,衷心希望各位代表和广大教职员工能够以昂扬的斗志和饱满的热情,锐意改革,积极进取,在建设高水平大学的伟大进程中建功立业,再创辉煌!

谢谢大家!

认清反腐倡廉工作的新形势　以大学章程制定为契机　推进现代大学制度建设

党委书记吴志功在2014年党风廉政建设暨纪检监察审计工作会议上的讲话

(3月27日)

同志们:

今天,我们在这里召开华北电力大学2014年党风廉政建设暨纪检监察审计工作会议。刚才,双辰同志回顾总结了2013年党风廉政建设和纪检监察的工作,并对2014年学校党风廉政建设和反腐败工作作了全面部署。校内各单位和院系要结合部门实际,把党风廉政建设工作融入到各自工作中去,切实负起责任,抓好贯彻落实。

下面,我结合学习贯彻党的十八大、十八届三中全会、十八届中央纪委三次全会和习近平总书记系列重要讲话精神,按照教育部在全国教育系统党风廉政建设工作会议上提出的工作要求,从构建现代大学制度的层面对学校党风廉政建设工作谈几点意见。

一、高度重视、认真学习、切实把握中央党风廉政建设和反腐败工作的精神,深入贯彻落实教育系统党风廉政建设的工作要求

今年以来,中央对当前和今后一个时期党风廉政建设和反腐败工作作出了新的部署。习近平总书记在十八届中央纪委第三次全体会议上发表重要讲话,全面分析了党面临的形势,深刻阐述了党的建设重大理论和现实问题,明确提出了当前和今后一个时期工作的总体思路和主要任务,要求全党深刻认识反腐败斗争的长期性、复杂性、艰巨性,以猛药去疴、重典治乱的决心,以刮骨疗毒、壮士断腕的勇气,坚决把党风廉政建设和反腐败斗争进行到底。王岐山同志的工作报告,总结了2013年党风廉政建设和反腐败工作,明确了2014年主要任务。国务院廉政工作会议进一步提出了建设清廉政府的要求。

同时,教育系统党风廉政建设工作会议明确了教育领域今年要开展的五项重点工作:一是纠正纪律松弛问题;二是治理违规招生问题;三是查处贪污挪用科研经费问题;四是强化教育经费监管问题;五是治理师德师风问题。强调了五个方面的做法:一是强化责任;二是强化公开;三是强化巡视;四是强化通报;

五是强化督办。这既为我们认识当前面临的党风廉政建设形势做了深刻分析，也为我们开展党风廉政建设工作指明了方向。

全校各级领导干部要认真贯彻习近平总书记系列讲话精神，充分认识当前形势下党风廉政建设的重要性、艰巨性和复杂性，坚持党要管党、从严治党，加强党对党风廉政建设和反腐败工作统一领导，严明党的各项纪律，坚决克服组织涣散、纪律松弛现象；深入落实中央八项规定精神，坚持不懈纠正“四风”；加大对违纪违法党员干部审查力度，保持惩治腐败高压态势，坚定不移把党风廉政建设和反腐败斗争引向深入。

二、认真总结我校党风廉政建设和反腐败工作好的成效与做法，研究新情况解决新问题，找到工作中的不足，加强薄弱环节建设

多年来，学校党委一直高度重视党风廉政建设和反腐败工作，坚持并形成了一系列有效的制度和做法，如“三重一大”集体决策制度、干部民主推荐制和票决制、干部轮岗及回归制度、基建招标和财务公开制度等，不但保障了学校党风廉政建设的良好局面，也为学校赢得了良好声誉，促进了学校的和谐稳定与发展。

但当前随着学校内涵建设的不断提升和教育教学改革的不断推进，一些与学校中心工作不匹配，阻碍学校发展和党风廉政建设工作的问题也突显出来，需要我们及时发现问题、跟进问题、查处问题，找到工作中的不足，加强薄弱环节建设。

一是个别领导干部和领导班子对执行党风廉政建设责任制的重要性认识不足，“一岗双责”意识淡薄，“一手硬、一手软”的现象仍然存在；有的干部把反腐倡廉看作仅仅是纪检监察部门的事，认为与自己关系不大，工作积极性和主动性不强；干部考核评价体系不够科学，党风廉政建设责任制考核结果与领导干部业绩评定、奖励惩处、选拔任用挂钩还不紧密；对党风廉政建设方面的失职、渎职行为追究力度不够等；

二是科研经费管理的机制体制还不完善。国家科技部、财政部和教育部近年来对科研经费进行了专项检查，学校也根据上级的精神要求，及时制定了一系列规章制度，使学校科研活动有章可循，取得了很大的增长。但仍存在一些需要解决的问题，如预算与支出相差较大、违规使用、挪用挤占等问题还在一定程度上存在，需要我们完善机制体制，在保护好科研人员积极性的同时，构建具有竞争力的科研制度，促进科研工作健康持续发展；

三是部分院系和直属单位经费管理松散。部分领导干部对学院资金的使用随意性大，支出依据不严格，自主支配资金量大等现象存在；部分单位和院系的招待费、办公费支出比例较高，没有严格执行廉政风险防控制度和财经纪律制度，需要进一步深化财务改革，构建公开、合理、科学的财务管理体制。

以上这些问题和不足，需要学校党委和各级党组织结合自身本职工作，聚焦学校中心任务，强化责任意识，切实担负起党风廉政建设主体责任，从严要求，把党风廉政建设工作融入各自工作中去，认真思考，认真解决。

三、围绕学校中心工作，认真抓好“三个结合”，分类推进大学治理能力的提高，建立健全学校反腐倡廉的机制体制

（一）结合大学章程的制定，推进现代大学制度的建设。大学章程建设是当前中国大学治理的当务之急。我校大学章程的制定目前已近尾声，但还需要我们结合本职岗位工作，尤其是结合党风廉政建设和反腐败工作来进一步完善大学章程，在章程中进一步明确体现“把权力关进制度的笼子里”，形成不敢腐的惩戒机制、不能腐的防范机制、不易腐的保障机制，并以制度固化群众路线和作风建设的成果，不断推进大学治理的现代化。

（二）结合发现的问题，凝练出可执行可操作的项目。学校要对监督检查和巡视工作中发现的问题列出任务清单，各级领导干部要切实负起责任，坚持抓早抓小，发现问题并及时处理，对苗头性、倾向性问题及时诫勉提醒，防止小问题酿成大错误；对一些普遍性的问题，要认真思考，凝练并形成项目，找到问题的原因，分析要素，制定政策，从根本上解决问题，进而形成制度，加强监督，不断提高干部的总结能力、分析能力和判断能力，不断提高学校党风廉政建设和反腐败工作的水平。

（三）结合监督检查工作，创新完善校内巡视机制体制。开展校内巡视工作，不但有利于发现问题，找到风险点，及时解决问题，也有利于总结经验、发现亮点、挖掘先进典型，能够保护和调动各单位和部门的积极性，有利于学校改革、发展和稳定的大局。今年，要结合群众路线教育实践整改落实活动和党风廉政建设监督检查工作，进一步创新完善校内巡视工作，严厉查处不执行制度的行为，不落实党委决定的行为，保证令行禁止通畅有序。同时，学校党委今后要把纪委巡视结果作为干部考评、升迁和转岗轮岗的重要依据，通过巡视发现正面典型、树立榜样、积聚正能量，为学校事业健康、持续、快速发展把脉献策。

四、加强领导、落实责任，处理好全面与重点工作的关系，开创学校党风廉政建设和反腐败工作的新局面

一是要认真落实党风廉政建设责任制。党委和各级党组织要负起主体责任，强化对权力运行的制约和监督，从源头上防治腐败。各级党组织要深刻认识主体责任的内涵，坚持把党风廉政建设纳入重要议事日程，与学校教育教学及科研活动同部署、同检查、同落实，建立健全定期研究解决重大问题、有效防控廉政风险、协调推动重点任务落实的体制机制；党委和各级党组织主要负责同志要管好班子、带好队伍，管好自己，当好廉洁从政的表率，要牢固树立不抓党风廉政建设就是严重失职的意识，自觉主动履行第一责任人职责，做到重要工作亲自部署、重大问题亲自过问、重点环节亲自协调、重要案件亲自督办，切实种好自己的"责任田"；班子其他成员要坚持"一岗双责"，根据分工抓好职责范围内的党风廉政建设和反腐败工作。对发生重大腐败案件和不正之风长期滋生蔓延的地方、部门和单位，实行"一案双查"，既要追究当事人责任，也要追究相关领导责任。

二是要强化组织纪律建设。党的十八大报告强调"党面临的形势越复杂，肩负的任务越艰巨，就越要加强党的纪律建设，越要维护党的集中统一"。在当前形势下，必须进一步严明党的政治纪律，在思想上、政治上、行动上始终同党中央保持高度一致，坚持党章规定的"四个服从"，相信组织、依靠组织、服从组织，自觉接受组织安排和纪律约束，自觉维护党的团结统一。要严格执行民主集中制、党委组织生活制度等党的组织制度，严格执行工作纪律、财经纪律和生活纪律，使纪律真正成为带电的高压线，进一步优化学风校风。

三是要创造性的开展工作。学校各级党组织要自觉接受纪委监督，要积极主动配合纪委的工作，不折不扣的落实中央的各项规定，完成学校党委的决策部署；同时，要创造性的开展工作，树立责任意识，在加强干部队伍建设时特别加强纪检监察干部队伍的建设。学校纪检监察部门也要固树立执纪者必先守纪、监督者必受监督的意识，适应学校当前改革发展的新形势新任务，聚焦党风廉政和反腐败斗争这个中心任务，明确责任定位，转职能、转方式、转作风，认真履行党章和行政监察法赋予的职责，努力做到忠诚可靠、服务人民、刚正不阿、秉公执纪，以过硬的素质、优良的作风履行好党和人民赋予的神圣职责。

同志们，2014年是全面贯彻落实党的十八届三中全会精神的关键之年，也是学校落实第一次党代会提出的"九项战略任务"和"十二五"规划的关键之年，做好党风廉政建设和反腐败工作，任务繁杂、意义重大。我们要在上级纪检监察机关和学校党委的正确领导下，以求真务实的工作作风，积极向上的精神状态，扎实推进学校反腐倡廉工作。各部门各单位要充分发挥职能优势，各司其职、各负其责，相互支持、相互配合，协同推进党风廉政建设和反腐败工作，以大学章程制定为契机，全面深化改革，推进现代大学制度的建立健全，为"办一所负责任的大学"营造风清气正的环境，为学校改革发展提供有力保证！

谢谢大家！

为青春加冕　向未来扬帆

校长刘吉臻在2014届研究生毕业典礼暨学位授予仪式上的讲话

（4月3日）

各位老师、各位同志，研究生同学们：

大家上午好！

在这春暖花开、春意盎然的日子里，我们在这里隆重举行2014届研究生毕业典礼暨学位授予仪式，首先，我代表学校对经过两次学位会审议的3227名毕业生表示热烈的祝贺。在此，也向为同学们成长成才付出辛勤劳动和心血、汗水的研究生导师、教职员工以及你们的家人、亲友们表示诚挚的感谢！

同学们，几年前，你们怀揣着崇尚科学、追求真理的远大理想来到华电开始了你们的研究生生涯。你们在校就读的这几年，是学校事业全面、持续、快速发展的时期，你们始终与学校同心同德、共同进步、共同成长，是学校建设高水平大学历程的亲历者、见证者和参与者。几年来，学校"大电力"学科体系建设不断深化和发展，"985优势学科创新平台"重点建设持续推进，工程学学科进入ESI世界前1%行列，"新能源电力系统"国家重点实验室及一批重要的国家级科研平台领衔学校最前沿领域的科技创新。学校不断深化教学改革，积极推进"大人才"战略，引进了一大批高层次学术领军人才和知名学者，参与组建了北京高科大学联盟，成为中国电力企业联合会副理事长单位。去年，以国家电网公司、南方电网公司等七大电力央企和中电联、学校联合组建的第二届大学理事会成功换届，学校的办学实力不断增强，办学条件显著改善，社会声望持续提高，教育教学成果斐然。其中，研究生教育也得到了快速发展。学校从选拔优秀生源入手，不断加强核心课程和导师队伍建设，构建了“产学研联合研究生培养基地”及“国内外联合研究生培养基地”，紧密依托各种项目、平台、实验基地、研究生工作站，不断深化研究生创新能力培养，完善研究生质量保证和监控体系，激发高水平创新成果的产生，形成了拔尖创新人才培养的全过程培育机制，我校人才培养质量得以不断提高。今年，有13篇博士论文和86篇硕士论文被评为校级优秀学位论文，这在历年中是数量最多的一年。其中，电气学院博士研究生张亚刚的学位论文《基于广域信息的电力系统故障元件定位方法研究》获得2013年全国百篇优秀博士论文提名奖。能动学院博士生王天虎同学共发表论文13篇，其中SCI检索6篇、EI检索7篇；经管学院博士生孟明同学发表SCI一区刊物高水平论文4篇，研究成果被《Nature》网站及其出版的专业期刊介绍与肯定。去年全年，在全国研究生数学建模竞赛中我校斩获一等奖等奖项33项。另外，还有很多同学取得了多样化的各种成果，这里不一一枚举。同学们，你们正是以你们的不懈努力和开拓进取在华北电力大学高水平大学建设的征程中写下了精彩的华章，学校事业的每一点进步、每一步发展都包含着你们踏实求学、探索创新的努力和贡献。在这里，我向你们表示诚挚的感谢！

党的十八大把“实现社会主义现代化和中华民族伟大复兴”作为“近代以来中华民族最伟大的梦想”，对建设创新型国家所需的科技和人才提出了很高的要求。十八届三中全会进一步提出了建立完整的生态文明体系，深化了“五位一体”、“美丽中国”的战略布局，能源电力事业正开启着一个全新的时代。华北电力大学作为以能源电力为特色的高等学府，培养国家需要的优秀人才、以创新的科技成果服务和引领国家能源电力事业的发展始终是学校肩负的重大使命，而这个使命寄托于每一个胸怀理想、信念的华电学子身上。我们期盼着一批又一批肩负时代使命、不负国家重托的华电人走出校门、走向社会、走向世界，把自己的学识、涵养与时代的使命、责任结合起来，迈向广阔的天地，投身于建设创新国家、实现小康社会和中华民族伟大复兴的实践中，成为国家能源电力事业的中坚力量，成为中华民族复兴大业的栋梁之材，这是实现华电梦的必由之路！

同学们，你们即将开启人生新的篇章，你们将拥有广阔的人生舞台，也会面临更大的挑战。在这里，作为师长，我想对你们提出两点希望：

第一，坚守良知，踏实做人。要做事首先要学会做人，做人是终生的事情，而坚守良知是做人做事的基本准则。今天的时代是一个开放的时代，你们拥有了更加开阔的眼界、更加广博的学识，享受着科技经济飞速发展带来的诸多新奇与惊喜，但同时，在这个飞速变化的世界中，也必定承受着社会转型带来的苦痛与焦虑，面临着方方面面的不适应和越来越大的压力，需要你们锤炼品质、锻造人格、坚定意志、开阔心胸，进行不断地思考、辨别、选择、坚守。应该说，坚守良知将是你们走上社会面临的第一个考验，也是你们终身的考验。越是受过良好教育的人，越是有抱负有能力的人，越是应该自觉主动、矢志不渝地捍卫良知。这是你们作为社会公民的基本责任，也是你们开拓积极人生的意义所在。

第二，勇担重任，开拓创新。生命是一种担当，人生也是一种责任。在你们人生未来十年左右的时间，既是中国高速发展的战略机遇期，也是能源电力事业日新月异的黄金期。在今年刚刚结束的“两会”上，李克强总理强烈呼吁：要像对贫困宣战一样坚决向污染宣战，令人感触颇深。人类在新能源的开发利用中还面临着很多挑战，当前，中国能源的技术问题、安全问题、经济问题、环境问题、管理问题、法律问题、政策问题，有诸多的领域需要我们深入研究并加以解决，这是我们每一个有志于能源电力事业的华电人应当肩负起的一份责任。你们要有远大的理想、宽厚的知识、过硬的本领，更要有强烈的责任意识，把个人的成长同国家的能源电力事业的发展紧紧联系在一起，在推动国家能源电力事业发展的实践中实现人生的价值。

同学们，明天走出这座校门，你们将成为华电的校友，奔赴五湖四海、世界各地。无论你们将来身在何处，我都衷心地希望你们能够始终恪守做一个“负责任”的华电人的信念，铭记“自强不息、团结奋进、爱校敬业、追求卓越”的华电精神，堂堂正正地做人，孜孜不倦地学习，锲而不舍地追求，愉快健康地生活，成人、成材、成功！

最后，衷心祝愿同学们在未来的征程中工作顺利、事业有成、家庭幸福！

谢谢大家。

党委书记、体育运动委员会主任吴志功在2014年春季田径运动会开幕式上的讲话

（5月23日）

全体运动员、裁判员、老师们、同学们：

在这风和日丽的美好时节，华北电力大学2014年田径运动会隆重开幕了，这是一年一度学校全体教职员工和同学们共同展示精神面貌和强健体魄的节日盛会。在此，我代表学校对运动会的胜利召开表示热烈的祝贺！

体育是以增强人的体质、促进人的全面发展、丰富社会文化、促进精神文明为目的的社会活动。高水平大学的体育建设，不仅是提高师生身体健康、成就强健体魄的重要途径，而且更是加强大学文化建设和精神建设的重要内容，对于磨炼拚博意志、打造团队精神、创建和谐校园具有重要意义。在这个基础上，才能进一步振奋精神、鼓舞士气，凝聚人心，激发斗志，丰富大学文化，形成建设高水平大学的合力，肩负起实现“中国梦”的历史重任。

近年来，伴随着学校各项事业快速发展，学校群众性体育运动蓬勃开展，竞技体育也不断取得新的跨越。在个人项目中，干雪同学在全国登山、登楼、世界垂直马拉松等多项赛事中荣获冠亚军；团体项目中，我校女篮再次勇夺北京高校篮球赛冠军，男足获得首届中国大学生足球联赛获北区冠军及全国总决赛第七名的好成绩。这些成绩的取得，凝聚着同学们的辛勤努力和团结拼搏，同时也彰显着学校高水平体育教育事业不断进步和办学水平持续提升。

老师们，同学们，今天运动会的召开，不仅是对全体师生身体素质、意志品质的检阅，更重要是对全民体育文化精神的弘扬和传播。衷心希望全体师生员工要更加注重身心健康，坚持经常参加体育锻炼和健身活动，让体育这种增强体质、磨炼意志的文化活动成为每一个人的思想意识和行为习惯，努力以健康的体魄、阳光的心态、饱满的热情、务实的作风投身高水平大学建设的宏伟事业。

最后，祝全体运动员赛出好成绩！预祝本届运动会圆满成功！

谢谢大家！

校长刘吉臻在2014届本科生毕业典礼上的讲话

（6月25日）

各位老师，2014届全体毕业生同学们：

大家上午好！

今天，我们在这里隆重举行华北电力大学2014届本科生毕业典礼，共同庆祝5005名（北京2784，保定2221）同学顺利完成在华电的本科学业，即将走出校园，开启新的人生征程！在此，我代表学校向同学们表示热烈的祝贺！同时，也向为你们的成长付出辛勤劳动和心血、汗水的老师们、教职员工、家人和亲友表示衷心的感谢！

人才培养是高等学校乃至整个教育事业最根本的任务，多年来，紧紧围绕这一根本任务，学校深化教育综合改革，创新人才培养模式，优化人才培养结构，全面提高教育质量，着力使广大学子在华电健康成长、学有所成，成为国家所需要的栋梁之材。学校提出“办一所负责任的大学”的办学理念，全面推进“质量工程”和“创新人才培养工程”。学校构建和不断深化“大电力”学科体系，加强专业教育教学改革；实施“大人才”战略，多方引进高水平的师资；大力加强学风建设，开展丰富的文化活动；努力改进办学条件，给同学们提供良好的科技创新条件和学习、生活环境，不断加强“校企合作”，为同学们的实践与就业开拓良好的社会环境。几年来，学校人才培养质量不断提升，在建设高水平大学的道路上取得了可喜的成绩。与此同时，你们每个人都收获了成长，在思想历练、品德塑造、学业成绩、社会实践、文化活动等方方面面交出了精彩的人生答卷。几年来，在全国数学建模竞赛、“挑战杯”、“创行世界杯”创业大赛及各种艺术活动、体育赛事等竞赛活动中，竞相活跃着华电学子的身影，你们以优异的成绩、良好的素质和青春的风采为学校争得了荣誉，展现了华电学子的精神风貌。在你们5005名同学当中，有1266人光荣的加入了中国共产党，5人获得校长奖学金，154人次获得三

好学生标兵,243 人获得北京市、河北省优秀毕业生,316 人次获得国家奖学金。今天,当你们结束本科学习、获得人生求知生涯阶段性成果的同时,你们每个人都开启了新的人生规划。你们当中,1193 名同学即将继续在国内各高校接受研究生教育的进一步深造,225 名同学将远赴海外求学发展,11 名同学报名应征入伍,而大多数的同学即将奔赴祖国各地,走上社会、投入到建设创新国家、实现中华民族伟大复兴的建设大业行列之中,其中,339 名同学志愿前往国家西部地区参加国家开发大西部的建设事业。同学们,母校为你们而骄傲！无论你们是继续深造,还是走入职场,今后你们都将在社会各个领域展现风采。你们的行为就是学校的形象,你们的业绩就是学校的成就。母校始终与你们休戚与共,命运相关。

同学们,你们即将开启新的人生征程。面对着广阔的社会大舞台,不知你们是否作好了准备？在此,我有几点思考,与你们一同分享。

第一,修德立人,终生学习。习近平总书记在北大五四讲话中,对青年人提出了四点要求“勤学”、“修德”、“明辨”“笃实”,这是总书记对青年人做人做事、修身养德的崇高期望,值得我们每个人认真思考和汲取。

今天的时代是一个开放的时代,当今的中国也正经历着深刻的变革,你们看到了更加丰富多彩的世界,享受着科技经济飞速发展带来的诸多新奇与惊喜,但同时,社会转型发展中的腐败、浮躁、急功近利和信任危机也时有发生,许多现象和问题不断挑战着人们生存与发展、文明与道德的底线。这些新的问题和矛盾,没有现成的答案,需要每个人在学习中思考、在认识中感悟、在实践中选择。社会对于每个人都是终生的大学校、大课堂,只有“勤学”才能形成自己的见解,“修德”才能锻造高洁的人格,“明辨”才能做出正确选择,“笃实”才会坚定意志、踏实人生。因此,修德立人是你们走上社会、学会做人的首要原则,也是每个人终生要学习、实践的功课。

第二,坚守梦想,勇于实践。有梦想才会有目标,有希望才会有奋斗。中华民族的伟大复兴是每个中国人的梦,成为一所国际国内有实力、有影响的高水平大学是每个华电人的梦,而你们每个人,都要有自己的梦想,而且无论什么时候也不能失去梦想,这样才能开拓你们的积极人生。

当今,能源电力行业成为关乎国家经济社会发展的全局性、战略性产业,华北电力大学也赢来了前所未有的大好机遇。行业好,学校就好,而学校培养的人才好,行业的发展前景必然会更加广阔。今天,你们走出校门,可谓生正逢时,你们要勇于在广阔天地施展你们的才华,在更高层次的学习实践中去勇于创新,你们会发现,你们的梦想只有与国家、社会的发展大业结合起来,在奉献国家和民族的过程中共享人生出彩机会,你们的梦想才会更加充实,更加富有价值,才会美梦成真。

第三,自强不息,砥砺人生。华电人最有资格谈自强,“自强不息、追求卓越”是我们华北电力大学历经艰难、在困境中崛起、曲折中发展的历史见证和精神诠释,华电精神因此也成为每一个华电人宝贵的精神财富。在选择工作上,有人追求待遇,有人追求环境,这是人的正常需求,无可厚非,但是任何行业、任何企业都会有兴衰起伏,获得了一份不错的工作,决不代表是谋得了一生的依靠。只有自强不息、不懈奋斗,才会在人生的道路上永不言败、收获成功。我们许多事业有成的校友都是从最基层干起、历经艰苦磨难才成长起来的。今天发言的校友代表就是通过不懈的努力、在艰苦的基层成长起来的业界典范,她的精神值得同学们认真学习。希望你们每个人都能够正确把握人生方向,要拥有开阔的胸怀、非凡的胆识,勇于到条件艰苦的基层、国家建设的一线、项目攻关的前沿,去经受锻炼、发挥特长、增长才干、磨砺成长,不断开辟事业发展的新天地,在广阔天地中书写人生的精彩篇章。

同学们,你们即将奔赴五湖四海、世界各地。无论你们将来身在何处,走向何方,母校都会注视着你们的发展脚步,为你们喝彩加油！希望你们正直地做人,踏实地做事,坚持理想,愉快生活。最后,衷心祝福大家事业有成,工作顺利,生活幸福,鹏程万里！

谢谢大家！

坚守理想　成就未来

校长刘吉臻在2014年新生开学典礼暨教师节表彰大会上的讲话

（9月9日）

老师们、同学们：

金秋北京，秋高气爽。刚刚度完中秋佳节，在这个美好的时节里，我们在这里隆重举行华北电力大学2014年新生开学典礼暨第30个教师节表彰大会。在此，我代表学校向来自全国31个省市的5545名本科新生、2519名硕士研究生新生表示热烈的欢迎！同时，也向为学校做出突出贡献的全校教职员工致以节日的祝贺和崇高的敬意！

同学们，你们以优异的成绩考取了华北电力大学，即将进入大学生涯或更高层级的研究生阶段学习，这是你们人生一个特定阶段丰硕的收获，同时，也预示着你们人生又一个重要阶段的开启。孟子曰："得天下英才而育之，一乐也。"每当这个时期迎来一大批优秀学子到我们的学校读书、研习、收获、成长，这是我们作为师者莫大的幸福和快乐，也是学校事业生生不息、勃勃生机的根本所在。

华北电力大学诞生于蓬勃发展的新中国工业建设起步时期，是一所具有优良办学传统同时充满时代发展活力的重点大学。学校历经半个多世纪的风雨洗礼，走过了不平凡的发展历程，为国家特别是能源电力行业输送了大批人才、做出了突出的贡献。新世纪以来，学校以开放进取、改革创新的气魄、战略和行动，实现了各项事业的快速发展，成为一所发展前景良好、在国家能源电力领域享有盛誉、具有广泛社会影响力的知名大学。学校紧紧围绕国家能源电力发展的需要，以"办一所负责任的大学"为办学理念，确立了建设具有鲜明特色的"多科性、研究型、国际化"高水平大学的办学目标，构建了"以传统优势学科为基础、新兴能源学科为重点、文理学科为支撑"的"大电力"特色学科体系，坚持育人为本，建设了一批高水平的国家级、省部级科学研究平台。近年以来，学校迎来了历史上发展最好的一个时期，无论从师资队伍、生源质量还是办学条件都有了长足的进步。目前，学校拥有教职工3千余人，本科生、研究生和留学生全日制在校生3万余人，在北京、保定两地办学。今天，你们8000余名新生力量加盟华电，投入到学校建设高水平大学的创新实践和伟大征程中，与学校共同成长、共同发展，这是华北电力大学发展道路中的一件盛事，也是你们开启人生的重要起点。

自古以来，大学就是师生一起共同研习学问、交流思想、激发思维、砥砺品质的场所，一所好的大学体现在新知识和新思想的交融。作为大学最重要的教育过程，就是一种师生共同参与创造知识、教书育人、教学相长的成长过程，这是每一位教育者责无旁贷的责任和使命，同时也需要同学们主动参与到这个过程中。当前，国际环境和国内形势发生了深刻的变化，高等教育也迎来了一个全新的发展时期，也面临着十分繁重的发展任务。在国家实现两个百年、中华民族伟大复兴的中国梦的目标进程中，高等教育承担了前所未有的重大使命。国家高度重视教育发展，在新一轮的国家治理体系和治理能力的改革中，把教育综合改革列在了第一位，日前刚刚出台了招生制度改革的重大举措。我们高等学校面临着更加艰巨的挑战和压力，也负载了更加重大的责任和使命。对于高校自身来说，全面推进、深化高等教育领域综合改革是实现高水平大学建设的重要举措，全面提升人才培养质量，也是摆在我们面前最紧迫、最严峻的任务。

多年以来，华北电力大学在建设高水平大学的道路上不断探索、不断努力。在各项事业的发展中，学校始终把人才培养作为学校事业的生命线，把教育教学工作作为中心工作。为此，学校努力在各方面创造条件，营造一个良好的育人环境，其中，最为关键和重要的是师资队伍的建设和培养。学校提出实施"大人才"发展战略，引进了一批在国际国内享有盛誉的学术领军人才，培养了一大批坚守在教育教学一线的骨干教师队伍，建设了一支强有力的师资和管理、服务员工队伍，在建设高水平大学的过程中发挥了重要作用。应该说，没有全校几代教职员工的辛勤劳动和无私奉献，就没有华电今天良好的发展局面，这是华电最为宝贵的财富。今天，随着高等教育综合改革的深入推进，全面提升人才培养质量、培养优秀创新拔尖人才的任务越来越紧迫，这就对我们的教育工作者提出了新的、更高的要求，也是对每一位教育工作者在思想品格、业务素质、教育能力、创新意识方面新的要求和考验。在这样的形势和要求下，必须更加强调师德师风的建设，树立教师的责任理念；倡导教师真正走入学生当中，与学生一起在教育教学过程的每一个环节下功夫，勇于发现问题、大胆创新，积极推进教学内容、教学方法、教学模式的改革,把全部精力投入到高质量、高素质人才培养中去,形成师生同心同德、教学相长、比学赶拼、勇于创新的教育文化,真正培养出高质量、高素质的一大批优秀的创新拔尖人才,这是新时期高水平大学建设的核心内容。今天,学校对过去一年来在教学、科研等各项工作中做出优异成绩的教师进行表彰,感谢你们为学校做出的突出贡献。更希望广大教职员工能够以他们为学习的榜样,进一步增强高度的责任感和使命感,坚守教育的职业理想、职业精神和职业道德,不辱使命、与时俱进、提升自我、勇于创新,以高尚的师德、渊博的学识、人格的魅力来教育学生、感染学生,做学生健康成长的指导者、陪伴者、引领者,在建设高水平大学的征程中,在与学生共同学习、共同成长、共同提高、共同实现人生的价值!

对每一个步入大学生涯的同学来说,大学是一个研究学术、启迪思想的殿堂,是挖掘潜力、提升素质的舞台,是感悟先哲、创新文化的家园。在这里,通过系统的知识学习和实践,你们不仅要学会掌握丰富的专业知识技能,而且要学会主动地去开发自己的潜能和智慧,形成创新思维的知识结构,提升独立思考的素质和能力;在这里,你们要与富有责任、理想的智者和同龄人为伴,通过文化思想的交流,发展友谊和人际关系,养成你们对社会发展和多元文化的分析力、鉴赏力和判断力。但是,最重要的,你们要学会做人,首先从一个遵纪守法的社会公民做起,从知识的学习、能力的提高、品质的锤炼,学会在大学里主动地获取成长的营养,为成为优秀的国家栋梁之材做好储备。为此,你们要迅速适应大学的新生活,树立学习目标,注重创新实践,以坚定的信心、开放的心态、强韧的意志全身心投入到大学学习生活中。同时,树立起克服一切困难的观念,碰到什么困难也不要把你们压倒,直至成为生活的强者和优秀的人才。

老师们、同学们:新学期开始,新生活起步。希望我们每个人都坚守理想、踏实进取,在建设学校、发展自我的进程中勇于并能够做最好的自己,奉献华电,成就未来!

最后,祝全体教职员工节日快乐、工作顺利、身体健康!祝全体新同学学习进步、生活愉快、万事如意!

谢谢!

校长刘吉臻在大学理事会第二届第二次会议上的工作报告

尊敬的刘振亚理事长、尊敬的各位副理事长、秘书长,同志们:

按照本次会议的议程,我代表华北电力大学向大学理事会报告工作,请予审议。

2014 年,华北电力大学在教育部的正确领导下,在理事会和社会各界的大力关心支持下,以提升人才培养质量为根本,以增强科技创新能力和支撑社会服务水平为目标,全面推进教育综合改革,不断创新体制机制,在学科建设、人才培养、科学研究、党的建设等各个方面全面推进学校工作,取得了可喜的成绩。

一、人才培养

2014 年,学校共招收学生 11699 人,其中全日制本科生 5533 人,全日制硕士 2315 人,在职专业学位研究生 1702 人,博士生 201 人,科技学院三本 1948 人。目前,在校生规模达 4 万余人,其中全日制本科生 2 万余人,研究生 1 万余人,三本近 1 万人。

学校把人才培养质量作为立校之本,确立了"厚基础、重实践、强能力"的人才培养特色,构建了由"基本实验模块、校内实践模块、仿真实践模块、校外实践模块"组成的"四模块"实践教学体系,成为教育部首批"卓越工程师培养计划"实施高校。依托大学理事会,校企合作共建了 3 个国家级工程实践教育中心、100 余个本科生校外实践基地和 60 多个研究生工作站,因在学生创新能力培养方面成绩突出,学校成为首批教育部人才培养模式创新实验区。

随着学校人才培养质量的提升、办学实力的增强和社会声誉的提高,吸引了大批优秀考生,本科新生录取分数线连年攀升,总体生源质量保持国内高校前 30 位,部分省市进入前 10 位。学校电力系统及其自动化、热能动力工程、自动控制、技术经济及管理等专业的研究生录取分数线均居国内高校前列。

学校培育了一支积极进取、素质优良、结构合理的高水平师资队伍。现有专职教师 1806 人,其中,博士生导师 161 人、教授 326 人、副教授 505 人,具有博士学位的专任教师比例达 60%。其中中国工程院院士 1 人、双聘院士 4 人、国家"千人计划"学者 10 人、国家"青年千人计划"2 人、"973"首席科学家 5 人、国家杰出青年科学基金获得者 7 人、"长江学者"6 人、4 支团队列入教育部"长江学者和创新团队发展计划"。

高水平的师资队伍、优秀的生源和创新的人才培养模式，使高质量的人才培养得到充分保证，学生的创新能力不断提升。2014 年，学生在创新创业活动和各类学科竞赛中获得国际、国家级各种奖励 372 项、省部级奖励 450 项。其中，在全国研究生和大学生数学建模竞赛、全国大学生节能减排大赛、全国大学生数学竞赛等赛事中一等奖数量位居全国高校前列。今年 6 月，学校学生创行团队从全国 208 个高校的参赛队伍中脱颖而出，成为创行中国站总冠军，代表中国参加 2014 年创行世界杯总决赛，我校学生创行团队以"采用风光互补发电系统为无电区牧民提供电能"项目，战胜了来自德国、美国等 34 个国家的团队，夺得全球总冠军（创行是全球三大学生组织之一，年度创行世界杯是创行的全球赛事，为世界各国大学生、学界及商界领袖提供多元的跨界交流平台，在全球具有相当大的影响力）。学生在文化艺术体育等方面也取得诸多成绩：学校男子足球队夺得中国大学生足球联赛北区决赛冠军，多名同学先后在 2014 年北京国际马拉松赛、全国大学生田径锦标赛等多个国际、国内重要赛事中取得冠亚军等优异成绩；学校大学生艺术团、蓝色动力合唱团多次登上中央电视台、人民大会堂等重要舞台展现才艺，2014 年作为国家汉办推选出的高校代表赴美国大学举行 7 场高水平巡回演出，引起了热烈反响。

学校依托理事单位和行业培养人才，保持了良好的就业形势，毕业生就业率一直保持在 97% 以上，在教育部直属高校中名列前茅。每年大约 60% 的毕业生进入能源电力行业就业。学校毕业生受到社会的高度肯定。

二、科技创新

面对能源生产与消费方式革命的形势，学校紧密围绕国家能源电力事业发展需求，积极承担重大基础研究和共性关键技术研究，提升学校科技创新的能力与水平。科研经费总量实现持续快速增长，2014 年科研经费总额达到 6 亿元，其中纵向经费、与理事单位的合作经费各占 40%。学校主持承担了一批国家"973 计划"、"863 计划"、国家支撑计划、国家自然科学基金等重大、重点基础研究项目，同时，还承担了一批来自电力行业的企业科技项目，其中理事会单位对学校的科研工作提供了大力支持。

学校高度重视高水平科研平台建设，新能源电力系统国家重点实验室经过三年的建设，2014 年通过国家科技部组织的评估和验收，正式投入运行，国家火力发电工程研究中心、生物质发电成套设备国家工程实验室也先后以优异成绩通过验收。学校现有 3 个国家级科研平台、19 个省部级科研平台、4 个国际科技合作基地、3 个北京市国际科技合作基地、4 个"111 引智基地"，还拥有以能源电力为特色的国家级大学科技园，为高水平的科技创新创造了良好基础。

2014 年，学校获得国家级科技奖 2 项、省部级奖 13 项，大部分成果和奖励是与理事单位共同完成，这充分体现了产学研合作，校企联合攻关的优势所在。学校与中国国电集团公司等单位共同完成的"大型超超临界机组自动化成套控制系统关键技术及应用"项目荣获国家科技进步二等奖，与国网重庆市电力公司等单位共同完成的"气体绝缘装备特高频局部放电监测关键技术及其应用"项目荣获国家技术发明二等奖；与中国电科院、国网智研院共同完成的"特高压串补关键技术研究、装置研制及工程应用"项目获中国电力科学技术进步一等奖。与中国南方电网公司、中国大唐集团公司及中国华电集团公司合作完成的项目也分别获中国电力科学技术进步二等奖。

学校高水平的科研团队和平台都紧密围绕理事单位和行业的重大科技需求，在特高压、智能电网、新能源、节能减排、能源与环境、核电等研究领域，广泛开展校企合作。今年，以华北电力大学、中国电科院、国网智研院为核心单位，联合清华大学、天津大学、华中科技大学、浙江大学、重庆大学等 5 所"985 工程"高校共同组建的"智能电网协同创新中心"取得阶段性成果，通过教育部第一轮初审。学校与华能集团、大唐集团、华电集团、国电集团、中电投集团、神华集团等共同发起成立"中国火力发电产业技术创新战略联盟"，积极开展节能减排、绿色煤电、新能源开发与利用等国家和行业重大战略问题研究。

学校高度重视软科学研究和智库建设，充分发挥多学科优势，在能源电力管理、技术经济、法律法规以及电力改革等领域发挥智囊团作用，进行学术研究，积极建言献策，研究成果为政策制定和企业决策提供智力支持。同时，面对社会舆论和行业热点问题，学校组织专家学者开展研究，发表客观、科学的观点论据，正确引导社会舆论，传播正能量，为能源电力行业健康发展发挥了积极作用。

一年来，学校认真学习和全面贯彻党的十八大、十八届三中、四中全会精神，坚定不移的坚持建设高水平大学的奋斗目标，全面推进教育综合改革，不断健全现代大学制度，以制度建设统领各项工作。其中，按照教育部的总体部署，学校高质量完成《华北电力大学章程》的制定工作，并上报教育部核准，章程对学校的办学体制、管理体制、办学活动等进行了全面、系统地规定。大学理事会作为学校办学的基本制度写进《章程》第十三章，其中第八十六条至第八十八条对大学理事会的职能、成员单位、机构设置、活动方式进行了阐述。

同时，学校在践行社会主义价值观、传播先进文化等方面做了大量卓有成效的工作，促进了改革与发展，形成了和谐稳定的良好办学局面，推动了学校的建设。学校的工作受到了教育部和社会各界的充分肯定，这些成绩的取得来之不易，特别是离不开大学理事单位和行业的宝贵支持，在此我代表学校向大学理事会和各位领导表示衷心的感谢。

三、2015 年大学理事会工作的建议

2015 年，华北电力大学将继续全面贯彻党的十八届四中全会精神，坚持高水平大学建设的办学目标，紧紧围绕能源转型与革命、新能源开发利用以及京津冀一体化等国家战略与形势任务，全面推进教育综合改革工作，全面规划未来的五年蓝图，用改革推动发展，用发展凝聚人心，全面激发办学活力，提高学校办学核心竞争力，切实推动各项事业又好又快发展。

理事会是社会和行业参与大学办学的重要组织形式，是高校与社会联系的重要纽带。当前，国家高度重视高校理事会的建设。去年，在教育部直属高校工作咨询会上，刘延东同志在讲话中指出：高校要因校制宜，全面建立大学理事会制度。教育部也明确要求直属高校在 2014 年 12 月前，全面完成理事会的组建工作。今年 9 月，教育部颁布《普通高等学校理事会规程（试行）》，正式将理事会确立为我国现代大学制度建设的基本内容，我国高校理事会的建设进入新的发展时期。

华北电力大学理事会自组建以来，在支持学校实现跨越式发展、推动校企合作、促进协同创新、为企业输送优秀合格人才等方面发挥了不可或缺的作用，取得了可喜的成绩。然而，我们也清醒地认识到，学校服务行业的能力和作用还有待进一步提升，学校与理事单位之间的联系与合作还有很大的空间。为进一步发挥大学理事会的优势，创新工作机制，落实理事会工作目标与任务，全面做好大学理事会工作，提出以下想法和建议：

1. 华北电力大学要主动服务行业的发展

加强学校与理事单位、秘书处以及行业企业的联系和沟通，建立更加广泛的交流与合作渠道，全面、深入了解、掌握理事单位和行业的重大需求，增强学校发展规划、学科建设、人才培养等工作与行业需求的契合度。

加快学校综合改革的步伐，通过人才创新、科研创新、教学创新、管理创新等措施，进一步调动校内积极性，营造开放、合作与发展的创新氛围与文化，提升自身的创新活力与实力，增强为行业服务的能力。

推进学校人才培养的战略规划与行业标准制定，努力拓宽人才培养的维度，更加重视行业发展日益需要的专家型、复合型及国际化等人才的培养；积极参与理事单位科技创新规划的编制，充分发挥参谋咨询的作用；不断加大行业基础性、前瞻性、理论性研究的力度，积极参与行业企业重大科技攻关；支持行业企业的国际化战略，在统一行业标准、加强国际培训认证方面开展广泛的合作。

2. 进一步发挥好秘书处在理事会日常工作中的作用

2014 年，秘书处落实理事会第一次会议的精神，发挥自身职能，在加强组织建设、完善理事会制度，加强校企交流与合作等方面开展了一系列工作，取得了很好的成绩。建议 2015 年继续做好以下工作：

加强理事会制度建设，建立健全联络机制、议事机制、校企合作机制等工作机制，保障理事会的高效运转。

充分利用秘书处挂靠中电联的优势，进一步发挥桥梁与纽带作用，加强理事单位之间、理事单位与行业企业之间的联络沟通，促进信息传播与交流，孕育更多合作。

充分发挥秘书处组织协调职能，落实理事会发展战略，促进人才培养委员会、科技合作委员会工作的开展。

3. 进一步做好理事会人才培养委员会、科技合作委员会的工作

理事会下设人才培养委员会与科技合作委员会，在今年上半年正式成立，制定了相应的工作规则，并在华北电力大学召开了第一次全体会议，开展了相关的工作。现结合其工作职责，就 2015 年的工作提出以下建议：

建立健全两个委员会的工作机制，加强调查研究，制定切实可行的人才和科技工作规划与计划。

系统总结理事会、行业在校企合作人才培养与科技创新等方面的成功经验，形成规范性、普适性的合作模式与机制体系，加以推广。

充分发挥人才培养委员会职能，推动建立行业的人才培养标准，推动更多更好的联合人才培养模式，使学校的人才培养方案、培养模式、专业设置等能够更好地适应企业现实和未来需要，全面提高人才培养质量。

充分发挥科技合作委员会职能，加强在行业科技

发展规划制定与基础性、共性关键技术领域的研究与合作；对学校科技发展规划制定提出咨询指导意见，使学校重点研究方向、科研组织形式和科研管理等科技创新活动能够更好地融入理事单位的科技创新体系。

各位领导，同志们，总结华北电力大学多年来办学的成功经验，最重要的一条就是紧密依托行业、面向行业、服务行业，走一条“校企合作兴校”之路。今后，学校将继续高举理事会旗帜，加倍珍惜理事会和行业给学校的发展机遇与发展空间，以服务求支持，以贡献促发展，不断适应社会需求，探索建立一种更加开放的办学体制与合作模式，以更高的教育质量、更好的社会服务、更加创新的科学研究来肩负起时代的重任，早日实现华电“强校之梦”，为国家能源电力事业的发展做出应有的贡献！

谢谢大家！

OVERALL REVIEW

学校简介

（2014 年版）

华北电力大学是教育部直属全国重点大学，是国家“211 工程”重点建设大学。学校校部设在北京，分设保定校区。学校现有教职工近 3 千人，全日制在校本科生 2 万余人，研究生 7 千余人。学校占地面积 97.9283 万平方米，学校产权校舍建筑面积 103.1461 万平方米。

学校 1958 年创建于北京，原名北京电力学院。1969 年由北京迁至河北，先后更名为河北电力学院、华北电力学院。1995 年华北电力学院与北京动力经济学院（含华北电力学院北京研究生部）合并组建为华北电力大学。2003 年，在国家电力体制改革中，学校由国家电力公司划转教育部管理，同时组建了由国家电网公司、中国南方电网公司、中国华能集团公司、中国大唐集团公司、中国国电集团公司、中国华电集团公司和中国电力投资集团公司组成的理事会与教育部共建华北电力大学。2013 年，华北电力大学理事会换届，理事会成员单位包括七大电力央企和中国电力企业联合会、华北电力大学等九家单位。

半个多世纪以来，学校承载着为国家能源电力事业培养高素质人才与推进科技进步的历史使命。进入新世纪以后，学校贯彻“学科立校、人才强校、科研兴校、特色发展”的方针，抓紧机遇，加快发展，实现了跨越式快速发展。

学校设有电气与电子工程学院、能源动力与机械工程学院、控制与计算机工程学院、经济与管理学院、环境科学与工程学院、可再生能源学院、核科学与工程学院、数理学院、人文与社会科学学院、外国语学院等十大学院，设有 63 个本科专业。学校拥有“电力系统及其自动化”、“热能工程”2 个国家级重点学科、23 个省部级重点学科，有 5 个博士后科研流动站，5 个一级学科、30 个二级学科博士学位授权点，23 个一级学科、123 个二级学科硕士学位授权点。此外，学校具备 MBA 和工程硕士专业学位授予权，形成了培养本科、硕士、博士的完整教育体系。

学校拥有一支积极进取、素质优良、结构合理的高水平师资队伍。现有专任教师 1810 人，包括教授 389 人、副教授 581 人；博士生导师 171 人、硕士生导师 838 人；中国工程院院士 1 人、双聘院士 5 人。“千人计划”专家 8 人，国家教学名师获得者 1 人，“长江学者奖励计划”特聘教授 5 人、长江学者讲座教授 2 人，国家有突出贡献专家 3 人。获国家“杰出青年科学基金”资助人员 7 人，入选国家“百千万人才工程”人员 9 人，“973 计划”首席科学家 5 人，教育部“新世纪优秀人才支持计划”40 人。外籍教师 6 人，均为教授。具有博士学位的专任教师比例达 60%。

学校把人才培养作为根本任务，形成了“厚基础、重实践、强能力、求创新”的人才培养特色，成为教育部首批“卓越工程师培训计划”实施高校。学校现有 5 门国家级精品课程，2 个国家级教学名师团队，11 个国家级特色专业，3 个国家级实验教学示范中心，3 个国家级工程实践教育中心，1 个国家级虚拟仿真实验教学中心以及 10 个省部级实验教学中心，学校以“优秀”成绩通过了教育部本科教学工作水平评估。

学校以服务国家重大发展战略为己任，积极参与国家创新体系建设，新能源电力系统国家重点实验室、生物质发电成套设备国家工程实验室、国家火力发电工程技术研究中心三个国家级科研平台经过多年建设相继在基础理论研究和应用研究等方面取得若干标志性成果，以优异成绩通过国家验收，使学校形成了集 3 个国家级科研平台、19 个省部级科研平台、1 个国家国际科技合作基地、4 个北京市国际科技合作基地、4 个“111 引智基地”以及国家大学科技园为一体的高水平科技创新基地。近年来，学校在新能源发电、特高压、智能电网、高效洁净燃煤发电技术、核电技术等重要领域都取得了巨大成果。“十五”以来，承担国家科技重大专项、“973”、“863”、国家科技支撑计划、国家自然科学基金等纵向课题 1900 余项，获国家级、省部级科技进步奖 162 项。新世纪以来，学校科研经费快速增长，科技论文国际三大检索排名在教育部直属高校中排在前列，工程学进入 ESI 国际前 1% 行列。

学校作为中国电力企业联合会副理事长单位，同时依托大学理事会平台，不断深化产学研合作，与国内外三十余家电力、煤炭、电信、装备制造大型高新技术企业达成战略合作关系，共同承担重大研发项目，共建实验中心、研发中心、博士后工作站、研究生工作站，加快科技成果开发与产业化，年均与科技创新主体的企业签订科技项目 500 余项，连续两次获得“国家电网公司特高压交（直）流试验示范工程特殊贡献单位”称号；学校多方位构建校地合作平台，拓展合作渠道，北京、河北、江苏、内蒙、新疆、青海、山东等地方政府成为战略合作伙伴，围绕新能源、智能电网等战略性新兴产业领域,深化在科技创新、成果转化、人才培养等方面的交流与合作,在促进区域科技创新、推动地方经济发展上取得显著成效;学校积极推进校际合作,作为主要发起单位参与组建由11所行业特色型大学组成的北京高科大学联盟,实现高校之间的优势资源共享互补,促进校际协同创新。

学校全力推进国际化办学进程,与美、英、法、俄、日等120余家国际知名大学和研究机构开展实质性交流与合作,与多家国际教育机构实现了相关课程互认,并在美国、埃及创办了孔子学院。4个引智基地列入"高等学校学科创新引智计划"("111计划");举办EMBA、"1+1"、"2+2"等双硕士、本硕连读等不同层次的国际办学项目,国际化办学水平不断迈出新的步伐。

巍巍学府,电力之光。站在新的历史起点,学校承载新能源电力时代的光荣与梦想,积极承担为国家和社会培养高层次拔尖创新人才、创造高水平科研成果、提供一流社会服务的历史重任,昂首向建设一所具有鲜明特色的多科性、研究型、国际化高水平大学的目标奋进!

学校发展沿革

(2014年版)

1950年9月,电力职工学校成立于北京西城区大盆胡同,隶属中央燃料工业部电业管理总局管理。

1951年9月,电力职工学校迁往天津,成为天津工业学校之"一部"。

1952年6月,电业职工学校在北京西直门外广通寺旁建立新校区,9月,电业职工学校由天津回迁新校区并更名为北京电气工业学校,隶属中央燃料工业部电业管理总局管理。

1953年10月,北京电力工业学校更名为北京电力学校,隶属中央燃料工业部电业管理总局管理。

1958年10月4日,北京电力学院成立于西直门北下关。北京电力学校改为北京电力学院之中专部,次年中专部变为相对独立和北京电力学院共同隶属中央燃料工业部电业管理总局直管,由电力学院代为管理。

1959年2月21日,北京电力学院隶属水电部管理。

1960年10月15日,北京电力学院在北京海淀清河小营四拨子新建新校区并于1960年2月迁入清河校区,隶属水电部管理。中专部彻底分离留在原处并再次启用北京电力学校校名。

1961年9月始,原哈尔滨工业大学的发电厂电力网及其电力系统,高电压技术,动力经济与企业组织3个专业的教职工41人、学生230人以及教学设备等整体转入北京电力学院,后又有发电、电自合高压的10名研究生转入成为北京电力学院首批研究生。1964年,北京电力学院高电压技术和电厂化学专业整体并入武汉水利电力学院。

1965年,北京电力学院培养了由教育部安排的4名动力工业经济与组织的越南学生,成为学校首批招收的留学生。

1969年11月7日,因配合国家战备需要,北京电力学院迁至河北邯郸岳城水库,北京小营剩余部分成立留守处,通信兵419部队入驻小营校区。

1970年10月17日,北京电力学院由邯郸迁到保定,更名为河北电力学院。由水电部和河北省双重领导以省为主。

1978年9月,河北电力学院更名为华北电力学院,学校由水电部和河北省双重领导以部为主。1988年能源部成立后,华北电力学院隶属能源部管理。

1978年9月,河北电力学院更名为华北电力学院,学校由水电部和河北省双重领导以部为主。

1978年,华北电力学院恢复招收研究生。

1979年2月5日,水电部批准在北京清河小营旧址尚存校舍成立华北电力学院北京研究生部,该部由华北电力学院和水电部电科院院合办以华北电力学院为主。

1981年1月1日《中华人民共和国学位条例》实施后,华北电力学院于1982年9月获批首批3个专业(电力系统及其自动化、发电厂工程、理论电工)的硕士授予权。学校于1984年始招收首批工程硕士。

1981年11月1日,按照水电部批示精神成立成人教育函授部,1991年开始成人教育生授予学士学位。

1983年10月,由国家教委批准,在水利电力干部进修学院的基础上,由华北水利水院北京研究生部、北京水利水电学校、水电部电科院动能经济研究所,抽调华北电力学院部分人员合并组建北京水利电力经济管理学院。北京水利电力经济管理学院由水电部和北京市双重领导以水利部为主。1984年6月1

日,北京小营校区一分为二,其中一半校园划归电子部管理学院(即 1969 年入驻学校的通信兵 419 部队)。

1985 年 7 月 23 日,水电部批准在华北电力学院北京研究生部的基础上成立北京水利电力管理干部学院并于同年 7 月 24 日挂牌。华北电力学院北京研究生部和北京水利电力管理干部学院实行合署实体办学和管理,由华北电力学院统一管理。1990 年 8 月,能源部批准北京水利电力管理干部学院和北京水利电力经济管理学院实行一体化办公,于 1992 年更名为北京电力干部管理学院。

1986 年 7 月 28 日,国务院学位委员会批准华北电力学院为博士学位授予单位,电力系统及其自动化专业获得博士学位授予权,批准杨以涵为学校首位博士生导师。

1986 年 10 月,华北电力学院在保定韩庄乡建设 233 亩新校区并于 1991 年 9 月 10 日投入使用。

1990 年 9 月,能源部决定,北京水利电力经济管理学院与北京水利电力管理干部学院、华北电力学院北京研究生部实行一体化办学,在北京形成了东郊定福庄、清河校区、西郊分部和建设中的朱辛庄校区四大块。西郊分部 1992 年 9 月划归水利部管理后,在北京演变为东郊定福庄、清河校区、北京水利电力经济研究所和建设中的朱辛庄校区四大块,1992 年 10 月 22 日更名为北京动力经济学院并搬迁至朱辛庄校区。

1992 年,能源部撤消后,华北电力学院和北京动力经济学院隶属电力部管理。

1995 年,经原国家教委批准,华北电力学院和北京动力经济学院合并组建华北电力大学,校部设在保定,分设北京部分。

2003 年 3 月,华北电力大学由原国家电力公司划转教育部管理,正式成为教育部直属高校,由国家电网公司、中国南方电网有限责任公司、中国华能集团公司、中国大唐集团公司、中国华电集团公司、中国国电集团公司、中国电力投资集团公司等 7 家大型电力企业集团组成的校董会与教育部共建。

2005 年 9 月,华北电力大学被正式列入国家“十五”“211”工程“建设高校”行列。

2005 年 9 月 2 日,经教育部批准,华北电力大学校部由设在保定变更为设在北京,分设华北电力大学(保定)校区。两地实行实质性一体化管理。为确保年度工作的完整性,公文等项工作于 2006 年 1 月 1 日起,正式完成变更。

2011 年 8 月,学校“电力科学与工程”被正式列入国家“985”工程“优势学科创新平台”建设行列,标志着学科建设取得重大突破。

(编者注:根据华北电力大学外网学校概况改编)

2014 年概述

2014 年,华北电力大学围绕高水平大学的建设目标,在党建与思想政治教育、学科建设、人才培养、科学研究、制度建设等各个方面取得可喜成绩。

(一)“大电力”学科体系建设跨上新台阶

学校坚持以学科建设为龙头,围绕“大电力”学科体系建设,在继承和保持传统优势学科的基础上,不断优化学科布局,凝练学科方向,加强平台建设,全面深化学科内涵建设。

学校围绕国际前沿和国家能源环境领域的战略性问题,成立了环境与化学工程系,充分整合优势资源、创新模式、高起点地组建了环境研究院。学校全面开展学科调研,逐步推进文理学科振兴计划,新增公共管理(MPA)和应用统计(MAS)2 个硕士专业学位授权点。

新能源电力系统国家重点实验室、生物质发电成套设备国家工程实验室、国家火力发电工程技术研究中心三个国家级科研平台经过多年建设相继在基础理论研究和应用研究等方面取得若干标志性成果,以优异成绩通过国家验收,使学校形成了集 3 个国家级科研平台、19 个省部级科研平台、1 个国家国际科技合作基地、4 个北京市国际科技合作基地、4 个“111 引智基地”以及国家大学科技园为一体的高水平科技创新基地。

(二)“大人才”发展战略取得新成效

学校紧密围绕学科建设加强人才队伍建设,人才工作取得突出成效。学校引进同时入选汤森路透环境与生态学和工程学两个领域全球“高被引”科学家、国家杰出青年基金获得者王祥科、“青年千人计划”学者龚雁峰等一批高层次人才。李永平入选“长江学者”特聘教授,荣获“中国青年女科学家奖”;杨勇平入选“科技北京”百名领军人才培养工程,卢宏玮获国家优秀青年科学基金资助,付忠广获评全国优秀教师、杜小泽获评全国优秀科技工作者。

在“大人才”发展战略指引下，学校全面加强了人才队伍建设工作，聚集高层次人才的能力不断增强，师资队伍结构进一步改善。目前，拥有中国工程院院士1人、双聘院士5人、国家“千人计划”8人、国家“青年千人计划”2人、“万人计划”2人，“长江学者”6人，国家杰出青年科学基金获得者7人，“973”首席科学家5人，国家教学名师1人，4支团队列入教育部“长江学者和创新团队发展计划”，具有博士学位的专任教师比例达60%。

（三）人才培养质量持续提高

学校创新人才培养机制，着力加强国家精品课程、国家规划教材、国家实验教学中心和研究生联合培养基地建设，强化了教师培训力度，建立了三级教学名师资源体系，全面构建能源电力高等工程创新人才培养体系。学校深入落实2013版人才培养方案，完善研究生教育改革总体方案，新增1个本科专业、2门国家级精品课、2部“十二五”国家级规划教材；电力工业全过程仿真实验教学中心入选首批国家级虚拟仿真实验教学中心；与云南电网公司共建的研究生工作站获评全国示范性工程专业学位研究生联合培养基地；电气工程及其自动化专业顺利通过教育部工程教育专业认证；学校获批国家级专业技术人员继续教育基地。

教育教学质量不断提高，创新人才培养成效显著。学生在思想品德、学科竞赛和创新创业大赛中成绩突出，获得国际、国家级奖励375项，省部级奖励450项。其中，全国研究生和大学生数学建模竞赛、全国大学生节能减排大赛等赛事中一等奖数量位居全国高校前列。学生创行团队在34个国家参赛的“创行世界杯”大赛中获全球总冠军。

学校大力加强校风学风建设，注重建设丰富多彩的校园文化，学生在文化艺术体育活动方面表现出色：学校男子足球队夺得中国大学生足球联赛北区决赛冠军，多名同学先后在北京国际马拉松赛、全国大学生田径锦标赛等多个国际、国内重要赛事中获得冠亚军；大学生艺术团登上了多个重要舞台展现才艺，2014年作为国家汉办推选出的高校代表赴美国大学举行高水平巡回演出，引起了热烈反响。学校发布了《2013年本科教学质量年度报告》、《2014届毕业生就业质量年度报告》，生源质量进一步提升，毕业生就业率97.5%，受到了社会及用人单位的广泛好评。

（四）科技创新取得新突破

学校紧密围绕国家能源电力事业发展需求，深入开展国家重大基础研究和行业共性关键技术研究，全面提升科研综合实力和原始创新能力。全年科研经费总额达5.43亿元。主持承担国家“973计划”、“863计划”、国家支撑计划、国家自然科学基金等重大、重点基础研究项目共计109项。科技成果产出取得新突破，共获得国家、省部级科研成果奖37项，其中，学校为第一完成单位的“大型超超临界机组自动化成套控制系统关键技术及应用”项目获国家科学技术进步二等奖；学校参与的“气体绝缘装备特高频局部放电监测关键技术及其应用”项目获国家科学技术发明二等奖。

学校围绕能源电力行业的重大科技需求，充分发挥多学科优势，在特高压、智能电网、新能源、节能减排、能源与环境、核电等研究领域广泛开展校企合作，深入推进“2011协同创新计划”，“智能电网协同创新中心”申报认定工作取得阶段性重大进展。学校加强软科学研究和智库建设，在能源电力管理、技术经济、法律法规以及电力改革等领域发挥智囊作用，研究成果为政策制定和企业决策提供智力支持。学校中国科技论文与引文数据库收录排名和论文被引用排名继续提升；被列入“国家科技成果使用、处置和收益管理”及“教育部高校科技评价”改革试点单位。

（五）管理服务水平进一步提高

学校大力加强制度建设，不断深化劳动人事制度改革和后勤管理体制改革，全面构筑管理工作体系和保障体系，管理能力和服务水平进一步提高。大学理事会制度建设和体制机制建设进一步实质性推进，理事会人才培养委员会、科技合作委员会工作进展顺利，校企合作迈出新的步伐；高等教育研究紧密围绕学校中心任务和改革实践，认真做好发展咨询和政策研究工作；校园规划与基础建设扎实推进，信息化工作进程加快，教育教学基础设施与学习生活条件进一步改善；学校年度事业收入17.9亿元，支出16.8亿元，财务运行状况良好，教职工收入稳步提高。学校不断提高后勤、资产、图书、档案、医疗、网络、招标、期刊等保障工作水平，持续推进国际教育及合作交流、基金会、校友会等工作，不断优化科技创安条件，积极发挥工会、共青团等组织的作用，继续保持安定团结、稳定发展的良好办学局面。

（六）党建与思想政治教育工作进一步加强

学校认真学习贯彻党的十八大、十八届三中、四中全会、习近平总书记系列重要讲话和全国高校党建工作会议精神，坚持正确的政治方向和舆论导向，牢牢把握意识形态工作领导权；学校持续巩固党的群众路线教育实践活动成果，扎实推进党风廉政和反腐败体系建设；以党组织换届为契机，进一步优化干部队伍结构；以干部教育培训和强化项目凝练为手段，不断提升干部的宏观思考力和工作执行力。领导班子及干部工作作风进一步转变，教职工的凝聚力、战斗力进一步增强，广大师生爱岗敬业、追求卓越，形成了健康、文明、创新、向上的校园文化。

学校全面贯彻党的教育方针，紧密围绕立德树人的根本任务和中华民族伟大复兴"中国梦"时代主题，注重党建与思想政治教育工作顶层设计和过程指导，积极培育和践行社会主义核心价值观，着力打造集思想政治教育、学业辅导、心理健康教育、综合素质评价为一体的学生工作建设体系，大学生思想政治教育成效显著。

——摘自《校长工作报告》

2014年概况

党委书记：吴志功

校　　长：刘吉臻

2014年，华北电力大学占地面积97.928 3万平方米，学校产权校舍建筑面积103.146 1万平方米。固定资产总值291 748.15万元，其中，教学、科研仪器设备资产值52 067.86万元。全年教育经费投入17 8787.58万元，其中，国家拨款87 617.77万元，自筹经费91 169.81万元。

2014年，华北电力大学有直属学院10个，教学部2个，另设有国际教育学院、研究生院、继续教育学院、艺术教育中心、工程训练中心及金工实训中心。开设本科专业63个；拥有一级学科博士学位授权点5个和二级学科博士学位授权点30个，一级学科硕士学位授权点23个和二级学科硕士学位授权点123个；博士后科研流动站5个，其中博士后研究人员出站12人，进站9人和在站43人。学校拥有国家级重点学科2个、省部级重点学科25个，国家重点实验室1个，国家工程试验室1个、国家工程技术研究中心1个、教育部重点实验室3个、教育部工程技术研究中心1个、北京市重点实验室7个、北京市工程技术研究中心2个，另有北京市哲学社会科学研究基地1个。

2014年，学校在科研平台建设方面，新能源电力系统国家重点实验室、生物质发电成套设备国家工程实验室、国家火力发电工程技术研究中心三个国家级科研平台经过多年建设相继在基础理论研究和应用研究等方面取得若干标志性成果，以优异成绩通过国家验收，使学校形成了集3个国家级科研平台、19个省部级科研平台、1个国家国际科技合作基地、4个北京市国际科技合作基地、4个"111引智基地"以及国家大学科技园为一体的高水平科技创新基地。

2014年，学校共引进各类人才70人。其中，教师41人，非教师29人。引进教师中，除英语系、体训部共3人为具有硕士学位外，其余均具有博士学位，9人具有博士后经历，海外知名院校博士学位获得者6人。成功申报各类人才支持和奖励计划11人，包括"千人计划"专家2名、"长江学者"特聘教授1名、政府特殊津贴获得者2名、百千万人才国家级人选1名、国家"青年千人计划"专家1名、北京市科技新星2名，北京市优秀青年人才1名、北京市教学名师2名。河北省模范教师1名、河北省优秀教师1名。

2014年，学校有教职工2 947人，其中，专任教师1 810人，包括教授389人、副教授581人；博士生导师171人、硕士生导师838人；中国工程院院士1人、双聘院士5人。"千人计划"专家8人，国家教学名师获得者1人，"长江学者奖励计划"特聘教授5人、长江学者讲座教授2人，国家有突出贡献专家3人。获国家"杰出青年科学基金"资助人员7人，入选国家"百千万人才工程"人员9人，"973计划"首席科学家5人，教育部"新世纪优秀人才支持计划"40人。外籍教师6人，均为教授。具有博士学位的专任教师比例达60%。

至年底，华北电力大学共有党委24个、1党总支0个、直属党支部6个、基层党支部471个，其中学生党支部272个、在职教职工党支部186个、离退休职工党支部16个。共有中共党员8 070名，其中在职教职工党员2 058名、离退休教职工党员465名、本科生党员2 168名、研究生党员3 372名。共发展中共党员1 380名，转正党员1 371名。有民主党派成员103名，其中，民革3人，民盟36人，民建9人，民进21人，农工党3人，致公党1人，九三学社29人，台盟1人。

2014年，学校有毕业生13 347人，其中，学历教育学生中全日制研究生2 116人（博士生131人、硕士生 1 985 人),普通本专科生 4 987 人(本科生 4 986 人,专科生 1 人)、成人教育本专科生 4 998 人(本科生 3 327 人、专科生 1 671 人)。在职人员攻读硕士学位 1 246 人。本科毕业生就业率 97.5%。研究生就业率 97.8%。招生 13 882 人,其中,学历教育学生中全日制研究生 2 507 人(博士生 199 人、硕士生 2 308 人),普通本专科生 5 479 人(本科生 5 477 人,专科生 2 人)、成人教育本专科生 4 171 人(本科生 2 804 人、专科生 1 367 人)。在职人员攻读硕士学位 1 725 人。在校生 52 037 人,其中,学历教育学生中全日制研究生 7 777 人(博士生 1 056 人、硕士生 6 721 人)、普通本专科生 21 696 人(本科生 21 690 人、专科生 6 人),成人教育本专科生 15 736 人(本科生 10 498 人、专科生 5 238 人)。在职人员获取硕士学位 6 828 人。外国留学生毕业 180 人,招生 198 人,在校生 313 人

2014 年,学校本科招生录取总计 5 533 人,其中北京校部 2 963 人,保定校区 2 570 人。从各省录取的平均情况来看,2014 年北京校部理工类在各省录取最低分超出重点线 62.48 分,录取平均分超出重点线 84.10 分;文史类在各省的录取最低分超出重点线 33.42 分,录取平均分超出重线 44.68 分。保定校区理工类在各省录取最低分超出重点线 50.87 分,各省录取平均分超出重点线 70.82 分;文史类在各省录取最低分超出重点线 19.98 分,各省录取平均分超出重点线 27.67 分。

2014 年,学校各类科研经费达到 5.43 亿元,比去年下降了 4.90%;到帐经费 3.92 亿元,比去年增长了 6.23%。各类纵向科技项目获得立项项目 201 项,资助经费达 18 851.207 8 万元。其中,承担"973"计划项目 1 项,"863"计划项目 9 项,国家科技支撑项目 5 项,国家科技重大专项 2 项,国家国际科技合作专项 1 项,国家自然科学基金和社科基金项目 91 项。2014 年,学校承担横向合作项目 796 项,合同总经费 27 453.891 6 万元。学校继续严格对 2014 年签订的横向合同进行审查,加强知识产权的保护,对 82 项合同进行了技术认定,认定金额 5 934.29 万元,其中实现技术交易额 5 612 万;办理合同免税 29 项,免税金额 1 017.83 万元。

2014 年,学校申请专利 1 067 件,其中发明专利 511 件,实用新型 327 件,外观设计 37 件,计算机软件著作权 384 件;授权专利 588 件,其中发明专利 310 件,实用新型专利 198 件,外观设计 14 件,计算机软件著作权 258 件。

2013 年,学校发表国内科技论文在全国高校排名第 37 位,科学引文索引扩展版(SCIE)排名 88 位,工程索引核心版(EI)排名 43 位,科技会议录引文索引(CPCI－S)排名 12 位。学校 SCIE 数据库收录学校文献 472 篇,与 2012 年相比增长了 20%;EI 收录期刊论文 922 篇,与 2012 年相比增长了 21%;CPCI－S 收录论文 535 篇,与 2012 年相比下降了 15%。(编者注:因此数据次年公布,故推迟一年刊登)。

2014 年,学校资助各类学术报告会 78 场次;缴纳各类专委会会费 163 883.85 元。推荐各类专家 103 人次;推荐各学会、专业技术委员会委员 12 人次、高级会员 3 人次、会员 79 人次;推荐教育部科技委学部委员候选人 5 人次,推荐理事候选人 5 人次、常务理事 3 人次、副理事长 1 人次。

2014 年,华北电力大学共设自然班 818 个(校部 462 个,保定校区 356 个),其中实验班 41 个(校部 24 个,保定校区 17 个),共授课学时 246 937 个(校部 136 789 学时,保定校区 110 148 学时)。5 个项目获批北京市教改立项项目,6 项教改项目入选省级教改项目,2 名教授被评为北京市高等学校教学名师,2 部教材获评国家规划教材, 2 门课程入选国家级精品资源共享课,1 实验教学中心获评国家级虚拟仿真实验教学中心。

2014 年,学校非学历继续教育全年共举办培训班 192 期,参加培训 15,378 人次。

2014 年,中国电力行业远程继续教育网(www.dljxjy.com)已上线 1 315 门课程、3 486 课时课件,课程专业涵盖火电、水电、风电、核电、生物质能发电、太阳能发电及供电、输配电、电力设计、电力制造等整个能源电力行业。至年底,在线注册学员 50,173 名。

2014 年,图书馆建筑面积 36 932 平方米,拥有纸质文献 235.94 万册(北京 102.17 万册,保定 133.77 万册),其中,中外文图书 218.73 万册(北京 93.67 万册,保定 125.06 万册),期刊合订本 14.46 万册(北京 6.82 万册,保定 7.64 万册);博硕士学位论文 3.38 万册(北京 1.68 万册、保定 1.07 万册);年进新书 10.79 万册(北京 5.68 万册,保定 5.11 万册)。

2014 年,学校拥有计算机 16 624 台,其中教学用计算机 13 563 台。网络多媒体教室 325 间,信息化设备资产值 21 109.85 万元,网络信息点 24 571 个,校园网出口总带宽 2 300Mbps,电子邮件系统用户 22 893 个,上网课程 98 门,数字资源量 419 097GB,管理信息系统数据总量 20 610GB。

外网网址:www.ncepu.edu.cn

(编者注:摘自《2014 年教育部高等学校教育统计报表》)

2014 年华北电力大学十件大事

1. 完成《华北电力大学章程》的制定

为全面构建现代大学制度，根据教育部要求，学校于 2012 年启动大学章程起草工作，先后征求各部门、离退休老同志、知名教授、法律专家、学校领导班子等意见，按规定提交教职工代表大会讨论、校长办公会审议、学校党委全委会审定，并于 2014 年 12 月正式上报教育部核准。大学章程彰显了学校办学历史和文化内涵，固化了学校 50 多年的办学实践和管理经验，完善了学校内部治理体系，突出了办学特色，全面推进了现代大学制度建设和依法治校的进程。

2. 两项科技成果获国家级奖励

刘吉臻教授作为第一完成人、学校为第一完成单位的“大型超超临界机组自动化成套控制系统关键技术及应用”项目获国家科学技术进步奖二等奖；李成榕教授作为第三完成人参与的“气体绝缘装备特高频局部放电监测关键技术及其应用”项目获国家技术发明奖二等奖；学校获省部级科技奖励 34 项，其中省部级一等奖 4 项；各类科技论文发表数量持续增长，中国科技论文与引文数据库收录排名第 37 位，论文被引用排名第 47 位，分别提升了 8 位和 9 位。

3. 新能源电力系统国家重点实验室等科研平台通过验收

学校新能源电力系统国家重点实验室经过三年建设，在基础理论研究和应用研究等方面取得了若干标志性成果，顺利通过验收并获得了高度评价；生物质发电成套设备国家工程实验室以优异成绩通过了验收，其具有自主知识产权的“板式脱硝催化剂”打破国外技术封锁，前景广阔；学校被列为“国家科技成果使用、处置和收益管理”和“教育部高校科技评价”改革试点单位。

4. 高端人才引进和培养有所进展

学校引进入选汤森路透环境与生态学和工程学两个领域全球高被引科学家、国家杰出青年基金获得者王祥科，中科院“百人计划”入选者王素华。李永平当选“长江学者”特聘教授，这是学校连续三年成功申报此项人才计划；付忠广被评为全国优秀教师，杜小泽被评为全国优秀科技工作者，杨勇平入选“科技北京”百名领军人才培养工程，卢宏玮获“国家优秀青年科学基金”资助。

5. 人才培养质量和就业质量持续提升

学校 2 部教材入选“十二五”国家级规划教材，2 门课程入选国家级精品资源共享课；学生在“华为杯”全国研究生数学建模竞赛中获奖 38 项，其中一等奖 3 项，学生在各类学科竞赛中共获国际和国家级奖 372 项、省部级奖 450 项；《华北电力大学 2014 届毕业生就业质量年度报告》显示，毕业生就业率超过 97.5%。

6. 两个国家级实验室（实践）教学平台获批

学校持续推进仿真实践教学改革与创新，“电力工业全过程仿真实验教学中心”入选首批国家级虚拟仿真实验教学中心；学校加大工程硕士专业学位研究生联合培养实践基地建设，与云南电网公司共建的研究生工作站被评为首批“全国示范性工程专业学位研究生联合培养基地”。

7. 学生创行团队荣获创行世界杯总冠军

10 月，学校创行团队作为全国赛总冠军代表中国出战创行世界杯，凭借“绿色电力让牧民生活更美好”项目，战胜来自德国、美国等 33 个国家的团队，荣膺全球总冠军；11 月，“北回归线爱心协会”公益团队获 2014“创青春”全国大学生创业大赛公益赛暨北极光创投 · 公益创业赛金奖。

8. 学校组建环境研究院

学校加大环境学科的建设，12 月，围绕国际前沿和国家能源环境领域急需解决的战略性、前瞻性问题，充分整合现有资源与环境领域相关学科的优势资源，以“学科导向、任务驱动”为指导思想，高水平、高起点组建了跨院系、跨学科的“华北电力大学环境研究院”，力争建设成为能源环境类国家级科技创新基地。9 月，在环境科学与工程学院下增设环境与化学工程系。

9. 学校以社会主义核心价值观引领校园文化建设

学校实施模范引领工程、师德师风建设工程、德育实践创新工程、文明创建提升工程和主题教育实践活动等系列工程，以实际行动培育和践行社会主义核心价值观。9 月，大学生艺术团作为国家汉办推选出来的高校代表，在美国 4 所大学做了 7 场高水平演出，受到热烈欢迎。学校再获河北省“省级文明单位”荣誉称号。

10. 学校与昌平区共建华电附属中学和附属小学

9月，学校与昌平区回龙观中学、昌平实验小学签署合作办学框架协议，重点围绕教师学历提升、教师教育教学能力提升、特色课程建设、特色体育教学、大学生课外辅导等九个领域开展合作共建。10月底，华北电力大学附属中学和附属小学正式挂牌。

2014 年大事记

~1 月~

13 日　华北电力大学与浪潮集团有限公司签署战略合作框架协议。根据协议，双方将在技术领域专项科研课题研究、课题的组织实施和申报管理、科技成果转化与申报、人才培养等领域开展合作，以实现双方资源共享、共同发展，为中国能源电力信息化产业发展做出贡献。

15 日　学校召开科研工作视频会议。副校长杨勇平、王增平，校长助理律方成出席会议。会议对2013年学校科研工作进行总结，对学校科研经费及科研项目、科研平台和科技人才队伍建设、科研成果产出、协同创新与产学研合作、大学科技园建设与管理、体制机制改革等方面的工作进行了系统的梳理，部署了学校2014年科研任务，提出要继续提升学校基础研究和前沿技术研究的原始创新能力；进一步优化科研平台布局，提升科研平台建设内涵；进一步提升科研成果产出质量；进一步加强科技人才队伍和创新团队建设；进一步增强服务行业及区域发展能力；进一步加强成果转化工作；进一步增强大学科技园建设和服务水平；不断完善体制机制创新。

1 月　华北电力大学报送的校园文化建设成果《充分发挥能源学科优势，让绿色电力点亮长征路上幸福梦——华北电力大学"三位一体"电力扶贫的实践与探索》获一等奖。

1 月　第七届首都民族团结进步表彰大会在北京会议中心召开，会议对首都民族团结进步做出突出贡献的先进集体和个人进行了表彰，华北电力大学获北京市委、市政府颁发的"首都民族团结进步先进集体"荣誉称号，是获得表彰的七所高校之一。

~2 月~

21 日　华北电力大学第六届第二次教职工代表大会在保定校区召开。校领导吴志功、刘吉臻、安连锁、李双辰、杨勇平、孙平生、孙忠权、王增平等出席开幕式，和广大教职工代表一起共商学校发展大计。开幕式由副校长安连锁主持。

22 日　华北电力大学第六届第二次教职工代表大会闭幕。校领导吴志功、刘吉臻、安连锁、李双辰、杨勇平、孙平生、孙忠权、王增平等出席闭幕式。闭幕式由党委副书记、副校长张金辉主持。会议通过了《华北电力大学第六届第二次教职工代表大会决议》。《决议》指出，刘吉臻校长在大会上所作的工作报告，认真贯彻十八届三中全中精神，紧密结合党的群众路线教育实践活动，全面总结了学校2013年的各项工作和所取得的突出成绩，提出了全面构建现代大学制度、持续推进高水平大学建设，以内涵发展、提高质量为核心，全面提升、重点突破的工作思路，并对2014年的重点工作作了整体部署。报告主题鲜明，思路清晰，任务明确，重点突出，特别是提出了全面构建具有竞争力的现代大学制度的主题任务，抓住了学校在新时期以制度保障来推进高水平大学的关键所在，对于学校进一步面向社会依法办学、民主管理、自我发展、全面提高学校的核心竞争力具有重要而深远的意义。《决议》指出，学校2013年财务工作强化管理，开源节流，整体运行状况良好，有效地保障了学校事业的发展；2014年财务预算安排合理。大会同意《2013年财务工作报告》。《决议》同时指出，《教代会提案工作报告》客观反映了2013年教代会的提案处理情况和2014年教代会提案征集情况，代表提案征集与处理质量进一步提升，大会同意《教代会提案工作报告》。《决议》强调，大会讨论了大学章程制定情况和《华北电力大学章程（教代会讨论稿）》，认为大学章程是学校依法自主办学、实施管理和履行公共职能的基本准则，章程建设是学校现代大学制度建设的重要内容。《决议》要求相关部门在听取代表意见的基础上，进一步修订完善《华北电力大学章程》。《决议》号召，全体教职员工要以党的十八届三中全会精神为统领，根据学校第一次党代会和"十二五"发展规划确定的战略目标和重要举措，全面贯彻落实本次大会确定的会议精神和工作任务，以改革创新为动力，以制度建设为保障，聚焦内涵建设，提升办学水平，坚定信心，奋发努力，以昂扬的斗志和饱满的热情投入到学校建设高水平大学的宏伟事业中。吴志功发表题为《把握战略方向，凝练标志项目，推进制度创新，以先进模式和务实作风进一步加快高水平大学建设步伐》的讲话。

28 日　“首都综治委校园及周边综治专项组会议暨高校安全稳定工作会议”在北京会议中心召开。会议宣布了“平安校园”创建达标学校和示范学校的决定,华北电力大学通过“平安校园”创建验收并获得“平安校园示范校”的荣誉称号和 100 万元专项奖励

2 月　国家工程技术研究中心信息网发布《科技部关于 2013 年度国家工程技术研究中心验收结果的通知》(国科发计[2014]3 号)。依托华北电力大学建设运行的国家火力发电工程技术研究中心通过科技部组织的现场验收评估和验收委员会综合评议,全面完成可行性论证报告和计划任务书要求的各项组建任务,基本实现预期组建目标,具备较强的科技成果产业化能力及辐射扩散能力,达到验收标准。在 2013 年度接受验收的 38 家国家工程技术研究中心中成绩优异,排名第二。

2 月　由教育部思想政治工作司指导、教育部中国大学生在线网站主办的第六届全国高校百佳网站网络评选活动结果揭晓,华北电力大学新闻网获“全国高校百佳网站”称号。

~3 月~

19 日至 26 日　校长刘吉臻率团访问德国弗朗霍夫风能和能源系统技术研究院(IWES)、卡尔斯鲁厄大学(KIT)和捷克技术大学(CTU),就学生与教师交流和科研合作取得共识并签署合作备忘录。

21 日　校长刘吉臻率团在德国卡尔斯鲁厄举办华北电力大学与留德中国学人座谈会。39 名来自德国大学和研究机构的研究员、博士后和博士生参会。人员涵盖材料、化学、环境、电子信息、新能源、计算机、核工程等华电主干学科。

24 日　校长刘吉臻会见捷克技术大学新任校长 Petr Konvalinka,副校长 Miroslav Vlcek,双方就学生交流和科研合作达成一致。该校成立于 1707 年,是中欧最古老,也是最著名的技术大学。学校设有 8 个学院:土木工程学院、机械工程学院、电气工程学院、核科学与物理工程学院、建筑学院、交通科学学院、生物医药工程学院和信息技术学院。

26 日　巴基斯坦驻华大使馆科技事务公使马哈穆德·胡赛因(Mahmood Hussain)、科技事务参赞沙赫德·马克苏德(Shahid Maqsood)来访,副校长杨勇平接待来访客人,国际教育学院副院长段春明等参加会见。双方就核电领域的学术交流、高校教师互访、项目培训、留学生培养等方面进行交流。

27 日　学校与苏州热工研究院就科技合作、共建科研平台、共同申报支撑项目、组建研究生、博士后工作站等方面达成全面合作意向。

28 日　教师教学发展中心召开“教学名师培育计划”启动会。教务处处长、教师教学发展中心主任柳长安和“教学名师培育计划”入选教师参加会议。

29 日　首都高校传媒联盟第七届委员会全体会议在北京信息科技大学召开。华北电力大学广播台台长冯泽宙入选新一届首都高校传媒联盟常务委员会。

30 日　学校召开苏州校友会成立大会。校党委常委、组织部部长张天兴,电力 91 级校友、江苏省电力公司检修公司苏州分部党总支书记谢亮,华北电力大学苏州研究院全体人员,校友办负责人以及在苏州的校友代表近 50 人参加大会。

3 月　学校获评“北京高校国防教育先进单位”。

3 月　毕天姝教授获北京市“三八”红旗奖章。毕天姝 1997 年硕士毕业留校任教,1998 年选派至香港大学电机与电子工程学系,师从原 Berkeley 大学电机系系主任,香港大学副校长吴复立教授攻读博士学位。现任华北电力大学教授,博士生导师,新能源电力系统国家重点实验室常务副主任。

~4 月~

1 日　学校承办第八届中韩大学生精英(春季)论坛。

2 日　国务院学位办副主任、教育部学位管理与研究生教育司副司长梁国雄和行政秘书处处长刘宏到学校调研学科建设等有关工作。副校长杨勇平、校长助理律方成及学科办相关工作人员参加调研座谈会。

3 日　校长刘吉臻会见喀麦隆共和国驻华大使马丁·姆巴纳和夫人一行,大使及夫人此行目的是参加华北电力大学 2014 届研究生毕业典礼暨学位授予仪式。并对华北电力大学辛勤培养喀麦隆学子表示谢意。

9 日　学校与大唐集团广西分公司举行合作洽谈会。学校党委常委、组织部长张天兴,大唐集团广西分公司副总经理、党组成员罗书葵出席会谈。校企双方在会谈中表示将尽快签署战略合作协议,建立长期稳定的合作机制,在水电、新能源等领域的科学研究、人才培养、科技创新、资源共享等方面展开广泛、全面、深层次的合作。

10 日　以河北大学党委常委王培光为组长的检查工作领导小组专家一行 10 人对华北电力大学大学生思想政治教育工作展开测评检查。此次检查评估

是按照教育部、河北省关于开展《全国大学生思想政治教育工作测评体系》贯彻执行情况自测自评工作的通知要求，不断加强和改进新形势大学生思想政治教育工作的重要内容之一。

10 日　教育部科技发展中心产业处处长贾一伟、副处长杨学民等来校进行产业工作调研。副校长孙忠权及产业管理处、科研院等相关负责人及工作人员参加了调研座谈会。会后，贾一伟一行参观了新能源电力系统国家重点实验室和生物质发电成套设备国家工程实验室等国家级科研平台。

10 日　法国格勒诺布尔国立理工学院（Grenoble INP－Phelma）院长 Pierre Benech 教授和国际关系办公室主任 Alice Caplier 教授来校访问。副校长杨勇平接待来访客人。双方将在高水平科研、人才培养以及人员交流方面加深合作。

11 日　刘吉臻校长会见率团来校访问的东北电力大学党委书记李岩峰、校长李国庆一行。华北电力大学副校长安连锁，校长助理律方成、汪庆华，东北电力大学副校长蔡国伟、王建国，党委副书记王喜库，及两校有关部门和院系负责人参加会见和交流。

12 日　由中国人民大学中国社会保障研究中心与人文与社会科学学院联合主办的“2014 年中国贫困问题与救助扶贫政策研讨会”在华北电力大学举行。来自国务院扶贫办、民政部、农业部、中国残疾人联合会、中国国际扶贫中心等政府及相关机构，世界银行、联合国儿童基金会等国际组织以及国内外高校及研究机构代表 80 余人参加论坛。

17 日　国网节能服务有限公司副总经理常建平一行来访。杨勇平副校长，校企合作办公室、科学技术研究院、电气与电子工程学院、能源动力与机械工程学院、可再生能源学院等相关负责人参加座谈。校企双方将在科学研究、人才培养等多方面开展合作。

17 日　学校召开创新创业实验班工作总结暨汇报会，党委书记吴志功、党委副书记李双辰、党委常委组织部长张天兴、校长助理郭孝锋以及团委、宣传部、教务处、教育基金会、校友会等部门负责人出席会议。

22 日　大学生创就业实训项目正式启动。党委书记吴志功，党委副书记李双辰，全国高校学生信息咨询与就业指导中心就业服务开发处处长方伟，中大创联（北京）文化传播有限公司董事长程武，启明星全国联合会执行会长赵紫晨，中大创联（北京）文化传播有限公司总裁张梓豪等出席启动仪式。校企双方代表签署捐赠协议和大学生创就业实训项目合作协议。

21 日至 25 日　加拿大多伦多大学教授 Reza Iravani 来校访问。期间，Reza Iravani 教授举行 2 场报告会，并与肖湘宁教授研究团队、崔翔教授研究团队和赵成勇教授团队进行了 5 场研讨会，并达成多项合作意向。

24 日　江苏美联集团有限公司向学校基金会捐赠 800 万元支持学校发展。党委书记、教育基金会理事长吴志功，副校长、教育基金会副理事长孙平生，美联集团董事长孙爱民，美联集团北方大区总经理陆春等出席了签约仪式。仪式由教育基金会秘书长陈兆江主持。

24 日　经济与管理学院和开能建设有限公司举行“开能创新创业基金”启动签约仪式。开能建设有限公司董事长曹明海、董事长助理罗华琴，教育基金会常务副秘书长王子杰，经济与管理学院院长牛东晓教授、党总支副书记赵军伟等参加会议。

24 日　校长刘吉臻率队访问国网智能电网研究院，与国网智研院领导班子及有关负责人进行深入交流。国网智研院院长孙正运、党组书记王彦亮、副院长邱宇峰、巩学海，学校副校长杨勇平、校长助理汪庆华，“千人计划”学者王海风、黄永章，以及电气与电子工程学院、新能源电力系统国家重点实验室、科研院、研究生院、校企办等单位负责人及专家教授参加交流访问。会上，双方代表先后就本单位当前在智能电网研究方面的重点工作和重点项目进行了介绍，共同分析了两单位开展战略合作的良好基础、发展空间和愿景目标，并就今后在高层次人才培养、智能电网关键技术研究、科技创新等领域的合作进行了深入交流。双方将充分发挥各自优势，积极实现互补、达到互利共赢的良好局面。

25 日　英国空气与环境质量专家 Geoff Dollard 博士来校进行学术交流。环保部科技标准司副司长刘鸿志、英国使馆气候变化及能源处主管温妮、副校长孙忠权以及相关学科师生参加交流。Geoff Dollard 博士的学术讲座围绕英国伦敦灰霾天气的变现、形成原因、治理措施和技术应用展开。

27 日　学校女篮再次问鼎 2014 年首都高校大学生“STAR”杯篮球联赛冠军，成为历届“STAR 杯”女子（乙组）比赛中第一支成功卫冕球队。

27 日　国家能源局领导参加经济与管理学院举办的电力需求侧响应仿真平台建设研讨会。出席会议的主要领导有：国家能源局发展规划司司长俞燕山，国家能源局市场监管司司长刘宝华，国家发改委经济运行调节局电力处处长夏鑫等。

28 日　教师教学发展中心举办教学发展系列活动之主题研讨会(第 3 期),研讨会主题为:如何组织参与式教学。

29 日　北京知企科技有限公司向学校教育基金会捐赠其全额投资成立的北京华电知企能源技术服务有限公司 20% 的股权,资产价值人民币 1000 万元。

29 日　中国电力科学研究院继电保护研究所与华北电力大学四方研究所召开电力系统继电保护联合研究中心签约暨首批联合研发项目启动会。中国电力科学研究院副所长高克利、总工程师汤涌、保护所所长周泽昕、科技部副主任孙华东,华北电力大学副校长杨勇平、王增平,科研院常务副院长檀勤良、新能源国家重点实验室常务副主任、四方研究所所长毕天姝,电气工程学院副院长许刚等出席会议。

30 日　电气与电子工程学院新能源电网研究所和国网智研院直流输电研究所举行直流输电技术发展研讨会,国网智研院院长助理、中电普瑞电力工程有限公司执行董事、直流所所长汤广福教授,国网智研院"千人计划"学者吴学光博士、安婷博士,新能源电网所所长肖湘宁教授、副所长赵成勇教授等参加研讨会。

30 日　学生参加河北省第十八届大学生运动会获佳绩,其中,田径男队获得金牌榜冠军,女队获金牌榜季军。同时,学校获本届大运会"体育道德风尚奖优秀代表团"称号。

4 月　王增平教授指导的电力系统及其自动化学科博士研究生张亚刚的学位论文《基于广域信息的电力系统故障元件定位方法研究》获得全国百篇优秀博士论文提名奖。

4 月　由河北电力研究院与华北电力大学共同完成的"输变电设备状态全景实时监测与诊断系统"获 2013 年度河北省科学技术进步奖二等奖。

4 月　北京市教委下发《北京市教育委员会关于公布北京市重点学科验收评审结果的通知》,学校电气工程、技术经济及管理和清洁能源学 3 个北京市重点学科验收评审结果为优秀。

4 月　学校申报的"智能电网安全北京市国际科技合作基地"、"高效聚光化合物太阳能电池北京市国际科技合作基地"、"火力发电过程节能与清洁运行北京市国际科技合作基地"和"能源与环境系统优化及工程应用北京市国际科技合作基地"获得认定。

4 月　经过初审筛选、申报答辩和专家评议,由北京市科学技术委员会评选的 2014 年度北京市科技新星计划入选名单揭晓,电气与电子工程学院马静、可再生能源学院张永哲两位教师成功入选。其中,马静获资助项目类别为 A 类,依托其"不确定强时变强时滞复杂电网环境下混合模型轨迹系统稳定性分析理论及协调控制策略研究"项目开展课题研究;张永哲获资助项目类别为 B 类,获批项目为"高灵敏度超快石墨烯光电探测器研究"。

~5 月~

5 月　学生参加 2014 年河北省大学生机械创新设计大赛暨第六届全国大学生机械创新设计大赛获佳绩。其中房静、范孝良指导,韦晓航、刘华森、李玥、韩露、邓忻依设计制作的智能移动讲台项目和崔彦彬、姚小清指导,马一丹、王勇、缪伦奇、周安鹂、何知遥设计制作的便携式多功能新式画架项目获得省级特等奖。

1 日　学生参加河北省第八届大众跆拳道公开赛获 3 金 3 银 2 铜的优异成绩。

6 日至 9 日　由华北电力大学和英国诺丁汉大学共同举办的国际传热研讨会(2014)在北京召开。徐进良教授及英国诺丁汉大学闫玉英教授共同作为该研讨会主席。本次国际传热研讨会围绕能源动力系统节能、新能源利用系统、核能利用系统中的传热问题进行深入研讨和交流。自 16 个国家和地区的近 400 名专家学者参加会议。

13 日　学校与加拿大里贾纳大学举行第二届研究生学术交流论坛。加拿大里贾纳大学校长 Vianne Timmons,研究生院院长 Armin Eberlein、副院长 Dongyuan Blachford;华北电力大学校长刘吉臻,副校长安连锁相关职能部门及院系负责人等出席交流论坛。里贾纳大学 10 名研究生、华北电力大学 11 名研究生,北京师范大学和中国石油大学研究生代表等参加开幕式。

13 日　校长刘吉臻会见来校访问的中国南方电网公司副总经理张晓东一行。双方就进一步加强在科技合作、人才培养、高层次人才培训等方面的合作进行深入交流。

13 日至 15 日　中国宇航学会和中国高科技产业化研究会主办、华北电力大学等共同举办"2014 年国际太阳电池技术及应用研讨会"。澳大利亚新南威尔士大学的 MartinGreen 教授、中国科学院上海技术物理研究所褚君浩院士和华北电力大学李美成教授作为大会主席。来自高等院校、科研院所和相关企业的代表参加会议。

14 日至 16 日　苏州研究院与苏州市科技局联合举办"科技行——走进华北电力大学"智能电网产学研对接活动。

19 日至 20 日　中国电机工程学会第十次会员代

表大会在北京召开。校长刘吉臻、杨奇逊院士、崔翔教授、李琳教授应邀出席会议。经中国电机工程学会第十届理事会第一次会议选举,国家电网公司副总经理郑宝森当选中国电机工程学会第十届理事会理事长,刘吉臻当选第十届理事会副理事长,杨奇逊院士、崔翔教授当选第十届理事会理事。刘吉臻连任中国电机工程学会青年和教育工作委员会主任委员,崔翔教授继续担任中国电机工程学会理论电工及其新技术专业委员会主任委员。

21 日　国家重大科技专项“大型先进压水堆核电站”总设计师、上海核工程研究设计院(728 院)郑明光院长应邀来校访问。双方就中国能源发展战略、核电在中国能源电力中的地位及校企合作等话题进行了广泛而热烈的讨论。

24 日　学校健美操队获全国全民健身操舞大赛北京分赛区特等奖。

26 日至 28 日　受中国工程教育认证委员会委托,由北京交通大学范瑜教授为组长的专家组一行 6 人分北京、保定两地对华北电力大学电气工程及其自动化专业进行认证现场考查。这是自 2013 年 6 月中国加入《华盛顿协议》之后,学校首个接受中国工程教育认证的专业。

28 日　学校召开节约型校园建设工作会议,传达落实北京市教委关于节约型校园建设工作的有关文件精神,部署节约型校园建设各项工作。

28 日　山东省蓬莱市人民政府副市长徐爱华、蓬莱市教育体育局局长车军、副局长许少虎一行三人来校进行产学研合作考察交流。副校长孙忠权及产业管理处处长姚凯文、副处长钱跃飞、科学研究院大学科技园管理办公室主任王宏盛参加此次交流会。

~6 月~

4 日　学校召开校园“一卡通”总结暨“数字化校园”建设启动会,副校长孙忠权,各相关职能部门主要负责人参加会议。

10 日　法国电力集团(EDF)研究总院副总裁,国际合作部总经理 Michel MASCHI,国际合作部协调主管 Christine PATTE,中国部副总经理兼首席财务官 Erwann DEBOS,中国研发中心总经理陈国飞,中国项目高级项目经理袁秋生,中国研发中心电网系统室主任杨显军,中国研发中心高级研发工程师牛星岩,中国研发中心项目协调主管邢一一行来访。副校长杨勇平接待来访客人。

13 日　印度尼西亚 Esa Unggul 大学校长 Arief Kusuma Among Praja,校长夫人 Suryanti Takarinawati Afrief,副校长(国际关系)Suryari Purnama,副校长(学生事务)Ari Pambudi,中国事务代表 Sophie Mou 来访。副校长杨勇平,国际教育学院副院长段春明、国际合作处副处长徐玲玲一同接待来访客人。

18 日　巴基斯坦国立科技大学(NUST)副校长 Asif Raza,国际合作处处长 Syed Mohsan Shah 来访。副校长孙平生、国际合作处处长刘永前和国际教育学院副院长段春明接见来访客人。

20 日　教育部思想政治教育工作司司长冯刚来校调研,并参加华北电力大学 2014 年大学生思想政治教育工作研讨会。

26 日　学校举行创新创业实验班总结表彰会,党委书记吴志功,党委副书记、副校长张金辉,党委副书记李双辰,校长助理米增强、律方成、郭孝锋,北京中恒博瑞数字电力科技有限公司副总经理张永浩校友,党委组织部、学工部、研工部、团委、教务处、科技处、校友办、基金会等单位及各院系党总支负责人和创新创业班师生代表参加。

26 日　大学生创新项目汇报会暨华舟商贸公司股份捐赠仪式在保定校区国际会议中心二会议室举行。党委书记吴志功,党委副书记、副校长张金辉,党委副书记李双辰,校长助理米增强、郭孝锋、律方成等与创新创业实验班的师生参加了此次活动。教育基金会常务副秘书长王子杰代表学校与华舟商贸公司总经理范晓舟共同签署股份捐赠协议书,华舟商贸公司把 40% 的股份捐赠给学校。

26 日　曾鸣教授就推动能源革命和电力改革等问题接受中新网访谈。

30 日　学校成立招生委员会,并召开招生委员会第一次会议。校长刘吉臻、副校长安连锁、副书记李双辰、校长助理郭孝锋出席会议,参加会议的还有学生处、教务处、纪委办等部门负责同志以及校友、教师和学生代表。

6 月　杨勇平教授入选北京市科学技术委员会 2014“科技北京”百名领军人才培养工程。杨勇平教授研究团队由教师、博士生、硕士生组成,核心成员 16 名,专业领域涉及热力学、传热学、流体力学等,均为中青年学术骨干、全部具有博士学位,其中高级以上职称 13 人,获 2011 年度北京市“职工创新工作室”荣誉称号。近五年,团队发表 SCI 收录和 EI 收录学术论文近 400 篇,授权发明专利 50 余项,出版学术专著 2 部、译著 1 部,研究成果经过工程化和产业化转化取得直接经济效益近 6 亿元。

~7 月~

4 日　校长刘吉臻会见来访的中国国电集团公司党组成员、副总经理高嵩。副校长安连锁,校长助理律方成、汪庆华，中国国电集团公司工委常务副主任陈乃灼、工委副主任褚静育及国电集团人资部等有关领导参加会见。

7日　华北电力大学理事会人才培养委员会办公室召开第一次工作视频会议，正式启动人才培养委员会办公室工作，研究相关部门工作职责，部署年度重点工作。副校长、人才培养委员会主任安连锁，校长助理米增强、汪庆华，相关职能部门负责人出席会议。校长助理、大学理事会副秘书长汪庆华主持会议。

8日　保定校区举行创业孵化中心入驻项目签约仪式。校长助理郭孝锋，学生处、教务处、研工部、校团委等部门负责人，创业孵化中心工作组成员以及首批14个入驻项目学生代表参加仪式。

18日　中国火力发电产业技术创新联盟第一届理事会第二次会议在华北电力大学召开，中国华能集团公司、中国大唐集团公司、中国华电集团公司、中国国电集团公司、中国电力投资集团公司、中国电力工程顾问集团公司、北京国华电力有限责任公司、华北电力大学、上海电气集团股份有限公司、哈尔滨电气股份有限公司、上海发电设备成套设计研究院、西安热工研究院有限公司、中国科学院工程热物理研究所、清华大学、浙江大学、西安交通大学、哈尔滨工业大学、华中科技大学等18家联盟成员单位的相关人员出席了此次会议。会议由中国华能集团公司科技环保部主任赵毅主持。

7月　华北电力大学新疆生产建设兵团研究院揭牌。学校将充分发挥人才培养、科学研究、技术创新等方面的优势，在跨师域电网联网工程建设、微网工程建设、新能源城市建设等方面为兵团提供人力、智力支持及外围公关服务。双方还将共建学术、科研、教学机构，建立援疆干部培养机制，实现援疆人才规模化、科研发展目标化、绿色能源现代化的发展目标，培养兵团建设所需的人才，提高兵团用电的安全性与经济性。兵团将为华北电力大学提供项目开发、土地等方面的优惠政策，建立支持机制。

~8月~

1日　校长刘吉臻会见来访的山西大学贾锁堂校长一行10人，双方就太原电力高等专科学校并入山西大学后如何更好地建设和发展电力学科等问题进行深入的交流。副校长孙忠权，校长助理、党办校办主任汪庆华，山西大学副校长刘维奇，双方有关部门负责人等陪同会见。

11日　首届华北电力大学—蒙古科技大学本科联合办学项目举行开学典礼。国际教育学院副院长段春明、能源动力与机械工程学院教师代表靳涛，蒙古科技大学教师代表B. Oyunchimeg和T. Uranchimeg等出席了开学典礼。该项目是华北电力大学和蒙古科技大学联合举办的合作办学项目，是华北电力大学首次与境外大学开展的反向2+2项目。

11日　江苏镇江扬中市委常委、新坝镇党委书记王成明，扬中市副市长、科技镇长团团长刘金秋以及扬中市科技局、市人才办等一行来访，与学校各相关部门进行产学研工作交流。副校长孙忠权，校党委常委、组织部部长张天兴，产业管理处、电气与电子工程学院及智能网络研究所等部门的负责人参加了此次交流会。

15日　华北电力大学校友会"绿色电力照亮长征路"——西部无电区能源解试点项目江西省兴国县实施点设备投入启用。此项目是由华北电力大学校友会承接的民政部2014年中央财政支持社会组织参与社会服务示范项目，由华北电力大学校友会、团委、基金会共同实施。项目得到民政部、新疆兵团、兴国县委县政府、江西省电力公司、施耐德电气、中国华能集团江西分公司和华北电力大学江西校友会的大力支持。兴国县是项目实施地点之一，项目组为贫困农户提供户用太阳能设备。设备将连续25年每年为每户村民带来近3000元的收益，帮助贫困农户提高用电质量，脱贫解困。

17日　教育部2014年第36期简报刊发《华北电力大学实施"情暖童心"公益行动促进农村留守儿童与高校学生双向发展》专题简报，对学校近年来以公益行动为载体，将学生的成长成才与服务社会紧密结合，切实推进社会主义核心价值观教育工作进行专门报道，并在教育部官网刊登，引起较大反响和普遍关注。

19-21日　中国能源法研究会2014年会暨第一次会员代表大会在北京举行。能源基地学术委员周凤翱教授当选为副会长。来自全国人大法工委、财经委、环资委，国务院法制办、国家能源局、中国法学会等部门、机构的有关领导，以及来自能源产业界、高等学府和研究机构、法律实务机构的能源法学和法律工作者140余人参加年会。

28日　"生物质发电成套设备国家工程实验室"建设项目接受教育部验收，通过听取汇报、现场考察、现场询问、核查文字资料、展开质询答辩等环节，专家组认为实验室项目验收材料完整、规范，符合验收要求；实验室根据项目批复要求，建成了布局合理、技术领先的实验环境和配套体系；实验室紧密围绕项目建设目标，形成了特色鲜明、稳定的研究方向、取得了突出成果、培养出高素质人才；充分发挥了理事会和技术委员会作用，与国内外相关科研单位和行业骨干企业建立了紧密的产学研用协同创新机制，形成了技术创新和为行业开展技术服务的有效模式，按照项目资金申请报告的批复要求，完成了实验室建设任务，与会专家一致同意以优秀成绩通过验收。

29日　学生“加多宝杯”第十四届全国大学生田径锦标赛共获女子甲A组3枚金牌、女子团体比赛第六名的历史最好成绩。

8月　国家人力资源社会保障部颁发《关于设立第四批国家级专业技术人员继续教育基地有关问题的通知》（人社厅发[2014]79号），华北电力大学成功获批国家级专业技术人员继续教育基地。

8月　国务院学位委员会下发了《关于下达2014年审核增列的硕士专业学位授权点及撤销的硕士学位授权点名单的通知》（学位[2014]14号），华北电力大学新增公共管理（MPA）和应用统计（MAS）2个硕士专业学位授权点，硕士专业学位授权类别由6个增加到8个。

8月　学校研究生奖助体系改革方案正式实施。学校研究生奖助体系覆盖所有全日制研究生，按照新体系，博士研究生每年最低可获得基本奖助学金40000元，硕士研究生每年最低可获得基本奖助学金金额和比例分别是：14000元（40%）、11000元（40%）和8000元（20%）。此外，学业优异者可另外获得数千到数万元不等的优秀奖学金。

8月　校长刘吉臻就“能源革命需要科技和人才的支撑”话题接收《中国电力报》专访。

8月　全国工程教育指导委员会颁发《关于公布获得第一届“工程硕士实习实践优秀成果获得者”荣誉称号名单的通知》（工程教指委[2014]7号），电气工程专业学位研究生张薇获得第一届“工程硕士实习实践优秀成果获得者”荣誉称号。

△　学校共有6名博士后获中国博士后科学基金资助，其中王雷博士后获中国博士后科学基金特别资助，王彤、刘琳、卢伟甫、王禄、张露等5名博士后获中国博士后科学基金面上资助。

~9月~

5日　新能源电力系统国家重点实验室接受科技部的验收评审，通过听取实验室建设验收报告、走访实验室现场和考察实验室研究条件等方式，专家组认为实验室面向国家规模化新能源电力开发利用的重大需求，紧密围绕新能源电力系统发展中的重大科技问题，研究方向明确，目标集中，重点突出，特色鲜明。建设期间，实验室圆满完成了建设计划书规定的任务，实现了建设目标，一致同意通过验收。

9日　庆祝第三十个教师节暨全国教育系统先进集体和先进个人表彰大会在京举行。中共中央总书记、国家主席、中央军委主席习近平在人民大会堂亲切会见受表彰代表。中共中央政治局常委、国务院总理李克强，中共中央政治局常委、中央书记处书记刘云山，中共中央政治局常委、国务院副总理张高丽参加会见。学校能源动力与机械工程学院博士生导师付忠广教授作为全国优秀教师代表应邀出席会议。

10日　由全国工商管理专业学位研究生教育指导委员会主办的第五届全国“百篇优秀管理案例”评选结果正式揭晓，经济与管理学院李彦斌教授撰写的原创案例《企业战略性社会责任践行之路——辽宁电网抗霾之战》成功入选。此案例遵循“真实性、故事性、启迪性”的原则，结合电力特色，关注热点问题，创新管理思维，得到与会评审专家的高度评价。这是李彦斌教授第二次获此荣誉。

13日　电气化1401班高萌参加2014太原国际马拉松赛暨全国马拉松锦标赛获女子半程马拉松第二名。

15日　昌平区政协主席陈秋生一行来校调研，区政协秘书长郭守忠、教文卫体委员会主任赵连葆、副主任王景明等随行调研。校党委常委、统战部部长张天兴接待陈秋生一行。

16日　广东省珠海市市长何宁卡、副市长王庆利一行来访。校长刘吉臻，副校长孙忠权、王增平会见客人，双方就校地合作事宜进行交流。

17日　在北京市教委组织的北京市示范性创业中心的评选中，华北电力大学就业指导中心获批北京市首批示范性创业中心建设高校，获50万项目建设资金。同时，大学生创业孵化基地的三支学生创业团队代表学校参加北京地区高校大学生优秀创业团队评选，被评选为“北京地区高校大学生创业优秀团队”，分别获得10万元人民币的创业扶持资金。

19日　学校与九州方圆实业控股（集团）有限公司举行“九州方圆助学金”签约仪式，九州方圆实业控股（集团）有限公司副总裁牛红日、人力资源总监颜平进，华北电力大学校企合作办公室主任胡三高、经济与管理学院院长牛东晓、电气与电子工程学院党总支书记孙凤杰、教育基金会常务副秘书长王子杰、学生处副处长张兵仿，会议由经济与管理学院党总支副书记赵军伟主持。

20日　召开河北省发电过程仿真与优化控制工程技术研究中心2014年工程技术委员会会议暨热工自动化与信息化技术高端学术会议。党委副书记、副校长张金辉及18名专家学者参加会议。会议由工程中心主任韩璞主持。

20日　合肥市与在京中央高校产学研合作项目集中签约仪式在安徽省合肥市翡翠湖迎宾馆举行。副校长孙忠权应邀参加签约仪式并代表高校讲话。首批签约的17个项目涉及的产业包括光伏及新能源、新材料、装备制造、节能环保等多个领域,其中华北电力大学共5个项目顺利签约。

25日　学校与回龙观中学、昌平实验小学签署合作办学框架协议。

25日-27日　校长刘吉臻率团赴美出席西肯塔基大学孔子学院理事会和"理解中国"论坛。期间,召开西肯塔基大学孔子学院的理事会议,讨论并审核了西肯塔基大学孔子学院2013—2014学年度工作报告和预算以及2014-2015学年度工作计划和预算,并对西肯塔基大学孔子学院的未来规划和合作建设,以及如何深化西肯塔基大学和华北电力大学的校际合作提出建设性意见。在西肯塔基大学召开的"理解中国"论坛上,中国科协副主席谢克昌院士、校长刘吉臻、西肯塔基大学农业系主任Jack Rudolph、肯塔基州Hardin县学区教育局长Nannette Johnson、西肯塔基大学中文专业本科生Logan Mitchell以及Gatton数理高中学生Kain Kotoucek分别就中国能源生产和消费变革的战略思考、中国电力工业的发展和现状、当代中国农业概览、有效领导力培养、汉语桥高中生夏令营活动体会等主题进行学术交流和研讨。

28日　学生袁雪慧参加2014中国贵州金沙全国山地竞速挑战赛夺得50公里升降赛女子组冠军。

29日　学校举办巴基斯坦、苏丹工学硕士班开班典礼。举办硕士班的目的是为中国企业实施"走出去"战略培养订单式本土化人才。副校长安连锁会见了前来参见典礼的巴基斯坦伊斯兰共和国驻华大使馆大使马苏德·哈立德、苏丹共和国驻华大使馆大使欧玛尔·伊萨·艾哈迈德、教育部国际司来华处处长田露露和中国核工业集团公司人力资源部人才处处长封啸,以及巴基斯坦和苏丹大使馆的随从人员。典礼由国际教育学院副院长段春明主持。

29日　党委书记吴志功会见到访的巴基斯坦伊斯兰共和国驻华大使馆大使马苏德·哈立德和苏丹共和国驻华大使馆大使欧玛尔·伊萨·艾哈迈德,同时会见了教育部国际司来华处处长田露露、中国核工业集团公司人力资源部人才处处长封啸。

9月　学生干雪参加"2014第三届中国健身名山·焉支山巾帼英雄登山赛"以1小时4分03秒的成绩力夺女子竞速组冠军。

9月　根据"大电力"学科体系发展需要,学校在北京校部成立环境与化学工程系(环化系)。该系学科建设由环境科学与工程学院进行统筹,行政独立建制,暂设环境工程教研室、应用化学教研室、综合实验室等机构。2012年国家杰出青年科学基金获得者王祥科教授出任环境与化学工程系主任、环境科学与工程学院副院长。

9月　电气与电子工程学院王民富、电力工程系李燕青分别荣获"第七批中央和国家机关、中央企业优秀援疆干部人才"、"兵团第四批中央国家机关、中央企业优秀援疆干部"荣誉称号,记二等功。

~10月~

9日　为期30天的2014年赤道几内亚电力技术培训班开班。副校长王增平,有关部门负责人和20名来自赤道几内亚的电力同行参加开班典礼。

13日　原华北电力大学副校长、北京校区校长、教授沈有昌在北京逝世,享年78岁。

14日　副校长安连锁应邀参加海淀区中小学科技教育大会,并代表学校与北京市海淀区教育委员会签署《关于建立青少年学生科技教育联盟的框架协议》。根据协议,华北电力大学将依托学校的国家、教育部、北京市等重点实验室和研究中心,结合实际情况每年向海淀区中小学开放,促进学生科学素养。同时,利用本校优质师资和博士、硕士研究生等科技力量,协助海淀区教委重点在能源电力相关学科类科技教育领域,参与中小学创新人才培养和教育活动,努力为中小学优秀教师和学生创造进入实验室开展探究性学习研究创造条件。

14-15日　IEA Wind Task31(国际能源署风能课题实施协议组课题31)"风电场计算模型基准"2014年度学术研讨会在华北电力大学举行。本次会议由IEA Wind Task31牵头单位西班牙国家可再生能源中心(CENER)主办,华北电力大学承办,中国可再生能源学会风能专业委员会协办。此次会议是Task31项目组本阶段研究工作的总结会,对项目报告、下一阶段工作计划的起草,以及Task31项目与IEA标准中风电场相关部分的修订工作的合作等事项进行研讨和学术交流。

15日　由华北电力大学电气与电子工程学院牵头的"IEEE华北电力大学学生分会"成立。此分会的成立为广大学生的增进学生交流、提高科研水平提供了一个良好的平台。IEEE(电气与电子工程师学会)是目前全球最大的非营利性专业技术学会,涉及电气电子、通信和计算机等领域,全球会员人数超过40

万,学生会员超过10万人。其在全球共设立10个地理大区,160多个国家,333个分会,1800多个学生分会。

16日 校长刘吉臻会见英国爱丁堡大学工程学院院长Hugh McCann教授一行,希望两校能在现有的合作基础上增加联合办学专业,并通过联合办学,使更多的华电学子在爱丁堡大学攻读硕士和博士学位;继续推动两校科研合作,并制定华北电力大学青年教师在爱丁堡大学访学计划,培养华北电力大学师资力量。

17日 学校受邀参加在西安电子科技大学举办的第九届全国高校心理委员工作研讨会。研讨会上,学生处副处长、心理健康教育中心主任卜春梅在大会上就心理素质教育工作做专题报告。

17日 蒙古科技大学副校长Enkhjargal Khaltar、能源工程学院院长Mangaljalav Chimid、高级讲师Bekhbat Galsan一行来校访问。副校长孙忠权接见来访客人,双方召开华北电力大学——蒙古科技大学合作办学管理委员会会议,共同审核目前合作办学进展情况,总结办学经验,为来华蒙古学生做好准备,双方还就合作的细节进行更加深入的探讨与研究。

22日 生物质发电成套设备国家工程实验室联合华电光大新能源环保技术有限公司参展中国电力企业联合会主办的2014中国国际电力电工展。学校参展的主要产品为具有独立自主知识产权的SCR板式烟气脱硝催化剂,打破了国际在烟气脱硝技术上的封锁,平衡了国外公司在国内脱硝市场的份额占比,将脱硝催化剂的价格降了三分之一,受到了有关领导、专家以及用户的高度评价。

22日 中央电视台《焦点访谈》栏目针对高压线变电站电磁辐射有关问题采访电气与电子工程学院崔翔教授。

22日 《科技日报》记者采访2014中国国际电力电工展参展的华北电力大学科研团队,并在头版报眼醒目位置的“最新发现与创新”栏目刊发题为“自主知识产权板式脱硝催化剂打破国外技术封锁”的消息,报道生物质发电成套设备国家工程实验室副主任、可再生能源学院董长青教授团队的最新研究进展。

24日 由华北电力大学学子自主策划运营的“绿色电力”公益项目获2014创行世界杯全球总冠军。该项目旨在帮助内蒙古牧区贫困家庭从只有2小时照明用电的生活,改善到可以用上绿色、可靠和安全的生活生产用电。由该团队自主研发的风光互补发电系统,解决了因为恶劣天气而造成的发电效率低和设备使用寿命短等问题。据测算,当地牧民现可用电量从原来的0.18度/日增加到6度/日,提高了33倍。牧民不仅能够用上电灯、电视、电话、冰箱等基本的生活电器,还用上了电动的剪羊毛机、抽水机、铡草机等设备。创行(Enactus),成立于1975年,是一个由近40个国家超过2000所高校在校大学生和学术界人士以及来自全球500强企业的商界领袖组成的国际性非营利组织。2002年Enactus进入中国,在中国已有包括北大、清华等230余所合作高校。2010年,创行理念引入华北电力大学并引起广泛关注。凭借高品质、高效率的项目运作,该校已连续两年获得了“最佳新团体”、“优秀SIFE团队”等奖项。本届世界杯共有749位企业代表、3411位学生代表出席,参赛人数和观摩人数均创历届创行世界杯之最。

29日 华北电力大学附属中学、附属小学正式揭牌。附属中小学挂牌成立后,学校将发挥师资、学科、科研、管理等教育资源优势,增加优质教育资源供给,扩大优质教育资源覆盖面,落实好特色发展项目协议中的各项内容,重点围绕教师学历提升、教师教育教学能力提升、特色课程建设、特色体育教学、大学生课外辅导、专业阅览室及文献资源建设、家长委员会建设、师生素质拓展和外籍教师讲授外国文化与语言教育计划等九项共建项目的开展,提升附中、附小的师资水平,提高附中、附小的教育教学质量,促进附中、附小更好更快发展。

10月 由北京市总工会、北京市科学技术委员会组织的北京市职工创新工作室评选中,牛东晓教授负责的“电力能源预测与评价”研究所获批2013年度北京市职工创新工作室。全市共有100家单位获此荣。

10月 华北电力大学成立环境与化学工程系。该系学科建设由环境科学与工程学院统筹,行政独立建制,设环境工程教研室、应用化学教研室、综合实验室等机构。2012年国家杰出青年科学基金获得者王祥科教授出任系主任。该系将在发挥该校现有特色优势的基础上,引进急需人才,汇聚优秀师资队伍,加强平台建设,在环境与化学领域科学研究、高端创新人才培养等方面发挥作用。

~11月~

19日 南苏丹共和国教育部副部长Hon. Bol Makueng Yuol、驻华参赞Monday S. K. Kumber以及五所高校副校长来校访问。学校副校长孙平生接见来访客人并进行会谈。

20 日　河北省保定市委书记聂瑞平、市长马誉峰一行来校访问。校党委书记吴志功、校长刘吉臻会见客人。双方就如何进一步有效服务国家战略发展需求,如何借助京津冀一体化这一有利契机,在推进"白洋淀科技城"建设的进程中增强双方合作进行了交流。

25 日　曼彻斯特大学工程院院长 Antony Brown, Wang Zhongdong 教授,一行来校访问。校长刘吉臻接见了该代表团并进行会谈。

26 日至 27 日　中国动力工程学会第六次会员代表大会在上海召开。经中国动力工程学会第六次会员代表大会及第十届理事会第一次会议选举,上海电气(集团)总公司董事长黄迪南当选为中国动力工程学会第十届理事会理事长,校长刘吉臻连任第十届理事会副理事长,副校长杨勇平,丁常富教授当选为第十届理事会理事。

11 月　华北电力大学与海淀区教育委员会签署合作协议。根据协议学校将依托重点实验室和研究中心,结合实际情况每年向海淀区中小学开放,促进学生科学素质培养,同时,利用该校优质师资和研究生等科技力量,协助海淀区教委重点在能力电力相关学科类科技教育领域,参与中小学创新人才培养和教育活动,为中小学优秀教师和学生创造进入实验室开展探究性学习研究创造条件。

11 月　汤森路透在北京举办 2002—2012 年度"汤森路透中国引文桂冠奖"颁奖典礼,111 位中国大陆科学家获得"高被引科学家奖",学校环境与化学工程系主任王祥科教授一人同时获环境与生态学和工程学两个领域全球"高被引科学家奖"。

11 月　2014 年"高教社杯"全国大学生数学建模竞赛成绩揭晓,华北电力大学取得优异成绩,获全国一等奖 6 项,二等奖 9 项,再创历史新高。至此,学校已连续七年在该项赛事中获全国一等奖。

~12 月~

1 日　学校召开推进教育综合改革专题视频会议,党委书记吴志功、校长刘吉臻就全面推进和深化校内教育综合改革工作发表讲话。校领导张金辉、安连锁、李双辰、孙平生、孙忠权,党委常委张天兴,校长助理张粒子、米增强、律方成、郭孝锋、汪庆华出席会议。

15 日　中国科协在北京人民大会堂隆重表彰第六届全国优秀科技工作者,杜小泽教授被授予"全国优秀科技工作者"荣誉称号。

20 日　由华北电力大学主办,首聚能源博览网协办的第四届现代能源发展论坛在华北电力大学举行。此次论坛主题为"能源市场化改革新局",能源电力领域的专家和学者 100 余人出席本次论坛。

29 日　华北电力大学校举行综合教学楼 A 座开工典礼。综合教学楼 A 座由北京韩建集团承建,北京中联环建设工程管理有限公司监理,预计 2016 年 9 月竣工。建成以后,电气与电子工程学院、新能源电力系统国家重点实验室将入驻 A 座。

30 日　华北电力大学成立环境研究院,原资源与环境研究院建制撤销。该研究院是为进一步适应国家能源环境重大需求,丰富和完善该校"大电力"学科体系,加强平台建设,凝练科学研究方向,提高人才培养质量,拓展发展空间,形成新的学科战略增长点,推进高水平特色型大学建设而组建。新成立的研究院将优化整合校内现有环境学科相关院系、科研机构资源,对现有研究平台及仪器设备等进行整体规划、统筹管理。设立联席会议制度和专家委员会等决策和咨询机构,下设若干研究所;设立办公室负责日常管理和服务工作。人员采用专职聘用与兼职聘用相结合的方式,按照不同层次和岗位实行聘用合同分类管理,建立准入和退出机制。作为跨院系、跨学科的开放性二级科研机构,环境研究院瞄准国际前沿和国家重大需求,努力建成环境领域的基础理论创新研究中心、核心技术研发中心和科技成果转化中心。

12 月　李永平教授获聘长江学者特聘教授。至此,学校长江学者特聘教授增至 3 人。李永平,加拿大里贾纳大学博士,要现任资源与环境研究院常务副院长、教授、博导,主要从事资源与环境系统风险分析与优化管理研究,带领团队先后承担国家杰出青年科学基金、国家重大科技专项课题、973 项目子课题、国家自然科学基金面上项目、主任项目、水利部公益项目等基金课题;负责并参加联合国 UNDP、加拿大环境部等国际合作项目;发表 SCI 论文 185 篇,SCI 引用 2000 余次,SCI 他引 1200 余次,H 因子 25。曾获国家杰出青年基金、中国青年科技奖、第十一届中国青年女科学家奖、国际环境信息科学学会杰出青年科学家奖等奖励。

12 月　华北电力大学申报的发电机组智能诊断与健康维护北京市工程研究中心获得北京市发改委认定。北京市工程研究中心是以促进重点产业领域关键共性技术的研发和产业化为主要建设任务,以具有较强研究开发和综合实力的企业、高校和科研机构为主体,按照现代企业制度,联合组建公司制企业法人形式的运营实体。

□机构与干部

ORGANIZATIONS AND LEADERS

华北电力大学2014年机构设置一览表

一、党政工团

1. 党委办公室、校长办公室
2. 纪委办公室、监察处、审计处
3. 党委组织部、统战部、党校
4. 党委宣传部、新闻中心
5. 党委学生工作部、学生处、武装部
6. 党委研究生工作部、研究生院、学位办公室
7. 党委保卫部、保卫处
8. 工会
9. 团委、艺术教育中心
10. 人事处
11. 人才工作办公室、博士后管理办公室
12. 计划财务处
13. 学科建设办公室
14. 国际合作处、港澳台办公室
15. 教务处、教师教学发展中心、卓越工程师培养办公室
    挂靠:专业学位教育中心
16. 科学技术研究院
17. 校企合作办公室、理事会工作办公室
    挂靠:校友工作办公室
18. 基建处、校园规划办公室
19. 资产管理处
20. 后勤管理处、后勤服务集团
21. 产业管理处
22. 离退休工作办公室
23. 期刊出版部
24. 档案馆
25. 国际教育学院
26. 继续教育学院
27. 信息化建设与管理办公室
28. 教育基金会
29. 招标中心

二、直属院系(部)

1. 电气与电子工程学院
2. 能源动力与机械工程学院
3. 控制与计算机工程学院
4. 经济与管理学院
5. 可再生能源学院
6. 核科学与工程学院
7. 数理学院
8. 人文与社会科学学院
9. 外国语学院
10. 环境科学与工程学院
11. 思想政治理论课教学部
12. 体育教学部

三、科研机构

1. 新能源电力系统国家重点实验室
2. 生物质发电成套设备国家工程实验室
3. 国家火力发电工程技术研究中心
4. 现代电力研究院
5. 环境研究院
6. 苏州研究院
7. 高等教育研究所

四、教辅部门

1. 图书馆
2. 校医院
3. 网络与信息中心
4. 工程训练中心
5. 工程实践中心
6. 金工实训中心

华北电力大学校领导

党委书记 吴志功
校　　长 刘吉臻
党委副书记 张金辉　李双辰　郝英杰
副 校 长 张金辉　安连锁　杨勇平　孙平生　孙忠权　王增平
纪委书记 李双辰
党委常委 吴志功　刘吉臻　张金辉　安连锁　李双辰
郝英杰　杨勇平　孙平生　孙忠权　张天兴

华北电力大学校长助理

张粒子　米增强　律方成　郭孝锋　黄国和　汪庆华　王海风

2014 年干部任职变化情况

北京校部(2014 年 1 月 1 日 –2014 年 12 月 31 日)

序号	姓名	原任职务	现任职务	任职时间
1	李庚银	电气与电子工程学院常务副院长	电气与电子工程学院常务副院长、电力节能教育部工程研究中心主任	2014 年 1 月 16 日
2	李庆民	电气与电子工程学院副院长	电气与电子工程学院副院长、高电压与电磁兼容北京市重点实验室主任	2014 年 1 月 16 日
3	张　锴	无	热电生产过程污染物监测与控制北京市重点实验室主任	2014 年 1 月 16 日
4	陆道纲	核科学与工程学院院长	核科学与工程学院院长、非能动核能安全技术北京市重点实验室主任	2014 年 1 月 16 日
5	杜小泽	能源动力与机械工程学院副院长、电站设备状态监测和控制实验室副主任、国家火力发电工程技术研究中心副主任、电力节能教育部工程研究中心副主任	能源动力与机械工程学院副院长、电站设备状态监测和控制实验室副主任、国家火力发电工程技术研究中心副主任	2014 年 1 月 16 日
6	牛玉广	新能源电力系统国家重点实验室副主任、电力节能教育部工程研究中心副主任	新能源电力系统国家重点实验室副主任	2014 年 1 月 16 日
7	吴万凯	图书网络党总支书记	数理系党总支书记、数理系副主任(兼)	2014 年 9 月 16 日
8	李　宁	数理系党总支书记、数理系副主任(兼)	图书网络党总支书记	2014 年 9 月 16 日

续表

序号	姓名	原任职务	现任职务	任职时间
9	李金全	后勤管理处处长、后勤服务集团总经理	离退休党总支书记	2014年9月16日
10	李献东	离退休党总支书记	后勤服务集团党总支书记	2014年9月16日
11	杨树昌	后勤服务集团党总支书记	正处级调研员	2014年9月16日
12	林长强	团委书记	后勤管理处处长、后勤服务集团总经理	2014年9月16日
13	王祥科	中科院等离子体所低温等离子体应用研究室主任	环境科学与工程学院副院长、环境与化学工程系主任	2014年9月16日
14	彭　林	太原理工大学环境科学与工程学院副院长	环境科学与工程学院副院长、环境与化学工程系副主任	2014年9月16日
15	鹿　伟	经济与管理学院党总支书记、经济与管理学院副院长(兼)	电气与电子工程学院党委书记、电气与电子工程学院副院长(兼)	2014年10月15日
16	于新华	可再生能源学院党总支书记、可再生能源学院副院长(兼)	经济与管理学院党委书记、经济与管理学院副院长(兼)	2014年10月15日
17	刘永前	国际合作处处长	可再生能源学院党委书记	2014年10月15日
18	沈　岚	英语系党总支书记、英语系副主任(兼)	核科学与工程学院党委书记、核科学与工程学院副院长(兼)	2014年10月15日
19	孙凤杰	电气与电子工程学院党总支书记	无	2014年10月15日
20	刘晓芳	核科学与工程学院党总支书记	无	2014年10月15日
21	徐　鸿	能源动力与机械工程学院党总支书记	能源动力与机械工程学院党委书记	2014年10月24日
22	刘　威	控制与计算机工程学院党总支书记、控制与计算机工程学院副院长(兼)	控制与计算机工程学院党委书记、控制与计算机工程学院副院长(兼)	2014年10月24日
23	蔡利民	人文社科与政教党总支书记	人文社科与政教党委书记	2014年10月24日
24	吴万凯	数理系党总支书记、数理系副主任(兼)	数理系党委书记、数理系副主任(兼)	2014年10月24日
25	李金全	离退休党总支书记	离退休党委书记	2014年10月24日
26	徐玲玲	国际合作处副处长	英语系党委书记、英语系副主任(兼)	2014年10月24日
27	于喜海	党委办公室副主任、校长办公室副主任	党委办公室副主任、校长办公室副主任、机关党委书记(兼)	2014年10月24日
28	白　海	后勤管理处副处长、后勤服务集团副总经理	教学科研党总支书记	2014年10月24日
29	汪庆华	校长助理、党委办公室主任、校长办公室主任、机关党总支书记(兼)	校长助理、党委办公室主任、校长办公室主任	2014年10月24日
30	赵冬梅	研究生院常务副院长、学位办公室主任、专业学位教育中心主任、教学科研党总支书记(兼)	研究生院常务副院长、学位办公室主任、专业学位教育中心主任	2014年10月24日
31	李庆民	电气与电子工程学院副院长、高电压与电磁兼容北京市重点实验室主任	国际教育学院院长、高电压与电磁兼容北京市重点实验室主任	2014年10月24日
32	段春明	国际教育学院副院长	国际合作处处长	2014年10月24日

续表

序号	姓名	原任职务	现任职务	任职时间
33	张兵仿	党委学工部副部长、党委武装部副部长、学生处副处长	就业指导中心主任、党委学工部副部长、党委武装部副部长、学生处副处长	2014年10月24日
34	聂国欣	校友工作办公室主任、校企合作办公室副主任、理事会工作办公室副主任(副处级)	校友工作办公室主任、校企合作办公室副主任、理事会工作办公室副主任(正处级)	2014年10月24日
35	王子杰	教育基金会常务副秘书长(副处级)	教育基金会常务副秘书长(正处级)	2014年10月24日
36	王集令	团委副书记	团委副书记(主持工作)	2014年12月26日
37	程伟良	无	国家火力发电工程技术研究中心副主任	2014年12月26日

保定校区(2014年1月1日–2014年12月31日)

序号	姓名	原任职务	现任职务	任职时间
1	张树芳	后勤与基建管理处(保定)处长	动力工程系党总支书记	2014年4月11日
2	李　东	党委办公室副主任、校长办公室副主任、机关(保定)党总支书记(兼)	党委学生工作部副部长、党委武装部副部长、学生处副处长、机关(保定)党总支书记(兼)	2014年4月11日
3	陈立伟	党委学生工作部副部长、党委武装部副部长、学生处副处长	党委办公室副主任、校长办公室副主任	2014年4月11日
4	姜　波	党委学生工作部副部长、党委武装部副部长、学生处副处长	人事处副处长、博士后管理办公室副主任、人才工作办公室副主任	2014年4月11日
5	曲　涛	人事处副处长、博士后管理办公室副主任、人才工作办公室副主任	后勤与基建管理处(保定)处长	2014年4月11日
6	王松岭	动力工程系党总支书记	无	2014年4月11日
7	王增平	华北电力大学副校长	华北电力大学副校长、科技学院院长(兼)	2014年6月23日
8	雷应奇	科技学院院长(兼)	无	2014年6月23日
9	韩根柱	无	副处级调研员	2014年6月23日
10	唐贵基	机械工程系党总支书记	无	2014年7月4日
11	赵书强	电力工程系主任兼电气与电子工程学院副院长	电力工程系党委书记	2014年10月15日
12	葛永庆	党委研究生工作部副部长兼研究生院副院长	机械工程系党委书记、机械工程系副主任(兼)	2014年10月15日
13	曹晓新	英语系(保定)党总支书记、英语系(保定)副主任(兼)	环境科学与工程学院党委书记、环境科学与工程学院副院长(兼)	2014年10月15日
14	武彦军	美国西肯塔基大学孔子学院中方院长	国际合作处副处长、国际教育学院副院长、国际教育学院(保定)党总支书记(兼)	2014年10月15日

续表

序号	姓名	原任职务	现任职务	任职时间
15	赵振东	电子与通信工程系党总支书记	正处级调研员	2014 年 10 月 15 日
16	张新国	继续教育学院(保定)直属党支部书记	正处级调研员	2014 年 10 月 15 日
17	李　琦	工程训练中心直属党支部书记	副处级调研员	2014 年 10 月 15 日
18	郑顾平	计算机系党总支书记	无	2014 年 10 月 15 日
19	赵　毅	环境科学与工程学院党总支书记	无	2014 年 10 月 15 日
20	姜根山	数理系(保定)党总支书记	无	2014 年 10 月 15 日
21	张树芳	动力工程系党总支书记	动力工程系党委书记	2014 年 10 月 24 日
22	卢青松	自动化系党总支书记、自动化系副主任(兼)	自动化系党委书记、自动化系副主任(兼)	2014 年 10 月 24 日
23	严　立	经济管理系党总支书记、经济管理系副主任(兼)	经济管理系党委书记、经济管理系副主任(兼)	2014 年 10 月 24 日
24	梁　平	法政与政教党总支书记	法政与政教党委书记	2014 年 10 月 24 日
25	祝志杰	科技学院党总支书记	科技学院党委书记	2014 年 10 月 24 日
26	陈　武	离退休工作办公室副主任、离退休(保定)党总支书记	离退休工作办公室副主任、离退休(保定)党委书记	2014 年 10 月 24 日
27	周润喜	工会(保定)副主席	无	2014 年 10 月 24 日
28	王韶坡	动力工程系党总支副书记、动力工程系副主任(兼)	计算机系党委书记、计算机系副主任(兼)	2014 年 10 月 24 日
29	仇必鳌	党委宣传部副部长、新闻中心副主任(副处级)	党委宣传部副部长、新闻中心副主任(正处级)	2014 年 10 月 24 日
30	刘云鹏	电力工程系副主任	电力工程系主任兼电气与电子工程学院副院长	2014 年 10 月 24 日
31	李　瑾	党委学生工作部副部长、党委武装部副部长、学生处副处长	就业指导中心(保定)主任、党委学生工作部副部长、党委武装部副部长、学生处副处长	2014 年 10 月 24 日
32	李红霞	人事处副处长	电子与通信工程系党委书记、电子与通信工程系副主任(兼)	2014 年 10 月 24 日
33	张冬生	纪委办公室副主任、监察处副处长、审计处副处长	英语系(保定)党总支书记、英语系(保定)副主任(兼)	2014 年 10 月 24 日
34	陈立伟	党委办公室副主任、校长办公室副主任	党委办公室副主任、校长办公室副主任、机关(保定)党委书记(兼)	2014 年 10 月 24 日
35	李　东	党委学生工作部副部长、党委武装部副部长、学生处副处长、机关(保定)党总支书记(兼)	党委学生工作部副部长、党委武装部副部长、学生处副处长	2014 年 10 月 24 日
36	屈朝霞	电力工程系党总支副书记、电力工程系副主任(兼)	数理系(保定)党委书记、数理系(保定)副主任(兼)	2014 年 10 月 24 日

续表

序号	姓名	原任职务	现任职务	任职时间
37	彭忠军	计算机系党总支副书记、计算机系副主任(兼)	电力工程系党委副书记、电力工程系副主任(兼)	2014年11月21日
38	张艳斌	自动化系党总支副书记	动力工程系党委副书记、动力工程系副主任(兼)	2014年11月21日
39	王知春	法政与政教党总支副书记、法政系副主任(兼)	纪委办公室副主任、监察处副处长、审计处副处长	2014年11月21日
40	商　雷	团委(保定)副书记	党委学生工作部副部长、党委武装部副部长、学生处副处长	2014年11月21日
41	刘锦康	后勤与基建管理处(保定)副处长	科技学院副院长	2014年11月21日
42	李燕青	无	副处级干部	2014年12月26日
43	韩　璞	无	国家火力发电工程技术研究中心副主任	2014年12月26日
44	董　泽	无	河北省发电过程仿真与优化控制工程技术研究中心主任	2014年12月26日

INFLUENCE OF THE RELATIONS BETWEEN THE PARTY AND THE MASSES ON ADMINISTRATION

○综　　述

2014年，学校持续巩固党的群众路线教育实践活动成果，扎实推进党风廉政和反腐败体系建设；以党组织换届为契机，进一步优化干部队伍结构；以干部教育培训和强化项目凝练为手段，不断提升干部的宏观思考力和工作执行力。领导班子及干部工作作风进一步转变，教职工的凝聚力、战斗力进一步增强，广大师生爱岗敬业、追求卓越，形成了健康、文明、创新、向上的校园文化。学校全面贯彻党的教育方针，紧密围绕立德树人的根本任务和中华民族伟大复兴"中国梦"时代主题，注重党建与思想政治教育工作顶层设计和过程指导，积极培育和践行社会主义核心价值观，着力打造集思想政治教育、学业辅导、心理健康教育、综合素质评价为一体的学生工作建设体系，大学生思想政治教育成效显著。

2014年，学校围绕学科建设加强人才队伍建设，人才工作取得突出成效。学校引进同时入选汤森路透环境与生态学和工程学两个领域全球"高被引"科学家、国家杰出青年基金获得者王祥科、"青年千人计划"学者龚雁峰等一批高层次人才。李永平入选"长江学者"特聘教授，荣获"中国青年女科学家奖"；杨勇平入选"科技北京"百名领军人才培养工程，卢宏玮获国家优秀青年科学基金资助，付忠广获评全国优秀教师、杜小泽获评全国优秀科技工作者。在"大人才"发展战略指引下，学校全面加强了人才队伍建设工作，聚集高层次人才的能力不断增强，师资队伍结构进一步改善。拥有中国工程院院士1人、双聘院士5人、国家"千人计划"8人、国家"青年千人计划"2人、"万人计划"2人，"长江学者"6人，国家杰出青年科学基金获得者7人，"973"首席科学家5人，国家教学名师1人，4支团队列入教育部"长江学者和创新团队发展计划"，具有博士学位的专任教师比例达60%。

2014年，华北电力大学学生工作围绕立德树人的根本任务和为"中国梦"奋斗的时代主题，以"学工课堂"、"我的中国梦，我的成才路"主题教育系列活动为抓手，深入开展社会主义核心价值观培育与践行活动；大力推进校风学风建设，以"自强不息、团结奋进、爱校敬业、追求卓越"的华电精神引领、塑造和培育健康、文明、创新、向上的校园文化。学校就业工作依托微信、手机客户端、主页和短信发布系统等网络载体，立足信息化，搭建毕业生的就业指导和服务工作的综合平台，形成了就业资讯及时高效、指导信息多维共享、网上线下协同、服务信息全面覆盖的工作体系。2014届本科毕业生一次性就业率为97.5%，研究生为97.8%。

2014年，学校工会工作围绕学校中心，服务大局，努力发挥群众组织的优势，在构建和谐校园、参与学校民主管理、维护教职工权益、推进师德建设、丰富校园文化生活、为教职工办实事办好事以及加强自身能力建设等方面进行了创新性探索与实践。

2014年，学校大力加强制度建设，不断深化劳动人事制度改革和后勤管理体制改革，全面构筑管理工作体系和保障体系，管理能力和服务水平进一步提高。

2014年，校园规划与基础建设扎实推进，信息化工作进程加快，教育教学基础设施与学习生活条件进一步改善；学校年度事业收入17.9亿元，支出16.8亿元，财务运行状况良好，教职工收入稳步提高。

2014年，学校档案工作在规章制度建设、基础档案建设、档案信息化建设、档案设备管理、档案装具循环利用、档案宣传、档案服务等方面进一步创新，档案管理进一步规范，服务水平明显提高。

2014年，学校不断提高后勤、资产、医疗、网络、招标等保障工作水平，积极发挥工会、共青团等组织的作用，继续保持安定团结、稳定发展的良好办学局面。

两办工作

■概述

2014年，党办校办在学校党委、行政的正确指导下，围绕学校的战略任务和中心工作，充分发挥“综合协调、参谋助手、督查督办、服务窗口”的作用，强化工作职责，创新工作方法，改进工作作风，为学校的重大事项、重点工作、重要任务的推进与落实做好优质服务，圆满完成各项工作计划。

（朱周斌）

■概况

2014年，党办校办以“真诚服务、周到服务”为理念，为学校领导和师生做好服务。全年面向师生接待用印4 596批次，提供组织机构代码证和事业法人证书复印件615份；统筹开展学校保密和文件传输工作，全年流转教育部、北京市各类行政文件、信函、传真件、机要文件等3 500多份，试卷、人事档案等各类机要收发及查询3 000余份。

2014年，党办校办强化责任意识、质量意识和服务意识，全面加强办公室工作建设。一是办公室在会议审核过程中，严格执行“八项规定”，精简会议数量，控制会议规模，全年审核通过会议为323次，较2013年会议减少21%；二是在接待和举办会议过程中，对细节工作更加认真思考、深入调研、反复讨论并学习兄弟院校的模式，推陈出新。全年共完成各类大型活动和接待40余次；三是切实做好文稿的起草和发布工作，对文稿质量精益求精、严格把关，主持撰写校领导碰头会纪要、党委常委会纪要、校长办公会纪要以及每周快讯85篇。

2014年，党办校办创新思路、加大力度，着力提高办公室信息化工作水平。按照有关规定和学校领导要求，规范中层干部外出备案流程，协调网络中心和信息化建设办公室共同开发“中层干部外出备案管理系统”，既严格要求中层干部外出离京的备案程序，又方便中层干部随时随地登陆系统进行备案。加强信息报送、宣传工作，2014年5篇工作简报被教育部简报及网站一线采风采用发布。

2014年，党办校办进一步推进依法依规治校，强化制度建设。一是全面启动学校规章制度清理工作，加强制度建设。截至2014年底，按照“废止”、“修订”、“继续执行”、“需要新建”四类情况；二是充分利用学校法律事务室和校长法律顾问的资源，积极维护学校和广大师生合法权益，在提高师生法律意识和学校依法管理水平方面发挥重要作用；三是信访工作进一步加强。针对来信来访人员提出的问题和诉求，办公室及时汇报主管领导或批转相关部门处理，能解决的问题，督促相关部门立即解决；暂时不能解决的，督促相关部门创造条件，分阶段予以解决，切实维护学校安全稳定局面。

（朱周斌）

■条目

【做好来访接待服务工作】2014年，党办校办严格按照有关规定和标准做好接待服务工作，强化细节，做到既热情大方，又勤俭节约。全年先后接待三峡大学、东北电力大学、山西大学等兄弟院校，珠海市、保定市等地方政府重要来校洽谈交流活动。

（朱周斌）

【做好附中附小共建工作】2014年，按照市教委的文件精神，党办校办多次组织相关部门召开工作协调会议，全面研讨，反复论证，以学校自有资源为基础，牵头申报支持附属中学和附属小学的建设项目。10月底，华北电力大学附属中学和附属小学挂牌，并获批北京市800万元项目资助经费。

（朱周斌）

【开展规章制度清理工作】党办校办从3月始，着手全面开展学校规章制度的系统清理工作，两校区按照共同标准，同时启动，分头进行，累计清理2006年以来规章制度428项。

（朱周斌）

【协助做好党的群众路线教育实践活动】自学校开展党的群众路线教育实践活动以来，党办校办协助党委组织部做好相关系列活动的及相关会议的组织工作，确保活动的顺利完成。

（朱周斌）

【协调办公用房调整工作】按照学校的统一部署，协助组织协调办公用房整改工作，完成学校领导班子和办公室办公用房的调整工作。

（朱周斌）

组织工作

■概述

2014年,华北电力大学党委全面贯彻落实党的十八大、十八届三中、四中全会精神,围绕学校长远发展规划和近期工作目标,持续深入开展党的群众路线教育实践活动,加强理论学习,完善制度建设,强化干部培训和管理,夯实基层组织建设和党员发展教育管理,持续深入开展"一个支部一个目标、一个党员一个任务"活动,推动各项工作向前发展。

2014年,学校继续推进群众路线教育实践活动整改落实工作。校领导率先垂范,下大力气加强党的作风建设,推动学校政风、校风、教风、学风建设,取得良好效果。广大师生在与机关部门和所在院系的领导、管理干部的接触中亲身感受到教育实践活动带来的变化,全校共梳理435条群众意见和建议,凝练316个工作项目,至年底,已解决265条意见和建议,完成187个工作项目,出台100个工作制度。

2014年,围绕学校党代会和"十二五"规划确定的战略目标和任务,继续贯彻落实学校"大人才"发展战略,积极探寻高水平大学干部队伍建设的规律,进一步加强干部队伍建设。以基层党组织换届为契机,根据学校工作需要和干部成长要求,按照中央新修订的《党政领导干部选拔任用工作条例》,调整干部42人,进一步优化干部队伍结构。

2014年,启动党总支(直属党支部)换届选举工作,重点加强换届工作报告的撰写和审查工作,并选取部分优秀工作报告作为典型进行交流,通过引领示范,带动整体水平的提升。将此次换届选举作为全面总结本届工作、进一步明确今后工作方向,谋划未来,实现跨越发展的重要契机。期间,根据《中国共产党普通高等学校基层组织工作条例》规定,结合学校实际,对部分党总支和直属党支部进行调整。成立中国共产党华北电力大学电气与电子工程学院委员会等24个基层党委,同时撤销上述24个单位原总支部委员会、继续教育学院(保定)直属党支部和工程训练中心直属党支部。

2014年,根据上级党组织的统一部署,开展先进基层党组织、优秀共产党员和优秀党务工作者评选表彰活动。学校8个先进基层党组织和党员分获北京市委教育工委、河北省教育工委奖励,213个先进组织和个人获校级奖励,制作先进党组织、优秀党员和党务工作者事迹册,通过先进典型的示范作用,激励广大基层党组织和党员为加强学校党的建设、推动学校教育事业科学发展做出更大贡献。

2014年,华北电力大学深入贯彻落实《中国共产党发展党员工作细则》,通过在校内进行学习宣传,开展集中培训和研讨,修订学校发展党员工作程序等途径,切实抓好《细则》的贯彻实施。同时,学校按照发展党员"控制总量、优化结构、提高质量、发挥作用"的总要求,坚持标准,严格程序,严肃纪律,不断提高发展党员工作的科学化水平,确保全年发展党员工作顺利完成。学期初下发党支部组织生活安排,强化校党委和基层党委、党总支对党支部组织生活的指导,增强组织生活的计划性和时效性。顺利完成党费、基层组织活动经费的管理、党员组织关系转接、因公出国人员备案等工作。

2014年,为贯彻落实《中国共产党发展党员工作细则》,切实提高发展党员的质量,在全面推进党员教育培训工作的基础上,华北电力大学党校重点加强入党积极分子和党员发展对象的教育培训工作,对入党积极分子和党员发展对象培训进行一系列的调整和改革。学校建立由党校统筹规划,各院系党委党总支协助开展的校院两级培训机制。将党员发展过程中的集中培训分为入党积极分子培训班和党员发展对象培训班两个班次。在入党积极分子培训环节,党校通过制定教学大纲、下发教辅资料、编印学员读本、组织评优表彰、提供支持服务等方式加强入党教育培训全过程指导,同时改进学习考核方式,启用在线学习与考试系统。鼓励各院系自主创新、充分发挥主观能动性,初步形成党校牵头、院系为主、标准统一、各具特色的入党积极分子培训工作格局,构建以党的基本知识、党的发展历程、理论前沿与时事热点、入党的规定和程序等为主要内容,课堂教学、音像教学、实践教学、在线学习、研读原著等多元培训方式相结合的培训模式。

2014年,为贯彻落实学校"大人才"发展战略,根据学校"十二五"发展规划和第一次党代会对干部队伍建设的总体要求,积极适应高等教育综合改革形势和现代大学制度建设需要，扎实推进干部队伍的教育培训工作，先后举办处级领导干部读书班、大学教育基金专题培训班、中层干部暑期培训班、党务干部示范培训班等不同类型的培训班，培训干部580余人次。全年共举办2期处级领导干部远程专题培训，主题分别为学习贯彻习近平总书记系列讲话精神、培育和践行社会主义核心价值观。通过丰富干部培训内涵，分层分类开展专题培训，着力培育推进优秀项目凝练，充实完善以解决实际问题为核心，政治理论、党性修养、高等教育管理为主要内容，理论学习、项目凝练、实践锻炼为主要方式的具有华电特色的干部教育培训模式。

2014年，华北电力大学继续开展学校党建研究工作，在个人申报基础上，共有11个课题批准立项。重点支持具有创新性、指导性和应用性成果的项目，以党建研究推动实际工作。

2014年，华北电力大学被北京市委教育工委评为2013年度党内统计报表优秀单位。结合中组部调研，对学校党组织建设和党员发展教育管理工作进行认真梳理总结，形成经验材料“发挥新媒体优势　搭建高校党员教育新平台”刊登于中共中央组织部党员教育中心《党员教育通讯》。

（徐大圣　秦芳芳　高　洁　徐　定）

■概况

至年底，华北电力大学共有基层党委24个、党总支10个、直属党支部6个、基层党支部471个，其中学生党支部272个、在职教职工党支部186个、离退休职工党支部16个。共有中共党员8070名，其中在职教职工党员2058名、离退休教职工党员465名、本科生党员2168名、研究生党员3372名。共发展中共党员1380名，转正党员1371名。

2014年，学校共举办2期入党积极分子培训班，共有5748名入党积极分子参加学习培训，其中5064人顺利结业，321名入党积极分子在学习培训中表现突出，成绩优秀，被评为优秀学员。举办1期党员发展对象培训班，共有1605名党员发展对象参加学习培训，其中1601人顺利结业。

（徐大圣　秦芳芳　高　洁　徐　定）

■条目

【走访老党员和重病党员】春节期间及七一前后，华北电力大学党委组织走访、看望老党员和重病党员，帮助解决实际困难和问题，把党的关怀和温暖送到党员家中。

（秦芳芳　高　洁）

【进行干部考核工作】1月，学校出台《华北电力大学2013年度处级领导班子　单位及处级领导干部考核工作方案》，对华北电力大学处级领导班子、领导干部进行考核工作。考核突出分层分类、以考促建，院系部、职能部门、教辅等处级单位及其主要负责人进行民主测评。相关职能部门分别对各院（系、部）进行单项考评。

（林　林　徐大圣）

【举办党的十八届三中全会精神专题辅导报告会】1月，学校邀请中共中央党校教授、中央电视台特约时政评论员辛鸣，通过两地视频的方式，为全体中层干部、全体党支部书记、各民主党派成员、青年干部人才读书班学员做了党的十八届三中全会精神专题辅导报告。

（徐大圣　徐　定）

【完成领导干部兼职（任职）专项清理工作】2月，按中组部和教育部要求，对处级以上领导干部在企业兼职（任职）的情况进行摸底，并对违规在企业兼职（任职）的情况进行清理。

（林　林　徐大圣）

【开展学习贯彻习近平系列讲话精神远程专题培训】3月，学校开展学习贯彻习近平总书记系列讲话精神远程专题培训，全体处级领导干部参加培训。本次专题培训依托中国教育干部网络学院“高等教育管理干部培训平台”，以班级为单位，通过学习视频课程、参与交流互动、撰写学习心得等方式进行。

（徐大圣　徐　定）

【完成一报告两评议工作】3月，按教育部要求，学校开展干部选拔任用“一报告两评议”工作。校党委报告干部选拔任用工作情况，包括2013年校党委选拔任用干部总体情况，创新选人用人措施和办法、建立健全干部选拔任用和监督机制等情况；教职员工对学校党委干部选拔任用工作和2013年选拔任用的10名处级干部进行民主评议。

（林　林　徐大圣）

【举办处级领导干部读书班】3月至6月，学校举办处级领导干部读书班，由任职满6年的副处级领导干部自愿报名参加。培训分举办专题讲座、自学规定内容、开展项目凝练三个阶段。读书班邀请副校长杨勇平和余顺坤教授做专题讲座。

（徐大圣　徐　定）

【开展党建工作检查】3月，学校保定校区对2013年度基层党组织工作进行实地检查，对工作中存在的问题及时反馈各单位，并提出意见建议，推进学校基层党组织建设。

（秦芳芳）

【征求领导干部意见建议】3月，根据中央和河北省委、保定市委关于开展党的群众路线教育实践活动的有关要求，华北电力大学就反对“四风”方面突出问题、解决关系群众切身利益问题、联系服务群众“最后一公里”问题上，在广大党员干部群众中对保定市四大班子和市级党员领导干部征求意见建议。

（秦芳芳）

【组织开展赶考日系列活动】4月，根据河北省委宣传部、组织部文件精神，学校组织开展“3·23”赶考日系列活动。旨在引导广大党员干部坚定理想信念，强化忧患意识，弘扬“赶考”精神，提高各级领导班子的凝聚力和战斗力。

（秦芳芳）

【完成党支部考核测评工作】4月，根据《华北电力大学党支部工作考核测评办法（试行）》，完成两年一次的党支部考核测评工作。共有393个党支部参加考核测评，298个党支部考核结果为“好”，77个党支部为“较好”，18个党支部为“一般”。

（秦芳芳　高　洁）

【举办大学教育基金专题培训】4月，学校在北京校部和保定校区通过两地视频的方式举行大学教育基金专题培训。党委书记吴志功出席并讲话，财务处处长、教育基金会秘书长陈兆江，教育基金会常务副秘书长王子杰，团委副书记王集令分别作报告。处级领导干部读书班、新任处级干部培训班、青年干部人才读书班全体学员共380余人参加培训。

（徐大圣　徐　定）

【举办学习贯彻习近平总书记系列讲话精神专题报告会】4月，学校邀请北京师范大学党委副书记王炳林教授，通过两地视频的方式，为380余名学生党员代表作专题报告。

（徐大圣　徐　定）

【举办党员发展对象培训班】4月至5月，学校对本年度学生党员发展对象（毕业年级除外）1605人进行为期2天的集中培训。内容涵盖党在现阶段的基本路线和重大方针政策、国际形势与时事热点、马列主义经典原著导读、学校发展与历史沿革、共产党员的理想信念等，培训采用专题报告与访谈教学相结合的形式进行。

（徐大圣　徐　定）

【开展党内评选表彰活动】4月至7月，按照上级党组织的有关要求，学校开展2012—2014年“先进基层党组织”“优秀共产党员”“优秀党务工作者”评选表彰活动。经基层推荐、学校评审、党委常委会议研究和校内公示，61个党组织被评为2012－2014年校级“先进基层党组织”、111人被评为2012－2014年校级“优秀共产党员”、41人被评为2012－2014年校级“优秀党务工作者”。同时，控制与计算机工程学院控制理论与系统党支部被评为“北京高校先进基层党组织”，马静、谭占鳌被评为“北京高校优秀共产党员”；保定校区动力工程系热能党支部被评为河北省“全省高等学校先进基层党组织”，李永倩、水志国被评为河北省“全省高等学校优秀共产党员”，姜根山、王韶坡被评为河北省“全省高等学校优秀党务工作者”。

（秦芳芳　高　洁）

【开展四个一活动】5月，学校持续开展“一个支部实现一个目标，一个党员完成一个任务”活动。在总结前期工作经验的基础上，确立24个校级优秀支部目标，并把指导和帮扶贯穿工作始终。学校专门召开“一个支部一个目标，一个党员一个任务”活动推进交流会，通过示范引领，重点突破，由点及面的实现支部工作水平的全面提升。

（秦芳芳　高　洁）

【完成领导干部个人有关事项报告工作】5月，根据中共中央办公厅《关于领导干部报告个人有关事项的规定》，按照教育部具体要求，组织全校副处级以上领导干部按要求填写《领导干部个人有关事项报告表》，并对全体干部填报的个人事项进行信息录入、汇总综合和抽查。

（林　林　徐大圣）

【完成江苏省第七批科技镇长团人选推荐工作】5月，根据江苏省第七批科技镇长团工作的相关要求，结合学校实际情况，推荐5名教师和干部赴江苏省有关地区挂职锻炼。

（林　林　徐大圣）

【完成河北省第七批省管优秀专家申报工作】6月，华北电力大学完成河北省第七批省管优秀专家人选申报推荐工作。12月，米增强、梁平教授当选河北省第七批省管优秀专家。

（徐大圣）

【完成博士生（后）、青年教师和辅导员挂职锻炼工作】6月，按北京市委教育工委要求，选派王学棉和杨永海到北京市挂职锻炼。

（林　林）

【完成院系党组织建设和党员发展教育管理调研工作】6月，中组部组织二局五处处长谢玉峰一行来访，就院系党组织建设和党员发展教育管理工作进行调研。调研分领导访谈和召开座谈会两个环节，在交流中对学校党组织建设和党员发展教育管理工作进行认真梳理总结，有关经验做法得到充分肯定，“发挥新媒体优势　搭建高校党员教育新平台”经验材料刊登于中共中央组织部党员教育中心《党员教育通讯》7月1日刊。

（高　洁）

【开展党员献爱心捐献活动】6月，按照北京市委、市委教育工委的统一部署，在全校范围内开展2014年“共产党员献爱心”捐献活动。北京校部共有2277名党员、819名入党积极分子、555名群众参加捐款，共筹集款项109 860.5元。

（高　洁）

【开展党章学习日】6月，根据河北省委组织部、宣传部《关于开展2014年“学习党章日”活动的安排意见》要求，学校开展“党章学习日”活动，教育引导广大党员干部自觉学习党章、遵守党章，向身边的先进基层党组织和优秀个人学习，立足岗位创先争优。

（秦芳芳）

【贯彻发展党员工作细则】5月，中共中央办公厅印发《中国共产党发展党员工作细则》（以下简称《细则》），6月至12月，根据上级有关要求，学校认真做好《细则》的学习宣传和贯彻落实工作。向全体基层党支部下发《细则》学习读本纸质版和电子版；先后通过入党积极分子培训班负责人培训会议、学生党支部书记培训班、学习贯彻《细则》培训班和发展党员工作研讨会等多种途径，面向各院系级单位党组织、基层党支部负责人和党务干部，传达上级党组织的有关精神和学校发展党员工作的相关要求；根据《细则》有关规定，修订华北电力大学发展党员工作程序，并在全校范围内多次征求意见建议，完善后将在全校范围内发布执行；明确各级党组织的领导责任，切实抓好《细则》的贯彻实施。

（秦芳芳　高　洁）

【完成后备干部选拔工作】7月，按教育部要求，推荐两人参加教育部驻外后备干部的选拔。

（林　林　徐大圣）

【举办中层干部暑期培训班】7月，学校举办处级领导干部集中学习贯彻习近平总书记系列讲话精神暑期培训班，培训主题为进一步深入学习领会习近平总书记系列讲话精神，了解和把握国家能源发展的宏观形势，明晰高水平大学建设的思路举措，推动学校事业全面发展。全校处级领导干部约300人参加培训，其中正处级领导干部（包括主持工作的副处级领导干部）、北京校部副处级领导干部集中在北京校部培训学习，保定校区副处级领导干部通过同步视频在保定校区会场参加。培训为期3天，采用辅导报告、分组研讨和交流总结等形式进行，培训规模为近年之最。

（徐大圣　徐　定）

【拓展党员教育阵地】7月，由组织部指导的红色网站“争流”开通公共微信号“青春争流”，及时发布党内及学校重要信息；9月，根据中组部办公厅《关于发动广大党员订阅使用共产党员微信、共产党员易信的通知》文件精神，积极发动广大党员订阅使用共产党员微信、共产党员易信，使网络教育融入日常工作生活中，成为广大党员重要的学习交流阵地。

（秦芳芳　高　洁）

【开展党员志愿服务活动】9月，结合保定市委《关于全市共产党员广泛参与志愿服务活动的实施意见》和学校实际，学校各级党组织以“平安校园”“人文校园”“和谐校园”“助力发展”等为主题，开展多种形式的志愿服务活动，教育引导广大党员积极投身到保稳定、促发展、转作风、惠民生的各项工作中来。

（秦芳芳）

【完成党内统计工作】9月至12月，按照上级要求，学校先后完成教育部关于2014年高校基层党组织和党员队伍状况统计工作、教育部关于高等学校教育事业统计中的党员情况统计、2014年党内统计年报和党员管理信息系统的数据维护工作。

（秦芳芳　高　洁）

【完成党员补助申报工作】10 月，根据北京市委教育工委要求，学校完成“北京市生活困难党员帮扶专项资金”补助申报工作，所报补助对象张荣华已获得批准。

（高　洁）

【完成党费公示工作】11 月，华北电力大学转发 2013 年度中央组织部代中央管理的党费、河北省委组织部代省委管理的党费、保定市委组织部代市委管理的党费收支情况，并将 2013 年度华北电力大学党费收支情况在全校范围内公示。

（秦芳芳）

【举办党务干部示范培训班】11 月，学校组织 2014 年党务干部示范培训班，来自全校的 33 名教工党支部书记参加培训。培训包括学员自学、实践教学和交流总结三个阶段，其中实践教学以“学习党史、发扬传统、锤炼作风、加强修养”为主题，通过专题讲座、现场教学、体验教学、访谈教学等方式，在革命圣地井冈山圆满完成培训任务。交流总结围绕 2014 年“一个支部一个目标，一个党员一个任务”活动中确定的支部目标、取得的阶段性成果、遇到的困难及经验启示等方面进行交流，进一步凝练优秀支部目标。

（徐大圣　徐　定）

【开展专题培训】11 月，学校全体处级领导干部通过“高等教育管理干部培训平台”参加培育和践行社会主义核心价值观培训。本次培训要求学员完成必修课程和选修课程的学习，通过研讨进行交流互动，最后要结合自身工作实际，撰写学习心得。

（徐大圣　徐　定）

【完成河北省博导津贴工作】12 月，学校完成 2014 年河北省博导津贴的整理、汇总和上报工作，共上报博士生导师 137 人，新增博士生导师 10 人。

（林　林　徐大圣）

统战工作

■概述

2014 年，华北电力大学统战工作围绕学校中心工作开展，各方面工作稳步提升。学校党委坚持向党外代表人士通报情况、征求意见制度和邀请党外代表人士参加重要会议、重大活动制度，重视发挥民主党派和无党派人士在民主治校、民主监督上的作用，邀请民主党派、人大政协及无党派人士积极参与学校各项工作中，虚心听取他们对建设高水平大学的各项建议和意见。同时，学校党委支持民主党派加强自身建设，鼓励开展活动和理论研究，积极推荐党外代表人士到各级政府部门、社会团体挂职锻炼和任职，鼓励开展建言献策，为学校和地方的发展做出贡献。

2014 年，中国民主同盟华北电力大学支部（保定）被中国民主同盟会保定市委员会授予“基层组织建设工作创新奖”。魏清被中国民主同盟河北省委员会评为“优秀盟员”，赵建娜、武群丽、翟清剑、杨方文被中国民主同盟会保定市委员会评为“优秀盟员”，幸莉仙被九三学社河北省委员会评为“优秀社员”，王璋奇被九三学社河北省委员会评为“2013 年度参政议政工作先进个人”、被九三学社保定市委员会评为“2013－2014 年度信息工作先进个人”，康辉被中国民主促进会河北省委员会评为“省级先进个人”。

（秦芳芳　徐　定）

■概况

2014 年，华北电力大学共有民主党派成员 103 名，其中，民革 3 人，民盟 36 人，民建 9 人，民进 21 人，农工党 3 人，致公党 1 人，九三学社 29 人，台盟 1 人。民主党派组织共 5 个，分别是中国民主同盟华北电力大学支部（北京）、中国民主同盟华北电力大学支部（保定）、九三学社华北电力大学支社（保定）、中国民主促进会华北电力大学支部（保定）、中国民主建国会华北电力大学支部（保定）。

2014 年，华北电力大学共发展民主党派新成员 3 人，其中，民建 1 人、民进 1 人、九三学社 1 人；通过北京市“三个一百”工程推荐民主党派挂职人员 1 名，推荐中国青年科技工作者协会理事及成员 2 人，北京市第十四次归侨侨眷代表大会委员及代表 2 人。

（秦芳芳　徐　定）

■条目

【完善统战成员信息库】3 月，华北电力大学与各民主党派核对了党派成员信息，对党外干部、党外教授、人大代表、政协委员等进行分类统计。

（秦芳芳　徐　定）

【完成台胞台属无党派人士摸底统计工作】3月，按照保定市台办、市委统战部要求，华北电力大学分别对学校台胞台属、无党派人士情况进行摸底统计并上报。

（秦芳芳）

【支持统战成员开展理论研究】3月至6月，华北电力大学先后组织开展校级统战基金研究课题立项、申报河北省统一战线学会2014年度招标课题工作、校级统战基金研究课题结题评审。《华北电力大学党外代表人士队伍状况调查研究》、《创新基层统战工作方式　凝心聚力共铸教育梦》、《运用全媒体引导大学生正确面对宗教问题》、《留学归国人员统战工作研究》等6个课题通过评审答辩，准予结题。其中《华北电力大学归国留学人员状况调查研究》课题研究报告作为优秀成果推荐至学校人事处、人才办等部门作为工作参考。

（秦芳芳　徐　定）

【举办民族宗教工作专题讲座】4月，华北电力大学邀请北京高校统战理论与实践研究会副会长、中国农业大学党委统战部赵竹村部长为学校广大统战工作者作题为《加强抵御渗透能力建设　不断促进宗教关系和谐》的报告，并就《北京高校抵御和防范宗教渗透工作手册》向部分院系和相关部门征求意见。

（秦芳芳　徐　定）

【参加党外代表人士研修班】4月，民建成员、副校长王增平参加2014年北京高校党外代表人士高级研修班，在培训班的考察调研环节作为考察团团长，率培训班全体学员赴贵州开展考察调研。全年学校共推荐王增平、徐进良2人参加北京高校党外代表人士高级研修班。

（徐　定）

【协助保定市委统战部做好专题调研】6月，保定市委统战部带队来华北电力大学进行高校民主党派基层组织建设专题调研，听取学校党委统战部、基层党派组织负责人对民主党派基层组织建设的意见建议，了解基层组织办公条件、活动场所、经费来源等情况。

（秦芳芳）

【完成宗教信仰学生摸底统计】6月，华北电力大学完成对学校宗教信仰学生情况的摸底统计工作。

（秦芳芳）

【致公党北京市委来访】7月，致公党北京市副主委、北京市政协副秘书长谢朝华一行来访，党委常委、党委统战部长张天兴接待并出席座谈会，双方就民主党派在高校的发展状况、高校党外代表人士的培养模式等进行会谈。

（徐　定）

【昌平区政协主席来访】9月，昌平区政协主席陈秋生一行来访，党委常委、党委统战部长张天兴接待并出席座谈会，双方回顾学校与昌平区长期以来的合作关系，并就学校与周边地区的协同发展等进行会谈。

（徐　定）

【撰写统战大事记】9月至12月，根据北京市委教育工委要求，华北电力大学对建校以来的统战工作档案进行了查阅、梳理，并撰写了学校统战工作大事记及统战工作概述。

（秦芳芳　徐　定）

【参加统战工作优秀项目评选】10月，学校参加北京高校统战工作优秀项目评选，向北京市委教育工委报送《把绿色电力送到雪域高原　照亮少数民族学生成长成才之路》等统战工作特色创新项目2项，推荐“心桥工程”先进党外代表人士冼海珍、姚建平、刘石等3人。

（徐　定）

【加大党外代表人士宣传力度】11月，组织编写学校党外代表人士风采录，撰写国家级教学名师、党外代表人士崔翔教授人物通讯1篇，经市委教育工委统群处推荐至《北京教育》“名师风采”专栏。

（徐　定）

【参与校际合作理论研究课题】11月，在北京高校统战理论与实践研究会设立的《北京高校党外高级知识分子思想状况调研》课题中，华北电力大学作为参与单位，组织带队赴四川、重庆、河北等地考察调研。全年共协助兄弟院校《党外代表人士教育培训工作》、《无党派人士个体和群体作用发挥》、《高校民主党派组织建设研究》、《高校马克思主义宗教观教育现状调研》等课题开展问卷调查工作，下发问卷50余份。

（秦芳芳　徐　定）

宣传工作

概述

2014年,华北电力大学宣传思想工作以深入学习宣传贯彻党的十八大及十八届三中、四中全会精神为主线,落实习近平总书记系列重要讲话精神,以培育和践行社会主义核心价值观为引领,认真贯彻学校党代会和教代会精神,把立德树人作为根本任务,紧紧围绕高水平大学建设目标,全力推进宣传思想、大学文化和精神文明创建工作,为学校改革发展提供强有力的思想保障、舆论支持和精神力量。

2014年,学校学习贯彻党的十八大及十八届三中、四中全会精神。组织党委中心组理论学习,编辑七期辅导资料,内容包括十八届三中及四中全会精神、能源政策、教育改革和兄弟院校发展经验等。9月25日至10月底,组织各基层党委、党总支、直属党支部理论学习中心组进行集中学习,学习内容包括培育和践行社会主义核心价值观、全面深化高等教育综合改革、习近平同北师大师生代表座谈时的讲话等。全体中心组成员理论联系实际,结合教学、科研、管理、服务等不同工作岗位和讲效益、讲效果、讲水平的不同工作要求,认真思考如何解决在发展过程中遇到的深层次矛盾和困难,提高工作成效,服务高水平大学建设。组织相关教师到基层院系作辅导报告,加深师生对党的十八届三中全会精神的理解,对《决定》中有关教育科技领域深化改革的阐释、理解和学习。积极培育和践行社会主义核心价值观,4月24日印发《关于培育和践行社会主义核心价值观的实施意见》(华电党宣〔2014〕1号),高标准举办"中华文化大讲堂",精心编撰《华电记忆Ⅱ》。围绕立德树人根本任务,积极运用微博、微信等新媒体,通过广泛互动交流,拉近师生距离,引导师生树立正确价值观。把培育和践行社会主义核心价值观与学校各项管理、教育、教学工作紧密结合,努力使社会主义核心价值观内化为师生员工的自觉行动。

2014年,学校认真贯彻落实全国宣传思想工作会议和教职工代表大会精神。通过学习把握习近平总书记在全国宣传思想工作会议上的指示精神,领会事关宣传思想工作长远发展的一系列重大理论和现实问题,明确新形势下宣传思想工作的方向目标、重点任务和基本遵循,深刻认识意识形态工作的极端重要性,深刻认识和把握"两个巩固"根本任务,深刻认识和把握党性和人民性相统一,深刻认识和把握坚持围绕中心、服务大局等党在宣传思想工作方面和意识形态领域所要坚持的重要方针,深刻认识马克思主义新闻观的重要性。贯彻落实学校教职工代表大会精神,引导广大教职员工理解学校战略,把握正确导向,结合党的群众路线教育实践活动提出的制度建设年和制定大学章程为契机,为构建现代大学制度营造良好氛围。

2014年,学校扩大对内对外宣传思想工作的针对性、时效性和影响力,着重推进新媒体建设。对学校重点事件进行报道,集中力量对新能源电力系统国家重点实验室、生物质发电成套设备国家工程实验室的建设发展成就进行报道,宣传潘伟平教授等高层次人才的先进事迹。对外宣传方面,学校依托科技沙龙、能源大讲堂,在能源革命、电力体制改革及京津冀一体化中的雾霾问题、环境治理等学术问题上与行业内媒体形成互动,服务国家智库建设。全年组织发表关于学校报道共计58篇。在国家级媒体宣传学校学子在创行世界杯上获得总冠军的消息,并通过该新闻挖掘学生创新创业中的先进做法和经验,组织科技日报、中国教育报、中国电力报记者进行深入报道。加强与媒体的联系,邀请中国教育报高等教育主编唐景莉给学校通讯员做讲座,参与人民日报暑期学生社会实践的专题活动、研究生收费制度改革等报道。加强新闻宣传的研究工作,"新媒体时代高校新闻宣传队伍建设"项目获北京市教工委思政专项课题立项。贯彻落实中共中央关于宣传思想工作的方针,12月30日印发《华北电力大学新闻发布管理规定》(华电校办[2014]2号),通过建立新闻发布制度,完善多种形式、归口管理、分级组织实施的工作体系。结合党的群众路线教育实践活动,开设"走进院系"栏目,深入采访金工实训中心、研究生院、学生处等,对先进事迹进行报道。新媒体建设有新进展,学校新浪官方微博加"V"认证,微博进行栏目化运作,策划青春榜样、国家奖学金获得者、走进实验室等专题,拓展新闻宣传阵地。申请微信公众账号"微华电",并进入试运行阶段,设立媒体华电、一周聚焦等栏目,及时分享学校新闻资讯。建设新闻中心记者团微信公众账号,策划新闻专题,其中《光影华电》之"华电二十四小时"的微信点击率达15000左右,新闻中心记者团微信公众账号位居"全国高校·教育新媒体风云榜"第五名。策划学校微电影形象宣传片。

2014年,学校加强校园文化建设。举办"华北电力大学高水平大学建设成就展",以图文并茂的形式,描绘了学校新世纪以来,特别是2003年划转教育部以来,在学科建设、人才培养、队伍建设、科技创新、校企合作、国际化办学等方面的跨越式发展,力求较为系统地展现学校前瞻谋划、科学布局、全面提高、重点突破的奋斗历程以及取得的建设成就。完成普法和首个宪法日的宣传教育。学校被河北省委、省政府授予河北省"省级文明单位"荣誉称号。完成《华北电力大学章程》的制定,并正式上报教育部核准。

(孙翠亭)

■概况

2014年,华北电力大学党委宣传部和新闻中心,共有工作人员11人,其中北京校部7人,保定校区4人。

2014年,党委宣传部出版《华北电力大学校报》共计10期,对外宣传稿件共计58篇。

(孙翠亭)

■条目

【举办高水平大学建设成就展】5月,华北电力大学举办高水平大学建设成就展,共展出19块展板。以图文并茂的形式,描绘了学校新世纪以来,特别是2003年划转教育部以来,在学科建设、人才培养、队伍建设、科技创新、校企合作、国际化办学等方面的跨越式发展以及取得的建设成就。

(孙翠亭)

【开展理论学习月活动】9月25日至10月底,华北电力大学组织各基层党委、党总支、直属党支部理论学习中心组进行集中学习,学习内容包括培育和践行社会主义核心价值观、全面深化高等教育综合改革、习近平同北师大师生代表座谈时的讲话等。全体中心组成员理论联系实际,结合教学、科研、管理、服务等不同工作岗位和讲效益、讲效果、讲水平的不同工作要求,认真思考如何解决在发展过程中遇到的深层次矛盾和困难,提高工作成效,服务高水平大学建设。

(孙翠亭)

【推进新媒体建设】10月,华北电力大学新浪官方微博加"V"认证,微博设有华电报道、华电学子、早安华电等多个栏目,并策划青春榜样、国家奖学金获得者、走进实验室等专题,拓展新闻宣传阵地。申请微信公众账号"微华电",并进入试运行阶段,设立媒体华电、一周聚焦等栏目,及时分享学校新闻资讯。建设新闻中心记者团微信公众账号,该微信公众账号位居"全国高校·教育新媒体风云榜"第五名。

(孙翠亭)

【获省级文明单位称号】11月,华北电力大学获河北省2012-2013年度"省级文明单位"荣誉称号。学校围绕建设高水平大学的奋斗目标,把精神文明创建列入重要议事日程,融入教学科研及学校各项工作之中,突出"华电梦"主题,丰富"强校路"内涵。按照"迎评促建,创出特色"的创建思路,弘扬文明主旋律,积聚文化正能量,精神文明创建水平持续提升。

(孙翠亭)

【完成华北电力大学章程制定】12月,华北电力大学完成《华北电力大学章程》的制定工作,正式上报教育部核准。大学章程起草工作于2012年启动,先后征求各部门、离退休老同志、知名教授、法律专家、学校领导班子等意见,并按规定提交教职工代表大会讨论、校长办公会审议、学校党委全委会审定。大学章程彰显了学校办学历史和文化内涵,固化了学校50年的办学实践和管理经验,完善了学校内部治理体系,突出办学特色,全面推进现代大学制度建设和依法治校进程。

(孙翠亭)

纪检监察工作

■概述

2014年,华北电力大学纪检监察工作围绕学校中心工作开展,结合大学章程制定,强化制度建设,落实党风廉政建设责任制,加强反腐败体制机制创新和制度保障,强化执纪监督中央八项规定精神的落实,持之以恒纠正"四风",强化对党员干部的监督、管理和教育，为构建具有竞争力的现代大学制度保驾护航，为学校改革发展提供有力保证。

2014 年，学校按照中纪委“转职能、转方式、转作风”的要求，聚焦中心任务，突出主业主责，强化监督执纪问责，进一步强化校内党风廉政建设和反腐败工作，认真监督检查《华北电力大学关于改进工作作风、密切联系群众的规定》的执行情况，切实促进学校精简会议、文件、简报，厉行节约，成效显著；进一步监督检查党的群众路线教育实践活动整改落实情况和已有成果的巩固，履行组织协调职责，加强分类指导和督促检查，落实党委制定的整改整治任务和制度建设计划，形成改进作风常态化机制；履行监督教育职能，进一步落实好《党政机关厉行节约反对浪费条例》、《党政机关国内公务接待管理规定》等各项规定，进一步规范学校公务用车和办公用房，严禁赠送节礼和高档消费，坚持以上带下，坚持抓党风带校风促学风，保持学校教育为民务实清廉的形象；进一步推进权力运行规范化监督体系建设，使学校权力运行监督的有效性进一步增强；学校继续深化专项领域的防控监督工作，加大了对招生、科研、基建工程、物资采购等工作的专项监督检查和审计力度。

一、深入贯彻落实上级决策部署，加强反腐体制机制创新

认真学习领会上级反腐倡廉精神。学校各级党组织和党员干部进一步深入学习党的十八大、十八届三中全会精神和中纪委十八届三次全会精神，把学习领会上级精神与本职工作结合起来，与完成好反腐倡廉任务结合起来，与加强干部队伍建设结合起来，切实将学习成果转化为推进工作的动力，进一步提高反腐倡廉工作水平。

进一步加强学校廉政文化建设。把廉政文化建设融入学校教育的各个领域，与反腐倡廉各项工作紧密结合，整体推进。重视发挥思想政治课的主渠道作用，同时也强化校园文化的载体功能，并结合当前工作实际，加强了廉政网络阵地建设和廉政文化的理论研究。

严格执行党风廉政建设责任制。学校各级党组织按照“一级抓一级”、“谁主管，谁负责”的原则，努力做到“五个亲自”、“三个抓好”、“三个必须”、“两个确保”，切实履行党风廉政建设主体责任，定期向上级纪委报告落实党风廉政建设责任制落实情况，树立不抓党风廉政建设就是严重失职的意识。各基层党委和直属党支部主要领导管好班子，带好队伍，履行“一岗双责”，承担第一责任，做好廉洁自律表率。各职能部门和二级单位把党风廉政建设工作融入到本职管理和业务工作之中，把责任落实到单位和个人，做到与学校其他工作同布置、同落实、同检查。

推进校内巡视制度创新和完善。逐步推进校内巡视工作的全覆盖，强化信息公开，督促问题解决，加强成果运用。同时，进一步探索试行党风廉政监督员制度。

二、巩固党的群众路线教育实践活动成果，抓整改，重落实

深化作风建设，坚决纠正“四风”。深化党的群众路线教育实践活动成果，落实中央八项规定精神，形成改进作风常态化机制。进一步落实好《党政机关厉行节约反对浪费条例》、《党政机关国内公务接待管理规定》等各项规定，进一步规范学校公务用车和办公用房使用，严禁赠送节礼和进行高档消费，坚持以上带下，坚持抓党风带校风促学风，营造良好的教书育人环境。

严明各项纪律，从严管理干部。严格执行党的政治纪律、组织纪律、工作纪律、财经纪律和生活纪律等各项纪律，落实领导干部述职述廉、诫勉谈话、任期审计和个人事项报告等制度，把党的纪律融入立德树人根本任务和教育教学改革中去，建立一支“知天知地知己”，思想上过硬、能力上很强、作风上优良，有思路、想干事、能干成事的干部队伍。

三、加大专项监察力度，保障重点任务落实

强化对科研经费的监管力度。严格落实《教育部关于进一步贯彻执行国家科研经费管理政策加强高校科研经费管理的通知》，开展《华北电力大学科研项目管理办法》、《华北电力大学科研经费管理办法》执行情况的专项检查。同时，加强学术道德建设，坚持教育引导、制度规范、监督约束、查处警示和弘扬优良学风等长效机制建设，营造了一个优良学风环境，培养师生高尚的学术道德，促进学校校教学与科研工作的全面发展。

加强对各类招生的监管。继续推进招生“阳光工程”，招生工作不仅涉及教育公平公正，更是学校形象的窗口，在当前必须始终坚持招生“阳光工程”，严肃考风考纪，严格录取程序，进一步完善招生监察各项工作流程，有针对性的对自主招生、研究生考试和特殊类型招生等环节加强监管，促进招生工作的公开、公正、公平，维护学校良好的社会形象。

进一步深化后勤管理工作。在学校不断深化后勤改革的进程

中，进一步明确和落实后勤管理部门的主体责任，加强集中采购、修缮招标等环节的监管，深化完善后勤管理的机制体制，及时堵塞可能出现的各种漏洞，提升学校后勤管理工作的水平，充实服务育人的内涵。

规范校办企业和国有资产管理，强化招标工作。进一步明确和理顺校办企业监管的主体责任和责任人，清晰校办企业产权关系，按照现代企业制度的要求，完善法人治理结构，建立健全科学民主的决策程序和有效的激励、监督、约束机制，促进规范运行。同时，进一步强化对招标工作的监察，从源头上预防和治理腐败，逐步形成以招投标双方为主体，学校招标中心为平台，基建后勤资产管理部门为保障，纪检监察机关再监督，分工明确、责任到位、各司其职、协调一致的招投标责任体系和制约机制。

认真做好信访工作，严格实行责任追究。在新形势下转变工作作风，完善工作机制，落实责任，抓好源头治理，认真执行重要信访、重要案件线索向上级纪检监察部门报告制度。

四、进一步规范权力运行和监督，加快推进惩防体系建设

认真制定学校反腐倡廉法规制度建设五年规划。根据中央《建立健全惩治和预防腐败体系2013－2017年工作规划》和教育部实施办法等文件，制定学校相应规划。同时，加强校内部门的协调，落实主体责任，认真清理、修订和完善学校党风廉政建设相关文件，维护党内法规制度的严肃性，保证学校党风廉政建设各项任务得到有效落实。

加强信息公开推进依法治校。信息公开是反腐倡廉的重要手段。在当前大学章程制定的过程中，明确党委、行政、学术委员会之间的关系，规范集体领导与个人分工负责相结合的方式，形成自我约束、自我规范的内控机制，按照“公开是原则，不公开是例外”的要求，进一步细化信息公开的内容和范围，创新信息公开体制，建立健全信息公开工作考核、监督检查、年度报告、社会评议、举报处理、责任追究等一系列制度。同时，进一步严格执行“三重一大”集体决策制度，完善教代会制度、党代会制度等，推动学校科学决策、民主决策和依法治校。

积极推进廉政风险防控“三个体系”建设。一是推进权力结构科学化配置体系建设，按照职权法定、权责一致的要求，采取自上而下和自下而上相结合的方法，认真梳理校级、处级岗位的权力事项，明确职权名称、行使对象和范围、行使依据、主管部门和协办部门，理清校、院（部、处）之间的权力界限和关系，制定权力运行流程图，明确权力运行的关键环节，确定重点防控环节；二是推进权力运行规范化监督体系建设，加强对校院两级决策会议记录、决策文件等反映权力运行过程情况的监督检查，使学校权力运行监督的有效性进一步增强；三是推进廉政风险信息化防控体系建设，积极探索科研经费、基建项目、干部人事、财务管理、招生考试、学术规范等重点领域的科技防控，利用校园信息化建设，开发重点领域的网络监管平台，推进廉政风险信息化防控机制建设。

五、加强纪检监察队伍建设，提高监督执纪问责能力

加强纪检监察干部队伍建设。各级党组织高度重视和支持纪检监察工作，为反腐倡廉工作开展创造有力条件。同时，纪检监察干部进一步明确职责定位，不断增强责任感、使命感，加强党性修养，树立群众观点，带头纠正“四风”，做到不越位、不缺位、不错位，创新工作方式方法和理念，不断提升监督执纪问责能力，为学校高水平大学建设保驾护航。一年来，学校纪委接受教育部组局对学校有关信访线索的初核工作，锻炼了队伍信访办案的能力。同时，在《求是》和《教育纪检监察》等杂志上面发表了相关业务文章，提高了理论水平。

（蒲沿洲　蹇文馨）

■概况

2014 年，纪委办公室、监察处、审计处合署办公，两地共有人员 13 人，本科学历 10 人。共有副高级专业技术职务 5 人，中级专业技术职务 4 人，初级专业技术职务 4 人。

2014 年，纪检监察部门共接收、接待来信来访 12 件，均按有关规定进行了认真调查处理和信息反馈。

（蒲沿洲　蹇文馨）

■条目

【监督检查研究生入学考试】1 月 4 日至 1 月 5 日，学校纪委办对研究生入学考试的全过程进行了监督检查，确保研究生考试安全、顺利进行。

（蒲沿洲　蹇文馨）

【召开党风廉政建设工作会】3 月 17 日，学校召开党委常委会专题研究党风廉政建设工作。会议传达了习近平等中央领导同志近期关于党风廉政建设工作的重要讲话精神，研究了学校党风廉政建设与反腐败工作。全体校领导、党委常委和党办校办、纪委办公

室等部门主要负责人参加会议。

（蒲沿洲　蹇文馨）

【召开纪委工作会议】3 月 19 日，学校召开了中共华北电力大学纪律检查委员会 2014 年第一次工作会议。会议学习了习近平总书记等中央领导有关党风廉政和反腐败工作的重要讲话，学习了王岐山同志在十八届中央纪委三次全会上的工作报告以及教育部袁贵仁部长在教育系统党风廉政建设工作会议上的讲话。纪委办公室主任范立传达了 3 月 17 日学校党委常委会党风廉政专题会议精神；会议听取了有关 2014 年纪检监察工作要点（征求意见稿）和 2014 年审计工作要点（征求意见稿）的汇报，各位纪委委员对 2 个报告进行了认真的讨论并提出了修改意见。

（蒲沿洲　蹇文馨）

【召开党风廉政建设暨纪检监察审计工作会】3 月 27 日，学校党委召开 2014 年党风廉政建设暨纪检监察审计工作视频会议。会议认真学习贯彻党的十八大、十八届三中全会和习近平总书记一系列重要讲话精神，贯彻落实十八届中央纪委第三次全会和全国教育系统党风廉政建设工作会议精神，回顾总结了 2013 年学校党风廉政建设和反腐败工作，对 2014 年各项工作进行了周密部署。全校近 40 个院（系、部）、处、室的党政主要负责人与学校签定了 2014 年《华北电力大学处级以上领导干部党风廉政承诺书》《华北电力大学企业负责人廉政承诺书》，明确责任目标，强化责任意识。

（蒲沿洲　蹇文馨）

【印发党风廉政工作任务分工和工作要点】4 月 11 日，学校印发《华北电力大学 2014 年党风廉政建设和纪检监察工作要点》。

（蒲沿洲　蹇文馨）

【开展党风廉政建设宣教月活动】5 月 15 日至 6 月 14 日，以“深入落实‘八项规定’，持之以恒纠正‘四风’；尽职清廉心，共筑‘中国梦’”为主题，开展了为期一个月的“2014 年党风廉政建设宣传教育月活动”。

（蒲沿洲　蹇文馨）

【开展监督检查工作】5 月 1 日，学校成立了监督检查八项规定精神情况工作领导小组和办公室，明确相关部门责任分工和具体工作事项，制定了《华北电力大学贯彻执行八项规定精神情况监督执纪问责专项工作方案》，从 5 月到 12 月份分四个阶段开展监督检查工作。

（蒲沿洲　蹇文馨）

【加强与兄弟院校工作交流】6 月 6 日，北京工商大学纪委副书记、监察处处长潘伯洲、审计处处长张国龙等一行五人就招标监察监督工作来校调研交流。学校纪委办、监察处、审计处、招标中心等相关部门负责人接待了来访人员，并就招标监察工作与北京工商大学的各位同仁进行了深入探讨。

（蒲沿洲　蹇文馨）

【落实党风廉政建设主体责任】7 月，为深入贯彻党的十八大、十八届三中全会、十八届中央纪委第三次全会和习近平总书记关于加强党风廉政建设系列讲话精神，落实党风廉政建设主体责任，根据《关于实行党风廉政建设责任制的规定》和《中共教育部党组关于落实党风廉政建设主体责任的实施意见》，结合学校实际，制定下发《中共华北电力大学委员会落实党风廉政建设主体责任的实施细则》。

（蒲沿洲　蹇文馨）

【强化本科招生工作监察】7 月，学校纪委办、监察处对本科招生工作进行全程监督，确保学校招生工作公平公正。

（蒲沿洲　蹇文馨）

【强化廉洁教育及监督】9 月，学校纪委进一步加强对党员干部和教师在国庆、教师节、春节等重要节假日期间的廉洁教育，狠抓“四风”建设，营造风清气正的校园廉洁文化。

（蒲沿洲　蹇文馨）

【深化作风建设】9 月，为进一步落实好《党政机关厉行节约反对浪费条例》、《党政机关国内公务接待管理规定》等各项规定，进一步规范学校公务用车和办公用房使用，下发《关于秋季开学进一步加强师德师风建设　营造清正廉洁校园文化的通知》。同时，学校纪委进一步加强“转职能、转方式、转作风”，加强纪检检察队伍自身建设。

（蒲沿洲　蹇文馨）

【获保定市纪检监察系统工作先进单位】10 月，纪检办、监察处（保定）被评为“保定市 2013 年度纪检监察系统工作先进单位”。

（蒲沿洲　蹇文馨）

学生工作

概述

2014年,华北电力大学学生工作围绕立德树人的根本任务和为"中国梦"奋斗的时代主题,以"学工课堂"、"我的中国梦,我的成才路"主题教育系列活动为抓手,深入开展社会主义核心价值观培育与践行活动;大力推进校风学风建设,以"自强不息、团结奋进、爱校敬业、追求卓越"的华电精神引领、塑造和培育健康、文明、创新、向上的校园文化。注重党建与思想政治教育工作顶层设计和过程指导,积极推进大学生成长发展与资助工作数字化平台建设,完善学生奖助体系,运用新媒体技术搭建毕业生就业指导服务平台;加强大学生创业孵化中心与学业辅导体系建设,完善三级心理健康教育与危机干预体系;稳步推进辅导员队伍专业化职业化发展,通过"磐石计划"等项目,全面提升学工干部整体素质,大学生辅导员项目获教育部2014年高校辅导员工作精品项目立项。

2014年,华北电力大学全面推进《全国大学生思想政治教育工作测评体系(试行)》贯彻执行,深入开展《测评体系》贯彻执行情况自测自评工作。学生党建和思想政治工作以培育和践行社会主义核心价值观为核心,以学生班级建设为抓手,以特色活动为载体,努力开拓思想政治教育工作新局面。印发《中共华北电力大学委员会在广大学生中培育和践行社会主义核心价值观的工作方案》,在学生中开展一系列培育和践行社会主义核心价值观和中国梦主题教育活动,大力加强理想信念教育。以"微润华电"、"指尖华电"等微信公众平台,引导大学生自觉践行社会主义核心价值观。积极推进学生班级建设,开展"我的班级我的家"、"梦蕴心间——走好大学第一步"系列主题班会活动,将基层班级打造成为大学生思想政治教育的重要阵地。同时,在学生中开展华北电力大学"十佳示范性优秀班集体"、第三届"特色班集体"和优秀宿舍创建活动,营造集体育人的良好文化氛围。继续开展"星级宿舍"创建评比活动,以"星级宿舍"创建为目标,构建教育管理长效机制,促进宿舍文明建设的常态化发展。

2014年,华北电力大学倾力打造"大学生成长发展数字化平台",构建大学生成长发展素质模型,完善大学生成长发展数字化平台基础数据整理。基于学生在校学习的全过程,借助专业测评、项目评估、工作考核、结果反馈,形成寓教育、管理于服务的大学生成长发展服务体系,从学生发展的视角,通过目标设立、路径引导和过程管理引领学生成长,努力实现社会主义核心价值观培育和立德树人工作的润物无声。

2014年,学校学生党建工作深入贯彻十八届三中全会和习近平总书记系列重要讲话精神,落实《中国共产党普通高等学校基层组织工作条例》及《2014年北京高校学生党员先锋工程实施计划》等文件要求,大力加强学生党员队伍建设,充分发挥学生党支部和学生党员在服务学生成长成才中的先锋模范作用,在全校学生支部内组织实施党员先锋工程实施计划。按照"以品牌工程带动,以特色活动发展,促学生党建提升"的工作思路,持续推动党建品牌活动建设,开展"特色活动示范党支部"及北京高校红色"1+1"共建活动。活动中,学校加强对学生党建活动的指导,不断提升工作的精细化水平,活动的质量得到有效提升。

2014年,学校大学生思想教育研究工作稳步推进学工干部队伍与思政理论教师队伍的协同创新,进一步推动大学生思想政治教育研究课题的规范化管理和精细化培育。2015年度首都大学生思想政治教育课题立项数量和质量创历史新高。以"学工课堂"为抓手,广泛开展"青春榜样"校内优秀典型学生寻访活动,积极探索社会主义核心价值观培育和践行的长效机制。围绕学生工作面临的重点和难点问题,通过开展调查研究、总结凝练等工作,探索新时期大学生思想政治教育工作的规律,助力学生成长成才。

2014年,学校高度重视学生工作队伍的培养工作,致力于建设一支高素质、高层次、高能力的辅导员队伍,以辅导员专业化培训及学工干部素质提升"磐石计划"为载体,从全面提升能力素质与分类化专业拓展两方面,稳步推进辅导员队伍专业化职业化发展,逐步完善保研辅导员工作制度,持续加强学生干部与思政课理论教学队伍交流合作,不断提升辅导员科研水平。注重各项制度建设,修订完善辅导员工作条例,提升队伍建设的规范化水平,开展第二届校内辅导员职业能力大赛、学工沙龙、新生辅导员班主任培训、长城计划课题申报等活动,并进一步完善考评体系,加强考核激励,开展院系学生工作评优评先活动,充分调动学生政工干部的工作积极性和主动性。

2014 年学生管理工作紧紧围绕安全稳定工作的核心,抓住重要时间节点开展安全教育工作,将敏感时期和敏感事件的防范工作落实到日常工作中去,利用全媒体工具,与时俱进的开展安全稳定工作,形成学校多部门联动机制。加强学风建设调研、讨论,找问题、究根源、促提高;坚持施行学籍预警机制,强化学生学业过程管理,加强与家长的联系和沟通,增强学生学习的紧迫感;加强考风考纪宣传教育,增强学生学习的主动性、自律性,打造校园优良学风考风;深入推进学业辅导工作,为大一新生统一安排固定自习室。为每个大一班级配备一名兼职学业辅导员,辅导最困难课程。为没接触过电脑的新生开设计算机零基础辅导,补齐能力短板。为高数学习困难的学生开设高数工作坊,教授学习方法。为大二的班级配备兼职学业辅导员,开展一对一帮扶。积极推进评价制度改革,主动与设立奖学金的企业沟通学生培养标准,引入社会评价,完善学生评价体系。

2014 年,学校心理健康教育工作围绕“以学生为本,为学生服务,促进学生成长成才”的基本思路,继续以逐步深化心理健康理念、提升学生心理素质为目标,通过课外教育、主题活动和各项比赛等形式,营造心理健康氛围。心理健康服务中心依托优良的工作环境,重点开展朋辈心理辅导和新生入学测评服务,集中宣传心理健康理念,为学工干部和心理委员提供工作培训,取得良好效果。

2014 年,学校继续落实以国家助学贷款、国家奖助学金和国家励志奖学金为核心,补偿代偿、困难补助、地方政府和企业资助、基金会资助、勤工助学为基础的多元资助体系。进一步整理和修订有关助学贷款、奖助学金、困难补助等资助项目的大学文件,在资助工作管理、实施等方面进行科学规范;顺利开展国家助学贷款申请、签约、发放、代偿工作和各类奖助学金发放、勤工助学工作,充分发挥各项奖助措施的激励、教育作用,并将对家庭经济困难学生的诚信、励志、感恩和自强教育融入丰富的校园文化生活。继续做好定向资助工作,对家庭经济困难学生当中的优秀分子,学校每年给予包含奖金和“自立自强学子”称号在内的物质与荣誉的双重奖励;对于家庭经济困难毕业生,学校实施“爱心助学工程”,积极联系企业进行定向资助,帮助其实现定向就业;设立专项资金用于家庭经济困难学生资助工作,通过爱心救助金、温暖冬衣、临时困难补助等多种方式,用于帮助家庭经济困难学生解决实际问题。

2014 年,学校着力建设家庭经济困难学生的“绿色家园”,继续推进“绿色通道 1 + 1”结对帮扶工作,创建“绿色氧吧”工作坊育人平台。7 月 22 日,教育部网页一线风采的对华北电力大学“绿色氧吧”工作坊进行专题报道,强调此项工作突出协同育人特点,强化资助育人功能,助力家庭经济困难学生健康成长。7 月 28 日全国资助管理中心在工作动态专栏报道《华北电力大学以“绿色通道”“绿色通道 1 + 1”“绿色氧吧”等途径助力家庭经济困难学生全面成长》,对华北电力大学近年来资助工作进行全面的报道,具体介绍学校搭建集经济无忧、能力提升、潜能挖掘为一体的温馨和谐“绿色家园”,积极开展资助育人工作。

2014 年,军事理论课效果明显,成绩突出,军事理论课及格率达到 100%,优秀率达到 83.9%。军事训练效果显著,培养了学生良好的生活习惯,军训队列、军体拳表演赢得领导的一致好评。

2014 年,招生录取工作严格按照教育部招生工作要求,严格实施招生工作“阳光工程”,与 31 个省(自治区、直辖市)招生部门共同合作,圆满完成本科招生录取工作,生源质量稳步提升。

2014 年,学校就业工作努力构建全程化、特色化职业指导新体系,打造全方位、多类型就业市场新模式,营造分层次、多平台、多维度创新创业工作新格局,实施人性化、细微化就业帮扶新举措,开创价值型、引领型西部和基层就业新风尚,不断提升就业创业工作水平,推进就业创业工作。学校就业指导中心依托微信、手机客户端、主页和短信发布系统等网络载体,立足信息化,搭建毕业生的就业指导和服务工作的综合平台,形成就业资讯及时高效、指导信息多维共享、网上线下协同、服务信息全面覆盖的工作体系。学校大力推进大学生创新创业工作,北京校部第二批大学生创业孵化基地创业项目入驻成功,保定校区建成大学生创业孵化中心并投入使用,首批创业项目入驻并顺利运行。学校被河北省教育厅评为河北省大学生创业孵化示范园。2014 年,学校首次编制并发布毕业生就业质量报告,社会评价综合排名第 16,公信力排名第 4,收到良好的社会效果。

（葛　超　文　丽）

■概况

2014年，华北电力大学积极开展“新生引航工程”，工程重点实施2个半月，配套实施16个方面的专题教育，发布新生入校教育活动150余项目，范围覆盖10个院系、107个本科新生班级，活动形式多样、教育内容丰富、同学普遍反映良好、学生对于活动的满意度超过80%，实现新生入学教育全覆盖。

2014年，学校继续开展2013—2014年度“我爱我师—我最喜爱的班主任”评选活动。整个活动分为班级申报、网络投票、院系推荐几个环节。活动期间共有158位班主任申报评选，网上投票人次累计32 132人次。在班级申报、网络投票和院系推荐的基础上，经学校综合评审，最终确定白一鸣等10名教师为2013—2014年度十佳班主任，确定马铁川等64名教师为2013—2014年度优秀班主任。保定校区学校开展了学生工作考核，3个院系获“学生工作先进院系”荣誉称号，10人获“十佳班主任”荣誉称号，75人获“优秀班主任”荣誉称号，7人获“优秀专职学生工作者”荣誉称号。

2014年，学生工作队伍建设取得多项成果，卜春梅、马卫华等7名老师获北京高校优秀德育工作者，马海红等3名老师获北京高校优秀辅导员，《“学工课堂”：推进社会主义核心价值观宣传教育的新实践》及《“深海纵队”：华北电力大学能动学院发挥“宣传委员”的组织优势，开展社会主义核心价值观宣传教育工作》获北京高校社会主义核心价值观宣传教育优秀项目、案例。辅导员项目《“大学生校官计划”——引导大学生实现提升自己与服务社会双赢》获教育部2014年高校辅导员工作精品项目立项。学校积极组织辅导员参加河北省高校辅导员暑期“大家访”活动，并被评为先进单位，3名辅导员被评为“大家访”先进个人；在河北省高校辅导员工作精品项目评选中，2项获二等奖，1项获三等奖。

2014年，学校共评选出本科生先进班集体72个、三好学生标兵160人、优秀学生干部标兵36人、校级三好学生1 493人、校级优秀学生干部139人、院系级三好学生2 252人、院系级优秀学生干部321人；一等奖学金796人、二等奖学金1 643人，三等奖学金1 583人，各类单项奖学金2 824人次。此外，评选了校内最高级别奖学金——“校长奖学金”，共6名本科生获奖；2014年评选出国家奖学金获得者189人，国家励志奖学金608人。评选各类社会奖学金13项，资助总额160.3万元。

2014年，学校1 649名本科生获生源地信用助学贷款，发放贷款金额947.07万元；发放875名老生校园地国家助学贷款，发放贷款金额在511.3万元，297名家庭经济困难学生申请校园地国家助学贷款。608名家庭经济困难学生获得国家励志奖学金，国家励志奖学金金额共计304万元，4 518名家庭经济困难学生获得国家助学金，国家助学金金额共计889.8万元。发放2012届、2013届、2014届616名毕业生基层就业补偿代偿金近800万元；发放15名获得应征入伍服兵役补偿代偿金13.6万元，发放一名学生的退役士兵资助资金0.55万元。设有1 350个固定勤工助学岗位，近两千人参加勤工助学，共发放勤工助学补贴300万元。组织2014届毕业生基层就业补偿代偿工作，提交501人基层就业补偿代偿材料至全国资助管理中心审核。发放北京市教育工委、新疆维吾尔自治区、西藏藏族自治区、中国扶贫基金会、宋庆龄基金会、宁夏燕宝集团、滋根公益基金和个人捐赠资金110万元。2014年全年，政府与社会各界捐助四千余万，累计资助学生27 067人次。

2014年，学校招生录取总计5 533人，其中北京校部2 963人，保定校区2 570人。从各省录取的平均情况来看，2014年北京校部理工类在各省录取最低分超出重点线62.48分，录取平均分超出重点线84.10分；文史类在各省的录取最低分超出重点线33.42分，录取平均分超出重线44.68分。保定校区理工类在各省录取最低分超出重点线50.87分，各省录取平均分超出重点线70.82分；文史类在各省录取最低分超出重点线19.98分，各省录取平均分超出重点线27.67分。

2014年，学校心理健康教育中心通过团体辅导、工作坊及素质拓展训练等活动对心理委员、学生干部进行50场培训，共近3 800余人次。通过开设大一的心理必选课，覆盖13级、14级两届共近6 000人。为2014级新生进行心理普查，共计4 280人参加心理普查。

学校2014届本科毕业生一次性就业率为97.5%，研究生为97.8%。学校就业指导中心共接待到校招聘用人单位2018家，收集和发布就业信息8 376条。学校共举办大型双选会12场。毕业生就业率和就业质量保持在较高水平。

（葛　超　文　丽）

条目

【开展自测自评工作】1月至4月，学校开展《全国大学生思想政治教育工作测评体系》自测自评工作，北京校部和保定校区分别召开自测自评工作部署会。会后根据工作安排，学校认真进行自测自评并及时上报《自评报告》。4月10日，河北省专家组检查评估学校的大学生思想政治教育测评工作。校长助理郭孝锋出席并讲话，学工部负责人向检查组做工作汇报。检查组经过查阅材料和座谈会了解学生思想政治教育工作情况并对学校工作给予高度评价。

（葛　超　张　健）

【开展大家来吐槽系列主题座谈沙龙】1月至6月，学生处通过"大家来吐槽"活动，在师生身边的良师益友中寻找奋斗、拼搏的共性，围绕学生成长过程中可能遇到的问题和学生感兴趣的话题举办座谈、沙龙等活动，在将大学生思政工作做细、做小、做实等方面进行有益探索，取得良好效果。

（葛　超）

【开展多项主题调研】3月至9月，通过问卷调查、座谈会、个案访谈等多种方式，围绕"寒暑假学生返校思想动态"、"习近平总书记五四讲话"、"习总书记对保定学院支教群体回信在学生中的反响""奥巴马访日言论"和"中越关系"等主题展开调研，形成多份有参考性的报告，助推大学生思想政治教育工作的持续深入开展。

（张　健）

【开展主题宣传教育活动】3月－12月，华北电力大学以"世界气象日"、"世界卫生日"、"感恩母亲节"、"全国爱眼日"、"国家宪法日""网络安全宣传周"为节点，通过图文展、现场宣讲、条幅签名、有奖知识问答、纸贴寄祝福等多种形式开展主题宣传教育活动，引导学生爱国、爱家、爱己、懂法，在点滴生活中践行社会主义核心价值观。

（张　健　葛　超）

【开展基层组织创建活动】3月—11月，华北电力大学通过开展十佳示范性优秀班集体、十佳示范性优秀宿舍，三届"特色班集体"评选活动，充分发挥班级、宿舍在学生成长中的凝聚、引导、服务作用，不断推进优良校风学风建设。

（葛　超　张　健）

【开展磐石计划系列活动】3月至12月期间，华北电力大学保定校区共开展十余期磐石计划活动以及多期学工沙龙活动，包括大学生创新创业、学生心身疾病的识别与预防、学生事务管理、班级建设等专题活动。

（文　丽）

【举办中华经典诵读大赛】4月24日，华北电力大学保定校区举办"诵读经典，浸润人生"中华经典诵读大赛。初赛选拔的10组选手依次诵读展示。共评出一、二、三等及各单项表现奖若干。推选三组参加2014河北省高校中华经典诵读大赛并荣获"优秀组织奖"。

（张　健）

【开展最喜爱班主任评选活动】5月至6月，学校开展2013—2014年度"我爱我师—我最喜爱的班主任"评选活动。活动分为班级申报、网络投票、院系推荐等环节。活动期间共有158位班主任申报评选，网上投票人次累计32 132人次。在班级申报、网络投票和院系推荐的基础上，经学校综合评审，白一鸣等10名教师为2013—2014年度十佳班主任，马铁川等64名教师为2013—2014年度优秀班主任。

（孙清磊）

【获红色"1＋1"优秀组织奖】5月，学校启动红色"1＋1"共建活动，共有23个支部申报共建。在12月举行的2014年北京高校红色"1＋1"示范活动评审会上，经过各校推荐、专家评审、现场展示、评委提问等环节，能源动力与机械工程学院2012级学生党支部荣获一等奖，人文12级学生党支部获三等奖、经济与管理学院2011级学生党支部、数理系学生第一党支部、研经管1314党支部、外国语学院本科生党支部、可再生能源学院学生第二党支部、控制与计算机工程学院2012级党支部分别获优秀奖，学校获优秀组织奖。

（孙清磊）

【教育部冯刚司长来校调研】6月20日，教育部思想政治教育工作司司长冯刚来校调研，并参加华北电力大学2014年大学生思想政治教育工作研讨会。校党委书记吴志功介绍学校党建与思想政治教育工作，党委副书记李双辰、校长助理汪庆华陪同调研。冯刚司长对学校在加强大学生思想政治教育所做的各种理论的、实践的探索给予肯定。

（葛　超）

【选聘辅导员】根据学校用人计划和辅导员队伍发展规划，2014年选聘宁子森、李鹏、张江昆3名正式专职辅导员及庄舒仪、崔婧、朱毓凝、王悦、高思遥、王晨玺6名保研辅导员，扩充辅导员队伍力量。

（孙清磊）

【获评先进集体和个人】6月，在各党总支、直属党支部推荐的基础上，学校召开评审会，确定了推荐参评北京高校优秀德育工作者、德育工作先进集体和优秀辅导员的单位和个人。经北京市综合评审，最终卜春梅、马卫华、孙平、孙凤杰、付忠广、林长强、赵珥希7位教师获北京高校优秀德育工作者，马海红、王倩、薛明磊三位教师获得北京高校优秀辅导员称号，学生处、电气与电子工程学院获北京高校德育工作先进集体。

（孙清磊）

【开展辅导员职业能力比赛】6月至8月，华北电力大学保定校区开展校内第二届辅导员职业能力大赛活动。大赛分初赛和决赛两部分，全体辅导员参加比赛。最终，法政系辅导员陆伟夺得大赛一等奖；其他多位教师分获二、三等奖及各项目“最佳表现奖”。

（文　丽）

【推进思想政治教育工作】3月至12月，华北电力大学通过“NCEPU学工部”“微润华电”和“指尖华电”微信公众平台，采取推送精美图文、发布时政资讯、宣传身边榜样和线上投票活动等多种方式，引导大学生自觉践行社会主义核心价值观，推进网络思想政治教育工作。

（葛　超　张　健）

【媒体报道学校核心价值观教育】9月22日，《保定日报》报道华北电力大学保定校区在大学新生入学教育中自觉融入社会主义核心价值观教育，通过举办“专题宣传讲座”、开展“主题教育活动”、创办“文化长廊”、设立“寓意拱门”、搭建“我学习我践行”宣传墙和“光荣榜”等多种形式和途径广泛弘扬社会主义核心价值观。

（张　健）

【开展新生班主任、辅导员培训】9月2日，华北电力大学保定校区召开新生班主任、辅导员培训会。贾俊菊、史会峰、胡宏伟三位班主任从学籍管理、教学管理、学风建设、科研创新、有效沟通等方面作经验介绍。学生处副处长李瑾就新生的教育管理等相关工作进行说明，为班主任工作指明方向。

（文　丽）

【开展新生引航工程】2014年，新生引航工程重点实施2个半月，配套实施16个方面的专题教育，发布新生入校教育活动150余项，范围覆盖10个院系、107个本科新生班级，活动形式多样、教育内容丰富、同学普遍反映良好、学生对于活动的满意度超过80%，全面实现新生入学教育全覆盖。

（葛　超）

【开展学生工作队伍考核评优工作】10月，华北电力大学保定校区进一步修订完善以《院系学生工作年度量化考核评估体系》为重点的考核体系，并开展2013—2014学年度学生工作队伍考核评优工作。电力系等3个院系获“学生工作先进院系”荣誉称号，10人获“十佳班主任”荣誉称号，75人获“优秀班主任”荣誉称号，7人获“优秀专职学生工作者”荣誉称号。

（文　丽）

【开展特色主题班会活动】10月15日—12月31日，华北电力大学保定校区以“我的中国梦，我的成才路”为主线，以“梦蕴心间——走好大学第一步”为重点，在2014级新生中开展内涵丰富的主题班会活动，扎实推进以学生班级为重点的大学生基层阵地建设。

（张　健）

【课题立项数量和质量创新高】10月，2015年度首都大学生思想政治教育课题立项结果公布，华北电力大学一项课题获2015年度首都大学生思想政治教育重点课题立项，此外，获一般课题2项，支持课题6项。立项课题数量和质量取得突破。

（戚坚军）

【开展特色活动示范党支部评比】经审评，电气与电子工程学院研电1304党支部和控制与计算机工程学院2012级党支部获得第十二届“特色活动示范党支部”荣誉称号；经济与管理学院2012级党支部、数理系第一党支部和研控计1320党支部获“特色活动先进党支部”称号；研经管1312党支部、电气学院2013级党支部、能动学院2012级党支部、研电1310党支部、人文学院2013级党支部获“特色活动优秀党支部”称号。核学院本科生党支部、能动学院2011级党支部、研动1326党支部、人文学院2012级党支部、能动学院2013级党支部获“特色活动优秀参与党支部”称号。

（孙清磊）

【两项目分获获优秀项目优秀案例】2014 年,为总结各高校在社会主义核心价值观宣传教育中的好做法、好经验,市委教育工委组织评选了北京高校社会主义核心价值观宣传教育优秀项目和优秀案例。经北京市组织专家评审,华北电力大学《“学工课堂”:推进社会主义核心价值观宣传教育的新实践》获北京高校社会主义核心价值观宣传教育优秀项目,《“深海纵队”:华北电力大学能动学院发挥“宣传委员”的组织优势,开展社会主义核心价值观宣传教育工作》获北京高校社会主义核心价值观宣传教育优秀案例。

(孙清磊)

【获评省级优秀集体和个人】3 月下旬,学校在河北省 2013 - 2014 学年度省级三好学生、优秀学生干部和先进班集体的评选工作中获得佳绩,经院系推荐,学校审核,河北省教育厅核定,陈垒等 13 人获得省级三好学生荣誉称号,尹唱等 4 人获得省级优秀学生干部荣誉称号,电气化 1109 班、动力 1106 班获得省级先进班集体荣誉称号。

(严伟能)

【开展“星级宿舍”评比活动】3 月和 10 月,保定校区组织开展了“星级宿舍”创建评比活动。活动以宿舍“基础建设”为突破口,开展宿舍安全专项治理,完善沟通制度,强化多部门协作;严格宿舍纪律,规范学生行为,确保宿舍管理规范有序;进一步落实宿舍检查信息反馈及宿舍整改落实制度,全面促进宿舍建设。

(严伟能)

【开展大学生年度人物评选】5 月 13 日,学校组织评选大学生年度人物。经过在全校酝酿人选,院系推荐,组织相关人员讨论,北京校部推选经济与管理学院学生蒋桂武参评。

(汤明润)

【召开评优表彰大会】12 月 2 日、4 日,学校在北京、保定分别召开 2013 - 2014 学年年度学生评优表彰大会。校领导吴志功、刘吉臻、张金辉、安连锁、李双辰、孙平生、孙忠权,党委常委张天兴,校长助理米增强、律方成、郭孝锋、汪庆华,国家电网公司等设奖企业代表、校友代表,有关职能部门、各院系负责人出席表彰大会。大会分别由党委副书记李双辰、校长助理郭孝锋主持。2013 - 2014 学年度评出国家奖学金 189 人,其中校部 103 人,保定校区 86 人。国家励志奖学金 608 人,其中校部 333 人,保定校区 275 人。评出校长奖学金 11 人,校部 7 名(本科生 3 名,硕士和博士各 2 名);保定校区 4 名(本科生 3 名、硕士 1 名)。评出校内奖学金一等、二等、三等奖学金 4 023 人,北京校部 2 267 人,保定校区 1 756 人;单项奖学金 3 063 人,北京校部 1 743 人,保定校区 1 320 人。评出社会奖学金 15 项,共 525 人。

(汤明润　严伟能)

【举办心理文化节】3 月,华北电力大学举办系列心理文化活动。北京校部以“爱久弥香,时光静好”为主题,包括“爱与时间”、“定格时之光”照片征集、心理电影展播、心理实验室、“爱的漂流瓶”、“校园寻宝大赛”等丰富多彩的活动。保定校区举行“我和我的小伙伴们——第十二届心理健康宣传月”活动。活动以“大学生人际关系”为主题,包括心理测试、主题讲座、心理影院、手抄报比赛、心理剧比赛等多个项目。该活动向在校学生宣传了心理健康的重要性,提供了营造良好人际关系的机会和方法。活动期间,心理中心举行优秀心理委员评选活动,近 10 000 名在校生参加。

(袁　萌　石世平)

【开展团体心理辅导】2014 年,大学生心理健康服务中心培养的首批学生心理辅导员,面向全校开展朋辈团体心理辅导。4 月 17 日至 6 月 12 日,大学生心理健康服务中心对经过自主报名和面试筛选出的学生心理辅导员进行 8 周培训,包括团体辅导体验、理论课程讲授以及督导。9 月 27 日,面向全校开展宣讲会并招募团体心理辅导参与者。10 月至 12 月,由学生辅导员开展共 15 次朋辈团体心理辅导,获益 150 余人次。

(宋一辰)

【举办心理健康讲座】5 月 10 日,大学生心理健康服务中邀请河北师范大学心袁立状教授来校举办“友爱、善行”主题讲座。袁立状,河北省心理学会副秘书长,元分析心理学创立者,“斐乐蒙”项目创立者。

(石世平)

【建立新生心理档案】10 月,学校对 2014 级全体新生进行心理健康状况普查,根据统计标准,筛查出需进一步面谈的学生。11 月,中心对筛查出的学生进行回访,建立 2014 级新生心理健康档案,对重点人群向院系反馈,以进一步做好心理危机的防范工作。

(袁　萌　石世平)

【组织开展“绿色氧吧”工作坊】3月至11月,学校组织开展了40余期“绿色氧吧”工作坊。共有500余名家庭经济困难学生参与。通过朋辈之间的交流讨论、相互影响启发,共同寻找解决问题的途径,助力能力提升。7月,教育部网页一线风采对“绿色氧吧”工作坊进行了专题报道。

(王　璐)

【做好勤工助学工作】3月至10月,组织召开三次校内大型勤工助学招聘会,累计提供岗位200余个。9月开展图书馆勤工助学专场招聘会。3月至11月开展PS、摄影、网页制作、新闻写作等培训会。6月、12月开展多次勤工助学学生座谈会与勤工助学同学进行交流互动。9月21日,保定校区召开2014勤工助学招聘会,图书馆、公寓中心、信息与管理中心、各院系实验室等参加招聘会,600多名同学应聘。通过洽谈,200多名家庭经济困难学生实现上岗。

(王　璐　张汉军)

【参加善行者公益活动】7月至9月,学生资助中心作为大学生志愿者组织单位,参与“善行者”公益徒步活动,经过报名、培训,共有100名大学生参与。10月,学校获2014年“善行者”公益徒步活动优秀组织奖。

(王　璐)

【完成新生军训】9月7日至21日,华北电力大学校部完成2 920名新生军训任务。主要进行军姿军容、队列动作、阅兵式、分列式、擒敌拳、警棍术、应急棍、刺杀操、消防演练等军事技能训练。在军事理论教育中,为深化海洋知识教育,在教学中增加“海洋知识、海洋安全”等内容并积极开展海洋知识展、海洋安全报告会、海洋知识竞赛系列活动。9月6日至21,保定校区2014级2 570名新生进行历时二十天的军训,主要进行军姿军容队列动作、阅兵式、分列式,军体拳、战术等军事技能训练。

(王文才　刘仲良)

【完成征兵工作】10月,学校通过举行优秀大学生士兵报告会、举办征兵宣传展、开展宣传咨询活动等方式进行征兵宣传,共有12名大学生入伍。

(王文才　刘仲良)

【组织高水平运动员测试】1月11日至12日,华北电力大学北京校部和保定校区分别组织高水平运动员测试,经过选拔,北京校部认定高水平运动员资格学生26人,最终录取19人,其中7人为一级运动员;保定校区认定高水平运动员资格学生24人,最终录取13人,其中5人为一级运动员。

(彭军林　王　倩)

【组织艺术类报名和专业测试】1月至2月,华北电力大学保定校区艺术类招生小组分赴山东和河北两省进行产品设计专业(艺术类)招生报名和专业测试的组织工作。产品设计专业最终录取44人。

(王　倩)

【组织自主选拔录取校内测试】3月1日,华北电力大学北京校部和保定校区组织自主选拔录取校内测试,对获初审资格的考生安排了复试,通过笔试、心理及情商测试、面试等测试,顺利考核和资格确认。自主招生测试环节采用“四随机”,考官考场随机抽取,考生面试序号随机产生,考场随机分配,测试题目随机选择,有效维护了测试的公平公正。入选名单在本科招生信息网公示后按教育部要求在阳光高考平台、省招办和中学公示。

(彭军林　王　倩)

【开展农村专项自主招生工作】4月,华北电力大学北京校部和保定校区面向边远、贫困、民族地区县及县以下中学勤奋好学、成绩优良的农村学生开展农村专项自主招生工作。经过材料审核、高考录取,共录取121人,其中北京校部65人,保定校区56人。所录取考生均为农村户籍。

(彭军林　王　倩)

【组织第二学士学位测试】5月24日,华北电力大学组织电气工程及其自动化专业和人力资源管理专业第二学士学位笔试。经过考核,北京校部招收11人;保定校区招收2人。

(彭军林　王　倩)

【开展招生宣传工作】2014年,学校本科招生宣传工作实现现场咨询、教育部和各省招办网络咨询、媒体杂志、微博、邮件等方式的全方位覆盖,共参加山东、广西、河南等27个省市的招生咨询专场;参加教育部阳光高考平台、湖南、安徽等组织的网上招生咨询周活动,网上回复率100%。编印《华北电力大学2014年招生简章》,制作2014年分省报考指南,在各省免费发放26 000余份宣传资料。招募寒假招生宣传大使300余人赴全国各地100余所重点高中开展招生宣传活动,发放宣传材料8 000余份。

(彭军林　王　倩)

【成立招生委员会】6 月，华北电力大学招生委员会成立。并召开了招生委员会第一次会议。会议讨论通过《华北电力大学关于做好 2014 年普通高考招生工作的通知》，对 2014 年招生工作提出明确要求。

（彭军林　王　倩）

【完成本科生录取工作】7 月，华北电力大学完成 2014 年本科生各项录取工作。北京校部共录取本科生 2 963 人，其中保送生 5 人，高水平运动员 19 人，内地新疆班 25 人，内地西藏班 25 人，获得自主招生录取资格入校 59 人，获得农村专项自主招生录取资格入校 65 人；保定校区共录取本科生 2 570 人，其中高水平运动员 13 人，艺术类考生 44 人，内地新疆班 22 人，获得自主招生录取资格入校 48 人，获得农村专项自主招生录取资格入校 56 人。

（彭军林　王　倩）

【提高招收农村学生比例】7 月，华北电力大学北京校部和保定校区均按照教育部要求完成“贫困地区定向招生专项计划”和“农村专项自主招生”录取工作，通过这两项招生政策，完成国务院关于进一步提高重点高校招收农村学生比例的工作要求，录取农村户籍学生人数较去年增长 14.5%，其中北京校部增长17.1%，保定校区增长了 11.9%。

（彭军林　王　倩）

【获北京市高招研究会科研成果奖】12 月，由华北电力大学招生办主任张新娟负责的科研课题《从招生工作视角谈学业困难学生帮扶途径研究》获北京市高等教育学会招生考试研究会 2013 - 2014 年度科研成果优秀奖。

（彭军林）

【编制毕业生就业质量报告】3 月，华北电力大学编制并首次发布《华北电力大学 2013 届毕业生就业质量年度报告》。在 21 世纪教育研究院发布的“高校就业质量年度报告”评价排名中，华北电力大学综合排名中位居第 16 位，在内容完备性与公信力评价排名中位居第 4 位。

（王栋梁　彭建章）

【获批创业教育基地】3 月，华北电力大学被 KAB 创业教育（中国）研究所和 KAB 全国推广办公室评为“大学生 KAB 创业教育基地”，并成功申请成为“大学生 KAB 创业俱乐部”学校，葛超、靖仕寅获取全国“KAB 创业教育讲师”资格。

（靖仕寅）

【承办大学生职业生涯规划大赛】3 月 20 日至 21 日，华北电力大学保定校区承办河北省第五届大学生职业生涯规划大赛决赛。河北省教育厅巡视员闫春来、全国高校学生信息咨询与就业指导中心就业网络处兼就业市场开发处处长方伟、河北省教育厅学生处处长马贵明、河北省大中专院校学生信息咨询与就业指导中心主任姬振旗，华北电力大学党委副书记李双辰、校长助理郭孝锋等领导出席。华北电力大学共有 3 名学生参加决赛，其中获一等奖 2 人，获三等奖 1 人，学校获优秀组织奖，葛永庆、龚信华、王家获优秀指导教师奖。

（彭建章）

【举办多场校园双选会】3 月 31 日至 4 月 3 日，华北电力大学保定校区经管系、法政系、英语系、环境学院、计算机系、电子系、数理系、自动化系、机械系 9 个院系在就业指导中心的统一部署下，举办 2014 届毕业生春季双选周，主要针对非电动类学科、新兴学科、交叉学科，时间持续一周。双选周期间共有 110 多家用人单位前来学校招聘。

（王栋梁　戚坚军）

【举办校园专场招聘会】2014 年，华北电力大学举办专场招聘会数百场，接待进校招聘单位 600 余家。另外，还举办各省网公司、发电集团、能源集团专场招聘会 70 余场。

（王栋梁　戚坚军）

【发放就业补助金】4 月 23 日，华北电力大学保定校区连续第六年为所有暂时未就业家庭经济困难毕业生每人一次性发放 500 元不等的就业补助金。并通过开展一对一摸底、个别指导、重点推荐等措施实施人文关怀，助其就业。

（宣兆卫）

【举办情牵母校系列活动】5 月 8 日，学校举办 2014 届毕业生“情牵母校”系列活动。情牵母校系列活动时间为 5 至 6 月，包括优秀校友讲座、“忆爱华电”毕业生征文活动、毕业生主题班会、“OPA”经验交流会、“金点子”留言征集活动、文明离校倡议、毕业生就业帮扶行动、“爱心募捐”等九个方面内容。

（彭建章）

【开展暑期职业体验活动】7 月，华北电力大学组织 16 支职业体验团队到甘肃、陕西、四川、广西、山东、北京、江苏、浙江等16个省市进行职业体验。通过职业体验活动,华北电力大学与用人单位一共建立了16个企业英才俱乐部,形成对就业工作具有现实参考意义和学术研究价值的调研报告100余篇。

(戚坚军 靖仕寅)

【编制本科毕业生就业指导手册】9月,华北电力大学北京校部编制《本科毕业生就业指导手册》,该手册贴近实际,贴近学生,内容丰富,共包含就业概要、就业手续、常见问题、简历制作、面试指导、经验分享、来校单位、我的日历、单位信息、心路历程等十个章节。发放3000册到毕业生手中,成为毕业生实用、便捷的就业工具书。

(王栋梁)

【开展就业帮扶系列讲座】9月,华北电力大学就业指导中心承办的就业帮扶系列讲座,该讲座由北京高校就业指导中心主办,活动包含"职业office技能应用"、"提升你的就业力"、"行政能力——战考公务员必备"等多个主题讲座。

(王栋梁)

【开展职业导航月系列活动】9月25日至10月,华北电力大学保定校区开展系列就业指导活动。9月25日,华北电力大学举行第六届大学生"职业导航月"开幕式暨2015届毕业生就业咨询会。"职业导航月"系列活动内容包括就业动员、就业准备、电力之光、动力之星、求职之路、公务员考试、出国留学、模拟面试、院系特色等九个方面的内容,涵盖毕业生就业过程中涉及的各类问题,力争通过形式多样、内容丰富、针对性强、富有成效的职业指导活动提高大学生就业竞争力。在为期近2个月的讲座中,共有6000多人次参加活动。

(彭建章)

【立足网络平台促就业】华北电力大学北京校部依托微信、手机客户端、主页和短信发布系统等网络载体,立足信息化,搭建毕业生的就业指导和服务工作的综合平台,形成立体推送,就业资讯及时高效;在线互动,指导信息多维共享;网上线下协同,服务信息全面覆盖的工作体系。12月11日,教育部网站对该项工作进行报道,并受到多家媒体转载。12月,为方便毕业生求职,实时查看就业信息,了解就业政策,保定校区就业指导中心推出"华电就业"微信服务平台。

(王栋梁 赵书彬)

【校领导带队走访电网企业】11月和12月,党委副书记李双辰,校长助理郭孝锋带领就业指导中心、校友办、科学研究院等部门负责人分别走访国家电网公司人力资源部以及国网甘肃省电力公司、国网宁夏电力公司。双方就人才培养、就业工作、科研和培训合作等问题进行了深入的沟通与交流。

(王栋梁 彭建章)

安全保卫工作

■概述

2014年,华北电力大学安全保卫工作围绕"团结向上,务实创新,公平正义,服务师生"工作理念开展工作,确保学校的政治稳定和良好的校园治安秩序,保障广大师生员工人身、财产安全。

2014年,每学期开学和期末及各重要时期,在全校范围内进行大规模的安全隐患排查整改工作,对检查时发现的安全隐患要求整改,并报有关主管部门,明确整治目标和措施,限期解决,大部分隐患于年底整改完毕。对社会热点安全问题和高发案件情况及时通报全校各院系,要求各院系有针对性的对学生进行安全教育和加强防范措施。

2014年,华北电力大学保卫处高度重视消防安全工作,对全校现有消防设施、设备、器材进行常态化维护保养,全年未发生火灾事故。

2014年,结合国家反恐工作及安全形势,加大对全校重点人群的排查工作。配合公安机关、教工委等单位有针对性地对学生重点人多批次排查,对排查出的重点学生进行分类分级台账式管理,随时动态更新工作台账。对校内部分突出的重点学生制定防范措施和预案,按"一人一策、一人一组、一人一案"的要求建立帮教工作机制,严格落实管控与帮教责任。在全校范围内加强重点学生的信息报送工作和思想政治工作,以降低重点学生的危害,促进重点学生思想转化。在对重点人的管理工作中注意加强与公安机关、教工委等上级单位的纵向联系,信息共享,共同制定措施,防范重点人,确保学校安全稳定。

为保证每年两会及各重要时期的安全稳定，严防敌对势力的借机炒作和破坏活动，对校内7个印刷、图书经营部门进行集中检查，并签订安防责任书。对复印中需注意的事项进行告知，防止反动、迷信、淫秽、邪教及其他影响社会稳定的内容在校园出现。

健全完善矛盾纠纷定期排查工作机制，每半年集中开展一次各类矛盾纠纷排查化解工作，确保各类矛盾纠纷早发现、早介入、早化解。

为加强安全教育稳定的分析研究工作，加大对情报信息的搜集工作，针对全校学生建立本科生、研究生人员资料信息库，外籍师生每半年更新一次人员信息资料。对主要少数民族学生进行档案化管理，对各类重点人员加大了各种有用信息的搜集。与公安等机关加强工作联系，互通互享安全信息。利用学工队伍、辅导员、大学生治安服务队及学生党员骨干等力量搜集情况信息。在学校落实学生信息报送工作机制，针对主要少数民族学生建立了党员帮扶工作体系。针对重点学生，坚持重要时期每日报告、平常周报、每月总结的工作体系。与校信息办、网络中心等部门合作，加强校园网络信息的监管。

2014年，学校完成校园一卡通车辆管理识别系统。重视师生交通安全教育，加强校园交通安全管理，完善相应交通设施，全年未发生重大交通事故。

（鄢　知）

概况

2014年，学校全年共发布治安预警通告7次。共处理各类案件30余起、协助公安机关处理校内各类案件17起。完成毕业生离校、新生入学、毕业生双选会、学生各类专业知识（英语、计算机）等级考试、校运会、外事等各类大型活动的安全保障30余次。有效的保障了校园良好的生活、学习秩序。实现全年无重特大事故案件发生的总目标。

2014年，保卫处举办两次安全教育月活动，其中包括治保委员培训，窃盗、诈骗、传销等安全知识讲座10次，组织学生和各单位教工进行疏散演练和灭火培训30次，累计参加受训学生和教工达到3 000余人次，利用校园广播和校园网络宣传消防知识8次。增强学生的自我保护意识和法制观念，同时加强防范教育，及时发布治安预警，指导大学生安全保卫委员会在广大学生中开展自我安全教育。

2014年，保卫处对5 000多具灭火器进行年度维保。对123个室外消火栓进行维护和井盖刷红。对校内每个建筑物内的室内消火栓进行抽检。每学期开学，对校内30个消防中控室的设施进行检查和人员培训。对校内12万平方米的建筑进行电、消检测，对其中发现的安全隐患责令整改。

为提高工作的规范性，学校保卫处设计《在校学生基本情况鉴定表》，用以加强针对学生的各种审查工作。2014年，对45名因工作需要的学生进行在校情况鉴定，配合公安机关、教工委等单位对41名在校生进行核查工作，并加强学生因出国办理护照的登记和审查。

2014年，保卫处（北京）共迁入2014级新生本科生1 492名，硕士生（含硕士研究生、博士研究生）534名，办理2014届毕业生户口迁出1 300余人，为2013级和2014级新生办理身份证3 000余个。保卫处（保定）共迁入2014级新生户口1 300余人，办理2014届毕业生户口迁出1 600余人。办理在校生及教师户口借用手续4 000余人，办理各类证件200余个。在平时工作中对所管理的户籍进行核对，确保无差错、无丢失。

（鄢　知　刘让）

条目

【获平安校园示范校称号】 1月，学校顺利通过“平安校园”创建达标验收工作，被中共北京市委教育工作委员会、北京市教育委员会、首都社会管理综合知识委员会办公室及北京市公安局联合授予“平安校园示范校”，并举行挂牌仪式。

（鄢　知）

【召开安保维稳工作会】 6月27日，保定市政法委在华北电力大学（保定）组织召开安保维稳现场工作会，共8所驻保高校参加。会上对华北电力大学（保定）安全稳定工作给予肯定。

（刘　让）

【开展邪教警示教育宣传活动】 按照市教工委的统一部署，3月，对学校已转化的原法轮功练习者再一次进行摸排工作，3至4月针对新邪教“伊玛内利大使命教”在全校学生中进行排查工作。对排查出的学生落实学校、院系两级帮扶工作机制。在全校深入开展防邪教警示教育活动，利用广播、图片展等形式揭露邪教的反动本质，倡导科学，引领学生正确面对各种挫折和诱惑，弘扬积极向上的生活，组织大学生治安服务队在5月和6月进行宗教政策、法规以及如何识别各类邪教的外场宣传活动，并深入学生宿舍发放数千份宣传材料，师生针对校园宗教违法渗透的警惕性不断提高。9 月 17 日，由学生举报，在图书馆东侧草坪成功处置一起外来人员违法传教行为，并移送公安机关。

（秦中彤）

【加强反恐装备投入】2014 年，针对国内、国际恐怖活动和暴力案件频发，为确保校园安全和谐稳定，5 月份，保卫处投入近 3 万元，分两次购买盾牌，防爆钢叉、防刺服等七种防恐、防护器材并组织进行演练，12 月，运用“平安校园”奖励资金 5 万余元购买电动巡逻车，在特殊时期、敏感期等重要时段，全副武装，持械上岗，增加威慑力度，确保校园安全稳定。

（单纪胜）

【利用技防加大案件侦破力度】2014 年，学校技防设施设备得到进一步完善，注重人防、物防和技防相结合，加强保卫干部和保安人员的事业心、责任感，以各种形式加强师生的安全教育和宣传，共帮助师生员工查阅监控录像 210 人次，破获丢失被盗 89 起，为师生挽回经济损失 16 240 元。

（单纪胜）

【开展多种形式宣传教育】2014 年，为提高师生的安全防范意识，保卫处通过各种渠道和方式加强宣传教育力度。针对每次发生典型案件，及时通过保卫处网站进行通报，提醒师生员工提高警惕；针对当前的暴恐活动，通过展示板进行反恐知识宣传等。2014 年新生报到期间，通过悬挂醒目安全横幅进行提示，并通过部署抓获诈骗疑犯送交公安部门，同时派发宣传光盘、不干贴、展示板等。

（秦中彤）

【发挥学生治保组织作用】2014 年，学校大学生治安服务队秉持“维护治安，服务同学”的宗旨，协助保卫处做了大量安全管理工作。“119 防火周”期间，以发放宣传材料等形式进行防火外场宣传；5 月和 10 月，针对防盗、防骗、防电信诈骗，深入学生宿舍进行宣传，发放材料数千份。7 月至 9 月，经过充分调研，整理完成《华北电力大学校园及周边安全形势调研》报告。

（秦中彤）

工会工作

■概述

2014 年，华北电力大学工会围绕学校中心，服务大局，努力发挥群众组织的优势，在构建和谐校园、参与学校民主管理、维护教职工权益、推进师德建设、丰富校园文化生活、为教职工办实事办好事以及加强自身能力建设等方面进行了创新性探索与实践。

2014 年，校工会作为教代会工作机构以深化教代会提案工作和推进教代会专委会建设工作为抓手，促进学校民主政治建设。教代会提案工作坚持“围绕中心、服务大局、提高质量、讲求实效”的工作方针，以制度建设推动工作质量的提高，使学校教代会提案工作取得新成效，提案代表回复基本满意率持续提升。教代会优化专门委员会配置，依托教职工职业发展委员会，尝试编写《青年教职工职业发展指引》，着力打造教职工服务平台。

2014 年，校工会发挥工会“大学校”作用，以服务教职工队伍建设为重点，通过多种形式的教育活动，提高教职工队伍的整体素质。在教师队伍建设方面，电气学院毕天姝获北京市妇联、市总工会、市人社局颁发的北京市“三八”红旗奖章荣誉称号，电力系刘云鹏被河北省人民政府授予“河北省先进工作者”荣誉称号，可再生能源学院董长青和能动学院杜冬梅获北京市教育工会评选年度“北京市师德先进个人”称号，法政系李兵水获得河北省“三育人”先进个人称号，学生处李瑾、数理系史会峰、电子系陈火欣、计算机系宋雨获得保定市“三育人”先进个人，校工会蔡可佩获北京市教育工会 2013 年度优秀工会工作者，电气学院新能源电网研究所获北京市总工会、市人社局评选的“北京市工人先锋号”称号，经管学院牛东晓负责的电力能源预测与评价研究所获批“北京市职工创新工作室”。在工会财务工作中，校工会在北京市教育工会 2013 年度财务工作规范化建设和 2013 年度财务竞赛中考核结果为先进，同时获 2013 年度经审工作规范化建设考核获评优秀单位。在工会自身建设方面，学校“河北省 AAA 级劳动关系和谐单位”年度复审顺利通过。杨实俊等人的《影响高校教师教学积极性因素调查》在中国教科文卫体工会 2013 年度理论研究和调查研究成果中获二等奖，教科分工会被保定市总工会授予“保定市先进职工小家”。

2014年，校工会积极探索教职工服务体系建设，努力提高工会的服务能力，为教职工做实事、解难事。举办校部六大杯赛、校区七大体育赛事，组织参与两地田径运动会等文体活动，开办教职工瑜伽培训班，促进教职工身心健康。举办新春茶话会、校领导及有关部门在除夕看望在岗职工并送去慰问品、区人大代表与师生员工交流座谈会、第三届"巾帼之星"评选会等，受到教职工群体的普遍欢迎。关心关注教职工的民生问题，本着为教职工办实事，做好事的服务原则，邀请共建学校校领导来校与教职工座谈，开展主题道德实践活动，举办庆祝教师节系列活动、走进"太阳村"公益亲子活动。在女工和计划生育工作方面，加强和完善保护妇女合法权益，组织"巾帼之星"表彰活动、女性主题讲座等；针对女职工的劳动保护和计划生育问题，联合校医院举办"青春期生理及心理健康讲座"，保证基本国策在学校得以认真执行，无违反计生工作的事件。

（田　里　张湘武）

■概况

2014年，华北电力大学工会共有会员3 220人（其中非在编会员310人）、分工会39个、教工文体协会和艺术团18个。校工会安排43名教职工外出疗养，组织255人次教职工自费外出旅游，组织52名教职工参加学校瑜伽培训班。

在2014年度学校"先进分工会"等系列先进评优中，北京校部评选出先进分工会9个，工会工作特色奖4个，先进分工会主席28人；校级先进协会5个，校级先进协会会长13人，校级协会活动积极分子74人；工会宣传积极分子14人，工会工作积极分子201人；表彰分工会教职工协会20个。保定校区评选出先进分工会（含协会）12个，11名工会工作标兵、24名优秀工会干部、108名优秀工会积极分子、27个先进工会小组。对从事教育工作满三十年的64名教工给予表彰。

提案工作方面，六届二次教代会共收到提案100件，经提案委员会审查、合并内容相近提案，最终立案72件，立案率72%，提案办复率100%。截止到2015年1月，提案代表已全部签署回复意见，基本满意率达86.5%。

女工和计划生育工作方面，全年无违反计划生育工作的事件。全校女职工中深入宣传、办理《在职女职工特殊疾病互助保障计划》，投保622人764份，参保率100%。"三八妇女节"为学校610多名女职工和离退休女职工发放纪念品。为45名退休独生子女父母，发放离退休教职工独生子女父母一次性奖励；为896人次办理准生证、婚育证、独生证等有关证明、证件；为3 227人次研究生和本科生毕业生办理计生证明、证件。无违反计生工作的事件。

（田　里　张湘武）

■条目

【召开第六届第二次教代会】2月21日、22日，第六届第二次教职工代表大会在保定校区召开。大会听取并讨论、通过校长工作报告和学校年度财务工作报告，审议通过教代会提案工作报告，大会要求相关部门在听取代表们意见的基础上，进一步修改完善《华北电力大学章程（教代会讨论稿）》。大会号召，全体教职员工要以党的十八届三中全会精神为统领，根据学校第一次党代会和"十二五"发展规划确定的战略目标和重要举措，全面贯彻落实本次大会的会议精神和工作任务，以改革创新为动力，以制度建设为保障，聚焦内涵建设，提升办学水平，坚定信心，奋发努力，以昂扬的斗志和饱满的热情投入到学校建设高水平大学的宏伟事业中。

（张湘武　田　里）

【表彰第三届巾帼之星】3月6日，学校召开第三届"巾帼之星"、"先进女职工"表彰会，表彰学校10位第三届"巾帼之星"，12位"先进女职工"。党委书记吴志功、党委副书记、纪委书记李双辰、副校长孙忠权参加会议。会议由校工会常务副主席张瑞雅主持。吴志功在会上发表讲话，对全体女教职工致以节日的祝贺，并提出殷切希望。资源与环境研究院副院长李永平、体育教学部书记曹运华作为"巾帼之星"代表在会上发言。工会女职工委员会主任赵冬梅宣读《倡议书》。

（田　里）

【参加教学竞赛获奖】2014年，校工会关注青年教师成长成才，为青年教师提供发展的空间和舞台，提升青年教师专业发展能力。学校青年教师在保定市说课比赛中，取得代表保定市参加河北省比赛的三名代表中的两个席位。动力系刘璐获河北省青年教师比赛二等奖、孙芳获河北省青年教师比赛三等奖。

（张湘武）

【举办乒乓球段位测试赛】6月5日，学校在华北电力大学教职工之家（乒乓球测试中心）组织开展16人制全民终身学习体育（乒乓球)段位测试赛体验赛。北京市教委高教处处长刘承郊、对外经贸大学党委副书记杨逢华等10人参赛。

（田　里）

【召开专场音乐会】9月10日，为庆祝第30个教师节，由校工会、艺教中心、“白桦林”教职工合唱团在保定校区礼堂举办主题为“美丽华电，金秋放歌”的专场音乐会。校长刘吉臻，党委副书记、副校长张金辉，副校长王增平等校领导和师生们一起观看演出。

（张湘武）

【开展公益亲子活动】10月18日，由校工会组织，校团委、校青年志愿者协会共同参与的走进“太阳村”公益亲子活动在顺义区赵全营镇板桥村举行。教职工、教职工子女、学生志愿者共21人参与当天公益活动。20余名教职工捐赠了为困难儿童准备的物品。

（田　里）

【开展三育人评选活动】11月，根据学校《关于做好2014年“三育人”先进集体和先进个人评选工作的通知》文件精神，经两地分工会推荐，“三育人”评选委员会评选、公示，宁圃玉、王喜平等24人获教书育人先进个人称号，卜叶蕾、王知春等16人获管理、服务育人先进个人称号，四方研究所等10个单位获“三育人”先进集体称号。

（田　里　张湘武）

【开展系列文体活动】2014年，校工会协同相关院系、机关和文体协会，除圆满完成两地田径运动会的组织工作外，校部举办“控计杯”羽毛球团体赛、“能动杯”教职工集体跳绳比赛、“后勤集团杯”教职工扑克牌比赛等团体六大杯赛；校区举办“电力杯”教工羽毛球团体赛、“数理杯”教工乒乓球团体赛；“机械杯”教工羽毛球单项赛等12项团体文体赛事。工会除积极参与上级单位组织的文体活动外，组织分工会建立分工会教职工协会，开展具有日常性和广泛性的文体活动。

（田　里　张湘武）

共青团工作

■概述

2014年，华北电力大学共青团工作围绕学校的中心工作和服务团员青年成长成才的主要任务，坚持“解放思想、与时俱进、开拓创新、奋发有为”，团结和带领全校团员青年开展众多“高层次、高品位、高质量”的团建活动、思想政治教育活动、科技创新活动、大学生创业活动、社会实践活动、志愿服务活动及文体艺术活动。

2014年，校团委积极推广学生社团建团、自组织建团、网络建团等团建模式，在学生活动最集中、最活跃的领域大力推进团组织建设；严格“推优入党”工作程序，做好推优对象的培养、教育和考察工作。将创先争优活动作为推进共青团工作的契机和动力，紧密结合日常工作，努力提升传统品牌工作活力，不断丰富创先争优活动的有效载体，努力探索建立长效机制，确保工作长期有效推进；注重团干部的培养和教育工作，积极为团干部创造参与培训和学习的机会，不断提高其理论水平、业务能力；积极组织广大团员青年深入学习贯彻党的十八大精神，通过政治学习、团课、座谈会、研讨会等形式开展一系列思想政治教育活动，努力提高团的思想政治教育的实效性。

2014年，进一步完善校内外创新创业实践基地，建立实践导师指导机制，大力扶持创新创业社团，积极组织学生参加各类学科竞赛，在校园中营造浓厚的创新创业文化氛围，有效提升大学生创新能力与创业意识。在学校的扶持下，学生积极参加各项创新创业大赛并获佳绩。创行团队“绿色电力让游牧民生活更美好”公益项目获创行世界杯全球总冠军。

2014年，“大学生创业实验班”继续面向全校学生选拔创业项目，二期选拔出12个科技含量较高、市场前景较好的创业项目，5个优秀项目入驻“华电创新创业孵化中心”并成立“华电校园快递服务中心”“华电网络打印店”等若干个创业实体。校团委将创新创业教育作为素质教育的新途径贯穿于人才培养的全过程，构筑“项目遴选－竞赛提升－落地孵化－推介成长”的不间断、项目化、联动式大学生创新创业培养机制，不断加强创新成果的转化应用，鼓励学生将技术成果推向市场，从而打通从理论到应用的各环节，激发学生的创业热情和创业潜能，培养学生创新精神和创业能力，促进大学生全面发展，不断提高人才培养质量。

2014年，学校共派出校级社会实践队70余支，学生自由组队千余支，学生参与率高达99%。“绿色电力照亮长征路”暑期社会实践团获2014年全国大中专学生志愿者暑期“三下乡”社会实践活动优秀团队称号。

2014年，学校充分发挥“奉献、友爱、互助、进步”青年志愿者精神，有效依托自身专业特长，紧密结合社会发展形势，不断创新工作机制，在社会保障、社区服务、大型活动、城区建设、环境保护以及促进社会稳定等方面组织开展形式多样、丰富多彩的青年志愿者服务活动。共获2014年河北省高校校园文化建设优秀成果三等奖、2014年河北省暑期“三下乡”社会实践活动优秀团队、2013年度高校二十佳特色团活动等荣誉称号。

2014年，共有10名大学生参加“大学生志愿服务西部计划”和“中国青年志愿者研究生支教团”。

2014年，学习扎实推进校园特色文化建设，成功举办“科技文化艺术节”、“体育节”、“社团节”、迎新生文艺晚会、五四表彰文艺晚会等校园文化活动。

2014年，校团委结合学校实际，紧扣时代主题，广泛开展了“学习贯彻习近平总书记系列重要讲话精神”、“培育和践行社会主义核心价值观”、“中华优秀传统文化教育”、“三走”等系列主题教育实践活动，各级团组织举办座谈会、分享会、辩论赛、演讲比赛等形式的主题教育活动200余场次，参与人数达2万人次。

（任威宇　张蓓蓓）

■概况

2014年，共青团华北电力大学委员会下设组织部、宣传部、科技创新部、社会实践部、理论研究部、综合办公室、网络部等7个职能部门，指导校学生会、社团联合会工作。

2014年，学校团委有教职工4人，共有专职团总支书记12人。校团委下设12个团总支，共青团员（不含保留团籍的学生党员）15 433人、团支部507个、登记在册学生社团48个。保定校区有教职工4人，共有共有专职团总支书记13人，兼职团总支书记1人，下设14个团总支，共有共青团员15 286人，团支部652个，学生社团62个。

2014年，学校在年度团员教育评议中评出优秀团总支6个，校级优秀团支部40个，系级优秀团支部65个，校级优秀团干部249人，系级优秀团干部312人，校级文体标兵10人，科技标兵10人，青年志愿者标兵10人，校级优秀团员902人，系级优秀团员1 601人。在2013年度北京市共青团评优表彰中，2个团支部获北京市五四红旗团支部称号，17人获北京市三好学生荣誉称号，5人获北京市优秀学生干部称号，5个班集体获北京市优秀班集体称号。

2014年，共青团华北电力大学（保定）团员教育评议工作中共评出优秀团员927人，优秀团支部126个，科技积极分子350人，优秀团干部296人，团员标兵23人，志愿服务先进285人。在2013年度保定市共青团评优表彰中，3人获保定市优秀共青团员荣誉称号，14人获保定市优秀大学生荣誉称号，2人获保定市优秀大学生标兵荣誉称号。

2014年，学校在暑期社会实践活动中共派出校级暑期社会实践队46支，院系级暑期社会实践小分队129支，学生自由组队近千支，学生参与率高达98%。活动内容覆盖绿色电力、经济管理以及能源结构等方面，实践人员的足迹遍布全国各地省市，以理论学习、政策宣讲、实地考察、基层建设、走访调研以及志愿服务等为主要形式，覆盖思想政治教育、文化宣传与研究、科技创新推广、医疗卫生服务、生态保护与环境污染治理、城市发展和城镇建设以及志愿服务等相关领域。此次社会实践活动形式多样，贴近实际，充分发挥学生的专业优势。评选出社会实践先进小分队46支，社会实践优秀指导教师7人，优秀调研成果22项，社会实践先进个人120人，优秀社会实践报告348篇。5人获首都高校社会实践优秀工作者称号；5人获首都高校社会实践先进个人称号；10支实践团获首都高校社会实践团队优秀团队称号；20项调研成果获首都高校社会实践优秀调研成果称号。保定校区共派出校级社会实践队28支，院系级社会实践小分队216支，学生自由组队千余支。获2014年全国大中专学生志愿者暑期“三下乡”社会实践活动先进单位称号、2014年河北省百万大学生和青年教师千乡万村“体验省情・服务群众”主题实践活动先进学校、“发布优秀博文、优秀视频、优秀图片单位”等荣誉称号，有12支实践团队、16名指导教师、35名学生、4篇调研报告获得省市级社会实践表彰。

（任威宇　张蓓蓓）

■条目

【获首都民族团结进步先进集体称号】1月，第七届首都民族团结进步表彰大会在北京会议中心隆重召开，会议对首都民族团结进步做出突出贡献的先进集体和个人进行表彰，华北电力大学获北京市委、市政府颁发的“首都民族团结进步先进集体”荣誉称号，是获得表彰的七个单位之一。

（任威宇）

【举办主持人风采大赛】5 月 10 日，第六届北京市主持人风采大赛总决赛华北电力大学举行，该赛事由校团委和全国高校广播节目联盟联合主办，华北电力大学校广播台承办。出席的嘉宾有中央人民广播电台节目主持人杜雨亭，2012 世界超模大赛副主席、2012 乐视盛典晚会总导演、2013 中国国际模特大赛评委、2013 世界模特中国冠军赛评委李思旸，中国人民广播电台节目主持人王泽华，世界华人文化传承协会理事朗诵家王爱平，首都高校传媒联盟秘书长、中国青年报记者唐轶等。

（任威宇）

【学习习近平五四讲话精神】2014 年，为深入学习贯彻习近平总书记五四重要讲话精神，校团委通过召开青年读书班、座谈会、调研、主题班会等形式多样的教育活动。5 月 16 日，“学习贯彻习近平总书记系列重要讲话精神”青年读书班在保定校区举行。北京校部团委书记林长强、保定校区团委书记赵冬鸣、保定供电公司团委书记安彬出席会议。两地院系团总支书记、团青代表与保定供电公司团干部参加此次学习。会议由保定校区团委副书记商雷主持。

（任威宇　张蓓蓓）

【参加创业大赛获佳绩】5 月 29 日，华北电力大学派出六支队伍参加 2014 年“创青春”首都大学生创业大赛决赛，并获得一金五银三铜的好成绩，同时获创青春优胜杯，在北京 50 多所高校中名列第七。分别为“北京普瑞思科技有限责任公司”获金奖，“北京丹普法莫物联网科技有限责任公司”“小广告清理助手”“羲和光导有限责任公司”“华明电气设备有限公司”“北京绿菓环保酵素有限责任公司”获银奖，“格润有机餐饮有限责任公司”“北回归线爱心协会公益创业书”“长征之光绿色能源促进会”获铜奖。

（任威宇）

【能源解困试点项目获多项荣誉】6 月，由华北电力大学承接并实施的“绿色电力照亮长征路”能源解困试点项目启动，在国家民政部相关负责人、校领导和地方领导等各方的共同关注和努力下，截至八月中旬，项目顺利落实。项目实施阶段将利用太阳能发电设备，解决新疆和江西两地贫困地区两个贫困村近 100 户贫困户 500 余人的电力能源供应问题，改善当地农牧民生活条件。此次活动获 2014 年全国大中专学生志愿者暑期“三下乡”社会实践活动优秀团队、首届中国青年志愿服务项目大赛银奖、河北省青年志愿服务 20 周年“金牌项目奖”、河北省十佳青年公益项目提名奖等十余项荣誉称号。

（任威宇）

【举行职业体验出征仪式】7 月 4 日，华北电力大学举行暑期学生社会实践暨职业体验出征仪式。校党委副书记李双辰出席出征仪式，参加会议的还有校团委、学工部、研工部主要负责人，学院团总支书记以及社会实践团代表，会议由团委副书记王集令主持。校团委书记林长强对 2014 年大学生暑期学生社会实践的工作进行部署。活动主要包括“绿色电力照亮长征路”能源解困试点项目、“共筑中国梦，青年在践行”思想教育主题实践活动、“探寻红色足迹”爱国主义学习调研活动、“深化改革观察行”调研实践活动、“城镇中的信息化”城镇调研活动、“共聚社区青年汇”大学生城市发展服务计划行动、“青年奉献社会”大学生志愿服务行动、“美丽中国·和谐家园”生态文明建设实践调研行动、“科技筑梦·助力发展”大学生科技创新成果转化行动、“创业园梦·开拓进取”大学生就业创业状况考察及创业实践活动等。

（任威宇）

【参加节能减排大赛获多项奖励】9 月，华北电力大学在第七届全国大学生节能减排社会实践与科技竞赛决赛中获多个奖项。由能源动力与机械工程学院退休教授常连生、能源动力与机械工程学院宋玉旺指导的“自平衡双驴头齿轮齿条驱动抽油机”，计算机系博士生导师朱永利指导的“用于健身房多种器械动能回收利用的自适应型控制系统”获大赛一等奖；由能源动力与机械工程学院博士生导师何青教授、能源动力与机械工程学院高级工程师杨志平指导的“压电地毯及其能量收集转换器”，教务处副处长梁广胜教授指导的“学分资金双激励型饮料瓶与电池自助回收物联系统”，动力工程系博士生导师韩中合教授指导的“基于脉动热管的大功率 LED 散热装置”获大赛二等奖。共有十三支队伍获大赛三等奖，华北电力大学连续七届获大赛优秀组织奖。

（任威宇　张蓓蓓）

【获创行世界杯全球总冠军】10 月 24 日，由华北电力大学学子自主策划运营的“绿色电力”公益项目获 2014 创行世界杯全球总冠军。该项目旨在帮助内蒙古牧区贫困家庭从只有 2 小时照明用电的生活,改善到可以用上绿色、可靠和安全的生活生产用电。由该团队自主研发的风光互补发电系统,解决因为恶劣天气而造成的发电效率低和设备使用寿命短等问题。本届世界杯共有 749 位企业代表、3411 位学生代表出席,参赛人数和观摩人数均创历届创行世界杯之最。

(张蓓蓓)

【参加全国大学生创业大赛】11 月 4 日,2014 年"创青春"全国大学生创业大赛(原"挑战杯"创业计划竞赛)在华中科技大学落幕。由经济管理系李永臣指导,学生孙平负责的"莱维油嘴有限责任公司"团队,获得 2014"创青春"全国大学生创业大赛计划赛暨中行工业·第九届"挑战杯"大学生创业计划赛银奖;由经济管理系王新利指导,学生匡载淋负责的"基于 3D 可视服务的心 e 家网络平台"团队获得 2014"创青春"全国大学生创业大赛互联网金融专项赛铜奖。此次"创青春"全国大学生创业大赛校内筹备工作历时近一年半,筹备工作得到校领导和相关职能部门、院系的高度重视和大力支持,充分展现华电学子良好的拼搏精神和竞赛风貌。

(任威宇　张蓓蓓)

【参加青年志愿服务评选获佳绩】12 月,共青团河北省委、河北省青年志愿者协会联合下发《关于表彰河北省青年志愿服务行动 20 周年先进典型的决定》,对在过去 20 年为河北省青年志愿服务工作做出巨大贡献的组织和个人进行表彰。保定校区团委获河北省青年志愿服务 20 周年"金杯组织奖","绿色电力照亮长征路"项目获河北省青年志愿服务 20 周年"金牌项目奖",青年志愿者协会获河北省青年志愿服务 20 周年"标杆志愿服务集体"荣誉称号。

(张蓓蓓)

【参加百炼之星评比获佳绩】12 月 21 日,由共青团中央、教育部、国家体育总局、全国学联联合主办的大学生"走下网络、走出宿舍、走向操场"主题群众性课外体育锻炼活动(简称"三走"活动)推进会在北京交通大学举行,华北电力大学获 2014 年度"中国大学生百炼之星"优秀组织院校,保定校区 7 舍 507 寝室获"中国大学生百炼之星"标兵寝室称号,北京校部 9 号楼 541 寝室与保定校区 16 舍 217 寝室获"中国大学生百炼之星"寝室称号。

(任威宇　张蓓蓓)

【参加社会实践活动获佳绩】12 月29 日,团中央学校部、全国学联秘书处下发《关于 2014 年全国大中专学生志愿者暑期"三下乡"社会实践活动的通报》,对在暑期社会实践活动中表现突出的获奖单位和团队进行通报,共青团华北电力大学(保定)委员会获 2014 年全国大中专学生志愿者暑期"三下乡"社会实践活动先进单位称号,华北电力大学(保定)"绿色电力照亮长征路"暑期社会实践团获 2014 年全国大中专学生志愿者暑期"三下乡"社会实践活动优秀团队称号。

(张蓓蓓)

【获评团中央创新试点项目】2014 年,学校共青团重点工作创新试点优秀项目公示名单,华北电力大学团委承担的创新试点项目"创新学校共青团实践育人体系"入选。该项目,主要开展四个方面试点探索:一是项目设计,探索融"学科优势、人才培养、社会服务、引领文化"四位一体的社会实践项目设计,引领青年学生在服务国家和社会需要的创新创业实践中成长成才。二是项目凝练,重点实施开展"绿色电力照亮长征路"大学生新能源科技教育扶贫服务行动,引导学生"想国家的事,办国家的事"。三是探索实践协同育人体系。四是项目推广,跟进项目,在社会寻求资源以获得长足发展。

(任威宇)

离退休工作

概述

2014 年,华北电力大学离退休工作以围绕中心服务大局服务老同志为宗旨,以提升和建设各种平台落实"六个老有"为抓手,进一步完善老干部工作机制和内容(《华北电力大学离退休干部工作领导责任制》。

2014 年,由党委统一领导,各部门齐抓共管的老干部工作机制成常态化。党校办、工会、组织部、宣传部、人事处、财务处、后勤处、校医院、学生处、团委、各院系、离退休工作办公室等各部门形成了尊重老同志、主动服务老同志的良好风气,上级的有关政策和学校的具体制度及时落实。

2014 年,两项待遇、两项建设

得到落实:1、学校层面:春节茶话会、教代会、大型活动请老同志参加;2、院系部门层面:学科、学术、教学指导、党建、关心教育下一代、文化建设等工作请老同志参与;3、离退休办公室组织大小型学习辅导报告和参观活动。4、老干部支部层面:组织安排离退休党员群众学习十八届三中、四中全会和习近平总书记系列重要讲话精神以及党的大政方针,交流时事看法等。

2014 年,离退休党委北京第七党支部和保定校区离退休总支获先进基层党组织。孙秉枢、许宝成、王秀荣、高香林获优秀共产党员称号。周宗铸、陈武获评优秀党务工作者。

2014 年,学校为每位老同志增加生活补贴 600 元/月。继续组织老同志参加体检、春、秋游及校内外各种活动。春节、七一前走访慰问老干部,把党的关怀送达老同志身边心中。

2014 年,党支部建设方面,完成了部分支部换届工作,每支部增设信息委员,加强支部工作信息化,以弥补居住上远、散、难的困难;思想政治工作建设方面注重发挥威望高有影响力老同志作用,引导热点问题,化解难点问题。强化了总支和工作人员联系支部、支部联系党员群众和特殊群体特殊个体的个性化联系方式的职责,使老同志们人人都有归宿感,提高了工作针对性。

2014 年,离退办加强了 3 + 2 + X 实体建设(三支队伍 + 两个阵地 + 若干平台)。三支队伍包括工作人员队伍、支部干部队伍、发挥作用骨干队伍。两个阵地包括老干部活动中心和银龄课堂。若干平台(X)建设:教学督导组:为提高整体教学质量发挥重要作用。关工委:为学生思想政治教育发挥独特作用。银龄艺术团:为落实文化养老、老有所乐发挥巨大作用。街道社区:积极联系社区,引导老同志高度融入社区,为落实老同志“四就近”发挥基础作用。养老院:调研并组织老同志参观 9 个养老院,使老同志们优化了养老理念,拓展了养老方式,丰富了养老渠道。

2014 年,提升了“六个老有(老有所养、老有所医、老有所教、老有所学、老有所为、老有所乐)”的水平。举行了“文化养老”主题实践活动、“与党同心——与祖国同行”演唱活动、“送寿联、祝健康”为 80 岁老人过集体生日活动,通过系列活动,涌现出一批积极分子和示范项目。

2014 年,继续学习领会老干部工作“转型发展、科学发展”的内涵,引导老同志适应全面深化改革和人口严重老龄化背景下的养老模式。

(张隽贤)

■概况

华北电力大学离退休办公室是隶属于校党委系统的职能部门,由校党委书记直接分管。离退休工作办公室分为北京、保定两部分属地办公,经费单列。离退休办公室北京校部现有工作人员 4 人。其中,主任 1 人、离退休党总支书记 1 人、工作人员 2 人。保定校区工作人员 5 人,副主任 1 人,工作人员 4 人。

2014 年,北京校部共有离退休人员 418 人,其中离休人员 22 人。退休人员 396 人,其中司局级 16 人,正高职 125 人,副高职 95 人,中级 48 人,工人 55 人,正处级 26 人,副处级 17 人,科级 33 人。保定离退休现有人员 608 人,其中离休人员 19 人。退休人员 589 人,工人 173 人,其中司局级 4 人,正高职 107 人,副高职 131 人,中级 155 人,正处级 13 人,副处级 6 人,科级 17 人。

2014 年,离退休党总支北京校区有离退休党员 227 人,党支部 10 个。保定校区离退休党员 263 人,党支部 8 个。

北京校区小营家属宿舍区地下室设有老干部活动中心,占地 500 平方米。设阅览室,沙壶球,乒乓球、台球室、音乐教室,卡拉 OK 室,健身器材等。保定校区老干部活动中心有 700 多平米,设多功能厅、乒乓球、台球、棋牌室、健身房等。

(张　丽　马同军)

■条目

【举行离退休工作研讨会】11 月 25 日,学校举行离退休干部培训工作研讨会,开展十八届四中全会有关文件的辅导学习,并对近期有关工作进行研究部署。党委书记吴志功,离退休党委工作人员、各支部干部、文体骨干、保定校区代表等 50 余人参加会议。会议由离退休党委书记李金全主持。吴志功通报了《华北电力大学章程》、学生培养取得的标志性成果、各院系党总支书记换届等几个方面的工作,就“老有所学,老有所养,老有所为”发表见解。原党委副书记朱常宝做十八届四中全会《中共中央关于全面推进依法治国若干重大问题的决定》辅导报告。离退休办公室主任秦卓贤做工作思路报告。报告以养老规划为主题。根据《国务院关于加快发展养老服务业的若干意见》、《教育部等九部门关于加快推进养老服务业人才培养的意见》文件精神,及“到 2020 年,全面建成以居家为基础、社区为依托、机构为支撑的,功能完善、规模适度、覆盖城乡的养老服务体系”目标,结合养老于自然、人文方面的大环境与背景,提出养老转型发展、科学发展的观念。保定校区离退休办公室主任陈武介绍了有关工作情况。各党支部就各自工作进行交流:开展“三爱教育”,学习自我管理、自我服务,关爱弱势群体;从低龄老年人居多的特点出发,搭建平台继续发挥作用;配合社区优化基础设施,组织文化养老项目;发挥自身优势,在社区起到引领作用。各支部代表生动的描绘,展现了一幅“融入社区、服务社区、文化养老、老有所为”的温馨画面。李金全主持商定年底迎新活动形式与内容,会后组织参观养老院。

(张隽贤)

人事管理

概述

2014 年,学校根据学校人员队伍实际情况,科学制定人员队伍规划的指导思想、总体思路、工作目标、主要任务和保障措施,做好年度计划分解。

学校按照坚持学术导向和“重岗位、重水平、重贡献”的原则,完成了专业技术职务评聘条件的修订工作并面向全校征求意见和建议,新的条件进一步强调学术成果的原创性、前沿性和创新性,重点考查申报人员的绩效成果;规范评聘程序,完善评聘标准,提高评聘质量。

学校按照国际交流与国内研修相结合、岗位技能与能力提升相结合、公派项目、学校项目和二级单位自设项目相结合、网络与实际相结合的原则,面向年龄不超过45岁,具有副高级及以下专业技术职务的专任教师及实验研究人员制订了四大类,十项具体培训项目。2014 年正式启动了教职工入职培训和青年教师网络培训项目,同时建立了《个人培训档案》,逐步将培训结果作为教职工考核、专业技术职务评聘、评奖评优的重要依据。

完成 2014 年专业技术职务评聘工作,进一步提高教职工待遇。

(董　剑)

概况

至年底,学校共有教职工 2 947 人,其中,北京校部 1 491 人,保定校区 1 456 人。教师 1 810人,占教职工比例 61.4%。教师中博士研究生毕业人数增长为 974 人,占教师比例 53.8%。教授 394 人,比 2006 年 252 人增加近 150 人,总数由原来的 16% 提升至 22%。

学校拥有工程院院士 1 人,双聘院士 5 人,国家“千人计划”8 人,青年“千人计划”2 人,长江学者特聘教授 5 人,长江学者讲座教授 2 人,国家“高层次人才特殊支持计划”4 人,“973”首席科学家 5 人,国家级教学名师 1 人,国家杰出青年科学基金获得者 7 人,国家“百千万人才工程”9 人,40 人入选教育部“新世纪优秀人才支持计划”,4 支团队列入教育部“长江学者和创新团队发展计划”。

至年底,学校管理人员共有 514 人,占教职工比例为 17.4%。其它专业技术人员共有 385 人,占教职工比例为 13.1%。工勤人员 207 人,占教职工比例为 7%。

(董　剑)

条目

【成立环境与化学工程系】2014 年为适应国家社会经济可持续发展和能源环境的战略急需,更好地为国家、社会、行业创新发展提供政策咨询、技术支持和人才保障,进一步丰富和完善“大电力”学科体系,拓展发展空间,形成新的学科增长点,推进高水平特色型大学建设,根据学校学科规划发展需要,在环境科学与工程学院的基础上,在北京校部组建环境与化学工程系(简称环化系)。

(董　剑)

【成立环境研究院】2014 年为进一步适应国家能源环境重大需求,丰富和完善“大电力”学科体系,加强平台建设,凝练科学研究方向,提高人才培养质量,拓展发展空间,形成新的学科战略增长点,推进高水平特色型大学建设,决定成立华北电力大学环境研究院。同时,撤销资源与环境研究院建制。

(董　剑)

【修订辅导员工作条例】2014 年为深入贯彻落实中共中央、国务院《关于进一步加强和改进大学生思想政治教育的意见》(中发【2004】16 号)、教育部《普通高等学校辅导员队伍建设规定》(教育部第 24 号令)等文件精神,切实加强华北电力大学辅导员队伍建设,进一步明确辅导员岗位职责和工作任务,结合学校实际,学校对原辅导员工作条例进行了修订。

（董　剑）

【开展新进教工入职培训】8月20日至23日，通过两地视频的形式，学校集中对北京、保定新入职教职工进行了系统化入职培训。高等教育研究所荀振芳、人事处赵秀国、电气与电子工程学院崔翔、教务处柳长安、经济与管理学院李存斌、学科办卢占会、人才办马小勇、科学技术研究院檀勤良、控制与计算机工程学院林碧英、学生处张新娟等先后分别就高等教育现状、人事政策、学术道德、本科教育教学、学科建设、青年教师职业生涯发展与规划、科研政策、师德培养、大学生的教育引导等内容进行了专题讲座，并与新入职教职工进行了深入的交流、探讨。

（董　剑）

【付忠广获评全国优秀教师】9月9日，北京市教育系统内评选出全国优秀教师41人，能源动力与机械工程学院博士生导师付忠广教授入选并作为全国优秀教师代表，应邀出席庆祝第三十个教师节暨全国教育系统先进集体和先进个人表彰大会，受到习近平、李克强、刘云山、张高丽等接见。9月30日，受国务院办公厅邀请，付忠广教授赴人民大会堂参加庆祝中华人民共和国成立65周年招待会。作为国家级特色专业热能与动力工程专业的负责人，付忠广参与了多门本科生课程的建设。讲授的本科生课程包括：动力工程、汽轮机原理、热能与动力工程概论、新生专业研讨课、汽轮发电机组振动、燃气轮机及联合循环、锅炉原理、热力发电厂等。通过教学实践活动中不断地创新，将本科生课程“动力工程”建设成为国家级精品课程、国家级精品资源共享课。其教学团队被评为北京市优秀教学团队。主编的《动力工程概论》被评为国家级第一批“十二五”规划教材、国家级“十一五”规划教材、北京市精品教材、电力行业精品教材。因教学工作成绩突出，2010年被评为北京市第六届高等学校教学名师、2013年获北京市优秀教师奖。2010获北京市教育工会师德先进个人奖、2013年获北京市教育工会从教30周年表彰。

（董　剑）

【朱凯教授退休】7月，朱凯教授退休。朱凯教授的研究方向为体育教学与训练，先后独立组织过全校的各种单项体育比赛和校运动会，带领和训练校篮球队、田径队、游泳队、排球队参加北京市研究生和成教生的比赛，多次获得优异成绩。在担任校乒乓球协会会长期间，为使乒乓球运动在教职工中普及做了大量的工作，多次获校工会先进协会会长称号。在近30多年的教学实践中，先后主讲过篮球、足球、排球、乒乓球、田径、游泳、轮滑及桥牌课，是主讲课程门类最多的教师。

（董　剑）

【金朋荪教授退休】12月，金朋荪教授退休。金朋荪教授主要语言学的研究方向为第二语言习得和功能语法。先后讲授大学英语、英汉翻译、系统功能语法、第二语言习得、博士英语等本科研究生课程，在职期间发表学术论文50余篇，主编和参编著作4本，主持和参与的教改科研项目9项。金朋荪教授先后任基础部外语教研室副主任、主任、外语系主任、外国语学院副院长兼英语系主任等职，在华北电力大学外国语学科和院系发展中，做出了突出贡献。先后将英语系建设成为具有招收本科生、研究生的院系，拥有了外国语一级学科下2个二级学科：英语语言文学和外国语言学及应用语言学硕士学术学位点、1个英语翻译硕士专业学位点。主持了大学英语分级教学改革，全校大学英语四级考试一次性通过率上升到90%以上。金朋荪教授先后获得学校科技工作先进个人、教学成果二等奖、优秀教职工之友等荣誉。

（董　剑）

【邵作之教授退休】6月，邵作之教授退休。邵作之教授担任硕士生导师，多年来一直工作在计算机专业教学与科研第一线。主讲多门研究生与本科生课程。在计算机嵌入式应用、计算机系统高抽象建模方法、系统级仿真器原理、计算机体系结构、编译原理与操作系统、面向对象分析与设计技术等研究方向上建树颇丰。主持或参与了多项科研项目，科研成果转化业绩显著。任教授以来在国内外学术会议与期刊上发表学术论文30余篇。从1998年以来培养硕士研究生60余人，其中大部已毕业获得硕士学位或转入博士阶段的学习。任教以来获国家级、省部级等各类奖项7项、联合国发明创新科技之星奖1次以及学校教学优秀特等奖等荣誉称号。

（董　剑）

【韩庆瑶教授退休】2月，韩庆瑶教授退休。韩庆瑶教授1988年获博士学位，先后在电子系计算机教研室和机械工程系任教，曾任机械工程系副主任、教研室和研究室主任，获中华电力教育基金会优秀教师二等奖。指导毕业硕士研究生60余名和工程硕士多名,发表论文百余篇。主持、完成科研项目获省部级科技进步三等奖2项,主编出版规划教材2部,参加筹建机械工程系新专业和学科建设,申报、参加学校工程训练中心建设。

（付丽新）

【阎国强教授退休】3月,阎国强教授退休。阎国强教授在高校从教36年,任教授岗位13年,长期致力于体育教学、训练、科研和体育教学部的管理工作。发表学术论文近百篇,其中在体育类核心期刊上发表近10篇,主持体育教学部工作,历时20年,在“以人文本,健康第一”为宗旨的指导下,为体育教学、科学训练的改革与发展及体育教学部的建设和学校体育场馆的建设等做出突出贡献。1996年获国家教育部颁发的贯彻《学校体育工作条例》优秀高等学校。在高水平运动队建设方面,培养的校级优秀田径运动员在省级和国家级运动会上获奖牌近百枚。1995年带领学校田径队在电力部高校田径运动会上获团体总分第一名。1998年带领学校田径队在河北省大学生田径运动会上获团体总分第一名。2002年带领学校田径队在全国大学生田径锦标赛上获男子团体总分第二名,女子团体总分第八名,男女团体总分第三名。

（付丽新）

人才工作

■概述

2014年,学校深入实施“大人才”发展战略,加强人才工作的制度化、科学化建设,进一步修订人才招聘、博士后管理、青年骨干教师出国选派等工作制度。进一步强化用人单位作为人才工作主体对人才进行考察与推荐,把高层次人才纳入各级人才培育、引进的资助计划和建设项目中。明确学术评价在人才工作中的主导地位,对人才引进和人才计划申报进行学术评价支撑。着力引进国家重点实验室及能动、核、环化、可再生等学校重点发展学科的急需人才,人才工作体制机制改革取得新进展。

一、人才引进与人才招聘

根据学校长期发展规划和师资队伍建设的战略目标,学校积极参与海内外人才招聘会,拓展招聘渠道,延揽国际人才,吸引海内外专家学者加盟华电。2014年,学校引进国家“千人计划”专家茆胜、陈政教授,“青年千人计划”龚雁峰教授回国开展科研教学工作。国家杰出青年基金获得者、全球高被引科学家王祥科加盟,在校本部组建成立环境与化学工程系,优化学校学科结构,拓展了学校学科布局。

学校对招聘系统进行了改版升级,借鉴中国教育在线招聘平台经验优势,合理改进招聘系统布局结构,并根据招聘需要优化了招聘流程。

二、人才服务与人才跟踪

2014年,学校加强引进人才、用好人才、服务人才的制度环境建设。人才办转变工作观念,提升服务意识,加大人才聘后服务,协助高层次人才办理了永久居住绿卡,经过多次沟通,与校医院共同努力,解决了“千人计划”专家医疗门诊报销问题,协助引进人才办理科研启动、安家费、周转房及办公用房等事宜。

对人才进行绩效跟踪,结合聘期考核与成果报告等方式进行考核,并将高层次人才纳入正式教师的考核体系,2014年底,要求各高层次人才将年度工作总结(含绩效)分别提交人事处与人才办。

三、人才申报

2014年,成功申报李永平为“长江学者”特聘教授、“百千万人才工程”国家级人选及“有突出贡献中青年专家”,戴松元、梁平获批享受国家政府特殊津贴,马静、张永哲入选“北京市科技新星”计划,卢宏玮获“北京市优秀青年人才”资助计划,杜冬梅、王学棉被评为北京市教学名师。

四、人才国际化

2014年,学校创新了青年教师派出工作机制,以政策鼓励教师申报全额公派资助项目全年有23人获得项目资助,教师公派出国人数增加近一倍。

五、博士后队伍

2014年,学校修订了《华北电力大学博士后管理工作规定》(讨论稿),健全学校、流动站、合作导师三级管理体制,有针对性地举办博士后座谈会、经验交流会、基金申请讲座等,博士后各项基金申报成功率得到提高。共有6人获博士后科学基金资助,其中1人获博士后科学基金特别资助。1人获自然基金青年项目资助,13人获中央高校青年项目资助。

12月15日,学校正式启动2015年度博士后综合评估工作。

（赵友君）

■概况

2014 年,学校共引进各类人才 70 人。其中,教师 41 人,非教师 29 人。引进教师中,除英语系、体训部共 3 人为具有硕士学位外,其余均具有博士学位,9 人具有博士后经历,海外知名院校博士学位获得者 6 人。

成功申报各类人才支持和奖励计划 11 人,包括“千人计划”专家 2 名、“长江学者”特聘教授 1 名、政府特殊津贴获得者 2 名、百千万人才国家级人选 1 名、国家“青年千人计划”专家 1 名、北京市科技新星 2 名,北京市优秀青年人才 1 名、北京市教学名师 2 名。河北省模范教师 1 名、河北省优秀教师 1 名。

2014 年,青年教师全额资助出国项目获得突破性进展,共有 23 人获批全额资助项目;艺术类人才培养特别项目获批 1 人,填补了该项目空白。20 人获批青年骨干教师出国研修项目(1:1 项目),全年共计派出 44 人,共获国家资助金额约 503 万元。

2014 年,博士后进站 9 人,其中与工作站联合招收 1 人,出站 12 人,其中 3 人留校,2 人回校工作,退站 1 人,在站博士后 43 人。

2014 年,学校聘任美国加州大学 Jay R. Lund 教授、加拿大多伦多大学 Mohammad Reza Lravani 教授等各类客座、兼职教授 11 人。

(*赵友君 刘长青*)

■条目

【2 教授入选国家千人计划】2 月,中组部办公厅公布了第十批千人计划入选资格名单,茆胜、陈政、龚雁峰入选青年千人计划。茆胜,男,1969 年 5 月出生,2000 年毕业于美国加州大学伯克利分校,机械工程、能源科学与技术专业博士学位。2000 年至 2013 年先后担任美国劳伦斯伯克利国家实验室(Lawrence Berkeley National Laboratory)研究员、终身研究员、终身高级研究员;2005 年至 2013 年担任美国伯克利加州大学兼职教授,其在新能源与材料工程领域有较高国际声望。作为能源与材料工程领域国际知名专家,曾主持美国能源部重大项目,担任包括美国政府和跨国企业支持的高科技项目主任。已在《科学》、《自然》等国际杂志发表论文 100 余篇,被引用超过 10000 次,获 17 项国际发明专利。过去十年来,其在国际材料研究年会(MRS)、国际激光工程年会(CLEO)、国际光学工程年会(SPIE)、国际电子工程年会(IEEE)、国际化学年会(ACS)、国际电化学年会(ECS)、国际冶金镀膜技术年会(MCTM)等重要国际学术会议上作特邀报告 60 余次,被邀请在美国麻省理工学院、美国斯坦福大学、瑞士联邦工学院、澳大利亚新南威尔士大学等多所国际著名大学及研究所讲座,多次担任国际会议主席和组委会委员,是“国际半导体透明导电材料系列会议”、“国际纳米能源技术年会”和“国际可再生能源系列研讨会”的共同发起人,同时担任多个国际著名期刊编委会委员。自 2005 年起,担任美国能源部技术委员会委员、项目审查委员会委员、基金评审委员会委员和国家实验室观察员,同时担任美国国防部、美国国家科学基金会、日本和加拿大等国家基金、全球气侯与能源计划、国际石油基金会等多个独立基金的顾问评审专家。2011 年,作为大会联席主席主持在美国旧金山举行的包括 50 个分会 5000 篇论文的国际材料研究年会(MRS),2012 年担任国际清洁能源大会共同主席。2011 年获第 49 届国际技术创新奖(R&D100 Awards)。

陈政,男,1961 年 1 月出生,英国诺丁汉大学化学与环境工程系正教授,武汉大学珞珈英才计划讲座教授,英国皇家化学会(RSC)特许化学家(Chartered Chemist)和会士(Fellow,FRSC),皇家艺术、制造和商务促进会(RSA)会士(FRSA),英国材料、矿物与采矿研究院(IOM3)院士(Fellow, FIMMM),国际电化学会(ISE)、美国电化学会(ECS)和美国矿物、金属与材料学会(TMS)正式会员。1992 年在伦敦大学帝国理工医学院获博士学位,此后分别在牛津、利兹和剑桥大学从事博士后研究。2000 年获剑桥大学达尔文学院 Schlumberger Interdisciplinary Research Fellowship,2003 年被选为剑桥大学达尔文学院院士(Official Fellow)。2002 年和 2004 年两次获美国 The Mining, Mineral and Metals Society (TMS)颁布的“活泼金属技术奖 Reactive Metals Technology”(创该奖记录)。2000 年入选教育部长江学者奖励计划特聘教授(电化学,武汉大学)。2001 年获自然科学基金会杰出青年基金。2005 和 2007 年分别获英国皇家学会的 China Fellowship 和 Brain Mercer Feasibility 奖。2008 年获得 E. ON (欧洲最大的能源公司之一)“国际研究奖”。

陈政教授长期从事电化学基础和应用研究,涉及领域包括材料、能源和环境。提出的熔盐电解固态氧化物冶金(Fray - Farthing - Chen Cambridge Process, FFC 剑桥工艺)是熔盐电化学领域的开创性研究工作,受到世界各国学术界和工业界的广泛重视;在超级电容器(池)的基础和应用研究方面也取得了数项国际领先的成果。过去10年来，陈政教授及其团队在熔盐电化学方法制备结构与功能材料、熔盐吸收和电化学利用与转化CO_2，碳纳米管复合材料合成及其储能和光电催化反应等领域取得了许多突破性研究进展；在离子液体方面也取得了创新性的研究成果，包括在国际上首次研制出具有热致变色性能的离子液体-聚合物复合膜材料，有望成为新一代节能型智能材料。已在Nature（英国自然，IF=36.280），Angew. Chem. Int. Edit.（德国应用化学，IF=13.455），Adv. Mater.（德国先进材料，IF=13.877），Chem. Commun.（英国化学通讯，IF=6.169），J. Am. Chem. Soc（美国化学会刊，IF=9.907），Coord. Chem. Rev.（配位化学评论，IF=12.110），Electrochem. Commun.（电化学通讯，IF=4.859）等学术期刊上发表原始研究和综述论文150余篇；获准国内外专利19份；发表学术会议论文40余篇；在国际电化学会（ISE）、美国电化学会（ECS）、中国电化学会等各种学术会议上作邀请报告，以及在不同国家的公司和大学作专题讲座近100次。其研究论文SCI引用次数超过5600次，其中有11篇论文的单篇SCI引用次数超过100次，h-index为40。

（年中华）

【李永平入选长江学者特聘教授】根据《教育部关于公布2013、2014年度长江学者特聘教授、讲座教授名单的通知》（教人[2015]1号）精神，资源与环境研究院李永平教授入选2013、2014年度长江学者特聘教授。这是近三年来，华北电力大学连续成功申报的第三位“长江学者”特聘教授。根据《教育部办公厅关于转发人力资源社会保障部2014年国家百千万人才工程入选人员名单（教育部推荐部分）的通知（教人厅函[2015]1号）》，李永平教授入选2014年国家百千万人才工程，并获“有突出贡献中青年专家”荣誉称号。

李永平，女，1970年生。加拿大Regina大学博士，现任华北电力大学资源与环境研究院副院长、教授、博导。李永平教授主要从事资源与环境系统风险分析与优化管理研究，带领团队先后承担了国家杰出青年科学基金、国家重大科技专项课题、973项目子课题、国家自然科学基金面上项目、主任项目、水利部公益项目等基金课题；负责并参加联合国UNDP、加拿大环境部等国际合作项目；发表SCI论文185篇，SCI引用2 000余次，SCI他引1 200余次，H因子25。曾获国家杰出青年基金、中国青年科技奖、第十一届中国青年女科学家奖、国际环境信息科学学会杰出青年科学家奖、加拿大Regina大学杰出毕业生奖、教育部自然科学一等奖、教育部新世纪优秀人才、教育部海外优秀自费留学生奖等；是1个国际学会分会主席、联合国开发署水安全专题领域国际专家、1个国际SCI杂志副主编、5个国际SCI杂志特邀主编和8个国内外杂志编委。

（年中华）

【引进全球高被引科学家王祥科教授】2014年学校根据学科发展需要，引进国家杰出青年基金获得者王祥科教授。王祥科教授及其团队的加盟将在学校学科建设、创新团队建设、承担国家级重大项目中发挥重要作用。

王祥科，男，1973年3月生，2000年毕业于兰州大学化学化工学院，获博士学位，教授、博士生导师，中科院“百人计划”，国家杰出青年基金获得者。美国汤森路透公司（Thomson Reuters）公布的2014年全球高被引用的科学家名单单中国（含港澳台）共163人入选，王祥科教授是环境与生态学科领域中国大陆学者仅有的两名入选者之一；同时，王祥科教授还入选了工程领域。在两个学科领域同时入选全球最高被引用科学家的大陆学者仅有13位。

2000年9月至2011年12月在法国南特SUBATECH国家实验室从事博士后研究；2002年1月至2003年9月在德国卡尔思路国家研究中心任洪堡研究员；2003年10月作为中科院百人计划引进海外杰出人才到中国科学院等离子体物理所工作，2008年起担任等离子体应用研究室主任；2012年获国家杰出青年基金；2013年获安徽省自然科学一等奖（排名第一）。主要从事环境放射化学污染检测和治理，等离子体技术在材料制备和功能化修饰，及其在环境污染治理等方面的研究工作。先后主持中科院百人计划1项，国家自然科学基金面上项目4项，国家自然科学基金重点项目1项，国家自然科学基金杰出青年基金项目1项，及承担科技部重大研究项目973课题2项等多项国家纵向项目2 000多万经费。在国际重要学术期刊如Chem. Soc. Rev.，Adv. Mater.，Environ. Sci. Technol.，Geochim. Cosmochim. Acta，ACS Nano，Chem. Sci.，等发表SCI论文160多篇，邀请综述9篇，被他人正面引用和评价6000多次，H因子52，多篇研究论文被选为封面论文，申请发明专利多项等。2009年被Science News和Elsevier联合评选为“Scopus 未来科学之星”——环境科学领域金奖（中国大陆唯一获选者），2010 年获安徽省第十二届青年科技奖，2012 年获安徽省青年科技创新杰出奖等荣誉称号。担任“Energy and Power Engineering”，“Global Journal of Environmental Science and Technology”等多个国际学术刊物期刊编委。担任中国核学会放射化学专业委员会委员，中国大气化学专业委员会委员，上海光源专家委员会委员，中国科学院放射化学专家委员会委员，中国材料研究学会纳米材料与器件分会委员会委员等。中国科学技术大学双聘教授，苏州大学讲座教授，日本静冈大学客座教授等。2009 年，2011 年，2012 年和 2013 年被评为中科院优秀研究生导师，2010 和 2013 年被评为中科院优秀研究生指导教师，2009 年中科院朱李月华优秀导师奖。已培养 9 名博士生，其中 3 名博士毕业生获 2009 年，2012 年和 2013 年中科院院长特别奖，2010 年和 2013 年中科院优秀博士学位论文，2011 年安徽省优秀博士学位论文；另外 6 名博士毕业生获中科院院长优秀奖学金，5 名博士生获中科院 - BHP 奖学金；4 名博士获中科院朱李月华优秀博士生奖。4 篇论文获 2007，2010，2012 年中国最具影响百篇国际学术论文。

（年中华）

【戴松元、梁平获批享受国家政府特殊津贴】2014 年根据《教育部办公厅关于开展 2014 年享受政府特殊津贴人员选拔工作的通知》（教人厅函〔2014〕9 号）文件要求，经个人申报，院系推荐，专家评议，戴松元、梁平获批 2014 年享受政府特殊津贴人员。戴松元，男，1967 年生。华北电力大学教授、博士生导师、可再生学院院长。1987 年 7 月毕业于安徽师范大学物理系，同年考入中科院等离子体物理研究所，先后获硕士、博士学位，2002 年被聘为研究员和博导，2007 年 8 月 31 日聘为三级研究员，2010 年 3 月 1 日聘为二级研究员。2012 年 7 月至今，为华电可再生学院教授，博导。担任两项国家重点基础研究规划项目（973 项目）首席科学家（2006 - 2010 年和 2011 - 2015 年）。担任国家科学技术奖评审专家；中国科学院能源研究委员会委员；担任美国化学学会期刊 Inorganic Chemistry，The Journal of Physical Chemistry A and B，Langmuir，Solar Energy Material and Solar Cell，Solar Energy，Inorganica Chimica Acta，日本化学学会期刊 Journal of Photochemistry and Photobiology A & B&C 等多个国外期刊的审稿人。近 5 年来已在国内外会议、期刊上发表论文 200 余篇，已申请发明专利 20 余项，获授权发明专利 12 项，实用新型专利授权 5 项。建立起国内第一条全面生产染料敏化太阳电池的实验线，2004 年底完成的“500 瓦染料敏化太阳电池示范电站”为国际上首座染料敏化太阳电池示范系统，并成为到目前为止唯一一直正常运行的示范系统，为染料敏化太阳电池研究中突破性进展。染料敏化太阳电池研究获得了国家科技部和中国科学院等部委高度评价，受到国内外企业和媒体的广泛关注，获得了该电池创始人瑞士 M. Grätzel 教授高度的评价。

梁平，女，1968 年生。华北电力大学教授，法政与政教党委书记。最高人民法院司法制度改革研究专家、欧盟—联合国开发署与中国政府最大的国际合作项目“公平发展、公共治理”（GED）的中方专家、中国人民大学“多元化纠纷解决机制研究中心”外聘研究员、河北省省委特聘舆情研究员、河北省高级人民法院特聘专家；中国诉讼法学会理事、中国证券法学会理事、河北省社科联专业学术委员会委员等。近年参加 4 项国家重大司法改革理论研究和立法工作，参与《中华人民共和国强制执行法》等 4 部法律、法规的研究和制定工作；十余份研究成果被最高人民法院、中宣部、河北省委、河北省政府、河北省高级人民法院等部门采用或主要领导批示，其中研究报告《民众上访折射的突出问题应予以重视》被呈递中央领导参阅。近年作为第一完成人相继获得河北省优秀社科成果一等奖 3 项、二等奖 1 项、三等奖 1 项，同时获得中国法学会三等奖 3 项；主持国家社科基金、最高人民法院、教育部、司法部、中国法学会等国家级、省部级课题 22 项；出版学术著作 7 部，主编全国规划教材 2 部；独撰或第一作者发表学术论文 50 余篇，其中 CSSCI 收录 30 余篇。入选教育部“新世纪优秀人才支持计划”；先后被评为“河北省省管专家”、“河北省突出贡献中青年科学、技术专家”、“河北省中青年社科五十人工程专家”、“河北杰出中青年法学专家”、“河北省百名优秀创新人才”等。

（赵友君　刘长青）

【2 人入选北京市科技新星计划】2014 年，马静、张永哲入选“北京市科技新星”计划。北京市科技新星计划是由市财政经费支持、北京市科学技术委员会组织实施的科技人才培养计划。

马静，男，1981 年生。华北电力大学副教授，2008 年 4 月毕业于华北电力大学电气与电子工程学院，获工学博士学位，2008 年 9 月至 2009 年 9 月在美国弗吉尼亚理工大学电气与计算机工程系从事博士后研究工作，2009 年 9 月至今在华北电力大学电气与电子工程学院工作。主持国家自然科学青年基金项目 1 项（50907021），国家自然科学青年－面上连续资助基金项目 1 项（51277193），国家科技支撑计划课题 1 项（2013BAA02B01），省部级纵向科技项目 4 项，国家电网公司科技项目 4 项。作为核心成员先后参与国家 863 高新技术项目课题（排第 2），国家重点基础研究发展计划项目（973 项目）课题，国家自然科学基金重点项目，国家自然科学基金国际重大合作项目等科技项目 10 余项。近 3 年以第一作者身份发表及录用 SCI 期刊检索论文 13 篇，EI 期刊检索论文 12 篇。以第一发明人申请发明专利 16 项，其中授权国家发明专利 8 项，实用新型专利 1 项，软件著作权 1 项。出版英文教材 1 部（排第 2）。获省、部级奖励 2 项（其中 1 项排第 1）。被国际大电网组织中国国家委员会评选为“CNC 青年之星”（全国仅 4 人）。《中国电机工程学报》与《电力系统自动化》杂志社特约审稿人，IEEE Transactions on Power Systems 等 SCI 检索期刊审稿人，且多次担任 IEEE General Meeting 等国际学术会议分会主席。研究方向及领域：电力系统继电保护；电力系统稳定控制；新能源规模化并网协调控制。

张永哲，男，1981 年生。华北电力大学副教授，2009 年 6 月毕业于兰州大学，获凝聚态物理专业博士学位。2010 年 3 月至 2010 年 9 月在韩国延世大学化学与生物工程学院从事博士后研究工作，2010 年 9 月至 2012 年 10 月在新加坡南洋理工大学淡马锡国家实验室担任研究科学家（Research Scientist），2012 年 10 至今在华北电力大学可再生能源学院工作。主持国家自然科学基金青年基金项目 1 项，广东省教育厅项目 1 项、参与国家自然科学基金项目 2 项。以第一作者身份在 Nature Communication，Journal of Power Sources，Nanotechnology 等、并以主要合作者在 Laser Physics Letters 等国际学术刊物上发表 30 篇，其中 SCI 一区论文 8 篇，论文总被引用 340 余次（他引 300 余次）。已授权美国发明专利 1 项、国际专利 1 项、中国发明专利 1 项。研究方向及领域：纳米结构碳材料的加工及其光电性质研究、染料敏化太阳能电池光阳极的制备及其性能研究

（年中华）

【卢宏伟获北京市优秀青年人才荣誉称号】8 月 1 日，经过提名推荐、专家评审和市人才工作领导小组审定等程序，北京市委组织提出了第七批“北京市优秀青年人才”拟表彰人选，卢宏玮教授成功入选。“北京市优秀青年人才”旨在大力实施首都人才发展战略，表彰在首都经济社会发展中做出积极贡献的优秀青年人才。

卢宏玮，女，1980 年生。华北电力大学教授，获加拿大 Regina 大学环境系统工程专业博士学位，可再生能源学院教授、博导，2009 年度国家优秀自费留学生奖学金（国家留学基金管理委员会）获得者，2011 年度教育部“长江学者和创新团队发展计划”入选团队主要成员（国家教育部），2012 年度成功入选国家首批“万人计划”青年拔尖人才项目，2013 年成功入选教育部“新世纪优秀人才支持计划”。卢宏玮教授主要从事不确定性水资源管理与环境系统分析方面的研究工作，已发表学术论文 67 篇，其中 SCI 收录论文 48 篇，EI 检索 41 篇，多篇论文发表在水资源或环境领域权威期刊，已授权发明专利 6 项。主持和参与了多项国家及省部级科研课题；主持和参与了由国家自然科学基金委、国家教育部、联合国发展署、加拿大国家自然科学基金委、加拿大环境部、加拿大草原适应性研究协会、加拿大萨斯喀彻温省环境厅等政府、工业界及国际组织资助的科研项目 10 余项。同时担任 Applied Energy、Water Resources Management、Waste Management and Bioresource Technology 等多个国外学术期刊审稿人、编委。

（年中华）

财务管理

■概述

2014 年，财政部印发了《高等学校会计制度》（财会〔2013〕30 号），适应了财政预算改革和高等学校经济业务发展需要，进一步规范高等学校的会计核算，提高会计信息质量。学校组织校内人员认真研究并严格执行。

2014 年，财政部印发《中央和国家机关会议费管理办法》（财行〔2013〕286 号）、《中央和国家机关培训费管理办法》（财行

〔2013〕523号)、《中央和国家机关差旅费管理办法》(财行〔2013〕531号),加强和规范了学校会议费、培训费和差旅费管理,推进了学校厉行节约反对浪费制度建设。

2014年,财政部印发了《新旧高等学校会计制度有关衔接问题的处理规定》(财会〔2014〕3号),确保了学校新旧高等学校会计制度顺利衔接、平稳过渡,促进新制度的有效贯彻实施。

2014年,学校完成了直属高等学校2015年度中央高校改善基本办学条件专项的编报和评审工作。

2014年,接受北京市公费医疗办公室对学校公费医疗管理的财务工作进行检查。

2014年,学校根据党的十八届三中全会《中共中央关于全面深化改革若干重大问题的决定》(以下简称《决定》)、《中华人民共和国政府信息公开条例》(以下简称《信息公开条例》)、《教育部关于做好高等学校财务信息公开工作的通知》(教财〔2012〕4号)、《教育部关于进一步做好高等学校财务信息公开工作的通知》(教财函〔2013〕96号)等规定按要求完成了2013年度部门决算的信息公开工作。

2014年,学校将使用了14年的上海科发财务管理软件更换为天财财务管理软件,大大提高了财务工作效率,"银校直联"功能实现了报销账款支付入卡,很大程度上节约了领款时间,方便了广大教职工。

2014年,根据教育部《关于试编2013年直属高校财务报告的通知》(教财司函〔2014〕433号)文件要求,学校以财务预决算信息为依据,完成2013年财务报告的编制工作,并按信息公开要求履行相应程序。

2014年,国家机关事务管理局等5部门联合印发了《关于在京中央和国家机关职工住宅区物业管理和供热采暖改革的意见》(国管房改〔2014〕504号),进一步完善了住房制度改革配套政策,建立健全了与社会主义市场经济体制相适应的职工住宅区物业管理和供热采暖制度。

2014年,根据《国务院关于改进加强中央财政科研项目和资金管理的若干意见》(国发〔2014〕11号)、《关于调整国家科技计划和公益性行业科研专项经费管理办法若干规定的通知》(财教〔2011〕434号)、《教育部关于进一步贯彻执行国家科研经费管理政策加强高校科研经费管理的通知》(教财〔2011〕12号)和《教育部　财政部关于加强中央部门所属高校科研经费管理的意见》(教财[2012]7号)文件精神和要求,为进一步规范和加强学校科研经费管理,提高科研经费使用效益,促进科研事业持续、健康发展,结合学校实际,特制定《华北电力大学科研经费管理办法》。该办法明确规定了管理的主体与责任、科研管理费用的提取、科研经费支出管理、科研经费预算及开支范围、科研项目发票与资产管理和科研经费管理的监督与激励。

2014年,根据《中华人民共和国统计法》、《北京市统计管理条例》,认真贯彻执行《北京市统计局、国家统计局北京调查总队关于布置2013年统计年报和2014年定期统计工作的通知》(京统发[2013]81号)文件精神,完成了2013年统计年报工作及2014年定期统计工作,完善了定期统计工作的台账系统。

2014年,学校完成了多项各类报表的编制和上报工作。完成2015年度住房改革支出预算及2014年度住房改革支出决算编报工作;完成2015年度部门预算和2014年度部门决算编报工作;完成2014年度结转和结余资金情况统计表以及2014年度校内预算编制工作。学校每月3日前及年底分阶段报送教育部直属高校国库资金执行情况统计表,一共13项;学校每年1、8、11、12月5日前登陆预算执行系统填报重点实验室预算执行进度;学校每月15日前报送学校合并财务处、后勤与校医院财务信息月报表,累计报送12次;学校每月15日前报统计局统计报表,累计13项;学校每季度报送中央八项规定政府采购报表,累计4次。

(李成鹏)

■概况

截至12月31日,华北电力大学资产总额445 498.77万元(其中保定148 359万元),固定资产314 601.42万元(其中保定116 306)、流动资产97 106.46万元(其中保定20 899万元),负债总额21 113.69万元(其中保定6 561万元),其中银行贷款4 360万元(其中保定0万元);净资产总额424 385.08万元(其中保定141 798万元)。总收入178 787.58万元(其中保定60 664万元),总支出168 346.77万元(其中保定57 534万元)。中央高校发展长效机制补助专项项目支出3 000万元,中央高校改善基本办学条件专项项目支出11 500万元(其中保定5 000万元),中央高校化债奖补专项项目支出1 200万元。

(李成鹏　石　峥)

■条目

【完成竣工结算】2014年,学校完成了西区综合楼工程项目以及13号学生宿舍、高电压大电流实验室的财务结算工作，根据教育部要求，编制完成数理学院楼C座、控制和计算机学院楼E座、综合办公楼D座、13号学生宿舍以及高电压大电流实验室共5栋楼的《基本建设财务竣工决算报告》，通过中天恒会计事务所审核，正式上报教育部规划司，通过了基建财务决算审核。五栋楼正式办理了固定资产移交及报增工作，增加学校固定资产56,170万元。

（张冬媛　汤石雨）

【出台《华北电力大学科研经费管理办法》】7月11日，根据《国务院关于改进加强中央财政科研项目和资金管理的若干意见》（国发〔2014〕11号）、《关于调整国家科技计划和公益性行业科研专项经费管理办法若干规定的通知》（财教〔2011〕434号）、《教育部关于进一步贯彻执行国家科研经费管理政策加强高校科研经费管理的通知》（教财〔2011〕12号）和《教育部　财政部关于加强中央部门所属高校科研经费管理的意见》（教财［2012］7号）等文件精神和要求，为进一步加强学校科研经费管理，促进科研事业持续、健康发展，学校结合实际，出台《华北电力大学科研经费管理办法》。

（汤石雨）

【加强非现金结算制度建设】8月，根据《财政部　审计署关于印发〈深入开展贯彻执行中央八项规定严肃财经纪律和“小金库”专项治理工作方案〉的通知》（财监［2014］19号）和教育部《关于转发〈财政部　审计署关于印发深入开展贯彻执行中央八项规定严肃财经纪律和“小金库”专项治理工作方案的通知〉的紧急通知》（教财司函［2014］402号）文件精神，学校对本年度开支的“三公”经费、会议费及培训费业务开展情况进行集中梳理自查，根据实际业务开展情况及自查工作具体要求，加强非现金结算制度建设。

（朱晓林　汤石雨）

【公布业务流程】12月，根据学校业务发展，为了更好的执行新财务制度，财务处印发《财务管理和报销流程》手册，派送至各院系及部门，以便于教职员工财务报销。

（汤石雨）

【提高账务系统信息化程度】

2014年，学校通过多方考察论证，引入天大天财账务处理系统，同时与中国建设银行协商，实现校银直联。

（汤石雨）

审计工作

■概述

2014年，华北电力大学审计工作从学校改革发展的实际情况出发，结合教学、科研、管理工作的切实需要，不断改进工作思路、创新工作方法，依法依规进行审计工作，着力提高审计工作成效，更好地发挥了内部审计的监督保障作用。

2014年，学校按照教育部关于做好高校内部审计工作的有关要求，结合学校发展的实际情况和重点工作，召开了审计工作会议，全面总结2013年审计工作并制定2014年审计工作要点。

2014年，学校认真开展财务收支和预算执行审计，促进了教育资金的规范管理和资金使用效益的提高，并针对被审计单位在制度建设、财务管理、资产管理中存在的不足提出审计意见和建议。

2014年，学校扎实开展科研经费审计工作，保障科研经费的安全合理使用。重点审查科研项目经费支出是否合理、资产管理是否完善、预算执行是否到位、外委协作是否规范等内容，并将科研经费审签、审计调查和专项审计结合起来，针对审计过程中发现的问题发表审计意见，突出科研经费审计工作的服务性和建设性。

2014年，学校认真开展领导干部离任经济责任审计，针对领导干部任职期间院系（部门）发展、责任人遵守经济法规和贯彻国家方针政策、“三重一大”制度执行、与领导干部履职有关的管理决策等经济活动效益、遵守相关廉洁规定等方面情况，有计划地实施审计工作，对领导干部履职情况进行客观公平的评价，并依据审计结果，针对经济责任人所在部门、学院的制度建设、财务管理、资产管理等方面提出审计意见和建议。

2014年，学校积极探索高校内部控制审计，在完成后勤服务集团财务收支审计的基础上对其内部控制有效性发表审计意见，出具内部控制审计报告和管理建议书，分别从单位层面和业务层面提出改进意见和建议。

2014年，学校开展综合教学楼二期建设工程跟踪审计。此次审计重点对工程量清单及招标控制价的编制、施工总承包招标文件、投标文件及合同进行审核，剖析工程造价管控的关键点、难点、薄弱点及其对造价管控的影响程度，为该项目的顺利进行提供审计意见和建议。

2014年，学校严把建设资金结算关，做好基建、修缮工程结算审计。通过全年的工程结算审计工作，为学校节约建设资金。

2014年，学校针对上年度审计项目发现问题的整改情况及审计意见和建议的落实情况开展后续审计工作，检查、督促被审计单位落实整改措施，并提交整改情况报告，促进审计结果的转化和应用。

2014年，学校继续加强审计人员素质培养，注重审计队伍建设。加强思想建设和理论学习和职业道德教育，研究探讨上级文件，把握学校审计工作动态，树立为学校发展服务的大局意识。通过组织审计人员参加有关后续教育和培训及高校审计业务交流活动，以及开展了多种形式的业务学习活动，拓宽眼界、丰富知识、增长才干，提高了业务素质和工作能力。注重加强与中国教育审计学会、教育部直属高校审计协作组、教育部直属高校审计北京片(组)会及兄弟院校之间的业务交流和理论研究，不断提高审计人员业务水平和理论修养。

（白　静　张继红　唐　成）

概况

2014年，华北电力大学审计处与纪委办公室、监察处实行合署办公，两地共有工作人员13人，其中硕士生学历3人，本科学历10人。共有副高级专业技术职务5人，中级专业技术职务4人，初级专业技术职务4人。

2014年，学校开展科研经费资金管理与使用情况的审计，全年完成横向和纵向科研项目经费审签86项、专项审计24项，审计科研经费总额4 751万元。

2014年，学校在总结综合教学楼一期工程跟踪审计经验的基础上，开展综合教学楼二期工程跟踪审计，完成该项目的工程量清单和招标控制价编制的审核，施工总承包招标文件、投标文件及合同的审核，出具了审核报告8份。

2014年，学校完成基建、修缮工程结算审计116项，送审金额为7 515万元，审减294万元，审减率3.91%。其中基建项目6项，送审金额为1 584万元，审减73万元，审减率4.61%；修缮项目110项，送审金额为5 931万元，审减221万元，审减率3.73%。同时完成施工合同、工程预算审核共计5项。

2014年，学校继续落实审计人员定期学习制度和后续教育制度，安排业务培训8人次，促进审计人员知识更新和专业技能改进。

（白　静　张继红　唐　成）

条目

【召开党风廉政建设暨纪检监察工作会】3月，学校召开了2014年党风廉政建设暨纪检监察审计工作会，回顾总结了2013年学校纪检监察审计工作，部署了2014年的工作任务。

（白　静　唐　成）

【完成科研经费管理专项调研】4月，在科研经费专项审计和结题审签项目中，选择规模较大、问题较为典型的科研项目进行专项调查，总结归纳出具有代表性的相关问题，从政策、制度和执行等方面全面分析问题产生的深层次原因，提出解决问题的对策，突出审计在科研经费管理工作中的建设性和服务性。

（白　静　唐　成）

【北京工商大学来校调研】6月6日，北京工商大学纪委副书记、监察处处长潘伯洲、审计处处长张国龙等一行五人来校调研交流，学校纪委办、监察处、审计处、招标中心等相关部门负责人接待来访人员，并就招标监察工作与北京工商大学的各位同仁进行深入探讨。

（白　静　唐　成）

【开展图书馆中央空调维修保养跟踪审计】9月，学校对保定校区图书馆中央空调维修保养开展跟踪审计。

（白　静　张继红　唐　成）

【完成4部门预算执行审计】10月，学校完成保定校区电力系、法政系、科技处、团委2013年预算执行情况的审计，审计资金488.81万元，提出审计建议9条。

（白　静　张继红　唐　成）

【完成科技学院收支审计】10月，学校完成保定校区科技学院2013年度财务收支审计，审计资金1.45亿元，提出审计建议6条。

（白　静　张继红　唐　成）

【开展综合教学楼二期建设工程跟踪审计】11月，学校完成综合教学楼二期建设工程工程量清单和招标控制价编制的审核，施工总承包招标文件、投标文件及合同的审核，出具审核报告8份。

（白　静　唐　成）

【完成校医院财务收支审计】12月,学校完成校医院2012年1月1日至2014年10月31日年度财务收支审计,审计资金961万元,提出审计建议3条。

(白　静　唐　成)

【完成后勤服务集团财务收支及内部控制审计】12月,学校完成后勤服务集团2012、2013年度财务收支审计,审计资金3757万元,提出审计建议6条。

(白　静　唐　成)

【完成后勤服务集团内部控制审计】12月,学校完成后勤服务集团内部控制审计,对其财务信息的编报情况以及制度风险点和业务风险点进行分析和评价,对其内部控制有效性发表了审计意见。

(白　静　唐　成)

【完成后续审计工作】12月,学校对国际交流中心2011、2012年度经营情况审计报告中提出的相关问题的整改落实情况进行后续审计,要求被审计单位提交整改情况报告,促进审计结果应用。

(白　静　唐　成)

资产管理

■概述

2014年,学校按照教育部财务司关于产权登记工作的整体部署,开展产权登记工作,协调各相关部门完成国有资产产权登记网上填报和纸质材料申报工作。

2014年,学校完善资产管理制度,修订《华北电力大学国有资产管理办法》、《华北电力大学仪器设备管理办法》,制定《华北电力大学固定资产处置实施细则》。

2014年,进一步强化大型贵重仪器设备的共享管理,建成“大型贵重仪器设备的共享管理平台”。

2014年,建成“资产采购管理办公平台”简化物质设备采购流程;建成“固定资产管理平台”,实现资产实物账和财物账的账账相符、账实相符,提高了资产信息化管理和服务水平。

2014年,学校制定《华北电力大学引进人才周转房配置使用实施细则》,为满足学校持续引进人才和实施“大人才”战略提供保障。

(李福顺　何　旸)

■概况

至年底,华北电力大学房屋建筑总面积1 041 854.51平方米,其中:北京校部567 780.92平方米,保定校区474 073.59平方米。仪器设备总计136 743台,价值83 147.02万元,其中:北京校部50 563台,价值44 841.61万元;保定校区86 180台,价值38 305.41万元。

2014年,学校新增仪器设备13 268台,价值12 791.77万元,其中:北京校部6 986台,价值8 186.41万元;保定校区6 282台,价值4 605.36万元。

2014年,学校新增10万元以上设备131台,价值5 834.52万元,其中:北京校部79台,价值4 138.24万元,保定校区52台,价值1 686.28万元;新增40万元以上设备32台,价值3 759万元,其中:北京校部22台,价值2 906.42万元,保定校区10台,价值852.58万元。

2014年,学校北京校部报废仪器设备2 581台,账面价值1 022.78万元,收回残值16.23万元。

2014年,学校北京校部共办理22个项目的进口设备免税手续,金额91.17万美元。

2014年,学校北京校部完成中央政府采购总额为:1 661.35万元,其中协议供货金额:1 144.27万元,网上竞价金额:282.78万元。

2014年,学校总计核发教职工住房补贴1 552.74万元,其中:北京校部1 130.80万元,保定校区421.94万元;总计发放教职工取暖补贴405.93万元,其中:北京校部117.55万元,保定校区288.38万元。

2014年,学校拆除锅炉房及附属建筑物,已收到教育部批示并做销账处理。

2014年,与各单位签订用房协议16份,签署面积共计1 313.38平方米;其中科研用房协议8份,签署面积629.16平方米;基础教学用房8份,签署面积684.22平方米。

2014年,学校继续推进房产资源有偿使用管理工作,北京校部收缴2013年度科研用房使用费114.18万元;大学科技园房租858万元。

2014年,学校围绕学校教学科研工作的需求,全年调配用房11 640平方米,其中校部1 313.38平方米;保定校区10 326.64平方米,保定校区新建实验综合楼21 262平方米配置使用。

(李福顺　何　旸　朱安华)

条目

【完成国有资产相关文件制定及实施】3月26日，学校出台《华北电力大学国有资产管理办法》（华电校资〔2014〕3号）、《华北电力大学仪器设备管理办法》（华电校资〔2014〕4号），制定《华北电力大学固定资产处置实施细则》（华电校资〔2014〕5号）文件。

（李福顺　杜春芳）

【制定周转房配置使用细则】12月23日，学校印发关于《华北电力大学引进人才周转房配置使用实施细则》华电校资〔2014〕17号文件。该细则明确了周转房的配置标准和租金标准，同时对到期腾退、延期续订及违约等均作具体规定。

（李福顺　何旸　杜春芳）

【开展国有资产清查工作】2014年，为了进一步规范国有资产管理，配合《高等学校会计制》的实施，根据《事业单位国有资产管理暂行办法》、《教育部直属高等学校国有资产管理暂行办法》以及《华北电力大学国有资产管理办法》相关规定，自4月起，保定校区开展了一次国有资产清查工作。通过清查工作，对校区各类存量资产进行了清查核实，进一步掌握了资产现状，为今后资产配置工作提供了数据支撑。

（丁相宝　陈文杰）

基建管理

概述

2014年，学校基建管理工作围绕学校中心工作，以工程建设任务为重心，严格控制工程质量，推动项目工期，严把预算结算质量关，不断提高资金使用效益，保证基建工作的年度目标有效完成。

2014年，学校各项基建任务基本按计划完成。14号宿舍楼如期竣工，综合教学楼A座顺利开工，综合教学楼G座开始办理施工许可证，锅炉房煤改气工程完成并按期开始供暖，球场修缮工程暑假如期完工，校园环境得到进一步改善。

2014年，保定校区后勤管理处与基建处、校园规划办公室合并组建后勤与基建管理处，其主要职责是承担基建管理、校园修缮及校园规划工作。2014年，保定校区后勤与基建管理处按照学校后勤管理体制改革要求，坚持目标导向，把握发展方向，在新的体制机制下，规范管理，强化质量，做好后勤基建工作。根据学校的"十二五"规划，结合保定校区的实际情况，编制保定校区修建性详细规划。细化管理，提高质量，加强修缮项目管理、工程材料管理，积极做好工程项目验收的组织工作，配合学校做好项目招标和资金拨付；精心组织，加强监管，完成清真餐厅改造工程、毕业生房间粉刷工程及修缮工程等重点项目建设工作。

（刘　斐　曹宇博　刘　洁）

概况

2014年，华北电力大学北京校部基建处设行政综合管理、项目前期管理、计划及合同管理、工程管理和校园规划管理等职能岗位，有正式员工10人。基建处按照全年工作计划部署，强调抓好质量保证、工期保证和投资控制。

2014年，学校深化后勤管理体制改革后，作为保定校区后勤与基建管理处工程管理的职能部门设置有计划管理科、工程技术科，负责校园规划、修缮工程和基建工程管理，拥有专业工程师、水电气专业管理人员8名。

（刘　斐　曹宇博　刘　洁）

条目

【综合教学楼A座开工建设】12月29日，综合教学楼A座开工建设。该工程位于学校西区最北侧，总建筑面积为32 180.5平方米，地上9层建筑面积为25 865平方米，地下2层建筑面积为6 315.5平方米，建筑高度35米，由北京韩建集团有限公司承建，北京中联环建设工程管理有限公司监理、深圳鑫中建设计顾问有限公司设计。

（刘　斐　曹宇博）

【完成综合教学楼G座项目前期工作】至年底，北京校部综合教学楼G座项目前期工作基本完成，开始办理施工许可证。该工程位于学校西区的最南侧，建筑面积为31 783.6平方米，地上9层，建筑面积为26 018.6平方米，地下2层，建筑面积为5 765平方米，建筑高度35米，由北京城建集团承建，北京华清技科工程管理有限公司监理、深圳鑫中建设计顾问有限公司设计。

（刘　斐　曹宇博）

【锅炉房煤改气项目投入使用】11月15日，北京校部锅炉房煤改气项目投入使用。该项目是在拆除原有燃煤锅炉房的原址上重新建设燃气锅炉房，用于冬季供暖及生活热水服务。新锅炉房建筑面积 1 990 平方米，占地面积 1 345平方米，与老锅炉房占地面积3 600 平方米相比，有效提高学校土地利用率，同时改善燃煤锅炉所造成的环境污染。此外，新锅炉房还配套建设一套烟气余热深度回收利用系统，可以提高能源的利用率，达到节能减排的目的。11 月，锅炉房煤改气项目完成机组调试，11 月 15 日正式供暖。

（刘　斐　曹宇博）

【14 号学生宿舍楼交付使用】9 月 9 日，北京校部 14 号学生宿舍楼竣工并交付使用。该楼宇为博士生宿舍，建筑面积 12 660 平方米，地上设计学生宿舍 284 间，可安置568 名博士生入住。该学生宿舍是学校建设标准最高的宿舍，极大改善博士生的住宿条件。14 号宿舍楼于 2013 年 12 月 5 日开工，历经9 个多月，于2014 年9 月 9 日竣工并交付使用。

（刘　斐　曹宇博）

【完成教学楼外墙保温改造工程】2014 年，学校对第三教学楼外墙进行保温改造。该工程项目是在教学楼外墙粘贴外保温材料以提高建筑物的保温效果，达到节能要求。为不影响第三教学楼的正常教学工作，本项目利用假期进行主体施工，工程于 9 月底完工。经过改造，教三楼节能效果大幅提高，外立面装饰美化效果得到提升。

（刘　斐　曹宇博）

【完成体育场修缮改造工程】2014 年，学校对北京校部体育场进行修缮改造。该工程主要是对篮球馆地面和足球场、网排球场地面进行修缮，确保体育场地和设施的正常使用。为不影响体育课的正常教学，所有工程均在暑假休课期间施工。工程于 7 月开工，9 月竣工交付使用。

（刘　斐　曹宇博）

【清真餐厅改造工程竣工】2014 年，学校对保定校区学生第二餐厅二楼整层进行改造，建设标准化清真餐厅。新建清真餐厅面积 988 平方米，较原清真餐厅面积扩大 800 余平方米，可同时容纳 300 余人就餐，餐厅环境严格按照穆斯林民族风格建设，餐厅设备设施完全依据专业化的餐饮业标准进行全新建设配置。工程于 2014 年 1 月 20 日启动至 3 月 10 日竣工，历时 50 天。在施工过程中，高标准，严要求，认真组织，合理安排，在保证工程进度的前提下，确保工程质量。经过全体工作人员的通力协作，清真餐厅整体改造工程提前竣工，并顺利通过学校相关部门验收。

（刘　洁）

【获河北省建筑工程安济杯奖】2014 年，保定校区实验综合楼获河北省建筑行业工程质量最高荣誉奖“河北省建筑工程安济杯奖（省优质工程）”。该工程采用新型环保节能材料，并申请河北省建筑节能与结构一体示范项目奖励基金。10 月，该工程通过了河北省住建厅、河北省财政厅、保定市住建局和保定市财政局等专家和领导组成的验收，获奖励资金 25 万元。

（刘　洁）

信息化工作

■概述

2014 年，学校“一卡通”项目一期工程基本完成。一期建设的身份识别，校内消费以及自助查询类应用全部上线使用，并发布《华北电力大学校园一卡通管理办法》、《一卡通商户管理实施细则》等支撑性文件。校园“一卡通”全部上线使用后真正实现“一卡在手，走遍校园”，有效提升学校信息化管理水平。

2014 年 6 月，学校启动数字化校园建设。至年底，校园信息门户、学工系统、人事系统基本建设完成，大部分应用系统已集成至信息门户平台，工程预计 2015 年上半年完成。

2014 年，学校从网络信息系统安全管控和网络信息内容安全管理两方面出发，建立具有华电特色的网络信息安全综合管控体系。开展主题鲜明的网络信息安全应急演练，建设网络信息内容安全监管处置平台和校园网络阵地，提高传统网络与新媒体发声能力，杜绝不实信息影响学校形象。做好重点时期信息安全防范工作，开发改进“安全上报平台”。强化 web 防火墙网站防护与规则配置优化，建立长效安全上报机制。“两会期间”安全防护工作启动“零报送”工作机制，健全提升网站安全管理人员队伍，组织并召开全校信息化助理培训会，提升实操技术水平。梳理学校网站建设总体情况，逐一配置 web 防火墙网站防护规则；对部分“带病”运行二级网站进行安全加固，关闭对外开放端口，严格确保重点期间学校网站安全稳定运行。

2014 年,学校加强网站信息安全技术攻防研究与安全队伍体系制度深化建设,完成站群统一平台建设和站群后期网站建设。"站群"部门二级网站功能调整优化,对"新闻中心"、"校友办"、"校企合作办"、"体育教学部"、"新能源重点实验室"等 10 余个部门,完成网站上线后续调整建设,将"国际合作处"、"金工实训中心"、"生物质发电"、"能动学院"网站进行改版或新建。

2014 年,根据《华北电力大学网站建设与管理规范》(华电校信〔2013〕3 号)文件,保定校区开展"2014 年网站信息建设实施计划"。3 月至 4 月,各单位主管领导、信息管理员、学生兼职网络信息员三支队伍建设完成;5 月,各单位确定网站信息建设规划和任务;6 月至 10 月,各单位做好网站重新设计制作、信息更新、安全测试等工作;11 月,组织"培育和践行社会主义核心价值观,引领网络文化健康发展"信息员培训,用科学的理论作指导,进一步做好网络信息监控与信息安全工作。11 月至年底,自查报告完成,开展网站评比工作。各二级网站按照标准,对照不足,有针对性的进行了升级和改版,网站建设、管理、应用三个维度都有了较大改善,学校的信息化水平和宣传水平得到整体提高。

2014 年,按照教育部要求完成高等教育统计工作,组织全校 20 余个部门完成北京校部和保定校区高等教育统计共 81 张高基表的填报工作;完成北京统计直报网关于《调查单位基本情况》《非工业单位能源消费情况》《非工业水消费》《信息化情况》《体育健身情况》《可再生能源利用情况》《劳动工资统计》《财务统计》等报表的上报工作;为校内各单位提供了 20 余次统计数据查询服务;评选出 10 个先进集体和 22 名优秀个人。学校获北京市教育事业统计工作集体一等奖。

2014 年,学校组织召开全校信息公开工作会议。完善信息公开制度及流程,并对学校信息公开网站进行全面升级改版;细化栏目设置,协调全校二级部门优化公开清单。自主研发"华电校信通"APP 应用,成为信息时代华电师生获取学校各类信息的特色渠道;充分利用人人公共主页,微信平台等新媒体宣传阵地配合信息公开工作的深入推进,获得学生的广泛关注与好评。做好学校重大决策和师生关注的重点信息公开,丰富形式内容,拓展传播媒介,增强公开主动性。撰写完成《华北电力大学 2013 - 2014 学年度信息公开工作的报告》并报教育部审核。

2014 年,学校优化办公电话收费模式,梳理号码资源库,建立号码分配实时更新机制。通过对办公电话管理流程的建立、完善与优化,初步建立精细化管理体系,从而提高了管理水平,为今后办公电话的管理工作奠定基础。

(牛辰昊　赵颖涛)

■概况

2014 年,华北电力大学信息化建设与管理办公室实行北京、保定两地一体化管理,有主任 1 人、副主任 2 人,其中北京校部 5 人、保定校区 2 人。工作人员中博士学位 1 人,硕士学位 6 人;高级工程师 1 人,副教授 1 人,讲师 1 人,工程师 2 人,助理工程师 2 人;具有国家统计从业人员资格统计人员 4 人。

2014 年,学校加强网站建设与管理工作,实现站群统一平台建设。共计完成校内 50 余个单位站群网站改版与迁移建设,10 余个二级网站上线后续调整建设。通过技术手段强化并配置了 40 余个"站群"二级网站防篡改功能的有效性。完成了网站群建设推广及网站规范化、标准化、制度化建设,有效提升学校网站建设管理与安全运行水平。

2014 年,学校通过梳理各单位电话号码清单,并设置办公电话管理员,优化收费模式等措施,提高工作效率和办公形象。对无人使用的 8079 号码进行彻底清理,避免办公经费流失。至年底北京校部有办公电话 1 550 余部。

2014 年,学校按照教育部要求做好信息公开工作,对学校信息公开网站进行全面改版,细化调整了栏目设置,协调全校二级部门整理公开清单,匹配了清单的 10 项 50 条内容。通过信息公开网主动公开信息 641 条。

2014 年,在学校办公平台运行维护工作中,共计办理新员工入职报到账户 23 次,解决部门领导和人员调动账户权限调整、用户名密码重置以及其他各类"文件无法打开","发文流转无法编辑","校外办公平台登录"等问题 100 余次。

2014 年,完成上报高等教育统计与社会统计工作等相关报表 100 余张,为校内各单位提供各种相关数据 20 余次。

2014 年,华北电力大学网络信息科技协会共有指导教师 5 人,学生信息员 50 人,协助校内各部门对 50 余个网站进行运行维护,组织信息化相关培训 80 余人次。

(牛辰昊　赵颖涛)

■条目

【推进"一卡通"项目建设】1 月 7

日至8日，学校召开校园“一卡通”应用培训介绍会，按照学校“一卡通”项目建设计划安排，针对师生关注的“一卡通”项目进度情况进行通告。2月20日，一卡通食堂部分上线运行，5月，一卡通一期全部上线使用；一期的建设内容主要包括身份识别，校内消费及自助查询等应用，学生手持校园卡便能在校园内方便快捷的完成就餐、超市购物、用水用电、图书借阅、上机、医疗、学费缴纳、学籍注册、自助缴费等活动。基本实现了师生“一卡在手，走遍校园”，有效提升信息化管理水平，夯实数字化校园建设基础。6月4日，学校召开校园“一卡通”总结暨“数字化校园”建设启动会，汇报一期项目建设成果。至年底，全校共计发放2 000余张教工卡，16 000余张学生卡。

（牛辰昊　赵颖涛）

【开展数字化校园建设工作】3月至4月，学校信息办赴北京理工大学、北京体育大学开展数字化校园工作调研；同期，信息办联合网络与信息中心深入各院系开展相关工作调研。6月，学校召开“数字化校园”项目建设启动会，明确数字化校园总体架构以及一期建设内容，优化项目实施计划方案与流程。同时，为保证数字化校园工程建设的顺利推进，学校成立“数字化校园”项目建设工作协调小组。华北电力大学副校长孙忠权任组长，各参与部门的行政负责人为协调小组成员。经过需求调研分析、系统分析和研发、测试部署等多个环节，至年底，完成部分“数字化校园”的应用。

（马新科）

【开展“网络安全精彩一课”教育活动】12月2日，信息办联合学生处共同举办“网络安全精彩一课”活动。该活动邀请到银行卡检测中心信息安全专家张策主讲。通过举办该活动，使广大师生提高自身防范意识和防范能力，学会如何在被网络覆盖的社会中，更好的保护自己的个人信息及财产安全。

（牛辰昊　马新科）

【举办网络信息员培训】11月19日，保定校区信息办联合宣传部、网管中心组织“培育和践行社会主义核心价值观引领网络文化健康发展”主题培训。培训讲座邀请到政教部张乃芳作“社会主义核心价值观与网络文化”专题报告。学校各单位专职信息员和学生兼职信息员60余人参加培训。

（赵颖涛）

【完成信息安全综合体系建设】2014年，信息办完成北京市文保总队分配的“北京市安全上报平台”每日报送任务。“两会期间”共签订50余份网络安全责任书，强化信息化助理网站安全管理责任意识。通过在新信息安全形势下对上报需求进行重新梳理与优化；开发改进“网站安全上报平台”，建立学校网络信息安全长效上报机制，形成重点时期日报，平时周报的日常信息安全上报制度。并在重点时期，从站群与非站群两个方面分别就学校各单位50余个二级网站，协调web防火墙厂商制定防护规则，并通过SQL注入等渗透测试，逐一验证、修订防护规则有效性；通过技术手段强化并配置40余个“站群”二级网站防篡改功能的有效性，形成强化站群“防篡改”系统技术防护机制。

（牛辰昊　马新科）

【获全国高校百佳网站称号】2014年，华北电力大学中文主页获第七届“全国高校百佳网站”称号，英文主页获“最佳外文主页奖”。该评选活动由教育部思想政治工作司指导、教育部中国大学生在线主办，自2014年7月启动以来，各地教育部门高度重视，历时6个月，共有29个省市区组织开展相关评选活动，395所高校参与评比。华北电力大学中英文主页凭借简约大气的设计、统一的格调和内容更新频度、良好的用户体验，赢得评委青睐，同时获第七届“全国高校百佳网站”和“最佳外文主页奖”，成为本次获两项荣誉的极少数高校之一。

（牛辰昊　马新科）

【获北京市教育事业统计工作一等奖】9月，北京市教委召开2014年北京市高等教育事业统计工作布置会。会上对2013年教育事业统计工作质量评估优秀集体和个人进行表彰。华北电力大学继2011、2012年之后再获北京教育事业统计工作质量评估优秀集体一等奖。信息办孙培燕获优秀个人二等奖。

（牛辰昊　赵颖涛）

档案工作

■概述

2014年,华北电力大学档案工作贯彻落实《高等学校档案管理办法》(27号令),在规章制度建设、基础档案建设、档案信息化建设、档案设备管理、档案装具循环利用、档案宣传、档案服务等方面进一步创新,档案管理进一步规范,服务水平明显提高。

2014年,学校出台《华北电力大学档案管理违法违纪行为处分规定》,明确将档案管理工作纳入管理岗位的岗位职责描述和年度考核以及岗前培训。明确将本岗位产生或对外交往形成的材料据为己有、拒绝档案立卷或归档、不按照学校规定按时归档等档案违纪违法行为进行处罚。

2014年,学校在档案信息化建设工作方面取得进展,“华北电力大学档案管理综合平台”进一步优化。基础档案管理系统、音视频档案管理系统、实物档案管理系统、照片档案管理系统等多个管理软件完成第一期数据库建设。

2014年,学校档案馆档案摄影工作室和档案图文加工室,继续面向全校开放和服务,为各单位的声像档案归档及图文加工提供便利。

2014年,鉴于以往档案盒因人工书写、涂改等造成装具浪费等现象,档案馆对档案盒进行重新设计,采取更换背脊标签的方式,实现卷盒循环再利用,节约装具采购费用支出。

2014年,学校创新档案服务模式,实行远程网络查档和校内公务查档上门送档服务,为广大师生查档提供便利。

2014年,在档案宣传及档案法律法规普及方面,积极配合国家档案局开展国际档案日宣传服务活动。通过实地参观档案馆、举办档案知识培训、发放档案法律法规读本等方式,对新入职教职员工集中进行档案培训,提高新员工的档案法律意识和责任意识,落实管理岗位文书档案“谁产生谁归档”和教育部关于“以件归档”的机制和要求;通过现场宣讲、发放《档案馆服务卡》等方式,对广大新生进行校史档案宣传教育。

2014年,学校积极参加全国及省市级档案工作研讨与业务交流活动,充分利用北京高校档案研究会及中档会等业务交流平台,向北京市及其他省市兄弟院校介绍学校档案管理成果,并学习高校档案界先进的管理理念与管理经验。

2014年,学校按照《教育部办公厅关于做好2013年度部属高校档案统计年报工作的通知》的文件要求完成2013年档案统计年报工作。

2014年,在史志鉴工作方面,《华北电力大学年鉴2013》由中国轻工业出版正式出版发行,编校质量进一步提升;按北京市史志办的要求,完成北京教育志编撰委员会第二次修志材料上报工作;顺利完成《中国教育年鉴》、《中国电力年鉴》稿件报送工作。

(王振华)

■概况

华北电力大学在北京校部设立档案馆,在保定校区下设档案室,两地档案业务管理实行一体化,档案业务管理按照全宗划分管理;两地档案工作管理实行属地化管理,保定校区档案工作划归校长办公室管理。档案馆既是学校档案业务管理部门,也是学校档案工作管理的职能处室。

2014年,学校有档案工作人员14人,北京校部11人、保定校区3人。

2014年,学校档案馆藏包括北京电力学院、河北电力学院、华北电力学院(01全宗)、北京电力管理干部学院、华北电力学院北京研究生部(02全宗)、北京水利电力经济管理学院、北京动力经济学院(03全宗)、华北电力大学北京校区(04全宗)、华北电力大学保定校部(05全宗)、华北电力大学北京校部(06全宗)、华北电力大学保定校区(07全宗)共7个全宗,共计125 483卷、照片档案14 639张、馆藏资料2 150册。

2014年,学校档案业务指导和培训100余人次。全年共计接收各类档案4 754卷,705件。照片档案880张。全年利用档案1 974卷。

2014年,学校《华北电力大学年鉴》2014卷由中国轻工业出版社出版。

2014年,完成档案、年鉴工作先进单位及先进个人评比表彰活动。共评出档案工作先进单位19个、先进个人17名;评出年鉴工作先进参编单位29个、先进个人52名。

(王振华)

■条目

【获批河北省档案科技立项】3月,河北省公布《2014年度河北省档案科技项目计划》，其中华北电力大学获批立项1项，该项目由学校档案馆组织，档案馆档案学术顾问、机械系谢海洋牵头申报。

（王振华）

【举办校史校情知识比赛】4月30日，学校举办第四届校史校情知识比赛。本次大赛通过笔试选拔，择优确定6个小组共18人进入决赛，决赛设校史校情PPT展示、必答题、风险题、抢答题、亲友团及观众互动、文艺表演等环节，由党办校办、宣传部、教务处、学生处、团委、国际教学院、档案馆等部门老师组成评委组对大赛进行点评，共有4支代表队分获一、二、三等奖及优秀奖。具体赛事由大学生校史电力史研究会承办。

（王振华）

【出台档案违法违纪处分规定】11月20日，华北电力大学印发《档案管理违法违纪行为处分规定》并正式施行。该规定经2014年第8次校长办公会审议通过，旨在促进学校依法依规开展档案工作，预防和惩处档案建设、管理和利用等方面的违法违纪行为，有效保护和利用学校档案。该规定首次将档案管理工作纳入教职员工年度考核，并对将本岗位产生或对外交往形成的材料据为己有，拒绝档案立卷或归档，不按照学校规定按时归档，或影响本科室、本单位整体归档进度，调离岗位未自觉完成材料移交或归档，利用职务之便阻挠、反对、刁难、故意延误或拒绝档案审核签字等，导致本单位本科室人员无法正常归档或归档不完整，或给未完成岗位材料归档或移交人员办理调离手续，因分工不明确导致档案损毁或丢失，个人、科室或单位未经档案馆审批而擅自销毁档案或重要材料，未经学校档案部门授权擅自开具档案证明等档案违纪情形及相关处罚进行明确规定。

（王振华）

【出版发行第13卷年鉴】12月1日，《华北电力大学年年鉴2013》（2014卷）由中国轻工业出版社正式出版发行，该卷年鉴是学校第13本年鉴，首印900册。全书共计1 700千字、16张彩色插图，全面体现了学校2013年的工作重点和在教育教学、科学研究、国际交流、人才培养等方面的建设成果。

（王振华）

【启动口述档案工作】2014年，华北电力大学口述档案工作正式启动。档案馆设立口述档案录制室，开展口述档案的征集加工和保管工作。至年底，已完成第一批共计12人（顾慰慈、茅承觉、王良元、曾闻问、杨以涵、高之櫟、彭森、翟东群、孟昭朋、谈德茂、孙国柱）的口述档案录制和整理归档工作。

（王振华）

招标管理

概述

2014年，华北电力大学招标中心围绕学校“十二五”发展规划中关于构建现代大学制度，建立科学、规范、精细的招标管理体系为工作目标，完成了各项招标工作。

2014年，针对群众路线教育实践活动中的意见和建议及对高校招标活动的特点和原则的深入研究和探讨，通过走访其他高校，在广泛征求项目建设单位和相关业务主管部门意见和建议，对《华北电力大学招标管理暂行办法》（华电校招[2012]1号）条款作出修订，4月2日《华北电力大学招标管理暂行办法（修订）》（华电校招[2014]1号）发布并执行。

2014年，学校对校内评标专家在近两年评标过程中的履职情况进行考评并完成续聘工作。为提高专家的专业素质下发了《招标投标法律法规解读评析》—评标专家指南。

2014年，学校组织并完成“综合楼A座监理”、“综合楼G座监理”等服务类项目公开招标共12次（北京12次）；组织并完成“综合教学楼A座施工”、“综合教学楼G座施工”等工程类项目公开招标共43次（北京35次、保定8次）；组织并完成“电低压撞击器采购”、“中文图书采购”等货物类项目公开招标共95次（北京36次、保定59次）；

学校组织并完成了“校园网接入互联网宽带服务”等服务类项目邀请招标共2次（北京2次）；

学校组织并完成“一校区集中供热设计”等服务类项目单一来源谈判共1次（保定1次）；“锅炉房煤改气配电箱拆改项目”等工程类项目单一来源谈判共2次（北京1次，保定1次）；组织并完成“粉尘气溶胶发生器采购项目”、“ARM11教学科研平台采购”等货物类项目单一来源谈判

共20次(北京6次、保定14次);

学校组织并完成"电网地磁感应电流(GIC)直流偏磁监测系统采购"货物类项目竞争性谈判共7次(北京1次、保定6次)等。

(冯海群　周泽　吴学辉)

概况

2014年,华北电力大学公开招标150次(北京校区83次、保定校区67次),公开招标预算金额44 847.76万元(北京校区39 635.50万元,保定校区5 212.26万元),中标金额40 407.89万元(北京校区35 840.91万元,保定校区4 566.98万元),中标金额比预算金额减少4 439.88万元(北京校区中标金额比预算金额减少3 794.59万元,保定校区中标金额比预算金额减少645.29万元),中标金额是预算金额的90.10%(北京校区中标金额是预算金额的90.43%,保定校区中标金额是预算金额的87.62%);

学校组织邀请招标2次(北京校区2次),预算金额220万元,中标金额220万元;

学校组织单一来源谈判23次(北京校区7次、保定校区16次),预算金额655.19万元(北京校区184.90万元,保定校区470.29万元),中标金额626.61万元(北京校区173.90万元,保定452.71万元),中标金额为预算金额的95.64%(北京校区94.05%,保定校区96.26%);

学校组织竞争性谈判7次(北京校区1次、保定校区6次),预算金额332.70万元(北京校区68万元,保定校区264.70万元),中标金额299.11万元(北京校区67.0万元,保定校区232.11万元),中标金额为预算金额的89.90%(北京校区中标金额为预算金额的98.53%,保定校区中标金额为预算金额的87.69%)。

总体而言中标金额比预算金额共降低4 502.05万元(北京校区3 806.59万元,保定校区695.46万元),比预算金额减少9.77%(北京校区减少9.49%,保定校区减少11.69%),有效提高了学校资金的使用效率,降低了项目成本。

(冯海群　周　泽　吴学辉)

条目

【完成招投标管理信息系统数据采集录入工作】2014年,学校完成了2014年招投标管理信息系统数据录入工作,实现项目信息、专家信息、供应商信息相互的关联和对每个项目各流程全部信息的查询,统计和分析,促进学校招标工作公开、透明、主动接受各方监督。

(冯海群　周　泽　吴学辉)

□学科与学位建设　教育教学

EDUCATION, TEACHING AND ACADEMIC SUBJECTS BUILDING AND DEGREE MANAGEMENT DEGREE AFFAIRS

○综　　述

2014年,学校创新人才培养机制,着力加强国家精品课程、国家规划教材、国家实验教学中心和研究生联合培养基地建设,强化了教师培训力度,建立了三级教学名师资源体系,全面构建能源电力高等工程创新人才培养体系。学校深入落实2013版人才培养方案,完善研究生教育改革总体方案,新增1个本科专业、2门国家级精品课、2部“十二五”国家级规划教材;电力工业全过程仿真实验教学中心入选首批国家级虚拟仿真实验教学中心;与云南电网公司共建的研究生工作站获评全国示范性工程专业学位研究生联合培养基地;电气工程及其自动化专业顺利通过教育部工程教育专业认证;学校获批国家级专业技术人员继续教育基地。教育教学质量不断提高,创新人才培养成效显著。学生在思想品德、学科竞赛和创新创业大赛中成绩突出,获国际、国家级奖励375项,省部级奖励450项。其中,全国研究生和大学生数学建模竞赛、全国大学生节能减排大赛等赛事中一等奖数量位居全国高校前列。学生创行团队在34个国家参赛的“创行世界杯”大赛中获全球总冠军。

2014年,华北电力大学高度重视继续教育的发展,不断强化战略举措、创新发展模式、完善管理体系、整合办学资源、保障培训质量,充分拓展继续教育的空间范围,努力加强继续教育的研发和创新,提高继续教育的专业性、实践性和实效性,面向电力行业打造继续教育新高地,全面提升学校继续教育的社会竞争力和贡献度。非学历继续教育工作迈上新台阶。学校获批人力资源和社会保障部国家级专业技术人员继续教育基地。学校国家级继续教育项目取得突破,先后承办国家人力资源和社会保障部的先进核电技术及核安全研究前沿、智能电网关键技术、现代信息通信技术与创新融合等三期国家专业技术人员知识更新工程高级研修班,培训学员主要是来自全国电力企业、科研院所的高层次、急需紧缺和骨干人才。成人学历教育工作稳步发展。学校进一步规范成人学历教育的教学管理,加强校外教学站点的建设,规范合作办学,加强收费管理,加强师资队伍的建设和管理,强化质量监控,努力提高教学质量。同时,学校积极拓展成人教育办学空间,合理调整函授站点布局,保证成人高等教育规模的稳步增长。网络教育取得实质性进展。中国电力行业远程继续教育网正式投入运行。继续教育模式创新取得新进展。学校紧密结合社会实际需要,积极组织教育教学力量,推出职业继续教育与传统学历教育相结合的教育项目,以职业证书与学历证书相结合,从单纯的学历教育向多层次、多渠道、多门类的多元化办学模式转变。

2014年,在艺术教育教学方面,开展各类艺术课程10余门,内容涉及音乐、美术、舞蹈、戏剧等各类艺术门类,由本校艺术教师专职授课,同时聘请知名艺术专家担任客座教授或兼职教授,满足广大学生提高艺术修养的需求。在精品化方面,充分调动多方面力量开展各类“高雅艺术进校园”文化活动。邀请北京歌舞剧团、北京市曲剧团、中国歌剧院等艺术团体来校演出。同时应邀参与中央电视台等节目录制,提高了学校艺术教育水平。在专业化方面,充分发挥专职教师的作用。合唱团、舞蹈团、话剧团、曲艺团均由专职教师负责,提高大学生艺术团的专业化水平。2014年,学校艺术教育取人喜人成绩,大学生艺术团登上多个重要舞台展现才艺,2014年作为国家汉办推选出的高校代表赴美国大学举行高水平巡回演出。

学科建设

■概述

2014年,学校继续坚持以学科建设为龙头,突出学科建设的顶层设计,全面加强学科调研和规划工作。通过不断丰富和推进“大电力”特色学科体系建设,传统优势学科、新兴能源学科、文理学科之间以强带弱、优势互补、交叉互动、互相促进,带动学科整体水平的快速提升。学校“211工程”经历了“九五”、“十五”和“211工程”三期三个阶段的建设,为了总结学校“211工程”的建设,制作了“211工程”总结画册;以第三轮全国学科评估为契机，对全校23个一级学科进行全方位多角度对比分析，摸清家底、寻找差距，完成《第三轮全国学科评估分析报告》、《全国一流学科分析报告》和《电、动创一流学科调研报告》三个研究报告，为下一步的学科规划工作提供支撑；把握环境和化学学科发展新机遇，先后成立环境与化学工程系和环境研究院，整合优势资源，为环境学科的未来大发展创造良好条件；新增公共管理（MPA）和应用统计（MAS）2个硕士专业学位授权点。

（张　磊　王庆华）

■概况

至年底，学校拥有2个国家级重点学科，25个省部级重点学科；5个博士后科研流动站；5个一级学科、30个二级学科博士学位授权点；23个一级学科、123个二级学科硕士学位授权点；8个专业学位类别，11个工程硕士授权领域。

（张　磊　王庆华）

■条目

【制作“211工程”总结画册】2014年，为总结学校“211工程”的建设成果，学科办设计制作了“211工程”总结画册。该画册全面回顾“九五”、“十五”和“211工程”三期的建设历程，重点总结“211工程”三期的建设成绩和存在问题，记录学校学科建设二十年来所发生的根本性变化，是学科建设的重要档案材料。

（张　磊　王庆华）

【编写学科评估分析报告】2014年，以第三轮全国学科评估为契机，学校编写了《第三轮全国学科评估分析报告》、《全国一流学科分析报告》和《电、动创一流学科调研报告》三个研究报告，从不同角度对全校学科建设进行分析。《第三轮全国学科评估分析报告》从国内、学科内、校内等三个角度对全校23个一级学科进行了各项指标对比分析。通过对比分析，找出了学校23个一级学科与国内其它高校在各项指标上的差距，并确定各学科相对优势指标、基本持平指标、相对劣势指标。同时，报告从宏观到微观，从定量到定性，从不同层次和角度分析了学校的整体情况和发展状况，以期为学科建设与发展提供参考。《全国一流学科分析报告》按照学科评估总积分的方式对全国高校进行分类排名，将全国学科排名在第一档和第二档的学科进行分析，明确学校在全国高校和工科高校的实际位置。报告按照“985工程”高校、“211工程”高校、“非211工程”高校进行分类，找出了学校的差距，明确了学校下一步学科建设的目标。《电、动创一流学科调研报告》详细分析了电、动两个学科在学科整体水平、师资队伍、学科资源、科学研究和人才培养方面取得的成绩和存在的主要问题。并根据学校确定的高水平大学建设的“三步走”战略和“六项战略任务”，制定详细的建设目标和建设任务分解表，并根据目前学科建设存在的有关问题，提出相应的意见和建议。

（张　磊　王庆华）

【开展新兴能源学科规划工作】9月，为满足国家重大需求，进一步丰富“大电力”学科体系，催生新的学科增长点，推动学校整体水平的协调发展，学科办与相关院系开始开展新兴能源学科规划的论证工作。至年底，初步完成《可再生能源学院学科建设计划（2014－2020年）》、《核科学与工程学院学科建设计划（2014－2020年）》和《环境与化学工程系学科建设计划（2014－2020年）》。

（张　磊　王庆华）

【开展学科分析服务系统调研论证】10月，学科办开展了基于INCITES和ESI的学科分析服务系统的调研论证工作。通过开发学科评估评价系统，基于ESI和Incites数据库的联合使用，有助于了解学校各学科发表的论文数量及发展趋势；具体某一研究领域中哪些论文具有较高影响力；哪些研究人员具有较高影响力和较大发展潜力；哪些学科有可能进入ESI全球排行前1%；对本研究机构与同行研究机构进行对比，确定其优势学科；分析机构各领域的研究成果数量，哪些成果影响力最高及哪些学科领域需要加强分析本机构科研合作的开展情况，与哪些机构的合作具有较高的影响力；分析本研究机构的研究重点变化等情况。

（张　磊　王庆华）

【新增2个硕士专业学位授权点】8月，国务院学位委员会下发了《关于下达2014年审核增列的硕士专业学位授权点及撤销的硕士学位授权点名单的通知》（学位[2014]14号），华北电力大学新增公共管理（MPA）和应用统计（MAS）2个硕士专业学位授权点，学校校硕士专业学位授权类别由6个增加到8个。至此，学校已有工程硕士（ME）、工商管理硕士（MBA）、工程管理硕士（MEM）、资产评估硕士（MV）、会计硕士（MPAcc）、翻译硕士（MTI）、应用统计硕士（MAS）、公共管理硕士（MPA）等8个硕士专业学位类别，其中工程硕士（ME）覆盖电气工程、电子与通信工程、机械工程、动力工程、项目管理、工业工程、物流工程、控制工程、计算机技术、环境工程、软件工程等11个授权领域。

（张　磊　王庆华）

【开展环境研究院筹建论证工作】 9月，围绕国际前沿和国家能源环境领域急需解决的战略性、前瞻性问题，充分整合现有资源与环境领域相关学科的优势资源，以“学科导向、任务驱动”为指导思想，学科办根据学校安排，开展“华北电力大学环境研究院”调研与论证工作。11月，完成华北电力大学环境研究院筹建方案。12月，经校长办公会研究，决定成立华北电力大学环境研究院。环境研究院优化整合校内现有环境学科相关院系、科研机构资源，对现有研究平台及仪器设备等进行整体规划、统筹管理。研究院设立联席会议制度和专家委员会分别作为研究院的决策和咨询机构，下设若干研究所；设立办公室负责日常管理和服务工作。环境研究院人员采用专职聘用与兼职聘用相结合的方式，按照不同层次和岗位实行聘用合同分类管理，建立准入和退出机制。环境研究院作为跨院系、跨学科的开放性二级科研机构，瞄准国际前沿和国家重大需求，努力建成环境领域的基础理论创新研究中心、核心技术研发中心和科技成果转化中心。

（张　磊　王庆华）

【召开学科建设工作会议】 11月19日至20日，学校在保定、北京两地分别召开2014年学科建设工作会议。副校长杨勇平、王增平，校长助理、学科办主任律方成，两校区各院系负责人及学科秘书，人事处、人才办、科研院、教务处、研究生院等相关职能部门的主要负责人，学科办全体人员出席会议。会议由学科办副主任卢占会主持。会议总结“211工程”三期学校学科建设取得的成绩，通过学科评估数据分析学校在学科建设方面与强校存在的差距，明确了学科建设的努力方向。对“十三五”期间国家学科建设的重点项目作了介绍，并对编制学校“十三五”学科建设规划的相关工作作出部署。学科办副主任张磊对学校“十三五”学科建设规划的调研工作和撰写工作作具体解读。杨勇平从三个方面对学校“十三五”学科建设及规划工作作出部署：第一，从未来国家高等教育改革与能源发展的背景下分析了加强学科建设工作的重要意义。第二，提出在“十三五”规划中要把握的四点原则：一要紧密结合“高水平、有特色”的建设目标；二要走内涵式发展道路；三要具备前瞻性和战略性眼光；四要实事求是，针对自身发展，结合历史与现状，找好定位。第三，处理好调研规划中的几个关系：一是人才培养与科学研究的关系；二是优势学科与新兴学科、支撑学科的关系；三是继承与创新的关系；四是“顶天”与“立地”的关系；五是规划与行动、目标与措施的关系。王增平在保定校区会议中指出各院系要牢固树立协同发展的理念，两校区要扬长避短，统筹规划，在协同中谋求发展；要高度重视学科方向的凝练和定位，保定校区要紧密结合学校特色，深入调研努力形成自己的发展定位；各院系要高度重视青年教师的培养，用好现有人才，引进高端人才。两校区各院系的主要负责人分别结合自己院系现状展开交流、研讨，指出各自院系“十三五”规划中学科建设的发展方向、重点与存在问题。

（张　磊　王庆华）

研究生教育教学

■概述

2014年，华北电力大学研究教育教学工作全面落实《关于深化研究生教育改革的意见》（教研[2013]1号）等文件精神，围绕学校的中心工作和育人大局，以“质量”与“创新”为主题，坚持工作要扎实、要创新、要实效的理念，凝聚力量，促进发展，不断健全教育管理规章制度，强化教学环节的过程管理，全面提高研究生培养质量和核心竞争力。进一步完善“华北电力大学深化研究生教育改革的总体方案”，优化人才培养战略布局。改革方案进一步明确了研究生教育定位，优化研究生培养结构调整，完善分类培养机制。博士学位教育着重培养具有国际竞争力的高层次学术创新人才；学术学位硕士教育主要培养学术创新人才，作为博士生培养的补充与准备人才；专业学位硕士教育主要培养具有职业素养、创业精神的高层次专门人才。遴选新博士生导师，进一步实施博士生招生指标动态分配机制，优化生源结构，使在职博士研究生招生比重大幅下降。在充实博士生导师队伍同时,完善博士生导师工作业绩评价工作,将竞争机制引入招生指标分配工作,为提高培养质量奠定扎实基础。校企合作的特色创新培养模式和培养质量受到国家认可,获两项国家级奖励。华北电力大学研究生工作站获第一届"全国示范性工程专业学位研究生联合培养基地"荣誉称号;研究生张薇获第一届"工程硕士实习实践优秀成果获得者"荣誉称号。进一步增加国际交流力度,依托国家公派留学项目和北京市国内外联合培养研究生基地,研究生国际交流人数创历史新高,取得更多国际化、高水平科研成果。高质量超额完成2014年国家留学基金委的公派留学项目,各类项目共资助85名研究生出国进行学术交流。

2014年,党委研究生工作部围绕学校党政中心工作,切实开展队伍建设,探索发挥导师在思想政治教育中作用的新机制,启动以导师为中心的师徒型集体、以导师组(学科所)为中心的博士群集体建设立项研究和试点,有效开展思想、学风和文化建设。扎实推进研究生基层党务建设,开展党支部书记系列培训、党建调研课题立项和无职党员上岗等工作,推进党员先锋工程,强化党员教育,确保思想政治教育的实效和安全稳定。建立和完善研究生奖助体系,构建多层次、全覆盖的奖助体系。

(何　健　赵冬梅)

■概况

2014年,华北电力大学研究生院专职工作人员共29人,其中北京校部16人,保定校区13人。

2014年,华北电力大学招收博士研究生201人,全日制硕士研究生2 315人,在职专业硕士研究生1 725人。至2014年底,华北电力大学具有学历教育研究生7 751人,其中北京校部研究生5 218人(硕士研究生4 166人,博士研究生1 052人),保定校区硕士研究生2 533人。在职专业学位硕士研究生6 818人,其中北京校部3 920人,保定校区2 898人。

2014年,华北电力大学授予131人博士学位,3 241人硕士学位。

2014年,华北电力大学毕业研究生北京校部与保定校区的一次就业率均在98%以上。

2014年,共有5名研究生获校长奖学金;34名博士和153名硕士研究生获国家奖学金;50名博士获优秀博士奖学金;177名研究生获社会奖学金;44名研究生获优秀研究生标兵、695名研究生获优秀研究生、284名研究生获优秀研究生干部等称号;获先进集体荣誉称号的研究生班级30个。此外,面向2014级研究生新增学业奖学金,其中所有2014级全日制博士研究生可获得博士学业奖学金,2014级全日制硕士研究生分别获得研究生学业奖学金一等(40%)、二等(40%)和三等奖学金(20%)。

2014年,积极构建和完善以资助为主的国家助学金、研究生助研助教助管(简称三助)岗位助学金。自2014年秋季学期起,改革原有的研究生普通奖学金体系,将研究生普通奖学金调整为研究生国家助学金,全面提高研究生待遇水平,共有448名博士、6 180名硕士享受了国家助学金(含原研究生普通奖学金),总计2 273.11万元。2014年研究生三助工作全面展开,面向全体博士发放博士助教、助研岗位助学金;设置217个研究生助管岗位,共发放助管岗位助学金76.964万元,鼓励和支持研究生在学校教学、科研、管理与服务中发挥积极作用。2014年,全校研究生共获得奖助学金总额为4 098万元。

(何　健　赵冬梅)

■条目

【完善研究生教育改革总体方案】 2014年,华北电力大学深化研究生教育改革的总体方案进一步完善。该方案明确研究生教育定位,优化研究生培养结构调整,完善分类培养机制。博士学位教育着重培养具有国际竞争力的高层次学术创新人才;学术学位硕士教育主要培养学术创新人才,作为博士生培养的补充与准备人才;专业学位硕士教育主要培养具有职业素养、创业精神的高层次专门人才。

(何　健　赵冬梅)

【获全国示范性培养基地】 9月,全国工程教育指导委员会颁发《关于公布获得第一届"全国示范性工程专业学位研究生联合培养基地"荣誉称号名单的通知》(工程教指委[2014]8号),华北电力大学云南电网公司研究生工作站被评为"全国示范性工程专业学位研究生联合培养基地"。

(何　健　赵冬梅)

【获工程硕士实习实践优秀成果获得者荣誉称号】 8月18日,全国工程教育指导委员会颁发《关于公布获得第一届"工程硕士实习实践优秀成果获得者"荣誉称号名单的通知》(工程教指委[2014]7号),华北电力大学北京校部电气工程领域张薇同学获第一届"工程硕士实习实践优秀成果获得者"荣誉称号。

(何　健　赵冬梅)

【2 项目获研究生教育研究课题立项】2014 年，新能源电力产业发展对未来工程人才培养体系及人才需求影响的研究”（负责人赵冬梅）、“控制工程领域工程硕士实践能力与职业素质协同培养模式的探索与实践”（负责人房方）两个项目获全国工程专业学位研究生教育自选项目。这是华北电力大学工程专业学位教育的新突破。

（何　健　赵冬梅）

【校企合作成果喜人】至年底，学校校企合作取得进展。1 月，华北电力大学神华国华电力有限公司研究生工作站挂牌成立。12 月，学校与广东电网公司签订研究生工作站合作建设协议。研究生工作站数量的进一步增加，将使校企双方携手并进、优势互补、共享发展，在科技成果创新和人才培养等方面实现“双赢”。

（何　健　赵冬梅）

【召开制定教学大纲研讨会】6 月和 10 月，研究生院陆续邀请校内外专家在经济与管理学院、控制与计算机工程学院召开关于制定全日制专业学位研究生专业实践教学大纲研讨会，与会专家分别提出详细建议。此次会议进一步明确专业学位研究生专业实践教学大纲的目标和任务。

（何　健　赵冬梅）

【10 门专业学位研究生课程获资助】至年底，学校共有 10 门专业学位研究生课程获资助。该 10 门课程，在全校遴选产生，力争通过优先建设，进一步优化全日制硕士专业学位研究生的课程结构，加快专业学位研究生课程教学内容、教学方法和手段的提升，形成优质教学资源，对全校课程建设起示范带动作用，提升专业学位研究生教育教学质量。

（何　健　赵冬梅）

【20 项产学研基地联合培养研究生项目获资助】至年底，华北电力大学共有 20 项产学研基地联合培养研究生项目获资助。该项目旨在充分发挥高校和合作单位优势，增强创新能力，提高研究生解决实际问题能力和就业竞争能力，为建设创新型国家和北京建设创新型城市培养高层次的创新人才。

（何　健　赵冬梅）

【赴台开展学术交流】8 月 17 日—8 月 22 日，华北电力大学选拔 10 名博士研究生和 5 名硕士研究生代表组成学术交流代表团，赴台湾大学、台湾交通大学、台湾清华大学、台湾科技大学等四所重要高校和台湾电力公司开展“海峡两岸研究生能源电力学术交流”活动。本次学术交流活动旨在让代表团在交流中开阔眼界、拓宽研究思路，同时让台湾高校师生进一步了解华北电力大学的发展和特色，进一步推动学校与台湾地区高校的合作交流。

（何　健　赵冬梅）

【参加数学建模竞赛获佳绩】12 月 13 日，华北电力大学在第十一届全国研究生数学建模竞赛中获佳绩，共有 38 支队伍获奖，其中一等奖 3 项，二等奖 20 项，三等奖 15 项，参赛队伍和获奖队伍数量均创历史新高，位居全国高校前列。

（何　健　赵冬梅）

【国能中电公司研究生工作站揭牌】12 月 27 日，国能中电公司研究生工作站揭牌仪式暨研究生创新创业项目汇报会在华北电力大学举行。北京国能中电能源有限公司、北京国能中电节能环保技术有限责任公司董事长兼 CEO、中国青年企业家协会副会长、计算机 91 级校友白云峰，盘古智库理事长易鹏，北京兆瑞恒科技发展有限公司总经理，工商管理 2000 级校友杨兆静，党委书记吴志功和双方相关负责人、研究生代表参加会议。

（何　健　赵冬梅）

本科生教育教学

■概述

2014 年，华北电力大学进一步深化教育教学改革，持续推进人才培养机制创新，注重提升教师教学能力和人才培养质量。调研校理事会八家成员单位，深入分析行业企业人才需求，形成《华北电力大学关于本科人才培养的行业企业调研报告》，并建立校企人才培养常态工作机制。深入落实新版本科人才培养方案，全面修订 2013 版课程教学大纲，新增 1 个本科专业；电气工程及其自动化专业顺利通过教育部工程教育专业认证；2 个北京市实验教学示范中心通过验收；2 门课程获评国家级精品资源共享课；2 部教材获评“十二五”国家级规划教材；“电力工业全过程仿真实验教学中心”入选首批国家级虚拟仿真实验教学中心。进一步完善国家、省级、学校三级大学生创新创业训练体系，积极推进大学生创新基地建设。加强教学运行过程管理，加强本科生学籍预警与学业辅导。不断完善教学质量监控与保障体系，编制《本科教学质量年度报告》，推进教学管理信息化。构建三级教学名师体系，2 名教师获北京市高等学校教学名师奖，107 名教师获学校教学优秀奖。持续推动教学研究与改革，省部级教育教学改革立项 18 项，校级教育教学改革立项 260 项。

2014 年，教育教学质量成效显著，创新成果进一步攀升：大学生创新创业训练计划项目立项 599 项、结题 303 项，学生共获专利 116 项，发表论文 132 篇，制作软件或实物作品 188 件。学生参加各类创新竞赛获国际、国家级奖 375 项、省部级奖 450 项。创行团队获创行世界杯全球总冠军，尖峰团队获尖峰时刻全球总决赛全国第一，全国大学生数学建模竞赛获全国一等奖 6 项，再创历史新高。

（孙志凌　陈海燕）

■概况

2014 年，华北电力大学共设自然班 818 个（校部 462 个，保定校区 356 个），其中实验班 41 个（校部 24 个，保定校区 17 个），共授课学时 246 937 个（校部 136 789学时，保定校区 110 148 学时）。

2014 年，学校 5 个项目获批北京市教改立项项目，6 项教改项目入选省级教改项目，2 名教授被评为北京市高等学校教学名师，2 部教材获评国家规划教材，2 门课程入选国家级精品资源共享课，1 实验教学中心获评国家级虚拟仿真实验教学中心。

（孙志凌　陈海燕）

■条目

【获批北京市教改立项项目】 11 月，北京市教委发布《关于批准 2014 年度北京高等学校教育教学改革立项项目的通知》（京教函〔2014〕567 号），华北电力大学获批面上项目 5 个。分别是：基于工程项目的电力电子实验教学体系的研究；加强语言输出能力，培养创新型、国际化卓越工程师；以科研引领教学，以国际化视野培养创新人才；面向能源与动力工程专业创新人才培养的工程热力学课程教学改革；计算机专业核心课程群可视化贯通教学实验平台的建设。

（孙志凌）

【获评北京市高校教学名师】 8 月，北京市教委发布《北京市教育委员会关于公布第十届北京市高等学校教学名师奖获奖名单的通知》（京教高〔2014〕11 号），华北电力大学杜冬梅教授和王学棉教授被评为第十届北京市高等学校教学名师。

（孙志凌）

【2 部教材获评国家级规划教材】 12 月，教育部下发《第二批“十二五”普通高等教育本科国家级规划教材书目》的通知（教高函〔2014〕8 号），华北电力大学崔翔主编的《信号分析与处理（第二版）》、李庚银主编的《电力系统分析基础》两部教材入选。

（孙志凌）

【2 门课程入选国家级精品资源共享课】 12 月 20 日，教育部下发了教高司函〔2013〕132 号文件《关于公布第三批国家级精品资源共享课立项项目名单及有关事项的通知》，华北电力大学王泽忠负责的《电磁场》和李永刚负责的《电机学》入选第三批国家级精品资源共享课立项项目。

（陈海燕）

【获评国家级虚拟仿真实验教学中心】 2 月 19 日，教育部下发了教高厅函〔2014〕6 号文件《教育部办公厅关于批准北京大学地球科学虚拟仿真实验教学中心等 100 个国家级虚拟仿真实验教学中心的通知》，华北电力大学电力工业全过程虚拟仿真实验教学中心获批为国家级虚拟仿真实验教学中心。

（陈海燕）

【6 项目入选省级教改项目】 5 月 27 日，河北省教育厅下发了冀教高〔2014〕40 号文件《河北省教育厅关于公布 2014 年第一批河北省高等学校英语教学改革立项项目名单的通知》，华北电力大学王秀梅主持的《高水平大学多元化分层次大学英语课程体系构建及评价标准研究》、张莉主持的《社会文化理论视角下的学术英语写作教学模式探索与研究》、史玮璇主持的《基于多模态话语理论的大学英语写作思辨能力培养教学模式研究》入选省级教改项目。11 月 3 日，河北省教育厅下发冀教高〔2014〕51 号文件《河北省教育厅关于公布 2014 年第二批河北省高等学校英语教学改革立项项目名单的通知》，华北电力大学贾俊菊主持的《高水平大学英语能力培养目标及课程体系构建研究》、周霞主持的《以“输出驱动－输入促成”为导向的大学英语教学策略研究》、陈红平主持的《语料库在英语专业核心技能课教学中的应用》入选省级教改项目。

（陈海燕）

继续教育教学

■概述

2014年，华北电力大学强化战略举措、创新发展模式、完善管理体系、整合办学资源、保障培训质量，拓展继续教育空间，加强继续教育的研发和创新，提高继续教育的专业性、实践性和实效性，面向电力行业打造继续教育新高地，全面提升学校继续教育的社会竞争力和贡献度。

2014年，学校获批人力资源和社会保障部国家级专业技术人员继续教育基地。华北电力大学国家级专业技术人员继续教育基地主要根据国家人才发展战略和人才需求，面向电力行业开展高层次、急需紧缺和骨干专业技术人才的培养培训工作。

2014年，学校先后承办国家人力资源和社会保障部的先进核电技术及核安全研究前沿、智能电网关键技术、现代信息通信技术与创新融合等三期专业技术人员知识更新工程高级研修班，培训学员主要是来自全国电力企业和科研院所的高层次、急需紧缺和骨干人才。

2014年，学校进一步规范成人学历教育的教学管理，加强校外教学站点的建设，规范合作办学，加强收费管理，加强师资队伍的建设和管理，强化质量监控，努力提高教学质量。同时，学校积极拓展成人教育办学空间，合理调整函授站点布局，保证成人高等教育规模的稳步增长。

2014年，中国电力行业远程继续教育网（www. dljxjy. com）投入运行。中国电力行业远程继续教育网是华北电力大学面向电力行业、提供继续教育和信息交流服务的一个行业性教育平台。

2014年，学校结合社会实际需要，组织教育教学力量，推出职业继续教育与传统学历教育相结合的教育项目，以职业证书与学历证书相结合，从单纯的学历教育向多层次、多渠道、多门类的多元化办学模式转变。

（尹　莎）

■概况

2014年，学校成人学历教育在校生共计15,575人，录取新生3,661人，毕业生共计4,998人，授予学士学位668人，评选优秀毕业生398名。现有教学站63个，2014年内新建站13个。

2014年，学校非学历继续教育全年共举办培训班192期，参加培训15,378人次。

2014年，中国电力行业远程继续教育网（www. dljxjy. com）已上线1 315门课程、3 486课时课件，课程专业涵盖火电、水电、风电、核电、生物质能发电、太阳能发电及供电、输配电、电力设计、电力制造等整个能源电力行业。至年底，在线注册学员50,173名。

（尹　莎）

■条目

【举办专业知识培训班】2月25日，中煤平朔第一煤矸石发电有限公司生产前准备专业知识培训班在华北电力大学开班。本次培训班为期10个月，围绕电厂生产专业知识，岗位专业知识展开深入学习，共有98名学员参加培训。

（尹　莎）

【开展专业技术资格考试】4月12日，华北电力大学配合中国电机工程学会开展动力与电气工程师专业技术资格认证考试工作。本次考试分为动力、电气两大类，工程师和见习工程师两个级别，华北电力大学有25名学生参加认证考试。

（尹　莎）

【开展教学站检查评估工作】6月20日，根据《华北电力大学关于开展成人高等教育校外教学站检查评估工作的通知》（华电校继[2014]2号），要求各校外教学站针对文件中所列的六项检查评估重点内容，进行全面认真地自查，并于9月1日前将自查报告、《校外教学站检查评估指标体系自评表》报继续教育学院。各教学站按照要求进行自查并上报各项材料。11月始，继续教育学院派工作人员实地抽查8个教学站点，重点检查课表、考勤表、成绩单、试卷和学生论文等教学管理方面的原始资料，对发现的问题及时提出改进意见。

（张淑莉）

【评选优秀函授站和先进个人】6月20日，根据《华北电力大学成人高等教育优秀教学站（点）、优秀管理工作者评选办法》，学校对在2013/2014学年成人高等教育管理工作中做出突出成绩的18个优秀函授站和54名成人教育管理先进个人进行评优和表彰。

（高慧颖　张淑莉）

【举办核电高级研修班】6月30

日,学校举办先进核电技术及核安全高级研修班。本次高研班列入人力资源和社会保障部2014年全国专业技术人员高级研修班计划,由中国继续工程教育协会、华北电力大学承办。参加高研班的培训学员共73人,学员主要是中国核工业集团、中国长江三峡集团公司、中国工程物理研究院、中电投核电技术部、大唐集团核电有限公司等国家大型核电企业的高层次核电专业技术人才及管理人员。研修内容涉及先进核电技术和前沿安全研究;利用核能的技术升级和进步,推进核电安全升级、污染治理;国家核安全发展规划及最新发展要求;三代堆、四代堆及ADS技术研讨;国内外典型案例的针对性剖析等,共40课时。除了常规的集中授课,还安排了全体研修学员赴中国原子能科学研究院及清华大学核能与新能源技术研究院昌平200号基地与专家团队进行现场互动交流与研讨。

(尹 莎)

【**获批国家级继续教育基地**】7月7日,国家人力资源和社会保障部颁发《关于设立第四批国家级专业技术人员继续教育基地有关问题的通知》(人社厅发[2014]79号),华北电力大学获批国家级专业技术人员继续教育基地。"国家级专业技术人员继续教育基地"是以对专业技术人员进行补充、更新知识,拓展知识结构,提高综合素质和创新能力为基本内容开展教育培训的机构,是国家培养培训高层次、急需紧缺和骨干专业技术人才的服务平台。国家级继续教育基地提供继续教育服务的主要形式包括:承办国家级专业技术人员继续教育基地重大专项工程项目;举办政府部门、行业协会、企事业单位委托的培训班、研修班或进修班;协助开展专业技术人员公需科目或专业科目的培训、考核和管理;开展继续教育理论研究,开发有针对性和实效性的培训项目与培训课程;举办继续教育交流服务活动等。

(尹 莎)

【**获计算机应用竞赛奖**】10月22日,在北京市教委组织的北京高等学校继续教育大学生计算机应用竞赛中,华北电力大学继续教育学院学生的参赛作品获视频短片组二等奖,继续教育学院黄曙林获优秀组织奖、优秀指导教师奖。

(张淑莉)

【**举办智能电网高级研修班**】10月29日,智能电网关键技术研讨高级研修班在华北电力大学开班。本次高研班列入人力资源社会保障部2014年全国专业技术人员高级研修班计划,由中国高级公务员培训中心、华北电力大学承办。参加高研班的培训学员共72人,均为电网及发电企业中负责管理工作的高层次专业技术人才及管理人员。课程内容主要涉及智能电网在新能源发电、分布式能源等能源的利用;智能电网在国内外的应用和普及;智能电网创新研发中关键技术的研讨;智能调度厂网协调技术;国内外典型案例的针对性剖析等。研修期间全体研修学员赴国家电网公司最新的特高压试验基地及国家级新能源发电实验室与专家团队进行现场互动交流与研讨。通过研修,进一步加快中国能源电力领域专业技术人员知识更新的步伐,帮助能源电力领域的高级管理人员及专家拓展视野,深入了解智能电网在新能源发电、分布式能源等能源的利用方式,研讨智能电网关键技术和研究前沿,提高电力系统安全水平和综合效率。

(尹 莎)

【**举办现代信息通信技术与创新融合高级研修班**】11月17日,现代信息通信技术与创新融合高级研修班在山西太原开班。本次高研班列入了人力资源社会保障部2014年全国专业技术人员高级研修班计划,由中国高级公务员培训中心、华北电力大学承办。参加高研班的培训学员共70人,均为电网及发电企业中负责信息化与管理工作的高层次专业技术人才及管理人员。研修内容主要是新形势下信息通信技术在国际产业界的最新发展趋势;信息通信技术在产业优化升级中的重要作用;企业信息规划与管理;产品创新技术研发;智能制造、大数据、云计算的前沿理论;国内外典型案例的针对性剖析等。研修期间全体研修学员赴国家电网山西省电力公司与专家团队进行现场互动交流与研讨。

(尹 莎)

艺术教育教学

■概述

2014年,华北电力大学艺术教育工作围绕学校中心工作,以推进高水平校园文化为己任,以提高广大师生的文化艺术修养,营造良好校园氛围为宗旨,坚持"国际化、精品化、项目化、专业化"工作思路,在艺术教育、艺术实践等方面取得优异成绩。

2014年,学校艺术教育开展各类艺术课程10余门,内容涉及音乐、美术、舞蹈、戏剧等各类艺术门类,由本校艺术教师专职授课,同时聘请知名艺术专家担任客座教授或兼职教授,满足广大学生提高艺术修养的需求。

2014年,在精品化方面,充分调动多方面力量开展各类"高雅艺术进校园"文化活动。邀请北京歌舞剧团、北京市曲剧团、中国歌剧院等艺术团体来校演出。同时应邀参与中央电视台等节目录制,提高了学校艺术教育水平。学生艺术团四大分团分别举办了各自的专场演出。

2014年,在专业化方面,充分发挥专职教师的作用。合唱团、舞蹈团、话剧团、曲艺团均由专职教师负责,提高大学生艺术团的专业化水平。

2014年,学校艺术教育取得喜人成绩,获团体及个人多项荣誉。1月,蓝色动力合唱团代表大陆优秀合唱团赴台湾参加"第三届激情梦想两岸同心艺术大赛",共获金奖第一名、最佳钢琴伴奏奖、最佳指挥奖等多个奖项。5月,光和话剧团的短剧《团圆》和朗诵《梦想的中国》参加纪念"五四运动"九十五周年文艺汇演。学校街舞团举办全国街舞大赛Never Defeated VOL. 2并获大赛团体亚军。9月,学校艺术团赴美巡演,受到当地观众热烈欢迎。10月,光和话剧团奔赴北航晨星音乐厅参加第四届大学生艺术展演全国预选赛;保定校区大学生艺术团民乐团参加创行世界杯总决赛开幕式演出;保定校区艺术教育中心精心组织并参加第四届大学生艺术展演。12月,拉丁团参加北京市大学生体育舞蹈比赛,获伦巴单项第三、恰恰新人组第三、恰恰女子单人第六、伦巴团体第三的好成绩。12月,蓝色动力合唱团参加第四届青年艺术节,凭借原创作品《木兰词》,获声乐团体组银奖第二名。

(任威宇)

■概况

2014年,华北电力大学艺术教育中心有专职教师6人,兼职教师4人。

2014年,学校艺术教育中心设有四个大学生艺术团(合唱团、舞蹈团、话剧团和曲艺团),共有团员700余名。

2014年艺术教育中心面向全校本科生开设的选修课程有《音乐鉴赏》、《声乐艺术欣赏》、《电影音乐鉴赏》、《舞蹈欣赏》、《舞蹈形体》、《视唱与合唱》、《影视鉴赏》、《书法鉴赏》、《美术鉴赏》、《戏剧鉴赏》、《乐理基础》、《合唱与指挥》等。

■条目

【参加央视元旦特别节目录制】 12月29日,中央电视台音乐频道"30小时跨年"元旦特别节目在央视总部大楼进行录制。学校蓝色动力合唱团受邀担任节目表演嘉宾,演唱无伴奏合唱《夜来香》。12月22日,央视导演组到校进行节目挑选。蓝色动力合唱团演唱多支合唱歌曲,凭借扎实的基本功和丰富的曲目积累,《夜来香》获得央视导演组的一致好评,最终入选节目录制。

(任威宇)

□科技研究与产业开发

SCI－TECH RESEARCH AND INDUSTRIAL DEVELOPMENT

○综　　述

2014年,华北电力大学全年科研经费总额达5.43亿元。主持承担国家"973计划"、"863计划"、国家支撑计划、国家自然科学基金等重大、重点基础研究项目共计109项。共获国家、省部级科研成果奖37项,其中,学校为第一完成单位的"大型超超临界机组自动化成套控制系统关键技术及应用"项目获国家科学技术进步二等奖;学校参与的"气体绝缘装备特高频局部放电监测关键技术及其应用"项目获国家科学技术发明二等奖。学校围绕能源电力行业的重大科技需求,充分发挥多学科优势,在特高压、智能电网、新能源、节能减排、能源与环境、核电等研究领域广泛开展校企合作,深入推进"2011协同创新计划","智能电网协同创新中心"申报认定工作取得阶段性重大进展。学校加强软科学研究和智库建设,在能源电力管理、技术经济、法律法规以及电力改革等领域发挥智囊作用,研究成果为政策制定和企业决策提供智力支持。学校中国科技论文与引文数据库收录排名和论文被引用排名继续提升;被列入"国家科技成果使用、处置和收益管理"及"教育部高校科技评价"改革试点单位。

2014年,华北电力大学产业现有企业32家,是中国电力行业有影响力的高科技产业群体之一,形成以电力科技为核心,电子、通讯、计算机、机械、环保等产品和服务并举,内外联合,多层次、多渠道发展的格局。

2014年,华北电力大学高等教育研究围绕学校中心工作,认真履行职责,以服务学校发展为宗旨,在政策研究、资讯服务等方面开展工作,科研能力和服务学校的水平不断提高。围绕华北电力大学"章程制定"、"文科振兴计划"、"能源电力智库建设"、"附中附小建设"等开展调研工作,完成相关方案、文件等的研究与论证。

2014年,现代电力研究院围绕能源电力行业的发展趋势和学校"大电力"学科体系的布局,针对能源经济、能源政策和能源法律等方向的关键问题开展理论研究和应用研究,积极承担和参与政府、企业在能源领域的科研课题和咨询项目;继续推进科研平台建设,成功举办第四届"现代能源发展论坛"。

2014年,学校四个学术期刊的编辑出版质量均有明显提高,社会影响力进一步扩大。《华北电力大学学报(自然科学版)》、《现代电力》、《华北电力大学学报(社会科学版)》、《电力科学与工程》4种学术期刊获新闻出版广电总局认定,学报(社科版)获多项奖励。

2014年,华北电力大学资源与环境研究院要承担高等学校学科创新引智(111)计划项目、国家水体污染控制与治理科技重大专项项目等课题24项。继续与国内外多家知名院校、企业在人才培养、科技攻关、科技成果转化、产学研结合等方面展开全方位交流与合作。高度重视产学研结合,积极将研究成果产业化。新增教育部"长江学者"特聘教授1人、华北电力大学"巾帼之星"称号1人。

2014年,华北电力大学苏州研究院加快提升科技创新能力,逐步完善科研管理水平。研究院与多家企业展开产学研项目合作并取得成效。与苏州高新区签署合作框架协议。"2014年科技成果转化专项计划—技术转移机构服务能力建设专项"成功立项。

科学研究

概述

2014年，华北电力大学以内涵发展为主线，以全面提升科技创新能力为中心，着力提高科研管理水平。年度科研经费继续增长，达5.43亿；承担国家重大专项和三大科技计划项目6项，国家自然科学基金和社科基金项目91项；学校共承担横向合作项目796项。

2014年，学校科技成果产出取得优异成绩，获各类省、部级以上科技成果奖37项，其中作为主持单位获国家科技二等奖1项，作为参与单位获国家发明二等奖1项，作为参与单位获北京市科学技术奖一等奖1项，获河北省社会科学优秀成果奖一等奖1项，获中国电力科学技术奖一等奖2项。科技论文发表在全国高校排名继续攀升，专利申请和授权数量不断增加。

2014年，学校积极推进22个省部级以上科研平台规范运行和管理，力争新的省部级以上科研平台立项。新增"新型薄膜太阳电池"北京市重点实验室，"能源电力信息安全"北京市工程技术研究中心和"发电机组智能诊断与健康维护"北京市工程研究中心。国际科技合作研究基地再上新台阶，新增"智能电网安全北京市国际科技合作基地"、"高效聚光化合物太阳能电池北京市国际科技合作基地"、"火力发电过程节能与清洁运行北京市国际科技合作基地"和"能源与环境系统优化及工程应用北京市国际科技合作基地"4个北京市国际科技合作基地。新能源电力系统国家重点实验室、生物质发电成套设备国家工程实验室顺利通过验收。

学校科技人才队伍建设成效显著。1人入选2014年"科技北京"百名领军人才培养工程，1人获得优秀青年科学基金，1人获"全国优秀科技工作者"称号，1人获得第十一届"中国青年女科学家奖"。

2014年，学校协同创新与产学研合作取得显著成效。"智能电网协同创新中心"申报认定和建设运行工作取得初步成效，顺利通过第一轮初审，为明年认定工作和运行管理奠定良好基础。成功召开大学第二届理事会科技合作委员会第一次会议，进一步加强与理事单位的科技合作。"火力发电产业技术创新战略联盟"顺利通过科技部组织的评审验收工作，并成功召开第一届理事会二次会议。成功入选财政部、科技部、国家知识产权局组织的深化中央级事业单位科技成果使用、处置和收益权改革试点单位，不断推进科技成果转化工作。继续加强技术转移中心建设，与多个地方政府和企业签订合作协议。

大学科技园管理体制机制进一步完善，建设成效明显。至年底，园区企业共计189家，其中北京总部146家，保定43家；北京新增入驻企业69家，保定新增入驻企业24家；累计申请相关部委支持资金项目8项，其中获批7项，总计获得支持资金570万元。2014年度北京总部科技园上交学校利润853.41万元。

（杜　欢　张力晖）

概况

2014年，学校各类科研经费达到5.43亿元，比去年下降了4.90%；到帐经费3.92亿元，比去年增长了6.23%。各类纵向科技项目获得立项项目201项，资助经费达18 851.2078万元。其中，承担"973"计划项目1项，"863"计划项目9项，国家科技支撑项目5项，国家科技重大专项2项，国家国际科技合作专项1项，国家自然科学基金和社科基金项目91项。2014年，学校承担横向合作项目796项，合同总经费27 453.891 6万元。学校继续严格对2014年签订的横向合同进行审查，加强知识产权的保护，对82项合同进行技术认定，认定金额5 934.29万元，其中实现技术交易额5 612万；办理合同免税29项，免税金额1 017.83万元。

2014年，学校申请专利1 067件，其中发明专利511件，实用新型327件，外观设计37件，计算机软件著作权384件；授权专利588件，其中发明专利310件，实用新型专利198件，外观设计14件，计算机软件著作权258件。

2013年，学校发表国内科技论文在全国高校排名第37位，科学引文索引扩展版（SCIE）排名88位，工程索引核心版（EI）排名43位，科技会议录引文索引（CPCI－S）排名12位。学校SCIE数据库收录学校文献472篇，与2012年相比增长了20%；EI收录期刊论文922篇，与2012年相比增长了21%；CPCI－S收录论文535篇，与2012年相比下降了15%。（编者注：因此数据次年公布，故推迟一年刊登）。

2014年,学校资助各类学术报告会78场次;缴纳各类专委会会费163 883.85元。推荐各类专家103人次;推荐各学会、专业技术委员会委员12人次、高级会员3人次、会员79人次;推荐教育部科技委学部委员候选人5人次,推荐理事候选人5人次、常务理事3人次、副理事长1人次。

(杜 欢 张力晖)

条目

【参加科技创新大会】1月3日,保定市召开全市科技创新大会。此次会议旨在号召全市有关单位全力推动科技与经济的紧密结合,进一步增强经济社会发展的活力和动力。华北电力大学副校长王增平参加会议并代表驻保高校发言,介绍了学校在学科建设、人才队伍培养、科技创新及校企校地合作等发面所取得的成绩,并表示驻保高校将继续面向地方需求,积极发挥智库和科技引领作用,为深入建设“京畿强市、善美保定”提供科技和人才支持。

(张力晖)

【美国维斯康星大学专家来访】1月7日,美国维斯康星大学Matthew Allen Ginder - Vogel副教授和美国怀俄明大学朱孟强博士来校作环境研究专题学术报告。Matthew的报告题目是“Sequestering CO2 in the built environment”。朱孟强博士的报告题目是“Mineral Reactivity Controls Metal Fate and Transport in Natural and Engineered Environmental Systems”。报告由环境学院党总支书记赵毅主持。

(张力晖)

【召开科研工作会议】1月15日,学校召开科研工作视频会议。副校长杨勇平、王增平,校长助理律方成出席会议,会议由科学技术研究院副院长、保定校区科技处长丁常富主持。科学技术研究院常务副院长檀勤良作2013年科研工作报告,对学校科研经费及科研项目、科研平台和科技人才队伍建设、科研成果产出、协同创新与产学研合作、大学科技园建设与管理、体制机制改革等方面的工作进行系统梳理,会议部署学校2014年科研任务。杨勇平作总结发言,希望各院系和科研院早部署、早准备,扎实做好各项工作,努力推动学校科研工作再上新台阶。各学院(系)院长(主任)和分管科研工作副院长(副主任)、省部级以上科研平台主要负责人以及科学技术研究院有关人员参加会议。

(杜 欢)

【召开京津冀大气污染治理学术研讨会】3月5日,围绕当前京津冀大气污染治理的焦点和热点问题,华北电力大学组织召开“京津冀大气污染治理学术研讨会”。与会专家从如何优化能源结构、高效利用可再生能源和清洁能源、大气治理以及能源法律法规等角度,献计献策。华北电力大学副校长杨勇平、院系负责人及相关领域专家参加会议。会议由檀勤良主持。来自各学院的领导和专家分别结合各自的研究领域作了发言。本次研讨会的召开是华北电力大学深入贯彻落实国家《节能减排“十二五”规划》的重要举措。

(杜 欢)

【教育部科技司领导来校调研】3月13日,教育部科技司副司长娄晶一行调研华北电力大学国家大学科技园,就大学科技园在新时期国家创新体系中的功能定位、内部运行管理机制及发展方向进行探讨交流。副校长杨勇平出席座谈会,会议由檀勤良主持。北京大学国家大学科技园、北京航空航天大学国家大学科技园相关负责人参加会议。杨勇平介绍大学科技园归属于科学技术研究院的管理体制的初衷及功能,并就科技园发展的产业化及市场化思路进行解读。檀勤良作大学科技园工作汇报。娄晶在讲话中肯定大学科技园的管理体制,并希望大学科技园能够加快建设,力争成为该类管理体制的代表性园区。座谈会后,娄晶一行参观了生物质发电成套设备国家工程实验室。

(杜 欢)

【获北京市经信委“北京市小企业创业基地”授牌】3月12日,华北电力大学国家大学科技园获得北京市经济和信息化委员会“北京市小企业创业基地”的授牌。科学技术研究院常务副院长、国家大学科技园总经理檀勤良出席授牌仪式。北京市小企业创业基地是经北京市经济和信息化委员会认定,由具备独立法人资格的机构经营管理,为小型、微型企业创业提供孵育空间和服务的场所。2013年,市经信委认定第二批“北京市小企业创业基地”20家,并于2014年3月授牌。

(杜 欢)

【举办法律及技术查新讲座】3月26日,华北电力大学国家大学科技园与保定市高新区联合主办“大学科技园法律及科技查新”专题讲座。讲座邀请河北颂和安达律师事务所律师刘刚和学校图书馆信息中心主任周晓兰作讲解。高新区35家企业负责人参加讲座。刘刚围绕企业合同法律风险防范主题展开讲解。周晓兰从企业技术创新对信息资源的需求、大学资源及信息服务优势、华北电力大学及科技查新工作站简介、科技查新概述、科技查新服务流程及查新案例分析、华北电力大学科技查新站其它服务六个方面作关于企业科技查新与咨询方面的讲解。高新区创业中心主任王恒普作讲话。

（杜　欢）

【举办知识产权与专利讲座】4月10日，华北电力大学国家大学科技园与保定市国家高新区联合主办"大学科技园知识产权讲座"。讲座邀请到石家庄冀科专利商标事务所所长李羡民主讲。高新区27家企业代表参加讲座。李羡民围绕企业所关心的专利知识，具体介绍有关专利项目的挖掘、研发阶段申请时机和保护、申请流程、企业专利战略建立、如何解决专利纠纷及专利如何进行质押等方面的操作实务。

（杜　欢）

【一成果获省级科学技术进步奖】4月12日，由河北电力研究院与华北电力大学共同完成的"输变电设备状态全景实时监测与诊断系统"获河北省科学技术进步奖二等奖。该成果依托学校"输变电安全防御河北省重点实验室"主任律方成教授的科研团队，结合河北电力研究院丰富的实践经验，建成覆盖220kV及以上电网设备的在线监测平台，开发了输变电设备状态全景监测与诊断系统，采用GIS平台、三维街景技术构建虚拟立体实景电网，实现了电网运行状况与环境信息的全景可视化展示，显著提高电网的实时监控、分析和预警水平。建立符合电网智能化要求的、统一格式要求的在线监测数据标准，实现了不同厂家、不同类型的在线监测装置集成接入和多源异构设备状态信息的高度集成与融合，打破"数据孤岛"，提高了公司变压器实时监测与诊断状态管理水平，设备突发事故明显下降，电网可靠性提高，带来了良好的社会效益。

（杜　欢）

【举办"京津冀雾霾治理一体化"学术沙龙】4月15日，华北电力大学科学技术研究院主办"京津冀雾霾治理一体化"系列学术沙龙。此次沙龙由北京能源发展研究基地研究员、人文与社会科学学院副教授《霾城——北京PM2.5解析》的作者樊良树主讲，主题为"北京PM2.5及其治理解析——基于尾气围城、社会行为的视角"。沙龙由人文与社会科学学院副院长、北京能源发展研究基地主任王伟主持。学校相关研究领域师生及《中国能源报》、《中国电力报》、《亮报》的记者参加此次沙龙。樊良树提出自己的治理意见。其他参会嘉宾也围绕雾霾成因、雾霾治理等问题献言献策，并着重探讨雾霾与能源电力行业的关系。

（杜　欢）

【国网节能服务有限公司来校洽谈科技合作】4月17日，国网节能服务有限公司副总经理常建平一行来校交流座谈。副校长杨勇平，相关部门、院系负责人参加座谈。杨勇平表示希望双方能够加强交流合作，为国家节能减排事业贡献力量。常建平介绍国网节能服务有限公司的基本情况、发展定位和研究方向，希望公司和学校可以在科学研究、人才培养等多方面开展合作。电气与电子工程学院常务副院长李庚银、能源动力与机械工程学院院长徐进良、可再生能源学院院长戴松元分别介绍各自学院的基本情况和科研状况，双方随后就科研和技术方面的问题展开深入座谈。会后，常建平一行参观学校可再生能源学院相关实验室。

（杜　欢）

【新增4个国际科技合作基地】4月24日，根据北京市科委发布的《关于认定2014年北京市国际科技合作基地的通知》，华北电力大学申报的"智能电网安全北京市国际科技合作基地"、"高效聚光化合物太阳能电池北京市国际科技合作基地"、"火力发电过程节能与清洁运行北京市国际科技合作基地"和"能源与环境系统优化及工程应用北京市国际科技合作基地"获认定。北京市科委于2013年11月启动北京市国际科技合作基地申报和认定工作。学校认真组织申报，共推荐4个国际合作基地参加认定，经过北京市科委组织的资格审查、专家评审和公示等环节，4个基地全部获认定。

（杜　欢）

【举办智能电网产学研对接活动】5月14－16日，学校苏州研究院与苏州市科技局联合举办"科技行——走进华北电力大学"智能电网产学研对接活动。5月15日，产学研对接会在华北电力大学举行，副校长杨勇平、校长助理汪庆华，苏州市科技局副局长陶冠红，独墅湖科教创新区副书记、常务副主任蒋卫明出席对接会。参加会议的有苏州各市区科技局及30余家企业代表，学校苏州研究院、科学技术研究院、电气与电子工程学院、能源动力与机械工程学院、经济管理学院等相关部门负责人。会议由苏州研究院常务副院长吴克河主持。杨勇平对苏州市科技局领导和企业家代表此次来访表示欢迎。陶冠红在致词中对华北电力大学取得的科技成果表示肯定,希望双方的合作结出丰硕的成果。科研院常务副院长檀勤良介绍学校总体的科研情况。相关学院分别介绍各自取得的科技成果,并进行校企产学研对接。本次活动还组织两次专题研讨会。

（杜　欢）

【召开科研工作研讨会】7月1日,保定校区召开科研工作研讨会。党委副书记、副校长张金辉,副校长王增平,校办、科技处和各院系、科研平台负责人及部分科研骨干参加了研讨。与会人员希望学校能够为科研人员的成长提供更好的环境,不断完善激励机制,更好地推进科研工作。王增平要求各院系科研工作负责人要充分认识科研工作的重要性,做好科研组织工作,高度重视科研成果转化。张金辉希望各院系负责人要有“人无远虑,必有近忧”的紧迫感和危机意识,努力做好青年科研人员的培养工作;各院系负责人要善于抓住机遇,在应对世界能源革命和京津冀一体化的重大发展契机中,挖掘自身潜力,实现长远发展。

（张力晖）

【举办第五期“京津冀雾霾治理一体化学术沙龙”】7月2日,第五期“京津冀雾霾治理一体化”学术沙龙在学校模拟法庭举办。此次学术沙龙以“变化中的能源格局及能源独立”为主题,邀请北京大学国际关系学院副教授、北京国际政治经济学中心研究员陈绍锋博士作为主讲嘉宾,人文与社会科学学院副院长、北京能源发展研究基地主任王伟主持。陈绍锋博士讲述了当今能源大变革的背景、现状及趋势,详细介绍北美取代中东成为最大的能源生产国、北美取代俄罗斯成为最大的天然气出产国、东亚成为石油天然气的消费中心,新的能源格局的形成对大国之间新一轮的能源博弈的影响。

（杜　欢）

【举办年中科研工作会议】7月8日,学校召开2014年年中科研工作会议,副校长杨勇平强调:要进一步加强学校的科研治理体系建设,提升学校科研治理能力,促进科研工作整体水平再上新台阶。檀勤良介绍2014年上半年学校科研工作情况,包括科研项目立项、资助、任务完成情况,科研平台建设,专利申请与授权,科技奖励等,对上半年学校各项科研工作的亮点和不足进行梳理,对下一步学校科研项目和经费、科研平台、科研成果、产学研合作、大学科技园建设、智能电网协同创新中心建设、制度建设等方面的工作进行思考。各学院负责科研工作的领导汇报上半年科研工作完成情况、存在问题、重点工作和努力方向。杨勇平在听完汇报后强调下一步学校科研工作应当在构建科研治理体系和提升科研治理能力上下功夫。各学院(系)院长(主任)、分管科研工作副院长(副主任)及科研秘书、国家级科研平台主要负责人、科学技术研究院有关人员参加会议。

（杜　欢）

【保定供电公司来校洽谈科研合作】7月9日,保定市供电公司来学校洽谈科研项目合作。副校长王增平、科技处及各院系有关负责人与保定市供电公司副总经理王向东一行进行洽商。王向东希望借助学校在电力科技领域的人才和技术优势,在科研项目方面开展更加深入的合作。王增平希望双方能够充分利用天时、地利、人和的优势,进一步密切交流,积累共识,长久合作,努力成为校企合作共赢的示范和榜样。

（张力晖）

【生物质发电成套设备国家工程实验室通过验收】8月28日,受国家发改委委托,教育部组织专家对依托华北电力大学建设的“生物质发电成套设备国家工程实验室”建设项目进行验收。验收专家组由中国科学院院士、中国科学院工程热物理研究所研究员金红光、河南农业大学原校长张百良教授等11名知名专家组成,金红光院士任组长。出席会议的还有国家发改委高技术司创新能力建设处处长袁军,教育部科技司高新处处长董维国,华北电力大学校长刘吉臻教授、副校长杨勇平教授等。会议由董维国主持。现场考察后,验收专家组审阅有关文字资料,并展开质询答辩会。验收专家组认为国家工程实验室项目验收材料完整、规范,符合验收要求,完成了实验室建设任务。与会专家一致同意实验室以优秀成绩通过验收。

（杜　欢）

【新能源电力系统国家重点实验室通过科技部验收】9月5日,根据国家重点实验室建设与运行管理办法,科技部基础司组织专家组对依托学校建设的“新能源电力系统国家重点实验室”进行验收。专家组成员包括:中国电力科学研究院院长郭剑波院士、国家电网公司陈维江教授等。通过对实验室建设期仪器设备购置、项目承担、论文、专利发表以及获奖等情况进行核查。当天下午，验收工作会在华北电力大学召开。专家组全体成员，科技部基础司基地处处长傅小锋，科技部基础研究管理中心处长吴根，教育部科技司基础处处长邰忠智，华北电力大学校长刘吉臻，副校长王增平，杨奇逊院士，新能源电力系统国家重点实验室相关人员等参加会议。新能源电力系统国家重点实验室主任刘吉臻从实验室建设基本情况、研究进展与代表性成果、队伍建设与人才培养、实验平台与科研条件、开放交流与运行管理等方面进行汇报，专家组就相关问题进行提问。专家组在刘吉臻校长、王增平副校长等人的陪同下，现场考察新能源电力系统国家重点实验室。经过专家组讨论，形成了验收意见。专家组组长郭剑波院士宣布验收意见，认为建设期间，实验室圆满完成了建设计划书规定的任务，实现了建设目标，一致通过验收。

（杜　欢）

【河北省社科联来校调研】9 月 18 日，河北省社科联领导来校调研。河北省社会科学院副院长、河北省社科联常务副主席曹保刚，河北省社科联学会处处长张天云、成果处处长侯咨军，保定市社科联副主席张秀贤等和华北电力大学党委副书记、副校长张金辉，科技处及相关院系负责人进行座谈。科技处处长丁常富主持了座谈会。“河北省能源经济发展研究基地”相关负责人汇报基地的建设情况。曹保刚肯定学校在基地建设中给予的努力，希望在今后的建设中一要密切关注中央政策，关注河北省保定市亟待解决的实际问题，关注科技前沿，关注学术梯队建设，不断提升自身发展水平。张金辉指出，希望基地负责人认真对照省社科联领导的意见，打造具有华电特色的高水平社科研究基地。

（张力晖）

【举行年度高端学术会议】9 月 20 日，河北省发电过程仿真与优化控制工程技术研究中心召开 2014 年工程技术委员会会议暨热工自动化与信息化技术高端圆桌会议。党委副书记、副校长张金辉及 18 名专家学者参加会议。会议由工程中心主任韩璞主持。张金辉介绍学校近年来在科学研究、人才引进和人才培养等方面取得的重大进展，希望专家学者能够给予研究中心更多的建设性意见和建议。专家听取研究中心工作汇报，肯定了研究中心取得的成果，并就中心的优化与发展提出意见与建议。会议还举办了自由论坛，与会专家学者们互相分享研究经验和成就。

（张力晖）

【参加产学研合作项目集中签约仪式】9 月 20 日，合肥市与在京中央高校产学研合作项目集中签约仪式在安徽省合肥市翡翠湖迎宾馆举行。签约仪式由合肥市副市长王翔主持。市长张庆军、市委副书记凌云出席签约仪式并致辞。教育部科技司高新技术处负责人（主持工作）董维国，北京大学创新研究院副院长王敏分别讲话；北京交通大学副校长孙守光等出席仪式。华北电力大学副校长孙忠权应邀参加签约仪式并代表高校讲话。孙忠权介绍了华北电力大学学科布局及科研情况。经过前期的洽谈、沟通，华北电力大学本次共有四个产业链协同创新合作项目及一个产业基地合作共建项目，成功与合肥市实现对接。在合肥期间，孙忠权一行分别参观了中科大先进技术研究院以及中国科学院合肥等离子体物理研究所等单位，并与相关单位领导进行了座谈。

（杜　欢）

【2013 年论文发表数量持续增长】9 月 27 日，中国科技论文统计结果发布。数据显示，2013 年华北电力大学各类科技论文发表数量持续增长，全国高校排名稳中有升。中国科技论文与引文数据库（CSTPCD）收录学校科技论文 1 423 篇，在全国高校排名第 37 位；论文被引用 3 446 篇 6 697 次，在全国高校排名第 47 位。收录排名相比 2012 年和 2011 年分别提升 8 位和 38 位，被引排名相比 2012 年和 2011 年分别提升 9 位和 18 位。收录篇数相比 2012 年和 2011 年分别增长 23% 和 26%，被引次数相比 2012 年和 2011 年分别增长 15% 和 49%。科学引文索引扩展版（SCIE）收录学校科技论文 464 篇，在全国高校排名第 88 位。

2004 – 2013 年 1155 篇论文被引用 8 643 次，在全国高校排名第 118 位。相比 2012 年和 2011 年，SCI 收录篇数分别增长 19% 和 58%。2012 年和 2011 年，学校 SCI 收录排名分别为 83 位和 89 位。工程索引核心版（EI）收录学校科技论文 922 篇，在全国高校排名第 43 位。相比 2012 年，收录篇数增长 21%。2012 年和 2011 年，学校 EI 核心收录排名均为 41 位。对比表明，2013 年学校在各类科技期刊发表论文数量继续增加，国内发表论文排名稳步提升，国际发表论文排名趋于稳定。

（张力晖）

【科技日报头版聚焦一科研成果】 10月22日，《科技日报》记者采访华北电力大学正在2014中国国际电力电工展参展的科研团队，并在头版报眼“最新发现与创新”栏目刊发题为“自主知识产权板式脱硝催化剂打破国外技术封锁”的消息，报道学校生物质发电成套设备国家工程实验室副主任、可再生能源学院董长青教授团队的最新研究进展。

（杜 欢）

【召开工程技术委员会会议】 10月30日，国家火力发电工程技术研究中心召开工程技术委员会年度工作会议。会议总结中心2013－2014年度工作情况、研讨中心的管理体制和运行机制问题及《火力发电产业技术创新与发展规划2015－2020》报告。工程技术委员会主任清华大学蒋洪德院士、工程技术委员会副主任电力规划设计总院副院长孙锐、华北电力大学副校长杨勇平等出席会议，中国华能集团公司科技环保部副主任梁昌乾、神华国华（北京）电力研究院总经理孙平、中国华能集团公司科技环保部黄斌副处长及湖南四达科技咨询有限公司董事长廖志明等参加会议。国家火力发电工程技术研究中心主任、华北电力大学副校长杨勇平、工程技术委员会主任蒋洪德院士致辞。国家火力发电工程技术研究中心常务副主任顾煜炯教授汇报了国家火力发电工程技术研究中心2013－2014年度工作情况。湖南四达科技咨询有限公司董事长廖志明做《国家火力发电工程技术研究中心发展研究报告》。中国火力发电产业技术创新联盟理事长单位中国华能集团公司科技环保部黄斌副处长宣读《火力发电产业技术创新与发展规划2015－2020》征求意见稿。与会代表对《规划》和中心发展体制机制建设进行了研讨，对《规划》给予充分肯定，并针对火力发电产业技术创新领域与研究方向进行补充。

（杜 欢）

【参展中国国际高交会】 11月21日，历时6天的第十六届中国国际高新技术成果交易会在深圳会展中心落幕。华北电力大学获优秀组织奖、优秀展示奖、优秀产品奖等多项奖项。其中，学校推荐的“大机组快速深度变负荷控制理论与关键技术”和“平板式SCR烟气脱硝催化剂”项目，获大会优秀成果奖，为项目今后的成果转化，提供了广阔平台。展会共有3 016家展商参展，带来3 593项高新技术项目与产品。吸引包括来自83个国家和地区、123个代表团在内的54.6万人次参会。本次展会，副校长孙忠权亲临指导，北京、保定两校区联合新能源电力系统国家重点实验室共同参展，取得良好效果。

（杜 欢）

【刘吉臻连任中国动力工程学会副理事长】 11月26日至27日，中国动力工程学会第六次会员代表大会在上海召开。经中国动力工程学会第六次会员代表大会及第十届理事会第一次会议选举，上海电气（集团）总公司董事长黄迪南当选为中国动力工程学会第十届理事会理事长，华北电力大学校长刘吉臻连任第十届理事会副理事长，副校长杨勇平、丁常富教授当选为第十届理事会理事。

（张力晖）

【一工程研究中心获批】 12月3日，根据北京市发改委通知，华北电力大学申报的“发电机组智能诊断与健康维护北京市工程研究中心”获北京市发改委认定。北京市发改委8月启动2014年北京市工程研究中心和工程实验室的申报工作，学校结合国家火力发电工程技术研究中心在发电机组智能诊断与健康维护领域技术研发和成果转化的优势，通过资源整合，科学技术研究院与国家火力发电工程技术研究中心组织申报工作，对申报材料进行细致审查和科学论证，通过了北京发改委的初审和专家会议评审答辩。2014年获北京市发改委认定的北京市工程研究中心共2个。

（杜 欢）

【加入石家庄京津冀产学研联盟】 12月12日，由石家庄市人民政府发起和组织的石家庄京津冀产学研联盟成立大会在石家庄市召开。华北电力大学作为联盟会员单位，在大会上发布重大科研成果26项，并与参会企业进行深入洽谈。石家庄京津冀产学研联盟以“创新驱动、合作共赢”为宗旨，通过整合省会产业优势和京津冀高校、科研机构的科技创新资源，引导和支持创新要素向企业集聚，扶持和促进科技成果向现实生产力转化，推动省会全面融入京津冀协同发展大局之中。

（张力晖）

【一人获“全国优秀科技工作者”称号】 12月15日，中国科协在北京人民大会堂隆重表彰第六届全国优秀科技工作者，华北电力大学杜小泽教授被授予“全国优秀科技工作者”荣誉称号。本届有977人获得“全国优秀科技工作者”奖，其中40人获得“十佳全国优秀科技工作者提名奖”，10 人获得“十佳全国优秀科技工作者”。

（杜　欢）

【成立河北省社会法学研究会】12 月17 日，河北省法学会社会法学研究会成立大会暨社会建设与社会法治论坛在华北电力大学举行。河北省法学会副会长田沧生，华北电力大学党委副书记、副校长张金辉，中国社工协会副秘书长王红卫，保定市社会发展研究院副院长王惠鹏及河北知名高校专家学者参加会议。张金辉致开幕词。大会按照《河北省法学会社会法学研究会组织规则》选举产生了研究会理事、常务理事、秘书长、会长与名誉会长，吴志功任名誉会长，张金辉任会长。副会长由苑英科、沈长月、孟庆瑜等河北高校的 12 位院长或主任担任。胡宏伟博士作题为“社会法的需求与挑战：来自社会科学研究的证据”的学术报告。

（张力晖）

【加入中国光电网产业创新联盟】12 月 26 日，中国光电网产业创新联盟成立。华北电力大学作为联盟发起人和成员单位参加成立大会，并与参会企业进行深入洽谈。中国科学院院士严陆光、中国科协学会学术部副巡视员王晓彬、中国产学研合作促进会常务副会长、原国务院参事石定环、中国产学研合作促进会常务副秘书长丁玉贤等应邀出席。保定市副市长杨猛到会并致辞。联盟首席专家由中国科学院严陆光院士担任，副校长王增平、丁常富处长任联盟理事。丁常富出任联盟产业推广中心主任。

（张力晖）

【参加河北省科技工作会议】12 月 30 日，河北省科技工作会议在石家庄召开，华北电力大学副校长王增平、科技处处长丁常富参加会议，副省长许宁出席并讲话。会议提出在 2015 年强力实施“616”科技创新行动计划。围绕该计划，学校将在多个方面开展科技创新工作。

（张力晖）

产业管理

■概述

华北电力大学产业现有企业 32 家，是中国电力行业有影响力的高科技产业群体之一，形成了以电力科技为核心，电子、通讯、计算机、机械、环保等产品和服务并举，内外联合，多层次、多渠道发展的格局。同时，依托大学优势学科与相关企业在战略性新兴产业尤其是电力领域节能减排，推动清洁能源技术领域积极努力地搭建广泛应用的桥梁，致力于探索将高校智力资源与企业需求建立紧密结合长效机制的新模式。构建“大电力”特色的智力支撑平台，促进产学研合作的良性发展。

2014 年，学校围绕大学社会服务功能，专注于产业规范化建设、科技成果产业化以及学校经营性资产的保值增值。重点进行产业规范化建设、董事监事的委派以及企业资产划转等工作，加强对学校控股和参股企业的监管，保证学校经营性资产的安全、保值和增值。同时，积极研究制定鼓励学科性公司发展的政策措施，加快学校学科性公司成立步伐，重点孵化具有本校学科特色和优势、具有自主知识产权的科技企业。

2014 年，继续拓展促进交叉学科、跨行业领域的产学研合作模式，促进科技成果的转化；积极协助拓宽高新技术项目及其产业的融资渠道；充分发挥学校的学科优势及多学科协作的技术潜力，进一步激活学校人才、技术、实验装备等优势资源，走产学研紧密结合之路，充分利用科技和人才优势扶植创办学科性企业。

（金海燕）

■概况

2014 年底，学校控股参股企业的注册资金为 23 833.16 万元，资产总额达 114 657.98 万元，比 2013 年增长了 6.39%；所有者权益 31 138.03 万元，比 2013 年减少了 43.99%；负债 82 466.56 万元，资产负债率 71.92%。学校控股参股企业收入 47 379.82 万元，比 2013 年增加了 7.61%；实现净利润 14 661.19 万元，比 2013 年增长了 13.64%。

（金海燕）

■条目

【召开资产公司董事会会议】1 月 16 日，北京华电天德资产经营有限公司召开第二届第十次董事会；4 月 9 日，北京华电天德资产经营有限公司召开第二届第十一次董事会；6 月 12 日，北京华电天德资产经营有限公司召开第二届第十二次董事会；11 月 26 日，北京华电天德资产经营有限公司召开第二届第十三次董事会。

（金海燕）

【参展中国国际工业博览会】11月4日，学校参加在上海举办的第十六届中国国际工业博览会。其中，“火电直接空冷机组空气流场导流装置”项目获大会银奖，“面向智能电网的配电网规划数据平台及应用系统”项目获中国高校展区二等奖，学校获“优秀组织奖”，产业管理处金海燕获“优秀个人奖”。

（金海燕）

【两家企业完成股权划转】1月，华北电力大学将所持保定华电天德科技园有限公司51%股权无偿转让至北京华电天德资产经营有限公司，并完成工商所有手续；7月，华北电力大学将所持北京华电天德科技园有限公司100%股权无偿转让至北京华电天德资产经营有限公司，并完成工商所有手续。

（金海燕）

【两家企业完成增资】6月，保定市毅格通信自动化有限公司注册资本金由人民币2 000万元增至人民币3 000万元，5月，保定华电科源电气有限公司注册资本金由人民币60万元增至人民币200万元。

（金海燕）

【两家企业完成股权转让】2月，北京华电天德资产经营有限公司以公开挂牌方式转让所持华大天元（北京）电力科技有限公司20%股权，转让价为人民币100万元；6月，北京华电天德资产经营有限公司以公开挂牌方式转让所持青岛华电高压电气有限公司20%股权，转让价为人民币550万元。

（金海燕）

【一家企业开展资产清算工作】保定华电配电设备有限公司注销工作稳步推进。5月，清产核资申请获批；9月，清产核资结果上报教育部；12月，获财政部核准，待教育部批复。

（金海燕）

高等教育研究

■概述

2014年，华北电力大学高等教育研究围绕学校中心工作，认真履行职责，以服务学校发展为宗旨，在政策研究、资讯服务等方面开展工作，科研能力和服务学校的水平不断提高。

2014年，围绕华北电力大学“章程制定”、“文科振兴计划”、“能源电力智库建设”、“附中附小建设”等开展调研工作，完成相关方案、文件等的研究与论证。

2014年，参与组织部青年干部读书班、处级干部读书班培训教材的编写工作；协助学生处完成《就业年度报告》等；协助部分院系完成党委（党总支）换届工作报告等。

2014年，完成《高等学校创新能力提升计划（2011计划）调研报告》、《京津冀地区教育部直属高校多校区办学情况研究报告》、《关于推进2011计划的建议》、《能源革命与我校面临的机遇与挑战》、《十八大以来党中央对高等教育改革发展的相关论述及要点归纳》、《开创具有中国特色的高等教育发展之路：从“211工程”、“985工程”到“2011计划”》等文章或咨询报告。

2014年，完成《中国电力教育》的全年办刊任务，管理进一步规范，质量进一步提高，影响因子居同类刊物前列，订阅发行量稳中有升。

（朱志媛）

■概况

2014年，华北电力大学从事高等教育研究共有专职工作人员8人，其中正高职称1人、副高职称7人，其中1人在12月退休。

2014年，高教所加强院校研究，服务学校决策。加强高教资讯建设，定期整理更新学校领导讲话精要集粹和教育教学研究成果；编辑出版《高教动态》18期，在网站发布的同时还通过办公平台、电子邮件等方式及时传递给学校各级领导和有关部门参考；做好“高等教育”和“能源电力”两个信息资料库建设等工作。

2014年，高教所科研成果：参编（著）《京津冀雾霾治理一体化研究》、《中国研究生教育质量研究报告（2013）》、《中国研究生教育研究进展报告（2013）》等3部著作；在公开发行的报刊杂志上发表高水平学术论文16篇，多篇学术论文被人大复印资料、行政单位、新闻媒体转载或参考，部分文章被国务院发展研究中心等部门在官方网站推荐。

2014年，高教所获批科研项目4项：2014年北京市哲学社会科学规划课题面上项目“产学研协同创新中智力资本转化路径研究”；2014 年度河北省社会科学发展研究项目青年课题“基于利益共享的京津高校入冀发展的模式及政策研究”；2014 年度北京市社会科学基金项目“京津冀协同下在京高校发展路径及政策制定”；2014 年度中央高校基本科研业务费专项资金重点项目“行业特色型大学参与学校治理的模式研究”等。

2014 年，高教所科研获奖 3 项：梁淑红的专著《利益的博弈：英国高等教育政策制定过程研究》获河北省高教学会第十四届高等教育科学研究成果一等奖；翟亚军的论文《研究生教育质量的指数测度方法》获河北省第第十四届社会科学优秀成果三等奖。

2014 年，高教所参与“教育与经济管理”专业研究生的培养工作：为研究生开设高等教育管理专题课程；编制研究生入学考试试卷；参加研究生论文开题、中期考核、毕业论文答辩等工作；指导学生毕业论文等。

（朱志媛）

■条目

【完成学校章程制定】12 月，《华北电力大学章程》完成制定并上报教育部审核。此项工作 2012 年 11 月 7 日正式启动，由学校统筹安排，高教所、党办校办、党委宣传部等部门配合，历时两年多，高质量完成章程制定的全部程序和工作任务。

（朱志媛）

现代电力研究院建设

■概述

2014 年，现代电力研究院（以下简称“研究院”）围绕能源电力行业的发展趋势和学校“大电力”学科体系的布局，针对能源经济、能源政策和能源法律等方向的关键问题开展理论研究和应用研究，承担和参与政府、企业在能源领域的科研课题和咨询项目；继续推进科研平台建设，成功举办第四届“现代能源发展论坛”。

（刘秋霞　李　君）

■概况

2014 年，研究院有在编教职工 5 人，编外职工 18 人，兼职教授 7 人。研究院下设 8 个研究中心，分别是“中国能源政策研究中心”、“新能源产业技术经济研究中心”、“数字电力与节能研究中心”、“智慧能源与信息研究中心”、“能源供应链仿真研究中心”、“电气设备状态检测研究中心”、“能源资源环境法律研究中心”和“现代人事技术研究中心”。

2014 年，研究院签订科研课题 4 项，其中，纵向课题 3 项。实现科研合同金额共计 99.2 万元，完成全年科研任务的 110%。

（刘秋霞　李　君）

■条目

【举办现代能源发展论坛】12 月 20 日，第四届“现代能源发展论坛——能源市场化改革新局”在华北电力大学举行。此次论坛由现代电力研究院主办，首聚能源博览网协办，能源电力领域的专家学者共 100 余人出席论坛。论坛邀请 3 位专家做主题报告，分别是：美国蓝天太阳能、美国蓝天科技副总裁张漪潮做题为“从美国电费账单看电力（零售）市场竞争”的演讲；中国城市燃气协会秘书长迟国敬做题为“天然气市场化改革大势”的演讲；华北电力大学教授张粒子做题为“电力市场模式之迷——对新一轮电改的思索”的演讲。与会代表围绕中国能源市场化改革趋势以及国外能源市场化经验等问题进行深入研讨与交流，从不同角度发表观点提出建议。

（刘秋霞　李　君）

【海外名师项目专家来访】2014 年，“海外名师项目”专家李伟仁教授来校工作 60 天，与研究院各中心开展全方位的合作与交流工作；并与电气与电子工程学院、可再生能源学院的学术带头人开展多项科研和教学合作。李伟仁，美国德克萨斯大学阿灵顿分校电气工程系教授，博士生导师，IEEE Fellow。多年来从事电力系统分析、智能电网、电力市场、可再生能源发电预测与并网技术、电能质量、设备在线实时诊断及预测系统等方向的研究，有着深厚的理论基础和丰富的实践经验。

（刘秋霞　李　君）

学术期刊建设

■概述

华北电力大学期刊出版部作为学校两地一体化办公的职能部门，贯彻执行党和国家有关期刊出版的方针政策和法律法规，行使对华北电力大学主办期刊的行政管理及工作指导权。

2014年，学校主办的《华北电力大学学报(自然科学版)》(双月刊)、《华北电力大学学报(社会科学版)》(双月刊)、《现代电力》(双月刊)和《电力科学与工程》(月刊)四个学术期刊的编辑出版质量均有明显提高，社会影响力进一步扩大。对反映华北电力大学的学术科研成果，发现和培养学术人才，促进校内外学术交流起到重要作用。

2014年12月，《华北电力大学学报(自然科学版)》副主编赵迎才退休，陈佳从研究生院调入《学报(自然科学版)》编辑部工作。

2014年，《华北电力大学学报(自然科学版)》、《现代电力》、《华北电力大学学报(社会科学版)》、《电力科学与工程》等4种学术期刊通过新闻出版广电总局认定。学报(社科版)获多项荣誉。

(王佃启)

■概况

华北电力大学主办的《华北电力大学学报(自然科学版)》、《华北电力大学学报(社会科学版)》、《现代电力》以及《电力科学与工程》四个学术期刊，各编辑部现共有正式员工11人。其中拥有副高以上职称的编辑人员5人，硕士及以上学历的7人，均持有新闻出版署颁发的编辑出版人员从业资格证书。

2014年四个期刊共计出版正刊30期，其中《华北电力大学学报(自然科学版)》、《华北电力大学学报(社会科学版)》和《现代电力》各出版6期，《电力科学与工程》出版12期。发表论文共计532篇，四个期刊分别发表104篇、151篇、100篇和177篇。共计发行46 200册，四个期刊分别发行6 000册、4 200册、6 000册和30 000册。《华北电力大学学报(自然科学版)》和《现代电力》为北京大学图书馆《中文核心期刊要目总览》收录期刊。

从学术期刊的社会影响力来看，据《中国学术期刊影响因子年报》统计，2014年《华北电力大学学报(自然科学版)》的复合影响因子为0.965，在103种电气工程学科专业期刊中排名第21名(去年为0.806，排名第24名)；《现代电力》复合影响因子为0.902，在103种电气工程学科专业期刊中排名第22名(去年影响因子为0.733，排名第29名)；《电力科学与工程》复合影响因子为1.040，在103种电气工程学科专业期刊中排名第19名(去年影响因子为0.760，排名第25名)；《华北电力大学学报(社会科学版)》的复合影响因子为0.447，在631种综合性人文社科期刊中排名为199名(2013年度为0.448，排名为195名)。除《学报(社会科学版)》略有下降外，其他3个学术期刊比上个统计年度均有大幅提升。

(王佃启)

■条目

【4种期刊通过新闻出版广电总局认定】为严格学术期刊出版资质，优化学术期刊出版环境，促进学术期刊健康发展，根据新闻出版广电总局《关于规范学术期刊出版秩序　促进学术期刊健康发展的通知》以及《关于开展学术期刊认定及清理工作的通知》要求，新闻出版广电总局和教育部6月开始组织开展学术期刊认定工作。经过各省、区、市新闻出版广电局，中央期刊主管单位初审上报，总局组织有关专家严格审定，12月10日，第一批认定学术期刊名单正式公布。《华北电力大学学报(自然科学版)》、《现代电力》、《华北电力大学学报(社会科学版)》、《电力科学与工程》4种学术期刊通过首批认定。

(杜红琴)

【学报(社科版)获多项奖励】11月21—23日，全国高等学校文科学报研究会第五届社科期刊评优活动颁奖典礼在广州举行。《华北电力大学学报(社会科学版)》及所设“能源与环境问题研究”分别获评“全国高校优秀社科期刊”和“全国高校社科期刊特色栏目”；学报(社科版)编辑部主任李潇雨获评“全国高校社科期刊优秀编辑”；学报(社科版)编辑部责任编辑杜红琴撰写发表在《首都师范大学学报(社会科学版)》2011年第3期的《高校学术期刊改革之思考》获得“全国高校社科期刊优秀编辑学论著”奖。在此前北京市高教学会社会科学学报研究会组织的北京市高校人文社科期刊评优活动中，《华北电力大学学报(社会科学版)》被评为“北京市高校人文社会科学名刊"，学报所设"能源与环境问题研究"栏目被评为"北京市高校人文社科期刊名栏"。

（杜红琴）

资源与环境研究院建设

■概述

2014 年，华北电力大学资源与环境研究院围绕学校"大电力"学科体系，针对资源与环境问题及其关键科学问题和技术开展研究和工程实践，不断深化科研创新思路，在研究生培养，科学研究、国际交流合作，平台建设等方面取得发展。

一、科研项目

2014 年，研究院继续发挥科研优势，加强关键科学问题的深入研究和集成，实现若干重点领域和重要方向的跨越发展。科研经费金额高达 873.013 万元。科研项目方面主要承担了高等学校学科创新引智（111）计划项目、国家水体污染控制与治理科技重大专项项目之课题、国家重点基础研究发展计划（973 计划）子课题、北京高等学校"青年英才计划"项目、水利部公益项目、科技部国际合作项目以及其它来自科技部、水利部、中科院、企业或研究设计部门的课题 24 项。"区域能源系统优化"教育部重点实验室按照建设计划顺利推进。李永平教授入选 2014 年度"长江学者奖励计划"。"能源与环境系统优化及工程应用北京市国际科技合作基地"入选北京市第三批国际科技合作基地名单。

二、国际合作与交流

2014 年，研究院继续在国际合作与交流方面开展工作，与国内外多家知名院校、企业在人才培养、科技攻关、科技成果转化、产学研结合等方面展开全方位交流与合作。聘请多名国内外专家、学者到研究院进行指导讲座，有多名师生参加国内外重要学术会议：该研究院丁晓雯副教授顺利完成加拿大里贾纳大学为期一年的学术交流活动回国，交流期间发表了 SCI、EI 等论文 9 篇，参与国际合作项目 10 项；博士生刘政平成功入选国家留学基金管理委员会组织"2014 年国家建设高水平大学公派研究生项目联合培养博士研究生选派计划"，前往加拿大里贾纳大学进行为期 1 年学术交流与研究；博士研究生王春晓，刘静参加华北电力大学与加拿大里贾纳大学举办的第二届研究生学术交流论坛，分别以"A type－2 fuzzy interval programming method for conjunctive us of surface water and groundwater under dual uncertainties"和"Development of a fuzzy－boundary interval programming method for water quality management under uncertainty"两个主题发表演讲，并与中外研究生进行了学术交流；邀请河北工程大学索梅芹博士进行学术交流，深入探讨在基于存储论的区域资源优化方法在环境规划中的应用研究以及后期项目合作事宜；邀请英国气象局哈德利气象研究中心（Hadley Centre）Wang Changgui 博士来访进行学术交流与访问，拟开展全球气候变化、区域气候模拟（RCM）等方面的科研合作；邀请加拿大圭尔夫大学 Edward McBean 教授进行学术交流和访问，重点探讨水与能源的关系、水资源利用、土壤荒漠化及气候变化等方面研究的机遇与挑战；该研究院申报的"能源与环境系统优化及工程应用北京市国际科技合作基地"入选北京市第三批国际科技合作基地名单，该基地所属专业领域为节能减排及大气污染防治，基地类型为国际科技联合研究中心类基地，提升了研究院国际科技合作条件和能力；111 引智（EWE 2014）国际研讨会在华北电力大学举办，该研讨会以资源与环境研究院"能源与环境系统分析及工程应用创新引智基地"为依托，并得到国家外国专家局、教育部、中国国际经济技术交流中心、联合国开发计划署、商务部中国国际经济技术交流中心、中国－加拿大能源、环境与可持续发展研究院、国际环境信息科学学会、UNDP 专家工作站的支持，会议邀请商务部中国国际经济技术交流中心王伟黎副主任、国家外专局处长王嵩、联合国开发计划署能源环境处项目经理张卫东、华北电力大学杨勇平副校长、华北电力大学国际合作处副处长徐玲玲、加拿大 Saskpower 电力集团副总裁 Michael Monea、加拿大萨斯喀彻温省水安全管理局 Wayne Dybvig 局长、华北电力大学资源与环境研究院黄国和院长，李永平副院长等来自政府、国际组织、学术机构等机构的领导、专家、工程师，研讨会主题为"Energy & Environmental Systems Analysis and Engineering Application（111 创新引智：能源与环境系统分析及工程应用学术研讨会）"。

三、科技产出

2014年,研究院教师共发表论文113篇,其中SCI检索69篇,EI检索45篇。在SCI高级检索中,黄国和、李永平教授在"Energy System Analysis & Uncertainty"(能源系统分析)、"Water Resources Planning"(水资源规划)、"Optimization under Uncertainty"(不确定性优化)等领域全球排名录中均位列第一和第二。2014年,研究院培养的研究生获奖学金11项,发表学术论文35篇。

四、科研平台与条件建设

2014年,研究院继续加大实验室建设力度,区域气候模拟实验室引进高级计算服务器及视频采集传输系统;膜动力分析实验室针对膜材料研究引进中试膜处理系统;针对多尺度区域能源系统模拟研究室、能源与环境耦合过程研究室、能源系统风险预测预警研究室、能源系统虚拟现实管理研究室、不确定性理论系统分析中心、能源系统随机过程高级计算中心、智能信息处理中心、区域能源高级计算中心、开发计划署(UNDP)专家工作站和中加气候情景研究中心,加大固定资产投入;研究院累积新增固定设备资产100万元;研究院申报的"能源与环境系统优化及工程应用北京市国际科技合作基地"入选北京市第三批国际科技合作基地名单,该基地所属专业领域为节能减排及大气污染防治,基地类型为国际科技联合研究中心类基地,提升了研究院国际科技合作条件和能力。研究院科研平台和实验室的建设为研究院师生提供更加完善的实践教学平台,进一步优化学科建设体系,促进研究院学科的发展,为科研深入开展提供优质平台。

五、研究生培养

2014年,研究院培养博士5人,硕士35人;新入学博士研究生8人,硕士生37人;在读博士生21人,硕士生107人;硕士研究生孙晓伟,温静雅,张嘉琪获华北电力大学2014届春季优秀毕业研究生;博士研究生祝颖和陈聪荣获"2014届春夏季优秀毕业研究生"称号;博士研究生解玉磊,硕士研究生付正辉、曾娅玲、孙冠中获2014年研究生国家奖学金;博士研究生刘静、张俊龙、姜龙、申婧、樊星获2014年优秀博士奖学金;博士研究生姜龙荣获"校友奖助金";博士研究生任丽霞获"四方股份奖学金";硕士研究生聂宇获"优秀研究生标兵"称号;博士研究生解玉磊、崔亮、周雅、姜龙、申婧、刘静、樊星,硕士研究生董焕焕、任丽霞、付正辉、李小萌、黄奎、曾娅玲、李韵、孙冠中、聂宇获得"优秀研究生"称号;硕士研究生崔继宪、孙冠中获得"优秀研究生干部"称号;研究院博士生刘政平入选"2014年国家建设高水平大学公派研究生项目联合培养博士研究生选派计划",赴加拿大里贾纳大学进行为期一年的学术交流与访问;李薇副教授获"2013－2014学年度优秀研究生班主任"称号。

六、产学研合作

2014年,研究院与多个企业和园区开展各个层面的合作,在大中小循环层面,制订编写循环经济发展规划和实施方案,解决当地政府和企业的在发展经济和保护环境、节能减排方面的深层次问题,经由可持续发展之路发展经济,提高人民生活水平;与中国科学院新疆生态与地理研究所合作进行天山典型区域水文过程与格局变化研究;与北京交通大学合作研究高井燃气发电厂碳捕获就绪的Aspen模拟与经济可行性评估;与中国环境科学研究院合作研究POPs污染场地土壤采样及土壤理化特征参数的测定;与吉林省环境科学研究院合作进行废弃油土综合利用技术规范与标准制定的研究;与国家电网公司能源研究院合作进行能源系统优化研究;与南方电网公司广东电力科学研究院合作研究不同生物质燃料热重－红外实验分析;与广东电网公司合作开展碱金属腐蚀预判及腐蚀控制研究;与北京中新国能节能环保技术有限公司合作进行环境风险调查与评估技术研究;与哈密市恒润兴业技术咨询有限责任公司合作研究压气站煤尘发热量、元素分析。

七、师资队伍建设

2014年,研究院新增教育部"长江学者"特聘教授1人、华北电力大学"巾帼之星"称号1人。

八、党务工作

2014年,研究院教职工党支部认真学习和领会十八大三中全会精神,深入开展群众教育实践活动,为支部建设和研究院教学科研等工作的开展提供理论基础和思想保证。3月,组织资源与环境研究院全体党员和群众学习党的十八届三中全会和习近平总书记系列讲话精神,并进行学习交流和讨论。4月,研究院教职工党支部贯彻落实六届二次教代会精神,深入学习华北电力大学书记讲话和校长工作报告,并就研究院落实教代会精神作出交流和部署。4月,组织资源与环境研究院教职工党外群众召开会议,对资源与环境研究院教职工党支部全体党员发挥作用情况进行测评,完成《党员发挥作用测评表》;召开该研究院教职工党支部支部会议,所有教工党员对支部书记进行测评,完成《党支部书记工作测评表》。6月，组织该研究院教职工党支部全体党员参会，学习华北电力大学党委组织部下发通知《关于在教工党支部中开展“一个支部一个目标、一个党员一个任务”活动的通知》，支部党政领导及职工党员围绕学校、研究院中心工作，在提高教学、科研、管理、服务水平，破解工作难题中发挥战斗堡垒作用，带领党员发挥先锋模范作用方面，确定支部目标，并根据支部目标确定党员任务，将支部确定的目标进行细化、分解，落实成为每个党员的任务，从而在推进支部目标完成过程中充分调动和发挥每个党员的积极性和创造性；9月，研究院组织全体党员及群众开展学习习近平总书记系列讲话，结合华北电力大学中心工作，研讨该党支部所在资源与环境研究院发展中的重要问题；9月，组织研究院教职工党支部党员结合“一个支部一个目标、一个党员一个任务”活动中党支部和党员确立的目标任务进行深入研讨，进一步明确实现路径，逐条逐项跟进落实。12月，召开研究院教职工党支部组织生活会，组织党员结合2014年全年工作交流思想、总结经验教训、开展批评与自我批评。

（郑如秉　李延峰　李　薇）

■概况

院　长：黄国和

副院长：李永平

书　记：李　薇

2014年，资源与环境研究院有教职工13人，其中，专任教师9人（教授4人、副教授4人，讲师1人，具有博士学位的教师为100%）、有实验及技术人员3人、党政及管理人员1人。

2014年，该院新增教育部“长江学者”特聘教授1人、华北电力大学“巾帼之星”称号1人。

2014年，该院硕士研究生在校人数达107人，新入学硕士生37人，硕士毕业生35人。在读博士研究生21人，新入学博士研究生8人，博士毕业生5人。优秀毕业研究生5人，国家奖学金获得者4人，优秀博士奖学金获得者4人，校友奖助金获得者1人，四方股份奖学金获得者1人，“优秀研究生标兵”称号获得者1人，“优秀研究生”称号获得者16人，“优秀研究生干部”称号获得者2人，申请“2014年国家建设高水平大学公派研究生项目联合培养博士研究生选派计划”1人。

2014年，该院2013届毕业研究生35人全部与用人单位签订三方协议。

2014年，该院开设研究生课程15门，完成教学450学时，举办学术讲座25次。

2014年，该院新增科研项目24项。其中国家或省部级纵向项目10项，企事业单位委托科技项目14项。新增纵向项目经费507万元，横向项目经费366.013万元。2014年研究院教师共发表论文114篇，其中SCI检索69篇，EI检索45篇。2014年，该研究院研究生获得国家研究生奖学金11项，发表学术论文35篇。

2014年，该院来访外国专家或外籍教师10人次，国家留学基金委青年骨干教师出国研修项目回国1人次。

2014年，该院拥教研室1个、实体化科研队伍5个，实验室15个（其中教学实验室8个，科研实验室7个）。

（郑如秉　李延峰　李　薇）

■条目

【李永平获巾帼之星称号】2月27日，李永平教授获华北电力大学“巾帼之星”称号。该称号由华北电力大学每三年评选一次，主要为激励广大女教职工发扬自强不息、团结奋进、爱校敬业、追求卓越的华电精神，在建设高水平大学过程中，实现女教职工自身和谐发展，促进华北电力大学女职工工作的创新。经华北电力大学各分工会推选，各党总支（直属党支部）推荐，校工会委员扩大会评选，共有10名女教职工“巾帼之星”称号。3月6日，华北电力大学举行第三届“巾帼之星”、“先进女职工”表彰会，李永平教授作为“巾帼之星”代表在会上发言。

（郑如秉　郭军红）

【北京市国际科技合作基地获北京科委认定】3月25日，研究院申报的“能源与环境系统优化及工程应用北京市国际科技合作基地”入选北京市第三批国际科技合作基地名单。该基地所属专业领域为节能减排及大气污染防治，基地类型为国际科技联合研究中心类基地。北京市第三批国际科技合作基地的认定工作由北京市科学技术委员会组织，为贯彻落实《北京市“十二五”时期科技北京发展建设规划》，以全球视野谋划和推动创新，有效对接和利用全球科技创新资源，充分发挥国际科技合作基地的引领和示范作用，推动高新技术企业、科研机构、技术转移机构和高新技术产业园区的国际化，根据《北京市国际科技合作基地管理办法（试行）》（京科发【2011】509号）的相关规定进行基地申请的认定工作。北京市国际科技合作基地是提升资源与环境研究院国际科技合作条件和能力的重要手段，是利用全球科技资源、参与国际科技竞争与合作的骨干和中坚力量，是建设具有全球影响力的国家创新中心的重要支撑。

（郑如秉　李延峰）

【索梅芹博士来访】4 月 3 日，河北工程大学索梅芹博士应邀对资源与环境研究院进行为期 1 天的学术交流与访问，并为研究院师生作学术讲座。资源与环境研究院副院长李永平教授及研究生代表等出席会议，会议由李永平教授主持。李永平教授简要介绍索梅芹博士的学术经历和工作成就，并代表全院师生对索梅芹博士表示热烈欢迎。随后，索梅芹博士做题为“基于存储论的区域资源优化方法研究”的主题讲座，分别从背景、引言、方法开发、案例研究等方面介绍基于存储论的区域资源优化方法在环境规划中的应用研究。在互动环节，研究院师生就具体学术问题以及如何做好科研，如何更好就业等话题与索梅芹博士进行探讨。

（郑如秉　李延峰）

【参加中加第二届研究生学术交流论坛】5 月 13 日，华北电力大学与加拿大里贾纳大学举办第二届研究生学术交流论坛。出席交流论坛的有加拿大里贾纳大学校长 Vianne Timmons，研究生院院长 Armin Eberlein；华北电力大学校长刘吉臻，副校长安连锁，华北电力大学国际合作处、研究生院等相关职能部门及院系负责人等。参与学术交流的有里贾纳大学 10 名研究生、华北电力大学 11 名研究生以及各院系研究生代表。中外研究生学术交流论坛分为两个分会场，分别就“能源高效利用”和“环境与健康”两项主题的展开了深度交流与研讨。博士研究生王春晓、刘静参与“环境与健康”的学术交流，两位分别以“A type - 2 fuzzy interval programming method for conjunctive us of surface water and groundwater under dual uncertainties”和“Development of a fuzzy - boundary interval programming method for water quality management under uncertainty”两个主题与中外研究生进行讨论，并分享各自科研结果与学术经验。

（郑如秉　郭军红）

【获评优秀毕业研究生】7 月 15 日，华北电力大学发布关于授予“2014 届春夏季优秀毕业研究生”称号的决定，资源与环境研究院 2014 届博士毕业生祝颖和陈聪获此称号。祝颖，女，2008 年入学攻读硕士研究生，2010 年通过硕博连读选拔攻读博士，师从李永平教授，2014 年获能源环境工程博士学位，主要研究方向为能源与环境系统规划、环境系统分析等，发表学术论文 14 篇，SCI 第一作者文章检索 9 篇，在读期间，获“国家研究生奖学金”1 次，“优秀研究生”称号 2 次，“优秀博士奖学金”1 次，“优秀团员”1 次，“校友奖助金”1 次。并于 2014 年获华北电力大学“优秀毕业研究生”称号；陈聪，女，2009 年入学攻读硕士研究生，2011 年通过硕博连读选拔攻读博士，师从于黄国和教授，2014 年获能源环境工程博士学位，主要研究方向为强健性能源系统规划，发表论文 7 篇，SCI 检索 5 篇，在读期间，获得国家奖学金 1 次，获优秀研究标兵 1 次，获优秀博士生奖学金 1 次，获校友奖学金 1 次。

（郑如秉　郭军红）

【Wang Changgui 博士来访】7 月 24 日，英国气象局哈德利气象研究中心（Hadley Centre）Wang Changgui 博士应邀对资源与环境研究院进行为期两天的学术交流与访问。Wang Changgui 博士的讲座围绕 PRECIS 模型展开，讲解使用 PRECIS 模型时应当注意的边界条件，分辨率等问题，并为研究院师生拓展了全球气候变化、区域气候模拟（RCM）等相关知识，重点讲解了大气模型参数化过程。7 月 25 日，Wang Changgui 博士参观研究院区域气候模拟实验室，并与研究院气候模拟研究组师生进行讨论和沟通，就实验室建设以及未来的科研合作等方面达成共识。

（郑如秉　郭军红）

【举办 111 引智国际研讨会】8 月 24 日，111 引智（EWE 2014）国际研讨会在华北电力大学举办。研讨会主题为“Energy & Environmental Systems Analysis and Engineering Application（111 创新引智：能源与环境系统分析及工程应用学术研讨会）”。该研讨会以资源与环境研究院“能源与环境系统分析及工程应用创新引智基地”为依托，并得到国家外国专家局、教育部、中国国际经济技术交流中心、联合国开发计划署、商务部中国国际经济技术交流中心、中国 - 加拿大能源、环境与可持续发展研究院、国际环境信息科学学会、UNDP 专家工作站的支持。商务部中国国际经济技术交流中心王伟黎副主任、国家外专局王嵩处长、联合国开发计划署能源环境处项目经理张卫东、副校长杨勇平、国际合作处副处长徐玲玲、加拿大 Saskpower 电力集团副总裁 Michael Monea、加拿大萨斯喀彻温省水安全管理局 Wayne Dybvig 局长、资源与环境研究院院长黄国和，副院长李永平等来自政府、国际组织、学术机构的相关人员以及研究院师生出席会议。研讨会的主题主要包括环境政策分析、水资源管理、社会经济可持续性发展、能源供需、气候变化应对管理、污染控制技术、环境信息技术应用以及生态环境系统评价等。演讲结束后，举行了“Mitigation measures in energy and environmental systems”和“Policy support in managing energy and environmental systems”两个主题论坛。与会嘉宾分享各自在环境、水资源、能源领域的经验、新思路及研究成果，并讨论遇到的实际挑战和采取的解决方案。

（郑如秉　郭军红）

【赴加拿大里贾纳大学交流】8 月 26 日，研究院博士生刘政平入选“2014 年国家建设高水平大学公派研究生项目联合培养博士研究生选派计划”，前往加拿大里贾纳大学进行为期 1 年学术交流与研究；该项目由国家留学基金管理委员会组织选拔，鼓励国内学生健康积极发展，通过公费选派优秀学生到国外知名高校进行交流学习。

（郑如秉　李延峰）

【完成骨干教师研修回国】10 月 1 日，资源与环境研究院副教授丁晓雯老师完成国家留学基金委青年骨干教师出国研修项目回国。丁晓雯副教授于 2013 年成功入选国家留学基金委青年骨干教师出国研修项目，前往加拿大里贾纳大学进行为期 1 年的学术交流访问。访问期间，丁晓雯副教授与里贾纳大学科研人员积极开展学术合作，在流域综合管理、非点源污染模拟与控制研究领域取得丰硕成果，共发表 SCI、EI 等论文 9 篇，参与国际合作项目 10 项，主持项目 11 项。

（郑如秉　李延峰）

【Edward McBean 教授来访】11 月 1 日，加拿大圭尔夫大学的 Edward McBean 教授应邀对资源与环境研究院进行学术交流与访问。资源与环境研究院院长黄国和教授及部分师生出席交流会，会议由研究院副院长李永平教授主持并简要介绍 Edward McBean 教授学术经历和工作成就，黄国和教授致欢迎辞。随后，Edward McBean 教授做题为“Water and Energy Nexus，Climate Change，and Water Security”的主题讲座，重点介绍水与能源的关系、水资源利用、土壤荒漠化及气候变化等方面的学术研究成果。在互动环节，Edward McBean 教授就现场师生所关心的问题进行详细解答。李永平教授为 Edward McBean 教授颁发了资源环境研究院兼职教授聘任证书。讲座结束后，Edward McBean 教授在研究院老师的陪同下参观“区域能源环境系统优化”教育部重点实验室，并就实验室建设及未来的科研合作交换意见。

（郑如秉　郭军红）

【获年度研究生国家奖学金、优秀博士奖学金】11 月 26 日，华北电力大学发布了关于对获得 2014 年研究生国家奖学金、优秀博士奖学金的学生予以表彰的决定，经过综合考核和评比，资源与环境研究院博士研究生解玉磊，硕士研究生付正辉、曾娅玲、孙冠中获得 2014 年研究生国家奖学金荣誉；博士研究生刘静、张俊龙、姜龙、申婧、樊星获得 2014 年优秀博士奖学金荣誉。

（郑如秉　郭军红）

【入选长江学者特聘教授】12 月 4 日，教育部正式发文公布 2014 年度“长江学者奖励计划”遴选结果，华北电力大学资源与环境研究院李永平教授成功入选“长江学者”特聘教授。这是近三年来，华北电力大学连续成功申报的第三位“长江学者”特聘教授。“长江学者奖励计划”是国家重大人才工程的重要组成部分，是教育部加强高等学校高层次人才队伍建设、吸引和培育具有国际影响的学科领军人才而实施的人才项目，它与“海外高层次人才引进计划”、“青年英才开发计划”等共同构成国家高层次人才培养支撑体系。与“千人计划”相比，“长江学者”计划更侧重于国内优秀人才的选拔。

（郭军红　李延峰）

【成立环境研究院】12 月 30 日，资源与环境研究院建制撤销，环境研究院正式成立。该研究院的成立旨在为进一步适应国家能源环境重大需求，丰富和完善学校“大电力”学科体系，加强平台建设，凝练科学研究方向，提高人才培养质量，拓展发展空间，形成新的学科战略增长点，推进高水平特色型大学建设。环境研究院作为跨院系、跨学科的开放性二级科研机构，将瞄准国际前沿和国家重大需求，努力建成环境领域的基础理论创新研究中心、核心技术研发中心和科技成果转化中心。

（郭军红　李延峰）

苏州研究院建设

■概述

2014 年,华北电力大学苏州研究院加快提升科技创新能力,逐步完善科研管理水平。共承担横向合作项目 2 项。科技部 2014 年科技服务总收入加上其他补助资金共 18.7 万。

2014 年,研究院产学研合作取得显著成效。副校长孙忠权与苏州高新区党工委委员钮跃鸣签署“华北电力大学——苏州高新区深化校地战略合作框架协议”,根据协议,双方共同建设科技成果转移转化的中介服务机构——华北电力大学技术转移中心苏州高新区分中心,并组建高新区能源电力产业技术创新联盟。华北电力大学与苏州科教创新区管委会签署了共建大学生创新创业示范园区的备忘录。

2014 年,研究院在苏州市科技局申请的技术转移机构项目,在苏州市生产力促进中心成功备案(编号:JG20140012),研究院申报的“2014 年科技成果转化专项计划——技术转移机构服务能力建设专项”成功立项。

(张安冬)

■概况

常务副院长:吴克河

书记:杜建国

2014 年,研究院开展的苏州市企业科技项目申报服务工作,已协助 5 家企业申报苏州市工程技术中心,协助 1 家企业申报江苏省高新技术产品,协助 2 家企业申报江苏省民营科技企业,研究院已与 2 家企业达成研究生工作站共建协议,并获苏州市科技局立项。2014 年研究院作为技术转移机构,已有 20 位技术经纪人挂靠。

2014 年,研究院科技服务总收入加上其他补助资金共 18.7 万元。其中产学研框架协议 1.8 万元,工程技术研究中心 4.2 万元,江苏省高新技术产品 0.5 万元,企业研究生工作站 8 万元,来自科技局和新区街道的补助资金共 4.2 万元技术转移服务能力建设补助资金 4 万元,苏州高新区枫桥街道给科技服务机构奖励 0.2 万元,研究院上级补助收入 3.7 万元,其他收入 11.8 万元。

2014 年,研究院开展产学研对接会。苏州研究院与苏州市科技局联合举办“科技行——走进华北电力大学”智能电网产学研对接活动。活动筹备期间,研究院共收集 200 余条企业技术需求,实地走访 40 余 F 家企业。参加科技行活动的有苏州市、区科技局领导及 30 余家企业代表,苏州研究院、科学技术研究院、电气与电子工程学院、能源动力与机械工程学院、经济管理学院等相关部门负责人。

2014 年,华北电力大学苏州研究院申请专利 5 件,其中发明专利 3 件,实用新型 2 件。学校 SCIE 数据库收录 1 篇。

(张安冬)

■条目

【苏州校友会成立】3 月 30 日,苏州校友会在苏州成立,大会审议通过《华北电力大学苏州校友会章程》,选举产生第一批理事会成员名单。

(张安冬)

【举行智能电网产学研对接会】5 月14 日至 16 日,苏州研究院与苏州市科技局联办“科技行——走进华北电力大学”智能电网产学研对接会。副校长杨勇平、校长助理汪庆华、苏州市科技局副局长陶冠红、独墅湖科教创新区副书记、常务副主任蒋卫明出席对接会。苏州各市区科技局及 30 余家企业代表参加会议。

(张安冬)

【获批技术转移机构】8 月,苏州研究院在苏州市科技局申请的技术转移机构项目,在苏州市科技局成功备案(编号:JG20140012),申报的“2014 年科技成果转化专项计划——技术转移机构服务能力建设专项”成功立项。

(张安冬)

【签署高新区合作协议】11 月 5 日,苏州高新区举办“2014 年新常态、新内涵——产学研对接会。华北电力大学副校长孙忠权与苏州高新区党工委委员钮跃鸣签署“华北电力大学——苏州高新区深化校地战略合作框架协议”,根据协议,双方共同建设科技成果转移转化的中介服务机构——华北电力大学技术转移中心苏州高新区分中心,并组建高新区能源电力产业技术创新联盟。

(张安冬)

【组织参观园区信息化展】11 月 6 日,研究院组织学生参观独墅湖科教创新区展厅、信息化展厅以及园区规划展示馆,开启了园区的信息化之旅。展厅通过社会信息化建立了数字化城市，实现了数字城管、智慧生活、智慧社区以及非凡城市 SIP，未来的信息基础设备、园区的数字区域规划、智能的交通信息管理以及高效的数据中心平台通过影像与沙盘的形式呈现出来。

（张安冬）

【签署共建大学生创新创业示范园区备忘录】11 月 6 日，独墅湖科教创新区管理委员会和华北电力大学苏州研究院共同举办了“大学生创新创业政策发布暨项目路演”活动，双方签署共建大学生创新创业示范园区备忘录。副校长孙忠权代表学校做主题发言。

（张安冬）

【获国家自然科学基金依托单位资质】11 月 14 日，依据国家自然科学基金委《关于公布 2014 年国家自然科学基金依托单位注册审批结果的通告》，华北电力大学苏州研究院正式成为国家自然科学基金依托单位。

（张安冬）

□科研平台建设

CONSTRUCTION OF RESEARCH PLATFORM

○综　　述

2014 年，新能源电力系统国家重点实验室通过科技部验收并获高度评价；实验室由 3 个大型综合实验平台和 24 个功能实验平台以及公共服务区域组成。采取各种措施吸引和培养人才，引进“青年千人计划特聘专家”龚雁峰教授；马静副教授同时获北京市科技新星计划支持和霍英东青年基金资助。共培养出硕士 404 人、博士 90 人。其中，由实验室王增平教授指导的电力系统及其自动化学科博士研究生张亚刚的学位论文《基于广域信息的电力系统故障元件定位方法研究》获全国百篇优秀博士论文提名奖。全年来访专家学者 50 人(次)，共作 40 场(次)的讲座和报告；举办大型学术会议 9 次。在国内外各类学术会议上，实验室学术带头人和中青年学术骨干做特邀报告 19 次，在仪器设备开放共享方面，充分利用网上预约系统，在保障实验室重点科研课题研究的基础上，为其他单位科研人员提供服务。

2014 年，生物质发电成套设备国家工程实验室通过教育部验收，完成生物质燃烧实验平台、生物质热解气化实验平台、生物质发电设备材料实验平台、生物质发电动力设备实验平台、生物质发电测控技术实验平台、生物质收储运实验平台、生物质发电仿真实验平台、生物质发电成套设备验证性实验平台和分析测试中心等的建设。承担国家 973、863、科技支撑计划、北京市科技计划等多项重大课题及企业委托的技术攻关项目，推进标志性科研成果的产业化进程，培养“新能源科学与工程”本科生及“新能源与可再生能源”研究生，为行业输送高素质人才，并与瑞典皇家理工大学、瑞典麦拉达伦大学等国外机构建立交流与合作机制。

2014 年，国家火力发电工程技术研究中心在技术研发和创新基地、人才培训基地、中试产业化示范基地、成果转化和辐射扩散基地、工程技术咨询与信息服务基地等基地建设方面成效显著，承担国家 973、863、科技支撑计划等多项重大课题及企业委托的各类项目，建立良好的“产、学、研、用”合作交流机制。中国火力发电产业技术创新战略联盟秘书处挂靠该中心，中国火力发电产业技术创新战略联盟与国家火力发电工程技术研究中心实现资源整合。国家火力发电工程技术研究中心通过科技部组织的建设验收。

2014 年，电站设备状态监测与控制教育部重点实验室各项工作稳步前进，在科研方面，获国家自然科学基金 12 项，其中，重点项目 1 项，面上项目 8 项，青年项目 3 项，总经费达到 1084 万。作为首席科学家单位获国家基础研究(973 计划)项目 1 项，总经费 3 500万元。实验室获批“火力发电过程节能与清洁运行北京市国际科技合作基地”。

2014 年，区域能源系统优化教育部重点实验室主要承担高等学校学科创新引智(111)计划项目、国家水体污染控制与治理科技重大专项项目课题、国家重点基础研究发展计划(973 计划)子课题、北京高等学校“青年英才计划”项目、水利部公益项目、科技部国际合作项目以及其它来自科技部、水利部、中科院、企业或研究设计部门课题 24 项。先后与多个企业和高校、科研院所开展各个层面的合作。年度科研成果产出再创新高，共发表论文 113 篇，其中 SCI 检索 69 篇，EI 检索 45 篇。

2014 年，高电压与电磁兼容北京市重点实验室依托高电压与绝缘技术、电工理论与新技术两个二级博士点学科和电气工程博士后流动站，主要研究方向为电气设备在线监测与故障诊断、电介质材料特性的检测评估与应用、电力系统过电压、气体放电与应用、电磁场理论及其应用、电力系统电磁环境与电磁兼容、特高压输变电技术、现代电磁测量技术、超导电力技术。实验室成员有国家杰出青年科学基金获得者 1 人，入选国家百千万人才工程第一、第二层次人选 2 人，“千人计划”引进人才 1 人，国家级教学名师 1 人，中科院百人计划获得者 1 人，国家电网公司特高压交流试验示范工程特殊贡献专家 1 人。

2014 年，能源的安全与清洁利用北京市重点实验室推进人才队伍优化。张永哲副教授入选北京市科技新星计划；卢宏玮教授获“北京市优秀青年人才”称号。共获批科研项目 40 余项，总经费达 3 342 万元，其中，纵向项目 21 项，经费总额为 2 027 万元；横向项目 21 项，经费总额为 1 505 万元；实验室发表科研论文 130 篇，其中 SCI 论文 59 篇、EI 论文 43 篇；共授权专利 18 项；组织召开第五届中韩双边下一代太阳电池研讨会。进一步加强学科和科研平台建设工作，申报获批“新型薄膜太阳电池北京市重点实验室”。

2014 年，工业过程测控新技术与系统北京市重点实验室承担纵向项目 15 项，其中包括 973 项目、863 项目等重点项目，其中 2 项已申请结题验收；在平台建设方面，协助新能源电力系统国家重点实验室完成“源网联合实时仿真与控制实验平台”的建设与调试，完成“发电过程测控新技术实验平台”的建设与调试，并通过科技部验收；建设风电数模混合仿真系统，对实验室原有数据中心进行升级并建立数据认证预约及管理系统；实验室开放课题研究项目进展顺利等；人才培养方面，在培养青年教师的同时，为控制与计算机工程学院培养数十位博硕士研究生，并为本科生的培养教育提供实验设备及场地。

2014 年，低品位能源多相流动与传热北京市重点实验室建成国际领先的高性能热物理参数综合实验平台。提出种子汽泡传热概念并成功实现此技术，解决了沸腾起始点过温和流动不稳定性等问题。耗资 220 万元建立具有国内外先进水平的太阳能模拟器实验平台。融合微纳米尺度基础研究成果获中关村半导体照明产业联盟金奖并进行产业化推广。

2014 年，北京市电力信息技术工程研究中心各项工作按照既定规划目标顺利开展。科研方面，工程中心承担纵向项目 1 项，横向项目 2 项；2 项科研成果在国家电网公司得到深化应用。人才培养方面，工程中心团队共有 21 名硕士和 3 名博士顺利毕业。共发表学术论文 23 篇，其中 SCI2 篇，EI21 篇。

2014 年，河北省输变电设备安全防御重点实验室承担和完成大型科研项目 20 余项，获研究经费支持 890 余万元，获批国家级科研项目 2 项。科技成果方面，“输变电设备状态全景实时监测与诊断系统”获河北省科技进步二等奖，“基于电晕笼的交流导线电晕损失计算和分析”获河北省自然科学学术创新成果奖二等奖。发表论文 43 篇，其中 SCI 收录 7 篇，EI 收录 18 篇，ISTP 收录 2 篇；获得发明专利授权 5 项、实用新型专利授权 6 项，申请发明专利 6 项；人才培养方面，实验室现有博士点 2 个、硕士点 3 个，2014 年，实验室共招收博士研究生 6 人、硕士研究生 62 人，毕业博士研究生 6 人、硕士研究生 61 人。中心研究人员刘云鹏获“河北省先进工作者”荣誉称号。

2014 年，河北省发电过程仿真与优化控制工程技术研究中心先后为浙江省电力科学研究院、华北电力科学研究院等单位开发优化控制系统并获中国电机工程学会科技进步奖。两票培训考核及开票专家系统进一步完善并推广，该系统获中国电力投资集团公司科学技术二等奖。先后与山东鲁能控制工程有限公司、北京国电智深控制技术有限公司、上海晓舟电子仪表工贸有限公司、上海明华电力工程有限公司、惠德时代能源科技（北京）有限公司、国电科学技术研究院等单位在一系列工程研究领域进行合作。

2014 年，北京能源发展研究基地获各类纵向项目资助共计 24 项，其中，国家级 3 项，获优秀成果奖励 18 项。发表论文共 225 篇，其中 SSCI 检索论文 20 篇，EI 期刊检索论文 38 篇，SCI 检索论文 14 篇，CSSCI 检索论文 28 篇；已经出版能源类学术专/编著 8 部。结合自身优势，推出“京津冀雾霾治理一体化”系列学术沙龙。

新能源电力系统国家重点实验室建设

■概述

2014 年,新能源电力系统国家重点实验室组织完成国重平台验收、学术方向凝练、实验室开放交流、标志性成果产出等工作。9 月 5 日通过国家科技部基础司组织的专家验收并获高度评价;与电气与电子工程学院共同完成“智能电网协同创新中心”申报书的撰写工作,成功进入第二轮。

实验室由 3 个大型的综合实验平台和 24 个功能实验平台以及公共服务区域组成。综合实验平台包括:源网联合仿真与控制系统平台、电力变换与传输实验平台、发电过程测控新技术实验平台。功能实验平台包括:风电控制系统实验室、风电空气动力学与气象实验室、风电场实验室、光伏发电系统运行与仿真实验室、先进绝缘测试技术实验室、换流设备破坏机理实验室、交直流输电线路绝缘实验室、功能纳米电绝缘材料实验室、传导电磁干扰实验室、瞬态电磁场实验室、电晕效应实验室、超导电工实验室、电力电子器件特性实验室、高压阀体特性实验室、直流输电控制与仿真实验室等。

2014 年,实验室积极采取各种措施吸引和培养人才。引进“青年千人计划特聘专家”龚雁峰教授;马静副教授同时获得北京市科技新星计划支持和霍英东青年基金资助。

2014 年,实验室共培养出硕士 404 人、博士 90 人。其中,由实验室王增平教授指导的电力系统及其自动化学科博士研究生张亚刚的学位论文《基于广域信息的电力系统故障元件定位方法研究》获全国百篇优秀博士论文提名奖。

实验室吸引并积极邀请国内外学者申请本实验室的开放课题和从事访问研究。采访国内外学者 50 人(次),共作 40 场(次)讲座和报告;举办大型学术会议 9 次。在国内外各类学术会议上,实验室学术带头人和中青年学术骨干做特邀报告 19 次。充分利用自身的科研优势,开展科普教育、科普宣传和科普活动等工作,以此传播科学知识、弘扬科学精神、宣传科学思想和科学方法,全年共接待接待社会各界人士参观 60 余场次,接待各类参观人员 800 人次。

实验室在仪器设备开放共享方面,充分利用网上预约系统,在保障实验室重点科研课题研究的基础上,为其他单位科研人员提供服务。

(彭跃辉)

■概况

主任:刘吉臻

副主任:毕天姝　崔　翔　牛玉广　张海波　黄永章

实验室网址:http://laps.ncepu.edu.cn/

实验室三大研究方向:1、新能源电力系统特性及多尺度模拟;2、规模化新能源电力变换与传输;3、新能源电力系统控制与优化。

至年底,实验室占地面积 8 650平方米,科研设备总资产 7 500多万元。共引进高端科研人才 1 人,优秀青年教师 2 人。现有固定人员 95 名,其中研究人员 84 人。有中国工程院院士 1 名、国家杰出青年基金获得者 1 人、973 首席科学家 2 名、“千人计划特聘专家”3 人、“青年千人计划特聘专家”1 人、国家百千万人才工程人选 6 人、中科院百人计划 3 人、教育部创新团队 3 个、“111”学科创新引智基地 2 个。

2014 年,实验室获国家拨款 685 万元,其中开放运行费 400 万,基本科研业务费 285 万。设立自主研究课题 24 项,资助金额 376 万元;设立开放课题 18 项,其中境外项目 3 项,共资助金额 124 万元。

2014 年,实验室新增 973 计划课题、863 计划课题、科技支撑计划、国家自然科学基金、国际合作项目等纵向项目 27 项,经费 2 327.49万元。承担横向项目 164 项,经费 7 821 万元。

2014 年,获省部级以上奖励 8 项,其中国家科技进步二等奖 1 项,国家技术发明二等奖 1 项,共发表中英文论文 378 篇(其中,SCI 收录 109 篇),获授权发明专利 85 项。

2014 年,实验室接待各类访问和讲学的国内外学者 50 人(次),共作 40 场(次)的讲座和报告;举办大型学术会议 9 次;实验室成员应邀做特邀报告 19 次;全年共接待接待社会各界人士参观 60 余场次,接待各类参观人员 800 人次。

(彭跃辉)

■条目

【学位论文获百篇优博提名】3 月 14 日,教育部、国务院学位委员会发文,王增平教授指导的电力系统及其自动化学科博士研究生张亚刚的学位论文《基于广域信息的电力系统故障元件定位方法研究》获全国百篇优秀博士论文提名奖。

（彭跃辉）

【**人才培养**】2014 年，实验室引进国家“青年千人计划”专家龚雁峰；马静入选“北京市科技新星计划”；毕天姝获北京市“三八”红旗奖章荣誉称号；刘云鹏获“河北省先进工作者”荣誉称号。

（彭跃辉）

【**实验室通过专家验收**】9 月 5 日，科技部基础司组织专家组对“新能源电力系统国家重点实验室”进行验收。验收专家认为实验室圆满完成了建设计划书规定的任务，实现了建设目标，一致同意通过验收。

（彭跃辉）

【**与 OTI 公司共建仿真实验室**】9 月16 日，实验室与美国 OTI 公司共建 ETAP 电力系统仿真实验室，并举行揭牌仪式。

（彭跃辉）

【**举办 PMU(WAMS)标准及其应用国际研讨会**】10 月 16 日，召开“PMU(WAMS)标准及其应用国际研讨会”。

（彭跃辉）

【**举办可持续电力系统安全性研讨会**】10 月 28 日，召开“2014 可持续电力系统安全性研讨会”。

（彭跃辉）

【**举办智能电网与新能源电力开发利用学术研讨会**】11 月 9 日至 10 日，召开“智能电网与新能源电力开发利用学术研讨会”。

（彭跃辉）

【**组织参加中国国际高交会**】11 月 21 日，实验室组织“气体绝缘装备局部放电传感与诊断技术”、“基于模块化多电平的统一电能质量控制器”等 8 项研究成果参展第十六届中国国际高交会。“大机组快速深度变负荷控制理论与关键技术”获大会优秀成果奖。

（彭跃辉）

生物质发电成套设备国家工程试验室

■概述

2014 年，生物质发电成套设备国家工程实验室以优秀成绩通过国家发改委委托教育部组织的实验室建设项目验收，完成生物质燃烧实验平台、生物质热解气化实验平台、生物质发电设备材料实验平台、生物质发电动力设备实验平台、生物质发电测控技术实验平台、生物质收储运实验平台、生物质发电仿真实验平台、生物质发电成套设备验证性实验平台和分析测试中心等的建设。实验室集理论研究、技术开发与装备研制为一体，为生物质发电产业的理论研究与工程实践提供理论支撑与技术支持。

2014 年，实验室积极承担国家 973、863、科技支撑计划、北京市科技计划等多项重大课题及企业委托的技术攻关项目，推进标志性科研成果的产业化进程，培养“新能源科学与工程”本科生及“新能源与可再生能源”研究生，为行业输送高素质人才，并与瑞典皇家理工大学、瑞典麦拉达伦大学等国外机构建立良好的交流与合作机制。

（孔凌楠）

■概况

国家工程实验室网址：http://nelb.ncepu.edu.cn/

2014 年，生物质发电成套设备国家工程实验室在科学研究、科技成果转化、国际合作交流、行业交流等方面积极开展工作。

2014 年，实验室承担纵向科研项目 31 项，其中国家“十二五”科技支撑计划项目(含子项目)3 项、国家自然科学基金项目 11 项、国际合作项目 3 项、北京市科技计划项目 2 项、北京市教委项目 1 项、北京市自然科学基金项目 1 项、北京市“青年英才计划”项目 3 项。

2014 年，实验室发表论文 33 篇，其中 SCI 收录 13 篇、EI 收录 12 篇。实验室获授权专利 26 项，其中发明专利 22 项、实用新型 4 项。实验室主持 4 项行业标准的编制，参与 1 项国际标准、3 项国家标准和 2 项行业标准的编制。

实验室加速进行科技成果转化，板式脱硝催化剂技术已形成国内唯一具有完全自主知识产权的成套技术，产品成功应用于国内 10 余家电厂，该科技成果获第七届中国技术市场金桥奖优秀项目奖以及第十六届中国国际高新技术成果交易会优秀产品奖。

2014 年，实验室进一步加强国际交流与合作。5 月，美国密西西比州立大学 Fei Yu 博士到实验室参观，对当前生物质研究的热点问题进行交流，对今后在国际科研项目、人才培养等领域开展合作达成初步共识。同月，美国爱达荷州立大学 B. Brian He 博士访问实验室，双方就生物质热解气化等科研方向进行交流。同月，瑞典皇家工程院院士、瑞典 Malardalen 大学 Erik Dahlquist 教授访问实验室，并作关于世界能源形势的学术报告。5 月到 8 月，实验室成员赴法国里昂环境催化研究所进行学术交流，期间与 Claude Descorme 教授就高级氧化技术在水和废水处理中的应用等研究方向展开合作。

2014 年，实验室主办"生物质利用青年科研工作者研讨会"，吸引国内近十所高校的生物质领域青年学者参会。

2014 年，实验室作为"中关村开放实验室"，为中关村园区高新技术企业、科研院所等 10 余家单位提供检验测试服务，并与高新技术企业合作建设共建企业技术中心 2 个。

（孔凌楠）

■条目

【实验室通过发改委验收】8 月 28 日，受国家发改委委托，教育部组织专家对依托华北电力大学建设的"生物质发电成套设备国家工程实验室"建设项目进行验收。验收专家组在听取实验室建设情况汇报，审阅实验室建设相关材料，实地考察实验室建设环境的基础上，经充分讨论后形成最终的验收意见。验收专家组认为：实验室验收材料完整、规范，符合验收要求；实验室根据项目批复要求，建成了布局合理、技术领先的实验环境和配套体系；实验室紧密围绕项目建设目标，形成了特色鲜明、稳定的研究方向、取得了突出成果、培养出高素质人才；充分发挥了理事会和技术委员会作用，与国内外相关科研单位和行业骨干企业建立了紧密的产学研用协同创新机制，形成了技术创新和为行业开展技术服务的有效模式；建设项目经费使用合理，符合节能、环保等要求。最后，与会专家一致同意实验室以优秀成绩通过验收。

（孔凌楠）

【自主知识产权打破国外技术封锁】10 月 22 日，实验室参加 2014 年中国国际电力电工展，展出的"板式脱硝催化剂及相关技术"引起业界关注。这是国内唯一具有完全自主知识产权的成套板式脱硝技术，已获 9 项国内专利、1 项国际专利。实验室瞄准技术发展前沿，坚持自主创新，自行研制功能化纳米钛白粉，并通过表面修饰与活性组分负载，掌握了板式 SCR 脱硝催化剂的关键制备技术，打破了国外对板式 SCR 脱硝催化剂的技术封锁，产品经第三方检测，各项指标达到国际领先水平。实验室与北京华电光大环保技术有限公司合作，已在浙江、湖北、山西等地建成年产能力达 2 万立方米、具有全自动化脱硝催化剂的生产线。

（孔凌楠）

【参与国际标准制定】3 月和 9 月，实验室代表参加 IEEE P2404《火电厂烟气脱硝平板式催化剂》国际标准制定工作组会议。实验室作为该国际标准的重要参与单位之一，参与制定平板式脱硝催化剂的主要技术指标、检测方法及检验规则等。

（孔凌楠）

【获中国技术市场金桥奖】11 月 7 至 8 日，由中国技术市场协会主办的第三届中国科技服务业论坛暨第七届"金桥奖"颁奖大会在成都举行。经过"金桥奖"评委会严格审查和认真评审，实验室自主研发的"平板式 SCR 烟气脱硝催化剂成套技术"项目，获"中国技术市场金桥奖优秀项目奖"并得到参会代表和专家的一致好评。"中国技术市场金桥奖"经国家科学技术奖励工作办公室授权认定，是中国科技成果转化领域的最高奖项。

（孔凌楠）

【参展中国国际高交会】11 月 21 日，实验室推荐"平板式 SCR 烟气脱硝催化剂"项目参展第十六届中国国际高新技术成果交易会。该项目获优秀成果奖。

（孔凌楠）

【参加资质认定内审员培训】11 月 4 日至 5 日，实验室组织人员参加国家计量认证高校评审组举办的"内审员及管理骨干培训班"和"测量不确定度评定培训班"，系统学习了内审基本概念、实施要点、实施步骤、内审检查表、内审后续活动、合同评审、文件控制、标准查新与变更、样品管理、检测报告管理、档案管理、其他业务管理以及新版不确定度评定国家标准、测量不确定度的基本术语、基础知识及评定程序、实验室资质认定对测量不确定度评定的要求、测量不确定度评定实例等内容。

（孔凌楠）

【主办科研工作者研讨会】5 月 18 日，由实验室主办的"生物质利用青年科研工作者研讨会"在华北电力电力大学召开。会议旨在为从事生物质研究利用的青年科研工作者提供交流平台，以探讨行业发展方向，并解决科研工作中的实际问题。来自华北电力大学、北京林业大学、中国农业大学、中国农业机械化研究院和广西国家非粮生物质能源工程技术研究中心等科研单位的青年学者参会。与会代表介绍了各自的主要研究方向和研究内容,并分别提出各自在研究过程所面临的困难,与会人员分别从自己的研究实践给出了相应参考方案。此次研讨会使与会人员受益匪浅,并取得两项共识:该研讨会应当发展成为生物质研究利用领域具有影响力、号召力的常规性会议;会议主要面向本领域青年科研工作者,并将持续吸收新的成员单位和青年学者。

(孔凌楠)

国家火力发电工程技术研究中心

■概述

2014 年,国家火力发电工程技术研究中心围绕火力发电的安全、清洁、高效等需求,以火电机组调峰和高效变工况运行、火电机组过程节能、火力发电清洁运行与环保减排、火力发电测控与仿真等技术为主要研究方向,集基础理论研究、技术开发试验、市场推广转化为一体,为火力发电产业的技术进步提供技术支持。

2014 年,国家火力发电工程技术研究中心在技术研发和创新基地、人才培训基地、中试产业化示范基地、成果转化和辐射扩散基地、工程技术咨询与信息服务基地等基地建设方面成效显著,并积极承担国家 973、863、科技支撑计划等多项重大课题及企业委托的各类项目,建立了良好的“产、学、研、用”合作交流机制。

2014 年,中国火力发电产业技术创新战略联盟秘书处挂靠该中心,中国火力发电产业技术创新战略联盟与国家火力发电工程技术研究中心实现资源整合。中国火力发电产业技术创新战略联盟旨在政府相关政策的指引下,以火力发电产业技术发展需求为导向,以形成火力发电产业核心竞争力为目标,以企业为主体,围绕火力发电产业技术创新链,运用市场机制集聚创新资源。

2014 年,国家火力发电工程技术研究中心通过科技部组织的建设验收,在接受验收的 38 家国家工程技术研究中心中成绩排名第二。

(任治政　王　敏)

■概况

主任:杨勇平

副主任:顾煜炯　杜小泽　陈海平

至年底,国家火力发电工程技术研究中心共计建设大型研发基地 1 个,占地面积 3 000 余平方米,位于主楼 F 座;培训基地 1 个,占地面积 600 余平方米,位于行政楼 4 层;产学研合作基地 1 个,占地面积 500 余平方米,位于行政楼 4 层;1 000MW 空冷机组凝气器单元中试试验平台一个,总投资 1 300 万元。科研设备总资产超过 5 000 万元。

2014 年,该中心拥有国家杰出青年科学家 2 名,国家“千人计划”学者 3 名,国家“百千万人才”国家级人选 3 名,国家“973 计划”首席科学家 3 名;中科院“百人计划”学者 2 名,教育部新世纪优秀人才 7 名;教育部创新团队 2 支。

2014 年,中心共获各级各类纵向科技项目资助 31 项,资助金额达 2 436 万元;共签订横向科技合作项目 47 项,合同金额 1 730 万元;获国家和省部级科技奖励 2 项,授权专利 57 项,软件著作权 10 项,出版专著 4 部,发表高水平论文 235 篇;获成果鉴定 1 项。

2014 年,该中心对外开展各类技术培训班 5 期,培训人数达 300 余人;接待大型参观访问团体 5 批次;组织举办学术沙龙 1 次。

(任治政　王　敏)

■条目

【通过科技部建设验收】1 月 6 日,科技部下发《关于 2013 年度国家工程技术研究中心验收结果的通知(国科发计[2014]3 号)》,国家火力发电工程技术研究中心在全部 38 个验收单位中排名第二,成绩优秀。验收评估指出:该中心全面完成了可行性论证报告和计划任务书要求的各项组建任务,基本实现预期组建目标,具备较强的科技成果产业化能力及辐射扩散能力,达到验收标准。

(任治政　王　敏)

【北京知企科技有限公司向学校捐资】4 月 29 日,北京知企科技有限公司向华北电力大学教育基金会捐赠其全额投资成立并由国家火力发电工程技术研究中心孵化的北京华电知企能源技术服务有限公司 20% 的股权,资产价值折合人民币 1 000 万元。

(任治政　王　敏)

【香港高校和研发中心来访】5 月 9 日,香港创新科技署、纳米及先进材料研发院、香港大学等 11 个单位的41人参访国家火力发电工程技术研究中心。本次参访旨在筹备建设国家工程技术研究中心香港分中心的有关工作，重点考察国家火力发电工程研究中心的定位、运作、人才队伍建设等情况。

（任治政　王　敏）

【召开技术创新战略联盟会议】7月18日，中国火力发电产业技术创新战略联盟第一届理事会第二次会议在华北电力大学召开，中国华能集团公司等18个联盟单位的相关人员出席此次会议。会议审议并通过《中国火力发电产业技术创新战略联盟2013年工作报告》、《关于中国火力发电产业技术创新战略联盟会费收取及使用的报告》和《关于中国火力发电产业技术创新战略联盟专家咨询委员会专家推荐的报告》，研讨了《火力发电产业技术创新与发展规划(2015－2020)》。

（任治政　王　敏）

【召开工程技术委员会会议】10月30日，国家火力发电工程技术研究中心工程技术委员会2014年度工作会议在华北电力大学召开，蒋洪德等14位委员参加会议。会议总结了该中心2013－2014年度工作情况、研讨了中心的管理体制和运行机制问题及《火力发电产业技术创新与发展规划2015－2020》报告。

（任治政　王　敏）

【发电机组智能诊断与健康维护北京市工程研究中心获批】10月30日，由国家火力发电工程技术研究中心向北京市发展和改革委员会申报的发电机组智能诊断与健康维护北京市工程研究中心获批，实现华北电力大学北京市工程研究中心“零”的突破。发电机组智能诊断与健康维护北京市工程研究中心将围绕“发电机组运行过程能效监测与管控”、“发电机组运行过程智能监测与故障诊断”、“发电机组风险智能分析与健康维护”三个方向进行工程技术研发和产业化推广。

（任治政　王　敏）

电站设备状态监测与控制教育部重点实验室

■概述

电站设备状态监测与控制教育部重点实验室于2005年1月申请建设，2006年12月通过教育部验收。2012年9月以良好的成绩通过教育部对工程和材料领域的重点实验室的评估。实验室面向国家节能减排与能源环境可持续发展的重大需求，围绕大型火电和可再生能源发电安全、高效和清洁热功转换过程中的关键科学问题开展应用基础研究。立足动力工程、材料科学与工程和化学工程等多学科交叉，探索复杂能源动力系统能量及质量多尺度输运机理、多因素耦合特性及能耗时空分布规律，研究全方位状态监控与运行优化理论方法，为中国电力能源工业的健康发展提供科技支撑。

2014年，实验室召开第二届学术委员会第一次会议，聘任天津大学的苏万华院士为学术委员会主任，聘任西安交通大学的何雅玲教授、华北电力大学的杨勇平教授为学术委员会副主任。委员分别为崔立山教授、杜小泽教授、段远源教授，高翔教授、刘中良教授，唐大伟研究员，徐鸿教授，徐进良教授。经过委员们的讨论决定，实验室重新凝练与整合研究方向，确立五个研究方向，即燃烧状态检测与污染控制；高温金属材料特性与失效预防；高效热功转换与过程节能；动力设备流态调控；电站运行状态监控。围绕上述方向，通过对检测方法、材料特性和过程机理的探索，研究设备运行状态及其发展变化规律，实现大型发电机组安全、高效和清洁运行目标。实验室做了适当的人员调整，以保持研究队伍在年龄、学历和层次结构上的合理，保障研究团队富有创新能力。

2014年，实验室各项工作稳步前进，在科研方面取得进步，获国家自然科学基金12项，其中，重点项目1项，面上项目8项，青年项目3项，总经费达到1 084万。作为首席科学家单位获国家基础研究(973计划)项目一项，总经费3 500万元。

2014年，实验室获批“火力发电过程节能与清洁运行北京市国际科技合作基地”，进一步提高华北电力大学科技合作水平，为学校提升国际影响力和竞争力奠定了基础。

（唐宁宁）

■概况

主　任：徐　鸿

副主任：杜小泽

重点实验室网址：http://cmc.ncepu.edu.cn/

至年底，实验室占地面积3 930平方米，科研设备总资产3 200多万元。实验室研究人员35名、流动人员18名、技术人员

4人,以富有创新力的中青年学术骨干为主,包括:国家杰出青年科学家2名,国家"千人计划"学者2名,国家"百千万人才"一、二层次人选3名,国家"973计划"首席科学家2名;中科院"百人计划"学者2名,教育部新世纪优秀人才7名,"长江学者"特聘教授1名,"万人计划"首批杰出人才1名。

2014年,实验室获各类纵向科技项目资助共26项,资助金额为6 504万。签订横向科技项目49项,合同金额1 994.2万元。获授权发明专利20项,实用新型专利5项,软件登记2项。发表论文共144篇,其中,SCI论文46篇,EI收录27篇,中文核心期刊71篇。获各类奖项共5项。2014年结题的"能动之光"项目共7项。实验室有两名科研人员出国交流学习。实验室培养博士研究生19名,硕士研究生87名。主办学术会议2次,邀请国内外学者做学术报告4次,召开重点实验室学术委员会1次。

(唐宁宁)

■条目

【召开中国工程院咨询项目专家研讨会】5月14日,由电站设备状态监测与控制教育部重点实验室承担的"我国高端能源动力机械健康与能效监控智能化发展战略研究"暨"流程工业机械装备在役再制造工程发展战略研究"咨询项目在华北电力大学召开项目专家研讨会。会议由发电行业组组长杨勇平教授主持,副组长神华国华研究院技术中心张俊杰总工程师、副组长重点实验室副主任杜小泽教授等十余人出席会议。会议对两个课题的调研报告的内容进行充分的交流讨论,对报告中所涉及的各发电领域目前国内外发展现状、关键技术问题和下一步工作安排与配合等进行交流。

(唐宁宁)

【获学术年会优秀论文奖】10月31日至11月2日,五年一度的中国工程热物理学会学术年会在西安举行。会议由中国工程热物理学会主办,西安交通大学能源与动力工程学院承办,来自动力工程及工程热物理学科领域的3 000多名代表参加会议。电站设备状态监测与控制教育部重点实验室博士生张茂龙以其论文"塔式太阳能集热镜场阴影与遮挡效率的改进算法"获工程热物理学会传热传质分会王补宣优秀论文二等奖。该论文探讨了以塔式太阳能集热镜场效率计算方法,深入分析镜场光线的输运过程中会产生的阴影与遮挡现象,并针对这一阻滞过程提出全新的改进型算法,为太阳能聚光系统的优化设计提供了参考算法。

(唐宁宁)

【一项成果获工博会银奖】11月8日,电站设备状态监测与控制教育部重点实验室参评项目"大型火电直接空冷系统空气流场导流装置"获第十六届中国国际工业博览会银奖(银奖排名第一)。项目由华北电力大学和北京首航艾启威节能技术股份有限公司共同合作完成。

(唐宁宁)

【召开学术委员会会议】12月13日,电站设备状态监测与控制教育部重点实验室第二届学术委员会第一次会议在华北电力大学召开。会议围绕实验室的研究方向进行交流,并对今后发展进行研讨,会议举行重点实验室第二届学术委员会聘任仪式。重点实验室第一任主任刘吉臻校长为学术委员会主任苏万华院士、副主任何雅玲教授、杨勇平教授以及到会的学术委员颁发聘书。刘吉臻回顾实验室的建设历程,介绍了实验室的定位,殷切希望并感谢学术委员会为实验室的发展建言献策。华北电力大学科学技术研究院檀勤良常务副院长主持聘任仪式。苏万华院士主持学术委员会会议。学术委员会听取了实验室主任徐鸿教授对2012年教育部评估后实验室工作进展的汇报,以及实验室5个研究方向带头人围绕方向定位、主要研究进展和未来预期研究成果进行的汇报。各位委员针对实验室的定位、团队建设、研究方向凝练和运行机制体制等展开讨论。与会人员认为,实验室面向近年来中国能源电力行业节能减排的重大需求,凝练和调整研究方向,定位准确、特色鲜明;研究方向的设置既反映了学校的学科优势,同时能够及时跟踪和适应国家和电力行业需求,应用和基础研究并重,科学问题清晰,具有创新性;实验室在各个层面上承担了一批国家和行业的重大、重点研究任务,拥有一支具有学术影响力的学术带头人队伍,具备了产出标志性成果的条件。各位委员还就实验室研究方向的凝练、人才培养、学术交流以及重大成果产出机制等提出建设性意见。

(唐宁宁)

【获全国优秀科技工作者称号】12月15日,中国科协在北京人民大会堂隆重表彰第六届全国优秀科技工作者,电站设备状态监测与控制教育部重点实验室副主任杜小泽教授获"全国优秀科技工作者"的荣誉称号。

(唐宁宁)

【获“973”计划项目】2014 年,以重点实验室团队带头人杨勇平教授为首席科学家的国家重点基础研究发展计划(973 计划)项目——燃煤发电系统能源高效清洁利用的基础研究,获科技部审批,此项目联合浙江大学、西安交通大学以及清华大学共同合作,项目总经费 3500 万元。

(唐宁宁)

区域能源系统优化教育部重点实验室

■概述

区域能源系统优化教育部重点实验室是依托华北电力大学资源与环境研究院,整合学校其他优势科技资源而形成的一个研究实体,2010 年 12 月由教育部批准立项建设。实验室主要针对能源供需矛盾、温室气体、大气污染及与社会、政治、经济相关的复杂环境问题开展科学研究,为多区域、多种尺度的能源系统管理提供科学的决策支持,为解决与防治中国经济发展中的诸多能源与环境问题提供科学依据。实验室研究方向主要包括:不确定性优化理论与技术;中国特色的多尺度区域能源模型;能源与环境系统互动机理与耦合技术研究;能源系统风险预测预警与管理决策综合研究等。研究方向涉及能源与环境工程、热能工程、管理科学与工程、可再生清洁能源等领域。实验室在建设过程中将依托实验室的多个学科点和相关博士后科研流动站,为国家培养能源与环境领域的专业技术人才。

2014 年,实验室按照建设计划继续推进。区域气候模拟实验室引进高级计算服务器及视频采集传输系统;膜动力分析实验室针对膜材料研究引进了中试膜处理系统;针对多尺度区域能源系统模拟研究室、能源与环境耦合过程研究室、能源系统风险预测预警研究室、能源系统虚拟现实管理研究室、不确定性理论系统分析中心、能源系统随机过程高级计算中心,加大了固定资产投入;新增固定资产仪器设备 120 万元。实验室的建设将为重点实验室师生提供更加完善的实践教学平台,进一步优化学科建设体系,为科研深入开展提供优质平台。

2014 年,实验室继续发挥科研优势,加强关键科学问题的深入研究和集成,实现若干重点领域和重要方向的跨越发展。实验室年度科研经费金额为 873.013 万元。科研项目方面主要承担高等学校学科创新引智(111)计划项目、国家水体污染控制与治理科技重大专项项目之课题、国家重点基础研究发展计划(973 计划)子课题、北京高等学校“青年英才计划”项目、水利部公益项目、科技部国际合作项目以及其它来自科技部、水利部、中科院、企业或研究设计部门的课题 24 项。该重点实验室学术带头人李永平教授入选 2014 年度教育部“长江学者奖励计划”。

2014 年,实验室继续发挥学术平台优势,与国内外多家知名院校、企业在人才培养、科技攻关、科技成果转化、产学研结合等方面展开全方位交流与合作。聘请多名国内外专家、学者到实验室进行指导讲座,有多名师生参加国内外重要学术会议;该重点实验室学术骨干丁晓雯副教授顺利完成加拿大里贾纳大学为期一年的学术交流活动回国,交流期间发表了 SCI、EI 等论文 9 篇,参与国际合作项目 10 项;博士生刘政平入选国家留学基金管理委员会组织“2014 年国家建设高水平大学公派研究生项目联合培养博士研究生选派计划”,前往加拿大里贾纳大学进行为期 1 年学术交流与研究;博士研究生王春晓,刘静参加华北电力大学与加拿大里贾纳大学举办的第二届研究生学术交流论坛,分别以“A type - 2 fuzzy interval programming method for conjunctive us of surface water and groundwater under dual uncertainties”和“Development of a fuzzy - boundary interval programming method for water quality management under uncertainty”两个主题发表演讲,并与中外研究生进行学术交流;邀请河北工程大学索梅芹博士进行学术交流,深入探讨在基于存储论的区域资源优化方法在环境规划中的应用研究以及后期项目合作事宜;邀请英国气象局哈德利气象研究中心(Hadley Centre) Wang Changgui 博士来访进行学术交流与访问,拟开展全球气候变化、区域气候模拟(RCM)等方面的科研合作;邀请加拿大圭尔夫大学 Edward McBean 教授进行学术交流和访问,重点探讨水与能源的关系、水资源利用、土壤荒漠化及气候变化等方面研究的机遇与挑战;该重点实验室申报的“能源与环境系统优化及工程应用北京市国际科技合作基地”入选北京市第三批国际科技合作基地名单,该基地所属专业领域为节能减排及大气污染防治，基地类型为国际科技联合研究中心类基地，提升了实验室国际科技合作条件和能力；111引智（EWE'2014）国际研讨会在华北电力大学举办，该研讨会以区域能源系统优化教育部重点实验室"能源与环境系统分析及工程应用创新引智基地"为依托，并得到国家外国专家局、教育部、中国国际经济技术交流中心、联合国开发计划署、商务部中国国际经济技术交流中心、中国－加拿大能源、环境与可持续发展研究院、国际环境信息科学学会、UNDP专家工作站的支持，会议邀请商务部中国国际经济技术交流中心王伟黎副主任、国家外专局处长王嵩、联合国开发计划署能源环境处项目经理张卫东、华北电力大学副校长杨勇平、华北电力大学国际合作处副处长徐玲玲、加拿大Saskpower电力集团副总裁Michael Monea、加拿大萨斯喀彻温省水安全管理局局长Wayne Dybvig、华北电力大学区域能源系统优化教育部重点实验室主任黄国和教授，学术带头人李永平教授等来自政府、国际组织、学术机构等机构的领导、专家、工程师，研讨会主题为"Energy & Environmental Systems Analysis and Engineering Application（111创新引智：能源与环境系统分析及工程应用学术研讨会）"。

2014年，实验室通过与企业、政府多层次的密切合作，在规划制定、政策咨询、方案评估、节能减排等领域取得很好的社会和经济效益；与多个企业和园区开展各个层面的合作，在大中小循环层面，制订编写循环经济发展规划和实施方案，解决当地政府和企业的在发展经济和保护环境、节能减排方面的深层次问题，经由可持续发展之路发展经济，提高人民生活水平；与中国科学院新疆生态与地理研究所合作进行天山典型区域水文过程与格局变化研究；与北京交通大学合作研究高井燃气发电厂碳捕获就绪的Aspen模拟与经济可行性评估；与中国环境科学研究院合作研究POPs污染场地土壤采样及土壤理化特征参数的测定；与吉林省环境科学研究院合作进行废弃油土综合利用技术规范与标准制定的研究；与国家电网公司能源研究院合作进行能源系统优化研究；与南方电网公司广东电力科学研究院合作研究不同生物质燃料热重－红外实验分析；与广东电网公司合作开展碱金属腐蚀预判及腐蚀控制研究；与北京中新国能节能环保技术有限公司合作进行环境风险调查与评估技术研究；与哈密市恒润兴业技术咨询有限责任公司合作研究压气站煤尘发热量、元素分析。

2014年，实验室年度科研成果产出再创新高，实验室专职研究人员共发表论文113篇，其中SCI检索69篇，EI检索45篇。在SCI高级检索中，该实验室主任黄国和教授、实验室学术带头人李永平教授在"Energy System Analysis & Uncertainty"（能源系统分析）、"Water Resources Planning"（水资源规划）、"Optimization under Uncertainty"（不确定性优化）等领域全球排名录中均位列第一和第二。2014年，该实验室培养的研究生获研究生奖学金11项，发表学术论文35篇。

2014年，实验室新增教育部"长江学者"特聘教授1人、华北电力大学"巾帼之星"称号1人。

2014年，实验室在研究生培养方面再获佳绩，毕业博士5人，硕士35人；新入学博士研究生8人，硕士生37人；在读博士生21人，硕士生107人；硕士研究生孙晓伟，温静雅，张嘉琪获华北电力大学2014届春季优秀毕业研究生；博士研究生祝颖和陈聪荣获"2014届春夏季优秀毕业研究生"称号；博士研究生解玉磊，硕士研究生付正辉、曾娅玲、孙冠中获2014年研究生国家奖学金；博士研究生刘静、张俊龙、姜龙、申婧、樊星获2014年优秀博士奖学金；博士研究生姜龙获"校友奖助金"；博士研究生任丽霞获"四方股份奖学金"；硕士研究生聂宇获"优秀研究生标兵"称号；博士研究生解玉磊、崔亮、周雅、姜龙、申婧、刘静、樊星，硕士研究生董焕焕、任丽霞、付正辉、李小萌、黄奎、曾娅玲、李韵、孙冠中、聂宇荣获得"优秀研究生"称号；硕士研究生崔继宪、孙冠中获"优秀研究生干部"称号；博士生刘政平入选"2014年国家建设高水平大学公派研究生项目联合培养博士研究生选派计划"，赴加拿大里贾纳大学进行为期一年的学术交流与访问；该实验室学术骨干李薇获"2013－2014学年度优秀研究生班主任"称号。

（郑如秉　李延峰　李薇）

■概况

实验室主任：黄国和

学术委员会主任：刘鸿亮

2014年，实验室现有固定在编人员37人，在编客座研究人员27人，还聘请7位本领域国内外著名的专家担任学术顾问。其中包括中组部"千人计划"人才2人、国家杰出青年基金获得者2人、教育部长江学者特聘教授2人、973计划首席科学家1人、优秀青年基金获得者1人、"青年拔尖人才计划"入选者1人。

2014年，实验室新增教育部长

江学者特聘教授1人,华北电力大学“巾帼之星”称号获得者1人。

2014年,该实验室硕士研究生在校人数达107人,新入学硕士生37人,硕士毕业生35人。在读博士研究生21人,新入学博士研究生8人,博士毕业生5人。优秀毕业研究生5人,国家奖学金获得者4人,优秀博士奖学金获得者4人,校友奖助金获得者1人,四方股份奖学金获得者1人,“优秀研究生标兵”称号获得者1人,“优秀研究生”称号获得者16人,“优秀研究生干部”称号获得者2人,申请“2014年国家建设高水平大学公派研究生项目联合培养博士研究生选派计划”1人。

2014年,实验室2014届毕业研究生35人全部与用人单位签订三方协议。

2014年,实验室开设研究生课程15门,完成教学450学时,举办学术讲座25次。

2014年,实验室新增科研项目24项。其中国家或省部级纵向项目10项,企事业单位委托科技项目14项。新增纵向项目经费507万元,横向项目经费366.013万元。2014年重点实验室专职研究人员共发表论文114篇,其中SCI检索69篇,EI检索45篇。2014年,该重点实验室研究生获得国家研究生奖学金11项,发表学术论文35篇。

2014年,实验室来访外国专家或外籍教师10人次,国家留学基金委青年骨干教师出国研修项目回国1人次。

2014年,实验室拥有研究室4个,下设研究中心和实验室15个。

(郑如秉　李延峰　李　薇)

■条目

【获巾帼之星称号】2月27日,区域能源系统优化教育部重点实验室学术带头人李永平教授获华北电力大学“巾帼之星”称号。该称号由华北电力大学每三年评选一次,主要为激励广大女教职工发扬自强不息、团结奋进、爱校敬业、追求卓越的华电精神,在建设高水平大学过程中,实现女教职工自身和谐发展,促进华北电力大学女职工工作的创新。经校工会推选,各党总支(直属党支部)推荐,校工会委员扩大会评选,共有10名女教职工“巾帼之星”称号。3月6日,学校举行第三届“巾帼之星”、“先进女职工”表彰会,李永平教授作为“巾帼之星”代表在会上发言。

(郑如秉　郭军红)

【国际科技合作基地获认定】3月25日,实验室申报的“能源与环境系统优化及工程应用北京市国际科技合作基地”入选北京市第三批国际科技合作基地名单。该基地所属专业领域为节能减排及大气污染防治,基地类型为国际科技联合研究中心类基地。北京市第三批国际科技合作基地的认定工作由北京市科学技术委员会组织,为贯彻落实《北京市“十二五”时期科技北京发展建设规划》,以全球视野谋划和推动创新,有效对接和利用全球科技创新资源,充分发挥国际科技合作基地的引领和示范作用,推动高新技术企业、科研机构、技术转移机构和高新技术产业园区的国际化,根据《北京市国际科技合作基地管理办法(试行)》(京科发[2011]509号)的相关规定进行基地申请的认定工作。北京市国际科技合作基地是提升重点实验室国际科技合作条件和能力的重要手段,是利用全球科技资源、参与国际科技竞争与合作的骨干和中坚力量,是建设具有全球影响力的国家创新中心的重要支撑。

(郑如秉　李延峰)

【索梅芹博士应邀来访】4月3日,河北工程大学索梅芹博士应邀对重点实验室进行为期1天的学术交流与访问并做题为“基于存储论的区域资源优化方法研究”的主题讲座,分别从背景、引言、方法开发、案例研究等方面全面介绍基于存储论的区域资源优化方法在环境规划中的应用研究。实验室师生就具体学术问题以及如何做好科研,如何更好就业等话题与索梅芹博士进入了深入探讨。

(郑如秉　李延峰)

【参加中加研究生学术交流论坛】5月13日,华北电力大学与加拿大里贾纳大学举办第二届研究生学术交流论坛。出席交流论坛的有加拿大里贾纳大学校长Vianne Timmons,研究生院院长Armin Eberlein,华北电力大学校长刘吉臻,副校长安连锁,国际合作处、研究生院等相关职能部门及院系负责人等。参与学术交流的有里贾纳大学10名研究生、华北电力大学11名研究生以及各院系研究生代表。中外研究生学术交流论坛分为两个分会场,分别就“能源高效利用”和“环境与健康”两项主题展开深度交流与研讨。该重点实验室博士研究生王春晓、刘静参与“环境与健康”的学术交流,两位分别以“A type-2 fuzzy interval programming method for conjunctive us of surface water and groundwater under dual uncertainties”和“Development of a fuzzy-boundary interval programming method for water quality management under uncertainty”两个主题与中外研究生进行了热烈的讨论。

（郑如秉　郭军红）

【获优秀毕业研究生称号】7月15日，华北电力大学发布关于授予"2014届春夏季优秀毕业研究生"称号的决定，实验室2014届博士毕业生祝颖和陈聪两位同学获此称号。祝颖，女，2008年入学攻读硕士研究生，2010年通过硕博连读选拔攻读博士，师从李永平教授，2014年获得能源环境工程博士学位，主要研究方向为能源与环境系统规划、环境系统分析等，发表学术论文14篇，SCI第一作者文章检索9篇，在读期间，获"国家研究生奖学金"1次，"优秀研究生"称号2次，"优秀博士奖学金"1次，"优秀团员"1次，"校友奖助金"1次。并于2014年获华北电力大学"优秀毕业研究生"称号；陈聪，女，2009年入学攻读硕士研究生，2011年通过硕博连读选拔攻读博士，师从于黄国和教授，2014年获能源环境工程博士学位，主要研究方向为强健性能源系统规划，发表论文7篇，SCI检索5篇，在读期间，获国家奖学金1次，获优秀研究标兵1次，获优秀博士生奖学金1次，获校友奖学金1次。

（郑如秉　郭军红）

【英国气象局专家来访】7月24日，英国气象局哈德利气象研究中心（Hadley Centre）Wang Changgui博士应邀对区域能源系统优化教育部重点实验室进行为期2天的学术交流与访问。Wang Changgui博士的讲座主要围绕PRECIS模型展开，讲解使用PRECIS模型时应当注意的边界条件，分辨率等问题，并为实验室师生拓展了全球气候变化、区域气候模拟（RCM）等相关知识，重点讲解了大气模型参数化过程。25日，Wang Changgui博士参观重点实验室区域气候模拟实验室，并与重点实验室气候模拟研究组师生进行深入讨论和沟通，就实验室建设以及未来的科研合作等方面达成共识。

（郑如秉　郭军红）

【举办111引智国际研讨会】8月24日，111引智（EWE'2014）国际研讨会在华北电力大学主举办。研讨会主题为"Energy & Environmental Systems Analysis and Engineering Application（111创新引智：能源与环境系统分析及工程应用学术研讨会）"。该研讨会以区域能源系统优化教育部重点实验室"能源与环境系统分析及工程应用创新引智基地"为依托，并得到国家外国专家局、教育部、中国国际经济技术交流中心、联合国开发计划署、商务部中国国际经济技术交流中心、中国－加拿大能源、环境与可持续发展研究院、国际环境信息科学学会、UNDP专家工作站的支持。商务部中国国际经济技术交流中心王伟黎副主任、国家外专局处长王嵩、联合国开发计划署能源环境处项目经理张卫东、华北电力大学副校长杨勇平、国际合作处副处长徐玲玲、加拿大Saskpower电力集团副总裁Michael Monea、加拿大萨斯喀彻温省水安全管理局局长Wayne Dybvig、区域能源系统优化教育部重点实验室主任黄国和教授，学术带头人李永平教授等来自政府、国际组织、学术机构的相关人员以及实验室师生出席了会议。研讨会的主题主要包括环境政策分析、水资源管理、社会经济可持续性发展、能源供需、气候变化应对管理、污染控制技术、环境信息技术应用以及生态环境系统评价等。演讲结束后，会场举行了"Mitigation measures in energy and environmental systems"和"Policy support in managing energy and environmental systems"的两个主题论坛。与会嘉宾积极交流和分享他们在环境、水资源、能源领域的经验、新思路及研究成果，并讨论了遇到的实际挑战和采取的解决方案。

（郑如秉　郭军红）

【赴里贾纳大学交流学习】8月26日，实验室博士生刘政平入选"2014年国家建设高水平大学公派研究生项目联合培养博士研究生选派计划"，前往加拿大里贾纳大学进行为期1年学术交流与研究；该项目由国家留学基金管理委员会组织选拔，为鼓励国内学生健康积极发展，通过公费选派优秀学生到国外知名高校交流学习的一种方式。

（郑如秉　李延峰）

【丁晓雯完成研修项目回国】10月1日，重点实验室学术骨干丁晓雯完成国家留学基金委青年骨干教师出国研修项目回国。丁晓雯副教授于2013年入选国家留学基金委青年骨干教师出国研修项目，前往加拿大里贾纳大学进行为期1年的学术交流访问。访问期间，丁晓雯副教授与里贾纳大学科研人员积极开展学术合作，在流域综合管理、非点源污染模拟与控制研究领域取得了丰硕的成果，共发表了SCI、EI等论文9篇，参与国际合作项目10项，主持项目11项。

（郑如秉　李延峰）

【Edward McBean教授来访】11月1日，加拿大圭尔夫大学的

Edward McBean 教授应邀对资源与环境研究院进行学术交流与访问。该重点实验室主任黄国和教授及部分师生出席会议，会议由重点实验室学术带头人李永平教授主持。李永平教授介绍了 Edward McBean 教授学术经历和工作成就，黄国和教授致辞并代表研究院师生对 Edward McBean 教授的来访表示欢迎。随后，Edward McBean 教授做题为"Water and Energy Nexus, Climate Change, and Water Security"主题讲座，重点介绍了水与能源的关系、水资源利用、土壤荒漠化及气候变化等方面的学术研究成果。在提问互动环节中，Edward McBean 教授就现场师生所关心的问题进行了详细解答，讲座结束后，Edward McBean 参观了实验室，并就实验室建设及未来的科研合作交换了意见。

（郑如秉　郭军红）

【获国家奖学金优秀博士奖学金】11 月 26 日，华北电力大学对获得 2014 年研究生国家奖学金、优秀博士奖学金的学生予以表彰，经过综合考核和评比，区域能源系统优化教育部重点实验室博士研究生解玉磊，硕士研究生付正辉、曾娅玲、孙冠中获 2014 年研究生国家奖学金荣誉；博士研究生刘静、张俊龙、姜龙、申婧、樊星获 2014 年优秀博士奖学金荣誉。

（郑如秉　郭军红）

【入选长江学者特聘教授】12 月 4 日，教育部正式发文公布 2014 年度"长江学者奖励计划"遴选结果，华北电力大学区域能源系统优化教育部重点实验室学术带头人李永平教授入选"长江学者"特聘教授。这是近三年来，华北电力大学连续成功申报的第三位"长江学者"特聘教授。"长江学者奖励计划"是国家重大人才工程的重要组成部分，是教育部加强高等学校高层次人才队伍建设、吸引和培育具有国际影响的学科领军人才而实施的人才项目，它与"海外高层次人才引进计划"、"青年英才开发计划"等共同构成国家高层次人才培养支撑体系。与"千人计划"相比，"长江学者"计划更侧重于国内优秀人才的选拔。

（郭军红　李延峰）

高电压与电磁兼容北京市重点实验室

■概述

高电压与电磁兼容北京市重点实验室于 2004 年 5 月获批建设。实验室依托于高电压与绝缘技术、电工理论与新技术两个二级博士点学科和电气工程博士后流动站，主要研究方向为电气设备在线监测与故障诊断、电介质材料特性的检测评估与应用、电力系统过电压、气体放电与应用、电磁场理论及其应用、电力系统电磁环境与电磁兼容、特高压输变电技术、现代电磁测量技术、超导电力技术。

（程养春）

■概况

高电压与电磁兼容北京市重点实验室由高电压与绝缘技术研究所、电磁与超导电工研究所组成。2014 年，高电压与绝缘技术研究所固定成员 17 人，其中教授 8 人（含博士生导师 6 人），副教授 6 人，高级工程师 1 人，工程师 2 人。电磁与超导电工研究所固定成员 16 人，其中教授 10 人（含博士生导师 6 人），副教授 2 人，讲师 2 人，博士后 1 人，工程师 1 人。实验室成员中有国家杰出青年科学基金获得者 1 人，入选国家百千万人才工程第一、第二层次人选 2 人，"千人计划"引进人才 1 人，国家级教学名师 1 人，中科院百人计划获得者 1 人，国家电网公司特高压交流试验示范工程特殊贡献专家 1 人。

2014 年，实验室完成本科生教学 888 个学时，留学生教学 128 个学时，函授成教教学 490 个学时，研究生教学 468 个学时。电气与电子工程学院高压党支部获华北电力大学"先进基层党组织"称号。

（程养春）

■条目

【1 成果获国家技术发明奖】2014 年，实验室 1 项科研成果"气体绝缘装备局部放电传感与诊断技术"得到应用，围绕本成果在等国内外期刊上发表关于气体绝缘装备局部放电传感与诊断技术的系列 SCI 论文 5 篇，EI 论文 48 篇，授权专利 13 项。其中，"气体绝缘装备特高频局部放电监测关键技术及其应用"获 2014 年国家技术发明二等奖。气体绝缘装备因自身绝缘故障引发的事故占我国电网停电事故 30% 左右，是制约我国新能源电力规模化开发利用的瓶颈问题之一。为解决气体绝缘装备自身绝缘故障监测、诊断

与预警的难题，提高电网安全运行可靠性，研发出实用的气体绝缘设备在线监测系统。实验室提出多种类型的特高频局部放电高灵敏度传感技术，提出多层次多角度抑制复杂电磁干扰技术，建立了干扰信号的图谱库和指纹库，解决了复杂强电磁干扰环境中在线准确获取微弱PD信号难题。提出了基于指纹的气体绝缘装备内部缺陷类型智能诊断方法。掌握了不同内部故障绝缘劣化的完整发展过程，建立了图谱库和指纹库，极大提高了诊断准确性。提出了适用于特高频PD信号的能量相关搜索提取时间差算法及泰勒遗传故障定位算法，使定位误由m级差减小到cm级。以本成果理论技术为基础，研制出“GIS局部放电UHF在线监测系统”，已在100余个变电站中得到应用，并入选国家电网公司智能变电站示范工程，成功告警了多起较严重的绝缘缺陷。

（程养春）

【1成果通过国家能源局组织的技术鉴定】2014年，实验室1项科研成果“特高压直流换流阀电磁作用机制及其调控方法”通过国家能源局组织的技术鉴定，结论认为：总体技术性能达到国际先进水平、部分关键技术居国际领先水平。该成果作为第三完成单位获2014年北京市科学技术奖一等奖，并推广应用于±1 100kV特高压直流换流阀、±320kV柔性直流换流阀研制。一直以来，特高压直流换流阀是特高压直流输电系统中的核心装备，在国际范围内，只有ABB、Siemens、Areva三家跨国公司具备特高压直流换流阀的设计制造技术和实验能力，形成了直流输电核心技术的高度垄断。为此，需要研制具有自主知识产权的特高压直流换流阀，装备研制中遇到的一个关键科学问题是，如何掌握特高压直流换流阀的电磁作用机制并实施调控。该成果以掌握特高压直流换流阀的电磁作用机制及其调控方法为目标，在寄生参数提取、宽频等效模型、大尺度复杂系统电磁场计算等研究方面取得进展。针对特高压瞬变冲击电压作用下换流阀各类杂散参数的强寄生效应，提出了换流阀系统中关键零部件自身及其相互耦合的集总参数和寄生参数的提取方法，建立了适用于高电压大电流特点的换流阀组件集成宽频等效电路模型，并在此基础上提出了多维拓扑结构下的换流阀瞬态电气均衡技术及其物理实现方法，使阀组件耐压偏差均衡到±5%以内，远低于国际设计导则推荐的20%设计偏差要求。针对特高压直流换流阀的紧凑化设计要求，提出了适用于阀体大尺度多媒质共存时耦合电场的快速计算方法，获得了典型工况下换流阀塔不同空间维度的电场分布特性，针对典型金属部件和绝缘支撑体，提出了局部电场优化方法，为不同海拔下换流阀绝缘结构的小安全裕度设计提供了科学依据。共发表SCI/EI收录论文18篇，申请发明专利3项。成果应用于±800kV/4 750A特高压直流换流阀研制，世界上电压等级最高、通流能力最强，打破了ABB、Siemens、Areva三大跨国公司的技术垄断，换流阀全部型式试验通过了荷兰KEMA实验室见证。

（程养春）

能源的安全与清洁利用北京市重点实验室

■概述

2014年，能源的安全与清洁利用北京市重点实验室在人才、科研、学科与平台建设及对外交流等方面取得较大进展。

2014年，实验室继续推进人才队伍优化。张永哲副教授入选北京市科技新星计划；卢宏玮教授获“北京市优秀青年人才”称号；谭占鳌教授获评北京高校优秀共产党员；引进高水平教师3名，新晋升博士生导师2人、教授1人。

2014年，实验室科研工作进展顺利，2014年实验室共获批科研项目40余项，总经费达3 342万元，其中，纵向项目21项，经费总额为2 027万元；横向项目21项，经费总额为1 505万元；实验室发表科研论文130篇，其中SCI论文59篇、EI论文43篇；共授权专利18项；组织召开了第五届中韩双边下一代太阳电池研讨会。

2014年，实验室加强学科和科研平台建设工作，申报获批“新型薄膜太阳电池北京市重点实验室”。

（姚建曦）

■概况

主任：姚建曦

2014年，实验室有博士生导师14人、教授18人、副教授17人。

2014年，实验室共获批发明专利18项。实验室教师发表科研论文约130余篇,其中SCI论文40余篇,EI论文43余篇。

2014年,实验室获批项目42项,总经费为3 342万元,其中,纵向项目21项,经费总额为2 027万元;横向项目21项,经费总额为1 505万元。

(姚建曦)

■条目

【科研成果转化成效突出】2014年,实验室共申请28项发明专利。获中国电力科学技术进步奖二等奖1项、中国船舶重工集团公司科学技术奖二等奖1项;授权发明专利18项。

(王志红)

【开展国际科技合作交流】11月18日,实验室邀请韩国成均馆大学Nam - GyuPark教授来校访问交流并做题为"高效钙钛矿型太阳能电池"的学术报告;12月戴松元、谭占鳌教授参加亚太太阳电池研究会议,作题为"基于溶液加工电极修饰层的高效聚合物太阳电池界面工程研究"的特邀报告;7月受IPS - 20主席Roel van de Krol教授邀请,戴松元、姚建曦教授赴德国柏林参加了IPS - 20国际会议(20th International Conference on Photochemical Conversionand Storage of Solar Energy);5月,戴松元教授作为特邀报告人出席HOPV14国际会议(the 6th International Conference on Hybrid and Organic Photovoltaics)。

(王志红)

【接收留学研究生】2014年,实验室收外国来华留学生5名,其中硕士研究生4名、博士研究生1名。

(王志红)

工业过程测控新技术与系统北京市重点实验室

■概述

"工业过程测控新技术与系统"北京市重点实验室(华北电力大学)为北京市教育委员会和北京市科学技术委员会于2008年12月30日批复增补认定的北京地区普通高等学校北京市重点实验室。

新能源电力系统国家重点实验室为科技部于2011年3月29日颁布的文件同意立项,并将其列入国家重点实验室2011年建设计划。发电过程测控新技术试验平台(原名发电过程状态监测与优化控制平台)是新能源电力系统国家重点实验室的一个重要研究平台,承担国重建设任务。

工业过程测控新技术与系统北京市重点实验室与新能源电力系统国家重点实验室发电过程测控新技术实验平台共享实验设备及人才。

2014年,实验室承担纵向项目15项,其中包括973项目、863项目等重点项目,其中2项已申请结题验收;在平台建设方面,协助新能源电力系统国家重点实验室完成"源网联合实时仿真与控制实验平台"的建设与调试,完成"发电过程测控新技术实验平台"的建设与调试,并通过科技部验收;建设了风电数模混合仿真系统,对实验室原有数据中心进行升级并建立数据认证预约及管理系统;实验室开放课题研究项目进展顺利等;人才培养方面,在培养青年教师的同时,为控制与计算机工程学院培养数十位博硕士研究生,并为本科生的培养教育提供实验设备及场地。

(李　青)

■概况

主任:曾德良

网　址: http://mcs. ncepu. edu. cn/

2014年,实验室围绕工业过程特别是发电过程运行参数的快速检测与优化控制,在传统能源与新能源建模、控制与优化等方面进行深入研究。主要研究方向包括:方向一:燃烧过程快速检测。方向二:热力过程参数软测量。方向三:基于网络的工业过程状态监测与控制。方向四:测控系统信息安全。

2014年,在科研方面,承担各类纵向科技项目资助共15项,资助金额为4 052万,包括973项目1项,863计划项目1项,自然科学基金项目6项(其中重点1项,中英合作项目1项,青年项目1项),国家科技支撑计划2项,北京市共建项目3项等重要科研项目。

2014年度新申请发明专利9项,发表核心学术论文35篇以上,其中SCI收录的学术论文15篇,EI收录的学术论文12篇。"大型超超临界机组自动化成套控制系统关键技术及应用"获2014年度国家科技进步奖二等奖。

2014年,实验室为培养青年教师,特设立实验室开放课题研究项目7项;承担控制与计算机工程学院教学任务及培训工作,为控制与计算机工程学院培养数十位博硕士研究生，并为本科生的培养教育提供实验设备及场地；接待国内外专家开展多项学术交流及参观活动，促进学术进步并促成多项项目合作。

2014 年，实验室有专职主任 1 名，实验研究人员 1 名，实验室技术人员 1 名，同时兼职国重固定研究人员或技术人员。实验室有“发电过程状态监测与优化控制”研究团队，团队负责人为刘吉臻教授，团队成员有牛玉广、曾德良、谢力、田亮、张文广、林忠伟、王玮。

至年底，实验室占地面积 1 631.55 平方米，科研设备总资产 1 600 多万元。重点实验室有固定研究人员 17 名，其中，教授 9 人，副教授 4 人，讲师 3 人，实验技术人员 1 人。

（李　青）

■条目

【获国家科学技术进步奖二等奖】2014 年，“大型超超临界机组自动化成套控制系统关键技术及应用”获国家科学技术进步奖二等奖，项目第一完成人为刘吉臻教授。主要完成单位包括：华北电力大学、中国国电集团公司、北京国电智深控制技术有限公司、中国国电集团公司谏壁发电厂、中国电力工程顾问集团华东电力设计、北京华电天仁控制技术有限公司等。项目承担单位依托国家自然科学基金、国家 863 计划、国家能源局新技术示范项目，围绕大型火力发电机组建模、检测、控制与仿真等内容，开展系统深入的基础理论与关键技术研究。该项目将研究开发与工程应用相结合，研发的 1 000MW 超超临界机组自动化成套控制系统于 2011 年 1 月在国电谏壁发电厂获成功应用，实现本领域关键技术的突破和装备制造的自主化、国产化，结束了国外产品与技术长期垄断的局面。该项目的关键技术内容包括：1）大型超超临界机组复合建模理论与状态重构技术；2）大型超超临界机组智能优化控制技术；3）自动化成套控制系统装备研发与集成应用技术。至年底，项目申请发明专利 60 项，已授权发明专利 20 项；获软件著作权 46 项；形成国家和行业技术标准 3 项（GB/T 20438、JB/T 6810、DL/T 924）；发表 SCI 收录论文 25 篇，EI 收录论文 44 篇。项目先后通过中国电机工程学会、国家科技部、国家能源局组织的技术鉴定、863 重点项目验收和新技术示范工程验收。鉴定与验收结论认为：该系统设计思想先进、功能齐全、可靠性高、控制品质优良，整体技术国际先进、部分关键技术居国际领先水平。2012 年获中国国电集团公司科学技术进步奖一等奖。2013 年 12 月 2 日获教育部科技进步奖一等奖，编号 191。

（李　青）

【2 平台通过科技部验收】9 月 5 日，科技部基础司组织专家组对依托华北电力大学建设的“新能源电力系统国家重点实验室”进行验收。作为国家重点实验室－发电过程测控新技术实验平台，工业过程测控新技术与系统北京市重点实验室参与验收。在国重建设过程中，北京市重点实验室负责开发建设“发电过程测控新技术实验平台”并参与“源网联合仿真与控制实验平台”的开发建设。“发电过程测控新技术实验平台”围绕传统能源、新能源发电过程，开展检测、建模、优化、控制的研究，以提升“火力发电快速深度变负荷运行能力”为重点，为大规模新能源电力安全高效利用服务。平台在数据中心建设、建模与仿真、优化控制研究等方面获多项成果。代表性成果有：多种发电过程海量数据中心，发电过程仿真中心，风电数模混合仿真系统，实验室管理平台，大型超超临界机组智能优化协调控制技术，凝结水节流优化控制非线性模型及控制策略研究等。“源网联合仿真与控制实验平台”以蒙西电网为例，首次在实验室内实现源、网及控制中心之间的互联，建立起一个集多种电源、大规模电网、多级调度中心于一体的全景式全过程联合实时仿真实验平台。基于该仿真平台，可进行源网耦合作用机理模型研究与试验，区域能源系统优化调度，区域能源系统互补特性研究，机网协调控制系统仿真等实验，开展多源互补、源网协同的区域控制、互联电网多级多区域分解协调与控制及多源广域保护控制等方面的研究。

（李　青）

【《新能源电力系统建模与控制》出版】2014 年，《新能源电力系统建模与控制》由科学出版社出版，该书为刘吉臻教授主编，“发电过程状态监测与优化控制”团队及相关方向研究人员参与对书稿进行多次修改完善，并于 2014 年底定稿。该书旨在总结新能源电力系统国家重点实验室团队在系统建模与控制方面取得的研究成果，为推进新能源电力系统相关理论与技术研究提供一定的基础与思路。适合从事新能源电力系统发电侧、电网侧及负荷侧建模与控制理论等方面研究的科技工作者阅读，也可供高等院校电力系统及其自动化专业、能源动力工程专业以及自动化专业的教师、研究生、本科生参考阅读。第

1章概述了新能源电力的发展现状与趋势,提出了新能源电力系统的概念;第2章讨论了风力发电的建模与控制问题;第3章分析了太阳能发电的建模与控制理论;第4章阐述了火力发电的快速深度变负荷控制模型与策略;第5章针对多源互补问题讨论了不同发电过程的特性以及互补机制;第6章讨论了新能源电力系统的优化调度问题;第7章和第8章分别讨论新能源电力系统特性、稳定控制以及安全控制问题;第9章探讨了需求侧响应特性与供需协同机制。

(李　青)

【1项目申请结题验收】2014年,自然科学基金(重点)项目"热力发电系统节能与优化控制基础研究"完成研究任务,取得多项科技成果与创新。该项目2010年申报,项目负责人为刘吉臻教授。项目研究人员包括华北电力大学刘吉臻,牛玉广,曾德良,田亮,付忠广,邱天,以及东南大学沈炯,吕剑虹,王培红,李益国等。该项目紧密结合中国大型燃煤发电技术的发展趋势和节能降耗减排的重大需求,针对中国主力大容量、高参数燃煤发电机组在全工况条件下的节能与优化控制目标,在已有研究基础上,应用相关领域最新理论和方法,主要开展以下研究工作:热力发电系统全工况条件下能耗的时空分布规律,在具有宽广热力学状态跨度和时间尺度条件下研究热力发电系统能耗分布模型及建模方法;研究基于数据的热力发电系统参数检测与状态重构方法;研究热力发电系统大范围变工况条件下能耗分析与诊断理论方法,实现基于模型、状态参数与专家知识相融合的运行优化;研究热力发电系统节能优化控制基础理论方法与体系结构,实现热力发电系统的节能优化控制。本项目的研究目标:力求在热力发电系统高精度能耗分布模型及其建模理论方法、能耗分析与诊断、多源信息融合、多目标优化理论及其关键技术方面取得突破,解决热力发电系统节能优化运行与控制相关基础科学问题与关键技术。

(李　青)

【1国家科技支撑计划项目申请结题验收】2014年,国家科技支撑计划项目"燃煤电站经济安全运行关键技术研究"完成研究任务,发表技术论文及获授权专利数量达到预期目标。该项目于2011年获科技部批准立项,实验室主任曾德良教授负责子课题2的研究,主要研究内容包括研究制订提高火电机组管道效率及减少阀门泄露的方法措施;SIS平台功能升级,研发运行参数优化、制粉系统优化、吹灰优化等软件模块,实现在线节能优化运行指导。

(李　青)

【开展学术报告及参观交流】至年底,实验室开展多次学术报告,接待多个团队对实验平台进行参观交流。4月21日,英国谢菲尔德大学钟庆昌教授来校作题为"No More Phase - Locked Loops in Power Electronic Systems"学术讲座。主要介绍锁相环与下垂控制的关系以及锁相环可以被取代的原因等,该研究有利于帮助人们更深层次地理解带有逆变器和发电机的电力系统,并为可再生能源的并网带来技术上的突破。4月29日,前教育部副部长赵沁平院士一行参观工业过程测控新技术与系统北京市重点实验室。刘吉臻教授介绍实验室基本情况。8月26日,北京交通大学刘峰副教授来校作题为"基于多智能体模型的风场发电量优化调度问题"的学术讲座并与实验室师生进行交流。9月2日,德国教授Andreas Kempf到访作题为"Large Eddy Simulation of Pulverised Coal Combustion and Other Engineering Systems"的学术讲座。就煤粉燃烧与其他工程系统LES仿真研究方面进行深入交流并参观实验室。10月10日,热自专业64级6404班的全体成员返校聚会并参观实验室。12月5日,澳大利亚昆士兰大学的Neil Bergmann教授参观实验室权激励仿真机房。曾德良教授向Bergmann教授介绍实验室的基本情况和主要在研项目。Bergmann教授介绍昆士兰大学在传感器网络领域的研究开展情况,包括基于接受信号强度指示的传感器定位方法研究、工业无线传感器网络应用研究、多媒体传感器网络研究等多个方面。双方就火电机组的建模、检测与诊断技术和无线传感器网络技术进行交流讨论。Neil Bergmann教授的主要研究方向是嵌入式系统,尤其是无线传感器网络和可重构计算。作为嵌入式系统方面的专家,Bergmann教授自2001年以来任教于昆士兰大学信息技术与电气工程学院,同时在澳大利亚联邦科学与工业研究组织兼任科技带头人。12月19日,美国堪萨斯大学机械工程系方华臻教授来校做题为"Estimation and Control for Battery Management and Ocean Observing"的学术讲座,并与学院部分教授进行交流讨论,并参观实验室。方华臻教授现任美国堪萨斯大学机械工程系助理教授,主要研究方向为系统与控制理论,能源系统管理及环境监测,主要研究成果有高性能电池管理,楼宇内供暖、通风和空调系统的控制,网络化控制系统的辨识与自适应控制以及系统输入与状态的同时估计。

（李　青）

低品位能源多相流动与传热北京市重点实验室

■概述

2014 年,低品位能源多相流动与传热北京市重点实验室围绕学校优势学科积极发展,并结合国家战略需要努力拓展前沿研究领域,取得多项具有影响力的研究成果。

2014 年,实验室围绕国家重大需求,拓展可再生能源(地热能、太阳能)领域的研究,同时兼顾微能源方面的系统研究,取得多项原创性进展和标志性成果,表现在:搭建大型低品位能源利用实验平台,提出反问题科学思路,为余热深度利用提供了实验和理论基础;原创了两相流流型调控原理和方法,为强化两相传热过程提供指导;提出了微纳尺度流动与换热的种子气泡概念并发展了其原理与技术。采用极具挑战性的柱坐标与双球坐标转换对毛细管内复合液体运动过程进行建模并获得理论解。对纳米流体微通道强化换热机理进行了系统研究,提高了本学科在国内外的知名度。

2014 年,实验室建立并完善实验室软硬件建设,建成国际领先的高性能热物理参数综合实验平台。该平台包括多个实验系统,可实现对单相和多相流动与换热过程、有机朗肯循环发电过程、太阳能热利用过程等多个复杂过程中关键热物理参数,如温度、速度及浓度的局部及整场测量,实现热物理参数的宏观及微观测量,时间同步测量等功能,为全面深入理解先进能源系统中的热质交换过程及研发新型高效的能量转换装置提供条件建设。该实验平台的建成提高了学校在新能源与可再生能源以及先进能量转换系统等领域的整体科研条件和基础科学的研究实力,促进了工程热物理等学科的建设和发展。

2014 年,实验室承担科技部 973 项目(徐进良教授为首席科学家)、国家自然科学基金国际合作交流项目、国家重点自然科学重点项目、国家自然科学基金面上项目、国家自然科学基金青年项目等多个项目,为实验室的持续快速发展提供了动力,也为实验室青年教师和研究生的科研提供了广阔的发展空间。

2014 年,实验室围绕余热利用、多相流动与换热、微纳尺度流动等方向积极展开研究,取得了多项原创性进展。在低品位能源余热利用系统及多相流传热研究中提出了有机朗肯循环发电的热力学反问题,搭建了综合性实验平台,为余热深度利用提供了理论基础;原创了两相流流型调控原理和方法,发明了相分离强化冷凝管,为强化两相传热过程提供理论指导和技术支持;在微纳尺度流动与换热研究中提出了微纳尺度流动与换热的种子气泡概念并发展了其原理与技术,解决了沸腾起始点过温和流动不稳定性等问题;建成具有国内外先进水平的太阳能模拟器实验平台,并用于理论与实验研究。大功率 LED 灯散热装置研制处于产业化阶段。

2014 年,围绕国家节能减排重大需求,实验室研究团队就在低温余热驱动的有机工质朗肯循环(ORC)方面,提出将热源完全耦合到超临界 ORC 系统的方法,并开展亚临界 ORC 变工况运行的动态特性研究,建立了单螺杆 ORC 发电实验台。

2014 年,实验室团队对大管径斜管冷凝传热以及倾斜管内流型调控冷凝开展了相应实验研究,并对丝网膜管的结构参数进行了优化。利用数值模拟的方法研究了气泡从丝网膜管外侧泄露到内侧的现象,获得了气泡泄露的临界条件,为相分离冷凝管的设计和运行提供了科学依据。

2014 年,实验室研究团队提出了种子汽泡传热概念,并取得突破性进展,解决了沸腾起始点过温和流动不稳定性等问题。

2014 年,实验室耗资 220 万元建立具有国内外先进水平的太阳能模拟器实验平台。该实验平台由光学系统、机械系统、控制系统及冷却系统组成,可用于太阳能光热研究、光电研究、光化学研究和光催化治理环境等多方面研究。太阳能模拟器实验平台,可用于不同太阳能辐照能流密度下,ORC 机组的动态响应特性,为实现机组变工况运行的优化控制提供基准数据;获取不同太阳能光照负荷条件下,空气循环体积式接收器的换热特性,为提高吸热器的换热性能提供实验基础;获取不同太阳能光照条件下,蓄热材料的性能。为开发价格低廉、热传导性良好的高温蓄热材料提供基准数据；获取太阳能热发电系统在不同环境条件下的基准数据，为大型数值仿真提供参考，同时为仿真结果提供实验校验技术手段。

2014 年，融合微纳米尺度基础研究成果获中关村半导体照明产业联盟金奖并进行产业化推广。

2014 年，实验室建成了国际领先的高性能热物理参数综合实验平台。该平台包括多个实验系统，可实现对单相和多相流动与换热过程、有机朗肯发电过程、太阳能热利用过程等多个复杂过程中关键热物理参数的局部及整场测量，为全面深入理解先进能源系统中的热质交换过程及研发新型高效的能量转换装置提供了条件建设。该实验平台的建成提高了学校在新能源与可再生能源以及先进能量转换系统等领域的整体科研条件和基础科学的研究实力，极大地促进了清洁能源与先进能源等学科的建设和发展。

2014 年，实验室三名教授分别到美国，英国和比利时进行访问学者交流，加强了与英国诺丁汉大学、瑞迪皇家理工学院、比利时列日大学、美国卡耐基梅隆大学在多相流方面的合作等。

2014 年，实验室学术带头人徐进良教授担任 2014 年在英国举办的第四届微纳流体国际会议大会主席，国内外学术会议上作特邀报告或大会报告 3 次，担任多个学术杂志的编辑和编委及 9 个国家及省部级重点实验室的学术委员会委员，中国能源学会常务理事。

（刘广林）

■概况

主任：徐进良教授

2014 年，实验室拥有杰出青年基金获得者 1 名，973 项目首席科学家 1 名，长江学者特聘教授 1 名，百千万人才工程 1 名，教育部新世纪人才 2 名，引进新加坡教授 1 名。实验室现有博士生 9 人，硕士生 30 人。

2014 年，实验室在读博士硕士研究生获国家奖学金 2 人。

2014 年，实验室硕士研究生招生人数为 15 人，博士研究生招生人数为 2 人，硕士研究生毕业 7，博士研究生毕业 4 人。

2014 年，实验室发表论文数量达 40 余篇，其中 SCI 论文 20 余篇，申请专利 4 项。

（刘广林）

■条目

【举办国际传热研讨会】2014 年 5 月，华北电力大学与诺丁汉大学共同举办 2014 国际传热研讨会，实验室主任徐进良教授任大会主席，会议共收到不同国家 400 多篇论文，350 多名国内外学者参会。

（刘广林）

【1 科研项目获突破】2014 年，实验室科研项目获突破。徐进良教授为项目负责人，成功申请并获批基金委重点项目，这也是华北电力大学本年度唯一的基金委重点项目。

（刘广林）

【1 项目通过验收】2014 年，实验室主任徐进良教授为项目负责人承担的北京市科委 LED 项目结题，并通过市科委验收。该项目经费 220 万元。

（刘广林）

【实验室通过考核】2014 年，北京市科委组织重点实验室三年绩效考核，徐进良教授为主任的低品位能源多相流与传热实验室通过考核。

（刘广林）

北京市电力信息技术工程研究中心

■概述

北京市电力信息技术工程研究中心全称为“电力信息技术北京市高等学校工程中心，Beijing Higher Institution Engineering Research Center of Electric Information Technology”（简称为“工程中心”），2010 年 3 月经北京市教委核准，在华北电力大学电力信息技术工程中心（成立于 2005 年）基础上成立。工程中心依托华北电力大学建设和管理。工程中心下设电力智能软件技术、电力信息安全技术、发电厂信息技术、智能电网技术、电力 ERP 技术五个研究所。

北京市电力信息技术工程研究中心是国家科技创新体系的重要组成部分，是北京市设立的唯一一所专业从事电力行业信息技术研究和成果推广应用的工程中心。工程中心隶属北京市，依托华北电力大学建设和管理。工程中心按专业科研机构设立和建设运营，承担大学科研成果转化和市场推广的任务，是大学科研成果产业化、产品化工程平台。

（张晓良）

■概况

主任：吴克河

网址：http://www.epuceit.com/

2014年，工程中心承担纵向项目1项，横向项目2项；2项科研成果在国家电网公司得到深化应用。工程中心团队共有21名硕士和3名博士顺利毕业。

2014年，工程中心共发表学术论文23篇，其中SCI2篇，EI21篇。

（张晓良）

■条目

【召开科技项目工作推进会】1月16日，由中国电科院牵头承担的2013年国家电网公司科技项目“智能电网信息安全测评实验体系及关键技术研究”工作推进会召开。华北电力大学、国网辽宁电科院、国网四川电科院等9家项目参与单位参加会议。该项目是工程中心参与的2013年国家电网公司科技项目，项目周期为1.5年。通过该课题的研究，建立国家电网公司全方面、多层次的智能电网安全测评实验体系，及时评价并全面监控智能电网信息系统信息安全水平，确保智能电网信息系统安全风险可控、能控、在控。会上，项目组对项目基本情况及项目进展进行总体介绍，并对计划进行试点推广的特种木马检测系统和无线网络安全测试系统进行现场演示。项目参与单位就项目进展、试点工作、验收、资金支付等方面存在的问题进行充分的沟通和讨论，提出切实可行的解决办法，并对下一步的工作进行了整体安排，提前做好项目验收准备工作，确保项目顺利完成。

（陈　飞　张晓良）

河北省输变电设备安全防御重点实验室

■概述

河北省输变电设备安全防御重点实验室于2009年正式申报成立，是华北电力大学唯一一所河北省输变电设备研究领域省级重点实验室。实验室以实现校企联合，科技创新，人才培养为宗旨，围绕国家以及河北省能源电力的科技需求开展工作，主要在电磁环境与电磁兼容耦合机理及测试技术的研究、电气设备状态监测与故障诊断技术的研究、超特高压输变电关键技术的研究等方面进行重点研究。实验室涉及学科包括电气工程一级学科博士点，高电压与绝缘技术、电工理论与新技术、电机与电器3个二级学科博士点和1个电气工程博士后科研流动站。本实验室具有培养博士后、博士、硕士、本科四个层次人才的完善体系。

（耿江海）

■概况

实验室主任：律方成

2014年，实验室有固定人员37人，其中正高级职称13人，副高级职称9人，团队中70%以上具有博士学位，是一支以中青年学术骨干为主的科研团队，人员素质及结构不断提升。实验室现有科研用房1 420平米，办公用房647平米，主要仪器设备146台套，资产总值2 574.2万元。至年底，团队拥有国家杰出青年科学基金获得者1人、国家级教学名师1人、全国模范教师1人、国家电网特高压交流试验示范工程特殊贡献专家1人、霍英东青年教师基金获得者2人。近年来，实验室共承担国家杰出青年科学基金项目、国家973项目、国家科技支撑计划项目、霍英东青年教师基金项目等纵向课题共24项，承担国家电网公司与中国南方电网公司科技项目共60余项，三年实到科研经费共4 000万元，先后获国家级科技进步二等奖1项，省部级科技进步一等奖3项、二等奖5项、三等奖9项。

2014年，实验室共承担和完成大型科研项目20余项，获研究经费支持890余万元，获批国家级科研项目2项、省部级科研项目2项。科技成果方面：“输变电设备状态全景实时监测与诊断系统”获河北省科技进步二等奖，“基于电晕笼的交流导线电晕损失计算和分析”获河北省自然科学学术创新成果奖二等奖。发表论文43篇，其中SCI收录7篇，EI收录18篇，ISTP收录2篇；获得发明专利授权5项、实用新型专利授权6项，申请发明专利6项；人才培养方面：实验室现有博士点2个、硕士点3个，2014年，实验室共招收博士研究生6人、硕士研究生62人，毕业博士研究生6人、硕士研究生61人。中心研究人员刘云鹏获“河北省先进工作者”荣誉称号。学术交流与公众开放方面：实验室派遣2名研究人员赴美国俄亥俄州立大学和奥地利格拉茨大学作访问学者。接待国际大型参观访问4次，扩大了实验室的国际影响力;接收学生实践8次。

(耿江海)

■条目

【完成实验室省级评估】2014年,河北省输变电设备安全防御重点实验室完成2014年省级评估。

(耿江海)

【获河北省学术创新成果奖】2014年,律方成主持的"基于电晕笼的交流导线电晕损失计算和分析"获河北省自然科学学术创新成果奖二等奖。

(耿江海)

河北省发电过程仿真与优化控制工程技术研究中心

■概述

2014年,河北省发电过程仿真与优化控制工程技术研究中心坚持以电力行业为背景,围绕"网络化工业控制系统研究与开发"、"火电生产过程建模、仿真与优化控制"、"大型火电机组运行优化与节能减排技术研究与应用"、"清洁能源发电过程优化运行与控制"等研究方向展开课题研究,与国内外知名科研院所和工程单位密切合作,取得了多项技术突破,创造了良好的社会和经济效益。

2014年,工程中心的科研工作取得多项突破性进展,部分研究成果达到国内或国际先进水平。中心先后为浙江省电力科学研究院、华北电力科学研究院、惠德时代(北京)能源技术有限公司、北京华电杰德科技有限公司等工程单位开发了优化控制系统。该系统在分散控制系统研究成果的基础上,对传统的系统结构进行了扩展。该优化控制系统已经应用于国内多家火力发电企业,为企业创造了显著的经济效益。系统于2014年1月获中国电机工程学会颁发的科技进步二等奖。工程中心进一步完善两票培训考核及开票专家系统,并已与中电投东北公司签订推广应用合同。在两年内,将把该产品应用到该公司所管辖的所有发电企业。该系统以电力企业两票制度和安规制度为基础,为电力企业提供一套集实际开票、安规培训考核、开票培训、实时系统图监测等功能为一体的软件,易于升级及管理维护,具有较强的通用性和可扩展性,可大大提供员工的工作效率。该系统于2014年1月获中国电力投资集团公司科学技术二等奖。

2014年,工程中心与多家相关企事业单位和科研院所合作,发挥各自的优势,实现强强联合。先后与山东鲁能控制工程有限公司、北京国电智深控制技术有限公司、上海晓舟电子仪表工贸有限公司、上海明华电力工程有限公司、惠德时代能源科技(北京)有限公司、国电科学技术研究院等单位在一系列工程研究领域中进行实质性合作。共同完成"LN2000分散控制系统优化","基于现场总线的氧量测量仪表","Coop7.0热工过程优化控制系统","1 000MW二次再热火电机组激励式仿真系统","DCS仿真控制系统"等多个工程研究项目和技术课题。

2014年,工程中心充分发挥资源优势,积极利用基础设施进行对外服务,开放火电机组仿真系统等仪器设备对外进行研究和技术培训工作。

2014年,工程中心承担建设的华北电力大学自动化系卓越工程师实验室开始为"卓越工程师计划"试验班生产实践环节服务。该实验室提供的激励式仿真平台,在培养和锻炼学生的工程实践能力方面,发挥了重要作用。同时,该实验室还包含了"卓越工程师计划"培养过程的大部分专业技术课程的实验,包括自动控制理论、过程控制、电子技术基础、计算机控制技术与系统等。

(董　泽)

■概况

主任:韩璞

2014年,河北省发电过程仿真与优化控制工程技术研究中心现有固定人员50人,其中教授17人,高级工程师1人。工程试验用房面积1350平方米,办公用房面积670平方米。中心拥有"600MW超临界火电机组仿真系统"、"1 000MW超超临界火电机组仿真系统"、"STS7激励式仿真支撑系统"等先进设备,仪器设备总值达到3 235万。

2014年,工程中心承担和完成科研项目40余项,实到研究经费1 000余万元。中心积极推动科技成果的转化与应用,为相关企业创造经济效益上亿元。发表论文和出版专著40余篇,获自主知识产权7项,成果转化与应用5项。入学研究生64人,毕业研究生66人。主办交流会议2次。工程中心充分利用自身的设备进行高级技术人才的培养工作,共有1 000余人次在工程中心参加技术培训。

（董　泽）

■条目

【受邀做学术报告】2月26日，应上海工业自动化仪表研究院院长徐洪海教授邀请，韩璞教授在上海工业自动化仪表研究院为仪表研发人员做题为“DCS的自主研发与工程应用”的学术报告，报告后，同与会科技人员就仪表研发有关问题进行深入交流。会后，徐洪海教授表示，在仪表系统研发方面将与工程中心进行深入合作。

（董　泽）

【继任标委会副主任委员】2月27日，全国电站过程监控及信息标准化技术委员会在西安市召开标委会换届（第二届成立）大会，同时对国家标准“火力发电厂快速减负荷技术导则”和电力行业标准“火力发电厂锅炉汽包水位测量技术规程”送审稿进行了审查和表决。韩璞教授继任该委员会副主任委员，并主持当天的审查会。

（董　泽）

【获省部级科技进步奖】2014年，工程中心为浙江省电力科学研究院开发的TOP7优化控制系统，经过近几年的推广，已经应用于国内多家火力发电企业。该系统的投入极大改善生产现场控制系统的品质，为企业创造了显著的经济效益。系统于2014年1月获中国电机工程学会颁发的科技进步二等奖（省部级）。

（董　泽）

【获省级科学技术三等奖】2014年，工程中心为浙能乐清发电有限公司开发的“两票”智能开票管理系统获浙江省能源集团有限公司科学技术奖（三等）、浙江省电力科学技术奖（三等），并在浙能集团所辖的发电厂推广应用。

（董　泽）

【获中国电力投资集团公司科学技术二等奖】2014年，工程中心为中电投东北电力有限公司开发的“基于B/S结构的集团管理型两票培训考核专家系统”获中国电力投资集团公司科学技术二等奖。至年底，工程中心已与中电投东北公司签订推广应用合同，在两年内，将把该产品应用到中电投东北公司所管辖的所有发电公司。

（董　泽）

【参加自动化类专业教指会】7月26日，教育部高等学校自动化类专业教学指导委员会第二次全体委员会议在无锡召开，韩璞教授参加会议。会上，学习了教育部关于高等教育的精神和动态，会议听取教指委2013－2014年度工作报告，并制定教指委2014－2015年度工作计划。26日，会议对自动化类专业本科教学质量国家标准、自动化类专业布局工作方案、教指委教学改革立项方案等进行专题研讨。

（董　泽）

【举行年度高端学术会议】9月20日，河北省发电过程仿真与优化控制工程技术研究中心召开2014年工程技术委员会会议暨热工自动化与信息化技术高端圆桌会议。华北电力大学党委副书记、副校长张金辉及20名专家学者参加会议。会议由工程中心主任韩璞主持。中心成员向专家专家介绍了中心工作及成果，包括“分散控制与现场总线控制系统以及优化站开发平台”、“在役大型火电机组优化运行技术与系统”、“火电厂自动化与信息化技术的发展及应用”、“基于大数据的火电机组建模与优化控制技术”等。专家对中心研究成果予以肯定，并指出高端理论的研究始终要以实际应用作为落脚点，在对设备升级优化的同时更要注重发电过程可能遇到的问题与实际可操作性，让研究成果最高效地发挥作用，达到生产效能最大化。专家们还就中心的优化与发展提出意见与建议。

（董　泽）

【参加自动化学科教育委员会成立大会】11月14日至16日，中国工业教育协会第三届自动化学科教育委员会成立大会暨第一次工作会议在合肥工业大学召开。会上，中国机械工业教育协会领导传达了教学委员会的有关精神；自动化学科教育委员会秘书长赵光宙教授总结上一届自动化学科教学委员会工作，并部署本届委员会的主要工作。韩璞教授继任该教学委员会委员，并在会上做题为“面向工程教育的自动化专业课程体系构建”的大会专题报告，得到与会代表高度评价。

（董　泽）

【参加创客实验室挂牌仪式】11月9日，“创客实验室”华北电力大学宣讲会暨挂牌仪式在保定校区举行。教育部自动化类教学指导委员会委员，河北省发电过程仿真与优化控制工程技术研究中心主任，华北电力大学自动化系博士生导师韩璞教授，华北电力大学网管中心主任李春祥博士，华北电力大学网管中心副主任潘卫华博士，海尔全球研发战略合作总经理、海尔开放创客孵化平台主管合伙人王道民博士，海尔创客实验室发起人宋芬女士，ADPR国际传媒总裁、凤巢社社长、中国十大品牌营销专家梁洪军等校院领导、学校师生出席本次活动。

（董　泽）

【获聘室学术委员会委员】2014年，韩璞教授获聘福建省工业控制信息安全技术企业重点实验室学术委员会委员。12月19日，学术委员会成立会议暨第一次学术委员会会议在福州福大自动化科技有限公司召开。韩璞教授应邀参加会议。会上，实验室主任郑松教授汇报了重点实验室的发展现状，颁发了委员聘书。委员会专家审议了重点实验室2015年度工作计划。

（董　泽）

【澳大利亚金维周教授来访】12月25日，应韩璞教授邀请，澳大利亚信息技术强化学院董事长兼总经理Wes Jin（金维周）教授来校访问并进行为时两个小时的“云计算的发展与应用以及全球化教育”学术报告。报告中就云计算在澳洲的应用和发展、语音技术的应用和发展、学位、IT证书和工作经验缺一不可、工作比留学更重要、教育全球化到工作全球化、澳洲留学、工作和生活分享等6方面的内容进行详细阐述。报告深受师生欢迎。报告后，韩璞教授做总结发言。会后，金维周参观了“河北省发电过程仿真与优化控制工程技术研究中心”实验室。

（董　泽）

北京能源发展研究基地

■概述

北京能源发展研究基地（以下简称能源基地）是全国首家开展能源决策研究的省部级哲学社会科学研究基地，于2006年11月1日经北京市教育委员会和北京市哲学社会科学规划办公室批准在华北电力大学设立，并于2007年1月26日正式挂牌。能源基地成立以来，秉持“聚能会源、咨政立言”的理念，聚集国内外能源专家，以国家和北京市能源发展重大理论和能源决策研究为中心，与国务院和北京市政府能源管理部门及相关部门紧密配合，为国家和北京市制定能源战略、能源规划、能源政策和能源法规提供理论研究成果和专家智力支持，逐步建成以科学研究、学术队伍建设、条件平台建设为重点，集科研、咨询、教学和培训于一体的能源科研机构。

2014年，能源基地邀请国家应对气候变化战略研究和国际合作中心主任李俊峰担任名誉主任，华北电力大学教授胡光宇担任学术委员。

2014年，能源基地注重对学术活动、研究成果的及时总结和反映，定期编制《北京能源发展研究基地工作简报》，并由基地主任签发，向市教委、市社科规划办、学校领导、学校职能部门负责人以及学院领导报送信息，建立起准确、畅通、高效的信息渠道。2014年，共编制《北京能源发展研究基地工作简报》24期。

2014年，能源基地积极响应国家和政府关于京津冀发展一体化的战略要求，针对京津冀地区大气污染治理问题，结合自身优势，推出“京津冀雾霾治理一体化”系列学术沙龙。至年底，该学术沙龙已举办七期，邀请校内外相关领域专家学者就雾霾治理理论和实践开展多角度多层次的探讨，取得良好的学术效果。

2014年，为进一步充分利用校内外能源决策专家和能源咨询专家的智力资源，为国家和北京市能源发展决策建言献策，能源基地根据国家和北京市能源发展决策需要，面向社会公开进行课题招标。共收到有效投标课题申报书6份，经能源基地组织专家评审并报学术委员会审核通过，最终确定中标课题2项。

2014年，为增强能源基地学术原创力和特色竞争力，能源基地聘任了2名研究员，分别是美国俄亥俄州立大学易洪涛博士和中央财经大学教授王瑶。能源基地充分发挥基地和人文学院两个平台的优势，“院基结合”，把基地的建设和学院学科建设紧密结合，发布了《关于依托北京能源发展研究基地产出科研成果可申报奖励的公告》，鼓励人文学院专业教师积极参与基地建设和项目研究。

2014年，能源基地积极推动国际合作与交流，派出研究员张素芳教授出席“能源转型政策支持”国际研讨会，邀请美国普林斯顿大学Breed Brent教授、美国俄亥俄州立大学易洪涛博士访问基地并举办讲座和学术沙龙。

（沈　磊）

■概况

2014年，能源基地有高级专

家11人,专职和兼职研究人员43人,与基地建立科研协作关系的研究人员28人,形成了一支由能源领域专家、教授、博士、研究生组成的科研团队。

2014年,能源基地获各类纵向项目资助共计24项,其中,国家级3项,省部级21项;各类纵向项目结题共计16项,其中,国家级2项,省部级14项;新签横向合同41项;获优秀成果奖励18项,其中,省部级以上奖励8项;发表能源类学术论文共计225篇,其中SSCI检索论文20篇,EI期刊检索论文38篇,SCI检索论文14篇,CSSCI检索论文28篇;已出版能源类学术专/编著8部。

2014年,能源基地共编制《北京能源发展研究基地工作简报》24期。

(沈　磊)

■条目

【1研究报告被收录】1月,能源基地主任王伟撰写的研究报告《多伦多绿色建筑发展经验及其启示》被作为国外借鉴典范收录在《2013北京健康城市建设研究报告》。该书由中国医药卫生事业发展基金会、北京健康城市建设促进会、首都社会经济发展研究所等多家单位组织编写。

(黄　珂)

【谭忠富教授接受专访】1月,首席专家谭忠富教授就中国煤炭进口问题接受中国之声《新闻和报纸摘要》栏目记者专访。

(沈　磊)

【樊良树出版专著】3月,研究员樊良树副教授的专著《霾城:北京PM2.5解析》出版发行,该书由中共中央党校出版社出版,是我国目前出版的第一部关于解析北京雾霾问题的著作。

(刘梦怡)

【丁晓雯出版专著】4月,研究员丁晓雯副教授组织科研团队撰写的《Water Resources Management of Nuclear Power Plants》(《核电水资源管理》)出版发行,该书由中国水利水电出版社出版。

(黄　珂)

【举办7期京津冀雾霾治理一体化学术沙龙】2014年,能源基地共举办7期京津冀雾霾治理一体化学术沙龙。4月15日,举办第一期"京津冀雾霾治理一体化"学术沙龙,邀请研究员樊良树副教授以"京津冀雾霾治理一体化之北京PM2.5及其治理解析——基于尾气围城、社会行为的视角"为主题进行主旨演讲。5月12日,能源基地联合《中国特色社会主义研究》编辑部举办第二期"京津冀雾霾治理一体化"学术沙龙,主题为"环境管理战略转型与社会主义生态文明建设",邀请了相关领域专家共同探讨解决方案。5月29日,举办第三期"京津冀雾霾治理一体化"学术沙龙,邀请了国家应对气候变化战略研究和国际合作中心主任李俊峰做主旨演讲,并正式聘任其担任能源基地名誉主任。6月10日,举办第四期"京津冀雾霾治理一体化"学术沙龙,邀请美国俄亥俄州立大学易洪涛博士以"美国新能源发展、绿色就业及雾霾治理"为主题做主旨演讲,并正式聘任其担任能源基地研究员。7月2日,举办第五期"京津冀雾霾治理一体化"学术沙龙,此次学术沙龙以"变化中的能源格局及能源独立"为主题,邀请北京大学国际关系学院副教授、北京国际政治经济学中心研究员陈绍锋博士作为主讲嘉宾。10月20日,举办第六期"京津冀雾霾治理一体化"学术沙龙,邀请中央财经大学教授王瑶以"碳金融:全球应对气候变化背景下的创新"为主题做主旨演讲,并正式聘任其担任能源基地研究员。12月9日,举办第七期"京津冀雾霾治理一体化"学术沙龙,邀请清华大学彭宗超教授以"京津冀地区空气重污染应急联动机制研究"为主题做主旨演讲。

(穆　斌　刘梦怡　李　欣)

【评论文章在《人民日报》刊发】4月16日,基地主任王伟撰写的《实施电能替代　促进环境改善》评论文章在2014年4月16日出版发行的《人民日报》理论版上发表。

(穆　斌)

【曾鸣教授主讲英大传媒】4月16日,由英大传媒研究院、《亮报》社和华北电力大学联合举办的"能源大讲堂"系列讲座第四期在国家电网公司高级培训中心举办,此期活动邀请研究员曾鸣教授作为主讲嘉宾。

(穆　斌)

【评论文章在《中国经济导报》刊发】5月6日,基地主任王伟撰写的《安全发展核电,必要而紧迫》的评论文章在2014年5月6日出版发行的《中国经济导报》能源版上发表。

(李　欣)

【出席国际研讨会】5月13日至14日,研究员张素芳教授受邀出席在英国伦敦举办的"能源转型政策支持:如何最有效使用公共资金"(Policy Support for Energy Transitions: Where is Public Money Best Spent?)国际研讨会,并在会上作了题为“中国太阳能光伏发电政策支持重点的转变：从产业支持到市场支持”（Solar PV in China：Policy，industry and challenges）的主旨发言。

（沈　磊）

【**Breed Brent 教授来访**】5 月 29 日，应首席专家谭忠富教授、基地主任王伟的邀请，美国普林斯顿大学 Breed Brent 教授来访，并就智能电网技术与工程管理这一主题进行学术报告。

（李　欣）

【**当选能源法研究会副会长**】8 月 19 日至 21 日，中国能源法研究会召开了第一次会员代表大会和一届一次理事会，选举产生了研究会新一届领导成员，学术委员周凤翱教授当选为该会副会长。

（沈　磊）

【**参加国际城市论坛**】9 月 22 日，基地主任王伟和首席专家谭忠富教授出席国际城市论坛 2014 年会，并受聘担任京津冀协同发展研究基地研究员。

（沈　磊）

【**接受新华网记者采访**】9 月 22 日，基地主任王伟就发展新能源应对气候变化问题接受新华网记者采访，阐述了其政策建议。

（李　欣）

【**出版年度研究报告**】10 月，《北京能源发展研究报告 2013》由中国经济出版社出版发行。该书由能源基地组织研究人员针对当前北京市能源发展中存在的若干重大问题开展重点研究，并形成系列学术论文汇编成书。

（李　欣）

【**开展课题公开招标活动**】10 月 23 日，能源基地发布课题招标公告，面向社会公开进行课题招标。经能源基地组织专家评审并报学术委员会审核通过，最终确定中标课题 2 项。

（沈　磊）

【**入选《北京市哲学社会科学规划项目阶段成果选编》**】11 月，《北京市哲学社会科学规划项目阶段成果选编》由首都师范大学出版社正式出版发行，基地主任王伟以及研究员朱晓红、陈维春撰写的文章获收录。

（李　欣）

【**樊良树副教授在《光明日报》发表评论文章**】11 月 24 日，研究员樊良树副教授撰写的《雾霾可治但要有决心——“APEC 蓝”过后的思考》评论文章在 11 月 24 日出版发行的《光明日报》上发表。

（李　欣）

【**获能源局优秀成果一等奖**】11 月 26 日，学术委员周凤翱教授参与承担的《能源法律法规体系研究报告》获国家能源局软科学研究优秀成果一等奖，这是华北电力大学在省部级社科成果奖上又一突破，也是周凤翱教授继 2010 年获奖后再获该奖项。

（沈　磊）

【**获能源局优秀成果三等奖**】11 月26 日，能源基地申报的课题研究成果《电力行业低碳发展政策与法律问题研究》获国家能源局软科学研究优秀成果三等奖，这是能源基地的研究成果连续第四年在该项评选中获奖。

（沈　磊）

【**接受《21 世纪经济报道》专访**】12 月 29 日，研究员曾鸣教授就新一轮电力体制改革问题接受《21 世纪经济报道》记者的专访。

（沈　磊）

□合作交流和对外联络

COOPERATION, EXCHANGE AND FOREIGN CONNECTIONS

○综　　述

2014年,华北电力大学在引智工作、学生国际交流工作、孔子学院工作、国际科研合作、上合大学工作等多方面工作取得突破。先后聘请长期外籍教师19人,聘请短期专家共149人。推进本科和硕士研究生层面的交流互换和联合培养项目。成功举办3项大型学生交流活动。作为上海合作组织大学能源学牵头大学,成功主持召开中方大学年度工作会议。华北电力大学西肯塔基大学孔子学院获国家汉办150万美元资助建设示范孔院。国际合作处策划、协调和组织由21人组成的华北电力大学艺术团赴美巡演。先后与美国、德国、法国等知名院校和企业新签合作协议13项;累计已与25个国家和地区的112所大学和企业建立国际交流合作关系。修订并通过“华北电力大学因公出国境管理办法”。

2014年,华北电力大学先后与中国电科院、国网智能电网研究院以及理事会成员单位在“智能电网2011协同创新中心”的培育与申报建设中进一步深化合作并通过教育部第一轮初审。学校成功申报承担教育部“电力行业人才培养标准”项目,培养更加适应时代需求的创新人才。校地合作取得重要进展。学校与珠海市人民政府达成战略合作,双方围绕智能电网、物联网等重点领域,共同筹划建设“华北电力大学珠海研究院”,同时学校与鸿帆控股有限公司在珠海市共建“智能电网、物联网产业园”。学校与合肥市开展产学研合作,与浪潮集团签署战略合作协议,与中国电科院成立电力系统继电保护联合研究中心,与广东电网公司共建研究生工作站。华北电力大学校企(地)合作通过搭建平台与企业及地方政府签署战略合作协议5项,达成合作意向4项;共建校外实践基地2个,成立行业协会1个,共建科技园1个。

2014年,先后成立新一届理事会秘书处、人才培养委员会及科技合作委员会,相继出台《理事会秘书处工作规则》、《人才培养委员会工作规则》及《科技合作委员会工作规则》,并在华北电力大学校内分别成立秘书处及两个委员会办公室,与相关处室合署办公。先后召开理事会第二次会议、秘书处工作会议、人才培养及科技合作委员会第一次全体会议,研究制定理事会工作计划,更好推动电力行业产学研协同创新,推动学校高水平大学建设。理事会成立工作机构3个,出台规章制度3项,华北电力大学与理事成员单位达成合作意向4项。

2014年,校友联络工作以建校56周年为契机邀请校友返校举办知名校友进校园系列讲座,组织策划“面对面”名家校友访谈系列活动,全年共接待大型校友返校活动20余次,接待校友近1 000人次;印发《华电校友》共2期,印制校徽5 000个,推送“华电人华电梦”电子简讯共16期,对外寄送材料15 000份;接收校友捐款和项目合作共计150余万元,发放校友奖助金30万元,奖助人数150人,发放电力系校友助学金5万元,奖助人数10人。“校友之家”建成并投入使用;“绿色电力照亮长征路”民政部项目顺利完成,以此项目为实证研究对象提交的报告获民政部2014年“中国社会组织建设与管理”理论研究部级课题三等奖。

2014年,北电力大学教育基金会稳步发展,募集资金额度持续增加。共签订捐赠协议37笔,协议金额17,724,698.00元,年内实际收到资金和资产价值18,250,322.74元。年度支出合计7,148,879.59元,其中:业务活动成本6,971,273.00元,管理费用169,445.59元,筹资费用8,161.00元。基金会召开理事会2次,参加行业会议4次,接受各界捐赠37次,出版第一届理事会发展报告1本,管理运作基金项目68项,其中新增项目11项。

国际合作与交流　港澳台工作

■概述

2014 年,华北电力大学积极实施国际化战略,继续加大学生出国(境)交流工作力度,努力提高境外合作院校的层次,不断扩大出国境交流的规模,规范出国境交流的管理,积极争取国家相关项目的支持,将人才国际化培养落到实处。在引智工作、学生国际交流工作、孔子学院工作、国际科研合作、上合大学工作等多方面工作取得突破。

一、外国专家工作

2014 年,学校先后聘请长期外籍教师 19 人,包括 17 名语言教师和 2 名专业教师,形成了一支称职、敬业、高素质的外国专家队伍。外籍语言教师主要承担英语专业学生的英语课程、2 + 2 联合培养学生的英语和法语课程,以及主要面对本科生的韩语选修课的教学工作。专业外籍教师则在控制与计算机学院和电气与电子工程学院从事科研和相关教学工作。

2014 年,学校聘请短期专家共 149 人,其中院士级别专家共 5 人,各学科领域权威学者 17 人,教授级别专家 111 人,副教授级别专家 9 人,助理教授级别专家 13 人,知名跨国公司主要负责人 8 人,2014 年引智项目包括"111"基地项目 4 项,海外名师项目 4 项,学校特色项目 3 项,高校重点项目 71 项。

二、学生交流工作

2014 年,学生出国(境)交流工作取得突出进步,积极落实并推进本科和硕士研究生层面的交流互换和联合培养项目。成功举办 3 项大型学生交流活动:加拿大里贾纳大学"沈括计划"暨第二届两校研究生学术交流论坛、第二届海峡两岸新能源文化夏季交流营、学生艺术团赴美国参加孔子学院成立十周年庆祝巡演活动。

2014 年,华北电力大学作为上海合作组织大学能源学牵头大学,主持召开中方大学年度工作会议并选派和接收硕士研究生参加上合大学联合培养项目。

三、孔子学院工作

2014 年,华北电力大学西肯塔基大学孔子学院作为全球 472 所孔子学院之十所示范孔子学院之一,获得国家汉办 150 万美元资助建设示范孔院。2014 年是孔子学院总部成立 10 周年,全球举办一系列庆祝活动,国际合作处策划、协调和组织由 21 人组成的华北电力大学艺术团赴美巡演,进行五地七场巡回演出,推广中国文化同时,提高华北电力大学在美国的知名度和影响力。

四、因公出访工作

2014 年,华北电力大学为贯彻落实中央"八项规定"和教育部"20 条"规定,对以往因公出国任务计划进行全面梳理,并对出访团组情况开展自查,严格执行因公出国境手续办理。李博获得 2012 - 2013 年度北京市人民政府外事办公室优秀外事专办员。

（李　博）

■概况

2014 年,华北电力大学与美国、德国、法国、西班牙、澳大利亚、日本等多国的国际知名院校和企业新签合作协议 13 项;累计已与 25 个国家和地区的 112 所大学和企业建立国际交流合作关系。

2014 年,华北电力大学学生出国出境交流人数为 115 人。其中获国家留学基金委优秀本科生资助项目 7 项,20 人获全额资助,比去年增加了 53.85%。学校共接待外事来访 150 人次。

2014 年,共完成 76 个团组、共计 127 人次的因公出国手续办理。严格执行国家关于因公出国境的相关规定。修订并通过"华北电力大学因公出国境管理办法"。修订并通过"华北电力大学因公临时出国(境)经费管理办法(审议稿)"

2014 年,分别组织、带队参加留学服务中心、国家留学基金委组织的出国人员行前培训。

2014 年,学校获留学基金委"艺术类人才培养特别项目"资助 1 人。获留学基金委"2014 青年骨干教师项目"资助 20 人。获留学基金委"博士生导师短期出国交流项目"资助 1 人。

（李　博）

■条目

【引智基地专家来访】2014 年,美国自然科学基金委主席 Bement 教授、美国工程院院士 Virginia Tech 电机与计算机工程学系主任 James. S. Thorp 教授、美国工程院院士、Virginia Polytechnic Institute and State University A. Phadke、美国伯克利大学 Seth R. Sanders 教授分别来校工作 1 个月,助力"大电网保护与安全防御"111 创新引智基地与美国劳伦斯伯克利国家实验室等国外知名机构和企业签署多项合作协议,同时协助基地和国内外智能电网方向的科研院所合作，围绕新能源接入、传输和智能用电等相关问题，举办、承办或发起有影响力的国内外会议5次，增强了该基地在国际上的知名度和影响力。

（李　博）

【“煤的清洁转化与高效利用”111创新引智基地专家来访】1月5日至11日，3月22日至24日，6月19日至23日，澳大利亚西澳大学Dongke Zhang院士来校工作；5月28日至30日，瑞典皇家工程科学院Erik Dahlquist院士来访；5月5日至29日，英国利兹大学Dongsheng Wen教授来校工作；8月，澳大利亚西澳大学Eric May教授来校工作；7月29日至9月，美国密苏里大学机械系主任Yuwen Zhang教授来校工作；3月，美国Lehigh University教授Carlos E. Romero来访；5月5日至6月10日，英国爱丁堡大学Xianfeng Fan博士来校工作；1月3日至5日，澳大利亚阿德莱德大学Hu Zhang博士来访。以上专家来校工作和访问的主要内容包括煤与生物质热解、气化和燃烧协同效应的研究；热力系统集成及多联产技术方面研究；复杂多相体系的流动与传热耦合及其过程强化的研究；燃煤电厂二氧化碳捕获方面研究；燃煤电厂汞等重金属污染物监测和控制的研究；燃煤发电与太阳能热集成方面研究；褐煤等低级煤热解提制和煤与生物质共转化研究等。

（李　博）

【落实台6所大学交换生项目】至年底，华北电力大学落实台6所大学交换生项目。3月，能源动力与机械工程学院王琦，电气与电子工程学院涂京，保定校区控制与计算机工程学院周雪参加台湾科技大学交换生项目，进行一学期的交换学习；可再生能源学院刘祥瑞，控制与计算机工程学院李佳佳，人文与社会科学学院朱旭，电气与电子工程学院李佳宣，保定校区科技学院贺冬梅赴台湾暨南国际大学进行一学期的交换学习；人文与社会科学学院邓隽，电气与电子工程学院文茜，经济与管理学院黄佳慧，人文与社会科学学院郑赴台湾台南大学进行一学期的交换学习；8月，能源动力与机械工程学院周强和黄元媛参加台湾科技大学交换生项目，进行一学期的交换学习；经济与管理学院张天硕、王路佳、冯启琨、王慧、王璟、章菁和郭小菱，人文与社会科学学院黄蕾宇，电气与电子工程学院陈淼，保定校区人文与社会科学学院甘青锋赴台湾暨南国际大学进行一学期的交换学习。

（李　博）

【海外名师项目专家来访】2月23日至3月2日和5月26日至5月30日，英国斯莱斯克莱德大学教授David Infield来访。在可再生能源发电、尤其在风电与电力系统研究领域与可再生能源学院刘永前教授进行科研合作。期间，David Infield教授还参加了第二届IET可再生能源发电国际会议的会议筹备，并为学校新能源电力系统国家重点实验室的发展搭建国际合作平台。

（李　博）

【海外名师项目专家来访】5月13日至31日，美国南密西西比大学Surgei Nazarenko教授来访，与可再生能源学院相关领域的教师就高分子材料在能源相关领域的应用Polymeric materials for energy related applications领域的合作研究问题进行了进一步探讨和详细计划；Surgei Nazarenko教授为师生举行主题为“Development of Advanced Polymeric Materials for Mass Transport and Energy Related Applications”、“Photopolymerized PEG – based Membranes for CO2 Separation”系列讲座。Sergei Nazarenko教授来访期间，指导多名青年教师以及研究生进行论文写作，并给本科生和研究生授课。

（李　博）

【海外名师项目专家来访】5月29日至7月12日，美国德州大学阿灵顿分校李伟仁来访，同现代电力研究院的师生进行教学和学术交流工作，开展院领导交流会2场、大型主题报告会2场以及多次教师交流会、项目讨论会和企业交流会活动，并参与《电力行业新增用户接入费政策研究》、《大用户直接交易模式研究》等课题研究。

（李　博）

【举行孔子学院夏令营活动】5月19－29日，华北电力大学举办2014年美国西肯塔基大学孔子学院“商务管理夏令营”活动。此次夏令营包括汉语学习、中国文化体验，还首次加入商业课程，由西肯塔基商学院和华北电力大学经济与管理学院共同设计相关课程，这是两校合作上一个新的尝试和突破。

（李　博）

【法国电力集团副总裁来访】6月10日，法国电力集团(EDF)研究总院副总裁，国际合作部总经理来访，副校长杨勇平接待Michel Maschi一行。双方在两年的合作中奠定了良好的合作基础，并希望建立更加长期的合作伙伴关系。会上，华北电力大学姚建曦、刘永前和郭春林教授分别介绍我国太阳能发电、风能发电、智能电网的现状和发展趋势，法国电力集团研究总部中国研发中心电网系统室主任杨显军介绍即将开展合作的研究领域。最后，双方续签了合作协议。

（李　博）

【印度尼西亚 EsaUnggul 大学代表团来访】6 月 13 日，印度尼西亚 EsaUnggul 大学校长 AriefKusuma Among Praja，副校长（国际关系）SuryariPurnama 一行来访。副校长杨勇平、国际教育学院副院长段春明和国际合作处副处长徐玲玲出席会议。双方分别介绍各自学校特点，表达开展学生交流，教师互访，联合科研等项目的合作意愿，并探讨“2 + 2”模式和硕士“1 + 1”模式联合培养印尼学生项目。最后，双方签署理解备忘录。

（李　博）

【巴基斯坦国立科技大学副校长来访】6 月 18 日，巴基斯坦国立科技大学（NUST）副校长 AsifRaza，国际合作处处长 Syed Mohsan Shah 来访。副校长孙平生、国际合作处处长刘永前和国际教育学院副院长段春明接见来访客人。双方探讨在两校的优势学科领域开展本科生交换、联合办学和培养巴基斯坦博士生等项目，并签署理解备忘录。

（李　博）

【“能源与环境系统分析及工程应用”111 创新引智基地专家来访】美国美国德克萨斯州大学奥斯汀分校教授 Ian Duncan 于 8 月 23 日至 8 月 29 日来访，英国英国气象局哈德利气象研究中心 Wang Changgui 于 8 月 23 日至 8 月 30 日来访，加拿大萨斯喀彻温省水安全局局长 Wayne Dybvig 于 7 月 18 日至 8 月 11 日来访，加拿大萨斯喀彻温电力公司副总裁 Michael Monea 于 8 月 23 日至 9 月 7 日来访，加拿大萨斯喀彻温电力公司国际部经理 Zewei Yu 于 8 月 22 日至 8 月 29 日来访，加拿大麦克玛斯特大学教授 Younggy Kim 于 8 月 23 日至 8 月 26 日来访，加拿大萨斯喀彻温能源公司高级工程师 Russell Roy 于 8 月 22 日至 8 月 29 日来访，加拿大萨斯喀彻温电力公司高级工程师 Tracy Roy 于 8 月 23 日至 9 月 15 日来访，加拿大里贾纳大学教授 Xia Ji 于 8 月 23 日至 8 月 29 日来访，加拿大里贾纳大学教授 Jocelyn Crivea 于 8 月 22 日至 8 月 29 日来访。以上专家工作内容主要是围绕区域能源环境规划中的系统科学与决策理论问题，以区域能源环境系统优化为核心，重点开展四个方面的研究：能源系统复杂性的辨识和表征研究的基础上，开发能源系统不确定性最优化方法体系；，通过对不同尺度的能源系统模拟和综合优化研究，开发具有中国特色的多尺度区域能源模型；重点开展能源与环境系统互动机理与耦合技术研究；最后完成能源与环境系统风险预测与管理决策研究。

（李　博）

【国家留学基金委优秀本科生资助项目】学校获国家留学基金委优秀本科生资助项目 7 项，20 人获全额资助。第一批派出学生为能源动力与机械工程学院梁晓锐，保定校区电气与电子工程学院尹唱，赴韩国延世大学进行一学年的学习。能源动力与机械工程学院王刚和陈一萱赴西班牙马德里理工大学进行一学年的学习。电气与电子工程学院芦曦赴澳大利亚纽卡斯尔大学进行一学年的学习。电气与电子工程学院代航和邹海涵，能源动力与机械工程学院蒋翔宇和郭欣欣，控制与计算机工程学院王家兴，可再生能源学院张慧娟赴美国密歇根大学进行一学年的学习。电气与电子工程学院任艺和王馨尉，控制与计算机工程学院杨阳，能源动力与机械工程学院冯云聪和杨熠，可再生能源学院张凌岳赴美国伊利诺伊理工大学进行一学年的学习。能源动力与机械工程学院于学成赴加拿大里贾纳大学进行一学年的学习。第二批派出学生为能源动力与机械工程学院夏单城和保定校区电气与电子工程学院蒋乐赴英国纽卡斯尔大学进行一学期的学习。

（李　博）

【上合大学联合硕士研究生项目】8 月，学校 6 名硕士研究生获中俄两国政府资助参加上合大学联合硕士研究生项目，赴莫斯科动力学院交流学习。他们是能源动力与机械工程学院陈建国、董晓萌、江瀚翔、仲雅娟、朱一鸣和岳鹏。

（李　博）

【孔子学院志愿者选拔】2014 年，共计 2 名学生申请成为孔子学院志愿者，来自人文与社会科学学院白璐被柬埔寨的孔子学院录取，蒙象涛被泰国的孔子学院录取。

（李　博）

【艺术团赴美巡演】2014 年是孔子学院总部成立 10 周年，全球举办一系列庆祝活动，华北电力大学艺术团赴美巡演。国际合作处策划、协调和组织由 21 人组成的艺术团先后在美国普渡大学孔子学院、瓦尔帕莱索大学孔子学院、印地安纳波利斯孔子学院和西肯塔基大学孔子学院的进行五地七场巡回演出，推广中国文化同时，提高了华北电力大学在美国的知名度和影响力。

（李　博）

【参加理解中国论坛】9 月，华北电力大学校长刘吉臻参加西肯塔基大学孔子学院举办的“理解中国”论坛并发言。与会嘉宾就中国能源生产和消费变革的战略思考、中国电力工业的发展和现状、当代中国农业概览、有效领导力培养、汉语桥高中生夏令营活动体会等主题进行学术交流和研讨。

（李　博）

【参加孔子学院理事会】9 月 26 日，校长刘吉臻赴美参加西肯塔基大学孔子学院理事会议。会议讨论并审核潘伟平院长所做的西肯塔基大学孔子学院 2013 - 2014 学年度工作报告和预算以及 2014 - 2015 学年度工作计划和预算，并对西肯塔基大学孔子学院的未来规划和合作建设及如何深化西肯塔基大学和华北电力大学之间的校际合作提出建设性意见。

（李　博）

【爱丁堡大学工程院院长来访】10 月16 日，英国爱丁堡大学工程院院长 Prof. Hugh McCann 和 JiabinJia 博士来访。校长刘吉臻会见来访客人，充分肯定四年来同爱丁堡大学建立的合作伙伴关系，并表示两校将致力于更多的科研合作，培养更多优秀学生成为国际高端科研人才。Prof. Hugh McCann 院长对华北电力大学输送的交流学生予以赞赏，并表达了爱丁堡大学对两校合作的重视。

（李　博）

【加州大学欧文分校项目处处长来访】10 月 16 日，美国加州大学欧文分校国际部夏季项目处处长 Michael F. Lyons。国际合作处副处长徐玲玲会见来访客人，Michael F. Lyons 处长介绍了加州大学欧文分校的极佳地理位置和学术成就以及夏季联合培养项目相关情况。徐玲玲对该项目表示支持，并与 Lyons 处长探讨了开展如本科生交换等其他合作项目的可能性。

（李　博）

【密歇根大学专家来访】10 月 17 日，美国密歇根大学迪尔本校区工程与计算机学院院长 Dr. Anthony England，商学院院长 Dr. RajuBalakrishnan 来访。国际合作处处长刘永前接待来访客人。Dr. Anthony England 院长介绍了密歇根大学迪尔本校区有关企业合作和学生培养的相关内容。刘永前处长指出双方院校合作项目运转良好。双方还就两校的师资情况，课程设置，语言学习等问题进行探讨。并在原有合作的基础上进一步开展经济与管理专业方面的相关合作项目达成一致。

（李　博）

【北科罗拉多大学代表来访】10 月21 日，美国北科罗拉多大学常务副校长 Dr. RobbynWacker 一行来访。国际合作处处长刘永前接待来访客人。双方分别介绍各自学校的学术情况，专业特色与就业方向，双方表达了进行合作交流的意向，并就学生互派、教师互访等项目进行了沟通。

（李　博）

【德国黑森州合作促进中心专家来访】11 月 15 日，德国黑森州合作中心主席阿尔弗雷德・施密特先生一行来访。副校长杨勇平接见该代表团，一同出席会议的还有可再生能源学院院长戴松元、国际教育学院院长李庆民、国际合作处处长段春明。华北电力大学在能源科技领域扮演重要角色，而黑森州自然资源丰富，在能源开发利用上经验良多。双方院校就可再生能源方面和风能预测等领域的深层次合作进行探讨。双方希望在培养高级专业人才、建立研发机构、建设实验室方面加强联系，深化合作，优势互补。

（李　博）

【南苏丹共和国教育部副部长来访】11 月 19 日，南苏丹共和国教育部副部长 Hon. BolMakuengYuol 一行来访。副校长孙平生、国际合作处处长段春明出席会议。Hon. BolMakuengYuol 介绍了南苏丹共和国高等教育基本情况，因受战争影响而较为落后。孙平生介绍了学校的电力专业特色和国际化进程，并表示会尽最大努力帮助南苏丹共和国。双方将尽快签订谅解备忘录，开展教职人员和学生交流项目，以此加深对彼此的了解，建立长期的合作伙伴关系。

（李　博）

【引智基地专家来访】“智能化分布式能源系统”111 创新引智基地专家英国诺丁汉大学教授 George Zheng Chen，德国杜伊斯堡 - 埃森大学教授 Andres Kempf，英国 Leeds 大学教授 Lin Ma，英国 Kent 大学教授 Yong Yan，英国 Kent 大学教授 Gang Lu，英国剑桥大学教授 Yongjiang Shi 分别来校工作半个月。10 月

17 日，英国 Edinburgh 大学 Hugh McCann 教授，10 月 24 日至 11 月 3 日，法国特鲁瓦技术大学（University of Technology of Troyes ，UTT）的 Hichem Snoussi 教授分别来校工作，就用于输电线路监测的无线传感器网络信息融合处理问题进行讨论。剑桥大学工程系 Richard McMahon 教授的团队在 11 月至 12 月间来进行交流和科研合作。讨论电网级大规模储能技术。以上专家的工作内容主要包括：LES 数值计算的先进方法与误差分析；可再生能源应用中大气动力学数值计算问题；清洁能源过程中的先进检测技术和方法问题；分布式制造与能源分布问题；先进测量技术问题等。

（李　博）

【曼彻斯特大学代表团来访】 11 月25 日，曼彻斯特大学工程院院长 Antony Brown，Wang Zhongdong 教授一行来访。校长刘吉臻接见来访客人。刘吉臻指出，双方合作期间培养了大批“2 +2”项目的优秀学子，还在教师培训、科研方面进行了深层次的合作。Brown 院长认为华北电力大学作为中国在能源电力领域最出色的院校，符合曼大世界性的战略目标，希望将双方合作推进到更高层次。

（李　博）

【美国普渡大学 Bryan John Hubbard 教授来访】 12 月 7 日至 10 日，美国普渡大学建筑工程管理系主任 Bryan John Hubbard 教授来访。Hubbard 教授访问了北京和保定校区，进行专题讲座与学术报告并和师生互动。两校就工程管理领域学生交流与互派访问学者等事宜进行深入交流，对合作达成初步共识。

（李　博）

【西肯塔基大学孔子学院中方院长结束任期】 12 月，西肯塔基大学孔子学院中方院长武彦军完成在外工作回国赴任。

（李　博）

【境外高校专家来访】 2014 年，华北电力大学国际学术交流活动频繁，至年底，有数十所境外大学专家来校进行学术交流与访问。2013 年 12 月 15 日至 2014 年 1 月 18 日，澳大利亚 The University of Adelaide Eric Jing Hu 教授来访。1 月 7 日至 17 日，美国 University of Wisconsin – Madison Matthew Allen Ginder – Vogel 教授来访。1 月 7 日至 16 日，美国威斯康星大学（麦迪逊）市政与环境工程系助理教授 Matthew Allen Ginder – Vogel 博士来访。1 月 8 至 9 日，美国马里兰大学 ICP – MS 实验室主任 William F. McDonough 来访。1 月 15 日至 16 日，美国加州大学伯克利分校核工程系副教授 Peter Hosemann 来访。3 月 29 日至 4 月 10 日，澳大利亚南澳大利亚大学高级讲师 Jian Zuo 博士来访。4 月 25 日至 5 月 20 日，挪威奥斯陆大学教授 Chongyu Xu 来访。5 月 5 日至 20 日，加拿大里贾纳大学教授 Liming Dai 来访。5 月 12 日至 6 月 5 日，美国德克萨斯大学奥斯汀分校教授 David Eaton 来访。5 月 13 日至 6 月 9 日，美国德克萨斯大学奥斯汀分校教授 Richard Taylor 来访。5 月 12 日至 6 月 5 日，美国德克萨斯大学奥斯汀分校教授 James Tyree 来访。4 月 9 日至 18 日，瑞典皇家工学院 Faris Gel’mukhanov 教授来访。4 月 29 日至 5 月 11 日，挪威卑尔根大学台雪成教授来访。5 月 10 日至 16 日，美国俄亥俄州立大学教授 LONGYA XU 来访。5 月 10 日至 16 日，美国俄亥俄州立大学约旦籍教授 Yazan M. Alsmadi 来访。5 月 10 日至 25 日，加拿大维多利亚大学教授 Caterina Valeo 来访。5 月 12 日至 19 日，澳大利亚新南威尔士大学社会政策研究中心主任 Ilan Katz 教授来访。5 月 17 日至 23 日，美国内华达大学史蒂文・G・麦考夫迪来访。5 月 24 日至 31 日，美国亚利桑那州立大学电影传媒大众文化中心主任 Peter Lehman 教授来访。5 月 31 日至 6 月 7 日，美国北科罗拉多大学教育与行为科学学院副院长 Jingzi Huang 教授来访。6 月 5 日至 6 日，德国 iABG 公司副总裁 Pfrang Wilhelm 和 Ahmed Abou – El – Ela 先生来访。6 月 5 至 25 日，加拿大 Memorial University of Newfenland 的 Cheng Li 教授来访。6 月 1 日至 7 月 11 日，美国 Carnegie Mellon University（卡内基. 梅隆大学）代理系主任 Shi – Chune Yao 教授来访。6 月 12 日至 27 日，加拿大里贾纳大学 Marie Zhu 教授来访。6 月 15 日至 7 月 14 日，美国密歇根大学 Thomas P. Lyon 教授来访。6 月 16 至 19 日，加拿大 University of Calgary 教授 Deyi Xue 来访。7 月，澳大利亚拉筹伯大学计算机科学与工程系 Reader Dianhui Wang 博士来访。7 月，墨西哥 National Politechnical University of Mexico 的 Wen Yu 教授来访。7 月，美国 Baylor University 系主任、教授 Kwang Y. Lee，副教授 Kangwol Lee 来访。7 月 2 日至 10 日，美国纽约州立大学 Binghamton 分校 Zili Yang 教授来访。7 月 4 日至 8 月 7 日，美国 University of Illinois at Urbana – Champaign 的 Julie

Lynn Pickens 教授来访。7月4日至8日，美国电话电报公司(AT&T) Shan Jiang 博士来访。7月5日至31日，美国佐治亚理工大学教授 Calton Pu 和 Ling Liu 来访。7月15日至7月30日，加拿大里贾纳大学研究员 Kelly Wei 来访。7月20日至8月17日，英国 University of Strathclyde 的 Hong Yue 教授来访。8月12日至25日，墨西哥 CINVESTAV - IPN 教授 Hebertt Sira Ramirez 来访。8月21日至28日、8月25日至28日、8月21日至28日、9月16日至19日、9月15日至19日 9月15日至19日，日本早稻田大学横山隆一教授、伊庭健二教授、山下大树教授、白鸟则郎教授、宫西洋太郎教授浦野義頼教授分别来访；9月5日至10月9日，芬兰赫尔辛基大学教授 Risto Pirjola 来访。10月14日至17日，日本群马大学的 Takeo Ishikawa 教授和 Yoshitaka Takahashi 副教授来访。10月28日至29日，加拿大维多利亚大学机械工程系的 Daniela Constantinescu 副教授来访。11月8日至13日，美国犹他大学化工系副研究员、项目组副主任、美国犹他州空气质量董事局副主席 Kerry Kelly 来访。11月18日至19日，韩国成均馆大学 Nam - GyuPark 教授来访。12月7日至10日，美国普渡大学建筑工程管理系主任 Bryan John Hubbard 教授来访。12月5日至12日，澳大利亚昆士兰大学信息技术与电气工程系的 Neil Bergmann 教授来访。10月9日至13日，西班牙马德里理工大学工业工程技术学院的 Juan Manuel Munoz - Guijosa 教授来访。

（李　博）

【落实10余所国外大学交换生项目】至年底，华北电力大学与境外10余所大学落实交换生项目。3月，学校经济与管理学院田适章，电气与电子工程学院许景毓赴美国加州大学伯克利分校进行一学期的交流；经济与管理学院赵迪，电气与电子工程学院武录赴韩国延世大学进行一学期的交换学习，人文与社会科学学院丘佳山赴该校进行一学年的交流；电气与电子工程学院张宇琨，保定校区科技学院桂娴赴韩国首尔市立大学进行一学期的交换；控制与计算机工程学院李柯洁，核科学与工程学院游力仑赴韩国淑明女子大学进行一学期的交换；人文与社会科学学院邓毓灵赴该校进行一学年的交换学习，保定校区科技学院陈慧慧赴韩国庆北大学进行一学期的交换；电气与电子工程学院甘荣和李韵赴韩国祥明大学进行一学期的交换；经济与管理学院张馨怡，电气与电子工程学院张宇阳赴韩国光云大学进行一学期的交换。经济与管理学院许梅和杨璐瑶赴韩国汉城大学进行一学期的交换；经济与管理学院焦文静和王倩赴韩国 Hanbat 大学进行一学期的交换；经济与管理学院刘凯、郭万望和范耀文、人文与社会科学学院张冰华，控制与计算机工程学院何宗源，科技学院李叶赴马来亚大学进行一学期的交换。8月，人文与社会科学学院江肖玮赴韩国延世大学进行一学期的交流学习。8月，学校电气与电子工程学院肖伊，人文与社会科学学院赵奕凯赴韩国首尔市立大学进行一学期的交换学习；外国语学院高赫临，控制与计算机工程学院研究生张佳茜，人文与社会科学学院樊石阳赴韩国淑明女子大学进行一学期的交换学习；电气与电子工程学院梁晔，人文与社会科学学院朱旭赴韩国庆北大学进行一学期的交换学习；电气与电子工程学院孙倩雯，保定校区电气与电子工程学院陆珏萦赴韩国祥明大学进行一学期的交换学习；保定校区电气与电子工程学院许恺赴韩国光云大学进行一学期的交换；控制与计算机工程学院王靖雅，外国语学院李紫瑶，能源动力与机械工程学院陈培赴马来亚大学，进行一学期的交换；电气与电子工程学院赵天扬和建少爽赴美国加州大学伯克利分校进行一学期的交流；经济与管理学院郝凌岳美国伊利诺伊理工大学进行一学年的交流。

（李　博）

校企合作

■概述

2014年，华北电力大学校企(地)合作工作，取得丰硕成果。学校与中国电科院、国网智能电网研究院以及理事会成员单位在"智能电网2011协同创新中心"的培育与申报建设中进一步深化合作，取得阶段性成果，顺利通过教育部第一轮初审。学校成功申报承担教育部"电力行业人才培养标准"项目，先后走访8家理事单位，达成广泛共识，决定共同制定行业人才培养的一系列重要标准，培养更加适应时代需求的创新人才。

2014年,校地合作取得重要进展。学校与珠海市人民政府达成战略合作,双方围绕智能电网、物联网等重点领域,共同筹划建设"华北电力大学珠海研究院",同时学校与鸿帆控股有限公司在珠海市共建"智能电网、物联网产业园",引领珠三角地区产业升级与经济发展。

2014年,学校与大型企业及地方政府开展广泛合作与交流,扩充了企业战略合作伙伴,扩大了战略合作平台的影响力。学校与合肥市开展产学研合作,与浪潮集团签署战略合作协议,与中国电科院成立电力系统继电保护联合研究中心,与广东电网公司共建研究生工作站。

2014年,学校高度重视软科学研究和智库建设,充分发挥多学科优势,在能源电力管理、技术经济、法律法规以及电力改革等领域发挥智囊团作用,进行学术研究,积极建言献策,研究成果为政策制定和企业决策提供智力支持。同时,面对社会舆论和行业热点问题,学校组织专家学者开展研究,发表客观、科学的观点论据,正确引导社会舆论,传播正能量,为能源电力行业健康发展发挥积极作用。

(吴良器)

■概况

2014年,华北电力大学校企(地)合作通过搭建平台与企业及地方政府签署战略合作协议5项,达成合作意向4项;共建校外实践基地2个,成立行业协会1个,共建科技园1个。

(吴良器)

■条目

【与浪潮集团签署合作协议】1月13日,学校与浪潮集团有限公司签署战略合作框架协议。华北电力大学校长刘吉臻,副校长安连锁,党委常委、组织部部长张天兴,校长助理、党校办主任汪庆华,浪潮集团有限公司董事长兼CEO孙丕恕,副总裁庞松涛、左佰臣,参加仪式。仪式由副校长杨勇平主持。根据协议,双方将在技术领域专项科研课题研究、课题的组织实施和申报管理、科技成果转化与申报、人才培养等领域开展合作,以实现双方资源共享、共同发展,为中国能源电力信息化产业发展做出贡献。

(吴良器)

【刘吉臻率队访问国网智能电网研究院】4月24日,刘吉臻校长率队访问国网智能电网研究院,与国网智研院领导班子及有关负责人进行深入交流。国网智研院院长孙正运、党组书记王彦亮、副院长邱宇峰、巩学海,学校副校长杨勇平、校长助理汪庆华,"千人计划"学者王海风、黄永章及校企办、电气与电子工程学院、新能源电力系统国家重点实验室、科研院、研究生院等单位负责人及专家教授参加交流访问。座谈会上,双方代表先后就本单位当前在智能电网研究方面的重点工作和重点项目进行介绍,共同分析两单位开展战略合作的良好基础、发展空间和愿景目标,并就今后在高层次人才培养、智能电网关键技术研究、科技创新等领域的合作进行深入交流。

(吴良器)

【成立电力系统继电保护联合研究中心】4月29日,中国电力科学研究院继电保护研究所与华北电力大学四方研究所召开电力系统继电保护联合研究中心签约暨首批联合研发项目启动会。中国电力科学研究院副所长高克利、总工程师汤涌、保护所所长周泽昕、科技部副主任孙华东,华北电力大学副校长杨勇平、王增平,科研院常务副院长檀勤良、新能源国家重点实验室常务副主任、四方研究所所长毕天姝,电气工程学院副院长许刚等出席了会议。高克利、杨勇平分别代表双方致辞。毕天姝与周泽昕分别介绍华北电力大学四方研究所与中国电力科学研究院保护所的发展历史、组成结构、主要研究方向与科研项目等,汇报首批启动的科研项目的基本情况,并举行签字与挂牌仪式。

(吴良器)

【珠海市长何宁卡一行来访】9月16日,珠海市市长何宁卡、副市长王庆利一行访问学校。校长刘吉臻,副校长孙忠权、王增平会见客人,双方就校地合作事宜进行友好交流。珠海市政府秘书长张松,珠海市香洲区区长陈广俊,珠海市驻京办主任张志伟,学校校长助理、党校办主任汪庆华参加会见。刘吉臻在讲话中代表学校对何宁卡、王庆利一行的到来表示欢迎。并介绍学校在特高压、智能电网、新能源等领域取得的标志性成果。希望双方进一步加强交流、增进了解,在双方共同感兴趣的领域,开展富有创新性、前瞻性、高起点的合作,在创新合作体制与合作模式的过程中促进双方之间有长远的发展。何宁卡介绍了珠海市的发展历程、发展现状并表示珠海市高度重视和华北电力大学等高等院校的交流合作,希望华北电力大学能够将自身雄厚的学术资源、先进的科学技术和珠海市的经济产业发展进行有机的结合,珠海市政府将全力支持双方在各领域的交流与合作。座谈前,何宁卡、王庆利一行参观了学校高水平大学成就展。

(吴良器)

【参加产学研合作项目签约】9月20日,合肥市与在京中央高校产学研合作项目集中签约仪式在合肥举行。学校副校长孙忠权应邀参加签约仪式并代表高校讲话。孙忠权介绍了华北电力大学学科布局及科研情况。经过前期的洽谈、沟通,华北电力大学本次共有四个产业链协同创新合作项目及一个产业基地合作共建项目,成功与合肥市实现对接,学校也将以此为契机,将各项项目落实到位。自2014年6月,合肥市正式启动与在京中央高校产学研合作工作以来,北京大学、清华大学、华北电力大学等16所高校与合肥市63个项目达成合作意向。20日,首批签约的17个项目涉及的产业包括光伏及新能源、新材料、装备制造、节能环保等多个领域,其中华北电力大学有5个项目顺利签约。签约仪式由合肥市副市长王翔主持,市长张庆军、市委副书记凌云出席签约仪式并致辞。学校有关职能部门与院系负责人参加签约活动。

(吴良器)

【共建华北电力大学珠海研究院】11月11日,华北电力大学与珠海市人民政府签署战略合作协议,共建华北电力大学珠海研究院。根据协议,双方在珠海共同筹划建设"华北电力大学珠海研究院",作为华北电力大学在珠三角重要的高水平科学研究基地、科技成果转化与产业化基地、高层次人才培养基地。珠海市人民政府对研究院的发展给予优惠政策支持与扶持。学校依托研究院与珠海市人民政府共同筹划建设"珠海智能电网装备制造产业园"和"物联网科技产业园"作为学校国家大学科技园珠海分园,围绕广东省及珠海市的战略性新兴产业的发展规划,重点推进学校智能电网、物联网等领域的科研成果在珠海的转化与产业化工作。双方还将依托研究院开展全方位政产学研合作。

(吴良器)

【与鸿帆控股签署合作协议】11月,华北电力大学与鸿帆控股有限公司签署校企合作协议,双方将在珠海市共建"智能电网、物联网产业园",共同创新政产学研用合作模式与机制,将其建设成为高水平智能电网科技产业园区,服务、支撑、引领珠三角地区产业升级与经济发展。双方共同支持华北电力大学珠海研究院的建设与发展。依托研究院积极开展产学研合作,联合申报、完成国家级、省部级重大项目,合作开展战略性、前瞻性和综合性研究;联合申报与建设国家级科研平台或基地,致力于解决我国智能电网领域的重大技术问题。鸿帆控股有限公司向北京华北电力大学教育基金会捐赠人民币100万元用于设立"华北电力大学珠海鸿帆奖助学基金"和支持华北电力大学在智能电网学科领域的发展建设与人才培养工作。双方在产业园内共同建设"华北电力大学国家大学科技园珠海分园",重点推进电力大学科研成果在珠海的转化与产业化工作。双方采取人员交流和联合培养等方式,共同培养高层次人才,联合开展继续教育及高层次科技、管理人才的教育培训等合作。

(吴良器)

【保定市领导访问学校】11月20日,河北省保定市委书记聂瑞平、市长马誉峰一行访问学校。学校党委书记吴志功、校长刘吉臻会见客人。双方就如何进一步有效服务国家战略发展需求,如何借助京津冀一体化推进"白洋淀科技城"建设进行交流。保定市委常委、市委秘书长李志刚,保定市副市长杨猛,学校党委副书记、副校长张金辉,副校长杨勇平、王增平以及双方相关职能部门负责人参加会见。聂瑞平在讲话中肯定了华北电力大学为保定市的经济社会发展、特别是对保定市高新技术开发区的建设与发展做出的重大贡献和推动作用。希望华北电力大学能够发挥自身的人才师资优势、学科专业优势、科技研发优势以及与科研院校、企业密切联系的社会资源优势,给予保定市全力的支持。马誉峰在讲话中希望华北电力大学在保定市经济社会发展、产业结构调整、"白洋淀科技城"建设过程中,进一步发挥率先示范的作用,给予保定市全力的帮助。吴志功和刘吉臻代表华北电力大学对保定市领导的来访表示欢迎和感谢。吴志功在讲话中表示学校将履行"办一所负责任大学"的社会责任。将举全校之力予以支持,希望双方以好的项目、富有创造性的模式、带有竞争力的制度,开展全方位的深入合作。刘吉臻在讲话中指出,华北电力大学和保定有着很好的合作基础。在保定经济社会的发展中,华北电力大学发挥了应有的作用,同时,保定市也给予学校全力的支持。保定市建设"白洋淀科技城"的宏伟规划,对华北电力大学而言,既是机遇,也是责任,更是对学校提升服务地区经济社会发展能力的一种鞭策。希望双方能够将预期的构想、项目规划好、落实好,在互利的过程中推动项目的开展。希望双方在充分领悟国家政策的基础上，借鉴国内外校地合作的成功经验，进一步采取力度大、措施实、富有前景性和可操作性的举措。学校将发挥科技创新优势、构建战略智库、打造城市品牌、引领社会文化发展。刘吉臻指出，华北电力大学已经走过了五十六年的发展历程，自从1970年学校迁至保定以来，学校已与保定市结缘四十四年。学校两地实质性一体化办学的格局，既是独到之处，更是优势所在，京津冀一体化的提出，更是给予了学校这一体制长远发展的信心。和保定市加强合作，是学校在新的发展阶段实现自身进一步发展的重大机遇，学校将全力以赴的把此项工作做好，将各项工作落到实处。会后，聂瑞平、马誉峰一行考察了生物质发电成套设备国家工程实验室、新型薄膜太阳电池北京市重点实验室、新能源电力系统国家重点实验室。

（吴良器）

【刘吉臻出席北京能源论坛】11月29日，由北京能源协会和中国能源研究会共同主办的2014北京能源论坛在北京国际会议中心举行。国家发改委、国家能源局、北京市政府，中石油、中石化、中海油等能源央企，相关能源社团和重点高校领导与专家出席论坛。校长刘吉臻作为北京能源协会副会长出席论坛并主持专题讨论，北京市发展和改革委员会党组成员、副主任洪继元，中国能源研究会常务副理事长周大地，中国能源研究会副理事长、国家能源局原副局长吴吟，中国企业评价协会会长、国务院发展研究中心原副主任侯云春，国家发改委能源研究所所长韩文科等著名能源专家围绕本次论坛的主题："推动能源生产和消费革命，促进经济发展转型升级"，重点解读能源生产和消费革命战略和能源发展战略行动计划（2014—2020），并就此与参会人员开展问答和讨论。学校部分师生代表参加论坛。

（吴良器）

【与广东电网签署共建协议】12月8日，华北电力大学与广东电网公司就研究生工作站合作建设签订框架协议。广东电网公司副总经理王江、人力资源部主任肖祥、人事部副主任褚法玉、电科院副总工梅桂华，学校副校长安连锁，研究生院、电气与电子工程学院、能源与动力机械工程学院等部门负责人出席签约仪式。仪式由研究生院常务副院长赵冬梅主持。王江对公司的总体情况做了介绍，并表达了企业与学校合作的愿望。安连锁表示学校立足建设研究型大学，积极参加国家创新体系建设，持续推进校企研究生工作站联合培养研究生的创新模式，先后在68家大型电力企业及研究院（所）建立校外研究生工作站和专业实践基地。学校云南电网公司研究生工作站被评为全国示范性工程专业学位研究生联合培养基地，成为全国28个首批示范性基地之一。学校在云南电网工作站联合培养的研究生获得首届"工程硕士实习实践优秀成果获得者"荣誉称号，此次评选结果提升了学校工程硕士教育影响力，并在全国各高校产生了积极反响。广东电网作为国家经济的火车头，把人才培养放在重要位置。希望双方以此为契机加强合作。安连锁和王江代表校企双方签署共建协议。

（吴良器）

【加入京津冀产学研联盟】12月12日，由石家庄市人民政府发起和组织的石家庄京津冀产学研联盟成立大会在石家庄市召开。学校作为联盟会员单位，在大会上发布重大科研成果26项，并与参会企业进行深入洽谈。京津冀产学研联盟以"创新驱动、合作共赢"为宗旨，通过整合省会产业优势和京津冀高校、科研机构的科技创新资源，引导和支持创新要素向企业集聚，扶持和促进科技成果向现实生产力转化，推动省会全面融入京津冀协同发展大局之中。至年底，该联盟已有会员242家，包括京津冀地区的北京大学、清华大学、中国人民大学、华北电力大学等重点院校33家，中科院及农科院、林科院所属科研院（所）14家，石家庄市省级以上开发区（产业园区）26家、重点工商企业145家、金融机构24家。会议期间，共发布科技成果2 299项、技术需求70项。大会现场签约产学研合作项目13项。

（吴良器）

大学理事会工作

■概述

2014年，华北电力大学加强大学理事会制度建设，进一步加强了与理事单位的交流与合作，争取了理事单位的支持，实现更深层次的融合，先后正式成立新一届理事会秘书处、人才培养委员会及科技合作委员会，相继出台《理事会秘书处工作规则》、《人才培养委员会工作规则》及《科技合作委员会工作规则》，并在华北电力大学校内分别成立秘书处及两个委员会办公室，与相关处室合署办公。先后召开理事会第二次会议、秘书处工作会议、人才培养及科技合作委员会第一次全体会议，研究制定理事会工作计划，更好推动电力行业产学研协同创新，推动学校高水平大学建设。

（吴良器）

■概况

2014 年，理事会成立工作机构 3 个，出台规章制度 3 项，华北电力大学与理事成员单位达成合作意向 4 项。

（吴良器）

■条目

【理事会秘书处召开专题会议】3 月4 日，华北电力大学第二届理事会秘书处在北京召开专题会议，研讨理事会工作机制及制定 2014 年工作计划。理事会秘书长、中电联党组成员、秘书长王志轩，理事会副秘书长、中电联办公厅副主任田卫东，理事会副秘书长、华北电力大学校长助理兼党办校办主任汪庆华出席会议，中电联、华北电力大学有关人员参加会议。会议由王志轩主持。会议听取华北电力大学理事会工作办公室关于《华北电力大学理事会 2014 年重点工作计划》、《华北电力大学理事会秘书处工作规则》、《华北电力大学理事会人才培养委员会工作规则》及《华北电力大学理事会科技合作委员会工作规则》等报告，与会代表进行了充分讨论。会议对秘书处工作规则达成一致意见。在《理事会章程》的基础上，秘书处下设办公室，依托华北电力大学成立，与大学理事会工作办公室合署办公，负责秘书处日常事务、会议组织、文件起草、沟通联络等有关工作。会议对理事会人才培养委员会与科技合作委员会的工作规则进行充分研讨。两个委员会各设主任 1 人，委员若干人。主任由主管该项工作的校领导出任，委员由理事单位相关部门有关负责人、中电联及华北电力大学相关人员组成。委员会下设办公室，依托华北电力大学有关职能部门成立。会议经研讨决定将会议内容通报各理事单位，请秘书处有关成员对秘书处工作规则等内容进行确认。同时请各理事单位选派人才培养委员会与科技合作委员会委员各一名，并对两个委员会的工作规则提出意见。

（吴良器）

【理事会设两个专业委员会】5 月，根据华北电力大学理事会第二届理事会第一次会议精神，并经各理事单位推荐，决定设立华北电力大学理事会人才培养、科技合作两个专业委员会，旨在贯彻理事会在人才培养、校企科技合作方面的重大战略决策，制定相应工作计划，落实重要事项，并向理事会报告有关工作的执行情况。

（吴良器）

【理事会设秘书处人才培养及科技合作委员会办公室】5 月，根据华北电力大学第二届理事会第一次会议精神及理事会章程要求，理事会秘书处、人才培养委员会、科技合作委员会相继完成组建工作。为更好贯彻理事会在战略实施、人才培养、科技合作方面的重大决策，制定相应工作计划，落实重要事项，推动学校校企重要合作的开展，经学校与理事会研究决定设立华北电力大学理事会秘书处、人才培养委员会、科技合作委员会办公室，依托学校开展工作，成员由学校相关部门负责人组成。

（吴良器）

【刘吉臻会见中国南方电网公司副总经理张晓东】5 月 13 日，华北电力大学校长刘吉臻会见来校访问的中国南方电网公司副总经理张晓东一行。双方就进一步加强在科技合作、人才培养、高层次人才培训等方面的合作进行深入交流。共同回顾并高度评价了自 2012 年 3 月中国南方电网公司赵建国董事长率团来访并签署校企合作框架协议以来的合作情况，并表示要抓住当前能源电力事业发展的良好机遇，统筹开发双方的优势和资源，在大学理事会的平台上携手努力、共同发展。校党委副书记李双辰、中国南方电网公司人力资源部主任罗体承、校长助理汪庆华以及校企合作办公室、学生处等部门负责人参加会见。

（吴良器）

【召开人才培养委员会科技合作委员会第一次会议】6 月 11 日，华北电力大学第二届理事会人才培养委员会、科技合作委员会第一次会议在华北电力大学召开。两个专业委员会旨在贯彻大学理事会在人才培养、科技合作方面的重大战略决策，制定相应工作计划，落实重要事项。校长刘吉臻，中国电力企业联合会党组成员、秘书长、华北电力大学理事会秘书长王志轩，副校长、理事会人才培养委员会主任安连锁，副校长、理事会科技合作委员会主任杨勇平，党委常委张天兴，校长助理汪庆华出席会议。会议由王志轩秘书长主持。出席会议的理事会成员单位代表有：国家电网公司人资部副主任张成松、科技部副主任赵光静，中国南方电网公司人资部副主任韦家立、科技部副主任郑耀东，中国华能集团公司科技环保部主任赵毅、人资部副主任李欣，中国大唐集团公司总经理助理兼科技信息部主任吕庭彦、人资部副主任肖征，中国华电集团公司科技环保部主任张东晓、人资部处长杨铁军，中国国电集团公司科技与综合产业部副主任刘东远、人资部副处长赵喆，中国电力投资集团公司人资部副主任夏刚、科技与信息部副主任崔志强，中国电力企业联合会办公厅副主任田卫东、技能鉴定与教育培训中心主任薛静、科技开发服务中心主任江宇峰、办公厅副处长单丽更、学校部分职能部门和院系主要负责人列席会议。安连锁作题为《立足新起点 勇担新使命 构建校企深度协同的人才培养长效机制》的华北电力大学理事会人才培养委员会工作报告。杨勇平作题为《精心谋划 协同创新 开创理事会科技工作新局面》的华北电力大学理事会科技合作委员会工作报告。与会代表对理事会人才培养及科技工作进行研讨。刘吉臻对两个委员会今后如何开展好工作提出四点要求：一要形成合作共识。二要明确合作内涵。三要加大合作力度。四要落实合作任务。王志轩希望两个委员会今后能够按照工作规则开展活动，充分发挥学校在科研师资培训方面的优势、企业在资源实践等领域的优势，共同创新、共同发展。

（吴良器）

【刘吉臻会见国电集团副总经理高嵩】7月7日，华北电力大学校长刘吉臻会见来访的中国国电集团公司党组成员、副总经理高嵩。副校长安连锁，校长助理律方成、汪庆华，中国国电集团公司工委常务副主任陈乃灼、工委副主任褚静育及国电集团人资部、学校有关部门负责人参加会见。刘吉臻介绍了学校近年来在人才培养、科学研究、协同创新等领域取得的成绩。新成立的大学理事会人才培养委员会和科技合作委员会，为双方站在国家能源电力行业发展的高度加大合作力度明确了方向、奠定了基础，他希望今后双方能够借助大学理事会这一有力平台，进一步把校企合作做大、做强、做优。高嵩介绍了近年来中国国电集团发展的状况以及当前感兴趣的技术领域。并表示中国国电集团将进一步借助华北电力大学理事会这一平台，与华北电力大学开展全方位的深入合作，争取实现共赢。

（吴良器）

【人才培养委员会办公室召开工作会议】7月7日，华北电力大学理事会人才培养委员会办公室通过视频召开第一次工作会议，正式启动人才培养委员会办公室工作，研究相关部门工作职责，部署年度重点工作。副校长、人才培养委员会主任安连锁，校长助理米增强、汪庆华，相关职能部门负责人出席会议。校长助理、大学理事会副秘书长汪庆华主持会议。汪庆华介绍了人才培养委员会办公室组成情况。根据《华北电力大学理事会人才培养委员会工作规则》，决定成立华北电力大学理事会人才培养委员会办公室；办公室依托华北电力大学成立，主任由教务处处长担任，副主任由理事会工作办公室负责人担任；成员为党办校办、组织部、人事处、教务处、学生处、研究生院、校企合作办公室、国际教育学院、继续教育学院主要负责人。人才培养委员会办公室主任、教务处处长柳长安汇报了办公室重点工作部门分工；人才培养委员会办公室副主任、校企合作办公室主任胡三高汇报了大学第二届理事会成立以来的相关情况。安连锁就校企合作人才培养工作做了讲话。并对对人才培养委员会办公室今后工作提出具体要求。

（吴良器）

【召开理事会第二次全体会议】12月27日，中国电力企业联合会2014年第二次理事长会议暨华北电力大学理事会第二次会议在北京召开。中电联理事长、华北电力大学理事会理事长、国家电网公司董事长、党组书记刘振亚主持会议，中电联副理事长、华北电力大学校长刘吉臻出席会议并作华北电力大学工作报告。中电联及大学理事会单位代表，副校长杨勇平、王增平、校长助理汪庆华出席会议。刘吉臻介绍了华北电力大学2014年在学科建设、人才培养、科学研究、党的建设等各个方面取得成绩，并对大学理事会2015年的工作提出建议。刘振亚肯定了理事会的工作，希望通过征求对华北电力大学发展和新一届理事会工作建议，更好推动电力行业产学研协同创新，促进电力行业科学发展。副理事长及出席会议的有关企业负责人在发言中对华北电力大学近年来办学实力的快速增长和社会声誉的显著提高给予高度评价。

（吴良器）

校友联络工作

■概述

2014年，华北电力大学校友联络工作围绕学校的中心工作和发展大局，坚持“三个有利于”的原则，充分发挥校友会“一家一桥一平台”的作用，做好“三个服务”，在组织建设、校友联谊、校友奖助金、校企合作、平台建设等方面开展工作。以建校56周年为契机邀请多位校友返校参加活动，增进交流，为今后的校友工作奠定基础。

（王瑞琪）

■概况

2014年，华北电力大学校友工作办公室共组织、接待大型校友返校活动20余次，接待校友近1 000人次；邀请30余位校友返校举办知名校友进校园系列讲座，组织策划“面对面”名家校友访谈系列活动；印发《华电校友》共2期，印制校徽5 000个，推送“华电人华电梦”电子简讯共16期，对外寄送材料15 000份；接收校友捐款和项目合作共计150余万元，发放校友奖助金30万元，奖助人数150人，发放电力系校友助学金5万元，奖助人数10人；组织相关人员参加各种培训及交流活动20次；积极向上级投送稿件，被“中国高教协会校友研究分会”刊登15则，被教育部一线采风专栏刊登1则；“校友之家”建成并投入使用；“绿色电力照亮长征路”民政部项目顺利完成，以此项目为实证研究对象提交的报告获民政部2014年“中国社会组织建设与管理”理论研究部级课题三等奖。

（王瑞琪）

■条目

【走访廊坊校友会】1月13日，原校党委副书记宁文玉带队走访廊坊校友。宁文玉一行与廊坊电力公司总经理电自83级校友杨秀岐，廊坊电力公司副总经理电自82级校友薛文祥等校友举行座谈。与会校友们介绍了廊坊校友会换届筹备工作情况，并表示将尽最大努力关心和支持母校的发展，助力学校高水平建设，在各自的工作岗位上以突出的业绩为母校增光。

（王瑞琪）

【广东校友会召开年会】1月18日，华北电力大学广东校友会召开年会，广东校友会40多位校友参加。会议增补关南强、汤寿泉校友为副理事长，选举文锋为新一届秘书长，广东校友会企业家俱乐部正式成立，石生光为校友企业家俱乐部揭牌。李光亮、向多正担任俱乐部名誉主席，崔小勃任主席，程泉、肖辉、杨宝富、刘海燕、申明任副主席。该俱乐部旨在加强广东校友企业家的联系，增进校友企业的交流合作。

（王瑞琪）

【获批民政部示范项目】2月24日，华北电力大学校友会组织申报的民政部2014年中央财政支持社会组织示范项目《华北电力大学校友会“绿色电力照亮长征路”项目》在民政部立项，获60万元经费支持。这是学校首次获批此类项目。

（王瑞琪）

【获全国最美青年工作者称号】3月12日，电气05级校友陈皇言获2013年全国“最美青工”称号，是南方电网系统及海南省唯一获此殊荣的员工。陈皇言现供职于海南三沙供电局，在24名员工中，陈皇言年龄最小，是仅有的两名女性员工之一。

（王瑞琪）

【召开校友与毕业生座谈会】3月24日至25日，由校友工作办公室和党委研究生工作部共同主办的“感恩母校，共话成长”——2014届校友与毕业研究生座谈会在北京和保定召开。校党委常委、组织部部长张天兴，校友代表唐俊生、杨进、吴茂林、于静、邬玉良、原宗辉、张凯丽、陈港殿，校友办和研究生院相关领导参加座谈。校友办选聘了2014届毕业生校友工作志愿者，为今后校友联络工作打下良好的基础。校友们与毕业研究生们积极互动，张天兴希望毕业研究生们树立远大理想，终生学习，脚踏实地，努力适应社会，早日实现自己的人生目标。会后，副校长王增平接见了校友并对他们积极参加学校活动表示欢迎和感谢。

（王瑞琪）

【苏州校友会成立】3月30日，苏州校友会成立大会在苏州隆重召开。校党委常委、组织部部长张天兴，电力91级校友、江苏省电力公司检修公司苏州分部党总支书记谢亮，华北电力大学苏州研究院全体人员，校友办负责人以及在苏州的校友代表近50人参加大会。大会审议通过了《华北电力大学苏州校友会章程》，选举产生了苏州校友会第一届理事会成员名单。谢亮校友当选苏州校友会第一届理事长。

（王瑞琪）

【走访山东校友会】5月26日，华北电力大学校友会副理事长、北京校友会理事长王永干，校党委副书记李双辰，北京校友会秘书长杜德安，副秘书长周庆捷，校友工作办公室一行到山东校友会走访、看望当地校友。李双辰一行与电力85级校友、山东电力集团公司总工程师牛进苍等进行了座谈交流。

（王瑞琪）

【组织校友企业家赴兄弟院校学习交流】5月26至27日，华北电力大学校友会秘书长、校友工作办公室主任聂国欣、北京校友会秘书长杜德安、副秘书长周庆捷一行赴山东大学和山东农业大学就校友会工作开展和“校友之家”建设进行交流探讨和学习。

（王瑞琪）

【启动能源解困试点项目】6月6日，“绿色电力照亮长征路”能源解困试点项目举行启动仪式。国家民间组织管理局办公室主任、项目办副主任廖明，新疆生产建设兵团第12师发展改革委书记、副主任高军，江西省兴国县县委副书记、副县长李伟，施耐德电气（中国）有限公司政府事务总监陈刚、政府事务与可持续发展裴金林，江西校友会秘书长、省电力公司综合服务中心副主任彭辉云应邀出席启动仪式。校党委书记吴志功，党委副书记李双辰，校党委常委、组织部部长张天兴，以及学校相关职能部门领导，校友志愿者和大学生志愿者参加仪式。“绿色电力照亮长征路”能源解困试点项目是校友会申报并获批的民政部2014年中央财政支持社会组织参与社会服务示范项目。项目融国家需求、学校优势、人才培养、绿色环保等为一体，通过绿色能源解困思路，探索无电区能源解困管理模式。该项目得到民政部、学校、校友、施耐德电气的大力支持。项目实施地点选定在革命老区江西省兴国县和多民族的新疆生产建设兵团两个贫困地区。校友会将充分发挥当地校友的积极作用，联合校团委、基金会等部门认真做好项目的实施工作，为革命老区和西部贫困地区能源解困贡献力量。

（王瑞琪）

【校友企业广州艾博电力设计院获佳绩】6月，校友企业广州艾博电力设计院在南方电网公司2013年220kV项目承包商（设计企业）评价结果中位居第33名。参与本次评价的设计单位来自全国共有137个企业。在贵州电网公司设计单位综合资信评价排名中，配网（20kV以下）位居第二名，主网（35kV～220kV）位列第七名。

（王瑞琪）

【校友参加全国政协协商会】6月12日，全国政协在京召开第十三次双周协商座谈会。本次会议以九三学社中央“利用大数据技术提升政府治理能力”的调研课题为议题。中共中央政治局常委、全国政协主席俞正声主持会议。全国政协副主席、九三学社中央主席韩启德，全国政协政协常委、副秘书长、九三学社中央常务副主席邵鸿，全国政协常委、提案委员会副主任、九三学社中央副主席赖明，94级校友、九三学社中央科技委员会委员邬玉良等参加会议。

（王瑞琪）

【陈皇言校友回校参加毕业典礼】6月25日，应学校邀请，电气2005级校友、“全国最美青年工作者”陈皇言返校参加2014届毕业生毕业典礼并作为校友代表发言。她鼓励毕业生们正确把握人生方向，勇于到条件艰苦的基层，去认认真真地做好每一件事，踏踏实实完成每一项工作任务。刘吉臻校长号召广大毕业生向陈皇言学习，希望毕业生都能够正确把握人生方向，要拥有开阔的胸怀、非凡的胆识，勇于到条件艰苦的基层、国家建设的一线、项目攻关的前沿，去经受锻炼、发挥特长、增长才干、磨砺成长，不断开辟事业发展的新天地，在广阔天地中书写人生的精彩篇章。

（王瑞琪）

【能源解困试点项目落户兵团】7月8日，“绿色电力照亮长征路”能源解试点项目设备启用剪彩仪式在新疆生产建设兵团104团二牧场牧民家举行。新疆生产建设兵团常委、副司令员宋建业、华北电力大学党委书记吴志功、党委副书记李双辰、兵团发改委副主任乔永新、华北电力大学团委、校友工作办公室、基金会和兵团十二师发改委、104团等领导共同见证项目落户。项目组将为无电区75户牧民提供户用太阳能设备，为哈萨克族同胞送去光明和温暖。

（王瑞琪）

【校友罗静登顶乔戈里峰】7月26日14时15分，39岁的计算机94级校友罗静成功登顶海拔8611米的世界第二高峰乔戈里峰（国外又称K2峰），成为世界上首位登顶乔戈里峰的华人女性。她同时也是中国第一位成功登顶8 463米马卡鲁雪山民间女性登山家。

（王瑞琪）

【召开广东校友会企业家俱乐部第一次会议】8月6日至7日，华北电力大学广东校友会企业家俱乐部第一次会议在惠州大亚湾召开。企业家俱乐部第一次会议明确俱乐部章程，确定定期召开成员会议及举办活动，以此让广大校友共同交流，相互帮助，促成校友企业间的合作，共同发展。

（王瑞琪）

【能源解困试点项目助力老区脱贫解困】8月15日，华北电力大学校友会"绿色电力照亮长征路"——西部无电区能源解试点项目江西省兴国县实施点设备正式投入启用。国家民政部民间组织管理局副局长、江西省赣州市市委常委、副市长安宁，华北电力大学党委副书记李双辰，党委常委、组织部部长张天兴，热动90级校友、中国华能集团江西分公司副总经理赵建勇，江西省兴国县县委副书记、副县长李伟，江西省电力公司兴国电力局、兴国县发改委领导和兴国县崇贤乡领导，团委、校友工作办公室负责人，校友志愿者和大学生志愿者参加启用仪式。安宁对华北电力大学积极承担社会责任，投身公益和校友会积极开展社会服务活动给予高度评价。项目组为贫困农户提供户用太阳能设备，设备将连续25年每年为每户村民带来近3 000元的收益，帮助贫困农户提高用电质量，脱贫解困。

（王瑞琪）

【完成校友办迎新工作】9月5日至7日，学校迎来2014级5 500名新生，校友工作办公室通过校友联络处、条幅、校友风采展板、校友风采视频和校友工作广播传播校友文化，同时积极联系为2014级新生和毕业校友返校提供服务。大学党委副书记张金辉、副校长孙忠权、校长助理郭孝锋、党委常委组织部长张天兴到迎新现场指导工作。

（王瑞琪）

【参加第五届北京校友杯足球邀请赛】10月12日，第五届北京校友杯足球邀请赛在清华大学开幕。此次邀请赛由清华大学主办，旨在为在京的全国各大高校毕业生友好交流、丰富生活、开拓发展道路提供宽广平台。华北电力大学40多名校友组成的"华电恒星校友队"首次参加比赛。

（王瑞琪）

【举行校友会经验交流会】10月24日，在京高校校友会经验交流活动在华北电力大学举行，本次经验交流会由人文学院社会企业研究中心主任朱晓红教授组织，基于参加北京市社团对高校校友会的评估的基础上举办的，旨在给北京市各高校校友会的工作搭建一个相互交流、学习的平台。参加此次交流会的人员主要有北京市社团办社团处处长韩磊，各大高校校友会的秘书长、副秘书长，人文学院以及校友办工作人员。

（王瑞琪）

【举行中国茶道文化讲座】10月27日，由校友工作办公室联合云南大益爱心基金会开展的"人在草木间——中国茶道文化与现代生活"讲座在华北电力大学举办，本次讲座由校团委与人文学院组织承办，校友志愿者协会和校友之家艺术团参加。

（王瑞琪）

【广东校友会举行学术交流会】10月26日，广东校友会举行学术交流。校党委副书记张金辉、曾鸣教授、董长青教授、校友工作办公室及北京、海南、云南、贵州等兄弟校友会代表参加大会。石生光介绍了广东校友会成立十年来的情况及广东校友在各自岗位所取得的成绩。兄弟校友会代表分别代表各自所在校友会致辞。张金辉代表学校对广东校友对学校的关心和支持表示感谢，勉励广东校友秉承母校精神，在各自岗位上作出更大贡献。

（王瑞琪）

【参加校友工作干部研修班】4月和10月，校友办分别参加在京举行的京师中国高校校友工作干部研修班，校友办人员通过参加交流培训，拓宽了校友工作的视野，汲取了其他高校的工作经验，为校友会下一步的工作拓宽了道路。

（王瑞琪）

【参与川藏电力联网工程建设】11月20日，迄今为止世界上最艰难的输变电工程——川藏电力联网工程提前半年建成投运，彻底结束了西藏东部和四川甘孜南部电网孤网运行的历史，改变该地区无电、缺电的现状。中共中央政治局常委、全国政协主席俞正声在京出席仪式并宣布工程投运。电自82级校友、四川省电力公司副总经理、工程建设指挥部副总指挥丁燕生，电自81级校友、四川电科院副院长、本工程系统调试总指挥常晓青，研究生校友、西昌供电公司总经理周林，电自98

级校友、工程技术部专责周泓，四川段项目经理郑朝阳校友等长期奋战在川藏联网线上，为“电力天路”的建设做出了贡献。

（王瑞琪）

【校友参加学生评优表彰会】 12月2日、4日，学校在北京、保定分别召开2013－2014学年年度学生评优表彰大会。校友工作办公室邀请张萍、杜德安、周庆捷、吴红泉、蒋潇甫、崔小勃、高会青、李凡辉、李涛等校友代表及大益爱心基金会部长赵成军、总经理彭红返校参加表彰大会。校友代表吴红泉对母校的培养表示感谢，并鼓励同学们认真学习本领，践行社会主义核心价值观，做一个有理想、有责任心的人。

（王瑞琪）

【校友之家正式启用】 12月2日，“校友之家”正式启用。副校长孙忠权，校党委常委、组织部部长张天兴，大益爱心基金会部长赵成军、总经理彭红，企业代表和校友代表共同见证“校友之家”启用。张天兴为云南大益爱心基金会和校友企业——四川开能建设有限公司颁发捐赠证书。孙忠权希望“校友之家”发挥好服务校友、凝聚校友的作用，助力高水平大学建设。赵成军对“校友之家”的启用表示祝贺，希望通过引入大益爱心基金在校内营造公益氛围，使广大师生、校友关注公益、投身公益。李涛表示开能建设集团会继续支持学校的发展，为“校友之家”出力。

（王瑞琪）

【举行校友与学生代表座谈会】 12月2日，校党委常委、组织部部长张天兴，校友代表张萍、杜德安、周庆捷、吴红泉、崔小勃、李凡辉、李涛等在“校友之家”与获得“校友奖助金”的学生代表举行座谈交流。校友们结合自身经验与感悟与在校生进行分享，并分析行业现状与前景。张天兴希望在校学生能够多和校友沟通交流，共同成长进步。

（王瑞琪）

【启用微信公众号和邮箱】 12月5日，校友会正式启用官方微信公众平台和公共邮箱。公众号和邮箱的启用，将进一步拓展校友会宣传工作载体，加强校友与校友、校友与校友会的信息沟通。微信订阅号：ncepuxyzh，公共邮箱：ncepuxyzh@ ncepu. edu. cn

（王瑞琪）

【参加校友工作研讨会】 12月18日，全国高校校友工作第21次研讨会在浙江大学召开。校友办顾问王玲等参加研讨会，并就华电校友工作和校友之家的建设进行交流。来自全国264所高校的360余位代表出席此次研讨会，共同探讨新形势下的校友工作。

（王瑞琪）

【走访甘肃宁夏电力公司和当地校友会】 12月16日至19日，党委副书记李双辰、校长助理郭孝锋带领就业指导中心、科学研究院、继续教育学院、校友办等部门负责人分别走访甘肃、宁夏校友会和国网甘肃、宁夏公司，与两地校友代表们进行座谈交流。此行旨在了解校友在企业的发展情况，调研企业和社会需求，鼓励和动员更多的毕业生投身西部建设，投身基层岗位，推动校企在就业、人才培养、科研、培训等方面全方位合作，实现双赢发展。

（王瑞琪）

【MBA校友会成立】 12月21日，华北电力大学MBA校友会成立。副校长孙忠权与经济与管理学院院长牛东晓为MBA校友会揭牌，党委常委、组织部部长张天兴为MBA校友会授旗。作为校友会的第48个成员，MBA校友会有别于之前的兄弟校友会，是第一个跨区域的校友会，将有力推动校友会的发展。

（王瑞琪）

【举办名家校友访谈】 12月22日，学校举办第一期“面对面”名家校友访谈活动。该活动由华北电力大学校团委、校友会主办，控制与计算机工程学院和电气与电子工程学院协办，校友志愿者协会承办。本期访谈邀请到摄影家陈业伟和计算机94级罗静校友作为嘉宾，由知名校友、央视财经主播姚雪松担任嘉宾主持。校党委常委、组织部部长张天兴，相关部门和院系负责人，校友代表和在校师生参加此次活动。

（王瑞琪）

【北京语言大学做客华电校友之家】 12月24日，北京语言大学教务处副处长高玉峰一行，上海校友会理事李欣校友、校友企业中恒博瑞王晓丹女士做客华电校友之家。人文学院副院长王伟与校友办工作人员接待了来访客人，围绕“如何建设大益爱心茶室”和建设完善好校友之家展开交流，并一同观看茶道表演。

（王瑞琪）

【万通科技董事长做客校友之家】 12月25日，万通科技董事长兼总经理彭红娜，城电93级校友和湖南校友会理事兼秘书长黄海云回校走访交流，商讨校企合作相关事宜，教育基金会和校友办在华电“校友之家”与他们进行了深入交流。

（王瑞琪）

【参加驻京高校海外校友会工作座谈会】12 月 26 日，北京市人民政府侨务办公室组织 18 所部分驻京高校校友会负责人召开以“拓展海外校友会工作渠道，涵养海外专业人士资源”为主题的座谈会。校友办负责人参加此次座谈会。侨办负责人表示在“双运用”方面加强合作，即运用海外资源和运用北京发展机遇，以满足相互需求、优化配置资源、实现互惠共赢。各高校校友会负责人一致认为应统筹规划，进一步健全海外校友会组织机构，拓展校友会工作网络，涵养校友资源，将海外校友资源作为侨务资源统筹利用，努力推动校友会工作为学校建设服务，为北京侨务工作服务，为首都社会经济发展服务。校友会推荐计算机 76 级校友、九三学社北京市老龄委委员、中国大学生高尔夫球国家队领队、北京华电卓越国际培训公司董事长王英彬加入北京华侨科技创业者协会。

（王瑞琪）

【校友返校聚会交流】至年底，多个年级的校友以座谈交流、做讲座、参加学校活动等多种方式追忆校园时光、结合自身经历和人生经验，鼓励在校生认真学习本领、实现自身价值、回报母校、回报社会。4 月 30 日，广东校友会副理事长，广东校友会校友企业家俱乐部主席，热动 90 级校友，广州艾博电力设计院院长崔小勃回母校聚会交流。五一期间，热动 90 级、信息 00 级、集控 00 级、机电 00 级、电力 09 级校友回校举办聚会，回到曾经学习和生活过的图书馆、教学楼、操场、宿舍并拍照留念，并介绍各自的工作和生活经历；5 月 8 日，83 届校友、中国国电集团华北电力有限公司总经理张广宇回校做“职场加油站”讲座；5 月 29 日，计算机 94 级校友，北京中科同向信息技术有限公司总经理，九三学社中央科技委员会委员，北京校友会副秘书长郋玉良为在校生做主题为“大数据改变生活”讲座；端午期间，工管、社保、工商 2000 级，研动、硕电力 2001 级校友返校举办毕业十周年聚会活动，回忆校园时光，重温同学情谊；6 月 11 日，电力 95 级校友、北京中恒博瑞数字电力科技有限公司运营总监、总经理助理仇向东，北京中恒博瑞数字电力科技有限公司人力资源部经理张树清，西门子有限公司人资部校园关系经理夏萍参加华北电力大学实习经验交流会暨实习信息发布会；7 月 18 – 20 日，电力、电自 90 级校友返校举办毕业二十周年聚会，并捐赠 20 万元设立华北电力大学校友奖助金——电力系校友助学金；8 月，通信 90 级校友、自动化和人力 2000 级校友返校聚会；9 月 6 日至 8 日，仪表 001 班同学与当年的班主任和任课老师举行毕业十年聚会；9 月 15 日，华为（美国）销售总监、计算机 92 级校友杨乐乐、Greg Trexler 夫妇做客华电大讲堂，与同学们一起分享求学、工作和生活中的心得体会。9 月 20 日，电力技术经济 9009 班校友返校举行毕业二十周年聚会；十一期间，热动 84 级、机械 90 级、英语 001 班、工业 001 班、计算机、机械制造、设计、通信、电子、环工 2000 级校友返校聚会，共叙昔日情谊；10 月 10 日，64 级校友返校，与该届任课老教师们齐聚“校友之家”共贺入学 50 周年纪念，互诉同窗情谊。校长刘吉臻，副校长王增平等校领导出席聚会。刘吉臻校长指出，64 级校友经历了学校初创时期的艰辛历程，见证了学校历史的变迁，为学校的成长发展贡献了必不可少的力量。10 月 14 日，福建校友会理事长、电力 84 级校友涂朝阳，秘书长、电力 88 级校友蒋潇甫一行回校访问，并结合自己大学时期学习和工作经历与在校学生进行交流。10 月 20 日，部分校友应邀返校观看“情韵中华”华北电力大学艺术团赴美孔子学院巡演回国汇报演出，共同感受母校的文化魅力。11 月 15 日，热自 941 班校友返校聚会，追忆校园生活；11 月 15 日，发电 64 级、国电联合动力技术有限公司总工程师、风能学院副院长王志强校友返校参加第 68 期研究生“前沿 & 创新”学术论坛，并做“风力发电相关技术及研究现状”学术报告。12 月 20 日，电力、电自 90 级校友返校分享毕业经历，电力系近 600 名学生代表参加分享会。

（王瑞琪）

基金会工作

■概述

2014 年，华北电力大学教育基金会稳步发展，募集资金额度持续增加。

■概况

2014 年，基金会签订捐赠协

议37笔,协议金额17,724,698.00元,年内实际收到资金和资产价值18,250,322.74元。年度支出合计7,148,879.59元,其中:业务活动成本6,971,273.00元,管理费用169,445.59元,筹资费用8,161.00元。全年工作人员工资福利和行政办公支出占年度支出比例的2.37%。北京华电知企能源技术服务有限公司向基金会捐赠资本金1 000万元,占总股本20%。

2014年,基金会召开理事会2次,参加行业会议4次,接受各界捐赠37次,出版第一届理事会发展报告1本,管理运作基金项目68项,其中新增项目11项。

(史雪霏)

■条目

【设立控计学科发展基金】1月8日,学校设立控计学科发展基金,这是学校第一支学科发展基金,该基金首批接受社会捐赠人民币50万元,主要用于支持学校控制科学与工程及计算机科学与技术学科的各项事业发展。

(史雪霏)

【召开第一届理事会第八次会议】1月21日,学校基金会召开第一届理事会第八次会议。会议强调进一步做好总结与规划,将国家、大学、个人与企业、团体等利益结合起来,推动富有竞争力的大学教育基金制度的建设。

(史雪霏)

【举行教育基金专题培训】4月11日,学校面向中层后备干部读书班举行大学教育基金专题培训。此次培训的主要目的是提高全体学员对基金会的认识,让学员了解基金会对学校发展的促进作用。

(史雪霏)

【中大创联捐赠200万元】4月22日,学校大学生创就业实训项目启动。中大创联捐赠200万元,主要用于提高大学生创就业能力,助力大学生创就业。

(史雪霏)

【江苏美联集团捐赠800万股权】4月24日,学校与江苏美联集团有限公司举行捐赠签约仪式。基金会理事长吴志功,美联集团董事长孙爱民等出席仪式。此次捐赠数额为800万股权,主要用于助力学校继续保持特色发展,为电力行业培养更多更优质的人才。

(史雪霏)

【设立开能创新创业基金】4月24日,学校举行"开能创新创业基金"启动签约仪式。基金会常务副秘书长王子杰,经济与管理学院院长牛东晓,开能建设有限公司董事长曹明海等出席仪式。该基金由开能建设有限公司捐资60万设立,用于支持经济与管理学院大学生创新创业活动。

(史雪霏)

【举行北京华电知企能源技术服务有限公司捐赠仪式】4月29日,学校举行北京华电知企能源技术服务有限公司捐赠股权仪式。基金会理事长吴志功,北京知企科技有限公司董事长张作中出席仪式。此次该公司捐赠数额为1 000万元股权,希望借此促进校企双方的共同发展。

(史雪霏)

【参加国家电网"特高压奖学金"成立大会】5月16日,国家电网"特高压奖学金"成立大会在京召开,学校基金会常务副秘书长王子杰受邀参会。"特高压奖学金"每年将向全国17所高校的160名电力专业优秀本科生每人发放奖学金1万元。2014年,华北电力大学共有10名本科生获此奖项。

(史雪霏)

【赴顺平开展情暖童心爱心对接活动】6月15日,学校邀请部分基金合作企业赴河北省顺平县开展"情暖童心"关爱留守儿童爱心对接活动。基金合作企业与县有关部门就发挥各自优势,形成全方位帮扶体系进行了沟通交流。企业家们还考察了顺平县投资环境与招商政策,双方就下一步加快当地经济发展,开展投资合作达成初步意向。

(史雪霏)

【举行创新创业实验班总结表彰大会】6月26日,学校举行创新创业实验班总结表彰大会,基金会理事长吴志功,基金会常务副秘书长王子杰,北京中恒博瑞数字电力科技有限公司副总经理张永浩等出席大会。

(史雪霏)

【举行新疆生产建设兵团研究院揭牌仪式】7月17日,华北电力大学新疆生产建设兵团研究院揭牌。兵团研究院是基金会支持项目,该研究院将为华北电力大学提供项目开发、土地等方面的优惠政策,建立支持机制。

(史雪霏)

【举行九州方圆助学金签约仪式】9月19日,华北电力大学举行"九州方圆助学金"签约仪式。基金会常务副秘书长王子杰,经济与管理学院院长牛东晓,九州方圆实业控股(集团)有限公司副总裁牛红日等出席仪式。该助学由九州方圆实业控股(集团)有限公司出资30万元在华北电力大学设立,主要用于资助华北电力大学北京校部经济与管理学院、电气与电子工程学院的在校学生。

(史雪霏)

【综合管理系统上线运行】10月10日,基金会“综合管理系统”正式上线运行。该系统高度集成基金项目管理、资金管理、发展对象库管理等日常事务综合管理功能,为基金会各项事务高效、稳步发展奠定基础。

(史雪霏)

【举行“特高压电网奖学金”颁奖仪式】10月16日,学校举行“特高压电网奖学金”颁奖仪式。校党委副书记李双辰,基金会常务副秘书长王子杰,特高压奖学基金理事代表、国家电网公司财务资产部副主任冯来法等出席仪式。“特高压电网奖学金”由国家电网公司刘振亚董事长倡导并率先捐赠300万元,19家电力企业和行业组织共同发起设立,基金募集资金2 300万元。自2014年起,每年使用特高压奖学基金的年度投资收益,向华北电力大学等17所高校160名电力专业的优秀本科生颁发每人1万元奖金。

(史雪霏)

【邀请捐赠企业代表出席学生评优表彰大会】12月2日,学校邀请部分在华北电力大学设立奖学金的企业领导出席2013－2014年度学生评优表彰大会,并为获奖学生代表颁发证书。会后,企业家通过召开座谈会的形式与学生见面,并参观部分学院、教研室和国家重点实验室,为推动校企双方产学研合作奠定基础。

(史雪霏)

【遴选中恒博瑞创业基金项目】12月15日,学校开展中恒博瑞创业基金2014年度资助项目评选活动。经过项目评审会、合作意向洽谈等多个环节,共遴选出14个学生创业项目作为年度创业基金资助项目,资助金额近50万元。

(史雪霏)

□院系部建设

CONSTRUCTION OF SCHOOLS, INSTITUTES AND DEPARTMENTS

○综　　述

2014年,华北电力大学各院(系、部)围绕学科建设、国家重点实验室建设、优势学科创新平台建设、"教学名师"评选等开展工作。

2014年,电气与电子工程学院智能电网协同创新中心建通过首轮评审。新能源电力系统国家重点实验室通过验收。成功获批北京市能源电力信息安全工程技术研究中心、智能电网安全北京市国际科技合作基地。电力系统动态模拟实验室完成数字化改造、输变电设备安全防御河北省重点实验室通过评估。全年科研经费达1.49亿元,获国家技术发明奖二等奖1项。电气工程及其自动化专业通过国家专业认证,北京市电气工程实验教学示范中心通过验收。电气工程学科的博士、信息与通信工程和电子科学与技术的硕士研究生均改为一级学科招生。学院成立青年教师论坛,设立自主教改项目和青年人才培养基金。实施教师绩效考核和团队考核相结合的考评体系。

2014年,能源动力与机械工程学院加强工程热物理、动力机械及工程等省级以上重点学科的建设,优化人才培养模式和培养机制,两名教师入选华北电力大学"教学名师培育计划",5位老师被评为学院首届"严爱之星"。保定校区组织青年教师进行微格教学活动,在2014级本科生培养中推行导师制。完成机械系6个新专业有关课程的新教学大纲编写和修订工作,学院进一步落实学校"博士化、工程化、国际化"人才工程,按照学校"用好现有人才、引进急需人才、培育未来人才"的工作思路,积极开展引进师资的工作。付忠广获评全国优秀教师,杜小泽获"全国优秀科技工作者"称号,张锴教授获国家科技进步二等奖,徐进良教授负责的"微纳尺度多相流动与传热传质的基础研究"获教育部自然科学一等奖;杨勇平教授作为首席科学家,完成学校首个国家"973计划"项目并通过结题验收。学生积极参加国家、省、市级各项比赛并获佳绩。

2014年,经济与管理学院科研经费达到5 317.5万元,完成计划的140%,该指标在国内同类院系中名列前茅。人才培养成效明显,获校级优秀博士学位论文2篇,北京市电力经济管理实验示范中心通过北京市教委的验收,获北京市教改项目立项2项。赵洱岽《沟通的力量》入选教育部精品视频公开课。加强经管创新创业俱乐部建设,创立开能创新创业基金。牛东晓教授负责的电力能源预测与评价研究所获批"北京市职工创新工作室"。李彦斌1篇案例入选第五届全国"百篇优秀管理案例",MBA校友会成立,成为学校首个跨区域校友会。

2014年,控制与计算机工程学院进一步完善新领域和物联网工程专业的建设,成立物联网工程教研室。初步建立教学督导与质量监控体系。保定校区自动化系牵头,申报国家级虚拟仿真教学中心获批。科研方面,由刘吉臻、牛玉广等完成的"大型超超临界机组自动化成套控制系统关键技术及应用"项目获国家科学技术进步二等奖。大力推进国际化的联合教学工作,推进华北电力大学与英国Kent大学的本科生学位和博士学位培养共建项目,建设国际化的科研与教学中心。

2014年,人文与社会科学学院MPA专业硕士学位点启动招生。学院申报的公共管理硕士(MPA)专业学位授权点顺利获批,并启动招生工作。学生培养质量不断提升,毕业生保持良好态势,考研率、出国率、就业率超过历史同期。学生创新成才表现突出,以学院师生为主的团队获全国大学生创业大赛公益创业赛金奖。

2014年,外国语学院深化大学英语分级教学改革并加大后续课程建设力度。校部英语系宁圃玉的《加强语言输出能力,培养创新型、国际化卓越工程师》入选2014年北京市教育教学改革项目。加强英语第二课堂建设,营造英语学习氛围,成功举办学校"英语文化节"活动,组织学生参加全国大学生英语竞赛、英语演讲比赛、英语写作大赛、英语辩论赛等多项高规格学科竞赛并获佳绩。

2014年,数理学院在教改立项项目取得突破。"以科研引领教学,以国际化视野培养创新人才"项目获批北京高等学校教育教学改革立项项目。应用统计硕士专业学位授权点获批准增列,与中科院大气物理所、中科院数学所合作交流,拓展本科生保研新渠道;积极探索本科生"三年提前毕业"路径,尝试本科生人才培养分类推进模式。深入开展分级分层教育,针对学术型、社会型、技能型以及综合型学生,有的放矢,促进学生成长成才。推进"班主任名师制度”，营造良好的育人环境。

2014年，环境科学与工程学院在本科及研究生教学、学科建设、科研、师资队伍建设、学生及党建工作等方面取得较好成绩。全院共发表论文100余篇，SCI/EI收录论文近50篇，科研经费合同额796万元。获国家发明专利7项。获河北省科技进步三等奖一项。新增硕士生导师1名，博士生导师2名。1名博士研究生，50名硕士研究生顺利毕业。本科生、研究生参加大学生节能减排大赛、大学生挑战杯等各级各类比赛获佳绩。

2014年，可再生能源学院成立可再生能源工程实验教学中心，整合全院本科实验教学资源，提高本科实验教学能力和质量。人才队伍继续优化，张永哲副教授入选北京市科技新星计划；卢宏玮教授获“北京市优秀青年人才”称号。作为联盟依托单位和理事长单位，倡议成立“高校新能源科学与工程专业联盟”。生物质发电成套设备国家工程实验室通过教育部验收。组织学生参加各项赛事，获国家、省部、校级奖项42项，其中国家级奖20项，省部级奖11项。

2014年，核科学与工程学院不断强化人才培养质量，开设“本科生进科研团队实习”创新式特色教学，全面推动多途径工程人才培养计划。陆道纲教授应邀参加“华龙一号”第三代核电型号总体技术方案论证。实施“核电学科师资培养专项计划”，引进青年教师王汉，申报国家“千人计划”1人，“青年千人计划”1人。继续加强校企合作，新增田湾核电站、国核软件中心、中电投核电技术研究中心等3个校外实习基地。学生参加各级各类比赛获佳绩，其中，“核”谐实践团社会实践团队获“2014年度首都大学生暑期社会实践优秀团队”志愿服务部社会实践团；杨安霞、刘凤鸣等在第二十一届首都高校大学生键绳比赛获得团体冠军。

2014年，国际教育学院进一步改革中外合作办学项目招生工作，调整中外合作办学学生构成，不断优化生源质量，全年共招收各类长期留学生164人，比上年增长26%。积极探索规范来华留学生管理工作的方式方法，将留学生日常管理精细化、常态化、制度化。

2014年，体育教学部在认真搞好教学和课外体育的同时，认真搞好各种竞赛活动和高水平运动队建设，学校男子足球队夺得中国大学生足球联赛北区决赛冠军，多名学生先后在北京国际马拉松赛、全国大学生田径锦标赛等多个国际、国内重要赛事中获得冠亚军。积极开展阳光体育运动，趣味运动会及一小时校园体育活动等，指导师生进行科学的体育锻炼。体育科研方面，承担省部级课题3项，承担校内教改课题2项；主编体育专著一部、主编体育教材两部，共发表论文23篇，其中核心期刊2篇；三大检索3篇。

2014年，思想政治理论课教学部充分挖掘潜力，整合出思想道德修养与法律基础教研梯队、马克思主义基本原理教研梯队、毛泽东思想和中国特色社会主义理论体系教研梯队和中国近现代史纲要教研梯队，培养熟练掌握课程教学内容和体系的骨干。培养学科带头人4名，校级教学骨干4名，深入推进思想政治理论课教师的“专业化、专家化”工程。

电气与电子工程学院

■概述

2014年,智能电网协同创新中心建设取得重要突破,顺利通过第一轮评审。新能源电力系统国家重点实验室通过验收。成功获批北京市能源电力信息安全工程技术研究中心、智能电网安全北京市国际科技合作基地。电力系统动态模拟实验室完成数字化改造、输变电设备安全防御河北省省重点实验室通过评估。

2014年,学院科研工作成果丰硕,全学院科研经费1.49亿元,获国家技术发明奖二等奖1项。

2014年,电气工程及其自动化专业成功通过国家专业认证,北京市电气工程实验教学示范中心通过验收,提交完成国家级电气专业综合改革项目。电气工程学科的博士、信息与通信工程和电子科学与技术的硕士研究生均改为一级学科招生。

2014年,学院高度重视人才引进和青年教师培养,积极引进拔尖人才,输送骨干教师出国进修。学院本部成立青年教师论坛,设立自主教改项目和青年人才培养基金。实施教师绩效考核和团队考核相结合的考评体系。

2014年,学院深入抓好群众路线整改落实工作,继续推进作风建设。院部承办2014校部运动会,并获突出贡献奖。马静获北京高校优秀共产党员称号。赵书强获河北省优秀教师,刘云鹏获河北省先进工作者。王民富、李燕青分别获第七批中央和国家机关、中央企业优秀援疆干部人才、兵团第四批中央国家机关、中央企业优秀援疆干部荣誉称号,均记二等功。

(刘春磊)

■概况

常务副院长:李庚银

书　记:

鹿伟2014年10月15日任命

孙凤杰2014年10月15日免

学院网址:

http://electric.ncepu.edu.cn

2014年,华北电力大学电气与电子工程学院在北京设学院本部,在保定校区设有2个系,电力工程系、电子与通信工程系。学院现有1个国家级重点学科、1个国家级重点实验室、4个省部级重点实验室。设有1个博士后科研流动站,6个博士学位授权专业(电机与电器、电力系统及其自动化、高电压与绝缘技术、电力电子与电力传动、电工理论与新技术、电气信息技术),10个学术型硕士学位授权专业(电机与电器、电力系统及其自动化、高电压与绝缘技术、电力电子与电力传动、电工理论与新技术、电路与系统、电磁场与微波技术、通信与信息系统、信号与信息处理、农业电气化),2个专业学位硕士学位授权专业(电气工程、电子与通信工程)。8个本科专业(电气工程及其自动化、通信工程、电子信息工程、电子科学与技术、电子信息科学与技术、电力工程与管理、农业电气化与自动化、智能电网信息工程)。

2014年,学院有中国工程院院士1人(杨奇逊),国家"千人计划"2人(王海风、黄永章)、国家杰出青年科学基金获得者1人(崔翔)、国家青年千人计划专家1人(龚雁峰),国家级教学名师1人(崔翔),国家百万千人才计划专家2人(崔翔、李成榕)、中科院百人计划1人(王银顺)、教育部新世纪优秀人才4人(朱永利、毕天姝、李庆民、刘崇茹)。

2014年,学院本部有教职工206人,其中,专任教师161人(教授58人、副教授66人,具有博士学位的教师为76%)、有实验技术人员26人、党政及管理人员19人。2014年,学院本部共引进师资8人,其中从海外引进2人(其中1人为"青年千人计划"获得者),有8人出国进修。2014年,电力工程系有教职工131人,其中,专任教师105人(教授27人、副教授25人,具有博士学位的教师为64.7%)、有实验技术人员15人、党政及管理人员11人。2014年电力工程系新增博士学位教师2人,引进师资2人,有4人出国进修。2014年,电子与通信工程系有教职工70人,其中,专任教师50人(教授10人、副教授14人,具有博士学位的教师占教师的60%)、有实验技术人员11人、党政管理人员8人。

2014年,学院本部毕业1 135人,其中博士研究生35人,其中留学生2人;硕士研究生388人,其中留学生19人;普通本科生712人;学院本部招生1 140人,其中博士研究生64人、硕士研究生444人、普通本科生632人;学院本部在校生4 519人,其中,博士研究生180人、硕士研究生1 382人。本科生就业率为98.36%,研究生就业率为99.31%。2014年,电力工程系毕业学生688人,其中博士研究生0

人,硕士研究生199人,普通本科生489人;电力工程系招生713人,其中硕士研究生(日校)238人,普通本科生475人;电力工程系在校生2911人,其中,博士研究生0人,硕士研究生(日校)701人,普通本科生2 210人。本科生的英语四级一次通过率为95.04%,本科毕业生一次就业率为98.5%,研究生毕业生一次就业率为100%;本科考研报名143人,考研率为16.13%。2014年,电子与通信工程系毕业学生209人,其中,硕士研究生65人,普通本科生134人;电子与通信工程系招生237人,其中,硕士研究生72人、普通本科生160人;电子与通信工程系在校生789人,其中,硕士研究生221人,普通本专科生591人。本科生的英语四级一次通过率为86.52%,本科毕业生一次就业率为91.47%,,研究生毕业生一次就业率为95.38%。

2014年,学院本部设有129个学生班级,大二接收转专业学生61人,其中院内转专业20人,院外其它专业转入36人,设有辅导员岗位8个(其中副书记1人),其中正式编制5个、聘任2个。2014年,电力工程系设有92个学生班级,其中实验班7个,设有辅导员岗位6个,其中5个为正式编制。2014年,电子与通信工程系设有26个学生班级,设有辅导员岗位2个,均为正式编制;学生获各类省部级奖励42人次。

2014年,学院教师承担普教本科生课程215门、函授生课程304门、单独英语授课15门,总共230门,304门。开设研究生课程84门,完成教学2 432学时。2014年,电力工程系开设研究生课程34门,完成教学1 080学时;开设本科生课程213门次,完成教学7 296学时;实践环节52门次,163.5周学时。2014年,电子与通信工程系开设研究生课程27门,完成教学816学时;开设本科生课程62门次,完成教学5 836学时;实践环节23门次1 096学时。

2014年,学院本部拥有研究所15个,另整合形成本科教学实验教学中心6个,分别是国家级工程实践中心、北京市电工电子实验教学中心(下辖电工实验室、电子实验室),国家级电气工程专业实验教学中心一个(下辖电力电子教学实验室、微机保护教学实验室、电力系统仿真教学实验室、电力市场仿真实验室、高电压技术教学实验室、电机教学实验室、实习用35kV变电站)、电子信息实验教学中心、电子科学实验教学中心、通信工程与智能电网信息工程实验教学中心。学院本部学生实习基地19个(其中冀北电力公司——华北电力大学校外实习基地为国家级工程实践教育中心及北京市校外实习基地)、科技研究(创新)基地2个,大学生科技创新乐园1个。2014年,电力工程系拥有教研室7个、科研创新团队13个、实验室6个、学生实习基地16个。2014年,电子与通信工程系拥有教研室3个、实验室2个、学生创新实习基地1个。2014年,学院本部承担各类科技项目256项,科技经费计12 211.35万元,连续第4年过亿元。其中,获资助纵向项目52项,资助金额达3 178.56万元;签订横向科技合同204项,合同金额达9 032.79万元。纵横向项目金额之比为35.19%,比上年提高7.6%。2014年纵向项目到账经费2 503.6475万元,横向项目到账经费8 627.850 6万元,到账经费总计11 131.498 1万元。获授权专利78项,其中:发明专利52项、实用新型专利25项、外观设计专利授权1项。发表核心期刊以上论文437篇,其中:SCI 48篇,EI期刊、一级学报125篇。EI会议100篇、其他核心期刊164篇。出版著作7部,其中:专著3本、译著2本、编著2本。获奖8项,其中:国家级1项、省部级奖3项、社会力量奖2项、地市级奖2项。2014年,电力工程系签订纵横向科研项目76个,其中纵向11项、横向65项,实现科研合同金额共计2 805.742万元,其中纵向科研经费291.8万元,横向科研经费2 513.942万元;其中国家高技术研究发展计划(863计划)项目子课题2项、国家“973”计划项目子课题1项,国家自然科学基金获得资助3项,河北省自然基金4项,河北省科技支撑计划重点项目1项;河北省高等学校科学技术研究项目2项,2014年中央高校基本科研业务费项目获资助25项(青年培养6项、面上项目15项、重点项目2项、重大项目1项,平台项目1项),总经费292万元;共发表核心期刊以上论文389篇,其中三大检索收录236篇(SCI 15篇、EI 221篇)。出版专(译)著2部;河北省自然科学学术创新成果奖二等奖1项;2014年申请国家发明专利52项,实用新型专利25项,外观设计专利2项,申请计算机软件著作权登记12项。2014年获授权发明专利16项,实用新型专利23项,计算机软件著作权16项。邀请国外专家举行学术交流会6场次。2014年,电子与通信工程系纵横向科研项目24项,实现科研合同金额共计554.42万元,其中横向科研经费481.42万元、纵向科研经费73万元,2014年申报中央高校基本科研业务费基金项目12项(获资助12项:其中重点项目2项，面上项目8项，学生项目2项），经费共计112万元。发表核心期刊以上论文71篇，其中三大检索收录26篇。专利授权15项；其中发明专利6项，实用新型专利9项，出版专著2部。

2014学院本部设有57个党支部，有中共党员1 174人，新发展党员167人。2014年，电力系设有30个党支部，有中共党员657人、新发展党员139人。2014年，电子与通信工程系设有12个党支部，有中共党员201人，新发展党员32人。

2014年，学院本部学生获“高教社”杯全国大学生数学建模竞赛全国一等奖3人次，全国二等奖6人次，北京市一等奖10人次，北京市二等奖28人次；获美国大学生数学建模竞赛一等奖12人次，二等奖50人次；获北京市大学生电子设计竞赛一等奖2项，二等奖6项，三等奖8项。获国家奖学金26人；获励志奖学金69人。本科生获校长奖学金2人、校友奖助金15人、博纳之星奖学金4人、四方股份奖学金10人、浙能奖学金9人、安徽省电力公司奖助学金11人、毅格奖学金18人、九州方圆助学金12人、特高压奖学金6人。研究生获校长奖学金1人、四方股份奖学金15人、南瑞继保奖学金6人、毅格奖学金4人、泰科电子奖学金10人、校友奖助金4人、九州方圆助学金3人。

2014年，本科综合测评获一等奖109人；二等奖222人；三等奖223人；学习成绩优秀奖学金115人、社会工作优秀奖学金108人、文艺活动优秀奖学金108人、体育活动优秀奖学金108人、十佳示范性优秀班集体1个、十佳本科生优秀宿舍3个、校级三好学生标兵22人、校级三好学生130人、校级优秀学生干部标兵4人、校级优秀学生干部22人，院系级三好学生173人、院系级优秀学生干部43人。

2014年，焦彦军获华北电力大学教学优秀特等奖，李慧奇、葛玉敏、高亚静、李俊卿、苏海锋、张建成获华北电力大学教学优秀奖。王毅获泰科电子奖教金，韩金佐获四方股份奖教金，王宁、刘欣、赵小军、张辉获南瑞继保奖教金。2014年，电力工程系学生有34人（含研究生15人）获国家奖学金，有62人获国家励志奖学金，有376人获国家助学金，另有124人获社会奖学金、助学金。参加各类创新和学习竞赛获奖国家级182人次，省部级143人次。其中，美国国际大学生数学建模竞赛一等奖19人，二等奖41人；全国大学生数学建模竞赛国家一等奖7人、国家二等奖18人；全国大学生英语竞赛（C类）特等奖4人。2014年本科学生中有29项实用新型专利，11项计算机软件著作权。本科生共发表学术论文86篇，其中EI检索42篇，中文核心期刊3篇。2014年暑期电力系共组建3支校级分队，40支系级小分队，100多个学生自发组队。电力系被评为“2014年暑期社会实践先进院系”，一支实践分队获“2014年河北省百万大学生和青年教师千乡万村‘体验省情·服务群众’主题实践活动先进小分队”荣誉称号。

2014年，电子与通信工程完成校级教改项目6项，其中重大项目一项。省级精品课程4门，其中一门通过5年一次的省级验收。指导大学生创新创业项目29项，其中优秀12项，良好12项，通过5项。获国家级优秀3项，良好3项，省级优秀1项。指导学生科技创新16项，获国家级二等奖2项。2014年度获“南瑞继保奖教金”教师2人，获“广哈”通信奖教金教师6人。出版省部级规划教材一部。

（刘春磊　李红梅）

条目

【获河北省优秀教师】2014年，电力工程系赵书强获“河北省优秀教师”荣誉称号。

（李红梅）

【获河北省先进工作者】4月，电力工程系刘云鹏获“河北省先进工作者”荣誉称号。

（李红梅）

【获兵团优秀援疆干部】8月，李燕青被中共新疆生产建设兵团委员会、新疆生产建设兵团授予“兵团优秀援疆干部”荣誉称号并荣记二等功。

（李红梅）

【1人获教学名师培育计划资助】3月，徐衍会获第二届大学教学名师培育计划资助。

（宋金鹏）

【获批北京市教改立项项目3项】4月，韩民晓作为负责人的《基于工程项目的电力电子实验教学体系的研究》、张东英作为负责人的《电网与变电站一体化仿真培训及其智能教学平台的研发与应用》、刘明基作为负责人的《以提升学生创新能力为目的的《电机学》教学研究与实践》通过审批成为2014年北京市支持中央在京高校共建教学改革项目。

（宋金鹏）

【1专业通过国家专业认证委员会认证】5月，电气工程专业接受国家专业认证委员会专业认证进

校考察,并通过国家工程教育专业认证。

(宋金鹏)

【校外实习基地通过验收】5月13日,北京市教育委员会下发通知《北京市教育委员会关于北京高等学校市级校外人培养基地项目验收总结的通知》京教函〔2014〕192号,6月,学校组织校内外专家对2009年获批的电网实践教学基地进行自评估验收并获通过。

(宋金鹏)

【获批校级教改立项25项】5月,学院三批25个教学改革项目获批校级教改立项。

(宋金鹏)

【承办春季运动会】5月23－24日,学院承办校运会。本次运动会首次设计引入会徽与吉祥物,开幕式采用主题为《中国梦·华电梦》的创意,设有《风华》、《传承》、《梦想》三个篇章。开幕式的表演展现了电气学院的精神面貌,传播了校园文化。

(刘春磊)

【成立青年教师论坛】6月13日,电气与电子工程学院学院青年教师论坛成立。该论坛为青年教师提供了一个学习交流的平台和展示科研成果的机会。2014年,论坛共举办7次学术交流活动。

(刘春磊)

【1项技术发明初评获通过】7月7日,国家科学技术奖励工作办公室发布第76号公告,李成榕教授参加的“气体绝缘装备特高频局部放电监测关键技术及其应用”获“2014年度国家技术发明奖”二等奖初评通过。

(吴启宏)

【两部教材入选国家级规划教材】10月16日,根据教育部关于印发《第二批“十二五”普通高等教育本科国家级规划教材书目》的通知(教高函[2014]8号),华北电力大学崔翔主编的《信号分析与处理(第二版)》、李庚银主编的《电力系统分析基础》两部教材入选教育部第二批“十二五”普通高等教育本科国家级规划教材。

(宋金鹏)

【教学示范中心通过自评估验收】11月,电气工程专业北京市实验教学示范中心展开自评估验收工作并通过校内外评估验收专家组的进校考察。

(宋金鹏)

【获聘高压仪器仪表专业工作组成员】11月27日,全国电工仪器仪表标准化技术委员会高压仪器仪表专业工作组首次会议在武汉召开,电力工程系刘云鹏获聘全国电工仪器仪表标准化技术委员会高压仪器仪表专业工作组成员。

(李红梅)

【获聘中国电机工程学会专业委员会委员】11月28日,中国电机工程学会城市供电专业委员会在上海召开“城市供电专业委员会第七届委员会换届大会”,电力工程系梁志瑞获聘中国电机工程学会第七届城市供电专业委员会委员,任期自2014年10月至本届专业委员会届满。

(李红梅)

能源动力与机械工程学院

■概述

2014年,能源动力与机械工程学院以国家级重点学科、国家级领军人才、国家级重点项目和成果的不断突破为目标,加强工程热物理、动力机械及工程等省级以上重点学科的建设,调整机械工程学科方向,逐步向能源装备领域延伸。贯彻落实学院“十二五”规划及年初制定的各项任务,在学科建设、人才培养、科学研究及党团分工会等方面取得进展。

学科建设方面:完成动力工程及工程热物理学科第一次调研,为十三五学科发展规划制定目标及寻找突破做准备。积极发挥学院的组织作用,整合院内团队和方向,大力推动学院与同行间的合作。2014年,召开自然科学基金申报动员会;由火电中心牵头组织编制火电应用基础研究方向调研报告,在科技部三大项目指南发布后,第一时间召开学术带头人研讨会,整合学院内团队力量,围绕指南逐条进行研讨,与学院学科方向相关的题目全部组织了申报团队。

教育教学方面:3个项目入选2014年北京市教育教学改革项目,滕伟、张志两名教师入选华北电力大学“教学名师培育计划”,4名教师获聘第三届中国机械工业教育协会机电类学科教学委员会委员。李季、康志忠、高青风、腾伟、戈志华5位教师被评为学院首届“严爱之星”。保定动力工程系积极推行能源与动力工程专业教学综合改革,有针对性的帮助青年教师提高课堂教学技能和水平,组织青年教师进行了微格教学活动,共有10位教师参加该活动,取得良好效果,并在2014级本科生培养中推行导师制。机械工程系组织实施“具有‘大电力’特色的机械类国家特色专业群的研究与建设”教学改革项目,完成机械系6个新专业有关课程的新教学大纲编写和修订工作以及课程简介的提交工作。组织申报以范孝良教授为负责人的教育部高等学校“专业综合改革试点”项目1项,制定“关于硕士学位论文匿名评审的实施办法”,自2015届开始对硕士学位论文施行全盲评(包括全日制硕士研究生和在职工程硕士研究生),提高硕士生培养质量。获批校级教改项目4项,其中两项重大项目分别为:王璋奇教授主持的“输电专业实践教学的学研双驱模式的研究”;花广如副教授主持的教学改革项目“基于以工程教育认证为导向的机械类专业实践教学体系及创新平台构建”。两项一般教改项目:李娜副教授主持的“基于案例教学的材料力学课程体系研究”;杨化动副教授主持的“基于CDIO工程教育模式的‘机械设计制造及其自动化’专业课程群研究型教学方法改革”。

人才培养方面:学院进一步落实学校“博士化、工程化、国际化”人才工程,按照学校“用好现有人才、引进急需人才、培育未来人才”的工作思路,积极开展引进师资的工作。付忠广被评为全国优秀教师,并受邀参加国庆招待会,杜小泽获“全国优秀科技工作者”,杜冬梅获第十届北京市高等学校教学名师奖,王晓东和徐超进行国家自然科学基金杰青和优青答辩。

平台建设及科学研究:学院进一步推进实验室与相关平台的整合工作。电站设备监测与控制教育部重点实验室、国家火力发电工程技术研究中心、热电生产过程污染物监测与控制北京市重点实验室、低品位能源多相流与传热北京市重点实验室等平台全方位的合作,以实现资源的有机整合。张锴教授的工作获得国家科技进步二等奖,徐进良教授负责的“微纳尺度多相流动与传热传质的基础研究”获教育部自然科学一等奖;杨勇平教授作为首席科学家,完成学校历史上第一个国家“973计划”项目,通过结题验收并顺利滚动申报。2014年,北京校部签定纵横向科研项目74个,其中纵项36项、横项38项,实现科研合同金额共计7 660余万元,其中纵向科研经费5 600余万元,横向科研经费2 000余万元;承担校内科研项目36个;共发表论文356篇,其中三大检索收录148篇,核心期刊80篇。出版专著2部,自编教材2本;学院举行学术交流会1次,有36人次参加国际学术会议。获省部级以上奖励2项(生物质电站安全经济运行关键技术;大型空冷系统选型设计技术研究),授权专利63项,其中发明专利27项,实用新型专利36项。动力工程系共完成科研工作量15 853分,科研绩效59 500分。完成科研合同总金额854万,其中纵向项目合同额125万,横向项目合同额729万。中央高校基本科研业务费批准立项18项,共资助金额143万元。共申请专利72项(发明25项,实用新型43项,计算机软件著作权6项);获专利授权21项,其中发明专利7项,实用新型专利14项。共发表论文242篇,其中CSSCI检索1篇,SCI检索23篇,EI期刊检索24篇,EI会议检索23篇,国外期刊30篇,一级学报60篇。机械工程系完成纵横向科研项目34个,其中纵项15项、横项19项,实现科研合同金额共计568余万元,其中纵向科研经费259万元,横向科研经费309.11万元;承担国家自然科学基金项目3项、河北省自然科学基金项目2项、中央高校科研业务费项目10项;共发表核心级别以上论文63篇,其中SCI10篇,EI检索论文21篇。主编出版普通高等教育“十二五”出版社规划教材4部;主编出版普通高等教育“十二五”出版社规划教材1部,参编出版21世纪高等院校艺术设计专业“十二五”规划教材2部。举行学术交流会5次,其中国外专家学术交流会1次,国内专家学术交流会5次。有10人次参加国际学术会议。有3名教师到海外进行访问学习。获批准专利33项,其中发明3项,实用新型20项。

党团分工会及学生工作:根据《中国共产党普通高等学校基层组织工作条例》规定,原学院党总支正式调整为中国共产党华北电力大学能源动力与机械工程学院委员会、动力工程系委员会、机械工程系委员会。能源动力与机械工程学院党总支获华北电力大学优秀基层党总支,杜小泽、侯步蟾获优秀共产党员,黄向军、许云燕获优秀党务工作者。工程CAD教研室获“三育人”先进集体,杨志平、杜冬梅获“三育人”先进个人称号。完成教职工党员在线学习,其中实验室党支部和办公室党支部获优秀党支部,侯步蟾获教师党员在线学习优秀个人。依托党员创先争优及党的群众路线教育实践活动，全面实现学院内部自查，通过不同层面座谈会以及党支部民主生活会，将群众诉求认真落实。充分发挥学院二级分工会作用，组织开展了“爱能动，爱运动”各类教工文体活动，包括乒乓球、篮球、跳绳、羽毛球、合唱比赛(三等奖)、长走等活动；认真落实教职工送温暖的规定，做好教职工的福利和服务工作；认真组织教职工代表大会，审议科研教学奖励办法等；组织学校教代会代表广泛征集教职工意见，提交议案，合理维护好教职工的利益；吸纳学院聘用员工加入工会，营造学院尊重人、尊重劳动的氛围；在办公区域增设纯水机，让教职工喝上放心水、健康水。鼓励学生参加科技创新比赛。其中，北京校部学生在第七届全国大学生节能减排社会实践与科技竞赛获一等奖、二等奖各一项。在第七届首都机械设计创新大赛中，由机械教研室指导的18支队伍全部获奖，其中1支队伍获北京市一等奖，13支队伍获二等奖，4支队伍获三等奖，这是华电学生参加首都机械设计创新大赛以来取得的最好成绩。7名学生参加美国大学生数学建模获奖。保定动力系参与国家级创新训练项目43人次；首届全国研究生智慧城市设计大赛8人次；数学建模大赛18人次；节能减排竞赛43人次；数学竞赛1人次；环保科技设计大赛3人次；省部级：创新训练项目9人次；数学建模大赛3人次；数学竞赛22人次；创青春大学创业竞赛6人；环保科技设计大赛6人。机械工程系参加国家级、省部级各类大赛并获奖130项，其中“创行世界杯创新公益大赛”国家级一等奖1项、省级一等奖1项；“机械创新设计大赛”国家级一等奖2项、三等奖1项、省级一等奖8项、二等奖4项、三等奖3项；“第七届全国大学生节能减排竞赛”国家级一等奖1项、三等奖3项；“2014年美国国际大学生数学建模竞赛”国家级二等奖1项；“第九届全国大学生‘飞思卡尔’杯智能汽车竞赛校赛”国家级二等奖1项、省级三等奖2项；“第六届全国大学生广告艺术大赛”国家优秀奖1项、省级一等奖2项、二等奖2项、三等奖2项；“创青春”全国大学生创业大赛河北省一等奖2项、二等奖1项；“大学生创新实验项目”国家级优秀5项、良好4项、省级优秀1项。

(侯步蟾　李　非　谢海洋)

■概况

院长：徐进良

书记：徐鸿

2014年，学院有教职工329人，其中，专任教师263人(教授61人、副教授94人，具有博士学位的教师为70.63%)、有实验及技术人员33人、党政及管理人员33人。

2014年，学院新增教授2人、副教授8人，当年新增博导1人。

2014年，学院中国工程院院士2人，享受政府津贴6人。共引进师资14人，其中教师8人，实验技术人员3人。

2014年，学院有毕业学生1 528人，其中博士研究生42人，硕士研究生397人，普通本科生1 089人；学院招生1 685人，其中博士研究生45人，硕士研究生450人，普通本科生1 190人；学院在校生5 564人，其中博士研究生268人，硕士研究生1 259人，普通本科生4 431人。本科生的英语四级一次通过率为90.5%，本科毕业生一次就业率为98.16%，研究生毕业生一次就业率为94.71%；本科考研报名287人，实际考取212人，考研率为73.86%。

2014年，学院签定纵横向科研项目144个，其中纵项63项、横项81项，实现科研合同金额共计9 083万元，其中纵向科研经费6 050.5万元，横向科研经费3 032.5元；共发表论文661篇，其中三大检索收录250篇，核心期刊247篇。出版专著2部，自编教材9本；学院举行学术交流会13次，其中国外专家学术交流会1次，国内专家学术交流会12次。有46人次参加国际学术会议。

2014年，学院共完成科研项目22个，通过验收1个。

2014年，学院共获得省部级以上奖励3项，微纳尺度多相流动与传热传质的基础研究；中国能建科技进步奖；高等学校科学研究优秀成果奖(科学技术)。学院获得授权专利117项，其中发明专利37项，实用新型专利70项，计算机软件著作权8项。

2014年，学院拥有教研室17个(当年新增1个、名称为新能源与能源洁净利用教研室)、研究所11个(当年新增1个、名称为能源环境科学与工程研究所)、实验室16个(当年新增2个、名称为热电生产过程污染物监测与控制北京市重点实验室、低品位能源多相流与传热北京市重点实验室)、学生实习基地13个，科技研究(创新)基地3个。

2014年，学院开设研究生课程141门，完成教学4 236学时；开设本科生课程539门，完成教学22 774学时；举办各类培训班3期，共培训学员121人，其中电力系统学员121人，北京市地方学员0人。

2014年，学院设有66个党支部，拥有中共党员1 265人、发展党员249人,其中学院本部发展党员104人,动力工程系发展党员92人,机械工程系发展党员52人。

2014年,学院设有201个学生班级,其中实验班14个,设有辅导员岗位16个,其中正式编制12个、聘任4个;学生获各类省部级奖励209人次。

(侯步蟾 李 非 谢海洋)

■条目

【党总支和直属党支部进行调整】根据《中国共产党普通高等学校基层组织工作条例》规定,结合学校实际,经学校党委常委会议研究,原党总支正式调整为中国共产党华北电力大学能源动力与机械工程学院委员会、动力工程系委员会、机械工程系委员会。

(侯步蟾)

【举办国际传热国际会议】5月12日,华北电力大学与英国诺丁汉大学共同举办2014国际传热研讨会,能源动力与机械工程学院院长徐进良教授任大会主席,会议共收到不同国家400多篇文章,350多名国内外学者参会。60篇论文入选applied thermal engineering杂志,学校论文占10篇。

(侯步蟾)

【参与创新实践基地建设】根据京教函[2013]650号“北京市教育委员会关于公布2013年北京高等学校示范性校内创新实践基地建设单位名单的通知”,华北电力大学控制与计算机工程学院、能源动力与机械工程学院联合建设的“电力之光创新实践基地”,经北京市教委组织的专家评审,被北京市教委审核认定为2013年北京高等学校示范性校内创新实践基地建设单位。

(王修彦 侯步蟾)

【曼彻斯特大学校长来访】3月3日,英国曼彻斯特大学校长参观热能与动力工程国家级实验教学示范中心,能源动力与机械工程学院党总支书记徐鸿教授、中心主任付忠广教授、国际教育学院院长段春明等陪同并讲解。

(王修彦 侯步蟾)

【举办创新设计大赛答辩会】3月29日,华北电力大学举行第四届机械创新设计大赛答辩会。本次比赛由能源动力与机械工程学院主办,能源动力与机械工程学院团总支学生会科创部承办。本次比赛由能源动力与机械工程学院机械教研室主任刘衍平教授,副主任高青风,宋玉旺、张志、研究生张衡担任评委。大赛主题为“幻梦课堂”,内容为“教室用设备和教具的设计与制作”,全校共有25组作品参赛。经过评选,“幻-皮影平面四连杆组合教具”、“基于行星转动模型多级机械传动原理教学演示仪”、“基于典型机构的压力累积发电装置”三个作品获一等奖,“速度合成定理教具”等作品获二等奖,“科氏加速度演示机”等作品获三等奖。所有获奖队伍将代表学校参加首都高校比赛。

(王修彦 侯步蟾)

【武汉大学蒋劲教授一行来访】4月2日,武汉大学动力与机械学院动力系书记蒋劲教授、动力系主任郭江教授、动力系副主任王建梅副教授一行3人到学院考察交流。能源动力与机械工程学院党总支书记徐鸿接待来访客人并介绍学院总体情况以及当年和武汉大学合作的经历,副院长李惊涛介绍卓越工程师班培养计划的制定过程和特点,王修彦副院长就培养方案的执行情况和客人进行交流,杨志平对热能与动力工程国家级实验教学示范中心的建设情况做介绍。另外,学校卓越办沙尘恩介绍学校卓越计划的总体情况,核学院副院长刘洋介绍核电方向的人才培养和学科发展情况。交流会后,蒋劲教授一行参观学院热能与动力工程国家级实验教学示范中心。

(王修彦 侯步蟾)

【东北电力大学校领导一行来访】4月11日,东北电力大学校领导带队,一行15人在能源与动力工程学院徐鸿书记及校长办公室主任于喜海等陪同下,参观热能与动力工程国家级实验教学示范中心。

(王修彦 侯步蟾)

【赴东南大学等地调研考察】6月,华北电力大学工程图学教学团队赴东南大学、江苏句容教学模型生产基地进行调研和教学模型考察。并与相关教师就图学教育师资队伍建设、本科生教学、CAD竞赛和科研情况等进行交流。东南大学拥有CAD华东地区授权培训基地、Solid works中国授权教育基地,能够容纳上千人同时培训和考试认证,其培训和竞赛管理流程和方法具有借鉴意义。同时一行还考察了木模型,金属模型和与机械专业相关的教学模型的生产情况并对学院订购的工程图学教学模型进行质量抽检,以保证教学模型和教具能够按时保质保量地交付使用。

(王修彦 侯步蟾)

【中南大学闫红杰教授一行来访】6月27日,中南大学能源科学与工程学院副院长闫红杰教授一行3人来访,能源动力与机械工程学院杜小泽、王修彦接待来访客人。闫红杰教授来访的主要目的是探讨人才培养方案的修订、卓越工程师班的培养、实习基地以及实验室建设，双方还就其他共同关心的问题进行了详细研讨。院长助理张辉参加接待，并陪同客人参观热能与动力工程国家级实验示范中心，胡刚刚、孙东红老师参与讲解。

（王修彦）

【举办首届“严爱之星”评选】 6月，学院开展首届“严爱之星”的评选工作。通过个人申报、教研室推荐，产生10位候选人，后经能动学院教学指导委员会投票选举，戈志华、李季、康志忠、高青风、滕伟五位教师获学院首届的“严爱之星”称号。

（侯步蟾　王美瑄）

【获英语竞赛特等奖】 2014年，热能1101班唐三力在全国大学生英语竞赛（北京赛区）中获特等奖。在4月份的校内选拔赛中该学生从近千名参赛者中脱颖而出，取得第二名的好成绩，成为华北电力大学10名参加北京赛区比赛的选手之一。在北京赛区比赛中，该学生同学稳定发挥，获特等奖并于8月份代表华北电力大学参加在东北大学举办2014年全国大学生英语竞赛（NECCS）全国总决赛。

（崔　丹　侯步蟾）

【杜冬梅教授获教学名师奖】 2014年，北京市教育委员会公布第十届北京市高等学校教学名师奖获奖名单，经过学校推荐、课堂教学录像评价、现场教学观摩课评价、评审专家组评议、评审委员会投票、市教委审核并公示，学院杜冬梅教授获第十届北京市高等学校教学名师奖。

（侯步蟾）

【4名教师获聘教委会委员】 2014年，中国机械工业教育协会公布第三届中国机械工业教育协会机电类学科教学委员会名单，学院4名教师（应用型本科机械工程学科教学委员会委员刘衍平、工程图学课程教学委员会委员杜冬梅、工程训练教学委员会委员夏延秋、能源与动力工程学科教学委员会热能工程分委员会委员王修彦）获聘，聘期为五年。

（王修彦　侯步蟾）

【调整专业和修订培养方案】 2014年，根据教育部《普通高等学校本科专业目录（2012年）》和新制定的2013版人才培养方案，机械系完成了“机械设计制造及其自动化”、“机械电子工程”、“过程装备与控制工程”、“机械工程（输电线路工程）”、“工业工程”及“产品设计”等6个新专业有关课程的新教学大纲编写和修订及课程简介提交工作；调整2014级毕业设计答辩方式，除系内随机抽的学生参加全系公开答辩外，其他学生均改为用PPT和/或实物展示等形式参加公开答辩；完成编制2013年《华北电力大学本科教学质量报告》。

（谢海洋）

【付忠广获评全国优秀教师】 2014年，经过北京市各区县和单位推荐，按照人社部、教育部规定的评选条件和分配名额，北京市教育系统评选表彰工作领导小组进行了评议，在兼顾各级各类教育的基础上，在北京市教育系统内评选出全国优秀教师41人，学院博士生导师付忠广教授入选。9月9日，付忠广教师作为全国优秀教师代表，应邀出席庆祝第三十个教师节暨全国教育系统先进集体和先进个人表彰大会，受到习近平、李克强、刘云山、张高丽等会见。9月30日，受国务院办公厅邀请，能动学院付忠广教授赴人民大会堂参加庆祝中华人民共和国成立65周年招待会。

（侯步蟾）

【杜小泽获全国优秀科技工作者称号】 12月15日，中国科协在北京人民大会堂隆重表彰第六届全国优秀科技工作者，学院杜小泽教授被授予“全国优秀科技工作者”荣誉称号。

（侯步蟾）

【开展博爱基金义工活动】 3月23日，能源动力与机械工程学院博爱基金会组织志愿者前往千禾老年公寓开展本学期的第一次义工活动。本次志愿者由能源动力与机械工程学院团总支学生会生活部和实践部的部员组成，并由学院二级分工会副主席刘翔翔带队。

（崔　丹）

【参加运动会闭幕式表演】 5月24日，华北电力大学2014年田径运动会在运动场结束。出席本次闭幕式的有校党委书记吴志功，纪委书记、党委副书记李双辰，副校长孙忠权，副校长杨勇平等。能源动力与机械工程学院承担本次运动会闭幕式表演，并进行会旗交接。

（黄向军）

【北京校部学生参加各类创新大赛获佳绩】 2014年，北京校部学生参加各类创新大赛并获佳绩。5月17至18日，第七届首都机械设计创新大赛在北京工业大学举行，北京校部参赛的18支队伍全部获奖，其中1支队伍获北京市一等奖，13支队伍获二等奖，4支队伍获三等奖，这也是参加首都机械设计创新大赛以来取得的最好成绩。8月5至7日，第七届全国大学生节能减排社会实践与科技竞赛决赛在昆明理工大学举行，学院退休教授常连生、机械教研室宋玉旺指导的“自平衡双驴头齿轮齿条驱动抽油机”获大赛一等奖，何青教授和杨志平指导的“压电地毯及其能量收集转换器”及教务处副处长梁光胜教授指导的“学分资金双激励型饮料瓶与电池自助回收物联系统”获大赛二等奖，此外还有6支队伍获大赛三等奖，同时华北电力大学获大赛优秀组织奖。在美国大学生数学建模（MCM/ICM）竞赛中，北京校部选拔参赛的70支队伍获得佳绩，共获8个一等奖、35个二等奖，其中能源动力与机械工程学院获2个一等奖，5个二等奖。

（崔　丹）

【动力工程系学生参加创新大赛获佳绩】2014年，动力工程系本科学生参加各项创新大赛并获佳绩。张超炜全国大学生数学建模竞赛中获全国一等奖；史康宁全国大学生数学建模竞赛中获得全国二等奖；张超炜在2014年美国国际大学生数学建模竞赛中获得一等奖；王江，顾君萍，崔悦，祁超，王新赫在2014年美国国际大学生数学建模竞赛中获二等奖；吕凯文《用于健身房多种器械动能回收利用的自适应型控制系统》在第七届全国大学生节能减排大赛中获全国一等奖；周沛，廖金龙，新宇《基于脉动热管的大功率LED散热装置》在第七届全国大学生节能减排大赛中获全国二等奖；高建树，洪有耀，黄雄，何伟《无水胆式即冷即热半导体饮水机》在第七届全国大学生节能减排大赛中获全国三等奖；顾君苹，钟平，房聚刚，邹潺，马文静，左浩宇《一种具有膨胀功回收发电装置的空调、制冷系统》在第七届全国大学生节能减排大赛中获全国三等奖；张玉波，闫鑫，张超炜《一种浸没式主机油冷循环散热系统》在第七届全国大学生节能减排大赛中获全国三等奖；伍文杰，夏宏伟，易清明《漏水控制装置设计》在第七届全国大学生节能减排大赛中获全国三等奖；黄家荣，王青会《无风扇热管型节能电磁炉》在第七届全国大学生节能减排大赛中获全国三等奖；缪伦奇，周安鹏第六届全国大学生机械创新设计大赛中获河北赛区特等奖；渠立松，王欢，舒冠鑫，程槐号，张尧康，肖炜刚，蒋慧卿，王浩在全国第五届大学生数学竞赛中获省部级一等奖；雍明月在2014年中国机器人大赛暨ROBOCUP公开赛中获全国一等奖；付朝阳在2014年中国机器人大赛暨ROBOCUP公开赛中获全国三等奖；庞永超《废旧陶瓷绝缘子的回收处理和再利用》第十三届“挑战杯”全国大学生课外学术科技作品竞赛中获国家级二等奖；胡皓玮在2014年“深圳杯”数学建模夏令营比赛中获全国三等奖；杨灿获2014年全国大学生英语竞赛C类全国特等奖；黄思杰，胡皓玮，崔吉，许佳欢获全国大学生英语竞赛C类全国一等奖。

（李非）

【机械工程系参加各类比赛获佳绩】2014年，机械工程系组织学生参加国家级、省部级各类大赛并获奖130项，其中“创行世界杯创新公益大赛”国家级一等奖1项、省级一等奖1项；“机械创新设计大赛”国家级一等奖2项、三等奖1项、省级一等奖8项、二等奖4项、三等奖3项；“第七届全国大学生节能减排竞赛”国家级一等奖1项、三等奖3项；“2014年美国国际大学生数学建模竞赛”国家级二等奖1项；“第九届全国大学生‘飞思卡尔’杯智能汽车竞赛校赛”国家级二等奖1项、省级三等奖2项；“第六届全国大学生广告艺术大赛”国家优秀奖1项、省级一等奖2项、二等奖2项、三等奖2项；“创青春”全国大学生创业大赛河北省一等奖2项、二等奖1项；“大学生创新实验项目”国家级优秀5项、良好4项、省级优秀1项。

（谢海洋）

经济与管理学院

■概述

2014年，华北电力大学经济与管理学院通过建章立制，进一步规范了学院的教学、科研、学生管理等各项管理工作，加强了学风、教风、院风建设，各项工作取得长足发展。

2014年，学院科研能力持续增强，学院科研经费达到5 317.5万元，完成计划的140%，该指标在国内同类院系中名列前茅。在国际能源经济及管理类重要期刊发表学术论文67篇,国际影响力进一步加强。获中国商业联合会科技进步一等奖2项。科研新模式得到加强,与中电投科学技术研究院签署战略合作协议。获6项国家自然科学基金支助,其中4项面上项目,2项青年项目。获1项国家社科基金。

2014年,学院国际合作进一步加强,协办国际能源经济学会第四届亚洲会议(IAEE)(中科院主办),邀请国际知名教授7人次来校讲学交流,院长牛东晓作为大会主席,协办第五届复杂科学管理国际会议。智库建设得到发展,牛东晓教授、曾鸣教授、刘喜梅博士在主流媒体就中国能源电力的发展与改革发表观点。

2014年,人才培养成效明显。获校级优秀博士学位论文2篇,校级优秀硕士学位论文7篇。为大唐国际培训中层干部八期,共550人。北京市电力经济管理实验示范中心通过北京市教委的验收。获北京市教改项目立项2项。赵洱岽《沟通的力量》入选教育部精品视频公开课。获校级教学特等奖1项,校级优秀教师7名。加强经管创新创业俱乐部建设,创立开能创新创业基金。“尖峰时刻”全球总决赛中取得商业模拟第一、综合总成绩亚洲区第三名;全国大赛特等奖2名、全国大赛二等奖5名、全国大赛三等奖7名、省部级大赛一等奖2名、省部级大赛二等奖3名、省部级大赛三等奖6名。大学生创新实验计划结题国家级结题优秀3项,国家级结题良好1项,北京市结题良好2项。

2014年,学院为适应教学科研发展需要,引进青年教师1人,返聘教授3名。学院出国学习教师2名。学院召开职称评定会,向大学推荐副教授6名,教授3名。

2014年,学院继续把学风、教风建设和学生科技创新作为重点工作。举办学院教风学风表彰大会,获奖教师53人次,学生621人次。圆满完成2014届毕业生就业工作,本科就业率98.54%,研究生就业率96.73%。学生党支部今年有2个支部入选北京市红色一加一活动,获市三等奖1项。2个学生班级获“首都大学先锋杯优秀团支部”。牛东晓教授负责的电力能源预测与评价研究所获批“北京市职工创新工作室”。学院与九州方圆实业控股(集团)有限公司合作,对方出资30万设立“华北电力大学九州方圆助学金”。民主评议党员活动中,学院92人(教工21人)获评优秀,3个支部获2012－2014年“先进基层党组织”;5人获“优秀共产党员”;1人获“优秀党务工作者”。处级领导干部学习贯彻习近平总书记系列讲话精神远程专题培训中学院所在的校部三班获评优秀。

2014年,在第二届腾讯网商学院年会上华北电力大学当选“2014中国十大最具特色MBA院校”;在第三届中国商学院领袖年会上华北电力大学MBA项目获2014年度中国商学院学子心中最具潜力的MBA项目。获“国际管理挑战赛(GMC)2013年度第十八届中国赛区比赛”二等奖,最佳组织奖。2014年李彦斌1篇案例入选第五届全国“百篇优秀管理案例”,有8位教师撰写的案例被中国管理案例共享中心(CMCC)收录,至年底,学院被中国管理案例共享中心收入的案例数已达17篇。与加拿大毅伟商学院达成了共享案例库资源及共同开发案例入库的合作意向并签订协议。MBA校友会成立,这是学校第一个跨区域校友会。

(董宏伟)

■概况

院长:牛东晓(黄元生　保定经管系主任)

书记:于新华(严立　保定经管系书记)

学院(系)网址:http://business.ncepu.edu.cn

2014年,学院在北京设有学院本部,在保定校区设有1个系,经济管理系。学院现有2个省部级重点学科、1个省部级示范中心、1个省部级研究基地。设有2个博士后科研流动站,在站博士后13人;7个博士点专业(其中具有一级学科博士学位授予权的2个)、15个硕士点专业、13个本科专业。

2014年,学院有教职工200人(其中保定69人),专任教师182人(其中保定59人),教授43人(其中保定13人)、副教授72人(其中保定16人),具有博士学位的教师为78%,有实验及技术人员4人(其中保定1人)、党政及管理人员23人(其中保定10人)。

2014年,学院有享受政府津贴5人。共引进教师1人。2014年,学院有毕业学生1463人(保定444人),其中博士研究生31人,硕士研究生605人(保定85人),普通本科生680人(保定201人);学院(系)招生1530人(保定291人),其中博士研究生博士生37人,硕士研究生623人(保定434人),普通本科生680人(保定215人);学院在校生5 354人(保定1 511人),其中,博士研究生58人,硕士研究生2 092人(保定682人),普通本科生2 679人(保定814人)。本科生的英语四级一次通过率为92.83%,本科毕业生一次就业率为99.02%,研究生毕业生一次就业率为96.14%;本科考研报名300人(保定56人),实际考取134人(保定21人),考研率为30.55%。

2014年,学院签订纵横向科研项目184个,其中纵项47项、横项137项,实现科研合同金额共计5 624.4万元;共发表论文364篇,其中三大检索收录161篇,核心期刊89篇。出版专著51部(保定5部),自编教材1本,学院(系)举行学术交流会12次(保定1次),其中国外专家学术交流会7次,国内专家学术交流会5次(保定1次)。有7人次参加了国际学术会议。

2014年,学院共获省部级以上奖励304人次,其中,本科生获奖231人次(保定145人次),研究生获奖41人次(保定11人次),教师获奖3人次。

2014年,学院拥有经济与管理系(保定)一个、教研室9个、研究所26个、实验室10个、学生实习基地42个,科技研究(创新)基地2个。

2014年,学院开设研究生课程170门(保定59门),完成教学4 554学时(保定1 770学时);开设本科生课程675门(保定219门),完成教学20 027学时(保定8 456学时);举办各类培训班10期,共培训学员556人。

2014年,学院设有55个党支部(保定17个),拥有中共党员823人(保定259人)、发展党员169人(保定48人)。

2014年,学院设有135个学生班级(保定37个),设有辅导员岗位21个,其中正式编制6个(保定2个)、聘任1个、兼职14个。

(董宏伟 张 清)

■条目

【获批职工创新工作室】2014年,经济与管理学院牛东晓教授负责的电力能源预评价研究所获批北京市职工创新工作室。职工创新工作室是北京市为了把握技术创新主旋律,充分发挥北京市技术人员和技能人才优势,深入开展师带徒、技术培训、技术攻关等活动,解决企业生产经营中的技术难题,为促进企业技术进步和技能人才培养工作,为推动北京率先形成科技创新、文化创新"双轮驱动"发展格局和中国特色世界城市建设的重要举措。北京市职工创新工作室的评选涵盖首都各界各个行业。

(董宏伟)

【浙江省电力公司专家来访】1月9日,国网浙江省电力公司经济技术研究院有关领导及专家曾挺健、刘卫东等一行来访并出席座谈会。经济与管理学院院长牛东晓、党总支书记鹿伟等接待来访客人。此次来访,旨在全面推动双方在人才交流与培养、科研合作与创新等方面的深入发展,是对两院全面战略合作规划的深化落实。

(董宏伟)

【成立乒乓球协会】1月9日,经济与管理学院乒乓球协会成立。党总支书记鹿伟、分工会主席赵军伟、校乒乓球协会副会长梁立新以及近30名乒乓球会员代表出席会议。大会由分工会副主席、协会筹备组组长马同涛主持。

(董宏伟)

【谭忠富接受中国之声采访】1月9日,谭忠富教授就煤炭进口问题接受中国之声采访。谭忠富在访谈中指出,造成进口煤量屡创新高、国内煤价持续低迷这种局面的主要原因在于国内煤炭市场价格的不稳定,高企的煤炭价格超出发电企业的承受能力,造成发电企业大面积亏损,迫使发电企业纷纷寻求海外煤。这种国内存量较大又大量进口的现象将损害国家利益,国家必须从完善煤炭国家储备制度、企业应急储备制度和煤炭清洁化发展制度等方面综合出台治理政策,确保国内煤炭市场健康发展和煤炭价格合理波动。

(董宏伟)

【参加国际管理挑战赛创佳绩】1月22日,2013第十八届国际管理挑战赛(GMC)颁奖晚会暨闭幕式在北京召开。华北电力大学MBA教育中心常务副主任闫庆友教授、MBA教育中心路茸、GMC指导老师张琪及参赛学生代表姚红昭、付雨峰参加活动。在此次比赛中,华北电力大学创历史最好成绩。

(董宏伟)

【1项目完成成果鉴定】2月8日,由经济与管理学院牛东晓教授课题组参与完成的项目成果"输变电工程造价核定与一体化监控系统研究与应用"完成成果鉴定。鉴定专家委员会由中国工程院常务副院长潘云鹤院士、中国工程院潘德炉院士、中国社科院数量经济与技术经济研究所所长李平研究员等9位专家组成,国网浙江省电力公司副总经理杨勇、国网浙江经研院院长曾挺健、技经中心主任于晓彦及课题组主要成员参会。

(董宏伟)

【吴志功来学院走访座谈】2月24

日，新学期首日，校党委吴志功书记来经济与管理学院走访，与金融教研室教师就如何更好地发展大学教育基金进行座谈。吴志功指出，国内外一流大学发展历程表明，基金会在学校发展中发挥决定性和战略性作用，希望各位教师在工作中注重发挥基金会及理事会的平台作用，并成为基金会发展的智库；吸纳和培养能源金融方面所需人才，提高服务国家、行业、区域的能力，促进学校科学发展；关注行业和世界、国家的关系，解决并回答世界、国家、区域、行业中能源电力领域的重大问题，学习成功企业讲效益、讲效率的管理理念，凝练项目，创新模式，构建具有战略竞争优势的制度，为建设高水平大学贡献力量。

（董宏伟）

【牛东晓接受国家电网报专访】 2月12日，国务院召开常务会议研究部署进一步加强雾霾等大气污染治理，提出加快调整能源结构，实施跨区送电项目。国家电网报就“实施跨区输电　治理大气污染”对经济与管理学院牛东晓院长的进行专访，并于2月20日头版头条刊发，这表明经济与管理学院科研水平已经得到国家和社会的广泛认可，是经济与管理学院国家能源电力智库建设的一项重大成果。

（董宏伟）

【曾鸣发表专题演讲】 2月24日，由中国电力企业联合会举办的2014经济形势与电力发展分析预测会在北京召开，经济与管理学院电力经济咨询中心主任曾鸣教授受邀参加会议并发表专题演讲。国家能源局发展规划司司长俞燕山、中电联常务副理事长孙玉才、中电联专职副理事长魏昭峰、中电联秘书长王志轩、中电联副秘书长兼规划与统计信息部主任欧阳昌裕、中电联研究室主任潘荔、国家信息中心首席经济师范剑平等出席会议。

（董宏伟）

【三峡大学专家来访】 3月20日，三峡大学经济与管理学院院长田野来校调研交流，学院领导接待来访客人并开展友好交流。牛东晓介绍学院整体情况。田野对经济与管理学院取得长江学者、科研经费及科研成果、新一轮的教育部学科评估中两个学科同时参评的情况下依然分别取得前三分之一排名的成绩给予高度评价。双方领导均表示将加强交流合作，共享先进的管理经验及管理方法。

（董宏伟）

【百篇优秀管理案例评选获佳绩】 4月3日，由全国MBA教育指导委员会主办、中国管理案例共享中心承办的第四届全国MBA“百篇优秀教学案例”颁奖典礼在南京举行。教育部学位与研究生教育发展中心主任李军，国务院学位办副主任孙也刚以及全国工商管理专业学位研究生教育指导委员会副主任委员钱颖一教授等领导出席典礼。华北电力大学经济与管理学院院长、MBA中心主任牛东晓教授和MBA中心副主任闫庆友教授参加颁奖典礼，经济与管理学院副院长李彦斌教授作为获奖代表出席颁奖仪式。

（董宏伟）

【开能创新创业基金启动】 4月24日，经济与管理学院举行“开能创新创业基金”启动签约仪式，开能建设有限公司董事长曹明海、开能建设有限公司董事长助理罗华琴、大学教育基金会常务副秘书长王子杰、经济与管理学院院长牛东晓教授、经济与管理学院党总支副书记赵军伟等参加仪式，会议由副院长何永秀主持。

（董宏伟）

【参加商业模拟大赛获佳绩】 5月5日，由斯德哥尔摩经济学院主办的欧洲最大的国际商业模拟竞赛“PEAKTIME”在拉脱维亚落下帷幕，华北电力大学由经济与管理学院、控制与计算机学院、外国语学院学生共同组建的参赛队伍在全球总决赛中取得商业模拟第一、综合总成绩亚洲区第三名。经济管理学院张琪、刘力纬、赵洱岽3位教师获优秀指导教师称号。

（董宏伟）

【举办企业讲座】 5月11日，全球变压器控制领域专家MR公司（莱茵豪森集团）在华北电力大学MBA教育中心举行题为“品牌——企业的制胜之道”专题讲座。MR公司CEO肖博科博士（Dr. Maier Scheubeck）作为主讲人主持本次讲座。MR中国总经理克莱恩（Markus Klein），华北电力大学MBA中心常务副主任、博士生导师闫庆友教授共同出席此次讲座。

（董宏伟）

【曾鸣教授接受央视专访】 5月27日，国家电网公司宣布向社会资本开放电动汽车充换电设施市场，被视为其混合所有制改革的“破冰行动”，引起社会广泛关注。经济与管理学院曾鸣教授就此话题接受中央电视台新闻频道《新闻直播间》栏目专访。

（董宏伟）

【参加管理决策模拟大赛获佳绩】7月16日至18日，第六届全国管理决策模拟大赛全国总决赛在浙江宁波举行，来自全国的96支队伍参赛。经济与管理学院张琪和刘金朋带领经济与管理学院和控制与计算机学院学生组成的参赛队伍参赛并取得二等奖。

（董宏伟）

【举行战略合作签约仪式】9月11日，经济与管理学院与中电投科研院签署战略合作协议。中电投科研院院长郑武生、副院长王海民、经济与管理学院院长牛东晓、副院长张兴平、李彦斌等参加签约仪式。

（董宏伟）

【首席能源专家胡兆光博士莅临MBA讲坛】9月13日，国家电网能源研究院副调研员、首席能源专家胡兆光博士莅临华北电力大学MBA讲坛，就电力经济学的若干问题进行深入的分析和专题论述。讲座由华电MBA教育中心教学培养部主任罗国亮副教授主持，在校MBA、普研学生及经管院部分教师参加讲座。

（董宏伟）

【举办MR系列讲座】9月13日，MR中国人力资源部经理沈燕超女士受华电MBA大讲堂邀请来校做题为“雇主品牌——企业管理之催化剂”专题讲座，讲座由华电MBA中心常务副主任闫庆友教授主持。

（董宏伟）

【入选百篇优秀管理案例】2014年，第五届百优案例结果揭晓，经济与管理学院李彦斌教授撰写的“企业战略性社会责任践行之路——辽宁电网抗霾之战”入选。孙冬撰写的“融资助力，与霾共舞——赫宸环境创业之路”入选中国管理案例共享中心案例库。这是继第四届全国“百篇优秀管理案例”活动后，学院在案例工作中再获佳绩。

（董宏伟）

【大唐国际第16期中层干部培训班开班】10月14日，大唐国际第十六期中层干部培训班开班。经济与管理学院副院长李彦斌教授，大唐国际人力资源部副主任赵宪君，经济与管理学院院长助理唐平舟副教授出席开班仪式，仪式由大唐国际人力资源部陈妙主持。

（董宏伟）

【获河北省社会科学优秀成果奖】2014年，第十四届河北省社会科学优秀成果奖评审结果公布，孔峰教授申报的《基于声誉的国有企业经营者激励、监督与考核机制研究》著作，获二等奖；齐玮申报的《我国汽车制造业的贸易流量与出口潜力：基于引力模型的分析》著作、李艳梅申报的《面向低碳经济的EPC项目节能服务风险预警研究》著作获三等奖，这是经济与管理系首次同时获3项省部级奖励，实现获奖数量新突破。

（董宏伟）

【获学术年会优秀论文奖】10月17日至20日，第十六届中国管理科学学术年会暨中国优选法统筹法与经济数学研究会第九次会员代表大会在山西召开。中国工程院杨善林院士、国家自然科学基金委管理学部的有关领导、中国优选法统筹法与经济数学研究会会员及来自全国各高校和科研机构的师生共300余人出席会议。华北电力大学经济与管理学院孟明副教授向大会提交并宣读的《经济转型过程中资源依赖度演进路径分解模型研究》论文获“优秀论文报告奖”，并直接列入《中国管理科学》2015年的出版计划。

（董宏伟）

【获中国十大最具特色MBA院校奖】11月2日，由腾讯网联合教育组织Quacquarelli Symonds（QS）共同主办的第二届腾讯网商学院发展论坛在北京举办，华北电力大学MBA教育中心获“2014中国十大最具特色MBA院校”。MBA教育中心常务副主任闫庆友、MBA教育中心张剑、MBA联合会秘书长姚红昭出席论坛。

（董宏伟）

【举办科研与教学交流会】11月4日，应经济与管理学院邀请，中国社会科学院的王国成研究员与重庆理工大学刘贞教授来校做主题为“博弈论与实验经济学科研与教学交流”学术报告，并与学院教师就实验开发与实验教学进行交流。

（董宏伟）

【刘喜梅接受《人民日报》访谈】11月5日，《人民日报》高级记者刘先云、朱剑红就国家发改委近日《关于深圳市开展输配电价改革试点的通知》的发布，对经济与管理学院刘喜梅副教授进行访谈，刘喜梅博士就我国新一轮输配电价改革政策进行解读，并在11月6日的《人民日报》改革发布版刊出。

（董宏伟）

【大唐国际第十六期中层干部培训班结业】11月13日，大唐国际第十六期中层干部培训班结业。

大唐国际人力资源部副主任赵宪君，经济与管理学院院长助理唐平舟副教授出席结业仪式。仪式由大唐国际人力资源部陈妙主持。

（董宏伟）

【获3项三育人先进奖项】根据学校《关于做好2014年“三育人”先进集体和先进个人评选工作的通知》文件精神，在各分工会民主推荐的基础上，经校“三育人”评选委员会评选，经济与管理学院张琪获“教书育人”先进个人称号、闫庆友老师获“管理、服务育人”先进个人称号、以曾鸣老师为首的电力市场教学科研团队获“三育人”先进集体。

（董宏伟）

【召开电力经济管理实验教学示范中心验收会】11月17日，北京市教委验收小组在华北电力大学组织召开北京市高校实验教学示范中心建设项目电力经济管理实验教学中心验收评审会。来自北京工商大学、中国石油大学及校内5位知名专家组成的北京市高校实验教学示范中心验收组专家一行对华北电力大学电力经济管理实验教学中心省部级实验室建设项目进行检查验收。

（董宏伟）

【大唐国际第十七期中层干部培训班开班】11月18日，大唐国际第十七期中层干部培训班开班。经济与管理学院副院长李彦斌教授，大唐国际人力资源部副主任赵宪君，经济与管理学院院长助理唐平舟副教授出席开班仪式。仪式由大唐国际人力资源部职业教育培训处处长姜兴主持。

（董宏伟）

【曾鸣文章被多家媒体转载】2014年，针对中国电力体制改革热点问题，经济与管理学院曾鸣教授在《中国经济网》发表《电力体制改革究竟改什么》的署名评论文章，文章发表后，被人民网、凤凰网、中新网、中国煤炭资源网等10余家媒体转载，引起社会关注。

（董宏伟）

【青年干部领导能力提升培训班结业】11月20日，大唐国际第六期青年干部领导能力提升培训班结业。华北电力大学副校长孙忠权，大唐国际党组成员、总经理吴静，经济与管理学院院长牛东晓等参加结业典礼。典礼由大唐国际人力资源部主任郭红主持。

（董宏伟）

【与远光软件股份有限公司签署战略合作协议】11月25日，经济与管理学院与远光软件股份有限公司签署战略合作协议。远光软件股份有限公司董事、高级副总裁黄笑华、远光软件股份有限公司北京分公司总经理王楠、经济与管理学院院长牛东晓教授等出现签约仪式，仪式由副院长何永秀主持。

（董宏伟）

【参加网络商务创新应用大赛获佳绩】11月29日至12月1日，第七届全国大学生网络商务创新应用大赛总决赛在北京举行。经济与管理学院田惠英指导的荧光队获三等奖，来自全国高校190余支队伍参赛。

（董宏伟）

【参加商业模拟大赛获佳绩绩】11月20日，第七届“尖峰时刻”全国商业模拟大赛自启动。本届大赛吸引80余所院校近400支队伍参与。经过校内赛的严格选拔，经济与管理学院共有18支本科生团队和9支MBA及研究生团队参赛。

（董宏伟）

【1课程入选教育部公开课】根据教育部下发的《关于开展2014年精品视频公开课建设与推荐工作的通知》（教高司函［2013］125号）精神，华北电力大学经济与管理学院赵洱岽主讲的课程《沟通的力量》，经学校推荐、教育部组织专家评审遴选等程序，最终入选教育部2014年精品视频公开课建设计划。

（董宏伟）

【中国石油大学来访】12月17日，中国石油大学（北京）工商管理学院院长杨晓光等一行11人来访。学院院长牛东晓接待来访客人并参加交流活动。并向中国石油大学（北京）工商管理学院对经济与管理学院师生长期以来的支持和帮助致谢。

（董宏伟）

【获MBA互联网创业大赛二等奖】12月13日，第一届中国MBA互联网创业大赛决赛结果揭晓，华北电力大学2013级MBA的5名学员组成的“M圈”项目团队获二等奖。本次比赛由北京邮电大学MBA中心主办，11支来自全国不同院校的优秀创业团队参赛，比赛包括项目展示、专家提问、评委点评等环节。

（董宏伟）

【MBA校友会成立】12月21日，华北电力大学MBA校友会成立。国家发改委能源局国际合作司司长邹逸桥，国家发改委能源局安全司副司长张旭波，国家发改委能源研究所主任、研究员周伏秋，中国电力建设集团公司副总经理、党组成员姚强，中国电力企业联合会副秘书长兼理事 会办公厅主任沈维春，大唐国际发电股份有限公司山西代表处主任张廷森，仁达方略管理顾问有限公司董事长王吉鹏，北京中电力企业管理咨询有限公司董事长虞旭清，华北电力大学副校长孙忠权，华北电力大学党委常委、组织部部长张天兴，研究生院常务副院长赵冬梅，校友办公室主任聂国欣，校团委副书记王新军，经济与管理学院老院长乞建勋，经济与管理学院院长、MBA 教育中心主任牛东晓，MBA 教育中心常务副主任闫庆友以及经管院优秀教师、MBA 中心老师、各届校友、赞助商代表、新闻媒体等共 300 余人参加成立大会。

（董宏伟）

控制与计算机工程学院

■概述

2014 年，控制与计算机工程学院在学科建设、教学科研、党建工作、学生管理等方面取得进步。

1. 学科建设

2014 年，学院进一步完善新领域和物联网工程专业的建设，成立物联网工程教研室。学院以重点学科优势为依托，不断加强学科之间的交叉融合。学院领导重视学科发展的内涵建设，积极引进高层次人才，充分发挥领军人才在学科建设和学科融合方面的作用，2014 年获中组部批准，引进“千人计划”教师 1 名。保定校区计算机系在学科建设方面，建设好“计算机科学与技术”、“软件工程”一级学科硕士点和“计算机技术”、“软件工程”专业学位硕士点，继续对“河北省电子信息教育创新高地”进行建设，继续凝练研究方向，引导教师在智能电网、物联网、信息系统与安全、智能通信与信息处理等方向展开合作研究，取得一批标志性成果。

2. 制度建设

2014 年，学院修改和完善《控制与计算机工程学院教师考核办法》、研究生奖学金评选办法、大学生创新俱乐部管理办法等一系列规章制度。坚持学术管理与行政管理相结合，坚持宏观管理与微观管理相结合，制度管理与人文管理相结合的原则，为学院文化“求实、求精、求新、求活”创造公平、公正、公开的制度环境。保定校区计算机系在教职员工的考核上由原来以“量”为主转变为以“质”为主，突出标志性成果，以绩效作为评优的依据；加强青年教师的博士化，鼓励青年教师到名校攻读博士学位，进一步推进青年教师的国际化，支持青年教师到国外求学深造。

3. 教学情况

2014 年，学院以提高人才培养质量、促进学生知识、能力、素质全面、协调发展为目标，以质量工程为引领，努力推进本科教学质量的稳步提高。初步建立教学督导与质量监控体系，坚持教学规范与教学研究相结合、监督检查与学习交流相结合、常规检查与专项检查相结合、教风建设与学风建设相结合。完善相关管理制度，规范试卷命题、审批、评阅制度、成绩认定、毕业资格审查和学位申报等程序。完善研究生论文评审制度以及研究生奖学金评选机制。加强教学督导与质量监控，落实同行听课、评课和反馈制度。加大教学经费的投入和合理使用，保障教学环节的落实。在实践教学和学生课外科技活动方面加大人力和经费投入，并完善创优评优机制。完善学生信息员制度，做好教学阶段性总结。开展教学反馈，交流经验，增强学习效果。学院重视教学信息反馈，每学期组织召开学生座谈会和学习经验交流会。保定校区自动化系牵头，申报国家级虚拟仿真教学中心获批。该中心的建设能够有效地推动高等学校实验教学改革，中心的建设工作主要由自动化系承担。采购最新的自动控制软件“Automation Studio 5.7 教学版”，建立“PLC 实验仿真教学平台”，首次在《顺序控制》课程中全面开设实验，提高教学效果。不断提高教风、学风和教学质量，系教学督导工作正常开展。完成 2013 版培养方案的教学大纲修订工作。继续做好“卓越计划”实验班的规划、监控与管理工作，完成 2013 级“卓越计划”工程实践型试点班选拔工作。保定校区计算机系完成网络与信息安全实验室改造。落实新版培养方案核心课程建设并取得成效，计算机系申报 8 项校级教改项目全部获通过。

4. 科研工作

2014 年，学院继续进行工业过程测控新技术与系统北京市重点实验室和北京市电力信息技术工程研究中心的建设工作；国家级、省部级平台形成稳定的科研方向和较强的科研实力，基本建立科研可持续发展格局。组建若干以年轻教职工为主的科研团队，开拓检测新技术、新型计算机方法、大数据、物联网等研究领域。2014 年，北京校部签订纵横向科研项目 62 个，其中纵向 27 个，横向和技术服务 35 个。实现科研合同金额共计 2 174 万元，其中纵向科研经费 1 060 万元，横向科研和技术服务经费 1 114 万元。共发表论文 182 篇，其中 SCI 检索论文 35 篇，EI 检索论文 80 篇；专利授权共 37 项，其中发明 32 项，实用新型专利授权 5 项。由刘吉臻、牛玉广等完成的“大型超超临界机组自动化成套控制系统关键技术及应用”项目获国家科学技术进步二等奖。

2014 年，保定校区自动化系累计完成科研项目合同额 900 多万元，其中纵向项目 85 万元，累计签订横向科研和技术服务合同 21 项，合同总金约 800 万元。10 名教师获中央高校基本科研业务费项目。与外校、外系联合申请国家自然科学基金获批 3 项。赵文杰获批 2014 年度河北省自然科学基金面上项目 1 项，资助金额 5 万元。2014 年，自动化系师生共发表学术论文 90 余篇，其中 SCI 收录 4 篇，EI 收录近 30 篇，累计参加各类型国际学术会议 25 人次。共获发明和实用新型专利授权 10 余项，获批计算机软件著作权 50 余项。2014 年，保定校区计算机系完成科研合同总额达到 609.98 万元（含纵向 32 万元），获国家自然科学基金青年科学基金项目 1 项。积极组织国家级、省部级等各种科研基金项目的申报工作，共组织申报国家自然基金 7 项，河北省自然基金 5 项，中央高校基本科研业务费项目 11 项，获批中央高校基本科研业务费项目 11 项。高水平论著持续稳定增长，发表中文核心期刊以上级别论文 46 篇，中文核心期刊及以上论文 31 篇（其中 SCI 和 EI 期刊论文 13 篇）；鼓励教师申报省部级鉴定和各级奖励，共获计算机软件著作权 17 项。

5. 学生工作情况

2014 年，学院学生工作按照学校和学院部署，在学生党建、学风建设、就业工作、迎新工作、奖助勤贷、团总支学生会建设等多方面开展工作，在学生党建、学风建设、团总支学生会建设等方面取得突破。在学生思想政治教育与党建工作方面，积极开展“助梦起航”、支教、红色“1 + 1”党支部共建、爱心志愿北京行、助学零距离、冬日暖阳捐助活动、强身健体体育锻炼、“一个党员，一个班级”、“党员下班级”、党员帮扶等特色活动，充分发挥学生的先锋模范作用。

在迎新工作方面，学院配合教务处、学生处、团委等学校相关部门做好学校层面新生入学教育工作，如军训、安全教育、校规校级教育、心理健康教育等。在团总支学生会工作方面，主要开展 2014 届毕业生晚会、ACM 程序设计大赛、IET 英语演讲竞赛、优秀团支部建设、爱心义卖、绿色电力照亮长征路社会实践、对话成长访谈沙龙、学会会微信平台建设、中德文化交流会、学习经验交流会、宿舍文化节、新生杯辩论赛、篮球赛、二级团校、五月的花海合唱比赛、春季秋季运动会等活动。在大学生寒暑假社会实践方面，开展了绿色电力照亮长征路、甘肃天水、清水支教、红色一加一、电力企业认识实习、八瓣格桑花回访高中老师、温暖衣冬等活动。

在就业方面，通过对各专业学生历史就业数据、当前就业状态及意向统计、分析，把就业工作整体降维至三个面，既面向电力行业就业指导、面向信息科技类企业就业指导、面向跨行业应聘就业指导。在完成上述面工作基础上，进一步聚焦至六个点，即针对学业困难群体、就业能力缺失群体、就业心态偏执群体、宿舍宅腐群体、女性毕业生群体、性格内向群体。通过在就业工作过程中对六类人群的持续、动态地关注，选择性地一对多、针对性地一对一落实就业指导工作，以点带面、以面构体，立体、有效地完成学院就业指导工作。保定校区自动化系以“雁阵”学业困难帮扶项目为平台，推行虚拟班集体制度，引导学业困难学生重回课堂；辅导员、班主任坚持“一管到底”的政策，防止出现此类学生真空管理状态，该帮扶项目”获河北省精品项目二等奖。注重学生创新能力培养，以“智能车俱乐部”为依托，鼓励学生开展创新活动，积极参加科技竞赛等。

6. 工会工作

2014 年，学院党政领导高度重视工会工作，院长、书记身体力行，带领全体教职员工积极参与工会组织的各项活动并获佳绩，其中，获得跳绳比赛冠军、运动会甲组第二名，乒乓球、羽毛球、冬季长走第三名等多项奖励。

7. 党政管理创新情况

2014 年，学院继续加强领导班子的思想政治建设，加强党风廉政建设。贯彻学校反腐倡廉建设工作会议精神，教育引导教师勤教、廉教、善教。通过组织教职工观看《反腐启示录》、《沂蒙六姐妹》等方式，将廉政建设内容融入师德师风建设。控制理论与系统党支部获“北京市高校先进基层党组织”荣誉称号。保定校区自动化系领导班子不断加强自身学习，全面实行集体领导和分工负责制，坚持“集体领导、民主集中、个别酝酿、会议决定”的原则，做到勤政廉政，认真落实党风廉政建设责任制，班子成员无违法违纪现象发生。各教工党支部坚持理论学习，促进自动化系的思想教育工作。2014 年，保定校区计算机系结合国内外计算机学科的发展趋势和发展经验，共凝练项目 4 个：(1)基于云计算与大数据技术面向电力数据处理理论与应用研究；(2)智能电网与物联网双网融合创新研究；(3)信息安全重点研究和本硕博特色专业建设项目；(4)以学科竞赛、实际科研训练为抓手的创新人才培养及与 IBM 共建面向卓越工程师的人才培养项目。2014 年，学院共发展党员 180 名(北京校部 94 名，保定校区 86 名)。

8. 培训工作

2014 年，学院在保证计算机等级考试及各种资格认证考试工作顺利进行的同时，与知名电力企业紧密合作，资源共享，通过更新培训方案，积极承担各种员工培训项目，为学院的发展提供必要的资金支持。保定校区自动化系承担“电力行业仿真培训指导教师认证及复训认证培训班”，“电力行业仿真培训高级指导教师认证及复训认证培训班”，“电力行业仿真培训质量管理流程培训班”等 3 个企业员工培训项目。

9. 对外交流与合作

2014 年，学院聘请多位国外知名学者到学院进行交流合作；多名骨干教师获国家外专局外国文教专家重点项目资助，多名青年教师参加由国家留学基金委员会组织的出国留学人员英语培训；与国际知名学术组织开展实质性交流与合作，多位教师申请并成为英国工程与技术学会(IET)会员。学院大力推进国际化的联合教学工作，推进华北电力大学与英国 Kent 大学的本科生学位和博士学位培养共建项目，建设国际化的科研与教学中心。学院全年举办学术交流活动 10 余次，邀请英国布鲁奈尔大学终身教授王子栋，法国特鲁瓦理工大学 HichemSnoussi 教授等多位学者作学术报告。保定校区自动化系在国家外专局项目、国家自然科学基金等项目的支持下，共邀请国外、国内专家来校访问讲学 5 人次。

10. 师生获奖情况

2014 年，校部林碧英获“教学优秀特等奖”，侯国莲、王红、谢萍、杨婷婷、李新利、肖运启等获“教学优秀奖”。王竹晓、石敏、刘俊承等 9 名教师获“优秀班主任”，房方获“十佳班主任”荣誉称号。田涛、赵强、夏宏、韩晓娟、谢桂庆、刘向杰等 6 名教师获“研究生优秀班主任”称号。李元诚、房方、葛红被评为“优秀共产党员”，谢桂庆被评为优秀党务工作者。侯国莲获第三届“巾帼之星”荣誉称号，杨锡运获“先进女职工”荣誉称号。吴华被评为“教书育人”先进个人，薛明磊获北京市优秀辅导员、北京市大学生暑期社会实践先进工作者、学校三育人先进个人、四方奖教金。控制理论与系统分工会小组被评为“三育人”先进集体。保定校区，程晓荣教授获“教学优秀特等奖”，袁和金、王平、张长明获“教学优秀奖”。王栋被评为“河北省暑期社会实践先进指导教师”、“华北电力大学优秀党务工作者”，李金花被评为“华北电力大学暑期社会实践先进指导教师”、“华北电力大学第二届辅导员技能大赛”二等奖、“华北电力大学优秀专职学生工作者”。2012 级学生党支部获学校“示范党支部”(本科生第一)。2011 级党支部获先进基层党支部。学院团总支连续 3 年获红旗团总支称号。信安 1101 获校“十佳示范性优秀班集体”，11#220 和 11#224 宿舍获“校级十佳宿舍”。北京校部本科生科技创新成果突出，共 90 人获省部级及以上奖励。曹杰等三人获全国大学生数学建模一等奖。6 人在 2014 年美国数学建模比赛中获一等奖，7 人获二等奖。多人获大学生创新实验项目资助，并评为优秀。汪鼎铭获得 2014 年度校长奖学金，金乘成被评为华北电力大学优秀共产党员。13 人获“校级三好学生标兵”，75 人获“校级三好学生”，100 人获“院系级三好学生”，3 人获得“校级优秀学生干部标兵”，12 人获得校级优秀学生干部，25 人获得“院系级优秀学生干部”。李晨星等 10 人获得校友奖助金。62 人获得“一等奖学金”，129 人获得“二等奖学金”，129 人获得“三等奖学金”，67 人获得“学习优秀奖学金”，61 人获得“社会工作优秀奖学金”，63 人获得“文艺活动优秀奖学金”，62 人获得“体育活动优秀奖学金”。张维等 20 人被评为“北京市优秀毕业生”。研究生获奖情况：杨震等 2 人获“四方股份奖学金”，徐萌同学获“南瑞继保奖学金”，王丽娟等 5 人获“博士优秀奖学金”，言语佳等 3 人获“校友助学金”，胡勇等 4 人获“博士国家奖学金”，崔超等 14 人获“硕士国家奖学金”。楚胜楠等 4 人获“优秀研究生标兵”称号，袁世通等 12 名博士获“优秀研究生”称号，徐月等 59 名硕士获“优秀研究生”称号，白旭等 36 人获“优秀研究生干部”称号。保定校区计算机系获美国数学建模大赛一等奖一项、全国节能减排国家一等奖、省部级以上奖励 9 项,并有独立作者以及第一作者发表论文 71 篇,获专利 10 项。保定校区自动化系激励大学生积极参与科技创新活动,获省部级科技竞赛奖励 60 余项。其中,自动化系本科生共参加国家级创新性项目 21 人。全国电工杯数学建模竞赛国家一等奖 2 人次、二等奖 6 人次、三等奖 4 人次。全国大学生自动化系统应用大赛二等奖 2 人次。第九届全国大学生“飞思卡尔”杯智能车竞赛二等奖 2 人次。2014 中国机器人大赛暨 RoboCup 公开赛一等奖 2 人次,二等奖 1 人次,优胜奖 1 人次。高校环保科技创意设计大赛铜奖 3 人次。河北省大学生创业大赛一等奖 6 人次。

(单田雨　胡建强　李金花)

■概况

院长:刘石

书记:刘威

2014 年,控制与计算机工程学院在北京设有学院本部,在保定校区设计算机系和自动化系。学院现拥有控制科学与工程一级学科博士点、博士后科研流动站。拥有控制科学与工程、计算机科学与技术、软件工程三个一级学科硕士点。其中,控制科学与工程一级学科下设控制理论与控制工程、检测技术与自动化装置、系统工程、模式识别与智能系统等 4 个二级学科;计算机科学与技术一级学科下设计算机系统结构、计算机应用技术等 2 个二级学科。拥有控制工程、计算机技术、软件工程 3 个工程硕士专业学位授予权。学院设立有自动化、测控技术与仪器、计算机科学与技术、软件工程、网络工程、信息安全、物联网工程七个本科专业。保定校区计算机系,现有 3 个工学硕士点专业,两个工程硕士点专业,4 个本科专业。保定校区自动化系现有 1 个省部级重点学科,设有 1 个一级学科博士点专业、1 个一级学科硕士点专业、1 个工程硕士点专业、2 个本科专业。

2014 年,学院在校本科生 3 398名(含保定 1 721 人),硕士研究生 1 129 名(含保定525 人),博士研究生 61 名。

2014 年,学院有教职工 281 人,其中教师 201 人。教师队伍中,教授 56 人,其中博士生导师 19 人,副教授 76 人。国家千人计划 1 人,国家百千万人才计划 1 人,中科院百人计划 1 人,教育部新世纪优秀人才 3 人,全国师德先进个人 1 人,首都劳动模范奖章获得者 2 人,北京市教学名师 2 人,河北省教学名师 1 人,北京市师德先进个人 3 人,北京市优秀教育工作者 1 人,形成了一支以博士生导师为学术带头人,以中青年教师为学术骨干,具有良好师德和较高教学科研水平的师资队伍。

学院取得的主要成果有:国家级科技进步二等奖 1 项,国家级教学成果二等奖 1 项,联合国发明创新科技之星奖 1 项,电力科技进步一等奖 1 项,省部级科技进步一等奖 3 项、二等奖 5 项、三等奖 8 项,获省部级教学成果二等奖 3 项。获得包括国家 973 项目、国家 863 重大项目、国家科技支撑项目、国家自然科学基金重点以及国家自然科学基金等项目数十项,省部级教改项目 3 项。主研重大横向科研课题 5 项。在国内外著名学术刊物上发表 SCI、EI、ISTP 检索论文千余篇。

学院拥有“自动化”国家级教学团队和特色专业,北京市优秀教学团队和特色专业,“电子信息教育”河北省高等学校本科教育创新高地、“信息安全”河北省品牌特色专业,拥有《现代控制理论》国家级双语教学示范课程,以及《过程参数检测及仪表》、《数据结构》和《自动控制原理》等一批省部级精品课程。

学院拥有“工业过程测控新技术与系统”北京市重点实验室,北京市电力信息技术工程研究中心,剑桥 - 华电全球可持续发展中心(Centre for Global Sustainable Development),智能化分布式能源系统教育部“111”引智基地,电力企业软件工程实习基地等高水平人才培养平台,以及纳入河北省工程技术中心序列进行管理的“河北省发电过程仿真与优化控制工程技术研究中心”。

2014 年,北京校部开设研究生课程 91 门,完成教学 2 848 学时;开设本科生课程 135 门,完成教学 4 992 学时(不含实践环节)。保定校区计算机系开设研究生课程 22 门,完成教学 680 学时;开设本科生课程 85 门,完成教学 5 748 学时。保定校区自动化系开设研究生课程 19 门,完成教学 608 学时;开设本科生课程 52 门,完成教学 2 304 学时(不含实践环节),其中一本开设本科生课程 47 门,完成教学 1 856 学时(不含实践环节);三本开设本科生课程 47 门,完成教学 1 856 学时(不含实践环节)。

2014 年,学院拥有教研室 12 个、研究所(室)8 个、教学实验中心 2 个、实验管理中心 1 个、学生实习基地 16 个,科技研究(创新)基地 5 个,研究生工作站 5 个。其中,保定校区计算机系拥有教研室 2 个、研究室 7 个、教学实验中心 1 个、学生实习基地 15 个。保定校区自动化系拥有教研室 2 个,教学实验中心 1 个,纳入河北省工程技术中心序列进行管理的“河北省发电过程仿真与优化控制工程技术研究中心”1个,国家级虚拟仿真实验教学中心1个(电力工业全过程虚拟仿真实验教学中心)。

2014年,学院共有62个党支部,拥有中共党员1 074人、发展党员180人。其中,北京校区设有34个党支部,拥有中共党员556人,发展党员94人。保定校区计算机设有12个党支部,拥有中共党员224人、发展党员40人。保定校区自动化系设有16个党支部,拥有中共党员294人,发展党员46人。

(单田雨　胡建强　李金花)

■条目

【王子栋教授来校作学术报告】3月14日,应控制与计算机工程学院、“新能源电力系统”国家重点实验室邀请,英国布鲁奈尔大学(Brunel)信息计算与数学学院终身教授王子栋作题为“Nonlinear Recursive Filtering with Incomplete Information”的专题学术报告。学校青年教师、硕博研究生参加讲座,并就非线性滤波、网络控制、目标定位等问题进行深入讨论。

(单田雨)

【出席机器人大赛发布会】4月18日,首届国际水中机器人联盟代表大会在北京大学召开,学院教师禹梅与北京大学、清华大学等高校的专家学者一道被选为联盟委员并出席此次在国务院新闻办公室召开的2014国际水中机器人大赛新闻发布会,会后接受媒体采访。

(单田雨)

【召开教职工大会】4月29日,控制与计算机工程学院召开2014年教职工大会,校工会常务副主席张瑞雅及学院全体教职工出席会议。院长刘石教授作工作报告,学院办公室主任高燕作财务工作报告,学院党总支书记刘威作学院制度建设和培训工作的情况说明。

(单田雨)

【获国际仪表和测量大会“Best Student Poster Award”】5月12日至15日,闫勇教授带领学院教师胡永辉、博士研究生王丽娟代表华北电力大学参加在乌拉圭首都蒙得维的亚举办的2014国际仪表和测量大会。此次大会胡永辉、李楠博士、王丽娟博士的三篇文章中稿。其中以华北电力大学为第一单位、王丽娟为第一作者的论文获“Best Student Poster Award”。

(单田雨)

【美国2所大学专家来访】7月4日,应学院邀请,美国佐治亚南方大学胡毅胡毅博士和伊利诺伊大学厄本那－香槟分校皮肯斯研究员来访。胡毅博士和皮肯斯研究员对学院进行为期一个月的学术交流访问,访问期间胡毅博士和皮肯斯研究员分别就微分方程及其工程应用、电力系统频率稳定控制、包含风电厂的电力系统建模与分析等多个研究专题展开学术报告。访问期间,胡毅博士对学院在控制理论方向的研究生科研工作进行有针对性的指导,从微分方程角度阐述并分析电力系统频率稳定控制的问题;皮肯斯研究员着重介绍美国高等教育体制,对有志于赴美攻读硕士或博士学位的学生从申请材料准备、材料投递技巧和学校选取等方面提出有针对性的意见和建议。

(单田雨)

【Hebertt Sira Ramírez 教授来访】8月,控制与计算机工程学院特邀西哥国立研究院 Hebertt Sira Ramírez 教授来校开展为期2周的学术访问和交流。其间,Hebertt 教授为学院师生作题为《Algebraic Identification Methods and ADRC》的学术报告,详细阐述在线参数辨识及自抗扰控制的基本思想,并从仿真分析和实验验证两个方面验证了所提算法的合理性和有效性。

(单田雨)

【Andreas Kempf 教授来访】9月,应控制与计算机工程学院教师李新利、闫勇邀请,德国杜伊斯堡－埃森大学流体动力学研究组主任 Andreas Kempf 教授来校开展为期一周的学术交流与访问。Prof. Andreas Kempf 为控制与计算机工程学院、能源动力与机械工程学院师生作题为“Large－Eddy Simulation of Pulverised Oxycoal Combustion and Internal Combustion Engines”的专题讲座,控制与计算机工程学院院长刘石、Ma Lin 教授出席讲座。Prof. Andreas Kempf 就其团队在煤粉燃烧与内燃机系统 LES 研究的最新进展做讲解。

(单田雨)

【校长刘吉臻连续13年为新生作专业介绍】10月14日,校长刘吉臻教授作为控制与计算机工程学院的一名教授为学院2014级控制学科专业的新生做专业介绍报告。这是自2002年开始,刘吉臻校长连续第13年为控计学院新生做专业介绍。校长为新生上第一堂课已经成为学院一个持续多年的优良传统。控制与计算机工程学院院长刘石、党总支书记刘威及2014级新生参加报告会。

（单田雨）

【参加传感器创新大赛获佳绩】 9月21日、22日，由中国仪器仪表学会和教育部高等学校仪器类专业教学指导委员会共同主办的2014中国（国际）传感器创新大赛决赛在北京航空航天大学举办。本次大赛分为“创新设想类”、“创新设计类”和“创新应用类”三个类别。由学院卢钢指导的参赛作品“FireEye—A Stereoscopic Fire Detector”获“创新设计类”三等奖。本次参赛队伍是由英国肯特大学的G. Gilabert - Garcia，D. Miller和“千人团队”研究生李国栋组成的一支国际性参赛队伍，李国栋代表团队参加决赛答辩和领奖。

（单田雨）

【赴张北风电场参观考察】 9月24日，学院控制理论与控制系统党支部组织全体党员和教研室老师奔赴大唐张北风力发电有限责任公司进行学习考察。支部成员们先后参观国家能源大型风电并网系统研发（实验）中心和风电场，了解其技术现状和优势及风机并网要求下风机制造和运行的技术难点。

（单田雨）

【HichemSnoussi 教授来访】 10月，应控制与计算机工程学院教师滕婧邀请，法国特鲁瓦理工大学HichemSnoussi教授来校开展为期一周的学术交流与访问。HichemSnoussi教授为控制与计算机工程学院、能源动力与机械工程学院教师生作题为“Advanced Signal and Image Processing in Wireless Sensor Networks”的专题报告。HichemSnoussi教授就其团队在无线传感器网络中信号及图像处理领域研究的最新进展进行讲解。

（单田雨）

【举行考研工作咨询会】 10月17日，学院举办2015届考研工作咨询会。学院副院长房方、学院教务科科长葛红及辅导员吴瑞鹏与200余名学生参加咨询会。房方介绍学校研究生招生与教学的基本情况，分析报考本校与报考外校之间的利与弊并与学生分享了考研常识；学院教务科科长葛红具体为在场学生进行考研专业分析与院校选择指导。

（单田雨）

【热自64级老校友返校聚会】 10月10日，华北电力大学热自专业64级6404班的全体成员返校聚会。学院院长刘石、书记刘威出席欢迎仪式。校友们参观了学院新能源电力系统国家重点实验室发电过程测控新技术实验平台和部分基础实验室。

（单田雨）

【召开教学大纲研讨会】 10月20日，学院召开控制工程领域全日制工程硕士专业实践教学大纲研讨会。研究生院常务副院长赵冬梅、控制与计算机工程学院院长刘石及各专业召集人和教师代表参加会议。学院邀请北京华能新锐控制技术有限公司褚孝国高级工程师和北京广利核系统工程有限公司的工程师张旭等研究生专业实践基地的校外专家出席会议。会议讨论全日制工程硕士的专业实践成果转化和在奖学金评选中如何体现，控制工程全日制工程硕士专业实践教学大纲的时间要求、监管过程、校内外导师之间的沟通模式等有关问题。

（单田雨）

【开展香山红色大本营活动】 11月7日，学院综合党支部组织策划了“红色的十一月——香山红色大本营”活动，通过“家园保卫”“宣誓重温”“党史回顾”“素质拓展”等主题活动，在支部成员中培育“民主、爱国、敬业、友善”的社会主义核心价值观，提升支部成员党性素养，提高支部成员内部向心力，增强基层党务工作战斗力，推动支部党建工作上新台阶。

（单田雨）

【获特色示范党支部称号】 12月5日，华北电力大学第十二届“特色活动示范党支部”评选结果公布，12级党支部经过特色支部获“校级特色示范党支部”称号。

（单田雨）

【获教学优秀特等奖】 2014年，计算机系教师积极探索考试方法和教学手段改革与创新，开拓计算机专业在学生创新性、工程实践性、研究性创新培养上的新路子，教学效果显著，在2013－2014学年学校“教学优秀”奖的评选工作中，教学主任程晓荣教授获“教学优秀特等奖”，袁和金、王平、张长明获“教学优秀奖”。

（胡建强）

【参加暑期社会实践获佳绩】 7月，计算机系组织开展暑期社会实践活动。其中，暑期社会实践赴涞源团队获河北省和保定市的优秀分队，施少龙被评为“河北省暑期实践优秀个人”，王建文被评为“保定市暑期社会实践优秀指导老师”。

（胡建强）

【获批国家级虚拟仿真实验教学中心】 2月19日，“电力工业全过程虚拟仿真实验教学中心”获教育部批准为国家级虚拟仿真实验教学中心。主要建设工作由自动化系承担。该中心的建设将有效推动高等学校实验教学改革。

（李金花）

【获自动化系统应用大赛二等奖】12 月 14 日，第三届“A－B 杯”全国大学生自动化系统应用大赛获奖结果揭晓，教师梁伟平指导，自动实 1101 班袁一丁、张丽温组成的参赛队伍获全国二等奖。

（李金花）

【参加智能汽车总决赛获二等奖】2014 年，第九届全国大学生“飞思卡尔”杯智能汽车竞赛总决赛在成都电子科技大学举行。由林永君、王炳谦指导，由自动化 1101 班李小鹏、机械 1105 班杨修齐、自动化 1101 班周丽娟组成的代表队获全国二等奖。

（李金花）

【签署共建实验室协议】11 月 5 日，华北电力大学与美国罗克韦尔公司签订合作协议。根据协议，双方将共建华北电力大学罗克韦尔实验室。罗克韦尔自动化为华北电力大学联合实验室投资价值 1 000 余万元的先进自动化设备，每年提供 5 万元基金用于实验室维护、奖学金和奖教金，华北电力大学承担 180 万元实验室配套设备费用。作为罗克韦尔自动化的合作伙伴，该实验室未来将成为中国重要的自动化人才培养基地之一，有助于推动自动化领域校企业合作的进程。

（李金花）

【举行年度高端学术会议】9 月 20 日，河北省发电过程仿真与优化控制工程技术研究中心举行 2014 年工程技术委员会会议暨热工自动化与信息化技术高端圆桌会议，党委副书记、副校长张金辉及 18 位专家学者参加会议。

（李金花）

【华电创客实验室揭牌】11 月 9 日，由海尔集团、教育部信息管理中心主办，凤巢社承办的“我是创客”大赛全国巡演暨华电创客实验室授牌仪式华北电力大学举办。河北省发电工程技术中心主任韩璞教授，海尔战略合作总经理王道明博士，创客发起人宋芬、凤巢社社长梁洪军和学校信息与网管中心主任李春祥、副主任潘卫华出席会议。

（李金花）

【尼尔·伯格曼教授来访】12 月 5 日至 12 日，应自动化系邀请，澳大利亚昆士兰大学信息技术与电气工程系尼尔·伯格曼（Neil Bergmann）教授来校进行学术访问。伯格曼教授就侯立群副教授的国家外国专家局 2014 年度聘请单位重点引智项目开展学术交流。

（李金花）

人文与社会科学学院

■概述

2014 年，学院党建工作取得新成效。群众路线教育实践活动进展顺利，拟定整改内容 17 项，凝练整改项目 12 项，确定建章立制 5 项。围绕社会主义核心价值观培育为主线，围绕文科振兴，认真开展两年一度的党员评议活动，完成总支委员会的调整和分工，师生党支部的顺利换届。党员先锋模范作用突出，在校党委评选表彰活动中，张绪刚、刘玉红等 4 名师生党员，公管党支部等 2 个师生支部被评为先进。

2014 年，学院 MPA 专业硕士学位点启动招生。学院申报的公共管理硕士（MPA）专业学位授权点顺利获批并启动招生工作。

2014 年，赵旭光获国家社科基金项目 1 项，姚建平实现国际重要学术期刊发表论文的重要突破，王伟连续在《人民日报》、《中国经济导报》等中央级报刊发表有关国家能源发展战略的文章。2014 年学院发表 CSSCI 论文 10 篇，SSCI 论文 2 篇，SCI 论文 2 篇。

2014 年，能源基地《电力行业低碳发展政策与法律问题研究》研究报告获国家能源局软科学优秀成果奖三等奖，出版著作 3 部。凝练京津冀雾霾治理一体化项目，出版著作 1 部，连续举办“京津冀雾霾治理一体化”学术沙龙 7 次，《光明日报》、《中国电力报》、《国家电网报》等媒体跟踪报道。

2014 年，周凤翱全票当选中国能源法研究会副会长，是学院首次有教师在国家一级学会担任此级别职务。周凤翱《能源法律法规体系研究报告》获国家能源局软科学优秀成果一等奖，《电力行业低碳发展政策与法律问题研究》获国家能源局软科学优秀成果荣获三等奖。

2014 年，经过学校教学督导组近百次课堂听课，各位教师的教学水平受到各位老专家的认可。王学棉教授继2013年获北京市优秀教师称号后,再次获北京第十届教学名师奖。

2014年,学生培养质量不断提升。2014届毕业生保持良好态势,考研率、出国率、就业率超过历史同期。18名本科毕业生被中国人民大学、南开大学、中国政法大学等国内名校及本校录取,10名同学被伦敦大学、南加州大学、华盛顿大学等世界名校录取。硕士毕业生李小云考入清华大学就读博士研究生。5名优秀毕业生自愿投身西部建设。2015届本科毕业生超额完成17人保研任务,其中8人保送北京大学、清华大学、浙江大学等国内著名高校。

2014年,学生创新成才表现突出。学院师生为主的团队获全国大学生创业大赛公益创业赛金奖。在第六届全国大学生广告艺术大赛"大广赛"中获金奖一名、银奖一名。院刊《大学人文》编辑部成为学校唯一的全国大学生文学社团联盟理事单位。组织学生代表队进入2014年北京市人文知识竞赛半决赛。获首都高等学校第二届徒步运动大会优秀组织奖。孙腊梅获珠海国际半程马拉松冠军。

2014年,学术交流活动频繁。长沙理工大学人文学院院长罗璠带团访问学院。举办北京市级高校校友会经验交流会。8人次参加国内高端学术会议。新南威尔士大学、美国俄亥俄州立大学等学校2人次到访学院并开展学术交流活动。台湾著名学者林安梧先生来讲学。

2014年,学院与昌平区法院、回龙观镇政府分别签订合作协议。参与筹建河北省法学会社会法学研究会成立大会。与西城区团委及政法系统开展合作。

(王　硕)

■概况

院长:苑英科

书记:蔡利民

学院网址:http://law.ncepu.edu.cn

2014年,华北电力大学人文与社会科学学院在北京设有学院本部,在保定校区设有法政系。学院现有1个省部级能源发展研究基地。设有2个一级学科硕士点专业、6个本科专业。

2014年,学院有教职工98人(含保定33人),其中,专任教师84人(含保定28人),其中教授12人(含保定2人)、副教授361人(含保定6人),具有博士学位的教师为46.4%(含保定10人)、有实验及技术人员1人、党政及管理人员14人(含保定5人)。

2014年,学院新增副教授3人(含保定2人)。

2014年,学院共引进师资2人,其中教师2人。

2014年,学院有毕业学生298人(含保定91人),其中,硕士研究生37人(含保定2人),普通本科生261人(含保定89人)。

2014年,学院招生308人(含保定102人),其中,硕士研究生46人(含保定9人),普通本专科生262人(含保定93人)。

2014年,学院在校生1 118人(含保定370人),其中,硕士研究生117人(含保定20人),普通本专科生1 001人(含保定350人)。本科生的英语四级一次通过率为81.69%(保定为98.75%),本科毕业生一次就业率为97.08%(保定为85.39%),研究生毕业生一次就业率为100%(保定为100%);本科考研报名107人(含保定33人),实际考取49人(含保定25人),考研率为32.43%(保定为28%)。

2014年,学院签定纵横向科研项目50个(含保定20个),其中纵项44项(含保定19项)、横项6项(含保定1项),实现科研合同金额共计508.96万元(含保定49.34万元),其中纵向科研经费412.15万元(含保定25.6万元),横向科研经费93.77万元(含保定23.7万元);承担校内科研项目2个(含保定2个);共发表论文253篇(含保定191篇),其中三大检索收录11篇,核心期刊64篇(含保定53篇)。出版专著24部(含保定5部),自编教材1本(含保定1本);学院举行学术交流会19次(含保定4次),其中国外专家学术交流会2次(含保定1次),国内专家学术交流会10次(含保定3次)。有6人次(含保定6人次)参加国际学术会议。

2014年,学院共完成科研项目3个(含保定2个),通过验收3个(含保定2个)。

2014年,学院共获得省部级以上奖励1项。

2014年,学院拥有教研室7个(含保定3个)、研究所16个(含保定3个)、实验室5个(含保定3个)、学生实习基地36个(含保定15个),科技研究(创新)基地2个(含保定2个),其中当年新增1个、名称为河北省法学会社会法学研究会。

2014年,学院开设研究生课程63门(含保定16门),完成教学1 936学时(含保定544学时);开设本科生课程454门(含保定176门),完成教学16 000学时(含保定7 020学时)。

2014年,学院设有25个党支部(含保定5个),拥有中共党员299人(含保定100人)、发展党员68人(含保定23人)。

2014年,学院设有40个学生班级(含保定14个),设有辅导员岗位6个(含保定2个),其中正式编制5个(含保定2个)、兼职1个;学生获得各类省部级奖励202人次(含保定27人次),其中国家级奖励8人次(含保定8人次),教育部奖励63人次、北京市奖励112人次、河北省奖励19人次。

(胡舒敏　石兵营)

■条目

【举行党总支扩大会议】1月7日,人文社科与政教党总支召开扩大会议。会议讨论通过人文社科与政教党总支新一届委员会成员的建议名单并拟定具体分工。

(王　硕)

【参加北京高校党委书记论坛】1月15日,由北京师范大学、北京教育音像报刊总社和光明日报社主办的"首届北京高校党委书记论坛"在北京师范大学召开。此次论坛主题为"践行群众路线,推进高校党建创新",同时举行该征文颁奖活动。苑英科教授的论文《增强大学反应力,办人民满意教育》获论文一等奖,学校党委宣传部部长陈志参加论坛。

(李　涛)

【获国家社科基金项目立项】6月16日,2014年国家社科基金年度项目和青年项目立项结果公布。学院赵旭光副教授主持的《环境犯罪的刑事追诉机制研究》(14BFX065)获一般项目立项。

(陈建国)

【与回龙观镇政府举行合作会谈】7月10日,昌平区回龙观镇政府镇长储鑫、副镇长易宏琤一行四人来学院进行合作会谈。学院院长苑英科、副院长王伟、公共管理教研室主任姚建平副教授、社会企业研究中心主任朱晓红教授、院长助理陈建国副教授以及院长助理李涛参加座谈会。

(李　涛)

【当选中国能源法研究会副会长】8月19－21日,中国能源法研究会2014年会暨第一次会员代表大会在北京举行。会议选举产生研究会新一届领导成员,周凤翱教授当选为副会长。

(王　伟)

【召开课堂教学质量专题会议】9月17日,人文学院和政教部联合召开课堂教学质量专题会议。会议就新形势下如何进一步就提升课堂教学质量开展专题研讨。人文学院院长、政教部主任苑英科、副院长王伟、副院长方仲炳、政教部副主任王建永、人文政教党总支副书记王硕、人文学院团委书记马冬,人文学院和政教部各教研室主任及教学秘书等参加会议。

(李　涛)

【获广告艺术大赛金奖】9月,第六届全国大学生广告艺术大赛"大广赛"(全国赛区)获奖名单揭晓,学院广告学专业学生共获各类奖项16个。由陈玲指导,王璐的《海天招牌拌饭酱广告歌》获全国大广赛广播类金奖(一等奖);张瑶的《易信抢答题》获了全国大奖赛广播类银奖(二等奖),另获包括平面类奖项在内共14件优秀奖。

(张　勤)

【举办高校校友会经验交流会】10月23日,由华北电力大学人文学院主办,人文学院社会企业研究中心承办的"北京市级高校校友会经验交流会暨2014年第四期社会企业学术沙龙"在华北电力大学举办。本次沙龙旨在为北京市级校友会搭建经验交流的平台,促进校友会更好地服务校友、服务母校、服务社会。

(朱晓红)

【校领导参加人文政教党委理论中心组学习】10月27日,人文社科与政教党委召开理论中心组学习会议。校党委副书记张金辉参加会议并作讲话。人文社科与政教党委书记蔡利民主持会议。

(李　涛)

【获大学生创业大赛金奖】11月4日,2014年"创青春"全国大学生创业大赛(原"挑战杯"创业计划竞赛)在华中科技大学落幕。由人文学院马卫华、朱晓红教授指导的人文学院行管1201班牟康辉为队长、多学院学生参与的"北回归线爱心协会"公益团队,获2014"创青春"全国大学生创业大赛公益赛暨北极光创投·公益创业赛金奖,这是华北电力大学首次获得全国大学生创业大赛的金奖。

(王　硕)

【《大学人文》编辑部当选社团联盟理事单位】11月22日,经全国大学生文学社团联盟第一次代表大会选举,《大学人文》编辑部被推选为"全国大学生文学社团联盟"的联盟理事单位。

(马　冬)

【获国家能源局软科学研究优秀成果一等奖】11月26日,国家能源局公布2013年度软科学研究优秀成果奖获奖成果名单。经过推荐申报、专家评审、能源局专题会议审议、公示等程序,学院教授、北京能源发展研究基地学术委员周凤翱参与承担的《能源法律法规体系研究报告》获一等奖。

（沈　磊）

【获国际半程马拉松冠军】12 月 13 日，2014 年珠海国际半程马拉松比赛在珠海市体育中心举行，来自 20 多个国家和地区的近25 000名选手参加比赛。人文政教 14 级研究生孙腊梅代表学校参加本次比赛，并以 1 小时 16 分 57 秒的成绩夺得女子组冠军。

（王　硕）

【举行河北省社会法学研究会成立大会】12 月 17 日，河北省法学会社会法学研究会成立大会暨社会建设与社会法治论坛在华北电力大学举行。校党委副书记、副校长张金辉，人文学院院长苑英科，人文学院副院长、法政系主任沈长月参加会议。

（李　涛）

【举办中国科技社团章程推荐文本研讨会】12 月 18 日，中国科协学会学术部委托华北电力大学人文学院承接《中国科技社团章程推荐文本》研讨会在华北电力大学举办，会议就研究制定《中国科技社团章程推荐文本》做专题研讨，征集各界专家和学者的意见和建议。

（朱晓红）

外国语学院

■概述

2014 年，华北电力大学外国语学院落实学校各项工作任务，以人才培养和教学质量为中心，规范教学管理，深化教学改革的工作思路，努力提高教学质量。学院教学科研、党建工作、学生管理等各项工作稳步推进。

2014 年，在教学方面，该学院以教学质量为抓手，深化教学改革，注重教师外语教学能力的培养，提高人才培养质量。学院继续深化大学英语分级教学改革并加大后续课程建设力度。校部英语系宁圃玉老师的《加强语言输出能力，培养创新型、国际化卓越工程师》入选 2014 年北京市教育教学改革项目，赵玉闪《公共英语课程体系教学团队》、吕亮球《高质量建设大学英语后续课程，提升大学生综合素养》、宁圃玉《基于英语演讲教学的学生思辨、创新能力培养研究与实践》入选 2014 年华北电力大学校级教改项目。建设和完善大学英语后续课程体系，开设 10 门拓展课程，健全开课制度和选课手册。校部 2012 级大学英语四级一次性通过率 93.46%，再创新高；2014 年保定校区大学英语四级一次通过率 92.1%。校区英语系举办第一届青年教师说课大赛。各教研室选拔推荐 17 名青年教师参加比赛，通过比赛相互学习，取长补短。校部选派教师参加北京市讲课比赛，成绩显著。张婷获北京市高等教育学会研究生英语教学分会第五届青年教师基本功决赛二等奖。保定校区吕振华、武艳参加第十五届河北省高等院校“世纪之星”英语演讲大赛分获教师组一等奖、二等奖。

2014 年，学院加强英语第二课堂建设，营造浓厚的校园英语学习氛围。举办学校“英语文化节”活动，组织学生参加全国大学生英语竞赛、英语演讲比赛、英语写作大赛、英语辩论赛等多项高规格的学科竞赛。其中校部宁圃玉指导参加的 2014“外研社杯”全国英语写作大赛，1 名学生获北京赛区决赛优秀奖；牛跃辉指导参加 2014“外研社杯”全国英语演讲大赛，1 名学生获优秀奖；牛跃辉指导参加北京市大学生英语演讲比赛，英语 1301 班邹睿晟获得三等奖；校部教师指导参加的 2014 年全国大学生英语竞赛共有 84 人获奖，其中 1 名学生获非英语专业特等奖，9 名学生获一等奖。保定校区教师指导参加的 2014 年全国大学生英语竞赛共有 148 人获奖，其中 9 名学生获特等奖，9 名学生获一等奖；指导教师带队参加河北省第一届“外研社杯”写作大赛，1 名学生获一等奖，4 名学生获二等奖；指导教师带队参加“外研社杯”全国英语辩论精英邀请赛中，2 名学生获三等奖；第十五届河北省高等院校“世纪之星”英语演讲大赛中，英语专业学生白雪获英语专业组一等奖、黄皓雯获二等奖；在第十四届创行世界杯创新公益大赛总决赛中，学校“创新团队”获世界冠军，保定校区英语系三位老师担任本赛事指导教师，其中祖林被学校授予“优秀指导教师”称号。

2014 年，学院注重学科和专业建设。校部进行本科翻译专业建设调研工作，成立翻译专业教研室，完成本科翻译专业申报备案工作。筹备 2015 年翻译硕士学位点的评估工作。赵玉闪《以学生为主体的参与式教学模式在英译汉课程中的应用研究》、戴忠信《基于培养英语学习策略的 <英语精读> 课程教学改革》、宋晓漓《案例教学法在 <跨文化商务交际> 课程中的应用》、国防《课堂图书馆——<英语泛读>教学新模式》入选2014年华北电力大学校级教改项目。新建北京普乐斯旅游科技有限公司研究生翻译工作站、北京创思拓益翻译有限公司2个实习基地，增强对学生实践能力的培养。校部本科生的英语专业四级一次通过率为87.75%，其中英语1302班通过率100%，保定校区本科生的英语专业四级一次通过率为91.4%。与美国北科罗拉多大学、新西兰惠灵顿维多利亚大学建立合作关系，加强学生的国际交流合作，校部3名学生分别赴马来西亚马来亚大学、韩国淑明女子大学、美国加州大学河滨分校交流学习。

2014年，在科研方面，学院坚持政策引导，团队建设，提升科研水平。校部落实《英语系学术团队建设方案》，进一步完善团队机制，通过适当奖励，支持教师进行科研项目的申报。

2014年，学院重视师资队伍建设，特别是对青年教师的培养。校部落实华北电力大学教学名师培育计划”、北京市共建项目“英语系公共英语课程体系教学团队”和“北京市青年英才计划”，支持青年教师成长。学院积极为中青年教师争取出国深造的机会，鼓励和支持中青年教师在职攻读博士学位。2014年有2名教师到国外进行交流学习，2名教师完成国外高访，在国内外攻读博士学位5人。加强教师职业培训，鼓励和资助教师参加国内外学术、教学会议、专业培训和研修等。引进国内外博士2名。9名教师被评为校级教学优秀奖（含保定4人），其中宁圃玉获校级教学优秀特等奖。

2014年，学院校部新建一套外语电台播控系统，增加播放功率以及备用发射装置，扩大播放范围，保障各类听力考试的正常进行。同时制定《华北电力大学外语调频台管理规定》，规范调频台的使用和管理。

2014年，学院注重加强党建与班子建设。顺利完成总支书记的换届工作。通过学习十八届三中四中全会精神、理论学习中心组集中学习活动、党风廉政建设宣传教育月等活动，认真落实学校党委、纪检委、宣传部各项学习与工作任务，有效地开展党性、党风、党纪等教育活动。校部成功申报2项校级党建课题立项，并通过结题验收，公开发表党建研究论文2篇。围绕学校“一个支部实现一个目标、一个党员完成一个任务”活动，继续在全体教职工党员、优秀教师及本科学生中开展“党员导师制”活动，重点关注学生的专业发展，同时根据学生的不同特点和成长需求，解决其在学习、生活、身心健康等方面的实际问题，开展“与导师一起读名著”活动，加强学生与党员导师的沟通交流和导师在指导学生专业学习方面的作用。

2014年，学院党建成果显著。校部研究生外语教研室党支部在2014年教职工党支部“一个支部一个目标、一个党员一个任务”活动中获“校级优秀支部目标”，本科生党支部获2012－2014先进基层党组织，1人获优秀党务工作者，2人被评为优秀共产党员。2014年，学院坚持以学生党建引领思想政治工作，注意加强学生党支部自身的建设。校部本科学生党支部坚持与昌平区流村镇西峰山村党支部开展支部共建，获北京市红色“1＋1”活动优秀奖，并在2014年学生党支部党建工作重点项目验收中获评优秀。校部研究生党支部和本科生党支部通过明确党员责任分区，开展党员“助学零距离”，推进志愿服务常态化等具体行动。

2014年，学院学生工作坚持夯实基础、突出重点、做出特色。校部坚持以学风建设为中心，积极扩大学业辅导范围，涵盖本科三个年级，建立本硕联动的学业辅导制度，选配优秀学生担任学业辅导员，其中研究生占80%，主动将难度较大的专业课程和二外学习纳入辅导范围，确保学生顺利完成学业。着力建设政治强、业务精、纪律严、作风正的学生工作队伍。2014年，校部卜叶蕾被评为学校优秀辅导员，杜异被评为学校“我爱我师”十佳最美班主任，4名教师被评为“我爱我师”最美班主任；校区1名教师被评为学校“优秀班主任”，辅导员王家申报的《“大学生校官计划”——引导大学生实现提升自己与服务社会双赢》项目成功入选教育部2014年高校辅导员工作精品项目。加强基层团组织建设，结合专业学习开展特色活动，校部团总支获学校优秀团总支称号。积极培育学生创新创业意识，校部9个项目成功申报学校大学生创新创业训练计划。2014年，学院不断完善就业指导和服务水平，实现本硕签约率大幅提升。校部研究生一次就业率达96.4%，本科生一次就业率达98.1%，其中，本科考研率为27.8%、签约率为72.2%，研究生签约率为92.9%，比去年均有大幅提高，获学校2014届毕业生就业工作先进集体。保定校区本科毕业生一次就业率为100%，本科考研率为26%，研究生毕业生一次就业率为88.2%，获学校2014届毕业生就业工作先进集体。

2014年，学院以服务专业学习作为第二课堂建设的主要原则。校部以“Values of the Youth”

为主题成功举办第6届英语文化节,开展了演讲、写作、翻译、戏剧等比赛和文化讲座,覆盖范围不断扩大,本硕参与比例均有提升,是在大学生中培育和践行社会主义核心价值观的特色活动,其中共有7人获北京市级奖励,42人获校级奖励。组建语言类学生社团,如"华抓马"英语戏剧社、"西窗雨"微信平台、模拟联合国大会等,通过以英语语言应用为基础的社团活动带动学生课余生活与专业学习的结合。2014年,保定校区共获各类省部级奖励15人次,其中河北省奖励6人次。

2014年,学院工会结合院系实际,积极履行工会职能,主动融入院系各项重点工作,创新开展各项文体活动。校部分工会评为学校二级教代会模范单位,蝉联校运动会乙组总分第二名,乒乓球比赛首次获乙组亚军。

(郑志平　窦学欣)

■概况

2014年,外国语学院在北京和保定分设英语系。学院现拥有外国语言文学一级学科硕士学位授权点(下设英语语言文学和外国语言学及应用语言学两个学科)和翻译硕士专业学位授权点(下设英语笔译和英语口译)及英语本科专业。

2014年,学院有教职工134人(含保定63人),其中,专任教师121人(含保定58人),专任教师中教授12人(含保定6人)、副教授34人(含保定13人),具有博士学位的教师为13.33%(含保定3人);有实验及技术人员3人(含保定1人)、党政及管理人员11人(含保定5人)。2014年,学院新增硕导1人,新晋教授1人、副教授3人(含保定1),新进教师3人(含保定1人),退休教师2人。

2014年,学院有毕业学生137人(含保定56人),其中硕士研究生45人(含保定17人),普通本科生92人(含保定39人);招生151人(含保定65人),其中硕士研究生47人(含保定18人),普通本科生104人(含保定47人);在校生506人(含保定201人),其中硕士研究生154人(含保定54人),普通本科生352人(含保定147人)。校部本科生的英语专业四级一次通过率为87.75% 其中英语1302班通过率100%。本科毕业生一次就业率为98.1%,本科考研率为27.8%,研究生毕业生一次就业率为96.4%。大学英语四级考试一次通过率93.46%;保定校区本科生的英语专业四级一次通过率为91.4%,本科毕业生一次就业率为100%,本科考研率为26%,研究生毕业生一次就业率为88.2%。大学英语四级考试一次通过率92.1%。

2014年,学院签定纵向科研项目25项(含保定17项),横向项目11项(保定8项),实现科研合同金额共计108.9万元(保定22万);获2014年度中央高校基金资助重点项目2项,面上项目24项(含保定10项,青年项目2项;共发表论文218篇(含保定146篇)。出版专著2部(含保定1部),编著1部,译著1部。举行国外专家学术交流会5次(保定2次)。

2014年,该学院1名教师获校级教学优秀特等奖,8名教师获校级教学优秀奖(含保定4名),1名教师的《大学生校官计划》被教育部评为全国辅导员工作精品项目,1名教师被评为学校优秀辅导员,1名教师被评为学校"我爱我师"十佳最美班主任,4名教师被评为"我爱我师"最美班主任,1名教师被评为学校"优秀班主任",1名教师获北京市高等教育学会研究生英语教学分会第五届青年教师基本功决赛二等奖。2名教师分获第十五届河北省高等院校"世纪之星"英语演讲大赛获教师组一等奖、二等奖。3名教师担任学校"创新团队"指导教师并获第十四届创行世界杯创新公益大赛总决赛冠军,1名教师获学校"优秀指导教师"称号。

2014年,学院拥有教研室8个(含保定3个)、实验室30个(含保定7个)、学生实习基地新增2个。校部开设研究生课程40门,完成教学3 160学时;开设本科生课程94门,完成教学21 465学时。保定校区开设研究生课程37门,完成教学1 094学时;开设本科生课程66门,完成教学2 656学时。

2014年,学院设有12个党支部(含保定6个),拥有中共党员191人(含保定76人)、发展党员27人(含保定9人)。

2014年,该学院设有25个学生班级(含保定10个),学生获各类省部级奖励33人次(含保定15人次),其中北京市奖励10人次,河北省奖励6人次。

(郑志平　窦学欣)

■条目

【举行与导师一起读名著活动】 4月至7月,校部英语系党总支在本科2013级学生中开展党员导师制"与导师一起读名著"活动。英语系党总支统一为学生购买英文原版图书,要求党员导师定期做好进度检查和心得交流工作,指导学生做好读书笔记,举办班级、院系两个层面的读书汇报会,组织专业教师对学生上交的英文版读书报告进行评比,对表现突出的学生进行表彰。此次活动是英语系党总支党员导师制活动的一部分,促进了学生专业学习,增进了学生与党员导师沟通交流,对培养学生良好阅读习惯具有重要的推动作用。

(卜叶蕾)

【举办微课教学活动】5月9日,校部英语系举办专场微课教学活动。宁圃玉,张婷,郑晶和张倩等4位教师分别进行"Public Speaking"、"Writing an Academic Conference Paper"、"Trade Terms"、"Read to Think"等主题的微课教学展示。北京航空航天大学外国语学院李养龙教授,学校教学督导组专家贾爱晶副教授及英语系金朋荪教授、戴忠信教授等担任评委。来自英语系、经管学院、电气学院、控计学院、能动学院等上百名师生参加微课交流。此次微课为教务处教学发展工作坊系列活动之微课教学(第5期),在英语教学中,微课教学这种新颖的教学手段,能够促进先进教学理念、现代信息技术与英语教学的深度融合,提升教育教学质量,培养出具有良好英语应用能力的高素质人才。

(窦学欣)

【教育教学改革立项】5月9日,校部英语系宁圃玉的《加强语言输出能力,培养创新型、国际化卓越工程师》入选2014年北京市教育教学改革项目。这是英语系首次入选北京市级教改项目。此外,英语系还有6个项目入选2014年华北电力大学校级教改项目。

(杨莉伟)

【举办首届英语 MAY 力大赛】5月,校部英语系举办第一届华北电力大学"英语 MAY 力"大赛。本届大赛由教务处主办、英语系承办,旨在营造良好的英语学习氛围,进一步提高在校学生的英语能力,以适应高水平大学建设对人才培养的"国际化"新要求。大赛主要涵盖英语辩论大赛、英汉笔译大赛、英文百科知识大赛三大项,吸引来自全校各院系百余名英文爱好者参与。大赛为同学们提供了一个"交流——展示——学习——提高"的平台,参赛选手普遍反映收获颇丰,老师们则感受到大赛促进了全校大学英语教学改革、大学英语课程体系建设以及大学英语拓展课程的教学,营造了校园人文氛围,促进了学生对英语及相关文化知识的学习。

(窦学欣)

【参加英文戏剧邀请赛】5月10日至11日,校部英语系组织师生分别赴北京外国语大学和对外经贸大学参加北京高校戏剧邀请赛。英语系团总支书记卜叶蕾、英语专业教研室副主任宋晓漓带领"华抓马"戏剧社的《驯悍记》剧组参赛,并组织英语专业2012级全体学生和2013级部分学生到现场观摩。参加比赛高校还有北京大学、北京外国语大学、对外经贸大学、华北电力大学、北京科技大学、北京邮电大学、外交学院和中国青年政治学院等。

(卜叶蕾)

【举办新生入学第一课活动】9月16日,校部英语系举办"提升英文翻译能力"新生入学第一课活动。活动邀请驻瑞典、新西兰前大使,外交部翻译协会副会长、中国翻译协会副秘书长,外交学院兼职教授及中国翻译出版公司顾问陈明明和翻译考评中心李伟勇,专家们以自身经验及阅历介绍英语学习的方法和英语的重要性,2014级全体本科、研究生新生和部分教师代表参加活动。通过此次课与9月15日英语系新生见面会上戴忠信教授做得"入学引道"的英语专业的介绍,2014级新生从校内及校外两个角度对英语专业有了一个更全面的了解,为今后的学习打下了良好基础。

(窦学欣)

【举办英语文化节】9月至12月,校部英语系举办了以"Values of the Youth"为主题的第六届英语文化节。本次文化节共设有英语演讲比赛、英语写作比赛、英语翻译比赛、英语戏剧比赛及英语文化系列讲座等活动,是大学生培育和践行社会主义核心价值观的特色活动。全校本硕学生积极参与,并从中选拔优秀选手参加北京市大学生英语演讲比赛、外研社杯写作比赛等。其中7人获北京市级奖励,42人获校级奖励。

(卜叶蕾)

【举办英语系专场宣讲会】10月21日,美国北科罗拉多大学代表访问学校并举办英语系专场宣讲会。北科罗拉多大学代表向英语系师生介绍其学校基本情况,并重点介绍北科罗拉多大学与华北电力大学的合作办学项目,回答了师生的关切问题。本次专场宣讲会,使英语系师生对北科罗拉多大学和双方的合作交流有了深入了解,为今后的对外交流和国际合作提供了新的平台。

(窦学欣)

【举办青年教师说课大赛】11月,保定校区英语系举办了第一届青年教师说课大赛。本届比赛,通过教研室比赛选拔，推荐17名青年教师参加系级决赛，最终评出一等奖1名，二等奖5名，三等奖11名。通过比赛教师间相互学习，取长补短，对于提升教师教学水平和提高教学质量有很大促进作用。

（郑志平）

【获英语演讲比赛一等奖】12月14日，校部英语系教师指导的经济管理学院2014级硕士研究生闫振，在北京市研究生英语演讲比赛总决赛中获一等奖。本届大赛由北京市高等教育学会研究生英语教学研究分会举办，以“Make a Difference”为主题，由来自北京40多所高校的80多位选手参赛。闫振通过学校选拔赛、北京市复赛，最终进入决赛，以优异的表现获得一等奖。这是华北电力大学研究生第一次在北京市级别的英语演讲比赛中获一等奖，取得历史最好成绩。

（窦学欣）

【获红色1+1活动优秀奖】2014年，校部英语系本科生党支部获北京市红色1+1活动优秀奖。5月至10月，英语系本科生党支部和昌平区流村镇西峰山村党支部携手共建，深入开展“践行核心价值观，永葆党员先进性”红色1+1系列活动。活动内容主要包括拓宽网络销售渠道，提高特色农产品知名度；开设乡村公益课堂，促进城乡教育平衡；扩大共建辐射范围，服务昌平烈士陵园；关爱乡村留守人群，助力和谐城乡建设等四个方面。

（卜叶蕾）

数理学院

■概述

2014年，数理学院以人才培养和教学质量为中心，规范教学管理，教学科研、实验室建设、党群工作、学生管理等各项工作稳步推进。

2014年，教育教学方面，数理系按计划完成全校本科及研究生公共数学课程、公共物理课程的教学任务。张金平、邢棉、李瑞洁、胡冰、彭慧春等5名教师获2013－2014学年度教学优秀奖，孙淑珍获教学优秀特等奖。数学建模竞赛指导团队指导学生获美国大学生数学建模竞赛国际一等奖8项，国际二等奖35项；获全国大学生数学建模竞赛全国一等奖2项，二等奖5项，一等奖7项，二等奖22项；11月获全国研究生数学建模竞赛一等奖1项，二等奖12项，三等奖7项。数理系（保定）刘敬刚、张坡、孔倩等指导学生参加美国国际大学生数学建模竞赛获国际一等奖10项、二等奖21项；孔倩、康文秀、卢艳霞、任芝、史会峰、王修武获2013－2014学年度教学优秀奖；申请校级教改项目重大2项、一般2项；指导学生参加数学竞赛获国家一等奖1个；二等奖1个；三等奖1个；河北省一等奖33个；二等奖32个；三等奖16个；指导大学生创新实践项目通过验收，并取得2个国家级优秀、3个国家级良好；3个校级优秀、9个校级良好；数学建模指导团队指导学生在全国大学生数学建模竞赛获国家一等奖5项；国家二等奖8项；指导学生物理竞赛获河北省特等奖3项；一等奖6项；二等奖10项；三等奖14项；曹春梅、张晓宏获河北省物理竞赛优秀指导教师。

2014，科学研究方面，数理系在教改立项项目取得突破。“以科研引领教学，以国际化视野培养创新人才”项目获批北京高等学校教育教学改革立项项目；“《高等代数》在数学建模中的应用”、“面向实践和创新能力培养的运筹学教学改革与实践”、“基于实验课程设置的离散数学教学方法和应用研究”、“《数学分析》教学改革探究”、“本科数学专业《概率论与数理统计》理论与应用的协同发展”、“大学物理与实验双语教学团队”等6个项目入选校级教改立项项目。获纵向科研项目4个，实现科研合同金额共计138万元。其中1项国家自然基金面上项目，3项国家自然基金青年项目。陈德刚《基于相关性的大数据分类理论与方法研究》获国家自然科学基金面上项目62万元；甄亚欣《输流碳纳米管及碳纳米管阵列的振动特性研究》获国家自然科学基金青年项目25万元；艾玥洁《DNA新四大碱基光化学特性的理论研究》获国家自然科学基金青年项目25万元；王天虎《基于离子风冷却的LED集成系统耦合建模及性能优化研究》获国家自然科学基金青年项目26万元。石玉英、雍雪林、邓加军分别指导的毕业论文获华北电力大学2014年优秀硕士学位论文。数理系（保定）共发表论文94篇，其中SCI 46篇，EI14篇。姜根山教授获批国家自然基金面上项目《大尺度电站锅炉中的强声传播和声效应研究》；王志刚教授获批河北省自然基金项目《QCD求和规则在强子物理中的应用》。周海云教授来校做题为《不动点的迭代方法》学术报告；赵顺龙获批发明专利《一种双光谱头盔显示器》和《一种头盔显示器》，任芝获批发明专利《一种光子晶体光纤可调微波毫米波发生器》；刘洋获批实用新型专利《一种交变电场测量实验仪》，中国原子能科学研究院的顾建中研究员做题为《Random Matrix Theory and Its Applications to Nuclear Physics》的学术报告；李松涛获批发明专利《一种光子晶体光纤可调微波毫米波发生器》，李松涛获批实用新型专利《一种演示感生磁场的实验装置》，北京师范大学包景东教授来校做题为《反常扩散与分数阶布朗运动》学术报告，南开大学方晖教授来校做题为《微纳米颗粒光谱学及其应用》的学术报告；华回春获批实用新型专利《车辆辅助自动电磁制动装置》和《多功能电源插座》；于国梁获批实用新型专利《一种载Gd液闪的多单元4π立体角探测系统 》，北京师范大学包景东教授来校做题为《朗之万方程的蒙特卡罗模拟及其应用》学术报告。河北师范大学白彦魁教授来校做题为《多体系统中量子失谐与量子纠缠的分布特性与应用》学术报告。

2014年，学科建设方面，应用统计硕士专业学位授权点获国务院学位委员会批准增列。

2014年，实验室建设方面，学院对老旧实验设备进行维护更新。在教学方面，完成本年度三个年级的本科实践教学任务，同时依托信息与计算科学专业、数学建模团队，以信息与计算科学实验室为基地组织学生参加美国大学生数学建模竞赛（MCM/ICM）和全国大学生数学建模竞赛。在软、硬件建设方面，完成计算物理高性能实验设备的性能测试，计算物理高性能计算机房正式启用，保证了后续高性能计算物理实验的稳定进行。加强物理实验室的理论模拟软、硬件建设，为学生提供理论模拟和理论计算学习的平台。在物理实验教学方面，进一步完善物理实验课程体系，建立以基础物理量的测量、基本实验仪器的使用及基本实验技能的训练为主的“基本实验”，以物理规律的研究等综合性、设计性为主的“综合实验”和“研究创新实验”的实验体系。在物理实验竞赛方面，大学物理实验竞赛指导团队指导本科生参加北京市大学生物理实验竞赛获佳绩，其中获北京市二等奖3项，三等奖2项。物理竞赛指导团队指导学生参加全国物理竞赛获一等奖2名，二等奖9名，三等奖2名。

2014年，工程生态学与非线性科学研究中心以分子生物学和基础化学分析实验平台为基础，加大硬件设备的强化及更新力度，对实验室系统进行全面升级，充分满足各项课题不断扩大的实验需求。同时完善实验室仪器、设备、药品以及废弃物的安全管理制度和操作规程，对实验人员进行系统的教育指导，切实保证实验的科学性和安全性。中心加强与国外高水平大学的交流与合作，与英国帝国理工学院、玛丽皇后学院、加拿大里贾纳大学及日本东京大学开展深度的科研合作，成功邀请玛丽皇后学院院长Evans教授和日本国立农业环境技术研究所所长、东京大学教授佐藤洋平及其夫人来校进行学术交流活动。此外，通过国家留学基金委送出国张非凡和田永兰两名联合培养博士，另有赵磊、黄头生两名联合培养博士归来。在学生培养方面，中心招生硕士研究生5名，毕业硕士研究生5名，博士后出站1名。已检索SCI杂志论文4篇（其中二区3篇），另有4篇SCI论文已接受待检索；已检索EI会议论文2篇，另有EI会议论文3篇已出版待检索。中心入账国家纵向科研经费2项，申请国家自然科学基金1项。中心主任张化永教授入选国家水体污染控制与治理科技重大专项河流主题组专家和中期评估河流方向专家组核心成员，为中心的长足发展、建设以及学校相关项目的申报和科研实力提升打下基础。

2014年，学生工作方面，数理系以学生党建、共青团建设、学生会建设、班级建设工作为抓手，以党建带团建，以学风建设和毕业生就业工作为工作核心，以制度建设为保障，不断修订和完善人才培养方案，实现“符合就业导向、满足市场需求”的人才培养目标。重点开展“九项学风”建设工程，即“党团建设带学风，学业辅导助学风，安全教育护学风，科技创新优学风，心理健康保学风，宿舍文化推学风，成长沙龙促学风，宣传报道树学风 ，考评管理督学风”，做好学业辅导的全面推广工作，注重教育与管理相结合，坚持教育引导与检查督促相结合，以学习纪律、学习方法为重点，培养大学生自主学习、自觉学习的习惯。任课教师树立“教学以学生为主体”的理念，深入研究学生的学习需求、学习习惯、学习心理，注重启发、研讨、互动、交流，调动学生的学习积极性。与中铁十九局电务工程公司开展共建，设立专项奖学金，激励学生成才；与中科院大气物理所、中科院数学所合作交流，拓展本科生保研新渠道；积极探索本科生“三年提前毕业”路径，尝试本科生人才培养分类推进模式;实现研究生与本科生统筹管理,大幅度增加研究生助教、助学,助研岗位;全面推进考前动员、考中激励、考后指导工作,考研率较上年有提高。2014年,共有97人获校内奖学金,46人次获校内荣誉称号,2人获国家奖学金,9人获国家励志奖学金,18人获各级各类社会奖学金。2014年,数理系加强毕业生就业指导工作,考研升学率达到47.17%。本科生就业率96.23%,研究生就业率100%。数理系连续第二年获"华北电力大学毕业生就业工作先进集体"荣誉称号。2014年,数理系参加各级评比表彰获多项奖励。数理系(保定)数理系(保定)以考研促就业,夯实学生就业工作,鼓励学生积极开拓就业视野,以出国、考研为主要发展目标来培养学生。10级考研上线率达到44.74%。深入开展分级分层教育:一年级重养成立目标,二年级重学风促学业,三年级重技能强素质,四年级重就业拓事业;注重分类别指导,针对学术型、社会型、技能型以及综合型学生,有的放矢,促进学生成长成才。以"领袖他人、从管理自我开始"为原则,继续推进《自我领导效能手册》活动。深入开展新生目标主题班会,优秀学子展示系列主体教育活动,鼓励学生见贤思齐。11级有8名学生被保送到清华大学、中科院等名校。学生共参与教师项目12项,拥有11项专利与软件著作权,并在科技创新比赛中取得显著成绩,其中国家级奖项14项,省部级奖项10项。信息1001班班主任张国立、信息1201班班主任谷根代、物理1301班班主任魏炜评为校级优秀班主任,信息1201班评为校级先进班集体。实施本科生末位诫勉制度,通过院系老师、学生、家长三方座谈的方式,加强学生与班主任、家长与学校的交流,以此共同促进学生的学习成绩。秉承以"学生为本"的育人理念,书记主任分别担任学生工作领导小组第一负责人和就业工作领导小组第一负责人,定期召开学生工作与就业工作研讨会,结合专业特点制定短期和长期育人计划。物理1001班班主任阎占元被评为2013－2014年度就业工作先进个人。继续推进"班主任名师制度",邀请数理系副主任阎占元教授、概率教研室主任史会峰副教授担任2014级班主任,继续巩固和深化育人名师效应,营造良好的育人环境。

2014年,党群工作方面。学院深入开展群众路线教育实践活动并进行自查自纠。积极组织社会主义核心价值观主题教育,加强数理系领导班子建设,维护集体领导的权威。推行党政联席会议制度,坚持民主生活会制度,求真务实开展工作。学生党支部增强服务职能,主动服务社会。信息与计算科学党支部获2014年校级"优秀支部目标"支部。学生第一党支部获先进党支部称号,同时获北京高校红色"1+1"优秀党支部荣誉称号等奖励。

(王　莉　刘跃群)

■概况

2014年,数理学院在北京和保定分设2个系,2个本科专业。有数学和物理2个一级学科硕士点。5个硕士学位授权二级学科,1个博士学位授权二级学科,1个硕士专业学位授权点。2014年,在编教职工183人(北京95人,保定88人),其中,专任教师163人(北京84人,保定79人),教授36人(北京20人,保定16人)、副教授51人(北京33人,保定18人),实验及技术人员10人(北京6人,保定4)、党政及管理人员10人(北京5人,保定5人)。共引进师资5人,其中教师4人,实验员1人。

2014年,科研方面,签定纵向科研项目4个,实现科研合同金额共计138万元。共发表论文43篇,其中被SCI检索文章26篇,核心期刊2篇,EI会议9篇,一般期刊4篇,国外正式期刊2篇。系举行学术交流会24次。数理系(保定)签定国家自然基金项目1个,实现科研合同金额共计185万元,其中纵向科研经费143万元,共发表论文94篇,其中三大检索收录60篇;共举行学术交流会7次。获授权发明专利9项,实用新型专利12项。

2014年,学院有毕业学生166人(北京78人,保定88人),其中硕士研究生37人(北京25人,保定12人),普通本科生130人(北京53人,保定77人),招生212人(北京109人,保定103人),其中硕士研究生51人(北京37人,保定14人),普通本专科生161人(北京72人,保定89人);在校生682人(北京317人,保定365人)其中硕士研究生129人(北京88人,保定41人),普通本专科生583人(北京259人,保定324人)。校部、保定校区本科生的英语四级一次通过率分别为85%和81.25%,本科毕业生一次就业率分别为96.23%和90.12%,研究生毕业生一次就业率分别为100%和91.6%;考研率分别为47.17%和44.74%。

2014年,学院拥有教研室10个(北京5个,保定5个)、实验室10个(北京4个,保定6个)、学生实习基地8个(北京2个,保定6个)。北京校部研究中心1个,保定校区科技研究(创新)基地

1个。

2014年,学院开设研究生课程71门次(北京38门,保定33门),完成教学 学时(北京1 872学时,保定1 540学时);开设本科生课程174门(北京83门,保定91门)完成教学27 356学时(北京17 354学时,保定10 002学时)。

2014年,学院设有16个党支部(北京7个,保定9),拥有中共党员205人(北京113人,保定92)、发展党员39人(北京17人,保定22人)。

2014年,学院设有27个班级(北京14个,保定13个),设有辅导员正式岗位2个。北京保定各1个。

2014年,数理系(保定)有2个省部级重点学科、2个一级学科硕士点专业、2个本科专业。

2014年,学院学生获各类省部级奖励22人次,国家级奖励18人次。

(王 莉 刘跃群)

■条目

【参加评优表彰获多项奖励】2014年,数理系参加市级评优表彰获多项奖励。其中,计科1202班获“北京市先进班集体”荣誉称号;吴鑫莹获“北京市三好学生”荣誉称号;数理系计科1202班被评为首都“先锋杯”优秀团支部,黄晨雨获首都“先锋杯”优秀团员荣誉称号。

(任 华)

【参加数学建模竞赛获佳绩】2014年,数学建模竞赛指导团队指导学生参加数学建模竞赛获佳绩。4月,获美国大学生数学建模竞赛国际一等奖8项,国际二等奖35项;11月,获全国大学生数学建模竞赛全国一等奖2项,全国二等奖5项,北京市一等奖7项,北京市二等奖22项;11月,获全国研究生数学建模竞赛全国一等奖1项,二等奖12项,三等奖7项。

(雍雪林)

【参加物理实验竞赛获佳绩】11月16日至17日,物理实验竞赛指导团队指导学生参加北京市大学生物理实验竞赛并获佳绩。其中,获北京市二等奖3项,三等奖2项。本届竞赛学校团队还获得最佳组织奖。

(刘纪彩)

【参加物理竞赛获佳绩】12月7日,物理竞赛指导团队指导学生参加全国部分地区大学生物理竞赛并获佳绩。其中,获一等奖2名,二等奖9名,三等奖2名。

(黄 霞)

环境科学与工程学院

■概述

2014年,华北电力大学环境科学与工程学院在本科及研究生教学、学科建设、科研、师资队伍建设、学生及党建工作等方面取得较好的成绩。

2014年,全院共发表论文100余篇,SCI/EI收录论文近50篇,高水平的一区、二区SCI论文13篇,在学院SCI论文中的比重已接近一半。科研经费合同额796万元。获国家发明专利7项。获河北省科技进步三等奖一项。新增硕士生导师1名,博士生导师2名。1名博士研究生,50名硕士研究生顺利毕业。本科生、研究生在大学生节能减排大赛、大学生挑战杯等国家及省级比赛中均有所收获。

(倪世清)

■概况

书记:赵毅

主持工作:赵毅

学院网址:

http://202. 206. 208. 57/huangongxi/index. asp

2014年,华北电力大学环境科学与工程学院本部设在保定,设有环境工程、环境科学、应用化学、能源化工四个教研室。学院现有北京市及河北省重点学科1个、研究所4个、中心实验室1个、学生实习基地4个,科技研究(创新)基地1个;二级博士点专业1个、硕士点专业7个、本科专业4个。

2014年,学院有教职工55人,其中,专任教师44人(教授13人、副教授9人,具有博士学位的教师占50%)、实验及技术人员5人、党政及管理人员6人。教育部“长江学者”及国家“千人计划”特聘专家1人,“教育部新世纪人才支持计划”4人,享受国务院特殊津贴3人。

2014年,学院注重引进高层次人才,着力培养现有人才,师资队伍的学缘结构、学历结构、年龄结构得到改善,引进“长江学者”团队人员1名(博士研究生)。

2014年,学院共发表论文105篇,其中SCI收录25篇,EI收录18篇，一级学会学报论文4篇；科研经费合同额900余万元，其中纵向合同达到600多万元。获河北省科技进步三等奖一项。获国家自然基金项目2项、北京市自然科学基金2项，获国家发明专利7项。学院举行学术交流会8次，其中国外专家学术交流会4次，国内专家学术交流会4次。参加国际学术会议29人次。

2014，学院新增硕士生导师1名，博士生导师2名。185名毕业生顺利毕业。其中博士研究生2人，硕士研究生47人，本科生136人；学院招生279人，其中博士研究生博士生6人，硕士研究生56人，普通本专科生217人；学院(系)在校生928人，其中，博士研究生23人，硕士研究生149人，本科生756人。本科生的英语四级通过率为88.6%，本科毕业生一次就业率为97.8%，研究生毕业生一次就业率为100%；本科考研报名54人，实际考取24人，考研率为18.2%。

2014年，学院开设研究生课程41门，完成教学1 288学时；开设本科生课程98门，完成教学3 856学时。

2014年，学院设有12个党支部，拥有中共党员137人、其中教工党员33人，学生党员104人。新发展党员28人。

2014年，学院设有32个学生班级，设有辅导员岗位3个，其中正式编制2个；学生获得各类省部级及以上奖励53人次。

（倪世清　石立宁）

■条目

【开展研究生培训工作】12月25日，环境科学与工程学院，江苏峰业科技环保集团股份有限公司依托华北电力大学进行培养的“峰业环境工程专业硕士研究生班”全体学员共计25人顺利结业。

（倪世清）

【参加河北省大学生创业大赛获特等奖】2014年，环境科学与工程学院组织参加挑战杯河北省大学生创业大赛并取得佳绩。学院学生黄帅斌、陈煜茜、陈晨、高然、杨朔、曾显清获挑战杯河北省大学生创业大赛特等奖。

（石立宁）

【参加全国高校环保科技创意设计大赛创佳绩】2014年，环境科学与工程学院承办高校环保科技创意设计大赛校内选拔赛，最终获全国银奖2项、铜奖5项、优胜奖8项。学生陈煜茜，陈晨，姚尽丰，高然，邱艺婕，官晓燕，刘轩驿，赵星云获全国高校环保科技创意设计大赛获银奖。

（石立宁）

【参加全国英语竞赛获佳绩】2014年，学校组织学生参加全国大学生英语竞赛获佳绩。环境科学与工程学院程琦获全国二等奖，印昊、杨立斌、蓝鹏、侯媛媛获全国三等奖。

（石立宁）

【获健身操舞特等奖】2014年，学校组织参加全国全民健身操舞大赛获多个奖项，环境科学与工程学院张越获有氧舞蹈二级特等奖，三级器械特等奖，有氧搏击特等奖，青年拉力带特等奖。

（石立宁）

【开展校园文化活动】2014年，学院学生社团开展丰富多彩的校园文化系列活动。活动主题突出，特色鲜明，主要开展了大学生辩论赛、“什么样的青春最美丽”演讲比赛、“青春飞YOUNG之精彩的你”班级风采大赛、“青春飞YOUNG之我的歌声里”歌唱比赛、“情暖童心·书送希望”大型捐书活动、“情暖童心·大手牵小手”彩虹班系列活动等。

（石立宁）

【获百炼之星百强寝室称号】2014年，在2014年团中央学校部，全国学联秘书处开展的寻访“中国大学生百炼之星”活动中，环境科学与工程学院环境科学1301班张越，毕晓敏等6人所在的十六舍217进入全国前100名候选寝室。

（石立宁）

【开展留守儿童主题实践活动】7月，学院开展“同吃同住同学习，携手筑梦共成长”关爱贫困地区留守儿童主题实践活动。联系企业为10名留守儿童捐赠价值5 000多元的学习机10台、台灯、书本等学习用品，多家媒体、网站进行报道，引起社会各界对留守儿童问题的关注。石立宁获河北省“体验省情，服务群众”主题实践活动优秀教师称号，李妍获河北省“体验省情，服务群众”主题实践活动先进个人称号。以《同吃同住同学习，携手筑梦共成长》为主题的社会实践报告获得河北省优秀暑期社会实践报告。

（石立宁）

【关爱留守儿童项目成果丰硕】2014年，学院“情暖童心”关爱留守儿童项目继续推进，共开展帮扶活动32次，包括成立“彩虹班”一帮一、心理健康教育、励志报告会、课程辅导、爱心捐赠、主题班会等，参与人数1 000多人次，被媒体、网站报道100余次。积极联系保定市图书馆为腰山中学捐赠图书1000余册。

（石立宁）

【毕业生就业成绩突出】2014年，环境科学与工程学院就业升学成绩突出，本科毕业生共136人，其中就业105人，升学24人，出国4人，3人继续考研，就业率为97.8%；研究生共47人，47人就业，就业率为100%。

（石立宁）

可再生能源学院

■概述

2014年，可再生能源学院教学、科研、学科工作取得进展。

1. 党建与思想政治工作

（1）贯彻学校党风廉政建设工作会议精神，认真履行“一岗双责”，落实《华北电力大学2014年党风廉政建设责任书》。5月15日至6月14日院党委组织开展以“深入落实‘八项规定’，持之以恒纠正‘四风’；尽职清廉心，共筑‘中国梦’”为主题的党风廉政建设宣传教育月活动；召开党政班子中心组学习讨论会；认真贯彻落实中央八项规定精神，切实加强作风建设，密切联系群众，改进工作作风，落实党委主体责任；（2）继续深入开展党的群众路线学习实践教育活动，至年底，规定完成期内的15项任务全部完成，取得标志性成果5项、修改、新建制度2项；（3）通过新学期教师座谈会、思想动态调查等多种形式，认真听取教师对学院发展的意见和要求，及时掌握教师、学生的思想动态，构建学院领导和师生之间有效沟通机制；（4）学院完善党政联席会会议制度、院务会议制度、考勤管理办法、教学实验中心管理办法等，同时严格执行现有的各项规章制度；（5）组织全院师生认真学习党的十八大、十八届三中、四中全会精神。

2. 教学工作

2014年，学院教学工作取得突破性进展。（1）新成立可再生能源工程实验教学中心，整合全院的本科实验教学资源，提高本科实验教学能力和质量；（2）充分利用学校下拨的260万元本科教学实验室建设经费，改善教学条件；（3）对学院各门课程的教学大纲进行修订和完善，编写了课程简介，完善了教学文件；（4）抽查本科6个专业方向30多门课程的试卷，及时反馈，要求改正；（5）重视教学改革研究，获北京市教改项目1项；（6）完成2014年硕士、博士及2014年推免研究生的招生工作，共招收硕士研究生86名、博士研究生16名；（7）完成2014年硕博连读考生推荐工作，推荐9名学生。

3. 人才工作

2014年，学院人才队伍继续优化。张永哲副教授入选北京市科技新星计划；卢宏玮教授获“北京市优秀青年人才”称号；谭占鳌教授获北京高校优秀共产党员；2014年学院引进高水平教师3名，新晋升博士生导师2人、教授1人。

4. 科研工作

2014年，学院科研工作进展顺利。共获批科研项目50余项，总经费达3 559万，其中纵向项目29项（获批经费2 054万元），横向项目21项（获批经费1 505万元）；申报自然科学基金项目24项，连续3年保持申报20项以上；发表科研论文163篇，其中SCI论文72篇、EI论文55篇；共获批专利44项；生物质发电成套设备国家工程实验室板式脱硝催化剂技术获中国技术市场金桥奖优秀项目奖和中国国际高新技术成果交易会优秀产品奖；获北京市科学技术二等奖1项；组织召开第五届中韩双边下一代太阳电池研讨会。

5. 学科与平台建设

2014年，学院进一步加强了学科和科研平台建设工作，具体做法包括：（1）学院作为联盟依托单位和理事长单位，在第二届全国新能源科学与工程专业建设与发展研讨会上发起并倡议成立“高校新能源科学与工程专业联盟”；（2）完成学院“十三五学科发展规划”初稿；（3）申报获批“新型薄膜太阳电池”北京市重点实验室；（4）高质量完成新能源电力系统国家重点实验室“新能源发电过程特性与复合建模”平台建设，圆满完成实验室验收相关工作；（5）生物质发电成套设备国家工程实验室以优秀成绩顺利通过教育部组织的实验室建设项目验收。

6. 学生工作

2014年，通过组织学生学习社会主义核心价值观，开展“中国梦·价值魂”主题教育活动，指导本科生、研究生党支部开展红色“1+1”活动方式，帮助学生树立正确的世界观、价值观和人生观。学院通过组织学生党员和入党积极分子参观中国人民抗日战争纪念馆和卢沟桥，学院加强辅导员、班主任队伍建设和学生党建、思想政治教育工作，加强学风、考风考纪教育;2014 年学院发展学生党员 52 人,转正 42 人,参加入党积极分子培训 261 人;学院积极组织学生参加各项赛事,获国家、省部、校级奖项 42 项,其中国家级奖 20 项(四项国家级一等奖),省部级奖 11 项;能自 1101 班获北京市先锋杯优秀团支部称号;(2)学院积极发动教师开拓就业市场,广泛推荐毕业生。通过举办毕业生经验交流会,组织优秀毕业生介绍就业形势和政策、讲解就业程序、1 对 1 的就业指导等多种方式,帮助学生及时解决就业过程中面临的相关问题,2014 届可再生能源学院本科生就业率为 98. 21%,研究生就业率为 100%。

7. 工会工作

2014 年分别获得羽毛球乙组亚军、乒乓球乙组冠军、篮球比赛乙组季军、教职工扑克牌组织奖,并在春季运动会上获得乙组团体第三名的好成绩;除参加校工会组织的各项赛事以外,学院工会举办了各种健身活动,如冬季健步走活动、扎飞镖、跳绳、平板支撑、扑克牌、广场舞、青年教师座谈会等活动。学院根据教职工兴趣爱好,成立了羽毛球协会、乒乓球协会、篮球协会、棋牌协会以及舞蹈协会,并鼓励教师积极参与到各个协会活动中,几个协会在学校组织的活动中积极组织练习及活动,为在学校比赛中取得良好的成绩打下基础;(3)学院长期坚持关心青年教师的成长。学院分工会与企业合作,争取到了教师"育才奖"。

(刘振增　常青云)

■概况

院长:戴松元

书记:于新华　刘永前

2014 年,学院全日制本科生共有 1147 人,研究生和博士生共计 265 人,分成 51 个自然班,由 42 名具有博士学位的教师担任班主任,其中副教授职称以上 32 人,中共党员 42 人,民主党派 4 人。

2014 年,白一鸣获校级十佳班主任,门宝辉、陆强、张验科、赵莉、高攀和韩爽获校年度优秀班主任。

2014 年,可再生能源学院成立工程实验教学中心。实验中心作为学院主管实验室工作的职能部门,在教学副院长的直接领导下管理学院与实验相关的各项工作,是统一管理教学实验资源和统一管理教学实验的管理机构。

2014 年,可再生能源学院成立 7 个研究中心,分别为风力发电研究中心,田德任中心主任;水电能源与工程中心,纪昌明任中心主任;太阳能研究与工程中心,陈诺夫任中心主任;新能源材料与光电技术研究中心,李美成任中心主任;生物质能研究中心,董长青任中心主任;新能源与城市环境研究中心,何理任中心主任;水库移民研究中心,姚凯文任中心主任。

2014 年,可再生能源学院有博士生导师 15 人、教授 20 人、副教授 25 人。

2014 年,可再生能源学院共招收硕士研究生 86 名、博士研究生 16 名。

2014 年,可再生能源学院共获批 44 项专利,其中发明专利 40 项,实用新型专利 4 项,学院科研成果获第七届中国技术市场金桥奖优秀项目奖 1 项,第十六届中国国际高新技术成果交易会优秀产品奖 1 项。

2014 年,学院教师发表科研论文约 163 余篇,其中 SCI 论文 72 余篇、EI 论文 55 余篇。

2014 年,学院获批项目 50 项,总经费为 3 559 万元,其中,纵向项目 29 项,经费总额为 2 054 万元;横向项目 21 项,经费总额为 1 505 万元。

2014 年,学院科技创新取得了丰硕的成果,获奖等级和获奖名次上比去年有很大提高,数量上也由去年的 26 项增加到了 42 项,其中国家级奖 20 项,省部级奖 11 项,校级 11 项。获国家级一等奖 4 项。

2014 年,学院能自 1101 班获北京市先锋杯优秀团支部称号、水电 1201、水电 1302 班获校级优秀班级称号。

2014 年,学院本科生就业率为 98.21%,一次就业率 77.59%;研究生就业率为 100%。

2014 年,学院工会组织参加各种文体活动,获羽毛球乙组亚军、乒乓球乙组冠军、篮球比赛乙组季军、教职工扑克牌组织奖,并在春季运动会上获乙组团体第三名。

2014 年,五月的花海"合唱比赛学院获二等奖,学校辩论赛学院获校级第三名。

(刘振增　常青云)

■条目

【推荐教学优秀奖获得者】 5 月 15 日,通过可再生能源学院评选小组会议审议,向学校推荐:田德、王体朋、门宝辉、白一鸣 4 名教学优秀奖获得者。

(张亦楠)

【完成硕士研究生推免工作】 9 月 19 日,学院完成硕士研究生推免工作,共推免硕士研究生 22 名,分别为祁荷音、徐小雪、詹芳蕾、林楠、赵亚威、马易君、羊冰清、卢航、胡斌、陈颖、王东旭、陈梦圆、周于梦秋、李欣、赵裕童、张文霞、汤卓凡、蒋涵颖、罗莹莹、何文栋、胡莎、吴帅锦。

（张亦楠）

【**获批国家自然科学基金项目**】2014年，国家自然科学基金获批项目再创新高，立项19项，获批重大项目1项、专项基金1项、面上项目7项、青年项目7项，获得科研经费总共774万元。

（王志红）

【**科研成果转化成绩显著**】2014年，学院共申请44项专利，其中发明专利40项，实用新型专利4项；获第七届中国技术市场金桥奖优秀项目奖1项、第十六届中国国际高新技术成果交易会优秀产品奖1项、中国电力科学技术进步奖二等奖1项、中国船舶重工集团公司科学技术奖二等奖1项；授权发明专利23项、实用新型专利4项 。

（王志红）

【**获批新型薄膜太阳电池北京市重点实验室**】6月，可再生能源学院新型薄膜太阳电池实验室被认定为北京市重点实验室。

（王志红）

【**开展国际科技合作交流**】5月，戴松元教授作为特邀报告人出席HOPV14国际会议（the 6th International Conference on Hybrid and Organic Photovoltaics）。11月18日，学院邀请韩国成均馆大学Nam－GyuPark教授来校访问交流并做题为"高效钙钛矿型太阳能电池"的学术报告；12月，戴松元、谭占鳌教授参加亚太太阳电池研究会议，作题为"基于溶液加工电极修饰层的高效聚合物太阳电池界面工程研究"的特邀报告；受IPS－20主席Roel van de Krol教授邀请，戴松元、姚建曦教授7月赴德国柏林参加IPS－20国际会议（20th International Conference on Photochemical Conversionand Storage of Solar Energy）。

（王志红）

【**召开学位分委员会**】3月14日，学院召开第四届学位评定委员会第二次会议学院分委员会，会议审议申请全日制学术硕士学位的研究生18人；全日制学术学位硕士论文发表26篇，人均1.4篇，共授权6个专利；经过学位分委员会研究，通过并拟定可再生能源与清洁能源二级学科博士留学研究生培养方案；审议认定戴松元教授、彭林教授2人博士生导师资格。6月16日，学院召开第四届学位评定委员会第三次会议学院分委员会。会议建议授予223人工学学士学位；审议申请全日制学术硕士学位研究生3人，优秀硕士学位论文获得者1人；审议新增研究生指导教师4名。

（王志红）

【**完成博士生导师推荐工作**】2014年，根据《关于召开2014年博士生导师选聘工作布置会议》精神，经由个人申报，学院分委员会认真评审，推荐姚凯文、卢宏玮2人申请博士生导师。

（王志红）

【**组织博士资格考试暨预开题报告**】10月20日，学院组织2013级博士资格考试暨预开题报告，通过学院博士研究生资格考试委员会审议，9名博士生通过考核。

（王志红）

【**举行第五届中韩双边下一代太阳电池研讨会**】8月18日，第五届中韩双边下一代太阳电池研讨会（5th China－Korea Bilateral Symposium for Next Generation Solar Cells）在华北电力大学举行。

（王志红）

【**接收留学研究生**】2014年，学院接受外国来华留学生攻读硕士研究生4名、博士研究生1名。

（王志红）

【**接收免试攻读硕士研究生**】10月8日，根据教育部政策要求，学院认真执行，通过"推免服务系统"接收免试攻读学术硕士研究生9人，其中支教保研1人。

（王志红）

【**参加创新创业竞赛获佳绩**】至年底，学院学生参加多项创新创业竞赛获佳绩。5月，何文栋、许璞轩获首都高校第七届机械创新设计大赛北京市二等奖；6月，于学成、陈炳成、胡傲宇、殷卓君、李尚宇获2014年"创青春"首都大学生创业大赛二等奖；卢航、王丹、王鹏琪获2014年"创青春"首都大学生创业大赛三等奖；7月，温源 林炜坚、张文霞获西门子杯全国大学生工业自动化挑战赛北京市三等奖

（耿　晔）

【**参加多项竞赛获佳绩**】4月，学院学生参加多项国家级竞赛并获佳绩。汤卓凡、詹森国、李晨晨获美国数学建模竞赛国家级一等奖；吴嘉杰、赵裕童、曲映溪、詹芳蕾、陈杰威、胡莎获美国数学建模竞赛国家级二等奖；林楠，罗莹莹获美国数学建模竞赛国家级三等奖；吴嘉杰获全国大学生英语竞赛特等奖、英语竞赛国家一等奖，卢航获全国大学生英语竞赛二等奖；苏文静、余璐获全国大学生英语竞赛特等奖、英语竞赛国家三

等奖；王子炫、马晓林获“华为杯”全国研究生数学建模竞赛国家一等奖；汤卓凡、张文霞、詹森国、徐小雪、胡雪晴、许丽琪、蒋涵颖、蒋华婷获“中国电机工程学会杯”全国大学生电工数学建模竞赛国家三等奖。

（耿　晔）

【获北京市红旗团委】1月，可再生能源学院团委在北京市“达标创优”竞赛活动中获“五四红旗团委”称号。

（耿　晔）

核科学与工程学院

概述

2014年，华北电力大学核科学与工程学院围绕学校建设高水平大学的目标，以提高教学质量为中心，继续深化教学改革思路，狠抓学风建设，在制度建设、教学工作、对外交流与合作、工会工作、学生工作等各方面取得丰硕成果。

一、制度建设

2014年，学院制定修订《教职员工年度考核评优管理办法》、《教职员工教学优秀奖评优管理办法》、《本科生毕业设计管理规范》等规章制度，通过制度建设推动学院制度化管理和执行力。

二、教学工作

2014年，学院不断强化人才培养质量，继续在空档教学周开设“本科生进科研团队实习”创新式特色教学。全面推动多途径工程人才培养计划，在“卓越工程师计划”工程实践班完成首批企业专家授课，聘请8位知名专家为实践班学生开设讲座，进行专业指导。完成2013版教学大纲和课程简介的修订工作，完成“核反应堆热工测量”本科教学实验室的建设任务。程晓磊、周世梁两位教师获北京校部2013－2014学年教学优秀奖。

三、学科及科研工作

2014年，学院陆道纲教授作为43位专家之一，应邀参加国家能源局、国家核安全局组织的我国首座自主开发的“华龙一号”第三代核电型号的总体技术方案的论证。仅有清华大学、西安交通大学、上海交通大学、哈尔滨工程大学和华北电力大学五所大学的专家受邀，首次从政府层面确立学校在核电工程领域的全国五强地位。2014年，该学院与中广核、中国核动力院、中国科学院核能安全技术研究所等多家单位达成稳定持续的合作意向，签订多项科研合作项目合同，参与国家能源局“十三五核电发展规划研究”课题，并承担其中“十三五核电堆型与型号”子课题的研究工作。韩然、刘芳获国家自然科学基金青年基金的资助。

四、师资队伍建设

2014年，学院继续稳步实施“核电学科师资培养专项计划”，引进青年教师王汉，申报国家“千人计划”1人，“青年千人计划”1人。牛风雷受聘华北电力大学博士生导师，刘滨晋升为教授、周世梁晋升为副教授、张斌晋升为讲师。赵珥希获评北京高校优秀德育工作者，陈涛、周世梁、马雁、程晓磊、王升飞获得2013－2014学年度考核优秀。

五、党务工作

2014年，学院扎实推进党的群众路线教育实践活动，加强基层党组织建设，完成2014年党支部测评，核学院党总支、本科学生党支部获“先进基层党组织”称号，刘晓芳、刘世尧获优秀共产党员荣誉称号，李辉获优秀党务工作者称号，核电1205班获“北京市优秀团支部”，“参观红色景区，追寻党的足迹”实践团获北京市暑期社会实践优秀团队。通过“社会主题核心价值观进课堂”、“青春与价值对话”等活动，其中“体验＋重复”价值观教育活动案例入选学校典型案例。10月，经华北电力大学党委常委会议研究，决定成立中国共产党华北电力大学核科学与工程学院委员会，沈岚任核科学与工程学院党委书记（正处级），撤销该学院原总支部委员会，免去刘晓芳核科学与工程学院党总支书记职务。

六、工会工作

2014年，学院分工会充分调动广大会员积极性，在体育活动方面取得突破，获第二届“远程教育”杯教职工篮球联赛乙组冠军。学院被评为华北电力大学二级教代会规范单位，马雁被授予大学“先进女教工”称号，刘洋被评为华北电力大学“教书育人”先进个人，臧启勇、曹博、李向宾、郝祖龙被评为华北电力大学“工会积极分子”。

七、学生工作

2014年，学院被评选为就业工作先进集体，学院以《学风建设实施办法》为依托、以学业辅导为抓手，根据年级特点整顿学风，扎实推进学风建设，设立学风建设专项奖励，对实践核1101等9个班级给予专项奖励。在竞赛方面，唐思邈获全国大学生数学建模竞赛北京市一等奖；刘世尧获全国大学生数学建模竞赛北京市二等奖；魏岑获全国大学生数学建模竞赛北京市二等奖；杨安霞获全国大学生数学建模竞赛北京市二等奖；薛冰获全国大学生数学建模竞赛北京市二等奖；赵崇岩获全国大学生数学建模竞赛北京市二等奖；张雷、孙煜东、罗敏中等获美国数学建模竞赛二等奖。在社会实践方面，"核"谐实践团社会实践团队获得"2014 年度首都大学生暑期社会实践优秀团队"。在 2014 年暑期社会实践活动中徐博、方宏、谭小练等获"校级社会实践先进个人"，2014 年寒假社会实践中刘佳、张晓露、陶学文、卢桂池、许帅、孙煜东、秦子权、张海、徐秋东等获校级社会先进个人，刘宏达、宝得、黄凯、孙妍妍、于宗玉等获"系级社会实践先进个人"。在文体活动方面，春季运动会中，学院首获学生团体总分第 5 名，体育成绩大幅提高。其中韩正刚在男子 1500m 项目中获得第一名；宝得在引体向上项目中获得第一名；4＊4 百米接力第二名；梁瑞仙在 400m 项目中获得第二名；张晓露在女子跳高项目中获得第二名。杨安霞、刘凤鸣等在第二十一届首都高校大学生键绳比赛获团体冠军。李奕彤获北京市青年艺术节铜奖；核学院话剧"幸运之神"获校园奥斯卡二等奖；核学院在"五月花海"合唱比赛获三等奖。

八、对外交流与合作

2014 年，学院以"复合型国际人才培养合作模式的探讨"的设计为方向，与德国卡尔斯鲁厄大学签订核工程专业研究生和青年教师派遣协议。在研究生教育方面积极实施华北电力大学国际化战略，招收了巴基斯坦、苏丹等国家的留学生。马续波受国家留学基金委资助公派出国学习 1 年，韩然、赵强等受邀请进行短期出国交流访问。2014 年，该学院继续加强校企合作，新增田湾核电站、国核软件中心、中电投核电技术研究中心 3 个校外实习基地。

（张　科　赵珥希）

■概况

院　长：陆道纲

书　记：沈　岚（2014 年 10 月上任）

2014 年，核科学与工程学院有 1 个"核科学与技术"一级学科硕士点，在该学科下设有"核能科学与工程"、"辐射防护与环境保护"2 个目录内二级学科硕士点；2 个本科专业名称为"核工程与核技术"、"辐射防护与核安全"。在"动力工程及热物理"一级学科下自设有"核电与动力工程"二级学科博士点。

2014 年，学院有在编教职工 36 人，其中，专任教师 29 人（教授 7 人、副教授 6 人，具有博士学位的教师为 97%）、有实验及技术人员 3 人、管理人员 5 人。学院现有学术带头人 7 名，其中博士生导师 5 名，中国工程院院士 3 人（兼职）。

2014 年，学院党总支下设 4 个党支部，其中 1 个教工党支部，2 个研究生党支部，1 个本科生党支部。其中教工党支部 2014 年转入 3 人、转出 1 人、现有党员 27 人，学生党员 85 人（其中本科生 54 人，研究生 31 人）。学院全年共发展党员 25 人，88 人成为入党积极分子；142 名学生递交入党申请书，其中 2014 级新生递交申请书的比例达 98%。

2014 年，学院本科生在校人数达 544 人，新招本科生 139 人，本科毕业生 103 人。在读硕士研究生 101 人，新招硕士研究生 40 人，硕士毕业生 25 人，其中 2 人获研究生国家奖学金，1 人获优秀毕业研究生。

2014 年，学院 2012 届本科生就业率为 93.2%，本科生与用人单位签订三方协议 36 人，占 35%；考取硕士研究生 34 人，占 33%；出国 7 人，占 6.8%；灵活就业 19 人，占 18.4%。研究生就业率 100%。

2014 年，学院开设研究生课程 13 门，完成教学 384 学时；开设本科生课程 45 门，完成教学 2 841学时；举办联合培养班 1 期，共 41 名学员，其中北京校区中广核学员 21 人，保定校区苏州班学院 20 人。

2014 年，学院在研项目 132 项（新增科研项目 23 项）。其中国家科技重大专项项目 11 项，企事业单位委托科技项目 59 项，纵向项目 92 万元，横向项目 564.9 万元，国家重大科技专项 500 万元。2013 年学院教师共发表论文 49 篇，其中 SCI 检索 17 篇，EI 检索 13 篇，专利授权发明 8 项。第四届钱学森城市学金奖"城市环境问题"征集评选活动优秀奖 1 项，第八届北京发明创新大赛映山红发明专项奖 1 项，第八届北京发明创新大赛铜奖 1 项。

2014 年，学院拥有教研室 2 个（名称为核反应堆工程教研室、核辐射防护与环境工程教研室），实体化科研队伍 5 个，实验室 16 个（其中教学实验室 9 个，科研实验室 7 个）、另有 5 个本科实验室在建。学生实习基地 8 个（中国核动力研究设计院、中国原子能科学研究院、清华大学核能研究院、山东海阳核电、华南辐射监督站、田湾核电站、国核软件中心、中电投核电技术研究中心）。该学科拥有两个省部级重点实验室:非能动核能安全技术北京市重点实验室;国家能源核电软件重点实验室(参与单位)。

(张　科 赵珥希)

■条目

【创业项目获多项表彰】1月8日,华北电力大学国家科技园举行年度颁奖典礼。由核科学与工程学院支持的北京丹普法莫物联网科技有限公司获包括优秀企业家等奖项在内的四项奖励。其中,公司总经理杨鸿宇获“优秀企业家”称号,董事会秘书余谦获“优秀员工”荣誉,技术顾问程晓磊获颁“优秀创业导师”称号。

(张　科)

【ICP－MS实验室主任来访】1月8日至9日,美国马里兰大学ICP－MS实验室主任William F. McDonough教授来访,围绕正在建造的大亚湾中微子二期JUNO实验研究地球中微子与师生交流并做报告。华北电力大学、中科院高能物理研究所、中科院地球物理研究所、及美国马里兰大学在中微子探测方向达成初步意向,并合作开展后续相关研究工作。

(张　科)

【国家重大专项通过验收】1月10日,中国核电工程有限公司科技部在北京组织召开大型先进压水堆核电站重大专项核级管道设计技术研究课题“热分层、热震荡和热冲击现象CFD模拟研究”的技术审查验收会。专家组一致同意通过技术验收。华北电力大学核科学与工程学院作为联合研究单位承担该课题的研究工作。

(张　科)

【加拿大院士来访】加拿大工程院院士、西安大略大学教授姜晶来学院参观交流,为学院师生做“无线传感网络技术在核电站中的应用”主题报告,双方就教师互访、合作科研、学生交流等方面进行交流并达成共识。

(张　科)

【加州大学伯克利分校博士来访】1月15日,应核科学与工程学院邀请,美国加州大学伯克利分校核工程系Peter Hosemann副教授访问学院,并做“Structural materials in nuclear environments: A challenge and driving force for new techniques and materials concepts”的主题报告。

(张　科)

【吴宜灿一行来访】4月16日,中科院核能安全技术研究所吴宜灿所长一行5人应邀访问核科学与工程学院,并为学院师生做“中国铅基反应堆CLEAR发展计划及研究进展”主题报告,报告结束后与师生进行深入交流并参观实验室。双方就加速器驱动次临界反应堆、铅基反应堆的科研合作达成共识。

(张　科)

【柴国旱总工程师来访】4月19日,应核科学与工程学院邀请,环境保护部核与辐射安全中心总工程师柴国旱研究员到学院与师生进行交流,并做题为“后福岛时代中国核安全要求的最新发展”的学术报告。报告围绕当前核安全热点问题,并结合长期从事一线工作的丰富经验进行阐述,是落实“卓越工程师培养计划”的重要环节。

(张　科)

【郑明光来访】5月21日,国家重大科技专项“大型先进压水堆核电站”总设计师、上海核工程研究设计院(728院)院长郑明光应邀来访。刘吉臻校长会见来访客人,孙忠权副校长为其颁发“非能动核能安全技术”北京市重点实验室学术委员会委员聘书。交流活动结束后,郑明光参观了核科学与工程学院实验室,对学院教学和科研工作给予高度评价。郑明光还光临“华电大教堂”,给师生做题为《国家重大科技专项“大型先进压水堆核电站”的研究与开发》的报告。

(张　科)

【运动会取得佳绩】5月24日,核科学与工程学院获校春季运动公学生团体总分第五名的历史性好成绩。这是该学院建院以来首次在运动会上取得破百分的成绩并获总分奖牌。

(赵珥希)

【举办毕业生晚会】5月29日,核科学与工程学院举办“阳光核你都在”2010级毕业生晚会。本次晚会以“阳光核你都在”为主题,分为“阳光”、“核”、“你”三个篇章。

(赵珥希)

【参加华龙一号评审会】8月21日、22日,我国自主三代核电技术品牌“华龙一号”在北京通过国家层面评审。此次评审会,由国家能源局和国家核安全局联合组织,来自国家能源局等43位院士专家组成评审组,对“华龙一号”总体技术方案进行评审。会议仅有清华大学、西安交通大学、上海交通大学、哈尔滨工程大学和华北电力大学五所大学的专家受邀,首次从政府层面确立学校在核电工程领域的全国五强地位。核科学与工程学院院长陆道纲教授代表学校参加专家评审组。

(张　科)

【召开学院党委书记调整会】10月22日,核科学与工程学院召开学院党委书记调整大会,副校长孙忠权、党委常委张天兴出席会议并宣读校党委常委会决议,任命沈岚为中国共产党华北电力大学核科学与工程学院党委书记,兼副院长(正处级),同时免去刘晓芳核科学与工程学院党总支书记职务。

(张　科)

【获篮球联赛冠军】10月24日,华北电力大学第二届"远程教育杯"教职工篮球联赛落下帷幕,核科学与工程学院以34:13战胜图书馆网络与信息中心获乙组冠军。

(张　科)

【获多项竞赛荣誉】2013—2014学年度,核电人工智能实验室共组建、支持创新创业团队6支,参与学生共计58人次,累计获国家级奖项2项,省部级奖项6项,校级先进3项,其他奖项2项,并获国家大学科技园颁发的"优秀合作科研平台"荣誉称号。

(张　科)

国际教育学院

■概述

2014年,华北电力大学国际教育学院积极实施华北电力大学国际化战略,坚持国际化办学思路,践行国际化教育理念,理清中外合作办学发展思路,明确发展方向;引进境外优质教育资源,促进规范办学,提高办学质量;扩大留学生招生规模,提高留学生培养层次;深化教育教学改革,强化教育教学过程管理;创新学生管理工作机制,强化学风建设;加强制度建设,实现科学化、规范化管理等各方面取得进展。

一、党建与思想政治工作

2014年,国际教育学院党总支不断深化和凝炼教育实践活动成果,对于活动中好的经验和做法,以规章制度的形式加以规范。对领导班子整改方案和领导干部整改措施落实情况进行认真分析,掌握整改落实的进展、效果和存在问题,有针对性地拿出对策,定期公开后续整改进展情况,接受群众的批评和监督。加强密切联系群众、深入群众,严把公务接待、出差访问等经费使用标准,切实减少会议次数、会议时间,持之以恒纠正形式主义、官僚主义、享乐主义和奢靡之风问题。努力加强班子建设,提高班子的凝聚力和战斗力。

继续开展"一个支部实现一个目标、一个党员完成一个任务"活动。围绕2014年学校重点工作和学院工作目标,开展"加强学习实践提高能力建设活动",把支部制定的目标和党员任务、申报凝炼项目有机结合,共立项申报项目17项,覆盖学院党建、招生、学生管理、教学研究各个层面。学院高度重视理论学习活动,自2014年度"北京高校教师党员在线"学习活动开展以来,广大教职工党员积极参与、认真学习,党员平均学习时数居全校前列。学院积极组织党员学习十八大及十八届三中、四中全会精神,并通过观看电影、话剧、参观展览、召开研讨会等形式丰富党员活动,有多人次和集体获得学校、北京市各项奖励。按照学校要求,扎实开展党风廉政建设宣传教育月活动,认真学习习近平总书记在反腐工作中的重要讲话精神,通过宣传教育、建章立制,形成"不去为"的教育机制、"不能为"的防范机制、"不愿为"的自律机制、"不敢为"的惩戒机制。

二、招生工作

1. 中外合作办学招生工作

(1)招生录取工作

2014年,国际教育学院进一步改革中外合作办学项目招生工作,录取电气工程及其自动化、核工程与核技术两个项目总计119人。

完善中外合作办学招生流程。第一阶段于3－4月完成招生宣传工作,设计、编制《2014年国际合作办学项目招生简章》,向考生及家长发放4 000余份;参加北京市大型高招咨询会,现场答疑。第二阶段完成7－8月招生咨询工作,咨询高峰期继续开通两部咨询电话,工作日全天提供咨询服务,累计接受咨询时间超过300小时。第三阶段完成项目选拔考试,完善面向考生的《2014年国际合作项目班选拔考试指南》,全方面介绍考试流程及考试注意事项。完善面向工作人员的招生流程说明,细化各项任务安排,明确各方权责划分。首次在网站发布严防诈骗的声明,提醒新生及家长提高警惕。招生科、办公室、学生科协作完成现场报名工作,顺利召开学院领导家长见面会,700余名家长及学生参加见面会。

选拔考试方式调整取得成效。根据2014年教育部政策要求及学校领导指示，学院不断探索国际化复合型人才的选拔培养机制，制定创新人才培养计划。选拔考试首次分两天四场进行，首次增设数学考试，进行双标准重点选拔招生。考务安排积极克服考场教室缺乏、工作人员缺少、考试时间分散等种种困难，保证每场考试顺利进行。选拔考试共有教师、学生及保安人员等90位工作人员为本次考试提供全程服务。

（2）留学服务工作

2014年，学院为2012级270余人提供留学一条龙服务，包括整理户籍档案、办理护照、制作英文成绩单、计算平均成绩、组织面试、申请学校、安排住宿、签署授权协议、申请签证、购买机票、临行教育等，自2013年10月起历时近十二个月。出国学生签证通过率100%。建立例行会议制度：固化信息发布流程，健全部门联动机制，累计召开留学服务集体会议13次，会议通知、会议材料进一步规范化；建立信息即时发布及互动平台：建立负责人微信群，延续公用邮箱。首次申请学校公共机房为试验场地，为赴美学生集中指导美国签证网络申请，充分利用学校资源，提高工作效率；加强过程管理和应急响应：面对留学服务过程中的突发事件，依法依规、科学应对。

2. 来华留学生招生工作

2014年，全年共招收各类长期留学生164人，比上年增长26%，招收的学历生比例高于50%。为有效扩大招生规模，学院编制完善各类留学生招生材料，更新《华北电力大学留学生招生简章》（中文、英语、日语、俄语、越南语）以及《华北电力大学留学生入学须知》（中文、英语）。优化招生策略，拓展招生渠道。学院积极参加北京市教委组织的境外教育展，并独立组团赴境外招生，拓展并维护招生渠道60余条，分别与越南、印尼、哈萨克斯坦、巴基斯坦、韩国、卢旺达、古巴等近20个国家的高中、大学、中介、使馆、华侨教育、孔子学院等机构建立招生联系渠道。以全面可持续营销策略取代单一的推销模式，统筹协调国内机构和驻外使（领）馆、外国高等学校、孔子学院在来华宣传方面的资源的能力，通力合作，搭建来华留学宣传招生的有效平台。

2014年，来华留学生招生结构进一步优化，在自主招收来华留学生以及与境外优秀院校和驻华大使馆合作培养来华留学生方面取得新突破。2014年，是国际教育学院实施自主招生的第四年，最终录取高校研究生项目24人，地方支持项目4人，较2013年有大幅度增长，而且生源均来自境外一流理工大学。自主招生奖学金项目在提高华北电力大学留学生培养层次、入学质量，扩大留学生规模方面起到极大的拉动作用。华北电力大学和蒙古科技大学联合举办的合作办学项目迎来第一批学生，该项目是华北电力大学首次与境外大学开展的反向2+2项目。华北电力大学为中国企业实施“走出去”战略培养订单式本土化人才迈出可喜一步——举办了首届巴基斯坦、苏丹工学硕士班。2014年受理并录取中国政府奖学金生69人，比上年增长38%；受理并录取孔子学院奖学金生44人，比上年增长7%。

三、教育教学

2014年国际教育学院进一步推进“教学质量管理年”活动，强化学风管理，注重学习的过程管理，加强与任课教师和相关院系的沟通，调动任课教师的教学积极性，鼓励其进行教学改革和评价机制改革。

在中外合作办学项目班的教学管理过程中，国际教育学院以提高教学质量为目标，加强学风建设，重视课堂教学秩序，采取多项措施保证教学质量，包括：一、课堂教学检查；二、全力推进小班授课；三、强化教学过程管理，规范期中考试制度，期中考试时间安排在周末进行等，深化“教学质量管理年”的建设。

在留学生的教学管理过程中，坚持“严格要求，热心帮助”的原则，为留学生新生尽快适应学习环境提供条件，对留学生的学习情况进行全过程监控，从选课到考试，再到成绩，让留学生对自己的学习情况有充分的了解，发现问题，及时提醒和提供帮助。对外汉语教研室进一步规范语言生分班测试机制，使汉语教学更加合理化、科学化。

2014年，华北电力大学中外合作办学项目、留学生教育教学圆满完成教学运行、教学安排、学籍管理、毕（结）业审核、考试管理等各项日常工作，保持良好的教学秩序，促进教学质量提升。

四、学生工作

2014年，国际教育学院坚持“学贯中西、知行合一”的学生培养理念，以培养高水平的拥有国际视野的人才为己任，不断加强学生管理制度建设、深化学生干部队伍组织机构改革，营造包容、创新、追求卓越的学院文化氛围。

首先，将培养国际化“精英人才”作为核心理念。始终将培育与践行社会主义核心价值观放在立德树人的中心地位，通过不断强化学生爱国、爱校、爱专业的核心价值理念，立足校园，放眼世界，不断学习先进知识理念，从世界各国先进文化中汲取营养，培养符合当今时代特征的拥有国际化视野的社会主义合格建设者和接班人。

其次，将“法治”理念贯穿到整个学生工作中去，完善各项规章制度，细化工作方法。结合学院特点，突出在制度建设中的创新与改革，发挥政策制度的引导作用，将每一项制度和办法都落实到每一个学生工作的细节当中，通过理论与实践的互动循环，不断提升依法治院的能力与水平，提高学生管理的专业化程度。

第三，通过品牌活动，引领学院文化，不断升华学院精神。通过对党组织建设、学风建设、班团组织建设等活动的整体设计，确立若干个品牌学生活动作为学生第二课堂的支撑，围绕这些品牌活动利用新媒体等当代大学生喜闻乐见的形式，开展体现学院文化、强化学院精神的系列活动。通过这些活动，将学院精神不断固化于学生的一言一行当中，将学院文化不断升华，成为引领一代代国教学子的指路明灯。

2014 年，学院持续探索规范来华留学生管理工作的方式方法，将留学生日常管理精细化、常态化、制度化。坚持办一所负责任的大学理念，与校内多部门沟通协调，改进工作方式，推进来华留学生管理国际化进程，改善来华留学生服务环境。

2014 年，随着来华留学生数量的增多，国际教育学院加强探索来华留学生的组织建设，充分发挥留学生会成员的模范带头作用，调动留学生自我管理积极性；通过确立留学生会的月例会制度来加强信息沟通与共享，增强来华留学生的归属感；通过建立国别定点联系人机制，及时了解每位来华留学生及其同胞的动态，为充分掌握每一位来华留学生的情况奠定基础。

2014 年，来华留学生整体形象和素质得到校领导及各单位好评；在全球首个“孔子学院日”，俄罗斯籍留学生的精彩舞蹈《掀起你的盖头来》压轴全场，获孔子学院总部和世界各国的来华留学生的好评。

2014 年，继续把突发事件作为安全稳定的头等大事来抓，以预防为主，防治结合，力争在源头上止住突发事件的发生。与每一位来华留学生签订《禁毒承诺书》，加强对重点学生的持续关注与关心，及时了解留学生最新动向，并与大使馆、北京市出入境管理局等部门保持沟通，及时上报特殊敏感情况，防止出现在危机处置中的被动情况。姜良杰因工作成绩突出，被中国高等教育学会外国留学生教育管理分会授予“来华留学教育模范个人”称号。

五、培训工作

2014 年，学院共举办了 1 期短期来华留学培训项目，共培训 40 人次。4 月 22 日至 5 月 16 日，学院举办 2014 中文学习乐园——完美北京营，该春令营由中国华文教育基金会主办、北京市人民政府侨务办公室承办、华北电力大学协办、完美（中国）有限公司资助，共 40 名菲律宾华裔师生参加该项目。

（李　旸　郑　凯）

■概况

2014 年，国际教育学院共有中外合作项目专业 4 个教学班 34 个在校生 721 名。其中，电气工程及其自动化专业（“2 + 2”）有教学班 23 个，在校生 616 名；核工程与和技术专业（中法联合）有教学班 3 个，在校生 12 名；管理类中澳合作专业有教学班 4 个，在校生 79 名；经济管理类中澳合作专业有教学班 4 个，在校生 14 名。

2014 年，开展中外合作办学项目 2 个，本科专业 2 个。总计报名 144 人，录取 119 人。其中电气项目录取 116 人，核电项目录取 3 人。

2014 年，中外合作办学项目及校际转学分项目共计英、美、澳三国 11 个项目，派出人数北京 120 人，保定 46 人，共计 166 人。其中爱丁堡大学 9 人，曼彻斯特大学 37 人，巴斯大学 19 人，斯莱斯克莱德大学 31 人，密苏里哥伦比亚 4 人，伊利诺伊理工大学 11 人，威斯康星密尔沃基 30 人，弗罗里达国际大学 9 人，昆士兰大学 13 人，格勒诺布尔国立理工大学 3 人。

2014 年，中外合作办学项目培养学生中有 85 人取得工学学士学位，4 人取得经济学学士学位，13 人取得管理学学士学位；另外有 7 名学生因外方合作学校毕业时间较晚等原因推迟毕业。

2014 年，中外合作办学学生获省部级奖励 76 人次，获奖学金 240 人次。会计金融 GJ1301 班被评为华北电力大学“十佳”示范性优秀班集体，8A#527 宿舍被评为华北电力大学“十佳”优秀本科生宿舍。会计金融 GJ1301 班、电气 GJ1201 班、电气 GJ1207 班被评为校级优秀团支部，电气 GJ1205 班、会计金融 GJ1201 班、电气 GJ1301 班、电气 GJ1303 班被评为系级优秀团支部，校级三好学生标兵 5 人，校级优秀学生干部标兵 1 人，校级优秀团干 6 人，校级优秀团员 23 人，十佳青年志愿者标兵 1 人，十佳文体标兵 1 人，十佳科技标兵1人。2010级有10人被评为华北电力大学优秀毕业生,5人被评为北京市优秀毕业生。

2014年,北京校部留学生总人数为423人,其中博士生32人,硕士生92人,本科生129人,高级进修生11人,普通进修生4人,长期语言生117人,短期语言生38人。

2014年,北京校部招收各类奖学金及自费留学长期生164人,比上年增长26%,是学院成立以来新生入学最多的一年。其中有博士生12人,硕士生37人,本科生34人,高级进修生9人,汉语进修生72人,学历生比例达到50.6%,远高于北京市平均水平,学历生中硕博比例高达85.5%。英文授课47人,其中硕博层次研究生41人。164名留学生中有中国政府奖学金生65人,北京市政府奖学金生20人,孔子学院奖学金生37人,自费生27人,校际奖学金生15人,分别来自巴基斯坦、俄罗斯、蒙古、韩国、美国、哈萨克斯坦、苏丹、卢旺达、朝鲜、尼泊尔、喀麦隆、埃塞俄比亚、越南、也门、塔吉克斯坦、捷克等36个国家。

2014年,学校有15名本科留学生、23名硕士留学生、4名博士留学生完成教学计划全部内容,取得毕业资格并被授予学士、硕士和博士学位;有5名高级进修生、4名普通进修生结业;有1名本科留学生未完成学业计划,取得肄业证书。

国际教育学院党总支设有2个党支部,分别为教工党支部和学生党支部。其中,教工党支部党员共14人,学生党支部党员共40人,海外党员31人;297人递交了入党申请书;经过培训,共有93人通过入党积极分子培训班考核,成为入党积极分子;本年度共发展党员20人。

(李　旸　郑　凯)

■条目

【获批北京市教改项目】4月,周涛教授牵头申报的“大学教学国际化管理方式改革与实践研究”项目获批2014年北京市教育教学改革项目,项目进行时间为3年。5月12至17日,周涛教授带领项目组成员赴广东、上海、江苏等地,分别与中山大学中法核工程与技术学院和工学院、深圳大学电子科学与技术学院、深圳大学物理学院、上海交通大学核科学与工程学院、苏州西交利物浦大学进行充分交流,了解中外合作办学、科研和对外交流情况。至年底,已完成4篇会议论文和两篇期刊论文待发表。

(吴春卿　袁予熙)

【举办中文学习乐园】4月22日,由中国华文教育基金会主办、北京市人民政府侨务办公室承办、华北电力大学协办、完美(中国)有限公司资助的“2014年中文学习乐园——完美北京营”在华北电力大学开营。中国华文教育基金会副秘书长李献国、北京市人民政府侨务办公室副主任高云超、华北电力大学副校长杨勇平、菲律宾华教中心副主席黄端铭、北京市教育委员会国际合作与交流处干部武昌杰等领导、嘉宾同来自菲律宾的40名华裔青少年出席了开营仪式。北京营于5月16日结束。

(郑　凯)

【获来华留学教育模范个人称号】7月,中国高等教育学会外国留学生教育管理分会2014年学术年会在沈阳召开,国际教育学院党总支副书记姜良杰因工作成绩突出,被学会授予“来华留学教育模范个人”称号。

(胡金光)

【联合办学项目开班】8月11日,首届华北电力大学-蒙古科技大学本科联合办学项目举行开学典礼。该项目由华北电力大学和蒙古科技大学联合举办,是华北电力大学与境外大学开展的首个反向2+2合作办学项目。华北电力大学作为国内能源电力领域唯一的“211工程”和“985工程优势学科创新平台”重点建设大学,同蒙古国最优秀的工程技术大学-蒙古科技大学联合办学,培养蒙古国电力工业发展所需要的高级能源电力工程人才,也为中蒙能源电力合作提供人才支撑。

(王　娟)

【实现留学生入学报到一站式服务】9月1日,按照建国65周年、APEC峰会安保工作要求,以及西非国家埃博拉疫情发展情况,华北电力大学迎接2014级来华留学生新生工作拉开帷幕。学校对留学生新生报到各环节进一步优化整合,注册报到现场安装了先进的立柱式红外体温快筛仪,工作人员依次向新生提供姓名登记、住宿登记、报到周活动安排说明、体检提示及签证办理指导、保险办理、电话卡办理、奖学金生一次性安置费发放、校园一卡通照片提取、埃博拉预防咨询指导、课程安排及指导等服务及相关材料,使得新生半小时即可完成以往一天完成的报到流程,体现华北电力大学突发事件的应对能力高效的留学生管理水平。

(王　娟)

【留学生参加演出获好评】9月27

日,孔子学院成立十周年,同时也是首个全球"孔子学院日"。华北电力大学10名俄罗斯籍孔子学院奖学金生应邀赴孔子学院总部参加演出,表演新疆舞蹈《掀起你的盖头来》,获孔子学院总部及世界各国留学生好评。

(胡金光)

【工学硕士班开班】9月29日,学校举办巴基斯坦、苏丹工学硕士班开班典礼。巴基斯坦驻华大使馆大使、苏丹驻华大使馆大使、教育部国际司来华处处长、中国核工业集团公司人力资源部人才处处长等出席典礼。该项目标志着华北电力大学为中国企业实施"走出去"战略培养订单式本土化人才迈出可喜一步。

(王　娟)

【完成埃博拉疫情防控工作】9月,根据教育部等上级部门要求和学校总体部署,在校医院等单位的配合下,国际教育学院各项防控措施多管齐下,精心构建全方位多层次的防控体系,从源头和入口开始把关,加强日常体温监测,建立安全日报机制,加大防控知识宣传力度,有效控制留学生疫情发生的可能性。通过此项工作提升了学校重大疫情防控应急响应机制。

(胡金光)

【获主题征文比赛优秀奖】12月16日,在京外国留学生"我与北京"主题征文比赛颁奖式在北京市人民对外友好协会举办。华北电力大学朝鲜留学生金哲范的《中国现在为了环境努力》和马建日的《入乡随俗》获优秀奖,华北电力大学获"优秀组织奖"。该项目由北京市人民对外友好协会、北京市外事办公室、北京市新闻办公室和北京市教育委员会共同主办。

(胡金光)

体育教学部

■概述

2014年,华北电力大学坚持"办一所负责任大学"的办学理念,遵循"以人为本,健康第一",从多方面提高和改进师生的健身理念,创造良好的锻炼环境,为高水平大学建设提供身体支撑和保障。做到了严格管理、以人为本,使体育教学部教学、竞赛训练、群体和科研工作质量不断提高。多次受到上级部门的表彰,在多项全国赛事上取得优异成绩。

2014年,学校把体育教学和体育课程建设放在首位,不断更新体育教育理念,进一步了提高体育教学质量,改善教学条件,改革教学内容、教学方法、教学手段。严格教学管理,提高科学管理水平,加强对体育教育的科学研究工作,全面提高体育教学水平。积极组织深入教学改革,提高学生身心健康水平和体育实践创新能力。

2014年,学校在认真搞好教学和课外体育的同时,认真搞好各种竞赛活动和高水平运动队建设,校足球队、田径队、男女篮球队、男女排球队、健美操队、街舞队、乒乓球队、跆拳道、毽绳队、藤球队、武术队、铁人三项、传统养生、轮滑队、网球队在全国和省部级比赛中取得优异成绩。

2014年,学校积极开展阳光体育运动。组织实施2014年华北电力大学学生阳光体育冬季长跑活动,引导组织各院系开展趣味运动会。要求学生在上好体育课基础上,积极参加各种体育活动,结合自己实际在不同的时间和场合进行有效的体育锻炼。积极开展一小时校园体育活动,确保每天锻炼一小时。力争做到人人有体育项目、班班有体育活动。因地制宜地开展丰富多彩和卓有实效的课外体育活动,指导全校师生进行科学的体育锻炼。引导全校师生利用体育课、课间活动、课外活动搞好阳光冬季长跑活动,确保学生体质逐年提高。

2014年,学校结合体育教学实际,积极进行体育科学研究,营造浓厚的学术氛围。体育教学部(保定)积极进行学术交流,承担省部级课题3项,承担校内教改课题两项;主编体育专著一部、主编体育教材两部,共发表论文23篇,其中核心期刊2篇;三大检索3篇。

2014年,篮球馆、网球场、排球场及足球场修缮完成,保证教学、训练正常进行。

(任金锁　赖其军)

■概况

2014年,体育教学部有教职工59名(保定28人),其中,专任教师53人(保定25人),教授5人(保定3人)、副教授22人(保定11人),具有硕士学位的教师81%(北京)、60%(保定)管理岗3人(保定1人),实验及技术人员3人(保定2人),体育教学部有中共党员43人(保定20人)。

华北电力大学体育教学部分北京和保定两个教学部。现有体育运动中心1座，标准塑胶田径场3块（保定2块），场内均设有标准足球场地。室外篮球场37块（保定23块），排球场14块（保定12块），塑胶网球场地8块（保定2块）；羽毛球场地8块（保定）；乒乓球台110张（保定60张）。教学器材种类齐全，数量充足，各运动项目器材配备完善。运动场总面积91 443.25平方米（保定61 244.25平方米），室内运动场面积为9 720.05平方米（保定4 626.05平方米）。室内运动场地包括400平米综合训练场一个（保定）、443.75平方米健美操教室两个（保定一个，193.75平方米）、1 700平方米乒乓球室两个（保定一个，500平方米）、111平方米健美教室一个（保定）、404.5平方米武术、跆拳道教室一个（保定）、205.5平方米形体教室一个（保定）、637.8平方米综合体育教室一个（保定）789.5平方米大学生体质健康测试室两个（保定一个，169.5平方米）、528.5平方米体育活动中心跑廊一个（保定），为体育教学、训练、竞赛和课外体育活动创造良好的环境，满足体育教学、竞技体育和群众性体育的场地需求。

（赖其军　王　艳）

■条目

【**举行学术论文报告会**】1月12日，体育教学部（保定）召开第21届学术论文报告会，聘请校外专家河北省大学生体育协会理事长田振生教授、河北省教育厅思政体卫处处长张民、河北农大体育部主任刘春明教授、河北金融学院体育部主任毕献为教授作为特约评委进行交流指导。会上共宣读论文12篇，内容涵盖教学、训练、心理和社会体育等领域，绝大多数都结合实践采用定量分析方法，论文深度、广度进一步提高，经过专家评审，共评出一等奖论文1篇、二等奖论文2篇。

（赖其军）

【**获多项省级奖励**】1月19日至22日，河北省普通高校体育工作会议在石家庄市召开。华北电力大学体育教学部（保定）被河北省教育厅思政体卫处和河北省大体协授予“学校体育工作管理优秀单位”荣誉称号；体育教学部（保定）房游光、云欣获河北省优秀体育教师荣誉称号。

（赖其军）

【**获高水平运动队建设评估二等奖**】3月21至22日，2014年北京市大学生体育协会理事（扩大）会议于在国家会计学院召开，会上公布了2013年高水平运动队建设评估获奖单位。华北电力大学获二等奖，这也是学校自2006年获批招收高水平运动员以来参加的第2次评估，在第一次评估中，华北电力大学获得三等奖。

（王　艳）

【**获首都高校大学生篮球联赛冠军**】4月27日，2014年首都高校大学生“STAR”杯篮球联赛落幕，华北电力大学女篮再次夺得冠军，这也是历届“STAR杯”女子（乙组）比赛中第一支成功卫冕的球队。本次比赛共有清华大学、北方工业大学等22所高校参赛。

（王　艳）

【**参加河北省大学生运动会获佳绩**】4月30日至5月4日，河北省第十八届大学生运动会在石家庄河北师范大学举行。本届运动会共设田径、篮球、排球、健美操、乒乓球等6个竞赛项目，共有来自省内89所高校378支代表队的2 746名运动员参赛，分为甲、乙、丙、丁4个组别。经过五天激烈角逐，保定校区田径男队获得金牌榜冠军，女队获金牌榜季军，学校代表团首次获得大运会“体育道德风尚奖优秀代表团”荣誉称号。

（赖其军）

【**第八届跆拳道公开赛获佳绩**】5月1日至4日，河北省体育局和河北省跆拳道协会主办，保定市体育局和河北省青少年跆拳道训练基地承办的河北省第八届大众跆拳道公开赛在保定举行。本次比赛共有100余家单位参加，保定校区共派出12名运动员，参加13项比赛。经过三天激烈的角逐，保定校区代表队夺得3金3银2铜，并获精神文明奖。

（赖其军）

【**参加排球挑战赛获佳绩**】5月，北京市教育委员会、北京市大学生体育协会、北京市大学生体育协会排球分会共同举办的首都高等学校2014年阳光体育排球挑战赛开赛。来自首都高校男子22支球队，女子20支球队参赛。华北电力大学在决胜局以18∶16战胜中国农业大学获得季军。女排在本次比赛中获得第四名。

（王　艳）

【**首都高校武术比赛再创佳绩**】5月11日，由北京市教委、北京市大学生体育协会主办的2014首都高校武术比赛在北京工业大学开赛。来自北京工业大学、北京体育大学、华北电力大学等30余所高校共400余名选手参赛。华北电力大学共派出九名运动员参加比赛。本次比赛设推手比赛和套路比赛。华北电力大学韩立鹏获80公斤级定步推手亚军。毕雨穆的长拳三路获女子组第三名，封照林获一类拳术第三名。曹闯获42式太极拳第六名，郑磊获24式太极拳第八名，段意获32式太极剑第三名，并获道德风尚奖。

（王　艳）

【首都高校田径运动会夺冠】5月15日至18日，首都高校第五十二届学生田径运动会在中国人民大学举行，来自首都高校1 800余名教练员与运动员参加本届运动会，华北电力大学运动员孙腊梅获女子甲组10 000米冠军和5 000米季军。

（王　艳）

【参加校园铁人三项赛获佳绩】5月24日，首都高校第三届校园铁人三项赛暨全国高校第二届校园铁人三项邀请赛在中国石油大学（北京）举行，来自全国各地27所高校的铁人三项爱好者共203名选手参赛。本次比赛由北京市大学生体育协会主办，中国石油大学（北京）承办。设分全国高校男子组、女子组和北京高校男子组、女子组，比赛项目共10个。比赛赛道均设在中国石油大学校内。华北电力大学代表队共8人参赛，张皓以30′17″09的成绩获全国轮滑三项男子组冠军、首都轮滑三项男子组冠军；彭燕嘉获全国轮滑三项女子组亚军、首都轮滑三项女子组亚军；喻晨获全国轮滑三项女子组季军、首都轮滑三项女子组季军；罗皓峰获全国轮滑三项男子组第四名、首都轮滑三项男子组季军；殷商莹获全国轮滑两项女子组第四名。学校获“体育道德风尚奖”，徐新利获“优秀教练员奖”，张皓和殷商莹获“铁人精神奖”。

（王　艳）

【获全国全民健身操舞特等奖】5月24日，全国全民健身操舞推广大赛北京分赛区暨第六届北京市体育大会健美操比赛在地坛体育馆举行。此次比赛涵盖北京赛区内10个区县中的小学、中学、各类院校及健身俱乐部等参赛单位，共200支队伍1 800多名运动员参赛。华北电力大学派出由教练罗琳老师带队的12名运动员组成的代表队参赛并夺得特等奖。

（王　艳）

【干雪获女子半程马拉松赛冠军】5月31日，绿地杯2014国内（巢湖）马拉松邀请赛开赛，来自中国、美国、德国、印度、肯尼亚等国内外2013名选手参加。华北电力大学干雪以1小时22分24秒的成绩获女子半程赛冠军。

（王　艳）

【获全国登山赛冠军】6月29日，第三届中国健身名山・崆峒山登山赛崆峒古镇举行。来自全国各地近1 300余名运动员和户外爱好者分别参加首站崆峒山赛区男/女竞速组、家庭组、健身组4个组别的比赛。华北电力大学运动员干雪以55分13秒的成绩获得女子竞速组冠军，再次卫冕。本届比赛从崆峒古镇定北门出发，途经聚仙桥、弹筝湖、问道宫、王母宫等多个景点，最终到达终点静乐宫，赛道总距离8 419米，海拔落差701米。中国健身名山登山赛由中国登山协会和中国名胜风景区协会共同主办。

（王　艳）

【获中国健身名山赛冠军】7月13日，第三届中国健身名山・焉支山巾帼英雄登山赛在甘肃省开赛。来自全国各地的2 000多名运动员参加比赛。本站登山赛活动的主题是“相约世博圣地・展示巾帼风采”，比赛共分为专业竞技组、家庭亲子组、群众健身组3个组别。“2014第三届中国健身名山・焉支山巾帼英雄登山赛”是2014中国健身名山全国五站比赛中最具特色的一站比赛。华北电力大学学生干雪以1小时4分03秒的成绩夺得女子竞速组冠军。

（王　艳）

【举办全国篮球教练员高级培训班】8月25－26日，由中国教育部主办，中国大学生体育协会承办，华北电力大学协办的“全国学校篮球教练员高级培训班”在华北电力大学举办。副校长孙忠权，中国大学生体育协会常务专职副主席兼秘书长杨立国、专职副主席王晓毅，北京市大学生体育协会主席杜松彭与美国国际大学生体育联合会官员尼尔森.赫金森（Nels Hawkinson）出席开班仪式。本次培训班前来授课的均为经验丰富的著名教练及裁判员，包括：德雷赛尔大学体育部主任艾瑞克.斯摩尔（Eric Zillmer）、男篮队主教练詹姆斯.福林特（James Flint）；现上海大鲨鱼职业篮球俱乐部主教练马跃南；篮球国际级裁判杨茂功；北京体育大学体能教研室主任周爱国。自于CUBS中国大学生男（女）超级联赛队伍主教练、助理教练，CUBA中国大学生篮球联赛十六强队伍主教练、助理教练，中国初高中篮球联赛大区赛阶段参赛队伍教练，“协会杯”中国高中（初中）男子（女子）篮球锦标赛队伍教练，北京市各大、中、小学校教练，西部省份教育厅学生体协推荐教练约200人参加培训。培训课程主要由德雷赛尔大学教练詹姆斯.福林特

(James Flint)讲授全场区域进攻训练方法;马跃南教练讲授新的联防概念及训练途径;杨茂功讲授如何更好地理解、运用规则掌控比赛;周爱国讲授体能训练在篮球队训练中的意义、手段及作用。

(王　艳)

【参加全国大学生田径锦标赛创佳绩】8 月 29 日,“加多宝杯”第十四届全国大学生田径锦标赛在北京体育大学闭幕。本次比赛由中国大学生体育协会和中国田径协会主办,中国大学生体育协会田径分会协办,清华大学和北京体育大学共同承办。来自全国 124 所高校的 1 661 名教练员和运动员参加比赛。华北电力大学共派出 4 名运动员参加比赛,能源动力与机械工程学院干雪获女子甲 A 组 5 000 米和 10 000 米两块金牌,电气与电子工程学院的赵新娅获女子甲 A 组 800 米金牌和 400 米第五名的好成绩,经济与管理学院的孙腊梅获得女子甲 B 组 10 000 米第六名。

(王　艳)

【获半程国际马拉松第二名】9 月 13 日,2014 太原国际马拉松赛暨全国马拉松锦标赛(第四站)在太原举行。来自肯尼亚、美国、德国、日本、韩国等 13 个国家运动员参赛,其中竞技项目半程马拉松报名人数 3 000 余人。华北电力大学保定校区电气化 1401 班高萌获女子半程马拉松第二名。

(赖其军)

【获登山赛女子专业组冠军】9 月 20 日,2014“五征杯”全国登山赛(五莲山站)在山东五莲山举行,此次比赛由国家体育总局登山运动管理中心、山东省体育局共同主办,来自全国各地 3 000 余名专业运动员和登山爱好者参加比赛。华北电力大学保定校区电气化 1112 班学生袁雪慧参加专业组比赛并获得冠军。此次比赛,专业组路线为山路,全长 15 公里。

(赖其军)

【参加获国际半程马拉松赛获佳绩】9 月 27 日,“2014 中国 · 贵州镇宁黄果树国际半程马拉松赛”在贵州举行。来自埃塞俄比亚、肯尼亚、美国、英国、加拿大等国家、地区的众多国外选手,国内北京、上海、天津、重庆、广州、河北等共 28 个省市选手及贵州省长跑爱好者共 10 000 余人参赛。华北电力大学保定校区电气化 1401 班学生高萌夺得女子业余组亚军。此赛事已连续举办八届,是西南地区承办的一项国家体育赛事。2010 年经国家体育总局田径协会批准升级为国际赛事,吸引众多国外选手参加,具有较大的知名度和影响力。

(赖其军)

【获山地竞速挑战赛冠军】9 月 28 日,全国山地竞速挑战赛在贵州开赛,来自全国各地 17 个省市 120 多名运动员参赛。华北电力大学保定校区电气化 1112 班学生袁雪慧夺得 50 公里升降赛女子组冠军。在本次比赛中,袁雪慧还和其他运动员联合组队夺得 27 日举行的 50 公里接力的冠军。

(赖其军)

【获全国健身操舞大赛特等奖】10 月 8 日至 14 日,2014 全国全民健身操舞大赛总决赛在青岛汇泉广场拉开帷幕。来自全国 20 个分站赛 26 个省市的 254 支参赛队伍 4 500 多名运动员参加比赛。华北电力大学健美操队获得五个特等奖;街舞队取得一个特等奖,两个一等奖,再创历史新高。由于表现出色,学校 3 支获奖队伍受大赛主办方邀请学参加颁奖晚会表演。

(赖其军)

【举办第 46 届田径运动会】10 月 17 至 18 日,华北电力大学(保定)第 46 届田径运动会在体育运动中心举行。校领导吴志功、刘吉臻,张金辉、安连锁、李双辰、王增平,党委常委张天兴,校长助理米增强、律方成、郭孝锋等和相关职能部门、各学院主要负责人及广大师生参加开幕式。校体育运动委员会主任、党委书记吴志功致开幕词并宣布第 46 届田径运动会开幕。此次田径运动会学生和教工竞技水平不断提高,多人次打破多项大会记录。法政系和科技学院分获学生组团体冠军和教工组团体冠军。

(赖其军)

【获北京国际马拉松赛冠军】10 月 19 日,第 34 届北京国际马拉松赛在北京天安门广场开赛,华北电力大学田径队运动员干雪以 1 小时 18 分 22 秒的成绩获得本次比赛半程女子组冠军。此次马拉松赛吸引 55 个国家和地区的 30 000 名专业选手和长跑爱好者参加。北京国际马拉松赛由中国田径协会主办,是经国家体育总局和北京市政府批准,并在国际田联和国际马拉松及路跑协会备案的中国最高水平的马拉松赛。该赛事于 1981 年首办,每年一届,已发展成为影响较大的传统性国际赛事,并跻身于世界十大马拉松之列。赛后,干雪接受 cctv5 体育频道采访。

(王　艳)

【首都高校大学生网球联赛创佳绩】10 月 18 日、19 日、25 日，2014 年首都高等学校大学生网球联赛秋季单项赛落下帷幕。来自北京工业大学、北京体育大学、华北电力大学等 30 多所高校共 400 余名大学生参赛。华北电力大学共派出男女共 13 名运动员参赛。国际教育学院林海获得亚军，李彪、周文涛、颜松岸、冉浩楠 4 人获男子乙组双打第五名。外国语学院浩琦获女子乙组单打亚军。

（王　艳）

【中国大学生篮球联赛获亚军】10 月 26 日，为期十五天的 2014 年第十七届 CUBL 中国大学生篮球联赛（北京赛区）在对外经贸大学落幕，华北电力大学女篮获亚军。

（王　艳）

【首都高校第七届藤球比赛创佳绩】11 月 23 日，首都高校第七届学生藤球比赛在华北电力大学举行，来自清华大学、中央民族大学、中国政法大学、华北电力大学等 22 支代表队参赛，华北电力大学代表队获得男子乙组冠军，女子乙组第四名和团体总分季军。张江涛获最佳进攻奖，李亮获最佳教练员，学校获最佳组织奖。

（王　艳）

【校足球队获联赛冠军】12 月 5 日至 12 日，由河北省教育厅主办的 2014—2015 年特步中国大学生足球联赛河北赛区暨 2014 年河北省大学生足球赛在保定职业技术学院举行。共 15 所院校参赛。在小组赛中，华北电力大学以 5:0 和 3:0 分别战胜河北大学和河北工业大学，以小组第一出线。在淘汰赛中，先后以 5:0 和 2:0 战胜河北科技学院和河北师范大学进入决赛，最终以 5:0 战胜河北农业大学获得冠军，第三次获全国大学生足球联赛北区决赛资格。

（赖其军）

【获毽绳比赛获四连冠】12 月 7 日，首都高校第二十二届大学生毽绳比赛在北京大学举行。清华大学、中央民族大学、北京建筑大学、华北电力大学等 22 所高校参加，华北电力大学获得十个奖项的全部奖杯和一个奖牌，分别是：跳绳男子团体第四、女子团体第一、男女团体第一；踢毽男子团体第一、女子团体第二、男女团体第二；毽绳男子团体第一、女子团体第一、男女团体第一；花样跳绳获得一等奖以及最佳组织奖等。这也是华北电力大学自 2011 年以来，连续四年获团体冠军。

（王　艳）

【举行冬季长跑活动】12 月 26 日，华北电力大学（保定）举行 2014 年阳光体育冬季长跑活动。此次冬季长跑活动旨在全面贯彻落实《教育部办公厅、国家体育总局办公厅、共青团中央办公厅关于开展第六届全国亿万学生阳光体育冬季长跑活动通知》的有关要求和《河北省切实保证学生每天一小时校园体育活动实施细则》，促使学生形成正确的健康理念和良好的锻炼习惯，有效提高学生的身体素质和健康水平。本次比赛动力系获团体第一名。

（赖其军）

思想政治理论课教学部

■概述

2014 年，华北电力大学政教部围绕学科建设、教学科研、队伍建设等方面展开工作，取得较大成效。严格把关，确保思想政治理论课教学的政治方向；认真研究教学教法，确保思想政治理论课教学质量提升；积极拓展学科建设，确保学科均衡发展；引进急需人才培养现有人才，确保教学、科研团队的可持续发展；狠抓科研，全面提升政教部科研水平。

2014 年，政教部以现有人才资源为基础，充分挖掘潜力，实现优势绽放，初步整合出思想道德修养与法律基础教研梯队、马克思主义基本原理教研梯队、毛泽东思想和中国特色社会主义理论体系教研梯队和中国近现代史纲要教研梯队，培养熟练掌握课程教学内容和体系的骨干。在此基础上，努力使教学质量再上新台阶，着力培养学科带头人 4 名，校级教学骨干 4 名，深入推进思想政治理论课教师的“专业化、专家化”工程。

（赵天怡　陈晓蕾）

■概况

主任：苑英科

书记：蔡利民（北京）　梁平（保定）

2014 年，华北电力大学政教部设有思想政治教育专业硕士点 1 个和马克思主义中国化专业硕士点 1 个。

2014 年，政教部共有教职工 47 人。其中，专任教师 43 人，其中教授9人、副教授19人、讲师15人,具有博士学位教师18人,硕士生导师14人,管理人员4人。

2014年,政教部引进师资3人,其中教师2人,管理人员1人。

2014年,政教部招收硕士研究生11人,硕士研究生毕业10人。研究生毕业学生一次就业率为100%。

2014年,政教部发表学术论文75篇,其中CSSCI 7篇、核心期刊发表9篇;出版学术著作2部,研究生教材2部;申报市级及以上纵向项目3项。

2014年,政教部参加北京市教工委及河北省教育厅开展的高校思想政治理论课骨干教师培训与研修9人。

2014年,政教部教师获市级及以上荣誉奖励4项。其中,获保定市思想政治工作研究优秀中青年专家"荣誉称号1人;保定市哲学社会科学学术委员会聘任"政治建设与社会治理创新专业委员会"委员1人;河北省大学生人文知识竞赛获"优秀指导教师"荣誉称号1人;河北省高校青年教师教学竞赛获人文社会科学学科三等奖1人。

(赵天怡　陈晓蕾)

■条目

【开展理论学习】2014年,政教部不断深入学习马列主义、中国特色社会主义理论,深入学习习近平同志系列重要讲话精神、党的十八大和十八届三中、四中全会精神及社会主义核心价值观。通过学习,使全体教师进一步提高政治理论水平,适应新形势下的思想政治理论课教学的需要。

(赵天怡　陈晓蕾)

【深化思政课课程建设】2014年,政教部在四门本科生必修课全部建成校级核心课的基础上,继续加大教学内容和教学方法改革的探索。共有四项教学改革获校级立项。按照教务处的要求,完成必修课和选修课的教学大纲修订工作。

(赵天怡　陈晓蕾)

【完善马克思主义理论学科发展规划】根据国家发布的《高等学校哲学社会科学繁荣计划(2011—2020年)》以及学校启动的文理学科振兴计划,继续修改完善"马克思主义理论学科发展规划",制订并开始实施马克思主义理论学科调研计划。

(赵天怡　陈晓蕾)

【郑祚尧教授应邀来校作讲座】5月8日,华北电力大学政教部邀请云南师范大学教授郑祚尧来校作"反贪腐与软实力建设"主题讲座。郑教授精辟分析贪腐的典型表现,深度解读贪腐产生根源,对当代大学生树立科学的世界观、人生观、价值观,提升自身的软实力素养具有重要意义。

(陈晓蕾)

【余源培教授应邀来校作讲座】6月19日,华北电力大学政教部邀请复旦大学哲学学院余源培教授来校作关于"社会发展中的几个关键问题"的讲座。余教授围绕中国社会发展过程中的改革开放、传统文化的创新等当代热点问题,精彩解读,见解独到,分析深刻,视域前沿。与会师生反响强烈并积极进行交流互动。

(陈晓蕾)

【参加人文知识竞赛获佳绩】11月17日,政教部带队参加河北省人文知识竞赛,共获二等奖1项,三等奖1项,并获"优秀组织"奖。

(陈晓蕾)

□教科研设施与服务保障

INFRASTRUCTURE AND SERVICE GUARANTEE

○综　　述

2014年,华北电力大学教科研设施建设稳步推进,在管理和服务创新方面取得新突破。

2014年,图书馆首次编制《2013年图书馆资源与利用白皮书》,全面介绍图书馆资源及服务情况。定期举办IEL、SCI等高质量数据库资源培训讲座,开放信息共享空间,继续推进与CALIS、BALIS及北京高科大学图书馆联盟等区域联盟的资源共建共享工作。开通图书自助借还服务,试运行座位预约管理系统,完成一卡通系统与图书馆各应用系统及服务对接。深化文献检索课改革,开设《图书馆与文献检索》选修课程。申报《华北电力大学理工学术论文全景分析》获中央高校青年基金项目立项。依托图书馆官方微博、微信、华电论坛等信息平台指导师生使用图书馆。保定校区图书馆推出图书专题展,面向新生开展图书馆导游活动,针对毕业生开展导读活动。建立"华电微图""华电读者小助手"等实现与读者实时互动。科研工作方面,成功申报省级科研项目1项、校级项目3项,市级项目结题2项,发表论文30篇。

2014年,网络与信息化工作围绕一卡通系统工程建设、基础网络及数字化校园建设项目开展。实现学校图书馆、医院、学生宿舍、学生食堂等一卡通使用升级,实现校内所有商户消费及浴室、开水房一卡通消费。启动基础网络及数字化校园建设项目。保定校区校园一卡通系统全面启动,完成财务系统、图书管理系统、教务系统对接,实现补助发放、成绩打印等功能。保定校区万兆流控系统投入使用并初见成效。完成校园网核心设备升级、完成新实验楼万兆接入校园网,完成学生处就业双选会场无线网建设工程,管理维护保定高校CERNET核心节点等多项工作。保定校区计算机基础教学实现"大学计算机基础"课程分级教学及测试。

2014年,工程训练中心在教学、创新实践等方面取得进展。高质量完成全年实践教学任务,共接受参加实践学生7 800人次,完成教学工作量318 185人时数,教学运行机制和教学质量得到进一步提升。完成设备投资182.790 2万元,新基地投入使用并发挥作用。组织完成综合性创新基地建设,充分利用新增场地和设备,使学生在参与面上和创新实践水平上有较大的提升。

2014年,金工实训中心共完成全校50个班1 534人每人为期2-3周实习任务,组织学生参加多项创新比赛并获佳绩。

2014年,后勤管理与服务工作围绕学校工作目标和要求推进后勤管理体制改革。加强能源研究,积极推进节约型校园建设。与英利集团合作,建成总功率为1 364.88kW的屋顶太阳能光伏发电系统,完成煤改气工程并投入使用,参加"农校对接"和伙食原材料联合采购,降低采购成本,稳定餐饮价格。启动实施"厨师驻校计划",为师生提供多种菜式选择。保定校区多措并举巩固餐饮综合改革成果,坚持做好一菜一价、增量降价、温暖套餐等各项工作,清真餐厅改造完成并投入运行。组织开展"优质服务月"、"安全生产周"、"安全生产月"、"节能宣传周"等重点活动并取得成效。

2014年,校医院强化传染病防控和急诊急救能力,不断提升管理和服务水平,完成医疗、预防、保健等各项工作。从延长门诊工作时间、开展中医药服务,启动慢病管理工作等多方面提高服务质量,努力营造和谐医患关系。校区医院成立医院感染管理组织机构,对预防和控制医院感染管理规章制度的落实情况进行检查和指导,加强医务人员预防和控制医院感染的培训工作。加强对药品采购的领导和管理。完善护理文件记录,使护理工作更加规范化和人性化。坚持外聘三甲医院专家每月1次来院进行业务培训以提升医护人员的专业技能。全年无医疗事故发生,医院获评省市级优秀医疗机构称号。

图书馆建设

■概述

2014 年，华北电力大学校部图书馆围绕学校“学科立校、人才强校、科研兴校、特色发展”的办学理念，全力为学校教科研提供必要的文献资源保障，探索，不断推出新服务，开拓新功能，在资源推介宣传、空间新功能开拓、服务平台建设、信息服务、馆际合作与交流等方面取得进步。

2014 年，校部图书馆加大资源推介力度，提高使用效果。首次编制《2013 年图书馆资源与利用白皮书》，全面介绍图书馆状况及现有资源服务的使用统计情况，供学校各院系师生查阅参考；根据院系专业特点尝试专业化培训，为经管学院、人文学院和外语学院开办“定制”讲座，指导教师使用专业数据资源，推广新服务；定期举办 IEL、SCI 等高质量数据库资源的培训讲座，切实提高资源使用效果。

2014 年，校部图书馆紧跟网络信息技术发展，改变传统服务模式，将校部图书馆打造成新技术体验中心。开放拥有 5 个独立研讨空间的信息共享空间，为读者开展小组学习、学术研讨、课程讨论提供一站式信息空间；通过多媒体读报机让读者体验触摸读报、查寻图书馆最新动态和检索馆藏书目；利用纳米触摸文化展示窗展示图书馆风貌，实现主馆、分馆的全景环视。电子书借阅机让读者通过手机扫描二维码，轻松阅读最新出版图书。

2014 年，校部图书馆继续推进北京地区图书馆文献资源保障体系（BALIS）的馆际互借、原文传递、非书资料和联合咨询工作，原文传递服务在 90 家成员馆综合评比中排名第 11，被评为先进集体和先进个人；馆际互借服务在 87 家成员馆综合评比中排名第 15，获集体二等奖，个人先进一等奖；继续参与《博云非书资料管理系统》的建设和维护。积极推动北京高科大学图书馆联盟文献资源共建共知共享工作，参加高科联盟电子资源联合采购。按照《高科联盟图书馆数字资源采购工作规范》（草案），购进《就业数据库》《泰克贝思法律专题库》《国外科技报告》3 个数据库，实现统一谈判、统一制定方案、统一采购，大幅节约购置经费。

2014 年，校部图书馆不断拓展服务平台，提升管理水平。正式开通图书自助借还服务，实现读者自我服务；试运行座位预约管理系统，缓解突出的占座问题，指导学生文明使用阅览座位，共建公平有序、和谐文明的学习环境；全面完成学校一卡通系统与图书馆各应用系统及服务的对接工作。

2014 年，校部图书馆信息服务水平提升，影响力扩大，对外科研服务增加。除对本校师生提供服务外，华北电力大学科技查新站积极拓展对外科研服务。2014 年，校外电力科技查新课题数量比 2013 年增加 30%，占全年电力查新课题的 55%。对国家电网公司智能电网研究院、中国环境规划研究院等科研机构开通文献资源共享服务，促进资源共享与合作。

2014 年，校部图书馆继续深化文献检索课改革。面向经管院经济学、劳动与社会保障、人力资源管理等专业本科生新开设《图书馆与文献检索》选修课程；采取教室与机房相结合的方式开授研究生课，注重学生的上机实践，提高学习效果；改革考试方式，建立并完善文献检索课题库，在本科生和研究生教学中试行上机考试。

2014 年，由信息咨询部申报的《华北电力大学理工学术论文全景分析》获中央高校青年基金项目立项，由信息技术部承担的北京高校图书馆研究基金项目“基于社交网络关系模型构建互动协作高校移动学习平台”结题。查新人员参与北京高科大学联盟《科技查新典型案例解析》一书的编写，为全国科技查新人员的科技查新工作提供指导和参考。

2014 年，校部图书馆加强与读者交流，研究读者需求。依托图书馆官方微博、微信、华电师生图书馆交流 QQ 群、BALIS 原文传递 QQ 群、人人主页和华电论坛等信息平台，实现与师生的互动交流、指导师生顺利使用图书馆；通过开展图书馆服务满意度调查、有奖知识问答、文检课试卷、课堂交流等途径了解师生信息需求，改进服务。

2014 年，华北电力大学保定校区图书馆围绕学校中心任务，以制度建设为保障，以内涵发展、提高质量为核心，积极进取、团结协作，在文献资源建设、读者服务、信息服务及文化建设等方面取得新成绩。

2014 年，保定校区图书馆文献资源建设稳步健康发展。着力挖掘和整理开放资源；加强了试用数据库的管理和推广，年内试用库50余个,价值超过500多万元,为购买资源提供决策基础,弥补校内馆藏不足。完成图书采购供应商招标的材料前期准备工作,包括评分指标、售后服务体系的制定。

2014年,保定校区图书馆读者服务工作深化细化。加强图书导读和推荐:推出馆藏历届“诺贝尔文学奖”获奖作品及“茅盾文学奖”获奖作品专题展示,推荐优秀馆藏并通过二维码揭示;面向2014级新生举办图书馆导游活动,介绍图书馆概况、基本利用知识等,利用首因效应,重点强调图书馆是大学学习中不可或缺的重要部分,引导新生提高利用图书馆的意识;针对2014届毕业生开展毕业生导读活动,按照毕业生的去向,分别从应聘求职、考研、出国留学、自主创业等方面介绍相关馆藏,并按照纸本资源和电子资源两大馆藏类别分别介绍,对就业择业方面的馆藏资源进行全面展示;建立原文传递QQ群、“华电微图”“华电读者小助手”微信公共平台,利用新媒体平台,实现与读者的实时互动与交流,为读者带来全新体验。

2014年,保定校区图书馆信息服务工作继续深化。学科馆员服务更加深入,多方了解师生的需求并积极推荐本馆相关服务。馆长、副馆长带队深入走访七个院系座谈,数字资源部、信息部、采编部等部门参与。坚持举办每周四“半小时读者培训”讲座、举办电子资源利用系列讲座8场、深入院系,面向学科团队提供“满足个性、主动推送”的上门培训8次。组织新生入馆教育上机培训及测试,通过率100%。

二校电子阅览室进行了功能分区需求调查、数字资源部进行了图书馆数字资源建设和需求调查,发放并收回调查表440份。

2014年,保定校区图书馆文化建设活动蓬勃开展。举办第五届读书节系列活动;大力宣传图书馆志愿者活动并完善管理,志愿者队伍蓬勃发展,图书馆志愿队伍的影响力与日俱增;诚信书屋接受读者捐书6 924册,累计捐书量达137 269册。

2014年,保定校区图书馆科研工作取得新进展,成功申报省级科研项目1项、校级项目3项,市级项目结题2项,发表论文30篇。

2014年,保定校区图书馆邵艳霞、康恩婷获河北省高校图书馆先进工作者称号。张国艳获校优秀共产党员称号。

(林建华　赵丽香)

■概况

2014年,华北电力大学校部图书馆全年共接待读者130.9万人次;借还书27.5万册;网页访问量近61万人次。实际完成年度文献购置经费648.50万元,其中购置中外文图书214.82万元,中外文报刊54.35万元,电子文献379.33万元。年进新书56 865册,订阅中外文报刊1 137种。接收博硕士学位论文1 907册,本科生论文2 600余册。至年底,校部图书馆拥有纸质文献102.17万册,其中中外文图书93.67万册,中外文期刊合订本6.82万册;博硕士学位论文1.68万册;随书光盘9 600种,30 000册。

2014年,华北电力大学校部图书馆官方微博注册人数2 515人、微信关注人数893人、QQ群加入读者441人、人人主页关注人数821人、华电论坛发表主题362篇,60 096人次通过移动图书馆平台访问馆藏资源。

2014年,华北电力大学校部图书馆向北京高校图书馆文献资源保障体系(BALIS)发送馆际互借服务请求314次,接收请求203次,新注册487人,满足率达74.11%;发送原文传递服务请求1 741次,接收请求84次,新注册人数1 658人;文献传递满足率达97.69%,通过《博云非书资料管理系统》全年在线下载资源3 406次。

2014年,华北电力大学图书馆完成已订中外文数据库的重新审核和续订工作,新增《Springer电子期刊数据库》《中国科学引文数据库(CSCD)》《国外科技报告全文数据库》等7种数据库资源,可使用网络数据库达56个(北京、保定两地共享),北京、保定两地校区共享电子图书、电子论文和电子期刊达129.62万册、122.42万册和16.18万册。

2014年,华北电力大学保定校区图书馆馆舍面积2万余平方米,阅览座位1800余个。实际完成年度文献购置经费416.10万元,其中购置中外文图书155.42万元,中外文报刊36.11万元,电子文献224.57万元。年进新书51 131册,订阅中外文报刊899种。接收博硕士学位论文1 339册。保定校区图书馆新建随书光盘3 922种,自建随书光盘数据库数据量达19 467种。

至年底,保定校区图书馆拥有纸质文献133.77万册,其中图书125.06万册,期刊合订本7.64万册。博硕士论文1.07万册,并自建博硕士学位论文数据库,发布论文数量达9 600多种。

2014年,保定校区图书馆全年网页访问量达91.5万人次;接待读者65.62万人次;借还书37.15万册。

2014年,华北电力大学科技查新工作站共完成查新课题412

项,其中科研课题查新224项,占54.4%,博士开题188项,占45.6%;服务校内的查新课题251项,占60.9%,服务社会的查新课题161项,占39.1%。承担2013年教育部科技发展中心的查新站年检工作并通过年检。承担2012-2013两年中国电机学会电力科技查新查新站年检工作并通过年检。成功策划教育部科技查新站十周年风采展。周晓兰应科技处的邀请到保定市高新区大学科技园举办《科技查新与企业创新》知识讲座,扩大了查新站在保定市的影响力。

(林建华　赵丽香)

■条目

【启用一卡通收费系统】3月20日,根据学校一卡通使用进程,校部图书馆启用一卡通收费系统,同时停止所有现金收费。服务性收费一律更改为一卡通刷卡或以校内转账方式结算。

(徐淑芝)

【开展读书月宣传活动】4月18日至5月18日,围绕第19个世界读书日,校部图书馆开展以"共享阅读 同绘梦想"为主题的读书月宣传系列活动。策划举办"电子书借阅"体验、电子阅览室免费使用、"华电十佳读书明星"评选、毕业生捐书、BALIS原文传递及馆际互借推广咨询、"墨韵悠扬,book你我"征文大赛、中文图书借阅排行展示、图书漂流、"笔墨之光"书画展、中外文书展、馆员摄影作品展、电子资源介绍和使用讲座、读书讲座:理性之躯仗人文之翼翱翔和师生赴台湖现场选书等多项活动,将阅读推广活动融入书香校园文化建设中,吸引全校师生走进图书馆。

(易　彬)

【信息共享(IC)空间启用】4月23日,校部图书馆拥有研讨空间、文化展示空间、休闲空间和IC咨询台的信息共享(IC)空间正式启用,5个独立研讨空间面向全校师生开放。研讨空间配备有PAD、42寸电子触摸屏等先进设备,可为读者开展学术研讨、课程讨论、社团活动等提供自由空间。自开放以来共预约使用620余次,接待师生2 500余人。

(赵燕华)

【开通自助借还服务】5月,校部图书馆自助借还服务正式开通。自助借还服务开通后,延长借还图书服务时间,满足读者自我服务需求,提高读者服务效率和服务质量。全年自助借还书机完成借书总计97,430册次,占总借书量的71%,还书101,176册次,占总还书量的74%。

(马　磊)

【试用电子书借阅机】2014年,校部图书馆积极引进电子书借阅机进行试用,实现手机扫描二维码,即可阅读年度最新出版的2 000种图书。全年读者通过电子书借阅机借阅各类电子书共计3 094册。

(马　磊)

【组织师生选书】5月28日,校部图书馆邀请16位师生代表到位于通州区台湖镇的北京国际图书城进行参观和现场选书活动,共挑选图书400本,科学补充馆藏资源。此举旨在吸引师生共同参与图书馆的图书资源建设,采购更符合广大师生需求的图书。

(吴京红)

【启用座位管理系统】6月23日,校部图书馆在主馆文艺书库阅览区、主楼分馆报纸文艺期刊阅览室、科技期刊阅览室试运行座位管理系统,对高峰时段的座位进行管理,缓解读者占座,抢座矛盾,至年底,座位预约1 936人次,管理效果明显。

(马　磊)

【编制《2013年图书馆资源与利用白皮书》】9月,校部图书馆《图书馆资源与利用白皮书》编制完成并发放至学校各部门院系。全书包括图书馆概况、图书馆文献资源、图书馆资源服务、图书馆资源利用、SCI/SSCI/CPCI-S/EI/ESI收录学校发表论文数据分析和科技查新站等6部分内容。以数据和图表形式介绍北京保定两地图书馆发展概况、资源、服务,并通过数据对比分析资源利用情况和查新站完成的查新项目列表,清晰反映出学校的科研热点。

(薛　敬)

【李宁担任图网党总支书记】9月17日起,根据工作需要,经学校党委常委会议研究决定,任命李宁担任图书网络党总支书记,吴万凯不再担任图书网络党总支书记。

(徐淑芝)

【表彰优秀馆员助理】10月11日,校部图书馆召开2014学年优秀馆员助理表彰及培训大会,首次对评选出的14名2013—2014学年度勤工助学"优秀馆员助理"进行表彰,馆长刘宗歧和学生处副处长卜春梅为14名获奖学生颁发证书、奖品。优秀馆员助理评选活动进一步提高图书馆勤工助学学生的工作积极性和责任感。

(易　彬)

【完成电梯升级改造】10 月，校部图书馆对已运行 18 年的客货两部电梯进行改造，将模拟信号控制系统升级为更安全、精准的数字信号控制系统，避免因电梯超期服役导致的夹人、关人、不平层等危险状况发生，消除安全隐患，为图书馆读者和工作人员提供安全保障。

（解永山）

【启用校园一卡通系统】4 月 28 日，华北电力大学保定校区图书馆完成“校园一卡通”与现有管理系统的整体切换。实现通过校园卡的读者身份识别、图书借还、电子阅览室上机等功能。为确保“校园一卡通”系统在图书馆的顺利实施，图书馆配合学校相关部门开展一卡通项目调研，以及软硬件调试、数据整理、采集、闸机通道系统更换和新旧系统切换等一系列工作。比对旧系统读者数据2.6 万余条，人工清理账目 10 627 人次，顺利完成旧系统账目清理工作。

（赵丽香）

【完成新网页开发并试运行】9 月，华北电力大学保定校区图书馆完成新网页开发并试运行。新网页实现检索区、动态发布区、资源服务区、常用链接等功能区的清晰划分，对百余个数据库进行了多元分类。新版网页使用图片约 50 张，涉及数据库字段约 160 个；开发页面约 150 个，代码约 3 万行。新网页信息量大、脉络清晰，至年底，点击次数近 42 万次。

（田永超）

【举办读书节系列活动】9 月 25 日至 10 月 30 日，华北电力大学保定校区图书馆举办主题为“书香溢校园，阅读伴我行”的华北电力大学第四届读书节系列活动。活动中通过多种宣传方式，将丰富的文献资源呈现在读者面前，让读者了解图书馆、利用图书馆、热爱图书馆，促进校园内的阅读推广。读书节期间举办了好书推荐、好书交换、信息资源利用系列培训讲座、搜书大赛、十佳读者评选等 6 项活动。研究生、本科生上千人次参加活动。华北电力大学读书节自 2010 年开始举办，是华电的品牌校园活动。

（赵丽香）

【举办首届搜书大赛】10 月 23 日，保定校区图书馆在一校区图书馆举办首届“搜书大赛”，研究生、本科生共 40 名读者参赛并，最终评出一、二、三等奖共计 12 名。该活动旨在发掘读者的图书检索水平，促使其熟悉图书馆网站各种检索工具的使用，熟悉各借阅区架位的分布，激发同学们对图书馆的兴趣和热爱，充分发挥好图书馆的教学辅助功能，

（张晓梅）

【修订图书馆制度汇编】11 月，华北电力大学保定校区图书馆完成《华北电力大学图书馆规章制度汇编》（2014 版）的修订编印。该书包括图书馆工作守则、岗位职责及工作细则、行政管理规章制度、读者管理规定及业务工作规范五个部分，共计 13.3 万字，在原有 2007 版本的基础上全面修定，共梳理各类制度 89 项，其中新增制度 17 项，废除制度 2 项。

（赵丽香）

【启动华电文库建设工作】2014 年，华北电力大学保定校区图书馆数字资源建设部启动“华电文库”建设工作，设立“华电文库”特藏室，搜集本校教师著作 800 余册，并同步开展数字化平台建设，发布电子图书 522 册。为保障“华电文库”发展的可持续性和平台内容的完整性，出台《关于保定校区开展“华电文库”建设及征集教工著作的通知》（华电（保）校〔2014〕3 号文件），制定“华电文库”图书征集办法及使用规范。

（于会萍）

【开展志愿服务】2014 年，保定校区图书馆志愿服务活动取得成果。自 2011 年 4 月组建图书馆志愿者队伍以来，至 2014 年年底共招收志愿者 8 批，上岗人数共计 608 人，累计服务时间 13 826.67小时。

（赵丽香）

网络与信息化工作

■概述

2014 年，华北电力大学信息化工作依托学校“十二五”发展规划，推进大学校园信息化建设，重点围绕一卡通系统工程建设和基础网络及数字化校园建设项目开展工作。

2014 年，学校继续推进一卡通系统工程建设项目，着力提高学校的信息化水平。北京校部网络与信息中心与北京迪科远望科技股份有限公司全面深入开展一卡通系统建设，实现学校图书馆，校医院，学生宿舍门禁等一卡通身份识别功能基础上，完成学校 3

个学生食堂,教四楼公共学生机房,图书馆电子阅览室等一卡通使用升级,对校内商户系统和校内水控系统进行一卡通安装,实现校内所有商户消费以及浴室、开水房消费校园卡消费,真正做到“一卡在手,走遍校园”,为师生的日常学习工作和生活带来便利。2014 年,保定校区校园一卡通系统全面启动,完成新生数据采集及制卡流程、毕业生离校销户流程以及涉及一卡通的有关卡务管理规范、设备管理规范和财务管理规范。完成财务系统、图书管理系统、教务系统对接,实现补助发放、成绩打印等功能。

2014 年,学校启动北京校部基础网络及数字化校园建设项目,全面深入提高学校的信息化水平。网络与信息中心与项目实施方江苏金智教育信息技术有限公司经过前期项目需求分析、实施方案规划,建设过程中与学校各二级部门多次沟通协调,明确项目需求,调整实施方案,至年底,数字化校园项目一期基本完成,开始试运行和后期完善工作。

2014 年,华北电力大学(保定)网络信息化工作在保障全校网络安全稳定运行的基础上,继续推进校园网安全体系建设,健全完善校园网功能,万兆流控系统投入使用并初见成效。完成校园网核心设备升级,提高校园网的稳定运行能力。同时,完成新实验楼万兆接入校园网,完成学生处就业双选会场无线网建设工程,管理维护保定高校 CERNET 核心节点等多项工作。

2014 年,保定校区计算机基础教学在 14 级学生中实现“大学计算机基础”课程分级教学,组织分级测试,首次根据学生情况实行“大学计算机基础”A 班、B 班、基础班三级教学;“微机原理与接口技术”实验班课程进行小班课程试点,课程教学、实验上机全程在机房进行;组织教师修订 2013 版各课程教学大纲;潘卫华的“高级语言程序设计 C + +”参加教务处组织的“教师课堂教学质量综合评价”,评价结果为特优。刘淑平、秦金磊的“微机原理与接口技术 A”参加教务处组织的“教师课堂教学质量综合评价”,评价结果均为优秀。

(荆振宇　丁立新)

■概况

2014 年,华北电力大学校部网络与信息中心工作人员为 18 人,高级职称 9 人,研究生学历 5 人。网络与信息中心下设网络运行管理室、网络信息管理室、电化教学室、计算机房、一卡通中心及办公室。

2014 年,华北电力大学校部校园网 IPv4 出口总带宽 2 300 兆,出口平均流量 1 900 兆,其中教育网出口带宽 500 兆,平均流量 350 兆;公网出口带宽 1 800 兆,平均流量 1 700 兆;IPv6 出口带宽 1 000 兆,平均流量 900 兆。共有 IPv6 地址 45 297 个,IPv4 地址 36 864 个,信息点 12 223 余个,无线接入点 1 089 个。校园网用户 25 000 余人,其中教学办公区 9 000 余人,宿舍区 16 000 余人,全部采用实名认证方式上网。多媒体教室 165 间。计算机教学机房 10 间,共有计算机 730 多台。完成教学实验 50 万机时。

2014 年,华北电力大学(保定)信息化工作人员 35 人,其中专任教师 15 人,教授 4 人,副教授和高级工程师 8 人,计算机应用技术硕士导师 6 人,博士学位 4 人,硕士学位的 21 人。发表教学、科研论文 15 篇。

2014 年,华北电力大学(保定)校园网 IPv4 出口总带宽 2 400 兆,出口平均流量 2 200 兆,其中教育网 IPv4 出口带宽 1 000 兆,平均流量 900 兆;公网出口带宽 1 400兆,平均流量 1 300 兆;IPv6 出口带宽 300 兆,平均流量 300 兆。共有 IPv6 地址 2001:DA8:232::/48 个,IPv4 地址 22 528 个,信息点 12 000 余个。多媒体教室 210 间,多媒体教室座位数约 22 992 个。计算机教学机房 4 间,共有计算机 1000 台,完成教学实验 30 万机时。

(荆振宇　丁立新)

■条目

【完成数字化校园建设项目(一期)建设】2014 年,北京校部启动基础网络及数字化校园建设项目,全面深入提高学校的信息化水平。网络与信息中心与项目实施方江苏金智教育信息技术有限公司经过一年的建设,建设完成身份管理平台、综合服务门户平台,公共数据平台、大学生成长发展数字化平台、人事管理系统(一期)等子项目,并完成应用系统集成。12 月,数字化校园项目一期已经基本完成,开始试运行和后期调试完善工作,该项目的建成标志着学校信息化建设水平迈向新台阶。

(荆振宇　张至柔)

【推进校园一卡通系统建设】2014 年,北京校部继续推进一卡通系统建设,完成学校 3 个学生食堂,教四楼公共学生机房,图书馆电子阅览室,经管学院机房管理系统等一卡通安装升级,而且还对校内商户系统和校内水控系统进行一卡通安装,北京校部校内所有商户消费以及浴室和开水房消费均可使用一卡通消费。保定校区校园一卡通系统建设完成并顺利通过验收。主要建有数据中心系统、卡务管理系统、综合消费系统、水控管理系统、车辆出入管理系统、机房管理系统等。

（孙亚娟　丁立新）

【14 号宿舍楼网络建成投用】9 月 26 日，北京校部 14 号学生公寓楼网络环境项目建成投入使用。该楼宇综合布线采用国际六类标准设计并施工，共有信息点 580 个。其中网络设备共投资 30 万元，由北京令科风科技有限公司负责安装调试，共购置 H3C LS5800 汇聚交换机 1 台，H3C LS5120 接入交换机 20 台，每间宿舍分配 2 个千兆接入信息点，全部采用实名制认证方式入网。

（胡　涛）

【完成多媒体教室设备改造】11 月，学校投入 165 万专项资金用于北京校部“多媒体教室设备改造”项目。该项目建设包括更新 27 间教室的监控设备和 13 间教室的投影幕布，并且对 100 多间多媒体教室配置蓝牙功放和蓝牙无线话筒，更换新的音响，改善多媒体教室的教学环境。

（荆振宇）

【获批校级重大教改项目】7 月，保定校区信息与网络中心潘卫华的“高级语言程序设计教学及团队建设”，朱有产的“微机原理与接口技术研究性教学团队建设”，获批校级重大教改项目。

（丁立新）

工程训练中心建设

■概述

华北电力大学工程训练中心于 2005 年 3 月由原实习工厂、机械制造实验室和保定华电配电设备有限公司组建成立，是集教学、科研和产业为一体的校直属单位，主要任务是承担学生的工程训练、教学综合实验和创新实践活动、为机械学科提供科研平台和开展对外技术服务。经过多年的建设，华北电力大学工程训练中心已成为特色鲜明，机械工程与电力工程结合的，集教学、科研、生产为一体的工程实践教学基地。中心在建设过程中积极进行教学改革研究，逐步形成“以培养学生工程意识和工程能力，提高学生工程素质和创新能力为目标”的实践教学理念，完成了以操作技能训练和课程验证实验为主到以综合性工程训练和创新实践为主的教学观念和教学实践的转变。中心按照“覆盖面大、层次多、强调工程性、系统性、开放性和特色性”的建设思路，以能力培养为核心，构建与理论教学有机结合，具有鲜明特色四年不断线的工程实践教学体系，并在实践中不断完善。

2014 年，工程训练中心在教学、创新实践、党建等多个方面取得进展。

2014 年，在教学工作方面通过建章立制，听课和巡视加强教学质量监管和安全保障，保证教学质量和教学安全。继续加强和完善教学计划管理，高质量完成全年实践教学任务，共接受参加实践学生 7 800 人次，完成教学工作量 318 185 人时数，教学运行机制和教学质量进一步提升。继续推进教学改革，公开发表教改论文 3 篇，新立项校级教改项目 4 项，通过建立教学质量标准，完善大学生创新俱乐部体系，推进多学科学生综合创新实践项目，加强新技术在训练中的应用进一步进行教学改革。继续推进中心建设，完成综合性创新实践基地建设，拓展和推进全校学生综合创新实践。完成设备投资 182.790 2 万元，新基地投入使用。中心建立定期检修制度和专人负责制度，对各种教学设备进行全面检查，对存在故障的设备进行及时维修，消除隐患，确保师生实习安全。

2014 年，在大学生创新实践活动方面。按照学校规划，精心组织完成综合性创新基地建设。充分利用新增场地和设备，使学生在参与面上和创新实践水平上有较大提升。全年参与创新实践的学生达 1 810 人次，申请发明专利已受理 4 项，批准授权实用新型授权 19 项，外观 1 项，软件著作权 17 项。学生公开发表论文 28 篇。中心加强基地管理，精心组织相关竞赛活动和项目运行管理，全年共组织校内竞赛 3 次，学生获省部级以上竞赛奖 30 项，其中国家奖 11 项。大学生创新性实验计划项目新立项 338 项，结题 159 项。

2014 年，在党建与思想政治工作方面。中心定期组织政治理论学习，提高党员和职工的政治思想水平，积极培养和发展积极分子，党支部注重党风廉政工作，积极开展党风廉政教育，组织民主生活会，党员和干部职工无违法违纪行为。

2014 年，在工会工作方面，中心职工积极参与学校工会活动，在校羽毛球比赛、校运会等比赛中多人次获奖。

（范建明）

■概况

2014年，工程训练中心有员工35人，其中教授2人，高级工程师3人，工程师4人，技师7人，高级技师1人，高级工14人。中心拥有加工中心、三坐标测量机、快速成型机、数控铣床、数控车床、数控线切割机床、电火花机床等先进设备，教学设备达300余台套，总值1 400余万元，房屋面积5 500余平方米，已具备优良的实训条件。中心可开出金工实习、电工实践训练、机电结合训练、先进设计与制造系统训练、创新实践等训练项目，已培养学生40多届，现具有每年接受学生近8 000多人次的培训能力。

（范建明）

■条目

【创新实验楼建成投用】3月5日，创新实验楼投入使用。该楼宇建筑面积为1500平米，实验楼的建成将使实验教学环境得到较大改善。

（范建明）

【参加机械创新设计大赛河北分区预赛获佳绩】4月18日至20日，由河北省教育厅举办的河北省大学生机械创新设计大赛暨第六届全国大学生机械创新设计大赛河北分区预赛在河北科技大学举行，华北电力大学共有9支代表队参赛，共获特等奖2项，一等奖3项、三等奖2项、优秀奖2项。

（范建明）

【参加创新设计大赛慧鱼组竞赛获佳绩】4月25日至27日，由全国大学生机械创新设计大赛组委会举办的第六届全国大学生机械创新设计大赛慧鱼组竞赛在北京理工大学举行，华北电力大学共有2支代表队参赛，共获二等奖1项、三等奖1项。

（范建明）

【参加机械创新设计大赛获佳绩】8月1日至4日，由全国大学生机械创新设计大赛组委会举办的第六届全国大学生机械创新设计大赛在东北大学举行，华北电力大学共有1支代表队参赛，参赛项目获一等奖，并以并列排名第二的成绩获得中望奖学金。

（范建明）

【参加机器人大赛获佳绩】8月24日至27日，中国机器人大赛暨ROBOCUP公开赛组委会举办2014中国机器人大赛暨ROBOCUP公开赛。华北电力大学共有10支代表队参赛，获一等奖1项，二等奖5项。三等奖2项，优胜奖2项。

（范建明）

【参加工程训练综合能力竞赛获佳绩】12月6日至7日，由河北省教育厅举办的第三届河北省大学生工程训练综合能力竞赛在河北农业大学举行。华北电力大学共有2支代表队参赛，共获一等奖5项、二等奖1项、三等奖2项。

（范建明）

金工实训中心建设

■概述

2014年，华北电力大学金工实训中心共完成全校50个班1 534人每人为期2－3周实习任务，秉承“以传统金工实习为基础，以现代加工技术为特色”的发展方针，致力于将中心建设成为具有华电特色的综合型实践教学平台。

2014年，中心将保证实习安全和积累教学经验作为首要职责，依照中心“安全第一、教习相长、防微杜渐”的原则，加强教职工安全制度培训，严抓学生实习动员中的安全教育环节，从思想根源上深化学生的安全意识。在教学质量的提升方面，中心坚持走“保证教学质量稳步提升的同时坚持进行教学革新”的可持续发展道路。在保证教学质量同时，严把教学质量关，定期进行课程审核与教学评估，同时积极为教职工提供学习环境、争取培训机会，以提高业务水平。在教学革新方面，总结教学经验并定期开展课程讨论工作。通过定期召开实习学生代表座谈会等方式获得教学反馈，并就此进行分析整理，提出各工种的革新尝试建议，鼓励各工种指导教师集思广益，做好本工种的教学革新工作。

2014年，中心根据教学需要，进一步完备教学设备、改善教学环境。9月，计算机机位扩增1/3，达到60个机位，并将软件教学区分为两个，以对应不同教学环境的不同工种，方便软件教学工作。10月，中心增购1台激光淬火成套设备，填补热处理在工艺教学方面的不足；购置7台桌面式3D打印机，将三维快速成型课程从设计为主参观演示设备为辅转为在设计基础上亲自动手参与模型制作，赢得实习学生一致好评。

2014 年，在设备维护方面：中心采取设备责任到人的“一盯一”方式安排设备的日常维护工作，实现每位责任人均能熟练进行日常设备维护检修，保障设备运行顺畅降低故障率，保证教学工作顺利进行。在车间厂房的日常管理方面，出台《华北电力大学金工实训中心职工管理条例》，细化厂房安全制度与考勤制度、岗位制度、车间制度、奖惩制度、休息区制度，制度执行效果明显，保障厂房干净整洁、井然有序的风貌。

2014 年，中心通过对实习生的一年考核，择优留用 4 名工作热情高、团结进取、能胜任多工种多岗位的优秀大专毕业生。同时，中心为师生加工各种零部件 200 余人次。

2014 年，在对外宣传与交流方面，中心利用课余时间接待中小学生、高校同仁、退休教工及相关专业师生前来参观交流。积极参加各级金属工艺学年会与全国教学改革研讨会，并与各高校进行交流。

2014 年，在实践创新方面，中心建立大学生创新实验室，并组织学生参加多项创新比赛。2014 年，参加北京市大学生机器人大赛暨 2014 年华北五省（市、自治区）大学生机器人大赛获一等奖和二等奖各 1 项；参加北京市第三届工程训练综合能力大赛，获二等奖和三等奖各 1 项。

（夏延秋　胡湘红）

■概况

2014 年，华北电力大学金工实训中心现有员工 20 人，其中在职管理人员 2 人，外聘指导教师 8 人，返聘退休指导教师 5 人，实习生 5 人。中心拥有加工中心、三维扫描仪、快速成型机（含工业机与桌面机）、激光打标机、激光淬火成套设备、激光内雕机（含三维照相机）、激光雕刻机、费斯托机电一体化系统、数控车床、数控线切割机床、电火花成型机床等先进设备。教学设备 100 余台（套），设备总价值 500 余万元，厂房面积 1 700 余平方米。中心可开出金工实习、先进设计与制造系统训练、创新实践等训练项目。至年底，中心运行的工种有：车工（含数车）、钳工、铣工、焊工、线切割、激光、快速制造等。

（夏延秋　胡湘红）

■条目

【获教学改革与研究项目】1 月，金工实训中心获北京市题为《探索具有华电特色的创新型金工实践教学平台》的教学改革与研究项目，在此项目支持下，中心致力于创新教改研究，积极培养优秀教学人才，发表相关教学论文 2 篇。

（夏延秋　胡湘红）

【参加机器人大赛获奖】11 月，金工实训中心组织学生参加 2014 年北京市大学生机器人大赛暨 2014 年华北五省（市、自治区）大学生机器人大赛，华北电力大学参赛的两支队伍分获一、二等奖。

（夏延秋　胡湘红）

【承办工程训练综合能力大赛】12 月，金工实训中心承办首届华北电力大学工程训练综合能力大赛，通过此次校内大赛，为学校选送两支优秀参赛队伍。在北京市第三届工程训练综合能力大赛中，两支队伍分别获二等奖和三等奖。

（夏延秋　胡湘红）

后勤管理与服务

■概述

2014 年，华北电力大学后勤管理与服务工作围绕学校工作目标和要求，深入推进后勤管理体制改革。坚持目标导向，把握发展方向，规范管理，强化质量，进一步完善内部管理准则和服务标准，突出强化重点项目建设，实现后勤总体规划、重大项目建设与学校事业发展规划的协调可持续发展。

2014 年，校部后勤根据学校六届二次教代会精神，以精细化管理为手段，以合同管理为核心，规范后勤内部过程管理，健全管理机制，完善工作程序，加强科学管理。将自 2001 年以来，学校制定的面向后勤的各类规章制度进行全面梳理，提出完善和修订意见，并制定标准化合同文本格式 24 项，从岗位职责、工作流程、特种设备管理和合同管理等方面，有效规范后勤各方面的工作准则和员工行为。保定校区自 2011 年学校启动后勤管理体制改革以来，经过两次机构调整和人员划转，将后勤管理处与基建处、校园规划办公室合并组建后勤与基建管理处。在新的体制机制下，2014 年根据学校的“十二五”规划，结合保定校区的实际情况，为加强后勤管理和服务规范化建设编制保定校区修建性详细规划，制定《华北电力大学（保定）公用设备设施维护保养管理办法》、《华北电力大学（保定）校园禁烟管理办法》等规章制度。

2014年，后勤加强能源研究，推进节约型校园建设。配合基建处对原燃煤锅炉房进行煤改气工程改造，新的燃气锅炉房控制系统采用DCS集散控制系统，并配套建设了烟气余热深度回收利用系统；完成开水房节能改造工程，使用的太阳能开水房系统约节电50%；完善能源管控平台，通过热能、电能、水资源在线监测，实现能源管理信息化。保定校区由财政部出资，教育部、住建部共同组织的"节能监管平台体系建设"（一期）方案获专家组评审通过；优化供暖管网，创新运行方式，狠抓燃煤质量，供暖效果显著提升；中水站、太阳能浴室及蒸汽锅炉通过燃料方式转换节约能源经费共计200多万元。

2014年，校部后勤在食品原材料持续上涨的社会背景下，积极应对，加强监管、抓好供应，完成全校师生的餐饮服务任务。合理使用平抑资金；完善学生食堂可靠平衡的供需机制、合理浮动的价格机制、公平有序的竞争机制；积极参加"农校对接"和伙食原材料联合采购，搭建供需见面、公开透明的采购平台，通过机制监督和制度保障，建立可追溯源头的食品安全监管体系，确保食品安全，餐饮价格稳定；启动实施"厨师驻校计划"，武汉大学、首都经贸大学两校6名厨师驻校4个月，为师生提供多种菜式选择。2014年，保定校区多措并举不断完善学生餐饮各项工作。进一步巩固餐饮综合改革成果，完善库房集中管理模式，坚持做好一菜一价、增量降价、温暖套餐等各项工作；完成二校区清真餐厅的改造并投入运行；协调成立学生伙食监督管理委员会，形成学生意见定期收集、及时反馈的工作机制；聚缘阁餐厅向多元化模式转变，引进地方特色品种，丰富饮食选择。

2014年，后勤围绕高水平大学建设目标，扎实推进重点项目工作。严格落实执行经费管理、工程招标、资产管理、采购管理等重大事项集体研究及报批制度，加强对财务，工程、经营、采购等风险点的监控；落实学校"空调进学生宿舍计划"，为全校14栋学生公寓安装空调3 217台；完成6项国拨经费项目21个子项目建设，校内立项项目72项，部门自筹项目12项，涉及金额约4 148.9万元；完成校内招标28项，完成处内招标17项；建立公开透明的工程规范化管理模式，组织完成校内各类公开招投标18次，其中华北电力大学教室课桌椅配件购置等货物类公开招投标7次，华北电力大学高压直流悬浮物放电临时实验室建设等工程类8次，华北电力大学有害生物防治等服务类3次。保定校区按照学校后勤管理体制改革要求，细化管理，提高质量，加强修缮项目管理、工程材料管理，积极做好工程项目验收的组织工作，配合学校做好项目招标和资金拨付。精心组织，加强监管，顺利完成清真餐厅改造工程，完成毕业生房间粉刷工程及修缮工程等重点项目建设工作，进一步巩固物业维修标准化建设成果，全面提高物业管理与服务质量；完成14 090余件、近5 000万元的固定资产清查工作；各中心完成年度工作目标30项，完善服务质量工作22项。

2014年，学校后勤积极搭建高层次、多区域交流发展平台，多次以座谈交流、实地参观考察等方式，加强与兄弟院校的交流与合作，全面提升后勤保障工作的科学化水平。高度重视制度化及标准化建设，有效加强学生公寓规范化建设，把标准的要求贯彻落实到实际工作中。保定校区积极探索家属区物业规范化管理机制，转变经营理念，创新经营模式，完善经营信息平台建设，规范经营活动流程，校内超市采取滞销商品淘汰制，实现货品及时更新的良性循环；幼儿园坚持以"塑造和谐园所，增强教育活力"为核心，创新管理机制。

2014年，后勤以建设和谐校园为基础，更新服务理念，强化安全意识，提升服务形象。校部后勤坚持执行分级值班制度与日、周、月、节假日安全检查相互结合的方式做好安全预案工作；一站式服务大厅全天候服务，接报11 869起报修、咨询等事项及时解决回复，增设后续回访跟踪，回访记录2 659条；全年校长信箱反映的12大类热点问题510条意见，均予以回复处理。保定校区开展"优质服务月"、"安全生产周"、"安全生产月"、"节能宣传周"等重点活动；"123"综合信息平台全年受理咨询、报修1.4万余次。

2014年，学校后勤继续坚持文化引领，加强信息宣传，通过多种平台宣传后勤各方面活动和成果，展示后勤风采，推动和谐发展。全年共发布新闻报道106篇，在大学网页发布27篇，保定校区印发《后勤信息周报》31期，总计151期。校部后勤组织开展系列员工活动和比赛，精心筹划后勤暑期干部培训会；举行岗位技能大练兵，开发现有人力资源，将员工的职业发展规划与后勤的可持续发展目标相统一；举办后勤管理处职工子女课外免费辅导班，为广大的后勤职工切实解决了子女教育的后顾之忧。保定校区承办第二届后勤杯教职工趣味运动会及第二届冬至包饺子比赛。通过多种形式的培训提高社会用工队伍综合素质。

2014年，后勤深入学习党的“十八”大精神，进一步加强党风廉政建设，提高党务工作水平，积极落实学校“党的群众路线实践教育活动”各阶段任务。校部后勤认真贯彻执行《华北电力大学贯彻落实党风廉政建设实施办法》等一系列党风廉政建设方面的规定，与各中心、科室签订党风廉政建设责任制，中心主任、科长签订承诺书，将党风廉政建设责任落实到科室中心及个人；保定校区建立党支部书记月度工作会议制度，强化党支部基础管理。校部后勤多项工作获表彰，能源管理中心党支部获“2012－1014年校级先进基层党组织”称号，张申立、龚文秀获“2012－1014年校级优秀共产党员”称号，刘贵臣获“2012－2014年校级优秀党务工作者”称号，董海荣获“最美支部书记”称号，肖义获“最美共产党员”称号。

（林长强　曲　涛）

■概况

2014年，校部后勤管理处（后勤集团）事业编制职工62人，非事业编制员工592人，正副主任以上管理干部22名，设党总支1个，党支部5个，党员64人，5人入党，3人按时转正。下设综合管理科、财务科、后勤管理科、物业管理中心、餐饮管理中心、能源与修缮管理中心、接待服务中心、综合服务中心。保定校区后勤与基建管理处正式职工166人，其中，人事代理员工21人，中心正副主任及以上管理人员22人。党总支现有正式党员58人，预备党员1人，拥有专业工程师、水电气专业管理人员8名。下设综合管理科、计划管理科、运行管理科、能源管理科、工程技术科、餐饮管理与服务中心、物业管理与保障中心和综合经营与服务中心。

2014年，北京校部全年平稳供水52.50万吨，用电1 659.44万度，50万平方米建筑物的供暖，燃气用量529 578立方。完成全校516 000余件邮件接收发送，820多万人次就餐，130万余次的开水供应及浴室服务。23万平米绿植养护，800多亩校园保洁，4 083名毕业生离校、4 428名新生入学等后勤保障任务。完成全校课桌椅，门房窗床，灯管电扇，水电暖7 299项大小维修及安装项目。清除杂草、修剪养护绿篱，累计约23万平米。完成回龙观林业站下达绿化树木、花卉调查统计、汇总任务。配合学校修缮、粉刷、电增容改造工作，分11批楼次搬迁学生3 026人，确保完成了1#、2#、3#楼水房、厕所、楼道等公共区域的综合修缮，336间宿舍室内的粉刷及138间博士2—3人间改为4人硕士间。在商贸管理方面，加强行业服务管理，不断强化服务意识，积极引导商户不断提高服务品位。

2014年，保定校区后勤与基建管理处完成一、二校区、科技学院共18 500余名在校生的供餐任务；强化落实学生公寓多部门联合管理机制，保障在校生的公寓服务需求；完成公房及校园环境卫生保洁面积56万平方米、绿化养护面积32万平方米；完成各类大小会议接待任务380余次、礼堂会场保障84次；洗涤卧具、物品4.8万余件，收发各类邮件、刊物等18.7万件；完成各类印刷任务178万份。全年受理各类维修2.9万余个，巡检巡修1 600多次，水电暖抢修保障45次；根据年度修缮计划及学校有关要求，完成工程合同的编写、签订近50项，零星工程委托书近50项；完成零修工程的现场查勘、初始方案的制定、概算的编制工作；根据工程完工情况，向审计处递交工程结算报审项目78项；配合学校财务与资产管理处完成编写2015年教育部改善办学条件专项项目申报书3项，完成全年各项基建工作。

（刘贵臣　魏　娜）

■条目

【河北建工学院来校考察】1月11日，河北建筑工程学院一行8人到保定校区交流考察后勤工作，双方召开座谈会。后勤负责人介绍后勤基本情况及学校在能源设施建设、能源管理及节能改造方面的措施和经验。座谈会后，一行实地参观二校区太阳能浴室设备设施、中水循环系统和日新园生态景观并对节能设施的运行状况及节能效果进行现场考察。

（魏　娜　刘　洁）

【举办业务培训会议】1月16日，校部后勤管理处邀请首都师范大学资产公司总经理、首都师范大学法律顾问、律师程振勇举行法律专题培训会。会上，党总支书记杨树昌作动员讲话，副处长王吉飞、周劲松结合工作实际作交流发言，处长李金全提出了依法办事，不断提高规范化管理水平；严格程序，不断提高标准化服务水平；加强学习，不断提高现代化工作水平；敬畏岗位，不断提高职业化从业水平等四点工作要求。

本次培训会采取专业讲授、案例分析、结合工作实际等方式进行，旨在加快推进与高水平大学相适应的新型后勤服务保障体系和满足广大师生日益增长的后勤服务需求。后勤员工共160多人参加培训会。

（刘贵臣　梁　燕）

【清真餐厅改造工程竣工】3月10日，保定校区标准化清真餐厅竣工。该清真餐厅面积988平方米，较原清真餐厅面积扩大800余平方米，可同时容纳300多人就餐，餐厅环境严格按照穆斯林民族风格建设，餐厅设备设施完全依据专业化的餐饮业标准进行全新建设配置。工程于1月20日启动，历时50天。

（魏　娜　刘　洁）

【召开年度职工大会暨先进表彰会】3月11日，保定校区后勤与基建管理处召开职工大会暨先进表彰会。学校党委副书记张金辉出席大会并讲话。后勤与基建管理处处长代表领导班子作了题为《深化改革 埋头实干 持续推进一流后勤服务保障体系建设》工作报告，全面总结后勤2013年总体工作和主要成绩，深入分析当前后勤工作面临的新形势并部署2014年度后勤重点工作任务。大会对获2013年度先进集体和先进个人荣誉称号的单位及个人进行表彰。

（魏　娜　刘　洁）

【举办菜谱评选活动】3月12日，校部后勤管理处联合校团委举办“我爱我家之我爱食堂”家乡菜谱征集评选颁奖仪式。后勤管理处处长李金全出席活动并讲话，后勤管理处副处长周劲松、校团委副书记王新军及餐饮中心主任肖义与学生代表60余人参加。活动共评出参与奖若干名，三等奖5名，二等奖2名。一等奖获得者是控计学院1201班楚畅，其参赛作品是板栗煨鸡。菜谱评选活动自2013年7月开始，历时8个月，共征集到菜谱50份，经过网上征集、网上展示及评选、菜谱制作及试吃、窗口销售等系列阶段。以食堂学生推荐菜窗口销售记录的数据作为依据，后勤将把销售数量排前五名的菜谱作为食堂日后的常规饭菜出售。

（刘贵臣　梁　燕）

【开展优质服务月活动】4月，保定校区开展主题为“更新服务理念，提升服务形象”的优质服务月活动。期间，各中心组织开展标准化餐厅建设、增设并完善物业服务功能、聚缘阁接待型餐厅建设及幼儿园省级示范园建设等10余项活动。

（魏　娜　刘　洁）

【开设武汉大学厨师交流窗口】4月14日，校部后勤餐饮中心在一食堂二层开设以湖北菜系为主的“武汉大学厨师交流窗口”。厨师交流窗口的开设，是餐饮中心在“走出去，引进来”的方针下，与外校进行交流学习的第一次尝试。此前，中心派出的三名骨干厨师已在武汉大学完成交流学习。活动在促进两校之间食堂餐饮文化交流与融合的同时，为广大师生提供更多的口味选择。

（刘贵臣　梁　燕）

【承办教职工趣味运动会】5月10日，由保定校区校工会主办、后勤分工会承办的华北电力大学（保定）第二届“后勤杯”教职工趣味运动会在二校区田径场举行。党办校办、校工会、后勤与基建管理处、体教部等相关负责人出席开幕式。作为承办方后勤专门成立工作小组，分工明确，积极筹备，确保运动会各项工作顺利进行。

（魏　娜　刘　洁）

【召开节约型校园建设工作会】5月28日，校部召开节约型校园建设工作会议，传达落实北京市教委关于节约型校园建设工作的有关文件精神，部署节约型校园建设各项工作。副校长孙忠权、学校各相关职能处室、院系部学生工作负责人参加会议，会议由后勤管理处处长李金全主持。会议传达北京市教工委、北京市教委关于“俭以养德 全民节约”活动的有关精神并介绍学校用能和节能方面的总体情况，分析学校节能工作所面临的形势。孙忠权对学校节约型校园建设工作提出要求：要高度重视节约型校园建设工作，要加大宣传力度，培养广大师生良好的生活习惯，要建章立制，着眼长远。

（刘贵臣　梁　燕）

【启动节能宣传周活动】6月11日，校部“节能宣传周”活动启动仪式在学生二食堂门口举行。学校宣传部、研工部、学生处工会、团委、基建处、后勤管理处等部门负责人参加启动仪式。后勤部分员工及蓝之焰志愿者协会学生代表共计150余人参加此次活动。后勤管理处处长李金全在启动仪式上介绍学校节能工作取得的阶段性成果，学生代表宣读了校园节能倡议书。当天，后勤管理处主要负责人与蓝之焰志愿者协会学生代表还参加了由教育部、国管局和共青团中央共同主办，华北电力大学及北大、清华等十所高校参办的“厉行节俭高校在行动”建设节约型校园主题宣传活动。

（刘贵臣　梁　燕）

【太阳能开水房投入使用】7月至8月，校部后勤管理处对一食堂东侧老开水房进行节能改造，并在6号学生公寓东侧和三食堂南侧新建两座节能开水房。改造后开水房合计总面积约270平方米，有162个供水阀。为解决师生上课期间饮水难问题，还分别在学校各教学楼内安装总计30台电开水器。

（刘贵臣　梁　燕）

【开展节能宣传周活动】9月，保定校区后勤与基建管理处开展以“推进能源消耗定额管理，共建节能低碳文明校园”为主题的“节能宣传周”活动。通过制作宣传展板，宣传节能政策及节能技改项目，倡导师生节约能源。

（魏　娜　刘　洁）

【赴兄弟院校调研】10月15日，校部后勤管理处处长林长强、党总支书记李献东一行到北京外国语大学开展调研工作，学习和借鉴兄弟院校后勤管理工作中先进的管理理念、经验和方法，通过座谈会和实地考察的形式，有针对性地对食堂餐饮管理工作和学生公寓管理工作展开调研，深入了解北京外国语大学在食堂菜式菜品制作、餐饮成本核算内容及流程、食堂安全与卫生监管、学生宿舍管理办法和措施等方面的经验做法。调研过程中，双方就当前工作的重点和热点问题进行交流探讨。10月24日，校部后勤管理处领导班子及餐饮中心负责人到北京师范大学开展调研交流工作。认真了解和学习北京师范大学在深化后勤体制改革、加强人才队伍建设、数字后勤与一站式服务等方面取得的成效和经验；从管理服务层面，有针对性地重点学习其食堂餐饮服务工作创新、学生管理、修缮招标管理、水电暖及节能管理等多项工作。本次调研将为后勤管理处今后研究和制定各项符合自身实际、具有操作性的措施、制度和办法提供很好的思考方向和决策方向。

（刘贵臣　梁　燕）

【实验综合楼获奖励基金】2014年，保定二校区实验综合楼获河北省建筑行业工程质量最高荣誉奖“河北省建筑工程安济杯奖（省优质工程）”。该实验综合楼采用新型环保节能材料，申请河北省建筑节能与结构一体示范项目奖励基金，并通过河北省住建厅、河北省财政厅、保定市住建局和保定市财政局等专家和领导的验收，获奖励资金25万元。

（魏　娜　刘　洁）

【开展安全生产月活动】11月，保定校区后勤与基建管理处开展以“增强防范意识、促进安全生产”为主题的“安全生产月”活动，各单位积极开展“隐患排查行动”，并组织员工进行安全生产知识学习和培训，进一步完善制度，强化责任，细化各级安全管理制度和机制。

（魏　娜　刘　洁）

【江苏大学来校调研】11月3日，江苏大学副校长张济建一行4人来校调研“校园物流服务中心”项目。校党委李双辰接见来访客人。在调研交流会上，李双辰副书记介绍了一体化办学模式、师资力量、人才队伍建设、留学生教育、科技创新及科研平台建设等情况。后勤管理处处长林长强从学校管理层面，向来宾介绍物流服务中心项目的启动背景、政策支持以及项目的落实措施。

（刘贵臣　梁　燕）

【举办节约型校园建设交流研讨会】11月21日，华北电力大学校部举办节约型校园建设暨太阳能利用与发展交流研讨会，来自北京市教委、昌平区高教园区、昌平区教委、北京高校后勤研究会节能专业委员会、北京市新能源协会和可再生能源协会、中国能源行业协会太阳能热利用委员会的领导、专家、学者，北京地区47所高校的相关部门负责人共计70余人参会。副校长孙忠权、后勤管理处处长林长强、教科研党总支书记白海、后勤管理处副处长王吉飞出席会议。在本次研讨会上，学校多项重大节能减排项目获好评。此次研讨会加强了高校间在节能领域的交流学习与互相借鉴，增强了对节约型校园建设的整体认识。

（刘贵臣　梁　燕）

【举办职工子女课外免费辅导班】11月22日，校部后勤管理处举行职工子女课外免费辅导班开班仪式。后勤管理处全体领导班子、学生处副处长卜春梅、校团副书记王新军、后勤职工家长代表及其子女、学生代表共计100余人参加开班仪式。开班仪式上，卜春梅介绍后勤职工子女课外免费辅导班的开设背景和意义。后勤管理处处长林长强作总结发言。该培训班由在校大学生志愿者担任辅导老师，免费给职工子女进行学业辅导。

（刘贵臣　梁　燕）

【召开学生见面会】12月9日，校部后勤管理处、基建处、校团委、校医院、信息化办公室、保卫处等部门联合召开“温暖严寒爱在校园”和谐校园学生见面会。见面会上，学生代表围绕安全稳定、校园规划、后勤服务、信息化校园建设、医疗保障等话题踊跃提问，建言献策。各部门负责人针对学生代表所提问题，能立即解决的，都一一进行了答复，不能立即解决的问题，均给予详细解释说明，孙忠权副校长参加见面会并发表讲话。

（刘贵臣　梁　燕）

【举行厨师交流活动】2014 年，校部后勤管理处餐饮中心在首都经贸大学举行厨师交流活动，此次活动是在餐饮中心实行“走出去，引进来”的方针下，与外校后勤餐饮进行交流学习的又一次尝试，此次活动促进了校际间餐饮文化的交流与融合，对改善食堂菜品结构、丰富饭菜口味、提高饭菜质量和服务水平等均起到积极作用。

（刘贵臣　梁　燕）

【举办信息化专题讲座】12 月 26 日，校部后勤管理处举办信息化及数字后勤建设专题讲座。学校信息化管理办公室、后勤集团全体领导及相关工作人员参加讲座。陕西师范大学校园信息化工程技术研究院技术总监窦占贺应邀作题为《智慧后勤建设探索》的报告并介绍陕西师范大学后勤信息化建设的先进经验。双方就高校信息化、后勤数字化建设、公寓管理等方面进行交流和探讨。

（刘贵臣　梁　燕）

医疗服务

■概述

2014 年，华北电力大学医院加强人才队伍建设，强化传染病防控和急诊急救能力，不断提升管理和服务水平，较好地完成医疗、预防、保健等各项工作。

2014 年，医院积极推行党的群众路线教育实践活动凝练项目并落实整改。认真学习党的十八大、十八大三中、四中全会和习近平总书记系列讲话精神，坚决贯彻执行中央八项规定，对照“四风”改进工作作风。进一步修订完善《急诊急救制度》、《传染病防控管理》等 20 项制度。为更好地服务于广大师生，从延长门诊工作时间、开展中医药服务，启动慢病管理工作等多方面提高服务质量，努力营造和谐医患关系。医院获北京市无偿献血先进单位、获大学春季田径运动会乙组总分第四名和优秀组织奖、获北京市昌平区学校结核病防治“先进集体”称号；直属党支部获大学先进基层党组织。

2014 年，华北电力大学（保定）医院以人性化、精细化管理为主题，以保证医疗质量安全为核心全力做好师生员工的医疗保障服务工作。深入学习贯彻落实党的十八大精神，把《关于实行党风廉政建设责任制的规定》贯穿到医疗服务中去。提倡“敬业、爱院、务实、奋进”，努力营造团结温馨、爱岗敬业、积极向上、务实进取的医院文化氛围。成立医院感染管理组织机构，明确机构职责，对预防和控制医院感染管理规章制度的落实情况进行检查和指导，加强医务人员预防和控制医院感染的培训工作。加强对药品采购的领导和管理。完善护理文件记录，使护理工作更加规范化和人性化。坚持外聘三甲医院专家每月来院 1 次进行业务培训以提升医护人员的专业技能。

2014 年，医院参加省、市卫生系统各种培训、专业学术会议 20 余次 。进一步加强了公费医疗管理，严格执行财务制度。深化医患换位理解，10 月，组织离退休教工来医院座谈，共谋医院发展。全年无医疗差错及事故的发生，较好完成年度工作目标。校医院获河北省高校优秀医疗机构称号；代表河北省两家优秀单位之一参加中国高等教育学会举办的“高校校园急诊急救工作”评比，河北省获优秀奖；校医院直属党支部被学校党委评为先进基层党组织；保健科儿童预防免疫工作获保定市妇幼保健先进单位；第 46 届校田径运动会教工组入场式获队列优胜奖。

（赵海鹏　李迎春）

■概况

2014 年，华北电力大学医院共有职工 39 人（含在编 25 人，返聘 4 人，外聘 10 人），其中副高级职称 9 人，设 12 个临床科室，开设病床 30 张。医院全年完成门急诊 55 598 人次（含发热 2 533 人次，腹泻 270 人次），输液 1 752 人，肌肉注射 1 039 人次，外伤处置 2 941 人次，理疗 7 996 人次。发现并上报传染病 44 人次（含疑似结核病 22 例，水痘 22 例），院内住院患者 47 人次（其中疑似肺结核首诊留观 22 例、水痘 22 例，带状疱疹 3 例）。妥善处理数起院前急救。完成各种化验 23 011 份,完成 X 线透视 5 030 份,X 线摄片 5 047 人次,心电图检查 4 996人次,动态心电图检查 36 人次,动态血压监测 37 人次,彩超检查920 人次,液态氮冷冻治疗 280 人次、黑光治疗 784 部位。完成各种预防接种 3 331 人次(含师生预防免疫接种 3 053 人次,社区儿童计划免疫接种 195 人次,外来务工人员 83 人次);完成各类学生体检 7 803 人次(含新生本科生体检 2 913 人次,新生研究生体检 1 361 人次,继续教育学院 6 人次,毕业生体检 2 078 人次,研究生初筛体检 1 200 人次。)组织完成教工体检 1 380 人次;为本科和研究生新生中 149 名结核菌素试验强阳性学生组织了专场专家报告会,其中 45 位学生参加为期 3 个月的自愿预防用药;全年无疫情爆发和流行。完成约 2 913名本科新生 15 天的军训保健工作,完成大学运动会、老干部外出活动、研究生招生及四六级英语考试、大学自主招生等 20 次大型会议和活动的保健任务。开展健康教育讲座 25 场,听课师生约 3 500 人次;组织结核病、艾滋病等传染病全校性宣传活动 3 次,发放宣传手册 2 000 余本、宣传单 600 余份;本年度完成 3 722 人次门诊转诊和 421 人次住院转诊师生医疗费审核工作;组织师生无偿成分献血 317 人次。

2014 年,华北电力大学(保定)医院医务人员 38 人,(含正式在编 22 人,返聘和外聘 16 人。其中正高职 4 人,副高职 7 人,中职 10 人)科室 10 个,床位 40 张。完成全校 2 000 余名教职工, 20 000多名学生的医疗工作。完成门诊(内科、外科、口腔科、二校区医务室)53 554 人次,留观治疗 1 714 人次。小手术,清创缝合及换药 366 人次,急诊抢救及校内出诊 15 次,各类医学功能检查(心电图、胸透、胸片、造影、彩超)及各类化验检查 34 926 人次,全年未发生医疗纠纷和医疗事故 。完成新生、研究生、毕业生各类体检 10 600 人次,离退休人员、45 岁以上及 35 岁以下教职工健康体检 1 700 余人次,女职工宫颈癌前病变筛查 550 人,儿童各类疫苗接种 592 人次。学生大规模接种乙肝疫苗 5 600 余人次,上报传染病 33 例,全年无重大疫情的流行和暴发。为新生发放艾滋病健康教育处方 4 100 余份,进行传染病预防,艾滋病知识普及、外科急救、心肺复苏等健康教育 56 学时,提高了大学生的自我保护和突发情况下的自救及互救能力。在 12 月 1 日第 27 个世界艾滋病日校医院与校团委、青协联合举办主题为"行动起来,向'零'迈进—凝聚力量、攻坚克难、控制艾滋"的大型科普宣传活动。

(赵海鹏 李迎春)

■条目

【推进人才建设】2014 年,学校引进 1 位北京同仁医院主治医师,外聘 1 名主任医师和 2 名主治医师;选送 1 位医师赴中国中医科学院望京医院进修学习,选派 10 名业务骨干参加第三届北京京北心血管论坛,选派 12 位医护参加昌平区卫生局举办的肠道传染性疾病防控培训;18 位医生全部完成规定的继续教育培训并通过北京市两年一次的执业医师定期考核考试。

(赵海鹏)

【传染病防控和急诊急救调研组莅临指导】12 月 31 日,以北京教委体卫艺处宋卫珍调研员、中国石油大学医院、中国政法大学医院、北京农学院医院院长一行 4 人组成专家组来校调研高校传染病防控和急诊急救工作,副校长孙忠权会见专家组一行。专家组听取了汇报,实地查看医院预防保健科、急诊室和抢救室,并进行交流,专家组对学校传染病防控和急诊急救方面的扎实工作予以肯定。

(赵海鹏)

【做好埃博拉防控工作】8 月,校医院与学校多部门联合成立埃博拉防控出血热防控小组,制定相关预案和流程,完成了宣传、培训和演练工作,提升应对埃博拉防控出血热疫情的防控能力。

(赵海鹏)

【实现一卡通就医】2014 年,校医院信息化水平得到提高。实现"校园一卡通"读卡提取病人信息、挂号、交费,实现自助打印化验单、体检单等功能。

(赵海鹏)

【启动慢病管理工作】2014 年 10 月,校医院配备专门人员,增加医疗设备,启动高血压病等慢病管理工作。

(赵海鹏)

【多项业务指标提升】2014 年,校医院多项业务指标较上年明显提高,如全年门急诊继去年首次突破 5 万后再创新高达 55 598 人次、较上年增长 6% 。

(赵海鹏)

【获首都无偿献血工作先进集体】2014 年,华北电力大学师生无偿献血(血小板)317 人次,居北京市高校前列,师生校园无偿献全血 254 人次。6 月 13 日,北京市卫生和计划生育委员会、北京市红十字、北京市人力资源和社会保证局、首都精神文明建设办公室、北京市财政局、驻京部队献血办公室联合在北京会议中心召开2013年度首都无偿献血工作先进集体和个人表彰大会，华北电力大学获无偿献血工作先进单位，院长刘晓峰代表北京获奖高校做大会经验介绍。

（赵海鹏）

【通过河北省督导组验收】6月，河北省教育厅、河北省高教学会联合组织专家组对学校卫生工作进行督导检查，督导组认为学校的卫生工作有亮点，有特色，校医院工作领导到位，制度到位，管理到位，软硬件设施齐全，医护人员素质较高、作风扎实，为学校师生的健康工作做出了贡献，在全省学校居于前列。7月，校医院参加河北省高校卫生工作评比并获优秀医疗机构称号。

（李迎春）

【完成设备更新】2014年，华北电力大学（保定）医院更新口腔科综合治疗台，购置数字化医用X射线摄影系统，购置全自动消毒灭菌器，并对相应的科室进行装修，就医环境得到改善。

（李迎春）

【完成信息化建设】5月，华北电力大学（保定）医院完成信息化建设并上线运行。校医院的信息化系统包括医疗管理系统、体检系统、检验系统。该系统的建成实现了人、财、物规范化管理，“条码标识”技术提高信息传递速度和减少错误；实现教工健康体检档案信息化管理。

（李迎春）

【优化人才结构】2014年，华北电力大学（保定）医院采用延聘、返聘、外聘卫生技术人员等多种形式优化人才结构，引进临床医学硕士毕业生1名，为医院的发展充实了人才队伍 。

（李迎春）

【获河北省优秀医疗机构称号】10月，华北电力大学（保定）医院代表河北省高校医疗机构（两家优秀代表单位之一）参加中国高等教育学会举办的“全国高校校园急诊急救工作”评比，河北省获优秀奖。

（李迎春）

RULES AND REGULATIONS BUILDING

华北电力大学学生勤工助学管理办法

华电校学〔2014〕1号

第一章　总则

第一条　为规范管理华北电力大学学生勤工助学工作,促进勤工助学活动健康、有序开展,保障学生的合法权益,培养学生自立自强精神,增强学生社会实践能力,帮助学生顺利完成学业,特制定本办法。

第二条　本办法所称学生是指学校招收的全日制普通本科学生。

第三条　本办法所称勤工助学活动是指学生在学校的组织下利用课余时间,通过劳动取得合法报酬,用于改善学习和生活条件的社会实践活动。勤工助学是学校学生资助工作的重要组成部分,是提高学生综合素质和资助家庭经济困难学生的有效途径。

第四条　勤工助学活动必须坚持"立足校园、服务社会"的宗旨,按照学有余力、自愿申请、信息公开、扶困优先、竞争上岗、遵纪守法的原则,由学校在不影响正常教学秩序和学生正常学习的前提下有组织地开展。

第五条　勤工助学活动由学生处统一组织和管理。任何单位或个人未经学生处同意,不得聘用在校学生打工。学生私自在校外打工的行为,不在本办法规定之列。

第二章　组织机构

第六条　学生处机构下设学生资助中心专门负责勤工助学的日常管理工作。

第三章　职责

第七条　确定校内勤工助学岗位。协调校内各单位,引导和组织学生积极参加勤工助学活动,指导和监督学生的勤工助学活动。

第八条　开发校外勤工助学资源。积极收集校外勤工助学信息,开拓校外勤工助学渠道,增加校外勤工助学岗位,并纳入学校管理。

第九条　接受学生参加勤工助学活动的申请,安排学生勤工助学岗位,为学生和用人单位提供及时有效的服务。

第十条　配合学校财务部门共同管理和使用学校勤工助学专项资金,制定校内勤工助学岗位的报酬标准,并负责酬金的发放和管理工作。

第十一条　组织学生开展必要的勤工助学岗前培训和安全教育,维护勤工助学学生的合法权益。

第十二条　安排勤工助学岗位,应优先考虑家庭经济困难的学生。

第十三条　不得组织学生参加有毒、有害和危险的生产作业以及超过学生身体承受能力、有碍学生健康的劳动。

第四章　校内勤工助学岗位的设置

第十四条　设置的岗位

统筹安排用工部门需求,设置校内勤工助学岗位,数量既要满足学生的工时需求,又要保证学生不因参加勤工助学而影响学习。学生参加勤工助学的时间原则上每月不超过40小时。

第十五条　岗位类型:勤工助学岗位分固定岗位和临时岗位。

(一)固定岗位是指持续一个学期以上的长期性岗位和寒暑假期间的连续性岗位;

(二)临时岗位是指不具有长期性,通过一次或几次勤工助学活动即完成任务的工作岗位。

第五章　校外勤工助学活动的管理

第十六条　校外勤工助学活动必须由学生资助中心统一管理,并注重与学生学业的有机结合。

第十七条　校外用人单位聘用学生勤工助学,须向学生资助中心提出申请,提供法人资格证书副本和相关的证明文件。经审核同意,学生资助中心推荐适合用人单位工作要求的学生参加勤工助学活动。

第六章　勤工助学酬金标准及支付

第十八条　校内固定岗位按月计酬。以每月40个工时的酬金,原则上不低于当地政府或有关部门制定的最低工资标准或居民最低生活保障标准为计酬基准,可适当上下浮动。

第十九条　校内临时岗位按小时计酬。每小时9元人民币。

第二十条　校外勤工助学酬金标准不应低于学校当地政府或有关部门规定的最低工资标准,由用人单位、学生资助中心与学生协商确定,并写入聘用协议。

第二十一条　学生参与校内非营利性单位的勤工助学活动,其劳动报酬由学生资助中心从勤工助学专项资金中支付;学生参与校内营利性单位或有专门经费项目的勤工助学活动,其劳动报酬原则上由用人单位支付或从项目经费中开支；学生参加校外勤工助学，其劳动报酬由校外用人单位按协议支付。

第七章　法律责任

第二十二条　学生在校内开展勤工助学活动的，学生资助中心必须与学生签订具有法律效力的协议书。学生在校外开展勤工助学活动的，学生资助中心代表学校与用人单位和学生三方签订具有法律效力的协议书。签订协议书并办理相关聘用手续后，学生方可开展勤工助学活动。

协议书必须明确学校、用人单位和学生等各方的权利和义务，开展勤工助学活动的学生如发生意外伤害事故的处理办法以及争议解决方法。

第二十三条　在勤工助学活动中，若出现协议纠纷或学生意外伤害事故，协议各方应按照签订的协议协商解决。如不能达成一致意见，按照有关法律法规规定的程序办理。

第八章　附则

第二十四条　本办法自公布之日起施行。

华北电力大学国家助学贷款实施细则（修订）

华电校学〔2013〕56号

依据国务院办公厅批转的中国人民银行、教育部、财政部《关于国家助学贷款的管理规定（试行）》（国办发［1999］58号）、《关于助学贷款管理的若干意见》（国办发［2000］6号）及《国务院办公厅转发教育部财政部人民银行银监会关于进一步完善国家助学贷款工作若干意见的通知》（国办发［2004］51号）等文件规定，对中央部门所属高校国家助学贷款业务由中国银行为国家指定的经办银行。根据教育部、财政部和中国人民银行文件的规定，为保证国家助学贷款政策的顺利执行，配合经办银行搞好助学贷款工作，结合我校实际情况，特制定本实施细则。

第一条　设立国家助学贷款的目的是帮助普通高等学校中经济确实困难的学生支付在校期间的学费和基本生活费，以顺利完成学业。对全日制普通高等学校的在读学生发放无担保（信用）助学贷款。

第二条　学校成立国家助学贷款管理小组（以下简称管理小组），由主管学生工作的校领导任组长，小组成员包括学生处正、副处长、学生资助中心主任、各院系党总支副书记，日常工作由学生资助中心负责。

第三条　凡我校全日制学生（本科生和研究生）符合下列条件者均可申请国家助学贷款：

（一）具有中华人民共和国国籍，且持有中华人民共和国居民身份证；

（二）具有完全的民事行为能力（未成年人申请国家助学贷款须由其法定监护人书面同意）；

（三）诚实守信，遵纪守法，无违法违纪行为；

（四）学习刻苦，能正常完成学业；

（五）因家庭经济困难，在校期间所能获得的收入不足以支付完成学业所需基本费用（包括学费、住宿费、基本生活费）；

（六）承诺向贷款人提供上学期间和就业以后的变动情况；

第四条　学生在校期间原则上只能申请一次国家助学贷款，根据本人家庭经济情况确定贷款金额与期限，并须在新学年开学前后10日内向学校提出申请。

第五条　借款学生凭本人有效证件向各院系领取《助学贷款申请审批表》，并按填表说明和有关要求如实填写。

第六条　借款学生须如实提供以下材料：

（一）国家助学贷款申请书；

（二）本人学生证和居民身份证的复印件（未成年人须提供法定监护人的有效身份证明和书面同意申请贷款的证明）；

（三）本人对家庭经济困难情况说明；

（四）乡、镇、街道民政部门关于家庭经济困难的证明。

第七条　国家助学贷款用于支付学校中经济确实困难学生在校期间的学费、住宿费和基本生活费，学费贷款金额最高不超过我校的学费标准，每年学费、住宿费和生活费贷款总额不能超过6 000元。

第八条　国家助学贷款实行一次签定合同，学费和住宿费贷款分年发放（由经办银行直接划入学校指定帐户），基本生活费贷款由经办银行直接划入借款学生在经办银行开立的活期帐户，实行分月发放的办法。

第九条　贷款的期限、展期和利率

（一）国家助学贷款期限最长不超过借款学生毕业后六年。

（二）国家助学贷款利率按照中国人民银行公布

的法定贷款利率和国家有关利率执行。如遇利率调整时,按照中国人民银行的有关规定执行。提前将编制新的还款计划书,并通知借款人。学生所借国家助学贷款利息的50%由中央财政按实际发生数额足额贴息,其余50%由学生个人负担。

(三)贷款学生毕业后自付利息的开始时间为其取得毕业证书之日的下月1日(含1日);但借款学生按照学籍管理规定结业、肄业、休学、退学、被取消学籍时,自办理有关手续之日的下月1日起自付利息。当休学的贷款学生复学后,恢复贴息起始日为当月的1日。

(四)对于毕业后继续攻读学位的贷款学生,要在毕业前向原所在学校提出展期申请,并提供继续攻读学位的借款学生原贷款展期期间的贴息,按借款学生原所在学校的隶属关系,由财政部门继续按在校生实施贴息。甲方及借款学生原所在学校对该部贷款继续承担协议规定的相关责任和义务。

(五)国家助学贷款利率按照中国人民银行公布的法定贷款利率和国家有关利率政策执行。如遇利率调整,按照中国人民银行的有关规定执行。提前还贷的,经办银行应按贷款实际期限计算利息,不应加收应付利息之外的其他任何费用。

(六)国家助学贷款的借款学生如未按照与经办银行签订的还款协议约定的期限、数额偿还贷款,经办银行应对其违约还款金额计收罚息。

第十条　学校管理小组要及时全面地向学生宣传国家助学贷款的有关政策精神、操作办法及管理规定,了解学生的借款意向,对申请贷款的学生进行资格初审,并汇总。

第十一条　收到借款学生的借款申请后,由各院系初审国家助学贷款申请表中有关学生基本情况的材料,确认其有关资料的真实性,并编制各院系的国家助学贷款申请名册,报送学生处学生资助中心审核;学生处学生资助中心按有关规定对申请书内容及所提供证明材料的真实性进行认真审查,并编制《国家助学贷款申请名册》(一式两份,一份学校留存,一份交经办银行留存)。

第十二条　学校应及时将下列材料汇总后交送经办银行相关机构审批。交送材料包括:

(一)《国家助学贷款申请名册》。

(二)《信用助学贷款申请审批表》、《家庭经济情况调查表》、《大学生学习、品行说明书》。

(三)经办银行要求的其他材料。

第十三条　学生处负责统一组织借款学生办理填写借款合同文本、借款凭证等有关手续。

第十四条　经办银行对其收到的借款学生办妥的借款手续审查无误后,将放款通知书经学生工作部送达学生。

第十五条　及时统计并向上级学生贷款管理中心和有关经办银行提供学生的变动(包括就业、升学、转校、退学)情况和国家助学贷款的发放情况。

第十六条　借款学生应于毕业前与经办银行办理还款确认手续,签订《还款确认书》,及时向银行通报单位联系地址、还款方式,并办理相应的手续,保证毕业后仍按原借款合同履行还款协议。此项手续办妥后,学校方可办理学生的毕业手续。

第十七条　在借款期间,学生欲出国(境)留学或定居,必须在出国(境)前一次还清贷款本息,有关部门方可为其办理出国手续;凡需转学的学生必须在学校和经办银行与待转入学校和相应经办银行办理该学生贷款的债务划转后,或者在该学生还清所借贷款本息后,所在学校方可办理其转学手续;退学、开除和死亡的学生,学校必须协助有关经办银行清收该学生的贷款本息,然后方可办理相应手续。

第十八条　隐瞒真实情况申请国家助学贷款的学生,如家庭经济不困难及其他弄虚作假者,视情况进行处理:

(一)与银行协商,停发国家助学贷款;

(二)取消在校期间一切困难资助资格;

(三)情节严重者,按《华北电力大学学生违纪处理条例》处理。

第十九条　本细则解释权归学生处。

华北电力大学国有资产管理办法

华电校资〔2014〕3号

第一章　总则

第一条　为了规范和加强学校国有资产管理,维护学校国有资产的安全和完整,合理配置和有效利用国有资产,保障和促进学校各项事业发展,根据财政部《事业单位国有资产管理暂行办法》(财政部令第36号)、《中央级事业单位国有资产管理暂行办法》

(财教〔2008〕第13号)、《中央级事业单位国有资产处置管理暂行办法》(财教〔2008〕495号)、《中央级事业单位国有资产使用管理暂行办法》(财教〔2009〕92号)和《教育部直属高等学校国有资产管理暂行办法》(教财〔2012〕6号)等文件精神,结合我校实际情况制定本办法。

第二条　学校的国有资产是指学校占有、使用的,在法律上确认为学校所有,能以货币计算的各种经济资源的总和。包括:学校各项收入形成的资产,学校各经营实体在营运中形成的资产,学校校誉等收入形成的资产,接受捐赠和其它法律形式确认为学校所有的资产。学校国有资产包括:流动资产(主要指现金、各种存款、应收及暂付账款和存货等),固定资产(主要指房屋及构筑物、交通运输工具、仪器设备、图书资料、家具用具等),对外投资(主要指以货币资金、实物、无形资产等方式向其他单位的投资),无形资产(主要指专利权、非专利技术、著作权、商标权和名称专用权等),国家规定的其他资产。

第三条　学校国有资产管理,坚持资产管理与预算管理相结合的原则;坚持所有权与使用权相分离的原则;坚持资产管理与财务管理、实物管理与价值管理相结合的原则;坚持安全完整与注重绩效相结合的原则。

第四条　学校国有资产管理的主要任务是:建立适应社会主义市场经济和国家财政要求的学校资产管理体制;建立健全学校资产管理的规章制度;推动资产的优化配置和有效利用;对学校资产实施产权管理,维护资产的安全、完整;加强对经营性资产的监督管理,维护学校作为出资人的合法权益,确保学校国有资产的保值增值。

第五条　学校国有资产管理的内容包括:产权管理、使用管理、配置管理、处置管理、收益管理、绩效管理、监督管理和统计报告等。

第六条　学校国有资产实行"统一领导,归口管理,分级负责,责任到人"的管理体制。学校国有资产管理工作由学校国有资产管理委员会实施统一管理,按资产的不同形态和分类,对国有资产实施归口管理;各归口管理部门对归口管理的国有资产负监督责任;各资产使用部门、单位负责人及其使用人对本部门、本单位管理、使用的学校国有资产的安全性、完整性和使用的有效性负责。

第二章　管理机构及其职责

第七条　学校成立国有资产管理委员会,下设国有资产管理办公室,办公地点设在资产管理处,成员由计划财务处、监察处、审计处、基建处、后勤管理处、产业管理处、图书馆、科学技术研究院、档案馆和资产管理处等单位人员组成。国有资产管理委员会代表学校对全校国有资产的重大事项协调、管理和监督。

其主要职责是:

(一)贯彻执行国家及上级主管部门国有资产监督管理的法律、法规和有关文件,负责审定学校国有资产监督和管理的规章制度,并对执行情况进行检查和监督。

(二)研究和审定学校国有资产管理的工作规划、审核学校年度资产购置计划、总结学校年度资产工作。

(三)对国有资产管理中的重大问题进行咨询、监督、协调、指导。对学校国有资产配置、资产使用、资产处置、绩效考核、资产清查、对外投资等重大事项进行审议;审议后报学校党委常委会或校长办公会议审批。

(四)负责审定学校国有资产优化配置方案,推动建立学校国有资产的共享机制。

(五)依法对学校各资产归口管理部门的工作进行监督与检查。

第八条　学校计划财务处、基建处、后勤管理处、产业管理处、图书馆、科学技术研究院、档案馆、资产管理处等职能部门为学校资产的归口管理部门,代表学校管理相应的学校国有资产,其主要职责是:

(一)贯彻执行有关国有资产管理的法律、法规和制度,负责制定本部门国有资产管理的具体办法,并负责组织实施;

(二)按照管理权限,负责办理本部门归口管理的国有资产的申报、购置、使用及处置等审核、审批手续;

(三)负责本部门归口管理资产的登记、日常信息统计报告、资产清查及日常监督检查工作;

(四)负责本部门管理资产的合理配置,盘活存量资产,提高资产的使用效率;

第九条　各职能部门分别按下列分工对学校国有资产实施归口管理:

(一)计划财务处负责学校各类资产的财务管理和会计核算工作;是学校货币资金、应收及预付款和存货等资产的归口管理单位。

(二)基建处负责学校在建工程的管理。

(三)后勤管理处负责后勤经营资产、学生宿舍的管理。

(四)产业管理处负责对学校授权经营的国有资产和学校所投资企业的管理。

(五)图书馆负责全校图书、期刊等各类文献(含电子文献)的管理。

(六)科学技术研究院负责全校专利权、非专利技术、著作权等科研成果类无形资产的管理。

(七)档案馆负责学校文物、陈列品及国有资产档案的管理。

(八)资产管理处负责全校房屋及建筑物、专用设备、一般设备等固定资产的管理;负责学校土地使用权和教职工公有住房的管理;负责学校校名、校誉的无形资产管理。

第十条　学校各使用单位也是学校资产的二级管理单位,负责对本部门的国有资产实施管理,履行以下职责:

(一)执行学校国有资产管理的各项规章制度;根据需要制定本单位国有资产管理的实施细则并组织实施。

(二)负责本单位资产购置、使用、维护、处置、对外出租、出借、效益评价等相关管理工作。

(三)负责本单位国有资产的账、卡、物的日常管理;负责本单位国有资产的日常清理清查。

(四)向学校资产归口管理部门报送本单位国有资产的统计报表,及报告相关工作。

(五)学校规定的其他国有资产管理工作。

第十一条　学校的资产管理实行岗位责任制,单位行政一把手为本单位资产管理第一责任人。

第十二条　各使用单位要明确资产主管领导和资产管理员,接受学校国有资产管理办公室业务指导与培训。

第三章　资产配置

第十三条　学校资产配置是指学校根据校内单位履行职能的需要,按照国家有关法律法规和校内规章制度规定的程序,通过购置、调剂及接受捐赠等方式为校内单位配备固定资产的行为。

第十四条　学校国有资产主管部门及各归口管理部门,要按照有关规定制定相应的资产配置标准及配置办法,严格按照标准进行配备;对没有规定配备标准的资产,应当加强论证,从严控制,合理配置。

第十五条　对于校内单位长期闲置、低效运转或者超标准配置的固定资产,资产管理处有权收归学校,重新调剂配置;各单位的配置需求能通过调剂或共享解决的,原则上不重新采购。

第十六条　为加强资产购置的预算管理,各单位每年对教学、办公、服务等购置需求按照时间要求统一报资产管理处,由资产管理处根据资产存量状况、配置标准和购置资金来源等情况,提出配置意见,报计划财务处审批,纳入学校预算。

第十七条　购置中央政府采购目录内的资产,要按照《中华人民共和国政府采购法》、《中央单位政府集中采购管理实施办法》规定的审批程序和采购方式依法实施政府采购。达到学校招标规定限额非政府采购目录中的需按照《华北电力大学招标管理暂行办法》的有关规定进行公开招标。

第十八条　购置大型贵重仪器设备须在上报经费预算前,由经费主管部门、使用单位及资产管理处按照学校大型贵重仪器设备管理办法进行必要性、可行性论证,论证通过后方能纳入采购预算。

第十九条　大批量的低值仪器、设备及低值易耗品应采取集中采购的方式。

第二十条　自制仪器设备实行立项管理,按照学校自制设备管理办法,经学校相关部门审批后执行研制、验收、报增手续。

第二十一条　学校接受捐赠等方式形成的各类资产属国有资产,由学校依法占有、使用,应由校内接收单位及时办理入账手续,加强管理。

第二十二条　学校自建资产应及时办理工程竣工验收、竣工财务决算编报以及按照规定办理资产移交,并根据资产的相关凭证或文件及时进行账务处理。

第二十三条　新增固定资产的验收:

(一)购入、调入、自制、捐赠的固定资产,不分经费或实物来源,统一由资产管理处组织验收,技术部分主要由采购单位负责组织验收;验收合格后,凭发票、验收报告、固定资产调拨单、基建项目交付使用验收单据等凭证,办理入账、财务报销等有关手续。

(二)学校新的基本建设项目,必须按基建审批购建程序办理。竣工验收合格后,必须有竣工报告及验收报告以及土地、房屋、设备等资产使用清单,交归口管理单位管理。

(三)购置大型贵重仪器设备要有技术验收报告,必须按合同及产品说明书内容逐项检验技术指标,进口设备要在索赔期满以前验收完毕。

(四)自制仪器设备验收时需提交产品说明书,内容包括:设备组成、技术指标、主要用途、使用说明等基本内容,设备通过鉴定、验收后,按照经费使用明细结算单,办理资产入账手续。

第四章　资产使用

第二十四条　学校国有资产的使用包括单位自用和对外投资、出租、出借、担保等方式。

第二十五条　学校各资产归口管理部门要建立、健全资产购置、验收、登记、保管、使用等管理制度,要对国有资产定期清理、检查。各单位对各种资产至少每年盘点一次，做到家底清楚、账账相符、账卡相符、账实相符，防止国有资产流失。

第二十六条　学校实施国有资产使用管理责任人制度。各资产使用单位的行政负责人为本单位国有资产使用管理的责任人，各使用单位还必须指派专职或兼职人员负责本单位国有资产账、卡、物的日常管理工作，建立健全资产领用制度，规范交接手续，实行资产管理的责任制，并层层分解落实到具体的部门、负责人和经办人。

第二十七条　各单位不得私自将货币资金、固定资产以及无形资产等学校资产对外投资、出租、出借，在不影响教学、科研等工作的前提下，如需开展上述活动，要由使用单位进行必要的可行性论证，并提出书面申请，提交可行性分析报告等相关材料，报国有资产管理委员会办公室审核，并提交学校及上级主管部门备案或审批。

第二十八条　学校各单位不得利用国有事业资产为任何校外单位或个人的经济行为提供抵押、担保。

第二十九条　学校利用国有资产对外投资、出租、出借等事项，按以下规定权限履行审批手续：

（一）学校利用货币资金对外投资 50 万元（人民币，下同）以下的，由学校审批后，报教育部备案；50 万元以上（含 50 万元）至 800 万元以下的，由学校审核后报教育部审批；800 万元以上（含 800 万元）的，由学校审核后报教育部审核，教育部审核后报财政部审批。

（二）学校利用固定资产、无形资产对外投资、出租、出借，单项或批量价值（账面原值，下同）在 500 万元以下的，由学校审批后，报教育部备案；单项或批量价值在 500 万元以上（含 500 万元）至 800 万元以下的，由学校审核后报教育部审批；单项或批量价值在 800 万元以上（含 800 万元）的，由学校审核后报教育部审核，教育部审核后报财政部审批。

【根据《教育部直属高等学校国有资产管理暂行办法》（教财〔2012〕6 号）文件的规定】。

第三十条　学校利用非货币性资产进行对外投资，应当聘请具有相应资质的中介机构，对拟投资资产进行评估，资产评估事项按规定履行备案或者核准手续；学校国有资产出租，原则上应采取公开招租的形式确定出租的价格，必要时可采取评审或者资产评估的办法确定出租的价格。高校国有资产出租、出借，期限一般不得超过 5 年【根据《教育部直属高等学校国有资产管理暂行办法》（教财〔2012〕6 号）文件的规定】。

第三十一条　学校对外投资收益以及利用国有资产出租、出借、开展社会服务和科研成果形成的无形资产等取得的收入应当纳入学校预算，统一核算，统一管理。

第五章　资产处置

第三十二条　国有资产处置是指学校对其占有、使用的国有资产进行产权转让或者注销产权的行为。处置范围包括：闲置资产，报废、淘汰资产，产权或使用权转移的资产，盘亏、呆账及非正常损失的资产，以及依照国家有关规定需要处置的其他资产。

处置方式包括：报废报损、出售、出让、转让（含股权减持）、无偿调拨（划转）、对外捐赠、置换、货币性资产损失核销等。

第三十三条　学校有关单位处置资产，应向资产归口管理部门提出申请，按照审批权限，在校内进行逐级审批，并向上级主管部门报批报备后方可执行。未经批准，任何单位和个人不得自行处置。

第三十四条　学校国有资产处置应当遵循公开、公正、公平和竞争、择优的原则，出售、出让、转让资产数量较多或者价值较高的，应通过招标、拍卖等市场竞价方式公开处置。未达到使用年限的固定资产报废、报损，要组织论证，从严控制。

第三十五条　学校资产处置所得统一上缴计划财务处，任何单位不得截留。

第三十六条　学校资产处置的具体工作，由各资产归口管理部门按有关规定组织实施，学校相关部门负责协调与监督。

第六章　产权登记与产权纠纷处理

第三十七条　学校国有资产产权登记是对学校占有、使用的国有资产进行登记，依法确认国家对国有资产的所有权和学校对国有资产的占有、使用权的行为。

第三十八条　学校国有资产管理委员会办公室根据法律法规规定和财政部门、主管部门的要求，组织国有资产产权登记工作。

第三十九　产权纠纷是指由于国有资产所有权、经营权、使用权等产权归属不清而发生的争议。

第四十条　学校与其他国有单位和国有企业之间发生国有资产产权纠纷的，由资产归口单位与之协商，提出解决方案，并报学校国有资产管理委员会审批解决；协商不能解决的，由学校向上级主管部门申请调解或者依法裁决。

第四十一条　学校与非国有单位和非国有企业或者个人之间发生产权纠纷的，由学校国有资产管理委员会提出拟处理意见，经上级主管部门审核同意后，与对方当事人协商解决；协商不能解决的，依照司法程序处理。

第七章　固定资产评估与资产清查

第四十二条　学校有下列情形之一的，必须对相关资产进行评估：

（一）整体或者部分改制为企业。

（二）以非货币性资产对外投资。

（三）与校外单位间的合并、分立、清算。

（四）学校资产对外拍卖、转让、置换。

（五）学校整体或者部分资产租赁给非国有单位。

（六）确定涉讼资产价值。

（七）法律、行政法规规定的其他需要进行评估的事项。

第四十三条　学校有下列情形之一，应当进行资产清查：

（一）根据各级政府及其财政部门专项工作要求，纳入统一组织的资产清查范围的。

（二）进行重大改革或者改制的。

（三）遭受重大自然灾害等不可抗力造成资产严重损失的。

（四）会计信息严重失真或者国有资产出现重大流失的。

（五）会计政策发生重大变更，涉及资产核算方法发生重要变化的。

（六）学校认为应当进行资产清查的。

第四十四条　资产清查内容包括：基本情况清理、账务清理、财产清查、损溢认定、资产核实和完善制度等。

第四十五条　学校资产评估和资产清查前必须由相关单位向学校国有资产管理委员会办公室提交资产评估立项和资产清查申请书，经学校审核、审批并按规定报教育部、财政部备案、审批后组织实施；

第四十六条　国有资产评估工作应当委托具有资产评估资格的评估机构进行。资产评估申请单位必须如实向资产评估机构提供有关情况和资料，并对所提供的情况和资料的客观性、真实性和合法性负责。不得以任何形式干预资产评估机构独立执业。

学校资产清查工作中的资产盘盈、资产损失和资金挂账认定和结果确认等，按照财政部《行政事业单位资产核实暂行办法》（财办〔2007〕19 号）有关规定执行。国家另有规定的，从其规定。

第八章　资产信息管理与报告

第四十七条　学校各资产归口管理部门应按照上级主管部门和学校要求，建立国有资产管理信息系统，对由不同资金渠道形成的学校国有资产实行统一入账管理，不得另建账或在账外滞留。并及时做好资产变动信息记录，加强对资产的动态管理。

第四十八条　学校的二级单位（国有资产使用单位）应当按照国有资产管理信息化的要求，按照职责权限及时录入、更新资产变动信息，要认真做好资产的日常管理工作，建立资产管理台账，健全资产的使用和保管制度，将资产的管理责任层层分解，落实到具体部门和责任人。

第四十九条　学校各级资产管理部门应当充分利用资产管理信息系统，及时统计和分析学校国有资产的占有、使用和处置状况，报告本部门资产管理状况。

第五十条　校内单位因机构变动或撤销、合并等，原单位必须到学校资产归口管理单位办理资产转移手续；各使用单位资产管理人员工作变动时，必须办理账务资料的移交手续，必要时要编制资产移交清册，经各使用单位负责人审批后，报国有资产管理委员会办公室审核、审批。

第五十一条　已经入账的固定资产在下列情况下可变动账面价值，并由资产管理处负责办理，并及时通知计划财务处，对固定资产有关账目作相应调整。

（一）根据国家规定对固定资产进行重新估价的。

（二）增加补充设备或改良装置的。

（三）将固定资产一部分拆除或改扩建的。

（四）根据实际价值调整原来暂估价值的。

（五）发现原来记录固定资产价值有误的。

（六）公有住房出售产权归属个人所有的。

第五十二条　固定资产计价标准：

（一）购入、调入的固定资产，按实际支付的价格、调拨价以及运杂费、保险费、安装费、及其它附加费等汇总入账。

（二）自制的固定资产，按建造过程中实际发生的全部支出入账。

（三）在原有固定资产基础上改建、扩建的固定资产，按原值加改建、扩建发生的支出之和入账。

（四）接受捐赠的固定资产，按照同类固定资产的市场价格或者有关凭证记账，接受捐赠固定资产时发生的相关费用纳入固定资产价值。

（五）无偿调入固定资产，不能查明原值的，按照估价入账。

（六）已投入使用，但尚未办理移交手续的固定资产，可先按估价入账，待确定实际价值后，再进行调整。

（七）进口设备，按当时的汇率折合成人民币金额，加上国外部分的运费、支付的关税及海关进口手续费等计价入账。

第九章　绩效考核与监督检查

第五十三条　学校各资产归口管理部门及使用单位要针对管理内容，逐步建立和完善国有资产管理绩效考核制度和考核体系，就资产管理、使用效益进行定性和定量的科学考核和评价。

第五十四条　学校国有资产管理委员会对全校资产进行统一监督管理，对全校各归口管理部门执行国家及学校资产管理有关法规制度的情况进行监督。

资产管理处按国有资产管理委员会的要求，对全校资产的总量及权益变动过程实施监督管理。

纪检、监察、审计、财务等部门应发挥各自的监督职能，维护国有资产的安全完整和合法权益。

各资产归口管理部门对所管理范围内的国有资产实施监督。

各资产占有、使用单位要建立健全内部监督管理制度。

第五十五条　学校资产管理工作接受上级主管部门、学校主管部门、纪检监察审计部门和全校师生员工的监督。任何单位和个人可对学校资产管理中的违纪违法行为进行举报。各资产归口管理部门和使用单位应自觉接受有关部门的监督和检查。

第五十六条　学校国有资产管理部门和使用单位由于个人疏忽或过错造成学校资产损失的，有关责任人必须予以赔偿；情节严重，造成资产大量流失的，学校除责成责任人予以赔偿外，还要追究其单位主管领导的责任；对造成重大损失而触犯法律的，学校将移交司法机关处理。

第十章　附则

第五十七条　本办法自公布之日起开始施行，未尽事宜按有关规定办理，凡此前发布的有关管理办法与本办法相抵触的，以本办法为准。

第五十八条　本办法由华北电力大学国有资产管理委员会负责解释。

第五十九条　本办法将根据国家有关规定和学校发展需要，不定期进行修订。

华北电力大学仪器设备管理办法

华电校资〔2014〕4 号

第一章　总则

第一条　学校的仪器设备是学校国有资产的重要组成部分，是保证教学、科研及行政管理等工作顺利进行的必要条件之一。为加强对学校仪器设备的管理，根据《高等学校仪器设备管理办法》（教育部教高〔2000〕9 号）及《华北电力大学国有资产管理办法》，特制定本办法。

第二条　依据教育部《高等学校固定资产分类目录》中的分类规定，下列各类属我校仪器设备管理范围：第三类　仪器仪表；第四类　机电设备（含交通工具）；第五类　电子设备；第六类　印刷机械；第七类　卫生医疗器械；第八类　文体设备；第十二类　工具、量具和器皿；第十四类　行政办公设备。

第三条　为管理方便，家具、陈列品也按此办法管理。

第四条　凡是学校计划财务处支付经费购置的仪器设备（不分其资金来源）和以学校或学校部门名义获得的仪器设备（不分其获得途径）产权均属于华北电力大学，均按本办法管理。

第五条　仪器设备管理的主要任务是对仪器设备的计划购置、验收、使用、维护维修、调剂调配、账物核查、淘汰报废等过程实施管理，以达到优化资源配置，提高仪器设备的使用率、完好率的目的。

第六条　学校仪器设备的管理，必须以满足教学、科研需求为第一原则，坚持勤俭办学的方针，坚持统一规划、保证重点、资源共享的原则。

第二章　管理机构及职责

第七条　按照《华北电力大学国有资产管理办法》，我校仪器设备的管理体制为实行校、学院（系部、校直属实验室、研究院所等使用单位，以下简称使用单位）两级管理体制。

第八条　学校资产管理处是负责学校仪器设备管理工作的职能部门，在学校国有资产管理委员会的领导下，负责办理学校仪器设备管理工作相关事宜。

主要职责：1、负责制定学校仪器设备管理的规章制度。2、负责仪器设备从购置、验收、建账、使用、调拨、维修直至报废的整个过程的管理。3、负责仪器设备的清查、绩效考核。

第九条　各使用单位为学校的仪器设备二级管理单位，负责本单位的仪器设备的使用管理。各使用单位要明确资产主管领导和资产管理员，负责本单位仪器设备的管理工作。

主要职责：1、负责建立健全本单位仪器设备管理办法，明确本单位下属实验室等部门管理人员及职责。2、负责本单位仪器设备的保管、监督、检查、档案卡片管理。3、办理本单位仪器设备报增、报减、调转等手续工作，在业务上接受资产管理处的指导。4、负责本单位仪器设备的使用管理工作，保障仪器设备的科学使用和保养，努力提高仪器设备的使用效益和使用寿命。5、负责本单位大型贵重仪器设备共享管理。

第三章　仪器设备的申购与验收

第十条　各使用单位购置仪器设备，必须申报购置计划。

（一）年度购置计划：各单位每年年底制定下年度仪器设备购置计划，按照资产管理处通知要求填报仪器设备购置年度计划，经单位负责人审核后，报资产管理处汇总；资产管理处根据全校资源配置现状和各单位的申购计划表，编制全校年度购置计划，送计划财务处审核；计划财务处根据购置经费来源、学校资金状况，审核设备购置计划，报校长办公会审批。

（二）专项购置计划：学校各类专项建设项目（基础设施改造、实验室建设、科研项目等）中需购置的仪器设备，各单位要根据项目的计划、进度、需求及资金落实等情况制定总体购置计划，按项目整体上报购置仪器设备计划，不得将项目采购内容分包拆散；经单位负责人审核后，报资产管理处审核，并按学校相关规定实施购置。

（三）临时购置计划：各单位有特殊情况需要临时购置仪器设备时，在购置申请中应就购置的必要性、经费来源等进行详细说明，报资产管理处和计划财务处会签。经主管校长审批或校长办公会审批后实施购置。

第十一条　单价在人民币10万元以上或总价超过人民币10万元以上的成套仪器设备属大型贵重仪器设备，购置前应进行可行性、必要性论证，并按照《华北电力大学大型贵重仪器设备管理办法》组织验收。

第十二条　使用财政性资金采购政府集中采购目录以内或者采购限额标准以上的进口产品，需到资产管理处办理进口设备审批手续，待教育部、财政部审批通过后方可执行采购。

第十三条　仪器设备到货后必须及时进行实物验收，单价10万元以下的仪器设备，由资产管理处组织使用单位进行验收；单价10万元以上的仪器设备，由资产管理处组织经费主管部门、使用单位等有关职能部门成立验收小组，进行验收。

第十四条　验收工作必须按照技术合同、验收标准（国标、部标、厂标等），对仪器设备功能、性能、精度、附件及随机资料等进行验收，并如实填写《华北电力大学仪器设备验收报告》。

第十五条　单价在人民币10万元以上的仪器设备或总价超过人民币10万元以上的成套仪器设备属大型贵重仪器设备按照《华北电力大学大型贵重仪器设备管理办法》组织验收。

第十六条　一般常规仪器设备，货到使用单位后，一般一周内完成验收；大型仪器设备需要安装调试的，两周天完成技术验收；进口设备要在索赔期内完成验收。

第四章　仪器设备的建账（报增）

第十七条　根据《高等学校财务制度》（财教〔2012〕488号）对固定资产的解释，使用期限超过一年，单位价值在1 000元以上（其中：专用设备单位价值在1 500元以上），并在使用过程中基本保持原有物质形态的仪器设备列入学校固定资产的管理，由资产管理处建账，每年底由资产管理处统一向教育部上报数据。

第十八条　单价200元以上（含200元）、不足1 000元、使用年限一年以上、能单独使用的仪器设备，列入学校低值设备的管理，由学校使用单位（二级单位）建账、建卡；

第十九条　各使用管理单位都应建立固定资产分类账，或计算机数据库，建立相应的账、卡制度，有计划地进行账、卡、物的清点、核实，定期与资产管理处核对账目。

第二十条　仪器设备的领用手续，必须由各使用单位的资产管理员办理。仪器设备的使用人必须在使用单位所持的《报增单》上签字。

第二十一条　仪器设备按原值登记入账。如有下列情况，应增减其原值：

（一）仪器设备因升级改造而增加的仪器仪表、外围设备、零件，应增加其原值。

（二）成套设备因毁损或其它原因而拆除其中一部分，应减少其原值。

（三）由于仪器设备维护、维修所开支的费用，均不增加其原值。

第二十二条　由科研经费开支替委托方代购的仪器设备，科研合同中应有相关的条款表明该仪器设备的产权不属学校，学校不办理该台设备建账、建卡手续。财务报账须凭科研合同副本和委托方已签章的代购单等有效凭证进行。

第二十三条 自制仪器设备经过试运行，各项技术指标达到规定的技术要求并经验收合格后，由使用单位根据购入的组装件原始发票和验收单、结算单到资产管理处办理建账、建卡手续。

第二十四条 国内外捐赠或调入的仪器设备凭有关文件资料由资产管理处参考同类设备的市场价值经估价后建账、建卡。

第二十五条 基建、维修改造项目中购置的仪器设备，应在工程项目审结后，持审结后的仪器设备决算清单到资产管理处办理建账、建卡手续。

第二十六条 仪器设备经验收合格后，使用单位应及时凭原始发票及复印件、验收报告、验收单、购置计划申请表等材料到资产管理处办理建账、建卡手续。材料不全的，不予办理建账手续，未办妥建账、建卡手续的，财务不予报销。

第二十七条 学校仪器设备必须粘贴“华北电力大学固定资产条形码标签”，条形码标签由资产管理处统一制作，各使用单位进行资产报增时领取，并及时粘贴。条形码标签如有遗失或损坏应及时到资产管理处补打并粘贴。

第二十八条 条形码标签原则上应粘贴在仪器设备正面右上角，右上角不便粘贴时，可贴在正面或两侧显著且便于扫描查验的位置。

第五章 仪器设备的使用管理

第二十九条 仪器设备是国家公有财产，是完成教学科研生产任务的重要工具，仪器设备的管理和使用，必须实行岗位责任制，要制定操作规程和保养制度，明确责任人。必须充分发挥其使用效力，实行资源共享，避免出现校内仪器设备的重复购置。

第三十条 使用仪器设备的人员必须熟悉和掌握仪器设备的性能和操作方法，严格遵守操作规程。仪器设备应进行定期保养、维护和检修，以延长使用寿命。

第三十一条 大型贵重仪器设备必须选派业务能力较强的教师或实验技术人员负责管理和指导使用，单价在40万元以上的大型贵重仪器设备，上机操作人员必须进行技术培训。经考核合格后，方可独立操作使用仪器。

第三十二条 人员变动(调离、出国、退休、辞职等)必须进行资产移交，经单位资产管理员及单位领导认可签字后方可办理相关手续。各单位资产管理员的调动，必须和资产管理处核对账目，做好本单位账、卡、物移交并经接收人签字认可后，方可办理相关手续。

第三十三条 任何单位和个人未经审批手续，不得擅自转让、出借仪器设备。违者追究行政及法律责任。

第三十四条 校内借用，由借用单位或个人提出申请，经借出单位签署意见后，向借出单位资产管理员办理借用手续。校外借用，由借用单位提出申请，经借出单位主管领导签署意见后，报资产管理处及主管校领导审批后，方可出借，并限期收回。进口物资在海关五年监管期内不许外借。外借过程涉及到费用问题，必须按照学校有关财务管理的规章制度执行。

第三十五条 为了加强管理，堵塞漏洞，到学校使用单位领用仪器设备，只限于本校在编教职员工。研究生、本专科学生须经指导教师签名同意，并以指导教师名义领用，如有弄虚作假冒名顶替的，视情节轻重将作严肃处理。

第三十六条 为充分发挥仪器设备的使用效益，原则上学校的仪器设备都应对校内开放共享。大型贵重仪器设备按照《华北电力大学大型贵重仪器设备开放共享管理暂行办法》开放共享。

第三十七条 对于闲置超过一年以上或使用率不高的仪器设备，以及因工作需要调整使用单位的仪器设备，资产管理处将调出或另行分配。仪器设备调拨由调入单位填写《华北电力大学仪器设备调拨单》，经调出单位签署意见后，报资产管理处审核，办理调拨手续。

第三十八条 免税进口的仪器设备，在海关监管期内，不得用于经营、生产等其他活动，或转移监管地点。在五年监管期满后，最迟在仪器设备报废前，须向海关申请办理撤除监管手续。

第三十九条 仪器设备出现故障应及时进行维修。一般仪器设备出现故障，应由学院审批，做到随时维修。大型故障以及大型贵重仪器设备的维修，要报资产管理处审批，待批准后方可立项维修。

第四十条 仪器设备的改造要提出改造计划，经单位领导同意，报资产管理处审批，待批准后方可立项改造。

第六章 仪器设备的报废、报失与报损

第四十一条 凡符合下列条件之一的仪器设备可以申请报废：

1、技术性能落后：是指该设备的技术性能已经远远落后于现在的性能或已被新技术所取代，完全无法再使用的设备。

2、超过使用年限：是指该设备已经超过了有关部

门颁布的规定使用年限,不再具备使用价值或使用价值不高。根据国家的有关规定,我校仪器设备报废参考年限为:信息类设备 5－8 年;自动控制仪表设备 8－10 年;机械设备 10－15 年;动力设备 15－20 年;车辆 10－15 年。

3、无修复使用价值:仪器设备的性能达不到标准、精度不够;主要部件损坏,无法修复或维修费用较大。

第四十二条　报废仪器设备需填写《华北电力大学固定资产处置申报表》,按照《华北电力大学固定资产处置实施细则》规定进行处置。

第四十三条　仪器设备发生损坏、丢失事故,所在单位应立即上报。属于损坏的,由资产管理处组织 3 人以上技术鉴定小组作出技术鉴定;属于丢失的,立即向校保卫处报告,由保卫处组织调查,写出丢失情况的报告。据此填写《华北电力大学固定资产处置申请表》,经单位领导签署意见后报资产管理处,由资产管理处根据规定审批并报主管校领导审批。

第四十四条　仪器设备的损坏和丢失应按实际情况的不同,具体分析、区别对待。可根据损坏和丢失的具体情节、损坏价值的大小、事后补报情况,责令责任人赔偿损失价值的全部、一部份或免予赔偿。

第四十五条　凡属玩忽职守或违章操作等人为因素造成仪器设备丢失、损坏的,事后隐瞒不报,推诿责任,态度恶劣,应按实际情况给予责任人教育、批评、行政处分,并按规定赔偿。

(一)损坏赔偿标准:

1、损坏的仪器设备可以修复,修复后经过检测技术指标及使用寿命没有受影响的,只赔偿维修费;维修后其性能、质量有下降的,应根据具体情况提高赔偿比例。

2、仪器设备不能修复,应按仪器设备的净值赔偿。

(二)丢失赔偿标准:

丢失前仪器设备是完好的按实际价值赔偿;丢失前仪器设备已不能使用,处于待报废中的按原值的 5～20% 赔偿。

第七章　绩效考核与监督检查

第四十六条　为提高教学科研仪器设备的科学、合理和有效使用,促进设备管理人员认真履行岗位职责,不断提高管理水平,学校将定期对仪器设备,尤其是大型贵重仪器设备的使用和管理情况进行考核。

第四十七条　考核办法将采用使用单位自评与组织校内外专家考核相结合的方式进行。通过考核促进管理水平的提高,推进仪器设备共享管理。

第四十八条　为强化学校国有仪器设备监督管理,资产管理处每学年进行一次年度检查。年度检查工作内容:

(一)对全年新增仪器设备进行检查和以往仪器设备进行抽查;

(二)对本年度仪器设备变更问题进行清理;

(三)对全校各使用单位仪器设备管理工作进行检查考核评比;

第四十九条　校内各单位及有关责任人违反本办法规定的,依法追究其相应责任,并依据相关规定进行处罚、处分和处理。

第八章　附　则

第五十条　本办法自公布之日起开始施行,未尽事宜按有关规定办理,凡此前发布的有关管理办法与本办法相抵触的,以本办法为准。

第五十一条　本办法由资产管理处负责解释。

华北电力大学招标管理暂行办法(修订)

华电校招〔2014〕1 号

第一章　总则

第一条　为了进一步规范我校招投标活动,提高资金使用效益,保证项目招标工作顺利进行,维护招投标活动当事人的合法权益,促进廉政建设,根据《中华人民共和国招标投标法》、《中华人民共和国招标投标法实施条例》、《中华人民共和国政府采购法》、《中央单位政府集中采购管理实施办法》、《北京市建设项目招标范围和规模标准规定》(北京市政府 89 号令)等法律法规,结合学校实际,特制定本办法。

第二条　使用财政性资金和纳入学校财务管理的非财政性资金采购的货物、工程与服务的招投标活动,适用本办法。

本办法所称货物是指各种形态和种类的物品,包括原材料、燃料、家具、仪器、设备、软件、图书、教材、药品及医疗器械等;所称工程是指建设工程,包括建筑物和构筑物的新建、改建、扩建、装修、拆除、修缮等；所称服务是指除货物和工程以外的其他采购对象。

第三条　招投标活动应当遵循公开、公平、公正和诚实信用的原则。

第四条　任何单位不得将必须进行招标的项目化整为零或者以其他任何方式规避招标，不得以任何方式非法干涉招投标活动。

第二章　组织机构与职责

第五条　学校成立招投标工作领导小组，负责研究决定招投标工作的重大事项。领导小组组长为学校校长，常务副组长为分管招标工作的校领导，副组长为分管基建、资产、后勤、监察、审计等工作的校领导，成员为招标中心、资产管理处、基建处、后勤管理处、校长办公室、监察处、审计处、计划财务处等部门主要负责人。领导小组的主要职责有：

（一）审议校内招投标规章制度、工作计划和工作报告。

（二）审定学校“评标专家库”成员。

（三）研究决定学校重大项目的有关招投标问题。

（四）研究决定学校招投标工作中的其他重大事项。

第六条　招投标工作领导小组下设办公室，办公室设在招标中心，主要职责有：

（一）负责执行招投标工作领导小组的决定。

（二）负责招投标工作领导小组的日常工作。

第七条　招标中心是学校组织招标的执行机构，负责学校招投标工作的组织实施和提供招投标服务。主要职责有：

（一）贯彻国家招投标、政府采购的法律法规和方针政策，负责制订校内招投标工作的规章制度与工作程序。

（二）编制学校招投标年度工作计划。

（三）负责组织学校招标工作。

（四）负责委托校外招标项目的招标代理和进行相关招标组织等工作。

（五）负责组建与管理学校评标专家库。

（六）负责招投标过程有关文件与资料的整理与移交工作。

（七）完成招投标工作领导小组、分管校领导交办的其他工作。

第八条　涉及招投标活动的资产管理处、基建处、后勤管理处等业务主管部门须在各自的业务范围内履行下列职责。

（一）职责范围：

1、货物：由资产管理处负责（与工程建设有关的货物由相应业务主管部门负责）。

2、工程：按资金来源由基建处或后勤管理处负责。

3、服务：按资金来源由资产管理处、基建处、后勤管理处等业务主管部门负责。

4、学校另有规定的，依照其规定执行。

（二）招标的前期准备工作：

1、完成项目立项审批等手续，落实项目的预算经费及其来源，提交《华北电力大学项目招标申请表》。

2、提出详细的技术、商务和服务等要求，必要时须提出项目招标方式的建议与理由。工程项目必须提供准确的施工图和详细的招标范围。

（三）招标的实施过程工作：

1、协助招标技术释疑（招标文件的技术要求，商务要求等细节由使用单位负责答疑）。

2、协助现场踏勘和答疑。

3、选派代表参与有关项目的资格审查和开标、评标、定标。

（四）招标的后期工作：

1、负责合同的审核、签订，项目的组织实施、验收以及结算等事项。

2、按照学校有关规定完成项目资料的整体归档、移交工作。

第三章　招标范围和标准

第九条　符合下列范围及规模标准的学校货物、工程、服务等采购项目，必须进行公开招标。预算经费在公开招标限额以下的采购项目要根据《政府采购法》和学校有关部门的规定严格执行。

（一）货物：

1、除科研经费以外的预算经费在 10 万元以上（含 10 万元）的单项或批次货物（中央政府采购目录中的货物按照政府采购和学校相关部门规定执行）。

2、根据学校科研仪器设备专业性强、技术指标复杂、来源单一的特点，用科研经费采购的预算经费在 30 万元以上（含 30 万元）单项或批次货物（同上）。

3、用科研经费采购 10 万元至 30 万元的单项或批次货物，科研项目组（或人）要求公开招标的。

科研经费的范围由学校科研经费主管部门认定。

（二）工程：

1、预算经费在 10 万元以上（含 10 万元）的与建筑物、构筑物新建、改建、扩建无关的单独修缮工程。根据年度工作计划属于同类性质的单独修缮工程应合并打包，合并打包后预算经费在 10 万元以上（含 10 万元）的修缮工程。

2、除单独修缮工程以外的预算经费在20万元以上（含20万元）的工程项目。

（三）服务：

1、预算经费在10万元以上（含10万元）的服务项目。

2、预算经费在20万元以上（含20万元）的建设工程项目勘察、设计、监理和技术咨询类服务项目。

第十条　属于公开招标范围且达到招标规模标准，但符合下列条件之一的，可以采用邀请招标方式。邀请招标是指通过学校招标中心以投标邀请书的方式，邀请不少于3名符合资格条件的特定法人或者其他组织投标。

（一）技术要求复杂，或者有特殊的专业要求的；

（二）公开招标所需费用和时间与项目价值不相称，不符合经济合理性要求的；

（三）受自然资源或者环境条件限制的；

（四）法律、行政法规或者上级政府部门另有规定的。

第十一条　属于公开招标范围且达到招标规模标准，但符合下列条件之一的，可以不进行招标。

（一）涉及国家安全和国家秘密的；

（二）抢险救灾等突发应急的；

（三）采用特定专利或者专有技术的；

（四）为与现有设备配套而需从该设备原提供者处购买零配件的；

（五）法律、行政法规或者上级政府部门、学校另有规定的。

第十二条　属于公开招标范围且达到招标规模标准的货物或服务项目而不适宜以招标方式采购的，符合特定条件可采用竞争性谈判、单一来源采购、询价方式采购。

（一）符合下列条件之一，可采用竞争性谈判采购方式。

1、技术复杂或者性质特殊，不能确定详细规格或者具体要求的；

2、采用招标所需时间不能满足用户紧急需要的；

3、招标后没有供应商报名或者投标，或者没有合格标的，或者重新招标未能成立的。

（二）符合下列条件之一，可采用单一来源采购方式。

1、只能从唯一供应商处采购的；

2、发生了不可预见的紧急情况不能从其他供应商处采购的；

3、必须保证原有采购项目一致性或者服务配套的要求，需要继续从原供应商处添购。

（三）采购标的货物规格、标准统一、现货货源充足且价格变化幅度小的项目，可采用询价方式采购。

第十三条　在执行合同期间，如有需要与项目总承包方共同招标的项目，由招标中心、项目管理部门和项目总承包方共同组织实施，招评标程序按照本办法规定执行。

第十四条　对于预算经费在公开招标限额标准以下的零星工程、特定服务项目，招标中心通过校内公开招标的方式统一确定若干类型、一定数量和固定期限的供应商，相关业务主管部门按照规定程序在上述供应商范围内直接选定，并报招标中心备案。

第四章　业务程序

第十五条　资产管理处、基建处、后勤管理处等业务主管部门及用户单位应加强预算和项目实施工作的计划性，在学校年度预算下达后，审核、汇总各部门的招标采购计划，并报送学校招标中心。招标中心负责编制统一的招标计划，会同相关业务主管部门做好各项招标工作，保证招标任务按计划进行。

第十六条　招标项目必须提交《华北电力大学项目招标申请表》，申请表应当至少提前60天提交至招标中心（以计划开工日期或订货日期计算）。

第十七条　招标中心根据项目的类别、大小和需要组织相应的招标工作小组和资格审查小组。

（一）招标工作小组由招标中心主任担任组长，成员由监察处、审计处、相关业务主管部门的代表组成。如项目需要，可邀请用户单位代表、职能部门代表和相关专家参加。招标工作小组的主要职责是：

1、审核招标项目的招标文件、竞争性谈判采购文件等重要内容；

2、审核邀请招标、竞争性谈判、单一来源采购、询价采购等非公开招标方式，报主管校长召集相关人员审核后确定被邀请人名单；

3、审核并确定重新招标失败的项目的采购方式、推荐承揽或供应商；

4、讨论招标工作其他重要事项。

（二）资格审查小组一般由招标中心、审计处以及相关业务主管部门代表组成，如项目需要，可邀请用户单位代表、职能部门代表和相关专家参加。其主要职责是审核资格条件，评定满足资格审查文件规定的投标人。监察处负责监督。

第十八条　公开招标程序：

（一）提交《华北电力大学项目招标申请表》。

《华北电力大学项目招标申请表》由业务主管部门提交，应具备下列内容：

1、项目立项及经费审批情况。

2、技术、商务及服务要求等。

(二)招标中心组织招投标实施。

1、审核申报材料。

2、确定招标方式,填写《华北电力大学项目招标审批表》,报分管招标工作的校领导审批。

3、编制招标公告、招标文件。按规定程序审核后,报分管招标工作的校领导审批。

4、发布招标公告,接受投标申请人报名并向正式投标人发售招标文件。

5、根据项目需要组织现场勘察和答疑。

6、接受投标人在规定时间内送达的投标文件。

7、组织投标人、业务主管部门代表、监督人员开标。

8、组建评标委员会依据招标文件规定进行评标,推荐中标候选人,并向招标中心递交书面评标报告。

9、招标中心填写《华北电力大学招标情况简表》,报主管校长召集相关部门、人员审核后经学校批准确定中标人。

10、公示中标结果。

11、向中标人发出中标通知书,向未中标人发出未中标通知书,向业务主管部门发出招标结果通知书和中标单位的投标文件,并作为签订合同的依据。

第十九条　邀请招标程序:

(一)提交《华北电力大学项目招标申请表》。

《华北电力大学项目招标申请表》由业务主管部门提交,应具备下列内容:

1、项目立项及经费审批情况。

2、技术、商务及服务要求等。

3、需要时提出采用邀请招标的充分理由。

(二)招标中心组织招投标实施。

1、审核申报材料。

2、确定招标方式,按规定程序审核后,填写《华北电力大学项目招标审批表》,报分管招标工作校领导审批。

3、提出被邀请人名单,有名单库的,可从符合资格条件的名单库中随机抽取;无名单库的,由资格审查小组提出,报分管招标工作校领导审批。

4、编制投标邀请书、招标文件,按规定程序审核后,报分管招标工作校领导审批。

5、向正式被邀请人发售投标邀请书、招标文件。

6、根据项目需要组织现场勘察和招标答疑。

7、接受投标人在规定时间内送达的投标文件。

8、组织业务主管部门代表、投标人和监督人员开标。

9、依法组建评标委员会,依据招标文件规定进行评标,推荐中标候选人,并向招标中心递交书面报告。

10、招标中心填写《华北电力大学招标情况简表》,报主管校长召集相关部门、人员审核后经学校批准确定中标人。

11、公示中标结果。

12、向中标人发出中标通知书,向未中标人发出未中标通知书,向业务主管部门发出招标结果通知书和中标单位的投标文件,并作为签订合同的依据。

第二十条　属于公开招标范围且达到招标规模标准,按规定可以不招标的项目,由招标中心会同业务主管部门,提出采购办法或者直接推荐承包单位,经招标工作小组讨论后报分管招标工作校领导批准后进行。

第二十一条　竞争性谈判、单一来源、询价方式的采购程序:

(一)采用竞争性谈判、单一来源采购、询价方式采购的,业务主管部门提交《华北电力大学项目招标申请表》,应包括下列内容:

1、项目立项及经费审批情况。

2、技术、商务及服务要求等。

3、需要时提出所采用招标方式的充分理由。

(二)招标中心组织采购活动:

1、审核申报材料。

2、确定采购方式按规定程序审核后,填写《华北电力大学项目招标审批表》,报分管招标工作校领导审批。

3、提出被邀请人名单,有名单库的,可从符合资格条件的库中随机抽取;无名单库的,由资格审查小组提出,报分管招标工作校领导审批。

4、编制邀请书、谈判文件或询价文件,按规定程序审核后,报分管招投标工作校领导审批。

5、向正式被邀请人发售邀请书、谈判文件或询价文件。

6、接受被邀请人在规定时间内送达的响应文件。

7、组织采购专家、业务主管部门代表、监督人员进行谈判或询价。

8、采购专家依据谈判文件或询价文件推荐成交供应商,并向招标中心递交书面评标报告。

9、招标中心依据谈判文件或询价文件提出成交供应商。

10、招标中心填写《华北电力大学招标情况简表》,报主管校长召集相关部门、人员审核后经学校批准确定中标人。

11、公示采购结果。

12、向成交供应商发出中标通知书,向未成交供应商和提交申请报告的单位发出采购结果通知书。

第二十二条　为提高招标效率，应充分利用计算机网络和通讯技术建立基于互联网的招标采购平台，开展电子招投标活动。

第五章　招标

第二十三条　进行招标的项目，应当符合下列要求：

（一）按照有关规定需要履行项目审批手续的，已经获得了批准；

（二）项目资金已落实，具备开始实施所要求的资金。

上述要求应当在招标文件中清楚载明。

第二十四条　进行公开招标的，应当在招标中心网站或其他媒体公开发布招标公告，接受投标人报名。招标公告时间从发布之日起至投标报名截止之日不少于 5 个工作日。重大项目经招标工作领导小组批准后可在公共报刊等媒体上发布相关公告信息。

第二十五条　招标公告或投标邀请书应清楚载明下列事项：

（一）招标人名称、地址。

（二）招标项目的内容、规模、资金来源。

（三）招标项目的实施地点和工期。

（四）投标人应具备的资格条件。

（五）招标项目联系人姓名和电话。

第二十六条　资格审查包括资格预审和资格后审。资格预审是指在投标前对潜在投标人进行的资格审查。资格后审是指在开标后对投标人进行的资格审查。

（一）技术特别复杂或重大项目一般仍应采取资格预审方式。进行资格预审的，不再进行资格后审，但招标文件另有规定的除外。

（二）采用资格预审的，必须在招标公告或资格预审文件中载明正式投标人的确定方式。资格预审结果公示时间为 3 个工作日。

第二十七条　需要考察投标人或者需要投标人踏勘现场的，由招标中心组织业务主管部门以及有关专家进行考察或答疑。

第二十八条　招标中心应根据项目的特点和需要编制资格审查文件和招标文件。招标文件须清晰、明确地提出所有实质性的要求和条件，主要包括下列内容：

（一）招标公告或投标邀请书。

（二）投标人须知：

1、招标文件的组成、澄清、修改。

2、投标报价的编写要求及其修正方法。

3、投标文件的编制、签署、封装、递交、补充、修改、撤回等具体要求。

4、投标保证金和履约保证金的缴纳、退还方式及期限。

5、投标有效期。

（三）评标依据和标准、定标原则，主要评标办法、评标程序、确定废标的主要因素，评标结果的公示、公告。

（四）项目技术、商务和服务要求。

（五）拟签合同的格式、主要条款及内容。

（六）投标文件格式及要求。

（七）图纸目录、格式附录等，采用工程量清单招标的应当提供符合相关规范要求的工程量清单、招标控制价、结算及付款要求等。

第二十九条　招标文件不得有以下内容：

（一）要求或者标明特定的生产供应者或者管理、服务者。

（二）对潜在投标人含有预定倾向或者歧视条款。

（三）与已核准的招标范围、评标办法等内容存在实质性偏离。

第三十条　招标中心对已发出的招标文件进行必要的澄清或者修改的，应当在投标截止时间、开标时间 15 个日历天前，以书面形式通知所有招标文件收受人；在不影响投标人投标文件的情况下，在开标截止日期 2 个工作日以书面形式通知所有招标文件收受人，同时在招标中心网站发布相应的通知。该通知内容作为招标文件的组成部分。

第三十一条　招标中心应该给予投标人编制投标文件所需要的合理时间，公开招标的项目，应自招标文件发出截止之日起至投标人递交投标文件截止之日不少于 20 天。对于项目比较小，且技术不复杂的项目，可根据招标时间的安排，具体确定投标文件的投标时间，但不少于 4 个工作日。

第六章　投标

第三十二条　投标人申请投标必须具备下列条件：

（一）符合招标公告、投标邀请书中规定的投标人资格条件，并按要求提供相关证明材料。采用资格预审的，须通过资格审查。

（二）购买招标文件，并支付相应费用。

（三）法律法规及招标文件规定的其他条件。

第三十三条　编制投标文件。

（一）投标人在获取招标文件后，应当按照招标文件的要求自主编制投标文件，投标文件应当对招标文件提出的实质性要求和条件作出明确的响应。

（二）招标项目属于建设工程施工的，投标文件的内容应当包括拟派出的项目负责人与主要技术人员的简历、企业业绩和拟用于完成招标项目的机械设备等。

（三）投标人根据招标文件载明的项目实际情况，拟在中标后将中标项目的部分非主体、非关键性工作进行分包的，应当在投标文件中载明。

第三十四条　对招标文件中含义不明确的内容，投标人可在投标截止时间、开标时间3个工作日前，以书面形式要求招标中心做出不超出招标文件范围的明确答复。

第三十五条　投标人应当在招标文件要求递交投标文件的截止时间前或指定的时间，将投标文件送达指定地点。招标中心负责签收保存投标文件，在开标前不得开启，并拒绝接受未密封或在投标截止时间后送达的投标文件。

第三十六条　投标人在招标文件要求提交投标文件的截止时间前，可以补充、修改或者撤回已提交的投标文件，并书面通知招标人。补充、修改的内容为投标文件的组成部分。

第三十七条　投标人在招标文件要求递交投标文件的截止时间后，不得撤回已提交的投标文件，除评标委员会专家书面要求投标人对投标文件模糊不清的内容做出解释、澄清外，投标人不得主动提出对投标文件进行解释、澄清、补充、修改。解释、澄清不得对实质性内容进行修改。

第三十八条　投标人不得以低于成本的报价竞标，也不得以他人名义投标或者以其他方式弄虚作假，骗取中标。

第七章　开标、评标和中标

第三十九条　开标应当在招标文件载明的提交投标文件截止时间的同一时间公开进行，开标地点应当是招标文件中载明的地点。

第四十条　开标会由招标中心主持，监督人员或投标人推选的代表负责按招标文件的规定检查所有已受理投标文件的密封情况，工作人员负责唱标和记录等工作。

第四十一条　发现投标文件有下列情形之一的，由评标委员会初审后按废标处理：

（一）投标函未加盖法定代表人或单位公章的；

（二）投标函无法定代表人、被授权人的签名或姓名印章的；

（三）未按招标文件规定格式填写，内容不全或关键字迹模糊不清的；

（四）投标人名称或组织结构与资格预审时不一致的；

（五）未按招标文件要求提交投标保证金的。

已作废标处理的投标人不得进入后续评审。

第四十二条　评标由招标中心依法组建的评标委员会负责。

（一）评标委员会成员由技术、经济等有关专家、业务主管部门或用户单位代表组成，成员人数为5人以上（含5人）单数，其中专家不得少于成员总数的三分之二。

（二）评标委员会的专家应当从学校的评标专家库或北京市评标专家库中分类随机抽取，符合下列情形之一的，经分管招标工作校领导批准后可由招标中心在监察处的监督下确定：

1、国家有特别要求的项目；

2、技术特别复杂、专业性要求特别高的；

3、采取随机抽取方式确定的专家难以胜任的；

4、专家库未建立健全或者其中没有相应专家的。

第四十三条　评标专家由招标中心在开标前24小时内抽取，并负责通知评标专家，通知时不得泄露与评标项目相关的任何内容。监察处负责监督。

第四十四条　任何与投标人有利害关系的人员不得进入相关项目的评标委员会。

第四十五条　评标专家库根据政府有关规定和学校实际情况建立。

所有专家一般应当具备从事相关领域工作满八年的经历，并具备高级职称或者具有同等专业水平。

第四十六条　评标委员会评标工作规则：

（一）按招标文件规定的评标程序、标准和方法对投标文件进行评审和比较。

（二）对投标文件中含义不明确的内容，要求投标人做出澄清或者说明。澄清或者说明必须符合原投标文件的范围或者实质性内容。

（三）对投标报价明显低于其他投标人或者在设有标底时明显低于标底的，应当要求投标人具体说明并提供相关证明材料。投标人不能合理说明或者不能提供相关证明材料的，由评标委员会按照有关文件规定认定为以低于成本价竞标，作废标处理。

（四）对内容存在下列重大偏差，实质上不能响应招标文件要求的投标文件，确定为废标：

1、不能满足完成投标项目期限。

2、附有招标人无法接受的条件。

3、明显不符合技术规格、质量要求、货物包装方式、检验标准和方法。

4、不符合招标文件规定的其他实质性要求。

（五）对实质上符合招标文件要求，但在个别地方存在遗漏或者提供了不完整的技术信息和数据等细微偏差的投标文件，评标委员会应当要求该投标人在评标结束前予以澄清。

第四十七条 在评标过程中，发生下列情形之一的确认为招标失败。

（一）投标截止时收到的投标文件不足三家的；

（二）出现影响招标公正的违法、违规行为的；

（三）因重大变故，采购任务取消的。

招标失败后，招标中心应当通知所有投标人，除招标任务取消情形外，一般应组织第二次招标。

第四十八条 在评标过程中，监督人员如发现有任何不公正的行为，应当立即纠正和制止，并做好相关记录和备案等工作。情况特别严重的，可暂停或中断评审，以维护评标过程的公正性、公平性以及严肃性。

第四十九条 评标委员会完成评标后，应当向招标人提出书面评标报告，按评标结果推荐一至三名中标候选人，并标明排列顺序。

第五十条 在中标结果确定之前评标委员会成员名单必须保密。评标委员会成员、工作人员、监督人员必须遵守评标纪律，不得以任何方式泄露评标情况。任何单位和个人不得非法干预、影响评标的过程和结果。

第五十一条 招标中心应根据招标文件规定的中标条件及评标委员会的推荐顺序提出中标人选，报主管校长审批后确定中标人。原则上以排名第一的投标人为中标人。

第五十二条 中标人确定后，招标中心应在招标中心网站对中标结果进行公示，公示时间为 3 个工作日。

第五十三条 招标中心应当依法受理投标人的质疑，监察处应当依法受理投标人的投诉。

第五十四条 质疑或投诉不影响中标结果的，招标中心应当向中标人发出中标通知书，向未中标人发出未中标通知书，向业务主管部门发出招标结果通知书，同时在招标中心网站发布中标公告。

中标通知书对招标人和中标人具有法律效力。中标通知书发出后，改变中标结果或中标人放弃中标项目的，应当依法承担法律责任。

第五十五条 业务主管部门或用户单位应当自中标通知书发出之日起 30 天内与中标人按照招标文件、投标文件订立书面合同。

订立合同时，不得另外订立违反招标文件、投标文件实质性内容的协议；不得对招标文件、投标文件作实质性修改。

第五十六条 设有投标保证金的，招标中心应当在合同签订后的 5 个工作日内，将投标保证金全额无息退回投标人。

第五十七条 中标人应当履行下列义务：

（一）按照合同约定完成中标项目。

（二）对分包项目承担连带责任。

（三）按照招标文件的要求在合同签订后 5 个工作日内向招标人提交履约保证金。

第八章 监督和罚则

第五十八条 学校招投标工作接受监察处等职能部门以及广大群众监督，监督的内容为有关招投标与采购的法律法规和学校规章制度的执行情况，主要包括：

（一）必须进行招标的项目不依法进行招标的；

（二）招标投标活动不按法定程序和规则进行的。

招标投标各方应当自觉接受监督检查。

第五十九条 （一）监察处负责对学校招投标活动实施监督，并对招投标活动中的违法违规违纪行为进行核查处理。

（二）对于学校自行组织的招投标活动中的资审、开标、评标等环节，监察处须派人员进行现场监督；对于学校委托招标代理机构组织的招投标活动中的资审、开标、评标等环节，监察处原则上须派人员进行现场监督，若由招标中心派人员参加，招标中心人员需对现场进行监督，并对招投标活动中的违法违规违纪行为及时报告监察处进行核查处理。

第六十条 招标中心应当建立健全内部控制制度，明确招标投标活动的决策和执行程序，建立相互监督、相互制约的工作机制，自觉接受监督，切实加强反腐倡廉建设。

第六十一条 参与学校招标投标活动的单位和工作人员必须遵守国家的法律、法规和学校的有关规章制度。对于下列违法违规行为，学校应责令改正，对直接主管人员和其它直接责任人员，按照有关规定进行处理，涉嫌犯罪的，移送司法机关处理。

（一）应当采用公开招标方式而擅自采用其他方式采购的，将必须进行招标的项目化整为零或者以其他任何方式规避招标的；

（二）以不合理的要求限制或者排斥潜在投标人，对潜在投标人实行差别待遇或者歧视待遇，或者招标文件指定特定的投标人、含有倾向性或者排斥潜在投标人等其他内容的；

（三）与投标人恶意串通的；

（四）在采购过程中接受贿赂或者获取其他不正当利益的；

（五）泄露应当保密的与招标投标活动有关的情况和资料的；

（六）中标通知书发出后不与中标人签订采购合同的；

（七）在有关部门依法实施的监督检查中提供虚假情况的；

（八）其它违纪违规的行为。

第六十二条　投标人有下列情形之一，则中标、成交无效，投标保证金不予退还，取消投标人一年至三年内参加我校招标项目的投标资格并予以公告；给学校造成损失的，还应追究其经济责任或法律责任。

（一）提供虚假材料谋取中标的；

（二）采取不正当手段诋毁、排挤其他投标人的；

（三）与招投标工作有关单位和人员或其他投标人恶意串通的；

（四）向招投标工作有关单位和人员行贿或者提供其他不正当利益的；

（五）在招标过程中与采购单位进行协商谈判、不按照招标文件和中标人的投标文件订立合同，或者另行订立背离合同实质性内容的协议的；

（六）中标后无正当理由不与学校签订合同的；

（七）拒绝有关部门监督检查或者提供虚假情况的；

（八）其它违纪违规的行为。

第六十三条　评标专家有下列行为之一的，责令改正，没收违法所得，取消本次评标资格，并按学校有关规定处理；涉嫌犯罪的，移送司法机关处理。

（一）明知应当回避而不回避的；

（二）已知自己为评标专家身份后至评标公示前私下接触投标人的；

（三）在评标过程中有明显不正当倾向性的；

（四）收受投标人、其他利害关系人的财物或其他不正当利益的；

（五）泄露有关投标文件的评审和比较、中标候选人的推荐以及与评标有关的其他情况的。

上述行为影响中标结果的，中标结果无效。

第六十四条　为依法保护国家利益、社会公共利益和招标投标活动当事人的合法权益，对投诉行为做以下要求：

（一）投标人对评审或评标过程问题的投诉，为评审或评标结果公示之日起十日内。

（二）投诉人应为所投诉招标投标活动的参与单位，投诉书应当由其法定代表人签字并加盖公章，并提交法定代表人身份证明材料（如工商注册登记资料等）；其委托的代理人应当提交法人授权委托书、有效身份证明复印件等。

（三）投诉人故意捏造事实、伪造证明材料的，属于虚假恶意投诉，由投诉处理机构驳回投诉，由招标审查小组审议并经主管招标校领导同意后记入学校信用信息系统，三年内不得参与学校的任何招投标活动。

第九章　附则

第六十五条　本办法自印发之日起开始实施；之前的其他有关管理规定，如有与本办法不一致的，以本办法为准。

第六十六条　本办法由招标中心负责解释。

附表：1、华北电力大学项目招标申请表

2、华北电力大学项目招标审批表

3、华北电力大学招标情况简表

附表 1：

华北电力大学项目招标申请表

申请单位：

<table>
<tr><td>项目名称</td><td colspan="3"></td></tr>
<tr><td>项目类别</td><td colspan="3">□工程类　□货物类　□服务类</td></tr>
<tr><td>项目立项依据</td><td colspan="3"></td></tr>
<tr><td>资金来源</td><td></td><td>预算金额</td><td></td></tr>
<tr><td rowspan="2">建议招标方式</td><td>□公开招标</td><td>□邀请招标</td><td>□竞争性谈判</td></tr>
<tr><td>□单一来源</td><td>□询价采购</td><td>□其他方式</td></tr>
</table>

续表

<table>
<tr><td>申请单位意见</td><td colspan="3">（盖章）
单位负责人签字：　　　　年　月　日</td></tr>
<tr><td>主管领导意见</td><td colspan="3">主管领导签字：　　　　年　月　日</td></tr>
<tr><td>项目联系人</td><td></td><td>办公电话</td><td></td></tr>
<tr><td>移动电话</td><td></td><td>电子邮箱</td><td></td></tr>
<tr><td rowspan="7">递交资料清单</td><td colspan="3">1、项目立项审批材料</td></tr>
<tr><td colspan="3">2、项目资金落实材料</td></tr>
<tr><td colspan="3">3、项目技术、商务、服务等相关要求</td></tr>
<tr><td colspan="3">4、其他要求（如有）</td></tr>
<tr><td colspan="3"></td></tr>
<tr><td colspan="3"></td></tr>
<tr><td colspan="3"></td></tr>
<tr><td>备注</td><td colspan="3"></td></tr>
</table>

项目招标申请表填写说明

为规范学校招标流程，并为学校各项目的招标工作提供依据，健全招标项目信息，提高工作效率，请招标项目申请单位严格按照《华北电力大学项目招标申请表》中的要求填写各项具体内容和提交相关证明材料。

一、申请单位：基建处、后勤管理处作为工程及其服务类项目的申报单位，资产管理处作为货物类项目、非工程服务类项目的申报单位，其他项目由用户部门作为申报单位。

二、项目名称：请根据项目实际情况简洁、准确填写。

三、项目类别：分为“工程类”、“货物类”、“服务类”，请根据项目实际情况，选择其中一项。

四、项目立项依据：相关立项批文（例如：教育部批文、学校办公会批文、校园规划审批、内部请示等）

五、资金来源：根据“财政拨款”、“学校自筹”、“部门自筹”和“项目自筹”等填写（例如：财政拨款－修购资金、学校自筹－修购资金、项目自筹－“211”资金等）。

六、预算金额：是指经过项目经费部门负责人确认的金额（工程预算造价需经过相关单位审核确认）。

七、建议招标方式：分为“公开招标”、“邀请招标”、“竞争性谈判（货物招标）”、“单一来源（货物招标）”、“询价采购（货物招标）”、“其他方式（工程及其服务招标）”。其中公开招标为校内招标的主要方式。请根据项目实际情况，选择其中一项。建议采用后五种方式的，须附选择该方式的建议报告。

八、申请单位意见：本表须由申请单位负责人签署意见，加盖公章。

九、主管领导审批：本表须由申报单位主管校级领导审批并签署意见。

十、递交资料清单：须包含以下内容（请于表中填写目录并提交附件）：（1）项目立项审批材料；（2）经费预算审批情况：预算及其来源、市场参考价或预算造价等证明材料；（3）建议招标方式的建议报告：选择该招标方式的充分理由；（4）技术要求：经审定的施工图纸、工程量清单或货物名称、数量、功能、技术参数、质量标准、节能环保指标等；（5）商务要求：投标人条件（注册资金、专业资质等，无特别要求的项目可以不写）、付款条件（结算方式、支付方式、支付进度等）、交货条件（竣工时间、交货期、交货地点、安装调试进度等）、合同条件（履约保证金、质保期、验收标准、保险以及争端的解决等）等；（6）服务要求：操作培训、售后维护及维修等；（7）其他内容：重大、复杂的项目或者其他有需要的项目请另外附加必要的内容。

十一、项目联系人等：填写项目联系人相关信息，并由项目联系人将此表及“递交资料清单”“所列明的材料一并递交招投标中心。

十二、表格下载：本表可在招投标中心网站下载。

附表 2

华北电力大学项目招标审批表

项目名称			
项目类别	□工程类　□货物类　□服务类		
资金来源		预算金额	
拟定招标方式	□公开招标	□邀请招标	□竞争性谈判
	□单一来源	□询价采购	□其他方式
拟定评标办法			
审查小组意见	小组人员签字： 年　月　日		
主管领导批示	主管领导意见： 年　月　日		
项目联系人		办公电话	
移动电话		电子邮箱	

附表 3

华北电力大学招标情况简表

填报单位名称　公章　　　　填报时间：　年　月　日

招标项目		组织招标单位	
招标时间		招标方式	
招标地点		采购数量（工程预算）	
使用单位			

续表

序号	竞标单位	竞标价格	备注
中标单位		中标价格	备注
评标委员(签名)			
纪监审人员(签名)			
主管领导审批意见		签名:	

华北电力大学研究生国家助学金管理办法

华电校研〔2014〕9号

第一条　为完善研究生奖助政策体系,提高研究生待遇水平,自2014年秋季学期起,研究生普通奖学金调整为研究生国家助学金。根据《研究生国家助学金管理暂行办法》(财教[2013]220号)和《华北电力大学研究生奖助体系改革方案》(华电校研[2014]5号)文件精神,结合我校研究生教育实际,特制定本办法。

第二条　研究生国家助学金由中央财政和学校共同出资设立,用于补助研究生基本生活支出。

第三条　发放对象为纳入全国研究生招生计划、具有中华人民共和国国籍的我校在读全日制研究生(有固定工资收入的除外)。

第四条　研究生国家助学金标准为博士研究生每生每年12 000元,硕士研究生每生每年6 000元。

第五条　研究生国家助学金在学制内发放。博士研究生最长不超过4年;硕士研究生最长不超过标准学制(2.5年学制的,第五学期按半年标准发放)。超过规定学制年限的研究生不再享受国家助学金。

第六条　凡享受国家助学金的研究生,必须同时符合以下条件:

(一)热爱社会主义祖国,拥护中国共产党的领导;

(二)遵守宪法和法律,遵守学校规章制度;

(三)诚实守信,道德品质优良;

(四)学习认真,勤奋刻苦;

(五)取得研究生正式学籍,按时完成报到注册手续。

第七条　发放办法

(一)每年分十个月,按月发放:博士研究生每月1 200元,硕士研究生每月600元。由学校计划财务处依据党委研究生工作部提供的符合发放条件学生名单,按月将助学金发至研究生本人的本地银行卡中。

(二)硕博连读研究生在注册为博士研究生之前,按照硕士研究生身份发放国家助学金;注册为博士研究生后,按照博士研究生身份发放国家助学金。

(三)欠缴学费、住宿费的研究生,暂停发放助学金,从缴清学费和住宿费的次月起发放。

(四)由于出国、疾病等原因办理保留学籍或休学等手续的,自办理手续的次月起暂停对其发放助学金,待其恢复学籍后的次月起再行发放。停发期间不予补发,在规定年限内顺延发放。

第八条　有下列情形之一的,停发助学金且不予补发。

(一)对未按规定程序请假而离校,时间超过一个月的研究生,离校期间停发助学金,返校后继续发放;

(二)中途退学的研究生,自退学手续办理完毕的次月起停发助学金；

（三）对出现学术不端行为和违法违纪，受学校留校察看及以上纪律处分的研究生，从处分决定正式生效之日的次月起停发助学金。

第九条　助学金停发的审核

院系负责审查本单位研究生助学金的停发情况，每月报送党委研究生工作部汇总审核。党委研究生工作部将通过审核的学生名单报送学校计划财务处，按相关程序办理发放事宜。

第十条　研究生国家助学金管理和发放应严格执行国家、地方及学校相关规定，杜绝弄虚作假。对于弄虚作假的，按学校有关规定追究相关人员责任。

第十一条　本办法自 2014 年 9 月 1 日起施行，原《华北电力大学研究生奖学金评定管理办法》停止实施。

第十二条　本办法由学校研究生奖助学金管理办公室负责解释。

华北电力大学外国留学生管理办法（暂行）

华电校外〔2014〕17 号

第一章　总则

第一条　为了积极践行《留学中国计划》，大力发展我校外国留学生教育，规范学校外国留学生的招生、培养、管理和服务工作，保证外国留学生的培养质量，根据教育部及北京市教育委员会关于高校接收外国留学生管理规定等文件精神，结合我校实际情况，制定本办法。

第二条　本办法所称外国留学生是指持外国护照在我校注册接受学历教育或非学历教育的外国公民。学生类别包括本科生、硕士研究生、博士研究生、语言（预科）生、进修生、校际交流生、研究学者以及长短期培训生。

第三条　学校外国留学生管理的工作方针是：扩大规模、优化结构、规范管理，保证质量，积极稳妥地推进外国留学生教育持续健康发展。

第四条　外国留学生教育是我校教育工作的重要组成部分，在校注册的各类外国留学生是我校学生群体的组成部分，全校各部门要将留学生工作纳入自身的教育、管理和服务范畴。

第二章　管理体制

第五条　国际教育学院是我校外国留学生工作的归口管理部门，负责留学生管理政策的制定、实施、监督和协调工作，负责联系国家和地方留学生管理工作有关部门，负责全校留学生的招生、院系协调、生活服务和签证事务等。

第六条　全校各专业院系有义务接收外国留学生，是学校外国留学生培养及管理工作的主体。各学院应指定一名领导负责留学生工作，根据本院留学生人数，设立兼职或专职的留学生管理工作岗位，安排好本单位外国留学生教学、培养、导师及日常管理各个环节的工作。

第七条　国际教育学院会同教务处、研究生院和各院系，根据我校的教育教学资源制定我校外国留学本科生和研究生的发展和招生规划，国际教育学院具体负责外国留学生招生宣传、招生及入学资格初步审核；相关院系在我校开展的长短期外国人员培训，须向国际合作处和国际教育学院提出申请，经审核批准后方可开展此类培训项目，国际教育学院负责为培训学员办理相关类型的签证。

第八条　教务处、研究生院分别负责本科层次和研究生层次外国留学生的教学计划（培养方案）审批、教学组织、成绩管理、学位审核与授予工作。国际教育学院负责外国留学生的学籍管理和毕（结）业审核工作。

第九条　资产管理处、后勤处、校医院、财务处、保卫处等职能部门和教辅部门应将留学生纳入自身的工作范围，为国外留学生提供相应的服务和保障。

第十条　图书馆、信息化建设与管理办公室和网络与信息中心要为外国留学生提供与中国学生相同的学习条件与服务，并加强网络的外文界面建设。

第十一条　保卫处负责对留学生招生、培养、管理和服务等各个环节的安全和保密工作进行指导、审查和监督。

第三章　招生与录取

第十二条　我校是经国家教育部批准的具有外国留学生招生资格的高等院校，学校鼓励各院系在遵守国家和学校相关法律、规定和政策的前提下，积极拓展各种渠道招收和培养外国留学生。

第十三条　各类学历留学生的招生计划和录取标准由国际教育学院会同各院系、教务处、研究生院和学生处确定，制订并对外公布招生简章，组织对外招生宣传。国际教育学院负责对入学申请材料进行初审，提出初步意见后，转交相关专业院系审核；由国际教育学院将院系录取的留学生名单分别报送教务处和研究生院，以建立外国留学生在我校的学习档案。

第十四条　国际合作处负责校际交流留学生的管理协调工作。依校际交流协议，来我校学习的外国交换留学生，须经外方学校向我校国际合作处推荐，国际合作处对申请材料进行审核并明确交换生在我校的待遇和经费安排，后将名单及申请材料转至国际教育学院。国际教育学院根据相关入学条件对材料审核后，负责将交流留学生分配到相应院系。

第十五条　各院系尤其有义务承担中国政府奖学金留学生的培养任务，并积极接收校际交流学生，各院系与国外院校达成的交流学生协议须报国际合作处备案。

第十六条　国际教育学院负责发放各类外国留学生录取通知书和办理其来华签证手续。

第四章　教育教学管理

第十七条　外国留学生的教育教学管理参照我校各类相关管理规定执行。考虑到外国留学生培养的特殊性，在涉及外国留学生教学、学籍管理、考试、毕业等诸多环节可保持适度的灵活性。如出现特殊事宜，需由国际教育学院会同教务处或研究生院以及相关院系一起提出，并请有关主管校长批示。

第十八条　国际教育学院会同各院系负责制定我校留学生（学历生）培养方案，并报送相关教学管理部门审批和备案。各院系应按照培养方案安排外国留学生的教育教学，并尊重外国留学生的宗教、民族文化和传统。在确保教学质量的前提下，各院系学位评定分委会可以适当调整外国留学生的培养方案，由教务处和研究生院审批备案。

第十九条　外国留学生中的学历生必须学习相应水平的汉语、中国概况和中国文化课程，免修英语、体育、政治理论课和时事政策，本科留学生免军训环节，学分要求相应减免。

第二十条　授课语言为英语的外国留学生，可使用英语撰写毕业论文。

第二十一条　外国留学生完成培养方案规定的各环节，成绩合格，通过论文答辩，准予毕业。

第二十二条　外国留学生的学位授予，由教务处或研究生院按照《国务院学位委员会关于普通高等学校授予来华留学生我国学位试行办法》和《华北电力大学学位授予工作细则》等规定办理。

第二十三条　外国留学生的毕业证书由国际教育学院制作，学位证书由学位办公室制作。国际教育学院负责提供学历、学位证书的英文翻译文本，负责向教育部报送毕业留学生的学历证书信息，校学位办公室负责报送留学生学位授予信息。

第二十四条　鼓励各院系为外国留学生开设本科、硕士和博士层次的全英文授课专业，由国际教育学院制定相应的鼓励政策。

第二十五条　国际教育学院会同人事处、教务处和研究生院制定外国留学生导师指导费标准，以及为外国留学生单独授课和全英文授课教师的课酬标准。

第五章　学籍与档案管理

第二十六条　教务处、研究生院负责建立和管理外国留学生的学习档案。国际教育学院负责留学生新生入学报到注册和学生证发放，并负责向教育部和北京市教委等部门报送留学生的学籍信息。各院系负责外国留学生老生的学期注册。

第二十七条　除另有规定外，外国留学生的学籍管理一般依照我校现有学籍管理办法执行。

第二十八条　外国留学生语言生的档案由国际教育学院管理，学历生的档案由其就读院系管理。外国留学生的招生、培养、奖惩、学籍及毕业等环节的材料在就读学院保管，在学生离校后移交给国际教育学院，并由国际教育学院移交学校档案馆。

第六章　学生工作与日常管理

第二十九条　国际教育学院负责为外国留学生办理入境及在华居留手续，组织外国留学生自愿参加认识中国社会和历史文化的活动以及有益于身心健康的文体活动，协调解决留学生在校学习和生活中遇到的问题。

第三十条　国际教育学院及接收外国留学生的院系要高度重视外国留学生的安全稳定工作，组织相关部门为外国留学生讲解中国法律，让外国留学生学习和了解中国的社会公德和风俗习惯。要关心外国留学生的学习和生活，了解学生的出勤情况和思想状况，做好心理健康教育及疏导工作，处理好外国留学生的各类突发事件。

第三十一条　学校一般不组织外国留学生参加政治性活动，允许外国留学生成立外国留学生学生会，并鼓励外国留学生加入中国学生社团组织、参加学校组织的各类体育竞赛和文艺活动。

第三十二条　学校尊重外国留学生的民族习俗和宗教信仰，但不提供举行宗教仪式的场所。校内严禁传教，严禁各种宗教以及政治性聚会。

第三十三条　国际教育学院负责指导外国留学

生须购买学校指定的健康医疗保险和意外伤害保险，协助做好相应的理赔工作。

第三十四条 学校设立外国留学生公寓，为外国留学生提供住宿。外国留学生公寓的管理严格遵守北京市公安局的相关规定。国际教育学院、财务处以及后勤管理处制定外国留学生宿舍运行管理办法，确定外国留学生宿舍管理模式、宿舍收费、经费支出、突发事件处理等重大事项。同时，后勤处作为外国留学生公寓的主管部门，负责制定并执行外国留学生住宿管理细则，以确保外国留学生公寓的和谐、安全和稳定。外国留学生如在校外住宿，必须按照北京市公安局规定办理校外住宿登记手续。

第三十五条 国际教育学院负责各类政府奖学金生的生活费的核定和发放工作。

第七章 奖惩

第三十六条 外国留学生的奖学金评审是我校学生奖励的重要组成部分，国际教育学院须依据我校留学生情况制定外国留学生奖学金评审办法，并组织评审和发放奖学金。学校设立“华北电力大学外国留学生奖学金”，用于鼓励和招收优秀外国留学生和扩大校际交流。国际教育学院将根据我校留学生数量及收入情况每年1月份建议“华北电力大学外国留学生奖学金”额度，并提交校长办公会议通过。

第三十七条 外国留学生如违反中国法律、华北电力大学校规和校纪，将根据我国法律以及华北电力大学相关规定予以惩罚。

第八章 学费与经费管理

第三十八条 国际教育学院会同财务处制定我校外国留学生学费标准，会同财务处、后勤管理处制定外国留学生住宿标准，并经校长办公会批准后实施。学费和住宿费标准如需更改，须由国际教育学院同财务处、后勤管理处共同提出，并经校长办公会核准后实施。财务处负责收取各类外国留学生学费和住宿费。

第三十九条 我校是“中国政府奖学金”来华留学生的接收和自主招生学校，是“北京市外国留学生奖学金”的招生学校，也是“孔子学院奖学金”的招生学校，各类政府奖学金经费拨付到校后，财务处及国际教育学院根据国家、北京市政府和国家汉办的有关文件规定管理、分配和使用奖学金经费。

第四十条 国际教育学院会同财务处制定我校留学生经费的管理办法，国际教育学院根据管理办法负责具体制定每年的外国留学生经费划拨计划，并交由财务处划拨和发放。

第九章 附则

第四十一条 本办法未涉及的事项，依照国家的相关法规及我校的相关管理规定办理。

第四十二条 本办法自公布之日起施行。本办法由国际教育学院负责解释。

华北电力大学国内公务接待管理规定

华电校办〔2014〕1号

第一条 为进一步规范学校国内公务接待工作，厉行勤俭节约，反对铺张浪费，加强党风廉政建设，根据《党政机关国内公务接待管理规定》和《教育部国内公务接待管理实施办法》等文件精神，结合学校实际，制定本规定。

第二条 本规定适用于学校及校直单位的国内公务接待活动。

第三条 本规定所称国内公务，是指出席会议、考察调研、执行任务、学习交流、检查指导、请示汇报工作等国内公务活动。以下简称“公务”。

严格控制公务接待范围，不得用公款报销或者支付应由个人负担的费用。不得将休假、探亲、旅游等活动纳入公务接待范围。

第四条 公务接待应当坚持有利公务、务实节俭、严格标准、简化礼仪、高效透明、尊重少数民族风俗习惯的原则。

第五条 加强公务外出计划管理。外出人员一般应提前3个工作日提出书面申报，经批准后安排外出。要科学安排和严格控制外出的时间、内容、路线、频率、人员数量，减轻接待单位的负担。禁止没有特别需要的一般性学习交流、考察调研，禁止重复性考察，禁止以各种名义和方式变相旅游。

第六条 党委书记外出通报校长，校长外出通报党委书记。其他校领导外出按所分管工作报党委书记、校长批准。党委常委、校长助理外出报分管校领导批准。校领导AB角原则上不同时外出。

校直单位主要负责人外出，报分管校领导批准。校直单位党、政主要负责人原则上不同时外出。其他人员外出由所在单位主要负责人审批。

校领导、党委常委、校长助理和中层干部外出超过24小时的，均需报党委办公室、校长办公室备案。

遇有敏感日期、重大活动筹备、重要文稿起草等重要公务时，主办单位主要负责人和分管负责人不得外出。

第七条　公务外出确需对方接待的，由校长办公室或校内相关单位至少提前3个工作日向接待单位发出公函，告知内容、行程、人员和联系方式。

外出人员要认真执行党风廉政建设有关规定和接待纪律，摆正位置，严格自律，厉行节约，严禁向接待单位提出违规或不合理要求。

第八条　学校公务接待活动实行对等、对口接待，分工负责。党委办公室、校长办公室负责和协调学校重要公务接待工作。其他单位负责接待对口单位的一般性公务接待工作。

第九条　学校公务接待执行“先预算、后报销，先审批、后接待”政策，严格执行预算和审批制度。公务接待应经分管校领导或协管领导同意，并报党委办公室、校长办公室审核立项。无公函的公务活动和来访人员一律不予接待。

第十条　公务接待不得在机场、车站等组织迎送活动，不得张贴悬挂标语横幅，不得组织师生迎送，不得铺设迎宾地毯，不得有意造势或搞夸张性宣传。严格控制陪同人数，不得层层多人陪同。严禁干扰学校正常教学、科研、生活秩序。

第十一条　接待住宿应当严格执行差旅、会议管理的有关规定，原则上应安排在校内住宿，按标准结算。确需在校外安排住宿的，在定点饭店安排符合国家规定标准的房间，按协议价执行。出差人员住宿费按差旅费管理办法回本人所在单位凭据报销，与会人员住宿费按会议费管理有关规定执行。校直单位不得支付应由接待对象支付的住宿费用。

住宿用房以标准间为主，省部级干部可以安排普通套间。不得超标准安排接待住房，不得额外配发洗漱用品，不得在房间摆放水果或花篮。

第十二条　接待对象、出差人员应当按照规定标准自行用餐或按照当地接待办法的规定方式用餐，按规定标准支付餐费。

学校公务接待用餐一律安排在校内餐厅或食堂，不得使用私人会所、高消费餐饮场所，原则上安排自助餐。确因需要，接待单位可以安排工作桌餐一次，并严格控制陪餐人数。接待对象在10人以内的，陪餐人数不得超过3人。超过10人的，不得超过接待对象人数的三分之一。同时要严格控制用餐标准。

工作餐应当供应家常菜，不得提供鱼翅、燕窝等高档菜肴和用野生保护动物制作的菜肴，不得提供香烟和高档酒水。

第十三条　国内公务接待的出行活动应当安排集中乘车，合理使用车型，严格控制随行车辆，校内活动尽量步行。

第十四条　接待单位不得超标准接待，不得在会场搭设背景板和摆放鲜花，不得组织旅游或与公务活动无关的参观，不得组织到营业性娱乐、健身场所活动，不得举办师生专场文艺演出，不得以任何名义赠送礼金、有价证券、纪念品和土特产品等。

第十五条　认真执行接待清单制度，公务活动结束后，接待单位须在5个工作日内如实填写接待清单，由接待单位主要负责人审核、分管校领导或协管校领导（含党委常委、校长助理）审批，党委办公室、校长办公室有关负责人审签。接待清单包括接待对象的单位、姓名、职务和公务活动项目、时间、场所、费用等内容。

第十六条　公务接待费用应当全部纳入预算管理，实行合理限定，单独列示。禁止在接待费中列支应当由接待对象承担的差旅、会议、培训等费用，禁止以举办会议、培训为名列支、转移、隐匿接待费开支，禁止向下级单位及其他单位、企业、个人转嫁接待费用，禁止在非税收入中坐支接待费用。禁止借公务接待名义列支其他支出。

第十七条　接待费用按照“谁接待，谁支付”的原则处理。接待费报销凭证应当包括财务票据、派出单位公函、接待审批单、接待清单。出差人员报销费用须提供财务票据和公务外出计划申报表。凭证不全或不符合有关规定的，财务部门不予报销。接待费资金支付应当严格按照国库集中支付制度和公务卡管理有关规定执行。

第十八条　党委办公室、校长办公室统筹协调学校公务接待活动，根据有关规定制订和调整公务接待标准。计划财务处负责拟定公务接待预算、对日常接待经费开支和使用情况进行监督。信息化建设与管理办公室负责公务接待的信息公开。纪委办、监察审计处负责对全校国内公务接待经费进行审计，并加强对接待人员、接待活动的监督和教育。

第十九条　公务接待坚持“谁接待、谁负责”，实行责任追究制，对国内公务接待违规违纪行为，由纪委办、监察审计处严肃追究接待单位相关负责人、直接责任人的责任。

第二十条　学校有关外事接待严格参照《中央和国家机关外宾接待经费管理办法》等有关规定执行，由国际合作处另行制定实施细则。

第二十一条　本规定自2014年8月1日起执行，由党委办公室、校长办公室负责解释。

华北电力大学科研经费管理办法

华电校财〔2014〕12号

第一章　总则

第一条　根据《国务院关于改进加强中央财政科研项目和资金管理的若干意见》(国发〔2014〕11号)、《关于调整国家科技计划和公益性行业科研专项经费管理办法若干规定的通知》(财教〔2011〕434号)、《教育部关于进一步贯彻执行国家科研经费管理政策加强高校科研经费管理的通知》(教财〔2011〕12号)和《教育部 财政部关于加强中央部门所属高校科研经费管理的意见》(教财[2012]7号)文件精神和要求,为进一步加强学校科研经费管理,促进科研事业持续、健康发展,结合我校实际,特制定本办法。

第二条　学校各院系、各部门或教师所取得的各类科研经费,不论其资金来源渠道,均为学校收入,都必须全部纳入学校财务部门统一管理、集中核算,专款专用。凡以华北电力大学名义申请的科研经费不得作为经营收入转入企业。

第三条　学校科研经费的管理和使用,应符合国家有关财务制度和财务法规、项目主管部门相关管理办法和本办法的规定。

第四条　凡使用科研经费购置的固定资产均属于国有资产(与经费资助单位另有合同约定除外),纳入学校资产统一管理。

第五条　教师取得的科学研究经费学校应提取科研管理费。科研管理费是教师从事科学研究工作中占用和消耗学校管理资源而作的必要补偿。

第二章　管理主体与职责

第六条　明确科研经费管理责任主体,建立分级管理体制。一是强化学校主体责任,即学校是科研经费管理的主体,校长对学校科研经费管理承担总责任,分管科研、财务工作的校级领导对科研经费管理负直接领导责任。二是明确院系监管责任,即院系是学校科研活动基层管理单位,应对本单位科研经费使用承担监管责任。三是落实项目负责人直接责任,即科研项目负责人是科研经费使用的直接责任人,对经费使用的合规性、合理性、真实性和相关性承担法律责任。

第七条　科研经费实行分类管理,学校各部门和项目负责人要各负其责、相互配合。

(一)科学技术研究院(以下简称科研院)的职责

1、负责科研项目的合同审核、管理等;

2、配合计财处做好科研项目经费管理的相关工作;

3、配合计财处指导项目负责人编制科研项目经费预算;

4、配合计财处指导与监督项目组严格按经费预算使用经费;

5、配合计财处对外拨经费控制管理。

(二)计划财务处(以下简称计财处)的职责

1、负责指导、协助项目负责人编制科研经费预算,并组织预算评审,提出预算修改建议,重点对劳务费、资产购置、外拨经费等预算科目提出审核意见;

2、负责科研经费的财务管理和会计核算工作,核实项目经费决算以及经费使用情况的财务报表;

3、监督、指导项目负责人按照科研项目立项书或合同约定,及有关财务法规在其约定范围内合理使用科研项目经费。

(三)审计处的职责

1、负责或配合社会中介机构对科研项目经费决算进行审计;

2、配合主管部门审计我校科研项目经费使用情况。

(四)监察处的职责

1、负责对科研人员进行相关法律法规的宣传教育;

2、负责检查相关部门和人员执行本办法的情况。

(五)科研项目依托的二级单位(以下简称二级单位)职责

负责或配合计财处、科研院加强对科研项目经费使用管理。

(六)项目负责人的职责

1、负责编制并执行科研项目经费预算;

2、负责按照相关文件规定以及合同约定或在批复的预算范围和比例内合理合规开支;

3、负责编制科研项目经费决算报表、报告;

4、负责办理科研项目结题及结账手续;

5、接受有关部门的监督检查,并对科研项目经费使用的合法性、真实性、有效性承担经济与法律责任。

第三章　科研管理费用的提取

第八条　纵向经费管理费用的提取。如果主管部门已有明确规定项目承担单位按比例提取管理费的纵向项目,学校按项目主管部门的规定比例提取相应的管理费用,各院系不再提取相关管理费。

如果主管部门没有明确规定管理费提取比例的纵向经费按项目经费分段超额累退法核定,计提比例如下:

经费预算分段	管理费计提比例
在100万元及以下的部分	8%
超过100万元至500万元的部分	5%
超过500万元至1000万元的部分	3%
超过1000万元的部分	2%

第九条　国际交流、合作项目的科研管理费按国际组织相关管理规定执行,没有明确规定管理费提取比例的参照第八条执行。

第十条　项目主管部门已有明确规定不允许项目承担单位提取管理费用的、不允许列支劳务费的项目,严格按项目主管部门要求执行。

第十一条　横向经费管理费用分为学校管理费、项目绩效管理费和院(系)管理费,学校管理费按照项目实到经费分段超额累退法核定提取,项目绩效管理费和院(系)管理费按照项目实到经费固定比例提取,计提比例如下表:

到款金额	项目绩效管理费提取比例	学校管理费提取比例	院、系管理费提取比例
50万元以下部分	13%	10%	1%
超50至100万元部分	13%	9%	1%
超100至200万元部分	13%	8%	1%
超200至300万元部分	13%	7%	1%
超300至500万元部分	13%	6%	1%
500万元以上部分	13%	5%	1%

项目绩效管理费计提按到款额固定比例办理,计提额由人事部门纳入当月工资或在当年度内分月纳入月工资且一并发放。办理工作手续应到计财处网站下载。

第十二条　学校对已经签订的科研合同进行分类管理,对于符合认定条件的技术开发类项目,由科学技术研究院和计财处负责到主管部门办理认定和免收增值税手续(并提取规定的合同认定费);对于不符合认定条件的其他项目,按国家规定由学校代扣项目的相应税费。项目印花税,按国家规定由学校从项目经费中代扣,若项目无经费,科学技术研究院会同财务部门从项目负责人其他项目(或个人工资)中代扣。

第十三条　国防科研项目的经费管理,原则上按照项目主管部门制定的财务及经费管理办法执行。如果主管部门没有明确规定管理费提取比例的,学校按照到校经费的5%提取科研管理经费,学院(研究院、系部)不再提取管理费用。

第十四条　需行业许可进入(须具备资质证)的项目,学校另外提取到账经费的2%作为学校内持资质证的院(处),用于资质证维护、检审、业务监管等费用,并划入相应持证单位的发展基金。

第四章　科研经费支出管理

第十五条　科研经费的报销管理。项目经费报销时,经项目负责人审核报销单及相关票据,并签字认可后,由计财处在该项目经费到款总额内按预算范围予以办理。

第十六条　人工费的管理。人工费包括劳务费和专家咨询费等。

科研人员在项目执行过程中发生的人工费支出,必须由本人签收并发至本人指定个人银行账户,不得由他人以任何理由代签。

第十七条　科研经费的转拨管理。科研经费的转拨必须严格执行合同规定和项目预算,不得层层转拨、变相转拨经费,不得借科研协作之名,将科研经费挪作它用。

向外单位支付原合同约定的协作费,须签定正式合同。转拨单笔金额10万元以下的,由科研院并计财处主要负责人审核签字;转拨单笔金额10万元以上的,应由主管科技的校领导签字;单笔转拨经费50万元以上的,须主管财务的校领导和主管科技的校领导会签审批。

原合同中未明确约定但确需委托外单位的协作费,项目负责人须向科学技术研究院提交协作单位相关资质证明文件，同时科学技术研究院将论证并严格审核合作（外协）单位和参与人员与科研项目的相关性以及关联交易的公允性，经审核通过的，可与协作单位签订正式合同。

第十八条　科研项目支出调账管理。原则上不允许将已在某项目列支的费用再在另外项目中频繁调账处理，特殊需要的应提供书面资料。对于已批准立项并已签订合同的科研项目，在项目经费尚未到账情况下，可以先向计划财务处申请账号并允许“垫支”，但“垫支”经费必须是该科研项目负责人另外科研项目在研资金，待“垫支”项目经费到账后，再予以“归垫”，避免频繁调账处理问题。

第十九条　配套经费管理。没有明确要求提供配套经费的，项目预算中不必填报自筹经费。承诺提供配套资金的相关二级单位和项目负责人应严格履行合同的约定，及时足额提供配套资金，并将配套资金和专项经费纳入课题预算统一管理和核算。

第二十条　由学校用财政科研基本业务资金资助的各类科技项目，院、系不提取任何管理费用，课题组也不得提取任何劳务费用，项目经费专款专用，严格按照上级文件、预算及校内科研经费管理办法执行。

学校自有资金资助的项目，应编制项目预算，经费管理参照横向项目有关条款执行，但不再计提各项管理费用。

第五章　科研经费预算及开支范围

第二十一条　科研经费开支范围。科研项目经费开支应严格按项目预算或合同允许的范围使用，不得用于支付各种罚款、捐款、赞助、投资、福利以及国家规定禁止列入的其他支出等。各科目开支范围一般包括：

（一）直接费用。是指在课题研究开发过程中发生的与之直接相关的费用，主要包括设备费、材料费、测试化验加工费、燃料动力费、差旅费、会议费、国际合作与交流费、出版/文献/信息传播/知识产权事务费、劳务费、专家咨询费和其他支出等。

1、设备费：是指在项目研究开发过程中购置或试制专用仪器设备，对现有仪器设备进行升级改造，以及租赁外单位仪器设备而发生的费用。

2、材料费：是指在项目研究过程中消耗的各种原材料、辅助材料等低值易耗品的采购及运输、装卸、整理等费用。

3、测试化验加工费：是指在项目研究过程中支付给外单位（包括校内具有相关资质的独立经济核算单位）的检验、测试、化验及加工等费用。

4、燃料动力费：是指在项目研究过程中相关大型仪器设备、专用科学装置等运行发生的可以单独计量的水、电、气、燃料消耗费用等。

5、差旅费：是指在项目研究过程中开展科学实验（试验）、科学考察、业务调研、学术交流等所发生的外埠差旅费、市内交通费用等。差旅费的开支标准应当按照国家有关规定执行。

6、会议费：是指在项目研究过程中为组织开展学术研讨、咨询以及协调项目等活动而发生的会议费用。项目负责人应当按照国家有关规定，严格控制会议规模、会议数量、会议开支标准和会期。

7、国际合作与交流费：是指在项目研究过程中，项目研究人员出国及外国专家来校工作的费用。项目研究过程中发生国际合作与交流时，应当事先报校内主管部门审核同意。国际合作与交流费应当严格执行国家外事经费管理的有关规定。

8、出版/文献/信息传播/知识产权事务费：是指在项目研究过程中，需要支付的出版费、资料费、专用软件购买费、文献检索费、专业通信费、专利申请及其他知识产权事务等费用。

9、其他支出：是指课题在研究开发过程中，除上述费用及人工费、间接费用或管理费之外的其他支出。

（二）人工费。人工费包括劳务费和专家咨询费。纵向项目人工费预算比例按项目主管部门的相关管理办法执行；横向项目人工费占总经费的比例不超过55%。

10、劳务费：是指在项目研究过程中支付给项目组成员中没有工资性收入的相关人员（如在校研究生）和项目组临时聘用人员等的劳务性费用。

11、专家咨询费：是指在项目研究过程中支付给临时聘请的咨询专家的费用。专家咨询费不得支付给参与项目研究及其管理的相关工作人员。

（三）间接费用。是指学校在组织实施项目过程中发生的无法在直接费用中列支的相关费用。主要包括学校为项目研究提供的现有仪器设备及房屋，水、电、气、暖消耗等管理费用和项目组成员绩效奖励。项目组应足额申报课题经费间接费用，用以保证课题研究过程中无法由直接成本列支的其他开支。有关科研间接经费管理详见本文附件。

第二十二条　预算的编制。科研项目的经费预算是项目预算执行、财务监督检查和财务验收的重要依据，学校所有科研项目原则上都应编制项目经费预算。

项目负责人应按照政策相符性、目标相关性和经济合理性的原则，科学、合理、真实地编制预算。科研项目支出预算编制可以参考第二十一条有关条款。纵向项目经费预算编制中人工费支出按有关部委文件规定编制；横向项目经费预算编制中人工费支出原则上不得超过55%。

如果委托单位预算支出项目不许列支项目绩效管理费，人工费占总经费的比例不得超过68%。

第二十三条　预算的调整。项目经费预算经批准后应严格执行，原则上不予调整。由于项目研究目标、重大技术路线或主要研究内容调整，以及不可抗力造成意外损失等原因，对项目资助经费预算造成较大影响时，须由项目负责人提出调整方案，科研院、计财处批准或按程序报项目主管部门批准后方可进行调整。

（一）项目预算总额如需调整、课题承担单位变更，调整方案应按程序报项目主管部门批准后执行。

（二）项目总预算不变，课题合作单位之间以及增加或减少课题合作单位的预算调整，应当按原程序报项目主管部门批准。

（三）项目（课题）总预算不变的情况下，科目经费如需调整，要求如下：

1、国家或省部科技计划以及公益性行业科技计划预算调整，其中材料费、测试化验加工费、燃料动力费、出版/文献/信息传播/知识产权事务费、其他支出预算可调增也可调减。设备费、劳务费、专家咨询费预算一般不予调增，但可调减用于课题其他方面支出。差旅费、会议费、国际合作与交流费三项预算总额不变情况下可以在项目间调剂使用。项目主管部门在中期财务检查或财务验收时对预算调整予以确认。间接费用不予调整。

2、国家自然科学基金项目预算调整方案须按程序报国家自然科学基金委员会批准。

3、其他项目的预算调整在不超过该科目核定预算10%，或超过10%但科目调整金额不超过5万元的范围内予以调整。超过核定预算10%且金额在5万元以上的，须按程序报项目主管部门批准后执行。此外，劳务费、专家咨询费和管理费的预算均不予调整。

第六章　科研项目发票与资产管理

第二十四条　科研项目票据管理。科研项目执行中发生支出业务时，必须取得真实、合法票据进行财务报销。

科研项目执行中收到委托方划拨的经费，学校财务应据实收经费额开具发票。对于要求提前开具发票的，应由项目负责人先向科研院提出申请，经科研院审核、签字后再到计财处开具发票，持票人应负责收回项目经费款，且收回项目经费款额与发票金额一致。不准无合同开具发票；不准以虚假内容开具发票；不准项目合同分次、跨年度拨款要求一次性开具发票。

第二十五条　科研项目资产管理。学校将严格执行国有资产相关规定，凡使用科研经费购置与形成的资产应统一纳入学校资产管理，各单位和项目负责人不得以任何方式隐匿、私自转让、非法占有或谋取私利。

由我方代为购置或研制的仪器设备，原则上应分别订立合同，或有相应的条款明确约定。设备费、材料费、测试化验加工费应附相应费用的合同或清单，一般单笔支出3万元（含）以上的，须附正式合同，资金使用按照学校有关规定和审批程序执行。单笔金额5万元以下的，由二级管理部门负责人审核签字；单笔金额在5万元（含5万元）至30万元的，还须经二级管理部门负责人审核签字后，由科研院和计财处负责人审核签字；单笔金额超过30万元的，还须由主管财务的校领导签字审批。

第七章　科研经费管理的监管与激励

第二十六条　强化科研经费监管检查。科学技术研究院、财务部门和项目依托的二级单位应对项目的执行进度和经费使用情况进行跟踪，及时了解项目任务或合同的执行情况及经费使用情况，督促项目组按项目执行进度合理使用科研经费。

监察审计部门要加强对科研经费收支的审计监督，切实防止弄虚作假、截留、挪用、挤占科研经费等违反财经纪律的行为，对全部科研项目实施抽查审计，对重大、重点科研项目开展全过程跟踪审计。

资产管理部门要加强对科研经费所形成的固定资产进行管理。项目单位、项目负责人要自觉接受并积极配合财政部、教育部、审计署等有关部门和科研经费提供方或其委托的社会中介机构，依据国家有关法规、预算和科研合同对科研经费的管理和使用情况进行的检查监督。

第二十七条　科研经费严禁违规使用。严禁编造虚假合同、编制虚假预算；严禁将科研经费转拨、转移到利益相关的单位或个人；严禁购买与科研项目无关的设备、材料；严禁虚构经济业务、使用虚假票据套取科研经费；严禁在科研经费中报销个人家庭消费性支出；严禁虚列、伪造名单，虚报冒领科研劳务性费用；严禁借科研协作之名，将科研经费挪作它用；严禁设立“小金库”。

第二十八条　落实责任追究制度，科研项目负责人违反相关文件规定应给予批评教育，并视情况收回违规使用经费，暂停使用或收缴剩余经费，对科研经费使用中违反财务纪律的行为或其他违反项目管理办法规定，并造成不良后果的，按照国家有关规定追究相关人员的责任。

第二十九条　学校鼓励横向科研经费购置必需的仪器设备并用于开放共享。相关奖励配套措施另行制定。

第三十条　按照国家有关规定，国家科技计划研究课题或省市科技重大专项课题经费中的间接费用由学校统筹安排。学校将根据项目进展情况对项目组成员进行奖励，相关办法详见附件《华北电力大学科研经费间接费用管理办法》。

纵向项目预算中单独列支的"燃料动力费"或"水电气暖费"应直接计提纳入"间接费用"中管理，原则上谁计提谁使用。

学校研究生培养机制改革中规定博士生导师自筹的博士生培养奖助金可以从纵向项目"人工费"预算项列支或从"间接费用"列支。博士生导师无纵向项目的，此项费用可以从横向项目"人工费"中列支。

学校博士生、硕士生业务指导费（含答辩费）用已由学校事业经费按规定博士生每人7000元、硕士生每人1500元标准划转到每一位导师专用账户上，此项费用原则上不应再在科研项目中列支。确实存在实际支出超出学校费用标准的，可以在项目"人工费"中列支。

第三十一条　为了鼓励横向项目课题组成员，对课题完成较好的课题组，学校允许项目组按项目到款金额的13%比例计提绩效管理费，作为项目管理绩效奖励，项目管理绩效奖励分配方案由课题组自定（见第十一条）。

第三十二条　横向项目结题（需甲方出具项目验收证明）后结余经费处置方案可以按下列三个方案选择其一：(1)学校发展基金5%，课题组绩效奖励50%，其余45%留作课题组科研发展基金；(2)学校发展基金5%，课题组绩效奖励95%；(3)办理结题手续，学校不计提发展基金，100%留作课题组科研发展基金。

结题后原项目号注销，留用科研发展基金部分转入应由课题组自拟新的科研项目中，自拟科研项目应根据预研需要编制相应项目预算，财务报销按预算执行，不再计提各种管理费。结题手续可到科学技术研究院网站下载。

第八章　其他

第三十三条　本办法自发布之日起施行，学校原有的相关科研项目经费管理办法同时废止。

第三十四条　本办法由计划财务处和科学技术研究院负责解释。

附：华北电力大学科研经费间接费用管理办法

附件：

华北电力大学科研经费间接费用管理办法

为了加强科研经费的科学化精细化管理，建立课题研究的间接成本补偿机制，明确科研课题经费中管理、资源占用与消耗等间接费用的预算、计列、使用与管理事务，根据《财政部科技部关于调整国家科技计划和公益性行业科研专项经费管理办法若干规定的通知》（财教〔2011〕434号），结合国家科研经费管理的相关法规，依照高等学校财务管理与会计核算制度，按照《华北电力大学科研经费管理办法》之规定制订本办法。

一、科研经费间接费用的具体范围

（一）国家财政与科技管理部门将科研课题经费划分为直接费用和间接费用两部分。其中，直接费用指在课题研究开发过程中发生的与之直接相关的费用，主要包括设备费、材料费、测试化验加工费、燃料动力费、差旅费、会议费、国际合作与交流费、出版/文献/信息传播/知识产权事务费、劳务费、专家咨询费和其他支出等。

间接费用是指承担课题任务的单位在组织实施课题过程中发生的、无法在直接费用中列支的相关费用。主要包括承担课题任务的单位为课题研究提供的现有仪器设备及房屋，水、电、气、暖消耗，有关管理费用的补助支出，以及绩效支出等。

（二）我校科研经费间接费用具体包括学校承担国家科技计划研究课题经费中的间接费用、其他来源科研课题经费中的管理费，以及由国防科研项目计列的固定资产使用费。

二、科研经费间接费用的预算编制

（一）在课题任务书经费预算编制时，课题组应当根据课题研究开发任务的特点和实际需要，按照政策相符性、目标相关性和经济合理性的原则，科学、合理地测算相关费用，客观真实地编制课题经费预算。其中，直接费用的各项支出均没有简单的比例限制。

（二）国家科技计划研究课题，包括973计划、863计划、科技支撑计划、国际科技合作与交流、国家重大科学仪器设备开发等专项课题，间接费用采用分段超额累退比例法进行测算并按总额控制，其测算基数是直接费用扣减设备购置费后的经费额度（该额度以下称为直接费基数）。可列间接费用总额按下表计算并进行预算申报。

（单位：万元）

<table>
<tr><th>直接费基数范围</th><th>计算基数</th><th>比例</th><th>间接费用总额</th></tr>
<tr><td>≤500</td><td>直接费基数</td><td>20%</td><td>直接费基数×0.2</td></tr>
<tr><td rowspan="2">501～1000</td><td>500</td><td>20%</td><td rowspan="2">500×0.2＋（直接费基数－500）×0.13</td></tr>
<tr><td>直接费基数－500</td><td>13%</td></tr>
<tr><td rowspan="3">＞1000</td><td>500</td><td>20%</td><td rowspan="3">500×0.2＋500×0.13＋
（直接费基数－1000）×0.10</td></tr>
<tr><td>1000－500</td><td>13%</td></tr>
<tr><td>直接费基数－1000</td><td>10%</td></tr>
</table>

间接费用中，用于课题组人员激励的绩效支出不超过直接费基数的5%。

（三）国家及省市科技重大专项间接费用的预算申报，一般按照不超过项目直接费用扣除设备购置费和基本建设费后额度（该额度以下称为直接费基数）的13%计算。其中用于科研人员激励的相关支出一般不超过直接费基数的5%。

（四）除国家科技计划研究课题以外，其他来源的科研经费依照现行的专项经费管理办法执行。

（五）课题组在编制课题经费预算时，应足额申报课题经费间接费用，用以保证课题研究过程中无法由直接成本列支的其他开支。当课题任务书核准的经费预算中间接费用额度低于上述预算控制比例时，绩效支出或人员激励的费用比例同比减少。

三、科研经费间接费用的计列与使用管理

（一）课题经费入账时，以当期到账资金扣减合作单位经费的额度作为计列基数，根据课题经费的不同类型，按照上述允许计列的间接费用（含管理费）比例或批复的预算额度计提管理费或预留课题经费间接费用。

（二）由课题经费计列的管理费，作为学校科研保障与管理费用，全部纳入学校事业经费，用以弥补教育经费的不足，并统筹安排使用。

（三）国家科技计划研究课题、国家或省市科技重大专项课题经费中的间接费用划分为运行管理费和绩效激励两部分。根据课题经费预算及其到款情况，在课题经费入账三个月之后，通过《科研课题间接费用核定表》核定间接费用两部分的具体额度。

其中，运行管理费额度用作学校科研运行保障与管理的间接成本补偿，列入学校事业经费统筹安排和使用。其中的绩效激励费用，在科学技术研究院对课题研究的开展情况和绩效考核的基础上，结合课题组成员的实绩和贡献核定绩效支出的发放对象和激励标准。绩效支出一般按月列支，计列课题经费间接费用支出。

（四）按照学校科技工作校、院、组三级管理的模式，学校通过事业经费统筹安排学校和课题组的科技事业经费。由纵向科研经费实际计列管理费所形成的间接费用，其中学校按照经费管理办法提取相应管理费用及项目绩效奖励。其余额度用作学校公共运行、资源占用与消耗的成本补偿。

四、固定资产使用费的计列与管理

（一）对于学校承担的国家科技计划研究课题，由财务处于每年年底采用直接成本比例法核算、摊销科研课题年度内的固定资产使用费。课题组应在经费卡中预留相应的经费额度（约为当年直接费用支出额的5%）。

（二）由国家科技计划研究课题所摊销的年度固定资产使用费，财务处以科研项目所在学院为单位汇总归集并出具摊销明细清单，交由学院通知相关项目负责人。

（三）摊销取得的固定资产使用费，原则上由课题组所在学院统筹安排使用，优先用于学院教学科研用房成本回收的费用冲抵。该项经费的具体安排和使用办法，由学院通过民主决策程序或议事规则确定。

（四）学院对于该项经费的使用管理中，课题组当年用于冲抵房屋使用成本的固定资产使用费余额，继续留用于下一年度房屋使用成本的费用缴纳，暂不安排其他用途。固定资产使用费余额自第三年起，由

学院与课题组协商安排其他用途，可安排用于通用设备购置、家具购置、仪器设备维修维护或升级改造、实验条件改造、装修改造等方面的支出。

五、其他相关事项

本办法自发布之日起施行，由计划财务处和科学技术研究院负责解释。

华北电力大学档案管理违法违纪行为处分规定

华电校档〔2014〕1号

第一条　为促进我校依法依规开展档案工作，预防和惩处档案建设、管理和利用等方面的违法违纪行为，有效保护和利用学校档案，根据《中华人民共和国档案法》《高校档案管理办法》《档案管理违法违纪行为处分规定》和《事业单位工作人员处分暂行规定》等法律法规，进一步落实《华北电力大学档案管理办法》有关规定，特制定本规定。

第二条　凡我校出现的档案管理违纪违规行为，均按照本规定处理，具体由档案部门提请人事处和监察处处理，或由学校提请属地档案行政管理部门处理；涉及党纪处分的，移送纪委办公室处理；涉嫌违法犯罪的，移送司法机关依法追究刑事责任。

第三条　本规定所指的有关档案责任者，主要包括以下对象：

（一）校直各单位及科室；

（二）档案馆及各类专门档案室；

（三）校直各单位或科室的领导；

（四）专门从事档案工作专（兼）职人员；

（五）学校其他工作人员。

第四条　本规定所涉及的档案和应归材料范围为：

（一）学校档案部门所存的档案；

（二）专门档案室暂存的档案；

（三）暂存在各单位或各科室的档案；

（四）应归档但尚未归档的各类材料；

（五）借出使用（含展出等）的档案。

以上档案和材料的纸质类、电子类、声像类、实物类等。

第五条　学校将档案管理工作纳入年度考核。工作人员、科室或单位未按照国家或学校规定未按时完成归档材料的，有关责任人年度工作考核为不合格，所在部门年度考核取消评优资格。

第六条　工作人员将本岗位产生或对外交往形成的材料据为己有，拒绝档案立卷或归档的，不按照学校规定按时归档的，或影响本科室、本单位整体归档进度的，调离岗位未自觉完成材料移交或归档的，对有关责任人给予警告处分；情节较重的，给予记过或记大过处分；情节严重的，给予降级或撤职处分。

第七条　利用职务之便阻挠、反对、刁难、故意延误或拒绝档案审核签字等，导致本单位本科室人员无法正常归档或归档不完整的，或给未完成岗位材料归档或移交人员办理调离手续的，因分工不明确导致档案损毁或丢失的，可对有关单位或科室的领导给予记大过处分；情节较重的，给予降级或撤职处分；情节严重的，给予开除处分。

第八条　拒不按照国家和学校规定向档案部门移交重要征集档案的，对有关责任人或领导给予警告或记过处分；情节较重的，给予记大过或降级处分；情节严重的，给予撤职处分。

第九条　学校各单位、各科室在工作中未依法依规落实"三纳入"和"四同步"的（即把档案工作纳入学校及单位工作和管理制度中，纳入各单位、各科室及每个工作人员的岗位职责描述中；在布置、检查、总结、验收各项工作的同时，同步落实布置、检查、总结和验收档案工作），对有关责任人或领导给予记过处分；情节较重的，给予记大过或降级处分；情节严重的，给予撤职或开除处分。由于上述情节导致档案抢救、查找和补救等处置环节产生费用支出的，由有关责任人或单位承担。

第十条　个人、科室或单位未经档案馆审批而擅自销毁档案或重要材料的，或未经档案馆（室）会同资产部门进行档案或博物鉴定擅自处置报废仪器设备的，或不遵守学校保密制度擅自将岗位产生的重要材料按废品变卖的，对有关责任人或领导给予记过处分；情节较重的，给予记大过或降级处分；情节严重的，给予撤职或开除处分。

第十一条　有下列行为之一的，对有关责任人或领导给予记过或记大过处分；情节较重的，给予降级或撤职处分；情节严重的，给予开除处分：

（一）涂改、伪造档案的；

（二）擅自从档案中抽取、撤换、添加档案材料的；

（三）未经学校档案部门授权擅自开具档案证明，或为已毕业学生提供有关学籍档案证明或档案翻译等档案服务的。

第十二条　违反国家规定携运、邮寄禁止出校、出境的档案或其复制件的，对有关责任人或领导，给予警告、记过或记大过处分；情节较重的，给予降级或撤职处分；情节严重的，给予开除处分。

第十三条　倒卖档案或违反国家和学校规定转让、交换或擅自赠送档案的，或将学校珍贵实物或材料未经归档直接赠送社会单位或个人的，对有关责任人或领导给予撤职或开除处分。

第十四条　有下列行为之一的，对有关责任人或领导，给予警告、记过或记大过处分；情节较重的，给予降级或撤职处分；情节严重的，给予开除处分：

（一）未经档案馆领导同意，擅自提供、抄录、复制档案的；

（二）未经档案馆领导同意，擅自公布未开放档案的；

（三）利用学校档案从事信息买卖等商业活动的；

（四）保管和利用档案过程中不保护个人隐私或故意泄露个人隐私的。

第十五条　有下列行为之一，导致重要材料或档案安全事故发生的，对有关责任人或领导，给予记过或记大过处分；情节较重的，给予降级或撤职处分；情节严重的，给予开除处分：

（一）未配备安全保管档案的必要设施、设备或装具的；

（二）未建立档案安全管理规章制度的；

（三）明知所保存的档案面临危险而不采取措施的。

（四）因责任不明确导致未归档案泄密的。

第十六条　有下列行为之一的，对有关责任人或领导，给予记过或记大过处分；情节较重的，给予降级或撤职处分；情节严重的，给予开除处分：

（一）档案安全事故发生后不及时组织抢救的；

（二）档案安全事故发生后，隐瞒不报、虚假报告或不及时报告的；

（三）档案安全事故发生后，不配合或干扰阻挠有关部门调查的。

（四）不配合或逃避档案执法监督检查部门档案执法或学校档案部门调查处理的。

第十七条　未经档案馆授权开展档案对外服务或擅自以此进行档案服务收费的，或在档案利用工作中违反国家或学校规定收取费用的，对有关责任人或领导，给予记过或记大过处分；情节较重的，给予降级或撤职处分；情节严重的，给予开除处分。

第十八条　违反国家或学校规定擅自缩小档案归档范围的，对有关责任人或领导，给予警告或记过处分；情节较重的，给予记大过或降级处分；情节严重的，给予撤职处分。

第十九条　拒不按照国家或学校规定开放档案的，对有关责任人或领导，给予警告、记过或记大过处分。

第二十条　因档案管理违法违纪行为受到处分的人员对处分决定不服的，依照有关规定，可以申请复核或申诉。

第二十一条　学校组织、人事、监察等部门和档案馆建立有关的协作机制，及时查处有关的档案违纪行为。未列入本规定其他行为，按照《事业单位工作人员处分暂行规定》处理。

第二十二条　本规定由档案馆负责解释。

第二十三条　本规定自发布之日起施行。

□重要文件

IMPORTANT NOTICES

关于对校领导工作分工进行调整的通知

华电党〔2014〕1号

各党总支、直属党支部、校直各单位：

根据中组部安排，校党委副书记郝英杰同志在2014年1月至2015年12月期间到甘肃省挂职。经党委常委会研究决定：郝英杰同志分管的工作在挂职期间由李双辰同志、孙忠权同志分管。具体安排如下：

李双辰同志：负责学生工作、共青团等方面的工作。分管研究生工作部、学生工作部、学生处、武装部、团委、艺术教育中心等部门；联系外国语学院。

孙忠权同志：负责安全稳定方面的工作。分管保卫部、保卫处。

本通知自发文之日起执行。

2014年1月16日

关于校领导工作AB角分工调整的通知

华电党〔2014〕2号

各党总支、直属党支部、校直各单位：

为确保学校工作有序运转，经党委常委会研究决定：校领导工作分工继续实行AB角制度。即校领导A角经学校主要负责领导批准出国、出差等离校期间，其分管和联系单位的工作由校领导B角负责。根据目前实际，对校领导AB角对应关系进行适当调整。具体如下：

吴志功、刘吉臻互为AB角；

张金辉、王增平互为AB角；

安连锁、杨勇平互为AB角；

李双辰离校期间，孙平生担任李双辰B角；

孙平生离校期间，孙忠权担任孙平生B角；

孙忠权离校期间，李双辰担任孙忠权B角；

李和明离校期间，其工作由张天兴和律方成分别代管，张天兴、律方成在代管的工作中互为AB角。

2014年1月16日

关于张海波等110名同志专业技术职务评聘的通知

华电校人〔2014〕4号

校直各单位：

一、经华北电力大学专业技术职务学术评议组评议，聘任委员会表决通过，自2014年3月1日起，聘任以下同志专业技术职务。

（一）教授（19人）

张海波　卢斌先　刘　艳　王艾萌　周国兵
周乐平　郭　鹏　周登文　赵文清　张立辉
李泓泽　刘　滨　李继清　吕建燚　刘　洋
任虎林　徐　超　丁迅雷　张满红

（二）副教授（47人）

康锦萍　徐衍会　龚钢军　赵海森　马国明
孙海峰　汪佛池　戴志辉　刘　涛　翟融融
滕　伟　王晓东　常　剑　陈宏霞　王　智
李春燕　丁海民　林忠伟　杨　静　黄从智
张立峰　郭亦玮　简建辉　张金良　刘志彬
孟　明　姜　冰　王孝强　王体朋　王　永
周世梁　张玉玲　艾玥洁　郭　伟　王　雷
王慧娟　沈　磊　夏　珑　陈　奎　王建红
樊良树　杨海霞　皇甫伟　张　玲　王泽霖
李　亮　赵怀璧

（三）讲师（10 人）

杨　光　高　丽　马京香　闫　旭　祝　捷

张　斌　袁　萌　刘　艳　许云燕　韩亮亮

（四）高级工程师（3 人）

师青梅　孙雅娟　高明明

（五）工程师（7 人）

刘广林　唐宁宁　张媛媛　王　飞　柳　赟

李　健　张　洁

（六）馆员（3 人）

陈时佶　张文忠　刘　莉

二、经华北电力大学专业技术职务学术评议组评议，评审委员会表决通过，以下同志自 2014 年 3 月 1 日起，取得专业技术职务任职资格，按职员管理。

（一）高级工程师（4 人）

宫　凯　曲艳华　徐　扬　梁长屹

（二）工程师（7 人）

程　诚　田　里　何杰涛　李宝儒　何　旸

汤明润　侯步蟾

三、经校专业技术职务聘任委员会推荐，委托单位评审通过，自 2014 年 1 月 1 日起，以下同志具备专业技术职务任职资格，在专业技术岗位上的予以聘任。

（一）教授（1 人）

李燕青

（二）研究馆员（1 人）

周晓兰

（三）研究员（2 人）

孙平生　马小勇

（四）副主任医师（1 人）

陈红艳

（五）高级统计师（1 人）

李　焱

（六）副研究馆员（2 人）

李晓志　赵　凡

（七）副编审（1 人）

杜红琴

（八）副研究员（1 人）

梁淑红

2014 年 3 月 11 日

关于印发 2012－2013 学年度教职工考核结果的通知

华电校人〔2014〕6 号

校直各单位：

按照《关于 2012－2013 学年教职工考核工作的通知》（华电校人〔2013〕42 号）文件要求，各单位领导高度重视，遵循客观公正、民主公开、注重实绩、全面考察的原则，按条件、按程序、精心组织，认真细致地完成了本年度教职工考核工作。经校长办公会议审议通过，现将教职工考核结果通知如下。

2012－2013 年度，全校共有 2477 人参加了考核（不含中层干部），162 人因脱产学习、出国进修、长期病假等原因未参加考核。其中，考核结论优秀 377 人。中层干部的考核结果由组织部另行通知。

附件：2012－2013 学年度考核结果

2014 年 3 月 19 日

附件：

2012－2013 学年度考核结果

一、优秀人员名单：

校部

电气与电子工程学院：（22 人）

齐　磊　焦重庆　齐　郑　李岩松　王莉丽

刘崇茹　林　俐　刘文颖　郝建红　屠幼萍

李卫国　郑书生　韩民晓　赵国鹏　牛印锁

刘文霞　刘　念　刘自发　陶　顺　郭春林

王玲玲　刘春磊

能源与动力工程学院:(20 人)
段立强 付忠广 何 青 雷 兢 李宝让
刘宗德 吕玉珍 宋光雄 宋玉旺 孙保民
王晓东 魏高升 武 鑫 徐 钢 杨立军
张永生 刘翔翔 胡刚刚 侯步蟾 田思达
可再生能源学院:(11 人)
杨 旸 常青云 杨世关 高 攀 张尚弘
许桂生 李芬花 宋丹丹 孙东亮 龙 凯
古丽米娜
核科学与工程学院:(4 人)
马绫波 李向宾 吴 英 张 科
经济与管理学院:(18 人)
郭晓鹏 罗国亮 李泓泽 董福贵 刘晓彦
叶陈云 乌云娜 沈 巍 张素芳 李 涛
袁家海 刘 琳 曾 鸣 董 军 赵洱岽
郝险峰 马同涛 张灿飞
人文与社会科学学院:(8 人)
周凤翱 王学棉 赵旭光 胡光宇 姚建平
郑 路 陈 玲 吴颖梅
控制与计算机工程学院:(17 人)
李国栋 张建华 谭 文 徐教辉 刘春阳
梁 庚 高明明 阎光伟 李元诚 马应龙
肖运启 马苗苗 黄从智 王竹晓 费 翔
杨 静 钱殿伟
外国语学院:(10 人)
皇甫伟 姜 雪 孙 利 廖 麦 宁圃玉
吴学惠 刘 辉 任虎林 孟 亮 卜叶蕾
数理学院:(13 人)
苑 静 张学梅 徐英凯 陈 雷 黄 海
穆青霞 彭慧春 孙淑珍 黄晔辉 雍雪林
王 雷 张化永 李晓伟
思想政治理论课教学部:(4 人)
刘 娟 樊良树 孙 平 张 艳
体育教学部:(4 人)
张慧智 奚彩莲 罗 琳 刘桂玲
新能源电力系统国家重点实验室:(16 人)
李 琳 张卫东 马国明 齐 波 李成榕
马 静 薛安成 肖湘宁 袁 敞 张 鹏
彭跃辉 田 德 王 玮 王 毅 田 亮
王晓东
机关党总支:(13 人)
高 洁 祁学飞 黄国胜 田赞梅 葛 超
朱周斌 田 里 刘亚勤 刘瑞伶 薛海利
李晶晶 刘振增 彭 伟
教科研党总支:(11 人)
刘献伟 何 健 齐宏景 翟亚军 李 薇
李延峰 任莜梅 魏力文 姚敬伟 铁战鹰
杜红琴
国际教育学院:(2 人)
郑 凯 郑 乐
继续教育学院:(2 人)
刘海燕 黄曙林
图书馆、网络与信息中心:(8 人)
刘彩平 马 捷 范建平 方燕虹 赵 静
陈 普 荆振宇 张晓华
校医院:(3 人)
孙 晶 姜 江 张立彪
后勤管理处 后勤服务集团:(9 人)
朱世琨 闫建民 赵兰凤 韩广才 茹 斌
石翠玲 朱青峰 耿 洁 刘贵臣

保定校区

电力工程系:(16 人)
刘 欣 董 清 李永刚 孙丽玲 赵洪山
赵小军 刘兴杰 王 雪 李 鹏 张建成
徐志钮 梁志瑞 牛胜锁 崔桂彦 耿江海
马立敏
动力工程系:(11 人)
谷俊杰 时国华 杨薛明 张学镭 李慧君
王春波 陈鸿伟 阎维平 靳光亚 杨红月
李永华(男)
自动化系:(9 人)
付 萍 王秀霞 曾 新 程海燕 田 亮
林永君 田 沛 马 进 刘卫亮
计算机系:(8 人)
朱永利 张少敏 赵惠兰 黄建才 王德文
赵文清 潘德峰 曹英如
电子与通信工程系:(9 人)
靳 松 张 珂 李新叶 张智娟 陈智雄
贾惠彬 赵丽娟 张 宁 马 焕
机械工程系:(10 人)
刘 渊 戴庆辉 温新林 石 玉 郑海明
向 玲 何玉灵 万书亭 丁海民 张新春
环境科学与工程学院:(8 人)
齐立强 吕建燚 马双忱 张胜寒 苑春刚
王淑勤 陈传敏 宋立民
经济管理系:(10 人)
孙 薇 李金颖 任 峰 刘树良 孔 峰
李泽红 孟 明 张 谦 刘志彬 赵吉鹏
英语系:(9 人)
郭 喆 祖 林 郭孟媛 张秋爽 任俊红

周　霞　魏月红　安国平　王　家

数理系:(11 人)

曹春梅　李松涛　尹增谦　张贵银　张亚刚
张隆阁　杨玉华　石彤菊　张国立　蒋艳杰
张　彤

法政系:(4 人)

胡宏伟　陈　奎　刘宇晖　史胜安

思想政治理论课教学部:(2 人)

魏彤儒　孙　芳

体育教学部:(4 人)

张晓龙　王泽霖　侯东雷　闫　旭

信息与网络管理中心:(5 人)

秦金磊　高　伟　孟丽敏　尹斐斐　厍文颖

继续教育学院:(2 人)

高慧颖　方　林

教科党总支:(13 人)

孙中伟　辛　玲　张国艳　顾声权　康恩婷
王克强　邵艳霞　贾　丽　徐　扬　申金波
赵鹏程　陈海燕　韩　翔

机关党总支:(12 人)

水志国　牛泽钊　冯满春　张继红　刘长青
彭建章　陈光清　郭　静　秦黔粒　高婷婷
赵建彤　石　峥

离退办党总支(1 人)

马同军

国际合作处、国际教育学院:(1 人)

张　超

工程训练中心:(4 人)

崔伟清　翟改华　陈　丽　霍文胜

校医院:(4 人)

杨彦平　李欣欣　郑会芹　韩　旭

校产党总支:(5 人)

李睦邻　胡　静　崔　斌　崔　凝　彭　峰

后勤与基建管理处:(24 人)

臧燕光　赵国利　徐　凌　杜明惠　刘银茂
李维斌　王建苹　麦　玮　冯志强　魏志刚
王宗敏　王　伟　杨福堂　王利平　杨兴成
赵丽芬　李春暖　胡瑞红　申增录　孙冬梅
张敬文　付红雨　潘朝红　郑建华

二、科技学院优秀人员名单:(11 人)

赵敏丽　高维英　庞兰辉　王　飞　杨丽娟
李　冰　郭丰娟　周福成　石金玮　赵　洁
吕　佳

三、其他参加年度考核的教职工,考核结论为合格,名单略。

关于成立华北电力大学招生委员会的通知

华电校学〔2014〕24 号

校直各单位:

为进一步健全招生工作议事规则和程序,充分发挥集体议事、集体决策的作用,根据《教育部关于做好2014 年普通高校招生工作的通知》(教学〔2014〕1 号)、《教育部办公厅关于做好 2014 年普通高校招生考试执法监察工作的通知》(教监厅〔2014〕2 号)的要求,经 2014 年第五次校长办公会讨论通过,成立华北电力大学招生委员会。组成名单如下:

主　任:刘吉臻

副主任:安连锁　李双辰　郝英杰

委　员:(以姓氏笔画为序)

王万春　王秀梅　王学棉　刘志远　孙正运
李　东　沈　新　张新娟　范　立　柳长安
祝晋尧　郭孝锋　崔　翔　阎维平

注:王万春、孙正运系校友代表;沈　新、祝晋尧系学生代表

2014 年 6 月 30 日

关于组建环境与化学工程系的通知

华电校人〔2014〕12 号

校直各单位：

为适应国家社会经济可持续发展和能源环境的战略急需，更好地为国家、社会、行业创新发展提供政策咨询、技术支持和人才保障，进一步丰富和完善我校“大电力”学科体系，拓展发展空间，形成新的学科增长点，推进高水平特色型大学建设，根据学校学科规划发展需要，在环境科学与工程学院的基础上，经2014 年第7 次校长办公会讨论，决定在北京校部组建环境与化学工程系（简称环化系）。

环境与化学工程系学科建设由环境科学与工程学院进行统筹，行政独立建制，党群工作、学生工作暂由可再生能源学院管理。环化系暂设系综合办公室、环境工程教研室、应用化学教研室、综合实验室。环化系教师先由校内相关学科抽调。机构设置和人员编制根据学科建设和事业发展情况适时调整。

环境与化学工程系要在发挥我校特色优势的基础上，高起点，高标准，高水平，进一步凝练学科方向，减少和避免与现有学科重复建设，大力引进急需人才，汇聚优良师资队伍，加强平台建设，在环境与化学领域科学研究、培养高素质创新型人才方面发挥重要作用。

2014 年 9 月 16 日

关于开展教学咨询与教学诊断的通知

华电校教〔2014〕32 号

各院系：

为深入贯彻落实《国家中长期教育改革和发展规划纲要(2010—2020)》和“高教三十条”的文件精神，提高教师教学能力和水平，满足教师个性化专业发展的需求，促进学校教育教学质量的提高，经学校研究，决定开展教学咨询与教学诊断工作。现将有关事项通知如下：

一、教学咨询

针对教师在教学工作中遇到的各类问题，为教师提供一对一或多对一的教学咨询与帮助。教学专家可针对教师的个性特征，对来访教师提供教学理念、教学方法、教学技能、教学设计、教学评价等一系列咨询服务。

二、教学诊断

针对教师在课堂教学过程中遇到的问题，采取教学专家进课堂听课或微格教学等方式，对教师的教学进行诊断。

1. 专家进课堂诊断

教学专家到课堂听课，并在课后就教学方法、教学技巧、教学内容等与教师直接交流。

2. 微格教学诊断

教师提供本人课程录像，教学专家对教学录像进行诊断分析，为教师教学改进提供建议。

三、要求

教师本着自愿的原则，提出进行教学咨询或教学诊断的申请。具体工作由教师教学发展中心负责实施。

申请教师需提交《教学咨询与教学诊断申请表》至教师教学发展中心（附件 1）。中心根据教师的要求，邀请相关专家和教学经验丰富的教师提供教学咨询或诊断服务。之后，教师需根据专家的反馈意见填写《教师教学咨询与诊断反思日志》（附件 2），以期不断改进、提高教学水平。

希望广大教师积极参与教学咨询与诊断，进行教学反思，不断提高教学能力和水平。

附件：1. 教学咨询与教学诊断申请表
　　　2. 教师教学咨询与诊断反思日志

2014 年 10 月 28 日

附件 1：

教学咨询与教学诊断申请表

<table>
<tr><td>姓名</td><td></td><td>学历/学位</td><td></td></tr>
<tr><td>学院</td><td></td><td>来校工作时间</td><td></td></tr>
<tr><td>教研室</td><td></td><td>专业方向</td><td></td></tr>
<tr><td>授课名称</td><td colspan="3"></td></tr>
<tr><td colspan="4">□教学咨询　　　　□教学诊断</td></tr>
<tr><td>教学中的困惑</td><td colspan="3"></td></tr>
<tr><td>希望解决的问题</td><td colspan="3"></td></tr>
<tr><td>要求</td><td colspan="3"></td></tr>
</table>

附件2：

教师教学咨询与诊断反思日志

姓名		学历/学位	
学院		来校工作时间	
教研室		专业方向	
咨询/诊断时间		咨询/诊断地点	
咨询/诊断专家			
咨询/诊断内容			
改进计划			
教师心得	教师签字 年　月　日		

关于成立环境研究院的通知

华电校人〔2014〕21 号

校直各单位：

为进一步适应国家能源环境重大需求，丰富和完善我校“大电力”学科体系，加强平台建设，凝练科学研究方向，提高人才培养质量，拓展发展空间，形成新的学科战略增长点，推进高水平特色型大学建设，经校长办公会研究，决定成立华北电力大学环境研究院。同时，撤销资源与环境研究院建制。

环境研究院优化整合校内现有环境学科相关院系、科研机构资源，对现有研究平台及仪器设备等进行整体规划、统筹管理。研究院设立联席会议制度和专家委员会分别作为研究院的决策和咨询机构，下设若干研究所；设立办公室负责日常管理和服务工作。

环境研究院人员采用专职聘用与兼职聘用相结合的方式，按照不同层次和岗位实行聘用合同分类管理，建立准入和退出机制。

环境研究院作为跨院系、跨学科的开放性二级科研机构，要瞄准国际前沿和国家重大需求，努力建成环境领域的基础理论创新研究中心、核心技术研发中心和科技成果转化中心。

2014 年 12 月 30 日

关于 2014 年教师节表彰先进的决定

华电校人〔2014〕10 号

校直各单位：

2013 - 2014 学年度，全校广大教职员工在科研、教学、管理等各项工作中，辛勤耕耘，取得了可喜成绩，涌现出一批先进集体和个人。在新中国成立 65 周年和第 30 个教师节来临之际，为进一步弘扬尊师重教的良好风尚，增强广大教师和教育工作者教书育人的荣誉感和责任感，学校决定对获得国家级和省部级综合奖励的集体和个人予以表彰。

一、受表彰的集体

1、电气与电子工程学院新能源电网研究所被北京市总工会及北京市人力资源和社会保障局授予“工人先锋号”荣誉称号。

2、控制与计算机工程学院控制理论与系统党支部荣获“北京高校先进基层党组织”荣誉称号。

3、科学技术研究院被北京市知识产权局授予“北京市专利示范单位”荣誉称号；被北京市哲学社会科学规划办公室授予“北京市社会科学基金项目优秀二级管理单位”荣誉称号。

4、保定校区团委荣获“河北省五四红旗团委”荣誉称号；北京校部团委荣获“首都民族团结进步先进集体”荣誉称号。

5、北京校部工会被北京市教育工会授予“综合考评奖”和“特色工作奖”。

6、经济与管理学院被北京市教育工会授予“北京市教育工会先进职工小家”荣誉称号。

7、动力工程系热能教研室荣获河北省教育系统“工人先锋号”荣誉称号。

8、体育教学部荣获“河北省先进体育工作部”荣誉称号。

9、保定校区校医院荣获“2013 年河北省普通高校优秀医疗机构”荣誉称号。

二、受表彰的个人

1、付忠广荣获“全国优秀教师”荣誉称号。

2、徐进良入选“国家百千万人才工程”并被人力资源社会保障部授予“有突出贡献中青年专家”荣誉称号。

3、陈政、茆胜入选国家“千人计划”；龚雁峰入选国家“青年千人计划”。

4、李永平荣获第十三届“中国青年科技奖”。

5、毕天姝荣获北京市“三八”红旗奖章荣誉称号。

6、韩中合荣获“河北省模范教师”荣誉称号；赵书强、杨丽娟荣获“河北省优秀教师”荣誉称号。

7、杜冬梅、王学棉荣获第十届“北京市高等学校教学名师”。

8、卢宏玮荣获“北京市优秀青年人才”荣誉称号。

9、刘云鹏荣获“河北省先进工作者”荣誉称号。

10、李燕青被中共新疆生产建设兵团委员会、新疆生产建设兵团授予“兵团优秀援疆干部”荣誉称号并荣记二等功。

11、马静、谭占鳌荣获“北京高校优秀共产党员”荣誉称号。

12、梁长屹、曲伟荣获“河北省教育工作先进个人”荣誉称号。

13、张永哲、马静入选“北京市科技新星计划”。

14、马卫华、薛明磊荣获“首都高校大学生暑期社会实践先进工作者”荣誉称号。

15、谢海洋荣获“河北省自强模范”荣誉称号。

16、李伟娜荣获“河北省优秀共青团干部”荣誉称号。

17、房游光、云欣荣获“河北省优秀体育教师”荣誉称号。

18、檀勤良荣获“北京市社会科学基金项目管理工作先进个人”荣誉称号。

19、姜良杰被中国高等教育学会授予“全国来华留学教育模范个人”荣誉称号。

20、聂国欣被中国高等教育学会授予“校友工作先进工作者”荣誉称号。

21、蔡可佩荣获“北京市教育工会2013年优秀工会工作者”荣誉称号。

22、孙培燕荣获北京市2013年“教育事业统计工作优秀个人”二等奖。

23、刘璐荣获河北省高校青年教师教学竞赛二等奖;孙芳荣获河北省高校青年教师教学竞赛三等奖。

三、获奖的科研成果

1、刘吉臻、牛玉广等完成的“大型超超临界机组自动化成套控制系统关键技术及应用”获高等学校科学研究优秀成果奖一等奖。

2、张锴参与的“农林剩余物多途径热解气化联产炭材料关键技术开发”获国家科学技术进步奖二等奖。

3、王喜平、黄元生等完成的“低碳经济下河北省能源效率及对策研究”获第八届河北省社会科学基金项目优秀成果奖一等奖。

4、杨勇平等完成的“生物质电站安全经济运行关键技术”获中国电力科学技术奖二等奖。

5、律方成等完成的“输变电设备状态全景实时监测与诊断系统”获河北省科学技术奖二等奖。

6、张金辉等完成的“依法治校视域中大学章程的功能及其实现—基于河北高校的实证研究”获第八届河北省社会科学基金项目优秀成果奖二等奖。

7、杨勇平等完成的“大型空冷系统选型设计技术研究”获中国能建科技进步奖二等奖。

8、齐波等完成的“换流变压器的交直流绝缘特性及电场测量与运行安全评估技术研究”获中国电力科学技术奖三等奖;韩晓娟等完成的“友好型风电场接入电网评价体系构建与关键技术开发及推广应用”和“提升电网接纳百万千瓦风电场群能力研究及新型无功补偿装置开发应用”获吉林省科技进步奖三等奖;刘文颖等完成的“基于大规模新能源送出的电网降损关键技术研究及应用”获甘肃省科学技术进步奖三等奖;田金玉等完成的“基于河北省电力企业战略绩效评价体系的构建与实证研究”获第八届河北省社会科学基金项目优秀成果奖三等奖。

四、获奖的教学成果

1、电力工业全过程虚拟仿真实验教学中心被评为“国家级虚拟仿真实验教学中心”。

2、电力系统教学团队获2013北京高等学校继续教育优秀教学团队。

3、王泽忠等申报的《电磁场》、李永刚等申报的《电机学》入选国家级精品资源共享课。

4、崔翔等申报的《信号分析与处理》(第二版)入选2013年北京高等教育精品教材。

5、李永倩等申报的《光纤通信原理》入选省级精品资源共享课。

6、王家申报的项目成功入选教育部2014年高校辅导员工作精品项目。

希望受到表彰的先进集体和个人珍惜荣誉,谦虚谨慎,发扬成绩,再接再厉。广大教职员工要以他们为榜样,爱岗敬业、严谨笃学,勇于创新、奋发进取,为建设高水平大学而努力奋斗。

2014年9月4日

关于印发《华北电力大学研究生奖助体系改革方案》的通知

华电校研〔2014〕5号

校直各单位：

为贯彻落实《财政部、国家发展改革委、教育部关于完善研究生教育投入机制的意见》（财教[2013]19号）及相关文件精神，激励研究生刻苦创新，进一步提高研究生培养质量，促进研究生教育持续健康发展，特制定《华北电力大学研究生奖助体系改革方案》。经2014年第3次校长办公会审议通过，现予以印发，请遵照执行。

附件：华北电力大学研究生奖助体系改革方案

2014年5月12日

附件：

华北电力大学研究生奖助体系改革方案

为进一步深化研究生培养机制改革，激发研究生的创新热情，调动研究生努力学习、潜心科研、全面发展的积极性，提高研究生培养质量和保障研究生顺利完成学业。根据《财政部、国家发展改革委、教育部关于完善研究生教育投入机制的意见》（财教[2013]19号）及相关文件精神要求，结合我校实际，特制定本方案。

一、指导思想

立足学校发展，遵循教育规律，以人才培养为根本，以提高质量为核心，以改革创新为动力，以鼓励研究生全面发展、努力钻研、勇于创新为导向，改善研究生学习、科研和生活条件为目标，建立健全资助与激励相结合的研究生奖助政策体系。坚持系统设计，完善体制机制。坚持教育规律，促进质量提升。坚持以人为本，提高待遇水平，改善研究生学习、科研和生活条件，全面激发研究生教育的活力，进一步促进我校研究生教育持续健康发展。

二、建立健全研究生奖助经费投入机制

加大研究生奖助经费投入力度，按照国家投入、社会投入和学校投入相结合的原则，统筹包括国家奖学金、国家助学金、学业奖学金等财政拨款和学校自筹经费、科研经费、社会捐助等资金，建立健全研究生奖助经费投入机制。

三、建立和完善研究生奖助政策体系

学校研究生奖助学金体系由研究生奖学金、研究生助学金和研究生先进个人荣誉称号三类组成。

（一）研究生奖学金

研究生奖学金包括学业奖学金和优秀奖学金两大类。

1、学业奖学金

自2014年秋季以后入学的研究生起，设立研究生学业奖学金。学业奖学金由中央财政和学校共同出资设立，用于奖励德智体全面发展，表现良好的学制内全日制研究生（不包括经特别说明的研究生教育项目招收的研究生），支持研究生更好地完成学业。

博士研究生学业奖学金不分等级，全覆盖，奖励标准为每生每年18000元（根据我校实际，攻读我校博士学位的本校教职工奖励标准为全额学费）。所有符合条件的博士研究生均可申请，获得学业奖学金的年限最长不超过4年。

硕士研究生学业奖学金分三个等级，奖励标准和比例为：一等奖励标准为每生每年8000元，比例为40%；二等奖励标准为每生每年5000元，比例为40%；三等奖励标准为每生每年2000元，比例为20%。所有符合条件的硕士研究生均可申请，获得学业奖学金的年限最长不超过标准学制。

研究生学业奖学金实行动态管理，每年评定一次。获得学业奖学金奖励的研究生，可以同时参评研究生国家奖学金、研究生国家助学金等其他研究生国家奖助政策以及校内其他研究生奖助政策资助。

2、优秀奖学金

优秀奖学金包括校长奖学金、国家奖学金、优秀博士奖学金、社会奖学金和学术“创优”奖学金等。

其中:校长奖学金、国家奖学金、优秀博士奖学金和社会奖学金用于奖励学制内全日制研究生;学术“创优”奖学金用于奖励延长学制的优秀博士研究生。

(1)校长奖学金。校长奖学金是研究生最高荣誉奖项,由学校自筹资金,用于奖励德智体全面发展,科研成果突出或在社会公益活动等方面做出突出贡献的全日制研究生。校长奖学金每年评选一次,不分学科专业,在获得国家奖学金的研究生中择优推荐,全校公开答辩评选。每年奖励名额3－5名,奖励标准为每人1万元。

(2)国家奖学金。研究生国家奖学金是由中央财政出资设立,用于奖励学业成绩特别优秀、科学研究成果显著、社会公益活动表现突出的全日制研究生。国家奖学金名额根据教育部每年下达计划确定指标,奖励标准为博士研究生每人3万元;硕士研究生每人2万元。

(3)优秀博士奖学金。学校继续设立优秀博士奖学金,每年评选一次,用于奖励科研创新表现突出的二年级以上博士研究生。评选条件从严、宁缺毋滥,获奖比例只设上限,不设下限。获奖比例最高不超过参评学生的20%,奖励标准为每人5000元。

(4)社会奖学金。社会奖学金是由社会企事业单位或个人向学校或学院捐助设立的,用于奖励或资助相关学科或领域德智体全面发展,表现良好的全日制非在职研究生。奖励标准和名额按出资方的要求执行。社会奖学金与国家奖学金不可兼得。

(5)学术“创优”奖学金。从2014年起,学校设立学术“创优”奖学金,用于奖励具有突出科研成果,达到毕业条件但为取得更高水平创新成果而自愿延期毕业的全日制非在职博士研究生。学术“创优”奖学金通过申请答辩制确定获奖人员,名额只设上限,不设下限,可以空缺。奖励名额每年最多为5名,奖励标准为每人8万元。

(二)研究生助学金

研究生助学金包括:研究生国家助学金、研究生助研助教助管(以下简称“三助”)岗位助学金、助学贷款、勤工助学及困难补助。

1、研究生国家助学金

自2014年秋季学期起,由中央财政和学校共同出资设立研究生国家助学金,用于资助所有全日制研究生(有固定工资收入的除外)。资助标准为博士研究生每生每年12000元,硕士研究生每生每年6000元。每年分10个月发放。按学制内在学时间资助,博士研究生最长不超过4年,硕士研究生最长不超标准学制。

2、研究生“三助”岗位助学金

学校设立研究生“三助”岗位助学金,通过鼓励和支持研究生通过参加助研、助教和助管等工作,在培养锻炼其综合素质和能力的同时,获得一定岗位助学金。

(1)助研岗位助学金

学校面向所有全日制非在职博士研究生设置助研岗位,协助导师从事科学研究工作。博士助研助学金标准为每生每年5000元,最长资助年限为4年,每年分10个月发放。导师每学期对研究生助研工作进行考核,可在所指导博士研究生的助研岗位助学金总额范围内提出调整或停发意见,实行动态管理。

导师应根据科研工作需要为硕士研究生设置助研岗位。助学金标准不低于每生每年2000元,导师可根据研究生的科研工作量和科研业绩上浮,从导师科研项目经费预算的人员费用中自行列支。各院系设岗数量应不低于硕士研究生人数的50%。

(2)助教岗位助学金

学校面向所有全日制非在职博士研究生设置助教岗位,协助导师从事相关课程教学以及硕士研究生指导的辅助工作。博士助教助学金标准为每生每年5000元,最长资助年限为4年,每年分10个月发放。导师每学期对研究生助教工作进行考核,可在所指导博士研究生的助教岗位助学金总额范围内提出调整或停发意见,实行动态管理。

学校面向硕士研究生设置一定数量的助教岗位,用于鼓励和支持研究生参与学校有关教学辅助工作。硕士助教助学金按承担教学工作量核定和发放。岗位数量由学校相关部门根据当年情况研究确定。

(3)助管岗位助学金

学校面向研究生设置一定数量的助管岗位,用于鼓励和支持研究生参与学校有关教育管理工作。助管岗位助学金标准不低于每月500元,按实际工作月数发放。岗位数量由学校相关部门根据当年情况研究确定。

3、国家助学贷款

根据国家文件要求,符合条件的研究生入学时可以申请办理国家助学贷款。研究生国家助学贷款工作按照国家助学贷款管理相关规定,由党委研究生工作部负责组织实施。

4、勤工助学及困难补助

学校设立研究生勤工助学专项经费。根据国家有关精神,从研究生事业收入中按4%的标准提取研究生勤工助学专项经费。专项经费主要用于家庭经济困难研究生从事学校职能部门和院系的临时性辅助工作津贴，以及遇突发事件需要经济帮扶的研究生资助。

（三）研究生先进个人荣誉称号

学校继续开展研究生先进个人评选，授予荣誉称号并发放奖金，用于奖励德智体全面发展，在学术创新、社会工作、志愿服务等方面取得突出成绩的全日制非在职研究生。研究生先进个人荣誉称号包括优秀研究生标兵、优秀研究生、优秀研究生干部、优秀毕业研究生等，每年评选一次。

四、保障措施和工作要求

（一）组织保障

1、学校成立研究生奖助学金工作领导小组。领导小组由主管校领导担任组长，研究生院、党委研究生工作部、计划财务处、纪检监察处等相关职能部门负责人和院系主要负责人等为成员组成，负责全校研究生各类奖助学金评定管理办法的制定、名额分配、获奖名单的审定等工作，统筹领导、协调和监督学校的评审工作并裁决有关申诉事项。领导小组下设研究生奖助学金管理办公室，设在党委研究生工作部。

2、学校成立研究生重大奖学金评审专家委员会。评审专家委员会由学校资深教授和专家组成，负责学校研究生校长奖学金、国家奖学金和优秀博士奖学金等重大奖学金的评审工作。

3、院系成立研究生奖助学金评审委员会。评审委员会由院系主要负责人担任主任，院系研究生主管副院长和副书记任副主任，学科负责人、研究生秘书、研究生辅导员和研究生代表等为成员组成，负责制定本单位研究生奖助学金评定工作实施细则，负责本单位研究生奖助学金的申请组织和评审等工作。

（二）制度保障

根据国家有关规定，结合学校实际，制定《华北电力大学研究生国家助学金发放管理办法》、《华北电力大学研究生国家奖学金评定管理办法》、《华北电力大学研究生学业奖学金评定管理办法》、《华北电力大学研究生优秀奖学金评定管理办法》和《华北电力大学研究生勤工助学及困难补助管理办法》等5个文件，修订完善《华北电力大学研究生综合测评暂行办法》、《华北电力大学研究生先进个人、先进集体评选办法》和《华北电力大学研究生“三助”工作实施办法》等3个文件。

（三）加强引导，做好宣传

完善研究生奖助政策体系是进一步改善研究生待遇、提高研究生培养质量的重大举措。学校及各院系要全面准确地领会有关精神，在研究生中广泛宣传奖助政策体系的重要意义，做好各项政策的解释说明工作，为政策顺利实施营造良好的舆论环境。

（四）精心组织，认真落实

各院系根据本方案结合本院系实际情况制定相应的实施细则，精心组织，认真落实。在组织开展奖助学金评选过程中，充分发挥导师、辅导员及研究生基层组织的作用，确保做到公开、公平、公正。严格审查研究生的申报材料，如发现弄虚作假行为，一经查实，取消研究生在校期间所有奖励的评选资格，情节严重的，依据相关规定处理。

各院系要重视助研岗位设置并加大助研津贴资助力度，建立健全导师责任制和导师项目资助制，充分调动研究生参与科学研究和社会实践的积极性。同时，学校加大基本科研业务费对研究生培养的支持力度，支持符合条件的研究生特别是博士生开展自主研究，并对人文社科、基础学科等科研经费较少的学科给予倾斜支持。

五、附则

本方案自2014年9月1日起施行。

STATISTICAL STATEMENTS AND APPENDIXES

学生基本数据情况表

华北电力大学2014年硕士研究生分专业学生数

专业名称	毕业生数	授予学位数	招生数		在校生数			
			计	其中:应届毕业生	合计	一年级	二年级	三年级及以上
甲	1	2	3	4	5	6	7	8
硕士研究生	1985	1985	2308	1682	6721	2308	2207	2206
其中:女	858	858	924	710	2757	924	912	921
学术型学位硕士	1306	1306	1304	1029	3987	1304	1298	1385
其中:女	605	605	536	441	1683	536	562	585
国家任务学术型学位硕士	1113	1113	1304	1029	3802	1304	1286	1212
模式识别与智能系统	16	16	13	9	43	13	16	14
模式识别与智能系统	4	4	8	6	21	8	9	4
电路与系统	9	9	8	7	31	8	12	11
电路与系统	5	5	2	1	9	2	4	3
动力机械及工程	10	10	8	6	31	8	9	14
动力机械及工程	3	3	6	3	14	6	4	4
流体机械及工程	4	4	2	2	12	2	5	5
流体机械及工程	4	4	6	5	17	6	6	5
制冷及低温工程	1	1	1	1	2	1	0	1
制冷及低温工程	1	1	2	2	5	2	2	1
动力工程及工程热物理学科	1	1	2	2	5	2	2	1
电机与电器	16	16	7	3	26	7	6	13
电机与电器	4	4	5	3	15	5	5	5
供热、供燃气、通风及空调工程	2	2	4	4	11	4	3	4
供热、供燃气、通风及空调工程	9	9	9	9	21	9	8	4
水文学及水资源	12	12	13	12	39	13	11	15
水工结构工程	3	3	7	6	26	7	11	8
水利水电工程	5	5	6	6	14	6	4	4
化学工程	0	0	2	1	6	2	2	2
化学工程	0	0	2	1	5	2	2	1
应用化学	3	3	5	3	11	5	4	2
工业催化	0	0	2	1	4	2	1	1
检测技术与自动化装置	15	15	15	13	50	15	18	17
检测技术与自动化装置	5	5	8	6	21	8	7	6
系统工程	6	6	5	4	16	5	5	6
系统工程	3	3	6	5	20	6	10	4
控制科学与工程学科	0	0	4	3	4	4	0	0

续表

专业名称	毕业生数	授予学位数	招生数		在校生数			
			计	其中:应届毕业生	合计	一年级	二年级	三年级及以上
计算机系统结构	10	10	7	6	27	7	10	10
计算机系统结构	3	3	4	2	11	4	4	3
计算机软件与理论	14	14	0	0	12	0	0	12
计算机软件与理论	4	4	6	6	17	6	6	5
计算机应用技术	35	35	36	24	109	36	38	35
计算机应用技术	22	22	26	20	72	26	26	20
工程热物理	7	7	11	10	31	11	9	11
工程热物理	4	4	6	5	18	6	7	5
热能工程	59	59	71	64	197	71	62	64
热能工程	36	36	43	38	119	43	43	33
材料学	12	12	14	14	45	14	14	17
高电压与绝缘技术	23	23	26	15	73	26	23	24
高电压与绝缘技术	9	9	14	11	32	14	10	8
电力电子与电力传动	23	23	16	15	55	16	16	23
电力电子与电力传动	9	9	11	6	29	11	11	7
电工理论与新技术	15	15	10	9	34	10	10	14
电工理论与新技术	10	10	16	8	47	16	19	12
电气工程学科	20	20	33	31	77	33	31	13
电磁场与微波技术	7	7	4	2	16	4	6	6
电磁场与微波技术	5	5	5	4	12	5	4	3
通信与信息系统	27	27	19	17	64	19	24	21
通信与信息系统	19	19	31	26	83	31	29	23
电力系统及其自动化	135	135	155	132	466	155	150	161
电力系统及其自动化	64	64	83	62	220	83	80	57
辐射防护及环境保护	0	0	1	1	14	1	7	6
软件工程学科	0	0	9	2	20	9	11	0
农业电气化与自动化	7	7	10	3	25	10	9	6
环境科学	18	18	0	0	0	0	0	0
环境科学	2	2	3	2	8	3	3	2
环境工程	0	0	17	7	72	17	20	35
环境工程	13	13	18	15	46	18	16	12
核能科学与工程	13	13	29	26	61	29	18	14
管理科学与工程学科	0	0	30	23	88	30	28	30
管理科学与工程学科	16	16	0	0	6	0	1	5
管理科学与工程学科	5	5	6	4	19	6	8	5
企业管理(含:财务管理、市场营销、人力资源管理)	16	16	14	10	40	14	12	14
企业管理(含:财务管理、市场营销、人力资源管理)	7	7	8	3	21	8	7	6

续表

专业名称	毕业生数	授予学位数	招生数		在校生数			
			计	其中:应届毕业生	合计	一年级	二年级	三年级及以上
教育经济与管理	0	0	0	0	4	0	0	4
社会保障	1	1	0	0	2	0	1	1
社会保障	0	0	3	1	3	3	0	0
金融学(含:保险学)	0	0	4	3	12	4	3	5
金融学(含:保险学)	0	0	4	2	8	4	2	2
产业经济学	6	6	7	4	15	7	2	6
产业经济学	4	4	2	1	11	2	7	2
会计学	18	18	14	12	46	14	13	19
会计学	11	11	9	8	27	9	9	9
技术经济及管理	34	34	34	30	109	34	36	39
技术经济及管理	15	15	18	13	50	18	17	15
统计学	1	1	3	3	7	3	2	2
数量经济学	4	4	0	0	4	0	2	2
数量经济学	2	2	2	1	5	2	2	1
民商法学(含:劳动法学、社会保障法学)	0	0	3	2	4	3	1	0
诉讼法学	9	9	6	4	20	6	8	6
诉讼法学	2	2	1	1	8	1	5	2
环境与资源保护法学	0	0	0	0	2	0	1	1
国际法学(含:国际公法、国际私法、国际经济法)	2	2	4	4	14	4	3	7
马克思主义中国化研究	0	0	3	3	3	3	0	0
思想政治教育	0	0	5	0	17	5	7	5
思想政治教育	6	6	3	2	14	3	10	1
外国语言学及应用语言学	0	0	11	6	40	11	11	18
计算数学	0	0	7	6	25	7	11	7
计算数学	0	0	2	1	5	2	2	1
应用数学	20	20	18	17	37	18	11	8
应用数学	5	5	3	2	8	3	3	2
运筹学与控制论	0	0	6	6	17	6	6	5
运筹学与控制论	0	0	2	2	6	2	3	1
理论物理	4	4	2	2	5	2	2	1
理论物理	5	5	5	4	11	5	3	3
凝聚态物理	0	0	5	5	11	5	2	4
光学	0	0	2	2	6	2	2	2
机械制造及其自动化	4	4	4	2	14	4	5	5
机械制造及其自动化	4	4	4	4	13	4	5	4
机械电子工程	7	7	6	4	17	6	6	5

续表

专业名称	毕业生数	授予学位数	招生数		在校生数			
			计	其中:应届毕业生	合计	一年级	二年级	三年级及以上
机械电子工程	8	8	14	13	34	14	11	9
机械设计及理论	4	4	4	2	15	4	6	5
机械设计及理论	3	3	6	5	17	6	7	4
车辆工程	1	1	2	2	4	2	1	1
信号与信息处理	9	9	12	8	38	12	13	13
信号与信息处理	6	6	9	6	24	9	10	5
行政管理	12	12	16	15	50	16	14	20
行政管理	0	0	6	1	12	6	3	3
英语语言文学	14	14	3	2	14	3	7	4
英语语言文学	11	11	10	8	31	10	11	10
控制理论与控制工程	38	38	39	37	110	39	31	40
控制理论与控制工程	33	33	31	26	88	31	31	26
委托培养学术型学位硕士	70	70	0	0	22	0	8	14
电路与系统	1	1	0	0	0	0	0	0
模式识别与智能系统	0	0	0	0	0	0	0	0
电力系统及其自动化	28	28	0	0	4	0	2	2
电力系统及其自动化	0	0	0	0	2	0	0	2
电气工程学科	0	0	0	0	0	0	0	0
高电压与绝缘技术	0	0	0	0	0	0	0	0
热能工程	4	4	0	0	5	0	4	1
热能工程	0	0	0	0	1	0	0	1
计算机应用技术	0	0	0	0	0	0	0	0
计算机应用技术	2	2	0	0	0	0	0	0
计算机软件与理论	0	0	0	0	0	0	0	0
系统工程	0	0	0	0	0	0	0	0
控制理论与控制工程	0	0	0	0	0	0	0	0
控制理论与控制工程	1	1	0	0	1	0	0	1
英语语言文学	7	7	0	0	0	0	0	0
行政管理	6	6	0	0	0	0	0	0
信号与信息处理	1	1	0	0	0	0	0	0
理论物理	1	1	0	0	0	0	0	0
思想政治教育	3	3	0	0	0	0	0	0
思想政治教育	0	0	0	0	1	0	0	1
诉讼法学	3	3	0	0	0	0	0	0
数量经济学	0	0	0	0	0	0	0	0
技术经济及管理	1	1	0	0	1	0	0	1
会计学	4	4	0	0	0	0	0	0
产业经济学	2	2	0	0	0	0	0	0

续表

专业名称	毕业生数	授予学位数	招生数		在校生数			
			计	其中:应届毕业生	合计	一年级	二年级	三年级及以上
企业管理(含:财务管理、市场营销、人力资源管理)	4	4	0	0	2	0	0	2
企业管理(含:财务管理、市场营销、人力资源管理)	1	1	0	0	1	0	0	1
管理科学与工程学科	0	0	0	0	1	0	1	0
管理科学与工程学科	0	0	0	0	2	0	1	1
环境工程	0	0	0	0	0	0	0	0
环境工程	0	0	0	0	1	0	0	1
环境科学	1	1	0	0	0	0	0	0
自筹经费学术型学位硕士	123	123	0	0	163	0	4	159
电子科学与技术学科	0	0	0	0	1	0	0	1
流体机械及工程	0	0	0	0	1	0	0	1
软件工程学科	0	0	0	0	1	0	0	1
管理科学与工程学科	0	0	0	0	1	0	0	1
会计学	0	0	0	0	3	0	0	3
外国语言文学学科	0	0	0	0	1	0	0	1
模式识别与智能系统	0	0	0	0	2	0	0	2
控制科学与工程学科	0	0	0	0	1	0	0	1
计算机软件与理论	0	0	0	0	1	0	0	1
计算机应用技术	0	0	0	0	2	0	0	2
电工理论与新技术	0	0	0	0	1	0	0	1
环境工程	4	4	0	0	7	0	1	6
环境科学	1	1	0	0	1	0	0	1
管理科学与工程学科	2	2	0	0	2	0	0	2
会计学	3	3	0	0	4	0	0	4
企业管理(含:财务管理、市场营销、人力资源管理)	2	2	0	0	2	0	0	2
技术经济及管理	5	5	0	0	6	0	0	6
行政管理	0	0	0	0	1	0	0	1
农业电气化与自动化	2	2	0	0	2	0	0	2
应用化学	1	1	0	0	1	0	0	1
供热、供燃气、通风及空调工程	1	1	0	0	2	0	0	2
电机与电器	1	1	0	0	2	0	0	2
动力工程及工程热物理学科	0	0	0	0	1	0	0	1
制冷及低温工程	1	1	0	0	0	0	0	0
流体机械及工程	2	2	0	0	2	0	0	2
动力机械及工程	1	1	0	0	1	0	0	1
思想政治教育	1	1	0	0	1	0	0	1
应用数学	1	1	0	0	1	0	1	0
英语语言文学	4	4	0	0	4	0	0	4

续表

专业名称	毕业生数	授予学位数	招生数		在校生数			
			计	其中:应届毕业生	合计	一年级	二年级	三年级及以上
诉讼法学	0	0	0	0	2	0	1	1
数量经济学	2	2	0	0	1	0	0	1
产业经济学	1	1	0	0	1	0	0	1
金融学(含:保险学)	0	0	0	0	1	0	0	1
信号与信息处理	1	1	0	0	2	0	0	2
车辆工程	1	1	0	0	1	0	0	1
机械设计及理论	2	2	0	0	2	0	0	2
机械电子工程	4	4	0	0	4	0	0	4
机械制造及其自动化	2	2	0	0	1	0	0	1
光学	0	0	0	0	1	0	0	1
理论物理	2	2	0	0	1	0	0	1
运筹学与控制论	0	0	0	0	1	0	0	1
控制理论与控制工程	9	9	0	0	12	0	0	12
检测技术与自动化装置	3	3	0	0	2	0	0	2
模式识别与智能系统	2	2	0	0	2	0	0	2
系统工程	2	2	0	0	2	0	0	2
计算机应用技术	6	6	0	0	9	0	0	9
工程热物理	1	1	0	0	2	0	0	2
计算机软件与理论	2	2	0	0	2	0	0	2
计算机系统结构	1	1	0	0	1	0	0	1
热能工程	11	11	0	0	11	0	0	11
高电压与绝缘技术	4	4	0	0	4	0	0	4
电工理论与新技术	6	6	0	0	4	0	0	4
电力电子与电力传动	2	2	0	0	3	0	0	3
电力系统及其自动化	17	17	0	0	25	0	1	24
通信与信息系统	7	7	0	0	9	0	0	9
电磁场与微波技术	1	1	0	0	1	0	0	1
电路与系统	2	2	0	0	1	0	0	1
专业学位硕士	679	679	1004	653	2734	1004	909	821
其中:女	253	253	388	269	1074	388	350	336
国家任务专业学位硕士	516	516	1004	653	2446	1004	808	634
工程	13	13	13	11	22	13	0	9
工程	77	77	111	95	314	111	107	96
工程	80	80	158	116	382	158	124	100
工程	32	32	39	27	127	39	37	51
工程	24	24	43	29	112	43	38	31
工程	18	18	42	23	100	42	32	26
工程	13	13	11	8	34	11	13	10
工程	17	17	21	15	38	21	17	0
工程	10	10	23	16	57	23	19	15

续表

专业名称	毕业生数	授予学位数	招生数		在校生数			
			计	其中:应届毕业生	合计	一年级	二年级	三年级及以上
工程	4	4	0	0	4	0	3	1
工程	0	0	0	0	16	0	16	0
工程	9	9	17	10	41	17	15	9
工商管理	4	4	99	0	116	99	0	17
会计	10	10	18	14	62	18	14	30
工程管理	3	3	6	0	13	6	4	3
资产评估	9	9	19	16	53	19	16	18
翻译	7	7	9	6	31	9	15	7
翻译	0	0	4	3	6	4	2	0
工程	180	180	343	249	856	343	316	197
资产评估	1	1	7	5	17	7	4	6
翻译	1	1	8	5	15	8	4	3
会计	4	4	8	5	23	8	10	5
工商管理	0	0	4	0	4	4	0	0
工程管理	0	0	1	0	3	1	2	0
委托培养专业学位硕士	30	30	0	0	28	0	7	21
工程	0	0	0	0	2	0	0	2
工程	0	0	0	0	1	0	0	1
工商管理	27	27	0	0	18	0	4	14
工程	0	0	0	0	2	0	0	2
翻译	0	0	0	0	0	0	0	0
工程	0	0	0	0	0	0	0	0
工程	0	0	0	0	0	0	0	0
工程	0	0	0	0	0	0	0	0
工程	0	0	0	0	0	0	0	0
工程	0	0	0	0	0	0	0	0
工程	0	0	0	0	0	0	0	0
会计	0	0	0	0	0	0	0	0
工商管理	2	2	0	0	1	0	1	0
工程管理	1	1	0	0	0	0	0	0
工程	0	0	0	0	3	0	1	2
工商管理	0	0	0	0	0	0	0	0
会计	0	0	0	0	1	0	1	0
自筹经费专业学位硕士	133	133	0	0	260	0	94	166
工商管理	59	59	0	0	150	0	86	64
工商管理	0	0	0	0	9	0	8	1
资产评估	2	2	0	0	3	0	0	3
翻译	1	1	0	0	2	0	0	2
会计	1	1	0	0	2	0	0	2
工程	70	70	0	0	94	0	0	94

华北电力大学2014年博士研究生分专业学生数

专业名称	毕业生数	授予学位数	招生数		在校生数					
			计	其中:应届毕业生	合计	一年级	二年级	三年级	四年级	五年级及以上
甲	1	2	3	4	5	6	7	8	9	10
博士研究生	131	131	199	34	1056	199	188	193	160	316
其中:女	37	37	55	8	249	55	40	45	46	63
学术型学位博士	131	131	199	34	1056	199	188	193	160	316
其中:女	37	37	55	8	249	55	40	45	46	63
国家任务学术型学位博士	76	76	199	34	895	199	170	173	116	237
电机与电器	4	4	2	0	8	2	1	0	2	3
动力机械及工程	1	1	8	0	29	8	4	8	4	5
流体机械及工程	1	1	2	1	9	2	2	1	2	2
化工过程机械	0	0	5	3	9	5	1	1	1	1
动力工程及工程热物理学科	6	6	14	2	64	14	14	10	7	19
动力工程及工程热物理学科	0	0	6	0	11	6	5	0	0	0
管理科学与工程学科	4	4	6	0	24	6	3	5	4	6
管理科学与工程学科	1	1	4	0	23	4	3	6	4	6
管理科学与工程学科	0	0	4	0	16	4	3	4	2	3
企业管理(含:财务管理、市场营销、人力资源管理)	1	1	4	1	11	4	3	4	0	0
技术经济及管理	7	7	20	5	123	20	22	23	19	39
工商管理学科	0	0	6	1	8	6	2	0	0	0
控制理论与控制工程	12	12	8	1	66	8	9	16	11	22
检测技术与自动化装置	0	0	3	1	5	3	2	0	0	0
模式识别与智能系统	0	0	1	1	4	1	3	0	0	0
控制科学与工程学科	0	0	1	1	3	1	2	0	0	0
控制科学与工程学科	0	0	1	0	2	1	1	0	0	0
工程热物理	1	1	5	0	10	5	2	0	1	2
热能工程	7	7	20	3	129	20	23	25	18	43
高电压与绝缘技术	5	5	8	0	42	8	8	7	5	14
电力电子与电力传动	0	0	5	0	18	5	3	5	2	3
电气工程学科	3	3	16	4	57	16	10	18	4	9
电气工程学科	2	2	8	0	37	8	7	3	5	14
电工理论与新技术	0	0	3	0	16	3	4	1	3	5
电力系统及其自动化	21	21	39	10	171	39	33	36	22	41
委托培养学术型学位博士	54	54	0	0	159	0	18	20	43	78
电机与电器	1	1	0	0	2	0	0	0	1	1
动力工程及工程热物理学科	0	0	0	0	5	0	1	4	0	0
动力工程及工程热物理学科	0	0	0	0	0	0	0	0	0	0
化工过程机械	0	0	0	0	2	0	0	0	1	1

续表

专业名称	毕业生数	授予学位数	招生数		在校生数					
			计	其中:应届毕业生	合计	一年级	二年级	三年级	四年级	五年级及以上
动力机械及工程	2	2	0	0	2	0	0	0	1	1
电力系统及其自动化	12	12	0	0	57	0	7	3	13	34
电工理论与新技术	0	0	0	0	3	0	0	0	1	2
电气工程学科	2	2	0	0	2	0	0	0	1	1
电气工程学科	2	2	0	0	5	0	2	1	1	1
电力电子与电力传动	2	2	0	0	0	0	0	0	0	0
高电压与绝缘技术	0	0	0	0	5	0	2	1	1	1
热能工程	9	9	0	0	33	0	5	3	9	16
工程热物理	1	1	0	0	2	0	0	0	1	1
控制科学与工程学科	0	0	0	0	0	0	0	0	0	0
控制理论与控制工程	5	5	0	0	11	0	0	2	4	5
工商管理学科	0	0	0	0	0	0	0	0	0	0
技术经济及管理	13	13	0	0	17	0	1	4	4	8
技术经济及管理	0	0	0	0	2	0	0	0	1	1
企业管理(含:财务管理、市场营销、人力资源管理)	0	0	0	0	0	0	0	0	0	0
管理科学与工程学科	1	1	0	0	1	0	0	1	0	0
管理科学与工程学科	4	4	0	0	7	0	0	0	3	4
管理科学与工程学科	0	0	0	0	3	0	0	1	1	1
自筹经费学术型学位博士	1	1	0	0	2	0	0	0	1	1
电工理论与新技术	1	1	0	0	2	0	0	0	1	1

华北电力大学2014年普通本科分专业学生数

专业名称	毕业生数	授予学位数	招生数				在校生数				
			计	其中:			合计	一年级	二年级	三年级	四年级
				应届毕业生	春季招生	预科生转入					
甲	1	2	3	4	5	6	7	8	9	10	11
普通本科生	4986	4949	5477	5112	0	71	21690	5491	5541	5398	5260
其中:女	1670	1663	1796	1686	0	30	7369	1800	1889	1866	1814
高中起点本科	4973	4936	5466	5101	0	71	21653	5480	5515	5398	5260
公共事业管理	22	22	24	23	0	1	100	24	27	21	28
公共事业管理	32	32	32	27	0	2	129	32	36	34	27
行政管理	51	51	48	47	0	1	204	48	57	44	55
劳动与社会保障	30	29	30	29	0	1	119	30	31	29	29
物流管理	28	28	29	29	0	0	97	29	23	18	27
工业工程(注:可授管理学或工学学士学位)	29	28	29	28	0	1	113	29	28	28	28

续表

专业名称	毕业生数	授予学位数	招生数				在校生数				
			计	其中:			合计	一年级	二年级	三年级	四年级
				应届毕业生	春季招生	预科生转入					
电子商务(注:可授管理学或经济学或工学学士学位)	18	18	29	28	0	1	90	29	21	20	20
产品设计	39	39	44	33	0	0	164	44	39	40	41
测控技术与仪器	94	92	115	115	0	0	443	115	119	112	97
测控技术与仪器	75	75	99	92	0	4	332	99	90	73	70
材料科学与工程	53	53	58	57	0	1	206	58	50	50	48
信息安全(注:可授工学或理学或管理学学士学位)	39	39	60	60	0	0	201	60	52	42	47
信息安全(注:可授工学或理学或管理学学士学位)	28	28	30	29	0	0	112	31	25	29	27
物联网工程	0	0	29	28	0	1	54	29	25	0	0
环境工程	58	57	62	56	0	1	225	62	57	55	51
新能源材料与器件	0	0	29	29	0	0	111	29	28	28	26
电子信息工程(注:可授工学或理学学士学位)	52	52	63	63	0	0	213	63	58	47	45
电子科学与技术(注:可授工学或理学学士学位)	48	48	34	34	0	0	116	34	27	26	29
通信工程	70	70	89	88	0	1	310	89	78	77	66
通信工程	79	78	95	88	0	2	352	95	94	84	79
电子信息科学与技术(注:可授工学或理学学士学位)	49	49	65	59	0	1	231	65	55	58	53
自动化	169	168	155	155	0	0	613	157	151	153	152
自动化	124	124	145	124	0	5	594	145	149	158	142
计算机科学与技术(注:可授工学或理学学士学位)	44	44	60	59	0	1	200	61	52	45	42
计算机科学与技术(注:可授工学或理学学士学位)	78	76	83	76	0	0	316	83	79	79	75
软件工程	50	49	60	59	0	1	218	60	62	50	46
软件工程	49	49	60	58	0	1	230	61	52	65	52
网络工程	49	49	61	58	0	2	222	61	52	52	57
经济学	8	8	31	30	0	1	80	31	27	8	14
经济学	26	26	31	30	0	0	112	31	26	28	27
金融学	57	56	30	29	0	1	196	30	29	65	72
国际经济与贸易	12	12	30	30	0	0	56	31	21	3	1
社会工作	29	29	31	25	0	1	107	31	25	25	26
法学	47	47	48	47	0	1	201	48	52	44	57

续表

专业名称	毕业生数	授予学位数	招生数				在校生数				
			计	其中:			合计	一年级	二年级	三年级	四年级
				应届毕业生	春季招生	预科生转入					
法学	28	28	32	22	0	1	119	32	30	25	32
信息与计算科学	53	53	54	54	0	0	200	55	46	50	49
信息与计算科学	48	48	60	58	0	1	229	61	55	53	60
汉语言文学	24	24	22	22	0	0	43	22	0	21	0
英语	54	53	57	57	0	0	205	57	46	51	51
英语	37	37	48	40	0	1	146	48	30	35	33
电气工程及其自动化	645	639	368	368	0	0	2389	369	588	734	698
电气工程及其自动化	479	477	475	349	0	6	2250	477	614	595	564
智能电网信息工程	0	0	87	86	0	1	309	87	100	58	64
环境科学(注:可授工学或理学学士学位)	29	29	32	30	0	1	114	32	30	27	25
核工程与核技术	103	103	120	120	0	0	524	121	125	139	139
能源与动力工程	361	360	362	361	0	1	1385	363	345	336	341
能源与动力工程	275	273	288	252	0	3	1115	288	291	279	257
新能源科学与工程	118	116	168	165	0	3	649	168	160	154	167
建筑环境与能源应用工程	24	24	28	28	0	0	97	28	25	20	24
建筑环境与能源应用工程	55	55	68	61	0	2	241	68	64	54	55
水利水电工程	56	55	65	65	0	0	229	65	55	54	55
水文与水资源工程	28	28	31	31	0	0	117	31	28	31	27
能源化学工程	0	0	61	58	0	1	175	61	58	31	25
辐射防护与核安全	0	0	25	25	0	0	47	25	22	0	0
农业电气化	49	49	65	57	0	2	221	65	53	52	51
应用物理学	0	0	27	27	0	0	69	27	21	21	0
应用物理学	27	27	32	29	0	0	107	32	28	27	20
应用化学(注:可授理学或工学学士学位)	21	21	56	56	0	0	56	56	0	0	0
应用化学(注:可授理学或工学学士学位)	49	49	63	60	0	0	225	63	57	53	52
机械工程	25	25	31	31	0	0	119	31	32	28	28
机械工程	218	213	93	88	0	1	658	93	98	245	222
机械设计制造及其自动化	0	0	98	80	0	2	189	98	91	0	0
机械电子工程	0	0	69	62	0	2	129	69	60	0	0
过程装备与控制工程	0	0	33	31	0	0	64	33	31	0	0
广告学	27	27	28	28	0	0	106	28	28	22	28
信息管理与信息系统(注:可授管理学或工学学士学位)	25	25	30	30	0	0	103	30	24	25	24
信息管理与信息系统(注:可授管理学或工学学士学位)	27	26	31	30	0	0	113	31	27	27	28

续表

专业名称	毕业生数	授予学位数	招生数				在校生数				
			计	其中:			合计	一年级	二年级	三年级	四年级
				应届毕业生	春季招生	预科生转入					
工程管理(注:可授管理学或工学学士学位)	55	55	55	54	0	1	228	56	56	59	57
工程造价(注:可授管理学或工学学士学位)	56	56	59	55	0	2	223	59	59	54	51
工商管理	29	29	29	29	0	0	114	29	28	25	32
工商管理	28	28	32	30	0	1	112	32	28	25	27
市场营销	47	47	54	53	0	1	186	54	46	41	45
会计学	88	87	59	59	0	0	335	59	76	98	102
会计学	57	57	62	48	0	5	286	62	74	70	80
财务管理	69	65	61	61	0	0	238	61	59	58	60
人力资源管理	23	23	30	29	0	1	122	30	30	31	31
第二学士学位	13	13	11	11	0	0	37	11	26	0	0
人力资源管理	5	5	6	6	0	0	22	6	16	0	0
电气工程及其自动化	6	6	3	3	0	0	6	3	3	0	0
电气工程及其自动化	2	2	2	2	0	0	9	2	7	0	0

华北电力大学2014年在职人员攻读硕士学位分专业(领域)学生数

专业名称	授予学位数	招生数	在校生数			
			合计	一年级	二年级	三年级及以上
甲	1	2	3	4	5	6
硕士学位学生	1246	1725	6828	1725	1722	3381
其中:女	330	396	1520	396	423	701
学术型学位硕士	3	0	10	0	0	10
学术型学位硕士其中:女	1	0	5	0	0	5
管理科学与工程学科	0	0	1	0	0	1
企业管理(含:财务管理、市场营销、人力资源管理)	0	0	2	0	0	2
英语语言文学	0	0	2	0	0	2
应用数学	0	0	2	0	0	2
机械电子工程	1	0	0	0	0	0
计算机软件与理论	0	0	1	0	0	1
计算机应用技术	1	0	0	0	0	0
电工理论与新技术	0	0	2	0	0	2
电力系统及其自动化	1	0	0	0	0	0
专业学位硕士	1243	1725	6818	1725	1722	3371
专业学位硕士其中:女	329	396	1515	396	423	696

续表

专业名称	授予学位数	招生数	在校生数			
			合计	一年级	二年级	三年级及以上
工程	584	746	2898	746	805	1347
工程	36	71	284	71	53	160
工程	27	17	105	17	20	68
工程	32	46	143	46	59	38
工程	11	16	95	16	20	59
工程	40	139	477	139	123	215
工程	281	412	1786	412	400	974
工商管理	55	73	221	73	37	111
工程	116	132	470	132	114	224
工程	61	73	339	73	91	175

华北电力大学2014年成人本科分专业学生数

专业名称	毕业生数	授予学位数	招生数	在校生数					
				合计	一年级	二年级	三年级	四年级	五年级
甲	1	2	3	4	5	6	7	8	9
成人本科生	3327	667	2804	10498	2804	3144	3643	443	464
其中:女	1103	285	963	3371	963	1027	1127	128	126
函授本科	2926	551	2203	8351	2203	2456	3074	283	335
其中:女	925	230	717	2486	717	730	883	80	76
高中起点本科	549	64	202	1193	202	113	260	283	335
工商管理	25	4	0	33	0	0	0	16	17
会计学	0	0	0	0	0	0	0	0	0
计算机科学与技术(注:可授工学或理学学士学位)	10	3	0	0	0	0	0	0	0
电气工程及其自动化	340	45	201	975	201	109	191	217	257
能源与动力工程	174	12	1	185	1	4	69	50	61
市场营销	0	0	0	0	0	0	0	0	0
专科起点本科	2377	487	2001	7158	2001	2343	2814	0	0
会计学	0	0	13	13	13	0	0	0	0
会计学	48	7	0	80	0	44	36	0	0
工商管理	0	0	16	16	16	0	0	0	0
工商管理	91	17	0	55	0	20	35	0	0
能源与动力工程	308	46	0	474	0	198	276	0	0
能源与动力工程	0	0	193	193	193	0	0	0	0
电气工程及其自动化	1930	417	0	4500	0	2081	2419	0	0
电气工程及其自动化	0	0	1776	1776	1776	0	0	0	0
电气类专业	0	0	0	48	0	0	48	0	0
能源动力类专业	0	0	0	0	0	0	0	0	0
能源动力类专业	0	0	3	3	3	0	0	0	0

续表

专业名称	毕业生数	授予学位数	招生数	在校生数					
				合计	一年级	二年级	三年级	四年级	五年级
市场营销	0	0	0	0	0	0	0	0	0
业余本科	401	116	601	2147	601	688	569	160	129
其中:女	178	55	246	885	246	297	244	48	50
高中起点本科	85	27	76	601	76	97	139	160	129
工商管理	13	2	24	110	24	9	19	48	10
会计学	16	7	16	91	16	8	21	26	20
计算机科学与技术(注:可授工学或理学学士学位)	5	0	5	50	5	8	13	15	9
电气工程及其自动化	34	16	31	263	31	49	53	70	60
国际经济与贸易	5	1	0	7	0	0	0	0	7
人力资源管理	12	1	0	80	0	23	33	1	23
专科起点本科	316	89	525	1546	525	591	430	0	0
会计学	49	8	0	95	0	40	55	0	0
会计学	0	0	26	26	26	0	0	0	0
工商管理	21	7	0	108	0	50	58	0	0
工商管理	0	0	57	57	57	0	0	0	0
电气工程及其自动化	160	50	0	417	0	396	21	0	0
电气工程及其自动化	0	0	345	345	345	0	0	0	0
能源与动力工程	0	0	0	1	0	1	0	0	0
能源与动力工程	0	0	14	14	14	0	0	0	0
计算机科学与技术(注:可授工学或理学学士学位)	29	13	0	53	0	19	34	0	0
计算机科学与技术(注:可授工学或理学学士学位)	0	0	20	20	20	0	0	0	0
电气类专业	0	0	0	193	0	0	193	0	0
人力资源管理	57	11	0	154	0	85	69	0	0
人力资源管理	0	0	63	63	63	0	0	0	0

华北电力大学2014年成人专科分专业学生数

专业名称	毕业生数	招生数	在校生数			
			合计	一年级	二年级	三年级
甲	1	2	3	4	5	6
成人专科生	1671	1367	5238	1367	1846	2025
其中:女	599	487	2084	487	690	907
函授专科	1040	827	2800	827	1026	947
其中:女	221	192	657	192	212	253
高中起点专科	1040	827	2800	827	1026	947
市场营销	1	0	0	0	0	0

续表

专业名称	毕业生数	招生数	在校生数			
			合计	一年级	二年级	三年级
工商企业管理	10	0	9	0	0	9
火电厂集控运行	50	0	6	0	0	6
供用电技术	4	0	50	0	22	28
供用电技术	0	34	34	34	0	0
能源类专业	71	0	105	0	66	39
能源类专业	0	21	21	21	0	0
能源类专业	46	0	4	0	0	4
发电厂及电力系统	346	0	373	0	51	322
发电厂及电力系统	0	27	27	27	0	0
电厂热能动力装置	128	0	155	0	44	111
电力技术类专业	292	0	849	0	582	267
电力技术类专业	0	561	561	561	0	0
机电一体化技术	1	0	119	0	91	28
机电一体化技术	0	37	37	37	0	0
电力系统自动化技术	46	0	191	0	111	80
电力系统自动化技术	0	65	65	65	0	0
计算机类专业	45	0	112	0	59	53
计算机类专业	0	82	82	82	0	0
业余专科	631	540	2438	540	820	1078
其中:女	378	295	1427	295	478	654
高中起点专科	631	540	2438	540	820	1078
工商企业管理	23	0	414	0	45	369
工商企业管理	0	16	16	16	0	0
人力资源管理	78	0	369	0	257	112
人力资源管理	0	298	298	298	0	0
语言文化类专业	326	0	616	0	316	300
语言文化类专业	0	82	82	82	0	0
会计	38	0	55	0	17	38
会计	0	19	19	19	0	0
国际经济与贸易	0	0	1	0	1	0
国际经济与贸易	0	1	1	1	0	0
电力系统自动化技术	65	0	181	0	106	75
电力系统自动化技术	0	102	102	102	0	0
计算机应用技术	47	0	83	0	12	71
计算机应用技术	0	22	22	22	0	0
机电一体化技术	54	0	179	0	66	113

华北电力大学 2014 年外国留学生情况

		编号	毕(结)业生数	授予学位数	招生数		在校生数					
					计	其中:春季招生	合计	第一年	第二年	第三年	第四年	第五年及以上
甲		乙	1	2	3	4	5	6	7	8	9	10
总计		1	180	41	198	22	313	182	49	51	29	2
其中:女		2	75	7	52	9	57	45	4	6	1	1
按学历分	小计	3	42	41	100		231	100	49	51	29	2
	专科	4		*								
	本科	5	15	15	42		127	42	21	35	27	2
	硕士研究生	6	23	23	46		75	46	22	7		
	博士研究生	7	4	3	12		29	12	6	9	2	
培训		8	138	*	98	22	82	82				
按大洲分	亚洲	9	111	26	110	7	178	107	31	27	13	
	非洲	10	40	13	37	1	88	38	15	22	13	
	欧洲	11	13		24	1	24	23	1			
	北美洲	12	14		24	13	12	11		1		
	南美洲	13			2		5	2	1		1	1
	大洋洲	14	2	2	1		6	1	1	1	2	1
按经费来源分	国际组织资助	15	2				2		2			
	中国政府资助	16	41	25	87	1	171	86	30	35	19	1
	本国政府资助	17										
	学校间交换	18	19		15	6	13	13				
	自费	19	118	16	96	15	127	83	17	16	10	1

华北电力大学 2014 年学生组织社团一览表

(北京校部)

序号	社团名称	社团负责人	负责人班级	挂靠部门	指导老师
1	棒垒协会	李星琛	自动 1304	校团委	任威宇
2	冰雪文化交流会	孙堃	物流 1301	校团委	任威宇
3	晨星读书会	孙思玲	电气 1203	校团委 图书馆	郑路
4	大学生法学会	包海云	法学 1202	校团委 人文院	蔡恒　赵绪光
5	邓小平理论研究会	金楷	电气 1204	校团委 马列教研室	王集令　周作芳
6	电子音乐社	刘诗仑	电气 1302	校团委	任威宇
7	风庄推理协会	葛畅	能科 1301	校团委	任威宇
8	Golden Melody 口琴社	郭望旺	创新动 1301	校团委	王新军
9	汉服社	陈昱伶	国教电气 1305	校团委	火月丽
10	华电海西实践交流协会	连才	风能 1203	校团委	黄圣伟
11	华电科学技术协会	陈科枫	国教电气 1306	校团委	王集令
12	国学斋	梁淑影	中文 1201	校团委	马冬

续表

序号	社团名称	社团负责人	负责人班级	挂靠部门	指导老师
13	毽绳协会	刘自结	实践核 1301	校团委	奚彩莲　许淑萍
14	晋能轩	樊林禛	电气 1201	校团委	马卫华
15	篮球协会	李迎新	能科 1201	校团委 体育教学部	李昂
16	迷音吉他社	许迪凡	电气 1206	校团委	王悦
17	美食协会	师云晓	电气 1205	校团委	任威宇
18	魅影魔术社	朱月	能材 1201	校团委	林长强
19	摩登舞协会	高璐璐	电气 1201	校团委 体育教学部	曾玉华
20	墨友书画社	仉健维	国教电气 1306	校团委 华北电力校友会	吴瑞鹏
21	排球协会	吴岳芳	计科 1201	校团委 体育教学部	王萍
22	乒乓球协会	安然	物联 1301	校团委 体育教学部	梁立新
23	清风 BREEZE 轮滑社	赵譞	信息 1302	校团委	李文忠
24	Saying 动漫社	彭嘉轶	电气 1208	校团委	任威宇
25	摄影协会	杜妍臻	广告 1301	校团委 广告教研室	徐保云
26	台球协会	刘星宇	电气 1203	校团委	任威宇
27	太极拳协会	彭贞杲	能科 1302	校团委 体育教学部	胡秀娟
28	藤球协会	张江涛	热能 1209	校团委	李亮
29	网球协会	周文涛	创新电 1201	校团委 体育教学部	李昂
30	武术协会	苏发昌	机械 1301	校团委 体育教学部	张晓栋
31	希望手语社	唐一品	经济 1203	校团委	任威宇
32	新媒体研究会	廖川	机械 1301	校团委	费翔
33	星河弈站	卢耀华	经济 1203	校团委	任威宇
34	星野天文社	陈晓仪	信管 1201	校团委	徐保云
35	雪莲花锅庄舞协会	多吉旺堆	水电 1302	校团委	任威宇
36	演讲与口才学社	肖胜	能动 1305	校团委	任威宇
37	阳光跆拳道协会	李硕	能动 1309	校团委	任威宇
38	英语协会	杨卜铭	资源 1301	校团委 英语系	任威宇
39	影视协会	顾萌	计算 1301	校团委	任威宇
40	羽毛球协会	邓宏远	国教电气 1305	校团委 体育教学部	任威宇
41	粤语社	焦阳	公共 1301	校团委	任威宇
42	征途自行车协会	王伦杰	创新动 1201	校团委 体育教学部	任威宇 蔡利敏
43	中外友好交流协会	热河燕・木合买	行管 1201	校团委 国际教育学院	胡金光
44	逐影双截棍协会	王麒翔	电气 1311	校团委	任威宇
45	足球协会	阿布都外力・依米提	商务 1301	校团委 体育教学部	李亮
46	校友工作志愿者协会	黄锦鸿	研经管 1215 班	校团委 校友办	彭伟

（保定校区）

序号	名称	学生负责人	班级	指导老师
		组织		
1	校学生会			胡庆宇
2	学生团体联合会			胡庆宇
3	组织部			商雷
4	宣传部			张蓓蓓

续表

序号	名称	学生负责人	班级	指导老师
实践类				
1	自育会	董冬阳	软件 1101	胡庆宇
2	广播台	高航	社工 1101	商雷
3	青协	高静博	电气 1112	李晶
4	管协	王盼	机械 1103	胡庆宇
5	外协	田野	经济 1101	胡庆宇
6	红十字	易莹鑫	机械 1109	李晶
7	爱心社	周立超	电气化 1103	李晶
8	山鹰户外俱乐部	陶子晨	环科 1101	胡庆宇
9	电子竞技协会	焦杰	电气 1104	胡庆宇
10	演讲与口才协会	刘轩	动力实 1102	李晶
11	摄影协会	吴雅琪	公管 1101	胡庆宇
12	悦动传媒	希亚	电力英 1201	胡庆宇
13	模联	房聚刚	动力 1104	胡庆宇
14	创享协会	陈曦雯	通信 1203	胡庆宇
15	手工协会	常磊	环工 1101	胡庆宇
理论类				
16	团委调研室	苏蕾	信管 1101	张蓓蓓
17	团委报刊社	叶文智	应化 1101	张蓓蓓
18	反邪教协会	李江鹏	能化 1101	赵冬鸣
19	MMD	马文静	动力实 1101	商雷
20	法律协会	甘青峰	法学 1101	张蓓蓓
21	民族与文化协会	马卓黎	农电 1101	胡庆宇
22	历史研究协会	胡钰彬	法学 1101	胡庆宇
23	推理爱好者协会	赖华盛	动力实 1202	胡庆宇
24	国学社	杨迪	自动实 1101	胡庆宇
25	弘文思政协会	吴耕纬	电气化 1112	胡庆宇
26	微博研究协会	武昊	自动化 1104	张蓓蓓
27	科幻协会	林铭巧	应化 1102	胡庆宇
文化艺术类				
28	礼仪队	马一丹	艺设 1102	张蓓蓓
29	棋牌社	周立栋	电气 1112	胡庆宇
30	街舞协会	王帅	通信 1101	胡庆宇
31	C 翼动漫社	郝如初	艺设 1102	胡庆宇
32	书画协会	郭齐	公管 1201	胡庆宇
33	极坐标	郝超颖	信息 1101	胡庆宇
34	星韵文学社	郑灿	动力 1104	胡庆宇
35	武术协会	郑皓文	计科 1201	胡庆宇
36	音乐协会	韩立明	制造 1101	胡庆宇
37	国标舞协会	马玉娇	信息 1101	胡庆宇

续表

序号	名称	学生负责人	班级	指导老师
38	魔术协会	王彦博	能动1301	胡庆宇
39	绘画联合会	张博闻	环工1302	胡庆宇
40	相声社	高伟	动力1105	胡庆宇
		科技创新类		
41	科协	刘砚波	软件1101	胡庆宇
42	天文协会	史航	测控1103	胡庆宇
43	华电创行	段坤	通信1103	胡庆宇
44	计算机视频与图像设计	陈逸飞	计科1201	胡庆宇
45	华电百科俱乐部	赵彤彤	通信1202	胡庆宇
		体育类		
46	自行车协会	莫宁生	软件1101	胡庆宇
47	篮球协会	杨凯	测控1103	胡庆宇
48	排球协会	于华健	建环1102	胡庆宇
49	足球协会	蓝峥	计科1201	胡庆宇
50	乒乓球协会	刘伟彬	通信1202	胡庆宇
51	羽毛球协会	邹潇骏	软件1101	胡庆宇
52	网球协会	佘岳峰	测控1103	胡庆宇
53	轮滑协会	杨彭城	建环1102	胡庆宇
54	跆拳道协会	韦杭	计科1201	胡庆宇
55	搏击俱乐部	陈晨	通信1202	胡庆宇
56	台球协会	孔令雨	软件1101	胡庆宇
57	滑板协会	邹雪天	测控1103	胡庆宇
58	健美操协会	邢佳蕾	环科1101	胡庆宇

毕业生名单

华北电力大学2014年研究生获学位名单

（北京校部春季部分）

博士:27人

学科门类	获学位专业及人数		姓名			
工学	电机与电器	1人	周国伟			
	电力系统及其自动化	3人	金 鹏	王 鹤	许建中	
	高电压与绝缘技术	4人	边 凯	程述一	秦春旭	周 丹
	热能工程	8人	白 涛	康 鹏	王顶辉	赵勇纲
			贾春霞	秦志明	杨荣娟	赵争辉
	能源环境工程	1人	薛方明			
	可再生能源与清洁能源	1人	王天虎			
	控制理论与控制工程	4人	李永玲	吕 游	沈学强	琚 贇
管理学	管理科学与工程	2人	刘树良	张 谦		
	技术经济及管理	3人	胡军峰	全生明	王小雅	

学术硕士:743人

1、经济学:12人

获学位专业及人数		姓名							
产业经济学	8人	戴杰超	范春阳	宋雪莹	吴立媛	杜依航	康娇丽	汪正猛	杨 睿
数量经济学	4人	刘雨林	王一博	姚 鑫	张志乾				

2、法学:10人

获学位专业及人数		姓名							
诉讼法学	9人	陈 溪	翟濛濛	梅 霄	庞 璐	袁 满	冯立强	潘继材	宋 云
		戴萍萍							
思想政治教育	1人	邢广伟							

3、文学:21人

获学位专业及人数		姓名							
英语语言文学	21人	阿庆瑛	陈文婧	黄 丹	林 靖	王洁珺	杨 洁	张 晰	朱红静
		柴志敏	丛 虔	兰金萍	芦锋锋	翁秀琴	张 宁	郑艳萍	菅 琪
		陈寒梅	董 娜	李艳达	平 平	杨 旸			

4、理学:20人

获学位专业及人数		姓名							
应用数学	15人	李婉璐	刘晶晶	聂 帅	石彩霞	徐贞玉	张 帆	赵伟翔	郜婧婧
		李选晓	陆洪涛	祁佳佳	王 会	姚得宝	张 微	朱格利	
理论物理	5人	车剑韬	李伟锋	吕朋丽	吴国庆	阿孜古.麦麦提力			

5、工学:578 人

获学位专业及人数		姓名							
机械电子工程	7 人	侯　冲	黄　浙	刘子敏	孙晓伟	陶广耀	夏莹沛	钟才茂	
机械制造及其自动化	4 人	董兆宇	刘　洋	田　雪	张秋晨				
机械设计及理论	4 人	常　泽	乔　鹏	王江伟	张晓伟				
材料学	11 人	高　倩	李欣芷	刘　泽	唐鹏飞	袁明明	张胜男	郑　淑	杨　洋
		李文杰	刘汉源	宋冠禹					
工程热物理	7 人	党慧敏	孔维盈	李美宝	杨　姣	高　静	李海龙	史颖霜	
热能工程	61 人	曹常青	丁　捷	贺亚楠	刘嘉楷	牛亚楠	王　能	叶毓琛	赵巍伟
		曹　勇	杜文韬	黄　委	刘清晨	彭新飞	王　珊	张昌顺	赵晓荔
		陈　伟	樊　雪	蒋泓亮	刘圣冠	钱新贺	王云涛	张国军	朱竞男
		陈新明	付　立	焦建东	刘　贇	谭开禹	吴国强	张　黎	朱翔宇
		成　涛	高成刚	解芳芳	吕伟为	唐彦嫣	吴晓鹏	张文妍	闫菁菁
		楚国宇	高宪波	孔　岩	吕玉贤	田　龙	吴　影	张　越	赵磊强
		戴佳栩	郭　涛	李　君	马雪强	王成成	吴　恺	张婷婷	徐天金
		翟代龙	郝　龙	梁会钊	穆　岱	王　东			
动力机械及工程	9 人	高新新	李佳佳	刘　京	荣质斌	王振国	廖仕文	马　瑞	王　晓
		韩延鹏							
流体机械及工程	3 人	石小川	王茹	张兴文					
制冷及低温工程	1 人	张永锴							
电机与电器	16 人	杜中兰	高巧云	李秋实	石朋飞	王　庆	王翔宇	杨小彬	张晓燕
		范永强	韩　志	李文志	舒佳驰	王伟华	杨晓霞	张　萌	张元星
电力系统及其自动化	144 人	安广培	仇国兵	董仲星	冯　楠	郭雅蓉	姜玉靓	李星宇	刘济豪
		卜婷婷	崔　彪	杜冠男	扶柠柠	韩晋思	靳　军	李亚东	刘　庆
		曹　彬	崔屹平	杜汪洋	符金伟	贺鸿鹏	晋朝雨	李盈枝	刘人玮
		曹　凯	戴婧姝	杜亚静	高　超	贺　健	李俊臣	李云龙	刘卫芳
		陈佩璐	翟冬玲	范建磊	高忠旭	黄　婷	李龙龙	李治艳	刘文静
		陈煦斌	翟晓萌	方　舟	郭李娟	黄　雯	李路遥	刘辰宇	刘　玉
		程世军	丁　一	冯　谦	郭　威	季　节	李　润	刘　刚	卢甜甜
		罗　澜	钱　程	王晶晶	王妍艳	邢正军	杨景旭	张雪佼	赵　远
		罗　麟	乔　丰	王立国	魏佛送	熊　岑	杨寅明	张　衍	郑　安
		马恒瑞	申永涛	王　帅	魏　娟	徐海翔	杨　勇	张颖达	郑元杰
		马　娴	神瑞宝	王　晓	魏占朋	徐继凯	易文飞	张兆阳	钟佳辰
		毛雨亭	史宇欣	王晓晖	吴　劼	徐　洁	游亚雄	张俣妤	周文萍
		孟　杰	束兰兰	王小波	吴大伟	许建庭	余华兵	张曦予	朱晨宸
		孟令龙	孙轶恺	王小明	吴晓丹	薛佳佳	张　冰	赵会龙	赵晓龙
		牛　帅	谭梦思	王星星	武家胜	颜洪正	张　非	赵鹏程	张小珍
		潘玉美	万　潜	王珍珍	夏立萌	杨　光	张　磊	赵天亮	杨健康
		庞　琳	王春丽	王　卓	向　勇	杨　浩	张　蕊	赵万里	肖思昌
		裴　迅	王建锋	王紫雷	BIBAYA LAWRENCE			ASHFAQ, AHSAN	
		HUSSAIN KAZMI, TASSAWAR			SOW, MOHAMMED L			ZIA KHAN, AKIF	

续表

获学位专业及人数	姓名							
高电压与绝缘技术 21 人	扆 博	陈 珉	贾鹏飞	刘建寅	谭 荣	许 卓	张学龙	钟宇翔
	陈静静	郭 伟	李 晓	马振丽	田 野	杨 凯	张钰宁	于 淼
	陈胜科	华正浩	刘宏波	聂 耸	王 亮			
电力电子与电力传动 22 人	鲍明然	陈 霄	胡亚楠	李 岩	吕思卓	王 淼	章彬彬	周思玉
	曹松伟	段春明	姜 喆	刘 权	齐 琳	尉志勇	张源渊	周星伯
	曹雯佳	付春鹏	孔祥雨	刘 思	王治宇	于 蒙		
电工理论与新技术 15 人	陈珂睿	李亚西	刘晨龙	马京萍	王鹏伍	喻 玮	张语珊	赵 楠
	李 超	刘 畅	刘 钢	孙 迪	王 勋	张 宏	赵伟杰	
电路与系统 10 人	崔振南	段 如	郭永庆	齐 灿	王 帆	柒培华	秦 菁	缪应蒙
	戴红阳	冯 楠						
电磁场与微波技术 7 人	关镭镭	潘晓彤	万 琳	向 宇	余志飞	张冰婧	张小颖	
通信与信息系统 25 人	陈媛媛	柯珊珊	梁 磊	齐京亮	王东东	魏 夏	徐 磊	杨 娇
	段晓萌	李 敏	刘 超	任美玲	王欣宇	邢桂兰	徐 婷	章小枫
	黄 倩	李文猛	吕文涛	汤 奕	王秀玉	熊 琛	杨 剑	张 敏
	贾 涛							
信号与信息处理 9 人	陈元勋	刘 坤	史 巍	孙晓达	张 燕	李瑞静	平 安	孙惠英
	维妮拉.艾尔肯							
控制理论与控制工程 38 人	陈燕南	谷佳琪	康辰中	农慧云	苏 政	王玉龙	尹昌洁	张 旭
	程 莹	韩永辉	兰中富	沙 超	孙同乐	吴 迪	于海芬	郑晓斌
	方佳茜	黄芙蓉	李丽娟	沈 芮	王春媛	熊 瑛	岳 丹	钟亮民
	甘 密	蒋鹏程	梁 泽	石亚欣	王福贺	许 曼	张 曼	张培超
	高 萌	蒋 薇	马章鸿	宋洁琼	王瑞琪	叶元谦		
检测技术与自动化装置 15 人	陈跃燕	房江南	姜飞飞	李雨田	童 超	王丽翠	张 浩	赵倩男
	程 霄	房 宁	李 腾	刘白杨	王昆朋	杨志高	张江昆	
系统工程 6 人	李世婧	刘明亮	王一鸣	张 宁	张若含	甄立敬		
模式识别与智能系统 15 人	曹剑馨	董润楠	李秋灵	刘 强	王江涛	邢 帅	许呈嫣	张 健
	仇晓伟	晋萃萃	刘 鹏	王晨光	王丽娜	徐奕昕	张海龙	
计算机系统结构 10 人	安 雄	李文智	刘 非	宋自立	夏 葳	孟伶智	王春龙	肖必成
	冯 达	李志宏						
计算机软件与理论 14 人	曹昌盛	段利锋	郭建伟	李 灏	罗 晗	徐彦杰	杨 帆	赵长松
	戴凤娇	葛悦光	李 硕	刘二涛	王淑祥	许 杨		
计算机应用技术 33 人	陈 龙	赖林光	刘建楠	彭 旋	苏卫卫	王以良	许瑞辉	张倩媛
	陈 伟	李 淳	吕美敬	申晓科	王广斌	王振伟	叶 文	赵际洲
	程佳博	李鹏鹏	罗 燕	石 硕	王景兵	王 婧	张敬伟	周澎洋
	杜 若	李 涛	聂晓骞	石晓亮	王胜状	吴 爽	张 攀	栾富君
	景 罗							
供热、供燃气、通风及空调工程 2 人	庞萌萌	吴佳睿						

续表

获学位专业及人数		姓名							
水文学及水资源	11 人	陈继杰	刘 岩	石 佳	王太伟	向腾飞	周 茜	夏忠喜	徐安娜
		李智飞	秦悦悦	孙波扬					
水工结构工程	3 人	马 慧	谭 玲	叶 茂					
核能科学与工程	13 人	段 军	刘兆欢	穆 强	田 力	吴立村	袁龙军	黄礼明	张君南
		洪 阳	马 娟	汝小龙	田英男	谢晴瑜			
环境工程	18 人	常照其	李继强	祁 静	王大洲	温静雅	尹建光	杨思齐	金 璐
		崔松波	刘书惟	孙士超	王 兰	吴 倩	张占玲	汤 烨	王 深
		冯 标	马莎莎						
可再生能源与清洁能源	20 人	蔡明威	姜玉杰	李大宝	廖航涛	王 磊	肖 婷	赵敬勇	张 丹
		陈 召	蒋剑峰	李良杰	孟 航	王秋红	杨 爽	钱红雪	王 舫
		黄洁亭	雷 航	李子衿	Dina				
水利水电工程	4 人	杜瑞芳	李润杰	刘志远	朱晓玲				

6、管理学:102 人

获学位专业及人数		姓名							
管理科学与工程	16 人	冯一帆	韩丽娇	李泽众	戚浩桢	孙光政	王 青	徐 亮	张 硕
		甘景双	李 杨	李志伟	沈 男	田玉喜	王雪芳	殷婷婷	张云飞
会计学	21 人	白雪娇	崔立姣	李海滨	秦 缜	王美云	谢 丽	叶彩琴	庄宝龙
		陈思宇	方 婧	刘君力	王 聪	武 俊	杨 思	张丽娟	祖丕娥
		陈思璐	龚 璇	刘 媛	王东青	武 鑫			
企业管理	18 人	陈晓婷	郭红达	焦国瑞	石秀云	西媛媛	张 森	郑炜曼	宗海静
		杜慧慧	海婧雅	刘 维	王亚娟	张 博	张秀娜	仲 瑶	邹 璇
		耿 育	IWANDZA HENRI KRISHNAT						
技术经济及管理	32 人	董萌萌	劳咏昶	刘珊珊	倪红芳	王 冰	谢玲玲	于心怡	张 婷
		范磊磊	李金城	刘晓立	潘楚云	王致杰	熊 威	张 蕾	周 飞
		韩 蕊	李凌云	马明娟	沈 思	吴巧玲	许倩楠	张 嵘	朱 琳
		胡雅楠	刘春香	梅 林	宋媛琳	武敏霞	阎志敏	张怡心	AVAGYAN ARMINE
行政管理	15 人	冯敬辕	金 蕾	李小云	王 旭	王治元	伍文全	于 雯	张 妍
		郭亚楠	李希喆	刘婧一	王 哲	文 艳	杨晓寅	张 喻	

工程硕士:442 人

获学位专业及人数		姓名							
动力工程	78 人	白 翔	程万旭	黄 健	刘 钊	苏子威	王 晶	杨 磊	赵紫薇
		布 凡	党俊杰	霍越明	鲁陈林	孙 雨	王世超	杨仝瑞	征少卿
		蔡文汇	段 威	雷少博	马天琳	孙志向	王羽波	银正一	郑桂红
		曹根芝	冯海明	李柏杰	马忠英	谭 力	王兆淳	于 洋	郑 伟
		曹为华	高 彬	李红川	孟 洁	谭 巍	王争明	张 鹤	邹文重
		陈广辉	高 超	李舒生	牛志愿	唐小锋	王 珏	张经纬	赵文佳

续表

获学位专业及人数	姓名							
动力工程 78人	陈龙	高河亮	梁敏	饶望平	王博	魏子萱	张敬东	徐琦
	陈小慧	勾建辉	梁正兴	任会来	王从令	吴迪	张琪琛	王绩德
	陈颖	谷田生	刘超	史一涛	王宏武	夏会宁	赵举贵	宋晓辉
	陈玉勇	何磊	刘强	曹慧文	刘俊伟	张毅		
电气工程 158人	蔡瀛淼	杜鹏	郭宁辉	李小芳	孟斌	王冰玉	闻宇	张清鑫
	曹云龙	段力铭	郭玉聪	李欣	穆瑞铎	王朝亮	吴旭阳	张向宇
	陈凯	段帅	韩晓男	李源源	潘伟	王芳	吴耀昊	张正根
	陈蕾	范霄汉	吉星	李卓男	乔真	王莉莉	许伟	张恺
	陈孟颖	范潆丹	来媛	林冰	申泽渊	王卿玮	杨浩亮	赵维卿
	陈瑞	范钰波	兰涛	刘冲	宋柏阳	王毅	杨军亭	郑广龙
	陈伟丽	方杰	李涵	刘景延	苏炜智	王雨凝	杨悦	周榆晓
	程雪婷	葛振东	李可	陆明	孙卓新	王晔	于宝来	资慧
	崔琪	龚群	李伟迪	罗超	陶晓龙	王祯楠	张峰	张奇林
	丁魁	郭会萌	李晓东	罗大海	王冰	魏金清	杨旭东	阚长远
	陈蕾	华亮亮	梁小鹏	孟静	盛洁赞	王李铭	杨旭东	张勇
	董大伟	霍尧	刘琳	孟磊	宋鑫佳	王丽丽	杨志锋	张智伟
	樊亚玲	江岚	刘伟	苗文静	苏晨	王鹏	叶琰	赵崇娟
	冯硕	焦振	刘元松	彭玉松	孙海玉	王伟	俞辰颖	郑佳
	冯雪松	金建华	鲁升敏	齐士伟	孙俊	王邢邢	俞京锋	周文龙
	付慧	李海霞	陆杭	钱敏	田晓民	王婷婷	袁泉	朱宏普
	耿军伟	李鹏程	罗韬	秦奋	屠永伟	谢毅	张春喜	祝文澜
	龚智远	李廷	马学良	秦勇	王国安	宣其范	张庆华	邬小波
	郭祯	李伟	马玉玲	邱胡光	王涵	杨亮	张韶华	奚斌
	韩宏飞	李兴	马云峰	邵双	王金娟	杨新原		
电子通信与工程 33人	陈莹莹	何颖	金炜	吕冰	钱明霞	杨铎	张乃夫	逯遥
	杜航	侯鹏鑫	蓝新斌	罗艺婷	任大鹏	于洪	张森鑫	窦昊翔
	段程煜	黄晓明	刘宗烨	聂伟峰	王丽	余韵	赵子兰	郑阔
	郝宇星	简富俊	路保辉	宁子森	王明伟	张金诚	董宏伟	任建婧
	王高益							
机械工程 9人	高钦崟	罗亮	于国巍	赵延风	周钊	杨磊	张铭元	周帅军
	高润华							
控制工程 29人	步显廷	段琳凤	高秋生	季国宾	刘欢	孙鹏	杨佳雨	张然
	陈盼娣	方鑫	何小波	姜蔓	石世前	王耀函	袁丹	闫菲
	程成	冯晨	惠晨	梁龙飞	史斐	王铮	张慧	曹旭
	高展	栗永江	宋祖荣	咸士龙	张捷夫			
软件工程 11人	程庆振	韩照民	娄晓彦	齐霞飞	王明慧	殷秀迪	曲洪达	薛卫霞
	郭立燕	李振	马莉					

续表

获学位专业及人数	姓名							
计算机技术　19 人	党芳芳	金健宇	刘鲁京	尹靖辉	董书元	李 璘	宋雷雄	张 璐
	翟绪纲	雷炜卿	刘洋洋	张潇澜	杜晓东	李秦乾	陶 媛	朱超然
	昝晓鹏	李国奇	荣经国					
项目管理　40 人	葛新丽	李 烨	王 卓	周晶晶	乔晓玲	吴 伟	张桂春	赵 毅
	白 皓	高 阳	贾建明	李志华	王建会	伍健松	张建昌	乔 强
	曹家玮	郭明茜	蒋红亮	刘晓亮	王茜雯	杨 彤	张景弘	李兆鹏
	邓晶晶	韩 丹	李 峰	马中帅	尉 睿	叶 宁	张星海	贾春杰
	董阳伟	韩月丽	李 庚	孟 炜	吴记江	云 刚	赵 伟	杜志刚
工业工程　31 人	段凯彦	韩一犁	刘力溶	王旭东	尹 韬	刘欣明	银 河	张宇晨
	高 强	金 爽	艾国林	刘建生	苏学军	王树辉	杨彩艳	张 炜
	郑欢颖	朱 林	程 婧	刘 明	汤春俊	武 飞	杨曙龙	赵卫华
	周瑞晓	赵 欣	金 锋	吕惠华	王 莉	徐永飞	张 瑞	
环境工程　17 人	冯 茂	李 鹏	李贞燕	刘兵兵	孙晓伟	王亚飞	张芳娟	周肖楠
	郝振达	李小朋	李振通	孟 冲	王利君	徐 琛	张嘉琪	闫 端
	李海鹏							
物流工程　17 人	黄 潇	贾朝晖	李 瑞	孟俊姣	王 蕾	于 萌	周晓伟	张 倩
	霍树军	孔凡玉	马鹏程	汪 勇	王丽国	曹 媛	王杉杉	张升升
	张 勇							

工商管理硕士：77 人

获学位名单					
蔡传辉	韩宇来	李征博	乔德国	徐 勇	张同飞
陈 岩	韩 琨	刘方圆	宋 双	许 超	张永双
陈 曦	郝 阳	刘 胜	唐振宇	杨小羽	赵海东
程鸿乔	侯玉秀	刘 琛	田 芳	姚 杰	赵 磊
董 鑫	蒋建华	吕 刚	王 迪	姚 强	赵 鹏
杜志强	黎 皓	马会伯	王玉苓	姚 玮	郑卫兵
段 曾	李栋栋	马晓珂	武 潇	伊 洁	周忠华
冯丽娟	李方园	毛 慧	辛众青	袁建平	於雪松
欧阳强	陈 炜	刘 萍	施 萌	王 峥	张 曼
赵旭玲	丁伟伟	刘 瑾	王坚俊	谢蕊娟	赵逢秋
朱坤东	黄晓波	骆海涛	王 静	颜 虹	周 雷
朱翀霄	惠 安	马燕平	王骏海	叶刚进	朱连欢
陈佩军	刘家齐	尚国伟	王 磊	虞 峥	

工程管理硕士：1 人

获学位名单
卜 涛

会计硕士:10 人

获学位名单					
陈灵青	国洪瑞	钱婷婷	张思维	邹成威	
傅渝洁	李　孜	司艳伟	朱　岩	佟　彤	

翻译硕士:7 人

获学位名单						
李冠群	马雨微	张　欣	赵　越	赵　玲	李佳丽	辛争艳

资产评估硕士: 9 人

获学位名单					
黑　洁	黄舒婷	万宇婷	王珊琦	张震凯	
洪梦琳	罗士婕	王敏楠	张　文		

教师在职硕士:2 人

学科门类	获学位专业及人数		姓名
工学	机械电子工程	1 人	李　婧
	计算机应用技术	1 人	陈　程

(保定校区春季部分)

学术硕士:493 人

1、经济学:9 人

获学位专业及人数		姓名					
产业经济学	5 人	刘页辰	王　芳	闫晓敏	汪义国	武瑞梅	
数量经济学	4 人	卜亚男	田　鹏	李明明	张　艺		

2、法学:8 人

获学位专业及人数		姓名					
诉讼法学	2 人	陈　泰	曾庆伟				
思想政治教育	6 人	崔津泉	高　红	李宝林	莫国剑	杨　勇	张　羽

3、文学:14 人

获学位专业及人数		姓名							
英语语言文学	14 人	程　盼	焦晓雷	尚兴萍	王　卉	王侨丽	张建敏	赵　波	周　琳
		贾天罡	卢沛沛	孙　娜	王亮亮	谢丽娜	张艳苓		

4、理学:13 人

获学位专业及人数		姓名							
应用数学	6 人	郭丽红	何　平	纪　铭	孟庆敏	张增博	张子清		
理论物理	7 人	宫琬钰	李海平	刘　洋	刘月超	王　平	杨立伟	张　健	

5、工学:399 人

获学位专业及人数		姓名							
车辆工程	2 人	孔凡朋	于　苹						
机械电子工程	12 人	李淑东	商潇潇	王　雪	岳　腾	张朋波	赵长梅	张志远	赵忠华
		庞尔军	田　慧	吴　疆	张金会				
机械制造及其自动化	6 人	伏冬孝	韩会龙	何政军	江　兴	马真宇	张　超		

续表

获学位专业及人数		姓名							
机械设计及理论	5人	高林涛	胡媛媛	李书兴	宋泽明	孙少华			
工程热物理	5人	成 岭	李向红	李 炎	刘玉梅	鲁光武			
热能工程	47人	蔡志成	何雪鸿	李恒凡	刘明浩	蒲 亮	王 喆	尹 猛	郑之民
		曹晓威	胡晨星	李新颖	刘学敏	秦达飞	王 洋	于 航	周滨选
		程 博	黄雪丽	梁明仁	马 超	秦洪飞	向同琼	于伟锋	周广沙
		党自力	靳 菲	刘慧敏	马玉芹	曲振肖	邢海坤	袁 迪	周黎明
		谷凯娜	李 超	刘锦廉	裴建军	宋小龙	薛楠楠	赵永明	闫景波
		韩 悦	李海新	刘静静	彭文平	苏宏亮	杨新健	郑双清	
动力机械及工程	4人	贾春来	吴红杰	武振新	周 兴				
流体机械及工程	6人	陈林霄	丁丽瑗	郭康维	郭 宁	齐年哲	孙 鑫		
制冷及低温工程	2人	陈东此	朱海涛						
能源环境工程	1人	高 沛							
电机与电器	5人	何 龙	李悦宁	王 栋	张 磊	张文静			
电力系统及其自动化	79人	白俊良	桂 勋	李 兴	孟 杰	孙凯航	王晓菠	杨雨昂	张雪丽
		曹 尚	郭 伟	梁慧媛	孟 莉	檀晓林	魏方园	杨雨龙	张占龙
		常 迪	韩 彪	梁泽慧	慕宗江	王 畅	文清丰	杨玉倩	赵 亮
		陈 亮	韩天真	刘晨亮	彭志峰	王达飞	熊 吉	于 佳	赵培龙
		程振龙	胡 婷	刘高明	邵 龙	王飞龙	徐伟娜	张富春	赵拥华
		杜江龙	贾萌萌	刘会兰	申定辉	王国强	薛 宁	张海生	郑文书
		杜松广	李 凡	刘利鹏	沈博一	王辉云	杨德全	张慧慧	邹伟华
		恩 日	李 欢	刘子兴	石少通	王莉莉	杨 光	张林浩	岑添云
		范林涛	李嘉俊	卢 云	史迪锋	王明雨	杨立红	张 龙	闫少波
		傅代印	李 鹏	吕孟扩	孙 洁	王 娜	杨世旺	张兴科	
高电压与绝缘技术	13人	陈 涛	葛 鑫	黄 华	石 倩	王慧君	张军强	朱 军	张旭东
		代杭娟	耿庆忠	梁 敏	苏志明	燕迎祥			
电力电子与电力传动	10人	张志恒	常志琴	寇 薇	路智斌	王 伟	李 娜	苏小晴	温 泉
		白 旭	杜 新						
电工理论与新技术	14人	程 序	郭 静	黄申茂	刘志刚	魏文力	徐立泽	张广博	张 佩
		丁 倩	侯姗姗	李艳艳	田晓倩	辛红汪	徐雪涛		
电路与系统	6人	党武松	段佳冰	黄涵娟	卢 丹	张 虎	周 雅		
电磁场与微波技术	6人	陈 焕	江明亮	刘勇勇	田东阁	张晓欣	王白音其其格		
通信与信息系统	25人	白 桦	高巧妹	刘 靖	乔丽威	沈丹凤	田 航	吴 辉	杨秀芳
		翟丽娜	纪四稳	刘 玮	乔熙彭	宋世聪	王旭蕊	杨林慧	于 洋
		董芬芬	孔凤颖	马 超	荣 超	孙楠楠	王艳阳	杨青青	张 琳
		董苗苗							
信号与信息处理	7人	董 艺	段宗维	顾 蓉	胡 岳	吕 菲	宋士刚	王 腾	

续表

获学位专业及人数	姓名							
控制理论与控制工程 43 人	白　金	高志元	贾月军	刘鑫沛	齐卫雪	武现聪	张跃斌	周爱东
	陈小刚	谷　幸	兰　颖	卢海松	齐园园	徐海龙	赵艳茹	邹　江
	杜金平	郭　放	李菲菲	吕文娣	唐二雷	杨永超	郑宏亮	张永波
	杜石雷	黄金山	李　浩	马　磊	王　松	游欣佩	郑　芹	王鹍鹏
	杜文嫚	黄锦花	刘世雄	马灵娟	王智燕	张家驹	郑振刚	苗春艳
	高东磊	霍秋宝	刘梓媛					
检测技术与自动化装置 8 人	杜　瑶	杭少松	金跃霞	芦　甜	石　鑫	吴元林	郑光绪	郑　新
系统工程 5 人	黄佳佳	李　超	李晓娇	赵盛萍	赵潇明			
模式识别与智能系统 6 人	孙　佳	许　铁	杨亚男	于浩进	张　硕	郑丽萍		
计算机系统结构 4 人	李　烁	刘　鹏	马　粤	王子明				
计算机软件与理论 6 人	蒋玉柱	晋欣宇	冉　军	游小渤	张丹凯	郑　雯		
计算机应用技术 30 人	蔡　蕊	高　岩	李冰霞	刘　杨	申晓晓	王娅端	遇炳杰	张倩倩
	曹利蒲	韩飞飞	梁惠丽	罗　超	王景海	魏　臣	岳黎明	赵雪良
	冯志伟	黄晋超	刘　惠	彭增焰	王立玮	徐立杰	张冬亚	张建美
	高　尚	解文龙	刘晓建	蒲晓阳	王晓月	衣　楠		
供热、供燃气、通风及空调工程 10 人	陈娟娟	单金玲	刘倩倩	孙明倩	张会玲	彭英欣	袁天昊	覃　健
	程　楠	单　鑫						
农业电气化与自动化 9 人	高　峰	姜小静	娄　欣	王建美	许海梅	张　达	刘金龙	唐　燕
	黄潇潇							
环境工程 16 人	翟文华	高　扬	郝慧敏	吉秋红	宋卉卉	魏　琳	殷春肖	赵园婷
	董晓贝	韩银光	贺弘滢	江万平	王　昕	杨　晓	张　鑫	祝晓雨
环境科学 3 人	艾至伟	杨洁红	赵　旭					
应用化学 4 人	盖红玉	滑清晓	秦利光	朱舸顺				

6、管理学:50 人

获学位专业及人数	姓名							
会计学 14 人	陈梦竹	郭思思	梁宇婷	苏　敏	王艳敏	杨金然	赵　娜	朱　倩
	冯　攀	何海新	刘　洋	谭丽华	王　楠	张孝丹		
企业管理 9 人	范玉凤	郭明芳	阮廷敬	王　昆	赵　欣	贾鑫鑫	孙永俊	王子涵
	葛　静							
技术经济及管理 20 人	白建勇	李孝宇	毛艺婷	裴乐萍	徐龙秀	杨红杰	张文俊	张佳宁
	陈子儒	李嫣资	孟　琳	王　伟	徐志芬	于海悦	左　莹	薛雨田
	韩　威	马天男	潘晓丹	王　欣				
工程与项目管理 2 人	高佩娜	王艳春						
管理科学与工程 3 人	刘国娟	刘　帅	张　丽					
信息管理工程 2 人	李　燕	王丹凤						

工程硕士：473 人

获学位专业及人数	姓名							
软件工程 5 人	杜志民	葛 亮	李海龙	梁尚捷	刘 鹏			
物流工程 7 人	陈 通	李 昆	秦 刚	王赫妍	杨夏夏	杨晓叶	周 亚	
动力工程 56 人	柴艳琴	付晓飞	李仕平	冉 旭	王治博	于 澜	张志才	张振超
	陈 波	胡月龙	李 伟	尚昆波	王丕洲	于鑫玮	郑小龙	谢松甫
	陈方园	胡 楠	李 钊	唐雪峰	王 炜	喻 桥	钟 俊	王晓斐
	陈冠兵	姜 凯	梁守方	王 贺	吴瑞康	张 俍	朱永欣	乔方伟
	程学远	李 聪	路 洋	王 佳	武 生	张国峰	颉萌生	李 路
	崔彩艳	黄 魁	刘海峰	刘亚奇	王立波	王小芬	徐志强	张军科
	闫瑞东	李世涛	刘瑞奇	唐广通	王 涛	吴金星	张建奇	张圣良
电气工程 148 人	车一鸣	付 妍	黄 珂	李 扬	申 路	王成围	徐先新	佘 凯
	陈逸昕	管世锋	纪 巍	李 渝	石碧薇	王 谦	杨丹霞	闫 康
	程 俊	桂宝利	贾自杭	李云霄	时 宁	王 雨	杨 帆	眭欢然
	崔赵俊	郭 晶	李崇瞻	李 倩	苏志达	王 琪	于靖微	裘 实
	戴丽莉	郭茗菘	李佩颖	廖 峰	田 甜	王 昊	詹宁宁	朱天敬
	范静雅	韩 笑	李 涛	林金娇	涂筱莹	武志伟	赵海洋	信鹏飞
	范 帅	胡雪峰	李天然	任 欢	汪 臻	王 显	吴 昊	张 琴
	安贺鹏	付盛业	李晶晶	刘振东	孙 庚	王晓东	徐 江	张晓华
	毕刘占	付晓奇	李天天	马红岩	孙 威	王一波	徐 凯	张亚娟
	陈 荣	高习斌	李 微	孟 飞	唐 楷	王 莹	徐 振	张艳丽
	陈少文	高 源	李跃华	慕德凯	唐 堂	王永全	徐 镇	张妍妍
	陈 展	郭鹏飞	李志伟	牛冠男	田中歌	王 勇	薛智勇	张晏铭
	陈 昱	郭文忠	李 祖	齐建平	王建鑫	王宇强	杨洪波	赵冠清
	迟海丰	海 威	梁高源	齐淑娟	王坤泉	王子鑫	姚积坤	赵丝雨
	杜 洁	冀占强	刘 斌	任绍俊	王 利	温海峰	叶 青	赵永贵
	段冬东	焦 伟	刘超男	任晓鹏	王 林	吴鹤宇	于丽雅	弭 勇
	段宏坤	李 斌	刘嘉明	茹满辉	王 森	吴江一	张萌慧	綦振宇
	付 博	李国辉	刘明辉	邵 菲	王 硕	吴啸宇	张 铭	瞿 迪
	付 强	李金辉	刘冉冉	史文丽				
电子通信与工程 34 人	安 阳	胡 杨	刘 娜	罗 蕾	孙士好	王 龙	许增辉	张彩霞
	陈阳生	李金洁	刘亚春	马艺铭	王 乐	王 雅	杨紫苓	张天宇
	崔文静	李 颖	刘 玮	孙少华	王立鹏	王云棣	姚 杰	张晓旭
	邓盛翔	李春晓	刘晓忠	宋 莹	杨 闯	朱长松	万宁坤	张晓光
	马宏图	李云龙						
控制工程 34 人	柴佳林	方 元	韩升晖	梁尚超	石 硕	汪宁姝	张立鹤	周 昱
	陈树昌	付钦学	黄益华	马一鸣	田 岚	王甜甜	张秋实	朱 波
	陈 雪	顾珊珊	李 洋	荣 海	田娅菲	王瀛洲	赵 云	周 丹
	陈 筑	郭丽娟	李 鑫	阮玖圣	汪梦璐	张建辉	边曙光	丁 卉
	许 彬	张文毅						

续表

获学位专业及人数		姓名							
计算机技术	38 人	白　晶	韩晋举	刘晓丹	刘　嵘	孙好杰	肖　军	张晓瑞	赵　硕
		曹莉莎	李　超	刘学林	牛国庄	王琳倩	张　凡	赵保涛	赵霄桁
		郭少坤	刘　斌	刘玉娇	申培培	王　泽	张　娜	赵珊珊	种向婷
		郭禹伶	刘　威	常赟晖	刘立圆	马　舟	杨　杰	袁和刚	张子成
		苑立娟	甄盼好	李　晔	马建成	戎　敏	杨丽亚		
机械工程	22 人	陈　春	高　阔	姬旭冰	李正琪	任　雯	王　鹏	张琳絮	倪守龙
		崔　伟	胡如熠	解东水	刘禹初	万　杰	张　冰	王德芳	张　凯
		方　平	黄海阔	李　明	李险峰	李　岩	魏　军		
项目管理	32 人	陆光明	郭子良	李建军	刘亚涛	王天丛	王　焱	杨琳琳	张　洁
		丛　博	何忠华	李　倩	石文斌	王　新	武文晶	杨书杰	张世科
		葛　辉	江山岳	林思雨	时洪禹	王　岩	谢　隆	张富杰	张婧如
		郭颖博	孔　杰	刘江祎	田耕鑫	王予东	徐雅琴	张　恒	郑　凯
工业工程	72 人	陈　晓	蒋　金	刘美龙	刘庆东	余俊强	赵　炎	张瑞红	周　靓
		何　蕾	刘鸿杰	刘　晴	熊俊丽	董　奇	黄　琦	李　爽	马进军
		安　彬	付建光	金羽麒	李宗涛	潘　钰	王　昊	于　静	张　欣
		边二朝	葛军强	李长春	梁　杰	孙　芬	温　捷	于　龙	张修婧
		卜明新	龚宇晨	李　超	梁　静	王　萌	武　静	袁瑞海	张羽鹏
		车　怡	韩建强	李俊峰	刘金川	王　健	谢佳超	张彩勃	张志刚
		崔秀峰	和雄伟	李　磊	刘晓腾	王　艳	杨　鑫	张　杰	钟鸿伟
		邓力华	何　燕	李　明	刘亚男	王忠宝	尹　飞	张　立	闫建东
		董红岩	胡　心	李　冉	路　鹏	王　璨	于德营	张　谦	逯晓青
环境工程	25 人	安　宁	陈　莹	郭静娴	马　茜	潘小林	王李斌	张宇昌	赵　烨
		藏　斌	方　敏	李　超	毛淑东	史梦洁	王亚琴	赵浩宁	蒯继玺
		曹利圆	付　鹏	李　倩	孟　月	王晨龙	张　静	赵少鹏	苏春荣
		张　越							

工商管理硕士:2 人

获学位名单　2 人	
辛　永	杨　春

工程管理硕士:1 人

获学位名单
徐　宁

会计硕士:4 人

获学位名单			
程秋琳	郭婷婷	刘雪胜	王　艳

翻译硕士:2 人

获学位名单	
孔　燕	王　婧

资产评估硕士:3 人

获学位名单		
刘　倩	孟翔宇	魏冬梅

(北京校部夏季部分)

博士:104 人

门类	获学位专业及人数		姓名				
工学	热能工程	8 人	胡和敏	蓝　澜	刘智益	许小刚	袁　军
			胡永生	李鸿源	宋海辉		
	工程热物理	2 人	刘丽华	王福珍			
	流体机械及工程	1 人	杨　阳				
	动力机械及工程	3 人	安宏文	王继选	杨化动		
	能源环境工程	5 人	陈　聪	董　聪	韩京成	张　琛	祝　颖
	可再生能源与清洁能源	4 人	陈奇成	张晋华	王淑香	宗露香	
	电机与电器	4 人	杜　巍	付　媛	许国瑞	OMER ELFAKI ELBASHIR	
	电力系统及其自动化	30 人	蔡新红	李秋硕	王智冬	杨　阳	张执超
			陈　亮	李　扬	王昕伟	元　博	赵建立
			陈　征	梁　才	夏　澍	岳　昊	郑　宽
			谷松林	刘　晋	薛志英	曾　博	朱星阳
			华回春	刘亚东	燕跃豪	张　剑	朱艺颖
			黄亚峰	刘延乐	杨德友	张　鹏	李　丰
	高电压与绝缘技术	1 人	陈义龙				
	电力电子与电力传动	2 人	郭以贺	OTHMAN HASSAN ABDALLA ELKHALIFA			
	电工理论与新技术	1 人	杨　宏				
	电气信息技术	4 人	龚钢军	尚海昆	孙　毅	张利伟	
	控制理论与控制工程	13 人	陈　飞	孟庆伟	王　鹏	熊　伟	任燕燕
			崔文超	任密蜂	王仁书	叶世超	王晓霞
			张金营	孔小兵	ZAIN ELABDEEN ABDALLA HAG AHMED ZAHRAN		
管理学	管理科学与工程	6 人	黄海涛	刘泽荣	赵胤慧	张新明	周　婷
			李继伟				
	信息管理工程	2 人	常　昊	李　鹏			
	企业管理	1 人	王巧莲				
	技术经济及管理	17 人	崔　勇	胡庆辉	宋艺航	王睿淳	张会娟
			董安有	刘　爽	苏志雄	魏亚楠	易　涛
			杜　楠	刘　硕	孙红星	薛　松	汤新发
			郭皓池	吕春泉			

硕士: 60 人

1、经济学:1 人

获学位专业及人数		姓名	
统计学	1 人	崔　璐	

2、法学:7 人

获学位专业及人数		姓名		
诉讼法学	3 人	古亚娜	李金蔚	梁　静
国际法学	2 人	孟可欣	颜行志	
思想政治教育	2 人	付　伟	杨　帅	

3、理学:5 人

获学位专业及人数		姓名				
应用数学	5 人	姜成飞	马　超	王凤竹	李宗翰	马旭英

4、工学:37 人

获学位专业及人数		姓名					
材料学	1 人	高　倩					
热能工程	2 人	方　力	赵炎钧				
动力机械及工程	1 人	王　鑫					
流体机械及工程	1 人	吕　祎					
电力系统及其自动化	19 人	陈甜妹	黄　鑫	王国卉	何　倩	李增楠	SAMUEL ISAAC TECLE
		AKIF NADEEM	IYOGUN, MINEZE PAUL	MAHMOOD SHUMAIL			
		KHAN , DANISH	IDRIS , KHAN	MINHAS, USMAN SAEED			
		MUHAMMAD ARMOGHAN KHAN	NZAMURAMBAHO, MARCEL				
		MALIK, SARMAD MAJEED	ALI , MUHAMMAD TAHA				
		SYED FURQAN RAFIQUE	MUHAMMAD , YAQOOB				
		ABIKUNDA, SAMUEL					
高电压与绝缘技术	2 人	徐康泰	苑维琦				
电力电子与电力传动	1 人	李　丹					
可再生能源与清洁能源	1 人	王一妹					
通信与信息系统	2 人	崔丹丹	党美琳				
信号与信息处理	1 人	李　树					
计算及应用技术	2 人	乔金凤	张崇辉				
模式识别与智能系统	1 人	孙愉佳					
水利水电工程	1 人	李　鹏					
环境工程	1 人	万　斌					
水文学及水资源	1 人	沈　笛					

5、管理学:10 人

获学位专业及人数		姓名		
会计学	1 人	杨雍琦		
企业管理	2 人	张再阳	MOGAE MOPATI	
技术经济及管理	3 人	李娜娜	韩　颖	邢　通
社会保障	1 人	公培璐		
行政管理	3 人	杜天骄	马阿美	王　艳

工程硕士:459 人

获学位专业及人数	姓名							
电气工程 203 人	郭欣沅	安文波	程 杰	豆书亮	郭运泉	华 赟	李富强	栗 磊
	杨琪羽	柏 宁	程炜东	范 迪	郭 谡	黄汉昌	李海滨	梁琳艳
	刘孝刚	曹琳洁	仇茂盛	方学霞	韩 飞	黄莉萍	李 健	梁万磊
	刘 岩	曹志刚	崔 艳	冯 勇	韩 青	霍山舞	李俊峰	林芳强
	刘永岗	车丽萍	崔 瑜	高传礼	韩日炜	姬立新	李丽娜	林水晶
	龙 迪	陈 奔	戴长春	高解放	何嘉宁	金 忻	李 明	刘大利
	楼华辉	陈 斌	戴志坚	葛一帅	何 占	孔 冬	李旭东	刘东锋
	芦 震	陈 挺	丁 健	耿天翔	胡俊华	孔 星	李亚国	刘琴霞
	卢 俊	陈 元	丁 睿	关雪岭	胡 青	李 诚	李永波	刘文博
	卢 镭	陈 锴	董傲杨	郭瑞春	华银娟	李春刚	李 鑫	刘文军
	吕 华	潘 熙	尚 威	唐胜龙	王金海	王 艳	王 怡	许佳盛
	罗海锋	彭 华	沈 辉	唐振宁	王宁国	王艳辉	吴淑统	许建刚
	罗宏超	祁 麟	石 芳	陶 亮	王生鹏	王一达	吴思源	严国胜
	罗克宇	秦悦涵	石 磊	陶 伟	王天民	王 佑	吴 昆	杨肖波
	马 波	邱 倩	史左源	涂译文	王 田	王宇辉	吴哲彬	杨 勇
	马卫华	任 杰	孙大伟	汪 晓	王巍麟	王宇翔	吴征彦	杨 鑫
	孟宏德	任明远	孙宏宇	王德洪	王西鹏	王玉梅	夏 良	叶 卫
	欧阳曙光	任小龙	孙志鹏	王庚良	王晓磊	王云鹏	谢 岩	叶 楠
	潘道成	沙建忠	谭启福	王宏兵	王晓峥	王兆明	辛 明	殷 莎
	潘 杰	尚海一	唐南敏	王焕丽	王 旭	王忠飞	徐 进	由 楚
	潘金虎	于 佳	袁 媛	张兰涛	张翼鸣	赵洪伟	郑 煜	周宗川
	潘 望	余大成	岳喜芳	张 伦	张宇菁	赵嘉兴	周长喜	朱皆悦
	周志文	俞杭科	詹敏青	张荣伟	张正纲	赵训君	周灵江	佟 静
	赵智勇	俞淑军	张 华	张晓东	张 婧	赵占飞	周 媚	闫中杰
	张筱萌	俞曙江	张 健	张晓伟	张 婕	赵志栋	周晓东	瞿艳霞
	张艳丽	袁海群	张 杰					
电子与通信工程 10 人	孙 禄	胡 月	裴科伟	汪 敏	武晋龙	田文静	王文桢	张 峮
	张 勇	刘春义						
动力工程 39 人	叶宇洋	程志学	孔国权	刘福秋	任 罡	王 默	温秀峰	姚文生
	钟隆春	杜宝忠	李焕军	刘 吉	茹 林	王启杰	吴勇刚	袁德航
	闫 斌	付喜亮	李 然	吕 铁	师 彤	王 洋	肖格远	张祥禄
	闫凤奎	侯永昶	李 燕	祁 伟	王 峰	王 勇	杨凯元	张晓威
	赵晓亮	贾志军	林兆宁	任 杰	王海亮	王森源	杨志斌	
工业工程 40 人	毕 成	弓静强	李 华	林 鹏	邱佳亮	王晓刚	岳松浩	赵培培
	蔡桂潮	韩华颖	李佳林	刘 群	任 晖	王彦璋	张建华	赵迎春
	陈崇敬	黄焕鹏	李小飞	刘志斌	孙 铄	袁莉莉	张俊丽	周 超
	楚文成	计 力	李彦国	梅 江	王 慧	袁志军	张鹏宇	朱昌煜
	葛 楠	姜 卫	李 鑫	齐永军	王 硕	岳 鹏	赵 磊	庄志坚

续表

获学位专业及人数		姓名							
计算机技术	31 人	靳玉亮	陈 萌	韩 磊	李丹阳	杨 柯	姚宇青	赵 剑	孟 洁
		齐 恒	陈 谡	郝 伟	李 嵩	杨 琳	姚旖	周晓旭	雷文育
		苏 博	陈嫱嫱	郝 楠	梁新刚	杨 媛	张凌宇	宗 倧	郭丽华
		孙丽丽	高 鹏	贾俊伟	刘兴琛	杨 睿	张永霞	王 鹏	
软件工程	2 人	赵 丛	仇 珏						
控制工程	31 人	刘思蒙	国海龙	贾 硕	刘海军	孙德贵	魏 亮	战 胜	周晓东
		蔡浩杰	韩 冬	康 莉	路 军	孙德轩	吴云峰	张 普	闫军帅
		陈岩磊	胡 敏	李 岩	马冰洋	王巍巍	薛煜东	张晓龙	臧 猛
		高一搏	纪舜尧	刘海峰	秦希雯	王文飞	杨 宁	张亚琴	
物流工程	23 人	陈觉非	高佳明	郝湛斐	刘 帆	马姗姗	史晓娟	王国柱	张 颖
		段雪松	韩 雨	简志国	刘 亮	庞志明	苏小坡	王杰洁	赵 晔
		高登彪	郝 译	李 端	芦迁琨	石 亮	孙伟毅	越 馨	
项目管理	80 人	陈 复	韩清波	金长双	廖 健	吕卫胜	孙严冬	杨 林	张 宁
		丛 林	和继明	靳庆园	林海燕	骆小明	孙志华	杨世辉	张 勇
		翟利民	何绪伟	孔墨淋	刘传良	马婧珺	王佳科	杨晓红	张玉鹏
		翟晓慧	何 婧	李春晖	刘春培	宁爱华	王立群	杨延志	张馨宇
		丁文俊	胡 建	李 琳	刘小华	牛丙震	王 颖	尹玉凤	张 炜
		董英杰	胡 伟	李 翔	刘永峰	牛亚玲	吴义应	虞 驰	赵颖科
项目管理		段彦斌	黄晓娟	李晓梅	刘 倩	欧阳超	谢鹏飞	张宏伟	赵志钢
		高 荣	纪武兵	李 杨	刘奕宁	任亚琴	许霄瞳	张 红	郑 伟
		耿兆龙	贾 琛	李岳洋	楼伟杰	任幼逢	薛明霞	张 林	朱向琼
		郭 莹	解添天	李 哲	吕华山	尚晓刚	阎鹏宇	张 萌	亓 蒙

工商管理硕士:68 人

获学位名单 68 人					
顾为朝	李国艳	马 跃	王 鹏	殷俊莹	赵晶宜
关亚志	李 澍	聂海涛	王玉荣	张晨曦	赵瑞林
侯培跃	林一如	彭 勃	王志强	张 虹	赵瑞萍
黄东宇	刘少坤	石俊英	谢鹏飞	张竞超	赵 洋
黄立峰	刘振增	孙 亮	邢 娜	张 杨	周 静
姜茂盛	陆桂琴	孙瑛爽	杨玲娟	张玉凤	闫 伟
康 宁	吕占龙	王景川	杨玉兰	张 震	滕军林
郭可伟	陈 瑜	李宏雯	王 晔	袁永军	周 杰
刘桂莲	丁晓靖	李 健	吴健儿	占 辉	郑 洋
杨 清	方 斌	石 鑫	严 利	张 东	俞容江
赵 莹	韩 旭	陶 涛	杨松伟	张伟华	汪宇萍
赵永霞	黄宏新				

工程管理硕士:2 人

获学位名单 2 人	
李 勇	张甲雷

教师在职硕士:7 人

学科门类	获学位专业及人数		姓名	
理学	应用数学	2 人	马吉臣	沙尘恩
工学	计算机应用技术	2 人	高继周	贺斌生
管理学	管理科学与工程	1 人	蔡可佩	
	技术经济及管理	1 人	郭 鑫	
	企业管理	1 人	王翠萍	

(保定校区夏季部分)

硕士:11 人

1、法学:1 人

获学位专业及人数		姓名
思想政治教育	1 人	吴 婧

2、文学:1 人

获学位专业及人数		姓名
英语语言文学	1 人	黄 烨

3、工学:8 人

获学位专业及人数		姓名	
电工理论与新技术	2 人	谢宇廷	赵 坤
电力系统及其自动化	2 人	孔令号	张宏玮
电力电子与电力传动	1 人	张 薇	
电路与系统	1 人	谢思哲	
通信与信息系统	1 人	卢云朋	
环境工程	1 人	陈 雨	

4、管理学:1 人

获学位专业及人数		姓名
企业管理	1 人	宋高峰

工程硕士:361 人

获学位专业及人数		姓名							
电气工程	176 人	刘沛然	程广通	郭哲强	侯玉昆	孔 钦	李晓林	刘名轶	马 智
		谢春雨	程文学	海 涛	黄 芳	李广超	李亚楠	刘芃伶	孟庆忠
		杨利鸣	仇 立	韩 冰	霍东起	李国伟	李艳红	刘子舜	明 毅
		杨 骁	崔益华	韩 露	纪 飞	李 静	李耀东	罗 锐	牧 仁
		阴玉婷	崔志刚	韩四化	贾毓彦	李 凯	李 淼	马 崔	那顺宝音
		曹海斌	戴东阳	郝 丹	贾轶军	李 磊	林 伟	马建伟	牛 垚
		陈 磊	代 震	郝晓琳	姜宏业	李文泉	凌本志	马双喜	彭树清
		陈 亮	邓晓蕾	郝小冬	静 波	李文涛	刘长玺	马 伟	齐 虹

续表

获学位专业及人数	姓名							
电气工程 176人	陈鹏程	杜娜娜	何 佳	康广有	李 翔	刘丰莲	马伟哲	钱峰磊
	陈 涛	范厚阳	赫 晓	康 鑫	李晓峰	刘海岩	马永亮	钱 前
	付 冬	秦 领	苏晓红	索 振	王 伟	王 妍	谢璐滨	阴兆武
	付建华	邱静超	苏宗昱	汪 海	王文学	王榕泽	徐 肃	于海洋
	付蕾蕾	施宁宁	孙佳伟	王 博	王晓磊	王 淼	许金红	余 弦
	高 岩	石 辉	孙 京	王大海	王 岩	吴 丹	阎雍明	张 峰
	高 远	石霄鹏	孙 伟	王 帆	王 瑶	吴清波	燕 炜	张 寒
	耿 飞	石 鑫	孙文仲	王 浩	王 跃	吴增泊	杨 玥	张宏斌
	弓建华	史善哲	孙 哲	王利军	王云浩	吴懿雯	杨 磊	张俊奇
	谷 丰	宋 达	孙 振	王 鹏	王振杰	武 峰	杨 硕	张 魁
	郭春晖	宋 巍	孙中昊	王绍钧	王智奇	肖 亮	杨 毅	张乔琳
	郭峻男	宋 伟	孙 璐	王 伟	王卓勇	谢明宇	杨志强	张恬甜
	张晓蕾	赵 博	赵永军	周 娜	周永辉	佟 强	俎洋辉	张 赟
	张 扬	赵 灿	赵 婕	周文香	左晓节	仝 楠	赵晓东	周开峰
电子与通信工程 7人	耿 宁	郭 兴	黄学劲	李 岩	刘 森	邢兆龙	张 凯	
动力工程 11人	陈顺青	朱安钰	程延武	李永红	马立伟	张晓明	周爱强	张 颖
	李 浩	刘朝辉	张吉荣					
工业工程 95人	奥 伟	贺 宇	康 鹏	解 涛	莫显耀	田海燕	武 超	赵建军
	曹胜利	侯智超	雷志鹏	刘佳青	潘 禹	田 睿	肖瑞岗	赵 力
	柴海超	呼斯勒	李 波	刘 君	任冠男	汪伟林	邢利刚	赵晓燕
工业工程	常宇奇	呼斯楞	李 坤	刘 盛	尚敬英	王 佳	徐艳茹	赵 勇
	陈 佳	胡 烜	李 宁	刘顺宝	尚云峰	王庆晋	薛姗姗	赵 焱
	董新慧	胡 鑫	李仁庆	刘 伟	沈赫男	王晓红	杨恩伟	朱兆兵
	段丽娜	贾益普	李 涛	刘 阳	生喜龙	王雪静	杨宇贤	邹毅辉
	冯 宇	贾志敏	李 伟	刘英达	时建学	王志忠	于 涛	祖 蓓
	甘 霖	姜 川	李 英	刘 霏	孙华勋	王焱军	云巴图	闫建平
	谷秀华	姜 磊	李玉峰	吕子岳	孙运利	魏 东	张晓楠	窦 婧
	郭雨佳	江建勋	刘宝云	罗向阳	汤拥华	魏学军	张 岩	覃 展
	郝海平	解 超	刘继斌	马金磊	田传明	吴 阳	张元媛	
环境工程 1人	鲁珊珊							
机械工程 10人	范 龙	郭 珊	李海路	杨济宇	赵 晔	王 宏	姚 鑫	钟 亮
	付晶晶	韩冬竹						
计算机技术 9人	胡一楠	齐 昕	杨 柳	张晨昱	赵 强	王 旭	曾繁礼	张 亮
	李 华							
控制工程 22人	侯军委	曹 石	贾建伟	李建超	李晓峰	刘智飞	苗 锐	孙 哲
	田 云	高建军	景 杰	李 鹏	李智华	刘 琦	苏晓亮	田 静
	王 健	龚仁杰	寇 勤	李士达	刘文平	王鹏宇		

续表

<table>
<tr><th colspan="2">获学位专业及人数</th><th colspan="8">姓名</th></tr>
<tr><td>物流工程</td><td>1 人</td><td colspan="8">马朝阳</td></tr>
<tr><td rowspan="4">项目管理</td><td rowspan="4">29 人</td><td>柴小亮</td><td>谷振富</td><td>李一卓</td><td>孙建勇</td><td>王森森</td><td>王艳河</td><td>徐　磊</td><td>张鹏飞</td></tr>
<tr><td>程　俊</td><td>李　健</td><td>刘　超</td><td>田　琛</td><td>王慎君</td><td>蔚国红</td><td>杨伯青</td><td>张　琦</td></tr>
<tr><td>代　艳</td><td>李启英</td><td>路　磊</td><td>王　冰</td><td>王雪萍</td><td>卫　欣</td><td>曾卉洁</td><td>郑　慧</td></tr>
<tr><td>段东鹏</td><td>李　旭</td><td>苏立佳</td><td>王福新</td><td>周振华</td><td></td><td></td><td></td></tr>
</table>

会计硕士:1 人

获学位名单　1 人
王浩楠

同等学力硕士:2 人

<table>
<tr><th>学科门类</th><th colspan="2">获学位专业及人数</th><th>姓名</th></tr>
<tr><td rowspan="2">工　学</td><td>电力系统及其自动化</td><td>1 人</td><td>王　岩</td></tr>
<tr><td>环境工程</td><td>1 人</td><td>凌绍华</td></tr>
</table>

教师在职硕士:1 人

学科门类	获学位专业及人数		姓名
工学	电力系统及其自动化	1 人	何百川

华北电力大学2014年本科毕业生名单

（北京校部）

电气与电子工程学院

覃 茜	李 程	樊 玮	张雅钧	金媛媛	张嘉琪	李媛媛	李黛娣
付熙玮	张朝闻	熊 思	陈超然	石卓群	李玟萱	高 松	张得泷
李宇鹏	储 倩	褚裕谦	刘 超	耿坤龙	赵 萌	蔡朋波	杜施默
陈 皓	刘晨苗	李 静	陈 娇	戴程鹏	冯 云	陈鹤升	刘 栋
李俊霖	陈世宏	丁 可	顾毓星	陈 晓	刘银河	李诗童	邓 杉
段成斌	郭 刚	丁正鑫	牛 健	李 玮	杜梦楠	范 璞	何 海
黄 海	齐 奇	李雪菲	何玉菲	高方文	李 飞	霍明鑫	宋庆东
吕海滨	黄 丹	郭 旭	李积强	孟美尊	王浩宇	马木雨石	黄吉畴
郭子炘	李 敏	莫安琪	王鹏遥	潘姝默	李吉鹏	胡 涵	林旭明
彭 博	吴 阳	彭 万	李 旭	胡雄飞	刘叶平	钱珉伟	尹毅然
宋 睿	梁少林	杨彦宝	马 桤	任若兰	赵鹏飞	苏家豪	刘春旭
张艳军	马智超	苏韵涵	涂 京	孙雅旻	刘金辉	赵 强	倪启俊
王 铎	刘 歌	陶 帅	芦 娟	赵照迪	全 靓	王皓宇	韩 松
万子豪	马骏飞	赵志浩	陶慧才	王雪晴	牛志远	吴 蒙	毛世琦
郑石磊	王 萌	姚 旻	李 磊	武 锐	宋 亮	周晨轶	王诗航
于昊洋	白胤游	夏 鹏	魏 敏	朱佳佳	段学征	张国斌	陈 素
薛嵩凌	文 月	谭 震	黄奕珲	张婷祎	陈 志	余洁琦	张朝晖
吴怡宏	李德高	张啸野	胡梦琪	张 冬	张慧慧	谢 晋	于普瑶
辛亚格	康胜阳	张 琦	赵 健	徐西岳	郭 京	蔡梦怡	孔 璐
陈鹏伟	周泽昊	徐宇凡	林奕夫	车武文	李昕恒	黄洪兴	周子豪
许宏智	肖卓典	池逸初	李雪曼	吴素我	陈志勇	杨双宇	阎静思
邓博夫	林 焕	陈 楠	范家斌	意 如	张 屾	邓鋆芃	刘 峰
陈瑞嘉	方 俊	张宝童	张 夏	郭家栋	马天佚	陈 哲	冯 康
张懿操	周 梁	韩春鹏	苏科玮	陈 众	雷若逍	赵晓磊	姜之栋
金亚蓉	王海啸	崔林然	李婷婷	周全兴	王兰婷	李佳霖	王 亮
甘 荣	李 杳	李玉容	徐铭泽	吕明阳	王惟宇	候文佚	李 雪
袁之康	薛 博	倪宇凡	吴东方	黄旭炜	李 卓	刘思华	薛瑞超
邱 平	肖 撒	林教敏	刘 涛	张野驰	周冬升	邱 实	徐慧婷
凌 卜	罗圣明	何 鑫	陈佳紫	孙碧蘅	晏结钰	刘 虔	罗天通
潘国熙	李 毅	孙钰博	余宏亮	马 捷	马玉虎	王 闯	马路豪
王博文	张林皓	孙 贺	穆行洲	李 飞	庞书涵	魏 楠	赵 堃
王凡嵩	潘 玥	陈 冲	肖 洋	殷 亮	郑元琳	王雁章	琼德吉
成英强	杨千慧	于佳民	周文锋	王 颖	王光波	贾忱然	陈文伟
袁 帅	赫嘉楠	杨 洋	王可欣	贾天昊	戴佳伟	郑经纬	李 洁
游 丹	王晓晨	金武杰	邓力夫	曹语涵	刘 婧	张 天	王正光
梁静宇	方 啟	付安琪	黄震希	张 炎	吴荣钊	林海龙	江昌健
高群策	史 卓	张 轶	曾华荣	刘超逸	李成利	黄靖雅	迟 典
张宇阳	张立涛	刘方舟	李买林	黄一甲	余笑东	赵 薇	张森杰
马利东	李青玉	纪 宇	周宏扬	朱 溪	周 升	莫林涛	刘 川
雷雨蔚	陈 鸣	祖文博	霍 箭	齐 琪	刘 丹	李 昂	崔方俊

张宇琨	史彩英	秦　榛	刘东俊	李　赛	杜昊波澜	曲　申	张　明
苏晨飞	刘金猛	祁　琪	凤　洋	黄红海	覃蕴华	妥志鹏	刘俊杰
谭　菲	何　艺	陈金涛	王　进	王　欣	刘　磊	汤嘉伟	黄　飞
包利民	魏泽田	王杨超	罗松多吉	汤文博	李浩洋	傅昭伟	韩丞宇
徐偲畅	莫　炎	王启帆	马　磊	高雪峰	钱蕴哲	徐玉宁	王　丽
王清未	马维精	桓芝栋	宋钰钰	闫　然	夏银川	赵博超	任利岗
黄红坤	王知硕	于傲洋	许　楠	常　乐	宋诗雨	李佳宣	宋一凡
张　洋	杨得智	陈义涛	涂中福	李少雄	刘瑞煌	郑理威	原乔志
董　悦	王　翀	李　霞	何凌云	邱　扬	翟伟杰	郝浚玮	王　桐
李　韵	李慧勇	胡龙仙	杨贺然	监浩军	王英瑞	刘晓倩	刘宜博
常慧兵	杨奕飞	居家宏	吴建伦	吕　阳	于梦琪	陈　畅	张琳琳
鞠方略	徐　斌	牛雪飞	晋宏杨	陈忆瑜	张晓宇	李　丹	叶建强
商　超	姚卿卿	韩　毅	邹兰青	李冬喆	余沸颖	司　梦	郑立鑫
兰文光	黄瑞特	李浩源	张海丰	宋健民	刘敬诚	李婷婷	李庆庆
李露琼	张宇鹏	孙大山	武　录	刘海钢	陈佳博	刘　悦	周诗超
王丙强	叶一达	刘鹏飞	刘　伟	王　飒	朱宗伟	王　昊	王英沛
刘志林	赵志斌	王钰鑫	杨　挺	王书行	肖　雅	祁翔宇	曹成章
魏建昭	李英姿	王　鑫	李　韧	乔训龙	陈　衍	吴韧韬	付鹏宇
王庸道	李尚远	任清一	蒋程西	杨一帆	赵明学	吴　斌	李逍逸
石玮佳	廖俊华	张连恺	白　雪	吴伟骥	孙吕祎	苏晨博	刘博铭
赵方成	段燕青	叶晓琪	熊　婕	唐　义	王林娜	黄金玲	安佰鹏
张　晗	周志宇	脱　勇	巫　恺	艾孜麦提江吉力力	白婷婷	张首魁	张碧涵
王　皓	赵　蔚	敖　丹	曹　峰	张雪岩	高　放	王　琦	周祺雯
高蕴美	邓　攀	周　鹏	郭赵高杨	王　睿	戴　晨	郭培林	付兴佳
周　瑜	李建南	王新玉	苏洪玉	胡雅雯	葛文俊	张芬芬	沈致远
王雅晶	王　岳	惠彦博	侯宇馨	李　雄	郑琳妍	夏景景	徐立恒
李　航	黄星海	高　扬	王珊珊	熊明达	陈苏宁	李　颖	雷文君
李　喆	徐　良	于文双	冯甘雨	李宇健	梁宇超	张文斌	袁　昕
钟　贺	郭屹昂	李子昂	刘晓璇	赖志超	季　帅	周黄山	黎诗文
刘嘉祎	穆姜林	白　珍	李　志	明　捷	李鹏飞	马佐虎	石挺鹏
蔡智超	朱雯雁	张　尧	庞姝卓	潘帮交	宋红宇	曹　彬	白　云
瓦里斯·木天鲁夫	肖玉彬	苏映晖	王朋朋	曹宇翔	曹斯奥	冯　原	张溪航
田　轲	王语凡	陈　洋	常　彤	高汉雄	陈海翔	田彦鹏	王泽斌
陈　意	单晓东	姜云龙	陆格野	王元琛	薛毅赳	陈　宇	范骜驰
李欣遥	沈华胄	魏　雯	杨慧彪	崔　姗	黄美琴	励　彬	王　檬
吴　燕	张家坤	杜文俊	李世强	林一峰	赵　灿	杨项君	张文瑜
哈斌凯	李文靖	刘东灵	赵雨堃	杨小雨	赵雪莉	胡诗尧	李晓芳
刘　琦	弥　潇	叶荣华	张姝贝	贾博研	李秀娟	刘卫东	李宣莹
张维文	曹　闯	林赫男	廖玉海	刘　瑜	索　珩	郑建新	刘　阳
刘　超	刘晓童	刘宇航	王儒科	李　飞	罗　凤	刘成珐	刘　洋
马海莉	朱梦鸽	石　心	任哲锋	刘　艺	冉贤贤	牛淑娅	葛　颂
陈　煜	崔超然	罗晨芳	王少玮	黄天相	王　申	戴安娜	史米娜
屈　珣	王树昆	李卓然	吴文心	范梦杨	白海龙	陶泓锐	薛　泉
廖晨昕	杨　伟	高懿美	陈仕桐	王亚堃	杨　刚	廖静雯	张佳婧

海米提·阿布都艾尼	崔 仪	王亚涛	杨吴亮	刘 超	张一池	郝悦辰	董 航
王子鹤	尹春雨	刘 菲	赵紫君	黄涵颖	范明琪	温静孜	张博越
苏哲靓	邹 放	黄健成	符瑜科	夏 雨	张弘毅	童 欣	安 君
江 成	郭 蓓	谢瀚阳	张梦媛	王 斌	陈李春	李 冰	郭裕群
尹海阔	周 爽	王景波	范琳芳	李梦璐	瞿龙轩	曾奕铭	古海克孜·沙伊丁
王润年	顾一星	刘 波	李 芳	钟国龙	尹 杰	王笑凯	何子亨
刘 航	李鹏飞	周晶辉	化运扬	王兆博	李 娜	刘雪莹	梁济韬
周 越	揭 奕	王兆东	梁诗晨	刘 羽	梁英哲	雷 婷	朗杰益西
于 钊	陆元超	龙 穆	刘 坤	魏华泽	李博玮	赵晗碟	罗田田
马倩芸	刘云龙	梁安琪	李更祥	赵世杰	罗晓航	庞子洲	栾 松
艾 博	刘慕娴	周林朦	庞家杰	彭佐昌	马 楠	曹 凯	刘 振
卢成楠	秦 骁	唐银平	秦韶伟	陈宏伟	罗 淼	袁艺嘉	粟子明
王 旭	冉泽亮	迟冠华	任 赟	宋正坤	孙 雪	吴 莹	任春达
单 禹	史其宁	张 滢	王大为	相 亮	万子祥	顾育滨	孙佳楠
周 楠	王海啸	张景春	吴炳照	郭少川	王 丹	曹兴华	王美丽
赵修品	谢 铖	洪群周	王多万	蔡华东	王 鑫	程 璐	徐浚哲
侯天录	王 晶	蔡江鹏	杨海霞	郭 鹏	蒋基利	陈 洋	张 帅
曹晓冰	张博学	韩 毅	鲍 染	张苡涵			

核科学与工程学院

白诺敏	方晓璐	赖伟成	牛晓璐	王 浩	曾俊霖	毕春雨	方燕飞
雷锦云	钮润田	王婷婷	曾晓佳	蔡 进	付宏杨	李海锋	欧阳袁渊
王 阳	张 博	蔡睿男	付胜峰	李华贵	潘珍华	卫刘川	张 亮
曹 磊	付 玉	李佳渊	彭 奕	温翔林	张向波	常 牧	郜冠群
李连森	戚 哲	文祥茂	张小康	陈柏旭	谷燕鹏	李炎刚	秦亥琦
徐 辉	张星永	陈海杭	韩金承	李沂洹	邱 斌	许 鹏	张义林
陈华进	何 欢	李玉锦	阮 岳	许 鑫	赵 航	陈 曦	何建军
李宗洋	师田田	严仕先	赵亚丽	陈晓宇	何 文	梁艺浓	孙 伟
杨林浩	郑 俞	陈彦霖	侯荣彬	刘 晗	孙 筱	杨天星	朱保吉
陈 洋	胡 林	刘士宝	唐齐浓	杨育珍	朱倩雯	程万鹏	华毅骏
楼丽姗	陶家琪	姚安宁	朱 玉	丁 辉	黄足雅	卢一凡	田 俊
姚 远	庄思璇	董芮廷	金柏安	马浩淞	田增旭	姚志鹏	来银山
范德灵	匡致进	马 健	王 超	袁 小	马 伟	王 聪	

经济与管理学院

阿 旺	郭宇航	李 阳	李雅然	王宇晗	张 冰	安 非	国潇丹
李懿睿	沈华麟	王 越	张 超	安乐成	韩 佳	李 源	沈 萱
王 泽	张 晨	安智彦	韩江磊	李媛春	施雷诺	王子玮	张海梅
巴桑卓玛	韩培培	梁崇斌	石婷婷	韦 峰	张吉祥	白俊维	韩 爽
梁健健	石 喆	韦金玲	张 娇	白 宇	韩雅丽	梁宁杰	时媛媛
韦倩茹	张 菁	拜安里	韩艳锦	梁云霞	史馨萍	韦 薇	张景涛
鲍 宇	韩 阳	廖露露	司雪婷	尉晓飞	张 婧	蔡泓忻	何 巍
林 悦	宋慧娟	魏 烁	张 靖	蔡怀琳	何伟俊	林智明	宋建威
魏雅楠	张琳健	蔡萧容	何一莎	蔺飞飞	宋杰瑛	温 静	张 明
蔡义猛	何一汪	刘宝娜	宋立丰	温晓辉	张 墨	曹新苑	何 艺
刘 頔	宋世巍	文 斌	张少恒	陈白羽	贺宇云	刘浩飞	宋怡文

吴才祥	张婷如	陈晨	洪艺嘉	刘金珠	宋梓毓	吴煌杰	张潼
陈冬煜	胡晶晶	刘君怡	苏静	吴静茹	张向荣	陈海苏	胡潆木
刘凯	苏娟	吴明磊	张骁铂	陈好	胡远芬	刘伶	苏香乾
吴西萌	张心怡	陈景晓	胡振东	刘璐	苏雅亨	吴小旭	张鑫
陈静怡	黄奥倩	刘冉	苏烨琴	吴义丰	张雅坤	陈钜洪	黄瑾
刘睿智	粟以	吴昀萱	张严	陈康婷	黄丽龙	刘胜君	孙静惠
伍云頔	张焱	陈柯含	黄其进	刘硕	孙腊梅	武二康	张垚
陈旷	黄仕辉	刘松然	孙丽霞	习颖	张一婧	陈琪琪	黄天豪
刘素蔚	孙圣威	夏琦浩	张一鸣	陈翘楚	黄天诣	刘伟	孙肖坤
夏珊	张艺骞	陈清贵	黄万姬	刘文雅	孙雨	相斌	张莹怡
陈儒斯	黄肖肖	刘晓妍	孙子涵	肖伯文	张永月	陈尚飞	黄雅莉
刘旭	覃春华	肖昕	张玉锦	陈诗雨	黄聿相	刘雅	覃泓皓
谢志军	张月珍	陈世荣	姬璇	刘颖	覃睿	辛立柱	张蕴青
陈思豪	及洁	刘玉	谭丽红	邢良玉	张正波	陈文飞	吉立航
刘再领	汤晓易	邢芸也	张志豪	陈晓璐	计丽妍	刘芷彤	唐楚铭
熊跃伟	张志杰	陈欣	纪新乾	刘智林	唐琦	徐博	章天一
陈星辰	纪宇	刘子涵	陶丽	徐达	赵丹宁	陈玉斌	贾鑫亮
龙宏希	陶源	徐方秋	赵迪	陈玉洁	贾至远	龙露	滕菲杨
徐格	赵鹤鸣	陈则睿	姜菲菲	龙腾	田鹂声	徐赫楠	赵家瑶
陈章喜	蒋桂武	楼筱	田雨佳	徐思琪	赵洁	程茵	蒋文琦
卢健琛	汪若兰	徐霞	赵琳	淳鋆瑶	蒋雨晗	陆毅淮	汪诗雨
徐阳	赵绅绅	崔怡	焦云	罗健瑜	王爱熙	徐宇薇	赵松
崔永伟	鞠金美	罗强	王必龙	许克	赵艳阳	邓明永	康佳琪
罗腾	王草心	许玥	赵永来	邓声权	康勤径	罗翔	王丹
薛李阳	赵宇明	丁艳	康清杰	罗旭	王单单	薛逍宁	郑枫婷
董琦	康翔宇	罗召	王迪	闫风光	郑好	董雅楠	孔丽娜
马迪	王涤凡	闫少明	郑惠文	杜潇	孔维彬	马丁	王铎
闫振	郑奇琦	杜亚轩	拉姆次仁	马腾	王芳	杨大志	郑书誉
段辰	赖博雯	马晓蓉	王昊	杨菲	郑文彬	范磊	兰贝
马越	王慧怡	杨蕾	钟雅珊	范耀文	雷佳洁	马朕	王佳瑶
杨丽琨	钟珍	方超	雷祺	毛鸿儒	王俊龙	杨萌	周栋
方田	冷姗	孟枭	王凯宇	杨仁宽	周辉奇	费晨璐	李安娜
弭希瑞	王李韡	杨小葵	周莲莲	冯乐为	李冰	牟星星	王亮
杨雪	周宁	冯硕	李秉权	聂明谏	王璐	杨扬	周朴
冯雪	李崇文	牛博杰	王美玲	杨阳	周锐	符婷	李丹
牛亚东	王孟玄	杨哲铭	周昱焱	付茂博	李丹丹	牛英杰	王梦雨
姚琨	周笑然	傅培兰	李丹阳	欧阳皓帆	王民杰	姚蒙蒙	周瑜
高婷	李奉熹	潘洁	王鹏	郭永鑫	周宇腾	高原	李慧
潘文君	王清	叶民在	周雨	戈宁	李军伟	潘昕昕	王蕊
叶慕华	周园	格桑德吉	李林	潘照旺	王稿	易栗	朱枫
荀姝瑶	李凌晨	彭筱胤	王少阳	永欣	朱全静子	戎海文	李明明
彭越	王守凯	尤然	朱莎	古龙	李明雅	皮成武	王婷
游牧	朱涛	顾文琦	李娉婷	蒲雷	王文晶	于璐	朱亦翀
关予馨	李森	浦绍思	王小利	于美希	朱子希	管浩辰	李莎莎
普赤	王晓培	于扬	朱紫祎	管艳飞	李石然	漆晓嘉	王辛格
余浪	宗博文	郭超豪	李世稳	齐梓辰	王欣旭	余涛	纵翔宇

郭凯敏	李淑洁	千 红	王秀珍	喻菁靖芸	邹 丹	郭朋杰	李夏威
钱思羽	王学涛	贠佩宏	邹卓君	郭万望	李小鹏	乔 丹	王 娅
袁 曼	李亚军	郭文彬	李晓晴	邱金鹏	王 阳	王宇光	岳 靓
郭 潇	李雪健	曲晓帆	王 尧	王 颖	王 阳	郭奕挺	李雪莹
任伟鹏	曾 涛	曾令驰	叶尔兰·色尔克	茹仙古丽·帕尔哈提	约日古丽·伊卜拉伊木	古丽娜尔·吾玛尔江	

可再生能源学院

陈 凯	韩 悦	林 湫	宋有志	吴浙攀	詹新媛	陈毅平	何丰廷
林彦楷	苏 叶	吴志强	张帆宇	晨 光	何贵成	刘长佳	孙明伟
伍兴锦	张航波	程 浩	何 松	刘凤魁	孙 炜	夏宝亮	张宏进
程 泰	何 鑫	刘 华	孙晓丹	夏若洲	张 捷	初文婷	贺一博
刘 慧	孙延源	肖恒威	张 帅	崔岩松	洪 锐	刘磊洋	孙 杨
谢开杰	张天翔	丁 平	胡凌菁	刘欧文	孙 莹	信成龙	张晓东
董莎莎	胡晓琦	刘世冬	覃桃慈	熊元武	张欣丽	董世德	扈书均
刘添铭	唐金燕	徐 豪	张 琰	董晓晨	黄 冰	刘文飞	唐紫君
徐康燚	张勇杰	窦长龙	黄国玉	刘祥瑞	陶泉丽	徐黎玮	张志文
杜嘉文	黄海浩	刘珠慧	汪煜翔	徐 宁	张子杭	杜思远	黄金龙
陆 崇	王丙玉	徐 鹏	张子敬	段其新	黄 娟	罗方正	王 超
徐欣雨	章 迪	段玉昌	黄心浩	骆明远	王 峰	徐 懿	章润臣
范永林	解海军	马 飞	王浩好	徐 真	章 洋	方 成	开沙日·克依木
马凤林	王加慧	许 鑫	赵 什	方明德	康斯航	马小燕	王 健
延 平	赵亚男	方雨康	孔凡迪	马晓东	王林韬	闫阳阳	郑 凡
冯达岗	赖自伟	马晓俊	王秋璨	燕旭辉	郑裕川	冯德新	黎方潜
马亚男	王 洒	杨东森	钟 馨	付继平	李 晨	马 源	王世全
杨惠强	周 强	高 尚	李吉喆	马远驰	王顺波	杨茜芝	周 正
高 颖	蒙 园	毛小江	王恬悦	杨舒尧	朱建阳	朱倩茜	畅 欣
郭 城	李 蒙	梁鹏腾	彭泰琦	白恒敬	陈栋宇	郭 亮	李 鹏
梁振轩	钱晨昊	白玛央金	陈 浩	郭天祥	李 轫	廖云城	邱 鹏
白云鹏	陈杰威	郭 骁	李 玮	林常枫	邵 群	包善宇	陈俊天
郭宇耀	李晓兵	尼 玛	邵森斌	蔡欢星	葛斌斌	海丰勋	李星儒
农一铭	沈亮华	曹士冬	耿凡舒	韩昌文	李 远	裴光倩	沈子恒
曾祥太	荀 露	韩 超	厉文凯	彭泉松	施超杰	柴 阳	王雪玲
韩芳健	王阳阳	王泽涛	吴 骥	于 鹏	王亚许	杨雨桥	王 洋
文 燕	吴时健	于显亮	王艳宁	矣俊泷	王怡然	翁顺昌	吴召武
俞洪杰	袁 溯	银 坚	尹崇林	杨 阳	袁小媛	袁佳俊	

控制与计算机工程学院

阿力玛	郭凯旋	李 林	明晓航	王仁锴	叶文杰	艾君伟	郭 宇
李沐檀	叶 琪	王少鹏	伊茹罕	王 宁	郭玉猛	李 南	潘晓波
王生辉	易世伟	白声赫	韩 博	李 冉	裴倩倩	王斯莹	尹明昊
白 新	韩斐瑾	李少琰	彭安冬	王所鹏	尹有林	白祖奕	韩国龙
李崧榕	戚晓虎	王伟岩	游德鼎	柏 韩	韩凯悦	李卫东	漆文浩
王 玮	余泽梦砺	包喜春	韩 梅	李 祥	祁永昱	王小波	余卓晓
毕 韬	韩 挺	李 昕	钱 琦	王 鑫	俞 宽	曹 磊	韩 营
李鑫磊	钱逸放	王 煦	袁 野	柴光宇	韩 越	李 宇	强久巴桑
王雪梅	岳 泉	陈 斌	郝瑞祥	李玉林	秦冰伦	王亚男	曾 帅

陈晨	何浩	李玉莹	秦河	王亚为	曾智勇	陈瀚	何青波
李云鹏	秦晓琳	王彦涛	扎西罗布	陈航	何溪	李昭	邱爽
王一凡	翟湛鹏	陈华粲	何旭	李振丞	邱特崚	王依然	张博
陈楷文	何宇婷	林浩	仁增罗布	王怡	张超群	陈祺	何雨
林开敏	任杰	王毅	张聪	陈识	何志远	林奕前	任思阳
王英男	张海林	陈思桥	洪烽	林再法	桑珠	王玉辉	张宏
陈文亚	侯杰	林祖宇	沙连涛	王云翔	张婳	陈肖成	侯兴鑫
刘博文	沈晨	王子怡	张佳楠	陈真真	胡波	刘畅	沈燕
危创彬	张家江	陈梽嘉	胡皓鹏	刘成忠	石佳星	魏林丰	张靖
陈祖歌	胡劲	刘广旭	石林鑫	魏郁宜	张靖凯	程振宇	黄博文
刘慧超	时欢	温裕青	张莉	仇福广	黄呈宇	刘皎	时扬
翁燃	张黎	从其然	黄蕙	刘金	宋倩怡	吴国勋	张琦
崔靖涵	黄梦迪	刘岚	宋茹雪	吴欢	张润冰	邓伟	黄鹏
刘甍宇	宋兴	吴丽荣	张婉莹	丁梦颖	黄平平	刘明绪	宋智超
吴茂兴	张维	丁燊	黄鑫健	刘晓云	苏长鹏	吴明远	张雪超
丁雪峰	黄一洋	刘孝永	苏楠	吴鹏洲	张一豪	丁征	黄忠福
刘玉奇	孙济深	吴炫辰	张怡	董华	季磊鸣	刘玉婷	孙铭徽
武梦	张逸凡	董艳法	贾冠伦	刘誉臻	孙宁宇	武书舟	张溢波
董俞宏	贾旭	刘泽旭	孙心林	席亚娟	张雨濛	杜斌	江文俊
刘峥	孙阳阳	肖睿	赵乐祎	杜硕	姜珂	卢陈越	覃凯
谢雅倩	赵明乾	杜亚炜	姜可望	卢国楠	陶海富	徐灿灿	赵明月
段宸晖	姜漫利	卢鹏	陶瀚博	徐佳宁	赵苇航	段利国	姜艺楠
陆斯悦	田润泽	徐鸣	赵泽昆	范昌	姜卓	陆信	佟帅
徐鹏	赵尊慧	范皓	蒋金希	吕冬雪	佟昕	徐腾	郑秉睿
范鑫	蒋敏敏	吕家良	涂皓	徐一凡	郑浩楠	方健根	蒋勋
吕焱廷	涂小强	徐志强	郑可轲	方萌	蒋昱	罗丹	汪豪
闫文静	郑晓明	方桥义	蒋竺波	罗航	汪细勖	严柯勤	郑哲伦
冯家鼎	焦永文	罗仲丽	汪由方	严文功	钟立飞	冯庆宇	解昊晗
马宝龙	王斌	严宇	周健	符永志	景鹤冲	马斌	王博
颜启卫	周琬婷	高大明	蓝哲裕	马俊	王博宇	颜倩	周向凯
高枫	朗加	马凯	王春蕾	颜世增	周旭祥	高恒	黎军保
马孟来	王刚	杨崇品	周震	高亚琴	李昌霖	马楠	王冠
杨帆	朱东阳	高阳	李晨雨	马仁婷	王海浩	杨昊	朱睿
高耀岿	李丞亮	马晓宇	王海娜	杨路	朱越凡	葛倩	李川
马旭斌	王海洋	杨旼才	宗兆鹏	耿然	李冬冬	马雪飞	王季孟
杨普海	邹丹贵	龚泽强	李冠伸	孟春雷	王佳	杨书凯	邹松佐
谷昌盛	李海天	麦家怡	王佳骏	杨亚洲	邹宗英	顾奇凯	李昊
麦兴东	王杰玉	杨玉	李坤	管晨晖	李虹燚	梅鹏程	王岚
杨卓	李柯洁	郭楚珊	李建龙	梅述池	王立	姚鹏	王鹏焕
郭海华	李荆	梅益聪	王玲	姚琦	叶榕	郭欢	李俊
买买提吐逊·阿不都卡地尔	米尔萨力江·莫合塔尔	木特力甫·买海克	艾力夏提·艾麦尔				

能源动力与机械工程学院

安福星	郭天	李尚	潘李悦	王帅	雍国松	安凯波	郭无双
李松佳	潘选香	王松松	尤晓菲	安劭璞	郭亚辰	李翔	彭波
王婷	游静江	银竟余	海美旭	李翔	彭浩	王文龙	于扬洋

白超	韩超	李响	彭向锋	王咸林	于子博	鲍丽娥	韩美婵
李小孟	彭兆宇	王小艺	余晓辉	毕琨	韩强	李欣然	朴雪柠
王晓东	原奇鑫	卞小强	韩旭	李鑫	齐心	王欣	袁芳伟
蔡小敏	韩学强	李彦龙	钱怡洁	王旭峰	袁荔	曹进康	郝炜
李杨江	乔博岩	王学博	昝文波	曹晟磊	何晨鹏	李洋	秦铭珊
王雪波	翟德乐	曹苏恬	何侥	李育伟	邱月	王雪枫	詹焕芬
常乔磊	何孝天	李兆豪	屈法磊	王野	占艳琪	常荣华	何毅峰
李振禹	饶承彪	王永久	张红亮	陈川川	何正勇	李镇东	任慧敏
王玉伟	张宏元	陈登高	和圣杰	梁基恒	任健	王泽锋	张洪伟
陈俄云	贺海鹏	梁朋	撒浩浩	王治亚	张景胤	陈建中	侯艺捷
梁雄杰	尚天坤	王中豪	张军	陈龙	胡国庆	梁晔	邵帅
王子玉	张俊超	陈梦珂	胡继生	梁莹	沈思宇	隗莹新	张凯
陈琼环	胡松杰	梁梓钰	沈伟	卫慧敏	张良	陈松林	胡滢珺
廖飞	沈亚洲	魏东	张润生	陈威	胡宇祥	廖乃丞	盛伟斌
温晓彦	张鑫	陈旭	黄畅	廖懿	石鹏	吴佳	张亚雄
陈扬洋	黄靖磊	林建维	舒桂霞	吴瑞鹏	张一迪	陈颖护	黄良敏
蔺卓玮	帅志昂	吴沙浪	张寅生	陈袁	黄林	刘炳伦	宋雪焱
吴韬	张永超	陈志丹	黄龙	刘聪	宋阳	吴照洪	张泳
成聪	黄平瑞	刘海浪	宋泽	伍海英	张优	程浩伦	黄强
刘汉彬	宋正照	郤子昂	张钊	程晓白	黄深远	刘丽丽	苏欣
向阳雪	张振森	程洋	黄显威	刘璐	孙宏晨	向子墨	张子炀
程愉	黄兴	刘锐	孙康	项晓骏	赵航	迟春阳	黄友桥
刘涛	孙铃智	谢昂均	赵俊	储德全	黄钰琛	刘晓琨	孙诗梦
谢珊珊	赵俊涛	崔笛	吉乐乐	刘兴	孙伟立	谢巍山	赵栗
崔云飞	吉玮理	刘彦达	孙伟娜	谢孝伟	赵朦	戴巍	纪春启
刘彦鹏	孙晓婉	谢峥	赵铁铮	戴玉坤	郑慧娜	刘英新	孙杨
辛在伟	赵晓山	邓博	贾时轮	刘玉林	孙艺涵	邢军	赵雅杰
邓颖	贾翔	刘垣杞	孙莹	熊刚	赵洋	丁婷	贾雨涛
柳大伟	孙宇航	熊魏	赵一凡	丁一	姜城羽	龙籍宾	孙育恒
徐鸿飞	赵中昱	丁一	姜瀚博	楼宏辉	覃顺子	徐建鹏	郑达
丁一天	姜越	楼律聪	谭鸿	徐龙发	郑杰	董坤杰	蒋锋
卢尔芬	唐辉祥	徐萌	郑炯智	董立波	蒋婷	陆高锋	唐鹏
徐萍	郑新宇	董伟	蒋志强	陆国敬	唐仁杰	徐荣锋	郑雄风
豆疆鹏	焦翔宇	陆杏文	唐歆	徐璋	郑雅琴	段栋伟	解娜娜
吕婧	陶康宁	许国正	钟古城	段金城	金晶岚	吕孟飞	田天
许佳	周帆航	段晓曦	金楪	吕志成	田小林	许新	周浩成
范洪武	金锐	罗东斌	田宇	许振宇	周黎冰	范鹏	金武
罗丽娟	汪攀	闫吉东	周桑阳	范容娇	金鑫	罗玉威	汪真生
严鑫	周栩仟	方亦颖	靳鑫	马惠雯	王步云	杨晨	周璇
冯天锡	康璐	马龙	王琛	杨成	周阳	冯寅	旷雅唯
马宁	王达梦	杨恩升	周一凡	冯俞楷	赖胜辉	马山川	王大滨
杨帆	周苑青	符旭	雷润苗	马向追	王冬骁	杨和丹	周云涛
付晨曦	雷雄俊	马小安	王飞	杨鸿达	周子力	付俊华	黎树
马小军	王飞	杨建琦	周子旭	付丽佳	李博	马小琨	王恒
杨蕾	朱彬源	傅俊锦	李常明	马晓迪	王洪亮	杨倩	朱赫
高娟	李钞	马洋博	王健	杨帅	朱敏	高祥	李超

马 莹	王 杰	杨文飞	朱啟明	高 妍	李承志	马玉英	王 钧
杨 骁	朱尚道	格 曲	李典山	马宗田	王 珂	杨 旭	朱天青
耿新强	李定强	左昭盛	王 磊	杨彦平	朱桐林	耿 雨	李 菲
蒙才迎	王琳珍	杨子豪	朱鑫磊	巩 言	李 根	蒙大波	王 鹏
姚 成	朱 严	缑军锋	李国粹	苗 欢	王 琦	姚维芳	朱指湖
顾 杰	李国华	闵定标	王汝佳	冶丽红	祝恒捷	顾 悦	李国清
闵祥玉	王守武	叶晨涛	庄恒志	管立东	李 锦	倪龙玉玺	潘广丽
叶加良	邹佳滨	管清瀚	李瑞华	宁显明	潘 辉	叶建标	祖蕴佳
郭桂洋	李润丰	欧荣旭	尹 恒	仪 凯	巴特力别克·阿托木江	美合日巴努·阿不都热衣木	

人文与社会科学学院

白 璐	郭家智	李晶晶	毛慧敏	王冉冉	张碧华	鲍 尧	郭亚涛
李婧雅	蒙象涛	王睿璧	张传涛	蔡莉莉	哈木琳洁	李 乐	孟丰智
王彦植	张靖哲	常亚晨	韩菲菲	李 莉	穆莉园	王 益	张 静
陈 敏	韩江雪	李 倩	娜米拉	王雨秋	张 乐	陈 汝	韩令姣
李冉旭	倪 侃	王雨潇	张 强	陈思棋	韩 龙	李彤彤	欧水全
文 凤	张 锐	陈 巍	何静梅	李维佳	裴慧琪	吴理帅	张孙力
陈 侠	何诗卉	李小林	蒲志斌	吴 昊	张 涛	陈雪佳	何欣蔚
李雅芳	祁云柯	吴馨予	张 涛	陈一丹	何 怡	李亚楠	乔路通
夏佳莲	张天羽	陈银正	何永金	李子荷	秦 超	谢静远	张 婷
陈 郁	侯高杰	梁泳丝	邱 晨	谢益桂	张婷婷	丛 丹	侯洁林
林冬梅	邱瑞昕	邢 璐	张宣栋	崔 洁	胡金凤	林磊磊	邱小鹏
徐 夕	张雪松	邓 蓉	胡 爽	林 楠	任学立	颜运超	张亚洁
邓少芳	黄素圆	林思佳	任 颖	杨 芳	张英萍	丁 芳	黄瑜婕
林振兴	尚碧依	杨坚桢	张又丹	丁 宁	纪明瑄	刘 彪	沈璐玥
杨 玲	张月馨	董 钊	贾阳春	刘彬彬	石一晖	杨 璐	张子奇
都若群	江 浩	刘长春	孙 洋	杨彦平	张紫薇	杜彦波	姜博雅
刘 蒂	唐 丽	杨雁心	赵晓燕	樊文瑄	解礼超	刘 娜	田茂穆
杨 艺	赵 羽	范雪薇	雷崇鸽	刘 宁	汪利琴	杨 振	郑亚兴
方志鹏	李宝旺	刘童一	王 迪	叶晨璐	钟冬霞	傅高翔	李 超
刘希为	王慧娟	叶武鑫	周蔚然	高慧慧	李翠红	刘正建	王 杰
扎西次邓	朱晨晓	高 亮	李 丹	吕尤佳	王 俊	纵 横	朱 朗
管祥灵	卓婷艳	马天威					

数理学院

白永超	康斯雨	吕骏腾	史 良	徐 封	赵胜霞	陈旭升	黎秋灵
马海魂	苏 航	薛进财	赵新川	程志强	李尚欢	马欢欢	孙章才
严 畅	周世帆	范 亮	李土高	马菁泽	唐亚平	杨家莉	尚大双
甘 博	李晓波	孟 鑫	汪靖辰	杨 雷	任志桐	高 鹏	李 亚
米雪然	王艳红	俞永增	赵名锐	高 寅	李昱瑾	牛玉峰	王一丰
张东杰	肖茂林	侯尊学	刘雨悦	彭 洁	文 武	张 亮	赵建勋
金子刚	陆志波	邱 恒	吴 震	赵洪伟			

外国语学院

陈丹彤	黄雅慧	刘城男	覃颖皓	杨 倩	钟慧群	陈凤麟	贾璐璐
刘 静	谭佳佳	叶人杰	钟 珊	陈 琳	蒋倩赟	刘 祎	涂紫霞
于奥然	周晓阳	付方圆	金 晶	柳 阳	王雅婧	袁绍强	周瑶
恭志梅	金美希	卢 姗	王亚楠	臧紫一	邹昊澍	郭 丽	雷 杨

陆 阳	韦雨舟	张长娟	廖名浩	韩尚伶	李 欢	罗红萍	熊 敏
张慧婧	石玲羽	何 可	李佳蓬	罗 京	徐 娜	张玉洁	杨璞颖
黄鑫鑫	李思佳	秦华仙	薛晶晶	赵小雪	赵 越		

（保定校区）

电力工程系

戴凯年	张文扬	刘 璐	王雪峰	季蕴之	布智明	杜 赫	张 宇
杨 鑫	周 兵	梁 倩	成 昱	韩晓琪	庄朋成	易 琛	陈 晨
吴 凌	郭宏峰	姜中洋	夏 曼	于立杰	冯世佳	陈颖婧	王树喜
李 瑞	肖志恒	翟俊义	黄晓源	陈永超	杨刘欣	梁 浩	郑伟烁
宋佳微	李 颖	李 浪	杨勇伟	孟 刚	张 宁	佟 欣	李沅晏
梁 宵	乔 盟	张金泽	牛佳乐	王纯洁	秦 婧	凌 杰	贺诚昊
焦 昊	刘席洋	赵俊楷	石朋来	刘 飞	刘金宇	陈奕汝	陈新阳
朱 洁	王泓霖	刘礼康	曾嘉文	高文祺	樊德阳	苏祥弼	王文汉
于梦瑶	蔡宏涅	何静波	胡蓝心	程祥群	王秀峰	潘泯均	黄世龙
黑 阳	李俊阳	董沛毅	吴 彤	蒋晨阳	梁 烨	蒋 雨	鲁泽洲
郭文红	夏 治	冯杰成	张皓	荀 漪	罗 非	黄 河	周 源
彭 依	赵 辉	陈珉烁	那仁图雅	纪文玉	朱 萸	蔡雪纶	马慧民
郜学思	杨 帅	匡 生	郭守言	陈凤涛	任海鹏	郭 帅	周 翔
李 铖	马慧娟	陈 彦	王 森	李颖慧	董煜泽	李国栋	毛骏怡
程世馨	赵 远	刘晓宇	何 东	凌贵文	杨德林	焦丁彪	田治博
熊 岩	焦佳欢	马越鹏	曾炀炀	李博仁	崔 蔚	杨 赫	刘永阳
牛智慧	周鹏举	李奕炜	韩俊峰	张 弛	吕岩松	杨妍璨	朱益之
王 智	刘宇航	张佳怡	沈扬帆	张仕文	姬煜轲	魏俊安	刘祚安
曹梦馨	王 林	周钊辉	邹 丹	杨 健	任智帆	单嘉恒	王为国
陈 诚	都奎鹏	江宇轩	曾德家	赖诗钰	张邓出	贺卫忠	方孙伟
乐 坤	张 驰	李杭蔚	张 帆	李伟峰	冯 莹	李 昕	刘仲文
李 越	焦 洁	林 海	管子悦	刘思宇	郭 翔	王赫男	李 川
麻 强	贺丰婕	韦 颖	何玟翰	周 琳	李万龙	马 韬	姜 昊
姚庆悦	占俊杰	张申前	程云帆	牟航航	袁志鹏	姚江锋	李睿杰
张郝宁	韩佳湏	王琦璐	钟 培	袁 贺	陈吉红	吕伟钊	黄 馗
吴金城	程 洋	张文文	陈洁昕	王劲淳	胡 阳	姚云飞	刘海萍
赵 亮	池 骋	王 悦	张心怡	张国应	唐浩哲	郭 帅	丁梦瑛
徐 硕	林振望	左加伟	薛 飞	胡贤浩	杜博然	杨孙治	王琦超
胡彦斐	袁思遥	沈超伦	冯洧荣	段颖琳	白 杨	杨雅薇	赵 群
夏培元	侯杰群	顾 硕	苟吉伟	辛立胜	孔庆峰	赵佳楠	贾 菲
胡家骐	郭烨烨	王小飞	刘道锋	江颖峰	李长春	吉 明	郝 烈
范铁盾	刘 霄	曲际帆	李 硕	李 康	计会鹏	徐 汛	刘 洋
王子睿	刘 聪	李文丹	李 赟	乔丰翔	王梓江	徐 甬	刘海航
卢林坤	刘 慧	徐 健	王紫良	张 喻	刘忠艳	孙 磊	卢 叶
常 宁	吴英杰	高 函	吕晓武	张庚涛	宋 威	蒋易展	衣英男
胡国瑞	马一菱	张国超	叶煜东	张亚辉	柴 骅	许 龙	马再超
张司宇	张学伟	李 忍	杜其龙	林永珽	钱亚辰	张 伟	陈国生
吕子遇	柯明剑	何家欣	汪 铎	张 潇	侯彦农	由 强	毛晓翼
扈维营	王非凡	郑 蓓	刘 钊	任晓丹	王 欢	刘 栋	王靖夫
何元明	宋士蛟	陈一丹	武 鑫	马 瑞	王梓博	姚 露	苏夏一
郝 毅	张婷婷	聂 超	许自强	郑 洁	唐婉璐	严 道	许士锦

唐 潇	杨占松	杨 侠	闫丹丹	高 振	王雪莹	张志东	杨 智
王 喆	郑大巧	杨 越	陈 源	孙超凡	蔡华泉	徐樊浩	王 帅
赵碧凝	孙玉晶	杨奥博	曹 璐	王聪慧	吴招辉	陈紫薇	郭学成
张天翼	段纪鹏	刘 帅	张 璐	杜 哲	刘丹丹	周建强	何 璇
伍玉婧	李 凯	贺 磊	韩 然	段振梁	侯 禹	白梦龙	王 皓
汤涵清	华欣宇	郝翔宇	胡锦楠	窦月莹	岳贤龙	於慧敏	孙志攀
刘铖相	李 慧	付雷雷	胡恩德	郝 鹤	王跃迪	吕 渊	连 双
葛平富	陈群杰	赵 姝	肖 燕	邢小羽	刘权霆	祁 浩	陈尚宇
甄自竞	张耀升	张启光	刘天齐	杨美媛	陈旭帆	杨玉瑾	张 毅
段东海	刘 洵	张文甜	葛鸿声	王 洋	郑豪东	黄文骏	陆 逸
赵 斌	加鹤萍	于 森	冯 松	石 光	马婧怡	赵 超	李爱祖
鲁振威	黄毓鹏	王昊宇	曲东哲	董维盾	刘妍彤	吴远记	刘 梦
徐英福	沈 丽	付靖磊	彭籽萱	张 伟	刘 阳	赵飞雄	田诗雯
韩思韬	万 苏	陈 芳	马 佳	李晏廷	吴凌霄	胡涵坤	许菲菲
程华新	秦积勇	梁海杰	向 伟	胡璐娜	杨 波	崔倩雯	沈伟余
田朝阳	徐 豪	李 雯	张 巍	龚宇平	王 杰	王文海	徐嘉欣
路田月	崔 凯	江舜宇	殷天锋	朱 枫	严志冲	谢伟旺	李俊烨
李林蔓	尹天宇	邓 涛	杨明明	熊 坚	李 黎	刘志波	于明洋
赵 平	尹恒阳	徐鸣阳	廖登伟	刘志博	余盛达	吴海涛	张凯元
张 津	刘佳媛	田园沐雪	曾 瑶	付可欣	赵高杰	张 凯	

动力工程系

国继志	王路松	王 号	刘涛锋	焦玉婷	艾书剑	李 祥	吴诗谦
朱建刚	任晓婷	占 敏	陈宝新	刘 健	李金超	杨林豪	徐靖楠
黎皓彬	胡 蔓	张庆冠	王 倩	陈允驰	张 涛	张 程	赖一杰
张睿懿	丁启新	董 巧	冯澎湃	王 振	李海隆	邹 潺	唐明勇
齐仕潮	李宪蔚	刘 辉	刘国富	马 龙	杨晓刚	杨 光	马云飞
吴力飚	刘墨轩	张 旭	张 凯	陈 鑫	王朋飞	张 卿	刘小寒
付晓俊	王心榕	徐搏超	谷 兵	吉鸿斌	刘镇瑜	林哲伦	周子渊
杨 埔	孙明达	王 岩	茅天智	陈亚华	屈柯楠	陈雨帆	杨 莉
肖雄飞	戎泽仁	唐 勇	孙恩慧	刘亚南	仲照阳	朱绍鸣	沈荣磊
陈德义	肖 萧	陈星旭	梁文悦	陈志民	沈振强	李太东	杨俊峰
冯 锐	林泽伟	胡南平	苏海月	桑 博	朱 楼	宋玉超	赵 钧
周文潇	汪成林	赵 天	齐波波	杨欢成	周兆伦	刘楠勋	王思达
陈子煜	薛毅伟	李静艳	伏思汀	刘 武	王 喆	檀青春	陈仕杰
石 瑞	汪 灏	罗 义	杨 博	王禹哲	王可春	刘建征	朱未姿
渠慎涛	杨 贺	伍 昆	余文祥	王 欢	安文江	陈健阳	杨晓强
道永全	金英杰	薛全喜	何培成	黄文甲	杨 颖	姬 浩	刘永飞
袁 鸣	李永毅	梁杏茹	余晓燕	刘 苗	孙江涛	赵振霞	许博文
杨子仟	张 飞	石 宇	白鹤飞	岑 彬	杨 阔	代海涛	张鲲鹏
宋国梁	卢 彪	李治珉	殷建炜	吉暕东	张 瑞	张家祥	吴文杰
魏巍涛	张盛杰	马孔成	郑星晨	朱茂南	李秋菊	张 鹰	周 俊
胡建波	陈 斌	白子为	孟 滔	郭永成	黄 璞	杨 涛	程许谟
王文秀	曾 琦	李向阳	曹 晨	张长宇	程元敏	李昊燃	张仁杰
孙继轶	李 浩	曹鹏飞	党元君	李先业	张停荣	曾黎明	王旭东
阿布都肉苏力·托合提	冯振宇	刘 昊	李 晴	陈子昂	赵昊宇	王 雷	高 超

汪振飞	罗舒祥	李伟杰	李永康	张弛	韩龙	张振宇	石悦
王鹏	吴晓尧	郑文兵	胡璠	包亚璞	李原	肖扬	朱莉林
常浩	黄立志	陈艾林	冯志顺	杨超	陆海洋	付亦葳	赖小垚
尚子文	付德	翟雨稼	童政毅	刘培培	李勤	杨博韬	李好
陈圆圆	刘克东	焦同帅	刘琰	李沛沛	李旭朝	林岩	朱静
陈曦	卢亚开	刘洋	刘明瑞	肖坤玉	海云龙	邓煜	马思博
朱瑞	杜继鲁	宣凌燕	李鹏	李新号	齐纪达	张创	李强
周广钦	渠立松	王光宇	乔越	沈群策	张伟勇	左露	张硕
肖炜刚	尚飞	王文杰	陈梦之	侯博文	庞永超	朱妍	邵立欣
张闯	李诗永	隋良	郝晓路	刘畅	沈安琪	桑俊	李振浩
田东旭	鲁琦	王海鹏	汪波	宋道润	吕军	王宇	樊琦明
王瑀喆	王多宏	孙凡杰	白帆	高文宣	林一航	李嘉华	肖听听
王国栋	董金朋	黄泽文	吴琼	张翎	徐淑彬	吴磊	黄舜
赵少祥	田昊	罗玉华	徐贤佳	保佳伟	麦潮坚	杜亦航	尹博
孟岩	杨耀宗	戴宇晴	杨鹏	刘文倩	章康	何东	叶徐涛
刘克龙	赵宇彤	徐小艳	林晓波	张宇	周博滔	于文圣	蓝云
景昊	张弛	李越	范天舒	宦宣州	李文鑫	兰天	王佳音
聂涛涛	刘生丞	汪舜檀	孙衍谦				

电子与通信工程系

陈君洛	张静	颜林睿	温彪	倪远	蒋德鹏	董昭希	赵瑞
杨恒	闫旭	彭尚飞	李建华	段志涛	郑永濠	臧胜	杨浩冲
宋广磊	李玲颖	符怡	周生平	张慧敏	杨霞	宋玉	李旭
郭巍	朱建军	赵立涛	杨子正	孙海波	李颖	江佳仪	胡俊
张贞苏	张程炜	王建林	刘畅	李来杰	冯昌赫	董大川	张弘驰
吴云鹏	鲁清灿	梁梦园	刘伟华	曹哲	张桐建	夏景川	全利智
刘野	陆春风	车永强	张悦	项阳	任礼章	龙英云	齐晋豪
郭权	郑小丹	阳佑敏	唐圆	彭博蕊	申晴	李少章	朱明
杨蕗平	王文莉	任升	宋春晓	李梓信	庄振夏	云麟	王缘
宋新海	王洪友	卢婉君	卓方正	陈姮纹	闫孟洋	孙权	王凌峰
卢谊	白静	陈玲	张昊	王磊	王亚楼	孟颖	高倩
陈学超	张晓	王连港	王益	彭雄辉	胡江波	耿婉娇	赵子贺
王桢祎	王悦	祁倩民	胡诗咏	顾梦琪	邹尚辰	吴江斌	王赵冬
阮潇男	姜剑锋	郝亮	杨智斌	严兴霞	文春燕	孙凯杰	李海坤
侯宏斌	樊志勇	岳彩昭	肖韵泽	王成玮	林陈伟	黄日辉	栾森
曾业卿	徐国智	王化妍	马鑫	贾朝阳	桑俊杰	张继	严喻
王奕腾							

机械工程系

柴福仁	程远飞	许文豪	常腾跃	卢科	郭靖	陈国青	王维一
赵国峰	刘冬雨	石保文	梁介众	陈子谦	于学鹏	白戈	罗超龙
韦展问	罗龙	代启超	罗晟尧	解宁宁	汪立立	郭盼	史利强
丁晓萌	王安宁	宋杰	周伟	罗丽娜	王亚坤	范志平	吴硕
佟锦皓	孙红波	达娃央金	钞江涛	关会雪	邢方泽	王金城	汤哲翔
马路宽	马泽宇	郭晓华	白炳涛	郭俊华	唐之尧	徐文岐	王强
胡峻玮	何流	纪丽静	陈寨辉	钟骐骏	王镇	黄培东	周玉健
李浩	刘美均	唐瑞	巩敏	贾斌	郭浩天	汪俊宇	南凯
吴慧锋	侯善文	李贝强	李岩	许一凡	杨欢	林清泉	贾少雄

李红梅	刘会阳	周　敏	尤亚男	刘文师	李明强	李　盼	伍君实
范　瑾	赵常红	武祥吉	刘世云	李　湛	张海峰	赵　雪	黄　凯
李文辉	刘　莹	梁　光	陈荣添	赵子建	宋　琪	邱万洪	刘中秋
林　海	梁昌桥	左珂菲	杨　静	宋敬良	乔　茜	刘　斌	刘耀强
马小虎	姚渊博	张克青	乔清华	刘凯靖	李　攀	史建芬	袁增辉
张志强	乔宇航	刘　亚	绳菲菲	赵　帅	葛志鹏	党　炎	曲　睿
陆　璐	罗　艺	郑　宗	杨婧君	周晨光	王晓萌	马法涛	舒世武
周　静	秦晓明	陈　侠	魏　伟	乔　岗	何德浩	葛海祥	侯凯钟
段泽龙	邢智伟	王天一	王骁圣	南　冰	宝　鑫	李　畅	尤　悦
张　倩	姜子翔	曹雨薇	杜志强	李卓庭	于　波	张　轶	张　鸿
高洪尧	樊松凯	王　磊	张文康	赵开诚	张　维	解承萱	王朋民
高　松	张　璇	赵世龙	胡　军	郑晓霖	吴海东	李　强	赵思思
徐子云	马　超	张　磊	陈虎山	王斯达	宗朝阳	苏　灏	汪斌川
张　亮	郭　静	郑显亚	安宸冬	丁　鹏	王　达	左利博	邓玮琪
王　凯	崔月瑶	黄　成	刘　欢	白　玉	范忠岳	徐振磊	李燕妮
孙乃智	刘　洋	李思莹	耿天佑	张秋桦	刘淑莎	段明浩	张颖异
姚广旭	蒋谢斌	罗　乐	刘　扬	李立振	赵拓展	虞思俊	马　越
王　勇	卢文博	何　林	段广鹏	莫俊冰	苏　驰	赵良辉	马晓萌
蒙玉超	高雪媛	王新波	王　坤	方玉枫	牛艳宁	刘　洋	卢世财
温　凯	仲世斌	卢晨朝	史小立	曹勇斌	邓家德	于　纲	邹　祁
欧　健	王嘉申	沈佳伟	游太稳	韩　晨	蔡臣君	王　成	王俊涛
王　松	张耀文	尚志军	郭福瑞	高飞杰	王　阳	吴效东	顾有为
韦　玮	迟书强	葛　召	王　勇	阳　照	莫兰兰	杨俊玲	郭志伟
梁　成	王正琳	罗先洪	张艺腾	尹文良	寇海强	于　超	杨　力
张　坤	刘东圆	章　祥	吴　琼	张　黎	张雪莲	张　乐	刘少林
蔡国辉	张　凯	邹应虎	张宇澜	施昌荣	卢亮宇	梁　雄	陈浩然
卢思瑶	赵　熠	张　帅	罗承东	睢少博	林　鑫	袁建新	周鹏程
周　峰	王文斌	张　超					

环境科学与工程学院

叶　恺	徐冰漪	谢金能	李玉凯	邓宝玉	高　备	柏　杨	杨春燕
邢　锐	刘　琬	耿　莹	高凯楠	常　庆	杨肇鹏	许小亮	罗　丹
韩秋琳	黎　伟	陈芳迪	张　凡	于伟静	马　宁	李祥健	李　鑫
陈小豹	张子航	袁　博	庞海艳	李晓宇	林良伟	陈雅倩	陈　璇
曾令颖	史春霞	李　勇	刘成龙	程　琦	邓　歆	张改革	孙　昊
刘德庆	刘晓朋	郝青林	付丽丽	张啸宇	孙振宇	刘　懿	刘　欣
何欣恬	洪铭跃	张　迅	王　芳	马英钊	马　军	胡凯敏	胡永峰
钟启航	王莉莉	杩蒙蒙	沈　璐	荆　剑	胡振凯	周鹏飞	王添颢
沈　甜	沈伦鹤	李若琳	李宏轩	姜展弢	王　伟	舒明银	覃玉环
李少白	李培正	陈华鑫	韦莹莹	孙伟哲	王弯弯	林　肯	李政达
陈周越	晏雅婧	汪笃健	王　伟	刘鹏宾	梁　敏	甘巧书	袁晓东
王　宽	王　壮	刘　奇	宋小卫	高雪濛	张海韬	王一宁	吴国栋
绳文亚	汪剑桥	郭亚南	张力冲	谢佳林	夏贵平	帅　杰	王华君
黄国庆	祝　涛	熊远南	严伟平	孙中豪	王丽媛	火　灿	何文枝
张　鹏	杨　芳	田　耕	王　璐	蒋　璇	曹　倩	张天泉	尹明霞
王苏丹	王则东	雷　媛	曹　阳	张永震	于　婧	王元刚	魏　泰
李晓明	陈　博	朱思洁	朱雪峰	伍　恒	温　君	李　颖	戴　维

经济管理系

范锐博	哈丽玛·巴夏尔	刘媛媛	李光虎	王 欢	薛兆奥	洪玲玉	何 敏
马秀梅	李国扬	王君剑	张艳菊	胡万平	贺子新	冒永翔	李江涛
王丽芳	张智东	黄丽姣	黄华羚	宁慧娜	李玉婷	吴学斌	赵疆亘
黄丽娟	黄继杰	秦秋月	王九吉	吴 阳	赵文圆	江垚华	江利杰
唐竞雄	许昭源	杨应龙	赵小亮	孔 超	金 鑫	田月怡	姚 超
杨志玲	赵煜	李 伟	金秀燕	田宗毅	叶凯文	张 建	王伟伟
梁均钜	李佳轩	王蒙满格	尹伊娜	张云欢	张丹红	刘 浩	李 严
王 宁	张春成	朱成明	戴婉婧	刘建强	毛梦迪	魏中华	张 俊
叶民权	戴雨欢	马圣华	谭雨倩	吴晓萌	张文丰	蔡润田	樊爱玲
彭道鑫	王春阳	肖 磊	张在兴	陈忠霞	郭苗苗	阮 波	王蕾婷
徐世通	赵秀文	崔建峰	黄 程	孙 奇	肖 瑶	杨 阳	李昌家
樊倩男	黄俊萌	王 丽	徐 亚	于婧源	白佳奇	洪芳菲	贾谨玮
王路平	许诚惠	张 娜	陈泽玉	贾智杰	李安琪	王文轩	杨 仟
邹家齐	党 捷	景 林	刘进杰	魏思伟	赵洋坚	高忆秋	杜振平
李安琪	刘 媛	徐燕锋	赵耀东	邢筠筠	付业壹	李 荣	陆爰羽
叶 茂	郑晓雨	麻茜茜	谷天宇	李 锐	毛佳欢	尤少文	朱鹏飞
白 雪	黄沈海	李泽森	聂 婧	袁 静	赵泽延	陈 琛	李建业
刘默涵	潘迪香	曾 欢	葛江鑫	窦洪杰	李善祥	刘 随	戎元元
张 浩	姜晨卉	郭泽宇	李文静	刘雪兵	吴 鹏	张凌玮	孙华瑞
韩易霖	梁宸语	裴 颖	许 多	张晓明	畅重周	郝玉娇	林 凯
邱 楠	许 艳	张兆明	刁俊文	胡 澜	罗凯文	施 俊	张号乾
李 芳	冯雪纯	黄 倩	宋丹阳	施增典	张彦彬	陈尚司	胡西龙
蒋 烨	宋明烨	王龄苒	张玉平	董恒均	姜 媛	焦珍珍	孙 涛
王璐琪	张梓原	高雨薇	李乔松	李登卫	檀 阳	王晓丹	张自达
赵 杰	祝 君						

英语系

蔡 笑	胡 睿	刘 昳	文佳玮	刘 珂	于晓游	陈秋实	蒋银丹
刘 婷	曹红柳	宋颜萌	袁彤彤	陈 卓	金 戈	罗小娜	郭书杰
王爱迪	张发正	董 言	李姗姗	宋春暖	韩 丽	王 平	张晓洁
范雪霓	李 影	王苏鑫	何 迪	肖 菲	张 怡	葛 新	李子安
王天奇	李婷钰	许嘉韵	郑舒文	贺 娟			

法政系

车栗莹	孟 雨	崔 华	吕子霖	蔡 洁	宋筱楠	陈瑞君	倪状状
丁文倩	罗 曼	戈 弋	魏 敏	陈 荧	任建慧	高晴岚	潘 敏
郝丽姣	吴 桅	黄晓燕	覃 婕	顾馨怡	孙兆辉	胡雅婷	肖丹蕾
解天文	唐 琪	郭双梅	王娇娇	蒋程冉	徐奕敏	孔智璐	王盛霖
何 一	王秋云	蒋利亚	杨安蕊	郎 璇	王肖伊	黄子娟	王 旭
蒋雨薇	杨 星	李冰冰	魏溢男	惠 珺	王艺雯	康 思	叶 玲
刘 帅	徐申初	鞠德全	吴 燕	林子琳	张冰华	刘帅志	闫 哲
李 丹	武玉坤	刘阿梅	张 宇	刘 月	杨慧铷	李 晴	许海蓝
刘东方	赵英丽	鲁秋燕	杨柳依	李桐馨	杨泽坤	刘天骄	周静漪
马依努尔·卡斯木	张 锐	李雪丽	张春明	刘鑫馨	宗 舟	马裕宽	白 宁
李 岩	张 格	马英睿	许 麟	毛 涛	程霞燕	吕冬冬	周婷婷

邱琦君

计算机系

蒋　捷	刘大刚	杨瀚钦	郝　振	刘　晨	朱　龙	白子暄	刘　松
张培华	胡　亮	刘佳敏	朱翔宇	陈建军	罗雅丹	张琪玉	黄楚清
刘雨晨	边宇龙	陈　磊	马文静	张世伟	贾文瑞	路晓璠	艾尼卡尔江·艾尔肯
宫　睿	牛　锐	张幸芝	刘成刚	沈亮印	李承祯	胡鹏博	史　诗
赵双武	罗　宁	孙　旭	李俊杰	黄　峰	孙韶阳	赵映宇	马娟娟
王　聪	安　然	李建华	王永刚	郑　鑫	马重申	邢　轩	程雅欐
李　瑶	王紫塔	陈　谢	任政新	尹晓阳	崔　璨	李召恺	温　雷
陈续行	谭　灿	游　朗	高远航	林　言	夏　昊	程晓佳	王　力
张冠男	龚冬颖	刘亚珍	徐　瑾	邓　佩	王　鑫	张玉坤	官　静
刘　杨	徐晓迪	戈　阳	王　琰	周　磊	郝姜伟	刘正夫	杨广辉
胡润泽	王艳彬	程宗仁	胡柏吉	潘振福	张成栋	李忠强	徐东东
黄琬今	贾　硕	沈贝凌	张钊华	刘晨曦	许鹏程	李　晨	姜苏洋
苏　航	赵文聪	钱俊颖	许一航	李荣荣	李　岩	王睿晗	钟彩金
邱志才	杨宏宇	梁静娟	李　阳	王岩东	白甫松	申冠男	于　猛
刘　栋	李紫君	许静平	江　浩	石凯文	张建波	刘　科	林　楠
杨辰涛	李翔宇	苏少文	赵　策	马博勇	凌　鑫	张义昌	李鑫山
苏艳娇	赵江鹏	马聪敏	罗能强	周　雪	李亚鹏	孙秋立	朱广贞
齐　定	秦玉丹	张　波	林　炜	汤梓俊	马健兴	王纬韬	任俊宏
蔡江洋	刘宇行	王　鹏	旦　增	王　月	沈冰洋	常晓花	吕东红
王　艳	陈君华	魏　松	宋利利	丁　剑	骆　慧	武志磊	郭子健
吴浩楠	王建强	杜　丹	孟　勐	夏承亮	贾士迪	肖　晋	王　丽
方云飞	彭晓凡	肖　韬	李　超	杨慧娴	王艺萱	巩朋宵	孙红光
谢寿强	李　俊	游　超	王　玥	郭佳盛	王海威	阳晓路	李　芊
翟加雷	韦骁骏	黄旭彪	王洪宾	叶　俊	李　森	张佳鋆	吴　华
吉文靓	王　鋆	楚朝阳	李元斌	张雅涛	张可为	李秋娅	韦雄芳
韩龙美	林心昊	周子杰	赵雪晶	李　轩	许海橹		

数理系

蔡健栋	苏　娇	朱　达	王艳玲	陈志华	刘辉耀	常怡东	覃文华
曹　胜	胥海成	董浩塬	宋　波	段　杰	唐　蕾	况　甜	徐琳贺
董伟星	田志远	龚之珂	王　文	李　杰	严凌潇	范春燕	王　博
郭馨璐	王亚星	李亚滨	晏国杰	高金宇	吴艳彬	贾　广	武士杰
林永吉	詹石岩	顾　杰	杨　帆	赖　晗	杨　刚	刘　铨	张　晨
何振宇	杨效民	李　楠	杨洪霖	吕正则	张丽晨	贾　涵	尹小青
李义青	杨丽敏	罗粒菡	张兴隆	荆　浦	尤祖寰	刘　琪	殷亚茹
马　超	张正义	兰雪娇	袁大显	刘幼航	张　斌	沈翕超	周　希
李嘉辰	张艳丽	吕天成	张国良	王碧洲	朱以顺	梁　添	赵志杰
梅玉杰	张红超	王小威	樊永超				

自动化系

官上翔	梁琦祥	张　婕	张春霖	王　涵	李　阳	安跃昆	刘　城
张一鸣	朱家锋	李　昕	白　硕	丛树林	刘　娜	张哲璞	马　林
李　洋	包周琦	狄　锐	陆大宏	张之涵	白　婕	周建伟	陈　琳
方海林	罗　皓	章　驰	郭玉青	曹佳伟	邸　帅	何宗源	马冀隆
赵　泉	王加芳	常鹏鹏	谷　超	康莹莹	潘　杜	张绍民	陈俊涛

陈　超	郭庆银	李　玲	沈达云	郭海军	陈　思	陈园艺	韩天培
栗　鑫	宋凯兵	陈天翔	冯　玲	邓　祺	黄远富	刘越月	孙艺萌
陈　旭	胡鸿相	郭　未	阚志凯	刘　昭	万　斌	程　松	胡　艳
黄嘉男	柳博文	刘昭麟	王　琳	匙　月	黄俊桦	计敏焜	芦　翔
马金龙	严　倩	崔春萌	江彩霞	江爱晶	潘　尧	商丹丹	袁思远
丁　磊	蒋慧琦	姜　楠	潘颖娣	孙桂婷	张澜霈	杜　金	寇　晨
李海珍	乔　鑫	孙浩然	杜元媛	杜青云	李俊杰	刘陆阳	王凯宸
陶　昊	付中博	伏甲琪	倪　盈	刘婉莹	王　桐	陶　鑫	郝鹏飞
郭翔宇	申　琳	卢健斌	王志强	王雨秋	贺　超	贺　赫	宋秉宸
潘京辉	魏旭辉	徐辉平	胡建业	纪新飞	宋然浩	彭　卓	谢　松
余　健	李　珂	贾晓霞	孙俊泰	齐　畅	阎嘉璘	岳永飞	李志鑫
李金阳	孙周星	孙旭鹏	杨　伟	张家骥	梁正达	李　念	王成盼
王亚楠	俞人楠	钟羽劲	刘林清	李振宇	许王亨	吴静园	张　忱
邹鹏飞	芦　炼	刘海申	杨　晨	姚静怡	张　帆	崔海林	王　迪
时治青	翟晨曦	张流通	张振超	丁　洁	王艳飞	宋天扬	张民峰
张学博	周田蜜	董朝晖	王志芳	王章威	张　茜	张　一	周新星
方恩晓	韦　杭	卫丹靖	张天航	赵　伟	吴家佳	韩　浩	夏丹丹
吴国昊	钟永图	刘振通	张　宇	孔祥宇	玄济铭	谢佳锟	周国烨
李　晴	闫　萧	李　杰	杨　朔	徐　翀	周小朋	李东萍	李林芸
李　瑞	叶自越	杨玲玲	王鹤橦	肖　蒙	郑亚男	李贤政	

国际教育学院

回旭东	楚天丰	徐　丹	田　原	曹行健	穆　舟	谭毅杰	邓文雅
于　丰	王　远	付明威	邱　扬	王韵迪	胡雨时	柴文琪	魏若宁
黄泽璋	唐子柠	薛亦峰	李晨曦	陈恺妍	温北辰	霍　达	徐明皓
柏　卉	李　琳	贾仕涵	徐琳玮	江贺彬	杨娜仁	陈飘然	马天阳
李如玉	赵祺婧	荆逸然	张　洁	陈思同	谭　谋	刘明宇	郑　炜
刘慧盈	葛斯青	成博文	王家璇	齐海杰	蔡子洋	吕明达	

奖励与表彰

华北电力大学2014届省市级优秀毕业生名单

（北京市）

电气与电子工程学院（共37人）

田彦鹏	王　睿	韩　毅	周黄山	苏晨博	袁之康	牛淑娅	夏　鹏
张　晗	赖志超	赵世杰	于　钊	王笑凯	闫　然	邱　扬	尹毅然
李　磊	王英瑞	王　桐	余笑东	董　航	陆格野	苏洪玉	周冬升
李吉鹏	李　卓	潘　玥	李慧勇	季　帅	晋宏杨	刘敬诚	刘瑞煌
周志宇	任　赟	粟子明	李　飞	艾孜买提江纪录·吉力力			

能源动力与机械工程学院（共23人）

段栋伟	韩　超	张　军	董　伟	孙伟娜	金　武	马小琨	王玉伟
旷雅唯	于扬洋	余晓辉	王　野	李兆豪	孙　莹	常乔磊	邱　月
付俊华	李彦龙	刘彦达	谭　鸿	马　莹	吴瑞鹏	王永久	

经济与管理学院（共24人）

白俊维	宋建威	王单单	徐思琪	郑书誉	刘　凯	许　克	纵翔宇
郑枫婷	刘素蔚	胡远芬	孔维彬	廖露露	张向荣	范耀文	韦倩茹
张骁铂	蒋桂武	田鹂声	李　阳	陈康婷	黄雅莉	国潇丹	徐方秋

控制与计算机工程学院（共20人）

张　维	朱东阳	杨　卓	包喜春	王英男	姚　琦	洪　烽	黄　蕙
郑可轲	王斯莹	张　怡	韩　挺	颜世增	陈祖歌	姜　珂	黄博文
刘　岚	侯　杰	韩　梅	李丞亮				

人文与社会科学学院（共9人）

张　涛	贾阳春	文　凤	王　迪	尚碧依	陈一丹	谢益桂	邱　晨
李　莉							

可再生能源学院（共11人）

刘祥瑞	孙晓丹	方雨康	刘　慧	徐　真	郑　凡	陈杰威	王艳宁
李　玮	邱　鹏	董晓晨					

数理学院（共3人）

李　亚	俞永增	杨家莉

外国语学院（共3人）

臧紫一	雷　杨	蒋倩赟

核科学与工程学院（共5人）

付　玉	常　牧	李宗洋	张　亮	秦亥琦

国际教育学院（共5人）

韩春鹏	段　辰	何一莎	霍明鑫	李　丹

（河北省）

电力工程系(共27人)

焦 昊	梁 宵	王梓博	郭学成	韩佳澒	刘丹丹	吕子遇	肖志恒
苏 夏	江宇轩	李 凯	许士锦	张文扬	于立杰	董沛毅	袁 贺
由 强	李 川	加鹤萍	丁梦瑛	何静波	计会鹏	于 森	徐樊浩
焦 洁	张天翼	单嘉恒					

动力工程系(共17人)

杨晓强	杨 颖	张 飞	赖小垚	邹 潺	付晓俊	李昊燃	王 倩
徐搏超	薛全喜	郭永成	何培成	李 鹏	张 硕	章 康	孙恩慧
张 翎							

计算机系(共10人)

周 雪	张幸芝	林心昊	胡柏吉	李紫君	潘振福	骆 慧	程晓佳
马重申	刘佳敏						

自动化系(共10人)

贾晓霞	马 林	李 昕	王 桐	何宗源	宋凯兵	夏丹丹	杨玲玲
王鹤橦	王艳飞						

机械工程系(共10人)

卢思瑶	张艺腾	纪丽静	尤亚男	赵常红	孙红波	张克青	李 盼
崔月瑶	王 勇						

经济管理系(共10人)

徐燕锋	聂 婧	王璐琪	张 建	叶凯文	田月怡	叶民权	黄沈海
刘媛媛	姜 媛						

电子与通信工程系(共3人)

王奕腾	杨蕗平	刘 畅

环境科学与工程学院(共7人)

王一宁	杨春燕	晏雅婧	宋小卫	王添颢	袁 博	王弯弯

法政系(共4人)

林子琳	何 一	孙兆辉	刘天骄

数理系(共4人)

顾 杰	尤祖寰	詹石岩	陈志华

英语系(共1人)

张 怡

华北电力大学2014届校级优秀毕业生名单

（北京校部）

博士研究生

程述一	许建中	王天虎	薛方明

硕士研究生

仇国兵	季节	张磊	陈媛媛	张峰	程雪婷	贾鹏飞	谭荣
王鹏伍	刘文静	王朝亮	王治宇	段春明	姜喆	王立国	程世军
于洪	于淼	穆瑞铎	王珍珍	王星星	吕思卓	牛帅	李路遥
刘济豪	侯冲	王能	宋冠禹	杨洋	曹为华	苏子威	于洋
吴迪	温静雅	丁捷	吴晓鹏	吕玉贤	李欣芷	史颖霜	郑淑
孙晓伟	张嘉琪	石秀云	李杨	李泽众	王青	冯一帆	马明娟
朱琳	范磊磊	王冰	王蕾	夏葳	党芳芳	高萌	熊瑛
岳丹	徐奕昕	许呈嫣	姜蔓	赵长松	张倩媛	陈伟	李淳
王以良	殷秀迪	尹靖辉	尹昌洁	农慧云	姜飞飞	程成	陈溪
刘靖一	郑艳萍	朱红静	刘晶晶	王会	吕朋丽	车剑韬	牛志愿
李良杰	刘岩	段军					

本科生

电气与电子工程学院（共75人）

田彦鹏	王睿	韩毅	周黄山	苏晨博	袁之康	牛淑娅	夏鹏
张晗	赖志超	赵世杰	于钊	王笑凯	闫然	邱扬	尹毅然
李磊	王英瑞	王桐	余笑东	董航	陆格野	苏洪玉	周冬升
李吉鹏	李卓	潘玥	李慧勇	季帅	晋宏杨	刘敬诚	刘瑞煌
周志宇	任赟	粟子明	李飞	高蕴美	石心	刘海钢	任清一
熊明达	许宏智	李欣遥	付熙玮	樊玮	耿坤龙	刘虔	吕阳
桓芝栋	崔姗	宋正坤	金媛媛	赵鹏飞	郭子忻	王鹏遥	宋庆东
李玟萱	王亮	凤洋	郭裕群	李鹏飞	崔仪	赵志斌	林奕夫
杜梦楠	宋亮	孙吕祎	王英沛	余沸颖	魏泽田	梁诗晨	翟伟杰
杨彦宝	艾孜买提江纪录·吉力力	马木雨石					

能源动力与机械工程学院（共46人）

段栋伟	韩超	张军	董伟	孙伟娜	金武	马小琨	王玉伟
旷雅唯	于扬洋	余晓辉	王野	李兆豪	孙莹	常乔磊	邱月
付俊华	李彦龙	刘彦达	谭鸿	马莹	吴瑞鹏	王永久	张一迪
张宏远	刘涛	李钞	尚天坤	赵朦	马洋博	姜越	徐鸿飞
彭波	陈袁	贺海鹏	马向追	郑炯智	朱天青	曹苏恬	徐萍
郭无双	王鹏	陈登高	李瑞华	陆高峰	梁鹏		

经济与管理学院（共48人）

白俊维	宋建威	王单单	徐思琪	郑书誉	刘凯	许克	纵翔宇
郑枫婷	刘素蔚	胡远芬	孔维彬	廖露露	张向荣	范耀文	韦倩茹
张骁铂	蒋桂武	田鹂声	李阳	陈康婷	黄雅莉	国潇丹	徐方秋

蒋文琦	周　雨	林智明	姚蒙蒙	张　垚	吴西萌	钟雅珊	兰　贝
韩　佳	王文晶	杜亚轩	刘　玉	刘子涵	张　严	郭　潇	宋杰瑛
吴小旭	张艺骞	潘照旺	苏　娟	张吉祥	韩江磊	计丽妍	覃泓皓

控制与计算机工程学院(共41人)

张　维	朱东阳	杨　卓	包喜春	王英男	姚　琦	洪　烽	黄　蕙
郑可轲	王斯莹	张　怡	韩　挺	颜世增	陈祖歌	姜　珂	黄博文
刘　岚	侯　杰	韩　梅	李丞亮	邹丹贵	范　昌	周琬婷	张婉莹
郭凯旋	杨　玉	何　雨	张　婳	叶　琪	王子怡	罗　丹	管晨晖
陈　航	黄一洋	宋智超	朱越凡	王　斌	葛　倩	王亚男	王雪梅
王海娜							

人文与社会科学学院(共18人)

张　涛	贾阳春	文　凤	王　迪	尚碧依	陈一丹	谢益桂	邱　晨
李　莉	侯洁林	朱　朗	王冉冉	郑亚兴	杨彦平	王　俊	叶武鑫
邱小鹏	孙　洋						

可再生能源学院(共23人)

刘祥瑞	孙晓丹	方雨康	赵亚男	马远驰	于　鹏	吴　骥	王加慧
刘　慧	徐　真	郑　凡	陈杰威	李　蒙	徐　鹏	王　超	王艳宁
李　玮	邱　鹏	董晓晨	林常枫	王恬悦	张天翔	刘珠慧	

数理学院(共6人)

李　亚	俞永增	杨家莉	赵洪伟	赵胜霞	邱　恒

外国语学院(共6人)

臧紫一	雷　杨	蒋倩赟	周　瑶	徐　娜	陈凤麟

核科学与工程学院(共10人)

付　玉	常　牧	张星永	庄思璇	方晓璐	李宗洋	田　俊	张小康
张　亮	秦亥琦						

国际教育学院(共10人)

韩春鹏	段　辰	何一莎	霍明鑫	李　丹	居家宏	彭　博	王皓宇
魏建昭	杨　蕾						

(保定校区)

春季优秀研究生毕业生

杨世旺	赵　亮	梁泽慧	王飞龙	贾萌萌	赵培龙	王明雨	杨玉倩
陈　亮	王辉云	范林涛	于　佳	闫少波	孟　莉	杨　光	寇　薇
杨　帆	纪　巍	李　涛	刘　玮	沈丹凤	孔凤颖	罗　蕾	韩　悦
李仕平	裴建军	刘倩倩	张志才	陈顺青	姜　凯	钟　俊	李新颖
彭文平	于鑫玮	王　佳	蒋玉柱	曹利蒲	赵雪良	张倩倩	赵　硕
张　凡	魏　琳	宋卉卉	裴乐萍	范玉凤	梁宇婷	高　艳	马天男
李孝宇	杨晓叶	田　鹏	王　松	卢海松	高志元	郭　放	李菲菲
刘鑫沛	王瀛洲	陈　筑	卢沛沛	王　婧	李宝林	陈　焘	刘　洋

本科

电力工程系(共50人)

焦　昊	梁　宵	王梓博	郭学成	韩佳颍	刘丹丹	吕子遇	肖志恒

苏夏一 江宇轩 李　凯 许士锦 张文扬 于立杰 董沛毅 袁　贺
由　强 李　川 加鹤萍 丁梦瑛 何静波 计会鹏 于　淼 徐樊浩
焦　洁 张天翼 单嘉恒 张心怡 刘席洋 翟俊义 尹恒阳 蒋晨阳
张佳怡 王小飞 冯杰成 岳贤龙 郑　洁 何　璇 王雪莹 黄　馗
孙玉晶 程华新 徐　豪 郭　帅 姬煜轲 刘思宇 陈吉红 程云帆
许菲菲 辛立胜

动力工程系(共34人)

杨晓强 杨　颖 张　飞 赖小垚 邹　潺 付晓俊 李昊燃 王　倩
徐搏超 薛全喜 郭永成 何培成 李　鹏 张　硕 章　康 孙恩慧
张　翎 李秋菊 李新号 张　宇 杨　鹏 李永毅 戴宇晴 石　宇
李　祥 齐波波 陈允驰 岑　彬 刘亚南 赵少祥 肖坤玉 张　程
王　岩 庞永超

计算机系(共19人)

周　雪 张幸芝 林心昊 胡柏吉 李紫君 潘振福 骆　慧 程晓佳
马重申 刘佳敏 张雅涛 李　晨 马娟娟 韩龙美 龚冬颖 黄　峰
苏艳娇 陈君华 郝姜伟

自动化系(共20人)

贾晓霞 马　林 李　昕 王　桐 何宗源 宋凯兵 夏丹丹 杨玲玲
王鹤橦 王艳飞 白　婕 魏旭辉 张天航 周建伟 翟晨曦 阎嘉璘
李志鑫 阚志凯 张之涵 王　迪

机械工程系(共14人)

卢思瑶 张艺腾 纪丽静 尤亚男 赵常红 孙红波 张克青 李　盼
崔月瑶 王　勇 王　凯 张　倩 武祥吉 丁晓萌

经济管理系(共20人)

徐燕锋 聂　婧 王璐琪 张　建 叶凯文 田月怡 叶民权 黄沈海
刘媛媛 姜　媛 王　丽 张云欢 陆爱羽 唐竞雄 魏思伟 樊倩男
张春成 蒋　烨 毛佳欢 李佳轩

电子与通信工程系(共4人)

王奕腾 杨路平 刘　畅 文春艳

环境科学与工程学院(共14人)

王一宁 杨春燕 晏雅婧 宋小卫 王添颢 袁　博 王弯弯 张天泉
沈　甜 林良伟 程　琦 沈　璐 刘　欣 李宏轩

法政系(共9人)

林子琳 何　一 孙兆辉 刘天骄 王艺雯 李　岩 吴　桅 任建慧
孔智璐

数理系(共8人)

顾　杰 尤祖寰 詹石岩 陈志华 高金宇 龚之珂 张正义 王艳玲

英语系(共1人)

张　怡

华北电力大学2014届志愿支援国家西部建设毕业生名单

（按姓氏笔画排序）

序号	姓名	性别	专业名称	生源地区	单位名称	单位所在地
1	梁基恒	男	材料科学与工程	广东省	神华国华广投（柳州）发电有限责任公司	广西柳州市
2	廖乃丞	男	材料科学与工程	广西壮族自治区	神华国华广投（北海）发电有限责任公司	广西北海市
3	吴照洪	男	材料科学与工程	广西壮族自治区	国投钦州发电有限公司	广西钦州市
4	饶承彪	男	材料科学与工程	贵州省	中国水电顾问集团贵阳勘测设计研究院	贵州省贵阳市
5	符旭	男	材料科学与工程	贵州省	大唐贵州发耳发电有限公司	贵州省六盘水市
6	张子炀	男	材料科学与工程	黑龙江省	中电投贵州金元集团股份有限公司习水发电厂	贵州省遵义市
7	陈龙	男	材料科学与工程	江西省	特变电工（德阳）电缆股份有限公司	四川省德阳市
8	马龙	男	材料科学与工程	宁夏回族自治区	宁夏永利电厂筹备处	宁夏银川市
9	田小林	男	材料科学与工程	宁夏回族自治区	宁夏国华宁东发电有限公司	宁夏灵武市
10	李育伟	男	材料科学与工程	青海省	青海中利光纤技术有限公司	青海省西宁市
11	许国正	男	材料科学与工程	新疆维吾尔自治区	新特能源股份有限公司	新疆乌鲁木齐市
12	雷雄俊	男	材料科学与工程	云南省	一汽通用红塔云南汽车制造有限公司	云南省曲靖市
13	周帆航	男	材料科学与工程	重庆市	华能重庆珞璜发电有限责任公司	重庆市江津区
14	刘晓妍	女	财务管理	甘肃省	国网甘肃省电力公司兰州供电公司	甘肃省兰州市
15	淳鋆瑶	女	财务管理	贵州省	遵义供电局	贵州省遵义市
16	永欣	女	财务管理	黑龙江省	中国建设银行股份有限公司重庆市分行	重庆市渝中区
17	康佳琪	女	财务管理	宁夏回族自治区	国网重庆市电力公司	重庆市渝中区
18	拉姆次仁	女	财务管理	西藏自治区	国网西藏电力有限公司	西藏拉萨市
19	陈玉洁	女	财务管理	西藏自治区	国网西藏电力有限公司	西藏拉萨市
20	王婷	女	财务管理	新疆维吾尔自治区	特变电工新疆新能源股份有限公司	新疆乌鲁木齐市
21	罗翔	男	财务管理	云南省	中国南方电网公司超高压输电公司大理局	云南省大理市
22	高大明	男	测控技术与仪器	甘肃省	神华国能宁夏煤电有限公司	宁夏银川市
23	卢鹏	男	测控技术与仪器	甘肃省	陕西华电安康发电有限公司	陕西省安康市
24	何溪	男	测控技术与仪器	广西壮族自治区	国投钦州发电有限公司	广西钦州市
25	仇福广	男	测控技术与仪器	内蒙古自治区	内蒙古蒙东能源有限公司	内蒙古呼伦贝尔市
26	景鹤冲	男	测控技术与仪器	内蒙古自治区	内蒙古蒙东能源有限公司	内蒙古呼伦贝尔市
27	白新	男	测控技术与仪器	内蒙古自治区	鄂尔多斯电业局	内蒙古鄂尔多斯市
28	陈瀚	男	测控技术与仪器	内蒙古自治区	鄂尔多斯电业局	内蒙古鄂尔多斯市
29	马楠	男	测控技术与仪器	宁夏回族自治区	华电宁夏灵武发电有限公司	宁夏灵武市
30	刘皎	男	测控技术与仪器	宁夏回族自治区	国网宁夏电力公司	宁夏银川市
31	刘晓云	男	测控技术与仪器	宁夏回族自治区	华电新疆发电有限公司	新疆乌鲁木齐市
32	宋茹雪	女	测控技术与仪器	青海省	南宁市净雪皇生物工程有限公司	广西南宁市
33	李昊	男	测控技术与仪器	陕西省	陕西华电安康发电有限公司	陕西省安康市
34	王子怡	女	测控技术与仪器	陕西省	陕西送变电工程公司	陕西省西安市

续表

序号	姓名	性别	专业名称	生源地区	单位名称	单位所在地
35	仁增罗布	男	测控技术与仪器	西藏自治区	国网西藏电力有限公司	西藏拉萨市
36	米尔萨力江·莫合塔尔	男	测控技术与仪器	新疆维吾尔自治区	特变电工股份有限公司	新疆昌吉市
37	刘博文	男	测控技术与仪器	新疆维吾尔自治区	国网新疆电力公司乌鲁木齐供电公司	新疆乌鲁木齐市
38	蒋金希	男	测控技术与仪器	重庆市	华能重庆两江燃机发电有限责任公司	重庆市北碚区
39	徐志强	男	测控技术与仪器	重庆市	华能重庆珞璜发电有限责任公司	重庆市江津区
40	郑建新	男	电力工程与管理	福建省	神华神东电力有限责任公司	陕西省神木县
41	李航	女	电力工程与管理	内蒙古自治区	国网通辽供电公司	内蒙古通辽市
42	王旭	女	电力工程与管理	内蒙古自治区	内蒙古电力(集团)有限责任公司锡林郭勒电业局	内蒙古锡林郭勒盟
43	马佐虎	男	电力工程与管理	宁夏回族自治区	特变电工股份有限公司新疆变压器厂	新疆昌吉市
44	赵修品	男	电力工程与管理	宁夏回族自治区	内蒙古电力(集团)有限责任公司乌海电业局	内蒙古乌海市
45	王元琛	男	电力工程与管理	青海省	国网青海省电力公司经济技术研究院	青海省西宁市
46	马倩芸	女	电力工程与管理	青海省	国网青海省电力公司西宁供电公司	青海省西宁市
47	李飞	男	电力工程与管理	山西省	内蒙古电力(集团)有限责任公司	内蒙古呼和浩特市
48	吴燕	女	电力工程与管理	新疆维吾尔自治区	中电投新疆能源化工集团有限责任公司	新疆乌鲁木齐市
49	李梦璐	女	电力工程与管理	新疆维吾尔自治区	苏新能源和丰有限公司	新疆塔城地区
50	刘波	男	电力工程与管理	云南省	中石油云南石化有限公司	云南省安宁市
51	脱勇	男	电气工程及其自动化	甘肃省	中国三峡新能源公司西北分公司	甘肃省兰州市
52	张宝童	男	电气工程及其自动化	甘肃省	国网甘肃省电力公司兰州供电公司	甘肃省兰州市
53	李静	女	电气工程及其自动化	甘肃省	国网白银供电公司	甘肃省白银市
54	甘荣	女	电气工程及其自动化	甘肃省	国网甘肃省电力公司兰州供电公司	甘肃省兰州市
55	周文锋	男	电气工程及其自动化	甘肃省	靖远煤业集团有限责任公司	甘肃省白银市
56	马维精	男	电气工程及其自动化	甘肃省	国网青海省电力公司西宁供电公司	青海省西宁市
57	张文瑜	男	电气工程及其自动化	甘肃省	国网四川省电力公司检修公司	四川省成都市
58	冉泽亮	男	电气工程及其自动化	甘肃省	国网甘肃省电力公司兰州供电公司	甘肃省兰州市
59	王兰婷	女	电气工程及其自动化	甘肃省	国网甘肃省电力公司兰州供电公司	甘肃省兰州市
60	陈海翔	男	电气工程及其自动化	甘肃省	国网甘肃省电力公司兰州供电公司	甘肃省兰州市
61	覃蕴华	男	电气工程及其自动化	广西壮族自治区	广西电网公司南宁供电局	广西南宁市
62	刘瑜	男	电气工程及其自动化	广西壮族自治区	广西电网公司崇左供电局	广西崇左市
63	李俊霖	男	电气工程及其自动化	广西壮族自治区	广西电网公司贵港供电局	广西贵港市
64	陈众	男	电气工程及其自动化	广西壮族自治区	广西电网公司南宁供电局	广西南宁市
65	苏哲靓	女	电气工程及其自动化	广西壮族自治区	广西电网大化供电公司	广西大化瑶族自治县
66	刘超逸	女	电气工程及其自动化	广西壮族自治区	广西电网公司南宁供电局	广西南宁市
67	黄飞	男	电气工程及其自动化	广西壮族自治区	广西电网公司崇左供电局	广西崇左市
68	范明琪	男	电气工程及其自动化	广西壮族自治区	广西电网公司南宁供电局	广西南宁市
69	廖俊华	男	电气工程及其自动化	广西壮族自治区	广西电网公司南宁供电局	广西南宁市

续表

序号	姓名	性别	专业名称	生源地区	单位名称	单位所在地
70	潘国熙	男	电气工程及其自动化	贵州省	贵州电网公司六盘水供电局	贵州省六盘水市
71	黄洪兴	女	电气工程及其自动化	贵州省	国网重庆市电力公司	重庆市渝中区
72	王睿	男	电气工程及其自动化	贵州省	国网重庆市电力公司	重庆市渝中区
73	谭震	男	电气工程及其自动化	贵州省	凯里供电局	贵州省凯里市
74	白胤游	男	电气工程及其自动化	贵州省	国网重庆市电力公司	重庆市渝中区
75	王翀	男	电气工程及其自动化	贵州省	贵州电网公司培训与评价中心	贵州省贵阳市
76	王雅晶	女	电气工程及其自动化	黑龙江省	国网通辽供电公司	内蒙古通辽市
77	王亚堃	男	电气工程及其自动化	吉林省	国网内蒙古东部电力有限公司赤峰供电公司	内蒙古赤峰市
78	索珩	男	电气工程及其自动化	内蒙古自治区	内蒙古电力(集团)有限责任公司包头供电局	内蒙古包头市
79	崔超然	女	电气工程及其自动化	内蒙古自治区	国网内蒙古东部电力有限公司电力科学研究院	内蒙古呼和浩特市
80	李宇鹏	男	电气工程及其自动化	内蒙古自治区	国网内蒙古东部电力有限公司赤峰供电公司	内蒙古赤峰市
81	迟典	男	电气工程及其自动化	内蒙古自治区	国网通辽供电公司	内蒙古通辽市
82	刘琦	女	电气工程及其自动化	内蒙古自治区	国网内蒙古东部电力有限公司电力科学研究院	内蒙古呼和浩特市
83	赵晓磊	男	电气工程及其自动化	内蒙古自治区	内蒙古电力(集团)有限责任公司包头供电局	内蒙古包头市
84	张琦	女	电气工程及其自动化	内蒙古自治区	国网通辽供电公司	内蒙古通辽市
85	孙贺	男	电气工程及其自动化	内蒙古自治区	内蒙古大唐国际托克托发电有限责任公司	内蒙古呼和浩特市
86	王昊	女	电气工程及其自动化	内蒙古自治区	国网内蒙古东部电力有限公司物资分公司	内蒙古呼和浩特市
87	王书行	男	电气工程及其自动化	内蒙古自治区	国网内蒙古东部电力有限公司赤峰供电公司	内蒙古赤峰市
88	尹海阔	男	电气工程及其自动化	内蒙古自治区	国网通辽供电公司	内蒙古通辽市
89	秦榛	男	电气工程及其自动化	内蒙古自治区	国网内蒙古东部电力有限公司赤峰供电公司	内蒙古赤峰市
90	吴怡宏	女	电气工程及其自动化	宁夏回族自治区	国网宁夏电力公司	宁夏银川市
91	王景波	男	电气工程及其自动化	宁夏回族自治区	国网宁夏电力公司	宁夏银川市
92	马利东	男	电气工程及其自动化	宁夏回族自治区	国网宁夏电力公司	宁夏银川市
93	吴阳	男	电气工程及其自动化	宁夏回族自治区	国网宁夏电力公司	宁夏银川市
94	刘峰	男	电气工程及其自动化	宁夏回族自治区	国网宁夏电力公司	宁夏银川市
95	马磊	男	电气工程及其自动化	宁夏回族自治区	国网宁夏电力公司	宁夏银川市
96	马楠	男	电气工程及其自动化	宁夏回族自治区	国网宁夏电力公司	宁夏银川市
97	金亚蓉	女	电气工程及其自动化	宁夏回族自治区	国网宁夏电力公司	宁夏银川市
98	赵明学	男	电气工程及其自动化	青海省	国网青海省电力公司海东供电公司	青海省海东市
99	桓芝栋	男	电气工程及其自动化	青海省	国网青海省电力公司西宁供电公司	青海省西宁市

续表

序号	姓名	性别	专业名称	生源地区	单位名称	单位所在地
100	刘成珐	男	电气工程及其自动化	青海省	国网青海省电力公司海东供电公司	青海省海东市
101	侯天录	男	电气工程及其自动化	青海省	国网青海省电力公司海东供电公司	青海省海东市
102	妥志鹏	男	电气工程及其自动化	青海省	国网青海省电力公司检修公司	青海省西宁市
103	段成斌	男	电气工程及其自动化	青海省	国网青海省电力公司海东供电公司	青海省海东市
104	胡梦琪	男	电气工程及其自动化	青海省	国网四川省电力公司自贡供电公司	四川省自贡市
105	杜昊波澜	女	电气工程及其自动化	青海省	国网青海省电力公司检修公司	青海省西宁市
106	薛瑞超	男	电气工程及其自动化	山西省	内蒙古电力(集团)有限责任公司	内蒙古呼和浩特市
107	常慧兵	男	电气工程及其自动化	陕西省	鄂尔多斯电业局	内蒙古鄂尔多斯市
108	刘宇航	男	电气工程及其自动化	陕西省	国网宁夏电力公司	宁夏银川市
109	成英强	男	电气工程及其自动化	陕西省	国网陕西省电力公司安康供电公司	陕西省安康市
110	贾博研	男	电气工程及其自动化	陕西省	国网陕西省电力公司西安供电公司	陕西省西安市
111	黄天相	男	电气工程及其自动化	陕西省	中国东方航空股份有限公司西北分公司	陕西省咸阳市
112	苏晨飞	男	电气工程及其自动化	陕西省	国网陕西省电力公司延安供电公司	陕西省延安市
113	范璞	男	电气工程及其自动化	陕西省	国网陕西省电力公司西安供电公司	陕西省西安市
114	任利岗	男	电气工程及其自动化	陕西省	内蒙古电力(集团)有限责任公司包头供电局	内蒙古包头市
115	白婷婷	男	电气工程及其自动化	陕西省	国网陕西省电力公司榆林供电公司	陕西省榆林市
116	张晓宇	男	电气工程及其自动化	陕西省	国网宁夏电力公司	宁夏银川市
117	王林娜	女	电气工程及其自动化	陕西省	国网陕西省电力公司西安供电公司	陕西省西安市
118	倪可彬	男	电气工程及其自动化	陕西省	国网陕西省电力公司西安供电公司	陕西省西安市
119	刘卫东	男	电气工程及其自动化	四川省	国网四川省电力公司宜宾供电公司	四川省宜宾市
120	余洁琦	女	电气工程及其自动化	四川省	国网四川省电力公司成都供电公司	四川省成都市
121	游丹	女	电气工程及其自动化	四川省	国网四川省电力公司绵阳供电公司	四川省绵阳市
122	王浩宇	男	电气工程及其自动化	四川省	国网四川省电力公司绵阳供电公司	四川省绵阳市
123	肖撒	男	电气工程及其自动化	四川省	国网重庆市电力公司	重庆市渝中区
124	邓攀	男	电气工程及其自动化	四川省	国网四川省电力公司眉山供电公司	四川省眉山市
125	蒋程西	男	电气工程及其自动化	四川省	国网四川省电力公司成都供电公司	四川省成都市
126	白珍	女	电气工程及其自动化	西藏自治区	国网西藏电力有限公司	西藏拉萨市
127	瓦里斯·木天鲁夫	男	电气工程及其自动化	新疆维吾尔自治区	国网新疆电力公司乌鲁木齐供电公司	新疆乌鲁木齐市
128	赵薇	女	电气工程及其自动化	新疆维吾尔自治区	国网新疆电力公司奎屯供电公司	新疆奎屯市
129	王润年	男	电气工程及其自动化	新疆维吾尔自治区	国网新疆电力公司电力科学研究院	新疆乌鲁木齐市
130	刘银河	男	电气工程及其自动化	新疆维吾尔自治区	国网新疆电力公司昌吉供电公司	新疆昌吉市
131	吴东方	男	电气工程及其自动化	新疆维吾尔自治区	国网新疆电力公司检修公司	新疆阜康市
132	吴建伦	男	电气工程及其自动化	新疆维吾尔自治区	国网新疆电力公司乌鲁木齐供电公司	新疆乌鲁木齐市
133	曹峰	男	电气工程及其自动化	新疆维吾尔自治区	国网重庆市电力公司	重庆市渝中区
134	白海龙	男	电气工程及其自动化	新疆维吾尔自治区	中国石油天然气股份有限公司塔里木油田分公司	新疆库尔勒市
135	姜之栋	男	电气工程及其自动化	新疆维吾尔自治区	国网新疆电力公司乌鲁木齐供电公司	新疆乌鲁木齐市
136	张滢	女	电气工程及其自动化	云南省	云南电网公司大理供电局	云南省大理市

续表

序号	姓名	性别	专业名称	生源地区	单位名称	单位所在地
137	段燕青	男	电气工程及其自动化	云南省	云南电网公司昆明供电局	云南省昆明市
138	刘海钢	男	电气工程及其自动化	云南省	云南电网公司曲靖供电局	云南省曲靖市
139	王庸道	男	电气工程及其自动化	云南省	云南电网公司玉溪供电局	云南省玉溪市
140	陶泓锐	男	电气工程及其自动化	云南省	云南电网公司昆明供电局	云南省昆明市
141	李卓然	男	电气工程及其自动化	云南省	云南电网公司物流服务中心	云南省昆明市
142	刘超	男	电气工程及其自动化	云南省	云南电网公司红河供电局	云南省蒙自市
143	陈志	男	电气工程及其自动化	云南省	云南电网公司红河供电局	云南省蒙自市
144	李浩洋	男	电气工程及其自动化	云南省	云南电网公司大理供电局	云南省大理市
145	李芳	女	电气工程及其自动化	云南省	云南电网公司大理供电局	云南省大理市
146	谢晋	男	电气工程及其自动化	重庆市	国网重庆市电力公司	重庆市渝中区
147	万子豪	男	电气工程及其自动化	重庆市	国网重庆市电力公司	重庆市渝中区
148	周瑜	男	电气工程及其自动化	重庆市	国网重庆市电力公司	重庆市渝中区
149	钟国龙	男	电气工程及其自动化	重庆市	国网重庆市电力公司	重庆市渝中区
150	郭蓓	女	电气工程及其自动化	重庆市	重庆市电力公司	重庆市渝中区
151	杨挺	男	电气工程及其自动化	重庆市	国网重庆市电力公司	重庆市渝中区
152	马玉虎	男	电子科学与技术	宁夏回族自治区	特变电工股份有限公司新疆变压器厂	新疆昌吉市
153	芦娟	女	电子科学与技术	新疆维吾尔自治区	特变电工股份有限公司新疆变压器厂	新疆昌吉市
154	魏敏	女	电子科学与技术	云南省	云南电网公司曲靖供电局	云南省曲靖市
155	王正光	男	电子科学与技术	云南省	红塔烟草(集团)有限责任公司	云南省玉溪市
156	刘涛	男	电子科学与技术	重庆市	重庆京东方光电科技有限公司	重庆市北碚区
157	林旭明	男	电子信息工程	甘肃省	国网临夏供电公司	甘肃省临夏市
158	蒋基利	女	电子信息工程	广西壮族自治区	中国联合网络通信集团有限公司桂林市分公司	广西桂林市
159	杨得智	男	电子信息工程	青海省	中国移动通信集团设计院有限公司新疆分公司	新疆乌鲁木齐市
160	马智超	男	电子信息工程	新疆维吾尔自治区	国网新疆电力公司昌吉供电公司	新疆昌吉市
161	张子敬	男	风能与动力工程	甘肃省	甘肃省水利水电勘测设计研究院	甘肃省兰州市
162	张宏进	男	风能与动力工程	甘肃省	宁夏大唐国际新能源有限公司	宁夏银川市
163	张勇杰	男	风能与动力工程	甘肃省	甘肃龙源风力发电有限公司	甘肃省兰州市
164	包善宇	男	风能与动力工程	内蒙古自治区	龙源内蒙古风力发电有限公司	内蒙古呼和浩特市
165	马小燕	女	风能与动力工程	宁夏回族自治区	宁夏国华宁东发电有限公司	宁夏灵武市
166	程浩	男	风能与动力工程	青海省	黄河上游水电开发有限责任公司	青海省西宁市
167	黄心浩	男	风能与动力工程	陕西省	西安佳阳新特能源有限公司	陕西省西安市
168	王世全	男	风能与动力工程	四川省	中船重工(重庆)海装风电设备有限公司	重庆市渝北区
169	白玛央金	女	风能与动力工程	西藏自治区	国网西藏电力有限公司	西藏拉萨市
170	马晓俊	男	风能与动力工程	新疆维吾尔自治区	特变电工新疆新能源股份有限公司	新疆乌鲁木齐市
171	毛小江	男	风能与动力工程	新疆维吾尔自治区	特变电工新疆新能源股份有限公司	新疆乌鲁木齐市
172	李鹏	男	风能与动力工程	新疆维吾尔自治区	中国长江三峡集团公司	四川省成都市
173	开沙日·克依木	男	风能与动力工程	新疆维吾尔自治区	中国三峡新能源公司新疆分公司	新疆乌鲁木齐市

续表

序号	姓名	性别	专业名称	生源地区	单位名称	单位所在地
174	马凤林	男	风能与动力工程	新疆维吾尔自治区	大唐新疆发电有限公司	新疆乌鲁木齐市
175	张帆宇	男	风能与动力工程	云南省	云南华电朵古风力发电有限公司	云南省昆明市
176	杨舒尧	女	风能与动力工程	云南省	中国大唐集团公司云南分公司	云南省昆明市
177	白恒敬	男	风能与动力工程	云南省	华润新能源（容县）风能有限责任公司	云南省昆明市
178	王加慧	女	风能与动力工程	云南省	华润新能源（容县）风能有限责任公司	云南省昆明市
179	朱建阳	男	风能与动力工程	重庆市	中船重工（重庆）海装风电设备有限公司	重庆市渝北区
180	龙宏希	男	工程管理	北京市	广西电网公司电网建设分公司	广西南宁市
181	安智彦	男	工程管理	广西壮族自治区	广西送变电建设公司	广西南宁市
182	邓声权	男	工程管理	贵州省	贵阳供电局	贵州省贵阳市
183	张垚	男	工程管理	江西省	中国长江三峡集团公司	四川省成都市
184	崔永伟	男	工程管理	宁夏回族自治区	华电宁夏灵武发电有限公司	宁夏灵武市
185	阿旺	男	工程管理	西藏自治区	国网西藏电力有限公司	西藏拉萨市
186	刘伶	女	工商管理	西藏自治区	特变电工（德阳）电缆股份有限公司	四川省德阳市
187	叶尔兰·色尔克	男	工商管理	新疆维吾尔自治区	中国移动通信集团新疆有限公司	新疆乌鲁木齐市
188	郭朋杰	男	工商管理	云南省	天职（北京）国际工程项目管理有限公司云南分公司	云南省昆明市
189	董钊	男	公共事业管理	云南省	中国银行股份有限公司云南省分行	云南省昆明市
190	黄瑾	女	国际经济与贸易	广西壮族自治区	中国建设银行股份有限公司广西壮族自治区分行南宁城区支行	广西南宁市
191	孙洋	女	汉语言文学	黑龙江省	中国南方电网有限责任公司超高压输电公司曲靖局	云南省曲靖市
192	邱小鹏	男	汉语言文学	江西省	西藏日喀则地区人力资源和社会保障局	西藏日喀则市
193	陈洋	男	核工程与核技术	广西壮族自治区	南宁市新桂环保技术咨询有限公司	广西南宁市
194	赖伟成	男	核工程与核技术	广西壮族自治区	广西防城港核电有限公司	广西防城港市
195	姚安宁	女	核工程与核技术	河北省	广西防城港核电有限公司	广西防城港市
196	孙伟	男	核工程与核技术	山东省	广西防城港核电有限公司	广西防城港市
197	金柏安	男	核工程与核技术	陕西省	大唐韩城第二发电有限责任公司	陕西省韩城市
198	方燕飞	男	核工程与核技术	云南省	中电投远达环保工程有限公司	重庆市北碚区
199	罗腾	男	会计学	广西壮族自治区	广西建行来宾分行	广西来宾市
200	赵洁	女	会计学	贵州省	交通银行股份有限公司贵州省分行	贵州省贵阳市
201	彭筱胤	女	会计学	贵州省	中国民生银行贵阳分行	贵州省贵阳市
202	汪若兰	女	会计学	贵州省	贵阳供电局	贵州省贵阳市
203	邢良玉	女	会计学	陕西省	国网陕西电力公司宝鸡供电公司	陕西省宝鸡市
204	赵琳	女	会计学	陕西省	大唐陕西发电有限公司灞桥热电厂	陕西省西安市
205	陈文飞	男	会计学	云南省	华润电力（贵州）煤电一体化有限公司	贵州省贵阳市
206	张莹怡	女	会计学	云南省	晋宁供电有限公司	云南省晋宁县
207	王守武	男	机械工程及自动化	甘肃省	中电国际新能源控股有限公司西北分公司	甘肃省酒泉市
208	马小安	男	机械工程及自动化	宁夏回族自治区	宁夏中宁发电有限责任公司	宁夏中卫市

续表

序号	姓名	性别	专业名称	生源地区	单位名称	单位所在地
209	豆疆鹏	男	机械工程及自动化	新疆维吾尔自治区	新特能源股份有限公司	新疆乌鲁木齐市
210	吴丽荣	女	计算机科学与技术	广西壮族自治区	浦北供电公司	广西浦北县
211	王玉辉	男	计算机科学与技术	贵州省	贵州电网公司培训与评价中心	贵州省贵阳市
212	叶文杰	男	计算机科学与技术	内蒙古自治区	国网内蒙古东部电力有限公司赤峰供电公司	内蒙古赤峰市
213	周震	男	计算机科学与技术	青海省	中国联合网络通信有限公司青海省分公司	青海省西宁市
214	黄一洋	男	计算机科学与技术	四川省	国网四川省电力公司绵阳供电公司	四川省绵阳市
215	扎西罗布	男	计算机科学与技术	西藏自治区	国网西藏电力有限公司	西藏拉萨市
216	魏东	男	建筑环境与设备工程	新疆维吾尔自治区	新特能源股份有限公司	新疆乌鲁木齐市
217	李杨江	男	建筑环境与设备工程	云南省	中国水利水电第十四工程局有限公司	云南省昆明市
218	雷佳洁	女	金融学	甘肃省	国网甘肃省电力公司平凉供电公司	甘肃省平凉市
219	冯乐为	男	金融学	陕西省	陕西重型汽车有限公司	陕西省西安市
220	陈玉斌	男	金融学	云南省	中国水利水电第十四工程局有限公司	云南省昆明市
221	杜亚轩	女	劳动与社会保障	江苏省	西藏自治区公务员局	西藏拉萨市
222	格桑德吉	女	劳动与社会保障	西藏自治区	中国银行西藏分行	西藏拉萨市
223	宋世巍	男	劳动与社会保障	重庆市	中国水电建设集团四川电力开发有限公司	四川省成都市
224	唐金燕	女	能源工程及自动化	海南省	中国水电顾问集团贵阳勘测设计研究院	贵州省贵阳市
225	韩超	男	能源工程及自动化	新疆维吾尔自治区	塔西南勘探开发公司	新疆泽普县
226	徐建鹏	男	热能与动力工程	甘肃省	靖远煤业集团有限责任公司	甘肃省白银市
227	张鑫	男	热能与动力工程	甘肃省	神华神东电力有限责任公司	陕西省神木县
228	张亚雄	男	热能与动力工程	甘肃省	靖远煤业集团有限责任公司	甘肃省白银市
229	雷润苗	男	热能与动力工程	甘肃省	大唐彬长发电有限责任公司	陕西省咸阳市
230	廖飞	男	热能与动力工程	广西壮族自治区	国电南宁发电有限责任公司	广西南宁市
231	刘海浪	男	热能与动力工程	贵州省	大唐贵州发耳发电有限公司	贵州省六盘水市
232	杨和丹	女	热能与动力工程	贵州省	四川川锅锅炉有限责任公司	四川省成都市
233	蒙大波	男	热能与动力工程	贵州省	贵州乌江水电开发有限责任公司	贵州省贵阳市
234	伍海英	女	热能与动力工程	海南省	国投钦州发电有限公司	广西钦州市
235	张红亮	男	热能与动力工程	江西省	神华神东电力有限责任公司	陕西省榆林市
236	张洪伟	男	热能与动力工程	辽宁省	内蒙古京能盛乐热电有限公司	内蒙古呼和浩特市
237	宋泽	男	热能与动力工程	内蒙古自治区	内蒙古大唐国际托克托发电有限责任公司	内蒙古呼和浩特市
238	李国粹	男	热能与动力工程	内蒙古自治区	内蒙古大唐国际托克托发电有限责任公司	内蒙古呼和浩特市
239	孙伟立	男	热能与动力工程	内蒙古自治区	内蒙古大唐国际托克托发电有限责任公司	内蒙古呼和浩特市
240	杨成	男	热能与动力工程	宁夏回族自治区	宁夏枣泉发电有限责任公司	宁夏银川市
241	胡宇祥	男	热能与动力工程	宁夏回族自治区	华电宁夏灵武发电有限公司	宁夏灵武市
242	闫吉东	男	热能与动力工程	宁夏回族自治区	华电宁夏永利电厂	宁夏银川市

续表

序号	姓名	性别	专业名称	生源地区	单位名称	单位所在地
243	马玉英	女	热能与动力工程	宁夏回族自治区	宁夏枣泉发电有限责任公司	宁夏银川市
244	李鑫	男	热能与动力工程	宁夏回族自治区	宁夏枣泉发电有限责任公司	宁夏银川市
245	周云涛	男	热能与动力工程	宁夏回族自治区	宁夏枣泉发电有限责任公司	宁夏银川市
246	何晨鹏	男	热能与动力工程	青海省	黄河上游水电开发有限责任公司	青海省西宁市
247	王永久	男	热能与动力工程	青海省	黄河上游水电开发有限责任公司	青海省西宁市
248	冶丽红	女	热能与动力工程	青海省	黄河上游水电开发有限责任公司	青海省西宁市
249	王杰	男	热能与动力工程	青海省	黄河上游水电开发有限责任公司	青海省西宁市
250	翟德乐	男	热能与动力工程	山东省	神华神东电力有限责任公司	陕西省神木县
251	邢军	男	热能与动力工程	山西省	内蒙古大唐国际托克托发电有限责任公司	内蒙古呼和浩特市
252	吴佳	女	热能与动力工程	山西省	神华神东电力有限责任公司	陕西省神木县
253	徐龙发	男	热能与动力工程	陕西省	大唐彬长发电有限责任公司	陕西省咸阳市
254	贺海鹏	男	热能与动力工程	陕西省	陕西国华锦界能源有限责任公司	陕西省神木县
255	焦翔宇	男	热能与动力工程	陕西省	广西防城港核电有限公司	广西防城港市
256	王大滨	男	热能与动力工程	四川省	华能重庆两江燃机发电有限责任公司	重庆市北碚区
257	沈思宇	男	热能与动力工程	四川省	华能重庆两江燃机发电有限责任公司	重庆市北碚区
258	尹恒	男	热能与动力工程	四川省	重庆合川发电有限责任公司	重庆市合川区
259	唐鹏	男	热能与动力工程	四川省	华能重庆珞璜发电有限责任公司	重庆市江津区
260	郑雅琴	女	热能与动力工程	四川省	东方电气集团东方锅炉股份有限公司	四川省自贡市
261	马惠雯	女	热能与动力工程	西藏自治区	国电成都金堂发电有限责任公司	四川省成都市
262	巴特力别克·阿托木江	男	热能与动力工程	新疆维吾尔自治区	中国神华煤制油化工有限公司新疆煤化工分公司	新疆乌鲁木齐市
263	马小军	男	热能与动力工程	新疆维吾尔自治区	大唐新疆发电有限公司	新疆乌鲁木齐市
264	王飞	男	热能与动力工程	新疆维吾尔自治区	新特能源股份有限公司	新疆乌鲁木齐市
265	丁一	男	热能与动力工程	云南省	云南电力技术有限责任公司	云南省昆明市
266	潘广丽	女	热能与动力工程	云南省	大唐贵州发耳发电有限公司	贵州省六盘水市
267	宁显明	男	热能与动力工程	云南省	华能云南滇东能源有限责任公司滇东电厂	云南省曲靖市
268	海美旭	男	热能与动力工程	云南省	国电阳宗海发电有限公司	云南省昆明市
269	王珂	男	热能与动力工程	重庆市	华能重庆珞璜发电有限责任公司	重庆市江津区
270	秦铭堋	男	热能与动力工程	重庆市	华能重庆珞璜发电有限责任公司	重庆市江津区
271	贾鑫亮	男	人力资源管理	山西省	华能重庆珞璜发电有限责任公司	重庆市江津区
272	张玉锦	女	人力资源管理	新疆维吾尔自治区	国网新疆塔城供电有限责任公司	新疆塔城市
273	张正波	男	人力资源管理	云南省	国网新疆电力公司奎屯供电公司	新疆奎屯市
274	黎军保	男	软件工程	甘肃省	成都交大许继电气有限责任公司	四川省成都市
275	陈肖成	男	软件工程	海南省	鲁布革水力发电厂	云南省罗平县
276	王小波	男	软件工程	宁夏回族自治区	中国银行宁夏分行	宁夏银川市
277	陈晨	男	软件工程	西藏自治区	西藏银行股份有限公司	西藏拉萨市
278	艾力夏提·艾麦尔	男	软件工程	新疆维吾尔自治区	中国移动通信集团新疆有限公司	新疆乌鲁木齐市

续表

序号	姓名	性别	专业名称	生源地区	单位名称	单位所在地
279	王少阳	男	市场营销	河北省	内蒙古电力(集团)有限责任公司	内蒙古呼和浩特市
280	马晓蓉	女	市场营销	青海省	中国联合网络通信有限公司青海省分公司	青海省西宁市
281	王俊龙	男	市场营销	山西省	特变电工股份有限公司新疆线缆厂	新疆昌吉市
282	郑好	男	市场营销	四川省	国网四川省电力公司德阳供电公司	四川省德阳市
283	浦绍思	男	市场营销	云南省	中交第二航务工程局有限公司	云南省昆明市
284	农一铭	男	水利水电工程	广西壮族自治区	广西水电工程局	广西南宁市
285	何松	男	水利水电工程	贵州省	黔南布依族苗族自治州水利局	贵州省黔南布依族苗族自治州
286	文燕	女	水利水电工程	贵州省	贵州建工集团有限公司	贵州省贵阳市
287	袁小媛	女	水利水电工程	黑龙江省	中国大唐集团公司广西分公司	广西南宁市
288	马飞	男	水利水电工程	宁夏回族自治区	武威市人力资源和社会保障局	甘肃省武威市
289	张捷	男	水利水电工程	青海省	黄河上游水电开发有限责任公司	青海省西宁市
290	王雪玲	女	水利水电工程	四川省	国电大渡河流域水电开发有限公司	四川省成都市
291	王林韬	男	水利水电工程	西藏自治区	四川华电西溪河水电开发有限公司	四川省成都市
292	郑裕川	男	水利水电工程	新疆维吾尔自治区	中电投新疆能源化工集团有限责任公司	新疆乌鲁木齐市
293	邵森斌	男	水利水电工程	新疆维吾尔自治区	新疆额尔齐斯河流域开发工程建设管理局	新疆乌鲁木齐市
294	矣俊泷	男	水利水电工程	云南省	华能澜沧江水电有限公司	云南省昆明市
295	袁溯	男	水利水电工程	云南省	华能澜沧江水电有限公司	云南省昆明市
296	王顺波	男	水利水电工程	云南省	华能澜沧江水电有限公司	云南省昆明市
297	唐紫君	女	水文与水资源工程	广西壮族自治区	中国大唐集团公司广西分公司	广西南宁市
298	王丙玉	男	水文与水资源工程	青海省	黄河上游水文水资源局	甘肃省兰州市
299	段其新	男	水文与水资源工程	云南省	云南驰宏锌锗股份有限公司	云南省曲靖市
300	朱雯雁	女	通信工程	陕西省	中国联合网络通信有限公司咸阳市分公司	陕西省咸阳市
301	朗杰益西	男	通信工程	西藏自治区	国网西藏电力有限公司	西藏拉萨市
302	李秀娟	女	通信工程	云南省	中国移动通信集团云南有限公司	云南省昆明市
303	罗晓航	男	通信工程	云南省	中国南方电网有限责任公司超高压输电公司大理局	云南省大理市
304	梁诗晨	女	通信工程	重庆市	国网重庆市电力公司	重庆市渝中区
305	秦骁	男	通信工程	重庆市	国网重庆市电力公司	重庆市渝中区
306	皮成武	男	物流管理	贵州省	安顺供电局	贵州省安顺市
307	蔡义猛	男	物流管理	河北省	特变电工股份有限公司新疆变压器厂	新疆昌吉市
308	潘照旺	男	物流管理	重庆市	重庆京东方光电科技有限公司	重庆市北碚区
309	赵明乾	男	信息安全	青海省	中国移动通信集团青海有限公司	青海省西宁市
310	王少鹏	男	信息安全	新疆维吾尔自治区	特变电工股份有限公司新疆变压器厂	新疆昌吉市
311	石林鑫	男	信息安全	重庆市	国网重庆市电力公司	重庆市渝中区
312	薛进财	男	信息与计算科学	宁夏回族自治区	国网宁夏电力公司	宁夏银川市
313	马海魂	男	信息与计算科学	青海省	中信银行股份有限公司西宁分行	青海省西宁市

续表

序号	姓名	性别	专业名称	生源地区	单位名称	单位所在地
314	赵新川	男	信息与计算科学	新疆维吾尔自治区	特变电工新疆新能源股份有限公司	新疆乌鲁木齐市
315	张亚洁	女	行政管理	贵州省	贵州银行股份有限公司	贵州省贵阳市
316	李晶晶	女	行政管理	宁夏回族自治区	中国移动通信集团宁夏有限公司	宁夏银川市
317	黄冰	男	应用化学	广西壮族自治区	国投北部湾发电有限公司	广西北海市
318	詹新媛	女	应用化学	宁夏回族自治区	宁夏枣泉发电有限责任公司	宁夏银川市
319	韩昌文	男	应用化学	青海省	宁夏枣泉发电有限责任公司	宁夏银川市
320	杨璞颖	女	英语	四川省	西安英之辅语言培训中心	陕西省西安市
321	秦华仙	女	英语	重庆市	特变电工(德阳)电缆股份有限公司	四川省德阳市
322	贾旭	男	自动化	甘肃省	国电电力酒泉发电有限公司	甘肃省酒泉市
323	李振丞	男	自动化	广西壮族自治区	神华国华广投(北海)发电有限责任公司	广西北海市
324	陈文亚	女	自动化	贵州省	大唐贵州发耳发电有限公司	贵州省六盘水市
325	杨崇品	男	自动化	贵州省	铜仁供电局	贵州省铜仁市
326	冯庆宇	男	自动化	黑龙江省	内蒙古电力(集团)有限责任公司乌海电业局	内蒙古乌海市
327	王宁	男	自动化	内蒙古自治区	鄂尔多斯电业局	内蒙古鄂尔多斯市
328	王伟岩	男	自动化	内蒙古自治区	内蒙古电力(集团)有限责任公司锡林郭勒电业局	内蒙古锡林浩特市
329	佟昕	男	自动化	内蒙古自治区	通辽市开鲁县农电局	内蒙古通辽市
330	刘玉婷	女	自动化	宁夏回族自治区	宁夏永利电厂筹备处	宁夏银川市
331	刘成忠	男	自动化	青海省	黄河上游水电开发有限责任公司	青海省西宁市
332	肖睿	女	自动化	青海省	陕西华电安康发电有限公司	陕西省安康市
333	王杰玉	女	自动化	陕西省	神华神东电力有限责任公司	陕西省神木县
334	桑珠	男	自动化	西藏自治区	国网西藏电力有限公司	西藏拉萨市
335	木特力甫·买海克	男	自动化	新疆维吾尔自治区	华电新疆发电有限公司	新疆乌鲁木齐市
336	买买提吐逊·阿不都卡地尔	男	自动化	新疆维吾尔自治区	华电新疆发电有限公司	新疆乌鲁木齐市
337	秦河	男	自动化	新疆维吾尔自治区	大唐新疆发电有限公司	新疆乌鲁木齐市
338	张靖凯	男	自动化	云南省	红云红河烟草(集团)有限责任公司曲靖卷烟厂	云南省曲靖市
339	王博	男	自动化	重庆市	中船重工(重庆)海装风电设备有限公司	重庆市渝北区

华北电力大学2014级新生入学成绩优秀奖获得者名单

（北京校部）

省份	姓名	科类	省份	姓名	科类
安徽	刁春燕	理工类	江苏	王少杰	理工类
	许珍珍	文史类		杨　洁	文史类
北京	沈金乙	理工类	江西	黎长青	理工类
	蒙歌莉莎	理工类		高燕妮	文史类
	曹祎铭	文史类	辽宁	孙晨茜	理工类
福建	黄俊逸	理工类		迟焱淼	文史类
	卓珑裕	文史类	内蒙古	庞俊成	理工类
甘肃	景　波	理工类		郭　畅	文史类
	齐国燕	文史类	宁夏	杨宏杰	理工类
广东	高　琦	理工类		马小梅	文史类
	卢子聪	理工类	青海	张宏瑞	理工类
	蔡秋怡	文史类		赵文艳	文史类
	蒲春燕	文史类	山西	刘大炜	理工类
广西	刘志立	理工类		王　琦	文史类
	周上人	文史类		庚　晨	文史类
贵州	宋泽恩	理工类	陕西	李佳婧	理工类
	潘　静	文史类		周卓亚	文史类
海南	陈洁鸣	理工类	上海	苏　彤	理工类
	林学銮	文史类		易　品	文史类
河北	刘云阳	理工类	四川	李幸芝	理工类
	王月莹	文史类		庞　博	文史类
	董玉洁	文史类	天津	许泽东	理工类
河南	王　戈	理工类		刘晓宇	文史类
	杨舒婷	文史类		刘　丹	文史类
	吴韵歌	文史类		赵泽尘	文史类
黑龙江	艾书宇	理工类	西藏	程　博	理工类
	杨欣怡	文史类		舒　馨	文史类
湖北	赵广睿	理工类	新疆	韩书培	理工类
	杨　硕	文史类		何　心	文史类
湖南	成　航	理工类	云南	胡长骁	理工类
	胡　烨	文史类		姚美暄	文史类
吉林	李广萍	理工类	浙江	周天寰	理工类
	李昭颖	文史类		黄雯霞	文史类
山东	单俊儒	理工类	重庆	王延浩	理工类
	唐　悦	理工类		杨馥菊	文史类
	于文文	文史类			

（保定校区）

省份	姓名	科类	省份	姓名	科类
安徽	罗世豪	理工类	江西	黄金山	理工类
	陶宁致	文史类		杨牧原	理工类
北京	金鸿宇	理工类		康群苑	文史类
	黄瑛婷	文史类	辽宁	商万庆	理工类
福建	邹振平	理工类		林晨浩	理工类
	詹　文	理工类		胡子慧	文史类
	林云娗	文史类	内蒙古	丁　星	理工类
甘肃	黄子平	理工类		秦泽宇	理工类
广东	韦　岸	理工类		赵茹萱	文史类
广西	李星耀	理工类	宁夏	申书豪	理工类
	王鹏辉	理工类		陈文军	理工类
	覃春晖	文史类		龙　涛	文史类
贵州	陈永杰	理工类	青海	孙　瑞	理工类
	张亚当	理工类		李延昕	理工类
	任　标	文史类		李昱洁	文史类
海南	张　鹏	理工类	山东	赵志涵	理工类
河北	付静柔	理工类		王子玄	文史类
	崔子豪	理工类		张羽西	文史类
	曹　正	文史类	山西	郝一帆	理工类
河南	李　毅	理工类		刘小羽	文史类
	李　申	文史类	陕西	张天娇	理工类
黑龙江	刘继兴	理工类		郭权鹏	理工类
	何　心	理工类		张颖杰	文史类
	吴　爽	文史类	天津	孟　雪	理工类
湖北	华文桓	理工类		袁　轩	理工类
	闫雪姣	文史类		徐佳伟	文史类
湖南	周俊宇	理工类	新疆	王　琪	理工类
	廖泽华	理工类		晋绍珲	理工类
	陈　玲	文史类		齐瑞霞	文史类
上海	王　政	理工类	云南	段云贵	理工类
吉林	刘天毅	理工类		朱兴强	理工类
	桑雨柔	理工类		安亚琴	文史类
	黄文毓	文史类	浙江	朱存远	理工类
江苏	史乐旻	理工类		马昕媛	文史类
四川	朱云涛	理工类	重庆	张寄东	理工类
西藏	岳海斌	理工类		刘　樟	文史类

华北电力大学2014年学生科研获奖情况一览表

（北京校部）

获奖级别	获奖名称
国家级	北回归线爱心协会公益创业书获2014“创青春”全国大学生创业大赛一等奖
国家级	北京普瑞思科技有限责任公司获2014“创青春”全国大学生创业大赛二等奖
国家级	北京丹普法莫物联网科技有限责任公司获2014“创青春”全国大学生创业大赛三等奖
省部级	北京普瑞思科技有限责任公司获2014“创青春”首都大学生创业大赛一等奖
省部级	北京丹普法莫物联网科技有限责任公司获2014“创青春”首都大学生创业大赛二等奖
省部级	小广告清理助手获2014“创青春”首都大学生创业大赛二等奖
省部级	北京绿菓环保酵素有限责任公司获2014“创青春”首都大学生创业大赛二等奖
省部级	格润有机餐饮有限责任公司获2014“创青春”首都大学生创业大赛三等奖
省部级	羲和光导有限责任公司获2014“创青春”首都大学生创业大赛二等奖
省部级	华明电气设备有限公司获2014“创青春”首都大学生创业大赛二等奖
省部级	北回归线爱心协会公益创业书获2014“创青春”首都大学生创业大赛三等奖
省部级	长征之光绿色能源促进会获2014“创青春”首都大学生创业大赛三等奖

（保定校区）

获奖级别	获奖名称
国家级	莱维油嘴有限责任公司获2014“创青春”全国大学生创业大赛第九届“挑战杯”银奖
国家级	基于3D可视服务的心e家网络平台获2014“创青春”全国大学生创业大赛移动互联网创业专项赛铜奖
省部级	莱维油嘴有限责任公司获2014年“创青春”河北省大学生创业大赛特等奖
省部级	河北腾达科技有限责任公司获2014年“创青春”河北省大学生创业大赛特等奖
省部级	绿雅空气净化有限公司获2014年“创青春”河北省大学生创业大赛特等奖
省部级	聚信环保化工科技有限责任公司获2014年“创青春”河北省大学生创业大赛特等奖
省部级	iLife创意智能家居有限公司获2014年“创青春”河北省大学生创业大赛一等奖
省部级	节达电梯有限责任公司获2014年“创青春”河北省大学生创业大赛一等奖
省部级	熠星微型逆变器科技有限责任公司获2014年“创青春”河北省大学生创业大赛一等奖
省部级	绿缘增强型复合绝缘子有限责任公司2014年“创青春”河北省大学生创业大赛一等奖
省部级	中国捷科特种机器人有限公司2014年“创青春”河北省大学生创业大赛一等奖
省部级	家“育”护“小”，助力女性2014年“创青春”河北省大学生创业大赛二等奖
省部级	格瑞特洗衣机能量回收装置有限责任公司2014年“创青春”河北省大学生创业大赛二等奖
省部级	朗清空气除尘设备有限责任公司2014年“创青春”河北省大学生创业大赛二等奖
省部级	华安电气有限责任公司2014年“创青春”河北省大学生创业大赛二等奖
省部级	保定华舟商贸有限责任公司2014年“创青春”河北省大学生创业大赛二等奖
省部级	华创之星——新型公交平台2014年“创青春”河北省大学生创业大赛二等奖
省部级	达达电器有限责任公司2014年“创青春”河北省大学生创业大赛三等奖
省部级	心e家网络科技有限公司2014年“创青春”河北省大学生创业大赛三等奖
省部级	“玉兰花”空巢老人爱心公益创业项目2014年“创青春”河北省大学生创业大赛三等奖
省部级	“蔚爱童行”公益创业项目2014年“创青春”河北省大学生创业大赛三等奖
省部级	G速扫描枪有限责任公司2014年“创青春”河北省大学生创业大赛三等奖

华北电力大学2014年学生学科竞赛获奖情况一览表

（北京校部）

竞赛名称	获奖级别	获奖等级	获奖队数
全国大学生数学建模与计算机应用竞赛	国家级	特等奖	0
		一等奖	2
		二等奖	5
		三等奖	87
	北京市	一等奖	7
	北京市	二等奖	22
美国大学生数学建模竞赛	国际	一等奖	8
		二等奖	35
北京市大学生电子设计竞赛	北京市	一等奖	2
		二等奖	6
		三等奖	8
第七届全国大学生节能减排社会实践与科技竞赛	国家级	一等奖	1
		二等奖	1
		三等奖	6
第九届全国大学生“飞思卡尔”杯智能汽车竞赛	国家级	三等奖	3
ACM－国际大学生程序竞赛	亚洲	铜牌	1
北京市大学生第七届物理实验竞赛	北京市	二等奖	3
		三等奖	2
第六届大学生广告设计大赛	国家级	一等奖	1
	国家级	二等级	1
	北京市	银奖	5
	北京市	铜奖	3
第五届北京市大学生模拟法庭竞赛	北京市	三等奖	1
全国大学生英语竞赛	国家级	特等奖	1
		一等奖	9
		二等奖	25
		三等奖	49
北京市大学生英语演讲比赛	北京市	三等奖	1
全国大学生数学竞赛	北京市	一等奖	4
	北京市	二等奖	7
	北京市	三等奖	9
第九届全国信息技术应用水平大赛	国家级	一等奖	1
		二等奖	2

续表

竞赛名称	获奖级别	获奖等级	获奖队数
第31届全国部分地区大学生物理竞赛	国家级	一等奖	2
		二等奖	7
		三等奖	14
第五届“蓝桥杯”全国软件专业人才设计与创业大赛	国家级	一等奖	1
		二等奖	4
		三等奖	8
全国大学生计算机博弈大赛	国家级	二等奖	2
		三等奖	3
北京市人文知识竞赛	北京市	二等奖	1
	北京市	三等奖	1
首都机械设计创新大赛	北京市	二等奖	13
		三等奖	4
2014年全国大学生管理决策模拟大赛	国家级	二等奖	1
2014年第六届“尖峰时刻”全国模拟大赛（第十九届“PEAKTIME”全球商业模拟挑战赛）	国际/国家	特等奖（国际第一名）	1
2014年“GMC国际企业挑战赛”	国家级	二等奖	3
第六届全国大学生网络商务创新应用大赛	国家级	一等奖	1
		二等奖	1
		三等奖	5
华北五省大学生机器人大赛	华北五省	一等奖	1
		二等奖	1
北京市第三届大学生工程训练综合能力竞赛	北京市	二等奖	1
		三等奖	1
北京市第三届大学生工程训练综合能力竞赛	北京市	二等奖	1
	北京市	三等奖	1
2014年“毕昇杯”全国电子创新设计竞赛	国家级	一等奖	2
		二等奖	1
		三等奖	1
2014年“博创杯”全国大学生嵌入式物联网设计大赛	国家级	二等奖	1
		三等奖	1
2014年“赛佰特杯”全国大学生物联网创新应用设计大赛	国家级	二等奖	1
		三等奖	1

(保定校区)

<table>
<tr><th>竞赛名称</th><th>获奖级别</th><th>获奖等级</th><th>获奖队数</th></tr>
<tr><td rowspan="4">2014 年全国大学生英语竞赛</td><td rowspan="4">国家级</td><td>特等奖</td><td>9</td></tr>
<tr><td>一等奖</td><td>9</td></tr>
<tr><td>二等奖</td><td>43</td></tr>
<tr><td>三等奖</td><td>87</td></tr>
<tr><td>2014 年创行世界杯创新公益大赛全球总决赛</td><td>国际级</td><td>一等奖</td><td>1</td></tr>
<tr><td>2014 年创行世界杯创新公益大赛全国总决赛</td><td>国家级</td><td>一等奖</td><td>1</td></tr>
<tr><td rowspan="2">2014 年美国国际大学生数学建模竞赛</td><td>国际级</td><td>一等奖</td><td>10</td></tr>
<tr><td>国际级</td><td>二等奖</td><td>22</td></tr>
<tr><td rowspan="2">2014 年“高教社杯”全国大学生数学建模大赛</td><td rowspan="2">国家级</td><td>一等奖</td><td>4</td></tr>
<tr><td>二等奖</td><td>4</td></tr>
<tr><td rowspan="3">第五届全国大学生数学竞赛决赛</td><td rowspan="3">国家级</td><td>一等奖</td><td>1</td></tr>
<tr><td>二等奖</td><td>1</td></tr>
<tr><td>三等奖</td><td>1</td></tr>
<tr><td rowspan="3">2014 中国机器人大赛暨 Robocup 公开赛</td><td rowspan="3">国家级</td><td>一等奖</td><td>1</td></tr>
<tr><td>二等奖</td><td>5</td></tr>
<tr><td>三等奖</td><td>2</td></tr>
<tr><td>第六届全国大学生机械创新设计大赛</td><td>国家级</td><td>一等奖</td><td>1</td></tr>
<tr><td rowspan="2">2014 年“创青春”全国大学生创业大赛</td><td rowspan="2">国家级</td><td>二等奖</td><td>1</td></tr>
<tr><td>三等奖</td><td>1</td></tr>
<tr><td>第三届“A－B 杯”全国大学生自动化系统应用大赛</td><td>国家级</td><td>二等奖</td><td>1</td></tr>
<tr><td>2014 年深圳杯数学建模夏令营</td><td>国家级</td><td>三等奖</td><td>1</td></tr>
<tr><td rowspan="3">第七届全国大学生节能减排社会实践与科技竞赛</td><td rowspan="3">国家级</td><td>一等奖</td><td>1</td></tr>
<tr><td>二等奖</td><td>1</td></tr>
<tr><td>三等奖</td><td>7</td></tr>
<tr><td>第九届“飞思卡尔”全国大学生智能汽车竞赛</td><td>国家级</td><td>二等奖</td><td>1</td></tr>
<tr><td>2014 年全国管理决策模拟大赛</td><td>国家级</td><td>一等奖</td><td>1</td></tr>
<tr><td rowspan="2">2014 年“高教社杯”全国大学生数学建模大赛河北赛区</td><td rowspan="2">省部级</td><td>一等奖</td><td>17</td></tr>
<tr><td>二等奖</td><td>21</td></tr>
<tr><td>2014 年创行世界杯创新公益大赛华北赛区</td><td>省部级</td><td>一等奖</td><td>1</td></tr>
<tr><td rowspan="3">第九届“飞思卡尔”全国大学生智能汽车竞赛华北赛区</td><td rowspan="3">省部级</td><td>一等奖</td><td>1</td></tr>
<tr><td>二等奖</td><td>2</td></tr>
<tr><td>三等奖</td><td>2</td></tr>
<tr><td rowspan="3">第六届全国大学生机械创新设计大赛河北赛区</td><td rowspan="3">省部级</td><td>特等奖</td><td>2</td></tr>
<tr><td>一等奖</td><td>3</td></tr>
<tr><td>三等奖</td><td>2</td></tr>
<tr><td rowspan="2">第六届全国大学生机械创新设计大赛慧鱼组竞赛暨第八届全国慧鱼工程技术创新设计大赛</td><td rowspan="2">省部级</td><td>二等奖</td><td>1</td></tr>
<tr><td>三等奖</td><td>1</td></tr>
</table>

续表

竞赛名称	获奖级别	获奖等级	获奖队数
2014年“创青春”河北省大学生创业大赛	省部级	特等奖	4
		一等奖	5
		二等奖	6
		三等奖	5
2014年第五届全国高校环保科技创意设计大赛	省部级	二等奖	2
		三等奖	5
第十三届(2014)全国MBA培养院校企业竞争模拟大赛	省部级	一等奖	1
第五届(2014)全国高等院校企业竞争模拟大赛	省部级	一等奖	1
河北省第四届大学生工业设计创新大赛	省部级	一等奖	1
		三等奖	5
2013年河北省大学生“调研河北”社会调查活动	省部级	一等奖	2
		三等奖	1
第六届全国大学生广告艺术大赛河北赛区	省部级	一等奖	1
		二等奖	2
		三等奖	4
2014年全国大学生工业设计大赛河北赛区	省部级	二等奖	2
		三等奖	1
第四届全国大学生电子商务“创新、创意及创业”挑战赛河北赛区	省部级	一等奖	1
		二等奖	1
		三等奖	1
首届全国物联网应用创新大赛	省部级	二等奖	1
		三等奖	5
2014年河北省高等学校第二届英语写作大赛	省部级	一等奖	1
		二等奖	4
首届河北省大学生力学竞赛团体赛	省部级	三等奖	2
首届河北省大学生力学竞赛个人赛	省部级	一等奖	8
		二等奖	24
		三等奖	26
2014河北省大学生人文知识竞赛	省部级	二等奖	1
		三等奖	1
第十五届“世纪之星”英语演讲大赛	省部级	一等奖	2
		二等奖	4
首届河北省大学生物理竞赛	省部级	特等奖	3
		一等奖	6
		二等奖	10
		三等奖	14
第六届全国大学生数学竞赛河北赛区	省部级	一等奖	48
		二等奖	45
		三等奖	45
第三届河北省大学生工程训练综合能力竞赛	省部级	一等奖	3
		二等奖	1

华北电力大学2013—2014学年度学生评优获奖名单

华北电力大学2014年获国家奖学金学生名单

（北京校部）

一、电气与电子工程学院

博士(13人)

王上行	陈　炜	孟建辉	汤庆峰	蒋　程	但扬清	江　军	李　琛
周　游	马　爽	郑一博	朱　雷	刘　阳			

硕士(30人)

行晋源	唐亚迪	张玉莹	路欣怡	李月月	吴旻旻	赵彦杰	马　伟
闫江燕	蔡万通	潘险险	杨　雨	高　翔	丁秀香	丁　宁	兰巧倩
朱丹丹	陈钦磊	李春华	邹福强	田鹏飞	金　颖	饶　志	张　颖
张宇泽	崔文哲	叶　涵	沈　静	李　赟	黄　浩		

本科(26人)

姜继恒	王孝慈	牟　亚	谷　铮	韩可欣	方　正	王　超	宋　册
王子倓	鹿馨匀	孙泽宇	张宇熙	马洪宇	许苏迪	李　艺	刘利亚
吴方舟	王　宇	李先锋	杨佳艺	张雨薇	龙日尚	吕思琦	张蒙晰
韩　通	顾　玮						

二、能源动力与机械工程学院

博士(10人)

邓飞跃	许　诚	汪　涛	苏　睿	胡　玥	蒋东方	郝润龙	解玉磊
李精精	丁瑞强						

硕士(18人)

陆从飞	韩　宇	孙颖颖	何　强	朱恒毅	梁飞飞	曾娅玲	赵　兴
袁　凯	李　渠	张　阳	付　丽	吴　娅	刘林植	付正辉	董　琳
孙冠中	张晨旭						

本科(15人)

高　远	张雨檬	杨　霏	国旭涛	冯沛飞	黄元媛	马　莉	蒋　雯
刘翔宇	谭天宇	闫　园	朱雨杰	梁　冰	王子奇	严菁菁	

三、经济与管理学院

博士(4人)

嵇　灵	耿　帅	郭　森	冯天天

硕士(14人)

江远彬	祁之强	王　良	陈延超	汪　鹏	冯　霞	王立志	万　冠
肖鑫利	陈玉龙	陈开风	李欢欢	刘慧晖	刘洋洋		

本科(16人)

全恒禛	胡　勇	徐幼珍	卜银河	宾　凤	潘张益	徐天娇	唐一品
杨倩茹	刘　娟	李玲闻樱	王闽茜	邵双双	杨卜铭	侯玮琳	郑含璐

四、控制与计算机工程学院

博士(4人)

胡勇	王丽娟	周欢	杨燕燕

硕士(14人)

徐月	楚胜楠	艾明浩	黄琳华	席珂	王楠	贺贯举	王梦月
余敏楮	张韦佳	杨立群	李露	崔超	傅冰云		

本科(15人)

简一帆	付胜国	孟格思	张雅坤	金乘成	彭范	梁兴伦	宋永治
邱森波	刘建波	赵诗萌	古有志	王子哲	余涛	张浩然	

五、人文与社会科学学院

硕士(2人)

丁宁	于迪

本科(6人)

李聘	陈晓旭	胡枭峰	牟康辉	李梦好	王海东

六、外国语学院

硕士(3人)

邵丹	赵一彤	金烁

本科(2人)

邹睿晟	吕滨汐

七、数理学院

本科(2人)

冯乐	吴鑫莹

八、可再生能源学院

博士(3人)

阎洁	张智博	谢剑

硕士(6人)

邢峰	叶小宁	赵博华	高琳越	李聪	陈虹宇

本科(10人)

赵裕童	余璐	杨熠	马爽	李春辉	曲映溪	吴嘉杰	韦永江
侯晓娟	胡莎						

九、核科学与工程学院

硕士(3人)

李妍	张帆	郭超

本科(5人)

吕红梅	许爱威	丁聪瑾	陈凯平	张希颖

十、国际教育学院

本科(6人)

王玥琪	李昊	孙广增	丁嘉禾	张天煜	韩星

(保定校区)

一、电力工程系

硕士(15人)

申雪	刘晋	黄成才	韩平	陶珺函	王康元	孙晓霞	吴丽娜

李瑞环　赵梦雅　刘献超　殷梓恒　高成彬　冯宏恩　徐多

本科(19人)

徐靖雯　靳伟佳　林荧　陈垒　刘畅　王一飞　孟天骄　王斯妤
邢佳妮　崔笑菲　贾孟硕　崔泽宇　王一珺　杨睿鹏　余小梦　李少成
李殷殷　杨依睿　王枭枭

二、电子与通信工程系

硕士(6人)

王慧芳　杨红叶　李英敏　李倩　聂盛阳　刘宁

本科(5人)

张惠茹　黄世亮　冯妍妍　张艳　周宇航

三、动力工程系

硕士(9人)

郎进花　陈朋强　宋雪梅　王鹏程　田欢　严晓哲　贾连联　杨昆
史良宵

本科(12人)

刘洋　李济东　管逸鹏　黄建钦　王鹏程　陈字曲　蒋慧卿　王娅
李庆浩　李林洪　张子龙　吴清

四、机械工程系

硕士(5人)

吕占杰　鄢小安　庞彬　李晶　赵路佳

本科(10人)

赵金鹏　赵金健　范宏伟　梁华清　陈怡帆　李玥　闫友璨　高媛
吴艳梅　史烨禾　田艺琼

五、自动化系

硕士(7人)

江溢洋　马云龙　谢泽坤　洪博　叶治宇　张新胜　张会超

本科(8人)

周丽娟　赵珈靓　王康成　池浩淼　钟汕林　袁彤　白阳　陈超逸

六、计算机系

硕士(5人)

明镜　李强　冯理达　石鑫　王诗惠

本科(8人)

张和泉　王秀玲　郭辉　闵丹　郭鹤旋　戚鹏　刘莉菲　韩金新

七、环境科学与工程学院

硕士(4人)

杜磊霞　赵书彬　任旭丹　李志新

本科(6人)

陈煜茜　黄帅斌　王美琪　张菀　黄靖云　陈兴

八、经济与管理学院

硕士(6人)

欧青翔　解晗　高倩　王娟利　彭旭　官小燕

本科(7 人)

苏　蕾 | 孙静怡 | 张雪婷 | 张　然 | 牛晶磊 | 杜晓梦 | 金　易

九、法政系(含政教部)

硕士(1 人)

董国静

本科(3 人)

高　敏 | 李佳怿 | 王　章

十、英语系

本科(2 人)

白　雪 | 汪美芳

十一、数理系

硕士(1 人)

陈　杰

本科(3 人)

袁　月 | 余泽远 | 赵　炜

十二、国际教育学院

本科(2 人)

刘思维 | 陈　蕊

华北电力大学 2013—2014 学年度国家励志奖学金获奖学生名单

(北京校部)

电气与电子工程学院:69 人

封朝阳 | 刘昊宇 | 姚尚润 | 曹文远 | 许　通 | 杭天琦 | 卫　璇 | 钟建文
李　燊 | 徐新宇 | 颜熙炜 | 刘伟东 | 张明强 | 王　琪 | 黄　睿 | 杨　帆
乔　冉 | 谢　欢 | 郭昊博 | 蔡金棋 | 何紫君 | 付鑫如 | 郭晓茜 | 任瀚文
王停娟 | 张宁宁 | 苏国赟 | 葛良军 | 全璐瑶 | 王旭阳 | 李艳军 | 徐雅惠
李　盈 | 邵天赐 | 文正锋 | 谢文强 | 黄瑜璜 | 揣依娜 | 曹占国 | 张云帆
刘　昱 | 孙宁姚 | 韩陆超 | 李佩霖 | 孟繁星 | 杨俊威 | 陈志民 | 徐东旭
田　浩 | 张润峰 | 黄　婷 | 张红颖 | 李依琳 | 马宇飞 | 成敏杨 | 顾妙松
代丽娟 | 石　城 | 房国俊 | 徐　歌 | 刘启智 | 金　莉 | 张恒友 | 曲照言
韩　璐 | 苗晓晓 | 张　浩 | 王　超 | 王　蒙

能源动力与机械工程学院:58 人

张世保 | 宋　涛 | 申　鹏 | 白雪亮 | 沈　新 | 何　鑫 | 王　刚 | 唐　昊
王春兰 | 魏立帅 | 王　胜 | 胡贺超 | 孙　依 | 黄应红 | 莫　诗 | 马晓丽
朱胜森 | 鲁敬妮 | 邓　玲 | 孙　倩 | 赵方圆 | 时　华 | 罗　耿 | 王　伟
朱茂川 | 董小波 | 叶　超 | 晋若男 | 曹　茜 | 朱　月 | 阮　冲 | 袁　鹏
杨佐勋 | 吴映达 | 茹　宇 | 吴　帅 | 杨晓茹 | 张英杰 | 赵忠光 | 蒋大浪
王　婷 | 曹东宏 | 韦泱均 | 方璐瑶 | 李健宁 | 南　雄 | 林　玮 | 刘兆宇
王　冠 | 李潇洒 | 来振亚 | 刘海波 | 张尤俊 | 康　毅 | 许同川 | 辛团团
丁冬冬 | 刘育豪

经济与管理学院:57 人

李 敏	代思晨	张弘扬	李 冉	白婧萌	杨 双	刘 定	刘 勤
王菊霞	李兵抗	林 卫	陈妙机	焦 杰	黄 昊	郭田园	张 茜
刘梦琦	姚多朵	吴 磊	陈增华	符春媚	王 杨	茹鹏飞	朱宇佳
雷 迪	胡 强	涂传英	陈慧敏	李 菲	范吉成	方 靖	曾怡平
赵姗姗	秦 磊	杨玉亭	匡 瑶	秦鹏飞	何俐憓	丁 华	康 辉
王 鑫	林晓宇	韩雅儒	薛靖国	张梦雅	龙孟婷	崔颖颖	于梦飞
王 灿	缑莉莉	臧 威	齐志平	浦 迪	鲁 萍	李 卫	秦 琨
郭 岚							

控制与计算机工程学院:59 人

燕卫政	陈丽雪	余晓玲	王文亚	杨一雷	季雨欣	余圆圆	牛文静
蔡凌霄	孙 楠	杨雅兰	孙 熙	李青青	陈丽娟	尹旭辉	邓志光
杨 洋	苏 晴	闫 东	尹凌霄	于卓永	王志玺	罗 蓓	熊 英
秦景坤	郝 艳	张加其	赵晋川	廖 文	王冬冬	郑世强	柳 娜
谢永靖	江爱兵	郭玉威	郑 捷	支冬梅	奚芸华	张飞飞	戴晓燕
苏伟芳	赵 松	南江峰	李凤杰	郭冉冉	方黄峰	韩淑宇	郭彩云
刘鹏坤	王 鑫	尧聪聪	陈 莎	莫程程	黄文婷	张 维	柴雨桐
赵雅丽	王瑞田	陈铭豪					

可再生能源学院:35 人

吴志毅	陆 明	汤卓凡	罗莹莹	何文栋	胡 斌	邵笑严	陈梦圆
吴帅锦	祁荷音	徐小雪	薛鑫宇	窦尚轶	郭彦焦	李宁宁	陈希谣
谢华珣	于学成	李 伟	张镇西	闫肖蒙	庞辉庆	刘 文	陈 俊
程 淏	张艳影	颜灵伟	陶立壮	高 峰	师雪丽	孙 静	陈旭鑫
李垚垚	尚朋阳	李 佳					

人文学院与社会科学学院:21 人

马涵慧	方若云	安忠霞	李雪松	沈兴辉	张 彪	贾万文	贺志权
王 欢	王 芳	刘 欢	刘 蕾	赵 钱	殷静静	谢向荣	陈 义
张 敏	黄蕾宇	刘洋洋	李玉蝶	陈穗霞			

外国语学院:4 人

王海枫	王晨玺	李殊一	宋 佳

数理学院:9 人

曹迎迎	李清意	黄英凡	何 玲	周 林	吴国璋	陈 杰	贾玉改
赵亚男							

核科学与工程学院:21 人

夏 科	王园鹏	任婧雯	汪 喆	王 达	沙 宁	李 婧	张 雷
郭莹莹	魏 岑	杨梦灵	杨安霞	杜幸晟	韦良长	黎瑶聪	孙妍妍
马翔凤	王 晴	何家成	贾唐堂	杨志煌			

(保定校区)

电力工程系:62 人

孙 聪	凌 霞	马彩娟	樊 舒	陈光勇	杨晓言	潘文文	郭美若

孟金棒	黄玲玉	项佳宇	钟　平	陆文娇	李颜丽	薛伏申	李　冬
樊　涛	佟彦磊	张　锴	朱紫薇	周立栋	林西阔	曹文斌	金基伟
李　森	许英强	李东旭	彭远会	高亚鉴	王　玉	刘玉珩	邢法财
邹培根	赵泽锋	乔嗣欢	刘　渊	李　蕾	赵夏瑶	古珊珊	赵　剑
刘　强	张冠群	李新军	丁丹阳	张晓磊	马　康	马云凤	刘天明
贾文豪	宋美琪	卢熠猛	严文帅	韩建沛	赵志刚	严　风	王　政
闫西慧	唐敏燕	王兆宇	王　月	殷艳娇	田萧萧		

经济管理系:23 人

李晓洋	谢　念	刘　浩	王小燕	余玉琴	吴婷婷	毛舜杰	李　夕
郭玲玲	曹　丽	付亚男	刘立果	陈　莹	吕来城	祝邑尧	张　雪
王春红	闫佳堃	董美娜	张　冉	崔美玉	余兴锦	王雯敏	

电子与通信工程系:17 名

杨军伟	王　畅	赵新竹	胡大帅	苏珍香	万福海	许　密	杨　婷
郑明威	安茜雯	韩　竞	贾洪志	万　姣	杨如仙	赵向宇	付玲枝
王　浩							

动力工程系:38 人

张　毓	何　靓	雷　泽	吕　媛	廖金龙	韩腾飞	和　鹏	杨光华
李丽华	杜　霞	陈巍巍	高海琴	隋云任	马圣原	黄凯迪	丁　帅
张　炯	胡明月	赵成宝	王胜兵	王佩姿	张　旭	侯立泽	王超伟
陈　曦	温　波	杨　雪	陈诗怡	牛贝贝	蔡喜军	谢玮霞	李得第
左浩宇	赵红芳	孟令彬	李　瑾	葛　臣	苏孟翔		

法政系:10 人

曹梦幻	汤爱学	焦凤琪	刘昱初	胡　蝶	袁水苹	李梦珂	武秀丽
付双乐	庄　冉						

环境科学与工程学院:21 人

徐　欢	陈　晨	张修武	陈国庆	冯　雪	曾显清	赵婕玲	徐开依
张　蕾	闫　利	宫庆坤	杨莫愁	刘　闯	林文伟	于　梦	王　杉
刘光远	邓　婷	李紫微	邢　磊	陈承涛			

机械工程系:38 人

刘培波	马一丹	曲名燕	陈家炜	任　璐	赵晓迪	廉　涛	魏江浩
程　龙	周仲强	方超文	刘　琰	祝润生	许高渊	余媛君	王英瑞
吴芝浩	李春芳	李宇倩	吕　鑫	庞圣养	王海阳	李永刚	王耀福
高玉洁	郑　鑫	卢　涛	王　昊	彭　卓	赵文波	吴俊雄	李志向
马　显	朱　丹	刘凤民	高珍珍	闫保如	张茹雪		

数理系:10 人

周奥军	孙翠萍	叶文平	国　赫	李文乔	张　靖	霍晨鹏	王祥念
于　宁	刘　婷						

计算机系:26 人

杨信宇	沈玉兰	宋文华	马齐齐	任清清	金　祥	徐　莹	王　肖
李辉年	李微微	张少聪	晋志明	侯建康	王　汉	何　日	高永琳
李　东	杨伟海	张　鹏	夏跃萍	程　龙	李廷峰	覃智补	刘少伟

白若林	谢玉婷

自动化系:26 人

张凤南	吉瑞芳	韩宜轩	杨丽娟	韦冬梅	张培阳	邱香域	谢工力
庄文秀	孙连浩	邵　丁	苏同发	李彩霞	李召胜	杨　凯	陈思远
黄　幸	孙天舒	张华丽	赖　咪	张木柳	蒋巧玲	王钦惠	顾　瑾
徐　楠	詹文超						

英语系:4 人

苗蕊蕊	王　杰	王　珂	阴雪莹

华北电力大学 2013—2014 学年度校长奖学金获奖学生名单

(北京校部)

电气与电子工程学院:3 人

任　艺	龙日尚	马　伟(硕士)

能源动力与机械工程学院:1 人

汪涛(博士)

经济与管理学院:1 人

杨益晟(博士)

可再生能源学院:1 人

叶小宁(硕士)

控制与计算机工程学院:1 人

汪鼎民

(保定校区)

电力系:2 人

范晓舟(硕士)	陈　垒

法政系:1 人

高　敏

机械系:1 人

周仲强

华北电力大学 2013—2014 学年度学生综合奖学金、单项奖学金获奖学生名单

(北京校部)

一、一等奖学金:436 人

电气与电子工程学院:109 人

姜继恒	宋冰倩	王孝慈	姚中天	刘昊宇	李征洲	王　超	董程程
姚尚润	周光阳	成一平	何君毅	刘弈卿	李　沛	杨艺烜	胡　博

曹文远	李星宇	谷　铮	牟　亚	王荣杰	李汶灿	余青蔚	韩可欣
苏　翰	宋　册	张涌新	陈碧阳	方　正	谢柏铭	王　超	张天一
夏　琦	王子俊	李瀛澜	鹿馨匀	李欣蔚	马洪宇	陈晗文	王停娟
张宇熙	孙泽宇	项晓强	沈雅琦	张怡冰	苏国贇	曾文伟	姜佳慧
殷子寒	葛良军	全璐瑶	彭　丽	李一铮	尹丽娟	丰江波	吴　丹
肖　伊	李　慧	许苏迪	刘潇遥	汪　坤	李　艺	刘利亚	李淑贤
石　墨	张　钰	吴方舟	张　璐	王　宇	任　艺	徐东旭	周子青
李先锋	关　睿	杨佳艺	张雨薇	黄焕彬	王方雨	赵天宇	周宇聪
王　婧	蔡　博	朱　晨	成敏杨	代　航	唐成鹏	李依琳	王馨尉
马宇飞	张润峰	顾妙松	胡　浩	吕思琦	马安安	黄　婷	张红颖
龙日尚	金　莉	韩　通	周　喆	张蒙晰	韩　璐	曲照言	顾　玮
苗晓晓	付　强	金东亚	吴晨曦	东野忠昊			

能源动力与机械工程学院:66 人

高　远	游作树	夏单城	冯沛飞	沈　新	杨　霏	刘　琪	国旭涛
唐三力	龙　宇	张雨檬	韩瑞午	刘涵子	王　帅	凌坤雄	谢云云
王春兰	魏立帅	王　胜	张世保	王　刚	郑　磊	刘翔宇	陶文灿
谭天宇	龚彦豪	蒋　雯	张英杰	朱　月	李汉卿	晋若男	曹　茜
陈卉瑶	刘芳琪	茹　宇	杨晓茹	曹　琦	孙雯雯	阮　冲	黄元媛
马　莉	宋宁宁	朱茂川	刘育豪	辛团团	张一鸣	刘　牛	严菁菁
吴丹卉	许春蕾	陈俊宇	周　爽	梁　聪	李宛齐	朱莎弘	刘丽莹
章建徽	杨冰玢	宋依璘	曹东宏	叶维祥	韦泱均	闫　园	梁　冰
王子奇	朱雨杰						

经济与管理学院:70 人

刘玉闪	邹晓囡	张　萍	林晓宇	侯玮琳	裘莫寒	罗　茜	郑含璐
郑小敏	黄华震	邵双双	周星迪	孔颖超	耿志超	王闽茜	刘昭国
杨卜铭	曹　玥	张梦雅	汪钰婷	尤希琦	徐天娇	祝雨歆	蒋舒婷
王　慧	张一凡	戴舒羽	杨倩茹	李诗琪	李勉芝	陈慧敏	唐一品
方　靖	曾怡平	范吉成	刘　娟	孟诗语	杨　曦	秦　磊	秦鹏飞
窦金月	江　爽	朱心慈	刘　洋	关　婕	潘　格	杨蕙嘉	李　敏
胡　勇	李　冉	韩梦文	杨　双	潘张益	徐幼珍	王义峰	张栩蓓
周瑜智	李兵抗	韩晓宇	林　卫	阮　亮	卜银河	柳丽莎	王艺歌
宾　凤	钦秋萍	全恒禛	刘梦琦	李玲闻樱	赵子凌龙		

控制与计算机工程学院:62 人

苏　晴	简一帆	杨　阳	王家兴	李晨星	杜　欢	孙　熙	李青青
付胜国	燕卫政	陈丽雪	姚　远	邱小慧	孟格思	李　岩	牛文静
张雅坤	金乘成	孙　楠	彭　范	闫　东	于松源	尹凌霄	吴诗彤
谭传玉	梁兴伦	张皓涵	刘献强	吴　治	宋永治	王冬冬	邱森波
罗智凌	马乐乐	柳　娜	谢永靖	孙　玥	江爱兵	刘建波	赵诗萌
朱瑞迪	张　威	苏　健	王媛媛	陈修森	余　涛	张浩然	闫昊辉
陈碧颖	刘鹏坤	张　倩	刘　怡	陈峥嵘	尧聪聪	魏宇尘	王子哲
吴宇昕	尚　暖	万　荟	奚芸华	张飞飞	古有志		

人文与社会科学学院:24 人

陈晓旭	胡枭峰	张彪	黄陈辰	斯瑶	李雪松	李娉	潘韵竹
牟康辉	王欢	鲍志超	王雪奇	梁子琦	马麟	李梦妤	朱玉红
姜雪	廖偲伶	陈溢依	李雪远	陆海慧	王海东	蒋宁	李玉蝶

外国语学院:7 人

黄诗音	孙微子	朱悦	吕滨汐	陈文超	邹睿晟	谭莹

数理学院:10 人

冯乐	贾玉改	吴鑫莹	何玲	周林	闫彤	郝奇琦	侍凡
吴国璋	黄子洋						

可再生能源学院:41 人

马爽	蒋涵颖	汤卓凡	赵裕童	张文霞	胡莎	韦永江	林楠
詹芳蕾	蒋华婷	胡雪晴	许丽琪	陈颖	侯晓娟	杨熠	曲映溪
李伟	韩德鹏	李春辉	杨莞汀	龚一莼	吴嘉杰	李宁宁	余璐
龙颖	苗辰	包文奇	田巍	王晚词	袁佩贤	常莎	李垚垚
李瑞阳	郑郝	王睿哲	张超宇	严凯	程淏	高峰	甄子新
杨林超							

核科学与工程学院:21 人

许爱威	张希颖	张薇	鲍娜娜	林韩清	吕红梅	衣聪慧	丁聪瑾
沈翀	张文华	杨梦灵	赵阳	张雷	陈凯平	赵崇岩	陈昭
樊建寒	张艺伟	傅盛磊	刘自结	马翔凤			

国际教育学院:26 人

贾曦萌	蒋超凡	董玥	褚忠达	高可君	逦宝中	刘岳	刘思颖
陈杏林	黄浩珏	林瑶琦	康孟佳	李顺祥	张跃如	吴瑞颖	王佳旭
曾志宏	耿钰鄰	廖泽弘	林学健	席燕萍	周银平	汪宁馨	李烁炜
卢舢	董晓耕						

二、二等奖学金:915 人
三、三等奖学金:916 人
四、学习优秀奖学金:443 人
五、社会工作优秀奖学金:434 人
六、文艺活动优秀奖学金:435 人
七、体育活动优秀奖学金:431 人
(编者注:以上二、三等奖学金及各单项奖学金获得者只列获奖人数,名单从略)

(保定校区)

一、一等奖学金:360 人
电力工程系:79 人

毛宇晗	蒋乐	孙聪	陈烨	樊舒	乔林思杭	王资博	祝晋尧
汤钰	李大勇	侯爽	周晨	任洁	王梦琳	项佳宇	苏浩
黄玲玉	钟平	陈章妍	马玉龙	陈搏威	戴岸珏	陈晓琳	严敬汝
王怡聪	曹澄沙	马静	汪洋	张祎慧	张占喜	刘进	吕梦妮
谭亚萍	许斌	张科	李东旭	李演达	王睿豪	刘佳	张冬雪
张贻娜	王玉	张朋宇	赵国瑾	朱露莎	常芳源	裴继坤	张冠群

廖婉莹	周光奇	崔笑笑	黄馨仪	李新军	赵晨晨	谢翔杰	梁芷睿
麦竣朗	郭　禹	金天然	李凤丽	陈映妃	郝苓羽	赵　禹	贾文豪
赵文天	王昕鹏	马云凤	江宇峰	赵子仪	丁丹阳	殷艳娇	徐　杰
陈濛迪	张晓磊	郑安然	李　欢	李奕颖	齐小涵	王冬辉	

电子与通信工程系:22 人

王　畅	赵新竹	傅慧华	孟灵丽	张恩杰	王三名	夏　露	许　密
姜轶涵	杨　婷	苑　文	郑明威	苏珍香	张雪菲	安茜雯	杨欣悦
李佩征	向　彪	王聪聪	裴浩洋	付玲枝	王　浩		

动力工程系:49 人

胡明月	黄凯迪	曹　可	张　旭	陈　曦	许　瑞	费　龙	王　柱
丁　敬	孙　琦	赵若丞	陈巍巍	杜　霞	李帅帅	周　正	顾君苹
王青会	王新赫	缪佳静	崔　吉	顾思菁	张超炜	闫　鑫	雷　泽
何　伟	杨诗繁	贾　曦	梁新宇	胡皓玮	杨　雪	黄思杰	张尧康
左浩宇	崔　悦	胡娟娟	韩　炜	路　菲	朱浩涛	于　洋	谢玮霞
刘翊希	虞熠鹏	李得第	周安鹂	张亚亚	袁　博	苏孟翔	陈淑莲
贺莎莎							

机械工程系:49 人

刘凤民	朱天陆	杨浩楠	耿雨潇	侯衍鹏	马　显	张旻希	陈家炜
张仲杰	马文东	潘孝伟	杜敬敬	廉　涛	林剑峰	程　龙	黄彬浩
张泰然	周仲强	安海林	刘　琰	王兴周	祝润生	许高渊	王英瑞
余媛君	李春芳	吴芝浩	李宇倩	王　珂	金李艳	庞圣养	陈洪浩
曾　伟	杜　楠	胡国雄	吴俊雄	杨　斌	卢晓剑	卢　涛	郑　鑫
王科登	纪欣欣	于　凡	马一丹	毛惠志	陈　曦	高玉洁	官俊康
张茹雪							

自动化系:34 人

王卫宁	曾华清	陈明渊	顾　瑾	祁俊雄	袁一丁	徐　楠	赖　咪
杨　磊	张　蕾	韩宜轩	钱嘉琦	王润芳	韩思麒	刘　霜	张培阳
吉瑞芳	李　迎	苏晓宇	吴绍华	吴　科	徐海洲	罗　棋	孙庆喜
李汶原	李召胜	黄　幸	孙天舒	郑明煊	任　斌	邵　丁	张　欣
王安琪	陈郑逸帆						

计算机系:33 人

程　启	李玉伟	杨明晓	周昉昉	赵　云	谭佳瑶	时欣悦	苏继鹏
张　颖	金　津	王艳艳	马利洁	庆亚敏	晋志明	徐　莹	何　日
綦人杰	姚滕俊	赵梦晴	赵圣楠	杨伟海	于润涛	王蔚卿	曹文轩
李一鸣	袁紫微	张　玲	郑传哲	陈思佳	沈玉兰	王　莘	张　玉
徐　媛							

经济管理系:30 人

史玉芳	王　鑫	王小燕	毛舜杰	王　凯	李　夕	李　昂	常晓辉
刘　浩	郑　策	李慧娟	张知秋	陈寒钰	祝邑尧	解玲玲	付亚男
王彩飞	彭小珂	杨　帆	曹　丽	张　雪	陈可可	童晓琴	闫佳堃
范永雪	崔美玉	王雯敏	董美娜	简闻娉	裴天韵		

环境科学与工程学院:27 人

杨 硕	李春辉	陈 晨	姜 莹	陈国庆	徐 朋	高 然	李江鹏
曾显清	朱丽萍	徐开依	张 蕊	张 蕾	牛旭飞	王丽丽	宫庆坤
胡 璇	杨莫愁	余斯娴	黄 凯	于 梦	吴佩颖	刘 贝	许茹茹
于泽田	翟广丽	张煌竟					

法政系:11 人

孙雅楠	艾丽娜	董佳倩	刘昱初	温若帆	包 旭	李 殊	李碧霄
郑翩翩	汤爱学	朱 琴					

数理系:12 人

臧晓玲	周奥军	李 博	汤 潘	曹 治	何 波	吴昊滢	韩 博
王伟华	何 琦	周凌峰	王祥念				

英语系:3 人

向星蓉	阴雪莹	蒋思琪

国际教育学院:12 人

张雪原	许梦娇	俞秦博	冯 健	王 昕	苏婧文	刘柏延	冯诗宇
金烨晨	马格格	梁大为	蓝君宜				

二、二等奖学金:728 人

三、三等奖学金:667 人

四、学习优秀奖学金:342 人

五、社会工作优秀奖学金:365 人

六、文化活动优秀奖学金:364 人

七、体育活动优秀奖学金:364 人

八、思想道德表现优秀奖学金:364 人

九、科技创新能力优秀奖学金:271 人

(编者注:以上二、三等奖学金及各单项奖学金获得者只列获奖人数,名单从略)

华北电力大学 2013—2014 学年度研究生社会奖学金获奖学生名单

一、四方股份奖学金(38 人)

北京校部:(28 人)

何东欣	李学宝	徐 鹏	刘 杰	张惠汐	韩贤岁	唐哲慈	黄扬琪
陈 菡	罗定平	梁伟宸	张立影	李海南	俞露杰	陈艳伟	许晓春
邢丽婧	王晓明	孙 刚	李云博	任丽霞	任李懋	王 硕	杨 震
徐玉杰	胡 宇	史 慧	屠道鹤				

保定校区:(10 人)

韩 凉	王 剑	范环宇	苑 清	王 锐	尹荣荣	朱伯文	陈天英
刘 照	席嫣娜						

二、南瑞继保奖学金(28 人)

北京校部:(8 人)

罗 超	赵天阳	姜舒婷	叶红豆	许 晖	刘羽超	刘 千	徐 萌

保定校区:(20 人)

张 猛	李浩闪	安海清	胡 阳	蒋 丹	王春梅	张晓红	陈 昕
苗鹏超	任剑峰	原亚宁	张富超	许崇新	郅 静	朱瑞敏	吴伟铭

王红梅	黄增浩	侯仰军	徐楠楠

三、思源电气奖学金(22 人)

保定校区:(22 人)

李岩松	钟　超	窦鹏冲	黄国林	李家明	李　锐	王彦波	张韶光
渠卫东	霍明雷	钟玉廷	李芷筠	刘　星	周进龙	赵航宇	王凯红
陈　赟	王　倩	刘辛晔	应璐曼	张　欣	周泽远		

四、泰科电子奖助金(20 人)

北京校部:(10 人)

陆晶晶	郭　鹏	王　清	马建桥	葛江北	葛润东	祁志远	任率兵
惠飞翔	邢楠楠						

保定校区:(10 人)

李　琳	杨少波	张　华	范雯惠	毛王清	齐　飞	邱世超	张晓霞
王　彦	邬旭东						

五、中国风电研究生入学奖学金(10 人)

北京校部:(10 人)

陈杰威	林常枫	孙　莹	崔岩松	王艳宁	董晓晨	徐　真	郑　凡
谢开杰	王　超						

六、九州方圆助学金(6 人)

北京校部:(6 人)

吴晓腾	王　银	刘　聪	宋宗耘	樊　娇	金　鑫

七、中海阳奖学金(6 人)

北京校部:(6 人)

黄　睿	付鹏飞	辛雅焜	崔　鹏	高小力	史珍珍

八、广哈通信奖学金(6 人)

保定校区:(6 人)

崔　蒙	支九英	魏佳红	陈佩瑶	赵继生	陈亚军

九、毅格奖学金(8 人)

北京校部:(4 人)

熊　超	陈校芸	熊雪艳	孙　跃

保定校区:(4 人)

葛宝来	张　永	尹永飞	彭　鹏

华北电力大学 2013—2014 学年度企业专项奖助学金获奖名单

1、浙能奖学金:170 人

校部:90 人

一等奖:20 人

陈　林	路　达	王闽茜	徐天娇	宋宁宁	吴永超	刘献强	杨　阳
马　麟	斯　瑶	王晚词	马易君	宋　佳	李殊一	侍　凡	黄子洋
赵崇岩	陈　昭	曹宇平	潘玺安				

二等奖:30 人

付　强	郑凯元	董程程	杨卜铭	唐一品	王义峰	顾令东	张　政

刘涵子	姚　远	李　岩	邸小慧	胡　榕	熊锦慧	蒋　宁	卢　航
朱孔硕	李博文	秦西玲	杨　倩	陈文超	何　玲	周　林	游臻俊
鲍娜娜	张文华	刘自结	王定然	刘颖含	李明纯		

三等奖:40 人

崔　婧	刘潇遥	余青蔚	谢柏铭	刘玉闪	张栩蓓	柳丽莎	李雅丽
何春龙	秦　彤	王德富	马乐乐	刘一可	周　泉	谢　洋	靳子乐
林智宇	李哲雅	杨柠榕	孙盛平	郭冠廷	刘沛轩	周舒琦	宋艺雯
黄秀丽	邹睿晟	陈思敏	张习习	李清意	皮海亚	陈　杰	罗思民
张　杰	唐思邈	吴志友	曹　禹	张　楷	厚皓天	高一程	李玲闻樱

保定校区:80 人

一等奖:20 人

曹澄沙	周光奇	张朋宇	常芳源	胡皓玮	刘明恺	吕昱亭	张恩杰
张钰淇	徐建栋	雷　雨	黄　凯	张淑琴	汪美芳	朱　琴	王炜康
臧晓玲	吴　科	王安琪	刘思维				

二等奖:20 人

马启超	李新军	郭喆宇	金天然	路　菲	朱浩涛	宋　辞	田雨婷
陈　曦	李　闻	牛旭飞	王爱德	常玛丽	蒋思琪	李　响	沈玉兰
何　波	钱嘉琦	倖　悦	陈郑逸帆				

三等奖:40 人

王付金	王梦琳	占梦瑶	张冬雪	童格格	黄馨仪	李凤丽	江宇峰
黄思杰	崔　悦	周安鹂	李依霖	陈奎元	黄禹川	赵　爽	钱佳宁
金李艳	祝志磊	王科登	王佳琪	范珊珊	李紫怡	刘　媛	冼万如
史玉芳	马　敏	黄皓雯	史少颖	赵雨濛	杜雅轩	王艳艳	徐　媛
何　琦	牛　犇	施　翼	杨　磊	祁俊雄	吴延群	金烨晨	刘柏延

2、中电加美奖学金:50 人

一等奖:14 人

龚彦豪	张一鸣	顾书苑	吴丹卉	龙　宇	刘　琪	许彦斌	韩瑞午
郑　郝	田　巍	韩德鹏	曲炯辉	陈　颖	赵亚威		

二等奖:20 人

陶文灿	陈卉瑶	郑舒恬	刘　钰	王津汉	高舒潭	许春蕾	陈俊宇
周　爽	夏单城	李瑞阳	吴开聪	白婉欣	张　良	赵洪海	李思敏
许丽琪	胡雪晴	高庆林	王鹏琪				

三等奖:16 人

王　宇	陈姝宇	曹　琦	肖　瑶	刘芳琪	张　欢	郭　尧	梁　聪
李宛齐	朱莎弘	刘丽莹	章建徽	李　静	贾润强	李欣婷	李倩倩

3、四方股份奖学金:30 人

校部:20 人

周子青	王方雨	朱　晨	沈雅琦	王　烨	郑宇航	胡　博	吕　哲
赵子菡	徐幼珍	秦　汉	陆紫君	尚　炜	蔡海帆	李寒羽	罗　玮
朱瑞迪	汪德成	龚一莼	东野忠昊				

保定校区:10 人

郭美若	齐小涵	张尧康	蔡熙川	吴林艳	苑　文	江　辉	朱天陆
时欣悦	刘杨嘉佳						

4、中国风电奖学金:36 人

一等:6 人

张文霞	蒋涵颖	龙　颖	苗　辰	严　凯	张超宇

二等:10 人

李　欣	郭泓村	田浩楠	谢　玄	包文奇	尹宜夫	张浩然	武　英
张雨薇	秦梦雅						

三等:20 人

柳元青	张凌岳	崔凤娇	许璞轩	王　静	王　函	周福文	林炜坚
高　洋	温　源	赖福兴	李翔宇	韩　丹	仇理化	吴伊雯	宋彦辛
李振中	孙士茼	张　欢	吴彦宏				

5、博纳之星奖学金:40 人

一等奖:10 人

宋冰倩	全恒禛	唐三力	陈峥嵘	李雪远	杨菀汀	周晓黎	吴鑫莹
衣聪慧	李烁炜						

二等奖:30 人

林长盛	郭旭升	李佳诚	孔颖超	杨倩茹	卜银河	王　帅	席　翔
凌坤雄	曹　杰	吴诗彤	于松源	吉柯宇	姜　雪	赵英鹏	汪东飞
詹芳蕾	林　楠	马俊女	王慧智	蒙娜娜	郝奇琦	闫　彤	赵亚男
张　薇	沈　翀	傅盛磊	吴瑞颖	芦　玉	翟星宇		

6、安徽省电力公司奖学金:50 人

王　超	杨艳敏	郑嘉炜	尹丽娟	谢国超	秦　瀛	尹智斌	宫　琦
刘　立	马忠英	李永昌	张梦雅	鲁　萍	韩雅儒	方　靖	秦鹏飞
秦　磊	潘张益	李　冉	李兵抗	龚　燕	吴彦芳	冼仲斌	李汉卿
孙雯雯	孙　婧	贾晓韪	邵明润	郑　磊	孙　楠	王　娟	燕卫政
张楠霞	金　洋	尚青兰	王　鑫	韩淑宇	陈铭豪	郝甜莉	鲍志超
李玉蝶	袁佩贤	金胜利	胡逸帆	隋国栋	惠林博	王晨玺	贾玉改
吴国璋	刘世尧						

7、毅格奖助学金:37 人

校部:18 人

申雅茹	邹英杰	廖彩如	张　钰	李淑贤	刘力行	夏　琦	顿鹏翔
张　俊	刘飞飞	罗　亚	熊　飞	杜　飞	陈志敏	刘　林	魏沛芳
李院霞	王腾岩						

保定校区:19 人

夏　露	文　鸣	宋　湉	宋金薇	张雪菲	杨　森	郑超凡	朱建斌
张　宁	梁　睿	姚亚青	孟灵丽	卢晓强	徐　想	刘　欢	李秀丽
苏国凯	周广权	何佳雯					

8、南瑞继保奖学金:15 人

校部:5 人

周　喆	马安安	项晓强	曾文伟	刘弈卿

保定校区:10 人

樊　舒	张　科	谢翔杰	王　玉	许英强	徐　杰	朱紫薇	卞艺衡
秦海停	龙覃飞						

9、九州方圆助学金:24 人

一等奖:8 人

孟东东	孙宁姚	李　斌	牟　亚	邵双双	刘　娟	胡　勇	宾　凤

二等奖:16 人

饶　艺	郗　泽	孙长乐	权　超	王喜森	王　靖	王　彬	陈红发
浦　迪	缑莉莉	崔颖颖	曾怡平	陈慧敏	范吉成	林　卫	杨　双

10、中海阳奖学金:10 人

一等奖:2 人

王　泰	时小强

二等奖:3 人

甄子新	万子裴	武伟伟

三等奖:5 人

马赛男	宋　歌	李春雷	张慧娟	鲁冠斌

11、特高压奖学金:10 人

王　宇	张雨薇	龙日尚	金东亚	刘　畅	靳伟佳	李大勇	王一飞
黄瀚燕	姜继恒						

12、电力电子新春奖助金:30 人

保定校区:30 人

奖学金:10 人

陈　垒	邢佳妮	崔笑菲	王斯妤	贾孟硕	李少成	杨睿鹏	余小梦
祝晋尧	林　荧						

助学金:20 人

嵇冬冬	田　兵	张亚辉	刘敬新	刘翊希	张宏盛	赵　轩	赵　慧
刘　派	纪安仕	李志刚	杨　柳	王彩飞	赵斌宇	温若帆	王兴兰
马利洁	李生虎	田　国	李建翠				

13、"天河(保定)"环境工程有限公司奖助学金:27 人

保定校区:27 人

奖学金:10 人

丁　弘	赵金健	陈怡帆	安海林	许丽朦	解姣姣	周歆雄	杨　硕
姜　莹	李小燕						

助学金:17 人

马一丹	李　宁	李绍明	周志杰	安洁恒	王　敏	何志华	徐志强
贾祎蔓	陈　晨	王佳英	蒋　帅	王严燕	李　妍	王　彬	李鹏贺
罗天楠							

华北电力大学2013—2014学年度校友奖助金获奖名单

本科生(校部)
电气与电子工程学院:15人

崔　岩	张嘉慧	蔡　博	李孟军	吴晨曦	沈海媛	孙启梦	粟华林
朱春燕	李雪萍	安泰康	廖英怀	张永泉	陈　明	石伟宏	

能源动力与机械工程学院:11人

林　昕	林玉栋	唐　兴	余一鸣	周　军	殷浩洋	王恺琪	谢云云
李金洲	张海东	黄木和					

经济与管理学院:10人

关　婕	韩晓宇	王艺歌	杨蕙嘉	韩梦文	秦　琨	于梦飞	王　灿
臧　威	牛　萌						

控制与计算机工程学院:10人

陈于堃	王家兴	龙东腾	李晨星	汪鼎民	徐建保	吴　宇	张　军
程　瑞	马龙强						

人文与社会科学学院:4人

朱子璇	周洪坤	赵碧瑶	李　悟

可再生能源学院:6人

刘红宇	张超学	徐　赞	孙学晶	吴云召	蒋华婷

核科学与工程学院:2人

王　雨	姜兰兰

数理学院:1人

冯　乐

外国语学院:1人

王海枫

本科生(保定校区)
电力系:12人

刘蓓蓓	刘宏杨	毛宇晗	苏　浩	汤　钰	王资博	周　文	陈志慧
刘　静	冀　茂	张　欣	王金宵				

电子系:4人

王扶文	陈莉佳	赵向宇	郭玉荣

动力工程系:9人

韩　炜	梁雪琪	冯　博	费　龙	王浩州	祁　超	康志雄	易清明
杨　雪							

机械工程系:9人

李　雪	赵圣林	孙明耀	于　凡	冯文韬	施宗财	石生泉	马　赓
胡子璇							

经济管理系:5人

常晓辉	王　鑫	马中华	栗雨铄	哈丽代姆·麦木提敏

自动化系:5人

张晓伟	袁一丁	刘佳佳	吴秋淑	田丽敏

计算机系:6 人

杨明晓	王　棋	冶晓艳	王　萃	孟　欢	刘　浪

环境科学与工程学院:4 人

高　然	陈玉强	刘　尧	王　雪

数理系:2 人

周奥军	廖明伟

法政系:2 人

孔静怡	李童茹

英语系:2 人

熊　瑶	向星蓉

校友奖助金 - 电力系助学金:10 人

张　科	张占喜	邓莉荣	赵晨晨	焦维亮	姚　璇	张鑫宇	毛永恒
车泉辉	黄金鹏						

研究生(校部):19 人

李海峰	谈元鹏	林　佳	代志强	霍明庆	杨　斌	姜　龙	卢　腾
言语佳	袁世通	杨益晟	武亚琴	洪　悦	胡文超	秦　民	卓卫乾
陈　晶	杨玲玲	苏　莹					

研究生(保定校区):11 人

董金哲	邓朝昀	潘　歌	王艳娇	王熙俊	柯孟强	宁晓光	石亚超
李春强	韩纪坤	苏　航					

华北电力大学 2013—2014 学年度本科生先进集体和先进个人名单

(北京校部)

一、十佳示范性优秀班集体

电气与电子工程学院

创新电 1301

能源动力与机械工程学院

实践动 1201

经济与管理学院

经济 1101	工管 1302

控制与计算机工程学院

信安 1101

核科学与工程学院

实践核 1201

数理学院

计科 1202

人文与社会科学学院

行管 1202

外国语学院

英语 1202

国际教育学院

会计金融 GJ1301

二、十佳本科生优秀宿舍

电气与电子工程学院

11#626	11#622	11#612

能源动力与机械工程学院

7B#227

经济与管理学院

7B#501

控制与计算机工程学院

11#220	11#224

可再生学院

12#326

外国语学院

12#202

国际教育学院

8A#527

三、先进个人获奖名单

(一)三好学生获奖名单

1、校级三好学生标兵:83 人

电气与电子工程学院:22 人

宋冰倩	王孝慈	牟　亚	韩可欣	方　正	王　超	宋　册	王子倓
马洪宇	张宇熙	许苏迪	李　艺	刘利亚	吴方舟	任　艺	杨佳艺
李先锋	韩　通	张蒙晰	顾　玮	吴晨曦	张恒友		

能源动力与机械工程学院:13 人

刘　琪	冯沛飞	高　远	张世保	国旭涛	刘翔宇	谭天宇	蒋　雯
马　莉	闫　园	严菁菁	王子奇	张一鸣			

经济与管理学院:14 人

全恒禛	胡　勇	徐幼珍	卜银河	宾　凤	徐天娇	唐一品	杨倩茹
刘　娟	王闽茜	邵双双	杨卜铭	侯玮琳	郑含璐		

控制与计算机工程学院:13 人

付胜国	苏　晴	简一帆	牛文静	彭　范	梁兴伦	宋永治	刘建波
魏宇尘	闻昊辉	吴宇昕	朱瑞迪	张　威			

人文与社会科学学院:5 人

黄陈辰	胡枭峰	牟康辉	王　欢	王海东

外国语学院:1 人

黄诗音

数理学院:2 人

冯　乐	吴鑫莹

可再生能源学院:8 人

陈　颖	马　爽	韦永江	蒋华婷	曲映溪	李春辉	吴嘉杰	杨　熠

核科学与工程学院:4 人

吕红梅	丁聪瑾	张　雷	赵崇岩

国际教育学院:5 人

李　昊	王玥琪	孙广增	丁嘉禾	张天煜

2、校级三好学生:498 人

电气与电子工程学院:130 人

姜继恒	刘弈卿	吕　哲	周光阳	谷　铮	成一平	董程程	李征洲
何君毅	姚尚润	刘昊宇	李　沛	杨艺烜	李星宇	陈碧阳	张涌新
谢柏铭	沈晓宇	孟雨杉	李汶灿	苏　翰	胡智雄	顿鹏翔	蔡金棋
张天一	夏　琦	刘思放	陈方义	姚中天	王　超	曹文远	张韦维
徐诗甜	姜春钰	许　通	曹雨洁	王荣杰	张文逸	杭天琦	余青蔚
李瀛澜	郭晓茜	鹿馨匀	李欣蔚	陈晗文	王僖娟	郑宇航	孙泽宇
项晓强	沈雅琦	张怡冰	苏国赟	曾文伟	姜佳慧	殷子寒	葛良军
全璐瑶	彭　丽	李一铮	尹丽娟	丰江波	吴　丹	肖　伊	李　慧
吴　雨	李艳军	范思远	李嘉贤	李　楠	刘潇遥	汪　坤	任桐萱
曹占国	李洁暇	李淑贤	石　墨	卢　超	刘　林	钟荣兴	张　璐
韩陆超	周　浩	王　宇	李佩霖	张雨薇	龙日尚	吕思琦	张润峰
蔡　博	马安安	黄　婷	代　航	唐成鹏	王方雨	朱　晨	张红颖
王馨尉	李依琳	马宇飞	胡　浩	关　睿	成敏杨	王　婧	周宇聪
顾妙松	赵天宇	黄焕彬	代丽娟	石　城	罗　洁	朱韶一	徐东旭
周子青	沈海媛	金　莉	林雅芸	周　喆	崔　岩	曲照言	韩　璐
孙启梦	杨艳敏	苗晓晓	粟华林	金东亚	付　强	张雪垠	陈　林
崔　婧	东野忠昊						

能源动力与机械工程学院:79 人

杨　霏	游作树	李雅丽	席　翔	申　鹏	白雪亮	李金洲	许彦斌
郑　磊	夏单城	贾润强	顾令东	何春龙	唐三力	龙　宇	张雨檬
刘涵子	凌坤雄	谢云云	王春兰	王　胜	和学豪	秦　彤	胡贺超
李欣婷	李倩倩	张海东	孙　依	韩瑞午	王　刚	陶文灿	郭　尧
龚彦豪	罗　耿	张英杰	朱　月	李汉卿	晋若男	曹　茜	陈卉瑶
刘芳琪	茹　宇	杨晓茹	曹　琦	陈姝宇	周陈颖	路萌萌	孙雯雯
阮　冲	黄元媛	吴永超	宋宁宁	段　贺	龚　燕	朱茂川	刘育豪
顾书苑	梁　冰	朱雨杰	许春蕾	陈俊宇	周　爽	梁　聪	李宛齐
朱莎弘	刘丽莹	章建徽	杨冰玢	宋依璘	曹东宏	叶维祥	韦泱均
赵　亮	吴丹卉	郑舒恬	辛团团	丁冬冬	刘　牛	赵忠光	

经济与管理学院:84 人

潘张益	李　冉	李兵抗	关　婕	潘　格	杨蕙嘉	李　敏	韩梦文
杨　双	王义峰	张栩蓓	周瑜智	韩晓宇	林　卫	阮　亮	柳丽莎
王艺歌	钦秋萍	刘梦琦	邹睿思	耿集荟	焦　杰	巢方毅	李孟原
肖　琳	张语轩	刘晓丽	单媛君	张黛妮	祝雨歆	蒋舒婷	王　慧
张一凡	戴舒羽	秦　磊	李诗琪	李勉芝	陈慧敏	方　靖	曾怡平
范吉成	孟诗语	杨　曦	江　爽	秦鹏飞	窦金月	朱心慈	刘　洋
魏　震	陈希瑞	胡诗仪	单宜思	隆竹寒	胡梦淇	章　菁	闫晓宇
刘玉闪	邹晓囡	张　萍	林晓宇	罗　茜	裘莫寒	张梦雅	汪钰婷

尤希琦	黄华震	郑小敏	周星迪	孔颖超	浦　迪	耿志超	刘昭国
曹　玥	鲁　萍	满京京	林燕如	韩雅儒	聂青云	解宇欣	路　凡
戴赛岚	赵子凌龙	李玲闻樱	李罗一帆				

控制与计算机工程学院:75 人

燕卫政	陈丽雪	姚　远	邸小慧	谢　洋	牟　犇	杨　阳	王家兴
李晨星	杜　欢	孙　熙	李青青	陈丽娟	龙东腾	陈于堃	孟格思
李　岩	张雅坤	蔡凌霄	汪鼎民	孙　楠	杨　扬	闫　东	于松源
尹凌霄	吴诗彤	谭传玉	于卓永	刘祥璐	张皓涵	宋　礼	高宇豆
刘献强	吴　治	吴　弯	王冬冬	郑世强	邱森波	罗智凌	马乐乐
柳　娜	谢永靖	孙　玥	江爱兵	胡赟昀	支冬梅	苏　健	王媛媛
陈修森	贾新潮	赵　瑞	杜如钧	李晓彬	黄文婷	黄　毅	冯良骏
尚　暖	万　荟	奚芸华	张飞飞	罗　颖	涂康斌	潘晨阳	张　倩
刘　怡	兰鑫玥	陈碧颖	刘鹏坤	杨成纯	何　涛	陈峥嵘	尧聪聪
于　宁	刘思奇	金乘成					

人文与社会科学学院:29 人

李雪松	李　娉	连乃熵	吴　琼	陈晓旭	斯　瑶	潘韵竹	马　麟
王雪奇	吉柯宇	朱玉红	李梦妤	陈　义	郭文稚	黄蕾宇	鲍志超
王　颖	李玉蝶	李哲雅	李雪远	陆海慧	陈　茜	陈溢依	陈穗霞
罗静雯	周佳慧	姜　雪	廖偲伶	班世艳			

外国语学院:9 人

孙微子	朱　悦	王海枫	吕滨汐	陈文超	郑文娟	邹睿晟	谭　莹
陈思敏							

数理学院:11 人

贾玉改	赵亚男	李芳漪	何　玲	周　林	游臻俊	吴国璋	侍　凡
黄子洋	郝奇琦	闫　彤					

可再生能源学院:49 人

蒋涵颖	汤卓凡	赵裕童	张文霞	胡　莎	林　楠	詹芳蕾	胡雪晴
许丽琪	侯晓娟	李　伟	韩德鹏	杨菀汀	龚一莼	李宁宁	余　璐
龙　颖	苗　辰	包文奇	田　巍	王晚词	袁佩贤	常　莎	李垚垚
李瑞阳	郑　郝	王睿哲	张超宇	严　凯	程　淏	高　峰	甄子新
杨林超	罗莹莹	吴帅锦	高庆林	时小强	孙学晶	赵亚威	张　良
刘　文	曲炯辉	万子裴	尹宜夫	张慧娟	张雨薇	吴开聪	朱孔硕
师雪丽							

核科学与工程学院:25 人

衣聪慧	夏　科	许爱威	张希颖	张　薇	鲍娜娜	林韩清	任婧雯
王　欣	沈　翀	张文华	杨梦灵	赵　阳	杨安霞	陈凯平	郭莹莹
魏　岑	黎瑶聪	陈　昭	傅盛磊	刘自结	马翔凤	陈浩文	王　晴
余绍兴							

国际教育学院:31 人

韩　星	李烁炜	曾志宏	耿钰鄰	吴瑞颖	廖泽弘	林学健	王佳旭
周银平	席燕萍	汪宁馨	张跃如	吴鹤雯	董晓耕	林瑶琦	褚忠达

贾曦萌	高可君	逯宝中	刘　岳	康孟佳	黄浩珏	蒋超凡	刘思颖
李顺祥	董　玥	陈杏林	胡丹蕾	曾一惠	黄振庭	卢　舢	

3、院系级三好学生:664 人

电气与电子工程学院:173 人

郑逸飞	张　萌	黄　罡	徐新宇	王钰沁	倪潇茹	陈京生	谢浩铠
贺中豪	程川原	王　渊	梁国邦	郑雨晴	刘博宁	马晓寒	应超楠
何朝博	喻建瑜	孟子超	乔　冉	何紫君	张亚楠	赵肖宇	赵　科
刘鑫森	陈一凡	杨鸿皓	付鑫如	张适宜	牛铭康	李　燊	颜熙炜
靳文钊	李昊洋	杨　硕	钟建文	徐飞阳	赵　罡	王雅婧	卢文清
刘昌利	孙燕飞	卫　璇	尤嘉钰	李　彪	陈冰莹	冯佳耀	温　阳
夏　琰	郑传良	冯卓诚	崔　鹏	黄登一	王京琦	张　瑜	郑凯元
任瀚文	康文博	韩天轮	李　桐	尚雨薇	欧华钰	王旭阳	黎　晓
郑淑婷	冯家欢	尉怡青	徐丹蕾	徐雅惠	李　盈	李　斌	文正锋
尹智斌	权　超	谢文强	陈嘉曦	熊雯婷	秦　瀛	王　植	盛　慧
郭　斌	谢国超	赵禹辰	张栗楠	吴　杨	郭双娟	徐　轩	赵小博
周光东	林依青	刘鑫滢	张景煜	陈　超	刘妍君	黄瑜璜	揣依娜
马海勃	王　哲	刘力行	吴清鹏	张云帆	邹　翔	刘　昱	陈志敏
韩　笑	杨　啸	熊　飞	杜　飞	罗安琴	李孟军	王　媛	田　浩
林　童	魏　征	赵孝磊	王佳振	朱玉婷	刘烁洁	吴先哲	陈紫薇
房国俊	徐　歌	吕勃翰	张　理	王昊月	刘启智	徐国旺	朱俊谕
周企慧	刘　恬	汪执雅	郑嘉炜	张　莎	王历晔	陆　琪	田镜石
刘　阳	孙长乐	张明智	张逸楠	林雯瑜	吴　迪	刘译聪	闫　涵
杨　涛	郑梦园	曹孟珽	刘禹含	周　正	杨　帆	彭紫一	黄　英
邓铭薇	赵　佳	庄舒仪	华笑延	廖彩如	罗　亚	肖凤女	张立凡
邹英杰	刘飞飞	徐筱昕	纪中豪	刘　鹏	张　浩	申雅茹	古浩声
曹望璋	王　超	仇楠娱	王　奥	王　蒙			

能源动力与机械工程学院:105 人

杨　悦	邓　玲	李　静	王恺琪	黄木和	张　政	徐道克	贾赛赛
李　响	李明杰	杨　臻	何　鑫	刘洪涛	莫　诗	丁泽宇	马立群
朱胜森	高清鑫	鲁敬妮	胡延蓉	蒋　阳	刘　琦	白　璞	王　婷
刘恒平	崔欣莹	孙达康	周　强	马晓丽	黄应红	蔡顺凯	王德富
章岱超	牛晓璇	李百航	唐　昊	江　雄	陈　桦	周佳佳	张庭祎
林司晅	韩云超	张　欢	蔡海帆	肖　瑶	熊贻芳	代　超	郭欣欣
郑雅文	杨作勋	赵文豪	李建新	黄吉光	陆紫君	吴　帅	徐媛媛
王　宇	郑　颖	黄争灿	马　迪	李　智	崔梦其	张　豪	余峰涛
张江涛	章淳建	王　伟	孙　倩	赵方圆	陈美伶	郭新鹏	董小波
秦　汉	李寒羽	陈泓铮	聂亚洲	李家华	杨　宇	方璐瑶	李健宁
王小惠	南　雄	雷俊鹏	邱洛楠	肖　远	王　晶	王　泉	吴俊达
梁　凯	林　玮	彭　锐	沈志杰	刘兆宇	杨　谱	曹家旗	王　冠
蒋大浪	刘　钰	林玉栋	王津汉	高舒潭	任相蓉	张诏珲	林　昕
李　傲							

经济与管理学院:112 人

陈妙机	陈增华	李玥	赵英琦	张玉琢	赵爽	刘舒琪	焦扬
谭粤元	栗子淇	王铮	郝凌岳	刘雨薇	邓凤娟	刘勤	张天硕
杜善重	张弘扬	王菊霞	杨佳贝	周世洁	柯毅明	崔莹	马可
郭田园	牟艳鑫	王栋	陈逸	白婧萌	舒晗	王霄	刘定
李依莎	吴磊	黄昊	吴晗	王杨	王岚	刘佩	邢婧
王盛煜	何晶	王梦	常乐	王文艳	杨玉亭	王俊力	胡强
喻麓彤	朱宇佳	丁华	廖露	张妍	孟雅儒	陈晓仪	邬静娴
宁湘忠	白思莹	杨淑婕	殷商莹	阮晨	刘爽	刘雪君	雷迪
刘亚龙	叶陈丹	赵姗姗	匡瑶	赵晓阳	朱瑜皓	涂传英	康辉
恽燕	李菲	乔梦妮	龙海珍	陆昊	刘炜维	郑高洋	任婕
汪扬澜	刘涵	缑莉莉	李佳琪	郑梦菲	叶嘉雯	王言	崔颖颖
彭燕嘉	赵润豪	龙孟婷	卫传莹	闫雨东	邵甫青	栗安琪	秦琨
林凯	李彦霖	蒋潇	李慧	厉艳	陈巩凡	于梦飞	张超
王灿	臧威	杨培文	牛萌	余若曦	宋晓嘉	李玲玲	郭岚

控制与计算机工程学院:100 人

潘晶	张旭	庄登祥	席明湘	尹旭辉	邓志光	南江峰	杨洋
王娟	申思	吴玮钦	张报	杨国伟	余晓玲	王文亚	李柳耘
杨一雷	李权	刘正雯	张甜	王兆光	陈溪	季雨欣	姜婷
陈睿	刘永	李绣雯	陈立翼	杨雅兰	李飞	周宇	张涛
吕德坤	薛亚娜	王志玺	牛燕斌	秦恒	张婧怡	罗蓓	朱世炯
顾一凡	刘宝琦	秦景坤	张雍	汪枭杰	丁衡天	张加其	曾婧
杜婧	金洋	甘伟冲	郭玉威	郑捷	弓林娟	郑艳秋	李君宜
王宏梅	秦靖	孟兰一	张彬文	刘珊	张楠霞	曹杰	肖松庆
王伊芮	尹钰君	崔紫巍	戴谢慧	赵佳康	邹昌铭	常宇	方楚辉
王维	史雨柔	祝可可	戴晓燕	郑格	苏伟芳	赵松	黄馨
顾玥莹	罗玮	董金凤	张颖	王会盼	陈铭豪	储昌东	杨春晓
王硕	张扬	林雅婷	王裕健	郭孟瑶	杨泽	张佳	柳幼婷
雒佳	李骏锋	蒋山青	刘杨中华				

人文与社会科学学院:39 人

张彪	曹乙木	郝甜莉	靳子乐	姜佳婷	熊锦慧	曾留馨	陈伊乔
朱子璇	高思遥	胡榕	马涵慧	高瑞笛	杨柠榕	赵钱	梁子琦
王晶晶	崔淑雅	杜玉丹	邢瑶	曾怡凡	赵英鹏	殷静静	谢向荣
孔蕊	李欣宇	陈思	秦少玉	王梦婧	刘璇	刘洋洋	高姝婷
胡慧悦	朱文	张若辉	赵翊含	项云	王晶	黄浚珂	

外国语学院:12 人

王晨玺	赵悦含	高赫临	付红新	黄秀丽	王雅楠	李姝一	桂美玲
宫雨辰	王念煜	赵丛莉	汪辰晓				

数理学院:15 人

梁秋	黄晨雨	段波	张又中	吴俊吉	王明宇	刘子涛	金凯琪
张习习	陈杰	李清意	黄英凡	湛雨潇	皮海亚	朱琎琦	

可再生能源学院:66 人

卢　航	吴云召	张凌岳	田浩楠	谢　玄	李　欣	郭泓村	何文栋
柳元青	马赛男	王　泰	吴志毅	马易君	隋国栋	徐小雪	祁荷音
薛鑫宇	周舒琦	张家浩	胡　斌	孙胜平	林　琛	邵笑严	宋　歌
曹如水	谢华珣	于学成	李思敏	张镇西	刘沛轩	陈　俊	汪东飞
胡逸帆	李博文	陈希谣	赵洪海	张浩然	闫肖蒙	武　英	林炜坚
庞辉庆	高　洋	温　源	白婉欣	屈承珺	刘　畅	尚朋阳	张启凡
代炳珂	孙　瑞	金喜园	楚　月	武伟伟	朱雯婷	罗灌文	王则祥
汪德成	陈旭鑫	秦梦雅	颜灵伟	吴伊雯	宋彦辛	鲁冠斌	郭冠延
孙　静	周于梦秋						

核科学与工程学院:33 人

姜兰兰	罗思民	王园鹏	马泽华	汪　喆	王　雨	王　达	李璟瑶
王式保	祁文静	曹惺笛	杜幸晟	卢桂池	储宇奇	韦良长	刘宏达
张楚翘	孙永胜	赵梦薇	刘世尧	张　杰	唐思邈	吴志友	王睿智
殷亭茹	张　瑞	何家成	贾唐堂	宋　怡	陈静涵	陶春阳	杨志煌
徐兴嘉							

国际教育学院:41 人

邢　颖	潘奕宇	何　璇	沈　钰	曹诗云	王子馨	陈米兰	李一君
刘国兵	徐　航	樊　华	胡文馨	丁一芙	龚　雅	李　佳	李文昱
曾希哲	孙　聪	胡　倩	陆　伟	刘　梦	石家峥	皮乔可	赵耀华
程　鹏	赵启涵	牛云帆	王　璐	张俊琛	程　爽	张冠柔	吴润叶
高远达	艾　昕	周斯腾	李明杰	冯　圆	邓镇明	施晓颖	叶　晋
孟　钰							

(二)优秀学生干部获奖名单

1、校级优秀学生干部标兵:19 人

电气与电子工程学院:4 人

胡　博	张　钰	忻　达	陈　林

能源动力与机械工程学院:3 人

沈　新	刘亦芳	林　宁

经济与管理学院:3 人

付静雯	刘　洋	支明远

控制与计算机工程学院:3 人

张明慧	卢　倩	林弘杨

人文与社会科学学院:1 人

胡枭峰

外国语学院:1 人

孙微子

数理学院:1 人

黄晨雨

可再生能源学院:1 人

王鹏琪

核科学与工程学院:1 人

张　荩

国际教育学院:1 人

刘　帅

2. 校级优秀学生干部:82 人

电气与电子工程学院:22 人

李佳诚　杨颖晖　刘亦菲　徐昕彤　王　帅　金天一　赵子菡　赵丽娜
郭旭升　路　达　邵茹冰　刘通明　宋志成　孙宁姚　张嘉慧　王昊月
孙博洋　王吉亚　刘吉昀　朱毓凝　孟东东　崔　婧

能源动力与机械工程学院:13 人

焦子洵　徐　然　马　乾　魏立帅　宋　涛　王　伟　宋文蛰　吴映达
叶　超　卢国鹏　魏宗凯　汪　洋　程文婷

经济与管理学院:14 人

郑　楠　耿集荟　许小峰　翟　优　陈冠宇　范吉成　王　梦　闫嘉程
戴舒羽　刘　洋　艾先能　刘昭国　潘　月　张　硕

控制与计算机工程学院:12 人

张会峰　马思腾　胡忠文　张婧怡　张伯安　韩　彬　刘　帅　朱　赟
庄子杨　徐建保　周　泉　陈峥嵘

人文与社会科学学院:5 人

林智宇　王　欢　牟康辉　侯　硕　田　园

外国语学院:1 人

浩　琦

数理学院:2 人

张雨辰　黄　炜

可再生能源学院:8 人

李思敏　龙　颖　包明明　邱　颖　曲炯辉　龚一莼　李　娜　郭浩强

核科学与工程学院:4 人

王园鹏　王　悦　张贤杰　刘世尧

国际教育学院:5 人

高鹤铭　张瀚驰　厚皓天　袁佳莉　曹文馨

3、院系级优秀学生干部:168 人

电气与电子工程学院:43 人

陆　锋　陈红发　王靖瑞　马娅妮　何鸣乐　雷　珺　张　昊　王晓萌
吴陈硕　边亚琳　韩士琦　戴天泽　蓝江艳　王　烨　姜　涵　张宁宁
郭　虎　费旭玮　郭玉婷　柳　晗　宫　琦　孟秋实　王世佳　崔　辰
段华麟　钱一琛　潘　祯　胡　浩　王历晔　刘禹含　茹丹丹　林长盛
郗　泽　周　建　薛祺浩　郝晨耕　董宇楠　张　俊　史金鑫　吕欣哲
王豪阳　陈一凡　颜世杰

能源动力与机械工程学院:26 人

董永星　王　岩　魏雨菲　娇延林　牟　锴　赵忠正　杨　帆　林兰兰

陈宇	赵鑫	刘芳琪	周鑫	余峰涛	李建新	陈卉瑶	楼康男
曹茜	刘畅	杨作勋	高舒潭	李昊	黄劢	姚贤槐	田忠原
聂亚洲	王志楠	郑清清					

经济与管理学院:29 人

刘梦琦	黄果	潘张益	宋雨晴	孙润波	卜银河	厚杭希	李弘扬
杨蕙嘉	邹睿思	张锦韬	张妍	刘爽	秦磊	江爽	卞安琪
阮晨	欧蔼然	常乐	蔡文俊	聂青云	荆一鸣	胡慧敏	马永强
纪博云	刘心竹	邵丹娜	秦光宇	李玲闻樱			

控制与计算机工程学院:25 人

张琛宸	魏霜	于朋	秦绪良	陈立翼	牛文静	张涛	张天阳
吴铮	王艺萌	谢永靖	张楠霞	罗玮	刘一可	吴铭浩	王云霄
殷月	刘煜	李星琛	陈柏杉	梦瑶	黄馨	李伟枕	顾玥莹
马龙强							

人文与社会科学学院:10 人

张喆	张昊希	李雪松	高思遥	王芳	赵序芝	张敏	李哲雅
陈溢依	边的佳						

外国语学院:3 人

李殊一	秦西玲	孙艺嘉

数理学院:4 人

王明宇	黄志叶	吴亚楠	孟丽竹

可再生能源学院:17 人

郑郝	吴开聪	刘焕龙	甄子新	宿非凡	李佳	张路娜	段正达
金胜利	刘文	刘宜杰	李宁宁	薛鑫宇	陆明	连才	詹芳蕾
石广琛							

核科学与工程学院:8 人

秦子权	刘宏达	武文韬	黄子强	梁英子	钟黎	宝得	李宗林

国际教育学院:10 人

徐润生	曲尧	许思诺	叶飞宇	高一程	杨宇航	陶梦蝶	于艺璇
柴晔	吕越						

(保定校区)

一、先进班集体获奖名单

电力工程系

电气化 1101	电气化 1105	电力实 1102	电力实 1201	电力实 1202	电气化 1203
电气化 1210	电气 1303	电气 1302	电创新 1301		

电子与通信工程系

通信 1101	通信 1202	通信 1302

动力工程系

动力实 1102	动力 1206	动力 1201	动力实 1202	建环 1301	能动 1307
能动 1306					

机械工程系

机械 1103　机械 1108　机械 1207　艺设 1202　输电 1301　设制 1302

自动化系

自动化 1201　自动实 1201　自动化 1301　自动实 1101　自动化 1303

计算机系

计科 1102　计科 1202　信安 1201　计科 1302　信安 1301

经济管理系

造价 1201　经济 1101　会计 1102　造价 1302

环境科学与工程学院

应化 1102　环工 1202　应化 1202　环科 1301

法政系

社工 1201　社工 1301

数理系

信息 1201　物理 1301

英语系

英语 1302

国际教育学院

电力英 1301

二、先进学生个人获奖名单

(一)三好学生获奖名单

1、三好学生标兵:73 人

电力工程系:16 人

孟天骄　王一飞　陈　垒　刘　畅　林　荧　徐靖雯　崔泽宇　贾孟硕
王斯好　邢佳妮　崔笑菲　余小梦　李少成　李殷殷　杨睿鹏　杨依睿

电子与通信工程系:4 人

张惠茹　黄世亮　冯妍妍　张　艳

动力工程系:10 人

陈宇曲　李济东　管逸鹏　刘　洋　赵若丞　顾君苹　张超炜　王　娅
吴　清　张子龙

机械工程系:10 人

田艺琼　赵金鹏　吴艳梅　范宏伟　梁华清　李　玥　闫友璨　史烨禾
陈怡帆　高　媛

自动化系:7 人

王康成　赵珈靓　池浩淅　袁　彤　钟汕林　白　阳　陈超逸

计算机系:7 人

王秀玲　郭　辉　张和泉　刘莉菲　郭鹤旋　韩金新　戚　鹏

经济管理系:6 人

苏　蕾　孙静怡　牛晶磊　张　然　金　易　杜晓梦

环境科学与工程学院:5 人

陈　晨　黄帅斌　张　菀　黄靖云　陈　兴

法政系:3 人

李佳怿	高　敏	王　章

数理系:2 人

余泽远	赵　炜

英语系:1 人

阴雪莹

国际教育学院:2 人

冯志旺	蓝君宜

2、校级三好学生:971 人

电力工程系:204 人

杨智伟	董文凯	李力行	黄　通	彭　柳	毛宇晗	殷加玦	邓　睿
姜宇轩	蒋　乐	曹文斌	黄淳驿	李兆宇	孙　聪	陈　烨	陈玉航
石小琛	王　博	马彩娟	樊　舒	张义仁	陈光勇	靳伟佳	严思齐
王资博	张美娜	祝晋尧	王枭枭	杨晓言	李　梦	汤　钰	伍　娟
祝　凯	李大勇	梁涵卿	孟金棒	周　晨	陆文娇	任　洁	王梦琳
项佳宇	苏　浩	黄玲玉	钟　平	陈章妍	李颜丽	薛伏申	尹　唱
张经纬	李　冬	谭程凯	张雨濛	袁少雄	张　锴	马玉龙	陈搏威
戴岸珏	陈晓琳	富雨晴	严敬汝	王怡聪	曹澄沙	汪　洋	周立栋
蔡　昊	李瑾蓉	卫婧菲	周怡冰	石砺瑄	陈文博	卢方正	鲁　虹
林西阔	杨　旭	张祎慧	赵靓玮	陈嘉敏	邓莉荣	马艳军	米师农
王训哲	吴若冰	刘婧妍	邢法财	杨　雪	张占喜	赵泽锋	金基伟
林子健	刘　进	吕梦妮	任俊霏	谭亚萍	赵夏瑶	刘　强	许　斌
张　科	张柳芳	刘　佳	刘力铭	李东旭	李演达	王睿豪	叶梓明
杨若朴	郭佳熠	焦维亮	刘　佳	彭远会	王　源	高亚鉴	郭天宇
刘　渊	张冬雪	张贻娜	陈　媛	古珊珊	刘士骏	刘欣悦	田瑞雨
王　玉	张　斌	刘玉珩	索　瑀	张朋宇	赵国瑾	朱露莎	曹　昂
常芳源	裴继坤	施凯伦	张冠群	周　璇	蔡　莹	邓忻依	何知遥
邹培根	柯明东	廖婉莹	马春伟	邹竟成	崔笑笑	黄馨仪	纪　欣
李新军	张佳辉	王一珺	赵晨晨	侯　佳	刘　通	谢翔杰	陈　曦
董国静	洪庆亮	梁芷睿	罗晶晶	张　喆	朱茂玮	麦竣朗	严　风
张庆辉	张　卓	郭　禹	金天然	李凤丽	刘　君	白雪儿	陈映妃
郝倚落	王靖飞	王瑞雪	韩建沛	郝苓羽	赵　禹	王文姝	赵文天
程　兰	卢静怡	王昕鹏	姜雨枫	马云凤	王　政	娇坤霖	闫西慧
赵子仪	丁丹阳	李凯特	唐敏燕	殷艳娇	刘东旭	王兆宇	刘天明
徐　杰	韩　笑	卢熠猛	张晓磊	田智璇	李　梦	宋美琪	董思同
李奕颖	齐小涵	乔林思杭	司徒绮琳				

电子与通信工程系:39 人

王　畅	王　明	李　梁	周方舟	赵新竹	傅慧华	张　爽	王扶文
崔　鹏	孟灵丽	田雨婷	仵　姣	袁胜兰	杨　翠	张恩杰	杨军伟
万福海	夏　露	许　密	姜轶涵	宋　湉	文　鸣	吴　鹏	杨　婷
蒋舒婷	宋金薇	苑　文	郑明威	胡大帅	苏珍香	张雪菲	周宇航
杨　森	张　宁	朱建斌	万　姣	汪莞乔	潘　蔚	王　浩	

动力工程系:163 人

胡明月	李树伟	黄纯嘉	黄建钦	王鹏程	曹 可	许 瑞	费 龙
丁 敬	华趣仪	王晓帅	杨 锟	周志涛	赵 创	刘 晨	田宇恒
隋云任	牛广硕	张 炯	王超伟	王胜兵	胡依婷	江凯军	施建辉
丁 帅	窦 捷	汪 龙	彭 鸿	孔祥民	胡乐毅	杨 涵	孙 琦
王佩姿	高中华	孟 冲	王 悦	司 桐	李樟强	陈巍巍	韩 林
田 巍	张 飞	武 威	李国良	杜 霞	李帅帅	周 正	武丽蓉
王兰昱	康志雄	廖金龙	王润曦	权 琛	刘万宇	程槐号	高建树
胡振波	王青会	韩腾飞	毛阳涛	叶闻杰	曹宇坤	贾国晖	郭 皓
王新赫	缪佳静	崔 吉	班潇文	顾思菁	祁 昊	谷 尧	闫 鑫
李 昭	祁 超	吕凯文	吕 媛	雷 泽	郭良丹	何 伟	张 戈
洪有耀	祁 超	张志潮	袁静静	杨诗繁	夏宏伟	余文进	张丽洁
贾 曦	梁新宇	刘林茹	殷雪娇	尹 丹	何 靓	胡皓玮	蒋慧卿
杨 雪	黄思杰	张 屹	刘智远	徐巧变	张尧康	左浩宇	崔 悦
胡娟娟	韩 炜	牛贝贝	张晨浩	于华健	陈诗怡	洪森权	曲默丰
秦若男	黄保敬	金文华	甘汶艳	许道秀	路 菲	朱浩涛	于 洋
赵红芳	李 锐	孟令彬	王 沐	朴梦然	舒 欣	黄云璐	丁伟婧
谢玮霞	刘翊希	虞熠鹏	李得第	周安鹂	张亚亚	李 瑾	许 勉
高亚驰	游嵘臻	贾昕瑜	李 宁	王飞飞	姜京东	严雪南	李林洪
袁 博	张 夏	李 军	马玉锋	李鹏飞	李庆浩	苏孟翔	陈淑莲
贺莎莎	潘昌玉	刘雪莹	蔡喜军	李邦富	王学欣	刘 玥	王培鑫
曹志旭	傅文涛	杨 凯					

机械工程系:256 人

刘凤民	刘 娅	吴 桐	朱天陆	丁 弘	刘培波	孙明耀	杨浩楠
耿雨潇	贾淑惠	刘 旭	布鹂遥	侯衍鹏	闫保如	赵蕾蕾	李海伦
马 显	张旻希	李 松	朱 丹	陈家炜	罗政刚	张仲杰	周志杰
韩立明	李 秋	马文东	潘孝伟	平璐璐	任 璐	孙盼玉	赵金健
安洁恒	韩春雨	邱梦媛	杜敬敬	韩永强	廉 涛	赵晓迪	董欣欣
贾祎蔓	林剑峰	马伟涛	王 盼	魏江浩	程 龙	黄彬浩	马丛科
谭 健	解友兴	马 硕	张泰然	方超文	邵山峰	赵 晴	周仲强
邹小红	安海林	黄 铃	刘 琰	温 硕	张贵军	张秋爽	王兴周
祝润生	许高渊	田 辉	汪 田	王英瑞	余媛君	郝金鹦	李春芳
吴芝浩	黄虹霖	李宇倩	王 珂	金李艳	陈 磊	陈丽敏	杜梦娇
刘 晗	庞圣养	殷子沛	吴 炅	陈洪浩	季倩倩	赵文波	曾 伟
杜 楠	胡国雄	吴俊雄	杨 斌	岳星宇	张 斌	张铂琳	黄 敏
李志向	卢晓剑	陈士超	李明明	梁承华	林师玄	卢 涛	郑 鑫
胡慧君	黄祥怡	刘 派	王科登	陈鹏飞	纪欣欣	郑干好	于 凡
张若云	张钰淇	马一丹	毛惠志	曲名燕	马昊坤	秦楚宣	王耀福
赵 婷	陈 曦	高玉洁	纪安仕	官俊康	王梓萌	张茹雪	张 颖

自动化系:105 人

崔业婷	董超群	冯 丽	蒋巧玲	马许珩	王卫宁	孟庆鹏	杜 颖
李 硕	王钦惠	靳朝阳	刘欣悦	詹文超	陈明渊	顾 瑾	祁俊雄

苏　畅	陈潇一	袁一丁	谢碧霞	徐　楠	王　林	周丽娟	王　茜
陆　帅	韩　露	牟景艳	肖群雄	张华丽	赖　咪	梁莎莎	盛碧霞
许茹欣	杨　磊	张　蕾	张木柳	周雪菲	韩宜轩	刘韶婧	边会淳
陈　瑞	陆新月	钱嘉琦	王润芳	聂　源	刘胜男	杨丽娟	韩思麒
李亚玲	刘　霜	夏乐乐	张培阳	吉瑞芳	李美华	李　迎	李卓群
庄文秀	林一帆	谢工力	张凤南	施　翼	孔　润	邱香域	赵凯旋
沈一鸣	吴绍华	吴　科	徐海洲	韦冬梅	张小梅	师昭蓉	陈思远
高星宇	李欣格	罗　棋	孙庆喜	郑佳宜	郝恬恬	杨　凯	杨　楠
钟羽洁	姜　炜	李果行	李汶原	吴红妃	郭雅婷	黄　昱	史　伟
王梓齐	李彩霞	熊国恩	赵倩倩	马鑫泰	邵　丁	王　珏	张世雄
张　欣	梁怡爽	齐祥庆	孙连浩	王安琪	闫　明	张　丛	陈郑逸帆
汪森依泉							

计算机系:76 人

常　欢	程　启	李玉伟	张　鹏	夏跃萍	杨明晓	梁文斌	王伟涛
赵　云	艾　静	覃智补	王兴兰	程　龙	闵　丹	庞红伟	谭佳瑶
李　松	时欣悦	张胜男	白若林	王　棋	谢玉婷	薛　奕	金　津
刘　策	王艳艳	马利洁	庆亚敏	邱锡鑫	张杰双	董浩圆	王炜康
徐　莹	杨江平	侯建康	何　日	罗　鑫	朱晓琳	吉晓琼	袁　野
张宇潇	赵梦晴	刘洪歧	高永琳	梁　妍	吴雨桐	武　洁	杨伟海
于润涛	赵　丹	王健民	王　肖	卢新蕊	柴佳能	王蔚卿	魏博文
李一鸣	李佳琪	袁紫微	宋文华	陈彰任	张　玲	高一凡	吴秋淑
马齐齐	沈玉兰	孟　欢	王　萃	曾楚杰	张　玉	杨信宇	徐永相
杨懿男	李佳忆	刘　浪	徐　媛				

经济管理系:64 人

张天翊	王　鑫	荀　丹	熊建武	王小燕	关　心	张一枫	毛舜杰
王雨晴	王　凯	李　夕	张　岩	胡　月	李　昂	朱庭萱	严　斐
刘　颖	张星宇	常晓辉	刘　浩	郑　策	李　璇	曾　利	丁玉乐
王佳伟	张知秋	李燕兰	赵　晨	陈寒钰	梁一景	吕来城	祝邑尧
解玲玲	魏　昕	付亚男	王彩飞	苗峻玮	张雪婷	彭小珂	马　坤
刘立果	蔡蓉蓉	宋志鹏	李　桐	杨　帆	曹　丽	白莹洁	王皓月
张　雪	陈可可	韩　凝	范永雪	崔美玉	余兴锦	曹旖旎	廖春静
王雯敏	林垚钰	董美娜	裴天韵	王世乐	石梦舒	彭宜丹	李　越

环境科学与工程学院:74 人

陈煜茜	杨　硕	李春辉	徐　欢	刘　娟	王　彬	毛星舟	姜　莹
王严燕	张修武	郗　萌	许微微	陈国庆	徐　朋	高　然	邢佳蕾
邱婷婷	宋　健	李江鹏	冯　雪	张　琦	姜义健	曾显清	赵婕玲
孙盼盼	罗天楠	王美琪	朱丽萍	徐开依	张　蕊	雷　雨	张　蕾
牛旭飞	王丽丽	刘向阳	李　威	李峥嵘	柳　杨	曲聆瑞	冯育宁
闫　利	宫庆坤	胡　璇	赵　炎	杨莫愁	牛俊蓉	刘　闯	解鸿天
余斯娴	黄　凯	王贺梅	林文伟	别　璇	于　梦	田相峰	孙晨馨
曾韵洁	王　杉	陈美云	董韦汝	吴佩颖	刘　贝	许茹茹	李丹阳
于泽田	蒙俊霖	翟广丽	李颖雪	赵艳阳	吴　昊	张飞飞	孙晓慧

张煌竟	翁小玉						

法政系:37 人

杜雅轩	郭少云	李响	孙雅楠	任姣姣	付双乐	刘玉黔	何娟
艾丽娜	董佳倩	庄冉	张霭雯	梁爽	刘昱初	温若帆	胡蝶
包旭	高婕	郄乔慧	武秀丽	蔡丽霞	辛媛	李泉怡	李姝
李碧霄	于雅馨	郑翩翩	杜涵蕾	张云崎	祝佳祺	何超然	李悦
刘延旭	卢颖琴	汤爱学	朱琴	黄思博雅			

数理系:36 人

杨达	袁月	俞倩倩	臧晓玲	赵文静	周奥军	李博	汤潘
张正昌	曹治	何波	李浩森	吴昊滢	杨坤	郑沛东	韩博
王伟华	何琦	周凌峰	国赫	鲜浩波	班灿	李文乔	尹旭
周晓旭	赵玥琦	章煜	许崇琪	黄力男	刘婷	杨帆	霍晨鹏
骆雲鹏	陈昊锐	牛犇	吴同				

英语系:9 人

李琛	向星蓉	侯钰	汪美芳	朱思慧	陈婉诗	焦文月	白雪
方舒							

国际教育学院:36 人

陈蕊	张雪原	许梦娇	陈涵	李明儒	杨艺宁	王希	陈玉婷
邹潇骏	李京晶	冯健	高玉雅	钱旭东	李锦钰	于天	李兆鑫
王昕	苏婧文	刘柏延	金烨晨	马格格	梁大为	胡怡霜	展瑞琦
徐铭蔚	王奕	赵金时	谭家林	叶凌霄	顾嘉诚	滕文德	王晓晗
韦雅琳	刘思维	薛惠聪	欧阳宇佳				

3、院系级三好学生:1556 人

电力工程系:342 人

杨宏宇	季一宁	洪冬欢	李康平	卢家欢	刘宏杨	王雪松	张伟波
孙永健	尹献杰	庞曼	丁楠	刘雪雯	潘俊宇	孙畅岑	王付金
杨行	张晓春	赵文亨	赵雅婷	王刘利	凌霞	谷金	姜涛
马炜	乔忠祥	王卉	吴瑶	刘蓓蓓	何伶俐	赵广新	郑悦
张怡	闫书畅	陈烨	郭婷	刘敏	刘娅菲	雒震	徐培东
余航	陈丽芹	曹大卫	李洋	梁号	杨丽思	张才奇	赵晓丽
姜妍	潘文文	范心一	郝嘉诚	伍聪	闫人滏	翟羽佳	郭美若
侯爽	杨林	陈芳宇	陈学深	杭晗晶	李萌	刘晓强	张朕搏
周清飞	何小平	占梦瑶	朱雪雯	俞飞杨	曹宇豪	李大亮	史冀
王强	王一凡	赵宝	周艺旋	杨帆	李颖	刘天宏	罗博
宋子浩	佟彦磊	樊涛	王冬	王灵超	王烁	顾青宇	曹亚钊
何嘉兴	李立周	刘士嘉	马桃	张旭超	朱紫薇	张锐	席明潇
薛明志	刘瑞颖	鲍超凡	朵吉明	赖智航	李柏江	马静	钱凌寒
汪倩羽	王彤	赵虹博	周雁南	陈安琪	刘芳峤	洪雯	吴越
王聪	王士铭	吴润哲	纪又予	吴思宇	马启超	马卓黎	么丹
纳瑜	王琳媛	张伟豪	方晓曦	潘祉名	于思超	李杰	齐杨
王涛	魏安安	翁浩源	张瑞雪	戴明	范文杰	何仪颖	贺宜恒
黄湘云	赵明曦	李森	苏至哲	孙立鹏	王璐雪	张希	张引

丁玉杰	胡韵婷	罗曼丹	王竹颖	徐家梅	许英强	周梦璇	陈贵滨
刘　可	彭　程	王博闻	王　磊	王　祯	吴家俊	杨　柳	胡　江
鞠佃军	刘一萌	童格格	王　钏	于东立	张邰博	张婷婷	黄泰荣
任晋伟	王文杰	韦世盛	杨晓舟	张　婕	章钧恺	陈　耀	高章鹏
胡志伟	蒋似俊	李　通	李永光	袁　塬	赵周武	郭雅娇	胡一丹
寇博绰	马　冲	浦国琛	王世杰	张　豪	赵　剑	耿玉珠	李　泽
刘清晨	王旭升	王之龙	吴夏洁	李国杰	马华兴	裴智琦	苑　震
安　宁	黄天超	李　蕾	李庆杰	刘一菲	马子岳	赵慧聪	左琼莲
陈　宇	方　欢	付佳良	门向阳	杨　丹	张绍登	张双义	周光奇
陈星彤	蒋　畅	李宛容	李　燕	李　阳	张　一	戴雨薇	郭　伟
黄嘉瑜	黄丽娜	刘兰涛	乔嗣欢	魏湘盈	蔡雪瑄	成明仪	彭　勃
王　迪	王　晗	袁可为	赵华夏	周钰童	朱　旭	何　庆	嵇冬冬
严文帅	姚　璇	郭喆宇	梁嘉娣	尚志轩	孙　飒	赵志涛	车泉辉
陈　聪	董楠卿	黄凌宇	刘亚男	龙覃飞	罗　焘	马　振	善峥亮
付晓鹏	郭　彤	黄　杰	孟凡奇	孟欣欣	唐荣徽	王兆君	周　聪
周坦高	程梦梦	刘　羽	吴颖慧	朱凌宵	庄文武	卞艺衡	顾　清
贾文豪	刘　强	马健馨	姚刚昱	邓　悦	苟小刚	胡文乾	刘思呈
马　康	马云飞	木哈尔	杨　舒	赵泓博	朱家炜	常晓腾	陈烨晶
冯佳豪	韩兴豪	何妍妍	李明熙	吕丹洋	杨　淳	杨键权	崔景岚
江宇峰	马恒凯	王志浩	阿嘎日	蔡昕原	沈　昕	孙　超	田萧萧
张启哲	张鑫宇	艾浩阳	陈玉莹	沈志鑫	陈超宇	杜德添	刘　松
孙军磊	王　月	燕思潼	郁伟杰	陈濛迪	侯帅超	孙　颖	郑安然
周　文	李　欢	刘嘉伟	刘小娜	苏　岚	王圣洁	徐宏璐	赵一名
邹健鹏	金　璇	吴天琦	杨恩泽	杨政权	赵志刚	董文艳	傅维正
李　同	王冬辉	王　楠	王　琪	许凌霄	刘杨嘉佳		

电子与通信工程系:111 人

温营坤	赖远鹏	王　荀	钱佳宁	吴林艳	张振华	陈　琳	常　秋
黄云巍	任思诚	姚亚青	陈莉佳	丁正沣	郑真国	连天碧	刘　阳
苏　樾	孙靳伟	王　蓉	夏文达	赵　爽	张羽松	苏莉娜	王明昌
刘　薇	苏俊源	陈一鸣	阮　尧	孙　星	连　策	柳　叶	任江华
王三名	徐　想	赵　慧	陈　文	姜忠昊	沈华萍	杨毅冉	李秀丽
刘　欢	吴博渊	苗佳琦	乔　莹	苏国凯	王文韬	于艺海	赵彤彤
陈　涛	何佳雯	胡旭欣	江通政	马天烁	汪梦闪	王　宁	姚源斌
詹佳彬	赵雪靖	郑超凡	周广权	安茜雯	陈　浩	韩　竞	李骁睿
桑颜婷	田　夏	王鲜惠	杨欣悦	叶大德	喻星源	赵　烨	郭子裕
贾洪志	孔德宁	李佩征	刘颖出	刘云栋	向　彪	熊奕洋	杨如仙
张　硕	赵阳阳	陈　成	丁　敏	董若南	胡煜翔	黎　晗	李明智
庞维娜	沈岑惠	王志威	张倩文	张宇橙	于天碧	张　超	孙海伦
徐晓禹	王聪聪	裴浩洋	唐伯宇	李　利	赵向宇	付玲枝	胡　静
景　阳	李函霏	刘　青	王非非	张雪瑞	张　毅	廖杨春子	

动力工程系:223 人

黄禹川	侯立泽	付　饶	李依霖	陈奎元	朱烨璇	牛　凡	马圣原

卜文涛	汤占勇	牛　路	张春秀	张　蓓	谢新奇	代　瑞	李　可
商宇轩	黄　振	郭小宁	夏　晴	卢哲睿	林安妮	李　闻	刘建炜
于新杰	黄志成	刘明恺	黄凯迪	罗　列	张　旭	陈　曦	何道远
王　柱	陈家辉	董　宁	秦　煌	宋佳桐	于俊杰	彭晨峰	赵盛禹
吴泽君	罗　伟	岳煜霖	高　伟	边永庆	刘　荀	向　蔚	黄涵钗
肖红洋	赵成宝	邢佳颖	顾晋饶	崔亮节	刘　浪	陈　敏	王亚蓉
雷一梁	杨海洋	毕　腾	范　琳	傅　瑜	吴熹梦	薛宛辰	赵　阳
李高俊	李　耀	于烽城	李华文	罗国栋	钟　雅	李成晓	韩业泽
闫广精	徐海涛	李宣岐	蔡熙川	温　波	陈嘉映	孙盛桃	闫博康
封敏丽	刘　阳	周梦伟	蔡　忍	谢海萍	李子杰	王建东	冀瑞云
张伊黎	李丽华	杨　博	张　波	刘东洋	梁东宇	曹振斌	谢　超
冯文永	翟道创	魏盼盼	贺卫杰	高　昂	雍明月	张一鹏	石　强
熊宜骏	王宇航	张宏强	刘志鹏	黄敏智	郑展鹏	和　鹏	朱恺雯
舒冠鑫	杨光华	张　倩	卢　阳	王昱翔	张思嘉	郑　灿	刘闻博
毛浩宇	石　炟	庄馥瑜	穆　斌	郭　源	周　沛	陈　野	李　超
房聚刚	李晓楠	杨　雪	杨　广	高海琴	刘　杨	杨国晟	吴　韬
司志民	刘　阳	马梦祥	王鹏乾	黄家荣	宋嘉琪	朱锋杰	杨深振
黄　雄	王玢滢	张　毓	刘雨濛	刘洋伶	铁成梁	周　航	吴晓文
高　壮	朱钦琛	吴英才	马立伟	栗国鸿	安　鹏	仝浩杰	易清明
乐梦雅	张伊甸	王　曦	胡晓天	王洪跃	许佳欢	沈明海	宋晓玮
周　阳	姚军军	毛梦婷	董敏敏	陈林炜	魏川彬	肖艳红	杨　灿
陈士磊	孙　岑	王丹阳	熊照雪	熊保全	丁建勇	张学远	赵俊妍
章丽婷	邱丽红	第青川	李　刚	苏安娜	张剑飞	葛　文	刘　宇
王未宇	韩　建	高　超	汪佳敏	邱旭莹	刘腾克	徐敏杰	张婷婷
陈萍萍	万永清	吴　优	张　华	许　童	马首航	梁雪琪	王旭锋
赖建山	蒋　璇	葛　臣	赖华盛	刘树培	钱　辉	陈　都	熊志永
韦康怡	徐玉刚	保隐志	贺亦杉	张亚萌	薛骥良	袁冬杰	

机械工程系:177 人

任志培	王大陆	苏　敏	张天懿	高珍珍	蒋鸿宇	赖星宇	崔耀文
封　冉	黄庄雯	徐菁菁	徐志强	张钰阳	张泽宇	洪　庆	李赛赛
李永刚	刘忠程	宋学成	汪文秀	朱晔晖	周巧云	程侃如	李亚东
宋子君	吴　超	叶晟岐	国　强	胡子璇	李永瑞	宋振霆	高　磊
李　斌	刘迤秋	孙悦欣	汪逸夫	王晓明	俞云吉	张　沛	行建军
胡泽仁	祁复功	曾　成	杨　光	郑显超	贾　斌	蒋景烁	李军平
田　东	王建文	徐惠杰	张　博	任书娴	袁　葶	王常浩	马俊势
邵志龙	王　凯	杨　涛	赵圣林	纪卓含	李呈宗	李　宁	刘高静
王　敏	伍世良	李智德	刘鑫杰	宋松涛	王　亮	何志华	李　雪
张　灏	李　慧	李学斌	武　玥	张　达	赵　杨	蒋　行	陈柳桥
范方铜	郭龙涛	李琳鑫	王　康	曾柳盛	冯增行	贾晋鑫	解　铎
刘泽浩	卢南君	张斌飞	胡　鑫	江　辉	李仕玉	邱　振	孙尚飞
王焕捷	吴远斌	徐建栋	付德威	邓伟健	洪裕辉	李永健	吕　鑫
尚聪宾	姚瑞海	张啸宇	曹倩倩	毕董丹	金　龙	张艺伟	杨智超

李海超 汪新康 王海阳 许朋 祝志磊 艾润民 丁晨 高扬
柳喆 蒙煌琨 施宗财 苏婷 王婧 张啸宇 张洲瑜 曾大为
段鹏刚 刘静 吴纯 冯文韬 郭俊超 刘万聪 吕志彦 曲高民
滕斌 易永超 简成言 刘斌权 刘军 刘跃龙 刘云勋 周凝泽
陈佳莉 彭卓 田捷夫 张朔 高沁娇 胡遇文 石生泉 王昊
魏亚军 于可欣 崔蕊 高洁 韩子洁 齐菁 王婷婷 高乙丹
刘学敬 毕胜男 刘鹏 唐畅 王淑娴 侯钰 张国英 张丽娟
包志强 陈志昊 樊月佳 黄兴贵 王佳琪 韦梦圆 赵朝成 赵会猛
周益泽

自动化系:132 人

白雪 李梦楠 曾华清 黄锦燕 蒋莹莹 李昱蓉 赵晶 周旭飞
杜远征 王天 谢涵羽 于笑 张皓 张慧美 张晓 朱泽华
谢天 郭利轩 吴延群 李小鹏 贾岩 郭逸凡 侯学刚 刘葵
闵琪 许鑫 张唯玉 陈桂兰 窦金辉 唐玲 陶琳 田德阳
张明 范征宇 高鸣 蒋丽涛 钱雯 张克延 刘扬 徐宗强
黄镇东 胡子为 赵泽辉 杨攀 黄碧漪 陈思宇 杨帅 胡沛涛
林惠建 张帆 崔迪 戎润雨 程旭峰 靳鑫 李洪阳 李晓
李雅雯 阴俊博 王佳鹏 包晗 李贵 李秀美 牛瑾 任国俊
师敏敏 唐甜甜 苏晓宇 王凤 孟令虎 丘舒婷 冯楚棋 刘海喆
舒向前 田昕怡 张韬 韩新杰 康美娜 吴梦莹 杨新宇 逄飞
王奕枫 李佳音 高旋畅 李显燕 王龙 王旺 武申 杨康
杨晓丹 陈钟琦 李建翠 李召胜 刘怀远 孙琬婷 田丽敏 王耀庆
杨姣姣 杨旭 窦毅琨 黄幸 焦勇博 李瑶 孙天舒 王元元
武志强 夏子涵 张熙勇 陈曦圆 李慧敏 李雅晶 田思佳 王新鸿
王馨 吴志伟 姚慧 张鸽 赵烨 郑明煊 曹威 陈瑞杰
黄昊晨 康佳垚 陆珏婵 任斌 苏同发 王文强 谢雨虹 赵恺
何丽蕊 李耐 李源 覃渴祎

计算机系:140 人

曹旨昊 柯钰铭 冯旖旎 李楚璇 刘凯 刘轩驿 王倩 王玉坤
张开 高新星 朱航江 刘少伟 仇文博 单琳 董冬阳 雷天宇
李丹平 刘庭辉 刘砚波 张桉童 霍春美 李丽 李廷峰 文婷
高晶 王贝 王丹蓉 杨佩茹 吴辉贤 张淑真 陈雅卓 陈颖
刘旭东 罗晨曦 邱日轩 陶梦琪 郭雯 李青 李微微 刘德民
杨泽 杜炀东 谷玉虎 蒋天一 于佳文 张少聪 黄丹妮 晋志明
宋旭鹤 唐帅 王国庆 宣兆贝 钟渝 陈鑫 任中杰 孙大林
王汉 王炜涛 张洋 綦人杰 魏鹏达 徐聪 姚滕俊 叶靖
张馨月 陈宏宇 范阳 李东 李杰 唐刘健 王锦龙 王榆圣
赵圣楠 刘文昌 文飞 韦笑 冯明明 余烨 郭家琪 高荣
李雪 李忠阳 孙聪 仝卜匀 涂豫平 于治麒 袁夕岚 朱原兴
邱慧勇 蔡少植 黄静熊 李晓珊 杨思思 董涵 王文杰 李辉年
黎孟晨 曹文轩 洪杨 李业东 方军鹏 彭丽文 李承阳 徐莹
黄星 罗蒙 陈秀新 王君可 汪子乔 高怡茹 李佳锦 张瑞祥

周庆波	吴相发	陈　威	郑传哲	陈思佳	周震东	刘建春	贾志培
刘　涵	吴　蓉	钟昊文	戴海青	冶晓艳	梁玮轩	蒋思炯	晏明昊
张奥博	郑景中	杨承南	汪　杰	宋　悦	陈　卓	金　祥	任清清
唐正鑫	李舒婷	胡智瑄	薛若男				

经济管理系:146 人

史玉芳	周舒静	沈辰昕	张婷婷	吴婷婷	俞佳轲	刘东冉	高树彬
李　丹	刘　巧	李晓洋	黄权恒	段　铭	杨伟炯	余玉琴	杨　霞
张红豆	何晓博	张洪秩	雷恺杰	陈凯玲	仝　琳	单　双	赵元隆
马　敏	乔　乔	耿晓伶	罗乔丹	丘艺婕	张　婷	郑焕海	崔　薰
高　越	张　倩	谢　念	史怡杰	邵鹏程	费文波	周天琪	李天朔
田虹辰	陆嘉雯	蒋丽雅	黄丽君	吴　松	张　文	安常乐	宋飞云
李慧娟	郭玲玲	刘显玲	周俊康	黄媛媛	倪　宁	姚　景	王家琨
李　威	刘仕鹏	郭梦娇	姜鹏程	杨　柳	田　裕	张思行	裴胜丽
吴　薇	刘弦弦	王婕妤	乐玉熳	田　风	文心怡	王海潮	尤　敏
高　祺	厉进月	李　潇	杨　丽	张佃坤	华叙桥	许　悦	杜　磊
丁振华	邸　燕	常玛丽	陈　莹	杨　玥	陈静波	韩丽丽	蔡晓玉
朱晔晖	王明辉	徐明阳	于　航	孙　泽	胡林敏	黄立君	王琪雅
付成然	朱佳雯	马中华	杨颖琦	苏　星	刘旭阳	刘春霆	古悦阅
檀小亚	舒梦迪	王春红	张　倩	李润琼	王小玲	袁红霞	童晓琴
任淑敏	闫佳堃	何俞霖	郭　婧	李宝双	王辰凌	滕英杰	栗雨铄
刘泓鑫	姜晓琛	许　彪	安艺敏	薛　婵	王夏光	茹政翔	赵　蕊
宋晓静	赵　航	张向荣	殷占峰	彭　贤	王婷婷	简闻娉	赵昕怡
孙　悦	任中睿	颜雨婷	张　冉	罗卓婷	侯治国	王　婧	刘慧娜
刘羽绮	张洪珊						

环境科学与工程学院:114 人

石　瑶	蒋　帅	许田广	邬莹欢	黄斐鹏	姚杭东	解姣姣	王佳英
李鹏贺	朱继鹏	周歆雄	王冠华	卢　娜	李诺男	杨钧晗	李　妍
王　彤	刘华旭	陈桂文	刘伟彬	陈玉强	李小燕	倪天磊	马超群
郭佳翌	何东霁	陈少川	何德瑞	虞　婧	范珊珊	赵世盈	陈孝妍
赵兴安	邓雨晨	李紫怡	李志刚	龚奂彰	陈儒佳	何轶杰	郭文迪
郝会超	赵　剑	王爱德	徐　芳	闫昕童	候　博	孙　杰	王玉龙
于　臻	赵　兵	刘海韬	邝昭辉	候媛媛	黄旭文	李刘刚	林铭巧
李　琳	李宗红	吴晓娟	付　芸	韦　荣	尹　楠	王　力	赵学培
谢红霞	王云阳	薛雅文	刘光远	郭　帅	佟　童	王　傲	张博闻
刘凤梧	蓝　蓬	张　贺	王嘉进	周晓梅	邓　婷	李治穷	潘　鸿
李　通	郑泽辉	陈金宝	冼万如	朱　检	巫小明	詹楚竑	印　昊
白中泽	李紫微	刘旺胜	张　琪	李　健	倪金磊	黄宇圣	王维鑫
尹钧毅	曾少雄	冯　博	张君伟	邢　磊	占路遥	曾红燕	樊一凡
李仲赛	陈承涛	李　威	管亚鑫	郭　阳	姜　芳	赵　东	刘　琦
王　雪	陈虹蛟						

法政系:55 人

焦凤琪	柳　虎	汪　钰	温　馨	杨　倩	张　澜	王文思	田婉莹

杨　洁	李童茹	韩　欣	李亚盼	陈　滢	徐　娜	简铁固	陈家慧
李港生	刘　郴	李珍峰	赵晓敏	徐媛媛	冯琳雅	李梦珂	梁　萧
刘　旭	赵雨濛	钟书慧	朱涵雅	苏晨晨	张　艺	潘柳含	张　悦
王斌斌	万娇娇	贾　帆	吴　珊	孙于睿	梁浩冉	王天祺	曹梦幻
王铁权	张　玮	韩兆凯	安　平	张　乐	徐　杨	刘晓霞	袁水苹
冷美卿	李　畅	周煜航	孔静怡	罗　阳	万紫千红	许之伟麟	

数理系:51 人

付　豪	刘久炜	王　磊	韦星宁	叶文平	张　莉	张　伟	丁志新
白纪伟	邱智韬	杨　姗	杨晓冰	李生虎	孙翠萍	孙新宇	王　琪
温春艳	杨　冕	朱姗姗	任庆远	张　靖	林志勇	章柳吟	邓超语
程　罡	王长青	张　康	刘昕祥	张贺飞	仲古月	刘丽君	肖　颖
杨玉兰	冀　茂	刘佳佳	赵永贺	杨　帆	林　泱	南　婧	何志鹏
赵可心	王　淳	程赫明	董王英	韩梦婷	黄高林	纪春洋	贾虹晶
王祥念	徐进轩	于　宁					

英语系:20 人

李　瑜	刘玲玲	陆梦庭	王颖靓	陈　红	兰淑丹	王小凤	肖　遥
张　策	蒋思琪	王　珂	赵斌宇	王　杰	吴颖婕	黄皓雯	陈思伊
苗蕊蕊	宋雅迪	熊　瑶	张嘉越				

国际教育学院:44 人

张　蕾	奚博闻	周家铭	张丁丁	王若麟	罗梦青	俞秦博	杨宇轩
韩　森	习智超	李美林	赵段杰	李源锟	余　铮	程　睿	陈聪哲
冯诗宇	吴洪坤	任　可	冯　潇	许琬昱	赵　冬	刘建钊	金怡安
俸　悦	陆典昆	吕瑞祺	杨松豪	许程成	江孟哲	张博涵	纪思彤
刘可一	汤云志	张一凡	邢雪亮	余皓星	郭风林	杨　琚	袁玉婷
田淑均	彭琬玲	刘涵谦	谢之凡				

(二)优秀学生干部获奖名单

1、学生干部标兵:17 人

电力工程系:3 人

祝　凯	叶梓明	邓忻依

电子与通信工程系:1 人

杨　翠

动力工程系:2 人

马玉锋	曹志旭

机械工程系:2 人

赵金健	马　硕

自动化系:1 人

张　明

计算机系:3 人

王玉坤	董冬阳	王艳艳

经济管理系:1 人

张星宇

环境科学与工程学院:1 人

李　妍

法政系:1 人

李珍峰

数理系:1 人

何　波

英语系:1 人

李　琛

2、校级优秀学生干部:54 人

电力工程系:17 人

蒋　乐	李兆宇	张振法	王资博	刘　敏	祝晋尧	伍　娟	苏　浩
杭晗晶	鲍超凡	周立栋	潘祉名	丁玉杰	李演达	张贻娜	马子岳
何　庆							

电子与通信工程系:3 人

杨军伟	赵彤彤	杨　森

动力工程系:6 人

曹振斌	魏盼盼	冯升飞	王润曦	何　伟	许道秀

机械工程系:7 人

张钰阳	王　盼	刘　琰	李琳鑫	张钰淇	马一丹	刘　鹏

自动化系:7 人

马许珩	孟庆鹏	窦金辉	高　鸣	韩宜轩	蒋丽涛	冯楚棋

计算机系:2 人

王兴兰	王　肖

经济管理系:7 人

苏　蕾	高树彬	张洪秩	郑焕海	张　倩	田　裕	苗峻玮

环境科学与工程学院:2 人

黄斐鹏	姚杭东

法政系:2 人

孙雅楠	罗　阳

国际教育学院:1 人

王　昕

3、院系级优秀学生干部 :146 人

电力工程系:32 人

彭　柳	邓　睿	黄淳驿	梁　号	汤　钰	李大勇	周　晨	王梦琳
刘晓强	张　锴	徐靖雯	吴若冰	黄湘云	金基伟	王璐雪	王博闻
王斯妤	崔笑菲	浦国琛	常芳源	施凯伦	邹培根	马春伟	郭　禹
白雪儿	朱凌宵	赵文天	王　政	沈　昕	刘天明	张晓磊	王枭枭

电子与通信工程系:9 人

王　荀	李京涛	孙靳伟	黄世亮	文　鸣	薛婷婷	郑明威	张　宁
廖杨春子							

动力工程系:20 人

李济东	丁　敬	王晓帅	胡乐毅	崔亮节	傅　瑜	孟　冲	陈巍巍
韩　林	冯文永	石　炟	房聚刚	谷　尧	祁　超	沈明海	韩　炜
黄保敬	严雪南	张　华	蔡喜军				

机械工程系:19 人

朱天陆	张泽宇	李赛赛	闫保如	罗政刚	杨　涛	李呈宗	张泰然
张贵军	李　玥	殷子沛	杨智超	吴俊雄	李志向	郑　鑫	郑干好
于　凡	纪安仕	韦梦圆					

自动化系:13 人

蒋巧玲	黄锦燕	盛碧霞	张　蕾	杨丽娟	韩思麒	阴俊博	钟汕林
韦冬梅	李佳音	赵倩倩	马鑫泰	王乾铭			

计算机系:13 人

常　欢	雷天宇	李廷峰	张胜男	刘　策	罗晨曦	马利洁	王锦龙
张宇潇	高永琳	梁　妍	杨伟海	李佳忆			

经济管理系:12 人

刘东冉	王　鑫	关　心	赵　晨	倪　宁	李　威	李　桐	蔡晓玉
白莹洁	韩　凝	安艺敏	殷占峰				

环境科学与工程学院:11 人

张　琦	雷　雨	曲聆瑞	闫　利	赵兴安	刘　闯	于　梦	张博闻
李　通	孙晓慧	王　雪					

法政系:5 人

杜雅轩	李　响	梁　爽	王　章	刘延旭

数理系:5 人

邓超语	尹　旭	张贺飞	赵永贺	牛　犇

英语系:2 人

陈　红	张　策

国际教育学院:4 人

张丁丁	张博涵	纪思彤	邢雪亮	谢之凡

(三)单项荣誉获奖名单

1、学习优秀奖:185 人

电力工程系:46 人

吕　爽	杨瑞环	黎颖茵	孙朝阳	王高红	曾开宇	柳扬帆	朱德高
黄弘钢	郑可伦	魏　遥	张坤林	于　洋	陶　冀	朱思丞	龚宇佳
姚文展	董圣孝	段国强	蒋　达	李　贺	庞帅杰	许乐然	郑力勇
茶凤舻	胡　灿	杨苒晨	杨子千	陈　旸	毛永恒	秦海停	李井伸
毛　靖	魏立行	徐　进	张晓帅	赵泽宇	黄金鹏	李超平	袁书文
付乾龙	姜　昶	冯启程	刘林林	黄基放	袁　梦		

电子与通信工程系:11 人

高祖慧	漆　辉	王雪霏	熊　昊	陈贵潮	韩　瑞	黄　谦	王　鹏
杨洪旺	周俊杰	徐佳晗					

动力工程系:19 人

曹　萋	佟圣旭	罗东晖	张宏盛	吕昱亭	宋　辞	吕井飞	杨旭东
陈万涛	姚夏阳	杜吉锋	田李果	陈　炜	叶文韬	佟勇婧	于　洋
许　文	况　聪	陆永健					

机械工程系:28 人

赵　贺	凌浩然	邓泽奇	韩佳宏	韩　鹏	林　杨	林　臻	徐榕壑
赵亚辉	张菁蔓	王季鑫	代　贺	丁林山	余定纯	郑　盼	梁永华
陈湘阳	殷　超	尹孟然	郑庆浩	吴威华	赵　雷	马　赓	罗　勇
吴晓冬	杨衡珊	孟朝阳	孙承艳				

自动化系:14 人

王栋立	傅海超	李外强	张晓伟	郭俊霖	靳昊凡	徐子安	宋　超
邹　奔	李　帅	曾泽宇	陈启明	成　茵	张建雨		

计算机系:14 人

周昉昉	沈哲吉	苏继鹏	高　欢	张　颖	邱红萍	石晓婷	杨春兰
林增贤	王适存	赵渊博	翁一茗	吕翔飞	魏少伦		

经济管理系:16 人

杨丽莹	李　好	卢晓娟	陈　妍	吴石梅	赵国娟	张延伍	解亚敏
秦廷龙	程　序	余重阳	张淑琴	黄舒靖	许鈴莉	徐小东	江怡宣

环境科学与工程学院:12 人

童　伟	晁　雪	刘　媛	方　婷	张广满	贾里杨	解若琛	尹韬烨
刘万生	夏　超	茅佳童	杨立斌				

法政系:3 人

陈文娜	徐　慧	程良玉

数理系:6 人

李　潇	刘祖权	沈冰彬	苏新禹	叶　楠	廖明伟

英语系:9 人

杜焙焙	刘阿娟	潘蓉蓉	高　彤	朱　潇	史少颖

国际教育学院:1 人

陈由鸿

2、社会工作优秀奖:278 人

电力工程系:46 人

苏　宇	赵元元	胡　杰	马　跃	李卓桁	陈　铭	张振法	辛建江
张　贺	季　杨	刘　硕	刘翔宇	任鹏辉	彭忠源	安振国	姜　訸
门传仁	王亚军	赵浩舟	李　洋	杨宇佳	宁峻卫	王长正	王江伟
魏石磊	安　东	韩啼啼	曹　宇	孟庆瑶	吴　迪	李超然	周博建
闫纪源	杨　宇	杨　瑾	李松达	戴　尧	邢建蕤	黄金鹏	马升佑
彭逸杰	吴　征	代春彬	徐　达	贾东瑾	袁拉麻加		

电子与通信工程系:11 人

彭　辽	吴梦越	王玉琳	金　烁	蔡澔伦	赵　双	张诗杭	钟岚依
耿　榕	周俊杰	秦文婕					

动力工程系:41 人

王　策	杨　烁	刘彦琛	靳松桦	孙雷超	衣孝然	潘定安	艾　杰
李　典	侯德慧	魏荣民	吴燕虹	刘金龙	冯升飞	郄江浩	杨官煌
程长勇	梁金锐	狄元权	吴文韬	申正远	钱家林	刘　轩	时　斌
刘　博	白枫道	关东焱	陈志宇	张　渊	王　刚	赵言炜	付朝阳
赵　策	米　行	李　允	王　兴	蔺小龙	屈靖洁	陈　坤	包　帅
孟大旭							

机械工程系:44 人

郝雪彬	黄楚文	张　朝	白泽瑞	文　桥	蔡文靖	何诗文	胡肖璇
赵　强	李冠军	韦家奇	黄素洁	茹增田	宋金浩	蔡慧颖	付兴旺
辛创业	于剑桥	杨彭城	尹　涛	赵文翔	易莹鑫	刘　智	丁　鹏
何　飞	朱惠成	李伟东	傅家伟	李洪文	梁永华	王亚祝	刘　雄
米家奇	孙　嫱	汤善发	曹　硕	强刚刚	许天磊	郭宝春	韩桐桐
王君怡	门泽楷	董　浩	庄佳翔				

自动化系:29 人

段贵金	郭　铮	王栋立	宋　达	杨　磊	刘桂箐	武　昊	张　萧
陈煜琦	肖庆芳	宋晓晨	杨　迪	吴冠鸿	葛　瑞	侯亚飞	何　毅
蒋铁成	张　琨	李　鹏	吴宏旺	朱　祥	彭福祥	翟文培	张广廷
周梦璐	刘业鹏	刘为辰	王　升	曹　瑞			

计算机系:21 人

韩　宁	朱章南	徐京京	韩　文	艾　壮	刘　洋	赵瑞祥	林泽宇
陈　茜	李　磊	王　东	张琳佳	寇红伟	鄢光伟	翁诗瑶	宋海博
谢逸锟	唐　成	尚永强	吕翔飞	美渴丽亚·帕拉哈提			

经济管理系:28 人

田　旭	张汝佳	田　野	张　舒	李金强	杨　硕	蔡文雯	郭志明
符广润	赵德骁	张　璇	刘　巍	池子扬	张梦瑄	张延伍	王婧怡
张　雷	李　锐	陈　倩	鲍辰雨	杨　艳	李军宇	刘　洋	律　磊
赵彬彬	马　云	马　浩	李文岳				

环境科学与工程学院:22 人

许　鹏	张理杰	杨　浩	孙天行	许国松	陶子晨	王佳男	张立东
伊春宇	叶文智	李国良	祝富杰	武　凯	王炳然	陈雅雯	孙明坤
段祺君	杨添名	茅佳童	吕彦伯	王　艳	陶　冶		

法政系:18 人

祁　忠	史志浩	王晓俊	姚　豆	郭晓月	邱小玲	李璐杉	胡钰彬
叶晨馨	高海悦	秦子涵	贾梦菲	吴雅琪	甘青锋	郭　齐	李延宇
孙天留	白依宁						

数理系:9 人

武　岳	金永红	张诏议	刘　祥	许敬秀	段云飞	凌　娟	许增智
杨　琴							

英语系:6 人

孙伟朕　刘　典　刘文文　王翠竹　张　鹤　杨东阳

国际教育学院:3 人

罗艾珂　赵健伊　樊　桢

3、文化活动优秀奖:125 人

电力工程系:24 人

王灵安　苏　宇　王欣欣　陈　铭　季　杨　刘翔宇　王亚军　叶　露
潘俊诚　宋广胜　吴　迪　李　洋　邓森勇　闫纪源　杨晓璇　蔡雅慧
李安琦　盛超群　赵天一　陈雨亭　涂　曌　薛　野　郑松竹　王　也

电子与通信工程系:6 人

孙依娜　卢妍倩　王伟成　赵　双　郭昊霖　张伊慧

动力工程系:12 人

洪伟萍　衣孝然　赵　彤　杨凯中　叶文韬　吴　迪　庄英乐　栾程程
周　玲　孙　铁　李强辉　牛佳玉

机械工程系:14 人

郝雪彬　曾　睿　张恩认　林　杨　何诗文　茹增田　傅家伟　孙　嫱
曹　硕　邓先垚　王乐喜　郭覃颂　马钰恒
次仁央宗

自动化系:12 人

王景成　王浩博　史　航　张　琨　丁续达　刘佳吉　曹　巍　李　翔
邹　奔　周　芸　徐珮宸　林静怡

计算机系:12 人

魏建国　李　晶　李庆贺　李晓晗　杨对红　应慧婧　胡翔宇　张金蒙
赵文轩　桑雨薇　李祎蕾　段国蕊

经济管理系:15 人

刘子玉　王好雷　苟瑞欣　匡载淋　张悦睿　廖婧婧　杨施云　许博华
刘　巍　后春颖　邹　冲　陈　倩　杨　艳　梁　静　李文岳

环境科学与工程学院:12 人

许　鹏　许国松　郭峻辰　刘　媛　方　婷　周林燕　陈雅雯　施　楠
莫珺蕾　宋小丹　曹家宝　孙崇旭

法政系:10 人

王晓俊　姚　豆　耿世璇　于佳鑫　邱小玲　马　瑞　汪智娟　贾梦菲
吴雅琪　哈那格尔

数理系:3 人

赵泽睿　周佛佑　杨佳莹

英语系:3 人

李健杰　李　婕　雷　也

国际教育学院:2 人

刘　越　赵健伊

4、体育活动优秀奖:246 人

电力工程系:63 人

王灵安　李　林　马　跃　庞东泽　李卓桁　李晓航　陈　铭　辛建江

刘 硕	刘哲夫	姚志伟	刘锡禹	郭 恒	秦兴邦	张 该	黄鹏飞
马建忠	唐 旭	王宇航	赵浩舟	康平霞	张 佳	郑可伦	周晓峰
李 爽	袁雪慧	李 洋	洪 泽	黄昱熹	裴 鑫	龚宇佳	毛欣月
沙全福	肖 通	郑力勇	李超然	周博建	闫纪源	朱广博	张延峰
姚 远	周长健	吴颖煜	潘 娟	戚鹏博	盛超群	于桐桐	万博文
文志华	陈固炜	罗增东	苏诗洋	玄智铭	张思琦	孙 源	王 勉
黄 伟	李 蕾	贾东瑾	鄢建军	杨 光	袁 梦	袁拉麻加	

电子与通信工程系:10 人

卢晓强	彭 辽	熊 昊	彭仔豪	许 恺	赖婷婷	耿 榕	段 爽
崔国瑞	李林木						

动力工程系:27 人

周 姗	祝遵强	陈宝坤	赖 义	宋 辞	陈万涛	黄大力	孙雷超
韩明亮	敖 雨	王 伟	刘 通	陈 炜	牛永忠	刘金龙	周 奇
苗 健	莫荣杰	张志文	崔 靖	赵 育	关东焱	孙 铁	李 凯
王 慧	周一洲	方 远					

机械工程系:28 人

刘泽宇	郝雪彬	白泽瑞	刘弘艳	韩 鹏	石许龙	李海啸	李绍明
于剑桥	杨彭城	易莹鑫	周雀林	宋 阳	傅家伟	刘 雄	孙 嫱
汤善发	陈 维	马振超	曾宇锐	李俊源	周也纲	罗 勇	安 成
何志斌	郭宝春	韩桐桐	赵发金				

自动化系:24 人

黄建雄	王景成	傅海超	车蕴涛	邓 芃	潘宇遥	俱 帅	陈煜琦
陈世聪	范泽祺	杨国栋	尹金光	张海洋	林诗焜	李 鹏	曾文珺
彭福祥	邹 奔	全 杰	周 芸	洪文荣	牛智文	黄 昕	林静怡

计算机系:20 人

李 晶	李俊鹏	林泽宇	程鹏飞	靳增辉	马占军	孙鹏宇	朱 徽
秦 瑶	张琳佳	胡梓民	王梦龙	尹国卓	王适存	许家铭	宋郑毅
唐 成	吴宇峰	张金蒙	张文涛				

经济管理系:35 人

聂麟鹏	田 旭	赵 祺	刘子玉	冀 予	杨国卫	王好雷	赵德斌
丁启钊	徐 隆	贾玉婷	杨 硕	符广润	王会茗	池子扬	梁进宇
周庆伟	李美琳	鲍辰雨	王华卿	申嘉宾	律 磊	朱碧璇	赵彬彬
王 鹏	朱鹏伟	马 浩	王 睿	赵 宁	陈东生	满自涛	莫璐璐
江恩力古丽·阿地力别克							

环境科学与工程学院:18 人

张理杰	毕颢译	刘 冉	张立东	杨 康	王炳然	臧齐齐	张 越
孙 尧	徐远虎	段祺君	夏 超	吕志文	吕彦伯	李锦堂	姚 鑫
刘智琦	朱丕涛						

法政系:5 人

陈文娜	杨婷婷	张晶晶	冉小兰	邵博文

数理系:9 人

郑　辰	金永红	刘祖权	路红柱	张　琪	邱丙文	刘文涛	胡　实
胡　宇							

英语系:7 人

艾雪晴	韩　敏	刘　琦	王翠竹	吴晨钰	杨东阳	王　颖

国际教育学院:2 人

赵健伊	曹睿婧

5、思想道德表现优秀奖:199 人

电力工程系:45 人

华天琪	陈　铭	张振法	张　贺	季　杨	刘　硕	刘翔宇	任鹏辉
马　敏	任　杰	门传仁	唐　旭	赵浩舟	郭梦曦	曹　哲	王　妍
商开航	王　琪	蒋浩晨	李　洋	刘安琪	范名琳	杨宇佳	宁峻卫
白云海	王江伟	王　炎	安　东	刘鑫宇	吴　迪	江明远	刘　祥
徐晓惠	张延峰	盛超群	戴　尧	郭红艳	马升佑	彭逸杰	张思琦
孙　源	王世成	李　蕾	徐　达	贾东瑾			

电子与通信工程系:13 人

彭　辽	黄成杰	翟　果	孙依娜	王伟成	彭仔豪	彭玲艳	张诗杭
钟岚依	耿　榕	何颖宣	李　想	秦文婕			

动力工程系:16 人

洪伟萍	祝遵强	刘彦琛	李锐涛	衣孝然	杨　钦	惠岩波	吴燕虹
李赫尧	蒋克涛	贾晓强	王可夫	杨官煌	狄元权	陈飞雄	牛佳玉

机械工程系:33 人

郝雪彬	白泽瑞	刘弘艳	张恩认	董星华	王　聪	文　桥	胡肖璇
李冠军	茹增田	蔡慧颖	易莹鑫	丁　鹏	武　森	何　飞	卢谋芝
朱惠成	景永聪	李伟东	傅家伟	刘　雄	孙　嫱	汤善发	曹　硕
赵星驰	安　成	郭覃颂	路　鹏	郭宝春	韩桐桐	王君怡	周泽辰
康　宁							

自动化系:10 人

宋　达	郭丹丹	李　鹏	辛　雪	彭福祥	张广廷	李　静	周　芸
张晓佳	周腾悦						

计算机系:20 人

冯　芬	魏建国	李　晶	周昉昉	沈哲吉	徐京京	韩　文	艾　壮
苏继鹏	张　颖	赵瑞祥	李　磊	邱红萍	程瑞营	李晓晗	杨对红
谢逸锟	唐　成	赵文轩	美濶丽亚·帕拉哈提				

经济管理系:20 人

田　旭	张汝佳	刘子玉	王丽娟	田　野	张　舒	王好雷	荀瑞欣
匡载淋	张　云	池子扬	闫双情	梁进宇	姚　伟	李美琳	肖梦庭
单曼曼	马　云	李莹莹	杨春桃				

环境科学与工程学院:20 人

张立东	伊春宇	李海亮	陈嘉浩	陈雅雯	樊碧菡	钟　仲	孙明坤

徐　蕊	段祺君	杨添名	莫珺蕾	吕彦伯	黄夏宇	杨　青	宋小丹
曹家宝	刘智琦	陶　冶	任宏天				

法政系:6 人

冯　琳	葛晶晶	王晓俊	马　瑞	麦麦提图尔荪·赛麦提	胡钰彬

数理系:5 人

金永红	赵泽睿	张诏议	邢容碧	邢国通

英语系:7 人

张　鹤	雷　也	刘　庆	聂佩岚	吴晨钰	杨东阳	李　聪

国际教育学院:4 人

罗艾珂	赵健伊	李可馨	张心一

6、科技创新能力优秀奖:48 人

电力工程系:8 人

华天琪	陶　冀	王志扬	王江伟	张国豪	赵篷阳	杨　羚	葛厚磊

电子与通信工程系:5 人

黄成杰	翟　果	刘华森	王伟成	彭　飞

动力工程系:7 人

于　洋	马文静	时　斌	伍文杰	付朝阳	蔺小龙	肖卿宇

机械工程系:11 人

方　钿	李金龙	李绍明	庄颖涛	宋雪嵩	卢谋芝	傅家伟	陈　杰
陈文东	陈煜兴	赵星驰					

自动化系:6 人

陈煜琦	靳昊凡	史　航	刘　诚	陈　肖	周　芸

计算机系:3 人

王松雁	杨春兰	尹炯杰

经济管理系:2 人

匡载淋	王婧怡

环境科学与工程学院:2 人

雒富强	刘　媛

法政系:2 人

韩靖然	苏春晓

英语系:2 人

杜焙焙	刘文文

华北电力大学 2013—2014 学年度研究生先进集体和先进个人获奖名单

(北京校部)

一、优秀研究生标兵(27 人)

1、博士(4 人)

江　军	耿　帅	阎　洁	李精精

2、硕士（23 人）

许　晖	马　伟	赵彦杰	路欣怡	林　佳	李春华	邹福强	饶　志
张孟超	祁之强	宋宗耘	叶小宁	楚胜楠	贺贯举	余敏楮	李　露
袁　凯	李云博	梁飞飞	聂　宇	袁　萱	苏海鹏	姜妍文	

二、优秀研究生(443 人)

1、电气与电子工程学院（155 人）

博士（41 人）

孟建辉	陈　炜	蒋　程	王　博	朱　雷	徐　鹏	刘　阳	张宝顺
董　博	郑一博	冯　森	汤庆峰	李　探	但扬清	何东欣	李学宝
刘忠义	郭　鹏	王　清	姚玉海	马建桥	谢　军	张乐丰	索之闻
罗　超	王上行	李海峰	赵天阳	谈元鹏	陈奇芳	梁营玉	兰晓明
徐云飞	李亚龙	倪晓军	李少岩	杨　洋	王振国	李　琰	马　龙
王　扬							

硕士(114 人)

黄智伟	李　赟	顾杰峰	叶　青	倪一峰	张晓东	仵　蒙	史晓宁
柏树青	赖程鹏	何光泉	邹凯凯	韩贤岁	陈　菡	罗定平	张立影
李海南	温剑锋	高　翔	刘羽超	曹京津	杨　雨	潘险险	苏靖棋
林周宏	王　佩	丁秀香	梁伟宸	陈艳伟	俞勤政	张　荣	张保健
刘慧娟	闫　颖	闫文肖	黄　浩	刘　杰	冯　伟	唐亚迪	黄扬琪
俞露杰	李月月	吴晓腾	张惠汐	方攀宇	张玉莹	唐哲慈	李嘉迪
吴旻昊	熊　超	陈校芸	周益扬	夏　烨	姜苏娜	杨德龙	李　丹
傅　昊	陈　宁	孙　峥	张兆华	左一惠	郭文瑞	王莎莎	齐　昕
熊雪艳	王仕超	邓二平	朱丹丹	姜舒婷	丁　宁	李益楠	李淑鑫
赵晨雪	赵鹏飞	王燕萍	李　研	温俊强	曹　虹	吕泉成	兰巧倩
董春发	陈逍潇	陈钦磊	李宗峰	祁志远	李树鹏	孙　跃	马文静
许　鹏	沈　静	赵中原	金　颖	叶红豆	丁　蒙	陈兰兰	徐延明
陈　罡	韩书梅	黄建阳	田鹏飞	房林杰	张宇泽	尹颢涵	任率兵
佟晶晶	邢楠楠	孙　菲	徐　丹	叶　涵	丁　伟	邓博仁	王　潇
杨　庆	王　皓						

2、能源动力与机械工程学院(99 人)

博士(34 人)

解玉磊	崔　亮	周　雅	许　诚	胡　阳	汪　涛	信　晶	宋　磊
陶　君	刘　岩	丁瑞强	郝润龙	姜　龙	李　晶	苏　睿	邓飞跃
毛新华	蒋东方	杨佳霖	李新凯	付　鹏	褚东亮	张　盼	申　婧
刘　静	樊　星	胡　玥	朱忠亮	朱　勇	黄圣伟	石　黎	吴令男
王晓龙	陈　磊						

硕士（65 人）

赵　兴	尹琪东	许晓春	刘　婧	张译中	李　豪	王晓明	张晨旭
杨　斌	徐　婧	俎海东	吴俊杰	邢丽婧	张　阳	唐宝强	李　渠
付　丽	孙　刚	靳　周	刘林植	吴　娅	曹宏芳	方亚雄	孙思宇
徐文进	姜　鹏	李小萌	董焕焕	任丽霞	付正辉	王　瑞	刘　晨
孙振兴	陆从飞	霍明庆	刘　超	韩　宇	董　琳	王立新	苏然然

蒋国安	李梦源	廖海涛	赵苗苗	王 露	赵世飞	宋 伟	何 强
薛智琴	孙颖颖	李 庆	管晓纳	霍启军	张海龙	张冬雪	黄 越
初 兰	朱恒毅	朱 宇	洪瑞新	陈素娟	黄 奎	曾娅玲	李 韵
孙冠中							

3、控制与计算机工程学院(71 人)

博士(12 人)

袁世通	林明明	周 欢	刘 千	李晓明	何 芳	安思成	董蕊芳
白晓静	张 婷	王世林	杨燕燕				

硕士(59 人)

徐 月	乔建强	闫晓元	吴培培	王 蓓	任李懋	莫莉娟	艾明浩
杨 震	蒋 军	黄琳华	韩 霜	马思达	孝 瑞	于 童	于 慧
席 珂	王 硕	王 楠	王航飞	高 珊	唐艳梅	周 进	王雪茹
张 晔	钟振芳	张健华	王梦月	黄 蓉	卢 腾	纪 磊	杨亭亭
牛 倩	刘艳娇	李丹丹	赵文硕	张韦佳	刘 珺	郑思远	曾文静
陈一航	杨立群	信 峥	吴婷婷	崔 超	阳 洋	言语佳	沈雅丽
郭慧芳	徐 萌	张国强	傅冰云	常 真	苏荣强	邹徐欢	赵 亮
王 洋	司天琪	水富丽					

4、经济与管理学院(58 人)

博士(10 人)

杨益晟	嵇 灵	徐 燕	张 鲲	郭 森	冯天天	刘平阔	鞠立伟
许晓敏	邹 鑫						

硕士(48 人)

江远彬	武亚琴	姚 进	苑嘉航	刘慧晖	许 燕	罗茜亚	傅骏杰
陈延超	刘洋洋	徐玉杰	史 慧	胡 宇	汪 鹏	冯 霞	祁 晨
程 敏	王继龙	王雅枫	杜 乾	陈致宏	何森雅	王立志	万 冠
林伟香	李文辉	唐树媛	丁 宁	陈玉龙	吴攀昊	肖鑫利	陈开风
洪 悦	刘冰旖	韩 旭	何彦英	李冰洁	樊 娇	王昊靖	刘依林
李欢欢	刘 璘	杨 陶	金 鑫	张晓宇	陈 璐	周 燕	张 嵩

5、可再生能源学院(26 人)

博士(7 人)

田永兰	胡文超	李晓丹	杨卧龙	张智博	谢 剑	王兵兵

硕士(19 人)

屠逍鹤	刘 芸	邢 峰	高小力	赵博华	秦 民	陈虹宇	覃 媛
袁 睿	李越强	纪文淑	张晓莉	高琳越	李 聪	蒋晓燕	谢碧霞
付鹏飞	高 洁	马晓慧					

6、核科学与工程学院(9 人)

博士(1 人)

刘 亮

硕士(8 人)

陈蒙腾	琚忠云	许雁泽	赵媛媛	张 帆	刘 雨	贾仁东	杨 旭

7、数理学院(硕士 7 人)

刘 鹏	刘 慧	陈 晶	颉 迪	吴晓飞	王卫娟	陆友倩

8、人文与社会科学学院(硕士8人)

丁　宁	曲　扬	高尚宇	秦明辉	于　迪	万思怡	杨玲玲	罗　夏

9、外国语学院(硕士10人)

邵　丹	沈　丹	张　佳	董秋娟	赵一彤	宋　非	刘宇菲	苏　莹
张　婷	陈　明						

三、优秀研究生干部(224人)

1、电气与电子工程学院(75人)

博士(10人)

陈　炜	徐　鹏	汤庆峰	但扬清	何东欣	高艳丰	李少岩	杨　洋
王　扬	郭云翔						

硕士(65人)

代志强	孙小燕	梅　南	李海南	秦晓培	潘险险	刘　平	鹿　伟
韩玉蓉	朱逸超	李芝娟	申　昭	袁　博	俞隽亚	高小林	白坚实
李梦渔	王　尧	赵先超	吴晓腾	张惠汐	陈天穹	高子力	侯建兰
李　珏	董希杰	黄　珊	郭文瑞	惠飞翔	余　洋	齐　昕	邓二平
胡俊竹	刘晓东	姜舒婷	赵晨雪	赵鹏飞	帅　旗	田　硕	郇凯翔
唐　刚	刘宇石	张伊美	林　佳	李　研	董春发	陈逍潇	张　和
田羽洲	廖坤玉	曹雅榕	张晓丽	孙　跃	叶红豆	吴凯悦	郑夏阳
房林杰	周　凯	张洪奎	梁　颖	陈弘扬	任率兵	杨　勇	杨逸凡
陈　红							

2、能源动力与机械工程学院(47人)

博士(7人)

丁瑞强	王兵兵	蒋东方	褚东亮	朱　勇	黄圣伟	胡　亮

硕士(40人)

刘觉晓	丁　崇	秦　韬	王晓明	张晨旭	郭俊伟	袁　凯	俎海东
梁丽萍	袁　晶	付　丽	汪　洋	马　恺	李云博	吴　娅	饶笙扬
崔继宪	王　瑞	刘　晨	霍明庆	刘　超	周亚傲	李梦源	李治甫
席中亚	李志强	陈海莉	熊　京	张　衡	张富春	严康骅	刘　阳
张海龙	初　兰	王　磊	宋　莹	宁　翔	洪瑞新	陈素娟	孙冠中

3、控制与计算机工程学院(36人)

博士(3人)

陈　龙	李　艺	董蕊芳

硕士(33人)

徐　月	王艳艳	胡　鑫	赵祎迪	李　涛	刘海珍	白　旭	邢校萄
唐艳梅	贾剑锋	祁丽婉	宋　洁	钟振芳	卢　腾	李宗圃	赵文硕
郜鑫运	陈一航	张实君	尚泽禹	崔　超	阳　洋	陈少梁	廖振宏
任天翔	沈雅丽	徐　萌	籍天明	董　靓	张国强	傅冰云	张保亮
苏荣强							

4、经济与管理学院(29人)

博士(2人)

冯天天	路　妍

硕士(27 人)

邵　飞	崔刘洋	刘慧晖	刘　超	高　敏	邓艳明	王　琼	程　敏
成　欢	潘振东	赵志威	戴欣桐	王立志	林伟香	许　丹	高　洁
吴攀昊	陈开风	高　瑞	宋宗耘	刘冰旖	李大成	闫娇娇	樊　娇
李　博	张晓宇	孙　俏					

5、可再生能源学院(14 人)

博士(3 人)

胡文超	王　洋	李荣波

硕士(11 人)

刘　芸	高小力	额尔顿	谢明江	辛雅焜	陈　平	李越强	张　笑
刘明浩	刘　璐	李　旭					

6、核科学与工程学院(硕士 6 人)

赵云淦	杨　晔	韩文静	赵媛媛	宋明强	齐厚博

7、数理学院(硕士 5 人)

陈　晶	孙园园	王卫娟	郭瑶瑶	赵　倩

8、人文与社会科学学院(硕士 6 人)

王　超	朱佳琦	吉　雅	吕　娟	郑世俊	修晓日

9、外国语学院(硕士 6 人)

朱红叶	卫宏燕	赵一彤	宋　菲	刘　娇	翟文静

四、先进班集体(19 个)

研电 1304	研电 1308	研电 1303	研电 1310	博电 1339
研动 1226	研动 1326	研动 1330	研控计 1218	研控计 1219
研控计 1320	研经管 1312	研经管 1314	研经管 1315	研可再生 1334
研核 1335	研数理 1323	研人文 1325	研外语 1324	

(保定校区)

一、优秀研究生标兵(17 人)

庞　彬	季　慧	李　娜	欧青翔	孙　平	李　强	孙晓霞	吴丽娜
徐　多	赵梦雅	王慧芳	叶治宇	马云龙	刘　枫	陈朋强	王鹏程
田　欢							

二、优秀研究生(252 人)

1、电力系(67 人)

申　雪	刘　晋	孙晓霞	高成彬	杨少波	钟　超	张　猛	张　波
吴丽娜	王旭斌	窦鹏冲	殷梓恒	李浩闪	胡　阳	安海清	蒋　丹
霍明雷	黄成才	王春梅	张晓红	王　剑	冯宏恩	陈　昕	黄国林
原亚宁	李家明	李　锐	李　琳	李岩松	苗鹏超	韩　凉	王彦波
张韶光	任剑峰	董金哲	张　尚	刘辛晔	徐　多	渠卫东	张富超
邱世超	韩　平	赵航宇	郅　静	许崇新	冯　骁	钟玉廷	王凯红
董博文	陶珺函	赵梦雅	刘晓璇	齐　飞	贺海博	朱瑞敏	张　欣
巴　林	刘献超	张晓霞	王康元	范雯惠	毛王清	刘　芮	陈　赟

臧志华	张　辉	马　剑					

2、电子系(22 人)

王慧芳	李佩玉	刘　宁	陈亚军	林煜坤	聂盛阳	李　倩	赵继生
苑　清	孙智华	尹永飞	邓朝昀	李英敏	陈佩瑶	李　婷	彭　棚
刘　凯	张国云	杨红叶	崔　蒙	支九英	葛宝来		

3、动力系(38 人)

陈朋强	王鹏程	田　欢	吴伟铭	王　锐	尹荣荣	陈　丰	许加庆
白彦飞	周　权	胡宏宽	杨　昆	冯　涛	郎进花	贾连联	王营营
严晓哲	杨星辉	林　卿	郝晓飞	史良宵	潘　歌	沈良洁	陈　亮
邓小冬	汪　宁	刘海啸	任玉成	王　茉	刘静雯	宋雪梅	王玉兰
石　普	赵金荷	张美丽	刘小旺	汪安明	王培毅		

4、法政系(含政教部)(5 人)

谢　琦	谢一锋	李　圣	闫建亮	董国静			

5、环工系(16 人)

刘　枫	赵丽媛	王姣龙	王　娟	张　晶	蒋佳君	陈岩玮	王　健
曹　欣	王红梅	钱新凤	张　琨	李志新	郭　青	刘永超	赵学娟

6、机械系(17 人)

吕占杰	鄢小安	徐成龙	董良太	庞　彬	李　晶	张文德	刘晓瑜
赵路佳	柯孟强	赵爱林	吴学华	黄增浩	杨　勃	朱伯文	赵东东
信彦君							

7、计算机系(22 人)

明　镜	李　强	王金华	阴　皓	朱　维	王铭坤	郭云龙	刘　杨
侯仰军	陈天英	朱　良	石　鑫	宁晓光	李雪飞	岳　娇	周　鹏
王诗惠	禤俊杰	邓健安	杨俊伟	李姝锦	彭研枫		

8、经管系(26 人)

欧青翔	孙　平	李　欣	高　倩	任　清	解　晗	魏志超	高　鑫
皮　薇	姜　帆	石亚超	张希刚	祁　程	王娟利	王　瑜	全　芸
付思思	王光丽	张　恒	彭　旭	刘佳桢	翁剑锋	官小燕	安虹好
潘俊杰	刘震坤						

9、数理系(4 人)

季　慧	苏夏莹	陈　丽	祁顶立				

10、英语系(5 人)

李　娜	沈　晨	韩纪坤	施晓莉	田基勇			

11、自动化系(30 人)

叶治宇	席嫣娜	苏　航	刘梦琼	吴延峰	蔡　硕	葛晓静	袁成成
伍　洋	张新胜	王南洋	李维聪	曲晓荷	汶爱文	齐婷婷	马云龙
洪　博	谢泽坤	张会超	李　哲	陈文雯	刘　照	张理放	姚欣彤
江溢洋	王　瑾	徐楠楠	李境达	刘彦华	肖甜甜		

三、优秀研究生干部(142 人)

1、电力系(36 人)

申　雪	刘　晋	孙晓霞	吴丽娜	张　华	张立鹏	王彬彬	刘　星

原亚宁	张　尚	渠卫东	邱世超	王　彦	於岳祥	韩　平	迟　成
赵梦雅	裴少通	张　旭	范雯惠	陈　赟	张　辉	李岩松	范环宇
李芷筠	周进龙	徐　多	魏方园	巴　林	臧志华	邬旭东	李志伟
刘冀辰	韩　凉	师元康	张　立				

2、电子系(15 人)

张　永	范炜琳	魏佳红	王　跃	吕鹏鹏	臧丽炜	赵　曼	张　敏
高育栋	支九英	石　盼	安　婷	赵梦莹	崔　蒙	王　凯	

3、动力系(18 人)

王鹏程	许加庆	白彦飞	石　普	王　丰	张辉彬	李晋达	张圣陶
杨枨钧	王体均	陈　龙	于星月	祝云飞	张　娜	陈　祎	李　洋
林　卿	林殿吉						

4、法政系(含政教部)(3 人)

王艳娇	孙美杰	李靖瑶

5、环工系(12 人)

周思涵	任旭丹	金　飞	张　帝	郭　蒙	钱新凤	刘　佳	赵丽媛
王明明	邹单单	崔　帅	王熙俊				

6、机械系(8 人)

宗鹏程	赵　元	范挚阳	李广杰	柯孟强	杨　勃	李　晶	张　玉

7、计算机系(13 人)

李　强	朱　维	冯理达	石　鑫	宁晓光	刘静宇	倪中洲	董禹辛
禤俊杰	李顺东	王诗惠	张滕英	许艳超			

8、经管系(13 人)

孙　平	郭小帆	肖艳利	冯　磊	李　萌	赵宇琦	卢　灿	李娅坤
李　欣	吴舒华	王光丽	卢　威	张　恒			

9、数理系(1 人)

李春强

10、英语系(3 人)

陈文哲	吴素静	候　珊

11、自动化系(20 人)

叶治宇	吴延峰	张新胜	许炳坤	张会超	冯旭阳	杨育刚	仲　举
郭姗姗	张理放	徐楠楠	李境达	刘海涛	席嫣娜	刘梦琼	米　路
韩月皎	张君颖	邓　菲	苏　航				

四、先进班集体(11 个)

硕法政班	硕机械 121 班	硕英语 121 班	硕经管 132 班	硕计算机 122 班
硕电力 121 班	硕电力 133 班	硕电子 132 班	硕自动化 123 班	硕环工 132 班
硕动力 132 班				

华北电力大学2013—2014学年度优秀本科班主任名单

（北京校部）

十佳优秀班主任名单

白一鸣　李元媛　刘洋　杜昇　陈雷　余恩海　房方　郭春义
姜良杰　蔡利民

优秀班主任名单

电气与电子工程学院

王雁凌　史清风　孙淑艳　孙毅　赵子健　柳赟　宫凯

能源动力与工程学院

王玲玲　李斌　张志　陈克丕　陈海平　徐宝萍

经济与管理学院

王建军　王怡　王永利　龙成凤　李莹　刘斐　刘金朋　刘谊
刘元欣　余中福　陈军　张凯　张素芳　金辉　施应玲　郭晓鹏
唐平舟　董福贵

控制与计算机工程学院

王竹晓　石敏　刘俊承　孙华昕　郑玲　郭鹏　袁桂丽　高峰
韩晓娟

人文与社会科学学院

马卫华　卢海燕　李玲玲　李涛　刘向晖　陈建国　徐保云

外国语学院

马铁川　刘辉　孟亮　戴忠信

数理学院

吕蓬　刘勇　朱勇华　张金平　雍雪林

可再生能源学院

门宝辉　陆强　张验科　赵莉　高攀　韩爽

核科学与工程学院

隋丹婷

国际教育学院

马静

（保定校区）

十佳优秀班主任名单

夏珑　苑东伟　王晓辉　韩东升　李保会　焦嵩鸣　吕玉坤　孟明
李慧奇　宋立琴

优秀班主任名单

屈朝霞　张德安　戴志辉　梁长屹　贾文超　张利峰　黄慧　谢庆

韩　翔	刘兴杰	王　毅	宣兆卫	李　炎	朱晓荣	李　忻	陈火欣
马　焕	杨再旺	杨　博	高正阳	张　磊	李　非	郑国忠	董静兰
张　咪	王韶坡	范大志	杨红月	张春旺	杨建蒙	胡庆宇	丁海民
花广如	贺运政	袁兴华	郄力博	邓小姝	张　超	慈铁军	赵　萱
胡爱军	张树国	赵吉鹏	苑秀娥	程利敏	刘　梅	敖馨和	苏　杰
马　进	曾　新	陶　哲	王　栋	韩亮亮	李金花	王保义	史光丽
李丽芬	张　冀	胡朝举	王建文	胡建强	张可刚	张敬红	李　旭
石立宁	冯亚娜	谷根代	张国立	魏　炜	栾文敬	孟亚男	王乐洋
牛培培	赵鹏程	张　超					

华北电力大学 2013—2014 学年度优秀研究生班主任名单

北京校部(31 人)

宗　伟	薛礼妮	王　赟	王　群	刘献伟	郝建红	孙　毅	林　俐
周　超	王宁玲	刘　彤	李　薇	杜广微	丁文俊	田　涛	赵　强
夏　宏	韩晓娟	谢桂庆	刘向杰	唐平舟	路　茸	刘金朋	李泓泽
江　怡	王永利	姚建曦	程晓磊	孙淑珍	赵旭光	李丽君	

保定校区(20 人)

安利强	陆　伟	祖　林	杨先亮	李永华	龚信华	马双枕	李红梅
强玉尊	屈朝霞	刘　艳	刘　青	马永光	李大中	崔和瑞	温　磊
鲁　斌	王德文	戚银城	项洪印				

华北电力大学 2013—2014 学年度教学优秀奖获奖名单

(北京校部)

一、教学优秀特等奖(6 人)

能源动力与机械工程学院:

何　青	宋玉旺

控制与计算机工程学院:

林碧英

经济与管理学院:

乌云娜

数理系:

孙淑珍

英语系:

宁圃玉

二、教学优秀奖(51 人)

电气与电子工程学院:

齐　郑	董　雷	张一工	卢斌先	徐明荣	王　昊	宗　伟	刘向军
杨　琳							

能源动力与机械工程学院：

程金明 | 魏高升 | 庞力平 | 张晓东 | 郑　凯

控制与计算机工程学院：

侯国莲 | 王　红 | 谢　萍 | 杨婷婷 | 李新利 | 肖运启

经济与管理学院：

李彦斌 | 王　婧 | 魏咏梅 | 田惠英 | 袁家海 | 杨淑霞 | 韩宝庆

可再生能源学院：

田　德 | 王体朋 | 门宝辉 | 白一鸣

核科学与工程学院 ：

程晓磊 | 周世梁

数理系：

张金平 | 邢　棉 | 李瑞洁 | 胡　冰 | 彭慧春

人文与社会科学学院：

王学棉 | 胡广宇 | 邓　程 | 胡　建

英语系：

刘　辉 | 郑　晶 | 皇甫伟 | 姜　雪

思想政治理论课教学部：

张　艳 | 吴高歌

体育教学部：

曹运华 | 王　萍

国际教育学院：

火月丽

（保定校区）

一、教学优秀特等奖(5 人)

数理系：

史会峰

体育教学部：

云　欣

电力工程系：

焦彦军

计算机系：

程晓荣

法政系：

甄增水

二、教学优秀奖(45 人)

电力工程系：

李慧奇 | 葛玉敏 | 高亚静 | 李俊卿 | 苏海锋 | 张建成

动力工程系：

刘　璐 | 张　磊 | 时国华 | 李慧君 | 钱江波

电子与通信工程系：

何玉钧 | 张淑娥 | 范寒柏 | 刘　涛

机械工程系：

刘　渊 | 杨文刚 | 储开宇 | 李亚斌

环境科学与工程学院：

马双忱 | 许佩瑶 | 曾　芳

经济管理系：

李金颖 | 王立军 | 王新利 | 李艳红

英语系：

张　莉 | 陈红平 | 任俊红 | 安国平

法政系：

史胜安

计算机系：

袁和金 | 王　平 | 张长明

数理系：

孔　倩 | 卢艳霞 | 康文秀 | 任　芝 | 王修武

自动化系：

张　妍 | 程海燕 | 仝卫国

信息与网络管理中心：

高　伟

体育教学部：

张晓龙

思想政治理论课教学部：

王建红

华北电力大学2013—2014学年度社会奖教金获奖名单

一、四方股份奖教金获奖人员(4人)

马海红 | 薛明磊 | 范大志 | 韩金佐

二、泰科电子奖教金获奖人员(2人)

齐　郑 | 王　毅

三、南瑞继保奖教金获奖人员(10人)

孙　颖 | 谢桂庆 | 王　宁 | 刘　欣 | 赵小军 | 刘　涛 | 赵丽娟 | 张　冀

张　辉 | 彭忠军

四、广哈奖教金获奖人员(6人)

陈智雄 | 胡正伟 | 余　萍 | 张　珂 | 胡智奇 | 车辚辚

五、昊蓬机电奖教金获奖人员(2人)

贺运政 | 丁海民

华北电力大学2013—2014学年度教职工年度考核优秀名单

(北京校部)

电气与电子工程学院:(25人)

刘 念	李 彬	刘文颖	赵海森	唐志国	张 旭	屠幼萍	张建华
朱永强	韩民晓	刘文霞	陶 顺	焦重庆	刘崇茹	郝建红	郭春林
肖仕武	王景春	陈 艳	崔维新	孙淑艳	王 倩	赵宪平	赵国鹏
王民富							

能源动力与机械工程学院:(21人)

张 锴	徐 钢	付忠广	杨立军	刘宗德	宋玉旺	孙保民	滕 伟
张东博	刘东雨	刘衍平	宋光雄	张永生	杜冬梅	李宝让	何 青
段立强	唐宁宁	杨志平	许云燕	杨永红			

控制与计算机工程学院:(17人)

白 焰	张建华	李元诚	马应龙	韩晓娟	禹 梅	杨 静	肖运启
张 莹	周 景	胡永辉	吴 华	王竹晓	刘 娜	成永强	李 健
单田雨							

经济与管理学院:(19人)

杨淑霞	袁家海	胡军峰	孙晶琪	张 琪	郭亦玮	王 婧	王 辉
王建军	刘金朋	谭忠富	张立辉	赵洱岽	孙 冬	付 静	张 颖
刘 艳	史蓉晖	张 剑					

可再生能源学院:(10人)

耿 晔	连仲华	王福芝	许 佳	杨少霞	胡笑颖	彭 杨	卢宏玮
宋丹丹	张 惠						

核科学与工程学院:(5人)

陈 涛	周世梁	马 雁	程晓磊	王升飞

数理学院:(15人)

黄晔辉	谷云东	孙淑珍	朱勇华	张学梅	李忠艳	陈德刚	王 雷
邓加军	刘纪彩	李 宁	黄 霞	付星球	张化永	任 华	

人文与社会科学学院:(9人)

周凤翱	姚建平	王学棉	杨卫东	赵旭光	陈建国	邓 程	胡 建
李 涛							

外国语学院:(10人)

王苗苗	宁圃玉	刘朝晖	皇甫伟	刘 辉	陈艳颖	张志远	姜 雪
余青兰	肖媛媛						

国际教育学院:(2人)

陈 雯	胡金光

思想政治理论课教学部:(4人)

王威威	吴高歌	樊良树	侯丹娟

体育教学部:(4人)

王建军	王 萍	李 昂	徐新利

新能源电力系统国家重点实验室:(15 人)

王　毅	马　静	马国明	李成榕	李庆民	齐　波	田　德	王晓东
肖湘宁	赵成勇	郭春义	王　玮	卢铁兵	张　洪	龙云波	

机关党委:(15 人)

马　博	蒲沿洲	李福顺	汤明润	徐　定	任威宇	马新科	赵友君
杨利国	周　航	董　剑	吴学辉	吴良器	秦中彤	李　博	

教科研党总支:(11 人)

张　充	白逸仙	陈亚梅	刘　郁	何明华	武润莲	王庆华	林海文
丁晓雯	张　娟	姚敬伟					

离退休党委(1 人)

张隽贤

继续教育学院:(2 人)

李　潮	姚金凤

图书馆　网络与信息中心:(8 人)

赵燕华	李淑萍	许　婷	田慧云	吴京红	刘欲晓	荆振宇	张至柔

校医院:(3 人)

赵　冰	夏志辉	蒋风萍

后勤管理处　后勤服务集团:(9 人)

贾立卫	高永莉	罗保全	赵瑛哲	张申立	陈伟斌	朱世坤	杨　利
代金梅							

(保定校区)

电力工程系:(17 人)

李永刚	武玉才	赵洪山	余　洋	李　鹏	栗　然	张建成	颜湘武
张建波	王　平	王胜辉	徐志钮	韩金佐	强玉尊	冯文宏	李秀琴
刘　艳							

动力工程系:(12 人)

谷俊杰	王江江	张学镭	杨薛明	王春波	李春曦	董　帅	秦志明
徐　媛	刘关保	刘英光	李永华(男)				

自动化系:(9 人)

王　栋	王炳谦	赵玉辉	张立峰	刘卫亮	林永君	田　亮	王东风
魏　乐							

计算机系:(9 人)

朱永利	王晓霞	王德文	张　冀	刘海坤	赵文清	梅华威	翟清剑
齐秀强							

电子与通信工程系:(9 人)

孙　正	罗广孝	胡正伟	赵丽娟	赵振兵	陈智雄	张　珂	刘　立
杨　博							

机械工程系:(10 人)

丁海民	王进峰	唐贵基	王璋奇	朱晓光	何玉灵	马　帅	杨化动

马银戌	贺运政

环境科学与工程学院:(7人)

马双忱	李艳坤	檀　玉	宋　雁	苑春刚	齐立强	张海燕

经济管理系:(9人)

孙　薇	王敬敏	孔　峰	李泽红	孟　明	王新利	王喜平	苑秀娥
张　清							

英语系:(8人)

郭　喆	储　艳	吕振华	安国平	牛培培	韩立刚	顾莹华	沈　茜

数理系:(11人)

曹春梅	李松涛	黄明强	张贵银	史会峰	张隆阁	杨玉华	石彤菊
蒋艳杰	刘敬刚	刘跃群					

法政系:(4人)

李　雷	李庆保	李冰水	陆　伟

思想政治理论课教学部:(2人)

王建红	陈晓蕾

体育教学部:(4人)

赖其军	罗光利	侯东雷	闫　旭

信息与网络管理中心:(5人)

秦金磊	甄成刚	郑海涛	蔡　震	沈占英

继续教育学院:(2人)

马砚梅	王培堂

机关党委:(13人)

李　忠	王洪斌	王晓洁	秦芳芳	黄楠楠	张汉军	胡庆宇	苗　凤
朱安华	张利峰	杨　震	刘金涛	张　林			

教科党总支:(12人)

刘胜利	许延金	颜志英	于会萍	王炳江	王晓红	金　声	李丽英
张湘江	李　忻	杨红霞	王万雨				

离退休党委(1人)

彭绍文

国际合作处、国际教育学院:(1人)

阮艳花

工程训练中心:(5人)

张月琴	赵　宇	张哲江	吴秀敏	王海英

校医院:(3人)

祖　娜	王朋来	谷秀改

校产党总支:(4人)

娄曙光	崔　凝	马士英	张　玲

后勤与基建管理处:(22人)

葛建宗	贾利民	邢思展	郝亚坤	杨　凯	刘鹏翔	王永生	周　刚

张　琨	孙建英	薛　浩	曹　军	刘荣田	颜利英	张绍将	李万峰
杜明惠	杨文军	许文彦	肖丽新	马占良	胡　清		

科技学院(11 人)

张　伟	张国留	张冀曼	王晓辉	乔　冬	田志刚	段东兴	贺湘硕
石金玮	张文彬	孙宗利					

教育教学

华北电力大学2014年本科专业设置一览表

北京校部

学科门类	专业类	专业
工学	电气类	智能电网信息工程
	电子信息类	电子科学与技术
		电子信息工程
		通信工程
	机械类	机械工程
	能源动力类	能源与动力工程
		新能源科学与工程
	土木类	建筑环境与能源应用工程
		材料科学与工程
	材料类	新能源材料与器件
		水利水电工程
	水利类	水文与水资源工程
		辐射防护与核安全
	核工程类	核工程与核技术
		测控技术与仪器
	仪器类	自动化
	自动化类	计算机科学与技术
	计算机类	软件工程
		物联网工程
		信息安全
管理学	电子商务类	电子商务
	工商管理类	财务管理
		工商管理
		会计学
		人力资源管理
		市场营销
	公共管理类	劳动与社会保障
	管理科学与工程类	工程管理
		信息管理与信息系统
	物流管理与工程类	物流管理
	公共管理类	公共事业管理
		行政管理
经济学	金融学类	金融学
	经济学类	经济学
	经济与贸易类	国际经济与贸易
理学	数学类	信息与计算科学
	物理学类	应用物理学
	化学类	应用化学
文学	外国语言文学类	英语
	新闻传播学类	广告学
	中国语言文学类	汉语言文学
法学	法学类	法学

保定校区

学科门类	专业类	专业
工学	电气信息类	电气工程及其自动化
	电子信息类	通信工程
		电子信息科学与技术
	机械类	机械工程及自动化
		机械工程(输电线路工程)
		机械电子工程
		过程装备与控制工程
	能源动力类	热能与动力工程
	农业工程类	农业电气化
	土木类	建筑环境与能源应用工程
	仪器类	测控技术与仪器
	自动化类	自动化
	环境科学与工程类	环境工程
	化学类	应用化学
	化工与制药类	能源化学工程
	计算机类	计算机科学与技术
		软件工程
		网络工程
		信息安全
管理学	工商管理类	会计学
		工商管理
	公共管理类	公共事业管理
	管理科学与工程类	信息管理与信息系统
		工程造价
	工业工程类	工业工程
经济学	经济学类	经济学
理学	数学类	信息与计算科学
		应用物理学
	环境科学类	环境科学
艺术学	社会学类	产品设计
文学	外国语言文学类	英语
法学	社会学类	社会工作
	法学类	法学

华北电力大学2014年第二学位学科设置一览表

	北京校部			保定校区	
工学	电气信息类	电气工程及其自动化	工学	电气信息类	电气工程及其自动化
管理学	工商管理类	人力资源管理			

华北电力大学2014年本科课程设置一览表

北京校部2013—2014学年第二学期

35kV变电站设备综合实验	管理心理学	市场营销模拟实验
Delphi程序设计	管理信息系统	市场营销学
DSP技术及应用	管理信息系统设计	视唱与合唱
HRM英语阅读	管理学原理	视听语言解读
HVAC课程设计	管理学原理(英语)	寿险精算学
J2EE开发平台级程序设计	管理运筹学	数据仓库与数据挖掘
JAVA语言程序设计	光电薄膜与器件	数据结构
Matlab及其在通信中的应用	光电薄膜与器件课程设计	数据结构课程设计
Matlab语言	光纤通信原理	数据结构与算法
Oracle数据库系统应用	光学	数据结构与算法课程设计
Vc++程序设计	光学显微分析	数据库应用
VI设计	广告摄影(2)	数据库应用实践
Web开发技术	广告史	数学分析(2)
Web开发技术实践	广告项目设计	数学建模
办公自动化	锅炉及锅炉房设备	数学建模课程设计(1)
半导体集成电路	锅炉原理	数学建模课程设计(2)
半导体集成电路版图设计	国际货币金融法	数学建模与数学实验
半导体器件	国际结算	数学试验
保险学	国际金融学(英文)	数学物理方程A
北京魅力	国际经济法	数字电子技术基础B
比较政治制度	国际经济技术合作(双语)	数字电子技术基础实验A
毕业教育	国际经贸理论动态与实践	数字通信原理
毕业论文	国际贸易法律实务	水电站建筑物
毕业设计	国际贸易实务	水工建筑物
毕业实习	国际贸易实务模拟	水工建筑物课程设计
薄膜物理	国际贸易与国际金融	水工模型试验及检测
簿记训练	国际商务保险	水环境规划与管理
材料科学基础(1)	国际市场营销学	水环境规划与管理课程设计
材料力学	国际投资法律实务	水环境化学
材料力学B	国际信贷	水力学(1)
材料物理性能	国外政府监管体制	水力学B(1)
材料性能综合实习	过程参数检测及仪表A	水利工程经济学课程设计

续表

财务成本会计模拟实验	过程参数检测及仪表 B	水利工程实习
财务管理	过程参数检测技术课程设计	水利水电工程概论
财务管理基础	过程控制技术与系统	水利水电工程施工课程设计
财务管理理论动态与实践	过程控制技术与系统课程设计	水能资源开发利用
财务会计(英文)	焊接技术	水能资源开发利用课程设计
财务会计报告分析	合同实务	水文学原理
财务会计学(下)	核电厂材料、结构力学与水化学	水文学原理课程设计
财政学	核电厂系统与设备	水质监测
操作系统 A	核电厂运行与维护	水资源规划及利用
操作系统课程设计	核电站参数检测与控制(研讨型)	水资源优化配置
测控技术与仪器概论	核电站控制与运行	水资源优化配置课程设计
测量实习	核反应堆理论基础	税法
测量学	核反应堆热工分析	顺序控制
产业经济学 A	核反应堆热工分析课程设计	司法制度概论
常微分方程	核反应堆物理分析	思想道德修养与法律基础
超导应用基础	核反应堆物理分析课程设计	速录训练与会议管理
成本会计	核反应堆仪表	随机水文学
成本与管理会计(英语)	核辐射测量与防护实验	跆拳道
初级德语	核辐射探测与辐射防护	太阳电池材料
初级法语	核辐射探测与辐射防护课程设计	太阳电池设计及工艺
初级韩语	核环境与核应急	太阳能利用技术
初级日语	红楼梦导读	陶瓷工艺学
传播学概论	宏观经济学	滕球
传感与检测技术	化工原理	体适能
传热学 B	环境法	体育舞蹈
创造、创新、创业导论	环境科学导论	通信电子电路
从马克思到邓小平	环境与健康	通信技术综合实验
大型数据库应用	汇编语言程序设计	通信网理论基础
大学俄语 4 级	汇编语言课程设计	通信专业英语阅读
大学美育	会计理论动态及实践	统计学
大学日语 2 级	会计实务(2)	图书馆与文献检索
大学生 KAB 创业基础	会计学	团体操
大学生创业经营模拟仿真实验	婚姻家庭继承法	外国民商法
大学生健康教育	火电厂运行仿真实践	外贸英语函电
大学生交往心理	货币银行学	外语实习(1)
大学生生涯规划与择业	货币银行学(英)	外语实习(3)
大学生心理健康	机械设计基础 A	网络广告
大学物理(1)	机械设计基础课程设计	网络技术基础
大学物理(1)(英文)	机械原理	网络信息实用检索
大学物理 J(1)	机械原理课程设计	网络与通信技术
大学英语 2 级	机械制造基础	网球
大学英语 4 级	机械制造技术基础	微观经济学

续表

大学英语6级	基础法语2	微机原理与汇编语言程序设计
大学语文	基础法语4	微机原理与接口技术A
单片机应用入门——摇摇棒制作	基础口译	微纳加工技术
单片机与嵌入式系统	基础生态学	无机材料科学基础
单片机与嵌入式系统课程设计	基金管理	无损检测
单片机原理及应用	绩效管理实践	无线传感器网络实验
弹性力学	集成运放的研究与应用	武术
地下水文学	计算方法	舞蹈欣赏
地质实习	计算机辅助设计(CAD)	舞蹈形体
第二外语(英)(俄)(3)	计算机控制技术与分散控制系统	物理化学A(2)
第二外语(英)(法)(1)	计算机控制技术与系统	物理前沿专题
第二外语(英)(法)(3)	计算机控制技术与系统课程设计	物理实验(1)
第二外语(英)(日)(1)	计算机控制系统B	物理实验A(1)
第二外语(英)(日)(3)	计算机认识实习	物联网应用技术
典型案例分析	计算机实践(2)	物流管理
电厂仿真综合实验	计算机体系结构	物流管理(双语)
电厂高温金属	计算机网络及安全	物流管理方案设计
电厂热力设备及运行	计算机网络实验	物流理论动态与实践
电厂认识实习	计算物理基础	物流系统规划与设计
电磁测量	计算物理实践(1)	物流系统规划与设计课程设计
电磁场与电磁波	技术经济学	物流信息系统
电磁场与微波技术	检测新技术(研讨型)	物流专业英语阅读
电磁学	建设法规	物权法
电动力学	建筑环境与能源应用工程专业概论	西方公共事业
电工技术基础	建筑设备施工安装技术	西方经济学
电工实践	健美操	西方行政思想史
电机实验	毽球	现代电子技术
电机学(1)	接口与通信技术	现代交换技术
电机学B	接口与通信技术综合实验	现代交换技术综合实验
电力产业绩效分析	解析几何	现代控制理论
电力法	金工实习	现代控制理论A
电力负荷预测	金融工程学	线性代数
电力工程B	金融理论动态与实践	线性代数B(英)
电力规划	金融市场学(双语)	线性代数J
电力经济学基础(2)	金融文献阅读实践	项目管理软件应用
电力企业计算机财务管理实验	金融资产定价模型的估计与分析	消费者行为学
电力生产技术概论	金属材料学	心理·生活·人生
电力市场概论	经典影视广告鉴赏	新能源材料
电力市场交易模拟实验	经济法	新能源材料与器件
电力统计分析与预测	经济法概论	新能源发电
电力系统基础	经济法学	新能源发电技术
电力系统继电保护与高电压技术	经济思想史	新能源科学与工程导论(生物质能)

续表

电力系统继电保护原理	经济学理论动态及实践	新闻采访
电力系统远程监控原理	经济学专业文献阅读(1)	新闻采访和写作
电力系统暂态分析	经济学专业英语阅读	新制度经济学
电力系统暂态上机计算	经贸文献阅读实践	信号与系统
电力系统综合实验 A	经贸英语阅读（1）	信息安全基础
电力信息化	科技英语翻译	信息安全综合实验
电力英语基础	科技英语翻译▲	信息对抗技术
电力英语综合阅读	科学与社会	信息管理理论动态与实践
电力营销	科研训练	信息管理专业实践与调研
电力营销课程设计	可编程控制器应用系统和组态环境编程训练	信息理论基础
电路理论 A(2)	可编程逻辑器件原理与应用	信息系统分析与设计
电路理论 B(1)	可靠性工程	刑法总论
电路理论 B(2)	课题调研	行政法学
电路实验(1)	控制系统数字仿真与参数优化	行政法与行政诉讼法
电路实验(2)	控制装置与系统	形势与政策
电能计量	控制装置与系统课程设计	形势与政策(2)
电气工程概论(报告形式分散进行)	控制装置与仪表	形势与政策(4)
电气工程前沿技术专题	跨文化交际	形态构成
电气工程综合实验	跨文化商务交际▲	形体
电网与变电站课程设计	篮球	虚拟现实
电网运行技术	劳动关系与劳动合同管理	旋转机械振动与动平衡
电影音乐赏析	离散数学 A(2)	学年论文
电子薄膜与器件	离网光伏系统设计	学年论文(1)
电子电路计算机辅助分析与设计	量子力学	学术综合英语
电子技术创新设计与实践	流体力学 B	岩石力学
电子技术基础 B	旅游英语	液压与气压传动
电子技术综合实验	律师实务	以案说《消费者权益保护法》
电子商务	轮滑	音乐鉴赏
电子商务安全与支付	马克思主义原理	应用文写作
电子商务理论与动态实践	毛泽东思想和中国特色社会主义理论体系概论	英汉翻译
电子商务系统分析与设计	美国情景喜剧语言与文化	英汉语言对比与翻译
电子商务系统设计与实践	美国文学史及选读	英文电影与英语语言文化
电子商务专业实践与调研	美术鉴赏	英文美文欣赏
动力工程 A	面向对象的程序设计 A	英译汉
动力工程 B	民法概论	英语短篇小说欣赏
对外汉语教学概论	民事诉讼法	英语泛读(2)
多媒体技术及应用	民事庭审见习	英语泛读(4)
多媒体通信技术	模糊数学	英语国家概况
多媒体应用基础	模拟电子技术基础	英语会话(2)
多媒体应用基础(信管)	模拟电子技术基础实验 A	英语会话(4)

续表

多媒体应用课程设计	内部审计学	英语精读(2)
俄罗斯风俗文化	纳税筹划	英语精读(4)
二极管特性研究	能源与环境	英语口语
发电厂电气部分	碾压砼技术	英语口语(2)
发电厂电气部分课程设计	暖通空调	英语口语(4)
发电厂经济运行课程设计	排球	英语名诗欣赏
发电厂经济运行与管理	配电网运行与管理	英语听力(2)
法国社会面面观	配电自动化	英语听力(4)
法理学	片上系统设计	英语写作
法律文书写作	乒乓球	英语演讲赏析
法律诊所(2)	普拉提	英语演讲与辩论
房地产法	企业内部控制与风险管理	营销策划
房屋建筑学	企业沙盘模拟	营销理论动态与实践
仿真综合实验	企业实习培训（校外工程实践基地）	营销专业英语阅读
分散控制系统课程设计	企业文化	影视广告制片
风电场电气工程	企业战略管理	影视鉴赏
风电机组设计与制造	企业专家授课 1	硬件技术基础
风电机组设计与制造课程设计	气象与气候学	有机化学
风资源测量与评估	汽轮机原理 B	有机化学实验
辐射剂量学	汽轮机运行	瑜珈
复变函数论	全面预算管理	语言与文化
复变函数与积分变换	燃料电池基础	运筹学
概率论与数理统计	燃气轮机原理	运筹学 A
概率论与数理统计 A(1)	燃烧学	运输规划方法
概率论与数理统计 B	热工过程可视化监测(双语、研讨)	债权法
钢筋砼结构	热工控制系统 A	张学良与二十世纪中国
钢筋砼结构课程设计	热工控制系统 B	证据法
高等代数(2)	热工控制系统课程设计	证券投资学
高等数学 B(2)	热工系统建模	政府经济学
高等数学 B(2)(英)	热力发电厂	知识产权法
高等数学 C(2)	热质交换原理课程设计	知识产权法 A
高等数学 J(2)	热质交换原理与设备	直流输电技术
高电压技术	人际关系心理学	职业生涯管理
高电压技术(企业)	人力资源管理	职业素养综合训练
高电压技术课程设计	人力资源管理诊断	制造工程学
高电压绝缘	人身权及其损害赔偿	智能电网先进传感技术
高级财务管理	人员测评与招聘	智能电网信息安全
高级听力(2)	人员培训与开发	智能科学
高级学术英语(2)	人员招聘模拟	中国公务员制度
高级英语精读(2)	认识实习	中国古代文学(4)
高级语言程序设计(C)	软件工程课程设计	中国古代文学作品选读(1)
工程材料学	软件技术基础	中国近代爱国诗词选讲
工程测量学	软件人机界面设计	中国近代史纲要

续表

工程测量学实习	软件项目管理	中国民俗文化研究
工程地质	三维计算机辅助设计	中国书法史
工程电磁场	散打	中国书法史与书法欣赏
工程管理理论动态与实践	商法概论	中国文学批评史
工程光学	商务智能	中国现代文学
工程化学	商务专业英语阅读	中国政治思想
工程化学 B	设计与创新	中级财务管理
工程经济学	社保专业英语阅读	中级财务管理(英文)
工程力学 A(2)	社会保障学	中级财务会计(上)
工程流体力学 A	社会保障专题社会调查	中级法语
工程热力学 B	社会调查	中级法语 2
工程设计拓展训练	社会实践	中级韩语
工程实践 1(社会实践)	社会问题与社会政策	中级宏观经济学
工程实习	社会学	中级微观经济学
工程图学 A(2)	社交礼仪	中级物理实验(1)
工程图学 B(2)	社区管理	中外广告法规
工程图学 B(水电)(2)	摄影后期制作	专题辩论
工程项目质量管理	审计模拟实验	专业实践与调研
工程训练	生产实践(1)	专业实践与调研 A
工程制图	生产实践(2)	专业英语阅读
工程制图(建筑)	生产实习	专业英语阅读(法学)(1)
工程制图(英)	生态学的非线性数学基础	专业英语阅读(风电)
工业产品营销	生物质燃料分析与测试	专业英语阅读(工管)
工业微生物学	生物质生化转化技术	专业英语阅读(公共)(1)
工业微生物学实验	生物质生化转化技术课程设计	专业英语阅读(广告)(1)
工作分析与劳动定额	声乐艺术鉴赏	专业英语阅读(机械)
公共关系学	圣经与西方文化	专业英语阅读(计科)
公共关系原理与实务	施工技术	专业英语阅读(计算机)
公共行政学	施工组织	专业英语阅读(建环)
公共组织学	施工组织课程设计	专业英语阅读(能材)
公司法	实变函数与泛函分析	专业英语阅读(软件)
公司金融学(双语)	实践与创新	专业英语阅读(水文与水资源)
公务员制度概论	实践与调研	专业英语阅读(信息)
公益劳动	实验经济学模拟	专业英语阅读(信息安全)
功能材料	实用摄影	专业英语阅读(行管)
供热工程	世界贸易组织法	专业英语阅读(自动化)
股票模拟交易	世界图形史	字体设计
固体物理	世界文学名著赏析	自动化专业概论
管理会计(英)	世界文学名著选读	自动控制理论 B
管理理论动态与实践	世界现代设计史	自然地理与水文地质
管理软件应用	世界艺术设计鉴赏	自然地理与水文地质学实习
管理软件应用实践	市场调查与分析	足球
管理文秘	市场调研	组织行为学(双语)

北京校部2014—2015学年第一学期

.NET程序设计	公共管理案例分析	社会实践
《大学中庸》导读	公共管理改革	社会学
《红楼梦》研究	公共管理学	社区管理实习
《孟子》导读	公共事业管理	审计学
《世说新语》导读	公共政策分析	生产实习
《庄子》导读	公关策划学	生产与运作管理
C语言课程设计	公司金融学(双语)	生态学与复杂性
Delphi程序设计	公益劳动	生物化学
IPO上市模拟操作	供电企业营销实习	生物质热化学转化技术
IT市场调研	供应链管理	生物质热化学转化课程设计
JAVA程序设计实践	沟通策略	声乐艺术鉴赏
JAVA语言程序设计基础	古代汉语A	圣经与西方文化
LINUX体系及编程	股票模拟交易	实验参量与控制
Matlab语言	固体物理	实验数据分析
MIS软件开发A	固体物理学	实用美术与广告设计(2)
MIS软件开发实践	管理定量分析	实用摄影
POP设计	管理沟通	市场信息分析实践
UNIX/LINUX编程课程设计	管理软件应用	市场信息分析实务
UNIX/LINUX系统及编程	管理软件应用实践	市场营销学
VBA程序设计	管理信息系统	市政学
Vc++程序设计	管理信息系统与决策支持系统	视唱与合唱
VHDL与数字系统设计	管理学原理	书籍设计
Visual C++课程设计	管理运筹学	数据分析
办公自动化课程设计初级	管制经济学	数据结构(计算机)
办公自动化课程设计高级	光电子技术	数据库基础
半导体物理	光伏电站设计、运行与控制	数据库应用
保险学	光伏组件拆装实习	数据库应用课程设计
北京魅力	光纤通信课程设计	数据库原理
泵与阀门	广告策划与创意	数理方程
泵与风机	广告经营与管理学	数学分析(1)
泵与风机节能技术	广告媒体研究	数学分析(3)
泵与风机综合实验	广告摄影(1)	数学建模
编译技术	广告文案写作	数学物理方法
编译技术课程设计	广告效果研究与方法	数值分析A
变电站仿真综合实验	广告心理学	数字电子技术基础A
冰蓄冷与低温送风	广告学	数字电子技术基础B
并网光伏系统设计	广告作品设计	数字电子技术基础实验A
材料测试分析	锅炉原理课程设计	数字图像处理
材料处理与表征实习	锅炉运行	数字系统设计自动化
材料分析方法(双语)	国际法	数字信号处理

续表

材料固体理论基础	国际金融	数字信号处理课程设计
材料科学基础(2)	国际经济法	数字信号处理课程实验
材料科学基础 B	国际经济法概论	水电站建筑课程设计
材料科学与工程导论	国际贸易	水电站水库调度及其自动化系统
材料力学性能	国际贸易理论与实务	水电站水库调度及其自动化系统课程设计
材料物理性能	国际贸易理论与实务(双语)	水环境影响评价
材料研究方法	国际贸易实务(双语)	水力学(2)
财会信息系统	国际贸易与国际金融	水力学 B(2)
财务分析	国际商法	水利工程经济学
财务管理	国际商务	水利科学技术史
财务管理模拟实践	国际市场营销学	水利水电工程管理
财务会计报告分析	国际私法	水利水电工程施工
财政学	国际物流学	水文测验实习
仓储与配送管理	国学经典选讲	水文地理信息系统应用
测控专题	过程参数检测及仪表 B	水文水利计算
测试技术	过程参数检测及仪表 J	水文水利计算课程设计
测试技术综合实验	过程参数检测及仪表课程设计	水文信息采集与处理
拆装实习	过程控制技术与系统	水文预报
成本管理会计(英文)	过程控制技术与系统课程设计	水文预报课程设计
成本会计	汉译英▲	水资源评价与管理
抽水蓄能技术	合同法	水资源评价与管理课程设计
初级法语	合同法概论	水资源优化原理与方法
初级韩语	合同实务	税法学
初级日语	核电厂仿真综合实验	顺序控制
传感器原理与应用	核电厂系统与设备	思想道德修养与法律基础
传感器综合实验	核电专业英语	算法分析与设计
传热学	核反应堆安全分析	跆拳道
创新基础实践	核反应堆控制与保护	太阳电池材料测试分析
创新教育与综合实验	核反应堆物理分析	太阳电池物理
大型电机运行与故障诊断	核辐射物理与防护	太阳能储存原理与技术
大学化学	核辐射物理与防护实验	太阳能资源测量
大学美育	核工程与核技术概论	藤球
大学女生自我认知与修养	核工程与核技术前沿	体适能
大学日语 1 级	核物理基础	体育舞蹈
大学日语 3 级	宏观经济学	跳绳
大学生 KAB 创业基础	互换性与技术测量	通信导论
大学生创业经营模拟仿真实验	环境法	通信电子电路
大学生健康教育	环境放射性物质取样与监测	通信电子电路综合实验
大学生交往心理	环境工程导论	通信系统原理
大学生生涯规划与择业	汇编语言课程设计	通信新技术专题讲座
大学生心理健康	会计实务(1)	通信原理实验

续表

大学物理(2)	会计职业道德	统计学
大学物理(2)(英文)	婚姻家庭继承法	投资学
大学物理J(2)	火电厂计算机仿真	投资银行学
大学英语1级	火电厂自动化专题	图书馆与文献检索
大学英语3级	机炉运行课程设计	图形创意
大学英语4级	机械工程材料	土力学
大学英语5、6级	机械工程专业概论	土力学与地基基础
大学语文	机械设计	土木工程概论
大学语文J(1)	机械设计基础B	外国法制史
单片机原理及应用	机械设计基础课程设计	外语实习(2)
单元机组程控与保护	机械设计课程设计	外语实习(4)
单元机组集控运行	机械制造概论	网络技术基础
单元机组控制系统	机械制造装备课程设计	网络市场调研
单元机组运行原理	机械制造装备设计	网络信息实用检索
弹塑性力学基础	基础法语3	网络应用实践
当代西方政治思潮	基础法语(1)	网络营销
当代中国政治制度	基础会计	网络与通信技术
地方政府学	基于经济理论的单方程回归建模	网络著作权法(案例)
第二外语(英)(法)(2)	绩效管理	网球
第二外语(英)(日)(2)	集成电路设计	网页设计制作
电厂化学	计量测试技术	网站建设与管理
电厂热力设备及运行	计量经济模型应用实践	网站建设与管理实践
电厂认识实习	计量经济学	微分方程数值解
电厂认知实习	计算方法	微观经济学
电磁场数值计算	计算机导论	微机原理及应用课程设计
电磁场与电磁波	计算机辅助工程	微机原理与接口技术A
电工产品学	计算机辅助设计(CAD)	微机原理与应用
电工技术基础	计算机辅助设计课程设计	无机化学
电机实验	计算机辅助设计与制造	无机化学实验B
电机学(2)	计算机密码学	无线传感器网络
电机学C	计算机密码学综合实验	无线通信技术
电价学	计算机软件技术基础	无线网络综合实验(原名:网络技术综合)
电力产品交易模拟实验	计算机实践	武术
电力电子仿真实验	计算机实践(1)	舞蹈欣赏
电力电子技术	计算机实践(2)	舞蹈形体
电力电子技术(英)	计算机实践(3)	物理化学
电力电子技术课程设计	计算机实践(4)	物理化学A(1)
电力电子技术应用	计算机图形学	物理前沿
电力电子技术综合实验	计算机组成与结构	物理实验(2)
电力法	计算机组成原理	物联网工程导论
电力负荷预测	技术经济学	物流案例与实践

续表

电力负荷预测课程设计	继电保护定值计算	物流成本管理
电力工程与经济拓展研究	继电保护与自动化综合实验	物流管理软件操作
电力经济学基础(1)	家庭法的经济分析	物流综合实验
电力经济与管理前沿	检测新技术(研讨型)	物质的低温性质
电力经济综合实验	检测仪表拆解与分析	误差理论与数据处理
电力企业会计	建筑材料	西方电影与文化
电力企业会计电算化模拟实验	建筑概论	西方经济学
电力企业市场营销	建筑环境测试技术	西方文化经典导读
电力企业市场营销模拟	建筑环境学 A	西方政治思想
电力企业物流管理	建筑节能	现代光技术基础
电力生产技术概论	建筑结构	现代汉语(1)
电力市场概论	建筑结构课程设计	线性代数
电力市场技术支持系统	健美操	宪法学
电力市场技术支持系统课程设计	洁净煤发电技术	项目管理软件应用
电力市场交易模拟实验	结构力学	项目融资学
电力系统潮流上机计算	金工实习	心理·生活·人生
电力系统分析基础	金工实习 A	新能源材料概论
电力系统规划与可靠性	金融市场学	新能源材料课程设计
电力系统过电压	金融文献阅读实践	新能源发电系统控制
电力系统过电压上机计算	金融学	新能源概论
电力系统基础	金融英文文献阅读与翻译实践	新能源科学与工程导论(生物质能)
电力系统课程设计	金融英语阅读	新生专业研讨
电力系统通信	金属热处理	新闻摄影
电力系统微机保护	经典影视广告鉴赏	新闻学概论
电力系统主设备保护	经济博弈论	薪酬管理
电力系统自动化	经济法	薪酬管理实践
电力系统综合仿真	经济法概论	信号分析与处理
电力系统综合实验 B	经济管理建模	信号分析与处理(自)
电力项目可行性研究模拟	经济史	信号分析与处理课程设计
电力英语翻译	经济谈判	信息安全工程与管理
电力英语翻译入门	经济学方法论	信息管理概论
电力英语阅读	经济学说史	信息技术基础
电路理论 A(1)	经济学专业文献阅读(1)	信息技术基础 B
电路理论 A(2)	经济学专业文献阅读(2)	信息论与编码
电路理论 B	经贸英语翻译	信息论与编码 B
电路理论 B(1)	经贸英语阅读 (2)	信息系统安全与保密
电路理论 B(2)	决策支持系统与专家系统	信息学概论
电路实验	科技文献检索基础	刑法分论
电路实验(1)	科研方法与论文写作	刑事诉讼法学
电路实验(2)	科研论文训练	刑事庭审见习
电脑图文设计(1)	科研训练	形式逻辑

续表

电脑图文设计(2)	可编程逻辑器件原理与应用	形势与政策
电能质量概论	可再生能源概论	形势与政策(1)
电气测量技术	客户关系管理	形势与政策(3)
电气工程创新设计 B	控制电机	形体
电气工程综合实验	控制工程	虚拟现实
电气工程综合训练	控制系统综合实验	旋转机械振动与动平衡
电气设备在线监测与故障诊断	控制仪表拆解与分析	学年论文
电气新生研讨课	库存管理	学年论文(2)
电视广告设计与制作	跨文化交际口语	学术英语:经典科学文献导读
电影音乐赏析	宽带数字网技术	学术英语写作
电子材料	篮球	循环流化床锅炉设备与运行
电子电路计算机辅助分析	劳动法与社会保障法	冶金概论
电子技术创新设计与实践	劳动合同设计	仪器仪表实训(电装实习)
电子技术基础 B	劳动经济学	移动商务应用
电子技术综合实验	劳动政策与法规	音乐鉴赏
电子商务	离散数学 A(1)	应用统计学
电子商务物流与配送	离散数学 B	应用文写作
电子商务应用软件技术	理论力学	英国文学史及选读
电子商务专题	理论力学(理科)	英汉翻译
电子陶瓷材料	理论力学 A	英汉语言对比与翻译
电子政务	力学	英美概况
动力工程 A	领导科学	英语报刊选读
动力工程 B	领导与领导力	英语词汇学
多媒体信息安全保密技术	流动与热传递	英语词汇学拓展
多媒体应用基础	流体力学 B	英语泛读(1)
发电厂电气部分课程设计	流体输配管网	英语泛读(3)
发电厂运行技术	流体输配管网课程设计	英语会话(1)
发电市场仿真实验	旅游英语与文化	英语会话(3)
法律逻辑学	律师实务	英语精读(1)
法律英语翻译	轮滑	英语精读(3)
法律诊所	论文写作训练	英语口语
法律咨询	马克思主义原理	英语口语(1)
法学导论	毛泽东思想和中国特色社会主义理论体系概论	英语口语(3)
反应工程	民法概论	英语听力(1)
反应工程课程设计	民法总论	英语听力(3)
房地产法	模糊数学	英语演讲赏析
房地产金融	模拟电子技术基础	英语应用文写作
房地产开发	模拟电子技术基础实验 A	英语语法
房屋建筑学课程设计	模拟电子技术基础实验 B	英语语言学概论
仿真综合实验	纳税会计	英语语音入门

续表

放射化学基础	能源材料概论	营销风险管理
非盈利组织管理	能源经济学	影视摄像与编辑
分散控制系统	凝聚态物理导论	影视中的司法
分散控制系统课程设计	暖通空调新技术	硬件技术基础
风电场仿真实验	排球	硬件综合实验
风电机组测试与认证	乒乓球	用电营销与管理
风电机组监测与控制	普拉提	瑜珈
风电机组监测与控制课程设计	普通物理实验(2)	原子物理学
风力发电场	企业 Java 电子商务实践	运筹学 A
风力发电场课程设计	企业 Java 与电子商务	运动控制
风力发电机组设计软件	企业策划	运营管理
风力发电原理	企业管理概论	运营管理课程设计
风力机空气动力学	企业竞争模拟	展示设计
风力机空气动力学课程设计	企业认识实习	证券投资模拟
风险分析与管理	企业沙盘对抗模拟	证券投资学
风险管理	企业物流管理实习	政治经济学
服务市场营销学	企业物流认识实习	政治学原理
复变函数与积分变换	企业信息化专题	知识产权法
概率论与数理统计 A(2)	企业专家授课 1	制冷技术
概率论与数理统计 B	汽轮机原理	智能电网导论
钢结构	汽轮机原理课程设计	智能电网通信技术
钢结构课程设计	嵌入式系统	智能控制
高等代数(1)	嵌入式系统 A	中国茶文化
高等数学 B(1)	嵌入式系统设计与实现	中国法制史 A
高等数学 B(1)(英)	全面预算管理	中国古代文学(1)
高等数学 C(1)	燃气供应	中国古代文学作品选读(2)
高等数学 J(1)	燃气轮机结构与强度	中国古代文学作品选读(3)
高电压试验技术	燃气轮机联合循环控制与保护	中国近代史纲要
高电压综合试验	燃气蒸汽联合循环电厂	中国文化概览 1(英语)
高分子化学与物理	燃烧理论基础	中级财务管理
高级会计学	热动研讨课 1	中级财务会计(下)
高级口译	热动研讨课 2	中级法语 1
高级听力(1)	热工理论基础 B	中级韩语
高级学术英语(1)	热力发电厂课程设计	中级物理实验(2)
高级英语精读(1)	热能与动力工程概论	中西文化比较(英语)
高级语言程序设计(C)	热学	仲裁法
高级语言程序设计(C)课程设计	人工智能及应用	专利法(案例)
高级语言程序设计 A(C)	人力资源管理	专业技能实习
工程估价	人力资源管理 A	专业文献阅读与写作(双语)
工程估价课程设计	人力资源管理导论	专业英语阅读
工程化学 B	人力资源统计	专业英语阅读(材料)

续表

工程建设合同管理	人身权及其损害赔偿	专业英语阅读(电气)
工程力学	认识实习	专业英语阅读(核电)(1)
工程力学 B	入学教育及军训	专业英语阅读(热能)
工程力学 A	软件测试	专业英语阅读(生物质能)
工程力学 A(1)	软件测试综合实验	专业英语阅读(信管)
工程流体力学 A	软件工程	专业指导
工程流体力学 B	软件体系结构	资产评估
工程热力学	软件体系结构课程设计	自动化系统工程设计与案例分析
工程热力学 B	三维计算机辅助设计	自动化新生研讨课
工程热力学 C	散打	自动化专业概论
工程水文及水利计算	商法	自动控制理论 A
工程水文及水利计算课程设计	商法概论	自动控制理论 B
工程图学 A(1)	商检与海关	自动控制理论课程设计
工程图学 B(1)	商务英语视听说	自动控制系统实训
工程图学 B(水电)(1)	商务英语谈判	自然资源与环境保护法
工程项目管理	商业银行经营学	足球
工程运筹学	社会保障与社会福利	最优化方法
工程制图	社会调查	
公差与金属材料	社会科学研究方法	

2013—2014 学年第二学期本科课程设置表(保定校区)

DSP 系统课程设计	公管专业英语(1)	社会实践与学年论文
DSP 系统设计	供电技术	社会调查
ERP 原理及应用	供电设计	社会调查与统计分析
ERP 原理与应用	供热工程	社会统计学
FIDIC 合同条件	供热及锅炉房课程设计	社会问题专题调研
Flash 应用	故障分析上机计算	社会政策概论
IT 审计	管理定量分析	社区工作
IT 项目管理	管理经济学概论	涉外知识
JSP 实用技术	管理实践	审计理论与实务(2)
MATLAB 程序设计	管理文秘	审计模拟实验
Oracle 数据库系统应用	管理心理学	生产实践
Pro/E 工程软件应用	管理信息系统	生产实习
SOPC 技术	管理学	生产实习(电自)
TCP/IP 协议原理	管理学概论	生产实习(设计)
VB 程序设计	管理学原理	生产实习(物料)
VC + +程序设计	管理学原理 A	生产实习(制造)
Visual Basic	光纤通信原理	生产实习与毕业实习
Web 技术及应用	锅炉燃烧与污染	生产与运作管理
Web 开发技术课程设计	锅炉原理 A	施工组织与设计
WINDOWS 体系及编程	锅炉原理 B	实变函数与泛函分析

续表

WTO 法律规则	国防与军事科学	实习(2)
安全工程学	国际法	市场营销课程设计
办公自动化训练	国际会计	市场营销学
泵与风机 B	国际经济法	视听英语
毕业论文	国际贸易模拟实验	书法鉴赏
毕业论文(设计)	国际贸易实务	输变电系统及其保护与控制
毕业设计	国际贸易与国际金融	输电线路工程机械
毕业设计(电力)	国际私法	输灰控制及自动化
毕业设计(电自)	过程参数检测及仪表 A	数据仓库与数据挖掘
毕业设计(高压)	过程参数检测及仪表 A 课程设计	数据分析与实验优化设计
毕业设计(设计)	过程参数检测及仪表 B	数据结构
毕业设计(实验班)	过程控制	数据结构综合设计
毕业设计(物料)	行政法学 B	数据库系统分析与设计
毕业设计(制造)	合唱与指挥	数据库应用
毕业实习	核电厂系统与设备	数据库原理
变电站仿真实习	核电站水质工程	数据库原理及应用
簿记训练	核物理与辐射防护	数据库原理课程设计
材料基础实验	宏观经济学	数据通信
材料力学 B	化工原理	数理方程
材料力学 T	化工原理课程设计	数理方程及特殊函数
材料与工艺	化工制图与 CAD	数理经济学
财务成本会计模拟	化工制图与 CAD(A)	数学分析(2)
财务管理(英语)	化工制图与 CAD 上机实习	数学建模与数学实验
财务管理 B	化学电源	数学实验
财务管理学	化学腐蚀与防护	数学物理方程
操作系统	化学与社会	数学物理方法
测控技术与仪器专业概论	环工专业外语(1)	数值计算方法 T
测量学	环境地学基础	数字电子技术基础 A
产品结构	环境毒理学概论	数字电子技术基础 B
产品设计(2)	环境工程施工	数字电子技术基础实验 A
产品设计课程设计(1)	环境规划	数字电子技术基础实验 B
产品数据管理	环境规划课程设计	数字逻辑
产业经济学	环境监测 A	数字逻辑与数字系统设计
常微分方程	环境科学与工程基础	数字通信系统
成本会计	环境科学与工程基础 B	数字信号处理基础
成本与管理会计(英语)	环境生物学	水污染控制工程
程序设计实习	环境统计	水污染控制工程课程设计
传感器原理与应用	环境与发展课题调研	水资源与水环境学
传感器综合实验	环科专业外语(1)	税法
传热学 A	会计模拟实验	顺序控制与热工保护
传热学 C	会计实务(1)	思想道德修养与法律基础

续表

创新工程学	会计实务(2)	算法与数据结构
创新思维与方法	会计学	算法与数据结构实验
大气污染气象学	婚姻家庭继承法	探索宇宙奥妙的数学
大学俄语(2)	火电厂动力工程 A	碳一化学
大学日语(2)	火电厂动力工程 B	碳一化学 A
大学日语(4)	火电厂水务管理	特种加工
大学生就业能力培养	火电厂运行仿真实践	体育(1)
大学生心理健康	火力发电过程认识实习	体育(2)
大学生职业生涯发展与规划	货币银行学(英语)	体育(3)
大学物理(1)	机电一体化系统设计	体育(4)
大学物理 E(1)	机械电子工程概论	铁塔 CAD 技术
大学物理 T(1)	机械基础实验	通信专业英语阅读
大学写作	机械设计	统计学
大学英语(2)	机械设计课程设计	统计学方法与应用:从数据到结论
大学英语(3)	机械设计学	透平机械调节与强度
大学英语(4)	机械系统设计	透平机械原理
大学英语(6)	机械优化设计	图形处理与 CAD
大学英语 6 级	机械制造装备设计	图形设计
单片机与嵌入式系统 A	机械专业外语(机电)(1)	外国民商法
单片机与嵌入式系统 A 课程设计	机械专业外语(设计)(1)	网络攻防系统实验
单片机与嵌入式系统 B	机械专业外语(物料)(1)	网络管理
单片机与嵌入式原理与应用	机械专业外语(线路)(1)	网络技术基础
当代中国社会问题	机械专业外语(制造)(1)	网络通信实验与设计
地方政府学	集控运行综合实验	网络系统工程
第二外国语(2)	计算机控制技术与系统	网络系统工程课程设计
第二外国语(4)	计算机控制技术与系统课程设计	网络信息安全
电厂概论	计算机软件技术基础	网络应用基础
电厂热力设备及运行	计算机软件设计技术	网络与电子商务法
电厂热力设备及运行 A(1)	计算机图形学	网络综合实验
电除尘器供电技术	计算机网络	网站建设与管理
电磁测量	计算机网络课程设计	微波工程
电磁场与微波技术	计算机系统结构	微观经济学
电磁兼容基础	计算机专业英语阅读(2)	微机继电保护综合实验
电磁学	技术经济学	微机原理及应用课程设计
电工技术基础	技术经济学课程设计	微机原理与接口技术 A
电工实践	技术系统课程设计	微机原理与接口技术 B
电机实验(1)	继电保护定值计算	微机原理与接口技术 T
电机学(1)	架空输电线路设计	微机原理与接口技术实验
电机学 B(2)	建环专业英语	微机原理与接口技术实验 T
电机学 T(1)	建筑 CAD 基础	微计算机原理与嵌入式系统
电力电子技术 B	建筑电气	微型计算机原理与应用

续表

电力负荷预测模拟实验	建筑概论与制图	文秘英语
电力工程 B	建筑给排水	无线网络
电力工程测量技术	建筑设备施工技术	舞蹈鉴赏
电力工程设计	交直流调速控制系统	物理实验(1)
电力工程项目造价案例分析	接口与通信技术	物理专业英语
电力机械	洁净煤技术	物料系统设备
电力建设项目管理	金工实习 A	物料系统设计
电力企业成本核算与分析	金工实习 B	物料系统自动控制
电力企业内部控制	金融市场	物流管理
电力生产认识实习	经济法	物流综合实验
电力市场概论	经济法 A	物权法
电力系统负荷预测	经济法 B	物业管理
电力系统故障分析	经济计量学	西方法律思想史
电力系统过电压上机	经济史	西方经济学
电力系统继电保护原理 A	经济学原理	吸收式制冷
电力系统继电保护原理 B	精密加工	现代工程控制理论
电力系统继电保护原理 T	科技论文阅读与翻译	现代交换技术
电力系统课程设计	科技信息检索	现代交换技术综合实验
电力系统认识实习	科技英语	现代控制理论
电力系统远动	科技英语翻译	现代设计方法概论
电力系统暂态分析	科研实践与学年论文	线性代数
电力系统综合实验 A	可行性研究与评估综合性设计	线性代数 T
电力线载波通信	可靠性设计	项目采购与合同管理
电力需求侧管理	空调制冷技术	项目成本预测技术和方法
电力英语阅读	控制电机	项目风险管理
电力营销与客户服务	控制系统数字仿真与参数优化	新能源概论
电路理论(1)	控制装置与系统 A	信管专业外语
电路理论(2)A	控制装置与系统 A 课程设计	信号分析与处理 B
电路理论 T(1)	控制装置与系统 B	信号与系统
电路实验(1)	控制装置与系统 B 课程设计	信息安全工程与管理
电路实验 T(1)	劳动法与社会保障法	信息安全基础
电气测量技术(电磁测量 + 现代电子测量技术)	劳动经济学	信息安全实验课程
电气设备高压试验	乐理基础	信息安全专业英语阅读(1)
电网生产技术概论	离散数学	信息产业法律法规
电子测量与仪器	理论力学	信息经济学
电子测量与仪器综合实验	立体构成	信息论与编码
电子工艺实践	量子力学	信息系统课程设计
电子技术基础	领导科学	信息系统与数据库
电子技术基础实验	流体力学 B	信息隐藏技术
电子技术基础实验 T(1)	流体力学 C	刑法分论
电子商务	流体力学 T	刑事诉讼法学

续表

电子商务综合实验	旅游英语	刑事庭审见习
电子设计讲座	马克思主义基本原理	学科论文实践
电子设计竞赛训练	毛泽东思想和中国特色社会主义理论体系概论	学年论文
电子设计自动化	煤化工	学年论文(1)
电子线路设计(1)	美国文学	学年论文(2)
电子线路设计(2)	面向对象程序设计	学术英语写作
电子专业外语(2)	面向对象程序设计(C++)	雅思听说(1)
多媒体技术	面向对象程序设计综合实验	烟尘测试理论与技术
多媒体技术应用与设计	面向对象程序设计综合实验(VC++,Java)(2)	养老保险基础
多媒体应用基础	面向对象程序设计综合实验(VC++,Java)(4)	艺术导论
俄语入门	模拟电子技术基础 A	英汉语言文化对比
发电厂电气部分 A	模拟电子技术基础 B	英美概况
发电厂电气部分 B	模拟电子技术基础 T	英文写作
发电厂电气部分 T	模拟电子技术基础实验 A	英语词汇学
发电厂电气部分课程设计	模拟电子技术基础实验 B	英语词汇学 B
发电厂电气设备及运行	纳税会计	英语泛读(2)
发电厂动力部分	能源概论	英语精读(2)
发电厂生产过程	能源化学工程专业外语(1)	英语精读(4)
发展经济学	能源经济学	英语精读(6)
法律逻辑学	能源与动力工程专业英语	英语口语
法学前沿(专题2)	能源转化	英语口语(2)
翻译理论与实践(2)	农村电网规划	英语口语(4)
翻译名篇欣赏	暖通空调	英语听力(2)
房地产法	暖通空调工程制图	英语听力(4)
房地产开发与经营	配电自动化	英语听说 2
分布式能源系统	平面设计(2)	英语文体与修辞
分布式能源系统课程设计	平面设计课程设计	英语写作(1)
分析化学 A	普通物理实验(2)	英语写作(2)
分析化学 B	普通语言学(2)	应用电化学
分析化学实验 A	期货交易理论与实务	应用化学专业外语(1)
分析化学实验 B	企业管理概论	应用统计学
风力发电原理	企业文化案例精选	硬件设计与实践
复变函数	企业战略管理	用电技术
复变函数与积分变换	企业诊断	优秀传统文化与伦理道德
概率论与数理统计(2)	汽轮机原理 A	有害气体控制工程
概率论与数理统计 A	汽轮机原理 B	有害气体控制工程课程设计
概率论与数理统计 B	嵌入式系统	有机合成实训
杆塔结构设计	嵌入式系统课程设计	有机化学 A
高等代数(2)	青年心理学	有机化学 B
高等数学 A(2)	清洁能源发电控制系统	有机化学工程与工艺学

续表

高等数学 B(2)	确定运筹学	有机化学实验 A
高等数学 C(2)	燃气－蒸汽联合循环发电技术	有机化学实验 B
高等数学 E(2)	热工控制系统 A	运筹学
高等数学 J(2)	热工系统建模	债权法
高电压技术	热交换器计算及设计	展示设计
高电压技术 T	热力发电厂给水处理	证券法
高电压绝缘	热力发电厂给水处理课程设计	证券投资模拟实验
高电压综合实验	热力设备腐蚀与防护	证券投资学
高分子物理化学	热力系统工程	知识产权法 B
高级会计学	热力学统计物理	制造工程基础
高级英语视听说(2)	热学	质量工程学
高级语言程序设计(2)	热源动力设备原理及运行	中国公务员制度
高级语言程序设计(C＋＋)	人工智能及应用	中国古近代思想史
高级语言程序设计综合实验	人机工程学	中国近现代史纲要
高阶英语 2	人口社会学	中级财务管理(英语)
高阶英语选修 2	人力资源管理	中级财务会计(1)
工程测量实习	认识实习	中级财务会计(英语)
工程电磁场	认知实习	中英文翻译
工程电磁场 T	日语入门	仲裁法
工程光学	软件测试	专业基础实验(1)
工程化学	软件程序设计训练	专业基础综合实验
工程计量学	软件工程	专业认识实习
工程技术及工程预算	软件工程课程设计	专业社会实践
工程经济学	软件界面设计与欣赏	专业实践
工程流体力学 A	软件体系结构	专业实习
工程热力学 C	色彩构成	专业实习(1)
工程图学 A(2)	色彩基础	专业外语(1)
工程图学 B(2)	商务管理英语会话	专业外语(2)
工程图学 D(2)	商务谈判	专业外语阅读(农电)
工程项目管理	商业银行经营管理	专业英语
工程项目投资管理	设计表现技法	专业英语阅读(自动化)
工程项目造价案例分析	设计方法学	装饰雕塑
工程造价管理	设计考察	资产评估
工程制图	设计色彩	自动化制造系统
工程中的数值分析方法	设计思维	自动化专业概论
工科数学分析(2)	设计制造综合实验	自动控制理论 B
工业催化	社会福利思想	自动控制原理 B
工艺美术史	社会工作概论	综合设计:智能汽车设计(1)
公差与技术测量	社会工作行政	综合设计:智能汽车设计(3)
公共管理学 B	社会工作师综合能力专题	组织设计与管理
公共事业管理概论	社会实践	最优化算法
公共政策	社会实践实训	

2014—2015 学年第一学期本科课程设置表(保定校区)

EDA 课程设计	管理学原理	社会调查
ERP 沙盘对抗模拟试验	管理运筹学	社会问题调查与社会实践(1)
GIS 装置与绝缘技术	管制经济学	社会问题调查与社会实践(2)
IT 企业创业案例分析	光机电检测技术	社会学
J2EE 开发平台及程序设计	光学	社会学概论
JAVA 程序设计	广告学	社会研究方法
Matlab 基础与应用	锅炉及锅炉房设备	社区文化与社区管理
Oracle 数据库系统应用	锅炉原理 B	摄影技术
PCB 电磁兼容设计	锅炉原理课程设计	审计理论与实务(1)
PKI 系统设计综合实验	国际结算	生产实习
Pro/E 工程软件应用	国际金融法律实务	生产实习(电力)
Rhino 产品建模与渲染	国际金融实务(双语)	生产实习(高压)
UG 工程软件应用	国际贸易实务	生产系统课程设计
UNIX/LINUX 体系及编程	过程参数检测及仪表	生产系统设计与管理
VB. NET 程序设计	过程参数检测及仪表 B	生态学
VB 程序设计	过程参数检测及仪表 B 课程设计	生物化学
Web 开发技术	过程控制	生物医学电子学
WINDOWS 体系及编程	过程控制课程设计	声学基础
安全工程学	过程控制装置与系统	实体建模技术及其应用
办公自动化 B	行政法与行政诉讼法	市政学
办公自动化概论	合同法	视频编辑
包装设计	合同法学	书籍装帧设计
保险经济学	核电厂系统课程设计	输电线路课程设计
泵与风机	核电厂系统与设备	输电线路设计基础
编译技术	核电厂运行仿真实践	输电线路运行与检修
编译技术课程设计 A	核电站参数检测与控制(研讨型)	输电线路综合实践
编译技术课程设计 B	核电站概论	输电线路综合实验
变电站二次技术	核电站化学	输灰工程
变电站综合自动化	核电站水化学	数据仓库与数据挖掘应用系统设计
博弈论	宏观经济学	数据分析
簿记训练	宏观经济学(双语)	数据结构
材料成型技术基础	户外写生与考察	数据结构与算法
材料力学	化工测量与仪表	数据结构综合设计
财会信息系统	化工机械	数据库系统分析与设计
财会专业外语	化工仪表与自动化	数据库系统原理
财务成本模拟	化学反应工程	数据库与网络技术导论
财务分析及财务软件应用	环工专业外语(2)	数据库原理及应用
财务管理 B	环境保护与可持续性发展 B	数据整理与统计分析
操作系统	环境工程 CAD 及上机实习	数控原理与编程
操作系统综合实验	环境工程仿真控制上机实习	数学分析(1)

续表

测控技术与仪器专业概论	环境工程仿真设计上机实习	数学分析(3)
测试技术	环境工程施工	数学建模
产品设计(1)	环境工程微生物学	数学建模课程设计
产品设计(3)	环境工程学	数学软件 matlab
产品设计课程设计(2)	环境工程学课程设计	数值分析
产业组织学	环境工程综合实验	数值计算方法
常用数学软件实验(Matlab,Mathematica)	环境管理与法规	数值计算方法 T
超高压电网继电保护专题	环境管理与环境法	数值计算上机
超临界燃煤发电机组	环境化学	数字电子技术基础 A
成本控制	环境经济学	数字电子技术基础 B
城市公用事业管理理论与实践	环境科学信息检索	数字电子技术基础 T
程序设计方法	环境模型程序设计及应用上机实习	数字电子技术基础实验 A
程序设计模式	环境生态行为综合实验	数字电子技术基础实验 B
除尘技术	环境信息系统	数字图像处理
除尘技术课程设计	环境学导论	数字信号处理
传热学 A	环境质量评价	数字信号处理基础
传热学 T	环境质量评价课程设计	数字信号处理课程设计
创新工程学	环科专业外语(2)	税法
创新思维与方法	环艺设计	税收理论与实务
创业策划	环艺设计课程设计	顺序控制
大型发电机与变压器运行	汇编语言程序设计	思想道德修养与法律基础
大学俄语(3)	汇编语言程序设计综合实验	算法设计与分析
大学计算机基础	会计实务(1)	随机运筹学
大学日语(3)	会计职业道德	太阳能发电技术
大学生创业创新教育	火电厂化学	体育(1)
大学生就业指导	火电厂机务造价实务	体育(2)
大学物理(2)	火电厂运行仿真实践	体育(3)
大学物理 E(2)	火电厂自动化专题	体育(4)
大学物理 T(2)	火电机组启停及运行	调查方法与软件应用
大学写作	货币金融学	通信导论
大学学习指导	货币银行学	通信电子电路
大学英语(1)	机电传动控制	通信电子电路综合实验
大学英语(2)	机电控制系统仿真	通信技术综合实验
大学英语(3)	机电液控制综合实验	通信网概论
大学英语(4)	机电一体化课程设计	通信系统仿真
大学英语(5)	机电综合实验	通信系统原理
大学语文 B	机械创新设计	通信新技术专题讲座
单片机原理与接口	机械工程项目管理	通信原理实验
单元机组程控与保护	机械基础实验	统计方法与应用
单元机组控制系统	机械设计基础	统计软件应用
单元机组协调控制	机械设计基础 B	投入产出分析

续表

单元机组运行原理	机械设计基础课程设计	透视与速写
单元机组运行原理 B	机械设计课程设计	图形处理与 CAD
单元机组运行原理课程设计	机械原理	图形设计
当代世界经济与政治	机械原理课程设计	土建工程施工图预算实务
当代世界经济与中国经济政策分析	机械振动与噪声控制	团体工作
当代中国政治制度	机械制造技术基础	外贸英语函电
第二外国语(1)	机械专业外语(机电)(2)	网络技术与数据库
第二外国语(3)	机械专业外语(设计)(2)	网络软件程序设计
电厂概论	机械专业外语(物料)(2)	网络软件程序设计课程设计
电厂高温金属材料	机械专业外语(线路)(2)	网络数据库应用
电厂化学 A	机械专业外语(制造)(2)	网络信息安全综合实验
电厂化学仪表与程控	机械状态监测与故障诊断	网络营销
电厂热力设备及运行	基础会计	网络应用基础
电厂热力设备及运行 A(2)	基础心理学	网络与通信技术
电厂应用化学	集成电路设计基础	网络与通信技术 T
电厂运行仿真	集成电路设计综合实验	网站开发与建设综合实践
电磁兼容技术	计量测试技术	微处理器系统课程设计
电动力学	计量经济学	微观经济学
电工电子技术基础	计量经济学模拟实验	微机保护原理
电工电子实习	计算方法	微机电系统技术基础
电工技术基础	计算机病毒防治	微机控制系统
电工实践	计算机操作系统	微机原理及应用
电机实验(2)	计算机辅助工业设计	微机原理及应用课程设计
电机学(2)	计算机辅助平面设计	微机原理与汇编语言程序设计
电机学 B(1)	计算机辅助设计	微机原理与汇编语言程序设计课程设计
电机学 T(2)	计算机基础及程序设计	微机原理与接口技术 A
电机与电力拖动	计算机控制技术	微机原理与接口技术 B
电缆运行与故障诊断	计算机密码学	微机原理与接口技术实验
电力电缆	计算机软件技术基础	微型计算机原理与应用
电力电子技术 A	计算机网络	卫星通信
电力电子技术 T	计算机网络技术应用实践	文秘英语
电力法	计算机网络体系结构	文献检索实训
电力负荷预测	计算机专业英语阅读(1)	文学翻译
电力负荷预测模拟实验	计算机专业英语阅读(3)	无机化学 A
电力工程 B	计算机组成与结构	无机化学 B
电力工程基础	计算机组成原理	无机化学实验 A
电力机械	计算机组成原理综合实验	无机化学实验 B
电力经济与管理前沿	计算智能	无线通信
电力企业成本核算与分析	技术经济学	物理化学 A
电力商务英语	继电保护与自动化综合实验	物理化学 B
电力生产过程与动力设备	检测新技术(研讨型)	物理化学实验 A

续表

电力实验经济学	建设法规	物理化学实验 B
电力市场概论	建筑法规案例分析	物理实验(2)
电力市场基础	建筑概论	物理性污染控制工程
电力市场技术支持系统	建筑环境测量	物理性污染控制工程课程设计
电力统计	建筑环境学	物联网技术与应用
电力外文文献阅读与翻译	建筑环境与能源应用工程概论	物流工程学
电力系统潮流上机计算	建筑设备安装工程	物流管理概论
电力系统潮流上机计算 T	建筑设备自动化	误差理论与数据处理
电力系统仿真实习	建筑水暖电课程设计	西方文化入门
电力系统分析基础	建筑艺术鉴赏	戏剧鉴赏
电力系统分析基础 T	教学实习	系统工程导论
电力系统规划与可靠性	洁净煤发电技术	系统工程学
电力系统过电压	解析几何	先进控制
电力系统认识实习	金工实习 B	先进制造技术
电力系统微机保护	金融法	先进制造系统
电力系统稳定	金融工程	现代电子技术
电力系统谐波与无功补偿	金融工程模拟实验	现代防雷技术
电力系统自动化 A	金融企业会计	现代管理学
电力系统自动化 B	经济法	现代密码学
电力系统自动化 T	经济学前沿(教授讲坛)	现代信息技术(专题)
电力系统综合实验 A	经济学说史	现代仪器分析
电力系统综合实验 B	精确农业	线路金具
电力项目后评价	静电防护	线性代数
电力新生研讨课	决策支持系统与专家系统	宪法学
电力信息化与信息安全	军事理论教育及实践	项目成本预测技术和方法
电力英语阅读	科技发展史	项目风险管理
电力用油	科技信息检索	项目管理
电路理论(2)A	科技英语阅读与写作	项目管理 B
电路理论(2)B	可编程控制器应用	项目管理课程设计
电路理论 T(2)	可再生能源	消费者行为学 B
电路实验(2)A	客户关系管理	小波分析及其应用
电路实验(2)B	空调制冷课程设计	校内基地实践
电路实验 T(2)	控制工程基础	新能源发电技术
电能质量概论	控制论基础	新能源概论
电气工程概论	控制系统综合实验	新闻英语
电气工程文献综述	跨国公司经营与管理	新制度经济学
电气工程新技术(报告形式)	快速原形制造技术	薪酬理论与实务
电气设备在线监测与故障诊断	宽带数字网技术	信号处理算法综合实验
电子技术基础	劳动法与社会保障法	信号分析与处理
电子技术基础实验	离散数学	信号分析与处理 A
电子技术基础实验 T(2)	理论力学	信号分析与处理 A 课程设计

续表

电子技术综合实验	理论力学 B	信息安全专业英语阅读(2)
电子技术综合实验 T	理论力学 T	信息安全综合实验
电子商务概论	力学	信息管理学概论
电子设计自动化	领导科学	信息技术基础与计算机导论
电子线路(1)	流体机械	信息论与编码
电子线路设计(3)	流体力学 C	信息通信网络基础
电子线路设计(4)	流体输配管网	信息系统安全与保密
电子线路实验(1)	逻辑学	信息资源规划与管理
电子政务	马克思主义基本原理	刑法总论
电子政务 B	毛泽东思想和中国特色社会主义理论体系概论	虚拟现实技术
电子专业外语	煤化工安全与环保	虚拟样机技术及应用
动力新生研讨课	煤化工综合设计	虚拟仪器及其应用
多工况空气处理过程模拟实验	美术鉴赏	虚拟仪器技术(研讨型)
多媒体技术及应用	密码学趣谈	学科前沿研究
多媒体通信技术	面向对象程序设计(Java)	雅思听说(2)
俄语入门	面向对象程序设计综合实验(1)	雅思英语
发电厂仿真实习	面向对象程序设计综合实验(VC++，Java)(3)	演讲与口才
发电厂经济运行管理	民法总论	液压与气压传动
发电厂生产过程	民事案例与诉讼	医疗保险基础
法理学	民事法律实务	仪表可靠性基础
法律文书写作	民事诉讼法学	仪器分析
法律英语	民事庭审见习	仪器仪表实训(电装实习)
法律诊所	模糊数学	艺术设计赏析
法学导论	模拟电子技术基础 A	英国文学
法学前沿(专题1)	模拟电子技术基础 B	英汉口译
法学前沿(专题3)	模拟电子技术基础实验 A	英美概况
法学原理	模拟电子技术基础实验 B	英美文化
翻译古典名篇欣赏	模型制作与塑造	英文写作
翻译理论与实践(1)	能源法律与政策	英语辩论
仿真训练	能源化学工程专业外语(2)	英语泛读(1)
非营利组织管理	能源环境化学	英语精读(1)
分散控制系统	能源与动力工程概论	英语精读(3)
分散控制系统课程设计	暖通空调系统分析与设计	英语精读(5)
风险投资	排水工程	英语口语
风险投资 B	票据法	英语口语(1)
复变函数	平面构成	英语口语(3)
复变函数论	平面设计(1)	英语名诗欣赏
复变函数与积分变换	普通物理实验(1)	英语社会实践
概率论	普通物理实验(3)	英语听力(1)

续表

概率论与数理统计(1)	普通语言学(1)	英语听力(3)
概率论与数理统计 B	企业创业策划	英语写作(1)
高层建筑空调	企业管理概论	英语写作(2)
高等代数(1)	企业决策理论和方法	英语语法
高等数学 A(1)	企业沙盘模拟	英语语音入门
高等数学 B(1)	企业沙盘模拟对抗	影视鉴赏
高等数学 C(1)	企业税收理论与实务	应用化学专业外语(2)
高等数学 E(1)	企业形象策划	应用统计学
高等数学 J(1)	企业战略管理	应用统计综合实验
高电压技术课程设计	企业诊断	用电营销与管理
高电压技术在非电力系统中的应用	汽轮机设备故障诊断	有机化学 A
高电压试验技术	汽轮机原理 B	有机化学 B
高级英语视听说(1)	汽轮机原理课程设计	有机化学实验 A
高级英语选读	嵌入式软件开发技术	有机化学实验 B
高级语言程序设计(1)	嵌入式系统	有限元方法
高级语言程序设计(C + +)	清洁生产	运筹学
高阶英语 1	清洁生产课程设计	运动控制
高阶英语选修 1	区域经济学	证据学
高压电器	燃料化学	证券法
个案工作	燃气 - 蒸汽联合循环发电仿真实践	政府与非营利组织会计
工程材料	燃气 - 蒸汽联合循环发电课程设计	政务礼仪
工程定额管理	燃烧理论与技术	政治经济学
工程定额原理	燃烧与污染控制	知识产权法 A
工程计量学	热泵技术	知识经济学
工程技术及工程预算	热工控制系统 A	直流输电与 FACTS 技术
工程进度与控制	热工控制系统 A 课程设计	制造技术课程设计
工程力学 C	热工控制系统 B	智能机器人概论
工程流体力学 A	热工理论基础	智能控制
工程流体力学 B	热工与流体机械基础	智能仪表课程设计
工程热力学	热交换器设计	智能仪器设计
工程热力学 A	热力发电厂 A	中国法制史
工程热力学 C	热力发电厂 B	中国公务员制度
工程热力学 T	热力发电厂课程设计	中国近现代史纲要
工程图学 A(1)	热力发电厂生产过程	中国政治思想
工程图学 B(1)	热力发电厂水汽系统化学	中级财务会计(2)
工程图学 C	热力系统工程	中外名曲欣赏
工程图学 D(1)	热质交换原理与设备	中西文化与哲学
工程项目管理	人工智能基础	中英文翻译
工程项目管理课程设计	人工智能及应用	专题辩论
工程项目投资管理	人机工程学	专业概述
工程造价管理	人类成长与社会环境	专业基础实验(2)

续表

工程造价管理案例分析	人力资源管理	专业基础综合实验
工程造价软件	人力资源管理 B	专业课程设计(设计)
工程招投标管理	人力资源管理案例分析	专业课程设计(物料)
工程招投标课程设计	人因工程学	专业课程设计(线路)
工程制图	认识实习	专业课程设计(制造)
工程制图 B	认识实习(设计)	专业认识实习
工科数学分析(1)	认识实习(物料)	专业实习(2)
工业工程导论	认识实习(制造)	专业外语(1)
工业工程学	日语入门	专业外语(2)
工业工程综合实验	软件工程	专业外语阅读(电力)
工业机器人技术基础	软件工具与环境	专业外语阅读(电自)
工业设计史	软件设计与实践	专业外语阅读(高压)
工作分析与绩效评估	软件思想与实践技术	专业英语阅读(测控)
工作设计综合实验	软件项目管理	专业应用软件编制上机实习
公共财政	软件质量保证	专业综合实践(机电)
公共关系	商法	专业综合实践(设计)
公共关系学 A	商事法律实务	专业综合实践(物料)
公共管理学名著导读	商务英语	专业综合实践(制造)
公共事业管理法律制度	商业实习	专业综合实践:大型火电机组热控系统设计及实现(1)
公管专业英语(2)	设计表现技法	专业综合实验
公司理财	设计基础	专业综合实验(设计)
公务员职业能力测试实训	设计软件应用	专业综合实验(物料)
供暖系统安装、调试及运行	设计软件综合实验	专业综合实验(制造)
供用电管理	设计素描	自动化专业概论
固体废物处理与处置	设计与消费心理	自动控制理论 A
固体物理	社会保障概论	自动控制理论 B
管理会计	社会保障概论 B	自动控制理论课程设计
管理软件应用	社会福利思想与政策	自动控制系统组态与编程(设计性)
管理文献翻译训练	社会福利与员工福利	自动控制原理 C
管理心理学	社会工作的价值与伦理	自然资源与环境保护法
管理信息系统	社会工作及相关专题概述	综合设计:智能汽车设计(2)
管理信息系统开发综合实验	社会工作及相关专题研究	综合实验
管理信息系统与决策支持系统	社会工作专业英语	组织行为学

华北电力大学2014年研究生课程设置一览表

(北京校部)

2013—2014第二学期研究生课程表

课程编号	课程名称	教研室	任课教师
50120041	无线传感器网络与物联网技术	通信技术研究所	唐良瑞
50120071	现代数字通信技术	通信技术研究所	吴润泽
50120091	现代微波工程	通信技术研究所	卢文冰
50120101	电机运行及控制技术	电机运行控制与节能技术研究所	刘明基
50120111	智能电网信息通信技术	通信技术研究所	孙　毅
50120141	专业英语(通信与信息系统)	通信技术研究所	马永红
50120151	电气设备在线监测与故障诊断	高电压与绝缘技术研究所	王　伟
50120181	专业英语(高电压与绝缘技术)	高电压与绝缘技术研究所	詹花茂
50120201	电力系统储能技术	电机运行控制与节能技术研究所	尹忠东
50120221	大型电机分析及故障诊断	电机运行控制与节能技术研究所	崔学深,赵海森,唐锦萍
50120241	现代数字信号处理	电子信息技术研究所	许　刚
50120251	通信工程技术应用专题	通信技术研究所	赵雄文,孙　毅,祁　兵,吴润泽
50120261	功率电子学	现代电子技术研究所	文亚凤
50120281	智能电网技术专题	电力系统研究所	陈艳波
50120291	多媒体信息处理	电子信息技术研究所	陆　俊
50120301	电子电路设计与仿真	现代电子技术研究所	高雪莲
50120321	微机继电保护	四方研究所*	徐振宇
50120351	变电站自动化	四方研究所*	贾　科
50120371	嵌入式系统和SOC设计	现代电子技术研究所	梁光胜
50120381	电力市场理论与技术	电力市场研究所	王雁凌
50120421	现代电子科学技术	现代电子技术研究所	郝建红,高雪莲,李守荣
50120431	电力系统风险评估	输配电系统研究所	刘文霞
50120451	电力系统规划与可靠性	电力系统研究所	董　雷
50120461	现代电子技术应用专题	现代电子技术研究所	郝建红,高雪莲,李守荣
50120481	电能质量分析与控制	新能源电网研究所	陶　顺
50120491	专题课程(电力电子在电力系统中的应用)	柔性电力技术研究所	韩民晓
50120501	电网调度自动化	电网与调度研究所	刘文颖
50120531	分布式电源与微网技术	柔性电力技术研究所	韩民晓
50120541	高压直流输电技术	柔性电力技术研究所	文　俊
50120551	继电保护专题	四方研究所*	黄少锋,郑　涛
50120561	能源经济	电力市场研究所	张粒子,张　洪
50120571	柔性交流输电系统	柔性电力技术研究所	谭伟璞
50120611	现代控制理论	输配电系统研究所	刘　念
50120621	新能源发电与并网技术	电网与调度研究所	林　俐,刘其辉
50120641	智能配电技术	输配电系统研究所	黄　伟
50120651	专业英语(电力电子与电力传动)	柔性电力技术研究所	朱永强

续表

课程编号	课程名称	教研室	任课教师
50120661	专业英语(电气工程)	输配电系统研究所	刘其辉
50120661	专业英语(电气工程)	输配电系统研究所	刘自发
50120681	专题课程(电子科学与技术研究生专题课程)	电磁与超导电工研究所	李　琳,王泽忠,郝建红,卢铁兵
50120711	专业英语(电子与通信工程)	电子信息技术研究所	耿绥燕
50120721	电磁场数值计算	电磁与超导电工研究所	王泽忠,赵志斌
50120741	现代电磁测量技术	电磁与超导电工研究所	卢斌先
50120761	多导体传输线理论	电磁与超导电工研究所	齐　磊
50120791	智能电网信息物理融合系统	电子信息技术研究所	孙中伟
50120801	瞬态电磁场分析与测试	电磁与超导电工研究所	李　琳,张卫东
50120811	专业英语(信号与信息处理)	电子信息技术研究所	耿绥燕
50120821	信息处理技术应用专题	电子信息技术研究所	武　昕
50120831	专业英语(电工理论与新技术)	电磁与超导电工研究所	刘宏伟
50120841	专业英语(电力系统及其自动化)	电网与调度研究所	周　明
50120841	专业英语(电力系统及其自动化)	电网与调度研究所	曹　昉
50120841	专业英语(电力系统及其自动化)	电网与调度研究所	刘崇茹
50120871	专题课程(高电压绝缘与放电的电磁基础)	电磁与超导电工研究所	崔　翔,王银顺,李庆民,李卫国
50120881	电气工程新技术专题	电网与调度研究所	李庚银,崔　翔,艾　欣,毕天姝
50120901	专题课程(电机新技术专题)	电机运行控制与节能技术研究所	刘明基,崔学深
50120911	专题课程(信息与通信前沿技术讲座)	电子信息技术研究所	许　刚
50120921	专题课程(新能源电力系统分析)	电网与调度研究所	李庚银,肖湘宁,刘文颖,周　明
50120931	专题课程(新能源电力系统保护与控制)	四方研究所 *	毕天姝,王增平,黄少锋,张建华
50220011	振动分析与动态测试	材料教研室	何　青
50220021	检测技术	材料教研室	何　青
50220041	功能材料	材料教研室	李宝让
50220061	材料腐蚀与防护	材料教研室	王永田
50220091	材料凝固与连接	材料教研室	薛志勇
50220101	陶瓷材料学	材料教研室	陈克丕
50220111	无机材料合成	材料教研室	吕玉珍
50220121	现代表面工程	材料教研室	张东博
50220181	机械工程前沿	机械研究室	芮晓明,柳亦兵,夏延秋,张照煌
50220191	先进制造技术	机械研究室	芮晓明,高清风
50220201	节能原理	工程热物理教研室	周少祥
50220211	工业检测技术	机械研究室	芮晓明,滕伟
50220221	现代设备工程学	机械研究室	张照煌

续表

课程编号	课程名称	教研室	任课教师
50220231	摩擦与磨损	机械研究室	夏延秋
50220251	结构设计与数值软件应用	机械研究室	马志勇,周　超
50220261	专业英语(机械设计及理论)	机械研究室	柳亦兵
50220271	专业英语(机械电子工程)	机械研究室	芮晓明
50220281	专业英语(机械制造及其自动化)	机械研究室	武　鑫,刘衍平
50220291	热力系统辅助设备特性分析	热能动力工程教研室	梁双印
50220301	气液两相流和沸腾传热	热能动力工程教研室	庞力平
50220311	振动工程理论及应用	热能动力工程教研室	何成兵
50220321	燃烧理论与技术	热能动力工程教研室	孙保民
50220331	离心叶轮内流理论基础	工程热物理教研室	王晓东
50220341	大型汽轮机运行特性	热能动力工程教研室	付忠广
50220351	机械工程应用专题	机械研究室	夏延秋
50220371	电站锅炉运行特性	热能动力工程教研室	刘　彤
50220381	设备状态监测与故障诊断技术	热能动力工程教研室	顾煜炯
50220391	专题课程(先进能量系统)	工程热物理教研室	杨勇平
50220421	生物质能利用技术	工程热物理教研室	郭民臣
50220431	火电厂热力系统性能分析	工程热物理教研室	郭民臣
50220441	二氧化碳捕集与封存(CCS)技术	工程热物理教研室	徐　钢
50220451	风力机空气动力学	工程热物理教研室	张晓东
50220481	动力工程热经济学	工程热物理教研室	王修彦
50220511	数值传热学	工程热物理教研室	杨立军
50220521	燃气-蒸汽联合循环	工程热物理教研室	段立强
50220541	太阳能热利用技术	工程热物理教研室	侯宏娟
50220561	制冷系统热动力学	建筑环境与设备工程教研室	周国兵
50220571	现代制冷与低温技术	建筑环境与设备工程教研室	张金珊
50220581	专业英语(动力工程及工程热物理)	热能动力工程教研室	王宁玲
50220581	专业英语(动力工程及工程热物理)	热能动力工程教研室	周乐平
50220601	数值计算软件在动力工程中的应用	材料教研室	徐　鸿
50220611	计算流体力学	工程热物理教研室	戴丽萍
50220621	热能动力工程前沿	工程热物理教研室	杜小泽
50220631	供热空调新技术	建筑环境与设备工程教研室	程金明
50220651	洁净煤发电技术	热能动力工程教研室	康志忠
50220681	专业英语(材料学)	材料教研室	刘东雨
50220691	建筑热模拟	建筑环境与设备工程教研室	周国兵
50220711	燃烧室数学模型	热能动力工程教研室	李文艳
50220721	专题课程(机械工程前沿)	机械研究室	芮晓明,柳亦兵,夏延秋,张照煌
50220731	专题课程(热能动力工程前沿)	工程热物理教研室	杜小泽
50220741	专题课程(新材料及其在能源电力行业中的应用)	材料教研室	刘宗德
50220761	数字化设计与制造	机械研究室	宋玉旺

续表

课程编号	课程名称	教研室	任课教师
50220801	最优化技术在电厂热力工程中的应用	热能动力工程教研室	陈海平
50220821	现代热物理测试技术	工程热物理教研室	魏高升
50220831	相变对流换热	工程热物理教研室	冼海珍
50620011	工程项目管理案例	工程管理教研室	黄文杰
50620021	多目标决策理论	工程管理教研室	庞南生
50620031	房地产估价理论与方法	工程管理教研室	陈文君
50620041	项目计划与控制	工程管理教研室	庞南生
50620051	工程经济学	工程管理教研室	赵会茹
50620071	机电设备评估	工程管理教研室	李金超
50620081	工程项目管理前沿	工程管理教研室	赵振宇,刘金朋
50620091	电力负荷预测方法	电力经济管理教研室	张福伟
50620101	电力规划理论与实务	电力经济管理教研室	谢传胜
50620111	电力生产管理	电力经济管理教研室	李金超
50620121	电力市场理论与实务	电力经济管理教研室	曾　鸣
50620131	风险管理理论及方法	电力经济管理教研室	韩金山
50620151	公司治理	电力经济管理教研室	李彦斌
50620161	技术经济评价理论与方法	电力经济管理教研室	张兴平
50620171	能源规划与系统分析	电力经济管理教研室	董　军
50620181	人因工程	电力经济管理教研室	王永利
50620191	网络计划优化方法	电力经济管理教研室	乞建勋,张立辉
50620211	管理与沟通	电力经济管理教研室	赵洱岽
50620211	管理与沟通	电力经济管理教研室	赵洱岽
50620241	现代企业战略管理	电力经济管理教研室	谭忠富
50620251	综合评价方法	电力经济管理教研室	何永秀
50620311	企业财务管理案例分析	财务管理教研室	颜苏莉
50620341	企业纳税筹划	财务管理教研室	沈剑飞
50620351	企业内部控制理论与实务	财务管理教研室	张　颖
50620371	经济管理软件应用	信息管理教研室	刘　谊
50620381	无形资产评估	财务管理教研室	颜苏莉
50620451	管制经济学	经济学教研室	马　昕
50620471	高级财务会计理论与实务	会计教研室	王　婧
50620481	商务智能应用	信息管理教研室	刘吉成
50620541	建设项目信息管理	信息管理教研室	李存斌
50620551	货币金融学	国际金融与贸易教研室	孙　冬
50620561	企业预算管理理论与实务	会计教研室	王志成
50620581	金融衍生产品定价理论	国际金融与贸易教研室	高建伟
50620601	项目管理软件及应用	信息管理教研室	董福贵
50620631	金融市场	国际金融与贸易教研室	沈　巍
50620651	博弈论	经济学教研室	李春杰
50620661	采购与合同管理	市场营销教研室	李晓宇

续表

课程编号	课程名称	教研室	任课教师
50620671	电力企业物流管理	市场营销教研室	刘　杰
50620681	产业经济学前沿问题	经济学教研室	李春杰
50620691	集团公司人力资源管控	人力资源教研室	袁家海
50620731	能源发展与政策专题	国际金融与贸易教研室	赵晓丽
50620741	物流系统建模与仿真	市场营销教研室	郭晓鹏
50620771	现代能源经济学	经济学教研室	张晓春
50620781	人力资源管理与沟通	人力资源教研室	余恩海,檀勤良
50620871	中级计量经济学	经济学教研室	马　昕
50620891	会计软件设计及应用	会计教研室	李乐明
50620901	技术创新管理	电力经济管理教研室	祝金荣
50620941	中级宏观经济学	经济学教研室	刘喜梅
50620951	电力资产评估实务与案例分析	财务管理教研室	刘崇明
50620961	中外资产评估准则	财务管理教研室	陈兆江
50620971	专业英语(技术经济及管理、工业工程)	电力经济管理教研室	李星梅
50620981	专业英语(管理科学与工程、工程管理、项目管理)	工程管理教研室	刘　睿
50620991	专业英语(企业管理、物流工程)	市场营销教研室	王　怡
50621001	专业英语(会计学、会计硕士、资产评估)	会计教研室	刘晓彦
50621011	专业英语(产业经济学、数量经济学)	经济学教研室	孙晶琪
50621021	财务报表编制与分析	财务管理教研室	龙成凤
50621031	职业道德教育	财务管理教研室	刘崇明
50621041	专题课程(工程管理及信息管理工程专题)	信息管理教研室	刘吉成,侯学良
50621051	专题课程(规制理论与能源规制)	经济学教研室	赵会茹,李春杰,李泓泽,马　昕,赵新刚
50621061	专题课程(会计前沿问题研究)	财务管理教研室	李　涛
50621071	专题课程(电力经济管理专题课)	电力经济管理教研室	曾　鸣,刘敦楠
50621081	专题课程(企业管理专题)	人力资源教研室	余顺坤
50720021	政府监管体制	公共管理教研室	刘向晖
50720041	能源政策研究	公共管理教研室	赵　军
50720051	公共部门人力资源管理	公共管理教研室	王　伟
50720061	领导科学与艺术	公共管理教研室	苑英科
50720081	公共行政学前沿	公共管理教研室	张绪刚
50720101	高等教育管理专题	公共管理教研室	翟亚军
50720121	社会科学研究方法	公共管理教研室	姚建平
50720141	比较政府与政治	公共管理教研室	高富锋
50720151	公共事业管理专题研究	公共管理教研室	卢海燕
50720161	政治学、行政学经典著作选读	公共管理教研室	李玲玲
50720201	专业英语(公共管理)	公共管理教研室	陈建国
50720231	行政诉讼法研究	法律科学教研室	李红枫
50720241	专业英语(法学)	法律科学教研室	沈　磊
50720291	比较刑事诉讼法专题	法律科学教研室	赵旭光

续表

课程编号	课程名称	教研室	任课教师
50720301	比较民事诉讼法专题	法律科学教研室	王学棉
50720431	国际经济法前沿问题研究	法律科学教研室	沈　磊
50720481	法律实务专题	法律科学教研室	方仲炳
50720521	比较环境法研究	法律科学教研室	陈维春
50720531	WTO 法专题	法律科学教研室	付　荣
50720561	外国能源法	法律科学教研室	周凤翱
50720581	能源监管法	法律科学教研室	赵保庆
50720601	专题课程(法学研究方法与社会热点问题)	法律科学教研室	方仲炳
50720621	专题课程(行政管理专题)	公共管理教研室	王　伟
50720631	法学经典文献选读	法律科学教研室	曹治国
50820021	翻译理论	研究生外语教研室	赵玉闪
50820081	第二语言习得	研究生外语教研室	金朋荪
50820091	认知语言学	英语专业教研室	任虎林
50820121	英国小说	英语专业教研室	陈惠良
50820131	语篇分析	英语专业教研室	马铁川
50820141	英语教学实践	研究生外语教研室	牛跃辉
50820151	西方文化导论	研究生外语教研室	李　新
50820171	应用语言学研究方法与论文写作	英语专业教研室	马铁川
50820181	文学翻译	英语专业教研室	李丽君
50820191	英美现代戏剧批评	英语专业教研室	郑蓉颖
50820201	美国小说	英语专业教研室	刘　辉
50820271	电力翻译	大学英语第一教研室	吴嘉平
50820281	经贸翻译	英语专业教研室	郑　晶
50820331	科技笔译工作坊(汉译英)	英语专业教研室	孙　利
50820341	科技笔译工作坊(英译汉)	英语专业教研室	孙　利
50820401	第一外国语－国际会议交流	研究生外语教研室	尹　宇
50820401	第一外国语－国际会议交流	研究生外语教研室	尹　宇
50820401	第一外国语－国际会议交流	研究生外语教研室	尹　宇
50820401	第一外国语－国际会议交流	研究生外语教研室	刘　辉
50820401	第一外国语－国际会议交流	研究生外语教研室	刘　辉
50820401	第一外国语－国际会议交流	研究生外语教研室	张　婷
50820401	第一外国语－国际会议交流	研究生外语教研室	张　婷
50820411	第一外国语－科技英语写作	研究生外语教研室	张　帆
50820411	第一外国语－科技英语写作	研究生外语教研室	张　帆
50820411	第一外国语－科技英语写作	研究生外语教研室	张　帆
50820421	第一外国语－科技英语翻译	研究生外语教研室	刘　阳
50820421	第一外国语－科技英语翻译	研究生外语教研室	刘　阳
50820421	第一外国语－科技英语翻译	研究生外语教研室	刘　阳
50820421	第一外国语－科技英语翻译	研究生外语教研室	张　湛
50820421	第一外国语－科技英语翻译	研究生外语教研室	张　湛

续表

课程编号	课程名称	教研室	任课教师
50820421	第一外国语－科技英语翻译	研究生外语教研室	张　湛
50820421	第一外国语－科技英语翻译	研究生外语教研室	郭晓军
50820421	第一外国语－科技英语翻译	研究生外语教研室	郭晓军
50820421	第一外国语－科技英语翻译	研究生外语教研室	郭晓军
50820421	第一外国语－科技英语翻译	研究生外语教研室	刘　军
50820421	第一外国语－科技英语翻译	研究生外语教研室	刘　军
50820421	第一外国语－科技英语翻译	研究生外语教研室	刘　军
50820421	第一外国语－科技英语翻译	研究生外语教研室	廖　麦
50820421	第一外国语－科技英语翻译	研究生外语教研室	廖　麦
50820421	第一外国语－科技英语翻译	研究生外语教研室	廖　麦
50820421	第一外国语－科技英语翻译	研究生外语教研室	高晓薇
50820421	第一外国语－科技英语翻译	研究生外语教研室	高晓薇
50820421	第一外国语－科技英语翻译	研究生外语教研室	高晓薇
50820441	科技翻译	大学英语第二教研室	吕亮球
50820481	应用语言学研究方法与论文写作(专业学位)	英语专业教研室	马铁川
50820491	语篇分析(专业学位)	英语专业教研室	马铁川
50820511	专题课程(英语语言文学前沿研究)	研究生外语教研室	李　新
50820521	计算机辅助翻译	研究生外语教研室	皇甫伟
50820551	专题课程(外国语言学及应用语言学前沿研究)	研究生外语教研室	赵玉闪
50820561	国际会议口译	研究生外语教研室	高晓薇
50820571	同声传译	研究生外语教研室	窦学欣
50820581	科技口译工作坊(英译汉)	研究生外语教研室	吴晓霞
50820591	科技口译工作坊(汉译英)	研究生外语教研室	王　欣
50920011	逼近论及其应用	数学教研室*	张希荣
50920021	不确定规划	数学教研室*	高　欣
50920031	测度论	数学教研室*	张金平
50920041	多元统计分析	数学教研室*	朱勇华
50920071	非线性发展方程	数学教研室*	黄晔辉
50920101	偏微分方程数值解法	数学教研室*	杨晓忠
50920111	常用数学软件选讲	数学教研室*	雍雪林
50920121	生物数学	数学教研室*	张　娟
50920131	时间序列分析	数学教研室*	朱勇华
50920161	微分方程稳定性方法	数学教研室*	张　娟
50920171	现代偏微分方程概论	数学教研室*	石玉英
50920221	超导物理	物理教研室	黄　海
50920311	高等半导体物理学	物理教研室	邓加军
50920431	激光物理学	物理教研室	刘纪彩
50920591	专业英语(数学)	数学教研室*	石玉英
50920621	粗糙集理论与方法	数学教研室*	陈德刚
50920701	专业英语(物理)	物理教研室	韩榕生

续表

课程编号	课程名称	教研室	任课教师
50920741	专题课程(应用数学研讨班)	数学教研室 *	陈德刚,谷云东,张金平,陈学刚
50920751	专题课程(计算数学研讨班)	数学教研室 *	杨晓忠,罗振东,张 娟,石玉英
50920761	专题课程(物理学前沿)	物理教研室	陈 雷,邓加军,黄 海,韩榕生
50920771	误差理论与数据处理	物理教研室	付星球
51120011	水资源系统规划与管理	水文水资源教研室	纪昌明
51120051	高等岩土力学	水利水电工程教研室	吕爱钟
51120091	河流动力学	水文水资源教研室	张 成
51120111	洪水灾害与减灾策略分析	水文水资源教研室	李继清
51120151	结构数值模拟分析(1)	水利水电工程教研室	李芬花
51120161	结构数值模拟分析(2)	水利水电工程教研室	王俊奇
51120181	数字流域理论方法新进展	水文水资源教研室	张尚弘,门宝辉,张 成
51120201	水电站建筑物结构分析	水利水电工程教研室	申 艳
51120211	水环境分析及预测	水文水资源教研室	张 成
51120221	水库调度自动化系统	水文水资源教研室	李继清
51120231	水库移民安置研究	水利水电工程教研室	姚凯文
51120251	水文随机分析	水文水资源教研室	门宝辉
51120371	有限单元法及程序开发	水利水电工程教研室	董福品
51120381	薄膜技术与薄膜材料	能源工程及自动化教研室	谭占鳌
51120391	太阳电池光伏发电及其应用	能源工程及自动化教研室	姚建曦
51120401	专业外语(水利工程)	水文水资源教研室	门宝辉
51120421	专题课程(海洋能开发利用和水利水电工程管理发展动态)	水利水电工程教研室	张 华
51120431	专题课程(可再生能源学科前沿与科技问题)	新能源材料与器件教研室	徐进良
51120441	专题课程(水工结构工程新进展)	水利水电工程教研室	吕爱钟
51120451	专题课程(水资源与水电系统研究前沿与成果)	水文水资源教研室	纪昌明
51120491	化工过程模拟及计算	新能源科学与工程教研室	陈宏刚
51120511	计算流体力学与传热	新能源科学与工程教研室	常 剑
51120531	绿色化工概论	新能源科学与工程教研室	张 锴
51120561	煤炭转化技术	新能源科学与工程教研室	陈宏刚
51120571	现代仪器分析(化学工程与技术专业)	新能源科学与工程教研室	滕 阳
51120581	专题课程(能源化工进展)	新能源科学与工程教研室	张 锴,陈宏刚
51120611	新能源材料与器件技术	新能源材料与器件教研室	李美成,林 俊
51120621	现代仪器分析(可再生能源与清洁能源专业)	新能源科学与工程教研室	杨少霞,郑宗明
51120631	光电器件基础及应用	能源工程及自动化教研室	白一鸣
51120651	专业外语(化学工程与技术专业)	新能源科学与工程教研室	吴学惠
51120661	专业外语(可再生能源与清洁能源)	新能源材料与器件教研室	林 俊,宋丹丹
51220021	核电厂设备与部件	核反应堆工程教研室	陆道刚,吕雪峰

续表

课程编号	课程名称	教研室	任课教师
51220031	核辐射物理基础	核辐射防护与环境保护教研室	吴　英
51220041	高等核反应堆物理分析	核反应堆工程教研室	马续波,陈义学
51220051	高等核反应堆热工分析	核反应堆工程教研室	李向宾
51220061	原子核物理	核辐射防护与环境保护教研室	程晓磊
51220071	高等核反应堆安全分析	核反应堆工程教研室	周　涛
51220081	核电厂结构设计与有限元分析方法	核反应堆工程教研室	黄　美
51220091	可靠性工程与核电站概率安全分析	核反应堆工程教研室	玉　宇,牛风雷
51220141	Monte - Carlo 方法在核科学技术中应用	核辐射防护与环境保护教研室	刘　洋,陈义学
51220151	AP1000 核电站	核反应堆工程教研室	吕雪峰
51220161	专业英语(核电)	核辐射防护与环境保护教研室	刘　滨
51220171	专题课程(核能技术前沿)	核反应堆工程教研室	牛风雷
52720011	人工智能与知识工程	计算机应用教研室	魏振华
52720031	高级计算机网络	计算机应用教研室	吴克河
52720051	高级操作系统	计算机科学与技术教研室	李　为
52720081	高级软件工程	软件工程教研室	马素霞
52720101	数据仓库与数据挖掘	软件工程教研室	郑　玲
52720131	工业控制计算机网络	控制装置与系统教研室	陆会明
52720151	系统建模	控制装置与系统教研室	罗　毅
52720161	专业英语(系统结构、应用技术、软件与理论)	信息安全教研室	徐　磊
52720181	检测理论与应用	测控技术与仪器教研室	杨婷婷
52720191	误差分析与数据处理	测控技术与仪器教研室	常太华
52720201	系统决策与分析	控制装置与系统教研室	师瑞峰
52720231	智能控制	控制装置与系统教研室	黄从智
52720241	专业英语(检测技术与自动化装置)	测控技术与仪器教研室	韩晓娟
52720251	专业英语(模式识别与智能系统)	控制装置与系统教研室	梁　庚
52720261	专业英语(系统工程)	控制装置与系统教研室	黄　仙
52720271	Linux 应用程序开发	计算机公共基础教研室	徐琳茜
52720311	图与网络	软件工程教研室	马应龙
52720331	算法分析与复杂性理论	信息安全教研室	李元诚
52720341	高级计算机系统结构	计算机科学与技术教研室	夏　宏
52720351	图像理解	软件工程教研室	程文刚
52720411	Oracle 原理及应用	软件工程教研室	郑　玲
52720421	软件体系结构	软件工程教研室	赵　强,王竹晓
52720431	软件工程管理	软件工程教研室	彭　文,周　景
52720441	物联网技术及应用	计算机科学与技术教研室	李国栋
52720451	云计算	信息安全教研室	胡　祥
52720461	专业英语(软件工程、计算机技术)	信息安全教研室	滕　婧
52720481	仪表智能化技术	测控技术与仪器教研室	吕跃刚
52720491	计算机控制理论及应用	控制装置与系统教研室	陆会明
52720501	监控系统软件接口设计理论及应用	控制装置与系统教研室	陆会明

续表

课程编号	课程名称	教研室	任课教师
52720511	多传感器信息融合	测控技术与仪器教研室	韩晓娟
52720521	分散控制系统与现场总线控制	控制装置与系统教研室	梁　庚
52720531	复杂系统分析	控制装置与系统教研室	黄　仙
52720551	微弱信号检测	控制装置与系统教研室	李新利
52720561	现代控制理论	控制理论与系统教研室	袁桂丽
52720571	变结构控制理论与应用	控制理论与系统教研室	钱殿伟
52720601	虚拟仪器与软测量技术	测控技术与仪器教研室	杨锡运
52720611	嵌入式系统	控制装置与系统教研室	杨国田
52720621	多变量系统分析	控制理论与系统教研室	禹　梅
52720651	现代电厂控制与优化	控制理论与系统教研室	房　方
52720661	仪表可靠性技术	测控技术与仪器教研室	段泉圣
52720681	火力发电过程自动化	控制装置与系统教研室	刘　禾
52720691	无线传感器网络	控制装置与系统教研室	琚　赟
52720701	智能电网概论	控制装置与系统教研室	杨国田
52720711	计算机视觉	控制装置与系统教研室	王震宇
52720721	图像处理与分析	控制装置与系统教研室	王震宇
52720731	火电机组负荷控制系统设计与实现	控制理论与系统教研室	房　方
52720741	控制系统计算机辅助设计与仿真	控制理论与系统教研室	侯国莲
52720751	模糊控制	控制理论与系统教研室	侯国莲
52720761	Java EE 架构及应用开发	软件工程教研室	赵　强
52720771	故障诊断与容错控制	控制理论与系统教研室	张建华
52720781	预测控制	控制理论与系统教研室	刘向杰
52720791	专业英语(控制理论与控制工程)	控制理论与系统教研室	刘向杰
52720811	火电机组燃烧控制系统设计	控制理论与系统教研室	钱殿伟
52720821	嵌入式系统软件开发	计算机科学与技术教研室	李东江
52720831	鲁棒控制	控制理论与系统教研室	谭　文
52720861	专题课程(测控领域前沿技术专题)	测控技术与仪器教研室	吕跃刚
52720871	专题课程(计算机软件与理论专题讲座)	软件工程教研室	马素霞
52720881	专题课程(计算机应用技术专题)	计算机应用教研室	吴克河
52720891	专题课程(先进控制理论及其在能源电力系统中的应用)	控制理论与系统教研室	刘向杰
52720901	专题课程(模式识别与智能系统专题)	控制装置与系统教研室	白　焰
52720911	专题课程(发电过程状态监测与优化控制)	控制理论与系统教研室	刘吉臻
52720921	专题课程(系统工程发展前沿与研究热点专题)	控制装置与系统教研室	罗　毅
52720931	专题课程(嵌入式平台上的计算机视觉系统专题)	计算机科学与技术教研室	贾静平
52720941	控制系统性能评估	控制理论与系统教研室	张金芳
52720951	软件测试与质量保证	计算机应用教研室	熊建国
52820011	比较德育	思想道德修养和法律基础教研室	郑洪晓
52820061	思想政治教育学原理	思想道德修养和法律基础教研室	张　艳
52820081	专业英语(马克思主义理论)	马克思主义原理教研室	刘　娟

续表

课程编号	课程名称	教研室	任课教师
52820091	马克思主义中国化专题研究	中国近现代史纲要教研室	郭正秋
52820101	中国近现代史专题研究	中国近现代史纲要教研室	白冶钢
52820141	伦理学专题研究	马克思主义原理教研室	侯丹娟
52820161	传统文化与当代中国社会	马克思主义原理教研室	王威威
52820171	专题课程(人的发展专题研究)	思想道德修养和法律基础教研室	苑英科
60220011	工程水文	能源与环境研究中心	王盛萍
60220021	环境规划学	能源与环境研究中心	许　野
60220031	土壤与地下水污染修复工程	能源与环境研究中心	唐阵武
60220051	固体废物处理及资源化工程	能源与环境研究中心	李　薇
60220081	环境影响评价技术	能源与环境研究中心	李　鱼
60220101	专业英语(能源环境工程)	能源与环境研究中心	林千果
60220111	生态水文学与分布式水文模型	能源与环境研究中心	王盛萍
60220201	专题课程(区域能源系统优化)	能源与环境研究中心	黄国和

2014—2015 第一学期研究生课程表

课程号	课程名称	开课教研室	任课教师
40120011	科技信息检索与论文写作专题讲座	信息咨询部	王宝清,何　琼
40120011	科技信息检索与论文写作专题讲座	信息咨询部	王宝清,何　琼
40120011	科技信息检索与论文写作专题讲座	信息咨询部	王宝清,何　琼
40120011	科技信息检索与论文写作专题讲座	信息咨询部	王宝清,何　琼
50120511	电网络分析理论	电工电子教学实验中心	王雁凌
50120511	电网络分析理论	电工电子教学实验中心	全玉生
50120511	电网络分析理论	电工电子教学实验中心	许军
50120161	电介质放电理论及其应用	高电压与绝缘技术研究所	齐波
50120171	过电压分析与防护	高电压与绝缘技术研究所	屠幼萍
50120691	电磁场选论	电磁与超导电工研究所	王泽忠,焦重庆
50120781	电磁兼容基础	电磁与超导电工研究所	赵志斌,焦重庆
50110031	现代电气工程的电磁基础	电磁与超导电工研究所	崔　翔,韩榕生,王银顺,李美成,詹花茂,林　俊
50120631	电磁兼容基础实验	电磁与超导电工研究所	张卫东
50120191	交流电机及其系统分析	电机运行控制与节能技术研究所	刘晓芳
50120671	专业英语(电机与电器)	电机运行控制与节能技术研究所	赵海森
50120971	电力系统空间天气灾害效应	输配电系统研究所	刘春明
50120591	现代电力电子技术	柔性电力技术研究所	张一工,刘　晋
50120411	高等电力系统分析	电力系统研究所	姜　彤,陈艳波,刘宝柱,孙英云
50120411	高等电力系统分析	电力系统研究所	姜　彤,陈艳波,刘宝柱,孙英云
50120311	数字信号处理	电力系统研究所	鲍　海
50120011	检测与估值理论	通信技术研究所	卢文冰

续表

课程号	课程名称	开课教研室	任课教师
50120051	无线通信原理及应用	通信技术研究所	赵雄文
50120061	现代光纤通信技术	通信技术研究所	仇英辉
50120081	现代通信理论	通信技术研究所	孙凤杰
50120131	现代通信网理论	通信技术研究所	翟明岳
50110051	现代通信技术与计算机网络	通信技术研究所	孙凤杰
50120021	宽带数据通信网	通信技术研究所	祁　兵
50120031	通信网络运营支撑技术	通信技术研究所	仇英辉
50120121	信息论及编码	通信技术研究所	唐良瑞
50120751	网络与信息安全	电子信息技术研究所	孙中伟
50110021	现代数字信号分析与处理	电子信息技术研究所	许　刚
50120731	现代传感与检测技术	电子信息技术研究所	赵莲清
50120391	微波电子学基础	现代电子技术研究所	郝建红
50120231	现代电路理论及分析	现代电子技术研究所	范杰清
50120361	量子理论	现代电子技术研究所	郝建红
50110041	动态电力系统理论与方法	电网与调度研究所	李庚银，黄少锋，王海风，毕天姝
50120861	智能技术及其在电力系统中的应用	电网与调度研究所	赵冬梅
50120891	电力系统应用软件技术	电网与调度研究所	张东英
50220771	风电机组设计技术	机械研究室	芮晓明，武　鑫
50220131	工程测试与信号处理	机械研究室	柳亦兵
50220141	机电系统工程学	机械研究室	滕　伟
50220151	机械系统动力学	机械研究室	柳亦兵，周　超
50220161	现代设计理论与方法	机械研究室	刘衍平，高清风
50220171	工程优化方法	机械研究室	李　林
50210061	现代环境污染控制理论	热能动力工程教研室	赵　毅，黄国和
50210041	高等燃烧学	热能动力工程教研室	孙保民
50210051	高等转子动力学	热能动力工程教研室	付忠广
50220791	电厂燃烧污染及控制技术	热能动力工程教研室	张永生
50220411	高等工程热力学	工程热物理教研室	郭民臣
50220491	高等工程流体力学	工程热物理教研室	张晓东
50210011	高等热学理论	工程热物理教研室	周少祥
50210031	粘性流体动力学	工程热物理教研室	张晓东
50220401	高等传热学	工程热物理教研室	杜小泽
50220501	场协同理论及强化传热技术	工程热物理教研室	杨立军
50220031	材料结构基础	材料教研室	郭永权
50220051	材料分析方法	材料教研室	刘东雨
50210021	材料性能学	材料教研室	刘宗德，徐　鸿
50220071	高等材料力学	材料教研室	李　斌
50220081	合金热力学	材料教研室	王东辉
50610061	工程与项目管理方法论	工程管理教研室	侯学良

续表

课程号	课程名称	开课教研室	任课教师
50610151	工程管理最佳实践	工程管理教研室	赵振宇
50610161	工程信息模型与仿真	工程管理教研室	刘　睿
50610171	新能源电力工程建设	工程管理教研室	乌云娜
50620061	工程项目管理理论与应用	工程管理教研室	李金超,刘金朋
50610041	高级经济学	经济学教研室	闫庆友
50620701	产业组织经济学	经济学教研室	赵新刚
50620791	项目投融资方法与实务	经济学教研室	赵会茹
50620851	应用统计学	经济学教研室	马　昕
50620881	中级微观经济学	经济学教研室	李泓泽
50620911	数据、模型与决策	经济学教研室	闫庆友
50610081	现代人力资源管理理论与方法	人力资源教研室	余顺坤
50620641	工作分析与岗位评价	人力资源教研室	刘　琳
50620831	人力资源管理体系设计	人力资源教研室	余顺坤
50620861	薪酬与绩效管理	人力资源教研室	熊敏鹏,郭京生
50610021	企业经营管理理论与方法	市场营销教研室	杨淑霞
50620711	供应链管理	市场营销教研室	王　怡
50620751	现代物流工程概论	市场营销教研室	王　怡
50620761	物流系统规划与设计	市场营销教研室	郭晓鹏
50620801	现代营销学	市场营销教研室	李　翔
50620841	运营管理	市场营销教研室	李星梅
50610011	预测与计划评价理论	电力经济管理教研室	牛东晓,刘敦楠
50610071	高级管理学	电力经济管理教研室	谭忠富
50610181	工程复杂网络理论	电力经济管理教研室	乞建勋
50620141	工业工程案例	电力经济管理教研室	董　军
50620201	网络流理论及其管理应用	电力经济管理教研室	乞建勋,张立辉
50620221	现代工业工程	电力经济管理教研室	董　军
50620231	现代管理理论	电力经济管理教研室	李彦斌
50620261	电力系统经济运行及管理	电力经济管理教研室	刘敦楠
50620271	管理运筹学(二)	电力经济管理教研室	施应玲,祝金荣
50620921	系统工程学	电力经济管理教研室	施应玲
50620501	高级管理会计理论与实务	会计教研室	张　戈
50620531	高级审计理论与实务	会计教研室	赵宝柱
50620591	商业伦理与会计职业道德	会计教研室	李艳玲
50620281	财务会计报告分析	财务管理教研室	龙成凤
50620291	高级财务管理理论与实务	财务管理教研室	任　静
50620301	会计理论	财务管理教研室	李　涛
50620321	企业价值评估	财务管理教研室	简建辉
50620401	资本运营理论与实务	财务管理教研室	刘崇明
50620421	资产评估理论与方法	财务管理教研室	陈兆江
50621091	企业价值管理	财务管理教研室	何平林

续表

课程号	课程名称	开课教研室	任课教师
50610101	复杂系统理论与方法	国际金融与贸易教研室	高建伟
50610111	管理数学模型方法论	国际金融与贸易教研室	高建伟
50610121	高级金融理论与建模	国际金融与贸易教研室	吴忠群
50620611	能源金融	国际金融与贸易教研室	孙　冬
50610131	现代项目信息管理	信息管理教研室	刘吉成
50610141	工程风险管理与决策	信息管理教研室	李存斌
50620331	大型数据库及网络软件开发	信息管理教研室	王　辉
50620621	信息管理与决策支持	信息管理教研室	李存斌,陈永权
50720251	刑事诉讼法专题	法律科学教研室	赵旭光
50720261	刑法专题	法律科学教研室	方仲炳
50720281	知识产权及电力相关法律知识	法律科学教研室	王书生
50720281	知识产权及电力相关法律知识	法律科学教研室	王书生
50720331	民事诉讼法专题	法律科学教研室	王学棉
50720341	民商法专题	法律科学教研室	刘玉红
50720351	劳动与社会保障法	法律科学教研室	杜　波
50720411	国际贸易法专题	法律科学教研室	李　英
50720451	国际法专题	法律科学教研室	李　英
50720611	商法专题	法律科学教研室	曹治国
50720681	行政法专题	法律科学教研室	赵保庆
50720221	证据法学	法律科学教研室	李红枫
50720371	环保法总论	法律科学教研室	陈维春
50720391	国际投资与金融法专题	法律科学教研室	杨卫东
50720421	国际经济争端解决研究	法律科学教研室	付　荣
50720541	资源保护法	法律科学教研室	曹治国
50720551	中国能源法	法律科学教研室	周凤翱
50720591	国际能源法	法律科学教研室	周凤翱
50720011	政治学理论与方法	公共管理教研室	张绪刚
50720071	公共政策基本理论与方法	公共管理教研室	胡光宇
50720661	高等教育学原理	公共管理教研室	荀振芳
50720131	非政府组织研究专题	公共管理教研室	姚建平
50720171	政府经济学	公共管理教研室	赵　军
50720181	公共管理学	公共管理教研室	朱晓红
50820061	英汉比较与翻译	大学英语第二教研室	吕亮球
50820371	基础口译	大学英语第二教研室	王海若
50820031	文学理论	英语专业教研室	陈惠良
50820161	英美诗歌	英语专业教研室	杨春红
50820211	心理语言学	英语专业教研室	任虎林
50820231	认知心理学	英语专业教研室	戴忠信
50820381	翻译概论	英语专业教研室	宁圃玉
50820051	文学批评	英语专业教研室	陈惠良

续表

课程号	课程名称	开课教研室	任课教师
50820241	英语学习策略研究	英语专业教研室	戴忠信
50820541	实用文体翻译	英语专业教研室	李丽君
50820531	英语文学的自然观	英语专业教研室	孟　亮
50820011	功能语法	研究生外语教研室	金朋荪
50820041	外语教学理论	研究生外语教研室	牛跃辉
50820361	基础笔译	研究生外语教研室	赵玉闪
50820611	交替传译	研究生外语教研室	杜　异
50820301	第二外国语（日语）	研究生外语教研室	葛一鹏
50820311	第二外国语（法语）	研究生外语教研室	裴光宇
50820291	第二外国语（专业学位日语）	研究生外语教研室	葛一鹏
50820501	第二外国语（专业学位法语）	研究生外语教研室	裴光宇
50820391	第一外国语 - 综合英语	研究生外语教研室	高晓薇
50820391	第一外国语 - 综合英语	研究生外语教研室	高晓薇
50820391	第一外国语 - 综合英语	研究生外语教研室	廖　麦
50820391	第一外国语 - 综合英语	研究生外语教研室	廖　麦
50820391	第一外国语 - 综合英语	研究生外语教研室	张　湛
50820391	第一外国语 - 综合英语	研究生外语教研室	张　湛
50820391	第一外国语 - 综合英语	研究生外语教研室	郭晓军
50820391	第一外国语 - 综合英语	研究生外语教研室	郭晓军
50820391	第一外国语 - 综合英语	研究生外语教研室	刘　阳
50820391	第一外国语 - 综合英语	研究生外语教研室	刘　阳
50820391	第一外国语 - 综合英语	研究生外语教研室	张　帆
50820391	第一外国语 - 综合英语	研究生外语教研室	张　帆
50820391	第一外国语 - 综合英语	研究生外语教研室	尹　宇
50820391	第一外国语 - 综合英语	研究生外语教研室	尹　宇
50820391	第一外国语 - 综合英语	研究生外语教研室	宋晓漓，高晓薇
50820391	第一外国语 - 综合英语	研究生外语教研室	宋晓漓，高晓薇
50820391	第一外国语 - 综合英语	研究生外语教研室	李　新，廖　麦
50820391	第一外国语 - 综合英语	研究生外语教研室	李　新，廖　麦
50820391	第一外国语 - 综合英语	研究生外语教研室	李丽君，张　湛
50820391	第一外国语 - 综合英语	研究生外语教研室	李丽君，张　湛
50820391	第一外国语 - 综合英语	研究生外语教研室	郑　晶，郭晓军
50820391	第一外国语 - 综合英语	研究生外语教研室	郑　晶，郭晓军
50820391	第一外国语 - 综合英语	研究生外语教研室	杜　异，刘　阳
50820391	第一外国语 - 综合英语	研究生外语教研室	杜　异，刘　阳
50820391	第一外国语 - 综合英语	研究生外语教研室	刘　军，张　帆
50820391	第一外国语 - 综合英语	研究生外语教研室	刘　军，张　帆
50820391	第一外国语 - 综合英语	研究生外语教研室	皇甫伟，尹　宇
50820391	第一外国语 - 综合英语	研究生外语教研室	肖媛媛，尹　宇
50820431	第一外国语 - 高级英语	研究生外语教研室	皇甫伟

续表

课程号	课程名称	开课教研室	任课教师
50810011	第一外国语(博士英语)	研究生外语教研室	金朋荪,马铁川
50810011	第一外国语(博士英语)	研究生外语教研室	金朋荪,戴忠信
50810011	第一外国语(博士英语)	研究生外语教研室	金朋荪,赵玉闪
50810011	第一外国语(博士英语)	研究生外语教研室	金朋荪,赵玉闪
50820071	跨文化交际学	研究生外语教研室	李　新
50820101	中西翻译史	研究生外语教研室	赵玉闪
50820111	文体与翻译	研究生外语教研室	李　新
50820601	商务口译	研究生外语教研室	宋晓漓
50820461	跨文化交际学(专业学位)	研究生外语教研室	李　新
50910011	现代数学基础与方法	数学教研室 *	李忠艳
50910021	高等泛函分析	数学教研室 *	罗振东
50920051	泛函分析及其应用	数学教研室 *	罗振东
50920191	最优化理论与方法	数学教研室 *	谷云东
50920641	矩阵论	数学教研室 *	马德香
50920641	矩阵论	数学教研室 *	邱启荣
50920641	矩阵论	数学教研室 *	孙淑珍
50920641	矩阵论	数学教研室 *	黄晔辉
50920641	矩阵论	数学教研室 *	韩励佳
50920661	泛函分析	数学教研室 *	罗振东
50920671	应用数理统计	数学教研室 *	朱勇华
50920681	规划数学	数学教研室 *	吕　蓬
50920681	规划数学	数学教研室 *	叶振军
50920081	非线性数值分析	数学教研室 *	杨晓忠
50920141	随机过程	数学教研室 *	何凤霞
50920151	微分方程定性理论	数学教研室 *	张　娟
50920181	小波分析及其应用	数学教研室 *	李忠艳
50920631	模糊数学	数学教研室 *	谷云东
50920691	数值分析	数学教研室 *	彭武安
50920691	数值分析	数学教研室 *	曹艳华
50920691	数值分析	数学教研室 *	甄亚欣
50920711	随机过程(数学专业)	数学教研室 *	何凤霞
50920721	模糊数学(数学专业)	数学教研室 *	谷云东
50920731	理论生态学	数学教研室 *	张化永
50920321	高等量子力学	物理教研室	韩榕生
50920351	固体理论	物理教研室	黄　海
50920531	群论	物理教研室	张　昭
51120031	高等水工结构	水利水电工程教研室	许桂生
51120041	高等水力学	水利水电工程教研室	张　华
51120131	结构动力学	水利水电工程教研室	孙万泉
51120311	塑性力学	水利水电工程教研室	吕爱钟

续表

课程号	课程名称	开课教研室	任课教师
51110011	水(能)资源系统规划与管理	水文水资源教研室	纪昌明,王丽萍
51120121	计算水动力学	水文水资源教研室	彭　杨
51120171	近代水文学	水文水资源教研室	李继清
51120291	水资源系统风险分析	水文水资源教研室	纪昌明
51120301	水资源学	水文水资源教研室	门宝辉
51120691	专题课程－美国水资源利用与水利经济建模(外语授课)	水文水资源教研室	李继清
51120271	水资源经济学	水文水资源教研室	王丽萍,张验科
51120411	高等恢复生态学	水文水资源教研室	张化永
51110021	风力发电系统	风能与动力工程教研室	田　德,刘永前
51120641	风力发电系统技术	风能与动力工程教研室	田　德,刘永前,邓　英
51110041	光伏器件原理与设计	能源工程及自动化教研室	陈诺夫
51120521	传递过程原理	新能源科学与工程教研室	张　锴
51120601	生物燃料技术	新能源科学与工程教研室	杨世关
51120471	高等化工热力学	新能源科学与工程教研室	陈宏刚
51120551	煤炭转化的化学基础	新能源科学与工程教研室	陈宏刚
51120591	生物质发电技术	新能源科学与工程教研室	李继红
51220011	近代物理导论	核反应堆工程教研室	蔡　军
52720641	线性系统理论	控制理论与系统教研室	马苗苗,张金芳
52710041	现代工程控制理论	控制理论与系统教研室	韩　璞
52710051	非线性系统理论	控制理论与系统教研室	刘向杰
52720541	自适应控制	控制理论与系统教研室	田　涛
52720801	非线性系统分析与控制	控制理论与系统教研室	张建华
52710011	科研方法论	测控技术与仪器教研室	闫　勇
52720471	风力发电机组的控制技术	测控技术与仪器教研室	吕跃刚
52720671	新能源转换及发电控制技术	测控技术与仪器教研室	肖运启
52720211	现代传感技术	测控技术与仪器教研室	段泉圣
52720581	人工智能	测控技术与仪器教研室	郭　鹏
52720591	信号处理	测控技术与仪器教研室	杨锡运
52710031	智能控制理论及应用	控制装置与系统教研室	白　焰
52720141	系统工程导论	控制装置与系统教研室	罗　毅
52720111	模式识别	控制装置与系统教研室	刘　禾
52720121	系统工程方法论	控制装置与系统教研室	黄　仙
52720221	优化理论与最优控制	控制装置与系统教研室	黄　仙
52720361	ERP 原理与实践	计算机公共基础教研室	姜力争
52720301	面向 SOC 的高级嵌入系统设计技术	计算机公共基础教研室	琚　赟
52720381	计算机工程技术前沿	计算机公共基础教研室	夏　宏,柳长安,程文刚,马应龙,徐　磊,吴克河
52720391	数据集成与数据分析技术	计算机公共基础教研室	齐林海
52720091	离散数学(三)	软件工程教研室	胡海涛

续表

课程号	课程名称	开课教研室	任课教师
52720401	面向对象系统设计与实现	软件工程教研室	马素霞
52720021	Java 程序设计	信息安全教研室	祖向荣
52720321	网络信息安全	信息安全教研室	李元诚
52720371	电力工业信息化案例	信息安全教研室	徐茹枝,吴克河,曾德良
52720851	决策支持系统	信息安全教研室	申晓留
52720041	智能机器人技术	计算机应用教研室	柳长安
52720281	软件智能化技术	计算机应用教研室	吴克河
52820051	思想政治教育心理学	思想道德修养和法律基础教研室	苑英科
52820031	马克思主义与社会科学方法论	马克思主义原理教研室	崔　凡
52820041	哲学导论	马克思主义原理教研室	马临真,郑洪晓
52820071	自然辩证法概论	马克思主义原理教研室	马临真
52820071	自然辩证法概论	马克思主义原理教研室	马临真
52820071	自然辩证法概论	马克思主义原理教研室	刘　娟
52820071	自然辩证法概论	马克思主义原理教研室	刘　娟
52820071	自然辩证法概论	马克思主义原理教研室	周小华
52820071	自然辩证法概论	马克思主义原理教研室	周小华
52820071	自然辩证法概论	马克思主义原理教研室	崔　凡
52820071	自然辩证法概论	马克思主义原理教研室	崔　凡
52820071	自然辩证法概论	马克思主义原理教研室	王永生
52820071	自然辩证法概论	马克思主义原理教研室	王永生
52820121	马克思主义经典著作选读	马克思主义原理教研室	刘　娟
52820131	马克思主义基本原理专题研究	马克思主义原理教研室	王建永
52810011	中国马克思主义与当代	毛泽东思想和中国特色社会主义理论体系概论教研室	周作芳
52820021	中国特色社会主义理论与实践研究	毛泽东思想和中国特色社会主义理论体系概论教研室	王建永
52820021	中国特色社会主义理论与实践研究	毛泽东思想和中国特色社会主义理论体系概论教研室	白冶钢
52820021	中国特色社会主义理论与实践研究	毛泽东思想和中国特色社会主义理论体系概论教研室	张月想
52820021	中国特色社会主义理论与实践研究	毛泽东思想和中国特色社会主义理论体系概论教研室	孙　平
52820021	中国特色社会主义理论与实践研究	毛泽东思想和中国特色社会主义理论体系概论教研室	蔡利民
52820021	中国特色社会主义理论与实践研究	毛泽东思想和中国特色社会主义理论体系概论教研室	周作芳
52820021	中国特色社会主义理论与实践研究	毛泽东思想和中国特色社会主义理论体系概论教研室	郭正秋
52820021	中国特色社会主义理论与实践研究	毛泽东思想和中国特色社会主义理论体系概论教研室	许丹娜

续表

课程号	课程名称	开课教研室	任课教师
60220041	高等环境工程	能源与环境研究中心	李　薇
60220061	环境不确定性优化研究案例	能源与环境研究中心	黄国和
60220071	环境监测质量控制技术	能源与环境研究中心	李　鱼
60220151	环境系统分析	能源与环境研究中心	李永平
60220191	水资源管理	能源与环境研究中心	李永平

（保定校区）
2013—2014 第二学期研究生课程表

课程名称	开课教研室	任课教师
电网络分析理论	电工	梁贵书
电网络分析理论	电工	梁贵书
电网络分析理论	电工	刘　欣
电网络分析理论	电工	刘　欣
电网络分析理论	电工	孙海峰
电网络分析理论	电工	孙海峰
现代电力电子技术	电机	王　毅
现代电力电子技术	电机	王　毅
现代电力电子技术	电机	孙丽玲
现代电力电子技术	电机	孙丽玲
交流电机及其系统分析	电机	许伯强
交流电机及其系统分析	电机	许伯强
电介质放电理论及其应用	高压	王永强
电介质放电理论及其应用	高压	王永强
数字信号处理	电信	刘　刚
数字信号处理	电信	刘　刚
数字信号处理	电信	安　勃
数字信号处理	电信	安　勃
电磁场选论	电信	赵小军
电磁场选论	电信	赵小军
电磁场选论	电信	刘　刚
电磁场选论	电信	刘　刚
高等电力系统分析	发电	郝育黔
高等电力系统分析	发电	郝育黔
高等电力系统分析	发电	卢锦玲
高等电力系统分析	发电	卢锦玲
电气设备在线监测与故障诊断	高压	王永强
电气设备在线监测与故障诊断	高压	王永强
电磁兼容基础	电信	李慧奇
电磁兼容基础	电信	李慧奇
电磁兼容基础	电信	赵小军

续表

课程名称	开课教研室	任课教师
电磁兼容基础	电信	赵小军
无线通信原理及应用	通信	鲍　慧
无线通信原理及应用	通信	鲍　慧
通信网络运营支撑技术	电子学	高会生
通信网络运营支撑技术	电子学	高会生
光电子技术	电子学	尚秋峰
光电子技术	电子学	尚秋峰
传感与检测技术	电子学	尹成群
传感与检测技术	电子学	尹成群
检测与估值理论	通信	高　强
检测与估值理论	通信	高　强
现代通信理论	通信	孔英会
现代通信理论	通信	孔英会
信息论及编码	通信	余　萍
信息论及编码	通信	余　萍
现代传感与检测技术	通信	刘　涛
现代传感与检测技术	通信	刘　涛
宽带数据通信网	信息处理	李　中
宽带数据通信网	信息处理	李　中
智能信息处理	信息处理	张卫华
智能信息处理	信息处理	张卫华
现代电路理论及分析	电子学	范寒柏
现代电路理论及分析	电子学	范寒柏
现代电子系统设计与测试	电子学	胡正伟
现代电子系统设计与测试	电子学	胡正伟
现代通信网理论	通信	戚宇林
现代通信网理论	通信	戚宇林
微波技术基础	通信	张淑娥
微波技术基础	通信	张淑娥
现代光纤通信技术	通信	张淑娥
现代光纤通信技术	通信	张淑娥
高等传热学	热能	高正阳
高等传热学	热能	高正阳
高等传热学	热能	梁秀俊
高等传热学	热能	梁秀俊
热能动力工程前沿	热能	李永华
高等工程流体力学	热能	王松岭
高等工程流体力学	热能	王松岭
高等工程流体力学	热能	叶学民
高等工程流体力学	热能	叶学民

续表

课程名称	开课教研室	任课教师
高等工程热力学	动力	李永华
高等工程热力学	动力	李永华
知识产权及电力相关法律知识	法学	刘宇晖
劳动与社会保障法	法学	刘志军
劳动与社会保障法	法学	刘志军
公共管理学	公管	李冰水
公共管理学	公管	李冰水
社会科学研究方法	公管	栾文敬
社会科学研究方法	公管	栾文敬
非政府组织研究	公管	曹丽媛
非政府组织研究	公管	曹丽媛
证据法学	法学	沈长月
证据法学	法学	沈长月
民商法专题	法学	甄增水
民商法专题	法学	甄增水
刑事诉讼法专题	法学	陈　奎
刑事诉讼法专题	法学	陈　奎
政治学理论与方法	公管	秦伟江
政治学理论与方法	公管	秦伟江
政府经济学	公管	史胜安
政府经济学	公管	史胜安
法理学专题	法学	沈长月
法理学专题	法学	沈长月
民事诉讼法专题	法学	梁　平
民事诉讼法专题	法学	梁　平
气溶胶力学	环境工程	齐立强
气溶胶力学	环境工程	齐立强
现代环境科学导论	环境科学	汪黎东
现代环境科学导论	环境科学	汪黎东
环境工程技术前沿	环境工程	赵　毅
传递过程原理	应用化学	付　东
传递过程原理	应用化学	付　东
高等化工热力学	应用化学	付　东
高等化工热力学	应用化学	付　东
腐蚀原理与控制技术	应用化学	陈颖敏
腐蚀原理与控制技术	应用化学	陈颖敏
高等无机化学	环境科学	许佩瑶
高等无机化学	环境科学	许佩瑶
化学反应工程	应用化学	张玉玲
化学反应工程	应用化学	张玉玲

续表

课程名称	开课教研室	任课教师
有机合成工艺	应用化学	权宇珩
有机合成工艺	应用化学	权宇珩
煤炭转化的化学基础	应用化学	李志勇
燃煤环境污染控制案例	环境工程	胡志光
燃煤环境污染控制案例	环境工程	胡志光
燃煤环境污染控制案例	环境工程	马双忱
燃煤环境污染控制案例	环境工程	马双忱
光机电技术	机电	韩庆瑶
现代工业工程	工业工程	戴庆辉
现代工业工程	工业工程	戴庆辉
工程经济学	工业工程	叶　锋
工程经济学	工业工程	叶　锋
工业设计理论与应用	工业设计	崔彦彬
工业设计理论与应用	工业设计	崔彦彬
工程测试与信号处理	机电	胡爱军
工程测试与信号处理	机电	胡爱军
转子动力学	机电	张　超
转子动力学	机电	张　超
机电系统工程学	机电	郑海明
机电系统工程学	机电	郑海明
机械系统动力学	力学	安利强
机械系统动力学	力学	安利强
高等材料力学	力学	王璋奇
高等材料力学	力学	王璋奇
工程优化方法	设计	花广如
工程优化方法	设计	花广如
系统工程学	工业工程	慈铁军
系统工程学	工业工程	慈铁军
现代设计理论与方法	工业工程	戴庆辉
现代设计理论与方法	工业工程	戴庆辉
人机工程学	工业设计	崔彦彬
人机工程学	工业设计	崔彦彬
数字化设计与制造	设计	杨晓红
数字化设计与制造	设计	杨晓红
人因工程	工业工程	叶　锋
人因工程	工业工程	叶　锋
网络信息安全	计算机	张少敏
网络信息安全	计算机	张少敏
计算机仿真技术	软件	李　刚
计算机仿真技术	软件	李　刚

续表

课程名称	开课教研室	任课教师
离散数学(三)	计算机	孟建良
离散数学(三)	计算机	孟建良
高级编程技术	计算机	庞春江
高级编程技术	计算机	庞春江
计算机工程技术前沿	计算机	胡朝举
离散数学	计算机	孟建良
离散数学	计算机	孟建良
电力工业信息化案例	计算机	祁在山
商业伦理与会计职业道德	工商管理	刘树良
商业伦理与会计职业道德	工商管理	刘树良
会计理论	财会	苑秀娥
会计理论	财会	苑秀娥
信息管理与决策支持	信息管理	王敬敏
信息管理与决策支持	信息管理	王敬敏
管理运筹学(二)	工商管理	孔　峰
管理运筹学(二)	工商管理	孔　峰
工程项目管理理论与应用	工商管理	李金颖
工程项目管理理论与应用	工商管理	李金颖
现代物流工程概论	工商管理	李云燕
现代物流工程概论	工商管理	李云燕
现代管理理论	工商管理	贾正源
现代管理理论	工商管理	贾正源
资产评估学	经济学	王喜平
资产评估学	经济学	王喜平
高级审计理论及实务	财会	李永臣
高级审计理论及实务	财会	李永臣
高级财务管理理论及实务	财会	闫丽萍
高级财务管理理论及实务	财会	闫丽萍
财务会计报告分析	财会	杨方文
财务会计报告分析	财会	杨方文
高级管理会计理论及实务	财会	戴立新
高级管理会计理论及实务	财会	戴立新
电工产品学	信息管理	高　冲
电工产品学	信息管理	高　冲
项目投融资方法与实务	工商管理	孙　薇
项目投融资方法与实务	工商管理	孙　薇
数据、模型与决策	工商管理	孔　峰
数据、模型与决策	工商管理	孔　峰
运营管理	工商管理	王　婷
运营管理	工商管理	王　婷

续表

课程名称	开课教研室	任课教师
人力资源管理体系设计	经济学	何永贵
薪酬与绩效管理	经济学	何永贵
薪酬与绩效管理	经济学	何永贵
金融市场	经济学	刘鸿雁
金融市场	经济学	刘鸿雁
中级微观经济学	经济学	李　伟
中级微观经济学	经济学	李　伟
企业价值评估	经济学	刘志斌
企业价值评估	经济学	刘志斌
物流系统规划与设计	信息管理	张梅梅
物流系统规划与设计	信息管理	张梅梅
现代企业战略管理	工商管理	张彩庆
现代企业战略管理	工商管理	张彩庆
产业组织经济学	经济学	武群丽
产业组织经济学	经济学	武群丽
企业纳税筹划	经济学	陈　娟
企业纳税筹划	经济学	陈　娟
投资学	经济学	周建国
投资学	经济学	周建国
供应链管理	信息管理	张　欢
供应链管理	信息管理	张　欢
群论	应用物理	白占武
群论	应用物理	白占武
群论	应用物理	白占武
固体理论	应用物理	吕　刚
固体理论	应用物理	吕　刚
固体理论	应用物理	吕　刚
信息光学	理论物理	任　芝
信息光学	理论物理	任　芝
信息光学	理论物理	任　芝
高等量子力学	应用物理	阎占元
高等量子力学	应用物理	阎占元
高等量子力学	应用物理	阎占元
测度论	信息	苏　岩
测度论	信息	苏　岩
偏微分方程数值解法	信息	孔　倩
偏微分方程数值解法	信息	孔　倩
偏微分方程数值解法	信息	孔　倩
最优化理论与方法	信息	马新顺
最优化理论与方法	信息	马新顺

续表

课程名称	开课教研室	任课教师
数值分析	信息	谷根代
数值分析	信息	谷根代
数值分析	信息	谷根代
数值分析	信息	刘敬刚
数值分析	信息	刘敬刚
数值分析	信息	刘敬刚
泛函分析及其应用	信息	李聚玲
泛函分析及其应用	信息	李聚玲
泛函分析及其应用	信息	李聚玲
规划数学	信息	张国立
规划数学	信息	张国立
规划数学	信息	华回春
规划数学	信息	华回春
模糊数学	信息	张国立
模糊数学	信息	张国立
泛函分析	高等数学	石彤菊
泛函分析	高等数学	石彤菊
数学物理方程	高等数学	杨玉华
数学物理方程	高等数学	杨玉华
应用统计学	概率与统计	张亚刚
应用统计学	概率与统计	张亚刚
高等原子分子物理学	应用物理	张贵银
高等原子分子物理学	应用物理	张贵银
高等原子分子物理学	应用物理	张贵银
路径积分	应用物理	白占武
路径积分	应用物理	白占武
非线性数值分析	信息	谷根代
非线性数值分析	信息	谷根代
矩阵论	信息	蒋艳杰
矩阵论	信息	蒋艳杰
矩阵论	信息	蒋艳杰
矩阵论	信息	张　坡
矩阵论	信息	张　坡
矩阵论	信息	张　坡
随机数学	概率与统计	张隆阁
随机数学	概率与统计	张隆阁
科技文献检索及科技写作	信息中心	金　声
科技文献检索及科技写作	信息中心	王淑凤
科技文献检索及科技写作	信息中心	周晓兰
科技文献检索及科技写作	信息中心	金　声

续表

课程名称	开课教研室	任课教师
第二外国语(俄语)	专业	董　光
第二外国语(俄语)	专业	董　光
第二外国语(日语)	专业	柴宝芬
第二外国语(日语)	专业	柴宝芬
第二外国语(法语)	专业	高瑞凤
第二外国语(法语)	专业	高瑞凤
第一外国语	专业	孙淑婷
第一外国语	专业	孙淑婷
第一外国语	专业	孙淑婷
第一外国语	专业	周　霞
第一外国语	专业	周　霞
第一外国语	专业	周　霞
第一外国语	专业	杜敬杰
第一外国语	专业	杜敬杰
第一外国语	专业	杜敬杰
第一外国语	专业	储　艳
第一外国语	专业	储　艳
第一外国语	专业	储　艳
第一外国语	专业	郭　雷
第一外国语	专业	郭　雷
第一外国语	专业	郭　雷
第一外国语	专业	李　光
第一外国语	专业	李　光
第一外国语	专业	李　光
第一外国语	专业	刘　洋
第一外国语	专业	刘　洋
第一外国语	专业	刘　洋
第一外国语	专业	李　静
第一外国语	专业	李　静
第一外国语	专业	李　静
第一外国语	专业	杜敬杰
第一外国语	专业	杜敬杰
第一外国语	专业	杜敬杰
第一外国语	专业	苏雷江
第一外国语	专业	苏雷江
第一外国语	专业	苏雷江
第一外国语	专业	王　珊
第一外国语	专业	王　珊
第一外国语	专业	王　珊
第一外国语	专业	牛培培

续表

课程名称	开课教研室	任课教师
第一外国语	专业	牛培培
第一外国语	专业	牛培培
第一外国语	专业	苏雷江
第一外国语	专业	苏雷江
第一外国语	专业	苏雷江
英语教学基础理论	专业	董　天
翻译理论	专业	郭　雷
英汉比较与翻译	专业	祖　林
基础笔译	专业	陈红平
基础笔译	专业	陈红平
语用学	专业	沈　茜
英语学习策略研究	专业	史玮璇
诗歌导论	专业	张　莉
诗歌导论	专业	张　莉
中西翻译史	专业	魏月红
中西翻译史	专业	魏月红
英汉对比语言学	专业	祖　林
文体与翻译	专业	薛晓瑾
文体与翻译	专业	薛晓瑾
跨文化交际学	专业	刘　洋
翻译概论	专业	周　霞
翻译概论	专业	周　霞
基础口译	专业	杜敬杰
基础口译	专业	杜敬杰
西方文学渊源	专业	外　教
功能语法	专业	王乐洋
功能语法	专业	王乐洋
英美诗歌	专业	张　莉
英美诗歌	专业	张　莉
语义学	专业	储　艳
语义学	专业	储　艳
中国特色社会主义理论与实践研究	思想道德修养与法律基础	孟祥林
中国特色社会主义理论与实践研究	思想道德修养与法律基础	王聚芹
中国特色社会主义理论与实践研究	思想道德修养与法律基础	王聚芹
中国特色社会主义理论与实践研究	思想道德修养与法律基础	王建红
中国特色社会主义理论与实践研究	思想道德修养与法律基础	王建红
马克思主义发展史专题研究	马克思主义基本原理教研	武兰芳
马克思主义发展史专题研究	马克思主义基本原理教研	武兰芳
马克思主义基本原理专题研究	马克思主义基本原理教研	王聚芹
马克思主义基本原理专题研究	马克思主义基本原理教研	王聚芹

续表

课程名称	开课教研室	任课教师
马克思主义与社会科学方法论	马克思主义基本原理教研	张乃芳
自然辩证法概论	思想道德修养与法律基础	戴　民
自然辩证法概论	思想道德修养与法律基础	刘新峰
自然辩证法概论	思想道德修养与法律基础	戴　民
自然辩证法概论	思想道德修养与法律基础	刘新峰
马克思主义政治经济学专题研究	马克思主义基本原理教研	王建红
马克思主义政治经济学专题研究	马克思主义基本原理教研	王建红
马克思主义中国化专题研究	当代中国马克思主义教研	孟祥林
马克思主义中国化专题研究	当代中国马克思主义教研	孟祥林
政治学专题研究	中国近现代史纲要	秦伟江
政治学专题研究	中国近现代史纲要	秦伟江
中国近现代史专题研究	中国近现代史纲要	徐岿然
中国近现代史专题研究	中国近现代史纲要	徐岿然
系统工程导论	控制理论	孙建平
系统工程导论	控制理论	孙建平
线性系统理论	控制理论	王东风
线性系统理论	控制理论	王东风
非线性系统分析与控制	控制理论	王印松
非线性系统分析与控制	控制理论	王印松
检测理论与应用	测控	苏　杰
检测理论与应用	测控	苏　杰
模式识别	测控	翟永杰
模式识别	测控	翟永杰

2014—2015 第一学期研究生课程表

课程名称	教研室	任课教师
现代电磁测量技术	电工	赵书涛
现代电磁测量技术	电工	赵书涛
电机运行及控制技术	电机	孟　明
电机运行及控制技术	电机	孟　明
大型电机分析及故障诊断	电机	李永刚
大型电机分析及故障诊断	电机	李永刚
电磁场数值计算	电信	刘　刚
电磁场数值计算	电信	刘　刚
微机继电保护	电自	焦彦军
微机继电保护	电自	焦彦军
变电站自动化	电自	李　翀
变电站自动化	电自	李　翀
电力系统风险评估	电自	任　惠
电力系统风险评估	电自	任　惠

续表

课程名称	教研室	任课教师
继电保护专题	电自	杨明玉
继电保护专题	电自	杨明玉
继电保护专题	电自	王　雪
继电保护专题	电自	王　雪
智能电网技术专题	发电	任建文
智能电网技术专题	发电	梁海峰
智能电网技术专题	发电	张建成
智能电网技术专题	发电	栗　然
电力市场理论与技术	发电	高亚静
电力市场理论与技术	发电	高亚静
电力系统规划与可靠性	发电	赵书强
电力系统规划与可靠性	发电	赵书强
电能质量分析与控制	发电	张建成
电能质量分析与控制	发电	张建成
电气工程新技术专题	发电	栗然等
动态电力系统分析与控制	发电	常鲜戎
动态电力系统分析与控制	发电	常鲜戎
柔性交流输电系统	发电	张建成
柔性交流输电系统	发电	张建成
电网调度自动化	发电	任建文
电网调度自动化	发电	任建文
电网调度自动化	发电	任建文
智能技术在电力系统中的应用	发电	盛四清
智能技术在电力系统中的应用	发电	盛四清
新能源发电与并网技术	发电	朱晓荣
新能源发电与并网技术	发电	朱晓荣
分布式电源与微网技术	发电	李　鹏
分布式电源与微网技术	发电	李　鹏
高压直流输电技术	发电	梁海峰
高压直流输电技术	发电	梁海峰
高电压测量技术	高压	刘云鹏
高电压测量技术	高压	刘云鹏
过电压分析与防护	高压	张重远
过电压分析与防护	高压	张重远
配电系统分析与自动化	供电	梁志瑞
配电系统分析与自动化	供电	梁志瑞
现代电子技术应用专题	电子学	范寒柏
现代数字信号处理	电子学	孙　正
现代数字信号处理	电子学	孙　正
嵌入式系统和SOC设计	电子学	胡正伟
嵌入式系统和SOC设计	电子学	胡正伟

续表

课程名称	教研室	任课教师
通信工程技术应用专题	通信	鲍　慧
现代微波工程	通信	李永倩
现代微波工程	通信	李永倩
现代数字通信技术	通信	杨　志
现代数字通信技术	通信	杨　志
多媒体信息处理	通信	戚银城
多媒体信息处理	通信	戚银城
无线传感网络与物联网技术	通信	贾惠彬
无线传感网络与物联网技术	通信	贾惠彬
智能电网信息物理融合系统	通信	赵振兵
智能电网信息物理融合系统	通信	赵振兵
信息处理技术应用专题	信息处理	苑津莎
信息工程方法	信息处理	张卫华
信息工程方法	信息处理	张卫华
网络与信息安全	信息处理	杨　宏
网络与信息安全	信息处理	杨　宏
智能电网信息通信技术	信息处理	张铁峰
智能电网信息通信技术	信息处理	张铁峰
大型汽轮机运行特性	动力	王　智
大型汽轮机运行特性	动力	王　智
动力工程热经济学	动力	李慧君
动力工程热经济学	动力	李慧君
节能原理	动力	李慧君
节能原理	动力	李慧君
火电厂热力系统性能分析	动力	王惠杰
火电厂热力系统性能分析	动力	王惠杰
设备状态监测与故障诊断	动力	杨薛明
设备状态监测与故障诊断	动力	杨薛明
单元机组控制	集控	谷俊杰
单元机组控制	集控	谷俊杰
供热空调新技术	建环	时国华
供热空调新技术	建环	时国华
供热空调新技术	建环	王江江
供热空调新技术	建环	王江江
室内环境控制与节能	建环	谢英柏
室内环境控制与节能	建环	谢英柏
现代制冷与低温技术	建环	谢英柏
现代制冷与低温技术	建环	谢英柏
现代制冷与低温技术	建环	刘春涛
现代制冷与低温技术	建环	刘春涛
制冷系统热动力学	建环	谢英柏

续表

课程名称	教研室	任课教师
制冷系统热动力学	建环	谢英柏
制冷系统热动力学	建环	刘春涛
制冷系统热动力学	建环	刘春涛
暖通空调设计与系统分析	建环	郑国忠
暖通空调设计与系统分析	建环	郑国忠
暖通空调设计与系统分析	建环	高月芬
暖通空调设计与系统分析	建环	高月芬
建筑节能技术	建环	魏　兵
建筑节能技术	建环	魏　兵
循环流化床锅炉技术	热能	高建强
循环流化床锅炉技术	热能	高建强
热工过程建模与仿真	集控	杨建蒙
热工过程建模与仿真	集控	杨建蒙
风机节能与降噪	热能	李春曦
风机节能与降噪	热能	李春曦
电站锅炉运行特性	热能	闫顺林
电站锅炉运行特性	热能	闫顺林
多相流理论	热能	方立军
多相流理论	热能	方立军
离心叶轮内流理论基础	热能	吕玉坤
离心叶轮内流理论基础	热能	吕玉坤
计算流体力学	热能	高正阳
计算流体力学	热能	高正阳
燃烧理论与技术	热能	李永华
燃烧理论与技术	热能	李永华
洁净煤发电技术	热能	李加护
洁净煤发电技术	热能	李加护
数值计算软件在动力工程中的应用	热能	危日光
数值计算软件在动力工程中的应用	热能	危日光
强化传热	热能	刘彦丰
强化传热	热能	刘彦丰
政治学、行政学经典著作选读	公管	曹丽媛
政治学、行政学经典著作选读	公管	曹丽媛
法学经典文献选读	法学	甄增水
法学经典文献选读	法学	甄增水
公共政策基本理论与方法	公管	谭　琪
公共政策基本理论与方法	公管	谭　琪
公司法研究	法学	郜　庆
公司法研究	法学	郜　庆
公共部门人力资源管理	公管	夏　珑
公共部门人力资源管理	公管	夏　珑

续表

课程名称	教研室	任课教师
民事执行法研究	法学	梁　平
民事执行法研究	法学	梁　平
公用事业管理专题研究	公管	尚晓丽
公用事业管理专题研究	公管	尚晓丽
物权法专题	法学	甄增水
物权法专题	法学	甄增水
比较民事诉讼法专题	法学	李　海
比较民事诉讼法专题	法学	李　海
电力体制改革专题研究	公管	夏　珑
电力体制改革专题研究	公管	夏　珑
知识产权法研究	法学	刘宇晖
知识产权法研究	法学	刘宇晖
司法改革专题研究	法学	梁　平
司法改革专题研究	法学	梁　平
有效沟通	公管	史胜安
煤炭转化技术	应用化学	付　东
现代传质分离技术	应用化学	付　东
现代传质分离技术	应用化学	付　东
金属腐蚀试验方法	应用化学	张胜寒
金属腐蚀试验方法	应用化学	张胜寒
催化理论	应用化学	马双忱
催化理论	应用化学	马双忱
现代仪器分析	应用化学	李保会
现代仪器分析	应用化学	李保会
反应堆水化学	应用化学	张胜寒
反应堆水化学	应用化学	张胜寒
环境分析化学	应用化学	李艳坤
环境分析化学	应用化学	李艳坤
膜分离原理与技术	应用化学	马双忱
膜分离原理与技术	应用化学	马双忱
污染控制化学进展	应用化学	付　东
污染控制化学进展	应用化学	付　东
给水处理原理与技术	应用化学	张胜寒
给水处理原理与技术	应用化学	张胜寒
火力发电厂水汽系统化学	应用化学	马双忱
火力发电厂水汽系统化学	应用化学	马双忱
废水处理工程	能源化工	王淑勤
废水处理工程	能源化工	王淑勤
化工过程模拟及计算	能源化工	张玉玲
化工过程模拟及计算	能源化工	张玉玲
固体废物处理及资源化工程	环境科学	尹连庆

续表

课程名称	教研室	任课教师
固体废物处理及资源化工程	环境科学	尹连庆
环境毒理学	环境科学	苑春刚
环境毒理学	环境科学	苑春刚
现代生态学	环境科学	苑春刚
现代生态学	环境科学	苑春刚
电除尘理论与技术	环境工程	胡志光
电除尘理论与技术	环境工程	胡志光
粉体气力输送原理	环境工程	原永涛
粉体气力输送原理	环境工程	原永涛
高等环境工程	环境工程	齐立强
高等环境工程	环境工程	齐立强
高等环境流体力学	环境工程	陈　岚
高等环境流体力学	环境工程	陈　岚
锅炉燃烧理论与污染物排放	环境工程	吕建燚
锅炉燃烧理论与污染物排放	环境工程	吕建燚
过滤式除尘技术	环境工程	杨官平
过滤式除尘技术	环境工程	杨官平
环境污染化学与物理	环境工程	赵　毅
环境污染化学与物理	环境工程	赵　毅
环境污染化学与物理	环境工程	赵　毅
环境系统分析	环境工程	赵　毅
环境系统分析	环境工程	赵　毅
烟气脱硫脱硝理论与技术	环境工程	赵　毅
烟气脱硫脱硝理论与技术	环境工程	赵　毅
创新设计	工业工程	戴庆辉
创新设计	工业工程	戴庆辉
质量工程学	工业工程	慈铁军
质量工程学	工业工程	慈铁军
工业工程案例	工业工程	慈铁军
工业工程案例	工业工程	慈铁军
技术战略与创新	工业工程	戴庆辉
技术战略与创新	工业工程	戴庆辉
计算机辅助产品造型设计	工业设计	崔彦彬
计算机辅助产品造型设计	工业设计	崔彦彬
机械工程应用专题	制造	范孝良
汽轮发电机组振动	机电	唐贵基
汽轮发电机组振动	机电	唐贵基
现代物流管理	机电	郭铁桥
现代物流管理	机电	郭铁桥
振动与模态分析	机电	向　玲
振动与模态分析	机电	向　玲

续表

课程名称	教研室	任课教师
工业检测技术	机电	张　超
工业检测技术	机电	张　超
机械故障诊断学	机电	胡爱军
机械故障诊断学	机电	胡爱军
机电系统建模与仿真	机电	郑海明
机电系统建模与仿真	机电	郑海明
有限元分析及应用	力学	王璋奇
有限元分析及应用	力学	王璋奇
特高压铁塔结构设计	力学	安利强
特高压铁塔结构设计	力学	安利强
导线力学与防舞技术	力学	江文强
导线力学与防舞技术	力学	江文强
输电线路工程学	力学	王璋奇
输电线路工程学	力学	王璋奇
机械工程前沿	机电	唐贵基
机械工程前沿	机电	戴庆辉
机械工程前沿	机电	范孝良
机械工程前沿	机电	韩庆瑶
先进制造技术	设计	花广如
先进制造技术	设计	花广如
ERP 原理与应用	制造	杜必强
ERP 原理与应用	制造	杜必强
企业 MIS 建设	制造	王进峰
企业 MIS 建设	制造	王进峰
计算机集成制造系统	制造	康文利
计算机集成制造系统	制造	康文利
算法分析与复杂性理论	计算机	胡朝举
算法分析与复杂性理论	计算机	胡朝举
图与网络	计算机	刘晓峰
图与网络	计算机	刘晓峰
高等计算机系统结构	计算机	翟学明
高等计算机系统结构	计算机	翟学明
组合数学	计算机	孟建良
组合数学	计算机	孟建良
高级计算机网络	计算机	程晓荣
高级计算机网络	计算机	程晓荣
计算智能	计算机	鲁　斌
计算智能	计算机	鲁　斌
物联网技术与应用	计算机	邸　剑
物联网技术与应用	计算机	邸　剑
高级操作系统	软件	宋亚奇

续表

课程名称	教研室	任课教师
高级操作系统	软件	宋亚奇
高级软件工程	软件	宋　雨
高级软件工程	软件	宋　雨
人工智能与知识工程	软件	刘　丽
人工智能与知识工程	软件	刘　丽
数据仓库与数据挖掘	软件	王保义
数据仓库与数据挖掘	软件	王保义
面向 SOC 的高级嵌入式系统设计	软件	刘书刚
面向 SOC 的高级嵌入式系统设计	软件	刘书刚
ORACLE 原理及应用	软件	黄建才
ORACLE 原理及应用	软件	黄建才
分布式系统	软件	李　刚
分布式系统	软件	李　刚
软件工程管理	软件	岳　燕
软件工程管理	软件	岳　燕
ERP 原理与实践	软件	廖尔崇
ERP 原理与实践	软件	廖尔崇
逼近论及其应用	概率与统计	蒋艳杰
逼近论及其应用	概率与统计	蒋艳杰
逼近论及其应用	概率与统计	蒋艳杰
非参数统计	概率与统计	苏　岩
非参数统计	概率与统计	苏　岩
现代数学基础与方法	概率与统计	殷云星
现代数学基础与方法	概率与统计	殷云星
现代数学基础与方法	概率与统计	殷云星
小波分析及其应用	概率与统计	谷根代
小波分析及其应用	概率与统计	谷根代
时间序列分析	概率与统计	李　鹏
时间序列分析	概率与统计	李　鹏
微分方程稳定性方法	高等数学	孔　倩
微分方程稳定性方法	高等数学	孔　倩
微分方程稳定性方法	高等数学	孔　倩
光子晶体光学	理论物理	任　芝
光子晶体光学	理论物理	任　芝
高等统计物理	理论物理	白占武
高等统计物理	理论物理	白占武
高等统计物理	理论物理	白占武
量子场论	理论物理	王志刚
量子场论	理论物理	王志刚
规范场论	理论物理	王志刚
规范场论	理论物理	王志刚

续表

课程名称	教研室	任课教师
粒子物理	理论物理	汪伟建
粒子物理	理论物理	汪伟建
光子晶体基础	理论物理	任　芝
光子晶体基础	理论物理	任　芝
不确定规划	信息	马新顺
不确定规划	信息	马新顺
多元统计分析	信息	苏　岩
多元统计分析	信息	苏　岩
多元统计分析	信息	苏　岩
随机过程	信息	殷云星
随机过程	信息	殷云星
随机过程	信息	殷云星
模糊数学(专业)	信息	张国立
模糊数学(专业)	信息	张国立
模糊数学(专业)	信息	张国立
多孔材料中的声传播	应用物理	张晓宏
多孔材料中的声传播	应用物理	张晓宏
非线性光学	应用物理	张贵银
非线性光学	应用物理	张贵银
非线性光学	应用物理	张贵银
理论声学	应用物理	姜根山
理论声学	应用物理	姜根山
近代声学	应用物理	姜根山
近代声学	应用物理	姜根山
激光物理学	应用物理	任　芝
激光物理学	应用物理	任　芝
激光物理学	应用物理	任　芝
激光光谱技术及应用	应用物理	张贵银
激光光谱技术及应用	应用物理	张贵银
液晶表面物理及效应	应用物理	关荣华
液晶表面物理及效应	应用物理	关荣华
语篇分析	专业	储　艳
文学理论	专业	王　珊
文学理论	专业	王　珊
文学批评	专业	王　珊
文学批评	专业	王　珊
英国小说	专业	李　静
英国小说	专业	李　静
社会语言学	专业	陈红平
社会语言学	专业	陈红平
应用语言学研究方法与论文写作	专业	郭　喆

续表

课程名称	教研室	任课教师
经贸翻译	专业	薛晓瑾
第二语言习得	专业	牛培培
文学翻译	专业	郭　雷
美国小说	专业	郭　雷
英语语言测试理论与实践	专业	董　天
科技翻译	专业	牛培培
科技翻译	专业	牛培培
科技笔译工作坊(汉译英)	专业	祖　林
科技笔译工作坊(汉译英)	专业	祖　林
科技笔译工作坊(英译汉)	专业	祖　林
科技笔译工作坊(英译汉)	专业	祖　林
科技口译工作坊(汉译英)	专业	杜敬杰
科技口译工作坊(汉译英)	专业	杜敬杰
科技口译工作坊(英译汉)	专业	杜敬杰
科技口译工作坊(英译汉)	专业	杜敬杰
中国改革开放专题研究	当代中国马克思主义教研	张　军
中国改革开放专题研究	当代中国马克思主义教研	张　军
马克思主义经典著作选读	马克思主义基本原理教研	王聚芹
马克思主义经典著作选读	马克思主义基本原理教研	王聚芹
比较德育	思想道德修养与法律基础	魏彤儒
比较德育	思想道德修养与法律基础	魏彤儒
企业思想政治工作与企业文化	思想道德修养与法律基础	王建红
企业思想政治工作与企业文化	思想道德修养与法律基础	王建红
思想政治教育学原理	思想道德修养与法律基础	魏彤儒
思想政治教育学原理	思想道德修养与法律基础	魏彤儒
经济社会政策调查与数据处理技术	思想道德修养与法律基础	江海霞
经济社会政策调查与数据处理技术	思想道德修养与法律基础	江海霞
传统文化与当代中国社会	中国近现代史纲要	徐肖然
传统文化与当代中国社会	中国近现代史纲要	徐肖然
中国共产党思想政治教育史	中国近现代史纲要	窦熙博
毛泽东思想专题研究	中国近现代史纲要	孟祥林
毛泽东思想专题研究	中国近现代史纲要	孟祥林
检测技术	测控	苏　杰
检测技术	测控	苏　杰
误差分析与数据处理	测控	韦根原
误差分析与数据处理	测控	韦根原
现代传感技术	测控	田　沛
现代传感技术	测控	田　沛
信号处理与信息融合	测控	金秀章
信号处理与信息融合	测控	金秀章
图像处理与计算机视觉(图像处理与分析)	测控	杨耀权

续表

课程名称	教研室	任课教师
图像处理与计算机视觉(图像处理与分析)	测控	杨耀权
工业控制计算机网络	控制理论	马永光
工业控制计算机网络	控制理论	马永光
火电机组负荷控制系统设计与实现	控制理论	董　泽
火电机组燃烧控制系统设计与实现	控制理论	马　平
故障诊断与容错控制	控制理论	李大中
故障诊断与容错控制	控制理论	李大中
系统建模	控制理论	焦嵩鸣
系统建模	控制理论	焦嵩鸣
系统决策与分析	控制理论	刘长良
系统决策与分析	控制理论	刘长良
智能控制	控制理论	韩　璞
智能控制	控制理论	韩　璞
优化理论与最优控制	控制理论	董　泽
优化理论与最优控制	控制理论	董　泽
预测控制	控制理论	王东风
预测控制	控制理论	王东风
自适应控制	控制理论	王印松
自适应控制	控制理论	王印松
现代控制理论	控制理论	刘鑫屏
现代控制理论	控制理论	刘鑫屏
财务报表编制与分析	财会	杨方文
高级财务会计理论及实务	财会	苑秀娥
高级财务会计理论及实务	财会	苑秀娥
机电设备评估	财会	王新利
机电设备评估	财会	王新利
无形资产评估	财会	闫丽萍
无形资产评估	财会	闫丽萍
电力资产评估实务与案例分析	财会	刘志彬
电力资产评估实务与案例分析	财会	刘志彬
中外资产评估准则	财会	闫丽萍
中外资产评估准则	财会	闫丽萍
企业内部控制理论与实务	财会	王新利
企业内部控制理论与实务	财会	王新利
房地产估价理论与方法	财会	王海峰
房地产估价理论与方法	财会	王海峰
企业预算管理理论与实务	财会	林志宏
企业预算管理理论与实务	财会	林志宏
企业财务管理案例分析	财会	李泽红
企业财务管理案例分析	财会	李泽红
企业会计前沿	财会	李永臣

续表

课程名称	教研室	任课教师
企业会计前沿	财会	李永臣
企业会计前沿	财会	李永臣
综合评价方法	工商管理	孙　伟
综合评价方法	工商管理	孙　伟
电力规划理论与实务	工商管理	范利国
电力规划理论与实务	工商管理	范利国
网络计划优化方法	工商管理	乞建勋
多目标决策理论	工商管理	孔　峰
多目标决策理论	工商管理	孔　峰
技术经济评价理论与方法	工商管理	孙　薇
技术经济评价理论与方法	工商管理	孙　薇
工程项目管理案例	工商管理	孔　峰
工程项目管理案例	工商管理	孔　峰
中级宏观经济学	工商管理	武群丽
中级宏观经济学	工商管理	武群丽
管理与沟通	工商管理	孙　薇
经济管理软件应用	工商管理	张梅梅
经济管理软件应用	工商管理	张梅梅
电力负荷预测方法	工商管理	孟　明
电力负荷预测方法	工商管理	孟　明
电力系统经济运行与管理	工商管理	范利国
电力系统经济运行与管理	工商管理	范利国
能源规划与系统分析	工商管理	李金颖
能源规划与系统分析	工商管理	李金颖
风险管理理论及方法	工商管理	赵巧芝
风险管理理论及方法	工商管理	赵巧芝
项目计划与控制	工商管理	李金颖
项目计划与控制	工商管理	李金颖
博弈论	经济学	李艳红
博弈论	经济学	李艳红
电力市场理论与实务	经济学	黄元生
电力市场理论与实务	经济学	黄元生
中级计量经济学	经济学	崔和瑞
中级计量经济学	经济学	崔和瑞
物流工程与管理案例	信息管理	李云燕
物流工程与管理案例	信息管理	李云燕
物流系统建模与仿真	信息管理	温　磊
物流系统建模与仿真	信息管理	温　磊
电力企业物流管理	信息管理	李云燕
电力企业物流管理	信息管理	李云燕
建筑工程评估与管理	信息管理	张树国
建筑工程评估与管理	信息管理	张树国

专题课程

课程名称	课堂编号	责任教师
智能配电网技术	第一课堂	梁海峰
电力系统中的电磁场相关问题	第二课堂	李慧奇
高电压工程新技术	第三课堂	刘云鹏
面向配电网的若干热点问题研究	第四课堂	梁志瑞
电工理论新技术专题	第五课堂	梁贵书
电机与电力电子新技术专题	第六课堂	李永刚
智能电网信息技术	第一课堂	苑津莎
智能电网中的通信技术	第二课堂	高　强
数学建模在数字信号处理中的应用	第三课堂	孙　正
节能技术专题	第一课堂	李慧君
火力发电厂空冷技术发展现状及趋势	第二课堂	周兰欣
可再生能源理论及其应用专题	第三课堂	程友良
过程层析成像技术及其应用	第一课堂	田　沛
新能源发电系统控制技术	第二课堂	李大中
单元机组控制系统优化与仿真实现	第三课堂	马　平
电厂应用化学前沿	第一课堂	张胜寒
燃煤烟气污染物控制进展	第二课堂	赵　毅
大气颗粒污染物控制新技术	第三课堂	胡志光
现代水处理技术	第四课堂	王淑勤
电力环境监测与相关防治技术	第五课堂	许佩瑶
供电公司决策模拟研究	第一课堂	刘树良
学术英语写作专题	第二课堂	温　磊
WebGIS 技术与机器学习算法及其应用研究	第一课堂	胡朝举
纳米发电技术应用专题	第一课堂	范孝良
英语专业硕士学位论文写作指导	第一课堂	张　莉
中国司法制度改革的热点问题	第一课堂	陈　奎
公共管理前沿问题专题研究	第二课堂	夏　珑
应用数学专题	第一课堂	谷根代
物理专题	第二课堂	白占武
思想政治教育与社会发展前沿问题研究	第一课堂	魏彤儒

华北电力大学2014年硕士学位授权点一览表

<table>
<tr><th rowspan="2">学科门类及代码</th><th colspan="2">一级学科</th><th colspan="2">二级学科</th><th rowspan="2">类别</th></tr>
<tr><th>学科名称</th><th>学科代码</th><th>学科名称</th><th>学科代码</th></tr>
<tr><td rowspan="4">经济学02</td><td rowspan="4">应用经济学(一级学科)</td><td rowspan="4">0202</td><td>金融学(含:保险学)</td><td>020204</td><td>硕士</td></tr>
<tr><td>产业经济学</td><td>020205</td><td>硕士</td></tr>
<tr><td>统计学</td><td>020208</td><td>硕士</td></tr>
<tr><td>数量经济学</td><td>020209</td><td>硕士</td></tr>
<tr><td rowspan="4">法学03</td><td rowspan="3">法学(一级学科)</td><td rowspan="3">0301</td><td>诉讼法学</td><td>030106</td><td>硕士</td></tr>
<tr><td>环境与资源保护法学</td><td>030108</td><td>硕士</td></tr>
<tr><td>国际法学(含:国际公法、国际私法、国际经济法)</td><td>030109</td><td>硕士</td></tr>
<tr><td>马克思主义理论(一级学科)</td><td>0305</td><td>思想政治教育</td><td>030505</td><td>硕士</td></tr>
<tr><td rowspan="2">文学05</td><td rowspan="2">外国语言文学(一级学科)</td><td rowspan="2">0502</td><td>英语语言文学</td><td>050201</td><td>硕士</td></tr>
<tr><td>外国语言学及应用语言学</td><td>050211</td><td>硕士</td></tr>
<tr><td rowspan="6">理学07</td><td rowspan="3">数学(一级学科)</td><td rowspan="3">0701</td><td>计算数学</td><td>070102</td><td>硕士</td></tr>
<tr><td>应用数学</td><td>070104</td><td>硕士</td></tr>
<tr><td>运筹学与控制论</td><td>070105</td><td>硕士</td></tr>
<tr><td rowspan="3">物理学(一级学科)</td><td rowspan="3">0702</td><td>理论物理</td><td>070201</td><td>硕士</td></tr>
<tr><td>凝聚态物理</td><td>070205</td><td>硕士</td></tr>
<tr><td>光学</td><td>070207</td><td>硕士</td></tr>
<tr><td rowspan="18">工学08</td><td rowspan="4">机械工程(一级学科)</td><td rowspan="4">0802</td><td>机械制造及其自动化</td><td>080201</td><td>硕士</td></tr>
<tr><td>机械电子工程</td><td>080202</td><td>硕士</td></tr>
<tr><td>机械设计及理论</td><td>080203</td><td>硕士</td></tr>
<tr><td>车辆工程</td><td>080204</td><td>硕士</td></tr>
<tr><td>材料科学与工程(一级学科)</td><td>0805</td><td>材料学</td><td>080502</td><td></td></tr>
<tr><td rowspan="6">动力工程及工程热物理(一级学科)</td><td rowspan="6">0807</td><td>工程热物理</td><td>080701</td><td>博士、硕士</td></tr>
<tr><td>热能工程</td><td>080702</td><td>博士、硕士</td></tr>
<tr><td>动力机械及工程</td><td>080703</td><td>博士、硕士</td></tr>
<tr><td>流体机械及工程</td><td>080704</td><td>博士、硕士</td></tr>
<tr><td>制冷及低温工程</td><td>080705</td><td>博士、硕士</td></tr>
<tr><td>化工过程机械</td><td>080706</td><td>博士、硕士</td></tr>
<tr><td rowspan="5">电气工程(一级学科)</td><td rowspan="5">0808</td><td>电机与电器</td><td>080801</td><td>博士、硕士</td></tr>
<tr><td>电力系统及其自动化</td><td>080802</td><td>博士、硕士</td></tr>
<tr><td>高电压与绝缘技术</td><td>080803</td><td>博士、硕士</td></tr>
<tr><td>电力电子与电力传动</td><td>080804</td><td>博士、硕士</td></tr>
<tr><td>电工理论与新技术</td><td>080805</td><td>博士、硕士</td></tr>
<tr><td rowspan="2">电子科学与技术(可授工学、理学学位)(一级学科)</td><td rowspan="2">0809</td><td>电路与系统</td><td>080902</td><td>硕士</td></tr>
<tr><td>电磁场与微波技术</td><td>080904</td><td>硕士</td></tr>
</table>

续表

学科门类及代码	一级学科		二级学科		类别
	学科名称	学科代码	学科名称	学科代码	
工学08	信息与通信工程(一级学科)	0810	通信与信息系统	081001	硕士
			信号与信息处理	081002	硕士
	控制科学与工程(一级学科)	0811	控制理论与控制工程	081101	博士、硕士
			检测技术与自动化装置	081102	博士、硕士
			系统工程	081103	
			模式识别与智能系统	081104	博士、硕士
	计算机科学与技术(可授工学、理学学位)(一级学科)	0812	计算机系统结构	081201	硕士
			计算机软件与理论	081202	硕士
			计算机应用技术	081203	硕士
	土木工程(一级学科)	0814	供热、供燃气、通风及空调工程	081404	硕士
	水利工程(一级学科)	0815	水文学及水资源	081501	硕士
			水工结构工程	081503	硕士
			水利水电工程	081504	硕士
	化学工程与技术(一级学科)	0817	化学工程	081701	硕士
			应用化学	081704	硕士
			工业催化	081705	硕士
	核科学与技术(一级学科)	0827	核能科学与工程	082701	硕士
			辐射防护及环境保护	082704	硕士
	农业工程	0828	农业电气化与自动化	082804	硕士
	环境科学与工程(一级学科)	0830	环境科学	083001	硕士
			环境工程	083002	硕士
	软件工程(一级学科)	0835			硕士
管理学12	管理科学与工程(一级学科)	1201	可授管理学、工学学位(注:本一级学科不分设二级学科(学科、专业))		博士、硕士
	工商管理(一级学科)	1202	会计学	120201	博士、硕士
			企业管理(含:财务管理、市场营销、人力资源管理)	120202	博士、硕士
			技术经济及管理	120204	博士、硕士
	公共管理(一级学科)	1204	行政管理	120401	
			教育经济与管理(可授管理学、教育学学位)	120403	硕士
			社会保障	120404	硕士

华北电力大学2014年博士学位授权点一览表

学科门类及代码	一级学科 学科名称	一级学科 学科代码	二级学科 学科名称	二级学科 学科代码	类别
工学08	动力工程及工程热物理（一级学科）	0807	工程热物理	080701	目录内
			热能工程	080702	目录内
			动力机械及工程	080703	目录内
			流体机械及工程	080704	目录内
			制冷及低温工程	080705	目录内
			化工过程机械	080706	目录内
			能源环境工程	0807Z1	目录外自设
			核电与动力工程	0807Z2	目录外自设
	电气工程（一级学科）	0808	可再生能源与清洁能源	99J1	交叉学科
			电机与电器	080801	目录内
			电力系统及其自动化	080802	目录内
			高电压与绝缘技术	080803	目录内
			电力电子与电力传动	080804	目录内
			电工理论与新技术	080805	目录内
			电气信息技术	0808Z1	目录外自设
	控制科学与工程（一级学科）	0811	控制理论与控制工程	081101	目录内
			检测技术与自动化装置	081102	目录内自设
			模式识别与智能系统	081104	目录内自设
			信息安全	0811Z1	目录外自设
			系统分析、运筹与控制	0811Z2	目录外自设
管理学12	管理科学与工程（一级学科）	1201	本一级学科不分设目录内二级学科		目录内
			工程与项目管理	1201Z1	目录外自设
			信息管理工程	1201Z2	目录外自设
	工商管理（一级学科）	1202	会计学	120201	目录内自设
			企业管理	120202	目录内自设
			技术经济及管理	120204	目录内
			能源管理	1202Z1	目录外自设

华北电力大学2014年博士后流动站一览表

序号	设站学科	批准文号	审批时间(年.月.日)
1	电气工程	人发〔2001〕28号	2001.3.26
2	工商管理	国人部发〔2003〕38号	2003.10.23
3	动力工程及工程热物理	国人部发〔2007〕110号	2007.8.14
4	管理科学与工程	人社部发〔2009〕107号	2009.9.4
5	控制科学与工程	人社部发〔2012〕48号	2012.8.29

华北电力大学2014年本科各省市招生执行情况表

（北京校部）

		北京	天津	河北	山西	内蒙古	辽宁	吉林	黑龙江	上海	江苏	浙江	安徽	福建	江西	山东	河南
理工类	当地重点线	543	516	573	534	501	526	555	529	423	345	597	489	506	526	572	547
	录取最高分	652	632	680	639	652	660	664	640	463	381	691	604	640	626	680	651
	录取最低分	610	592	652	600	564	635	621	622	442	354	661	499	597	587	655	614
	录取平均分	623	604	659	611	611	641	639	628	451	365	676	558	611	599	663	622
	最低分高出重点线	67	76	79	66	63	109	66	93	19	9	64	10	91	61	83	67
	平均分高出重点线	80	88	86	77	110	115	84	99	28	20	79	69	105	73	91	75
文史类	当地重点线	565	523	563	526	525	552	560	541	444	333	621	541	561	524	579	536
	录取最高分	629	579	618	567	601	607	619	603	458	356	668	587	627	580	638	580
	录取最低分	580	572	608	555	579	583	589	596	445	338	636	571	609	556	625	571
	录取平均分	603	576	612	560	588	596	601	598	453	344	652	577	614	562	629	576
	最低分高出重点线	15	49	45	29	54	31	29	55	1	5	15	30	48	32	46	35
	平均分高出重点线	38	53	49	34	63	44	41	57	9	11	31	36	53	38	50	40

		湖北	湖南	广东	广西	海南	重庆	四川	贵州	云南	西藏汉	西藏藏	陕西	甘肃	青海	宁夏	新疆
理工类	当地重点线	533	522	560	520	606	514	540	484	525	460	280	503	516	406	473	475
	录取最高分	625	632	629	637	765	618	628	634	661	622	361	645	620	598	638	611
	录取最低分	598	594	578	577	671	567	581	552	581	585	325	595	524	413	565	576
	录取平均分	604	606	597	599	703	583	591	584	606	595	337	610	575	524	602	590
	最低分高出重点线	65	72	18	57	65	53	41	68	56	125	45	92	8	7	92	101
	平均分高出重点线	71	84	37	79	97	69	51	100	81	135	57	107	59	118	129	115
文史类	当地重点线	535	562	579	550	666	555	551	569	565	500	340	548	543	473	517	516
	录取最高分	571	614	604	611	759	607	580	633	622	613	427	605	588	561	609	615
	录取最低分	563	605	588	558	732	586	552	610	602	601	382	578	548	490	569	573
	录取平均分	567	609	597	597	741	596	565	619	610	607	406	591	567	533	589	585
	最低分高出重点线	28	43	9	8	66	31	1	41	37	101	42	30	5	17	52	57
	平均分高出重点线	32	47	18	47	75	41	14	50	45	107	66	43	24	60	72	69

（保定校区）

		北京	天津	河北	山西	内蒙古	辽宁	吉林	黑龙江	上海	江苏	浙江	安徽	福建	江西	山东	河南
理工类	当地重点线	543	516	573	534	501	526	555	529	423	345	597	489	506	526	572	547
	录取最高分	637	628	670	623	625	645	657	637	459	375	683	588	634	610	672	642
	录取最低分	583	590	636	592	576	612	607	610	436	352	651	551	589	577	644	603
	录取平均分	597	601	647	600	600	625	630	618	441	362	662	561	602	587	652	610
	最低分高出重点线	40	74	63	58	75	86	52	81	13	7	54	62	83	51	72	56
	平均分高出重点线	54	85	74	65.9	99	99	74.5	89	18	16.5	64.5	72	96	61	79.8	63
文史类	当地重点线	565	523	563	526	525	552	560	541	/	333	621	541	561	524	579	536
	录取最高分	580	572	613	557	589	591	588	592	/	350	648	590	604	547	621	567
	录取最低分	566	559	599	548	540	577	573	582	/	339	634	568	588	538	615	559
	录取平均分	570	564	603	552	573	584	581	585	/	345	643	575	599	544	618	561
	最低分高出重点线	1	36	36	22	15	25	13	41	/	6	13	27	27	14	36	23
	平均分高出重点线	4.8	41	40	25.7	47.8	32	21	44	/	11.6	22.3	34	38	20	38.8	25

		湖北	湖南	广东	广西	海南	重庆	四川	贵州	云南	西藏汉	西藏藏	陕西	甘肃	青海	宁夏	新疆
理工类	当地重点线	533	522	560	520	606	514	540	484	525	460	280	503	516	406	473	475
	录取最高分	615	614	624	633	757	595	604	612	648	593	303	624	615	567	602	613
	录取最低分	581	591	560	567	679	557	577	529	536	552	299	586	516	480	474	545
	录取平均分	590	597	587	589	721	567	586	569	598	572	301	595	566	519	562	564
	最低分高出重点线	48	69	0	47	73	43	37	45	11	92	19	83	0	74	1	70
	平均分高出重点线	56.5	75	27	68.7	115	53	46	84.8	73	112	21	92	50	113	89	89
文史类	当地重点线	535	562	579	550	/	555	551	569	565	/	/	548	543	473	517	516
	录取最高分	565	596	589	575	/	596	570	613	616	/	/	578	553	513	566	565
	录取最低分	551	590	582	558	/	564	562	593	592	/	/	549	545	501	556	542
	录取平均分	555	593	586	568	/	581	566	602	603	/	/	566	550	507	561	550
	最低分高出重点线	16	28	3	8	/	9	11	24	27	/	/	1	2	28	39	26
	平均分高出重点线	19.9	31	6.8	17.5	/	26	15	33	38	/	/	18	7	34	44	34

教职工及师资情况

华北电力大学2014年教职工情况表

单位：人

		编号	教职工数									聘请校外教师	离退休人员	附属中小学幼儿园教职工	集体所有制人员
			合计	校本部教职工					科研机构人员	校办企业职工	其他附设机构人员				
				计	专任教师	行政人员	教辅人员	工勤人员							
甲		乙	1	2	3	4	5	6	7	8	9	10	11	12	13
总　计		1	2961	2924	1810	513	390	211		37		250	1013		
其中:女		2	1197	1190	726	203	209	52		7		72	469		
正高级		3	418	417	389	15	13			1		155	222		*
副高级		4	870	853	581	148	124			17		55	265		*
中　级		5	1242	1228	781	263	183	1		14		26	*	*	*
初　级		6	354	350	48	61	63	178		4		10	*	*	*
未定职级		7	77	76	11	26	7	32		1		4	*	*	*
其中聘任制	小计	8										*	*	*	*
	其中:女	9										*	*	*	*
	正高级	10										*	*	*	*
	副高级	11										*	*	*	*
	中级	12										*	*	*	*
	初级	13										*	*	*	*
	未定职级	14										*	*	*	*

华北电力大学2014年专任教师聘请校外教师岗位分类情况表

单位：人

	编号	本学年授课专任教师				本学年授课聘请校外教师				本学年不授课专任教师				
		合计	公共课基础课	专业课		合计	公共课基础课	专业课		合计	进修	科研	病休	其他
				计	其中:双师型			计	其中:双师型					
甲	乙	1	2	3	4	5	6	7	8	9	10	11	12	13
总　计	1	1601	326	1275		250	56	194		209	63	138	3	5
其中:女	2	618	147	471		72	31	41		108	35	68	3	2
正高级	3	376	55	321		155	3	152		13	2	11		
副高级	4	553	110	443		55	13	42		28	11	13	2	2
中　级	5	651	155	496		26	26			130	45	82		3
初　级	6	21	6	15	*	10	10		*	27	5	21	1	
未定职级	7				*	4	4		*	11		11		

华北电力大学2014年专任教师聘请校外教师学历(位)情况表

高基422

单位:人

	编号	合计			博士研究生			硕士研究生			本科			专科及以下		
		计	其中:获学位		计	其中:获学位		计	其中:获学位		计	其中:获学位		计	其中:获学位	
			博士	硕士		博士	硕士		博士	硕士		博士	硕士		博士	硕士
甲	乙	1	2	3	4	5	6	7	8	9	10	11	12	13	14	15
1.专任教师	1	1810	949	714	948	947	1	616	1	609	237		103	9	1	1
其中:女	2	726	297	360	296	295	1	315	1	313	111		45	4	1	1
正高级	3	389	271	76	271	271		70		66	45		10	3		
副高级	4	581	351	155	351	350	1	108		106	116		47	6	1	1
中　级	5	781	311	441	311	311		395		395	75		46			
初　级	6	48	10	37	9	9		38	1	37	1					
未定职级	7	11	6	5	6	6		5		5						
2.聘请校外教师	8	250	127	117	127	127		114		114	9		3			
其中:女	9	72	17	53	17	17		51		51	4		2			
外籍教师	10	35	31		31	31					4					
其他高校教师	11	61	49	12	49	49		12		12						
正高级	12	155	115	39	115	115		37		37	3		2			
副高级	13	55	12	42	12	12		41		41	2		1			
中　级	14	26		26				26		26						
初　级	15	10		10				10		10						
未定职级	16	4									4					

华北电力大学2014年分学科专任教师数

单位:人

	编号	合计	正高级	副高级	中级	初级	未定职级
甲	乙	1	2	3	4	5	6
总　计	1	1810	389	581	781	48	11
其中:女	2	726	98	245	358	24	1
哲　学	3	2			2		
经济学	4	57	15	21	21		
法　学	5	69	13	30	24	1	1
教育学	6	162	11	36	84	26	5
其中:体育	7	52	4	22	23	1	2
文　学	8	150	15	44	86	5	
其中:外语	9	133	13	39	78	3	
历史学	10						
理　学	11	177	35	52	88	2	
工　学	12	1042	269	330	425	13	5
其中:计算机	13	119	22	31	64	1	1
农　学	14						
其中:林学	15						
医　学	16						
管理学	17	143	30	64	48	1	
艺术学	18	8	1	4	3		

华北电力大学2014年研究生指导教师情况表

单位:人

		编号	合计	29岁及以下	30～34岁	35～39岁	40～44岁	45～49岁	50～54岁	55～59岁	60～64岁	65岁及以上
甲		乙	1	2	3	4	5	6	7	8	9	10
总　计		1	1009	6	91	170	218	188	194	107	22	13
其中:女		2	313	2	25	45	84	70	57	23	5	2
按专业技术职务分	正高级	3	401		3	9	46	89	134	88	19	13
	副高级	4	490	2	35	118	156	97	60	19	3	
	中级	5	118	4	53	43	16	2				
按指导关系分	博士导师	6	5						3	1		1
	其中:女	7	1									1
	硕士导师	8	838	6	90	164	191	154	142	75	14	2
	其中:女	9	292	2	24	45	81	65	51	19	5	
	博士、硕士导师	10	166		1	6	27	34	49	31	8	10
	其中:女	11	20		1		3	5	6	4		1

华北电力大学2014年人才接收与引进表

北京校部(49人)

序号	姓名	部门	性别	出生日期	年龄	编制标志	学历	学位	毕业学校	所学专业
1	许建中	电气与电子工程学院	男	1987－06－15	28	教学	研究生毕业	博士	华北电力大学	电力系统及其自动化
2	曹　军	电气与电子工程学院	男	1983－07－26	32	教学	研究生毕业	博士	贝尔法斯特女王大学	能源工程
3	卞星明	电气与电子工程学院	男	1985－02－16	30	教学	研究生毕业	博士后	清华大学深圳研究生院	化学
4	黄晓明	电气与电子工程学院	男	1987－03－15	28	实验	研究生毕业	硕士	华北电力大学	电子与信息技术
5	曾　博	电气与电子工程学院	男	1987－04－15	28	教学	研究生毕业	博士	华北电力大学	电力系统及其自动化
6	许国瑞	电气与电子工程学院	男	1986－01－24	29	教学	研究生毕业	博士	华北电力大学	电机与电器
7	龚雁峰	电气与电子工程学院	男	1977－11－21	38	实验研究	研究生毕业	博士	密西西比州立大学	电气工程及其自动化
8	张江昆	电气与电子工程学院	男	1987－08－21	28	辅导员	研究生毕业	硕士		机械工程及自动化
9	张宇宁	能源动力与机械工程学院	男	1983－06－09	32	教学	研究生毕业	博士后	英国曼彻斯特大学	工程力学
10	程永攀	能源动力与机械工程学院	男	1980－02－20	35	教学	研究生毕业	博士	新加坡国立大学	热能工程
11	宁子森	能源动力与机械工程学院	男	1988－07－01	27	辅导员	研究生毕业	硕士	华北电力大学	电子与信息技术
12	任　宇	能源动力与机械工程学院	男	1985－05－18	30	教学	研究生毕业	博士	北京理工大学	材料化学
13	刘　钊	能源动力与机械工程学院	男	1988－08－22	27	实验	研究生毕业	硕士	华北电力大学	热能工程与动力机械
14	张文彪	控制与计算机工程学院	男	1985－10－19	30	教学	研究生毕业	博士	天津大学	控制科学
15	吕　游	控制与计算机工程学院	男	1987－07－11	28	教学	研究生毕业	博士	华北电力大学	控制科学
16	孔小兵	控制与计算机工程学院	女	1987－02－07	28	教学	研究生毕业	博士	华北电力大学	控制科学
17	夏　昕	可再生能源学院	女	1984－07－27	31	教学	研究生毕业	博士	伦敦大学	化学
18	李　莉	可再生能源学院	女	1974－02－07	41	教学	研究生毕业	博士后	华北电力大学	热能工程与动力机械
19	李　鹏	可再生能源学院	男	1987－03－11	28	辅导员	研究生毕业	硕士	华北电力大学	水利水电工程
20	王　汉	核科学与工程学院	男	1986－10－20	29	教学	研究生毕业	博士	西安交通大学	热能工程与动力机械
21	彭　林	环境与化学工程系	女	1966－11－08	49	教学	研究生毕业	博士后	太原理工大学	化学工程与工艺
22	王祥科	环境与化学工程系	男	1973－03－04	42	教学	研究生毕业	博士	兰州大学	原子核物理学及核技术
23	陈燕红	人文与社会科学学院	女	1982－10－15	33	教学	研究生毕业	博士	对外经济贸易大学	法学

续表

序号	姓名	部门	性别	出生日期	年龄	编制标志	学历	学位	毕业学校	所学专业
24	崔　琦	人文与社会科学学院	女	1982－04－17	33	教学	研究生毕业	博士	清华大学	外国语言文学类其他专业
25	王天虎	数理系	男	1985－09－08	30	教学	研究生毕业	博士	华北电力大学	热能工程与动力机械
26	陈　亮	数理系	男	1984－10－27	31	教学	研究生毕业	博士后	北京计算科学研究中心	物理学
27	车剑韬	数理系	男	1989－01－28	26	实验	研究生毕业	硕士	华北电力大学	物理学类其他专业
28	曹李刚	数理系	男	1974－07－13	41	教学	研究生毕业	博士后	意大利南方国家实验室	物理学
29	张振华	数理系	男	1982－03－01	33	教学	研究生毕业	博士后	北京大学物理学院	
30	王旭琰	思想政治理论课教学部	女	1983－04－11	32	教学	研究生毕业	博士后	中国科学院	科学社会主义
31	马晓颖	英语系	女	1971－05－20	44	教学	研究生毕业	博士	澳大利亚斯文本科技大学	国际商务
32	段素萍	英语系	女	1978－01－20	37	教学	研究生毕业	博士	北京外国语大学	英语
33	王浩然	体育教学部	男	1989－04－15	26	教学	研究生毕业	硕士	北京体育大学	体育教育
34	王　龙	体育教学部	男	1988－03－26	27	教学	研究生毕业	硕士	北京体育大学	体育教育
35	李　烨	财务处	男	1986－09－08	29	教辅	研究生毕业	硕士	华北电力大学	人力资源管理
36	曹宇博	基建处	女	1990－07－08	25	行政	大学毕业	学士	北京城市学院	公共关系
37	庄　丽	纪检监察审计处	女	1974－09－24	41	教辅	研究生毕业	硕士	中国科学技术大学	工商行政管理
38	刘婧一	教育基金会	女	1989－06－18	26	行政	研究生毕业	硕士	华北电力大学	行政管理
39	郭玉聪	科学技术研究院	女	1989－03－23	26	行政	研究生毕业	硕士	华北电力大学	电气工程及其自动化
40	刘　琳	人才交流中心	女	1985－11－05	30	教学	研究生毕业	博士	北京师范大学	物理学
41	李鸿源	人才交流中心	男	1985－05－11	30	教学	研究生毕业	博士	华北电力大学	热能工程
42	陈　飞	人才交流中心	男	1986－04－28	29	教学	研究生毕业	博士		控制科学
43	龙生平	人才交流中心	男	1974－05－07	41	教学	研究生毕业	博士	华中师范大学	行政管理
44	康　鹏	人才交流中心	男	1982－11－25	33	教学	研究生毕业	博士	华北电力大学	热能工程
45	张　剑	人才交流中心	男	1986－02－05	29	教学	研究生毕业	博士	华北电力大学	电力系统及其自动化
46	崔文超	苏州研究院	男	1983－01－26	32	实验研究	研究生毕业	博士	华北电力大学	控制科学
47	吴　爽	网络与信息中心	男	1987－08－15	28	教辅	研究生毕业	硕士	华北电力大学	计算机及应用
48	王瑞琪	校企合作办公室 理事会工作办公室	女	1989－12－07	26	行政	研究生毕业	硕士	华北电力大学	控制科学
49	尹秀秀	校医院	女	1984－12－24	31	教辅	研究生毕业	硕士	首都医科大学附属北京同仁医院	临床医学

保定校区(28 人)

序号	姓名	部门	性别	出生日期	年龄	学历	毕业学校	专业	学位
1	张　欢	经济管理系	女	1984－11－27	31	博士研究生毕业	四川大学	管理科学与工程	博士
2	王　鹏	机械工程系	男	1986－04－8	29	博士研究生毕业	日本名古屋大学	机械理工学	博士
3	刘志坚	动力工程系	男	1984－01－24	31	博士研究生毕业	西安建筑科技大学	环境科学	博士
4	甄永赞	电力工程系	男	1985－05－04	30	博士研究生毕业	华北电力大学	电工理论与新技术	博士
5	王　雪	人事处	男	1988－11－12	27	硕士研究生毕业	华北电力大学	机械电子工程	硕士
6	郭少坤	图书馆	女	1987－05－16	28	硕士研究生毕业	华北电力大学	计算机技术	硕士
7	刘会兰	电力工程系	女	1986－08－16	29	硕士研究生毕业	华北电力大学	电力系统及其自动化	硕士
8	刘　洋	数理系	男	1988－04－29	27	硕士研究生毕业	华北电力大学	理论物理	硕士
9	高　轩	其他	女	1966－07－21	54	大学毕业	河北农业大学	畜牧专业	学士
10	范明月	医院	女	1987－5－1	28	硕士研究生毕业	河北医科大学	中西医结合临床内科	硕士
11	王　泽	网管中心	男	1989－01－02	26	硕士研究生毕业	华北电力大学	计算机技术	硕士
12	陈　焘	机械工程系	男	1984－10－23	31	硕士研究生毕业	华北电力大学	诉讼法学	硕士
13	刘明浩	动力工程系	男	1988－11－28	27	硕士研究生毕业	华北电力大学	热能工程	硕士
14	李恒凡	动力工程系	男	1989－12－02	26	硕士研究生毕业	华北电力大学	热能工程	硕士
15	韩会龙	机械工程系	男	1988－12－22	27	硕士研究生毕业	华北电力大学	机械制造	硕士
16	尹倩倩	动力工程系	女	1987－02－28	28	博士研究生毕业	浙江大学	工程热物理	博士
17	张宁宁	财务与资产管理处	男	1989－10－13	26	大学毕业	华北电力大学	会计学	学士
18	赵鲁臻	思想政治理论课教学部	男	1985－07－11	30	博士研究生毕业	南开大学	中国近现代史	博士
19	代　曼	计算机系	女	1988－09－29	27	硕士研究生毕业	北京师范大学	发展与教育心理学	硕士
20	赵争辉	动力工程系	女	1983－10－08	32	博士研究生毕业	华北电力大学	热能工程	博士
21	付　媛	电力工程系	女	1980－09－09	35	博士研究生毕业	华北电力大学	电机与电器	博士
22	李欢欢	研究生院	男	1987－10－11	28	硕士研究生毕业	吉林大学	科学技术哲学	硕士
23	赵泽延	纪检监察审计	男	1991－12－25	24	大学毕业	华北电力大学	会计学	学士
24	周　密	英语系	女	1989－03－30	26	硕士研究生毕业	北京外国语大学	翻译硕士(英语口译)	硕士
25	邵绪强	计算机系	男	1982－06－24	33	博士研究生毕业	北京航空航天大学	计算机应用技术	博士
26	张炳东	动力工程系	男	1982－05－14	33	博士研究生毕业	西安交通大学	动力工程及工程热物理	博士
27	刘　洁	环境学院	女	1986－12－17	29	博士研究生毕业	大连理工大学	环境工程	博士
28	朱霄珣	动力工程系	男	1985－07－21	30	博士研究生毕业	华北电力大学	动力机械及工程	博士

科研产业与校企合作情况

华北电力大学2014年度中央高校基本科研业务费立项一览表

（北京校部）

（单位：万元）

序号	项目编号	项目名称	负责人	所在单位	资助类别	申请领域	资助金额
1	2014ZZD01	超特高压输变电装备智能运维关键技术研究	程养春	电气与电子工程学院	重大项目	工程技术类	124
2	2014ZZD02	复杂电网保护与安全控制研究	马静	电气与电子工程学院	重大项目	工程技术类	113
3	2014ZZD03	节能与储能新材料的开发与产业化研究	徐超	能源动力与机械工程学院	重大项目	工程技术类	181
4	2014ZZD04	新型燃气轮机高压燃烧室设计关键技术研究	张辉	能源动力与机械工程学院	重大项目	工程技术类	153
5	2014ZZD05	多相流动相分离理论及关键技术	孙东亮	能源动力与机械工程学院	重大项目	工程技术类	162
6	2014ZZD06	地下水中石油污染物迁移转化机理与强化修复	何理	可再生能源学院	重大项目	工程技术类	116
7	2014ZZD07	宽光谱高效薄膜太阳电池研究	姚建曦	可再生能源学院	重大项目	工程技术类	199
8	2014ZZD08	中国养老保险体系长寿风险管理研究	胡军峰	经济与管理学院	重大项目	经济管理类	30
9	2014ZZD09	基于CsI(Na)晶体辐射探测性能研究	刘芳	核科学与工程学院	重大项目	工程技术类	100
10	2014ZZD10	图像处理的偏微分方程方法在智能电网中的应用	石玉英	数理学院	重大项目	理学类	108
11	2014ZD01	基于压缩空气储能的虚拟抽蓄技术研究	刘宝柱	电气与电子工程学院	重点项目	工程技术类	25
12	2014ZD02	超导电力应用的珀尔帖(Peltier)电流引线特性研究	皮伟	电气与电子工程学院	重点项目	工程技术类	25
13	2014ZD03	电场作用下微纳液滴界面输运特性与强化传热机理	王晓东	能源动力与机械工程学院	重点项目	工程技术类	32
14	2014ZD04	电站烟气余热利用关键部件与集成机理研究	徐钢	能源动力与机械工程学院	重点项目	工程技术类	28
15	2014ZD05	湿法电除尘控制燃煤烟气中PM2.5污染物技术研究	李文瀚	能源动力与机械工程学院	重点项目	工程技术类	25
16	2014ZD06	传质强化的脱硫除尘一体化装置的开发和优化	齐娜娜	能源动力与机械工程学院	重点项目	工程技术类	25
17	2014ZD07	下击瀑流致输电线－塔体系失稳机理分析及建模	周超	能源动力与机械工程学院	重点项目	工程技术类	28

续表

序号	项目编号	项目名称	负责人	所在单位	资助类别	申请领域	资助金额
18	2014ZD08	无机水合盐稳定过冷蓄能与触发凝固释能特性研究	张金珊	能源动力与机械工程学院	重点项目	工程技术类	25
19	2014ZD09	高强度超声场及负责环境下的空化效应	张宇宁	能源动力与机械工程学院	重点项目	工程技术类	25
20	2014ZD10	三相界面附近多物理场耦合热质传递过程研究	周乐平	能源动力与机械工程学院	重点项目	工程技术类	25
21	2014ZD11	表面等离激元增强型高效聚合物太阳电池的研究	谭占鳌	可再生能源学院	重点项目	工程技术类	28
22	2014ZD12	变化环境对流域水循环的影响及生态响应	张尚弘	可再生能源学院	重点项目	工程技术类	27
23	2014ZD13	水电站系统的耦合动力特性与智能减震控制	孙万泉	可再生能源学院	重点项目	工程技术类	25
24	2014ZD14	有机废液燃烧的理论构建与组合燃烧器的研究	肖显斌	可再生能源学院	重点项目	工程技术类	25
25	2014ZD15	新型硅量子线阵列双层太阳能电池研究	宋丹丹	可再生能源学院	重点项目	工程技术类	25
26	2014ZD16	多相结构/材料及一体化拓扑优化设计方法研究	龙凯	可再生能源学院	重点项目	工程技术类	25
27	2014ZD17	生物质碱催化热解多联产的机理与调控研究	陆强	可再生能源学院	重点项目	工程技术类	28
28	2014ZD18	新颖的臭氧氧化芳香族化合物反应体系的研究	杨少霞	可再生能源学院	重点项目	工程技术类	20
29	2014ZD19	核电站对抗氢风险技术研究	吕雪峰	核科学与工程学院	重点项目	工程技术类	26
30	2014ZD20	基于无线传感器网络的动态风速场重建研究	滕婧	控制与计算机工程学院	重点项目	工程技术类	57
31	2014ZD21	智能电网中多形态电源柔度调度	李金超	经济与管理学院	重点项目	经济管理类	19
32	2014ZD22	中国产业结构变迁特性研究－基于能源消费视角	刘达	经济与管理学院	重点项目	经济管理类	14
33	2014ZD23	能源、经济、环境相协调的区域电力系统低碳发展路径	孙哲	经济与管理学院	重点项目	经济管理类	14
34	2014ZD24	认知语言学与英语二语习得相关研究	刘岩	外国语学院	重点项目	人文社科类	15
35	2014ZD25	西方后现代主义及翻译研究	司薇	外国语学院	重点项目	人文社科类	15
36	2014ZD26	京津冀雾霾治理一体化联防联控的实现机制研究	王伟	人文与社会科学学院	重点项目	经济管理类	18
37	2014ZD27	区域能源系统调控机理研究	许野	资源与环境研究院	重点项目	工程技术类	32
38	2014ZD28	行业特色型大学董事会参与学校治理的模式研究	梁淑红	高等教育研究所	重点项目	经济管理类	15
39	2014ZP01	基于跨学院整合的国家重点实验室管理模式研究	彭跃辉	电气与电子工程学院	平台项目	经济管理类	15

续表

序号	项目编号	项目名称	负责人	所在单位	资助类别	申请领域	资助金额
40	2014ZP02	GIS变电站VFTO影响二次系统的实验室试验平台与实验方案设计	焦重庆	电气与电子工程学院	平台项目	工程技术类	10
41	2014ZP03	基于自动需求响应的电网节能关键技术研究	齐郑	电气与电子工程学院	平台项目	工程技术类	10
42	2014ZP04	基于复合材料特性的电站锅炉烟气余热高效利用研究	唐宁宁	能源动力与机械工程学院	平台项目	工程技术类	10
43	2014ZP05	新型二氧化碳吸附剂及其配套流化床吸附技术	滕阳	能源动力与机械工程学院	平台项目	工程技术类	10
44	2014ZP06	国家火电工程中心发展线路及成果转化研究	席新铭	能源动力与机械工程学院	平台项目	工程技术类	20
45	2014ZP07	跨学科的能源的安全与清洁利用北京重点实验室发展研究	朱红路	可再生能源学院	平台项目	工程技术类	10
46	2014ZP08	多功能生物質高效熱化學转化平台研制与完善	赵莹	可再生能源学院	平台项目	工程技术类	15
47	2014ZP09	北京市节能环保产业发展政策与立法研究	沈磊	人文学院	平台项目	人文社科	10
48	2014MS01	多介质融合配用电通信网业务建模和带宽预测	龚钢军	电气与电子工程学院	面上项目	工程技术类	8
49	2014MS02	多姿态SIFT特征人脸识别关键算法研究	廖斌	电气与电子工程学院	面上项目	工程技术类	8
50	2014MS03	不同阶次风电模型的对比分析及衍变机理研究	刘其辉	电气与电子工程学院	面上项目	工程技术类	8
51	2014MS04	宽带电力线通信系统跨层资源分配最优化理论研究	陆俊	电气与电子工程学院	面上项目	工程技术类	8
52	2014MS05	大规模风电场次同步振荡机理研究	徐衍会	电气与电子工程学院	面上项目	工程技术类	8
53	2014MS06	超/特高压磁控式并联电抗器故障特征及保护新原理研究	郑涛	电气与电子工程学院	面上项目	工程技术类	8
54	2014MS07	新能源配网的保护与状态监测的研究	贾科	电气与电子工程学院	面上项目	工程技术类	8
55	2014MS08	变电站无线传感器网络应用的关键技术研究	周振宇	电气与电子工程学院	面上项目	工程技术类	8
56	2014MS09	风电无级变速系统机网扭振与调速控制研究	武鑫	能源动力与机械工程学院	面上项目	工程技术类	11
57	2014MS10	循环流化床锅炉中的声行为特性研究	沈国清	能源动力与机械工程学院	面上项目	工程技术类	8
58	2014MS11	风电机组无监督模式识别智能故障诊断研究	马志勇	能源动力与机械工程学院	面上项目	工程技术类	8
59	2014MS12	燃气轮机变工况运行的建模与优化集成研究	张国强	能源动力与机械工程学院	面上项目	工程技术类	10
60	2014MS13	褐煤输运床气化流动反应特性与耦合规律	常剑	能源动力与机械工程学院	面上项目	工程技术类	8

续表

序号	项目编号	项目名称	负责人	所在单位	资助类别	申请领域	资助金额
61	2014MS14	外分液结构调控竖直管内两相流流型的机理研究	陈宏霞	能源动力与机械工程学院	面上项目	工程技术类	8
62	2014MS15	太阳能与燃煤耦合系统能流分布特性研究	翟融融	能源动力与机械工程学院	面上项目	工程技术类	11
63	2014MS16	固定床单颗粒煤粉着火反应机理实验研究	胡刚刚	能源动力与机械工程学院	面上项目	工程技术类	8
64	2014MS17	基于局部均值分解的汽轮机组振动故障诊断研究	李红	能源动力与机械工程学院	面上项目	工程技术类	8
65	2014MS18	三维焊缝的数学表达以及焊接物理属性的仿真分析	郑凯	能源动力与机械工程学院	面上项目	工程技术类	8
66	2014MS19	飞灰成分对S02氧化的催化机理	肖海平	能源动力与机械工程学院	面上项目	工程技术类	11
67	2014MS20	典型锅炉系统的控制结构分析及设计	傅彩芬	控制与计算机工程学院	面上项目	工程技术类	8
68	2014MS21	短文本分析关键算法研究	何慧	控制与计算机工程学院	面上项目	工程技术类	8
69	2014MS22	网络化串级控制系统的智能分数阶PID控制	黄从智	控制与计算机工程学院	面上项目	工程技术类	10
70	2014MS23	基于弱硬实时特性分析的分布式网络性能优化	梁庚	控制与计算机工程学院	面上项目	工程技术类	8
71	2014MS24	基于数据驱动的风电场叶片故障诊断方法研究	刘俊承	控制与计算机工程学院	面上项目	工程技术类	8
72	2014MS25	输出分布控制理论及其在风电中的应用	张金芳	控制与计算机工程学院	面上项目	工程技术类	10
73	2014MS26	基于粒子滤波的小目标跟踪与检测	周蓉	控制与计算机工程学院	面上项目	工程技术类	8
74	2014MS27	面向智能电网基础设施Cyber－Physical安全的自治愈关键技术研究	王竹晓	控制与计算机工程学院	面上项目	工程技术类	10
75	2014MS28	面向智能电网互动化需求的数据安全防护技术研究	关志涛	控制与计算机工程学院	面上项目	工程技术类	8
76	2014MS29	智能配电网量测优化及状态估计关键技术研究	焦润海	控制与计算机工程学院	面上项目	工程技术类	8
77	2014MS30	生物质气化－固体氧化物燃料电池发电系统的研究	曲作鹏	可再生能源学院	面上项目	工程技术类	11
78	2014MS31	原位复合纳米导热体的生物质基活性炭研究	王孝强	可再生能源学院	面上项目	工程技术类	10
79	2014MS32	高效等离激元染料敏化太阳电池的研究	古丽米娜	可再生能源学院	面上项目	工程技术类	11
80	2014MS33	基于壁面肋条结构的湍流减阻研究	葛铭纬	可再生能源学院	面上项目	工程技术类	8
81	2014MS34	基于醇溶性过渡金属电极修饰层的高性能胶体量子点电致发光器件的研究	何少剑	可再生能源学院	面上项目	工程技术类	10

续表

序号	项目编号	项目名称	负责人	所在单位	资助类别	申请领域	资助金额
82	2014MS35	全溶液制程高效叠层聚合物太阳电池的研究	王福芝	可再生能源学院	面上项目	工程技术类	10
83	2014MS36	铁基载氧体作用下生物质化学链燃烧机理研究	覃昊	可再生能源学院	面上项目	工程技术类	11
84	2014MS37	基于普光天线蛋白－膜组合的仿生光电器件	张兵	可再生能源学院	面上项目	工程技术类	10
85	2014MS38	企业的环境信息披露及其经济后果研究	张妍	经济与管理学院	面上项目	经济管理类	5
86	2014MS39	供应链中的碳风险传递模型研究	郭晓鹏	经济与管理学院	面上项目	经济管理类	5
87	2014MS40	智能电网利益链风险元传递模型及应用研究	马同涛	经济与管理学院	面上项目	经济管理类	5
88	2014MS41	智能电网环境下拟境动态智能负荷预测研究	王建军	经济与管理学院	面上项目	经济管理类	8
89	2014MS42	电动汽车产业发展政策影响模拟及应用研究	张琪	经济与管理学院	面上项目	经济管理类	5
90	2014MS43	公司特征、薪酬激励与经济后果	简建辉	经济与管理学院	面上项目	经济管理类	5
91	2014MS44	多产品网络化交互消费者个体影响力及偏好隐特质识别模型研究	丁嘉莉	经济与管理学院	面上项目	经济管理类	5
92	2014MS45	火电企业环境管理会计关键问题研究	何平林	经济与管理学院	面上项目	经济管理类	5
93	2014MS46	不确定性动态综合资源战略规划理论与方法	袁家海	经济与管理学院	面上项目	经济管理类	10
94	2014MS47	电力行业突发事件应急管理体系及其动态评价研究	王永利	经济与管理学院	面上项目	经济管理类	12
95	2014MS48	北京市碳排放放权交易机制研究	张金良	经济与管理学院	面上项目	经济管理类	8
96	2014MS49	安全壳内无线三维可视化实时监测系统研究	程晓磊	核科学与工程学院	面上项目	工程技术类	8
97	2014MS50	非能动安全壳内热分层现象研究	王升飞	核科学与工程学院	面上项目	工程技术类	8
98	2014MS51	基于屏蔽计算需求的群常数处理方法研究	吴军	核科学与工程学院	面上项目	工程技术类	8
99	2014MS52	压水堆用SiC包壳材料的应力分析与气密性研究	郝祖龙	核科学与工程学院	面上项目	工程技术类	8
100	2014MS53	镍基高温合金中氦行为的模拟研究	赵强	核科学与工程学院	面上项目	工程技术类	8
101	2014MS54	土壤有机质对碘迁移行为的影响研究	陈涛	核科学与工程学院	面上项目	工程技术类	10
102	2014MS55	基于氧化物纳米线的锂离子电池负极材料研究	付星球	数理学院	面上项目	理学类	5

续表

序号	项目编号	项目名称	负责人	所在单位	资助类别	申请领域	资助金额
103	2014MS56	基于历史资料的守恒型多步有限差分格式	公敬	数理学院	面上项目	理学类	5
104	2014MS57	带耗散项的非线性板方程初值问题的研究	刘永琴	数理学院	面上项目	理学类	8
105	2014MS58	Banach 空间中分数阶微分方程及其应用	张学梅	数理学院	面上项目	理学类	7
106	2014MS59	Ⅲ－Ⅴ族半导体异质结中的光电响应研究	胡冰	数理学院	面上项目	理学类	5
107	2014MS60	耦合非线性系统中的组织与破缺问题研究	黄霞	数理学院	面上项目	理学类	5
108	2014MS61	对 Sb 掺杂影响 GaMnAs 磁性机制的研究	王文杰	数理学院	面上项目	理学类	5
109	2014MS62	新能源电力系统平衡点随机漂移的理论与方法	魏军强	数理学院	面上项目	理学类	5
110	2014MS63	量子谐振子方程解的奇性研究及应用	毛仕宽	数理学院	面上项目	理学类	5
111	2014MS64	我国煤层气立法问题研究	曹治国	人文与社会科学学院	面上项目	人文社科类	5
112	2014MS65	我国知识产权信息服务的法律保障机制研究	李喜蕊	人文与社会科学学院	面上项目	人文社科类	8
113	2014MS66	中外首都城市管理体制比较研究	吕桂玲	人文与社会科学学院	面上项目	人文社科类	5
114	2014MS67	巴金作品的英译研究	王苗苗	外国语学院	面上项目	人文社科类	4.5
115	2014MS68	基于建构主义的大学英语自主学习教学研究	陈艳颖	外国语学院	面上项目	人文社科类	3.5
116	2014MS69	英语中动词的句法研究	赵燕飞	外国语学院	面上项目	人文社科类	3.5
117	2014MS70	美国后现代主义作家威廉·沃尔曼研究	尹宇	外国语学院	面上项目	人文社科类	4
118	2014MS71	全球化背景下商务口译人才培养模式的研究	宋晓漓	外国语学院	面上项目	人文社科类	4
119	2014MS72	法律翻译的分析框架创建研究	孙利	外国语学院	面上项目	人文社科类	4.5
120	2014MS73	美国华裔文学作品中语码转换的语料库研究	杨海霞	外国语学院	面上项目	人文社科类	4
121	2014MS74	基于性别差异的英语教师课堂话语分析研究	岳剑英	外国语学院	面上项目	人文社科类	3.5
122	2014MS75	认知语言学视角下的翻译实践研究	张倩	外国语学院	面上项目	人文社科类	4.5
123	2014MS76	跨文化商务交际中交际者文化身份研究	张婷	外国语学院	面上项目	人文社科类	4
124	2014MS77	美国后现代主义荒诞派戏剧研究	郑蓉颖	外国语学院	面上项目	人文社科类	3.5
125	2014MS78	后方法时代教学翻译与翻译教学关系研究	赵聪敏	外国语学院	面上项目	人文社科类	3.5

续表

序号	项目编号	项目名称	负责人	所在单位	资助类别	申请领域	资助金额
126	2014MS79	唐纳德·巴塞尔姆小说艺术研究	刘辉	外国语学院	面上项目	人文社科类	4
127	2014MS80	基于智能手机的英语微学习资源设计应用研究	余青兰	外国语学院	面上项目	人文社科类	4
128	2014MS81	超超临界机组节能减排和运维优化关键技术研究	李薇	资源与环境研究院	面上项目	工程技术类	8
129	2014MS82	宏观时空尺度下的非点源污染数值模型研究	丁晓雯	资源与环境研究院	面上项目	工程技术类	13
130	2014QN01	大规模新能源并网系统全概率自适应控制策略	曹军	电气与电子工程学院	青年项目	工程技术类	3
131	2014QN02	电力系统状态估计的统计学习理论和方法研究	陈艳波	电气与电子工程学院	青年项目	工程技术类	3
132	2014QN03	通信信号短数据盲均衡技术研究	许军	电气与电子工程学院	青年项目	工程技术类	3
133	2014QN04	纳米粒子对变压器油中流注发展过程的改性作用和机理研究	王琪	电气与电子工程学院	青年项目	工程技术类	3
134	2014QN05	双馈风电机组应对电网扰动的控制方法	王欢	电气与电子工程学院	青年项目	工程技术类	3
135	2014QN06	基于风力间歇性的辅助服务调频模型研究	蔚芳	电气与电子工程学院	青年项目	工程技术类	3
136	2014QN07	基于SD的电力零售市场对批发市场的作用关系研究	姜庆国	电气与电子工程学院	青年项目	工程技术类	3
137	2014QN08	孔隙结构对钙基吸收剂脱碳能力影响的研究	刘洋	能源动力与机械工程学院	青年项目	工程技术类	3
138	2014QN09	HCPVT系统微通道/歧管复合冷却系统的数值方法研究	巨星	能源动力与机械工程学院	青年项目	工程技术类	3
139	2014QN10	化学气相沉积法制备改性飞灰的技术研究	李文瀚	能源动力与机械工程学院	青年项目	工程技术类	5
140	2014QN11	基于网络层的异构有线－无线传感器网络融合	琚贇	控制与计算机工程学院	青年项目	工程技术类	3
141	2014QN12	智能变电站的软件化设计与研究	徐欢	控制与计算机工程学院	青年项目	工程技术类	3
142	2014QN13	固体颗粒在生物质气化过程中的流动特性研究	张文彪	控制与计算机工程学院	青年项目	工程技术类	3
143	2014QN14	面向智能配用电的M2M通讯可靠性研究	闫江毓	控制与计算机工程学院	青年项目	工程技术类	3
144	2014QN15	声波测量湿蒸汽两相流湿度的理论与实验研究	张世平	控制与计算机工程学院	青年项目	工程技术类	3
145	2014QN16	燃烧过程的耦合检测技术研究	王虎	控制与计算机工程学院	青年项目	工程技术类	3
146	2014QN17	工业微细粉尘(PM2.5等)在线连续监测系统的研究	张露	控制与计算机工程学院	青年项目	工程技术类	3

续表

序号	项目编号	项目名称	负责人	所在单位	资助类别	申请领域	资助金额
147	2014QN18	大规模新能源并网系统全概率自适应控制策略	王彤	控制与计算机工程学院	青年项目	工程技术类	3
148	2014QN19	无刷双馈电机系统能耗模型及降耗关键技术研究	卢伟甫	控制与计算机工程学院	青年项目	工程技术类	3
149	2014QN20	风电场电磁暂态特性分析及故障等值模型建立	刘素梅	控制与计算机工程学院	青年项目	工程技术类	3
150	2014QN21	燃料电池催化剂材料计算机选择与优化	夏昕	可再生能源学院	青年项目	工程技术类	5
151	2014QN22	氧化镍纳米结构的合成及在能源领域的应用	褚立华	可再生能源学院	青年项目	工程技术类	5
152	2014QN23	中国光伏产业对外直接投资模式与路径研究	付静	经济与管理学院	青年项目	经济管理类	3
153	2014QN24	电网工程建设造价管控优化理论及应用研究	刘金朋	经济与管理学院	青年项目	经济管理类	3
154	2014QN25	从能源政策角度看国家西部开发战略	邢新欣	经济与管理学院	青年项目	经济管理类	3
155	2014QN26	聚变堆活化腐蚀产物源项分析程序开发	张竞宇	核科学与工程学院	青年项目	工程技术类	4
156	2014QN27	考虑三维钠池耦合效应的快堆余热排出系统计算模型开发	隋丹婷	核科学与工程学院	青年项目	工程技术类	4
157	2014QN28	CSR1000 超临界堆小破口事故机理研究	陈娟	核科学与工程学院	青年项目	工程技术类	4
158	2014QN29	Lorentz 对称性的检验与新物理	肖智	数理学院	青年项目	理学类	3
159	2014QN30	多芯光子晶体光纤中超短脉冲及开关效应研究	李敏	数理学院	青年项目	理学类	3
160	2014QN31	微波辅助乙醇及碱提取文冠果油特性研究	陈中山	数理学院	青年项目	工程技术类	3
161	2014QN32	荧光蛋白发色团双光子吸收光谱的理论研究	艾玥洁	数理学院	青年项目	理学类	3
162	2014QN33	气候变化条件下能源－大气综合管理系统研究	李延峰	资源与环境研究院	青年项目	工程技术类	3
163	2014QN34	创业型企业的生态系统的打造:金融的助推作用	戎珂	人文与社会科学学院	青年项目	人文社科类	3
164	2014QN35	中英文语码转化的社会语言学研究	杜异	外国语学院	青年项目	人文社科类	3
165	2014QN36	论蒙田随笔集中的怀疑主义思想	张诗卉	外国语学院	青年项目	人文社科类	3
166	2014QN37	大学生法治教育的路径研究——以影视法学课为例	徐唐棠	思想政治理论课教学部	青年项目	人文社科类	3
167	2014XS01	复杂大电网下通信网多维度可靠性模型研究	樊冰	电气与电子工程学院	研究生项目	工程技术类	1

续表

序号	项目编号	项目名称	负责人	所在单位	资助类别	申请领域	资助金额
168	2014XS02	含风电集群接入电网的功率混杂控制方法	徐鹏	电气与电子工程学院	研究生项目	工程技术类	1
169	2014XS03	MMC阀内故障诊断与故障恢复关键问题研究	李探	电气与电子工程学院	研究生项目	工程技术类	1
170	2014XS04	4G星－地一体移动通信系统频谱共用技术研究	梁晓林	电气与电子工程学院	研究生项目	工程技术类	1
171	2014XS05	电动机动态负荷模拟加载系统关键技术研究	王博	电气与电子工程学院	研究生项目	工程技术类	1
172	2014XS06	特高压GIL机械承载能力研究	王健	电气与电子工程学院	研究生项目	工程技术类	1
173	2014XS07	MMC交直流侧电压偏置解耦控制策略研究	张帆	电气与电子工程学院	研究生项目	工程技术类	1
174	2014XS08	风电场等值建模和无功控制策略研究	张乐丰	电气与电子工程学院	研究生项目	工程技术类	1
175	2014XS09	含多类型电源的虚拟发电厂/电网协调交互策略	赵天阳	电气与电子工程学院	研究生项目	工程技术类	1
176	2014XS10	纳米变压器油纸绝缘的沿面放电特性研究	周游	电气与电子工程学院	研究生项目	工程技术类	1
177	2014XS11	变压器直流偏磁的无功扰动研究	谭瑞娟	电气与电子工程学院	研究生项目	工程技术类	1
178	2014XS12	交直流并行线路混合电厂特性实验研究	王振国	电气与电子工程学院	研究生项目	工程技术类	1
179	2014XS13	大型燃煤电站机炉耦合热集成系统研究	黄圣伟	能源动力与机械工程学院	研究生项目	工程技术类	1
180	2014XS14	超结构自动生成技术的研究与应用	王利刚	能源动力与机械工程学院	研究生项目	工程技术类	1
181	2014XS15	基于自适应共振网络的风电智能故障诊断研究	李状	能源动力与机械工程学院	研究生项目	工程技术类	1
182	2014XS16	风电机组运行早期可靠性分析技术的研究	张穆勇	能源动力与机械工程学院	研究生项目	工程技术类	1
183	2014XS17	高压预混燃烧的数值研究	石黎	能源动力与机械工程学院	研究生项目	工程技术类	1
184	2014XS18	大型燃煤发电机组多目标评价方法研究	吴殿法	能源动力与机械工程学院	研究生项目	工程技术类	1
185	2014XS19	大型火电机组的降耗时空效应节能诊断方法	付鹏	能源动力与机械工程学院	研究生项目	工程技术类	1
186	2014XS20	多物理量环境下电厂锅炉管氧化特性研究	朱忠亮	能源动力与机械工程学院	研究生项目	工程技术类	1
187	2014XS21	多轴应力下电站部件蠕变损伤及微观组织演变的研究	常愿	能源动力与机械工程学院	研究生项目	工程技术类	1
188	2014XS22	太阳能辅助燃煤发电系统光煤贡献度研究	朱勇	能源动力与机械工程学院	研究生项目	工程技术类	1

续表

序号	项目编号	项目名称	负责人	所在单位	资助类别	申请领域	资助金额
189	2014XS23	超临界锅炉运行对受热面安全性影响的研究	邓博	能源动力与机械工程学院	研究生项目	工程技术类	1
190	2014XS24	超临界机组汽水系统腐蚀产物迁徙过程研究	蒋东方	能源动力与机械工程学院	研究生项目	工程技术类	1
191	2014XS25	基于FOA和SVM的汽轮机振动故障诊断技术研究	褚东亮	能源动力与机械工程学院	研究生项目	工程技术类	1
192	2014XS26	石墨烯负载金纳米团簇催化脱除N2O性能研究	吴令男	能源动力与机械工程学院	研究生项目	工程技术类	1
193	2014XS27	风、火、储一体化发电系统耦合机理与经济性研究	刘辉	能源动力与机械工程学院	研究生项目	工程技术类	1
194	2014XS28	大规模燃煤电厂烟气CO_2捕集优化集成研究	胡玥	能源动力与机械工程学院	研究生项目	工程技术类	1
195	2014XS29	太阳能热与煤互补发电系统能耗分布特性研究	王梦娇	能源动力与机械工程学院	研究生项目	工程技术类	1
196	2014XS30	二次再热发电机组系统优化与集成研究	周璐瑶	能源动力与机械工程学院	研究生项目	工程技术类	1
197	2014XS31	振荡浮子式波浪发电装置的水动力特性研究	谢典	能源动力与机械工程学院	研究生项目	工程技术类	1
198	2014XS32	基于弯扭耦合振动特性的转子裂纹诊断技术研究	陈东超	能源动力与机械工程学院	研究生项目	工程技术类	1
199	2014XS33	铁基载氧体作用下CO化学链燃烧积碳机理研究	梁志永	能源动力与机械工程学院	研究生项目	工程技术类	1
200	2014XS34	基于声学法的炉内多物理场重建方法研究	刘岩	能源动力与机械工程学院	研究生项目	工程技术类	1
201	2014XS35	褐煤预干燥与火电厂热力系统集成研究	许诚	能源动力与机械工程学院	研究生项目	工程技术类	1
202	2014XS36	基于钢球动能的球磨机内存煤量的控制研究	何芳	控制与计算机工程学院	研究生项目	工程技术类	1
203	2014XS37	高并发负载控制系统的实时缓冲及性能优化	安思成	控制与计算机工程学院	研究生项目	工程技术类	1
204	2014XS38	基于支持向量回归的多输出系统建模方法研究	杨燕燕	控制与计算机工程学院	研究生项目	理学类	1
205	2014XS39	规模化风光储组合发电单元模型的研究	周欢	控制与计算机工程学院	研究生项目	工程技术类	1
206	2014XS40	基于声学法的二氧化碳输送管道泄漏检测及定位方法研究	崔希望	控制与计算机工程学院	研究生项目	工程技术类	1
207	2014XS41	基于静电传感器阵列的旋转机械状态监测研究	王丽娟	控制与计算机工程学院	研究生项目	工程技术类	1
208	2014XS42	基于机器视觉及图像处理的燃烧状态实时监测	白晓静	控制与计算机工程学院	研究生项目	工程技术类	1
209	2014XS43	余热利用系统的随机分布控制理论及应用	王锐	控制与计算机工程学院	研究生项目	工程技术类	1

续表

序号	项目编号	项目名称	负责人	所在单位	资助类别	申请领域	资助金额
210	2014XS44	模糊控制理论及其在余热利用过程中的应用	赵小鹏	控制与计算机工程学院	研究生项目	工程技术类	1
211	2014XS45	ORC 系统的状态监测和故障诊断的研究与应用	张婷	控制与计算机工程学院	研究生项目	工程技术类	1
212	2014XS46	基于静电感应的方管内气固两相流动特性研究	张帅	控制与计算机工程学院	研究生项目	工程技术类	1
213	2014XS47	循环流化床化学链燃烧反应器内气固流动与传热特性研究	关彦军	可再生能源学院	研究生项目	工程技术类	1
214	2014XS48	硅纳米线太阳能电池的优化设计	段志强	可再生能源学院	研究生项目	工程技术类	1
215	2014XS49	适用于有机朗肯循环的润滑油实验研究	杨绪飞	可再生能源学院	研究生项目	工程技术类	1
216	2014XS50	运用流型调控机理强化冷凝传热	谢剑	可再生能源学院	研究生项目	工程技术类	1
217	2014XS51	综合利用水库优化调度关键技术的研究	吴月秋	可再生能源学院	研究生项目	工程技术类	1
218	2014XS52	Ag2S 微纳复合结构设计制备与光催化性能研究	丁瑞强	可再生能源学院	研究生项目	工程技术类	1
219	2014XS53	电动汽车发展对电网规划建设的影响及对策研究	段金辉	经济与管理学院	研究生项目	经济管理类	1
220	2014XS54	复杂大型项目质量链识别方法及其优化模型研究	杨益晟	经济与管理学院	研究生项目	经济管理类	1
221	2014XS55	施工企业项目链风险元传递理论模型研究	刘赟奇	经济与管理学院	研究生项目	经济管理类	1
222	2014XS56	不同激励机制下我国可再生能源投资风险评价及其决策模型研究	刘喜梅	经济与管理学院	研究生项目	经济管理类	1
223	2014XS57	风电并网环境下抽蓄电站优化控制策略研究	张鲲	经济与管理学院	研究生项目	工程技术类	1
224	2014XS58	RPS 下绿证交易碳交易对电源结构的影响机理研究	冯天天	经济与管理学院	研究生项目	经济管理类	1
225	2014XS59	非经营性政府投资决策活动组织与管理研究	耿帅	经济与管理学院	研究生项目	经济管理类	1
226	2014XS60	分布式新能源发电定价机制及其运营模式研究	欧阳邵杰	经济与管理学院	研究生项目	经济管理类	1
227	2014XS61	促进电动汽车有序发展的多阶段电价机制研究	饶娆	经济与管理学院	研究生项目	经济管理类	1
228	2014XS62	热堆嬗变理论研究	胡文超	核科学与工程学院	研究生项目	工程技术类	1
229	2014XS63	压水堆中生产钴放射源的理论研究	杜晓超	核科学与工程学院	研究生项目	工程技术类	1
230	2014XS64	超临界水堆0窄通道流体交混机理研究	刘亮	核科学与工程学院	研究生项目	工程技术类	1

续表

序号	项目编号	项目名称	负责人	所在单位	资助类别	申请领域	资助金额
231	2014XS65	基于强健性模糊优化的深圳市能源系统规划	周雅	资源与环境研究院	研究生项目	工程技术类	1
232	2014XS66	基于模糊边界区间优化方法用于香溪河水质管理	刘静	资源与环境研究院	研究生项目	工程技术类	1
233	2014XS67	不确定条件下的开孔河流域水资源配置与交易	曾雪婷	资源与环境研究院	研究生项目	工程技术类	1
234	2014XS68	基于不确定方法的流域水文模拟优化研究	崔亮	资源与环境研究院	研究生项目	理学类	1
235	2014XS69	基于风险规避的模拟－优化交易模型系统研究	张俊龙	资源与环境研究院	研究生项目	工程技术类	1
236	2014XS70	能源替代背景下区域能源系统优化管理研究	武传宝	资源与环境研究院	研究生项目	工程技术类	1
237	2014XS71	京津冀 PM2.5 前体污染物总量控制及健康风险研究	张阳	资源与环境研究院	研究生项目	工程技术类	1
238	2014XS72	基于改进蒙特卡洛法的雌激素特征及风险评价	申婧	资源与环境研究院	研究生项目	工程技术类	1
239		纳米流体在高辅照度太阳能下吸热性能的研究	程永攀	能源动力与机械工程学院	杰出人才项目	工程技术类	10
240		大气污秽物对交流输电导线表面状态的影响	卞星明	数理学院	杰出人才项目	理学类	5
241		原子核自旋——同位旋性质研究	曹李刚	数理学院	杰出人才项目	理学类	10
242	2014ZZD11	微电网中多源优化配置及协调控制技术研究	王毅	电气与电子工程学院	重大项目	工程技术类	87
243	2014ZD29	基于云特征识别与移动矢量的光伏发电功率超短期预测方法研究	李然	电气与电子工程学院	重点项目	工程技术类	25
244	2014ZD30	新型电动汽车车载 V2G 变流技术的研究	张波	电气与电子工程学院	重点项目	工程技术类	25
245	2014ZD31	多模态心血管影像信息处理与分析	孙正	电气与电子工程学院	重点项目	工程技术类	22
246	2014ZD32	偏差感知的多处理器片上系统性能良品率统计分析与优化方法研究	靳松	电气与电子工程学院	重点项目	工程技术类	20
247	2014ZD33	台风作用下海上风力机叶片失效机理及载荷控制方法	安利强	能源动力与机械工程学院	重点项目	工程技术类	27
248	2014ZD34	有机工质朗肯循环发电系统透平内流动特性研究	王智	能源动力与机械工程学院	重点项目	工程技术类	22
249	2014ZD35	基于太阳能热泵的 LPG 气化系统的关键问题研究	时国华	能源动力与机械工程学院	重点项目	工程技术类	23
250	2014ZD36	螺栓连接滑移的不确定性及其对输电铁塔安全性的影响研究	江文强	能源动力与机械工程学院	重点项目	工程技术类	20

续表

序号	项目编号	项目名称	负责人	所在单位	资助类别	申请领域	资助金额
251	2014ZD37	SiC/TiC 增强铝基复合材料制备及加工技术研究	王进峰	能源动力与机械工程学院	重点项目	工程技术类	20
252	2014ZD38	癌瘤特征标记物共识诊断系统的研究与应用	李艳坤	环境科学与工程学院	重点项目	工程技术类	27
253	2014ZD39	基于活性炭吸附的梯级氨法碳捕集研究	马京香	环境科学与工程学院	重点项目	工程技术类	37
254	2014ZD40	压水堆一回路 Pb 抑制镍合金腐蚀的电化学研究	梁可心	环境科学与工程学院	重点项目	工程技术类	25
255	2014ZD41	类过氧化物酶催化 H_2O_2 氧化脱除烟气中 Hg^0 的机理研究	马宵颖	环境科学与工程学院	重点项目	工程技术类	25
256	2014ZD42	中微子质量特殊结构及其味对称实现的研究	汪伟建	数理学院	重点项目	理学类	19
257	2014ZD43	规模化新能源电力接入背景下服务于后备保护系统的故障特征研究	张亚刚	数理学院	重点项目	工程技术类	34
258	2014ZD44	分裂均衡问题模型及算法研究	王胜华	数理学院	重点项目	理学类	15
259	2014ZD45	法社会学视角下中国企业社会责任研究	郜庆	人文与社会科学学院	重点项目	人文社科类	15
260	2014ZD46	我国司法管理体制改革研究	李雷	人文与社会科学学院	重点项目	人文社科类	15
261	2014ZD47	老年护理保险成本动态测算与财政压力评估	胡宏伟	人文与社会科学学院	重点项目	人文社科类	18
262	2014ZD48	司法公开与公信问题研究	李书萍	思想政治理论课教学部	重点项目	人文社科类	17
263	2014ZD49	当代中国和谐社会建构问题研究	陈晓蕾	思想政治理论课教学部	重点项目	人文社科类	15
264	2014ZP10	动车组高压系统绝缘放电分析及优化研究	梁英	电气与电子工程学院	平台项目	工程技术类	10
265	2014ZP11	能源－经济－环境系统分析与评价研究	齐玮	经济与管理学院	平台项目	经济管理类	10
266	2014ZP12	基于大数据驱动的热工系统建模和控制优化	孙明	科技学院	平台项目	工程技术类	10
267	2014MS83	核电半速汽轮发电机转子故障的机电特性研究	武玉才	电气与电子工程学院	面上项目	工程技术类	11
268	2014MS84	局放超声阵列传感器声学特性分析及结构优化	谢庆	电气与电子工程学院	面上项目	工程技术类	12
269	2014MS85	物联网无线传感单元在变电站电磁环境中受到的电磁干扰的研究	安勃	电气与电子工程学院	面上项目	工程技术类	8
270	2014MS86	交直流混杂主动(有源)配电网继电保护与供电恢复及其协调策略研究	戴志辉	电气与电子工程学院	面上项目	工程技术类	13

续表

序号	项目编号	项目名称	负责人	所在单位	资助类别	申请领域	资助金额
271	2014MS87	考虑直流调度的交直流混合系统无功优化研究	郑焕坤	电气与电子工程学院	面上项目	工程技术类	8
272	2014MS88	基于 WAMS 的电力系统低频振荡协调控制研究	马燕峰	电气与电子工程学院	面上项目	工程技术类	8
273	2014MS89	风电场经柔性直流输电并网关键技术研究	刘英培	电气与电子工程学院	面上项目	工程技术类	8
274	2014MS90	雷电电磁骚扰对建筑物和输电线路的影响研究	王平	电气与电子工程学院	面上项目	工程技术类	8
275	2014MS91	基于插值修正的动态接触角计算模型及算法	徐志钮	电气与电子工程学院	面上项目	工程技术类	11
276	2014MS92	复杂气象条件下特高压线路外绝缘特性研究	耿江海	电气与电子工程学院	面上项目	工程技术类	8
277	2014MS93	机械弹性储能系统储能过程模型与优化控制	余洋	电气与电子工程学院	面上项目	工程技术类	8
278	2014MS94	非电离辐射对人体影响计算及实验方法研究	苑东伟	电气与电子工程学院	面上项目	工程技术类	8
279	2014MS95	直驱永磁同步风力发电机的设计与应用研究	董淑惠	电气与电子工程学院	面上项目	工程技术类	8
280	2014MS96	变压器型可控并联电抗器电磁特性研究	杨光	电气与电子工程学院	面上项目	工程技术类	10
281	2014MS97	风电集中接入对电网功率振荡的影响与控制研究	张祥宇	电气与电子工程学院	面上项目	工程技术类	8
282	2014MS98	基于动态空间关系描述的机器人问路导航方法研究	张珂	电气与电子工程学院	面上项目	工程技术类	8
283	2014MS99	基于贝塞尔啁啾结构准相位匹配晶体的平坦宽带波长转换技术研究	刘涛	电气与电子工程学院	面上项目	工程技术类	10
284	2014MS100	绿色通信系统中多基站协作关键技术研究	韩东升	电气与电子工程学院	面上项目	工程技术类	10
285	2014MS101	基于 IEC61850 的配电自动化全模型研究	张铁峰	电气与电子工程学院	面上项目	工程技术类	8
286	2014MS102	中小功率磁耦合谐振式无线能量传输方法研究	李然	电气与电子工程学院	面上项目	工程技术类	8
287	2014MS103	微带缝隙谐振器汽轮机蒸汽湿度测量方法研究	孙景芳	电气与电子工程学院	面上项目	工程技术类	10
288	2014MS104	基于故障信度计算的变压器状态评估方法研究	张卫华	电气与电子工程学院	面上项目	工程技术类	8
289	2014MS105	电力无线传感网络动态多目标资源分配优化	项洪印	电气与电子工程学院	面上项目	工程技术类	8
290	2014MS106	液滴闪蒸过程的气泡生长研究	刘璐	能源动力与机械工程学院	面上项目	工程技术类	8
291	2014MS107	超(超)临界锅炉受热面氧化皮剥落预测模型的研究	孙利	能源动力与机械工程学院	面上项目	工程技术类	8

续表

序号	项目编号	项目名称	负责人	所在单位	资助类别	申请领域	资助金额
292	2014MS108	气液双吸型高效汞吸附剂制备及改性研究	高鹏	能源动力与机械工程学院	面上项目	工程技术类	8
293	2014MS109	二次再热机组热力系统参数匹配及优化研究	付文锋	能源动力与机械工程学院	面上项目	工程技术类	8
294	2014MS110	绿色清洗技术中超临界 CO_2 的特性研究	靳光亚	能源动力与机械工程学院	面上项目	工程技术类	8
295	2014MS111	磁场作用下管道内液态金属流动的稳定性	董帅	能源动力与机械工程学院	面上项目	工程技术类	10
296	2014MS112	多能源互补复合冷热电联供能量系统研究	张倩	能源动力与机械工程学院	面上项目	工程技术类	8
297	2014MS113	两级动叶可调式轴流风机失速先兆特征研究	张磊	能源动力与机械工程学院	面上项目	工程技术类	8
298	2014MS114	晶粒尺寸分布对纳晶双峰材料断裂韧性的影响	刘英光	能源动力与机械工程学院	面上项目	工程技术类	10
299	2014MS115	基于超临界 CO_2 工质朗肯循环中低温余热利用技术研究	刘树华	能源动力与机械工程学院	面上项目	工程技术类	8
300	2014MS116	TiC 表面微结构控制及其对催化能力影响的研究	丁海民	能源动力与机械工程学院	面上项目	工程技术类	13
301	2014MS117	智能多孔吸能材料与结构的耐撞性设计	张新春	能源动力与机械工程学院	面上项目	工程技术类	8
302	2014MS118	基于 PSD 的工业机器人标定技术	杜必强	能源动力与机械工程学院	面上项目	工程技术类	8
303	2014MS119	微细颗粒物在压气机叶片表面沉积过程的多尺度研究	杨化动	能源动力与机械工程学院	面上项目	工程技术类	8
304	2014MS120	客户协同产品创新过程优化模型及其仿真研究	王小磊	能源动力与机械工程学院	面上项目	工程技术类	8
305	2014MS121	典型污染物新型前处理方法研究	宋晓芳	环境科学与工程学院	面上项目	工程技术类	8
306	2014MS122	脱硫石膏修复对土壤中砷汞环境行为的影响	张可刚	环境科学与工程学院	面上项目	工程技术类	17
307	2014MS123	粉煤灰辅助臭氧化降解水中农药污染物的研究	陈岚	环境科学与工程学院	面上项目	工程技术类	8
308	2014MS124	垃圾焚烧烟气中二噁英类物质的脱除研究	倪世清	环境科学与工程学院	面上项目	工程技术类	8
309	2014MS125	多功能高分子复合絮凝剂处理脱硫废水的研究	张敬红	环境科学与工程学院	面上项目	工程技术类	8
310	2014MS126	IEC61850 智能电子设备交互建模与验证技术研究	熊海军	控制与计算机工程学院	面上项目	工程技术类	8
311	2014MS127	电力 CPS 故障关联的建模与预测方法研究	李刚	控制与计算机工程学院	面上项目	工程技术类	8
312	2014MS128	基于泛组合算子簇的智能控制理论研究	刘丽	控制与计算机工程学院	面上项目	工程技术类	8

续表

序号	项目编号	项目名称	负责人	所在单位	资助类别	申请领域	资助金额
313	2014MS129	基于深度学习的红外热成像故障诊断技术研究	袁和金	控制与计算机工程学院	面上项目	工程技术类	10
314	2014MS130	青少年灾难教育体系的建构问题研究	齐秀强	控制与计算机工程学院	面上项目	人文社科类	5
315	2014MS131	输电线路杆塔位移分布式定位方法的研究	王晓辉	控制与计算机工程学院	面上项目	工程技术类	8
316	2014MS132	基于多监测参量的变压器融合诊断研究	王艳	控制与计算机工程学院	面上项目	工程技术类	8
317	2014MS133	高压断路器运动轨迹跟踪与故障诊断方法研究	牛为华	控制与计算机工程学院	面上项目	工程技术类	8
318	2014MS134	基于稀疏表示的航拍绝缘子故障自动识别研究	崔克彬	控制与计算机工程学院	面上项目	工程技术类	8
319	2014MS135	基于群智能的光煤互补发电热力系统优化研究	王蓝婧	控制与计算机工程学院	面上项目	工程技术类	8
320	2014MS136	面向电力设备故障监测的信号增量分析研究	黄建才	控制与计算机工程学院	面上项目	工程技术类	8
321	2014MS137	随机切换系统的抗干扰控制理论研究	姚秀明	控制与计算机工程学院	面上项目	工程技术类	8
322	2014MS138	微电网能量优化管理机制与算法研究	王咏梅	控制与计算机工程学院	面上项目	工程技术类	8
323	2014MS139	基于计算智能的热力系统建模和预测控制的研究	张妍	控制与计算机工程学院	面上项目	工程技术类	8
324	2014MS140	多轴旋翼飞行器航拍图像识别及定位方法研究	程海燕	控制与计算机工程学院	面上项目	工程技术类	8
325	2014MS141	火焰3D温度场的精确重建研究	王旭光	控制与计算机工程学院	面上项目	工程技术类	8
326	2014MS142	基于ECT技术的生物质与煤粉混输过程可视化检测	张立峰	控制与计算机工程学院	面上项目	工程技术类	13
327	2014MS143	微电网多时间尺度功率波动平抑技术研究	陈文颖	控制与计算机工程学院	面上项目	工程技术类	8
328	2014MS144	基于超结构的压缩空气储能系统建模与优化	冉鹏	控制与计算机工程学院	面上项目	工程技术类	8
329	2014MS145	火电机组蓄能深度利用理论及技术	田　亮	控制与计算机工程学院	面上项目	工程技术类	8
330	2014MS146	基于碳足迹核算的新能源并网优化模型研究	李云燕	经济与管理学院	面上项目	经济管理类	5
331	2014MS147	中国生物质发电产业投资策略研究	刘志彬	经济与管理学院	面上项目	经济管理类	5
332	2014MS148	电力工业碳排放控制基础问题研究	孟明	经济与管理学院	面上项目	经济管理类	8
333	2014MS149	电力系统安全风险评估体系研究	王彦辉	经济与管理学院	面上项目	经济管理类	5

续表

序号	项目编号	项目名称	负责人	所在单位	资助类别	申请领域	资助金额
334	2014MS150	碳足迹约束下的河北省工业低碳发展战略研究	李艳梅	经济与管理学院	面上项目	经济管理类	5
335	2014MS151	低温有机朗肯循环关键部件建模及优化设计研究	范伟	科技学院	面上项目	工程技术类	8
336	2014MS152	基于时间序列分析的热控系统性能评价研究	李士哲	科技学院	面上项目	工程技术类	8
337	2014MS153	生物质材料敏化太阳能电池的研究	李艳青	科技学院	面上项目	工程技术类	8
338	2014MS154	兆瓦级风电机组振动监测与故障诊断研究	周福成	科技学院	面上项目	工程技术类	8
339	2014MS155	卤代芳烃在高级氧化法中化学发光机理及应用	高慧颖	科技学院	面上项目	工程技术类	8
340	2014MS156	基于非线性动力学的行星轮系损伤机理及故障预测研究	刘尚坤	科技学院	面上项目	工程技术类	8
341	2014MS157	基于运行数据的风电机组性能分析与状态评估	霍娟	科技学院	面上项目	工程技术类	8
342	2014MS158	电力变压器直流偏磁现象的研究	陈英慧	科技学院	面上项目	工程技术类	8
343	2014MS159	吡啶型离子液体的设计及捕集 CO_2 的机制研究	杨丽娟	科技学院	面上项目	工程技术类	11
344	2014MS160	精神分析视角下莫里森小说中的女性主体建构	张赛	科技学院	面上项目	人文社科类	5
345	2014MS161	基于“后方法”理论的大学英语阅读思辨能力研究	陈宝娣	科技学院	面上项目	人文社科类	5
346	2014MS162	Heusler 合金的带隙调控	李松涛	数理学院	面上项目	工程技术类	11
347	2014MS163	随机动态死亡率模型与生命表的研究与应用	吴晓坤	数理学院	面上项目	人文社科类	5
348	2014MS164	干扰性负荷谐波责任评估的变系数回归模型	华回春	数理学院	面上项目	理学类	5
349	2014MS165	流体中几个非线性模型的多孤子和畸形波研究	蒙高庆	数理学院	面上项目	理学类	5
350	2014MS166	双稳系统时空斑图的时滞反馈研究	王慧娟	数理学院	面上项目	理学类	5
351	2014MS167	纳米晶硅量子点太阳电池载流子输运机制研究	徐艳梅	数理学院	面上项目	理学类	5
352	2014MS168	局部环境非线性特征对退相干和纠缠损失的影响	张世辉	数理学院	面上项目	理学类	5
353	2014MS169	$CdSe_xS_{1-x}$ 和 $CdSe_xS_{1-x}/ZnS$ 系列量子点的光学非线性	赵顺龙	数理学院	面上项目	理学类	5
354	2014MS170	开口腔体电磁散射的高阶快速算法研究	赵美玲	数理学院	面上项目	理学类	5

续表

序号	项目编号	项目名称	负责人	所在单位	资助类别	申请领域	资助金额
355	2014MS171	具有延伸或收缩特性的边界层传递行为研究	苏晓红	数理学院	面上项目	理学类	5
356	2014MS172	劳动关系法治化的伦理、策略与行动研究	刘志军	人文与社会科学学院	面上项目	人文社科类	5
357	2014MS173	清代乡村社区治安管理及其对当今社区安全治理的启示	谭琪	人文与社会科学学院	面上项目	人文社科类	5
358	2014MS174	校园网络文化环境下大学生思想政治教育研究	王知春	人文与社会科学学院	面上项目	人文社科类	5
359	2014MS175	门罗短篇小说中的意识流创作手法研究	彭园珍	外国语学院	面上项目	人文社科类	5
360	2014MS176	科技术语翻译研究：电力科技术语的创制、容受和嬗变	高然	外国语学院	面上项目	人文社科类	5
361	2014MS177	生态学视角下的CALL教学时效性研究	杜艳霞	外国语学院	面上项目	人文社科类	5
362	2014MS178	英语课堂口语微环节全新设计与效果关联研究	储艳	外国语学院	面上项目	人文社科类	5
363	2014MS179	社会文化理论视角下的学术英语习得研究	魏月红	外国语学院	面上项目	人文社科类	5
364	2014MS180	“卓越工程师班”生态化英语教学研究	索佳	外国语学院	面上项目	人文社科类	5
365	2014MS181	生态批评视角下尤金·奥尼尔戏剧作品中的环境主题研究	安国平	外国语学院	面上项目	人文社科类	5
366	2014MS182	认知心理学视角下隐喻迁移的非对称性研究	牛培培	外国语学院	面上项目	人文社科类	5
367	2014MS183	生态危机下的朱利安·巴恩斯小说	李静	外国语学院	面上项目	人文社科类	5
368	2014MS184	体裁教学法在提高非英语专业学生写作能力方面的研究和应用	王少凡	外国语学院	面上项目	人文社科类	5
369	2014MS185	新文化运动对文化强国的启蒙研究	赵建春	思想政治理论课教学部	面上项目	人文社科类	5
370	2014QN38	多回并行输电线路工频参数混合测量方法研究	牛胜锁	电气与电子工程学院	青年项目	工程技术类	3
371	2014QN39	室内PM2.5的污染特征和动态变化研究	郑国忠	能源动力与机械工程学院	青年项目	工程技术类	3
372	2014QN40	往复压缩机阀腔及气缸接管处的脉动控制研究	刘博想	能源动力与机械工程学院	青年项目	工程技术类	3
373	2014QN41	增压富氧燃烧煤灰粒径分布及矿物演变研究	雷鸣	能源动力与机械工程学院	青年项目	工程技术类	3
374	2014QN42	ORC工质六甲基二硅氧烷的迁移性质研究	李晓静	能源动力与机械工程学院	青年项目	工程技术类	3
375	2014QN43	供应链道德风险问题的实验研究	张欢	经济与管理学院	青年项目	经济管理类	3

续表

序号	项目编号	项目名称	负责人	所在单位	资助类别	申请领域	资助金额
376	2014QN44	基于生成语法理论的句子生成机制研究	吕佳	科技学院	青年项目	人文社科类	3
377	2014QN45	汉英文化背景下的莫言文学作品翻译研究	王乐洋	外国语学院	青年项目	人文社科类	3
378	2014QN46	融合物联网及视觉技术的奶牛行为智能分析系统	高韬	控制与计算机工程学院	青年项目	工程技术类	3
379	2014XS73	分布式逆变电源虚拟同步发电机控制技术研究	孟建辉	电气与电子工程学院	研究生项目	工程技术类	1
380	2014XS74	输电线路雷击类型识别与故障定位	高艳丰	电气与电子工程学院	研究生项目	工程技术类	1
381	2014XS75	网架重构过程中的机组分层恢复策略研究	李少岩	电气与电子工程学院	研究生项目	工程技术类	1
382	2014XS76	火储协调控制提高电网消纳风电能力的研究	王扬	电气与电子工程学院	研究生项目	工程科技类	1
383	2014XS77	基于多模LD的自外差BOTDR传感方法研究	李晓娟	电气与电子工程学院	研究生项目	工程技术类	1
384	2014XS78	中压电力线通信信道特性的研究	曹旺斌	电气与电子工程学院	研究生项目	工程技术类	1
385	2014XS79	电网电压扰动监测、分析与定位研究	吴庆龙	电气与电子工程学院	研究生项目	工程技术类	1
386	2014XS80	风力机叶片结构优化及气动性能分析	贾亚雷	能源动力与机械工程学院	研究生项目	工程技术类	1
387	2014XS81	煤燃烧过程中砷的释放及吸附特性研究	张月	能源动力与机械工程学院	研究生项目	工程技术类	1
388	2014XS82	风力发电机组设备可靠性与维修性研究	成立峰	能源动力与机械工程学院	研究生项目	工程技术类	1
389	2014XS83	风电机组传动链系统多故障诊断研究	邓飞跃	能源动力与机械工程学院	研究生项目	工程技术类	1
390	2014XS84	抑制氨法碳捕集过程中氨逃逸的吸收剂改性研究	陈公达	环境科学与工程学院	研究生项目	工程技术类	1
391	2014XS85	[Bmim][Gly]促进的醇胺水溶液吸收CO_2过程的动力学和粘度研究	张盼	环境科学与工程学院	研究生项目	工程技术类	1
392	2014XS86	低碳背景下能效电厂投资决策若干问题研究	朱益平	经济与管理学院	研究生项目	经济管理类	1
393	2014XS87	我国青少年性别角色发展"中性化"问题研究	崔津泉	思想政治理论课教学部	研究生项目	人文社科类	1
394	2014XS88	大学新生适应性教育问题研究	闫建亮	思想政治理论课教学部	研究生项目	人文社科类	1
395	2014XS89	基于改进LMD和SVM风电机组传动系统故障诊断研究	武英杰	控制与计算机工程学院	研究生项目	工程技术类	1

（单位：万元）

华北电力大学2014年纵向科研项目立项情况一览表

序号	项目名称	经费（万元）	负责人	项目编号	项目来源
1	环境友好混合气体绝缘介质及固气界面电荷的动力学过程和消散方法	600	屠幼萍	2014CB239502	科技部“973”计划课题
2	智能直流微电网设计与实证	180	韩民晓	2014DFG72620	国家国际科技合作专项项目
3	聚变堆活化腐蚀产物产生与行为机理研究及数据库建设	500	陈义学	2014GB119000	国际热核聚变实验堆（ITER）计划专项项目
4	基于库区水源地安全保障的联合调度技术研究	225	丁晓雯	2014ZX07104－005－03	国家科技重大专项课题
5	基于分布式能云的用户侧智能微电网关键技术研究与集成示范	130	刘念	2014AA052001	科技部“863”计划课题
6	基于轻量化需求的电子电力变压器研究	200	律方成		科技部“863”计划子课题
7	清洁推进系统船岸信息交换技术研究	53	赵莹		科技部科技支撑计划子课题
8	大中型火电空冷机组高效利用低品位余热系统技术研究	850	戈志华	Z141100003514023	北京市科委2015年度重大科技成果转化落地培育专项项目
9	生物垃圾热解处理系统技术研究	1600	陆强	Z141100003514030	北京市科委2015年度重大科技成果转化落地培育专项项目
10	新型薄膜太阳电池重点实验室2012年度科技创新基地培育与发展工程专项项目	50	戴松元	Z141109004414089	北京市科技计划项目
11	含储能的分布式光伏微电网产业技术公共服务平台建设	20.82	金海燕		北京市科技计划项目
12	配电网远程采集终端安全防护系统	50	许刚		北京市科技计划项目
13	基于分布式能源的用户侧智能微电网关键技术研究与集成示范	130	刘念	2014AA052001	科技部“863”计划课题
14	相变冷凝传热多尺度研究	32	纪献兵		中核核反应堆热工水力技术国家重点实验室开放课题
15	离子液体润滑脂的制备及导电性研究	10	夏延秋		中国科学院固体润滑国家重点实验室开放课题
16	室内60GHz超宽带MIMO信道模型与仿真研究	10	赵雄文		东南大学毫米波国家重点实验室开放课题
17	基于GaN材料的脉冲辐射探测技术研究	20	刘洋		强脉冲辐射环境模拟与效应国家重点实验室对外开放课题
18	用于DSG太阳能热发电系统的高温相变储热技术双相变耦合传输机理及强化研究	5	徐超		中国科学院太阳能热利用及光伏系统重点实验室开放课题
19	分析流体力学问题的新型数值计算方法研究	10	黄美		核安全与仿真技术国防重点学科实验室开放基金项目
20	专业建设项目	80	柳长安		北京市支持中央在京高校共建项目
21	教育教学项目—实验教学示范中心	50	付忠广		北京市支持中央在京高校共建项目

续表

序号	项目名称	经费（万元）	负责人	项目编号	项目来源
22	教育教学项目—校内创新实践基地	39.9539	梁光胜		北京市支持中央在京高校共建项目
23	教育教学项目—教师教学发展中心	39.9539	柳长安		北京市支持中央在京高校共建项目
24	教育教学项目—教学名师	10	柳长安		北京市支持中央在京高校共建项目
25	教育教学项目—教学改革立项	70	柳长安		北京市支持中央在京高校共建项目
26	教育教学项目—大学生科研训练项目	80	梁光胜		北京市支持中央在京高校共建项目
27	资源共享类项目—教学共同体系课程建设	10	柳长安		北京市支持中央在京高校共建项目
28	教育教学项目—北京高校大学生职业发展与就业指导课程提升项目	30	张兵仿		北京市支持中央在京高校共建项目
29	科研基地—哲社基地建设	20	王伟		北京市支持中央在京高校共建项目
30	科研项目—北京市分布式能源发展现状、问题及对策分析	9.9	苑英科		北京市支持中央在京高校共建项目
31	科研项目—公共建筑能源供用系统的多目标协同优化机制研究	49.85	房方		北京市支持中央在京高校共建项目
32	科研项目—场群级光伏电站输出功率预测基础研究	30	朱红路		北京市支持中央在京高校共建项目
33	科研项目—输变电设备状态可视化智能管理平台（改革试点）	29.37	吴克河		北京市支持中央在京高校共建项目
34	成果转化与产业化项目—大型燃气发电机组检测保护系统及其应用	300	柳亦兵		北京市支持中央在京高校共建项目
35	学科与研究生培养—重点学科	230	张磊		北京市支持中央在京高校共建项目
36	研究生培养—优博论文	20	王江江		北京市支持中央在京高校共建项目
37	研究生培养—产学研联合培养研究生基地（改革试点）	100	宋晓华		北京市支持中央在京高校共建项目
38	研究生培养—国内外联合培养研究基地（改革试点）	100	赵冬梅		北京市支持中央在京高校共建项目
39	北京市青年英才计划第二批项目	195	师瑞峰		北京市支持中央在京高校共建项目
40	考虑非线性随机跳变特性的电力系统稳定性分析及控制策略研究	12	马静		霍英东教育部基金会第十四届高等院校青年教师基金基础性研究课题
41	知识论：荷马史诗《奥德赛》与印度史诗《摩诃婆罗多》之比较	3.00	孟亮		教育部留学回国人员科研启动基金

续表

序号	项目名称	经费（万元）	负责人	项目编号	项目来源
42	利益相关者视角下企业对于员工的社会责任约束机制研究	1.50	刘力纬		教育部留学回国人员科研启动基金
43	基于BIM技术的火电项目物化阶段碳排放计算方法研究	2.00	刘睿		教育部留学回国人员科研启动基金
44	无线激光通信抗大气湍流干扰技术研究	3.00	刘鹏		教育部留学回国人员科研启动基金
45	北京市公用企业社会责任研究	5.00	余恩海		北京市哲学社会科学规划项目
46	重大办－2013年度油气板块工作支撑	10.00	刘吉成		北京市科技专项课题
47	《能源监管条例》研究起草	5.00	张粒子		国家能源局项目
48	高k电介质中的深能级陷阱和晶粒间界研究	63.00	张满红	61176080	国家自然科学基金项目
49	管理制度改革背景下政府对社会组织监管研究	0.30	卢海燕		中国社会组织建设与管理理论研究部级课题
50	中关村社会组织2013年度检查分析报告	5.00	朱晓红		北京市社会团体管理办公室
51	铁基超导材料的结构、磁性和超导的关联性质研究	10.00	张金珊	11374364	国家自然科学基金项目（合作）
52	缩模风洞试验法预测风力机气动性能的相似原理研究	26.80	张惠		国家自然科学基金项目（合作）
53	原位复合纳米导热体的生物质基活性炭及其性能调控研究	8.00	王孝强	3144036	北京自然科学基金项目
54	强电－热耦合效应作用下高压高频电力变压器的绝缘特性研究	18.00	李庆民	3142018	北京自然科学基金项目
55	新能源接入背景下配电通信业务模型及网络资源联合调配	18.00	唐良瑞	4142049	北京自然科学基金项目
56	系能源输送线路外绝缘污秽检测光学方法研究	8.00	马国明	3144035	北京自然科学基金项目
57	锅炉低温烟气余热利用过程控制	18.00	张建华	4142048	北京自然科学基金项目
58	NbTi/YBCO复合超导体的制备及稳定性研究	8.00	皮伟	2144056	北京自然科学基金项目
59	电力行业煤炭消费控制方案及政策研究	18.60	袁家海		美国能源基金会
60	基于水资源安全的核电评估方法和指标体系建设	83.00	丁晓雯		中国水利水电科学研究院
61	高用水工业建设项目水资源论证后评估技术方案制定	50.00	丁晓雯		中国水利水电科学研究院
62	2016－2018年中央分成水资源费项目规划编制调研及关键问题研究	35.00	丁晓雯		水利部综合事业局
63	慈善事业前沿理论研究	9.00	朱晓红		民政部社会福利和慈善事业促进司
64	北京市市级社会团体评估	8.10	朱晓红		北京市社会团体管理办公室
65	中关村社会组织2013年度检查分析报告	5.00	朱晓红		北京市社会团体管理办公室

续表

序号	项目名称	经费（万元）	负责人	项目编号	项目来源
66	解析系统功能比较分析和在体育教学中的应用	4.00	任金锁		国家体育总局体育科学研究院
67	海洋能综合支撑服务平台建设	20.00	朱永强		国家海洋技术中心
68	血清（亚型）肺癌多指标决策系统及特征标记物的研究	18.00	李艳坤	7142102	北京自然科学基金项目
69	脱硫废水蒸发的调控与机制研究	16.00	马双忱	3142017	北京自然科学基金项目
70	连续体结构拓扑优化过滤算法研究	5.00	龙凯	3143025	北京自然科学基金项目
71	北京市电动汽车规模发展支持机制研究	15.00	张兴平	9142016	北京自然科学基金项目
72	环境犯罪的刑事追诉机制研究	20.00	赵旭光	14BFX065	国家社会科学基金项目
73	促进我国可再生能源发展的体制机制和政策创新研究	20.00	张素芳	14GJY063	国家社会科学基金项目
74	国外能源立法动态情况跟踪研究（石油天然气）	5.00	周凤翱		国家能源局项目
75	司法权威的形成和维护问题研究	1.00	李英	SXGY2013213	山西省高级人民法院
76	直登社会组织创办期刊问题研究	4.90	朱晓红		民政部民间组织管理局
77	天然气调峰电价机制研究	73.56	王雁凌		美国能源基金会项目
78	北京市民办非企业党委向社会企业转型的整体思路与设计	5.00	朱晓红		北京市社会团体管理办公室
79	中拉农业合作重点国家投资贸易环境与政策法规研究（二）	1.50	陈小芹		中国社会科学院拉丁美洲研究所
80	苏俄伦理道德观的历史演变及其经验教训研究	1.00	金英		国家社会科学基金项目（合作）
81	工业企业余热余压发电上网政策研究	15.00	胡军峰	JN2014－14	中国工业和信息化部工业节能与综合利用专项项目
82	反垄断数据信息系统电力行业细分市场竞争数据及市场竞争状况研究	34.20	张洪		国家能源局项目
83	我国发电市场结构分析	5.00	张洪		国家能源局项目
84	我国电力行业相关市场竞争状况评估研究	10.00	张洪		国家能源局项目
85	大武术观视角下高校武术课社会功能的启示	5.00	胡秀娟		其他
86	风电优先调度的经济技术可行性及社会价值评价	108.00	赵晓丽		美国能源基金会项目
87	学会组织体制研究	20.00	孙晶琪	2014ZCYJ06	其他
88	基于壁面弯曲肋条结构的湍流减阻被动控制研究	26.00	葛铭纬	11402088	国家自然科学基金项目
89	微纳结构 CsI（Na）晶体加快辐射发光特性影响机理研究	28.00	刘芳	11405055	国家自然科学基金项目
90	基于 GRPC 新型高颗粒度强子量能器读出系统的研究	24.00	韩然	11405056	国家自然科学基金项目
91	DNA 新四大碱基光化学特性的理论研究	25.00	艾玥洁	21403064	国家自然科学基金项目

续表

序号	项目名称	经费（万元）	负责人	项目编号	项目来源
92	金属纳米颗粒/石墨烯复合的新型等离激元陷光结构研究	25.00	李英峰	51402106	国家自然科学基金项目
93	分级式太阳能－燃气轮机联合循环互补系统全工况研究	26.00	李元媛	51406049	国家自然科学基金项目
94	微尺度液滴在高太阳辐射强度下耦合换热性能机理研究	25.00	程永攀	51406050	国家自然科学基金项目
95	非均匀辐照及温度场下密集阵列聚光光伏系统的光－热－电耦合机理	25.00	巨星	51406051	国家自然科学基金项目
96	微纳尺度混合填充增强复合材料热导率的协同效应研究	26.00	陈林	51406052	国家自然科学基金项目
97	基于离子风冷却的 LED 集成系统耦合建模及性能优化研究	26.00	王天虎	51406053	国家自然科学基金项目
98	含分布式电源配电网络在线故障定位研究	25.00	贾科	51407067	国家自然科学基金项目
99	风电场虚拟惯性控制影响电力系统功角稳定性机理研究	22.00	杜文娟	51407068	国家自然科学基金项目
100	电力信息物理系统的恶意数据攻击问题及对策研究	22.00	陈艳波	51407069	国家自然科学基金项目
101	多端柔性直流输电网络馈入的交直流电网可用输电能力评估	22.00	曹军	51407070	国家自然科学基金项目
102	大规模新能源并网系统概率 1 稳定的自适应控制策略研究	22.00	王彤	51407071	国家自然科学基金项目
103	用于电力接地网腐蚀诊断的超宽带随机噪声雷达极化成像方法研究	27.00	武昕	51407072	国家自然科学基金项目
104	2014 国际传热研讨会	5.00	徐进良	51410105029	国家自然科学基金项目
105	规模化海上风电场雷击演化物理机制与防护技术研究	280.00	李庆民	51420105011	国家自然科学基金项目
106	水文、水资源	100.00	卢宏玮	51422903	国家自然科学基金项目
107	相变传热装置多尺度协同性及构造	350.00	徐进良	51436004	国家自然科学基金项目
108	溶氧超临界水环境镍基合金应力腐蚀开裂裂尖扩展的微观机理研究	85.00	张乃强	51471069	国家自然科学基金项目
109	二氧化钛纳米粒子对变压器油耐水分劣化性的影响机制	83.00	吕玉珍	51472084	国家自然科学基金项目
110	全断面岩石掘进机刀盘振动机理研究	85.00	张照煌	51475163	国家自然科学基金项目
111	燃煤发电系统烟气热利用与污染物脱除一体化集成机理	83.00	徐钢	51476053	国家自然科学基金项目
112	不同重力条件下相分离冷凝管流型调控与冷凝强化机理研究	83.00	孙东亮	51476054	国家自然科学基金项目
113	适应复杂环境风场和风机气动性能的大尺度空冷传热表面构建及风场主动诱导调控	80.00	杨立军	51476055	国家自然科学基金项目

续表

序号	项目名称	经费（万元）	负责人	项目编号	项目来源
114	燃煤电站多污染物脱除过程的耦合机制研究	80.00	程伟良	51476056	国家自然科学基金项目
115	非均匀润湿性微纳复合结构强化沸腾换热机理研究	83.00	张伟	51476057	国家自然科学基金项目
116	褐煤密相输运床气化过程流动反应特性及放大规律	80.00	常剑	51476058	国家自然科学基金项目
117	高压大电流 IGBT 模块内部多物理场分析与拓扑优化研究	90.00	赵志斌	51477048	国家自然科学基金项目
118	基于多物理场分析的双轴励磁汽轮发电机运行能力基础研究	90.00	罗应立	51477049	国家自然科学基金项目
119	新能源电力系统多时间尺度动力学特性及其暂态稳定机理研究	75.00	薛安成	51477050	国家自然科学基金项目
120	高频电力变压器高频绝缘特性与强电－热效应耦合作用机理研究	85.00	李庆民	51477051	国家自然科学基金项目
121	直流电场下油纸绝缘界面电荷产生机制及影响因素的研究	79.00	齐波	51477052	国家自然科学基金项目
122	基于涂层导体高温超导股线的电磁和机械特性以及稳定性研究	95.00	王银顺	51477053	国家自然科学基金项目
123	智能电网中面向信息－物理安全的虚假信息注入防护方法研究	26.00	关志涛	61402171	国家自然科学基金项目
124	多区域互联电力系统的分布式预测负荷频率控制研究	25.00	马苗苗	61403137	国家自然科学基金项目
125	流化床气化器中生物质及其混合物流动参数测量方法研究	25.00	张文彪	61403138	国家自然科学基金项目
126	输变电工程广域全态电磁环境信息时空建模与可视化研究	80.00	李薇	61471171	国家自然科学基金项目
127	节能减排下考虑大规模清洁能源发电的电源结构拟境演化机理研究	21.00	王建军	71401054	国家自然科学基金项目
128	电、碳协调交易机制及其效益评估的研究	20.00	刘敦楠	71401055	国家自然科学基金项目
129	商业生态系统的体系解构及理论构建：经营环境、协作机制和系统结构	23.00	戎珂	71402051	国家自然科学基金项目
130	消纳大规模间歇性可再生能源对智能电网脆弱性的影响研究	62.00	李彦斌	71471058	国家自然科学基金项目
131	区域电网冰冻灾害中的电力线路覆冰预测管理理论研究	60.00	牛东晓	71471059	国家自然科学基金项目
132	基于相关性的大数据分类理论与方法研究	62.00	陈德刚	71471060	国家自然科学基金项目
133	我国电动汽车充放电策略优化及协同机制研究	65.00	张兴平	71473083	国家自然科学基金项目
134	输流碳纳米管及碳纳米管阵列的振动特性研究	25.00	甄亚欣	11402087	国家自然科学基金项目
135	大气污染防治行动实施下我国能源供需格局发展优化管理理论及政策研究	8.00	刘金鹏	14JF005	教育部哲学社会科学研究专项委托项目

续表

序号	项目名称	经费（万元）	负责人	项目编号	项目来源
136	北京市使用市级社会建设专项资金购买社会组织服务项目合同	3.00	王集令		其他研究项目
137	全国学会规范与发展政策研究	15.00	朱晓红		企事业单位委托项目
138	赶超经济内部和谐:内外需体系融合与结构优化	3.00	宋晓华	11&zd005	国家社科基金项目
139	京津冀协同下在京高校发展路径及政策制定	0.00	梁淑红	14JYB014	北京社科基金项目
140	京津冀地区农村能源消费及替代能源利用模式与政策研究	8.00	张彩庆	14JGB066	北京社科基金项目
141	决定北京城乡消费水平的关键因素及其作用机制研究	8.00	吴忠群	14JGB067	北京社科基金项目
142	产学研协同创新中智力资本转化路径研究	8.00	张娟	14JGB068	北京社科基金项目
143	促进京津冀地区能源密集型产业清洁化转型的差别电价机制研究	5.00	王建军	14JGC108	北京社科基金项目
144	北京市碳排放权交易机制研究	5.00	张金良	14JGC109	北京社科基金项目
145	流化床内B类颗粒介尺度流动特征及其对煤气化过程影响	80.00	张锴	B060404	国家自然科学基金项目
146	非零边界条件下扰动导数非线性薛定谔方程的解析和数值研究	3.00	李敏	A010801	国家自然科学基金项目
147	自旋轨道耦合体系中的磁性杂质问题	5.00	陈亮	11447167	国家自然科学基金项目
148	进口废副资源开展加工贸易的环境影响评估与政策方向建议——以废旧塑料为例	10.00	何理		国家环保部
149	乒乓球物理参数的测试及乒乓球比赛的采集	4.00	李文忠		国家体育总局
150	新规则后摔跤录像资料编辑和技战术数据统计	3.00	张晓栋		国家体育总局
151	现代金融体系的理念和技术对慈善事业发展的借鉴意义	1.00	沈剑飞		民政部
152	北京市朝阳区电力突发事件应急预案研究	19.40	毛安家		朝阳区突发事件应急委员会办公室
153	适应电力市场化和可再生能源发展的辅助服务机制课题研究	40.00	张粒子		国家能源局市场监管司
154	室内半挥发性有机物的微观散发机理及界面分配	10.00	徐宝萍		国家自然科学基金委(合作)
155	电力信息物理系统风险与生存性研究	0.10	徐茹枝		中国电力科学研究院
156	纳米陶瓷复合材料的自组装制备工艺与性能研究	20.00	陈克丕		国家自然科学基金委(合作)
157	北京市低碳电力法制保障研究	8.00	李英	14JDFXB003	北京市社会科学基金研究基地项目
158	京津冀雾霾治理一体化联防联控实现机制研究	8.00	吴志功	14JDJGB015	北京市社会科学基金研究基地项目

续表

序号	项目名称	经费（万元）	负责人	项目编号	项目来源
159	推进我国分布式光伏发电的创新政策与配套体系研究——以北京市为例	8.00	张素芳	14JDJGB016	北京市社会科学基金研究基地项目
160	RNA 合成前体的光化学理论研究	3.0	艾玥洁		教育部国际合作与交流司
161	分布式建筑能源系统的供用一体化调控	3.0	房方		教育部国际合作与交流司
162	RNA 合成前体的光化学理论研究	3.0	艾玥洁		教育部留学回国人员科研启动基金
163	分布式建筑能源系统的供用一体化调控	3.0	房方		教育部留学回国人员科研启动基金
164	光伏电站能量管理系统及发电功率预测关键技术研究与示范	25	王飞	12213913D	河北省科技支撑计划重点项目
165	基于监测信息量间关联关系的智能变压器故障机理与诊断方法研究	0	王永强	Z2014051	2014 年度河北省高等学校科学研究计划项目
166	快速响应变压器型可控并联电抗器电磁暂态特性研究	0	杨光	Z2014058	2014 年度河北省高等学校科学研究计划项目
167	含有大规模多导体系统的电磁瞬态问题时域快速仿真技术的研究	25	刘欣	51407073	2014 年度国家自然科学基金青年科学基金项目
168	换流变压器谐波磁场、流体场 - 温度场和瞬态电场耦合问题研究	28	刘刚	51407075	2014 年度国家自然科学基金青年科学基金项目
169	机械弹性储能用永磁同步电动/发电机控制方法研究	27	余洋	51407077	2014 年度国家自然科学基金青年科学基金项目
170	基于轻量化需求的电子电力变压器研究	108.4	律方成		国家科技支撑计划子课题
171	双馈风力发电机绕组早期故障特征及诊断技术研究	5	李俊卿	E2014502015	2014 年省自然科学基金面上项目
172	新型车载 V2G 双向变流拓扑及其控制方法的研究	5	颜湘武	E2014502109	2014 年省自然科学基金面上项目
173	宽应用范围高性能的静态接触角算法研究	3	徐志钮	B2014502114	2014 年省自然科学基金青年科学基金
174	适应复杂智能电网的高性能继电保护系统运行水平评估方法研究	3	戴志辉	E2014502065	2014 年省自然科学基金青年科学基金
175	交直流特高压输电系统电磁与绝缘特性的基础问题研究（二期）	22.4	刘云鹏	2011CB209401 - 2	国家重点基础研究发展计划（973 计划）子课题
176	基于多模通信融合技术的智能配电网关键智能电气设备研制	12	谢志远	13214508D	河北省科技支撑计划项目
177	1MHz 超高频感应加热电源高频建模及均流控制保护的研究	5	张智娟	F2014502041	2014 年省自然科学基金面上项目
178	基于时域和谱域整形的脉冲预泵浦瑞利 BOTDA 温度/应变测量方法研究	5	尚秋峰	F2014502098	2014 年省自然科学基金面上项目
179	基于光纤应变和温度分布的海底电缆机械与电气特性分析及故障诊断方法	26	吕安强	51407074	2014 年度国家自然科学基金青年科学基金项目
180	复杂背景绝缘子串红外与可见光图像融合方法研究	25	赵振兵	61401154	2014 年度国家自然科学基金青年科学基金项目

续表

序号	项目名称	经费（万元）	负责人	项目编号	项目来源
181	基于光纤布里渊传感技术的电缆立体在线监测及故障定位方法研究	0	赵丽娟	Z2014182	2014 年度河北省高等学校科学研究计划项目
182	多能源互补分布式供能系统的集成优化与协同控制研究	26	王江江	51406054	2014 年度国家自然科学基金青年科学基金项目
183	水滴闪蒸及过冷凝固的非平衡热力学过程和界面运动研究	25	刘璐	51406055	2014 年度国家自然科学基金青年科学基金项目
184	室外高温环境人体热应激及其缓解机理研究	25	郑国忠	51408220	2014 年度国家自然科学基金青年科学基金项目
185	双接触式柱状射流气液热质传递机理研究	5	方立军	B2014502056	2014 年省自然科学基金面上项目
186	复杂构型的碳纳米管/石墨烯纳米结构原子建模方法研究	5	杨薛明	E2014502042	2014 年省自然科学基金面上项目
187	室温维勒米尔热泵热力学优化准则分析与回热器导热规律研究	5	谢英柏	E2014502085	2014 年省自然科学基金面上项目
188	CO_2 跨临界循环直膨式地源热泵性能研究	5	高月芬	E2014502123	2014 年省自然科学基金面上项目
189	稳恒磁场作用下哈特曼边界层的稳定性研究	3	董帅	A2014502047	2014 年省自然科学基金青年科学基金
190	非稳态线聚焦高能流密度荷载作用下槽式太阳能热管接收器传热机理与可靠性研究	3	刘赟	E2014502005	2014 年省自然科学基金青年科学基金
191	纳米晶双峰材料的本构行为及损伤失效机理研究	3	刘英光	E2014502073	2014 年省自然科学基金青年科学基金
192	基于风帽压力波动特性分析的循环流化床状态监测方法基础研究	0	陈鸿伟	Z2014004	2014 年度河北省高等学校科学研究计划项目
193	300KW 海洋潮流能发电机高可靠复合材料叶片研发	20	程友良	LNME2013JS01	2013 年海洋可再生能源专项资金
194	保定农村社区治安防控模式研究	0	谭琪	20140763	2014 年度保定市社会科学规划课题
195	城市社区养老服务研究	0	江海霞	2013HBMZKT02	2013 年河北省民政政策理论研究重点课题
196	社会养老服务体系建设研究	0	栾文敬	2014 - MCAKT	2014 年度民政部委托课题（自筹经费类）
197	河北省困境儿童分类保障制度研究	0	孟亚男	201401717	2014 年度河北省社会科学发展研究课题民生调研专项
198	创新社会组织管理模式研究：基于现代社会组织体制构建视角	0	谭琪	2014HBMZKT（47）	2014 年河北省民政政策理论研究重点课题
199	司法权力在河北省乡村的运行现状及研究	0.5	刘宇晖	HB14FX016	2014 年度河北省社会科学基金项目
200	基层司法改革研究	0.1	霍文良	HB14FX017	2014 年度河北省社会科学基金项目
201	“需求—供给”视阈下的司法公开制度研究——以河北省法院实践为样本	0.3	陈奎	HB14FX018	2014 年度河北省社会科学基金项目

续表

序号	项目名称	经费（万元）	负责人	项目编号	项目来源
202	高校管理权运行与创新研究	0.5	张天兴	HB14JY028	2014 年度河北省社会科学基金项目
203	民国时期专业社会工作进展研究	0.3	孟亚男	HB14SH012	2014 年度河北省社会科学基金项目
204	家风与国风:优良家庭传统对社会主义核心价值观影响研究	0	屈朝霞	20140303	2014 年度保定市社会科学规划课题
205	保定城市品牌的提升路径——基于竞争优势识别系统的研究	0	曹丽媛	20140407	2014 年度保定市社会科学规划课题
206	农村留守儿童心理健康教育问题研究 1	0	石世平	20140408	2014 年度保定市社会科学规划课题
207	保定市政府购买社会服务与社会管理创新研究	0	夏珑	2014A046	2014 年保定市哲学社会科学规划研究委托项目
208	他物权善意取得制度研究	5	甄增水	14SFB20031	2014 年度国家法治与法学理论研究项目
209	河北省破解城乡一体进程中土地瓶颈研究	0.1	甄增水	HB14FX015	2014 年度河北省社会科学基金项目
210	城乡困难家庭入户调查研究	15	胡宏伟	MZZY014091	民政部委托课题
211	社会组织参与社会治理的机制研究——以保定市为例	0	孟亚男	2014Q095	2014 年保定市哲学社会科学规划研究青年课题
212	保定市新农村文化设施建设研究	0	史胜安	2014Q096	2014 年保定市哲学社会科学规划研究青年课题
213	多中心治理视角下的高校管理中的社会参与问题研究	0	尚晓丽	2014Q097	2014 年保定市哲学社会科学规划研究青年课题
214	保定市民间组织评估干预及效果评估	0	栾文敬	2014Q098	2014 年保定市哲学社会科学规划研究青年课题
215	网络直播庭审问题研究 - 基于保定市实践的实证研究	0	李雷	2014Q100	2014 年保定市哲学社会科学规划研究青年课题
216	地方党政机关基层治理创新模式研究:基于保定“两个代办”模式的实证考察	0	谭琪	2014A047	2014 年保定市哲学社会科学规划研究委托项目
217	艰苦边远地区公务员录用制度的改革与创新—以河北省为例	0.3	曹丽媛	JRSHZ - 2014 - 04001	河北省人力资源社会保障科研合作课题
218	建立现代社会组织体制	0	孟亚男	2014BMZKT(46)	2014 年河北省民政政策理论研究重点课题
219	关于深入推进司法公开、促进司法公正公信问题的调研	2.5	梁平	2014001	最高人民法院司法调研重大课题(子课题)
220	基层执法队伍法制意识现状研究	0	梁平	201425	河北省委讲师团系统 2014 年度科研课题
221	劳动力市场分割背景下非正规就业农民工劳动关系现状及社保体系构建	0	李平菊	JRSHZ - 2014 - 06011	河北省人力资源社会保障科研合作课题
222	美国乔治亚州公务员聘任制度改革及其对我国的启示	0	谭琪	JRSHZ - 2014 - 04005	河北省人力资源社会保障科研合作课题

续表

序号	项目名称	经费（万元）	负责人	项目编号	项目来源
223	司法公开问题研究——以河北法院为例	0	梁平	201401432	2014年度河北省社会科学发展研究课题民生调研专项
224	保定市公共服务质量管理体系建构及其绩效测量研究	0	夏珑	20140105	2014年度保定市社会科学规划课题
225	换背景卫星城建设用地之来源研究：困境、方向、路径	0	甄增水	SZ141005	2014年河北省高等学校科学研究计划项目
226	司法权力去行政化改革研究	0	梁平	2014DF002	河北省法学会2014年度法学研究课题
227	社工介入儿童慈善项目项目现状的评估及模式探析	1	胡宏伟		民政部慈善重点课题
228	石油天然气生产加工行业大气汞防治技术与管理政策研究	68	赵毅	201309018	国家环境保护公益性行业科研专项
229	脱硫石膏修复土壤典型污染物形态转化及生物有效性研究	25	张可刚	21407047	2014年度国家自然科学基金青年科学基金项目
230	典型工业区不同工业源排放颗粒物中多氯联苯异构体成分谱的建立和应用研究	26	李志勇	21407048	2014年度国家自然科学基金青年科学基金项目
231	SCR低温脱硝中改性锰钛催化剂的作用机制和关键技术研究	5	王淑勤	E2014502111	2014年省自然科学基金面上项目
232	脱硫废水蒸发的调控与机制研究	16	马双忱	3142017	2013年度北京市自然科学基金面上项目
233	血清（亚型）肺癌多指标决策系统及特征标记物的研究	18	李艳坤	7142102	2013年度北京市自然科学基金面上项目
234	TiCx中空位与掺杂元素的形成规律及分布特性研究	3	丁海民	E2014502003	2014年省自然科学基金青年科学基金
235	发电机机电交叉复杂故障下定转子多维组合振动特征与故障成分的映射关系研究	5	唐贵基	E2014502052	2014年省自然科学基金面上项目
236	智能多胞材料的能量吸收机理及可控性设计方法	28	张新春	11402089	2014年度国家自然科学基金青年科学基金项目
237	输电铁塔中连接滑移的不确定性及结构非线性分析与设计方法研究	25	江文强	51408221	2014年度国家自然科学基金青年科学基金项目
238	机－网耦合作用下风力发电机传动系统故障机理与诊断方法研究	84	胡爱军	51475164	2014年度国家自然科学基金面上项目
239	基于混合Petri网的电力CPS协同建模与分析	23	李刚	51407076	2014年度国家自然科学基金青年科学基金项目
240	电力信息物理融合系统故障关联的建模与预测方法研究	3	李刚	F2014502050	2014年省自然科学基金青年科学基金
241	基于MOPSO的考虑节能减排的机组组合关键问题的研究	3	李整	F2014502081	2014年省自然科学基金青年科学基金
242	微电网最优协同控制关键技术研究	0	鲁斌	Z2014036	2014年度河北省高等学校科学研究计划项目
243	MapReduce和列存储结合的高性能OLAP关键技术研究	3	周国亮	F2014502069	2014年省自然科学基金青年科学基金

续表

序号	项目名称	经费（万元）	负责人	项目编号	项目来源
244	基于利益共享的京津高校入冀发展的模式及政策研究	0	梁淑红	201404318	2014年度河北省社会科学发展研究课题
245	能源消费总量约束下实现河北省经济增长目标的经济发展路径	2	李伟	14457694D	河北省科技计划项目
246	大中型沼气工程原料多元化及其沼气生产成本比较分析	2	刘志彬		农村能源综合建设项目
247	供销突发事件不对称信息下供应链的双边激励模型与契约研究	8	张欢	14YJC630187	2014年度教育部人文社科一般项目
248	产业结构转型升级背景下保定县域经济发展路径、机制研究	0	武群丽	20140104	2014年度保定市社会科学规划课题
249	智能电网环境下我国电力工业碳排放控制关键问题研究	61	孟明	71471061	2014年度国家自然科学基金面上项目
250	保定市争创国家创新型试点城市的路径选择与对策建议	0	李伟	2014A045	2014年保定市哲学社会科学规划研究委托项目
251	“十三五”河北省实施清洁能源战略构建新型能源保障体系调整能源消费结构问题研究	15	黄元生	DRCW13－23	河北省“十三五”规划前期研究重大课题
252	低碳经济下河北省生物质发电产业发展与对策研究	0.5	刘志彬	HB14YJ031	2014年度河北省社会科学基金项目
253	河北省能源经济发展研究基地	10	黄元生		河北省哲学社会科学研究基地
254	关于保定“中关村”建设规划的研究	6	黄元生	13455318D	河北省科技计划项目
255	大学生思想政治教育加强心理疏导的实践与思考	0	崔振国	20140302	2014年度保定市社会科学规划课题
256	CO_2气体在多孔材料中的吸附及新材料的设计	0	孙宗利		
257	大学生科技创业孵化基地	80	丁常富	14216223D	河北省省级科技计划专项项目
258	分裂均衡问题模型的建立及求解算法的研究	3	王胜华		第48批留学回国人员科研启动基金
259	机关事业单位与企业养老保险并轨的设计论证与调查研究	0	吴晓坤	JRSHZ－2014－02015	河北省人力资源社会保障科研合作课题
260	开口腔体高波数情况下电磁散射的高阶快速算法研究	23	赵美玲	11401208	2014年度国家自然科学基金青年科学基金项目
261	大尺度电站锅炉中的强声传播和声效应研究	95	姜根山	11474091	2014年度国家自然科学基金面上项目
262	QCD求和规则在强子物理中的应用	30	王志刚	A2014502017	2014年省自然科学基金杰出青年科学基金
263	“善行河北”视角下的高校图书馆志愿服务常态化、长效化研究	0	赵丽香	2014030910	2014年度河北省社会科学发展研究课题
264	河北省高校创业教育与创新人才培养研究	0	赵冬鸣	SZ141146	2014年河北省高等学校科学研究计划项目
265	高校学生管理创新的法治化路径及其实现机制	0.3	赵冬鸣	HB14JY027	2014年度河北省社会科学基金项目

续表

序号	项目名称	经费（万元）	负责人	项目编号	项目来源
266	协同创新背景下河北省高校创业教育体系研究	0	赵冬鸣	201440	河北省委讲师团系统 2014 年度科研课题
267	有效实现高校毕业生高质量就业的路径研究	0.1	李瑾	JRSHZ - 2014 - 01005	河北省人力资源社会保障科研合作课题
268	大学生教育管理中的法律问题研究	2	姜波	14JDSZ2036	2014 年度教育部人文社会科学研究专项任务项目(高校思想政治
269	河北省高校创业教育体系构建及促进机制研究	0	赵冬鸣	JRS - 2014 - 1062	2014 年度河北省人力资源和社会保障研究课题
270	驻保高校在职专业学位研究生培养现状调研	0	王博超	20140409	2014 年度保定市社会科学规划课题
271	社会文化习得为导向的理工科大学英语教学研究	0	魏月红	SZ141147	2014 年河北省高等学校科学研究计划项目
272	大学生廉洁观的质性考察与实证分析 - 以驻保高校为例	0	张冬生	SZ141247	2014 年河北省高等学校科学研究计划项目
273	孔子生命智慧对思想政治教育的启示	0	张乃芳	20140706	2014 年度保定市社会科学规划课题
274	保定“对接京津”思路下“一城多星”发展思路研究	0	孟祥林	20140103	2014 年度保定市社会科学规划课题
275	“中国梦”视阈下原始儒道担当精神创造性转化研究	0	张乃芳	2014Q101	2014 年保定市哲学社会科学规划研究青年课题
276	革命转型期中国共产党道德重构研究	0.1	孙芳	HB14MK031	2014 年度河北省社会科学基金项目
277	河北省发电过程仿真与优化控制工程技术研究中心仪器设备更新改造补助费	30	韩璞		河北省重点实验室项目
278	基于自适应最小二乘支持向量机的电站锅炉闭环燃烧优化控制方法研究	5	赵文杰	F2014502059	2014 年省自然科学基金面上项目
279	基于结构光方法的全向视觉测量与控制中的图像分析与处理	24	王旭光	61472037	2014 年度国家自然科学基金面上项目
280	基于微型旋翼无人飞行器的古代建筑影像获取与三维重建方法研究	15	王旭光	61472419	2014 年度国家自然科学基金面上项目
281	面向设备故障诊断的新颖工业无线传感器网络研究	3	侯立群		第 48 批留学回国人员科研启动基金
282	河北省输变电设备安全防御重点实验室运行补助费	40	律方成		河北省重点实验室项目

华北电力大学 2014 年度科研项目完成情况一览表

序号	项目名称	立项时间	负责人	项目来源
1	交流输电线路导线电晕损失产生机理及其影响因素分析	2010	律方成	教育部博士点基金课题
2	全源积分人工边界法及特高压直流输电复杂开域电场的计算模型	2010	王泽忠	教育部博士点基金课题
3	风电机组关键轴承的失效机理与可靠性设计方法研究	2010	芮晓明	教育部博士点基金课题
4	质子交换膜燃料电池催化层粘合剂的玻璃化转变温度与其性能的关系研究	2010	林俊	教育部博士点基金课题
5	聚合物光伏材料的交联结构对本体异质结复合膜微结构与器件稳定性的影响	2010	谭占鳌	教育部博士点基金课题
6	物流配送干扰管理中基于行为的决策模型研究	2010	黄敏芳	教育部博士点基金课题
7	技术的国别差异与贸易品的要素含量——基于中国与主要贸易竞争国的比较研究	2010	齐玮	教育部博士点基金课题
8	中低纬输电系统的空间天气影响问题研究	2010	刘连光	国家国际科技合作专项项目
9	非能动核能安全技术北京市重点实验室 2013 年度科技创新基地培育与发展工程专项项目	2013	陆道纲	北京市科技计划项目
10	一类非线性色散波方程(组)解的适定性和极限行为	2010	韩励佳	国家自然科学基金
11	纳米线构筑的混合微纳结构表面用于可控强化相变传热	2010	许佳	国家自然科学基金
12	基于非线性超声导波的材料损伤分布场成像技术研究	2010	徐鸿	国家自然科学基金
13	变系数孤子方程的达布变换及行列式解	2012	王雷	国家自然科学基金
14	若干非线性物理模型的多元朗斯基解及向量半有理畸形波的研究	2012	王雷	国家自然科学基金
15	量子 dissonance 和量子相变及其动力学演化的理论研究	2012	张业奇	国家自然科学基金
16	热交联聚合物光伏材料的合成及其复合膜微结构的稳定性研究	2010	谭占鳌	国家自然科学基金
17	干旱半干旱区坡面尺度水文连通性研究	2010	王盛萍	国家自然科学基金
18	基于立体选择性的污染场地 OCPs 营养级迁移规律研究	2010	唐阵武	国家自然科学基金
19	复杂热力系统非稳态工况热力学分析理论与节能基础研究	2010	郭喜燕	国家自然科学基金
20	化石能源系统 CO_2 富集分离液化一体化集成机理	2010	徐钢	国家自然科学基金
21	超临界压力下 CO_2 在螺旋管中对流换热机理研究	2010	张伟	国家自然科学基金
22	氮气稀释富氢合成气微混合燃料喷射火焰燃烧特性研究	2010	张永生	国家自然科学基金
23	感知宽带电力线通信系统的跨层多目标资源分配	2010	徐志强	国家自然科学基金
24	面向互动用电需求的信息安全新机制与可用性评估方法	2010	刘念	国家自然科学基金
25	水文气象耦合的城市雨洪模拟与预警	2010	张尚弘	国家自然科学基金
26	二氧化碳新型固相吸附捕获的应用基础研究(FOCUS):面向燃煤电厂胺类功能化吸附剂的循环流化床工艺	2010	张锴	国家自然科学基金
27	微乳液/聚合诱导自组装法制备多级孔氧化铁微球及其性能研究	2010	姚建曦	国家自然科学基金
28	基于机电网统一波动模型的汽轮发电机组扭振稳定性分析及控制策略研究	2010	顾煜炯	国家自然科学基金
29	汽轮发电机组汽流激振故障实时辨识关键理论及方法研究	2010	宋光雄	国家自然科学基金
30	盘形滚刀三维破岩能耗机理研究	2010	张照煌	国家自然科学基金

续表

序号	项目名称	立项时间	负责人	项目来源
31	复杂流体在纳米微结构表面上的湿润动力学与相变研究	2010	王晓东	国家自然科学基金
32	射流调控的生物质与煤共燃流化床内流动和反应机理研究	2010	张锴	国家自然科学基金
33	交流电机电源快速软切换控制复杂瞬态的建模与解析方法研究	2010	崔学深	国家自然科学基金
34	负荷模型对电力系统动态分析影响机理研究	2010	马进	国家自然科学基金
35	变压器油中纳米粒子对流注发展的影响机理研究	2010	李成榕	国家自然科学基金
36	低温/高温复合超导导体的稳定性研究	2010	王银顺	国家自然科学基金
37	碳纳米管和氧化石墨烯催化剂的研制及其湿式氧化降解有机物的机理研究	2010	杨少霞	国家自然科学基金
38	仿生表面微纳米尺度流动与相变传热	2012	徐进良	国家自然科学基金
39	关于基金委重点项目“变化环境下水利工程设计风险评估”的国际合作与交流	2013	黄国和	国家自然科学基金
40	关于基金委杰青项目“流域水资源管理”的国际交流及合作	2013	李永平	国家自然科学基金
41	基于语义的稳定本体测量和评估研究	2010	马应龙	国家自然科学基金
42	基于切换控制理论的网络化系统研究	2010	禹梅	国家自然科学基金
43	太阳光纤光导系统非稳态机理分析和柔顺控制建模	2010	宋记锋	国家自然科学基金
44	Ag/Au 芯－壳结构纳米颗粒表面等离激元增强多晶硅薄膜太阳电池性能	2010	白一鸣	国家自然科学基金
45	电－热传感信息融合成像的火焰检测方法	2010	刘石	国家自然科学基金
46	基于键合图的风电液压变桨系统特性分析和故障诊断	2010	杨锡运	国家自然科学基金
47	基于免疫遗传算法的多目标厂级负荷优化分配研究	2012	袁桂丽	国家自然科学基金
48	微电子系统高功率微波(HPM)脉冲辐照效应研究	2012	郝建红	国家自然科学基金
49	智能电网中适应不稳定大规模清洁能源发电的联合智能调度管理理论研究	2010	牛东晓	国家自然科学基金
50	节能减排目标下发电绩效置换交易优化模型与方法研究	2010	谭忠富	国家自然科学基金
51	信息化环境下企业项目链风险元传递理论模型研究	2010	李存斌	国家自然科学基金
52	低碳经济转型对企业行为影响经济分析动态模型	2010	赵晓丽	国家自然科学基金
53	一显热潜热复合型跨季节蓄热太阳能供热系统的基础研究类非线性色散波方程(组)解的适定性和极限行为	2011	孙东亮	北京自然科学基金
54	强非线性电场、电流场及温度场分布下固体电子材料失效机理研究	2012	郑重	北京自然科学基金
55	重大办－2012 年度油气板块工作支撑	2012	刘吉成	北京市科委专项项目
56	非线性鲁棒模型预测控制方法与应用研究	2013	马苗苗	北京自然科学基金项目
57	基于定点谐波平衡有限元法的变压器铁心直流偏磁磁偏滞特性研究	2013	赵小军	北京自然科学基金项目
58	译者翻译过程及翻译策略研究	2013	赵玉闪	全国高校外语教学科研项目
59	我国电网企业危险源预警管理研究	2010	李彦斌	教育部人文社科项目
60	天地君亲师的命运——从文化哲学的视野看中国人的终极关怀	2009	蔡利民	教育部人文社科项目
61	北京市生物质能源产业现状与发展对策研究	2011	檀勤良	北京社会科学基金项目
62	北京可再生能源产业协调发展的激励机制与产业政策研究	2011	李泓泽	北京社会科学基金项目

续表

序号	项目名称	立项时间	负责人	项目来源
63	支持北京市绿色发展的能源政策体系研究	2010	王伟	北京社会科学基金项目
64	北京市社会企业发展现状及其促进策略研究—基于社会治理的视角	2010	朱晓红	北京社会科学基金项目
65	北京市废物管理法律制度研究	2011	陈维春	北京社会科学基金项目
66	政府购买社会组织服务供需对接机制研究	2012	朱晓红	北京民政局课题
67	北京市民办非企业单位 2011 年度检查白皮书	2012	朱晓红	北京市社会团体管理办公室课题
68	全国性社团年检报告数据分析研究课题	2012	朱晓红	民政部民间组织管理局
69	北京市民办非企业单位 2012 年度检查白皮书	2013	朱晓红	北京市社会团体管理办公室
70	行业协会发展和管理国际比较研究	2013	朱晓红	民政部委托课题
71	承接政府购买服务的社会组织资质条件与目录的中外比较及启示	2013	朱晓红	民政部委托课题
72	中关村社会组织 2012 年度检查分析报告	2013	朱晓红	北京市社会团体管理办公室
73	北京市市级社会团体评估	2013	朱晓红	北京市社会团体管理办公室
74	中关村社会组织 2013 年度检查分析报告	2014	朱晓红	北京市社会团体管理办公室
75	基于统计值的干扰性负荷谐波责任分离及其经济管理	2011	赵成勇	河北省自然基金委
76	特高压直流输电线路地面合成电场的三维计算方法及其应用研究	2011	卢铁兵	河北省自然基金委
77	大地电导率横向差异对电网暴灾害的影响研究	2011	刘春明	河北省自然基金委
78	复合型跨季节蓄热太阳能供热系统的基础研究	2011	孙东亮	河北省自然基金委
79	高效相变蓄热集热墙构造及性能研究	2011	周国兵	河北省自然基金委
80	电力市场下负荷频率控制结构分析及设计	2011	谭文	河北省自然基金委
81	基于框架变换和礼堂特性的图像水印技术	2011	焦润海	河北省自然基金委
82	基于立体选择性的污染场地 OCPs 营养级迁移规律研究	2011	唐阵武	河北省自然基金委
83	制作具有可见光范围内全空间禁带的光子晶体的研究	2011/1/1	任芝	国家自然科学基金
84	电网冲击下超(超)临界汽轮发电机组轴系 - 叶片弯扭耦合振动特性的研究	2011/1/1	向玲	国家自然科学基金
85	应用 QCD 求和规则研究核物质中强子性质	2011/1/1	王志刚	国家自然科学基金
86	醇胺水溶液表面张力的实验和理论研究	2011/1/1	付东	国家自然科学基金
87	典型摄入途径唾液砷代谢形态分析研究	2011/1/1	苑春刚	国家自然科学基金
88	汽轮机内高速凝结流动中传热传质机理及凝结流动对级效率影响的研究	2011/1/1	韩中合	国家自然科学基金
89	添加剂强化湿法烟气脱硫系统脱汞研究	2011/1/1	陈传敏	国家自然科学基金
90	用于大停电后电力系统恢复的网架重构方案运行可靠性评估方法研究	2011/1/1	刘艳	国家自然科学基金
91	区域电网电压控制系统模型降阶方法及预测控制算法研究	2011/1/1	赵洪山	国家自然科学基金
92	污湿绝缘子放电紫外图谱特征及污秽评估模型的研究	2011/1/1	律方成	国家自然科学基金
93	基于 IEC 61850 与云计算的智能电网状态监测集成平台关键问题的研究	2011/1/1	王德文	国家自然科学基金
94	基于立体选择性的白洋淀湿地 OCPs 营养级迁移规律研究	2011/1/1	唐阵武	河北省自然科学基金
95	高效相变蓄热集热墙构造及性能研究	2011/1/1	周国兵	河北省自然科学基金
96	复合型跨季节蓄热太阳能供热系统的基础研究	2011/1/1	孙东亮	河北省自然科学基金

续表

序号	项目名称	立项时间	负责人	项目来源
97	特高压直流输电线路地面合成电场的三维计算方法及其应用研究	2011/1/1	卢铁兵	河北省自然科学基金
98	大地电导率横向差异对电网磁暴灾害的影响研究	2011/1/1	刘春明	河北省自然科学基金
99	基于统计值的干扰性负荷谐波责任分离及其经济管理	2011/1/1	赵成勇	河北省自然科学基金
100	基于框架变换和视觉特性的图像水印技术	2011/1/1	焦润海	河北省自然科学基金
101	电力市场下负荷频率控制结构分析及设计	2011/1/1	谭文	河北省自然科学基金
102	基于辨识模型的低频振荡协调阻尼控制研究	2011/1/1	马燕峰	河北省自然科学基金
102	电力系统黑启动恢复中机组恢复的分层协调优化研究	2011/1/1	顾雪平	河北省自然科学基金
102	超憎水涂层的表面特性对铝导线表面覆冰性能的影响	2011/1/1	汪佛池	河北省自然科学基金
102	湿法烟气脱硫强化吸收汞的化学反应机理研究	2011/1/1	刘松涛	河北省自然科学基金
102	化学计量学方法构建生物样品的共振光散射模型	2011/1/1	李艳坤	河北省自然科学基金
102	发电机内部复合故障下的定转子振动特性研究	2011/1/1	万书亭	河北省自然科学基金
102	炉内管道泄漏故障源的声学定位方法研究	2011/1/1	姜根山	河北省自然科学基金
102	生物质气化发电过程建模与优化的应用基础研究	2011/1/1	李大中	河北省自然科学基金

华北电力大学2014年科研成果及奖励情况一览表

序号	年度	获奖项目	所获奖项	获奖等级	级别	获奖人
1	2014	气体绝缘装备特高频局部放电监测关键技术及其应用	国家技术发明奖	二等奖	国家级	李成榕3
2	2014	大型超超临界机组自动化成套控制系统关键技术及应用	国家科学技术进步奖	二等奖	国家级	刘吉臻1　牛玉广6 曾德良7　刘长良8
3	2014	±800kV特高压直流输电换流阀研制及应用	北京市科学技术奖	一等奖	省级	崔　翔4
4	2014	智能配电网运行支撑关键技术研究与应用	北京市科学技术奖	二等奖	省级	毕天姝6
5	2014	高压开关设备局部放电与机械特性带电检测技术及诊断方法研究	北京市科学技术奖	二等奖	省级	（学校排名第三）
6	2014	研究生教育质量的指数测度方法——对“985工程”一期教育部直属高校的实证分析	第十四届河北省社会科学优秀成果奖	三等奖	省级	翟亚军1
7	2014	自主卫星导航系统精密时间传递关键技术与示范	河北省科学技术奖	二等奖	省级	姜　彤9
8	2014	MW级大型风力发电机组的智能控制技术研究	吉林省科技进步奖	二等奖	省级	韩晓娟2　肖运启5
9	2014	采暖期间大型供热机组与风力发电联合调峰优化运行研究与应用	吉林省科技进步奖	二等奖	省级	韩晓娟5
10	2014	多介质融合的智能配用电网通信关键技术研究与工程应用	辽宁省科学技术奖励	二等奖		孙　毅5
11	2012	基于集成理论的风光互补城市供电工程系统与示范	内蒙古自治区科技进步奖	省长特别奖	省级	乌云娜1　牛东晓4

续表

序号	年度	获奖项目	所获奖项	获奖等级	级别	获奖人
12	2012	管道气体平均流速测量仪的研发与应用	内蒙古自治区科技进步奖	三等奖	省级	孙保民 2
13	2013	±800kV 超大容量特高压直流输电关键技术、设备研制和工程应用	中国电力科学技术奖	一等奖	部级	（学校排名第十七）
14	2013	±800kV 特高压直流输电技术开发、装备研制及工程应用	中国电力科学技术奖	一等奖	部级	（学校排名第十三）
15	2013	生物质电站安全经济运行关键技术	中国电力科学技术奖	二等奖	部级	杨勇平 1　董长青 2 刘宗德 3　赵　莹 4 胡笑颖 5　陆　强 6
16	2013	GIS 局部放电检测系统标准化及标定体系研究与应用	中国电力科学技术奖	二等奖	部级	唐志国 8
17	2013	电站热工优化控制平台（TOP）自主研发与应用	中国电力科学技术奖	二等奖	部级	（学校排名第二）
18	2013	换流变压器的交直流绝缘特性及电场测量与运行安全评估技术研究	中国电力科学技术奖	三等奖	部级	齐　波 3
19	2013	大型空冷系统选型设计技术研究	中国电力科学技术奖	三等奖	部级	杨勇平 5　杨立军 7
20	2012	交流输电线路对金属管线影响及防护的研究	国家能源科技进步奖	二等奖	副部级	齐　磊 4　崔　翔 8
21	2012	电能质量复合控制技术研究及示范应用	国家能源科技进步奖	二等奖	副部级	肖湘宁 7
22	2012	电站锅炉燃烧状态检测及综合优化控制系统	国家能源科技进步奖	二等奖	副部级	刘吉臻 1　黄孝彬 4
23	2012	变电站接地网结构探测与缺陷诊断系统的开发及应用	国家能源科技进步奖	三等奖	副部级	刘　洋 1　崔　翔 2 赵志斌 3　李　琳 4 周象贤 5
24	2012	电站热工优化控制平台（TOP）自主研发与应用	国家能源科技进步奖	三等奖	副部级	（学校排名第二）
25	2012	燃煤机组调频调峰性能优化关键技术研究	国家能源科技进步奖	三等奖	副部级	（学校排名第四）
26	2013	促进节能减排的产业结构调整理论与政策模拟	能源软科学研究优秀成果奖	二等奖	副部级	赵晓丽 1　曾　鸣 2 张素芳 3　张　锐 刘　谊　　李　奎 李清江　　初源良 张　平　　张晓虎
27	2013	电力行业低碳发展政策与法律问题研究	国家能源局软科学研究优秀成果奖	三等奖	副部级	周凤翱 2　曹治国 3 王　伟 4　谭忠富 5 赵保庆 6　沈　磊 7 朱晓红 8　陈建国 9 马卫华 10
28	2013	我国能源效率和碳排放动态时空演变机制及减排路径研究	中国商业联合会科学技术奖	二等奖	社会力量	张兴平 1　檀勤良 2 魏咏梅 3　袁家海 4

续表

序号	年度	获奖项目	所获奖项	获奖等级	级别	获奖人
29	2013	重复性建设项目计划与调度优化技术	中国商业联合会科学技术奖	二等奖	社会力量	张立辉1 乞建勋2 邹 鑫3 黄元生4 李星梅5
30	2013	中国商业科技创新人物	中国商业联合会科学技术奖	中国商业科技创新人物	社会力量	谭忠富
31	2013	基于新型营销组织模式的智能用电客户电费缴纳体系建设研究	中国商业联合会科学技术奖	二等奖	社会力量	何永秀1 张素芳3
32	2013	“国际贸易实务”多媒体教学课件	第六届中国商业联合会服务业科技创新奖	三等奖	社会力量	张素芳1 李春杰2 刘江燕3
33	2014	特高压施工现场资源配置规范、智能通信及安全监视系统研究与应用	电力建设科学技术进步奖	三等奖	社会力量	龚钢军3
34	2014	基于当量原煤耗率指标的火电厂冷端性能评价技术研究与应用	电力建设科学技术奖	三等奖	社会力量	陈海平2
35	2014	半干法脱硫灰资源化利用研究	2013年度河北省科技进步奖	三等奖	省部级	赵 毅1 陈传敏2 刘松涛3 卢 林4 薛长海5 蒋军成6 王 涛7 杨艳芬8
36	2014	基于北斗、GPS共兼容的道路交通信号控制系统	2013年度河北省科技进步奖	三等奖	省部级	王士元1 鲁 斌2 王 川3 刘 丽4 刘书刚5 袁和金6 王 茜7 韩少华8 张 国9
37	2014	核电站严重事故缓解系统	2013年度河北省技术发明奖	三等奖	省部级	周 涛1 陈 娟2 张记刚3 胡 雨4 盛 程5 刘 平6
38	2014	自主卫星导航系统精密时间传递关键技术与示范	2013年度河北省科技进步奖	三等奖	省部级	周建华1 李 隽2 郑晓冬3 楚恒林4 张金涛5 魏海涛6 刘 利7 陈刘成8 姜 彤9 戎 强10
39	2014	中国特色的执行强制措施体系研究	第十四届河北省社会科学优秀成果奖	一等奖	省部级	梁 平1 刘宇晖2 孔令章4 霍文良5
40	2014	基于声誉的国有企业经营者激励、监督与考核机制研究	第十四届河北省社会科学优秀成果奖	二等奖	省部级	孔 峰1 刘鸿雁2
41	2014	困境与突破:面向农村的纠纷解决	第十四届河北省社会科学优秀成果奖	二等奖	省部级	李庆保1 梁 平2 李 雷3
42	2014	面向低碳经济的EPC项目节能服务风险预警研究	第十四届河北省社会科学优秀成果奖	三等奖	省部级	李艳梅1 孔 峰2 高 冲3
43	2014	我国汽车制造业的贸易流量与出口潜力:基于引力模型的分析	第十四届河北省社会科学优秀成果奖	三等奖	省部级	齐 玮1
44	2014	研究生教育质量的指数测度方法——对“985工程”一期教育部直属高校的实证分析	第十四届河北省社会科学优秀成果奖	三等奖	省部级	翟亚军1

华北电力大学2014年科研工作各院系贡献情况一览表

单位	成果获奖			成果鉴定	专利				学术论文和学术著作				
	国家级	省部级	合计		发明	实用新型	外观设计	合计	SCI	EI	ISTP	著作	合计
电气与电子工程学院	1	12	13	1	73	28	3	104	46	353		2	
能源动力与机械工程学院		5	5	1	46	22	0	68	83	98	2	2	
控制与计算机工程学院	1	5	6		43	10	0	53	35	103	2	3	
经济与管理学院		7	7		0	0	2	2	60	93	6	17	
可再生能源学院					46	4	0	50	47	58		4	
核科学与工程学院					10	10	0	20	19	45			
环境科学与工程学院									1				
数理学院		1	1		1	0	0	1	26	25	4	4	
外国语学院									1	1	1	3	
人文与社会科学学院		1	1						1	1	2	22	
思政部												1	
资源与环境研究院					25	0	0	25	44	5		1	
高等教育研究所		1	1										
现代电力研究院					1	0	0	1		4			
其他					1	1	0	2		2		1	
合计	2	32	34	2	244	77	5	326	363	788	17	60	

注:表中SCI数据包括SCI、SSCI、A&HCI

(保定校区)

单位	成果获奖			成果鉴定	专利			学术论文和学术著作				
	市区级	省部级	合计		发明	实用新型	合计	SCI	EI	CSSCI	著作	合计
电力工程系	2	1	3	0	23	26	49	12	170	0	0	182
电子与通信工程系	0	0	0	0	7	10	17	5	37	0	4	46
动力工程系	1	0	1	0	10	21	31	10	41	1	2	54
机械工程系	0	0	0	0	4	27	31	4	33	1	0	38
自动化系	0	0	0	0	6	9	15	6	24	0	0	30
计算机系	0	1	1	0	2	0	2	3	60	0	0	63
经济管理系	0	3	3	0	0	0	0	1	76	5	9	91
环境科学与工程学院	2	1	3	0	6	5	11	27	21	0	1	49
数理系	0	0	0	0	8	9	17	36	12	1	0	49
法政系	0	2	2	0	0	0	0	0	0	11	6	17
政教部	0	0	0	0	0	0	0	0	0	6	3	9
英语系	0	0	0	0	0	0	0	0	0	0	1	1
信息与网络管理中心	0	0	0	0	0	0	0	0	7	0	0	7
科技学院	0	0	0	0	0	5	5	8	3	1	4	16
其他	0	2	2	0	0	7	7	0	3	8	1	12
小计	5	10	15	0	66	119	185	112	487	34	31	664

华北电力大学2014年度已授权专利情况一览表

编号	专利名称	申请人姓名	专利类别	申请日期	授权日期	专利号
1	一种射流调控的生物质和煤循环流化床共燃装置	张　锴　陈宏刚　张凯华 滕　阳　杨勇平	发明	2010.6.9	2014.4.2	ZL201010203058.8
2	一种基于支路贴近度的广域后备保护方法	马　静　李金龙　王增平 杨奇逊	发明	2010.8.5	2014.5.7	ZL201010246254.3
3	一种生态过水堰及其构筑方法	张化永　张木兰　徐卫刚 王中玉　黄文佩	发明	2010.9.27	2014.3.19	ZL201010292264.0
4	一种配电网电力线路功率角测量方法及测量系统	闫　迎　罗应立　卢文冰 张伟华　王义龙	发明	2010.10.25	2014.5.7	ZL201010523723.1
5	一种建立可控串补线性化模型的方法	毕天姝　肖仕武　张　魁 张　鹏　薛安成　杨奇逊	发明	2010.12.16	2014.1.1	ZL201010606694.5
6	锅炉烟气余热利用与脱硫一体化系统	徐　钢　杨勇平　杨志平 田　瑶　查永龙　田龙虎	发明	2010.12.20	2014.4.9	ZL201010613048.1
7	汽轮发电机组轴系次同步振荡机械阻尼并网测量解耦计算方法	毕天姝　张　鹏　肖仕武 薛安成　杨奇逊	发明	2011.1.7	2014.1.1	ZL201110003286.5
8	调制型光学电流互感器及其测量交直流电流的方法	刘　君　李岩松	发明	2011.4.13	2014.1.29	ZL201110092724.X
9	一种利用幅值实现混沌同步的保密通信方法	唐良瑞　祁　兵　孙　毅 樊　冰　亢中苗	发明	2011.5.18	2014.4.23	ZL201110129113.8
10	基于 Euclidean 算法的无线传感器三维定位方法	唐良瑞　宫　月　孙　毅 祁　兵　罗艺婷　柯珊珊 樊　冰	发明	2011.5.18	2014.2.26	ZL201110129114.2
11	一种具有鲁棒性的广域阻尼控制系统设计方法	马　静　王　彤　王增平 米　超　王　希	发明	2011.5.17	2014.1.8	ZL201110127909.X
12	一种改进的信号采集调理电路	刘其辉　李万杰	发明	2011.5.24	2014.3.5	ZL201110135032.9
13	一种燃煤发电 – CO_2 捕获 – 供热一体化系统及方法	徐　钢　杨勇平　刘　彤 李守成　刘文毅	发明	2011.6.1	2014.6.25	ZL201110145857.9

续表

编号	专利名称	申请人姓名	专利类别	申请日期	授权日期	专利号
14	基于纳米流体特性的沸水堆事故下非能动余热导出系统	周 涛 刘 平 洪德训	发明	2011.6.27	2014.1.22	ZL201110175073.0
15	一种电流自适应保护方法	马 静 王 希 王增平 王 彤 叶东华	发明	2011.6.27	2014.5.7	ZL201110175010.5
16	一种电动汽车高速公路充电系统	郭春林 肖湘宁 陈筱陆 徐永海 赵成勇 武 力	发明	2011.6.30	2014.2.19	ZL201110183387.5
17	架空线路电流带电实时测量装置及方法	李岩松 齐 郑 刘 君	发明	2011.6.30	2014.2.19	ZL201110183552.7
18	电动汽车负荷模拟装置	郭春林 肖湘宁 陈筱陆 徐永海 赵成勇 武 力	发明	2010.7.6	2014.2.19	ZL201110187764.2
19	一种实现电站锅炉降低 NOx 排放及稳燃的方法及系统	张永生 高 丹 徐 钢 张 锴 徐 鸿	发明	2011.7.8	2014.3.26	ZL201110190754.4
20	基于证据理论的多业务 OFDM 跨层动态资源分配方法	唐良瑞 张 静 祁 兵 孙 毅	发明	2011.7.13	2014.2.26	ZL201110195900.2
21	一种基于滑模的水轮机调速系统死区非线性补偿方法	钱殿伟 张博雅 刘向杰	发明	2011.7.18	2014.4.16	ZL201110200593.2
22	一种集成式坡面径流模拟与监测装置	李 中 黄国和 阳艾利 张晓东	发明	2011.8.22	2014.6.18	ZL201110241821.0
23	基于火焰自由基的燃料种类的在线识别方法	闫勇 卢钢 李新利	发明	2011.8.25	2014.6.25	ZL201110244469.6
24	一体化紫外消毒卷式膜组件	姚 尧 黄国和 张晓东 安 楷 安春江 魏 佳	发明	2011.8.30	2014.8.20	ZL201110252338.2
25	一体化日光捕捉光照系统	阳艾利 黄国和 李 中 张晓东	发明	2011.8.30	2014.6.18	ZL201110252351.8
26	一种在高温条件下抗 CMAS 侵蚀的热障涂层及其制备工艺	张东博	发明	2011.8.30	2014.2.12	ZL201110252206.X
27	空间昼夜温差发电装置及方法	徐进良 李子衿 徐 立	发明	2011.9.1	2014.4.30	ZL201110256524.3
28	新型防覆冰涂层及其制备方法	张东博	发明	2011.9.1	2014.1.8	ZL201110257100.9
29	基于介孔氧化锆载体的镍基焦油转化催化剂及其制备方法	董长青 陶 君 陆 强 杨勇平 胡笑颖	发明	2011.9.1	2014.1.15	ZL201110257108.5
30	风力发电和压缩空气储能的一体化系统及集成方法	刘文毅 杨勇平 徐钢 李守成 张伟德 黄 健	发明	2011.9.5	2014.10.8	ZL201110260765.5

续表

编号	专利名称	申请人姓名	专利类别	申请日期	授权日期	专利号
31	基于弯曲通道二次流的气膜孔	康　顺　梁俊宇　王晓东　孟宝宝　翟丽娜	发明	2011.9.7	2014.8.20	ZL201110262922.6
32	一种煤整体气化烟气再热联合循环动力系统	付忠广　杨天亮	发明	2011.9.13	2014.8.20	ZL201110269991.X
33	一种富氧－煤气化烟气再热联合循环动力系统	付忠广　杨天亮	发明	2011.9.13	2014.3.26	ZL201110270369.0
34	一种预防反应堆压力容器熔穿的应急保护系统	周　涛　刘梦影　汝小龙	发明	2011.9.15	2014.4.16	ZL201110274051.X
35	冷凝端扩展型一体化平板热管	纪献兵　徐进良　阿邦达	发明	2011.9.20	2014.1.29	ZL201110280435.2
36	一种厨余物好氧堆肥装置及多参数控制方法	李　晟　黄国和　张晓东　安春江　魏　佳　姚　尧　赵　珊	发明	2011.9.23	2014.10.8	ZL201110285747.2
37	一种汽车尾气三级处理装置及其分离方法	赵　珊　黄国和　张晓东　安春江　魏　佳　姚　尧　李　晟　阳艾利	发明	2011.9.29	2014.4.16	ZL201110294371.1
38	一种在线超声监测与清洗一体化膜组件	姚　尧　黄国和　张晓东　安春江　魏　佳　李　晟　赵　珊	发明	2011.10.18	2014.6.18	ZL201110315418.8
39	固体氧化物燃料电池结构及其制备方法	张东博　崔兴华　曹　健	发明	2011.10.19	2014.1.8	ZL201110318983.X
40	基于电力 GIS 的变电站虚拟三维系统的应用	吴克河　王晓辉　李　为　张晓东　段　成　崔文超	发明	2011.10.24	2014.4.16	ZL201110324577.4
41	基于微型多旋翼无人直升机的电力杆塔智能巡检方法	吴　华　吕　敏　柳长安　杨国田	发明	2011.10.24	2014.10.29	ZL201110326456.3
42	电磁加速联合等离子体辅助增强电子束物理气相沉积系统	张东博	发明	2011.10.24	2014.7.9	ZL201110326518.0
43	一种仿真提速电路的设计方法	赵成勇　许建中　刘文静　郭春义	发明	2011.11.4	2014.10.22	ZL201110345136.2
44	三相电动机绕组星角软切换全固态控制装置及控制方法	崔学深　朱　亮　庞继伟　石朋飞	发明	2011.11.18	2014.3.26	ZL201110370145.7
45	并联补偿电网母线短路电流限制器	尹忠东	发明	2011.11.24	2014.7.16	ZL201110378443.0

续表

编号	专利名称	申请人姓名	专利类别	申请日期	授权日期	专利号
46	负载不平衡补偿限流器	尹忠东　李和明　赵士硕　曹松伟　安　勇　李勇钢　李　鹏	发明	2011.11.24	2014.8.20	ZL201110378924.1
47	一种兼顾谐波抑制和无功补偿的短路电流限制装置	尹忠东　甄晓亚　王云飞　刘莫然　安　勇　李勇钢　李　鹏	发明	2011.11.24	2014.5.7	ZL201110378970.1
48	基于层次分析模型的自动同调识别方法	张海波　孙玉玮	发明	2011.10.26	2014.10.8	ZL201110328530.5
49	一种大容量非热处理型高导电铝合金导体材料	刘东雨　张　彬　侯世香	发明	2011.10.26	2014.5.7	ZL201110329589.6
50	聚合物太阳能电池阴极修饰材料及应用该修饰材料的电池	谭占鳌　李良杰　张文庆　徐　琦	发明	2011.11.11	2014.1.22	ZL201110359001.1
51	一种变电站设备红外测温周期动态调整方法	周　景　李　为　徐教辉　李存斌　穆昭玺　王丽娟　滕　婧　李廷顺　成永强	发明	2011.11.18	2014.2.12	ZL201110369953.1
52	未知恶意代码的深度学习监测方法	李元诚　樊庆君	发明	2011.11.22	2014.4.23	ZL201110373558.0
53	一种风电功率超短期预测方法	李元诚　杨瑞仙	发明	2011.11.29	2014.10.8	ZL201110388041.9
54	分离背景谐波的用户允许谐波电流排放限值计算方法	许建中　陶　顺　徐永海　徐　群　肖湘宁　赵成勇	发明	2011.11.29	2014.1.22	ZL201110388028.3
55	基于电网实时数据的实用化分层分区无功优化方法	刘文颖　郑　伟　徐　鹏　梁　琛　曹俊龙　郑晶晶　门德月　梁福波　邢　晶　李　波　吴耀浩　李亚龙　钟佳辰　文　晶　谢　昶　王久成　刘　茜　周海洋　吴晓丹	发明	2011.12.1	2014.7.9	ZL201110393301.1
56	一种过网网损分摊方法	刘文颖　王维州　梁　才　智　勇　王佳明　拜润卿　葛润东　安亮亮　金　娜　杨　斌　杜　波　赵子兰　但扬清　李　扬　杜　询　卢甜甜　杨　楠　梁纪峰　刘景延	发明	2011.12.1	2014.1.22	ZL201110393324.2

续表

编号	专利名称	申请人姓名	专利类别	申请日期	授权日期	专利号
57	钓鱼网页的深度学习智能检测方法	李元诚　沈尚方	发明	2011.12.1	2014.10.8	ZL201110393959.2
58	一种燃气型冷热电联供系统的优化调度装置及方法	房　方　王庆华　董玉亮　刘吉臻	发明	2011.12.5	2014.2.19	ZL201110398221.5
59	一种纳米凹凸棒润滑脂的制备方法	夏延秋　王泽云　许　一　刘志鲁	发明	2011.12.2	2014.1.15	ZL201110397390.7
60	介孔二氧化硅空心球铁基载氧体的应用方法	董长青　陆　强　杨勇平	发明	2011.12.5	2014.4.23	ZL201110399858.6
61	载镍介孔二氧化硅空心球铁基载氧体的应用方法	董长青　陆　强　杨勇平	发明	2011.12.5	2014.1.15	ZL201110399852.9
62	一种非能动自然循环铅铋换热装置及导出堆芯热量的方法	周　涛　李精精　刘梦影　苏子威　邹文重　吴宜灿　柏云清	发明	2011.12.6	2014.7.16	ZL201110401401.4
63	一种模块化多电平换流器在线损耗计算方法	赵成勇　杨　柳　肖湘宁　许建中	发明	2011.12.8	2014.8.6	ZL201110404663.6
64	一种利用有机物制取生物天然气的工艺方法	杨世关　赵圆方　李继红　郑宗明　王体朋　覃　吴	发明	2011.12.8	2014.8.6	ZL201110404380.1
65	一种防止眼镜片起雾的复合液	周蓝宇　周　涛　汝小龙	发明	2011.12.8	2014.4.2	ZL201110404917.4
66	基于火焰自由基和温度测量的污染物排放量在线预测方法	卢　钢　闫　勇　李新利	发明	2011.12.14	2014.8.6	ZL201110415590.0
67	压缩空气蓄能－煤气化发电一体化系统及集成发电方法	刘文毅　杨勇平　徐　钢　李守成　张伟德　黄　健	发明	2011.12.14	2014.1.29	ZL201110415885.8
68	火电厂厂级负荷优化分配试验系统及方法	牛玉广　苏　凯　李　青　刘吉臻	发明	2011.12.20	2014.12.3	ZL201110430479.9
69	载镍碳纳米管用于催化裂解生物质热解焦油的方法	董长青　陶　君　陆　强　杨勇平　胡笑颖	发明	2011.12.20	2014.4.23	ZL201110430563.0
70	汽轮机碰磨故障检测方法	柳亦兵　安宏文　滕　伟	发明	2011.12.20	2014.2.19	ZL201110430790.3
71	集成 OTM 的 CO_2 零排放 SOFC. AT. ST 复合动力系统	段立强　黄科薪　杨勇平	发明	2011.12.21	2014.10.29	ZL201110433112.2
72	基于校正算法的短期风力发电机输出功率预测方法	杨志凌　刘永前	发明	2011.12.27	2014.1.22	ZL201110442703.6
73	集成 OTM 的加压 CO_2 零排放 SOFC. GT. AT. ST 复合动力系统	段立强　黄科薪　杨勇平	发明	2012.1.11	2014.5.14	ZL201210007215.7
74	一种双环加权控制方法	刘吉臻　孟庆伟　房　方	发明	2012.1.11	2014.1.8	ZL201210007421.8

续表

编号	专利名称	申请人姓名	专利类别	申请日期	授权日期	专利号
75	高压输电线路的超声波除冰装置及其除冰方法	何　青　吕锡锋	发明	2012.1.13	2014.10.8	ZL201210065683.X
76	一种油纸绝缘设备局部放电缺陷发展速度诊断方法	程养春　刘少宇　李成榕　邓　春　詹花茂　刁常晋　魏金清	发明	2012.1.16	2014.6.4	ZL201210013117.4
77	一种油纸绝缘设备局部放电故障概率计算方法	程养春　邓　春　李成榕　刘少宇　詹花茂　崔　乐　陈凯	发明	2012.1.16	2014.1.22	ZL201210012974.2
78	一种基于 MMC 的三相 UPQC 拓扑电路	龙云波　袁　敞　肖湘宁　徐永海　郝君伟	发明	2012.1.17	2014.1.22	ZL201210015325.8
79	一种直流输电线路电晕电导的计算方法	崔　翔　甄永赞　卢铁兵	发明	2012.2.15	2014.4.2	ZL201210034492.7
80	无核空腔结构新型铁基载氧体及其制备方法	董长青　覃　吴　石司默　杨勇平	发明	2012.2.16	2014.8.20	ZL201210035491.4
81	新型夹层核壳结构铁基载氧体及其制备方法	覃　吴　石司默　董长青　胡笑颖	发明	2012.2.16	2014.6.25	ZL201210035753.7
82	一种催化煤直燃的夹层核壳结构铁基载氧体及其制备方法	覃　吴　董长青　杨勇平　高　攀	发明	2012.2.16	2014.6.25	ZL201210035490.X
83	一种电网输电线路覆冰状态的智能监测方法	何　青　吕锡锋　杜冬梅	发明	2012.2.21	2014.10.29	ZL201210041269.5
84	一种用于 GIS 中局部放电测量和 VFTO 测量的系统	李成榕　孙　岗　马国明　陈国强　孙泽来　郭攀辉	发明	2012.2.22	2014.5.14	ZL201210042113.9
85	基于移动预测的异构网络预切换方法	唐良瑞　蔡明明　祁　兵　孙　毅　罗　轩	发明	2012.2.22	2014.6.18	ZL201210042588.8
86	电动汽车充电设施负荷预测系统及预测方法	郭春林　肖湘宁　齐文波　习工伟　蒋凌云　范钰波　王　丹　武　力	发明	2012.2.22	2014.4.30	ZL201210042247.0
87	基于能量等效的电动汽车充电设施负荷预测系统及方法	郭春林　肖湘宁　齐文波　习工伟　王丹　侯鹏鑫　蒋凌云　武　力	发明	2012.2.22	2014.4.30	ZL201210042946.5

续表

编号	专利名称	申请人姓名	专利类别	申请日期	授权日期	专利号
88	钛铝基合金与钛合金经激光熔凝后进行扩散焊接的方法	薛志勇 黄源珣 王永田 张小燕 陈雨峰 徐 刚	发明	2012.2.24	2014.5.7	ZL201210045550.6
89	一种钛铝基合金与钛合金添加非晶中间层的扩散焊接方法	薛志勇 黄源珣 王永田 陈雨峰 徐刚 张小燕	发明	2012.2.24	2014.5.7	ZL201210046220.9
90	交流输电线路串补装置平台二次系统的电磁骚扰测量系统	马其燕 崔 翔 胡 榕 张卫东 刘慧文 詹 雄 喻劲松	发明	2012.2.27	2014.10.8	ZL201210048580.2
91	一种集储能与导航一体的智能自行车	王震宇 张宇泽	发明	2012.2.28	2014.1.15	ZL201210049081.5
92	外星球用快中子反应堆和碱金属热电转换器一体化装置	陆道纲 张 勋 肖 扬 施文博	发明	2012.2.28	2014.10.8	ZL201210048456.6
93	一种可控制调节滴管炉装置及使用方法	张永生 张 锴	发明	2012.3.1	2014.8.6	ZL201210052343.3
94	盾构机斜刃切刀	张照煌 孟 亮 孙 飞	发明	2012.3.2	2014.3.12	ZL201210054433.6
95	一种基于电流突变量的故障选相方法	马 静 王 希 王增平	发明	2012.3.2	2014.8.6	ZL201210054180.2
96	一种用于超临界水冷堆的双层水棒组件结构	周 涛 孙灿辉 陈 娟 程万旭	发明	2012.3.2	2014.10.8	ZL201210054434.0
97	餐厨垃圾中废油脂的分离回收及综合利用工艺	程桂石 赵 莹 董长青 汪群慧 李龙刚	发明	2012.3.8	2014.10.29	ZL201210058738.4
98	一种自适应电压保护方法	马 静 王 希 王增平	发明	2012.3.12	2014.6.11	ZL201210063120.7
99	一种节能的热泵与热电联产耦合供热系统及耦合供热方法	于 刚 张永生 靳 涛 张 光 卞 双 鞠翠玲 邢长燕	发明	2012.3.14	2014.6.18	ZL201210067390.5
100	电力系统多目标无功优化方法	李元诚 李 彬	发明	2012.3.14	2014.7.9	ZL201210067265.4
101	基于有注入量测边界节点邻接表的拓扑可观测性分析方法	张海波 陈 璐	发明	2012.3.15	2014.10.8	ZL201210068906.8
102	基于压电传感器的颗粒粒度分布在线测量装置及方法	闫 勇 高凌君	发明	2012.3.19	2014.6.11	ZL201210073200.0
103	压水堆核电站管道腐蚀产物检测装置及检测方法	程晓磊 陆道纲 马忠英 王艺萍 余 谦	发明	2012.3.20	2014.4.23	ZL201210074001.1
104	一种基于网格的无线传感器网络模糊定位方法	唐良瑞 宫 月 孙 毅 祁 兵 樊 冰	发明	2012.3.23	2014.6.25	ZL201210079800.8

续表

编号	专利名称	申请人姓名	专利类别	申请日期	授权日期	专利号
105	一种线路电晕电流测量系统及方法	周象贤 崔 翔 卢铁兵	发明	2012.4.1	2014.2.12	ZL201210096576.3
106	地区电网设备异常告警信号关联分析与诊断方法	张海波 邹裕志	发明	2012.4.5	2014.2.19	ZL201210100341.7
107	一种外置式防止氢爆的核电站严重事故缓解装置及方法	周 涛 郭森森 王泽雷	发明	2012.4.6	2014.10.29	ZL201210100203.9
108	高温抗氧化 ReAl 涂层的制备方法	张东博 曹 健	发明	2012.4.11	2014.4.2	ZL201210105408.6
109	一种新型智能考场管理系统	黄从智 白 焰 程 阳	发明	2012.4.11	2014.1.15	ZL201210105834.X
110	核电站作业多功能执行器及其控制方法	刘春阳 苏 琦 柳长安 杨国田 吴 华	发明	2012.4.12	2014.8.6	ZL201210107474.7
111	利用有序介孔 ZrO_2 基催化剂制备生物质基液体燃料的方法	陆 强 田慧云 杨勇平	发明	2012.4.13	2014.8.6	ZL201210110539.3
112	利用有序介孔 TiO_2 基催化剂制备生物质基液体燃料的方法	陆 强 董长青 杨勇平	发明	2012.4.13	2014.7.16	ZL201210110479.5
113	一种基于有机朗肯循环的锅炉烟气余热利用系统	张建华 房 方 周业里 高 松 侯国莲	发明	2012.4.18	2014.12.3	ZL201210115541X
114	适用于特高压调压变压器保护的二次谐波涌流闭锁方法	郑 涛 陈佩璐 张 婕	发明	2012.4.18	2014.6.4	ZL201210115122.6
115	一种电动汽车有序充电方法	李秋硕 肖湘宁 郭 静 陈筱陆 郭春林	发明	2012.4.18	2014.5.28	ZL201210115542.4
116	一种双向四象限变频器	肖运启 吕跃刚 刘俊承 王修会	发明	2012.4.23	2014.5.21	ZL201210120772.X
117	一种基于块效应和噪声的低码率视频质量检测方法	魏振华 林 洁 宋士波 李国栋 周 宏 张 乐 董书元 郭立燕 徐彦杰	发明	2012.4.26	2014.2.5	ZL201210126709.7
118	一种气固混合射流给料器	张 锴 于邦廷 张永生 陈宏刚 常 剑 杨勇平	发明	2012.5.9	2014.8.6	ZL201210142265.6
119	利用磁性锆基催化剂催化热解生物质制备液体燃料的方法	陆 强 张智博 董长青 杨勇平	发明	2012.5.10	2014.6.25	ZL201210144324.3
120	汽轮发电机组汽流激振故障实时辨识方法	宋光雄	发明	2012.5.10	2014.6.4	ZL201210144952.1
121	一种基于储能技术的风力发电功率平滑控制方法	韩晓娟 李 勇 宋志惠 张 浩	发明	2012.5.14	2014.2.19	ZL201210149648.6
122	一种具有特定取向结构的全氟磺酸质子交换膜的制备方法	林 俊 钱红雪 何少剑 刘 鑫 蔡明威	发明	2012.5.14	2014.6.25	ZL201210149058.3

续表

编号	专利名称	申请人姓名	专利类别	申请日期	授权日期	专利号
123	汽轮发电机组汽流激振故障在线判别方法	宋光雄	发明	2012.5.14	2014.10.8	ZL201210149436.8
124	汽轮发电机组汽流激振故障高效识别方法	宋光雄	发明	2012.5.17	2014.7.2	ZL201210154747.3
125	一种高灵敏度介质窗 VFTO 自动测量系统	马国明　李成榕　孙泽来 郭攀辉　陈　珉	发明	2012.5.18	2014.7.9	ZL201210156985.8
126	一种水平悬挂式实验平台及其保持水平悬挂的方法	高雪莲　梁光胜　邵李强 赖程鹏　张潇奕　冯　楠	发明	2012.5.23	2014.10.8	ZL201210163249.5
127	基于三轴加速度传感器保持水平的实验平台	高雪莲　梁光胜　赖程鹏 邵李强　张潇奕　谢裕清 冯　楠	发明	2012.5.23	2014.10.8	ZL201210163021.6
128	一种花状微米结构氯化银颗粒的制备方法	李美成　余　航　谷田生 陈　召　姜永健	发明	2012.5.28	2014.4.16	ZL201210169981.3
129	一种树叶状微米结构氯化银颗粒的制备方法	李美成　余　航　姜永健 李晓丹	发明	2012.5.28	2014.4.16	ZL201210169982.8
130	一种机车车顶绝缘子雾闪与污闪防护装置	周　涛　王泽雷　樊昱楠 汝小龙　王雨晗	发明	2012.6.1	2014.1.15	ZL201210180446.8
131	一种制备 TiO_2 纳米花带的方法	李美成　姜永健　宋丹丹 丁瑞强　姜　冰	发明	2012.6.1	2014.1.15	ZL201210180449.1
132	非能动安全压水堆核岛主系统模拟运行仪器	牛风雷　张君南	发明	2012.6.4	2014.1.8	ZL201210182381.0
133	大规模风电接入电网后的网损预测方法	刘文颖　秦　睿　文　晶 姚　旭　葛润东　智　勇 但扬清　梁　琛　吴晓丹 邢延东　杨　楠　崔力心 刘　茜　邢　晶　赵子兰 谢　昶　徐　鹏　李　波 金　娜　杜　珣　李亚龙 卢甜甜　梁　才　周海洋 门德月　王久成　李　扬 刘景延　王佳明　杨　斌 曹俊龙　梁纪峰　杜　波 吴耀昊　钟佳辰	发明	2012.6.5	2014.5.21	ZL201210184250.6

续表

编号	专利名称	申请人姓名	专利类别	申请日期	授权日期	专利号
134	一种石墨烯.二氧化钛复合材料及其制备方法	赵莉 刘银浩 刘照昱 赵旭	发明	2012.6.4	2014.4.30	ZL201210188887.2
135	利用电池储能系统对风电功率进行自适应平滑处理的方法	韩晓娟 宋志惠 张浩 张斌	发明	2012.6.14	2014.5.7	ZL201210199660.8
136	一种基于无线网络的分布式自学习顺序控制系统及方法	白焰 王仁书 汪凤珠 许呈嫣	发明	2012.6.14	2014.6.25	ZL201210196879.2
137	分布式太阳能热电联供能源系统	冼海珍 杨勇平 杜小泽 刘登瀛	发明	2012.6.19	2014.7.2	ZL201210209121.8
138	MnO_2-TiO_2 碳纳米管－多孔无机陶瓷膜低温催化脱硝自清理材料及其制备方法	董长青 覃吴 石司默 高攀 李继红 杨勇平	发明	2012.6.21	2014.7.16	ZL201210210036.3
139	多孔无机陶瓷膜－石墨烯－N 改性 TiO_2 光触媒材料及其制备方法	覃吴 董长青 石司默 张媛媛 杨勇平	发明	2012.6.21	2014.5.7	ZL201210212423.0
140	MnO_2-TiO_2 石墨烯－多孔无机陶瓷膜低温催化脱硝自清理材料及其制备方法	覃吴 董长青 王铁成 赵莹 杨勇平	发明	2012.6.21	2014.6.25	ZL201210211629.1
141	多孔无机陶瓷膜－石墨烯－TiO_2 光触媒复合材料及其制备方法	张俊姣 王磊 覃吴 董长青 杨世关 杨勇平	发明	2012.6.21	2014.6.25	ZL201210211357.5
142	MnO_2-TiO_2 碳纳米管－多孔无机陶瓷膜低温脱硝催化剂及其制备方法	覃吴 董长青 冯世叶 陆强 杨勇平	发明	2012.6.21	2014.8.6	ZL201210211609.4
143	多孔无机陶瓷膜－碳纳米管－TiO_2 光触媒复合材料及其制备方法	覃吴 董长青 陈秋銮 王孝强 杨勇平	发明	2012.6.21	2014.4.23	ZL201210212580.1
144	一种公交汽车的调度系统	王震宇 崔超	发明	2012.6.21	2014.10.8	ZL201210212602.4
145	MnO_2-TiO_2 石墨烯－多孔无机陶瓷膜低温脱硝催化剂及其制备方法	胡笑颖 覃吴 王磊 董长青 郑宗明 杨勇平	发明	2012.6.21	2014.6.25	ZL201210212988.9
146	多孔无机陶瓷膜－Fe 改性 TiO_2－碳纳米管光触媒材料及其制备方法	董长青 覃吴 孙帅 王体朋 杨勇平	发明	2012.6.21	2014.5.7	ZL201210213017.6
147	一种测量单元或多元颗粒体系浓度分布的装置	张锴 于邦廷 张永生 陈宏刚 常剑 杨勇平	发明	2012.6.29	2014.7.23	ZL201210226540.2

续表

编号	专利名称	申请人姓名	专利类别	申请日期	授权日期	专利号
148	一种小电流接地系统故障测距方法	徐振宇 李程 樊征臻 王萍萍 苏志鹏 杨政 傅锦发 高锐	发明	2012.6.26	2014.7.30	ZL201210215865.0
149	一种基于 ReBCO 涂层超导体的各向同性超导股线	王银顺 薛驰 长谷川隆代 皮伟 陆伟 青木裕治 陈雷 张建民 小泉勉	发明	2012.7.4	2014.6.25	ZL201210231138.3
150	基于 ReBCO 涂层超导体和 NbTi 低温超导体的圆截面复合超导线	王银顺 长谷川隆代 薛驰 皮伟 青木裕治 陆伟 陈雷 小泉勉 张建民	发明	2012.7.4	2014.6.25	ZL201210231014.5
151	一种电力状态估计系统假数据注入攻击的防御方法	李元诚 王以良 李文智	发明	2012.7.6	2014.10.29	ZL201210236276.0
152	独立式海岛供电系统	顾煜炯 王兵兵 张原飞 杜伟 刘莎莎 宋磊 惠万馨 王向志 张婷婷 雷少博 信晶	发明	2012.7.10	2014.10.8	ZL201210239856.5
153	一种复合磺酸钙－钛复合润滑脂及其制备方法	夏延秋 闻振中 冯欣	发明	2012.7.10	2014.1.15	ZL201210240062.0
154	一种高碱值复合磺酸基锂钙复合润滑脂及其制备方法	夏延秋 闻振中 冯欣	发明	2012.7.10	2014.1.15	ZL201210238924.6
155	一种面向有源智能配电网的电动汽车有序充电方法	李秋硕 肖湘宁 陶顺 张曦予	发明	2012.7.12	2014.12.3	ZL201210241639.X
156	一种基于全控型逆变器的次同步振荡抑制方法	张剑 肖湘宁 郭春林 杨琳 高本锋	发明	2012.7.12	2014.10.8	ZL201210241348.0
157	大功率 LED 散热器	冼海珍 王川川 杨勇平 杜小泽 刘登瀛	发明	2012.7.13	2014.5.14	ZL201210243701.9
158	结合吹扫气集成 OTM 的加压 CO_2 零排放 SOFC. GT. AT. ST 复合动力系统	段立强 黄科薪 杨勇平	发明	2012.7.13	2014.10.8	ZL201210244826.3
159	一种光纤布喇格光栅输电线路污秽在线监测系统及方法	马国明 李成榕 穆瑞铎	发明	2012.7.16	2014.5.14	ZL201210246378.0
160	基于 MMC 的三相 UPQC 拓扑电路及其预充电方法	龙云波 肖湘宁 徐永海 郝君伟 于宝来 徐云飞	发明	2012.7.17	2014.8.20	ZL201210247767.5

续表

编号	专利名称	申请人姓名	专利类别	申请日期	授权日期	专利号
161	一种风电机组功率曲线的提取方法	杨锡运 魏 鹏 李金霞 姜飞飞 刘 欢	发明	2012.7.18	2014.5.21	ZL201210249691.X
162	一种合成气甲烷化的流向变换周期操作反应装置和应用	陈宏刚 王腾达 张 锴 牛玉广 杨勇平 刘宗德 李安学 李春启 梅长松 左玉帮 刘学武	发明	2012.7.25	2014.1.8	ZL201210260783.8
163	一种合成气甲烷化的流向变换周期操作反应装置和应用	陈宏刚 王腾达 张 锴 牛玉广 杨勇平 李安学 李春启 梅长松 左玉帮 刘学武	发明	2012.7.25	2014.4.2	ZL201210260112.1
164	一种合成气甲烷化的流向变换周期操作反应装置和应用	陈宏刚 王腾达 张 锴 牛玉广 杨勇平 李安学 李春启 梅长松 左玉帮 刘学武	发明	2012.7.25	2014.10.29	ZL201210260162.X
165	面向隧道巡检的输配电线缆检测方法	柳长安 孙 哲 吴 华 杨国田 刘春阳	发明	2012.7.24	2014.10.8	ZL201210258343.9
166	隧道电缆巡检机器人的独臂轮式运动机构	杨国田 王 硕 柳长安 吴 华 刘春阳	发明	2012.7.27	2014.8.20	ZL201210265580.8
167	一种多入多出控制系统的控制性能检测装置及方法	刘吉臻 孟庆伟 房 方 牛玉广	发明	2012.7.27	2014.6.4	ZL201210264528.0
168	一种电压凹陷域的分析方法	陶 顺 周双亚 肖湘宁 刘 玉	发明	2012.7.27	2014.10.8	ZL201210265294.1
169	一种海上风浪综合发电系统	顾煜炯 王兵兵 张原飞 杜 伟 王向志 惠万馨 刘莎莎 金铁铮 刘圣冠 李佳佳 黄 委	发明	2012.7.31	2014.10.8	ZL201210270156.2
170	用于风电场功率预测模型的正弦归一化方法	韩 爽 孟 航 李 莉 阎 洁 刘永前	发明	2012.8.1	2014.10.29	ZL201210272659.3

续表

编号	专利名称	申请人姓名	专利类别	申请日期	授权日期	专利号
171	基于多级综合服务器架构的智能变电站	徐茹枝 徐 欢 许瑞辉 王 婧 朱超然	发明	2012.8.6	2014.6.4	ZL201210278196.1
172	一种用于智能变电站的综合软智能设备服务器	徐 欢 徐茹枝 王 婧 许瑞辉 朱超然	发明	2012.8.6	2014.8.6	ZL201210284537.6
173	一种 SCTP 路径选择方法	李国栋 刘 琳 李 凯 靳鹏飞 罗 晗 宋自立 仇 珏 宋志新 李小龙 黄琳华	发明	2012.8.9	2014.10.8	ZL201210282445.4
174	基于声学法的燃气轮机入口通道温度场测量装置及方法	刘 石 任思源	发明	2012.8.10	2014.10.8	ZL201210285491.X
175	基于声学原理的电站锅炉热膨胀监测系统及测量方法	沈国清 安连锁 许伟龙 张世平	发明	2012.8.15	2014.10.8	ZL201210291277.5
176	光伏电站能避风的太阳跟踪装置及运动控制方法	宋记锋 李景荣 李金鑫 刘 阳 王 炜	发明	2012.8.16	2014.10.8	ZL201210293293.8
177	一种风电场限电控制方法	林 俐 谢永俊 贾林莉 朱晨宸 赵会龙 丁 魁 兰 涛	发明	2012.8.17	2014.8.20	ZL201210295559.2
178	含分布式电源的电力系统多目标无功优化方法	李元诚 曲洪达 李文智 王以良	发明	2012.8.17	2014.8.6	ZL201210295560.5
179	RTDS - EMS 系统级闭环控制实验仿真平台搭建方法	张海波 葛丹丹	发明	2012.8.22	2014.12.3	ZL201210301119.3
180	一种粒径均匀的碳微米球材料的制备方法	李美成 余 航 姜永健 谷田生	发明	2012.8.22	2014.4.16	ZL201210300689.0
181	一种利用焦炭催化热解生物质制备酚类有机混合物的方法	陆 强 张智博 董长青 杨勇平	发明	2012.8.28	2014.8.20	ZL201210310261.4
182	基于差速机构自适应调速复合传动的并网风力发电系统	芮晓明 苏 睿 武 鑫 郑 辉 张穆永	发明	2012.8.29	2014.5.7	ZL201210313409.X
183	一种石油污染地下水的原位修复的决策方法	何 理 杨 琦 李 超 申 婧	发明	2012.8.29	2014.10.8	ZL201210313796.7

续表

编号	专利名称	申请人姓名	专利类别	申请日期	授权日期	专利号
184	一种光伏并网发电系统的柔性控制方法	李　鹏　刘承佳　殷梓恒　李雨薇　林晓鹏　王旭斌	发明	2012.8.29	2014.8.13	ZL201210313641.3
185	一种模块化多电平换流器桥臂电抗器值的计算方法	赵成勇　胡　静　翟晓萌　徐　洁　郭春义　仉雪娜　窦浩翔	发明	2012.9.10	2014.10.29	ZL201210332381.4
186	采用静电传感器测量旋转体转速的装置及方法	闫　勇　王丽娟　钱相臣	发明	2012.9.17	2014.6.25	ZL201210344563.3
187	基于静电传感器阵列和数据融合的转速测量装置及方法	闫　勇　王丽娟　钱相臣	发明	2012.9.17	2014.5.21	ZL201210344496.5
188	一种气力输送管道中大粒径颗粒在线自动检测方法	闫　勇　孙　多	发明	2012.9.17	2014.10.8	ZL201210344561.4
189	一种盾构机锥形刀盘	张照煌　王　磊　李福田　孟　亮　孙　飞	发明	2012.9.19	2014.10.8	ZL201210350976.2
190	一种节能生物质沼气池	谭　巍　宋景慧　李　季　杨勇平	发明	2012.9.21	2014.5.7	ZL201210360783.5
191	一种火电厂利用沼气启、停助燃与稳燃装置	谭　巍　李　季　朱　勇　宋景慧　杨勇平	发明	2012.9.21	2014.5.7	ZL201210360751.5
192	一种基于遗传算法的风电场功率优化控制方法	肖运启　杨锡运	发明	2012.9.24	2014.7.16	ZL201210359170.X
193	一种基于改进型目标函数的抗差励磁系统参数辨识方法	薛安成　张兆阳　毕天姝　张俊利　章沈潜	发明	2012.9.27	2014.10.29	ZL201210369847.8
194	一种新型供热汽轮机系统及其调节方法	宋之平　杨勇平　李沛峰　杨佳霖　戈志华　何坚忍　杨志平	发明	2012.9.29	2014.10.29	ZL201210376250.6
195	开头柜局部放电宽频带增益可调式介质感应传感器	魏　振　李成榕　齐　波　张　强	发明	2012.10.8	2014.12.3	ZL201210378187.X
196	集中性充电站智能充电方法	刘文霞　赵天阳　徐晓波　杨　勇	发明	2012.10.16	2014.12.3	ZL201210393380.0
197	一种生物质快速热解制取生物油的装置与方法	董长青　陆　强　张智博　杨勇平	发明	2012.10.22	2014.10.8	ZL201210404326.1
198	汽轮发电机组低频振动非稳态快速预警方法	宋光雄	发明	2012.10.12	2014.4.2	ZL201210387836.2

续表

编号	专利名称	申请人姓名	专利类别	申请日期	授权日期	专利号
199	汽轮发电机组低频振动非稳态在线预警方法	宋光雄	发明	2012.10.12	2014.8.20	ZL201210388554.4
200	槽式太阳能集热器自适应扭矩补偿装置及工作方法	宋记锋 靳 周 杨勇平	发明	2012.10.12	2014.8.6	ZL201210387298.7
201	超磁致伸缩襟翼结构的风力机叶片减振系统及控制方法	张文广 刘吉臻 谢 力 曾德良 牛玉广	发明	2012.10.26	2014.8.20	ZL201210418112.X
202	基于智能结构的大型风力机叶片摆振抑制系统及控制方法	张文广 林忠伟 刘吉臻 谢 力 曾德良 牛玉广	发明	2012.10.26	2014.10.29	ZL201210418115.3
203	一种化学淋洗辅助双相真空抽吸装置及其修复土壤的方法	何 理 杨 琦 张一梅	发明	2012.10.30	2014.2.26	ZL201210425622.X
204	可同时测量陶瓷材料弹性模量与气密性的测量装置及方法	牛风雷 赵云淦 卓卫乾 齐厚博	发明	2012.11.5	2014.10.8	ZL201210434008.X
205	基于 RTDS 的 MMC 自定义子模块的设计方法	刘崇茹 林雪华 李海峰 林周宏	发明	2012.11.1	2014.10.8	ZL201210430909.1
206	化学淋洗和生物修复相结合修复重金属污染土壤的方法	卢宏玮 史 斌 何 理 张一梅	发明	2012.11.13	2014.10.1	ZL201210454286.1
207	太阳光室内照明光纤传导装置及其工作方法	宋记锋 勒 周 杨勇平	发明	2012.11.14	2014.10.8	ZL201210458926.6
208	一种圆筒式布置电极电动力修复装置和方法	何 理 杨 琦 张一梅 卢宏玮	发明	2012.11.15	2014.4.16	ZL201210461490.6
209	一种单井双灌生物强化喷淋土壤修复装置和方法	何 理 杨 琦 张一梅 卢宏玮	发明	2012.11.15	2014.2.26	ZL201210461320.8
210	一种原位压裂曝气辅助电化学阵列井修复装置及方法	张一梅 陆 骏 卢宏玮	发明	2012.11.15	2014.10.8	ZL201210461504.4
211	一种原位加热结合双相真空抽吸土壤修复装置和方法	卢宏玮 史 斌 何 理 张一梅	发明	2012.12.12	2014.12.3	ZL201210536226.4
212	生物辅助式气动破裂和三相真空抽吸土壤修复装置和方法	卢宏玮 史 斌 何 理 张一梅	发明	2012.12.12	2014.8.20	ZL201210535178.7
213	跟随电网电压波动的调压型节能控制装置及控制方法	崔学深 李文志	发明	2012.12.24	2014.12.3	ZL201210566839.2
214	一种基于 UV 氧化光解修复地下水中多氯联苯的装置及方法	何 理 樊 星 卢宏伟	发明	2012.12.28	2014.3.26	ZL201210585735.6
215	一种茶皂素活性添加剂异位抽提循环处理系统及方法	何 理 李 晶 卢宏伟	发明	2012.12.28	2014.4.9	ZL201210585380.0

续表

编号	专利名称	申请人姓名	专利类别	申请日期	授权日期	专利号
216	一种电动力修复铬污染地下水的装置及修复方法	何　理　冯　茂	发明	2012.12.28	2014.8.6	ZL201210591985.0
217	电站机炉一体化冷端综合优化系统	徐　钢　黄圣伟　杨勇平　刘　超　张国强	发明	2012.12.28	2014.8.20	ZL201210586768.2
218	电力变压器内部绝缘油过热与产气速率关系研究实验平台及方法	郑　重　郭　亮　刘少宇　卢　毅　谢丽芳	发明	2013.1.6	2014.10.8	ZL201310003811.2
219	使用振荡流热管的槽式太阳能热发电集热器	冼海珍　曹传钊　高　超　唐小峰　杨勇平　杜小泽	发明	2013.1.9	2014.7.2	ZL201310008120.1
220	模糊前馈与线性自抗扰结合的风电机组变桨距控制方法	张金芳　姚恩利	发明	2013.1.11	2014.10.29	ZL201310012108.8
221	一种激励电力系统次同步振荡的装置和方法	郭春林　肖湘宁　张　剑　杨　琳　许建庭	发明	2013.1.29	2014.12.3	ZL201310034599.6
222	一种用于海上风力发电电能送出的拓扑电路	韩民晓　范园园　翟冬玲	发明	2013.1.25	2014.12.3	ZL201310031071.3
223	一种持久性有机污染土壤电动力强化淋洗原位修复装置	张一梅　张　超　陆　俊　卢宏伟	发明	2013.2.21	2014.3.26	ZL201310055513.8
224	基于二阶锥规划的光储系统功率平滑控制方法	马　静　石建磊　王　桐　王　彤　王增平	发明	2013.2.28	2014.10.29	ZL201310062555.4
225	高压直流输电附加次同步振荡阻尼控制器参数优化方法	徐衍会	发明	2013.3.18	2014.10.8	ZL201310086580.6
226	一种生物质热解气化与焦油催化裂解的装置与方法	陆　强　廖航涛　张俊姣　董长青	发明	2013.3.18	2014.5.7	ZL201310086428.8
227	一种光伏电站群控组合优化方法	徐永海　孔祥雨　曾雅文　陶　顺　肖湘宁	发明	2013.1.25	2014.10.29	ZL201310029567.7
228	一种基于钢球动能的球磨机内存煤量控制方法	白　焰　何　芳　张然	发明	2013.4.9	2014.8.20	ZL201310121667.2
229	混合储能型风力发电系统的风电功率波动抑制方法	韩晓娟　程　成　孔令达　黄　惠	发明	2013.4.11	2014.12.3	ZL201310125463.6
230	热脱附联合氧化剂修复有机物污染土壤的装置及修复方法	卢宏玮　史　斌　任丽霞　杜　鹏　何　理	发明	2013.4.11	2014.12.31	ZL201310124490.1
231	一种高压电力塔用的自组网 LTE 微型基站	龚钢军　陆　俊　段瑞超　宋桂林　孙　毅　郝建红	实用新型	2013.3.7	2014.4.30	ZL201320102772.7

续表

编号	专利名称	申请人姓名	专利类别	申请日期	授权日期	专利号
232	一种输电线路灯光警示装置	龚钢军 陆 俊 田 荣 杨德龙 孙 毅 许 刚	实用新型	2013.3.7	2014.1.1	ZL201320102656.5
233	基于背压连续可调的火电机组负荷控制系统与方法	王 玮 曾德良 刘吉臻 牛玉广	发明	2013.4.24	2014.12.3	ZL201310146508.8
234	一种基于流体动力学的改进型电机通风散热结构	郝建红 范杰清 宋子贤 喻 宇 宾 虹 江苏娜	实用新型	2013.4.27	2014.1.8	ZL201320225283.0
235	用于电压控制的 TCSC 控制器及其控制方法	郭春林 杨 琳 张 非 蒋凌云 张 剑	发明	2013.5.17	2014.12.3	ZL201310184555.1
236	一种电动强化的土壤原位淋洗修复装置和方法	何 理 张嘉琪 孙士超 卢宏伟	发明	2013.5.20	2014.6.18	ZL201310186382.7
237	氯苯类有机物污染土壤和地下水的修复装置和方法	何 理 张嘉琪 孙士超 李小萌 卢宏伟	发明	2013.6.7	2014.10.15	ZL201310226524.8
238	一种微波电动土壤原位修复装置方法	何 理 李 晶 董焕焕 潘海洋 卢宏伟	发明	2013.6.7	2014.10.8	ZL201310227119.8
239	汽轮发电机组低频振动实时预警方法	宋光雄	发明	2013.6.13	2014.12.3	ZL201310233932.6
240	一种防腐抗垢的高效烟气余热回收装置	陈 林 徐 超 杜小泽 杨勇平 杨立军 徐 钢 魏高升 梁江涛	实用新型	2013.6.24	2014.3.5	ZL201320365728.5
241	带有 USB 接口的移动式插座	付春鹏 王治宇 叶 青 朱永强	实用新型	2013.7.8	2014.4.23	ZL201320400143.2
242	自习教室人数统计与查询系统	梁光胜 黄 丹 宋 亮 张慧慧 张立涛	实用新型	2013.7.3	2014.2.5	ZL201320393526.1
243	基于周期性原位抽灌一体化修复地下水污染的装置及方法	何 理 申 婧 张嘉琪 李振通	发明	2013.7.5	2014.4.2	ZL201310281890.3
244	一种光电芬顿修复邻苯二甲酸脂类污染土壤及地下水的装置和方法	何 理 张嘉琪 李振通 樊 星 卢宏伟	发明	2013.7.10	2014.10.8	ZL201310289026.8
245	用于耐腐蚀烟气余热换热器的在线循环清洗装置	陈 林 杜小泽 徐 超 杨立军 徐 钢	实用新型	2013.7.12	2014.3.26	ZL201320416737.2

续表

编号	专利名称	申请人姓名	专利类别	申请日期	授权日期	专利号
246	一种自主切换壁面的爬壁装置	吴华 侯杰 黄慧 赵俊 张维	实用新型	2013.8.5	2014.1.15	ZL201320472210.1
247	机炉耦合的褐煤干燥节能系统	徐钢 李君 杨勇平 方亚雄 许诚 杨志平	实用新型	2013.8.12	2014.2.5	ZL201320490712.7
248	空气凝水式太阳能淡水收集器	王家兴 顾妙松 庄登祥 白冰 曾建文	实用新型	2013.8.26	2014.2.26	ZL201320523743.8
249	一种循环流化床锅炉水冷壁磨损区域防止磨损装置	魏高升 孟洁 孙佰仲 李少华 王虎	实用新型	2013.8.22	2014.2.12	ZL201320516057.8
250	基于无线射频技术的电力设备手持信息采集器	李廷顺 谭文 李铁钰 徐教辉	实用新型	2013.9.4	2014.4.9	ZL201320547918.9
251	基于无线射频定位技术的电力设备警示器	李廷顺 谭文 李铁钰 徐教辉	实用新型	2013.9.4	2014.1.15	ZL201320547932.9
252	微网接入配电网的通信系统	秦立军 郭宁辉 陈煦斌 杨浩亮 郝宇星	实用新型	2013.9.27	2014.2.12	ZL201320600252.9
253	一种交流融冰的光纤复合架空地线	戴婧姝 王银顺 李继春 夏芳敏	实用新型	2013.9.22	2014.3.12	ZL201320623886.6
254	全断面隧道掘进机盘形滚刀	张照煌 王磊 李福田	实用新型	2013.10.21	2014.3.19	ZL201320649939.1
255	一种耦合气化多床结构固体燃料化学链反应装置	董长青 王磊 覃吴 胡笑颖 杨勇平	实用新型	2013.9.11	2014.2.19	ZL201320561595.9
256	一种煤.生物质化学链燃烧装置	张俊姣 董长青 王磊 覃吴 杨勇平	实用新型	2013.9.13	2014.2.12	ZL201320569576.0
257	一种输电塔用自追踪式太阳能发电装置反应装置和应用	刘衍平 周超 孟超 刘彦鹏 焦翔宇 梁朋 梁安琪 许振宇 黄金龙 吴瑞鹏	实用新型	2013.9.23	2014.2.12	ZL201320587554.7
258	基于压力积累技术的发电装置及其发电系统	沈新 申鹏 马安安 袁健 李博文 姚阳	实用新型	2013.10.17	2014.3.19	ZL201320641329.7
259	一种垃圾渗滤液处理装置	李薇 李继强 刘磊 王冰	发明	2013.10.31	2014.10.8	ZL201310532806.0

续表

编号	专利名称	申请人姓名	专利类别	申请日期	授权日期	专利号
260	翅片内置多通道热管的一体化相变散热装置	纪献兵 徐进良 赵紫薇	实用新型	2013.11.11	2014.4.23	ZL201320708398.5
261	基于 ZigBee 的火电厂烟气含氧量检测系统	朱耀春 李 露 王 洋	实用新型	2013.12.25	2014.7.16	ZL201320865793.4
262	一种电力塔杆和拉线激光警示装置	王昊月 陆 俊 田 荣 龚钢军 孙 毅	实用新型	2013.11.28	2014.4.16	ZL201320766493.0
263	用于测量变电站 GIS 上智能组件受到骚扰电压的系统	吴恒天 刘晓繁 崔 翔	实用新型	2013.11.29	2014.4.30	ZL201320777624.5
264	一种电能质量问题起因与影响的沙盘展示装置	徐永海 韩雅帅 任 彬 袁 敞 陶 顺 肖湘宁	实用新型	2014.1.20	2014.6.25	ZL201420034384.4
265	基于太阳能电池供电的倒车雷达系统	徐 峥 李双阳	实用新型	2014.3.5	2014.12.31	ZL201420098054.1
266	一种利用四氧化三铁磁流体的太阳能蓄热型暖手宝	魏高升 邢丽婧 苏然然	实用新型	2014.3.4	2014.11.12	ZL201420096486.9
267	一种非恒定废热双级有机朗肯循环发电系统	刘广林 徐进良 张 兵	实用新型	2014.2.25	2014.7.2	ZL201420082166.8
268	一种带慢放功能的助听器辅助装置	郑凯元 鹿鑫匀 张 瑜	实用新型	2014.3.19	2014.11.5	ZL201420126008.8
269	带印章的 U 盘	黄 昊 马 原 王永利	外观设计	2014.3.7	2014.8.6	ZL201430044182.3
270	手电筒	黄 昊 马 原 王永利	外观设计	2014.3.7	2014.8.6	ZL201430044309.1
271	集成电路高功率微波损伤效应模拟分析仪	高雪莲 冯 楠 崔振南 赵 磊 张晓宇	实用新型	2013.7.8	2014.2.26	ZL201320402440.0
272	一种针对特定对象的助听装置	王震宇 张文广 李 航	实用新型	2013.11.29	2014.12.3	ZL201320775053.1
273	一种新型的暖气设备自动控制装置	王震宇 张文广 贾剑锋	实用新型	2013.12.3	2014.6.11	ZL201320787412.5
274	稳压器	樊 威	外观设计	2013.11.22	2014.3.26	ZL201330567825.8
275	一种带有报警功能的电脑机箱防尘装置	张玉琢 袁 萌	实用新型	2013.9.30	2014.4.16	ZL201320613855.2
276	一种基于 FBG 与 GPRS 的高压线张力监控与预警系统装置	张玉琢 卢东祁 李芳漪 张又中 刘 婧 王 超 吴梓川 袁 萌	发明	2013.4.18	2014.3.26	ZL201310138061.X
277	集成氧离子传输膜富氧燃烧法捕集 CO_2 的 IGCC 系统	段立强 孙思宇 杨勇平	实用新型	2014.4.3	2014.7.30	ZL201420161111.6
278	防液态铅铋合金中颗粒物沉积的一回路冷却剂管道	周 涛 刘 亮 杨 旭 宋明强	实用新型	2013.9.12	2014.4.2	ZL201320566607.7
279	一种双通道自然循环系统装置	周 涛 李精精 琚忠云	实用新型	2013.7.31	2014.4.2	ZL201320464695.X

续表

编号	专利名称	申请人姓名	专利类别	申请日期	授权日期	专利号
280	自然循环多功能气体抬升器装置	周　涛　李云博　苏子威　刘梦影　杨　旭　宋明强　吴宜灿	实用新型	2013.8.6	2014.3.19	ZL201320477734.X
281	一种螺旋流式防沉积倒 U 型管	周　涛　刘　亮　陈　娟　宋明强	实用新型	2013.7.29	2014.4.9	ZL201320455701.5
282	一种永磁同步风力发电系统机侧变流器的优化控制方法	张藤予　薛安成　毕天姝　陈进美　杨奇逊	发明	2013.1.10	2014.5.14	ZL201310009577.4
283	变电站遥信信号误报的抑制装置	柴志强　王泽忠　赵冠群　董　博　刘　伟　刘胜南　李世琮　宋丽芳　王　克	实用新型	2014.4.24	2014.8.13	ZL201420203939.3
284	一种射流自吸式自动恒温混水装置	孙　熙　杜　欢　杨　阳　杨国田	实用新型	2014.4.28	2014.8.20	ZL201420209296.3
285	图书智能分拣装置	闫　东　彭　范　薛光楠　泰景坤　王凌飞	实用新型	2014.4.25	2014.8.20	ZL201420205430.2
286	一种碳海绵热泳细粒子多用脱除器装置	周　涛　杨　旭　汝小龙　邹文重　林达平	实用新型	2013.10.11	2014.5.14	ZL201320626878.7
287	一种简易 PM2.5 探测仪装置	周　涛　林达平　杨　旭　汝小龙	实用新型	2013.10.24	2014.5.14	ZL201320659857.5
288	一种微波烧结助烧容器	马　雁　许雁泽　张书玉　雷锦云　许　鑫	实用新型	2014.5.27	2014.10.22	ZL201420276426.5
289	一种基于 AVR 单片机的简易频率计	李卫国　曹文彬　高兴军　张　帅　候孟希　陈　艳	实用新型	2013.7.1	2014.1.22	ZL201320386174.7
290	基于 AVR 单片机的车轮测速装置	李卫国　曹文彬　高兴军　皇甫羽飞　陈　艳　刘骁	实用新型	2013.7.1	2014.1.22	ZL201320384628.7
291	简易无线电遥控系统	李卫国　高兴军　曹文彬　张　帅　陈　艳　陈攀峰	实用新型	2013.7.1	2014.3.26	ZL201320384307.7
292	用于直接空冷单元内部的导风装置	陈　磊　席新铭　杨立军　杜小泽　水海波　汪晓龙　张　涛　宋艳峰	发明	2014.5.19	2014.9.24	ZL201420254060.1

续表

编号	专利名称	申请人姓名	专利类别	申请日期	授权日期	专利号
293	一种弹性夹紧工具	李　红	实用新型	2014.6.5	2014.9.24	ZL201420295144.X
294	一种钳形电流感测装置	李　红	实用新型	2014.6.5	2014.9.24	ZL201420295142.0
295	一种基于中微子探测核潜艇的探测器	马续波　赵艳飞　陈义学　赖伟成	实用新型	2014.6.16	2014.10.15	ZL201420318730.1
296	即热式液体微波加热器	张效宁　米　桐　胡赟昀　唐　骞　杨雷雷	实用新型	2014.6.17	2014.10.8	ZL201420322934.2
297	一种照明灯具自动开关	王悦人	实用新型	2013.12.18	2014.8.27	ZL201320835504.6
298	安全节能开关	杨　扬　谢伟戈　苏　晴　洪怡婷　杨国田	实用新型	2013.9.6	2014.11.26	ZL201320563303.5
299	一种板式蒸发空冷凝汽器	魏高升　苏然然　邢丽婧　杜小泽　杨勇平	实用新型	2014.6.6	2014.10.29	ZL201420302100.5
300	一种用于直接空冷系统环境风场诱导装置的安装结构	陈　磊　杨立军　王自宽　刘羽平　梁志福　冯润富	实用新型	2014.7.21	2014.11.12	ZL201420403654.4
301	一种基于声学的汽轮机排汽湿度在线测量系统	张世平　沈国清　安连锁　刘伟龙	实用新型	2014.8.5	2014.11.26	ZL201420438235.4
302	一种倾斜式迷宫汽封汽轮机	谭良红　李梦源　初　兰　徐　鸿　胡三高	实用新型	2014.1.16	2014.6.25	ZL201420025215.4
303	可伸缩扩展太阳能发电装置	朱永强　王冠杰　郭文瑞　计航辉　文　俊	实用新型	2014.2.11	2014.6.25	ZL201420061283.6
304	单体变电箱	樊　威　宗　伟	外观设计	2014.1.7	2014.7.9	ZL201430003684.1
305	一种基于传动装置的活页竖直轴风力发电机	马安安　胡　浩　蒋涵颖　杨　臻　高润龙　朱永强	实用新型	2014.4.29	2014.8.27	ZL201420213722.0
306	一种用于测量 3.3kV 开关柜绝缘电阻的直流高压发生器	李卫国　刘富浩　张祥帅　曾　臣　陈　艳	实用新型	2014.1.15	2014.7.16	ZL201420023143.X
307	一种新型开关稳压电源	李卫国　焦彦俊　张　帅　曹文彬　陈　艳	实用新型	2014.1.14	2014.7.16	ZL201420021111.6
308	一种带安装孔的单端光纤光栅温度传感器	戴丽萍　赵恩国	实用新型	2013.10.22	2014.6.25	ZL201320650321.7

续表

编号	专利名称	申请人姓名	专利类别	申请日期	授权日期	专利号
309	一种多媒体红外遥控装置	李卫国 皇甫羽飞 张 帅 李 赟 陈 艳 陈攀峰	实用新型	2014.1.15	2014.7.16	ZL201420023050.7
310	3.3kV 可组合开关负载侧多路绝缘自动测量系统	李卫国 张祥帅 刘富浩 焦彦俊 陈 艳	实用新型	2014.1.15	2014.7.16	ZL201420023141.0
311	一种富氧燃烧再循环烟气催化脱硫系统	肖海平 董 琳 宁 翔 韩高岩	实用新型	2014.8.29	2014.12.10	ZL201420497233.2
312	一种真空断路器真空度在线监测装置	李卫国 刘富浩 曹文彬 曾 臣 陈 艳	实用新型	2014.2.27	2014.10.8	ZL201420083716.8
313	一种应用相变传热的非能动安全壳冷却系统	王喜祥 王升飞 王式保 龙 川 任碧瑶	实用新型	2014.6.19	2014.11.5	ZL201420329385.1
314	一种沿加热棒长度方向热流密度非均匀变化的电加热棒	陆道纲 易 晔 姚志鹏 袁 博 王 聪	实用新型	2014.10.28	2014.11.12	ZL201420632064.9
315	用于蒸汽发生器蒸发段的汽水分离器	黄 美 汤建楠 欧阳晓平 邢朝阳 赵媛媛 袁 昊	实用新型	2014.9.12	2014.12.24	ZL201420526936.3
316	一种基于静电传感器的火焰稳定性监测装置	闫 勇 张保亮 卢 刚 钱相臣 胡永辉 黄孝彬	实用新型	2014.9.24	2014.12.31	ZL201420553354.4
317	基于紫外和硝酸环境的聚合物电晕加速老化装置	屠幼萍 李天福 王 璁 梁 栋 彭庆军 邹立峰 张少泉 姜虹云 沈 志	实用新型	2014.10.15	2014.12.31	ZL201420596481.2
318	矿工基本生命体征无线监测系统	李卫国 张祥帅 张 帅 李 熙 陈 艳 李彦彬	实用新型	2013.12.9	2014.10.8	ZL201320800854.9
319	高压输电线路输电导线最大载流容量检测方法	程养春 戴 浣 詹花茂 梁永纯 齐 波 李鹏云 孔建良	发明	2012.7.11	2014.7.9	ZL201210241267.0
320	一种体育训练压腿器	罗 琳 蔡利敏	实用新型	2014.5.16	2014.10.8	ZL201420258573.X
321	一种大面积玻璃阻性板气体室及使用其的探测器	韩 然 陈义学	实用新型	2013.7.31	2014.5.21	ZL201320460678.9
322	一种脱除烟气中砷、汞的装置	张凯华 张冬雪 张 锴	实用新型	2013.12.31	2014.7.16	ZL201320890459.4

续表

编号	专利名称	申请人姓名	专利类别	申请日期	授权日期	专利号
323	浪涌和太阳能联合发电系统	张藤予	发明	2013.12.5	2014.7.9	ZL201310651617.5
324	矿用安全及供氧系统	张蒙晰　樊　冰	实用新型	2014.1.9	2014.7.2	ZL201420012152.9
325	椅子	张藤予	外观设计	2013.12.30	2014.6.25	ZL201330655308.6
326	回流加热节水淋浴装置	张藤予	实用新型	2013.10.31	2014.5.21	ZL201320684998.2
327	一种微波间歇辐照活性炭脱硫脱硝的方法	马双忱　姚娟娟　张　博　石荣雪　董　松	发明	20111214	20140903	ZL201110417628.8
328	基于磁场探测的同步电机静止励磁装置故障诊断方法	武玉才	发明	20110225	20140326	ZL201110046178.6
329	一种光伏发电并网逆变器的并联结构及其控制方法	颜湘武　张　波　董　清　张　珍	发明	20110518	20140326	ZL201110129835.3
330	一种大型低阶褐煤提质塔	王春波　马晓飞　王子兵	发明	20110423	20140101	ZL201110102342.0
331	带修正电压互感器的消谐器	梁志瑞　苏海锋　牛胜锁　梁　策	发明	20110421	20141029	ZL201110101084.4
332	一种光子晶体光纤可调微波毫米波发生器	李松涛　任　芝	发明	20110614	20140618	ZL201110162832.X
333	用于蒸汽湿度测量的温度自补偿微波传感器	钱江波　韩中合	发明	20110622	20140723	ZL201110169537.7
334	一种双光谱头盔显示器	赵顺龙　阎占元　张晓宏	发明	20110523	20140416	ZL201110137429.1
335	一种头盔显示器	赵顺龙　张晓宏　姜根山	发明	20110523	20140528	ZL201110137450.1
336	一种双光谱头盔探测器	赵顺龙	发明	20110523	20131204	ZL201110137419.8
337	一种夜用双光谱头盔显示器	赵顺龙	发明	20110523	20131120	ZL201110137435.7
338	一种增压富氧煤燃烧烟气再循环系统	阎维平　董静兰　马　凯　孙俊威	发明	20110427	20140709	ZL201110108273.4
339	一种对称半桥 LLC 谐振式双向直流－直流变换器	颜湘武　张　波　董　清	发明	20110527	20140709	ZL201110140067.1
340	虚拟电池管理系统及其应用方法	颜湘武　谷建成　李　伟	发明	20110725	20140326	ZL201110208656.9
341	一种基于 MUSIC 与 SAA 的笼型异步电动机转子断条故障检测方法	许伯强　孙丽玲	发明	20110723	20140326	ZL201110207100.8
342	一种由工业噪音驱动的二氧化碳工位空调	谢英柏　刘建林　刘春涛　王江江	发明	20110829	20140312	ZL201110250846.7

续表

编号	专利名称	申请人姓名	专利类别	申请日期	授权日期	专利号
343	一种光子晶体光纤可调微波毫米波发生器	任芝李　松　涛	发明	20110901	20140423	ZL201110259183.5
344	一种基于紫外光斑的外绝缘放电检测方法	律方成　戴日俊　徐志钮	发明	20110913	20140618	ZL201110269518.1
345	一种大型发电机励磁绕组匝间短路故障程度的诊断方法	万书亭　何玉灵	发明	20110920	20141015	ZL201110279836.6
346	光纤光栅谱峰高精度快速寻峰方法	李永倩　姚国珍　尚秋峰　杨　志　张　静　李　天	发明	20110920	20140212	ZL201110278661.7
347	一种煤粉锅炉燃烧前馈反馈复合优化控制方法	田　亮　刘鑫屏　邓拓宇　赵亮宇	发明	20111123	20140416	ZL201110376115.7
348	电站循环流化床锅炉运行状态监测装置	陈鸿伟　姜华伟　高建强　危日光	发明	20111115	20140514	ZL201110361389.9
349	一种汽车车位锁及方法	翟永杰　徐大伟　韩月皎　李　冰	发明	20111227	20140618	ZL201110445593.9
350	一种银修饰磁性碳纳米管去除水中汞离子的方法及其再生方法	苑春刚　张　艳　张杨阳	发明	20111220	20140212	ZL201110429827.0
351	一种常压下将烟气中二氧化碳转化为甲酸的方法	赵　毅　张自丽	发明	20120305	20140416	ZL201210055137.8
352	一种簧片串联式大型储能涡卷弹簧	王璋奇　米增强　汤敬秋　余　洋	发明	20111102	20140205	ZL201110341917.4
353	一种机械弹性储能驱动装置	王璋奇　米增强　汤敬秋　余　洋	发明	20111102	20140625	ZL201110342227.0
354	燃煤锅炉二次风量在线标定方法	田　亮　刘鑫屏　赵亮宇	发明	20120229	20140312	ZL201210049597.X
355	可防止无线传感网络拥塞的输电线路监测信息传输方法	朱永利　熊海军　翟清剑　李丽芬　王晓辉　闫　蕾	发明	20120525	20141203	ZL201210166080.9
356	绝缘泄漏电流中周期分量与陡脉冲分量的分离方法	律方成　徐志钮	发明	20120207	20140618	ZL201210026623.7
357	一种基于机械弹性的联动式储能箱	米增强　余　洋　王璋奇	发明	20111229	20141210	ZL201110450712.X
358	以氨水为吸收剂的烟气污染物吸收方法和装置	马双忱　藏斌　陈伟忠　路通畅　逯东丽　韩婷婷	发明	20120518	20140611	ZL201210156839.5
359	一种燃煤锅炉混燃废弃电路板促颗粒汞生成的方法及系统	高正阳　夏瑞青　周黎明　殷立宝	发明	20120309	20140514	ZL201210060485.4
360	V2G 双向功率变换电动汽车充放电系统及其控制方法	颜湘武　张　波　肖湘宁　陈　征　郭春林　梁宇超	发明	20120118	20140709	ZL201210014240.8

续表

编号	专利名称	申请人姓名	专利类别	申请日期	授权日期	专利号
361	用于电力线弧垂计算的悬挂曲线模型判定方法	赵振兵 王　琴 高　强	发明	20120227	20141015	ZL201210046037.9
362	微波半溶剂法合成聚天冬氨酸	张玉玲 张敬红 赵　毅 谢淑兰 罗玲童	发明	20120828	20140528	ZL201210307984.9
363	利用磁光效应抑制脉冲激光束受激布里渊散射的装置和方法	任　芝 李松涛 安　莉	发明	20120322	20140910	ZL201210082404.0
364	利用旋转波片抑制脉冲激光受激布里渊散射装置和方法	任　芝 李松涛	发明	20120322	20140910	ZL201210082401.7
365	一种在分散控制系统中实现迭代计算功能的组态方法	田　亮 刘鑫屏 苏保光	发明	20120424	20140416	ZL201210121737.X
366	一种风力发电机叶片通用夹具	安利强 姬旭冰 周邢银 赵鹤翔 王璋奇	发明	20120412	20140625	ZL201210106494.2
367	一种状态监测数据的分布式存储与并行挖掘方法	王德文 宋亚奇 肖　磊 肖　凯	发明	20120429	20141203	ZL201210130726.8
368	一种输电线弧垂计算装置及方法	赵振兵 张博雅 苏子彬	发明	20120703	20140806	ZL201210225585.8
369	多进制伪随机序列扩频通信方法	高　强 余　萍 闫　华	发明	20120529	20140611	ZL201210171564.2
370	一种利用光纤判断铠装光电复合缆机械故障的分析方法	吕安强 尹成群 张　旭 李永倩	发明	20120817	20141119	ZL201210295319.2
371	永磁直驱风电机组低电压穿越时有功和无功协调控制方法	王　毅 董淑惠 任亚钊 李和明	发明	20120525	20140820	ZL201210166079.6
372	一种风电功率预测方法	刘兴杰 米增强 岑添云 石金玮 梅华威 余　洋	发明	20120613	20140716	ZL201210194151.6
373	一种微网的有功频率调节方法	李　鹏 朱珺敏 陈　超 孙国繁 陈建杰 钱　江 乔　琨 王旭斌	发明	20120529	20140618	ZL201210171399.0
374	一种用于家居或物联网系统的智能插座	陈　亮 曹　尚 顾雪平 王　雨	发明	20120611	20141203	ZL201210190433.9
375	基于物联网技术的实时互动智能终端控制系统	陈　亮 曹　尚 王　雨 刘　艳	发明	20120614	20140924	ZL201210196999.2
376	风电机组同火电机组联合调度发电负荷的方法	刘吉臻 王　琪 田　亮 刘鑫屏	发明	20120825	20141126	ZL201210304744.3

续表

编号	专利名称	申请人姓名	专利类别	申请日期	授权日期	专利号
377	一种提高供热机组一次调频能力的方法	刘吉臻 王 琪 田 亮 刘鑫屏	发明	20120825	20141126	ZL201210304745.8
378	基于修正椭圆拟合法的静态接触角计算方法	徐志钮 李锐海 高成彬 苗鹏超 邹 盼 周 衡 李丹丹	发明	20120820	20140813	ZL201210295794.X
379	一种基于近邻传播的 XML 文档谱聚类方法	李新叶	发明	20120724	20141015	ZL201210257005.3
380	一种用于风力发电机塔筒的清洁机器人	李 琦 房 静 鲁振威 刘 欢	实用新型	20130322	20130904	ZL201320136742.8
381	电网电压骤变的快速检测方法	颜湘武 张 波 甄子健 张青利 肖湘宁	发明	20120919	20141015	ZL201210349102.5
382	一种复合绝缘子运行状态评估方法	汪佛池 律方成 刘云鹏 刘 杰	发明	20121012	20141126	ZL201210386969.8
383	一种去除水中有毒元素砷的吸附剂及其应用	苑春刚 金 毅 江万平	发明	20120925	20140604	ZL201210360306.9
384	可利用建筑排水能量的高层建筑辅助供水系统	张旭涛 杨晓强 杨 贺 刘生丞 范天舒	发明	20121210	20140625	ZL201210525044.7
385	一种柔性直流输电系统自抗扰控制方法	刘英培 栗 然	发明	20130106	20140917	ZL201310003370.6
386	一种基于极大似然估计理论的系统谐波阻抗计算方法	华回春 贾秀芳 曹东升 赵成勇	发明	20121210	20140903	ZL201210528559.2
387	一种精密气体流量计	朱亚茹 牛泽钊	实用新型	20130104	20131211	ZL201320005074.5
388	一种带有电子标签货物的快速收银装置及方法	苑津莎 徐 扬	发明	20120713	20140917	ZL201210244639.5
389	一种向无源网络供电的柔性直流输电系统控制方法	刘英培 栗 然	发明	20130106	20140910	ZL201310003320.8
390	模拟高层建筑暖通设备防烟系统的实验装置	张旭涛 王松岭 王江江 时国华	发明	20130121	20140910	ZL201310026623.1
391	一种光学投影装置	李松涛 任 芝 李超雄	实用新型	20130118	20131225	ZL201320035899.1
392	一种燃煤电厂烟气脱硫除雾净化装置	郭天祥 赵 毅	实用新型	20130726	20140226	ZL201320450556.1
393	一种燃煤电厂烟气脱硫除雾装置	郭天祥 杜亚荣	实用新型	20130726	20140416	ZL201320450555.7
394	太阳能和生物质能互补有机朗肯循环热电联产系统	叶学民 王 佳 李春曦 童家麟	发明	20130207	20141210	Zl201310049680.1

续表

编号	专利名称	申请人姓名	专利类别	申请日期	授权日期	专利号
395	带有上端来水压力控制的供水控制装置	祝晓燕　张金会　丁　凯	实用新型	20130227	20130904	ZL201320088862.5
396	一种远程电力监控系统	李　鹏　李　刚　许一航 许鹏程　郝　振	实用新型	20130315	20130821	ZL201320119933.3
397	封闭式导线侵蚀模拟装置	花广如　吕玉坤　刘云鹏	实用新型	20130403	20140212	ZL201320165859.9
398	探测器	杨宏宇　王志扬　戚宇林	外观设计	20130411	20131211	ZL201330106466.6
399	一种中小学教学午休两用家具	马　帅　于　凡　高　洁	实用新型	20130517	20140423	ZL201320268630.8
400	一种中小学折叠式教学午休两用家具	马　帅　于　凡　高　洁	实用新型	20130517	20140423	ZL201320268629.5
401	一种基于水冷换热器的褐煤干燥乏气中水分回收利用系统	李　钧	实用新型	20130904	20140625	ZL201320547941.8
402	一种基于空气冷却换热器的褐煤干燥乏气中水分回收系统	李　钧	实用新型	20130904	20140416	ZL201320548804.6
403	一种发光二极管屏幕水冷散热装置	许加庆　刘彦丰　李仕平	实用新型	20130726	20140129	ZL201320449081.4
404	一种能够平抑用电峰谷波动的发电系统	冉　鹏　王亚瑟　冉笑涵	实用新型	20130510	20140101	ZL201320251803.5
405	一种离心风机旋转失速控制装置	张　磊　王松岭	实用新型	20130712	20131218	ZL201320419373.3
406	基于信号处理的无雷声误报汽车防盗报警系统	赵振兵　高青鹤　杨宏宇	实用新型	20130528	20131204	ZL201320299499.1
407	一种气体绝缘组合电器内局部放电的在线监测系统	王子建　律方成　刘云鹏	实用新型	20130520	20131211	ZL201320274389.X
408	一种低噪声双进双出钢球磨煤机隔声套	叶学民　李新颖　李春曦	实用新型	20130604	20140820	Zl201320318482.6
409	一种硅橡胶复合绝缘子 TSC 测试用切片仪 改名 一种切片装置	梁　英　刘云鹏　石　倩 花广如　李　聪	实用新型	20130807	20140416	ZL201320480160.1
410	三面自擦式黑板	范孝良　邢慧泽　陈　岭 张忠会　薛　宇　房　静	实用新型	20130725	20131225	ZL201320446261.7
411	建筑物和用于建筑物的能源系统	范孝良　邓睿曹　文　斌 钟　平　房　静	实用新型	20131008	20140416	ZL201320614409.3
412	一种套叠式立体场地套件	范孝良　赵文亨　谢琮玖 刘　畅　王伟成　房　静	实用新型	20130805	20140212	ZL201320472309.1
413	带 LED 警示功能的自动切断式红外线防护系统	耿江海　律方成　刘云鹏 王永强　王　平	实用新型	20130528	20131211	ZL201320299569.3
414	一种脚踏式车用千斤顶	张大庆　宋立琴　王玉强	实用新型	20130719	20140115	ZL201320435242.4

续表

编号	专利名称	申请人姓名	专利类别	申请日期	授权日期	专利号
415	一种变电站管型母线挠度监测装置	唐贵基 何玉灵 彭 涛 马万里 赵振兵 刘尚坤	实用新型	20130828	20140212	ZL201320528806.9
416	机械式水位测试仪	汤敬秋 赵红英	实用新型	20130826	20140226	ZL201320522657.5
417	一种笔记本电脑 CPU 水冷散热装置	李仕平 刘彦丰 李向红	实用新型	20130726	20140129	ZL201320449084.8
418	光伏光热集热器与燃气－蒸汽联合循环机组联合供能系统	谢泽坤 金秀章 曹丁元 于鑫玮	实用新型	20130802	20140115	ZL201320469595.6
419	一种遥控电动自行车电机锁	周福成 唐贵基	实用新型	20130726	20131225	ZL201320449823.3
420	行车记录仪无线充电器	李 然 黄嘉庚	实用新型	20130906	20140312	ZL201320554827.8
421	刹车片烧结炉远程自动控制装置	张 超	实用新型	20131117	20140716	ZL201320722263.4
422	一种变电站地线监控系统	李燕青 谢红玲 王飞龙 黄 平 范环宇 张慧慧 魏方园 贾自杭	实用新型	20130802	20140115	ZL201320469448.9
423	基于超声波和红外热像的输变电设备故障巡检核心系统	赵振兵 席明潇 戚银城	实用新型	20130903	20140226	ZL201320544769.0
424	一种基于变工况的离心风机的蜗壳	吕玉坤 宋宝军 李弘扬	实用新型	20140402	20141126	ZL201420157824.5
425	一种交变电场测量实验仪	刘 洋	实用新型	20131209	20140528	ZL201320801973.6
426	一种用于直接空冷机组空冷岛的空冷散热单元	程友良 胡宏宽 杨星辉 丁丽瑗	实用新型	20131031	20140618	ZL201320679596.3
427	一种唾液采样器	苑春刚 江万平 张琨	实用新型	20130930	20140326	ZL201320612442.2
428	一种汽车太阳能防晒帘	刘腾克 张竞丹 黄湘云 陈雨帆 陈圆圆 仲照阳 林泽伟	实用新型	20140310	20140820	ZL201420105429.2
429	一种集成式风机信号测量装置	许小刚 吴正人 刘锦廉 孙 玮	实用新型	20131023	20140618	ZL201320670534.6
430	基于宽谱光源的布里渊分布型光纤温度传感器	赵丽娟 李永倩 徐志钮 翟丽娜	实用新型	20130909	20140305	ZL201320558681.4
431	一种海底电缆实时监测系统	赵丽娟 李永倩 翟丽娜 赵 旭	实用新型	20130909	20140326	ZL201320558655.1

续表

编号	专利名称	申请人姓名	专利类别	申请日期	授权日期	专利号
432	一种跑步机能量收集系统	翟永杰 于金生 李 哲 孙晓茹 高成彬 伍 洋	实用新型	20131028	20140813	ZL201320672846.0
433	一种电动汽车磁力辅助刹车系统	彭 柳 苏 宇 闫人滏 赵书涛	实用新型	20131107	20140423	ZL201320698796.3
434	一种具有能量回收功能的电动汽车辅助刹车系统	彭 柳 苏 宇 闫人滏 赵书涛	实用新型	20131107	20140423	ZL201320698815.2
435	一种隔离型数字式电动执行器控制器	马良玉 宋胜男 马云龙 刘长良 刘卫亮 林永君	实用新型	20131117	20140416	ZL201320722259.8
436	一种基于 CPLD 的单相接地故障指示器	贾惠彬 张国云 蔡新伟	实用新型	20130624	20140108	ZL201320364118.3
437	一种基于 ZIGBEE 通信的车载监控防盗装置	张 宁 马海杰 季一宁	实用新型	20140117	20140709	ZL201420040895.7
438	一种配电网水泥杆单相接地故障在线监测系统	杨宏宇 王志扬 闫书畅 戚宇林	实用新型	20131117	20140416	ZL201320722258.3
439	一种可吸收随机振动能量的充电电源	张竞丹 刘腾克 黄湘云 胡 蔓 李永毅 刘镇瑜 张 飞 王江江	实用新型	20140127	20140910	ZL201420052728.4
440	一种吸盘吸附式玻璃擦拭机器人	房 静 尹恒阳 徐振磊 侍剑峰 邓忻依	实用新型	20131212	20140723	ZL201320822304.7
441	带热水供应的家用光伏直流变频空调器	魏 兵 袁天昊	实用新型	20131018	20140910	ZL201320645532.1
442	一种电动汽车智能无线充电装置	李康平 殷加玦 叶建芳	实用新型	20131204	20140521	ZL201320786360.X
443	一种可降低压缩空气蓄能功耗的发电装置	冉 鹏 王亚瑟	实用新型	20131212	20140521	ZL201320814854.4
444	一种水式自清洁除痕板擦	慈铁军 封 冉 赵金鹏 伍 洋	实用新型	20131028	20140507	ZL201320668618.6
445	一种烟气多污染物去除装置	郭天祥 赵 毅 杜亚荣 黄斐鹏 孙天行	实用新型	20131012	20140416	ZL201320629581.6
446	一种适用于可持续建筑的双向互动式直流极微型电网系统	孟 明 原亚宁 李 琳 郭明伟	实用新型	20131129	20140716	ZL201320766509.8
447	一种适用于可持续建筑的双母线直流极微型电网系统	孟 明 原亚宁 李 琳 郭明伟	实用新型	20131129	20140716	ZL201320766527.6

续表

编号	专利名称	申请人姓名	专利类别	申请日期	授权日期	专利号
448	具有余额显示功能的充值卡	张祎慧 郭书言 林西阔	实用新型	20140124	20140625	ZL201420046133.8
449	一种光电隔离输入输出电路	任建文 谷雨峰 王丽娜	实用新型	20140103	20140604	ZL201420006798.6
450	一种便携式多功能传热教学实验台	刘彦丰 章少山 马文静 高正阳 李 斌 张会亮	实用新型	20131219	20140618	ZL201320838603.X
451	一种微量粉末的添加装置	方立军 李 畅 殷立宝	实用新型	20140403	20140903	ZL201420160093.X
452	电气工程学科相关实验室的智能化管控系统	武玉才 冯文宗 薛伏申 张朕搏 杭晗晶	实用新型	20131106	20140528	ZL201320695308.3
453	一种双馈感应风力发电机转子侧换流器的控制方法	刘英培 栗 然	发明	20131231	20141126	ZL201310748140.2
454	一种永磁同步电机直接转矩控制方法	刘英培 栗 然	发明	20131231	20141126	ZL201310748131.3
455	一种双向互动式直流牵引供电系统	孟 明 刘 剑 王喜平 胡大龙 蒋 理 宋颖巍 刘 岩 宁辽逸	实用新型	20130729	20131225	ZL201320460392.0
456	一种混合双向互动式直流牵引供电系统	孟 明 刘 剑 王喜平 胡大龙 蒋 理 宋颖巍 刘 岩 宁辽逸	实用新型	20130729	20131225	ZL201320460363.4
457	一种制动能量回收式直流牵引供电系统	孟 明 刘 剑 王喜平 胡大龙 蒋 理 宋颖巍 刘 岩 宁辽逸	实用新型	20130729	20131218	ZL201320460327.8
458	基于新能源的双向互动电气化铁路高压直流牵引供电系统	孟 明 刘 剑 王喜平 胡大龙 蒋 理 宋颖巍 刘 岩 宁辽逸	实用新型	20130729	20131225	ZL201320460437.4
459	一种含分布式电源的制动能量回收式直流牵引供电系统	孟 明 刘 剑 王喜平 胡大龙 蒋 理 宋颖巍 刘 岩 宁辽逸	实用新型	20130729	20131225	ZL201320456363.7
460	一种定时自动换水充氧的新型鱼缸	康 辉 毛惠志	实用新型	20131226	20140924	ZL201320865759.7
461	一种博物馆展示柜温湿度控制系统	朱晓光 赵路佳 裴少通 王 畅	实用新型	20140224	20140813	ZL201420077428.1

续表

编号	专利名称	申请人姓名	专利类别	申请日期	授权日期	专利号
462	一种演示感生磁场的实验装置	李松涛 袁 月 赵新竹 陈一鸣 靳伟佳 李宪蔚 蒋 畅	实用新型	20140101	20140618	ZL201420005161.5
463	一种柴油机喷油嘴	叶治宇 陈煜琦 马许桁 马良玉	实用新型	20140219	20140709	ZL201420070480.4
464	一种可延长使用寿命的柴油机喷油嘴针阀偶件	陈煜琦 孙 平 叶治宇 马良玉 杨诗茹 马许珩 张丽温 袁一丁	实用新型	20140226	20140723	ZL201420081930.X
465	一种新型平板式太阳能集热器	梁志瑞 赵梦雅 王鹏程 黄 璞 邹 潺 王光宇 刘亚南	实用新型	20140123	20140723	ZL201420041421.4
466	一种太阳能电池板雨水除尘装置	梁志瑞 赵梦雅 王鹏程 梁 策	实用新型	20140123	20141022	ZL201420041425.2
467	一种电动车位锁	张朋宇 刘力铭 黄成杰 杨修齐 刘 欣	实用新型	20140128	20140709	ZL201420055345.2
468	一种自动复位的锁定装置	王小磊 李亚斌	实用新型	20140331	20140820	ZL201420149531.2
469	一种可调式升降椅	王小磊 叶 锋	实用新型	20140331	20140820	ZL201420149584.4
470	一种新型的车间物料运输小车	王进峰 杨 晓 伍君实	实用新型	20140120	20140709	ZL201420057076.3
471	一种风电机组传动部件远程监测装置	何玉灵 赵路佳 张 轩 张文建	实用新型	20140326	20141008	ZL201420139878.9
472	多功能包装饰件	刘 静	外观设计	20140506	20141105	ZL201430120264.1
473	一种绝缘子泄漏电流采集系统	徐志钮 王怡聪 牛胜锁 苗鹏起	实用新型	20140128	20140709	ZL201420055331.0
474	一种直流锅炉单元机组协调控制系统及其设计方法	秦志明 刘吉臻 张栾英 谷俊杰	发明	20140704	20141210	ZL201410317275.8
475	一种可将汽车尾气管热能转化为电能的装置	毛宇晗 王资博 马玉龙	实用新型	20140318	20140827	ZL201420122028.8

续表

编号	专利名称	申请人姓名	专利类别	申请日期	授权日期	专利号
476	一种轮式可移动讲台机器人	赵路佳 李玥王 江 伟 刘 欢 房 静	实用新型	20140127	20140723	ZL201420054060.7
477	一种输电线路巡线机器人	向 玲 胡思磊 陈 涛 鄢小安	实用新型	20140703	20141112	ZL201420364744.7
478	家庭恒温饭盒	陈 曦	外观设计	20140228	20140813	ZL201430038056.7
479	一种即冷速热型饮水机	刘彦丰 高建树 洪有耀 王怡聪 黄 雄 彭 柳 曹 昂	实用新型	20140129	20140709	ZL201420056831.6
480	一种多功能插接件	李保罡 张桐建 彭 飞 顾梦琪 曹 哲	实用新型	20140515	20140917	ZL201420248756.3
481	工程安装锤	朱天陆	外观设计	20140228	20140813	ZL201430038002.0
482	便携式坐便器	赵 婷	外观设计	20140228	20140813	ZL201430038001.6
483	一种投影玻璃黑板装置	曹 昕 张俊伟 余泽远 占添乐 房 静 李润琼 张 铂 林魏炜	实用新型	20140129	20140709	ZL201420055759.5
484	一种两用黑板装置	孙 聪 孙静怡 张祎慧 张俊伟 占添乐 房 静 李 然 魏 炜	实用新型	20140129	20140709	ZL201420055756.1
485	一种太阳能海水淡化与发电装置	曹 昕 余泽远 孔静怡 张俊伟 占添乐 房 静 李 然 李超雄	实用新型	20140224	20140723	ZL201420076621.3
486	无线控制移动装置	马海杰 张 宁 徐定康 张树浩 袁一丁	实用新型	20140124	20140709	ZL201420048068.2

续表

编号	专利名称	申请人姓名	专利类别	申请日期	授权日期	专利号
487	一种半导体制冷的空调座椅	王怡聪 彭 柳 曹 昂 刘彦丰 黄 雄 高建树 洪有耀	实用新型	20140129	20140709	ZL201420056833.5
488	一种杀菌消毒型饮水机	高建树 王怡聪 黄 雄 刘彦丰 洪有耀 彭 柳 曹 昂	实用新型	20140129	20140709	ZL201420056832.0
489	基于电阻分流器的冲击电压局部放电测量系统	耿江海 王 剑 王 平	实用新型	20140117	20140806	ZL201420034206.1
490	一种抑制变压器励磁涌流的装置	李松涛 任 芝	实用新型	20140324	20140910	ZL201420141632.5
491	一种载 Gd 液闪的多单元 4pi 立体角探测系统	于国梁	实用新型	20131207	20140820	ZL201320831119.4
492	重力感应提醒仪	何知遥 马一丹 任志培 俞鸿祥 王 勇 刘 渊	外观设计	20140328	20140723	ZL201430069079.4
493	一种绝热压缩空气蓄能发电系统	冉 鹏 王亚瑟	实用新型	20140129	20140716	ZL201420055719.0
494	一种新型阀体钻削的钻床夹具	王进峰 吴学华 赵金健	实用新型	20140413	20141001	ZL201420185630.6
495	具有良好散热的固体激光器	张晓宏	实用新型	20140411	20140910	ZL201420186106.0
496	基于连续激光束的前向散射和后向散射兼容装置(重复??)	张贵银	实用新型	20140411	20141112	ZL201420185805.3
497	基于脉冲激光束的前向散射和后向散射兼容装置(重复??)	张贵银	实用新型	20140411	20141112	ZL201420185804.9
498	一种安全电源插座	郑海明 杨 渊	实用新型	20140611	20141210	ZL201420308591.4
499	一种干燥褐煤后的乏气水分回收利用换热器	李 钧 宣凌燕	实用新型	20130916	20140625	ZL201320572789.9
500	一种具有自动清洗功能的新风换气机	魏 兵 任玉成	实用新型	20140528	20141119	ZL201420279949.5
501	一种垂直轴海上风力水力储能联合发电系统	安利强 张家旗 孙少华	实用新型	20140122	20140827	ZL201420196701.2
502	一种重力热管式集成 LED 灯	肖坤玉 廖金龙 周沛 孔静怡 陈垒 王睿豪 邓忻依	实用新型	20140508	20140910	ZL201420234472.9
503	一种电脑灰尘清洁笔	郑海明 杨 渊	实用新型	20140611	20141112	ZL201420308534.6
504	一种复合式除尘器	齐立强 杨 硕 陈 晨 陈煜茜 曾显清 王丽丽 崔少平	实用新型	20140527	20141029	ZL201420273270.5

续表

编号	专利名称	申请人姓名	专利类别	申请日期	授权日期	专利号
505	一种可同时旋转与往复升降的游艺设备	刘尚坤 唐贵基	实用新型	20140526	20141008	ZL201420271090.3
506	一种太阳能发电及集热装置	刘尚坤 唐贵基	实用新型	20140423	20141112	ZL201420198170.0
507	一种太阳能综合发电装置	刘尚坤 唐贵基 王晓龙 邓飞跃 何玉灵	实用新型	20140703	20141119	ZL201420371986.9
508	一种配电线线路异物清除装置	王璋奇 黄增浩	实用新型	20140624	20141119	ZL201420339124.8
509	一种变电站巡检机器人	王加芳 房 静 齐 岩 郭 巍 刘 野 徐文岐	实用新型	20130325	20131002	ZL201320136294.1
510	一种暖风机	王雪松	实用新型	20140704	20141112	ZL201420367850.0
511	一种脊状表面减阻的翼型叶片	吴正人 郝晓飞 李子骏 戎 瑞	实用新型	20140625	20141029	ZL201420340538.2
512	清洁机器人	鲁振威 房 静 谢琮玖 李 瑞 张志强 袁建新	外观设计	20130409	20140101	ZL201330104913.4
513	激光虚拟键盘的电子琴	谢琮玖 韦晓航 刘华森 房 静	实用新型	20130830	20140319	ZL201320537865.2
514	一种智能送餐机器人	范孝良 谢胜利 房 静	实用新型	20130703	20140319	ZL201320394953.1
515	亲子滑板车	贺运政 张钰淇 周立栋	外观设计	20140315	20140903	ZL201430056710.7
516	一种方便使用的多功能连体桌椅	何玉灵 刘 佳 闫友璨 卢文博 韩 东 于 航	实用新型	20140714	20141203	ZL201420384652.5
517	一种隧道照明智能控制装置	杨 旭 陈章妍 俞飞扬 占梦瑶 郑修林	实用新型	20140211	20140709	ZL201420061732.7
518	具有凉爽环境的太阳能安全岛	马 进 王 猛 马良玉 刘卫亮 黄 鹏	实用新型	20140819	20141210	ZL201420468130.3
519	遥控器	崔彦彬 孙 冉	外观设计	20140522	20140910	ZL201430144898.0
520	一种可产生电能的热水杯	马艳君 张祎慧	实用新型	20140310	20141203	ZL201420105926.2
521	一种静电场测量实验仪	刘 洋	实用新型	20140827	20141210	ZL201420487371.2

华北电力大学2013年科研成果鉴定情况一览表

序号	成果名称	完成人	组织鉴定单位	鉴定形式	鉴定时间	鉴定结论
1	微电网稳定控制器开发与产业化应用	韩民晓1 赵国鹏2 林少伯4 赵庆苓 孙 海6 苏小玲7	中国电机工程学会	会议鉴定	2014-6-18	国际先进
2	火电直接空冷单元冷却空气导流技术及应用	杨勇平1 杨立军2 杜小泽4 席新铭8	新疆维吾尔自治区科技成果管理办公室	会议鉴定	2014-7-31	国际先进

华北电力大学2014年校企(地、校)合作情况一览表

合作单位	合作时间	合作领域
华北电力大学与浪潮集团有限公司	1月13日	根据协议，双方将在技术领域专项科研课题研究、课题的组织实施和申报管理、科技成果转化与申报、人才培养等领域开展合作，以实现双方资源共享、共同发展，为我国能源电力信息化产业发展做出贡献。
华北电力大学与中国电力科学研究院	4月29日	根据协议，中国电力科学研究院继电保护研究所与华北电力大学四方研究所共建电力系统继电保护联合研究中心，并启动首批联合研发项目。
华北电力大学与合肥市人民政府	9月20日	根据协议，华北电力大学有四个产业链协同创新合作项目及一个产业基地合作共建项目，成功与合肥市实现对接。
华北电力大学与珠海市人民政府	11月11日	根据协议，双方决定在珠海共同筹划建设“华北电力大学珠海研究院”。珠海市人民政府对研究院的发展给予优惠政策支持与扶持。学校依托研究院与珠海市人民政府共同筹划建设“珠海智能电网装备制造产业园”和“物联网科技产业园”作为学校国家大学科技园珠海分园，围绕广东省及珠海市的战略性新兴产业的发展规划，重点推进学校智能电网、物联网等领域的科研成果在珠海的转化与产业化工作。双方还将依托研究院开展全方位政产学研合作。
华北电力大学与鸿帆控股有限公司	11月13日	根据协议，双方将在珠海市共建“智能电网、物联网产业园”，共同创新政产学研用合作模式与机制，将其建设成为高水平智能电网科技产业园区，服务、支撑、引领珠三角地区产业升级与经济发展。鸿帆控股有限公司向北京华北电力大学教育基金会捐赠人民币壹佰万元。
华北电力大学与广东电网公司	12月8日	根据协议，双方将共同建设华北电力大学广东电网公司研究生工作站。

2014 年华北电力大学理事会理事单位名单

国家电网公司　中国南方电网有限责任公司　中国华能集团公司　中国大唐集团公司　中国华电集团公司　中国国电集团公司　中国电力投资集团公司　中国电力企业联合会　华北电力大学

（吴良器）

2014 年华北电力大学校办企业名录

序号	公司名称	成立时间	地址	邮编	联系电话	主要产品
1	北京华电天德资产经营有限公司	1993.03	北京市昌平区朱辛庄北农路2号华北电力大学56#	102206	010－61772230	资产经营管理
2	北京华电之星科学技术发展有限公司	2000.08	北京市昌平区朱辛庄北农路2号	102206	010－80798589	在电力、能源、环保、机械、建筑、计算机等工程技术领域从事科技开发、设计、加工制作、产品代理、销售和咨询等业务。
3	北京华电天达科技有限责任公司	2003.08	北京市昌平区朱辛庄北农路2号华北电力大学	100220	010－80116875	门禁系列产品、停车场系列产品、读卡器系列产品、消费 POS 机系列产品。
4	北京华电能达科技有限责任公司	2002.03	北京市昌平区科技园永安路47号	100220	010－80116875	计算机及配套产品、软件开发、环保节能产品的开发、销售。
5	北京四方立德保护控制设备有限公司	1999.04	北京市海淀区上地创业中路32号	100085	010－62968260	电力系统继电保护和自动化装置、变电站综合自动化系统及故障录波装置。
6	北京华电天仁电力控制技术有限公司	2003.04	北京市海淀区上地东路1号盈创动力 E－201	100085	010－51975570	电力辅助设备、仪器仪表、电子装置及电子标签，计算机硬件，网络安全设备、系统集成及装置等。
7	北京华电卓越国际技术培训有限责任公司	2005.06	北京市昌平区朱辛庄北农路2号华北电力大学	102206	010－51976811	国际电力仪器仪表技术开发、咨询、培训、服务、交流。
8	北京华电纳鑫科技有限公司	2003.09	北京市昌平区马池口镇上念头村北	102200	010－80777884－608	微纳米表面技术开发、应用、生产，新型耐磨材料技术应用、生产。

续表

序号	公司名称	成立时间	地址	邮编	联系电话	主要产品
9	北京丹华昊博电力科技有限公司	2003.09	北京市海淀区上地信息路1号2号楼2205室	100085	010－82896582	小电流接地电网单相接地故障选线装置、10kV 主从式自动调谐消弧线圈控制装置
10	北京微肯佛莱科技有限公司	2003.12	北京市昌平区朱辛庄北农路2号华北电力大学	102206	010－80795843	电力基本建设管理系统软件、电力市场理论研究及相关技术支持系统、电力系统分析计算、电力企业 ERP、电力系统监测和计量。
11	北京华电辰能科技发展有限公司	1999.12	北京市海淀区中关村东路123号1号楼1701号	100086	010－62191930	技术开发、服务、转让、咨询;销售开发后的产品、计算机软硬件及外围设备、电力发配电设备、环保节能设备。
12	四方电气(集团)股份有限公司	1999.04	北京市海淀区上地信息产业基地四街9号	100085	010－62961515	变电站综合自动化系统等微机保护产品
13	北京华电天德科技园有限公司	2007.01	北京市昌平区朱辛庄华北电力大学教四楼	102206	010－61772235	技术开发、咨询、服务、电力技术培训;销售电力设备、电子设备
14	华大天元(北京)电力科技有限公司	2007.09	北京市海淀区丰贤中路7号(孵化楼)4层401室	102206	010－51963393	发电企业智能管理系统;电网运行状态实时监管系统;变电站视频监控系统、企业门户及协同办公自动化系统;电力企业信息系统安全整体解决方案;数字化电网整体设计方案等
15	北京华电大通环保科技有限公司	2004.08	北京市海淀区太平路甲18号西南写字楼311室	100039	010－51953738	开发环保技术,研制、生产环保产品;提供技术咨询服务
16	北京华电杰德科技有限公司	2007.03	北京市丰台区科学城海鹰路8号2号楼405室(园区)	100070	010－63717721	火电厂仿真系统、电厂自动控制设备
17	北京榕科电气有限公司	2014.2	北京市昌平区回龙观镇朱辛庄北农路2号主楼D座1423室	102206	010－61771410	技术开发、技术转让、技术咨询、技术推广服务;销售仪器仪表、机械设备
18	青岛华电高压电气有限公司	2008.11.	山东省青岛市崂山区九水东路628号	266102	0532－88818462	电力检测设备、电力自动化相关设备、电力仪器、仪表软件的开发应用和销售;高压电器设备的开发制作、销售;电力行业技术的开发、咨询、销售
19	保定华电天德科技园有限公司	2008.05	河北省保定市复兴西路118号	071000	0312－7522131	电力设备、电子设备、通信设备、太阳能及风能设备、输变电及控制设备、计算机及外部设备、仪器仪表制造销售、电力工程设计、计算机软件技术开发、技术咨询、技术服务

续表

序号	公司名称	成立时间	地址	邮编	联系电话	主要产品
20	保定华电科源电气有限公司	1995.5	河北省保定市永华北大街619号76#信箱	071003	0312－7522294	微机综合自动化系统、变电站模拟系统、电网故障信息管理系统、微机保护装置、微机故障录波器
21	保定中大电力科技发展有限公司	2000.4	河北省保定市高开区竞秀街677号火炬产业园	071051	0312－5903290	微机发电机－变压器保护、分布式光纤母线保护系统
22	保定市毅格通信自动化有限公司	1998.6	河北省保定市高开区竞秀街677号火炬产业园	071051	0312－3132220	电力通信网监控管理系统、远动通道监测装置、电力企业管理与运营信息自动化、网络集成与管理等
23	保定华仿科技有限公司	1993.11	河北省保定市高开区竞秀街677号火炬产业园	071051	0312－5907665	大型火电机组全仿真机、电网及变电站全仿真机、航天载人飞船飞行训练模拟器
24	保定华电配电设备有限公司	1986.6	河北省保定市华电路3号华电二校内	071003	0312－7525100	高低压开关柜
25	保定锐腾电力科技有限公司	2010.4	河北省保定市复兴西路118号	071025	0312－3187701	电网调度自动化、配电网自动化、变电站自动化、继电保护及自动化装置、仪器仪表等输变电设备，以及从二次设备到一次设备的配套产品及服务
26	保定华电辉煌科技有限公司	1994.4	河北省保定市朝阳北大街658号发展大厦5层A座	071051	0312－3335875	应用软件开发、计算机网络系统集成、综合布线工程
27	保定华电电力设计院有限公司	1994.11	河北省保定市高开区竞秀街677号火炬产业园	071051	0312－5907550	乙级资质范围内的发电、送变电工程设计、三级及以下等级工业与民用建筑设计
28	保定华电科技开发服务中心	1996.1	河北省保定市永华北大街619号大3#信箱	071003	0312－7522235	科技项目管理
29	保定电谷科技园有限公司	2012.12	河北省保定市高新区北二环路5699号	071051	0312－3326988	高新技术企业服务
30	北京华星电力电子新技术开发公司	1989.4	北京市大兴区兴政街3号	102600	010－69259964	小电流接地选线综合装置、微机直流接地综合选线装置及继电保护装置、变电站综合自动化系统
31	北京思达星电力自动化有限公司	1996.4	北京市大兴区兴政街3号	102600	010－69205011	小电流接地选线综合装置、直流系统绝缘在线检测装置、远程监控系统
32	苏州华电科技创业园管理有限公司	2011.9	江苏省苏州工业园区独墅湖高教区仁爱路188号	215123	0512－67332658	高科技企业创业孵化、管理；销售：电力设备、电子设备并提供技术开发、技术咨询、技术服务

人　物

华北电力大学 2014 年教授名录

杨勇平	李成榕	刘吉臻	安连锁	张粒子	陈兆江	胡三高	赵冬梅
赵会茹	刘宗歧	沈剑飞	许丹娜	张一工	王银顺	郝建红	崔 翔
黄 伟	王 伟	王泽忠	张建华	刘连光	杨奇逊	孙凤杰	鲍 海
韩民晓	徐永海	肖湘宁	全玉生	张东英	刘文颖	黄少锋	宗 伟
毕天姝	艾 欣	李卫国	姜 彤	唐良瑞	许 刚	付忠广	张照煌
刘东雨	杜小泽	刘 石	何 青	柳亦兵	董兴辉	刘宗德	刘 彤
孙保民	顾煜炯	芮晓明	徐 鸿	周少祥	李文艳	郭民臣	周 涛
刘 禾	罗 毅	侯国莲	白 焰	吕跃刚	张建华	陆会明	杨国田
谭 文	刘向杰	吴克河	马素霞	徐 磊	林碧英	李存斌	董 军
何永秀	谢传胜	乌云娜	曾 鸣	谭忠富	郭京生	余顺坤	熊敏鹏
李 涛	杨淑霞	闫庆友	张 艳	马卫华	蔡利民	孙晓洁	张绪刚
杜 波	周凤翱	汪泽青	方仲炳	李 英	戴忠信	马铁川	陈惠良
李 新	赵玉闪	朱勇华	陈德刚	孙淑珍	吕 蓬	张希荣	杨晓忠
何凤霞	王佩琼	邱启荣	曾玉华	王丽萍	纪昌明	张 华	董福品
吕爱钟	田 德	陆道纲	陈义学	刘晓芳	郭永权	罗振东	秦立军
张化永	李 鱼	李金全	张 锴	张兴平	郭永权	万书亭	屠幼萍
戚银城	董 玲	陈宏刚	黄国和	李美成	李永平	何 理	卢宏玮
谭占鳌	林 俊	牛风雷	董 天	梁 平	房游光	李全化	蔡 军
姚凯文	祁 兵	夏延秋	程伟良	张悦想	黄元生	沈长月	李彦斌
李永华	刘衍平	魏彤儒	尹忠东	孔英会	王志刚	葛永庆	姚万业
苏 杰	孟建良	焦彦军	陈 雷	崔和瑞	梁双印	火月丽	汪庆华
柳长安	李 伟	王春波	陈诸夫	赵振宇	丁常富	陈海平	徐进良
赵建娜	朱予东	董 泽	李俊卿	杜冬梅	阎维平	尹成群	张金辉
张天兴	李双辰	郭孝锋	吴乐为	米增强	王兵树	马永光	于荣生
高建强	甄成刚	常鲜戎	林永君	李宝树	苑英科	苑津莎	李 琳
张建成	王振旗	张丽静	朱有产	付 东	周海云	李永臣	李慧君
周 明	律方成	顾雪平	栗 然	梁贵书	颜湘武	卢铁兵	石新春
李永刚	朱永利	李 鹏	赵书强	李庚银	盛四清	宋 玮	徐玉琴
王增平	田建设	刘力丰	王建伟	马 平	刘长良	张栾英	王印松
任建文	赵成勇	梁志瑞	韩 璞	王松岭	杨实俊	李大中	杨耀全
孙建平	韩中合	周兰欣	闫顺林	陈鸿伟	程友良	李永华	牛玉广
谷俊杰	田 沛	高 强	尚秋峰	高会生	谢志远	宋 雨	程晓荣
王保义	张少敏	侯思祖	李永倩	戚宇林	唐贵基	张文建	王璋奇
范孝良	戴庆辉	赵 毅	陈颖敏	胡志光	王聚芹	原永涛	尹连庆
张胜寒	牛东晓	张彩庆	孙 薇	王敬敏	张国立	姜根山	杨玉华
王福海	谷根代	邢 棉	马新顺	蒋艳杰	卢占会	张 莉	郭 雷
陈红平	关荣华	李 琦	尹增谦	曹春梅	张晓宏	张贵银	何永贵

孙　毅	赵莲清	程养春	文　俊	张卫东	赵书涛	许伯强	赵洪山
张重远	孙　正	李元诚	赵　强	黄　仙	王东风	郑顾平	刘　忠
庞力平	田松峰	崔彦彬	高建伟	侯学良	刘吉成	张素芳	孔　峰
周建国	王淑勤	马双忱	董长青	姚建曦	刘永前	黄　美	董　瑾
张　娟	李忠艳	白占武	史玮璇	朱晓红	郭正秋	屈朝霞	王晓东
邓　英	徐振宇	刘彦丰	马峻峰	谢　力	李庆民	赵雄文	翟明岳
赵志斌	任　惠	刘云鹏	杨立军	段立强	冼海珍	陈克丕	叶学民
魏　兵	向　玲	李　为	曾德良	郑　玲	段泉圣	庞南生	吴忠群
赵新刚	温　磊	李泽红	杨少霞	苑春刚	陈传敏	陈学刚	祖　林
胡光宇	阎占元	王学棉					

（田赞梅）

新增教授名录

张海波	卢斌先	刘　艳	王艾萌	张满红	周国兵	周乐平	徐　超
丁迅雷	郭　鹏	周登文	赵文清	张立辉	李泓泽	刘　滨	李继清
吕建燚	刘　洋	任虎林	李燕青	彭　林	王祥科	龚雁峰	

（田赞梅）

华北电力大学2014年两院院士名单

序号	单位	姓名	性别	出生年月	职称	学历	学位	入选年度
1	电气与电子工程学院	杨奇逊	男	1937.10	教授	研究生	博士	1994
2	能源动力与机械工程学院	黄其励	男	1941.1	教授	研究生	博士	1997
3	能源动力与机械工程学院	陈蕴博	男	1935.1	教授	本科	学士	1999
4	能源动力与机械工程学院	樊明武	男	1943.7	教授	本科	学士	1999
5	电气与电子工程学院	沈国荣	男	1949.7	教授	研究生	硕士	1999
6	核科学与工程学院	欧阳晓平	男	1961.1	教授	研究生	博士	2013

华北电力大学2014年长江学者讲座教授名单

序号	单位	姓名	性别	出生年月	职称	学历	学位	入选年度
1	经济与管理学院	牛东晓	男	1962.10	教授	研究生	博士	2011
2	能源动力与机械工程学院	徐进良	男	1966.4	教授	研究生	博士	2012
3	环境研究院	李永平	女	1970.8	教授	研究生	博士	2013、2014

华北电力大学2014年“长江学者和创新团队发展计划”学术带头人名单

序号	单位	姓名	性别	出生年月	职称	学历	学位	入选年度
1	电气与电子工程学院	李成榕	男	1957.3	教授	研究生	博士	2005
2	能源动力与机械工程学院	刘宗德	男	1963.5	教授	研究生	博士	2007
3	控制与计算机工程学院	刘　石	男	1956.9	教授	研究生	博士	2009
4	资源与环境研究院	黄国和	男	1961.11	教授	研究生	博士	2011

华北电力大学2014年杰出青年科学基金获得者名单

序号	单位	姓名	性别	出生年月	职称	学历	学位	入选年度
1	资源与环境研究院	黄国和	男	1961.11	教授	研究生	博士	2002
2	电气与电子工程学院	崔　翔	男	1960.5	教授	研究生	博士	2003
3	能源动力与机械工程学院	康　顺	男	1955.12	教授	研究生	博士	1998
4	可再生能源学院	徐进良	男	1966.4	教授	研究生	博士	2008
5	能源动力与机械工程学院	杨勇平	男	1967.4	教授	研究生	博士	2010
6	资源与环境研究院	李永平	女	1970.8	教授	研究生	博士	2012
7	环境放射化学	王祥科	男	1973.3.14	教授	研究生	博士	2012

华北电力大学2014年入选国家“百千万人才工程”名单

序号	单位	姓名	性别	出生年月	职称	学历	学位	入选年度
1	电气与电子工程学院	崔　翔	男	1960.5	教授	研究生	博士	1996
2	可再生能源学院	田　德	男	1958.8	教授	研究生	博士	1996
3	控制与计算机工程学院	刘吉臻	男	1951.8	教授	研究生	博士	1997
4	能源动力与机械工程学院	刘宗德	男	1963.5	教授	研究生	博士	2004
5	电气与电子工程学院	李成榕	男	1957.3	教授	研究生	博士	2004
6	经济与管理学院	牛东晓	男	1962－10	教授	研究生	博士	2007
7	能源动力与机械工程学院	杨勇平	男	1967.4	教授	研究生	博士	2009
8	能源动力与机械工程学院	徐进良	男	1966.4	教授	研究生	博士	2013
9	环境研究院	李永平	女	1970.8	教授	研究生	博士	2014

华北电力大学2014年突出贡献专家名单

序号	单位	姓名	性别	出生年月	职称	学历	学位	获准时间
1	电气与电子工程学院	杨奇逊	男	1937.01	教授	研究生	博士	1990
2	电气与电子工程学院	崔　翔	男	1960.05	教授	研究生	博士	1992
3	现代电力研究院	张振华	男	1966.02	教授	研究生	硕士	1996
4	控制科学与工程学院	王兵树	男	1950.07	教授	研究生	硕士	1998
5	电气与电子工程学院	高中德	男	1940.04	教授	本科	学士	1994
6	能源动力与机械工程学院	徐进良	男	1966.04	教授	研究生	博士	2013
7	环境研究院	李永平	女	1970.8	教授	研究生	博士	2014

华北电力大学2014年入选“新世纪优秀人才支持计划”名单

序号	单位	姓名	研究方向	入选年度
1	能源动力与机械工程学院	刘宗德	微纳米表面工程	2004
2	电气与电子工程学院	朱永利	网络化电力运动系统人工智能在电力系统中的应用	2004
3	能源动力与机械工程学院	杨勇平	能源系统集成与优化	2005
4	电气与电子工程学院	毕天姝	电力系统及其自动化	2005

续表

序号	单位	姓名	研究方向	入选年度
5	电气与电子工程学院	丁立健	高电压与绝缘技术	2006
6	控制与计算机工程学院	刘向杰	复杂系统的智能控制及其工业应用	2006
7	经济与管理学院	谭忠富	电力经济	2006
8	可再生能源学院	李美成	新能源材料与器件	2006
9	环境科学与工程学院	付　东	化工热力学和分离技术	2006
10	经济与管理学院	牛东晓	经济预测	2007
11	能源动力与机械工程学院	杜小泽	传热传质学	2007
12	数理学院	王志刚	相对论束缚态和 QCD 求和规则	2007
13	能源动力与机械工程学院	顾煜炯	汽轮发电机组轴系振动量化评价和状态维修决策方法研究	2008
14	经济与管理学院	董　军	能源与电力经济	2008
15	经济与管理学院	闫庆友	创新授权理论研究	2008
16	能源动力与机械工程学院	王春波	洁净煤燃烧及污染物控制	2008
17	可再生能源学院	张　锴	洁净能源转化技术、多相流反应工程	2009
18	核科学与工程学院	牛风雷	反应堆工程与反应堆安全	2009
19	环境科学与工程学院	苑春刚	环境科学与工程	2009
20	经济与管理学院	高建伟	保险精算，投资	2010
21	资源与环境研究院	李永平	环境系统分析、模拟优化模型、水资源管理、水污染控制	2010
22	可再生能源学院	董长青	生物质的高效清洁利用	2010
23	核科学与工程学院	陈义学	核能科学与工程	2011
24	能源动力与机械工程学院	陈克丕	铁电与压电材料	2011
25	可再生能源学院	姚建曦	光电材料及器件	2011
26	可再生能源学院	王晓东	相变与界面传递现象	2011
27	控制与计算机工程学院	柳长安	智能机器人技术/人工智能及应用	2011
28	资源与环境研究院	何　理	环境工程	2011
29	经济与管理学院	侯学良	工程项目管理、工程经济	2011
30	数理学院	任　芝	信息功能材料	2012
31	能源动力与机械工程学院	周乐平	传热传质与多相流	2012
32	电气与电子工程学院	刘崇茹	电力系统分析与控制	2012
33	环境科学与工程学院	汪黎东	环境科学与工程	2012
34	可再生能源学院	谭占鳌	太阳能光伏及能源材料	2012
35	能源动力与机械工程学院	薛志勇	先进金属材料	2012
36	经济与管理学院	张兴平	技术经济评价理论与应用	2012
37	法政系（保定）	梁　平	民事诉讼法、司法制度	2013
38	资源与环境研究院	卢宏玮	水资源与水环境	2013
39	可再生能源学院	孙东亮	数值传热、强化传热、相变换热	2013
40	可再生能源学院	杨少霞	水和废水处理理论与技术	2013

华北电力大学2014年来访情况一览表

序号	来访时间	国家(地区)/单位	来访人员	接待领导	来访事宜
1	2013年12月15日至2014年1月18日	澳大利亚	The University of Adelaide Eric Jing Hu 教授		来校进行为期35天的学术访问与交流
2	1月2日	西班牙欧西嘉交响乐团	西班牙欧西嘉交响乐团	孙忠权　张天兴	来校举办新年交响音乐会
3	1月3日至5日	澳大利亚	阿德莱德大学 Hu Zhang 博士		来校进行为期3天的学术访问与交流
4	1月4日	施特劳斯圆舞曲交响乐团	施特劳斯圆舞曲交响乐团	李双辰　王增平	参加2014新春交响乐音乐会演出
5	1月5日至11日	澳大利亚	西澳大学 Dongke Zhang 院士		来校进行为期7天的学术访问与交流
6	1月7日至17日	美国	University of Wisconsin – Madison Matthew Allen Ginder – Vogel 教授		来校进行为期11天的学术访问与交流。
7	1月8至9日	美国	马里兰大学 ICP – MS 实验室主任 William F. McDonough 教授		来校进行为期2天的学术访问与交流
8	1月13日	浪潮集团有限公司	董事长兼CEO孙丕恕,副总裁庞松涛、左佰臣	刘吉臻　安连锁 杨勇平　汪庆华	签署战略合作框架协议
9	1月15日至16日	美国	加州大学伯克利分校核工程系副教授 Peter Hosemann		来校进行为期2天的学术访问与交流
10	1月26日	北京市教委	北京市教委委员曹秀云、老干部处副处长王宇红	孙平生	慰问春节留校学生
11	2月23日至3月2日	英国	斯莱斯克莱德大学教授 David Infield		来校进行为期8天的学术访问与交流
12	3月11日	团中央	团中央学校部副部长李骥、青年志愿者工作部招募培训处副处长达娃·查干巴依尔,河北团省委副书记宋华英、学校部部长刘丽	张金辉　郭孝锋	来保定校区调研服务型基层团组织工作开展情况
13	3月12日	国家汉办	国家汉办王永利副主任	吴志功	来校调研孔子学院工作
14	3月13日	北京大学国家大学科技园、北京航空航天大学国家大学科技园	教育部科技司娄晶副司长	杨勇平	参观调研国家大学科技园
15	3月14日至15日	美国	Lehigh University Carlos E. Romero 教授		来校进行为期2天的学术访问与交流

续表

序号	来访时间	国家(地区)/单位	来访人员	接待领导	来访事宜
16	3月17日	英国卡迪夫大学(Cardiff university)	副校长 Hywel Thomas,工程院院长 Phill Bowen、工程院副院长 A Manu Haddad,卡迪夫大学中国办公室主任邱艳琼女士	杨勇平	洽谈校际合作
17	3月20日	三峡大学	三峡大学校党委书记李建林、校长何伟军	吴志功　安连锁 杨勇平	合作交流
18	3月26日		巴基斯坦驻华大使馆科技事务公使马哈穆德·胡赛因(Mahmood Hussain),科技事务参赞沙赫德·马克苏德(Shahid Maqsood)	杨勇平	合作交流
19	3月27日	苏州热工研究院有限公司	总经理 院长王安	杨勇平	就科研合作、平台建设及人才培养等事宜与学校开展全面交流
20	3月29日至4月10日	澳大利亚	南澳大利亚大学高级讲师 Jian Zuo 博士		来校进行为期13天的学术访问与交流
21	4月2日	国务院学位办	国务院学位办副主任、教育部学位管理与研究生教育司副司长梁国雄和行政秘书处处长刘宏	杨勇平　律方成	调研学科建设工作
22	4月9日至18日	瑞典	皇家工学院 Faris Gel'mukhanov 教授		来校进行为期10天的学术访问与交流
23	4月10日	法国格勒诺布尔国立理工学(Grenoble INP – Phelma)	院长 Pierre Benech 教授和国际关系办公室主任 Alice Caplier 教授	杨勇平	合作交流
24	4月11日	东北电力大学	党委书记李岩峰、校长李国庆	刘吉臻　安连锁 律方成　汪庆华	合作交流
25	4月25日至5月20日	挪威	奥斯陆大学教授 Chongyu Xu		来校进行为期26天的学术访问与交流
26	4月27日	国家能源局	发展规划司司长俞燕山,市场监管司司长刘宝华,国家发改委经济运行调节局电力处处长夏鑫	吴志功	参加电力需求侧响应仿真平台建设研讨会
27	4月29日至5月11日	挪威	卑尔根大学台雪成教授		来校进行为期13天的学术访问与交流
28	5月5日至20日	加拿大	里贾纳大学教授 Liming Dai		来校进行为期16天的学术访问与交流
29	5月5日至29日	英国	利兹大学 Dongsheng Wen 教授		来校进行为期25天的学术访问与交流

续表

序号	来访时间	国家(地区)/单位	来访人员	接待领导	来访事宜
30	5月5日至6月10日	英国	爱丁堡大学 Xianfeng Fan 博士		来校进行为期37天的学术访问与交流
31	5月10日至16日	美国	俄亥俄州立大学教授 LONGYA XU		来校进行为期7天的学术访问与交流
32	5月10日至16日	约旦	美国俄亥俄州立大学教授 Yazan M. Alsmadi		来校进行为期7天的学术访问与交流
33	5月10日至25日	加拿大	维多利亚大学教 Caterina Valeo		来校进行为期16天的学术访问与交流
34	5月12日至19日	澳大利亚	新南威尔士大学社会政策研究中心主任 Ilan Katz 教授		来校进行为期8天的学术访问与交流
35	5月12日至6月5日	美国	德克萨斯大学奥斯汀分校教授 David Eaton		来校进行为期25天的学术访问与交流
36	5月12日至6月5日	美国	德克萨斯大学奥斯汀分校教授 James Tyree		来校进行为期25天的学术访问与交流
37	5月13日	中国南方电网公司	副总经理张晓东	刘吉臻　李双辰　汪庆华	合作交流
38	5月13日至31日	美国	南密西西比大学 Surgei Nazarenko 教授		来校进行为期19天的学术访问与交流
39	5月13日至6月9日	美国	德克萨斯大学奥斯汀分校教授 Richard Taylor		来校进行为期28天的学术访问与交流
40	5月17日至23日	美国	内华达大学史蒂文·G·麦考夫迪教授		来校进行为期7天的学术访问与交流
41	5月21日	上海核工程研究设计院	上海核工程研究设计院郑明光院长	刘吉臻、孙忠权	合作交流
42	5月24日至31日	美国	亚利桑那州立大学电影传媒大众文化中心主任 Peter Lehman 教授		来校进行为期8天的学术访问与交流
43	5月26日至5月30日	英国	斯莱斯克莱德大学教授 David Infield		来校进行为期5天的学术访问与交流
44	5月28日至30日	瑞典	Erik Dahlquist 教授		来校进行为期3天的学术访问与交流
45	5月29日至7月12日	美国	德州大学阿灵顿分校李伟仁教授		来校进行为期45天的学术访问与交流
46	5月31日至6月7日	美国	北科罗拉多大学教育与行为科学学院副院长 Jingzi Huang 教授		来校进行为期8天的学术访问与交流
47	6月10日	法国	电力集团研究总院副总裁 Michel Maschi	杨勇平副校长	总结双方合作成果;探讨即将开展合作的研究领域;续签合作协议。

续表

序号	来访时间	国家(地区)/单位	来访人员	接待领导	来访事宜
48	6月13日	印尼	Esa Unggul 大学校长 Arief Kusuma Among Praja、副校长 Suryari Purnama	杨勇平副校长	探讨"2+2"模式和硕士"1+1"模式联合培养印尼学生项目,签署两校理解备忘录。
49	6月18日	巴基斯坦	巴基斯坦国立科技大学副校长 Asif Raza	孙平生副校长	探讨在两校优势学科领域开展本科生交换、联合办学和培养巴基斯坦博士生等项目,并签署两校理解备忘录。
50	6月20日	教育部	思想政治教育工作司冯刚司长	吴志功、李双辰、汪庆华	来校调研并参加学生思政教育研讨会
51	6月1日至7月11日	美国	Carnegie Mellon University(卡内基.梅隆大学)代理系主任 Shi-Chune Yao 教授		来校进行为期41天的学术访问与交流
52	6月5日至6日	德国	iABG 公司副总裁 Pfrang Wilhelm 和 Ahmed Abou-El-Ela 先生		来校进行为期2天的学术访问与交流
53	6月5至25日	加拿大	Memorial University of Newfenland 的 Cheng Li 教授		来校进行为期21天的学术访问与交流
54	6月12日至27日	加拿大	里贾纳大学 Marie Zhu 教授		来校进行为期16天的学术访问与交流
55	6月15日至7月14日	美国	密歇根大学 Thomas P. Lyon 教授		来校进行为期30天的学术访问与交流
56	6月16至19日	加拿大	University of Calgary 教授 Deyi Xue		来校进行为期4天的学术访问与交流
57	6月19日至23日	澳大利亚	西澳大学 Dongke Zhang 院士		来校进行为期5天的学术访问与交流
58	6月30日至7月13日	澳大利亚	拉筹伯大学计算机科学与工程系 Reader Dianhui Wang 博士		来校进行为期14天的学术访问与交流
59	6月23日至7月30日	墨西哥	National Politechnical University of Mexico 的 Wen Yu 教授		来校进行为期38天的学术访问与交流
60	6月29日至7月11日	美国	Baylor University 系主任、教授 Kwang Y. Lee		来校进行为期14天的学术访问与交流
61	6月29日至7月11日	美国	Baylor University 副教授 Kangwol Lee		来校进行为期14天的学术访问与交流
62	7月1日	创行中国区	创行中国区总裁兼理事会主席葛诺仁先生、创行中国区总经理任敏女士	吴志功 李双辰	合作交流
63	7月2日至10日	美国	纽约州立大学 Binghamton 分校 Zili Yang 教授		来校进行为期9天的学术访问与交流

续表

序号	来访时间	国家(地区)/单位	来访人员	接待领导	来访事宜
64	7月4日至8日	美国	电话电报公司(AT&T)Shan Jiang博士		来校进行为期5天的学术访问与交流
65	7月4日至8月7日	美国	University of Illinois at Urbana－Champaign的Julie Lynn Pickens教授		来校进行为期35天的学术访问与交流
66	7月5日至31日	美国	佐治亚理工大学教授Calton Pu和Ling Liu		来校进行为期27天的学术访问与交流
67	7月7日	中国国电集团公司	党组成员、副总经理高嵩同志	刘吉臻　安连锁 律方成　汪庆华	合作交流
68	7月11日	扬中市人民政府	江苏镇江扬中市委常委、新坝镇党委书记王成明，扬中市副市长、科技镇长团团长刘金秋	孙忠权	进行产学研合作交流
69	7月15日至7月30日	加拿大	里贾纳大学/研究员Kelly Wei		进行为期16天的学术访问与交流
70	7月18日至8月11日	加拿大	萨斯喀彻温省水安全局局长Wayne Dybvig		进行为期25天的学术访问与交流
71	7月29日至9月	美国	密苏里大学机械系主任Yuwen Zhang教授		进行为期一个月的学术访问与交流
72	7月20日至8月17日	英国	University of Strathclyde的Hong Yue教授		进行为期29天的学术访问与交流
73	8月1日	山西大学	贾锁堂校长	刘吉臻　孙忠权 汪庆华	合作交流
74	8月2日至9月	澳大利亚	西澳大学Eric May教授		进行为期一个月的学术访问与交流
75	8月12日至25日	墨西哥	CINVESTAV－IPN教授Hebertt Sira Ramirez		进行为期14天的学术访问与交流
76	8月21日至28日	日本	早稻田大学横山隆一教授		进行为期8天的学术访问与交流
77	8月21日至28日	日本	早稻田大学山下大树教授		进行为期8天的学术访问与交流
78	8月22日至8月29日	加拿大	萨斯喀彻温电力公司国际部经理Zewei Yu		进行为期8天的学术访问与交流
79	8月22日至8月29日	加拿大	萨斯喀彻温能源公司高级工程师Russell Roy		进行为期8天的学术访问与交流
80	8月22日至8月29日	加拿大	里贾纳大学教授Jocelyn Crivea		进行为期8天的学术访问与交流
81	8月23日至8月26日	加拿大	麦克玛斯特大学教授Younggy Kim		进行为期4天的学术访问与交流
82	8月23日至8月29日	美国	德克萨斯州大学奥斯汀分校教授Ian Duncan		进行为期7天的学术访问与交流

续表

序号	来访时间	国家(地区)/单位	来访人员	接待领导	来访事宜
83	8月23日至8月29日	加拿大	里贾纳大学教授 Xia Ji		进行为期7天的学术访问与交流
84	8月23日至8月30日	英国	英国气象局哈德利气象研究中心 Wang Changgui		进行为期8天的学术访问与交流
85	8月23日至9月7日	加拿大	萨斯喀彻温电力公司副总裁 Michael Monea		进行为期16天的学术访问与交流
86	8月23日至9月15日	加拿大	萨斯喀彻温电力公司高级工程师 Tracy Roy		进行为期24天的学术访问与交流
87	8月25日至28日	日本	早稻田大学伊庭健二教授		进行为期4天的学术访问与交流
88	9月5日至10月9日	芬兰	赫尔辛基大学教授 Risto Pirjola		进行为期25天的学术访问与交流
89	9月15日至19日	日本	早稻田大学宫西 洋太郎教授		进行为期5天的学术访问与交流
90	9月15日至19日	日本	早稻田大学浦野義頼教授		进行为期5天的学术访问与交流
91	9月16日	广东省珠海市	广东省珠海市市长何宁卡、副市长王庆利	刘吉臻　孙忠权　王增平　汪庆华	合作交流
92	9月16日至19日	日本	早稻田大学白鸟 则郎教授		进行为期4天的学术访问与交流
93	9月18日	河北省社科联领导	河北省社会科学院副院长、河北省社科联常务副主席曹保刚	张金辉	来校调研
94	9月26日、28日	波兰拉尼舞团		张金辉　孙忠权　王增平	专场演出
95	9月29日	巴基斯坦伊斯兰共和国	驻华大使馆大使马苏德·哈立德和苏丹共和国驻华大使馆大使欧玛尔·伊萨·艾哈迈德	吴志功　汪庆华	合作交流
96	10月16日	英国	爱丁堡大学工程院院长 Hugh McCann	刘吉臻校长	致力于开展更多的科研合作，培养更多优秀学生成为国际高端科研人才。
97	10月16日	美国	加州大学欧文分校国际部夏季项目处处长 Michael F. Lyons	国际合作处副处长徐玲玲	Lyons 介绍加州大学欧文分校的夏季联合培养项目的优势和特色。双方探讨了开展本科生交换等其他合作项目的可能性。
98	10月17日	蒙古科技大学	副校长 Enkhjargal Khaltar、能源工程学院院长 Mangaljalav Chimid、高级讲师 Bekhbat Galsan	孙忠权	合作交流

续表

序号	来访时间	国家(地区)/单位	来访人员	接待领导	来访事宜
99	10月17日	美国	密歇根大学迪尔本校区工程与计算机学院院长 Dr. Anthony England、商学院院长 Dr. Raju Balakrishnan	国际合作处处长刘永前	将在原有合作的基础上,逐步开展本科生短期交流项目,硕士 MS,MBA 项目和“3+2”项目。
100	10月21日	美国	北科罗拉多大学常务副校长 Dr. Robbyn Wacker	国际合作处处长刘永前	双方介绍各自学校的学术情况,专业特色与就业方向,均表达了进行深入合作交流的意向,并就学生互派、教师互访等项目进行了沟通。
101	11月15日	德国	黑森州合作促进中心主席阿尔弗雷德·施密特	杨勇平副校长	双方院校就可再生能源和风能预测等领域的深层合作进行了探讨。将在培养高级专业人才、建立研发机构、建设实验室方面加强联系,深化合作,优势互补。
102	11月19日	南苏丹共和国	教育部副部长 Hon. Bol Makueng Yuol	孙平生副校长	将尽快签订理解备忘录,开展教职人员和学生交流项目,以此加深对彼此的了解,建立长期的合作伙伴关系。
103	11月20日	河北省保定市	河北省保定市委书记聂瑞平、市长马誉峰一行访问我校	吴志功　刘吉臻 张金辉　杨勇平 王增平　汪庆华	合作交流
104	11月25日	英国	曼彻斯特大学工程院院长 Antony Brown Wang Zhongdong 教授	刘吉臻	对人员交流与科研合作成果予以肯定。未来将把双方合作推进到更高层次。
105	11月14日至28日	美国	南密西西比大学 Surgei Nazarenko 教授		进行为期15天的学术访问与交流
106	11月18日至19日	韩国	成均馆大学 Nam - Gyu-Park 教授		进行为期2天的学术访问与交流
107	11月19日	南苏丹共和国	教育部副部长 Hon. Bol Makueng Yuol、驻华参赞 Monday S. K. Kumber	孙平生	合作交流
108	12月6日	美国	西肯塔基大学校长	杨勇平副校长	两校交流合作
109	12月7日至10日	美国	普渡大学建筑工程管理系主任 Bryan John Hubbard 教授		进行为期4天的学术访问与交流
110	12月7日至 12月10日	美国	普渡大学建筑工程管理系主任 Bryan John Hubbard		访问北京和保定校区,进行专题讲座与学术报告并和师生互动。就工程管理领域学生交流与互派访问学者等事宜进行深入交流,对合作达成初步共识。

其　　他

华北电力大学2014年校友会理事会名单

姓名	校友会任职	工作单位	职务
史玉波	名誉理事长	国家电力监管委员会	副主席
李小鹏	名誉理事长	山西省委人民政府	常委、常务副省长
杨奇逊	名誉理事长	华北电力大学	华北电力大学教授、中国工程院院士
刘吉臻	理事长	华北电力大学	校长
李和明	常务副理事长	华北电力大学	副校长
王永干	副理事长	中国电力企业联合会	专职顾问
张成杰	副理事长	中国国电集团公司	党组成员，副总经理
舒印彪	副理事长	国家电网公司	副总经理
张丽英	副理事长	国家电网公司	总工程师
王良友	副理事长	中国南方电网有限责任公司	副总经理
王日文	副理事长	中国华电集团公司	总经济师
杨　庆	副理事长	中国大唐集团公司	副总经理
毛　迅	副理事长	神华集团有限责任公司	电力管理部总经理
袁　德	副理事长	中国电力投资集团公司	总工程师
谢　进	副理事长	中国华能集团公司技术经济研究院	院长
岳　曦	副理事长	中国人民武装武警部队水电指挥部	主任、少将，正军职
沈国荣	副理事长	南瑞继保电气有限公司	董事长、中国工程院院士
辛保安	副理事长	中国华电集团公司	副总经理
贺　禹	副理事长	中国广东核电集团有限公司	党组书记、董事长
王绪昭	副理事长	北京四方继保自动化股份有限公司	董事长
杨　昆	副理事长	国家电监会安监局	局长
魏昭峰	副理事长	中国电力企业联合会	专职副理事长
刘国跃	副理事长	华能国际股份公司	党组副书记、总经理
曹景山	副理事长	大唐国际发电股份有限公司	党组书记、总经理
石生光	常务理事	南方电网国际有限公司	总经理
吕　慧	常务理事	北方联合电力公司	董事长兼党委书记
孙正运	常务理事	河北电力公司	总经理
孙学勤	常务理事	云南省电力公司	副总工程师
孙渝江	常务理事	重庆市电力公司	副总经理
许良策	常务理事		
许金明	常务理事	东北电力设计院	院长
闫少俊	常务理事	吉林省电力公司	总经理
吴　清	常务理事	海南电网公司安全生产技术部	主任
张维荣	常务理事	中国水电建设集团甘肃能源投资有限公司	执行董事、总经理
李文毅	常务理事	国家电网公司电网建设部	主任
杨迎建	常务理事	国网电力科学研究院	总工程师
邹宗宪	常务理事	中国能源建设集团设计事业部	副主任

续表

姓名	校友会任职	工作单位	职务
陈文彬	常务理事	辽宁省电力有限公司	原副总经理
陈祖斌	常务理事	广西电网公司物资分公司	总经理
周　建	常务理事	合肥供电公司	书记
俞国勤	常务理事	上海市电力公司上海电力技术与管理学院	院长 高工
胡文森	常务理事	国电集团安全生产部	副主任
赵义亮	常务理事	上海电力公司	书记
晁　剑	常务理事	贵州省电网公司	副总经理
涂朝阳	常务理事	国电福建公司	副总经理
袁邦亮	常务理事	四川省电力公司生计部	主任
郭钛星	常务理事	山西格蒙国际能源公司	副总经理
崔继纯	常务理事	国家电网公司	副总工程师兼产业发展部主任
黄良玉	常务理事	Atomic Energy of Canada Ltd	Senior Engineer Section Head
董　璞	常务理事	青海省经济委员会	副主任
雷金娥	常务理事	西北电监局	副局长
谭永香	常务理事	江西省电力公司	副总经理
戴庆华	常务理事	湖南省电力公司	副总工程师
魏庆海	常务理事	中国电力技术装备电力公司	总经理
魏兆龙	常务理事	郑州电力高等专科学校	党委书记,教授
王　欣	理事	中国大唐集团公司总经理工作部	主任
王昕伟	理事	北京电力公司总经理工作办公室	主任
乔彦和	理事	衡水供电公司	副总经理
孙章岭	理事	邯郸供电公司	总工程师
闫晓丁	理事	保定供电公司	党委书记
余　璟	理事	深圳市能源集团有限公司生产运营部	总监
宋　畅	理事	北京国华发电有限公司	副总经理
张志忠	理事	承德供电公司	副总经理
张俊志	理事	南方电网公司国际公司	副总经理
杨会堂	理事	沧州供电公司	党委副书记兼纪检书记
杨秀歧	理事	秦皇岛发电有限公司	总经理
		华北局物资公司	总经理兼招标办主任
肖建元	理事	唐山发电总厂	原党委书记
陈保卫	理事	中国国电新能源技术研究院	副院长
周　旭	理事	国网电力科学研究院	市场部主任
尚锦山	理事	天津电力公司	常委、工会主席
胡日查	理事	中国华电集团公司	副总工程师
赵化民	理事	河北兴泰发电有限责任公司	党委书记
赵崇理	理事	张家口供电公司	副书记兼工会主席
夏祥木	理事	台州电业局	经理
董双武	理事	河北省电力公司	纪检书记兼人力资源部主任
蒋锦峰	理事	国家电监会安监局	副局长
靳东来	理事	中国电力投资集团公司安运部	副主任
薛晓乐	理事	廊坊市农电管理局	副局长
魏锁钧	理事	石家庄供电公司	副经理
聂国欣	秘书长	华北电力大学校友工作办公室	主任

2014年媒体报道索引

序号	标题	媒体	时间
1	南四湖的生死蜕变	人民政协报　第10版	1月2日
2	追逐太阳的大男孩儿	CCTV-13《朝闻天下》	1月7日
3	七大电力央企和中电联成为华北电力大学理事单位	中国电力报	1月8日
4	刘吉臻:全民节能,让生活低碳环保	国家电网	第3期
5	风正帆悬话改革——全国政协十二届二次会议开幕侧记	光明日报	3月4日
6	政协委员热议教育话题	国际在线网站	3月6日
7	开展生态文明教育刻不容缓	人民政协报	3月6日
8	应对能源危机　倡导节能优先　提供生态文明教育公共产品	中国能源报	3月6日
9	教改应从高校招生撕开口子	人民日报海外版	3月11日
10	教育界委员倡议　发出更多达成界别共识的声音	人民政协报	3月11日
11	勿让网络“阻”学生成才	光明日报	3月12日
12	高学历不一定找到合适工作　复合型人才会越来越吃香	东亚经贸新闻	3月12日
13	生态文明教育需全社会携手	中国电力报	3月12日
14	刘吉臻委员:我国火电节能环保达国际先进水平	参考消息·北京参考	3月12日
15	电改要坚持稳中求进总基调	国家电网报	3月17日
16	能源安全隐忧,忧在供需失衡	中国石油报	3月18日
17	第八届中韩大学生精英论坛在京举行　共商雾霾治理	人民网	4月1日
18	谨防农民进城返贫	人民日报	4月14日
19	2014年中国贫困问题与救助扶贫政策研讨会在京举行	人民网	4月14日
20	国际能源合作深度广度不断加大	亮报	4月17日
21	无声润物三春雨,精益求精孺子牛——华北电力大学辅导员陈火欣事迹材料	新华网	4月18日
22	曾鸣:“放开两头、监管中间”是我国电力体制改革的基本路径	新华网	4月22日
23	直购电:从大用户到更加开放	中国电力报	4月24日
24	环路交通短板加重城市雾霾	中国电力报	4月24日
25	曾鸣:电力市场化应需要统一管理	亮报	4月25日
26	身在“霾城”,如何用能?	亮报	4月30日
27	安全发展核电,必要而紧迫	中国经济导报	5月6日
28	“私人定制”推高行业院校就业率	中国青年报	5月12日
29	专家建议以环保责任机制治理雾霾	中国电力报	5月15日
30	华北电力大学创益市集引爆公益新模式	央视网	5月16日
31	“绿色电力照亮长征路”能源解困试点项目启动	新华网	6月7日
32	华北电力大学举办学术沙龙　支招京津冀雾霾治理	新华网	6月10日
33	华北电力大学生:用“绿色电力照亮长征路”	科技日报	6月10日
34	中国推动能源“革命”　电力改革影响几何?	中新网	6月26日
35	一所高校何以撬动“能源脱贫”新模式	中国青年报	6月30日
36	华电学子“情暖童心”筑爱心港湾	保定日报	7月7日
37	华北电力大学校长刘吉臻:能源革命前景乐观	中国能源报	7月28日
38	刘吉臻:水电富集区建高耗能或是明智的	中国能源报	7月28日

续表

序号	标题	媒体	时间
39	践行核心价值观　激发青春正能量	人民日报	7月31日
40	图片报道:绿色电力照亮长征路	人民日报	8月14日
41	“绿色家园”让农村贫困生挺起胸膛	中国教育报	8月21日
42	专访刘吉臻:“能源革命需要科技和人才支撑”	中国电力报	8月21日
43	更多寒门学子圆“大学梦”	中国教育报	9月1日
44	研究生教育,赶上好时候	人民日报	9月4日
45	华电新生入学开展社会主义核心价值观教育	保定日报	9月22日
46	阳光照亮新能源之路	科技日报	10月21日
47	创业,我讲的不只是个故事	河北日报	10月22日
48	他们用精彩感动世界	保定日报	10月27日
49	华电(保定)创行团队荣膺全球总冠军	保定晚报	10月25日
50	自主知识产权板式脱硝　催化剂产能破2万方	中国能源报	10月27日
51	华北电力大学夺得2014创行世界杯冠军	保定日报	10月25日
52	华电创行团队摘取世界杯冠军	中国科学报	10月30日
53	我国大学生斩获创行世界杯全球总冠军	光明日报	11月14日
54	华北电力大学扎实推进社会主义核心价值观建设	中国教育新闻网	11月19日
55	聂瑞平马誉峰赴京拜访华北电力大学领导	保定日报	11月21日
56	华北电力大学“绿色电力”公益项目荣膺全球总冠军	中国教育报	11月24日
57	让创新创业成为习惯——华北电力大学获得创行世界杯冠军原因探析	中国电力报	12月9日
58	华北电力大学立足网络平台做好就业工作	教育部网站	12月11日

2014年华北电力大学出版物名单

《华北电力大学学报》《华北电力大学学报(社会科学版)》《现代电力》

□索引

INDEX

·索 引·

使用说明

一、本索引采用主题分析索引法编制。年鉴中有实质检索意义的内容均予以标引,以供检索使用。

二、本索引基本上按汉语拼音音序排列。具体排列方法如下:以数字开头的标目,排在最前面;以英文字母打头的标目,列于其次;汉字标目则按首字的音序、音调依次排列。首字相同时则以第二个字排序,依此类推。

三、索引标目后的数字,表示检索内容所在的年鉴正文页码。年鉴正文中的栏别,从左至右分别以 a、b、c 来表示。年鉴中以表格形式反映的内容,则在索引标目后用括号注明(表)字,以区别于文字标目。

四、为反映索引款目间的逻辑关系,对于二级标目,采取在一级标目下缩两格的形式编排,之下再按汉语拼音的音序、音调排列。

0~9

14 号学生宿舍楼 95a
2013—2014 学年度学生评优获奖名单(表) 379
2013—2014 学年度本科生先进集体和先进个人名单(表) 395
2013—2014 学年度国家励志奖学金获奖学生名单(表) 382
2013—2014 学年度教学优秀奖获奖名单(表) 429
2013—2014 学年度教职工年度考核优秀名单(表) 432
2013—2014 学年度企业专项奖助学金获奖名单(表) 390
2013—2014 学年度社会奖教金获奖名单(表) 431
2013—2014 学年度校友奖助金获奖名单(表) 394
2013—2014 学年度校长奖学金获奖学生名单(表) 385
2013—2014 学年度学生评优表彰大会 71b
2013—2014 学年度学生综合奖学金、单项奖学金获奖学生名单(表) 385
2013—2014 学年度研究生社会奖学金获奖学生名单(表) 389
2013—2014 学年度研究生先进集体和先进个人获奖名单(表) 421
2013—2014 学年度优秀本科班主任名单(表) 428
2013—2014 学年度优秀研究生班主任名单(表) 429
2013 年工作回顾 4a
2013 年科研工作报告 117b
2014 华北电力大学理事会理事单位名单(表) 587
2014 级新生入学成绩优秀奖获得者名单(表) 372
2014 届本科生毕业典礼 15
2014 届省市级优秀毕业生名单(表) 357
2014 届校级优秀毕业生名单(表) 359
2014 届研究生毕业典礼 13
2014 届志愿支援国家西部建设毕业生名单(表) 362
2014 年春季田径运动会开幕式 15
2014 年大事记 32a
2014 年党风廉政建设暨纪检监察审计工作会议上的讲话 11
　　薄弱环节建设 12a
　　创造性开展工作 13b
　　大学治理能力 12b
　　党风廉政建设 12a、13a
　　党风廉政建设责任制 12a、13a
　　反腐败工作 11a~13a
　　反腐倡廉机制体制 12b
　　工作中的不足 12a
　　监督检查工作 12b
　　教育系统党风廉政建设 11a
　　经费管理 12b
　　科研经费管理 12a
　　可执行可操作的项目 12b
　　三个结合 12b
　　五项重点工作 11b
　　现代大学制度建设 12b
　　校内巡视机制体制 12b
　　组织纪律建设 13a
2014 年概况 29
2014 年概述 27
2014 年干部任职变化情况(表) 46
2014 年华北电力大学十件大事 31
2014 年教师节表彰先进 298

2014 年来访情况一览表(表)　594
2014 年突出贡献专家名单(表)　592
2014 年网站信息建设实施计划　96a
2014 年新年贺词　3
2014 年重点工作　7a
2015 年大学理事会工作建议　20a
211 工程建设高校　27b
211 工程总结画册　104a

A ~ Z

AB 角分工　291
Edward McBea　130b
Wang Changgui　129b

A

爱丁堡大学工程院院长来访　167a
安保维稳工作会　75c
安全保卫工作　74
安全队伍体系制度深化建设　96a
安全防范意识　76b
安全教育稳定分析研究　75a
安全教育月活动　75b
安全隐患排查整改　74a

B

巴基斯坦国立科技大学副校长来访　166a
白洋淀科技城　171c
百佳网站称号　97c
百炼之星评比获佳绩　81b
百千万人才工程入选名单(表)　592
办公室工作建设　54a
办公室信息化工作　54b
办公用房调整　54c
办学理念　6a
办学特色　6a
办学体制　6a
办学效益　8a
薄弱环节建设　12a
保定供电公司洽谈科技合作　119b
保定华电科源电气有限公司　123b
保定华电配电设备有限公司　123c
保定华电天德科技园有限公司　123a
保定市纪检监察系统工作先进单位　65c
保定市科技创新大会　117a
保定市领导访问学校　171b
保定市毅格通信自动化有限公司　123b
保卫处　74b、75b
保障工作水平　53c
北京电力学院　25a、26a
北京电气工业学校　26a
北京动力经济学院　27a
北京工商大学来校调研　92b
北京华电天德科技园有限公司　123b
北京华电天德资产经营有限公司　123b、123c
北京华电知企能源技术服务有限公司捐赠仪式　180b
北京能源发展研究基地　136c、157
　《21 世纪经济报道》专访　159c
　Breed Bren 来访　159a
　《安全发展核电,必要而紧迫》　158b
　《北京能源发展研究报告 2013》　159b
　《北京能源发展研究基地工作简报》　157b
　《北京市哲学社会科学规划项目阶段成果选编》　159b
　《电力行业低碳发展政策与法律问题研究》　159c
　《多伦多绿色建筑发展经验及其启示》　158a
　发表论文　158a
　国际城市论坛　159a
　国际合作与交流　157b
　国际研讨会　158c
　《核电水资源管理》　158b
　京津冀雾霾治理一体化系列学术沙龙　157b、158b
　课题公开招标活动　159b
　课题招标　157b
　《霾城:北京 PM2.5 解析》　158a
　《能源法律法规体系研究报告》　159c
　能源法研究会副会长　159a
　能源局优秀成果三等奖　159c
　能源局优秀成果一等奖　159c
　年度研究报告　159b
　《实施电能替代　促进环境改善》　158b
　《雾霾可治但要有决心——APEC 蓝过后的思考》　159c
　项目资助　158a
　研究人员　158a
　院基结合　157c
北京能源论坛　172a
北京市电力信息技术工程研究中心　153
　发表论文　154a
　工程中心　153c
　科技项目工作推进会　154b
　科研成果　154b
　智能电网信息安全测评实验体系及关键技术研究工作推进会　154b

北京市电力信息技术工程研究中心　136b
北京市高校教学名师　108b
北京市高招研究会科研成果奖　73a
北京市教改立项项目　108b
北京市教育事业统计工作一等奖　97c
北京市经信委北京市小企业创业基地　117c
北京市科技新星计划　88c
北京市小企业创业基地　117c
北京市优秀青年人才荣誉称号　89b
北京水利电力管理干部学院　27a
北京水利电力经济管理学院　26b
北科罗拉多大学代表来访　167b
本科毕业生就业指导手册　74a
本科毕业生名单(表)　342
本科分专业学生数(表)　313
本科各省市招生执行情况(表)　505
本科课程设置一览表(表)　437、449
　2013—2014 学年第二学期　437
　2013—2014 学年第二学期(保定校区)　449
　2014—2015 学年第一学期　443
　2014—2015 学年第一学期(保定校区)　455
本科生毕业典礼　15
本科生教育教学　107
本科生录取　73a
本科生先进集体和先进个人名单(表)　395
本科招生工作监察　65c
本科专业　25a
　设置一览表(表)　436
毕业生　29b
　就业质量报告　73b
　名单　324
毕业研究生　106b
标志性成果　10a
标准体系　10b
表彰先进　298b、357
博士　324、335
博士后　86a
　队伍　85b
　流动站一览表(表)　504
博士生(后)、青年教师和辅导员挂职锻炼　58a
博士学位　105b
　授权点一览表(表)　504
博士研究生分专业学生数(表)　312
财务管理　89
财务管理和报销流程　91c
财务收支审计　91a
财务预决算　90a

C

产学研合作　25b、122b
　项目集中签约　120b
　项目签约　171a
产学研基地联合培养研究生项目获资助　107b
产业管理　122
产业规范化建设　122a
产业开发　113
昌平区政协主席来访　60b
陈聪　129b、146a
陈皇言　175c、176c
陈佳　125a
陈政　86c
成本核算科目　11a
成人本科分专业学生数(表)　317
成人学历教育　103b、109b
成人专科分专业学生数(表)　318
惩防体系建设　64a
出版物名单(表)　604
出国出境交流　164b
出国人员行前培训　164c
处级领导干部读书班　56c
川藏电力联网工程建设　177c
创行世界杯全球总冠军　31b、80c
创新创业实践基地　78b
创新创业实验班总结表彰会　36b、180c
创新人才培养　103a、163a
　机制　28a
创业大赛获佳绩　80a
创业教育基地　73b
创造性开展工作　13b
春季田径运动会　15

D

大电力特色学科体系建设　27a、103b
大家来吐槽系列主题座谈沙龙　69a
大人才战略　3a、7a、10a、13b、15b、27b、28a、85a
大事记　32
　1 月　32a
　2 月　32a
　3 月　33a
　4 月　33b
　5 月　35b
　6 月　36a
　7 月　36b
　8 月　37a

9 月　38a
10 月　39b
11 月　40b
12 月　41a
大学教育基金专题培训　57b
大学科技园管理　116b
大学理事会第二届第二次会议　18
大学理事会工作　20a、172
大学生成长发展数字化平台　66b
大学生创新创业　67c
大学生创业实验班　78c
大学生年度人物评选　71a
大学生思想教育研究　66c
大学生思想政治教育工作　66a
大学生职业生涯规划大赛　73b
大学文化建设　8b、15a
大学章程　9a、10b、19b
制定　7a、62c
大学治理能力　12b
戴松元　88a
单项奖学金获奖学生名单(表)　385
单项荣誉获奖名单(表)　415
单一来源谈判　99c、100b
档案服务模式创新　98a
档案工作　53c、98
统计年报　98b
先进评选　98c
信息化建设　98a
档案馆　98
馆藏　98c
档案管理　286
违法违纪行为处分规定　98a、99a、286
党办校办　54a
工作　54a
党的群众路线教育实践活动　4a、8b、11b、54c
党的十八届三中全会精神专题辅导报告会　56b
党费公示工作　59a
党风廉政工作任务分工和工作要点　65b
党风廉政和反腐败体系建设　53a
党风廉政建设　8b～13a、63a
工作会　64c
党风廉政建设暨纪检监察审计工作会　65a、92b
党风廉政建设暨纪检监察审计工作会议上的讲话　11
党风廉政建设宣教月活动　65b
党风廉政建设责任制　12a、13a、63b
党风廉政建设主体责任落实　65b
党建工作　5b、8b、28b
检查　57a
研究　56a
党内评选表彰活动　57b
党内统计工作　58c
党群工作　51
党外代表人士宣传　60c
党外代表人士研修班　60a
党委　55a
党委书记　29a
党委研究生工作部　106a
党委中心组理论学习　61a
党务干部示范培训班　59b
党员　29b、56b
补助申报　59a
发展对象培训班　57b
发展教育管理调研　58a
教育培训　55b
教育阵地拓展　58c
献爱心捐献活动　58a
志愿服务活动　58c
党章学习日　58a
党支部　29b、56a
建设　82a
考核测评　57a
党总支(直属党支部)换届选举　55a
德国黑森州合作促进中心专家来访　167c
低品位能源多相流动与传热北京市重点实验室　136a、152
标志性成果　152a
发表论文　153b
访问学者交流　153b
高性能热物理参数综合实验平台　153a
国际传热研讨会　153c
科技项目　152b
科研项目　153c
人才状况　153b
融合微纳米尺度基础研究成果　153a
软硬件建设　152a
太阳能模拟器实验平台　152c
项目验收　153b
研究生　153b
原创性进展　152a、152b
第二届理事会秘书处　173a
第二学士学位测试　72c
第二学位学科设置一览表(表)　437
第六届第二次教职工代表大会　9a、32a、77b
第六届第二次教职工代表大会上的工作报告　4
2013 年工作回顾　4a
2014 年重点工作　7a
办学理念　6a
办学特色　6a

办学体制 6a
办学效益 8a
大人才战略 7a
大学文化建设 8b
大学章程制定 7a
党的群众路线教育实践活动 4a、8b
党风廉政建设 8b
党建工作 5b、8b
服务水平 8a
干部队伍 5b
高层次创新人才培养 7b
高水平大学建设 6a
规范化管理 8a
国际交流 7b
合作办学 8a
合作交流 5a
后勤管理体制改革 5b
教育教学改革 7b
教育教学工作 4b、6a
教育教学质量 4b
科技创新体制机制改革 7b
科学研究 5a
科研成果 5a
科研管理 5a
科研综合实力提升 7b
理事会工作 5a
人才队伍建设 4a
人才工作 4b、7a
十六字办学方针 6a
思想文化建设 5b
思想政治工作 5b
思想政治教育模式创新 8a
条件保障 5b
现代大学制度构建 6a、6b
校企合作 7b
校园规划与建设 5b
学科建设 4a、7a
学生工作 5a
学生健康成长 8a
学校管理制度体系完善 7a
学校开放度和影响力 7b
引智工作 5a
原始创新能力提升 7b
重点工作 7a
作风建设 8b
第三届巾帼之星 77c
第五届北京校友杯足球邀请赛 177b
第五期京津冀雾霾治理一体化学术沙龙 119a
电话管理 96b
电力工业全过程仿真实验教学中心 31b
电力行业 16b
电力行业远程继续教育网 109a、109b
电力系统继电保护联合研究中心 170b
电力职工学校 26a
电气与电子工程学院 185a、187b
北京市教改立项项目 189c
本科生 187c、188a
兵团优秀援疆干部 189c
春季运动会 190a
党员 189a
《电力系统分析基础》 190b
电气工程专业 189c
电气工程专业北京市实验教学示范中心 190c
发表论文 188c、189b
高压仪器仪表专业工作组成员 190c
国家级规划教材 190b
国家专业认证 187a、189c
河北省先进工作者 189c
河北省优秀教师 189c
获奖 188c
技术发明 190b
教改立项项目 189b ~ 190a
教学名师培育计划资助 189c
教学实验教学中心 188b
教学示范中心自评估验收 190c
教职工 187c
科技项目 188b
科研成果 188c
科研工作 187a
科研经费 188b、188c
课程 188a
领导班子 187b
气体绝缘装备特高频局部放电监测关键技术及其应用 190b
青年教师论坛 190b
青年教师培养 187a
人才引进 187a
实践教学基地 190a
校级教改立项 190a
校外实习基地验收 190a
《信号分析与处理(第二版)》 190b
学生班级 188a
学生获奖 189a
学生实习基地 188b
研究生 187c、188a
研究所 188b
智能电网协同创新中心建设 187a
中国电机工程学会专业委员会委员 190c

专业认证　187a
作风建设　187b
电网企业走访　74c
电业职工学校　26a
电站设备状态监测与控制教育部重点实验室　135b、141
973 计划项目　143a
大型火电直接空冷系统空气流场导流装置　142b
发表论文　142a
工博会银奖　142b
科技项目　142a
科研工作　141b
科研设备　141c
领导班子　141c
全国优秀科技工作者称号　142c
燃煤发电系统能源高效清洁利用的基础研究　143b
人才状况　141c
人员调整　141b
实验室评估　141a
塔式太阳能集热镜场阴影与遮挡效率的改进算法　142b
学术年会优秀论文奖　142b
学术委员会会议 141a、142b
研究方向　141b、142c
研究人员　141c
中国工程院咨询项目专家研讨会　142a
丁晓雯　126b、130a、143b、146b、158b
定期统计工作　90b
读书班　123a
杜冬梅　194a
杜小泽　121b、142c、194b
对外联络　161
多元资助体系　67b

F

发表论文　116c、125b
发电机组智能诊断与健康维护北京市工程研究中心　121c
发展党员　55b
工作细则贯彻　58b
发展沿革　26
法国电力集团副总裁来访　165b
法律及技术查新讲座　117c
翻译硕士　330、334
樊良树　158a、159b
反腐败工作　11a～13a、63a
反腐败体系建设　53a
反腐倡廉法规制度建设　64a
反腐倡廉机制体制　12b
创新　63a
反腐倡廉精神　63a
反恐装备投入　76a
反思日志　297
房产资源有偿使用管理　93c
房屋建筑　93a
非现金结算制度建设　91b
非学历继续教育　30b、109b
分学科专任教师数(表)　508
冯刚来校调研　69c
服务保障　235
服务国家重大发展战略　25b
服务行业　20a
服务水平　8a
辅导员队伍　66b
辅导员工作条例修订　83c
辅导员挂职锻炼　58a
辅导员选聘　69c
辅导员职业能力比赛　70a
付忠广　84a、194b
附录资料　303
附属小学　32a
附属中学　32a
附中附小共建工作　54c
赴台开展学术交流　107b
副编审　292b
副教授　291a
副研究馆员　292b
副研究员　292b
副主任医师　292b

G

改革推进　3b
概况　29
概述　27b
甘肃宁夏电力公司和当地校友会走访　178b
赶考日系列活动　57a
干部　43b
考核工作　56b
任职变化情况(表)　46
干部队伍　5b
建设　55a、55c
教育培训　56a
干雪　231b～232c
港澳台工作　164

高层次创新人才培养　7b
高层次人才　83b
高等教育统计填报　96a
高等教育研究　115b、123
　专职工作人员　123b
高电压与电磁兼容北京市重点实验室　135c、147
　国家技术发明奖　147c
　国家能源局技术鉴定　148a
　教学工作　147b
　气体绝缘装备局部放电传感与诊断技术　147c
　人员状况　147b
　特高压直流换流阀电磁作用机制及其调控方法　148a
　研究方向　147a
高端人才引进和培养　31a
高端学术会议　120b
高级工程师　292a
高级统计师　292b
高教所　123c、124a
高教资讯建设　123b
高科技产业群体　115b
高萌　232a、232b
高水平大学建设　6a、11b、17a、17b
　成就展　62b
高水平运动员测试　72b
高嵩　174b
高雅艺术进校园　111a
工程管理硕士　329、334、339
工程技术委员会会议　121a
工程结算审计　92a
工程师　292a
工程硕士　32、333、33、339
　实习实践优秀成果获得者　106c
工程训练中心建设　237b、243
　创新设计大赛慧鱼组竞赛获佳绩　244b
　创新实践活动　243c
　创新实验楼投用　244a
　党建与思想政治工作　243c
　工程训练中心　244a
　工程训练综合能力竞赛获佳绩　244c
　工会工作　243c
　机器人大赛获佳绩　244c
　机械创新设计大赛河北分区预赛获佳绩　244b
　机械创新设计大赛获佳绩　244b
　教学工作　243b
　主要任务　243a
工会工作　53c、76
工会会员　77a
工商管理硕士　329、334、338
工业过程测控新技术与系统北京市重点实验室　136a、149
　参观交流　151b
　大型超超临界机组自动化成套控制系统关键技术及应用　150a
　发表论文　149b
　发电过程测控新技术试验平台　149a
　国家科学技术进步奖二等奖　150a
　科技部验收　150b
　科研项目　149c
　领导班子　149b
　平台建设　149a
　燃煤电站经济安全运行关键技术研究　151b
　热力发电系统节能与优化控制基础研究　151a
　人才培养　149b
　人员状况　150a
　项目申请结题验收　151a、151b
　新能源电力系统国家重点实验室　149a、150b
　《新能源电力系统建模与控制》　150c
　学术报告　151b
　研究方向　149b
　源网联合仿真与控制实验平台　150c
　重点项目　149a
工作报告　4
工作分工　291
工作交流　65b
工作目标　11a
工作中的不足　12a
公开招标　99b、100a
公务接待管理　278
公益亲子活动　78a
共青团工作　78
构建现代大学制度标准　10b
构建现代大学制度的重要性必要性和紧迫性　9a
构建现代大学制度内容　10b
构建现代大学制度原则　10b
股权划转　123a
固定资产管理平台　93a
关于2014年教师节表彰先进的决定　298
关于成立华北电力大学招生委员会的通知　294a
关于成立环境研究院的通知　298
关于对校领导工作分工进行调整的通知　291
关于开展教学咨询与教学诊断的通知　295
关于校领导工作AB角分工调整的通知　291
关于印发《华北电力大学研究生奖助体系改革方案》的通知　300
关于印发2012—2013学年度教职工考核结果的通知　292
关于张海波等110名同志专业技术职务评聘的通知

291
关于组建环境与化学工程系的通知　295
管理服务水平　28b
管理人员　83b
广东电网公司　172b
广东电网签署共建协议　172b
广东校友会年会　175b
广东校友会企业家俱乐部第一次会议　177a
广东校友会学术交流会　177c
广哈奖教金获奖人员(表)　431
广州艾博电力设计院　176b
规范化管理　8a
规章制度建设　253
规章制度清理　54c
锅炉房煤改气项目　94c
国际档案日宣传服务活动　98b
国际合作与交流 7b、164
国际化办学　26a
国际教育学院　186b、225
　埃博拉疫情防控　229b
　安全稳定　227b
　北京市教改项目　228b
　大学教学国际化管理方式改革与实践研究　228b
　党建工作　225a
　党员　228a
　法治理念　227a
　工学硕士班　229a
　国际化精英人才　226c
　华北电力大学 - 蒙古科技大学本科联合办学项目　228c
　获奖　227c
　奖学金及自费留学长期生　228a
　教育教学　226b
　来华留学教育模范个人称号　228b
　来华留学生管理　227a
　来华留学生招生　226a
　来华留学生招生结构优化　226b
　来华留学生组织建设　227a
　联合办学项目　228c
　留学服务工作　226a
　留学生　228a
　留学生教学管理　226c
　留学生入学报到一站式服务　228c
　留学生演出　228b
　培训工作　227b
　品牌活动　227a
　思想政治工作　225a
　选拔考试方式调整　226a
　学生工作　226c
　招生录取工作　225c
　中外合作办学项目　226c、227c
　中外合作办学招生　225c
　中外合作项目专业　227b
　中文学习乐园　228b
　主题征文比赛优秀奖　229c
国际科技合作基地　118c
国家创新体系建设　25b
国家电网特高压奖学金成立大会　180b
国家火力发电工程技术研究中心　140
　北京知企科技有限公司捐资　140b
　发电机组智能诊断与健康维护北京市工程研究中心　141b
　工程技术委员会会议　141b
　基地建设　140a
　技术创新战略联盟会议　141a
　技术培训班　140b
　科技部建设验收　140c
　科技项目　140b
　领导班子　140b
　培训基地　140b
　人才状况　140b
　试验平台　140b
　香港高校和研发中心来访　140b
　研发基地　140b
国家级规划教材　108b
国家级继续教育基地　110a
国家级奖励　31a
国家级精品资源共享课　108b
国家级实验室(实践)教学平台　31b
国家级虚拟仿真实验教学中心　108c
国家级专业技术人员继续教育基地　109a
国家奖学金(表)　379
国家励志奖学金获奖学生名单(表)　382
国家留学基金委优秀本科生资助项目　166b
国家千人计划　86a
国家重大基础研究　28b
国家助学贷款实施细则(修订)　256
国家助学金管理　275
国内公务接待管理规定　278
国能中电公司研究生工作站　107b
国外大学交换生项目　169b
国网节能服务有限公司洽谈科技合作　118b
国网智能电网研究院访问　170b
国有资产管理　64a、257
　办法　257
国有资产清查　94b
国有资产相关文件制定及实施　94a

H

海外名师项目专家来访　124b、165b、165c
韩璞　156a～157a
韩庆瑶　84b
行业共性关键技术研究　28b
昊蓬机电奖教金获奖人员(表)　431
合肥市与在京中央高校产学研合作项目集中签约仪式　120b、171a
合作办学　8a
合作交流　5a、161、170a
合作协议　164b、170a
何宁卡来访　170c
河北电力学院　25a、26b
河北省博导津贴工作　59c
河北省档案科技立项　98c
河北省第七批省管优秀专家申报　58a
河北省发电过程仿真与优化控制工程技术研究中心　136c、155
　TOP7 优化控制系统　156a
　标委会副主任委员　156a
　创客实验室挂牌仪式　156c
　发表论文　155c
　基于 B/S 结构的集团管理型两票培训考核专家系统　156b
　科研工作　155a
　科研项目　155b
　两票智能开票管理系统　156b
　年度高端学术会议　156b
　强强联合　155b
　人员状况　155c
　省部级科技进步奖　156a
　省级科学技术三等奖　156a
　学术报告　156a
　仪器设备　155c
　中国电力投资集团公司科学技术二等奖　156b
　自动化类专业教指会　156b
　自动化系卓越工程师实验室　155b
　自动化学科教育委员会成立大会　156c
河北省建筑工程安济杯奖　95c
河北省科技工作会议　122c
河北省社会法学研究会　122a
河北省社科联调研　120a
河北省输变电设备安全防御重点实验室　136b、154
　发表论文　154c
　公众开放　154c
　河北省学术创新成果奖　155b
　基于电晕笼的交流导线电晕损失计算和分析　155c
　科技成果　154c
　科研项目　154b、154c
　人才培养　154b
　人员状况　154b
　实验室省级评估　155a
　学术交流　154c
　仪器设备　154b
　重点研究　154a
核电高级研修班　109c
核科学与工程学院　186b、222
　ICP－MS 实验室主任来访　224a
　本科生　223b
　毕业生晚会　224c
　柴国旱来访　224b
　创业项目获表彰　224a
　党委书记调整会　225a
　党务工作　222b
　党员　223b
　党支部　223b
　对外交流与合作　223a
　工会工作　222c
　国家重大专项验收　224a
　华龙一号评审会　224c
　机构设置　223c
　加拿大院士来访　224a
　加州大学伯克利分校博士来访　224b
　教学工作　222a
　教职工　223b
　竞赛获奖　222c、225c
　科研工作　222a
　科研项目　223c
　课程　223c
　篮球联赛冠军　225b
　领导班子　223b
　师资队伍建设　222b
　文体活动　223a
　吴宜灿来访　224b
　学风建设　222c
　学科及科研工作　222a
　学生工作　222c
　研究生　223c
　运动会佳绩　224c
　郑明光来访　224b
　制度建设　222a
核心价值观教育　70b
红色 1＋1 优秀组织奖　69c
鸿帆控股签署合作协议　171b
后备干部选拔　58b
后勤服务集团财务收支及内部控制审计　93a、93b

后勤管理　63c
　　体制改革　5b、94b
后勤管理与服务　237b、245
　　安全生产月活动　249b
　　保定校区后勤与基建管理处　247b
　　菜谱评选活动　248a
　　餐饮服务　246a
　　厨师交流窗口　248b
　　厨师交流活动　250b
　　党风廉政建设　247a
　　党务工作　247a
　　服务理念　246c
　　服务形象　246c
　　河北建工学院来校考察　247b
　　后勤保障　247b
　　后勤管理处　247a
　　江苏大学来校调研　249b
　　交流发展平台　246c
　　教职工趣味运动会　248b
　　节能宣传周活动　248c、249a
　　节约型校园建设　246a
　　节约型校园建设工作会　248c
　　节约型校园建设交流研讨会　249c
　　科学管理　245b
　　能源研究　246a
　　年度职工大会暨先进表彰会　248a
　　清真餐厅改造工程　248a
　　实验综合楼获奖励基金　249b
　　太阳能开水房　249a
　　武汉大学厨师交流窗口　248b
　　信息化专题讲座　250c
　　信息宣传　246c
　　兄弟院校调研　249a
　　学生见面会　249c
　　业务培训会议　247c
　　优质服务月活动　248b
　　职工队伍　247a
　　职工子女课外免费辅导班　249c
　　重点项目　246b
后勤与基建管理处　94a
后续审计工作　92b、93c
华北电力大学　3a、17a、20a、21a、25a、27b、29a
　　十件大事　31
　　校长助理　46
　　学校领导　46
　　研究生奖助体系改革方案　300
　　珠海研究院共建　171a
华北电力大学理事会　20a、25a
　　理事单位名单(表)　587
《华北电力大学年鉴2013》　99c
华北电力大学—苏州高新区深化校地战略合作框架协议　131a
华北电力大学章程　9a、19b、31a
　　制定　62c
华北电力学院　25a、26b
　　北京研究生部　26b
华电附属小学　32a
华电附属中学　32a
华电精神　16b
华电人华电梦电子简讯　175a
环境科学与工程学院　186a、217
　　百炼之星百强寝室称号　218c
　　班级　218a
　　本科生　217a、218a
　　毕业生就业成绩　219a
　　党员　218a
　　发表论文　217a、217c
　　关爱留守儿童项目成果　218c
　　河北省大学生创业大赛获特等奖　218b
　　机构设置　217b
　　健身操舞特等奖　218b
　　教职工　217c
　　科技项目　218a
　　科研获奖　217a
　　课程　218a
　　领导班子　217b
　　留守儿童主题实践活动　218c
　　全国高校环保科技创意设计大赛创佳绩　218b
　　全国英语竞赛获佳绩　218b
　　师资队伍　217c
　　校园文化活动　218b
　　研究生　217a、218a
　　研究生培训　218a
环境研究院　31b、41b、83c、298
　　筹建论证　105a
环境与化学工程系　83b、295
获国家奖学金学生名单(表)　379
获奖的教学成果　299b
获奖的科研成果　299a
获奖学生名单(表)　385、89

J

机构　43
机构设置一览表　45
　　党政工团　45a
　　教辅部门　45b
　　科研机构　45b

直属院系　45b
基层组织创建活动　69b
基地建设　135b
基建处　94b
基建管理　94
基建任务　94a
基建修缮工程结算审计　92b
基金会第一届理事会第八次会议　180a
基金会工作　179
计划生育工作　77b
计算机应用竞赛奖　110b
纪检监察队伍建设　64b
纪检监察审计工作　11、62
纪委办公室　64c
纪委工作会议　65a
继续教育基地　110a
继续教育教学　109
加州大学欧文分校项目处处长来访　167b
坚守良知　踏实做人　14b
坚守梦想　勇于实践　16a
间接费用管理　284
监察处　64c
监督检查工作　12b、65b
监督执纪问责能力　64b
江苏美联集团捐赠　180b
江苏省第七批科技镇长团人选推荐　57c
姜良杰　228c
讲师　292a
奖励情况一览表(表)　548
奖励与表彰　357
奖助体系改革　300
交换生项目　165a、169b
交流互换　163a
教代会　9b、11a
专委会建设　76a
教改立项　30b、108、108c
教科研设施　235
教师队伍建设　76b
教师教学咨询与诊断反思日志(表)　297
教师节表彰大会　17
教师在职硕士　330、339、341
教授　291a、292b
名录(表)　590
教学成果　299b
教学大纲研讨会　107a
教学竞赛获奖　77c
教学楼外墙保温改造工程　95a
教学名师　108b
教学优秀奖(表)　429、430
获奖名单(表)　429
教学优秀特等奖(表)　429、430
教学站检查评估　109c
教学诊断　295
教学质量监控与保障体系　108a
教学咨询　295
教学咨询与教学诊断申请表(表)　296
教学资源　30b
教育部科技司领导调研　117b
教育基金会　163c、179a
教育教学　4b、101、436
改革　3a、7b、107a
工作　6a
质量　4b、28a、103a
质量成效　108a
教育系统党风廉政建设　11a
教职工　29b、83b
服务体系建设　77b
考核结果　292
年度考核优秀名单(表)　432
情况(表)　507
入职培训　83b
住房补贴　93c
教职工及师资情况　507
节能减排大赛　80c
杰出青年科学基金获得者名单(表)　592
巾帼之星　77c
金工实训中心建设　237b、244
对外宣传与交流　245a
工程训练综合能力大赛　245c
机器人大赛获奖　245c
教学改革　245c
教学环境　244c
教学设备　244c、245b
教学质量　244b
人员队伍　245b
设备维护　245a
学生实习　244a
研究项目　245c
金朋荪　84b
金维周　157b
京津冀产学研联盟　172c
京津冀大气污染治理学术研讨会　117b
京津冀雾霾治理一体化学术沙龙　118b、119a
经费管理　12b
经济与管理学院　185b、195
MBA 互联网创业大赛二等奖　200c
MBA 教育中心　199b
MBA 校友会　200c

MR 系列讲座　199a
M 圈项目团队　200c
百篇优秀管理案例　199a
班级　197a
本科生　196c
成果鉴定　197c
大唐国际第十六期中层干部培训班　199b
大唐国际第十七期中层干部培训班　200a
党员　197a
电力经济管理实验教学示范中心验收会　200a
电力能源预评价研究所　197b
《电力体制改革究竟改什么》　200b
发表论文　196a、197a
沟通的力量　200c
管理决策模拟大赛获佳绩　199a
国际管理挑战赛创佳绩　197c
国际合作　196a
河北省社会科学优秀成果奖　199b
胡兆光莅临 MBA 讲坛　199a
获奖　196a、196b、197a
教师引进　196a
教育部公开课　200c
教职工　196c
经济转型过程中资源依赖度演进路径分解模型研究　199c
开能创新创业基金　198b
科研经费　195c
科研能力　195b
科研与教学交流会　199c
课程　197a
领导班子　196c
刘喜梅接受《人民日报》访谈　199b
牛东晓接受国家电网报专访　198a
乒乓球协会　197b
企业讲座　198c
青年干部领导能力提升培训班　200b
人才培养　196a
三峡大学专家来访　198b
三育人先进奖项　200a
商业模拟大赛获佳绩　198c、200b
输变电工程造价核定与一体化监控系统研究与应用　197b
谭忠富接受中国之声采访　197b
网络商务创新应用大赛获佳绩　200b
吴志功走访座谈　197b
学风教风建设　196b
学生科技创新　196b
学术年会优秀论文奖　199b
研究生　196c
优秀管理案例评选获佳绩　198b
远光软件股份有限公司签署战略合作协议　200b
曾鸣发表专题演讲　198a
曾鸣接受央视专访　198c
战略合作签约仪式　199a
浙江省电力公司专家来访　197b
职工创新工作室　197b
中国十大最具特色 MBA 院校奖　199c
中国石油大学来访　200c
竞争性谈判　100a、100b
境外高校专家来访　168b
九州方圆助学金签约仪式　180c
就业帮扶系列讲座　74a
就业补助金　73c
就业工作　67c
就业率　30a、68c
就业形势　19a
就业质量　31b
捐赠企业代表出席学生评优表彰大会　181b
军事理论课　67c
竣工结算　90c

K

开能创新创业基金　180b
考核结果　292b
科技成果　19b、31a、116a
科技创新　3a、19a、28b
　大会　117a
　能力优秀奖(表)　421
　体制机制改革　7b
科技合作洽谈　118b
科技合作委员会　163b、173a、173b
　工作　20b
科技论文　30a、116c、120c
科技人才队伍建设　116b
《科技日报》头版聚焦科研成果　121a
科技项目　30a
科技行—走进华北电力大学智能电网产学研对接活动　118c
科技学院收支审计　92c
科技学院优秀人员名单　294b
科学研究　5a、113、116
科研产业　513
科研成果　5a、115a、121a、299a
　鉴定情况一览表(表)　586
科研成果及奖励情况一览表(表)　548
科研工作　25b

报告　117b
各院系贡献情况一览表(表)　551
会议　117a
研讨会　119a
科研管理　5a
科研合作洽谈　119b
科研获奖　124a
科研经费　30a、115a～116c
间接费用管理办法　284
监管　63c
审计　91b
科研经费管理　12a、90b、280
办法　91a、280
专项调研　92b
科研课题　124b
科研平台　25b、31a、116a
建设　19a、29a、133
科研团队　19b
科研项目　123c
完成情况一览表(表)　545
科研业务费立项一览表(表)　513
科研综合实力提升　7b
可再生能源学院　186a、219
北京市红旗团委　222b
毕业生推荐　220a
博士生导师推荐工作　221b
博士资格考试暨预开题报告　221b
创新创业竞赛获佳绩　221c
党的群众路线学习实践教育活动　219a
党风廉政建设　219a
党建工作　219a
第五届中韩双边下一代太阳电池研讨会　221b
发表论文　220b
工程实验教学中心　220b
工会工作　220a
国际科技合作交流　221a
国家自然科学基金项目　221a
获奖　220a
机构设置　220b
技术成果　220b
教学工作　219a
教学优秀奖获得者推荐　220c
接收留学研究生　221b
接收免试攻读硕士研究生　221b
竞赛获佳绩　221c
科技创新成果　220c
科研成果转化　221a
科研工作　219b
领导班子　220a
人才工作　219b
硕士研究生推免工作　220c
思想政治工作　219a
文体活动　220c
新型薄膜太阳电池北京市重点实验室　221a
学科与平台建设　219c
学生工作　219c
学位分委员会　221b
研究生　220b
可执行可操作的项目　12b
课程设置一览表(表)　462、437、472、449、480、489
课题立项　70b
孔子学院　164b
理事会　167a
夏令营活动　165c
志愿者选拔　166b
控计学科发展基金　180a
控制与计算机工程学院　185b、201
Andreas Kempf 来访　205c
Hbertt Sira Ramirez 来访　205c
Hichem Snoussi 来访　206a
本科生　204b
成果　204b
传感器创新大赛获佳绩　206a
党员　205a
党政管理创新　202c
电力工业全过程虚拟仿真实验教学中心　207a
对外交流与合作　203a
发表论文　204a
发展党员　205a
工会工作　202c
共建实验室协议　207b
国际仪表和测量大会 Best Student Poster Award　205b
国家级虚拟仿真实验教学中心　206c
华电创客实验室揭牌　207c
机构设置　204c
机器人大赛发布会　205a
教学大纲研讨会　206b
教学情况　201b
教学优秀特等奖　206c
教职工　204b
教职工大会　205a
考研工作咨询会　206b
科研工作　201c
科研项目　202a
课程　204c
领导班子　204a
尼尔·伯格曼来访　207c

年度高端学术会议　207b
培训工作　203a
热自64级老校友返校聚会　206b
人才培养　201b
师生获奖情况　203b
暑期社会实践获佳绩　206c
特色示范党支部称号　206c
特色专业　204b
王子栋作学术报告　205a
为新生作专业介绍　205c
香山红色大本营活动　206c
学科建设　201a
学生工作　202b
迎新工作　202b
张北风电场参观考察　206a
制度建设　201a
智能汽车总决赛获二等奖　207a
重点实验室　204c
专家来访　205b
自动化系统应用大赛二等奖　207a
口述档案工作　99c
会计硕士　330、334、341

L

来访接待服务　54b
来访情况一览表(表)　594
廊坊校友会　175b
浪潮集团有限公司　170b
老党员和重病党员走访　56b
老干部工作机制　81b
老干部活动中心　82c
老同志生活补贴　82a
离退休办公室　82b、82c
离退休党委　82a
离退休党总支　82c
离退休工作　81
研讨会　82c
离退休人员　82b
李俊峰　157a
李宁　240b
李燕青　189c
李永平　41b、87a、128b、130c、145b、147b
理解中国论坛　167a
理论学习月活动　62b
理论研究　115b、124a
理事会第二次全体会议　174c
理事会工作　5a、20a
理事会理事单位名单(表)　587
理事会秘书处　163b、173b
专题会议　173a
理事会制度　9b
建设　20b
理事会专业委员会　173b
联合培养　163a
廉洁教育及监督　65c
廉政风险防控三个体系建设　64b
廉政风险信息化防控体系建设　64b
廉政文化建设　63b
梁平　88b
梁志瑞　190c
两办工作　54
两个阵地　82a
两项待遇两项建设落实　82a
两院院士名单(表)　591
领导干部个人有关事项报告　57c
领导干部兼职(任职)专项清理　56c
领导干部离任经济责任审计　91b
领导干部述职述廉　63c
领导干部意见建议征求　57a
刘吉臻　3、4、13a、15、17、18、29a、121b、170b、172a～174b、205c
刘静　126b、143c
刘云鹏　189c、190c
刘政平　126b、143c
留学生管理　276
六个老有　82b
卢宏伟　89b
论文被引用情况　120c
论文发表数量　120c
罗静　176c
绿色电力照亮长征路项目　175b
能源解困试点项目启动仪式　176a
能源解困试点项目设备启用剪彩仪式　176c
绿色家园　67b
绿色通道1+1结对帮扶　67b
绿色氧吧工作坊　72a

M

马静　88c
马誉峰　171c
曼彻斯特大学代表团来访　168a
矛盾纠纷定期排查工作机制　75a
茆胜　86b
媒体报道索引(表)　603
媒体建设　62b
煤的清洁转化与高效利用111创新引智基地专家来

访　165a
美国普渡大学教授来访　168a
美丽华电,金秋放歌专场音乐会　78a
秘书处　20b
　工作　163b
　在理事会日常工作中的作用　20b
密歇根大学专家来访　167b
灭火器年度维保　75b
民政部示范项目　175b
民主党派　29b、59a
　成员　59b
　新成员　59b
民族宗教工作专题讲座　60a
名家校友访谈　178c

N

南瑞继保奖教金获奖人员(表)　431
南苏丹共和国教育部副部长来访　167c
内部控制审计　91b
能源的安全与清洁利用北京市重点实验室　135c、148
　队伍优化　148a
　国际科技合作交流　149b
　科研成果转化成效　149a
　科研工作　148b
　领导班子　148c
　留学研究生接收　149c
　项目经费　149a
　学科和科研平台建设工作　148b
能源动力与机械工程学院　185a、190
　班级　193a
　北京校部学生　194c
　本科生　192b
　比赛获佳绩　195c
　博爱基金义工活动　194c
　创新大赛获佳绩　194c、195a
　创新设计大赛答辩会　193b
　创新实践基地建设　193a
　党团分工会　191c
　党员　192c
　党总支和直属党支部调整　193a
　第四届机械创新设计大赛答辩会　193b
　东北电力大学校领导来访　193b
　东南大学等地调研考察　193c
　动力工程系学生　195a
　发表论文　191c
　发展党员　193a
　国际传热国际会议　193a
　机械工程系　195c
　奖励　192c
　蒋劲来访　193b
　教委会委员　194b
　教学名师奖　194a
　教育教学　190c
　教职工　192b
　竞赛获奖　192a
　科学研究　191b
　科研经费　191b、192c
　科研项目　191b、192c
　课程　192c
　领导班子　192b
　曼彻斯特大学校长来访　193b
　培养方案修订　194b
　平台建设　191b
　全国优秀教师　194b
　全国优秀科技工作者　194c
　人才培养　191a
　学科建设　190b
　学生　192b
　学生工作　191c
　闫红杰来访　193c
　严爱之星评选　194a
　研究生　192b
　英语竞赛特等奖　194a
　运动会闭幕式表演　194c
　专业调整　194b
能源解困试点项目　80b、176a
　落户兵团　176c
　助力老区脱贫解困　177a
能源与环境系统分析及工程应用111创新引智基地专家来访　166a
年度高端学术会议　120b
年度考核优秀名单(表)　432
年鉴出版　99c
年中科研工作会议　119b
聂瑞平　171c
宁文玉　175b
农村专项自主招生　72c
女工工作　77b

P

磐石计划系列活动　69b
聘请校外教师岗位分类情况(表)　507
聘请校外教师学历(位)情况(表)　508
乒乓球段位测试赛　77c
平安校园示范校称号　75c

评选表彰活动　55b、68b
评优表彰大会　71b
普通本科分专业学生数(表)　313

Q

期刊出版部　125a
期刊特色栏目　125c
企业增资　123b
企业战略合作伙伴　170a
企业专项奖助学金获奖名单(表)　390
勤工助学工作 68b、72a
勤工助学管理　255
青年教师和辅导员挂职锻炼　58a
青年教师全额资助出国项目　86a
青年教师网络培训　83a
青年志愿服务评选获佳绩　81b
青年志愿者服务活动　79a
清真餐厅改造工程　95b
情暖童心爱心对接活动　180c
情牵母校系列活动　73c
区域能源系统优化教育部重点实验室　135b、143
　111 引智(EWE2014)国际研讨会　144a、146b
　Edward McBea 来访　146b
　发表论文　145a
　关键科学问题研究和集成　143b
　国际科技合作基地认定　145b
　国家奖学金优秀博士奖学金　147b
　交流与合作　143b
　巾帼之星称号　145a
　科研成果　144b
　科研项目　143b、145a
　里贾纳大学交流学习　146c
　领导班子　144c
　能源与环境系统优化及工程应用北京市国际科技合作基地　145b
　人员状况　144c
　社会和经济效益　144a
　索梅芹来访　145b
　学术交流与访问　143c
　研究方向　143a
　研究生　145a
　研究生培养　144b
　英国气象局专家来访　146a
　优秀毕业研究生称号　146a
　长江学者特聘教授　147b
　中加研究生学术交流论坛　145c
权力结构科学化配置体系建设　64b
权力运行规范化监督体系建设　64b
权力运行和监督　64a
权责发生制　11a
全国大学生创业大赛　81a
全国高校百佳网站称号　97c
全国高校社科期刊特色栏目　125c
全国高校优秀社科期刊　125c
全国示范性培养基地　106c
全国优秀教师　84a
全国优秀科技工作者称号　121c
全国政协协商会　176b
全国最美青年工作者　175c、176c
全球高被引科学家引进　87b
群众路线教育实践活动　63b
　整改落实　55a
群众性体育运动　15a

R

人才队伍建设　4a、28a、53a
人才服务　85b
人才跟踪　85b
人才工作　4b、7a、53a、85
人才国际化　85b
人才接受与引进(表)　510
人才培养　3a、15a ~ 20b、25b
人才培养委员会　20b、163b、173 ~ 174b
　办公室工作会议　174b
　第一次会议　173c
人才培养质量　14a、18b、28a、31b
人才申报　85b
人才引进　29a、85a、86a
人才招聘　85a
人才支持和奖励计划　86a
人事管理　83
人文与社会科学学院　185c、207
　MPA 专业硕士学位点　207a
　班级　208c
　北京高校党委书记论坛　209a
　本科生　208b
　《大学人文》编辑部　209c
　大学生创业大赛金奖　209c
　党建工作　207a
　党员　208c
　党总支扩大会议　209a
　发表论文　208c
　高校校友会经验交流会　209b
　广告艺术大赛金奖　209b
　国际半程马拉松冠军　210a
　国家社科基金项目立项　209a

河北省社会法学研究会成立大会　210b
环境犯罪的刑事追诉机制研究　209a
回龙观镇政府合作会谈　209a
机构设置　208c
奖励　208c
教学水平　207c
教职工　208b
科研经费　208c
科研项目　208c
课程　208c
领导班子　208b
能源法律法规体系研究报告　210a
人文政教党委理论中心组学习　209c
软科学研究优秀成果一等奖　209c
社团联盟理事单位　209c
学生创新成才　208a
学生培养　208a
学术交流　208a
研究生　208b
中国科技社团章程推荐文本研讨会　210c
中国能源法研究会副会长　209b
著作出版　207b
人物　590
入党积极分子培训班　56b
入选国家“百千万人才工程”名单(表)　592
入选“新世纪优秀人才支持计划”名单(表)　592
软科学研究　19b、170a

S

三个结合　12b
三好学生标兵(表)　404
三好学生获奖名单(表)　396、404
三育人评选活动　78b
三支队伍　82a
三助　106b
山东校友会走访　176a
善行者公益活动　72a
上合大学联合硕士研究生项目　166b
邵作之　84b
社会工作优秀奖(表)　416
社会奖教金获奖名单(表)　431
社会奖学金获奖学生名单(表)　389
社会实践活动获佳绩　81b
社会主义核心价值观　31b
审计处　64c、92b
审计工作　91
审计人员素质培养　92a
生物质发电成套设备国家工程实验室　135a、138
板式脱硝催化剂及相关技术　139b
大课题　138a
发表论文　138c
发改委验收　139a
国际标准制定　139b
国际交流与合作　138b
建设项目验收　138a
科技成果转化　138c
科研工作者研讨会　139c
科研项目　138b
人才培养　139a
人才状况　138b
实验平台　138a
实验室建设项目验收　139a
验收　119b
中国国际高交会参展　139c
中国技术市场金桥奖　139b
资质认定内审员培训　139c
自主知识产权　139b
省级教改项目　108c
省级科学技术进步奖　118a
省级文明单位称号　62c
省级优秀集体和个人　71a
省市级优秀毕业生名单(表)　357
师德师风建设　17b
师资队伍　18b、19a、25a
师资情况　507
十大学院　25a
十佳本科生优秀宿舍(表)　396
十佳示范性优秀班集体(表)　395
十佳优秀班主任名单(表)　428
十件大事　31
十六字办学方针　3b、6a
十三五学科建设　105b
石家庄京津冀产学研联盟　121c
实践导师指导机制　78b
史志鉴工作　98b
事业发展　3a
首都民族团结进步先进集体称号　79c
受表彰的个人　298b
受表彰的集体　298a
输变电设备状态全景实时监测与诊断系统　118a
暑期社会实践活动　79b
暑期职业体验活动　73c
数理学院　185c、214
班级　217a
本科生　216c
党群工作　216b
党员　217a

发表论文　214c、216c
发明专利　215a
工程生态学与非线性科学研究中心　215b
获奖　214a、216a
机构设置　216c
奖励　217a
教改立项　214b
教育教学　214a、215a
教职工　216b
科学研究　214b
科研项目　216b
课程　217a
评优表彰奖励　217b
青年项目　214c
软硬件建设　215b
实验室建设　215a
数学建模竞赛获佳绩　217b
硕士研究生　216c
物理竞赛获佳绩　217c
学科建设　215a
学生工作　215c
数学建模竞赛获佳绩　107c
数字化校园建设　95a、97a
硕士　335、339
硕士学位授权点一览表(表)　502
硕士研究生分专业学生数(表)　305
硕士专业学位授权点　104c
思想道德表现优秀奖(表)　420
思想文化建设　5b
思想政治工作　5b、66a
思想政治教育　28b、53a、70a
模式创新　8a
思想政治理论课教学部　186c、233
发表论文　234a
获奖　234a
教职工　233c
理论学习　234b
领导班子　233c
马克思主义理论学科发展规划完善　234b
人文知识竞赛获佳绩　234c
思政课课程建设　234b
余源培讲座　234c
郑祚尧讲座　234c
政教部　233a
四方股份奖教金获奖人员(表)　431
四个一活动　57c
苏州校友会　175c
苏州研究院建设 115c、131
产学研对接会　131b
产学研合作　131a
高新区合作协议　131c
共建大学生创新创业示范园区备忘录　132b
国家自然科学基金依托单位资质　132c
技术转移机构　131a、131c
科技创新能力　131a
科技服务收入　131b
领导班子　131a
苏州校友会　131b
园区信息化展参观　131c
智能电网产学研对接会　131c
孙腊梅　210a
索梅芹　129a、143b

T

台胞台属无党派人士摸底统计　60a
泰科电子奖教金获奖人员(表)　431
谭忠富　158a
特高压电网奖学金颁奖仪式　181a
特色活动示范党支部评比　70c
特色主题班会活动　70c
提案工作　76a、77b
体育场修缮改造工程　95b
体育活动优秀奖(表)　418
体育教学部　186c、229
半程国际马拉松第二名　232a
北京国际马拉松赛冠军　232c
场地　230a
登山赛女子专业组冠军　232a
第 46 届田径运动会　232c
第八届跆拳道公开赛获佳绩　230c
冬季长跑活动　233c
高水平运动队建设评估二等奖　230b
国际半程马拉松赛获佳绩　232b
河北省大学生运动会获佳绩　230b
健美操队　232c
毽绳比赛四连冠　233b
教学器材　230a
教职工　229c
竞赛活动　229b
女子半程马拉松赛冠军　231b
排球挑战赛获佳绩　230c
全国大学生田径锦标赛创佳绩　232a
全国登山赛冠军　231b
全国健身操舞大赛特等奖　232b
全国篮球教练员高级培训班　231c
全国全民健身操舞特等奖　231b
山地竞速挑战赛冠军　232b

省级奖励 230b
首都高校大学生篮球联赛冠军 230b
首都高校大学生网球联赛创佳绩 233a
首都高校第七届藤球比赛创佳绩 233a
首都高校田径运动会夺冠 231a
首都高校武术比赛再创佳绩 230c
体育教学 229a
体育科学研究 229c
体育课程建设 229a
校园铁人三项赛获佳绩 231a
学术论文报告会 230a
阳光体育运动 229b
运动队建设 229b
中国大学生篮球联赛亚军 233a
中国大学生足球联赛 233b
中国健身名山赛冠军 231b
足球队获联赛冠军 233b
田径运动会 15
条件保障 5b
同等学历硕士 341
统计报表 303
统战成员理论研究 60a
统战成员信息库 59c
统战大事记 60c
统战工作 59
优秀项目评选 60c
突出贡献专家名单(表) 592
图书馆建设 30b、237a、238
《2013 年图书馆资源与利用白皮书》 240c
电梯升级改造 241a
电子书借阅机 240b
读书节系列活动 241b
读书月宣传活动 240a
读者服务 239a
读者交流 238c
馆际互借服务 238b
管理水平 238b
华电文库建设 241c
科技查新工作 239c
科研工作 239b
师生选书 240b
首届搜书大赛 241b
数据库资源 239c
图书馆制度汇编修订 241c
文化建设活动 239b
文献购置 239b、239c
文献检索课改革 238b
文献资源保障体系 238a、239c
文献资源建设 238c
项目立项 238c
校园一卡通系统 241a
新技术体验中心 238a
新网页开发并试运行 241a
信息服务 238b、239a
信息共享(IC)空间 240b
一卡通收费系统 240a
优秀馆员助理表彰 240c
志愿服务 241c
中央空调维修保养跟踪审计 92b
资源推介 238b
自助借还服务 240b
座位管理系统 240b
团体心理辅导 71c
团员教育评议工作 79b
团中央创新试点项目 81c

W

外国留学生管理办法(暂行) 276
外国留学生情况(表) 320
外国语学院 185c、210
班级 212c
班子建设 211b
本科生 212b
党建成果 211b
党员 212c
第二课堂建设 211c
工会 212a
红色 1+1 活动优秀奖 214b
获奖 210b、212a、212b
加强语言输出能力培养创新型国际化卓越工程师 213a
教学质量 210a
教育教学改革立项 213a
教职工 212a
科研工作 211a
科研项目 212b
课程 212c
课堂建设 210b
青年教师说课大赛 213c
师资队伍建设 211a
外语电台播控系统 211a
微课教学活动 213a
校园英语学习氛围 210b
新生入学第一课活动 213b
学风建设 211c
学科和专业建设 210c
学生工作 211c

研究生　212b
英文戏剧邀请赛　213b
英语 MAY 力大赛　213a
英语文化节　213c
英语系专场宣讲会　213c
英语演讲比赛一等奖　214a
与导师一起读名著活动　212c
外国专家工作　164a
外网网址　30b
王春晓　126b、143c
王伟　158a～159a
王祥科　87b
网络安全精彩一课教育活动　97b
网络平台促就业　74b
网络信息安全综合管控体系　95b
网络信息员培训　97b
网络与信息化工作　237a、241
14 号宿舍楼网络　243a
出口带宽　242b
出口平均流量　242c
多媒体教室设备改造　243b
工作人员　242b
基础网络及数字化校园建设项目　242a
计算机基础教学　242a
数字化校园建设项目(一期)建设　242c
校级重大教改项目　243c
新网页开发并试运行　241a
信息化工作　242b
一卡通系统工程建设项目　241b
一卡通系统建设　242c
网站建设与管理　96b
网站信息安全技术攻防研究　96a
网站信息建设实施计划　96a
维斯康星大学专家来访　117a
文稿起草和发布工作　54a
文化活动优秀奖(表)　418
文体活动　78c
问题项目　10a
问题意识　10a
我爱我师—我最喜爱的班主任评选活动　68a
邬玉良　176b
吴志功　9、11、15、29a、197b、198a
五项重点工作　11b
武彦军　168b

X

西肯塔基大学孔子学院　163a、164b
中方院长结束任期　168b
习近平五四讲话精神学习　80a
先进班集体(表)　425、427
获奖名单(表)　403
先进分工会　77a
先进个人(表)　395、421
获奖名单(表)　396
先进集体(表)　395、421
先进集体和个人获评　70a
先进学生个人获奖名单(表)　404
现代大学制度创新　11b
现代大学制度多样性和权变性　10a
现代大学制度基础性和战略性　9b
现代大学制度继承性和创新性　10a
现代大学制度建设　6a、6b、9a、11b、12b
现代大学制度特点和建设重点　9b
现代大学制度竞争性和优越性　9b
现代电力研究院建设　124
现代能源发展论坛　124b
现代信息通信技术与创新融合高级研修班　110c
享受国家政府特殊津贴　88a
项目招标申请表　272(表)、273
填写说明　273
项目招标审批表(表)　274
校办企业　122a
管理　64a
名录(表)　587
校地合作　170a
校风学风建设　28a、53b、66b
校工会　76a、77a
校级三好学生(表)　397、405
标兵(表)　396
校级社会实践队　78c
校级优秀毕业生名单(表)　359
校级优秀学生干部(表)　402、414
校级优秀学生干部标兵(表)　401
校际合作理论研究课题　60c
校领导工作 AB 角分工　291
校领导工作分工　291
校内评标　99b
校内巡视机制体制　12b
校内巡视制度　63b
校企(地、校)合作　170a
一览表(表)　586
校企合作　3b、7b、28b、115a、169、513
成果　107a
校史校情知识比赛　99a
校团委　78a、79b、237c
校医院财务收支审计　93a
校友办迎新工作　177a

校友参加学生评优表彰会　178a
校友返校聚会交流　179a
校友工作办公室　175a
校友工作干部研修班　177c
校友工作研讨会　178b
校友回校参加毕业典礼　176c
校友会经验交流会　177b
校友会理事会名单（表）　601
校友会微信公众号和邮箱　178b
校友奖助金获奖名单（表）　394
校友联络工作　163b、175
校友企业家赴兄弟院校学习交流　176a
校友与毕业生座谈会　175c
校友与学生代表座谈会　178a
校友之家　178a、178c
校园规划与建设　5b、53c
校园双选会　73b
校园特色文化建设　79a
校园文化建设　31b、62a
校园一卡通车辆管理识别系统　75a
校园专场招聘会　73c
校长　29a
校长奖学金获奖学生名单（表）　385
校长助理　46
协同创新与产学研合作　116b
邪教警示教育宣传活动　75c
心理健康讲座　71c
心理健康教育　67a
心理健康教育中心　68c
心理文化节　71b
新疆生产建设兵团研究院揭牌仪式　180c
新进教工入职培训　84a
新能源电力系统国家重点实验室建设　31a、135a、137
　PUM（WAMS）标准及其应用国际研讨会　138b
　百篇优博提名　137c
　仿真实验室共建　138b
　访问和讲学　137c
　奖励　137c
　科研经费　137c
　可持续电力系统安全性研讨会　138b
　课题　137b
　领导班子　137b
　人才培养　138a
　人才引进　137b
　学位论文　137b
　研究方向　137b
　验收　119b
　智能电网与新能源电力开发利用学术研讨会　138c
　中国国际高交会　138c
新年贺词　3
新生班主任辅导员培训　70b
新生军训　72a
新生开学典礼　17
　暨第30个教师节表彰大会　17
新生入学成绩优秀奖获得者名单（表）　372
新生心理档案　71c
新生引航工程　68a、70b
新世纪优秀人才支持计划入选名单（表）　592
新闻出版广电总局认定　125b
新闻发布制度　61c
新闻中心　62a
新兴能源学科规划　104b
新增教授名录　591
新增仪器设备　93b
信访工作　64a
信息安全综合体系建设　97b
信息公开　64a、96c
　工作会议　96b
信息化工作　95
信息化建设与管理办公室　96b
星级宿舍评比活动　71a
行政管理　51
修德立人　终生学习　16a
虚拟仿真实验教学中心　108c
徐洪海　156a
徐进良　153b
徐衍会　189c
宣传部　62a
宣传工作　61
宣传教育　76b
宣传思想工作针对性时效性和影响力　61b
学报（社科版）获奖励　125b
学科分析服务系统调研论证　104c
学科规划　104a
学科建设　4a、7a、103、185a
　工作会议　105b
学科评估分析报告　104a
学科设置一览表（表）　437
学科体系建设　27a
学科与学位建设　101
学历教育　30a
学生创行团队　31b
学生党建工作　66a、66b
学生干部标兵（表）　413
学生工作　5a、53b、66
学生工作队伍　66c

建设　68a
考核评优　70b
学生管理工作　67a
学生基本数据情况表　305
学生健康成长　8a
学生交流工作　164a
学生科研获奖情况一览表(表)　374
学生评优表彰大会　71b、178a
学生评优获奖名单(表)　379
学生勤工助学管理办法　255
学生社团　78b
学生审查工作　75b
学生学科竞赛获奖情况一览表(表)　375
学生治保组织作用　76c
学生组织社团一览表(表)　320
学术带头人名单(表)　591
学术期刊　115c、125a
建设　125
认定工作　125c
社会影响力　125b
学术硕士　324、330
学术学位硕士教育　105c
学位授予仪式　13
学习贯彻习近平系列讲话精神远程专题培训　56c
学习贯彻习近平总书记系列讲话精神专题报告会　57b
学习优秀奖(表)　415
学校发展沿革　26
学校管理制度体系完善　7a
学校简介　25
学校开放度和影响力　7b
学校控股参股企业　122b
学校领导　46
学校章程制定　124c

Y

闫振　214a
研究馆员　292b
研究生　106a
毕业典礼　13
工作部　106a
工作站　31b、106a
际交流　106a
国家助学金管理办法　275
获奖　106b
获学位名单(表)　324
奖助体系改革方案　300
教育改革总体方案　106c
教育教学　105
教育研究课题立项　107a
入学考试监督检查　64c
社会奖学金获奖学生名单(表)　389
先进集体和先进个人获奖名单(表)　421
指导教师情况(表)　509
助研助教助管岗位助学金　106b
研究生课程设置一览表(表)　462、472
2013—2014 第二学期　462
2013—2014 第二学期(保定校区)　480
2014—2015 第一学期　472
2014—2015 第一学期(保定校区)　489
研究生院　106a
研究员　292b
研究院　124a
阎国强　85a
央视元旦特别节目录制　111c
邀请招标　99c、100b
一报告两评议工作　56c
一卡通项目建设　96c
一卡通项目一期工程　95a
医疗服务　250
埃博拉防控　251c
传染病防控和急诊急救调研组指导　251b
河北省督导组验收　252a
河北省优秀医疗机构称号　252c
获奖　250c
慢病管理工作　251c
门急诊　250c
群众路线教育实践活动　250a
人才建设　251b
人才结构优化　252c
设备更新　252b
首都无偿献血工作先进集体　251c
体检　251a
信息化建设　252b
业务指标提升　251c
一卡通就医　251c
医疗保障服务　250b
医务人员　251a
医院　250a
疫苗接种　251b
职工队伍　250c
依法治校　64a
仪器设备　93b、262
管理办法　262
已授权专利情况一览表(表)　552
艺术教育　103c
成绩　111b

教学　111
选修课程　111c
中心　111c
艺术课程　111a
艺术类报名和专业测试　72b
艺术团赴美巡演　166b
易洪涛　157c
因公出访工作　164b
因公出国手续办理　164c
引智工作　5a
引智基地专家来访　164b、167c
印度尼西亚 Esa Unggul 大学代表团来访　166a
影响因子　125b
应用研究　115b、124b
勇担重任　开拓创新　14b
优秀班主任名单(表)　428
优秀本科班主任名单(表)　428
优秀毕业生名单(表)　357、359
优秀函授站和先进个人　109c
优秀人员名单　292a、294b
优秀社科期刊　125c
优秀项目优秀案例　71a
优秀学生干部获奖名单(表)　401、413
优秀研究生(表)　422、425
优秀研究生班主任名单(表)　429
优秀研究生标兵(表)　421、425
优秀研究生干部(表)　424、426
预算执行审计　91a、92c
袁雪慧　232b
原始创新能力提升　7b
院士名单(表)　591
院系部建设　183
院系党组织建设　58a
院系级三好学生(表)　399、408
院系级优秀学生干部(表)　402、414

Z

在 2014 届本科生毕业典礼上的讲话　15
在2014 届研究生毕业典礼暨学位授予仪式上的讲话　13
在 2014 年春季田径运动会开幕式上的讲话　15
在 2014 年新生开学典礼暨教师节表彰大会上的讲话　17
在大学理事会第二届第二次会议上的工作报告　18
2015 年大学理事会工作建议　20a
大学理事会工作　20a
大学章程　19b
服务行业　20a
华北电力大学　20a、21a
华北电力大学理事会　20a
华北电力大学章程　19b
就业形势　19a
科技成果　19b
科技创新　19a
科技合作委员会工作　20b
科研平台建设　19a
科研团队　19b
理事会工作　20a
理事会制度建设　20b
秘书处　20b
秘书处在理事会日常工作中的作用　20b
人才培养　18a～20b
人才培养委员会工作　20b
人才培养质量　18b
软科学研究　19b
师资队伍　18b、19a
智库建设　19b
在第六届第二次教职工代表大会闭幕式上的讲话　9
标志性成果　10a
标准体系　10b
成本核算科目　11a
大人才战略　10a
大学章程　9a、10b
党的群众路线教育实践活动　11b
高水平大学建设　11b
工作目标　11a
构建现代大学制度标准　10b
构建现代大学制度重要性、必要性和紧迫性　9a
构建现代大学制度内容　10b
构建现代大学制度原则　10b
华北电力大学章程　9a
教代会　9b、11a
理事会制度　9b
权责发生制　11a
问题项目　10a
问题意识　10a
现代大学制度创新　11b
现代大学制度多样性和权变性　10a
现代大学制度构建　11b
现代大学制度基础性和战略性　9b
现代大学制度继承性和创新性　10a
现代大学制度建设　9a
现代大学制度竞争性和优越性　9b
现代大学制度特点和建设重点　9b
在职人员攻读硕士学位分专业(领域)学生数(表)　316

曾鸣　159c、200b
战略合作框架协议　170b
张保衡　9b
张海波　291
张化永　215b
张茂龙　142b
张晓东　173c
张永哲　89b
长江学者和创新团队发展计划学术带头人名单(表)　591
长江学者讲座教授名单(表)　591
长江学者特聘教授　41b、87a
账务系统信息化　91b
招标采购　99c
招标管理　99、265
　　暂行办法　99a、265
招标情况简表(表)　274
招标中心　99a
招生监管　63c
招生录取　30a、67c、68c
招生委员会　73a、294
招生宣传工作　72c
招收农村学生比例　73a
招投标管理信息系统数据采集录入　100c
赵沁　151b
赵书强　189c
赵迎才　125b
征兵工作　72b
政府采购　93b
支援国家西部建设毕业生名单(表)　362
知识产权与专利讲座　118a
职业导航月系列活动　74b
职业体验出征仪式　80b
制度建设　53c、54b
治安预警通告　75b
致公党北京市委来访　60b
智库建设　19b、170a
智能电网 2011 协同创新中心　169b
智能电网产学研对接活动　118c
智能电网高级研修班　110b
中标金额　100c
中层干部暑期培训班　58b
中大创联捐赠　180b
中国茶道文化讲座　177b
中国电力行业远程继续教育网　30b、109a、109b
中国动力工程学会副理事长　121b
中国光电网产业创新联盟　122b
中国国际高交会　121b
中国国际工业博览会　123a
中恒博瑞创业基金项目　181c
中华经典诵读大赛　69b
中央高校基本科研业务费立项一览表(表)　513
钟庆昌　151b
重点工作　7a
重点人群排查　74b
重点学科　104a
重要文件　289
周凤翱　159c、207c、209b
周转房配置使用细则　94a
朱凯教　84b
珠海研究院　170a、171a
主持人风采大赛　80a
主题调研　69a
主题教育实践活动 66a、79b
主题宣传教育活动　69a
助学贷款　256
驻京高校海外校友会工作座谈会　179a
祝颖　129b、146a
专场音乐会　78a
专家验收　138a
专利申请　30a、116c
专任教师聘请校外教师岗位分类情况(表)　507
专任教师聘请校外教师学历(位)情况(表)　508
专任教师数(表)　508
专题培训　59c
专题调研　60b
专文　1
专项监察　63c
专业技术人员　83b
　　知识更新工程高级研修班　109a
专业技术职务评聘　83a、291
专业技术资格考试　109c
专业设置一览表(表)　436
专业委员会　173b
专业学位研究生课程获资助　107b
专业知识培训班　109b
咨询报告　123b
资产公司董事会会议　122c
资产管理　93
资产评估硕士　330、335
资产清算工作　123c
资产总额　90c
资源与环境研究院建设　115c、26
　　111 引智(EWE2014)国际研讨会　126c、129c
　　北京市国际科技合作基地　128b
　　毕业生　128b
　　产学研合作　127b
　　党务工作　127c

发表论文　127a
骨干教师研修回国　130a
国际合作与交流　126a
环境研究院　130c
机构设置　128b
加拿大里贾纳大学交流　130a
教职工　128a
巾帼之星称号　128b
科技产出　127a
科研平台　127a
科研项目　126a、128b
课程　128b
领导班子　128a
能源与环境系统优化及工程应用北京市国际科技合作基地　128c
年度研究生国家奖学金　130b
师资队伍建设　127b
条件建设　127a
学术会议　126b
学术交流　126b
研究生　128b
研究生培养　127b
优秀毕业研究生　129b
优秀博士奖学金　130b
长江学者特聘教授　130c
指导讲座　126b
中加第二届研究生学术交流论坛　129a
自测自评工作　69a
自强不息　砥砺人生　16b
自主选拔录取校内测试　72b
自主知识产权板式脱硝催化剂打破国外技术封锁　121a
宗教信仰学生摸底统计　60b
综合管理系统上线运行　181a
综合奖学金获奖学生名单(表)　385
综合教学楼A座开工建设　94b
综合教学楼G座项目前期工作　94c
综合教学楼二期建设工程跟踪审计　92b、91c
总述　23
组织工作　55
组织纪律建设　13a
最喜爱班主任评选活动　69b
作风建设　8b、63b、65c